Ägypten

Matthias Seidel und Regine Schulz

Mit Beiträgen von Abdel Ghaffar Shedid
und Martina Ullmann

KÖNEMANN

Frontispiz:
Sitzfigur des Königs Chephren (S. 96/97)

Höhepunkte:

Bonner Straße 126, D-50968 Köln

Verlags- und Art Direktion: Peter Feierabend
Projektmanagement: Ute Edda Hammer
Redaktion: Anna Bechinie, Jutta Buness
Lektorat: Barbro Garenfeld, Ulrike Fauerbach
Layout und Satz: Holger Crump
Grafische Darstellungen: Rolli Arts, Essen
Kartografie: Studio für Landkartentechnik, Norderstedt
Bildredaktion: Katrin Engler, Astrid Schünemann
Herstellung: Mark Voges
Lithografie: C. D. N. Pressing,
Caselle di Sommacampagna VR, Italien
Druck und Bindung: Neue Stalling, Oldenburg
Printed in Germany

ISBN 3-8290-2633-1

10 9 8 7 6 5 4 3 2

Vertrieb für diese Ausgabe in Ägypten: University of Cairo Press

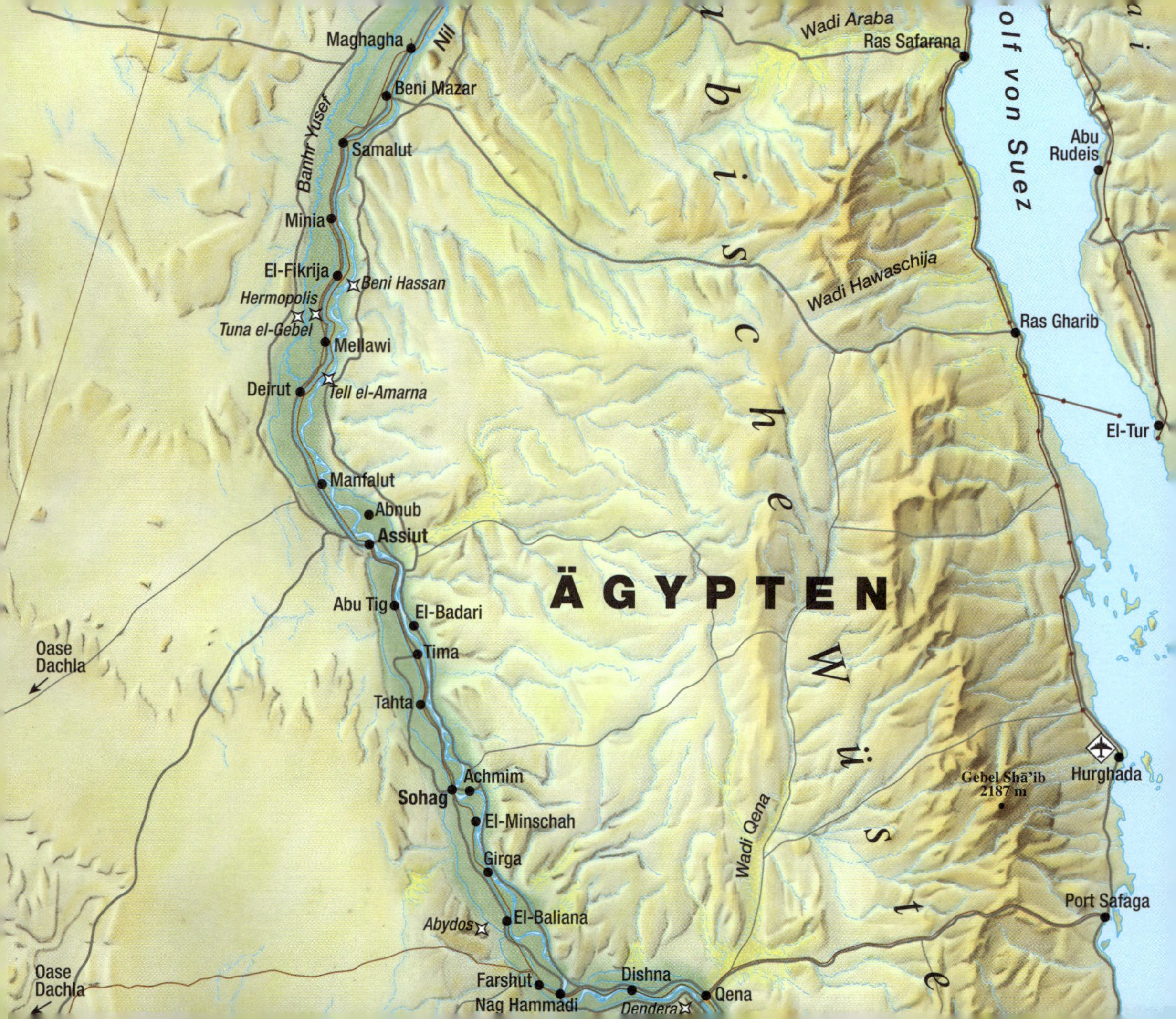
ÄGYPTEN
olf von Suez
Wadi Araba
Ras Safarana
Abu Rudeis
Wadi Hawaschija
Ras Gharib
El-Tur
Hurghada
Gebel Shā'ib 2187 m
Port Safaga
Wadi Qena
Qena
Dendera
Dishna
Nag Hammadi
Farshut
El-Baliana
Abydos
Girga
El-Minschah
Achmim
Sohag
Tahta
Tima
El-Badari
Abu Tig
Assiut
Abnub
Manfalut
Deirut
Tell el-Amarna
Mellawi
Tuna el-Gebel
Hermopolis
El-Fikrija
Beni Hassan
Minia
Samalut
Beni Mazar
Maghagha
Nil
Bahr Yusef
Oase Dachla
Oase Dachla

Ägypten

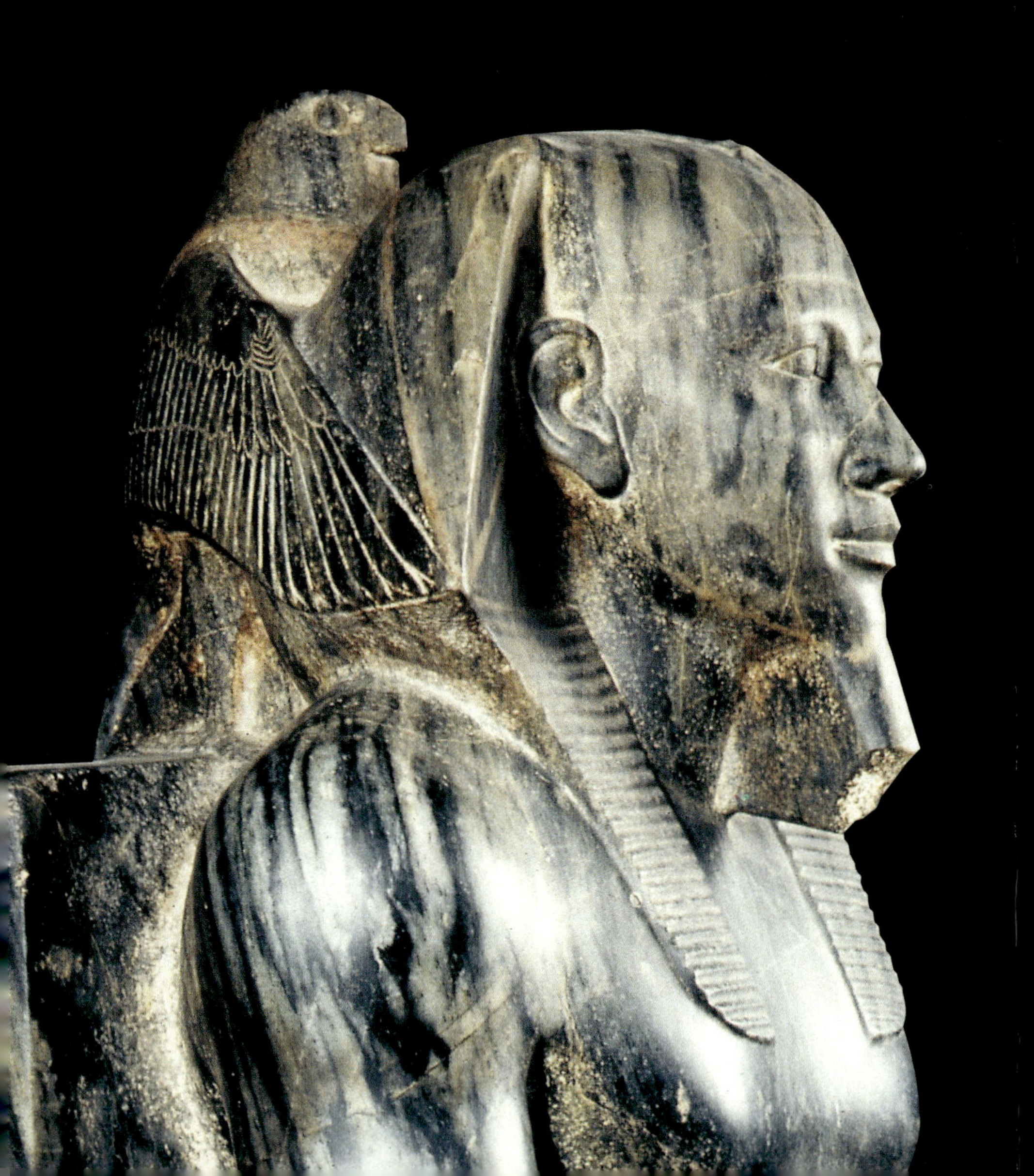

Inhaltsverzeichnis

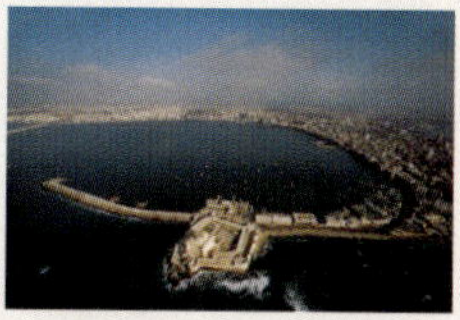

Blick auf den Osthafen und die Corniche von Alexandria

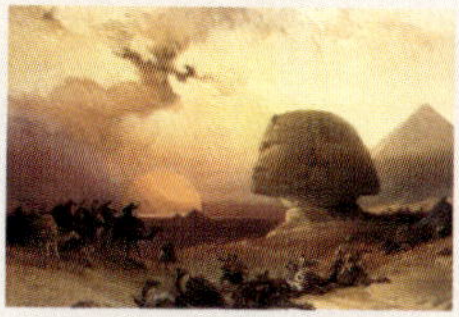

David Roberts, Die Wüste bei Kairo

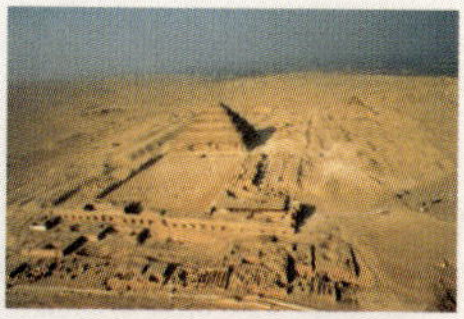

Der Pyramidenbezirk des Königs Djoser in Saqqara

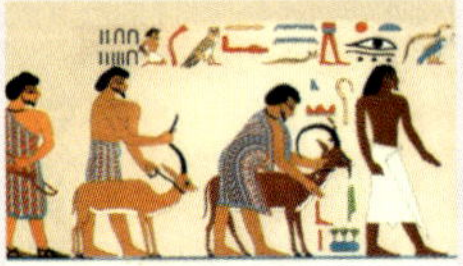

Richard Lepsius, Semitenkarawane im Grab des Chnumhotep von Beni Hassan

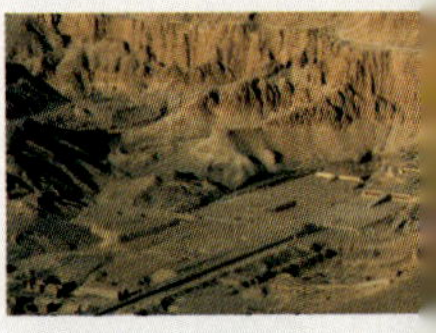

Theben-West. Blick in den Talkessel von Deir el-Baha

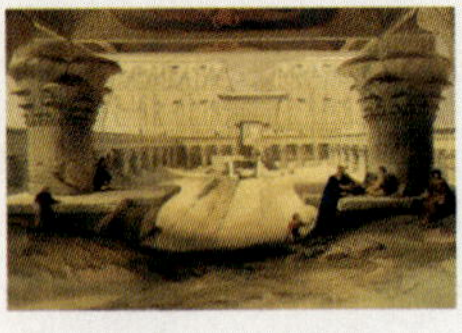

David Roberts, Der große Hof im Horustempel von Edfu

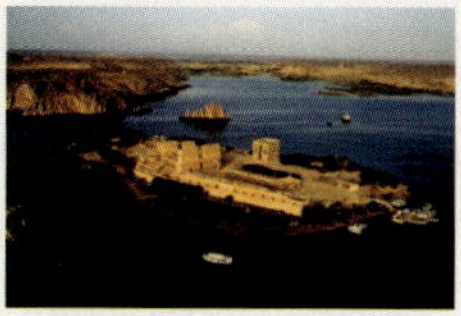

Blick auf die Tempelinsel von Philae

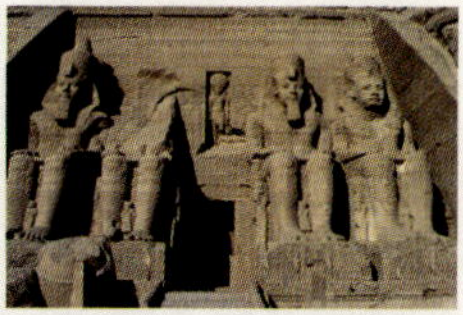

Der Große Tempel Ramses' II. in Abu Simbel

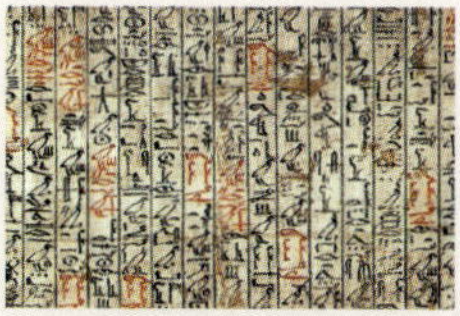

Totenbuchpapyrus des Amenemope, 18. Dynastie

Geschichte der Pharaonen

Vor- und Frühdynastische Zeit
(5./4. Jt. v. Chr.; 1./2. Dynastie,
um 3000–2680 v. Chr.)

In der letzten Phase des Spätpaläolithikums, etwa ab 10 000 v. Chr., setzte im nordafrikanischen Raum ein Klimawechsel ein, der zur Ausdehnung der Steppen- und Wüstengebiete in der heutigen Sahara führte. Die dort lebenden Menschen waren Jäger und Sammler und ab dem 8.–7. Jt. auch Rinderzüchter. Sie gründeten erste kleinere Siedlungen, in denen sie neue Techniken entwickelten, wie die Herstellung von Keramik. Auf der Flucht vor der zunehmenden Trockenheit drangen ab dem 7.–6. Jt. immer größere Gruppen von ihnen ins fruchtbare Niltal ein, wo sie auf eine Bevölkerung stießen, die vom Fischfang und vielleicht auch schon vom Ackerbau lebte.

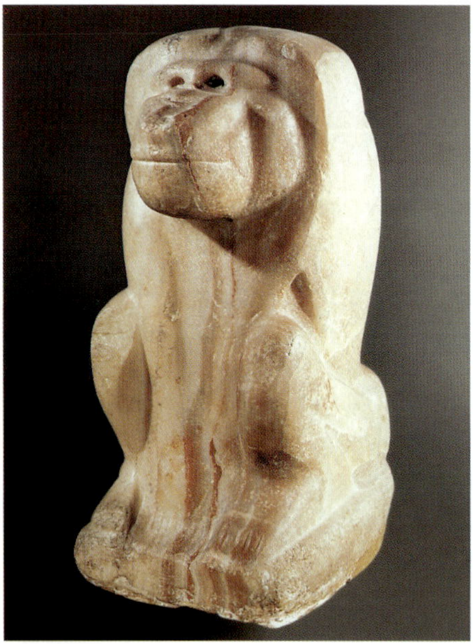

Das Delta Ägyptens war mit dem vorderasiatischen Raum verbunden, und es entstanden dort im 5.–4. Jt. die ersten Städte und Siedlungsverbände (wie Merimde Beni Salame, el-Omari, Maadi und Buto). Im Süden des Landes setzte die Tendenz zur örtlichen Konzentration mit den Kulturen von Badari und Negade erst etwas später ein. Gegen Ende des 4. Jt.s ging aber gerade von hier ein starker Expansionsdruck aus, der zu lang anhaltenden Auseinandersetzungen zwischen dem Nord- und dem Südteil Ägyptens führte. Da sich zu diesem Zeitpunkt auch die Schrift zu entwickeln begann, sind uns die Namen der Herrscher bekannt, auch wenn sie in den späteren ägyptischen Annalen noch nicht erscheinen, weshalb sie heute als Könige der 0. Dy-

Der Gott »Großer Weißer« in Paviangestalt, 0. Dynastie, um 3100 v. Chr., Kalzit, H. 52 cm, Ägyptisches Museum, Staatliche Museen Preußischer Kulturbesitz, Berlin

nastie bezeichnet werden. Der bekannteste Beleg für den endgültigen Sieg der Oberägypter ist die Prunkpalette des letzten Herrschers der Vorgeschichte, des Königs Narmer, auf der er beim Sieg über die unterägyptischen Gegner dargestellt ist. Derjenige aber, dem die endgültige Einigung Ägyptens zugeschrieben wird, war Horus Aha, der später unter dem Namen Menes als erster König der 1. Dynastie in die Annalen des Landes einging.

Die Herrscher der ersten beiden Dynastien stammten aus dem oberägyptischen Ort Thinis, wonach diese frühe Periode der ägyptischen Geschichte auch Thinitenzeit genannt wird. Zur Bekräftigung ihres Anspruches auf beide Landesteile gründeten sie ihre Hauptstadt Memphis genau an der Grenze zwischen Ober- und Unterägypten, an der südlichen Deltaspitze. Ihre Gräber legten sie zwar weiter im oberägyptischen Abydos an, in der memphitischen Nekropole Saqqara ließen sie jedoch monumentale Zweitgräber als kultische Zentren errichten. Trotz erheblicher Widerstände gelang es schließlich, das Land zu befrieden, eine funktionstüchtige Verwaltung und ein gemeinsames theologisches Konzept zu entwickeln, das Grundlage für ihren Herrschaftsanspruch war.

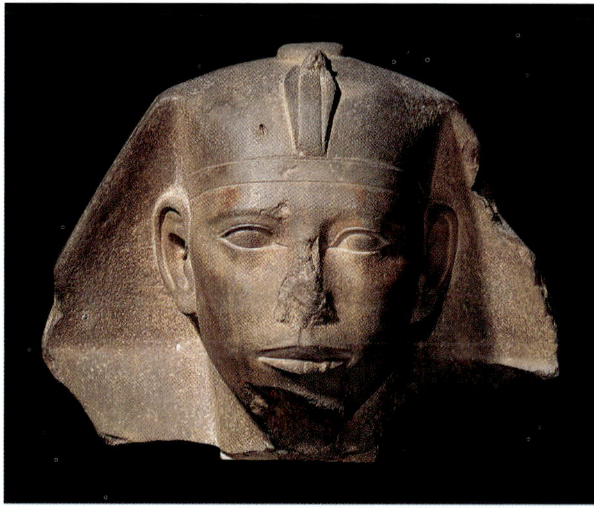

Sphinxkopf des Königs Djedefre, 4. Dynastie, um 2550 v. Chr., Abu Roasch, Quarzit, H. 26,5 cm, Musée du Louvre, Paris

Das Alte Reich und die Erste Zwischenzeit

(3.–6. Dynastie, um 2680–2190 v. Chr; 8.–10. Dynastie, um 2190–2020 v. Chr.)

Das Alte Reich bezeichnet die Zeit der großen Pyramiden. Diese einzigartigen Bauwerke dürfen aber nicht nur als königliche Grabstätten verstanden werden, sondern auch als magisch wirksames Symbol der Schöpfung. Grundlage dafür war die Herrschaftsform des sakralen Königtums mit der Gestalt des gottgleichen Pharao an der Spitze; seine Regeneration im Jenseits und sein Aufstieg zum Himmel bildeten die Voraussetzungen für die Weiterexistenz

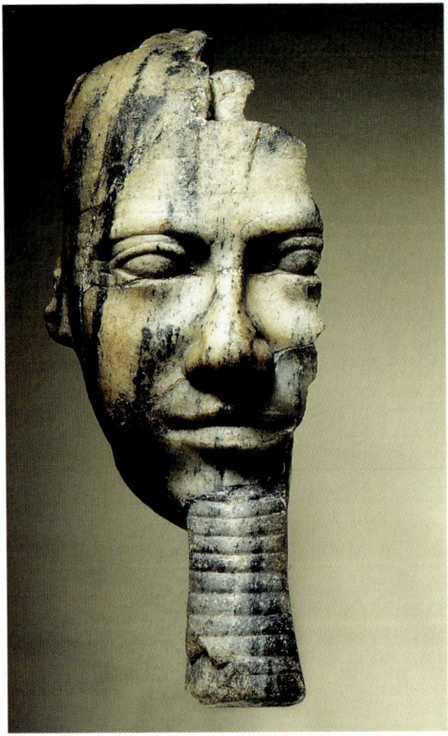

König Chephren, 4. Dynastie, um 2530 v. Chr., Giza, Anorthositgneis, H. 17,2 cm, Ägyptisches Museum der Universität Leipzig

alles Bestehenden im Dies- und Jenseits. Besonders deutlich wird dieser Ansatz im Grabbezirk des Königs Djoser in Saqqara aus der 3. Dynastie. Die äußere Form seiner Stufenpyramide verweist auf den Himmelsaufstieg, die Anlage der unterirdischen Grabkammer und die Ausrichtung des Totentempels auf den Übergang vom Dies- ins Jenseits. Der Hof für das Erneuerungsfest (Sed-Fest) mit seinen ober- und unterägyptischen Scheinkapellen ist Indiz für den Wunsch nach beständiger Erneuerung und Weiterexistenz des Königs und der mit ihm verbundenen Menschheit.

Obwohl die Namen der Herrscher der 4. Dynastie durch ihre Pyramiden gut bekannt sind, haben sich sonst nur wenige Darstellungen von historischen Ereignissen erhalten. Dies gilt auch für Snofru, den ersten König dieser Dynastie. Ein bedauerlicher Tatbestand, da er in der späteren Überlieferung als guter König schlechthin bezeichnet wird. Gewaltig sind seine baulichen Leistungen, denn er ließ gleich drei Pyramiden errichten, eine in Meidum (Stufenpyramide) und zwei in Dahschur (die Knick- und die Rote Pyramide). Snofrus Sohn Cheops, der Bauherr der größten Pyramide Ägyptens in Giza, wurde von dem griechischen Historiker Herodot (5. Jh. v. Chr.) dagegen als wahrer Tyrann dargestellt, ein Bild, das altägyptische Quellen bislang nicht bestätigen. Dies steht wohl mit der Fehleinschätzung in Verbindung, dass die gewaltige Pyramide des Cheops nur durch Unterdrückung des Volkes und durch Sklaverei entstehen konnte. Noch zwei weitere Könige der 4. Dynastie wählten das Giza-Plateau als Pyramidenstätte, Chephren und Mykerinos, der Sohn und der Enkel des Cheops. Versteht man die Pyramiden der 4. Dynastie als Ausdruck eines königlichen Selbstverständnisses, so fällt auf, dass Schepseskaf am Ende der 4. Dynastie einen Bruch

mit der Tradition herbeiführte. Nachdem er den Totenkultbezirk seines Vaters Mykerinos hatte fertig stellen lassen, griff er für sein Grab in Saqqara-Süd auf die alte Mastabagestalt zurück und damit auf die Anfänge königlicher Bautradition.
Während der gesamten 4. Dynastie wurden die wichtigsten Verwaltungs- und Militärposten mit direkten Verwandten des Königs besetzt. An der Spitze der zentral gelenkten Verwaltung stand ein Wesir, der für alle innen- und außenpolitischen Belange zuständig war. Zur Stärkung der diesseitigen Macht des Königs wurden im ganzen Land königliche Besitzungen eingerichtet und die Provinzialverwaltung königlichen Beamten unterstellt. Außenkontakte, vor allem mit Nubien, Libyen und Vorderasien, wurden besonders gepflegt und die Lieferung der benötigten Waren, Tiere und Menschen notfalls auch militärisch erzwungen. Ganz besonderes Interesse bestand im holzarmen Ägypten an Koniferenholz (z. B. für die Sargproduktion), das hauptsächlich aus dem friedlichen Handel mit Byblos stammte.
Königin Chentkaus, die Schwester des Schepseskaf, war die Mutter der ersten drei Könige der 5. Dynastie, deren Vater bislang jedoch unbekannt ist. Im »Papyrus Westcar« findet sich eine damit verbundene Geburtslegende, die eine Erscheinungsform des Sonnengottes Re als Vater bezeichnet und somit dem neuen Herrschergeschlecht eine göttliche Legitimation verschafft. Die besondere Beziehung der Könige zum Sonnengott wurde auch in den neu eingerich-

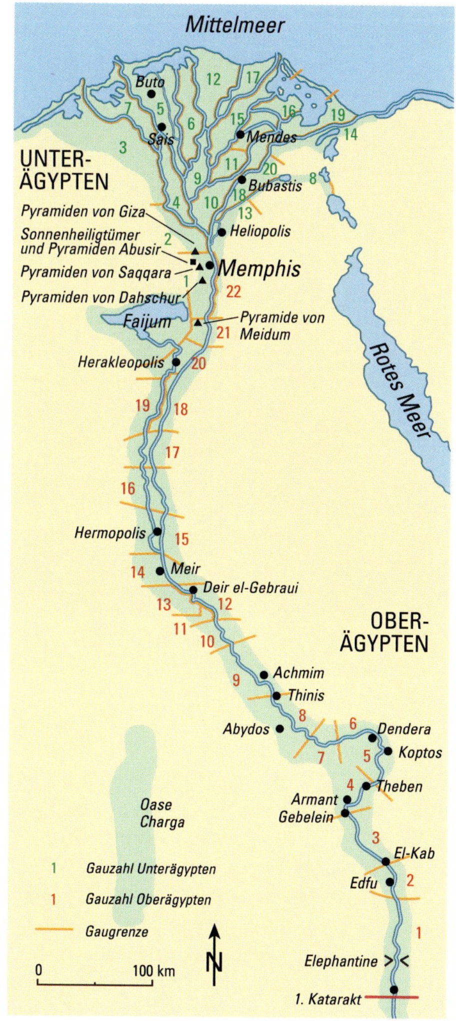

Das Alte Reich: Ägypten mit seinen Gauen

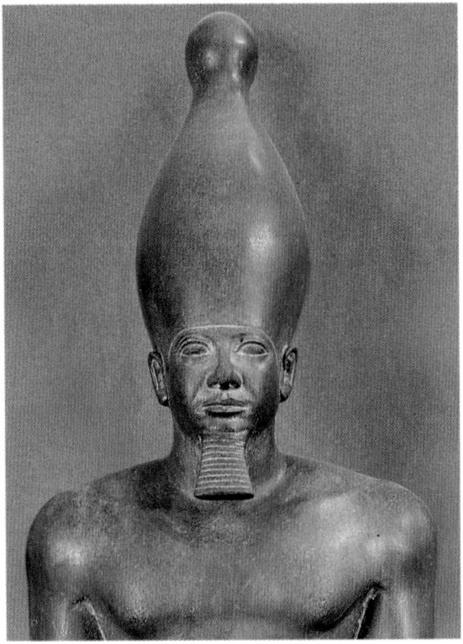

Triade des Mykerinos (Detail der Königsfigur), 4. Dynastie, um 2500 v. Chr., Giza, Grauwacke, H. 96 cm, Ägyptisches Museum, Kairo

teten Sonnenkultstätten deutlich, die nun fast jeder König in der Nähe von Abusir errichten ließ. Während Userkaf, der erste König der 5. Dynastie, seine Pyramide noch in Saqqara anlegte, wählten die folgenden Herrscher (Sahure, Neferirkare, Neferefre und Niuserre) Abusir auch als Begräbnisplatz. Innenpolitisch zeichnet sich während dieser Zeit eine zunehmende Emanzipierung der Verwaltung von der königlichen Familie ab. Außenpolitisch ist eine Ausweitung der Handelsbeziehungen nachweisbar, im Süden bis ins Weihrauchland Punt (wohl Eritrea oder Somalia) und im Norden bis ins syrische Ebla. Unter Pharao Asosi (um 2405–2367 v. Chr.) soll eine Expedition sogar bis nach Jam (südlich des dritten Nilkatarakts) vorgedrungen sein und von dort Elfenbein, Weihrauch und einen »Tanzzwerg« mitgebracht haben.

Ein deutlicher Bruch mit der Kultpraxis setzt am Ende der 5. Dynastie ein. Die Könige errichteten keine Sonnenheiligtümer mehr und ließen sich nun wieder in Saqqara bestatten. Unas (um 2360 v. Chr.), dessen Familie aus dem Delta stammte, war der Erste, der die Wände seiner Sargkammer mit Pyramidentexten ausstatten ließ. Diese Sprüche sollten der Regeneration und Verklärung des Herrschers dienen. Möglicherweise hing der religiöse Wandel mit der wachsenden Bedeutung des Totengottes Osiris zusammen, der nun den jenseitigen Aspekt des Königs vertrat und zum Regenerationsgaranten für die Menschen wurde. Mit Unas' Schwiegersohn Teti beginnt eine neue, die 6. Dynastie. Auch wenn die Herrscher dieser Dynastie in der mit Asosi und Unas begonnenen religiösen Tradition stehen, so setzten doch erhebliche innen- und außenpolitische Veränderungen ein. Die kultischen Zentren in der Provinz (wie Abydos, Koptos und Theben) wurden immer bedeutsamer, und die zuständige Verwaltung begann sich zu verselbstständigen. Während der langen Regierungszeit Pepis II., der schon als Kind auf den Thron gelangt war, verschlechter-

te sich die Situation gravierend. Die Steuerüberweisungen aus den Provinzen blieben immer häufiger aus, sodass das königliche Schatzhaus seinen Verpflichtungen nicht mehr nachkommen konnte; auch der Handel wurde kaum noch geschützt, und es kam zu zahlreichen Überfällen durch Beduinen. Trotzdem lassen sich noch drei Expeditionen nach Nubien nachweisen. Die wirtschaftliche Katastrophe war schließlich aber nicht mehr aufzuhalten. Nach dem Tode Pepis II. und seines Sohnes Merenre II. soll eine Königin Nitokris als letzte Herrscherin der 6. Dynastie auf den Thron gelangt sein. Ihre reale Existenz ist umstritten, genauso wie der mit ihr verbundene Vorwurf, sie habe ihren Bruder Merenre II. ermordet und sich später selbst umgebracht. Auf jeden Fall folgte noch eine Reihe weiterer Herrscher – die so genannte 8. Dynastie –, die von Memphis aus regierten, aber kaum noch Einfluss auf das übrige Land besaßen.
Die letzte Phase des Alten Reiches und die folgende Erste Zwischenzeit war in weiten Teilen des Landes von Hungersnöten, Überfällen und ständigen Kampfhandlungen geprägt. Eine starke Verunsicherung setzte ein, traditionelle Werte galten nichts mehr, und sogar viele Königsgräber wurden in diesen unruhigen Zeiten beraubt.
Die Gaufürsten aus Herakleopolis – 9. und 10. Dynastie – nahmen schließlich die alte Hauptstadt Memphis ein und sahen sich als rechtmäßige Nachfolger der Könige des Alten Reiches. Gleichzeitig bestanden aber auch zahlreiche andere Fürstentümer, die

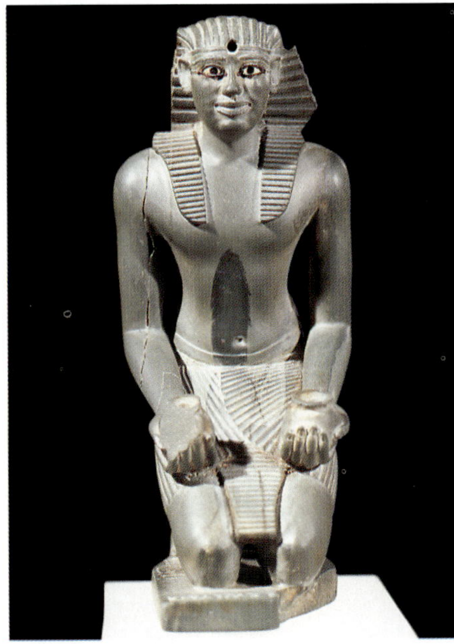

Kniefigur Pepis I., 6. Dynastie, um 2280 v. Chr., wohl Dendera, Schiefer, H. 15,2 cm, The Brooklyn Museum of Art, New York

sich gegenseitig bekämpften. Einen Einblick in die oberägyptischen Verhältnisse gewährt die ausführliche Biografie des Anchtifi aus seinem Grab in Mo'alla. Der selbstbewusste Gaufürst – er bezeichnet sich in den Inschriften vollmundig als »Held ohne seinesgleichen« – konnte Ordnung und Versorgung in seinem Machtbereich (2. und 3. Gau) unter Mühen aufrechterhalten, Militäraktionen nach Norden verliefen jedoch erfolglos.

Das Mittlere Reich und die Zweite Zwischenzeit

(11.–12. Dynastie, 2119–1793 v. Chr.; 13.–17. Dynastie, 1793–1550 v. Chr.)

Während der Ersten Zwischenzeit entwickelte sich in Theben ein zweites großes Machtzentrum, das zum Hauptgegner der Herakleopoliten wurde. Das thebanische Gaufürstengeschlecht war eng mit Fürsten von Elephantine verbunden und gelangte dadurch an nubische Söldnertruppen, die

Relief Mentuhoteps II. (Detail), 11. Dynastie, um 2020 v. Chr., Theben-West, bemalter Kalkstein, H. 53,3 cm, The British Museum, London

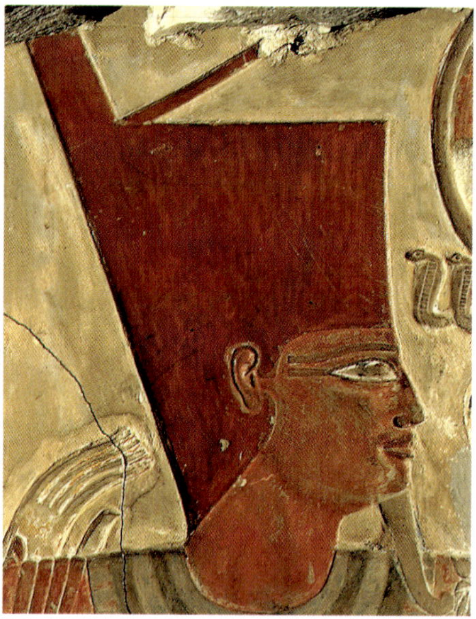

sie in ihrem Expansionskampf unterstützten. So gelang es den Fürsten Antef I., II. und III., ihr Einflussgebiet beständig zu erweitern. Sie nahmen den Königstitel an und erhoben Anspruch auf ganz Ägypten. Mentuhotep II. gelang es schließlich um 2040 v. Chr., das Land unter seiner Herrschaft wieder zu einen und damit der Ersten Zwischenzeit ein Ende zu setzen. Das Mittlere Reich hatte begonnen.

Wichtig war nun vor allem die administrative Stabilisierung des Landes, die Stärkung der königlichen Macht, die Sicherung der äußeren Grenzen und die Wiederaufnahme des Handels, insbesondere, um an dringend benötigte Rohstoffe wie Holz und Metalle zu gelangen. Die künstlerische und geistige Elite des alten Herakleopoliten-Reiches wurde zum Teil nach Theben umgesiedelt und neue, verbindende Verwaltungsstrukturen eingerichtet. Im Talkessel von Deir el-Bahari ließ sich Mentuhotep II. eine einzigartige Totenkultanlage errichten, zu der ein vorgelagerter Terrassentempel gehörte, in dessen Mitte sich möglicherweise eine Urhügelstätte erhob. Dieser Tempel war dem Gott Amun geweiht; ein Gott, der als »König der Götter« galt und als direkte göttliche Bezugsperson des Königs. In wenigen Generationen zu einer der wichtigsten Gottheiten Ägyptens aufgestiegen, wurde sein Hauptkultort in Karnak später zum religiösen Zentrum des Landes.

Amenemhet I., letzter Wesir der 11. und erster König der 12. Dynastie, musste sich seine Machtstellung wohl erst erkämpfen, da einige der Gaufürsten mit seinem Amtsantritt nicht einverstanden waren. Er knüpfte an die Traditionen des Alten Reiches an, verlegte die Hauptstadt nach Norden in die Nähe des heutigen Ortes el-Lischt und ließ sich dort eine traditionelle Pyramide als Grabstätte errichten. Obwohl er den Wohlstand Ägyptens mehrte, die Grenzen mit Festungen sicherte, erfolgreiche Expeditionen aussandte und Handelsposten in Palästina einrichtete, wurde er in Folge einer Haremsverschwörung ermordet. Seinem Sohn und Mitregenten Sesostris I. gelang es trotzdem, seinen Anspruch auf den Thron zu wahren. Die politische Situation war durch den Umsturzversuch so prekär, dass sie gleich in zwei literarischen Werken Aufnahme fand, in der »Lehre des Amenemhet« und in der »Geschichte des Sinuhe«. Sesostris I. und seine Nachfolger Amenemhet II. und Sesostris II. sahen ihre Hauptaufgabe in der Stärkung der Zentralmacht. Darüber hinaus bemühten sie sich um die Absicherung der Grenzen und die Intensivierung der Handelskontakte nach Innerafrika, Vorderasien und in die Ägäis. Ein aufsehenerregendes Zeugnis dafür war unter anderem der Schatzfund im Month-Tempel von et-Tod, in dem sich babylonische und kretische Gegenstände befanden. Um eine bessere militärische Sicherung Nubiens zu garantieren und um die Interessen Ägyptens vor dem mächtigen Kerma-Reich zu schützen, ließ Sesostris III. einen schiffbaren Kanal durch den ersten Nilkatarakt schlagen. Die ägyptischen Festungen nördlich und südlich des zweiten und am dritten Nilkatarakt wurden ausgebaut. Amenemhet III. vollendete eine andere große Tat, die unter Sesostris II. begonnene Entwässerung und Kultivierung der sumpfigen Oase Faijum. Nun wurde diese Oase zur fruchtbarsten Region des Landes, wo Tempel für den Krokodilgott Sobek sowie die Fruchtbarkeitsgöttin Renenutet errichtet wurden. Amenemhet III. wählte schließlich sogar den Faijum-Eingang bei Hawara als Pyra-

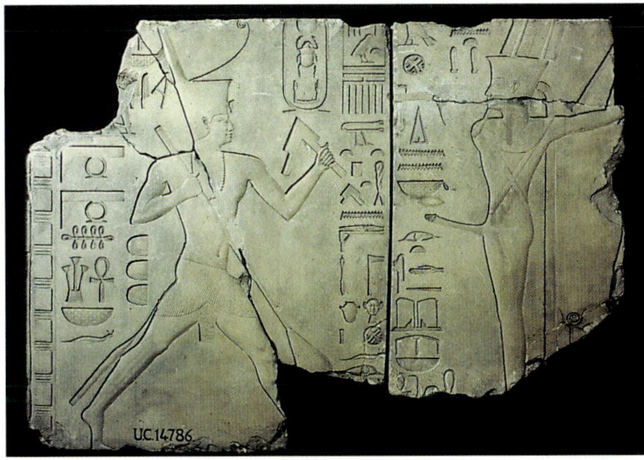

Sesostris I. beim Kultlauf (Sed-Fest) vor dem Fruchtbarkeitsgott Min, 12. Dynastie, um 1930 v. Chr., Koptos, Kalkstein, H. 105 cm, University College, Petrie Museum, London

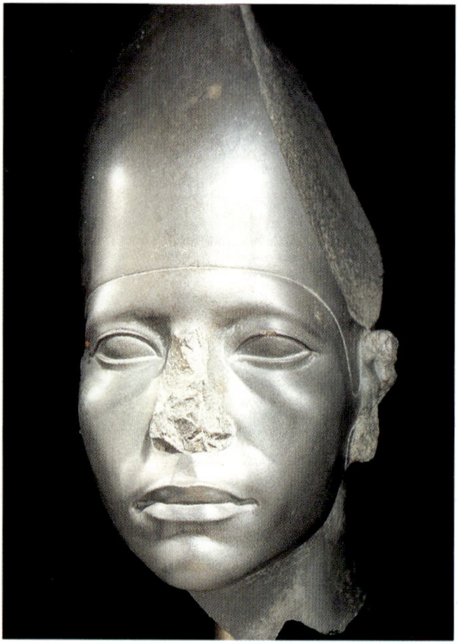

Amenemhet III. mit Weißer Krone, 12. Dynastie, um 1820 v. Chr., Grauwacke, H. 46 cm, Ny Carlsberg Glyptothek, Kopenhagen

midenstätte, nachdem er einen ersten Pyramidenbau in Dahschur (wo sich auch die Pyramiden von Amenemhet II. und Sesostris III. befinden) aufgegeben hatte. Sein gewaltiger, vielräumiger Totentempel wurde später in der Antike als Labyrinth bezeichnet. Ägypten ging es während der zweiten Hälfte der 12. Dynastie innen- und außenpolitisch hervorragend, die zentrale Verwaltung war effektiv, die Wissenschaften (vor allem Medizin, Astronomie und Mathematik) innovativ und in allen Bereichen der bildenden Kunst, der Literatur und der Architektur entstanden Meisterleistungen. Nach dem Tode Amenemhets IV. und seiner Schwester Sobekneferu scheint es während der gesamten 13. Dynastie immer wieder zu Kämpfen um Ägyptens Thron gekommen zu sein; doch trotz aller Schwierigkeiten im Herrscherhaus war das Verwaltungssystem Ägyptens noch so funktionstüchtig, dass Einheit und der Wohlstand des Landes lange Zeit bewahrt werden konnten.

Um 1648 muss das Land dann doch auseinander gebrochen sein. Im Ostdelta und in Teilen Südpalästinas entstand nun ein eigenes kleines Händlerreich, das als 14. Dynastie bezeichnet wird und deren Anführer als Hauptstadt Auaris wählten. Es gelang ihnen schließlich, ihr Machtgebiet bis Memphis auszudehnen und der 13. Dynastie ein Ende zu setzen. Die Zweite Zwischenzeit hatte begonnen. In Auaris etablierten sich sechs Herrscher, die als die großen Hyksos (griech., von ägypt. hegachasut für »Fremdlandherrscher«) der 15. Dynastie bezeichnet werden. Diese Hyksos waren Westsemiten, welche in Teilen Syriens, Palästinas und Ägyptens herrschten und Bündnisverträge mit zahlreichen kleineren Fürstentümern abgeschlossen hatten, zu denen wohl auch die als 16. Dynastie bezeichneten so genannten kleinen Hyksos, aber auch die zahlreichen Stadtfürsten, wie die von Hermopolis und Theben, gehörten. Grundlage für den raschen Erfolg der Hyksos waren vor allem ihre

Streitwagentruppen, mit denen sie den ägyptischen Fußsoldaten weit überlegen waren. Der bedeutendste der großen Hyksos-Herrscher war wohl Apophis, dessen Herrschaftsgebiet sich anfangs noch bis nach Oberägypten erstreckte.

Das Neue Reich

(18.–20. Dynastie, um 1550–1070 v. Chr.)

Wieder war es ein thebanisches Fürstengeschlecht (17. Dynastie), dem die Wiedervereinigung des Landes gelingen sollte. König Seqenenre Taa II. war der Erste, der sich offen gegen den Hyksos-Herrscher Apophis erhob. Sein Sohn Kamose führte den Kampf fort, sah sich aber plötzlich vor die schwierige Situation gestellt, dass die Hyksos mit dem nubischen Kerma-Reich Kontakt aufnehmen wollten, um die Thebaner in einen Zweifrontenkrieg zu verwickeln. Kamose gelang es, den Plan zu vereiteln und bis zur Hyksos-Hauptstadt Auaris im Ostdelta vorzustoßen. Die Einnahme der Stadt und die Vertreibung der Hyksos blieb aber seinem Bruder und Nachfolger Ahmose, dem ersten Herrscher der 18. Dynastie und Begründer des Neuen Reiches, vorbehalten. Er besiegte die Hyksos endgültig und vereinte um 1550 v. Chr. Ägypten unter seiner Herrschaft. Nach Sicherung der Situation in Nubien und Südpalästina konzentrierte sich Ahmose auf innenpolitische Belange. Unter Amenophis I. wurde der Neuaufbau des Staates auf allen Ebenen weiter vorangetrieben. So wurden verbindliche Gesetze erlassen, das Kalenderwesen reformiert und Kultvorschriften festgelegt. Im ganzen Land errichtete man neue Tempel, vor allem aber in Theben, wo Amun nun endgültig zur universalen Gottheit, zum »König der Götter«, aufstieg. Sein Nachfolger Thutmosis I. konzentrierte sich auf die Außenpolitik. Gleich im zweiten Regierungsjahr musste er einem Aufstand nubischer Fürsten begegnen. Zur Abschreckung ließ er bei sei-

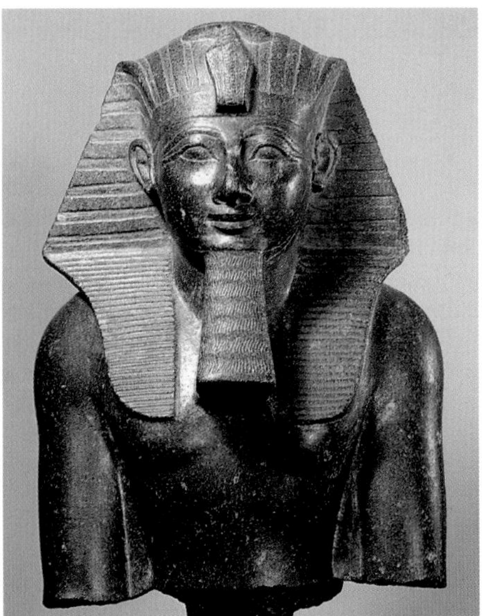

Büste Thutmosis' III., 18. Dynastie, um 1450 v. Chr., Granodiorit, H. 45,5 cm, Kunsthistorisches Museum, Ägyptisch-Orientalische Sammlung, Wien

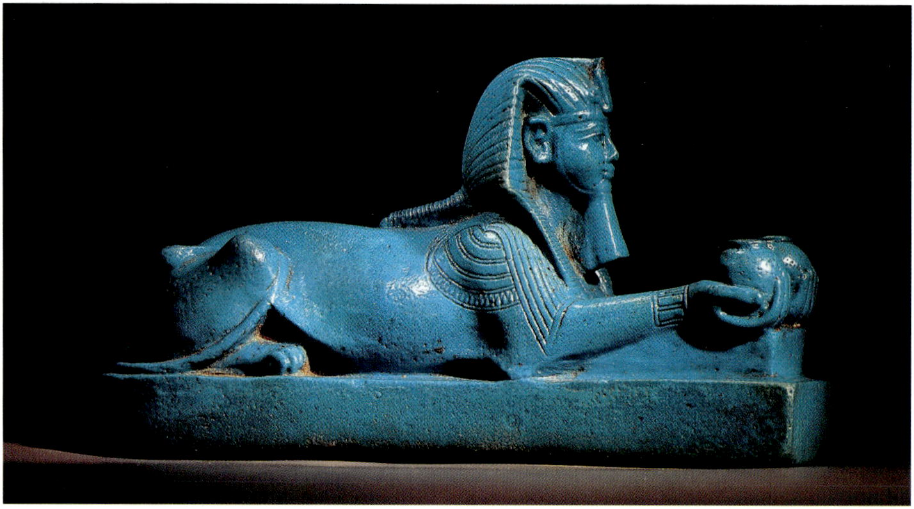

Opfernder Sphinx Amenophis' III. mit Weingefäßen, 18. Dynastie, um 1380 v. Chr., blaue Fayence, L. 25 cm, The Metropolitan Museum of Art, New York

ner siegreichen Rückkehr die Leiche seines Gegners am Bug des Königsschiffes aufhängen. Im Folgejahr drang er weit bis über den vierten Nilkatarakt nach Süden vor, um den Handel nach Innerafrika unter Kontrolle zu bekommen. Als direkte Folge dieser Militäraktion dürfte das Reich von Kerma endgültig zusammengebrochen sein. Nur kurze Zeit später zog er nach Syrien, um dort seine Ansprüche gegen das mächtige Mitanni-Reich zu sichern. Innerhalb Ägyptens setzte er die rege Bautätigkeit seines Schwiegervaters fort und ließ sich als Erster ein Grab im Tal der Könige anlegen. Nach der kurzen Herrschaft Thutmosis' II. gelangten zwei der größten Herrscherpersönlichkeiten Ägyptens auf den Thron: Thutmosis III. und seine Stiefmutter Hatschepsut. Hatschepsut war zunächst als Regentin für ihren unmündigen Stiefsohn eingesetzt worden. Doch nach wenigen Jahren nahm sie, unterstützt von der Priesterschaft des Amun, die Königswürde an. Sie war es nun, die die Politik bestimmte und ihre Legitimation dazu in einer Geburts- und Erwählungslegende festschreiben ließ. In ihrem Terrassentempel in Deir el-Bahari sind es neben der Geburtslegende noch zwei wichtige Ereignisse, die ausführlich geschildert werden: die Expedition nach Punt, um Gold und Weihrauch zu holen, sowie der Transport und die Auf-

stellung ihrer riesigen Obelisken im Karnak-Tempel. Nach ihrem Tod führte Thutmosis III. die Regierung allein weiter. Seinen erfolgreichen Feldzügen, besonders in den syro-palästinensischen Raum, verdankte Ägypten den Aufstieg zur Hegemonialmacht im Nahen Osten. Innenpolitisch stärkte er die Position des Militärs und förderte eine neue Beamtenelite. Das Andenken der Hatschepsut ließ Thutmosis III. landesweit verfolgen, indem ihr Name von den Denkmälern getilgt wurde.
Amenophis II. und Thutmosis IV. konnten die militärische Präsenz Ägyptens im Ausland aufrechterhalten. Die neue Großmacht der Hethiter begann das Mitanni-Reich zu bedrängen, sodass es sich um eine friedliche Koexistenz mit Ägypten bemühte. Die erfolgreichen Verhandlungen führten schließlich zur Heirat Thutmosis' IV. mit einer Tochter des Mitanni-Königs. Amenophis III. übertraf seinen Vater noch an diplomatischem Geschick, und Ägypten wurde zum Zentrum eines weit reichenden Handelsverbundes; Kunst und Kultur hatten Hochkonjunktur. Waren aus aller Welt gelangten an den Königshof, und in den Werkstätten wurden die kostbarsten Materialien verarbeitet. Amenophis III. strebte nach Superlativen, er wollte die größten Tempel, die schönsten Paläste und die qualitätsvollsten Statuen errichten. Und so übertraf sein Bau- und Statuenprogramm, das vom Delta bis zum nubischen Soleb reichte, alles bisher Dagewesene. Die Offenheit des Herrscherhauses gegenüber dem Ausland, das große Interesse an wis-

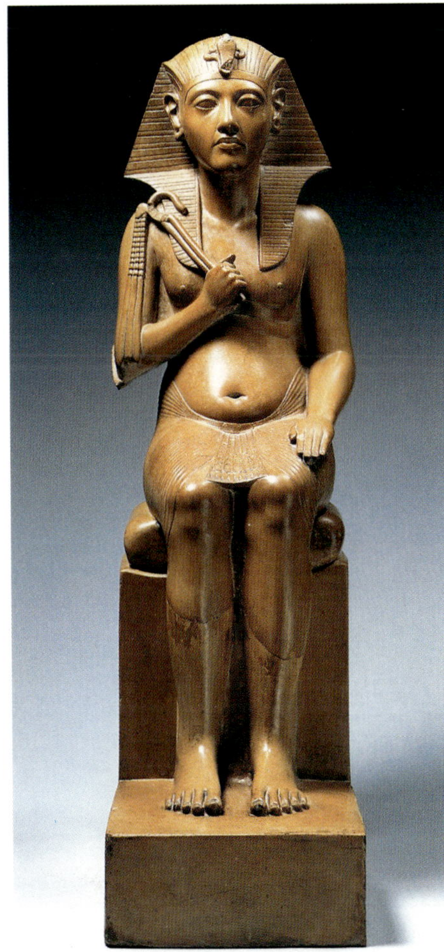

Sitzfigur des Echnaton, 18. Dynastie, um 1340 v. Chr., dunkelgelber Kalkstein, H. 64 cm, Musée du Louvre, Paris

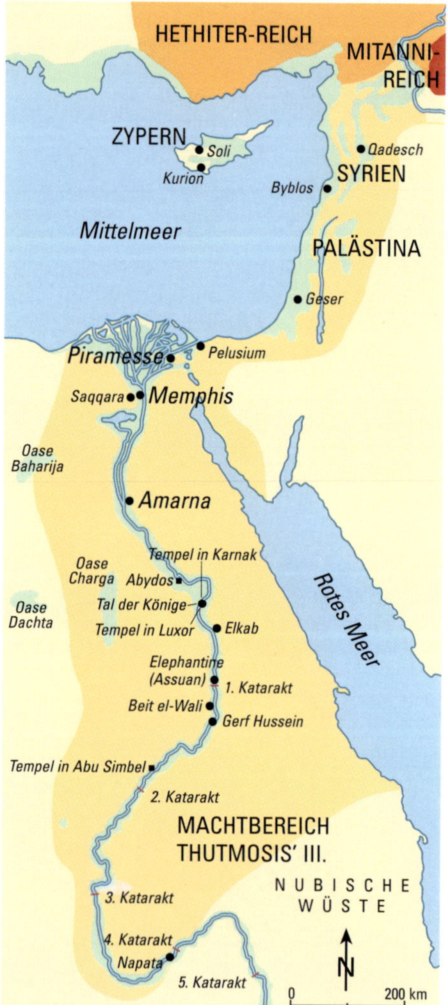

Das Neue Reich: Ägypten z. Z. Thutmosis III.

senschaftlichen Erkenntnissen und der Wunsch nach absoluter Vollkommenheit scheint gegen Ende der Regierungszeit Amenophis' III. auch den theologischen Diskurs beeinflusst zu haben. Es wurden neue, abstraktere Erklärungsmodelle für die Schöpfung und den Sonnenlauf entwickelt, welche die Traditionalisten jedoch vehement ablehnten. Amenophis IV., Sohn Amenophis' III. und seiner Hauptgemahlin Teje, war ein begeisterter Vertreter der neuen Ideen und entwickelte sie zu einer eigenen Sonnenreligion. Er änderte seinen Namen Amenophis (»Amun ist zufrieden«) in Echnaton (»Nützlich für Aton«) und ließ einen gewaltigen Aton-Tempel in Karnak errichten, in dem er zusammen mit seiner Gemahlin Nofretete als schöpfungsaktiver Mittler zwischen Menschen und Sonnengott gefeiert wurde. Als die Priesterschaft des Amun gegen die Dominanz des neuen Gottes zu opponieren begann, kam es zum Eklat. Echnaton verließ Theben, gründete seine Hauptstadt Achetaton (heute Amarna) in Mittelägypten, befahl, die Tempel der alten Götter zu schließen und Namen wie Bilder des Gottes Amun auszulöschen. Er setzte völlig neue Priester und Beamte ein und errichtete einen ausschließlich von seiner Person abhängigen Hofstaat. Für die äußeren Probleme des Landes hatte er kaum noch Verständnis, sodass das feingliedrige Bündnisnetz seines Vaters zerbrach. Schon bald nach seinem Tode wurde der Kindkönig Tutanchaton veranlasst, Achetaton aufzugeben und nach Memphis zu gehen, um die alten Götter wieder an-

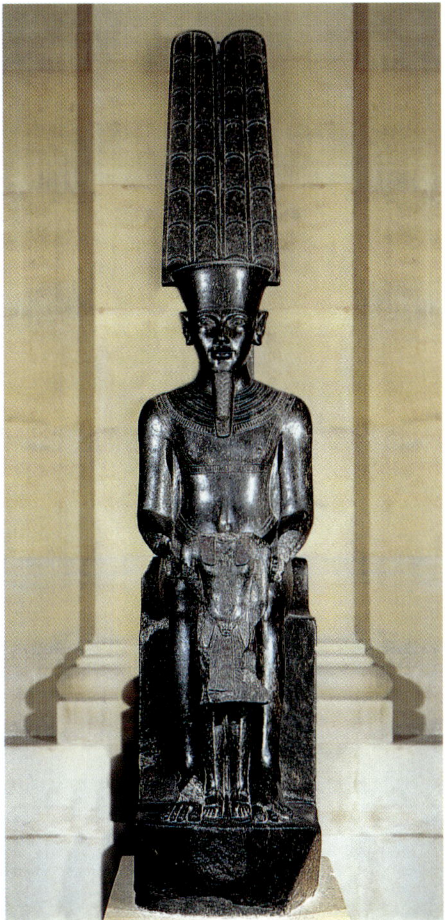

Statuengruppe: Tutanchamun vor dem thronenden Gott Amun-Re, 18. Dynastie, um 1330 v.Chr., wohl Karnak, Granodiorit, H. 220 cm, Musée du Louvre, Paris

zuerkennen und seinen Namen in Tutanchamun (»Lebendes Abbild des Amun«) zu ändern. Kaum erwachsen, starb er eines plötzlichen Todes und hinterließ keine Erben. Nach einer kurzen Zwischenherrschaft des »Gottesvaters« Eje kam schließlich der Mann auf den Thron, der schon zur Zeit des Tutanchamun die eigentliche Macht in den Händen gehalten hatte, der Oberbefehlshaber des Heeres Haremhab. Ihm gelang es, die innen- und außenpolitische Stabilität wiederherzustellen und dringend notwendige Reformen in Gang zu setzen. Als Thronfolger benannte er seinen militärischen Weggefährten und Wesir Ramses, der zum Begründer der 19. Dynastie wurde. Sein Sohn Sethos I. forcierte die Wiederinstandsetzung der Göttertempel im ganzen Land und die endgültige Auslöschung der Namen aller von ihm als illegitim betrachteten Herrscher. Im Ostdelta gründete er einen neuen Verwaltungssitz, der schon bald unter dem Namen Piramesse zur Hauptstadt des Ramessiden-Reiches wurde. Hier entstanden nicht nur neue Tempel und Paläste, sondern riesige Militärlager und Anlagen zur Herstellung von Waffen. Von hier aus konnten die ägyptischen Truppen schneller in Gang gesetzt werden, um die Handelswege zu schützen, den Verbündeten zu Hilfe zu eilen oder sie mit militärischem Druck an ihre Bündnispflicht zu erinnern. Eine schwierige Situation ergab sich im fünften Regierungsjahr Ramses' II. Das Land Amurru war zu den Hethitern übergelaufen, und der König sah sich zu schnellem Eingreifen genötigt, um

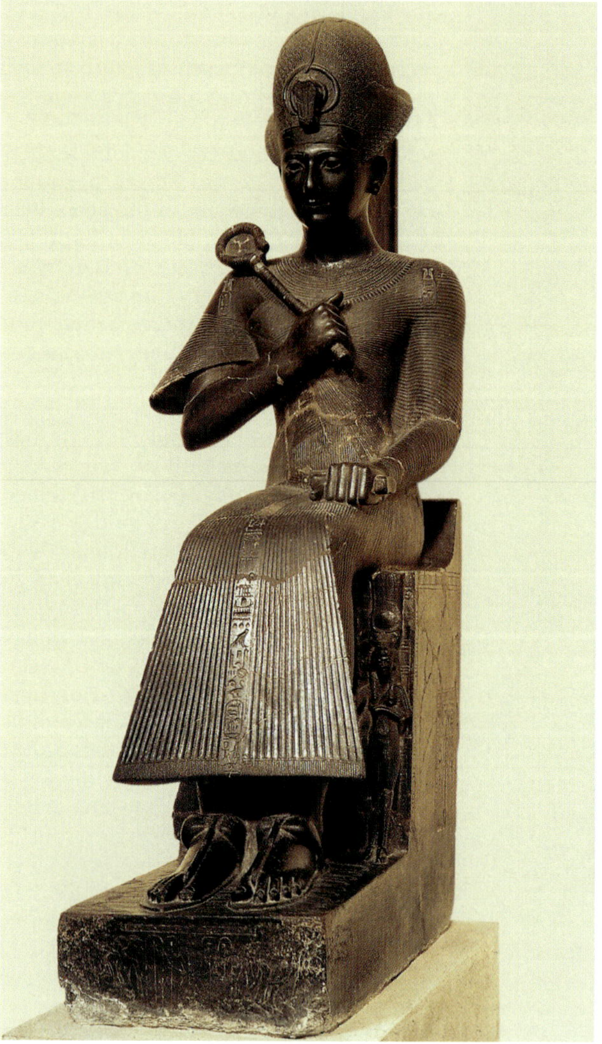

seine Ansprüche in Syrien zu sichern. Mit einem riesigen Heer (ca. 20 000 Mann) zog er los, um die Festung Qadesch einzunehmen. Dort geriet er in einen Hinterhalt der Hethiter und wäre fast gefangen genommen worden. Wie durch ein Wunder rettete ihn eine zu früh eintreffende Elitetruppe, und das ägyptische Heer konnte sich im Schutz der Dunkelheit absetzen. Nach Ägypten zurückgekehrt, ließ der König die Schlacht als grandiosen Sieg feiern und auf den Tempelwänden darstellen. Bis zum Abschluss eines endgültigen Friedensvertrages sollte es aber noch 16 Jahre dauern. Während seiner 67-jährigen Regierungszeit gab der König ein riesiges Bauprogramm in Auftrag, außerdem aktualisierte er zahlreiche Kultanlagen durch die Beschriftung von Bauten und Statuen mit seinem Namen. Große Truppenverbände standen in ständiger Alarm-

Sitzbild Ramses' II. mit Blauer Krone, 19. Dynastie, um 1275 v. Chr., Theben, Granit, H. 194 cm, Museo Egizio, Turin

bereitschaft, um Aufstände niederzuschlagen, Bündnisverpflichtungen nachzukommen oder äußeren Gegnern die Schlagkraft des ägyptischen Heeres zu demonstrieren. Eine der ständigen Bedrohungen ging von den Seevölkern aus. Sie stammten aus dem ägäischen Raum und überfielen nach Piratenart die Küstenstädte des Mittelmeeres. Eine ernsthafte Gefahr für Ägypten stellten sie aber erst unter Merenptah in dessen fünften Regierungsjahr dar, als sie sich mit den Libyern verbündeten und plündernd in das ägyptische Delta einfielen. Obwohl gleichzeitig ein Aufstand in Nubien losbrach, gelang dem König an beiden Fronten ein Sieg.

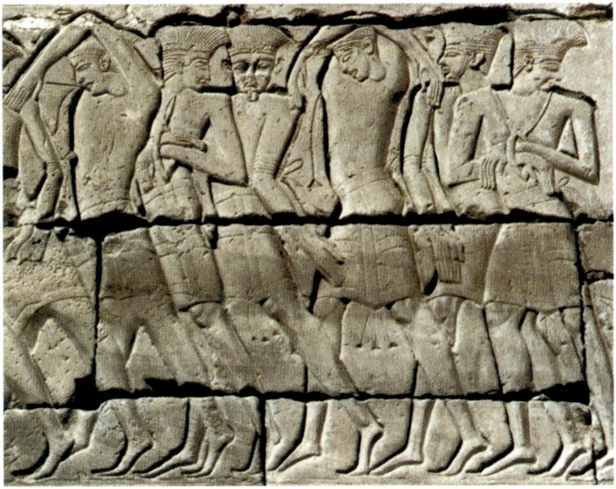

Tempelrelief: Aufzug von gefangenen Philistern (Gruppe der Seevölker), 20. Dynastie, um 1170 v. Chr., Theben-West, Medinet Habu, Totentempel Ramses' III., erster Hof

Das Ende der 19. Dynastie war von Thronfolgestreitigkeiten bestimmt, die zu einer innenpolitischen Krise führten, und erst unter dem zweiten König der 20. Dynastie, Ramses III., kehrten wieder geordnete Verhältnisse ein. Seine größte Herausforderung waren die Überfälle der Seevölker, die sowohl von Osten als auch zusammen mit den Libyern von Westen das Delta überfielen. Ramses III. gelang in einer gewaltigen Land- und Seeschlacht der Sieg, den er in umfangreichen Reliefzyklen auf den Wänden seines Totentempels von Medinet Habu in Theben-West darstellen ließ. Trotzdem mehrten sich die wirtschaftlichen Probleme, und unter den letzten ramessidischen Königen setzte ein rascher Niedergang ein; Machtkämpfe, Streiks und Unruhen brachen aus. Am Ende der 20. Dynastie kam unter Ramses XI. noch ein Bürgerkrieg hinzu, in dem sich der Vizekönig von Kusch (Nubien), Panehsi, und der Hohepriester des Amun Pianch bekämpften. Im Amt des Hohepriesters von Theben folgt auf Pianch dessen Schwiegersohn Herihor, der sich nach dem Tod Ramses' XI. zum König erhebt und als solcher eine vollständige Titulatur führt; ein Orakel des Amun/Chons legitimiert seine Stellung.

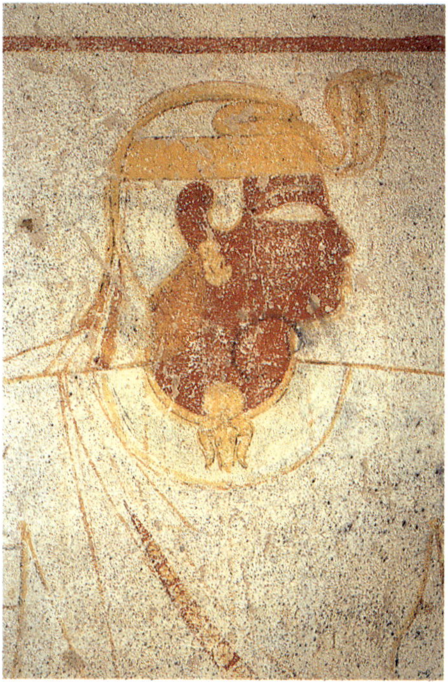

König Tanutamun, 25. Dynastie, um 650 v. Chr., Wandmalerei, H. etwa 40 cm, Pyramide in el-Kurru, Grabkammer

Die Dritte Zwischenzeit und die Spätzeit
(21.–25. Dynastie, 1070 – 655 v. Chr.; 26.–31. Dynastie, 664 – 332 v. Chr.)

Nach dem Ende des Neuen Reiches begann eine Phase der inneren Zerrissenheit, die als Dritte Zwischenzeit bezeichnet wird. Der Begründer der 21. Dynastie war Smendes, wohl ein Sohn Herihors, des Hohepriesters des Amun von Theben. Er verlegte seine Hauptstadt im Delta von Piramesse nach Tanis, wobei alle repräsentativen Denkmäler abtransportiert und in der neuen Metropole wieder verwendet wurden. Im Bezirk des großen Amun-Tempels errichtete man nun auch die Königsgräber. Trotzdem verstanden sich die neuen Herrscher als Nachfolger der Ramessiden und verwendeten den Namen Ramses sogar als Ehrentitel. Mit den Priesterkönigen im Gottesstaat des Amun von Theben waren sie verwandt und regierten wohl in gegenseitigem Einverständnis.
Schoschenq I., Begründer der 22. Dynastie, stammte aus dem libyschen, in Bubastis ansässigen Kriegeradel und muss ein äußerst willensstarker und kluger Herrscher gewesen sein. Ihm gelang es schon nach kurzer Zeit, stabile Verhältnisse herzustellen und den thebanischen Priesterstaat seiner direkten Herrschaft zu unterwerfen. Er unternahm mehrere Feldzüge nach Palästina und belagerte 925 v. Chr. auch Jerusalem. Um der Eroberung zu entgehen, wurden ihm die Palast- und Tempelschätze der Stadt ausgeliefert. 756 v. Chr. spaltete sich das bubastidische Königshaus, und es herrschten gleichzeitig zwei miteinander verwandte Dynastien, die späte 22. und die 23. Dynastie. Schließlich erklärten sich auch noch die libyschen Fürstengeschlechter von Herakleopolis, Hermopolis und Sais für unabhängig und erhoben Anspruch auf den Herrschertitel. Die Fürsten

Tefnacht und Bokchoris von Sais dehnten ihren Einflussbereich letztendlich auf das gesamte Westdelta und Memphis aus und wurden später als 24. Dynastie gezählt.

In Nubien war Mitte des 8. Jh.s v. Chr. ein eigenständiger kuschitischer Staat entstanden, dessen Traditionen zum Teil auf ägyptischen Wurzeln beruhten. Als Hauptgott verehrten diese Herrscher Amun, und für ihre Bestattungen wählten sie die Pyramidenform. König Kaschta gelang es, bis Assuan vorzustoßen, Pije nahm Oberägypten ein, und Schabako konnte schließlich Bokchoris bezwingen, sodass nun auch die Deltafürsten die kuschitische Oberherrschaft anerkannten. Durch den Goldreichtum der neuen, als 25. Dynastie bezeichneten Könige erlebte Ägypten einen wirtschaftlichen Aufschwung; vor allem Taharqo veranlasste zahlreiche Baumaßnahmen im ganzen Land. So friedlich die ersten Jahre auch waren, ließ die Katastrophe doch nicht lange auf sich warten. Die Assyrer fielen in Ägypten ein und wurden vom Fürstenhaus in Sais im Kampf gegen die Kuschiten unterstützt, die schließlich Unterägypten aufgeben mussten.

Nachdem Psammetich I. in weiten Teilen Ägyptens als Herrscher anerkannt war, machte er sich von den Assyrern unabhängig und begründete eine neue Dynastie, die 26. Mit ihr setzt die letzte große kulturelle Blüte des Pharaonenreiches ein, die als Spätzeit bezeichnet wird. In der Folgezeit geriet Ägypten als Verbündeter der Assyrer in den Kampf gegen das Neubabylonische Reich. Necho II. konnte dabei zwar noch einmal für kurze Zeit die alte Oberherrschaft Ägyptens über Palästina sichern, wurde dann aber 605 v. Chr. von der babylonischen Armee unter Führung ihres Königs Nebukadnezar vernichtend geschlagen und musste sich nach Ägypten zurückziehen. Dort konzentrierte er sich

Kopf von einer Statue des Königs Amasis, 26. Dynastie, um 550 v. Chr., Grauwacke, H. 24 cm, Ägyptisches Museum, Staatliche Museen Preußischer Kulturbesitz, Berlin

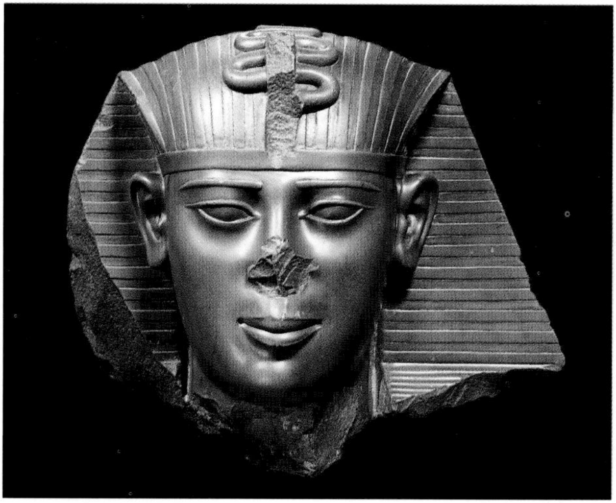

auf den Ausbau seiner Flotte und begann mit einem einzigartigen Projekt, dem Bau eines Kanals vom Roten Meer zum Mittelmeer. Unter König Apries kam es erneut zu einer Konfrontation mit Nebukadnezar, da er den Aufstand der jüdischen und phönizischen Städte gegen die Babylonier unterstützte. Aber auch er konnte die Einnahme Jerusalems und die Verschleppung der Juden nicht verhindern. Es war jedoch eine andere Auseinandersetzung, die Apries schließlich zum Verhängnis wurde. Auf der Seite der Libyer kämpfte er gegen die aufstrebende griechische Kolonie Kyrene. Nach seiner vernichtenden Niederlage meuterte das ägyptische Heer, und General Amasis ergriff die Macht. Ihm gelang es, zwischen Griechen, Libyern und Ägyptern zu vermitteln, weshalb er später wohl als großer Weiser in die griechische Überlieferung einging. Unter seinem Sohn Psammetich III. verlor Ägypten erneut die Unabhängigkeit und wurde vom Perserkönig Kambyses 525 v. Chr. erobert. Es wurde zur Satrapie (Provinz) des Perserreiches, und den persischen Herrschern als 27. Dynastie gezählt. Erst nach dem Tode Darius' II. gelang es dem Libyer Amyrtaios von Sais, dem einzigen König der 28. Dynastie, die Perser aus dem Land zu vertreiben. Er wurde wiederum von dem aus Mendes stammenden Nepherites I. gestürzt, der die 29. Dynastie begründete.

Einen letzten kulturellen Aufschwung erlebte das Land unter den Königen der 30. Dynastie, die aus Sybennytos (Delta) stammten. Besonders unter Nektanebos I. blühten Kunst und Architektur noch einmal auf, die Tempel wurden mit großzügigen Schenkungen ausgestattet. Aber nur kurze Zeit später, im Jahre 343 v. Chr., konnte Ägypten dem erneuten Angriff des Perserreiches nicht mehr standhalten und wurde erneut zur Satrapie (31. Dynastie). Nektanebos II., der letzte einheimische Pharao Ägyptens, verließ sein Land und floh nach Nubien.

Alexander der Große und die Ptolemäer

(332–30 v. Chr.)

Nach seinem Sieg gegen die Perser zog Alexander der Große im Jahre 332 v. Chr. nach Ägypten. In der Oase Siwa ließ er seine Herrschaft durch ein Orakel des Gottes Amun bestätigen. Alexander wurde in Ägypten als Befreier begrüßt und später göttlich verehrt. Nach seinem Tod 323 v. Chr. in Babylon ließ sein General Ptolemaios, Sohn des Lagos, den Leichnam des großen Makedonen nach Ägypten überführen, um ihn dort zu bestatten; sein Grab konnte bislang jedoch nicht entdeckt werden.

Ptolemaios regierte in Ägypten zunächst im Namen der Alexander-Nachfolger Philipp III. Arrhidaios und Alexander IV., bevor er sich selbst 305/04 v. Chr. als Ptolemaios I. Soter zum König krönte. Er bemühte sich um einen Ausgleich zwischen dem griechischen und dem ägyptischen Teil der Bevölkerung. In diesem Zusam-

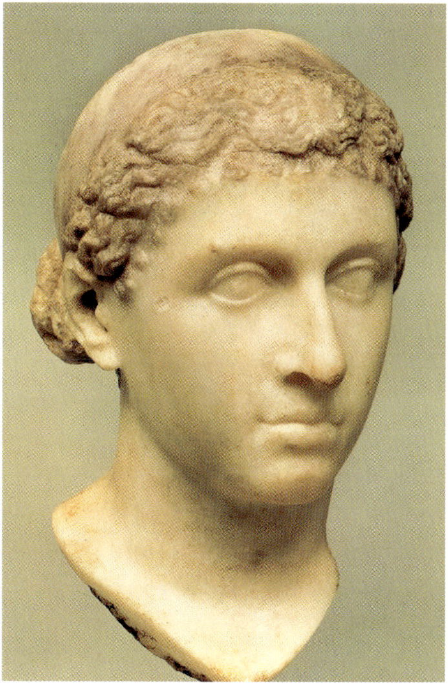

Porträtkopf Kleopatras VII., um 30 v. Chr., Marmor, H. 28 cm, Antikensammlung, Staatliche Museen Preußischer Kulturbesitz, Berlin

menhang ist auch die Erhebung des Sarapis zum neuen Staatsgott zu verstehen, einer Verbindung zwischen dem ägyptischen Osiris-Apis und den griechischen Göttern Zeus und Dionysos. In der Folgezeit entwickelten sich zwei Kulturhorizonte nebeneinander. Der eine stand in altägyptischer Tradition, wie sie sich in den großen Tempelbauten von Edfu, Dendera, Kom Ombo oder Philae darstellt, der andere war hellenistisch geprägt und entsprach den Bedürfnissen des griechischen Bevölkerungsteils. Eine ganz besondere Bedeutung erlangte die neue Hauptstadt Alexandria, die zum unbestrittenen kulturellen Zentrum der hellenistischen Welt aufstieg. Während sich die ersten ptolemäischen Herrscher noch weitgehend auf die Unterstützung der einheimischen Administration und Priesterschaft stützen konnten, kam es ab Ptolemaios IV. immer wieder zu Aufständen und Verschwörungen; zeitweilig erklärte sich sogar der thebanische Raum für unabhängig. Innerfamiliäre Machtkämpfe und Mordintrigen schwächten das Herrscherhaus zusätzlich. Der letzten Lagidin Kleopatra VII. gelang es schließlich nur noch mit Hilfe von Julius Cäsar, ihren Thron zu bewahren. Nach seinem Tod schenkte sie Marcus Antonius ihre Gunst und kämpfte mit ihm zusammen gegen Octavian um die Herrschaft über das Römische Reich. Nach dem Sieg des Octavian, des späteren Kaisers Augustus, bei Actium 31 v. Chr. nahmen sich Kleopatra und Marc Anton das Leben, und Ägypten wurde endgültig zur römischen Provinz. Selbst wenn viele Römer ägyptenbegeistert waren und ägyptische Götter wie Isis in weiten Teilen des Reiches verehrt wurden, dürften die Lebensumstände der meisten Ägypter unter der römischen Herrschaft als wenig erfreulich gegolten haben. Das Land am Nil wurde als Getreide- und Rohstofflieferant Roms ausgebeutet und verarmte zusehends.

Modernes Ägypten in Zahlen und Fakten

Geografie und Bevölkerung

- Name: Arabische Republik Ägypten
- Hauptstadt: Kairo
- Amtssprache: Arabisch
- Nationalfeiertag: 23. Juli (Jahrestag der Revolution von 1952)
- Währung: 1 Ägypt. Pfund = 100 Piaster
- Fläche: ca. 1 002 000 km²
- Topografie: Ägypten gliedert sich in vier Landschaftszonen: Niltal und Delta (ca. 99 % der Bevölkerung), Libysche Wüste im Westen (ca. 2/3 der Landesfläche), Arabische Wüste im Osten sowie der Sinai.
- Klima: Wüstenklima, mediterranes Klima an der Landesküste im Norden
- Bevölkerung: ca. 67,3 Millionen (Stand: Juli 1999). Der überwiegende Teil der Bevölkerung lebt auf einer Fläche von nur 35 200 km², ca. 54 % der Einwohner Ägyptens leben im Nildelta und im Großraum Kairo. Allein in Groß-Kairo wohnen ca. 16,5 Millionen Menschen; durchschnittliche Bevölkerungsdichte in Kairo: ca. 27 000 Einwohner/km².
- Bevölkerungswachstum 1999: 1,82 %
- Ethnische Gruppen: Ägypter: 99 %; Beduinen, Nubier u. a.: 1 %
- Religionen: Staatsreligion ist der Islam; Muslime (zumeist Sunniten): 94 %, Christen (zumeist Kopten): 6 %

Klimadaten

	Jan.	Febr.	März	April	Mai	Juni	Juli	Aug.	Sept.	Okt.	Nov.	Dez.
Alexandria ø Temp. °C	18	19	20	23	26	27	28	30	28	27	25	20
Regentage	5	4	3	1	0	0	0	0	1	3	4	5
Kairo ø Temp. °C	19	21	24	28	32	35	35	35	33	30	26	21
Regentage	3	2	1	1	1	0	0	0	0	1	1	2
Luxor/Assuan ø Temp. °C	24	27	29,5	34	40	41,5	42	41,5	39,5	35,5	30	25
Regentage	0	0	0	0	0	0	0	0	0	0	0	0

Ägypten seit der Revolution (Abriss)

23.7.1952	Staatsstreich der »Freien Offiziere« unter General Mohamed Nagib; Absetzung von König Faruk I.
18.6.1953	Ägypten wird Republik.
1954	Gamal Abd el-Nasser wird Staats- und Ministerpräsident.
1956	Suezkrise: Die Verstaatlichung der Suezkanalgesellschaft (in engl. Besitz) führt zu einem Angriff von Großbritannien, Frankreich und Israel auf Ägypten.
1960–1970	Bau des Assuanstaudammes
1967	Ägypten wird im »Sechstagekrieg« von Israel vernichtend geschlagen; Israel besetzt den Sinai.
15.10.1970	Tod von Nasser; Anwar es-Sadat folgt als Nachfolger an der Staatsspitze.
6.10.1973	Beginn des »Oktoberkrieges« (»Jom-Kippur-Krieg«) mit einem Überraschungsangriff Ägyptens und Syriens auf Israel; am 26.10.1973 wird der Krieg auf Druck der Großmächte beendet.
ab 1974	Öffnungspolitik Sadats: Westliche Investitionen sollen gefördert werden.
19.11.1977	Reise Sadats nach Israel leitet den Friedensprozess zwischen beiden Ländern ein.
26.3.1979	Sadat und Begin unterzeichnen den Friedensvertrag von Camp David; Rückgabe des Sinai an Ägypten bis 1982.
6.10.1981	Ermordung Sadats durch islamische Fundamentalisten; sein Nachfolger wird Mohamed Hosni Mubarak.
1991	Teilnahme Ägyptens am Golfkrieg gegen den Irak auf Seiten der USA

Politisches System und Verwaltung

- Staatsform: seit 1971 präsidiale Republik. Der Präsident als Staatsoberhaupt ernennt sowohl den Ministerpräsidenten als auch das Kabinett; er wird alle sechs Jahre vom Abgeordnetenhaus gewählt (Wahlbestätigung durch ein nationales Referendum); im Kriegsfall ist er Oberbefehlshaber der Streitkräfte.
- Legislative: Abgeordnetenhaus mit 454 Abgeordneten; 444 Mitglieder werden alle fünf Jahre vom Volk gewählt (kombiniertes Verhältnis- und Direktwahlrecht, 8%-Klausel), zehn Mitglieder ernennt der Staatspräsident direkt. Zweite Kammer als beratendes Organ: 210 Mitglieder, davon 57 vom Staatspräsidenten ernannt. Wahlalter: mind. 18 Jahre; es herrscht Wahlpflicht.
- Parteien: Seit dem Mehrparteiengesetz von 1979 führt die »Nationaldemokratische Partei« das Parteienspektrum an; Parteichef: Präsident Hosni Mubarak. Neben einer Reihe legaler Oppositionsparteien (z. B. Neue Wafd-Partei, Sozialistische Arbeiterpartei) gibt es eine zunehmend stärker gewordene illegale Opposition islamisch-fundamentalistischer Gruppierungen.
- Judikative: Gerichtswesen mit vier Instanzen, nach europäischem Vorbild (engli-

sches Gewohnheitsrecht und Code Napoléon) unter Berücksichtigung des islamischen Rechts

- Landesverwaltung: Ägypten ist unterteilt in 26 Gouvernorate und Luxor-Stadt; die Gouverneure (Ministerrang) werden vom Staatspräsidenten ernannt und entlassen; die Gouvernorate ihrerseits sind unterteilt in Kreise und Kommunen. Die lokale Verwaltung aller drei Ebenen setzt sich aus gewählten Volksvertretern und aus von der Regierung ernannten Exekutivorganen zusammen.

Wirtschaft

- Seit 1991 verfolgt Ägypten einen Kurs der wirtschaftlichen Stabilisierung, verbunden mit grundlegenden Strukturreformen. Nach dem Engagement im Golfkrieg auf Seiten der Anti-Irak-Koalition bekam das Land massive finanzielle Unterstützung durch den Internationalen Währungsfonds (IWF) sowie einen weit reichenden Schuldenerlass bei westlichen Gläubigerstaaten. In den 90er-Jahren sank die Inflationsrate, und das Haushaltsdefizit wurde verringert. Die unter Sadat beginnende Privatisierung der Wirtschaft wurde ebenso vorangetrieben wie die Verbesserung der gesetzlichen Grundlagen für Wirtschaftsunter- nehmen.
- Bruttosozialprodukt 1997 je Einwohner: 1200 US-$
- Wirtschaftswachstumsrate 1998: 5 %
- Inflationsrate 1998: 3,6 %
- Wirtschaftssektoren: Dienstleistung 53 %, Industrie 31 %, Landwirtschaft 16 %
- Industrie: Textilien, Nahrungsmittelproduktion, Tourismus, Chemieindustrie, Erdölindustrie, Bausektor, Zementherstellung, Metallgewinnung und -verarbeitung. Steigerung der Industrieproduktion 1997: 9,4 %
- Landwirtschaft: Nur ca. 3,5 % der Landesfläche sind landwirtschaftlich nutzbar; die Anbauflächen liegen im Delta sowie in dem ca. 1000 km langen Niltal. Durch intensive Bewässerung mittels Grundwasseranbohrung wird versucht, Neuland zu gewinnen, u. a. in den Oasen Charga und Dachla in der Libyschen Wüste (New Valley-Project) sowie neuerdings in der Nubischen Wüste bei Toschka. Wichtigste landwirtschaftliche Produkte: Baumwolle, Reis, Zuckerrohr, Mais, Weizen, Bohnen, Obst, Gemüse. Viehwirtschaft: Rinder, Wasserbüffel, Schafe, Ziegen sowie Fischfang.

Bildung und Soziales

- Bevölkerung: Das rapide Bevölkerungswachstum in den 80er- und frühen 90er-Jahren (jährlich ca. 2,5%) führte zu schwerwiegenden wirtschaftlichen und sozialen Problemen, was insbesondere im letzten Jahrzehnt von islamisch-fundamentalistischen Gruppen zu ihren Zwecken ausgenutzt wurde.
- Der ägyptische Staat bemüht sich seit Jahrzehnten um eine Geburtenkontrolle, v. a. durch Aufklärung und kostenlose Abgabe von Verhütungsmitteln. Im ganzen Land entstanden hierfür staatlich betriebene Familienplanungszentren. In den allerletzten Jahren scheint ein gewisser Erfolg verzeichnet werden zu können (offizielle Bevölkerungswachstumsrate 1999: 1,82 %).

- Bevölkerungsstruktur:
  0–14 Jahre: 36 %
  16–64 Jahre: 61 %
  über 65 Jahre: 3 %
- Sozialgefüge: Die soziale Struktur der Bevölkerung hat sich seit der Revolution von 1952 stark verändert. Unter Nasser wurden im Zuge einer Landreform große Teile des sich überwiegend in den Händen von Großgrundbesitzern befindlichen Ackerlandes an früher landlose Teile der Bevölkerung gegeben.
  - Die gebildete Mittelklasse bekam Zugang zur politischen Macht. Seit Sadats Öffnungspolitik in den 70er-Jahren hat sich – zumindest in den städtischen Zentren – die Mittelklasse stetig vergrößert.
- Gesundheit: Seit 1952 wurden große Anstrengungen unternommen, um die Gesundheit der Bevölkerung zu verbessern. Die Lebenserwartung stieg seitdem stark an, und die Kindersterblichkeit wurde deutlich verringert.
- Medizinische Versorgung: Das Gesundheitsministerium stellt eine kostenfreie medizinische Basisversorgung für die Bevölkerung zur Verfügung, v. a. durch den Betrieb von Gesundheitszentren im ganzen Land. Neben Allgemeinkrankenhäusern werden vom Staat auch Spezial- und Zahnkliniken betrieben.
  - Allerdings ist die Versorgung in den staatseigenen Zentren und Kliniken oft mangelhaft, insbesondere aufgrund fehlender technischer Ausstattung und zu geringem Personalbestand.
- Soziales: Die soziale Absicherung ist sehr gering. Zwar gibt es seit den 60er-Jahren ein staatliches Programm zur Altersvorsorge, kombiniert mit Arbeitslosigkeit, Arbeitsunfähigkeit und Hinterbliebenenversorgung, aber 1990 nahm nur ca. die Hälfte der arbeitenden Bevölkerung daran teil (u. a. Staatsangestellte).
- Bildungswesen: Der Ausbau des Schulsystems wurde in den letzten Jahrzehnten mit großen Anstrengungen vorangetrieben, konnte aber mit der raschen Zunahme der Bevölkerung nicht Schritt halten.
  - Das öffentliche Schulsystem besteht aus einer fünfjährigen obligatorischen Grunschule, gefolgt von einer dreijährigen Vorbereitungsschule und einer wiederum dreijährigen Sekundarschule. Des Weiteren besteht die Möglichkeit, eine Berufsschule (Agrar-, Handels-, Technikschule) zu besuchen.
  - Die Zulassung zu einer der 15 Universitäten setzt gutes Abschneiden im Zentralabitur voraus, das die Sekundarschule abschließt. Neben den Universitäten gibt es eine Reihe von Fachhochschulen.
  - Trotz Schulpflicht liegt die Analphabetenrate bei den über 15-Jährigen bei 51 %; viele Kinder aus ärmeren Familien werden nie eingeschult, da Bücher und Schulkleidung selbst gezahlt werden müssen; besonders auf dem Land werden viele Kinder als Arbeitskräfte eingesetzt, obwohl Kinderarbeit gesetzlich verboten ist.

Internetadressen

- touregypt.net
- egypt.net
- aegypten-online.de

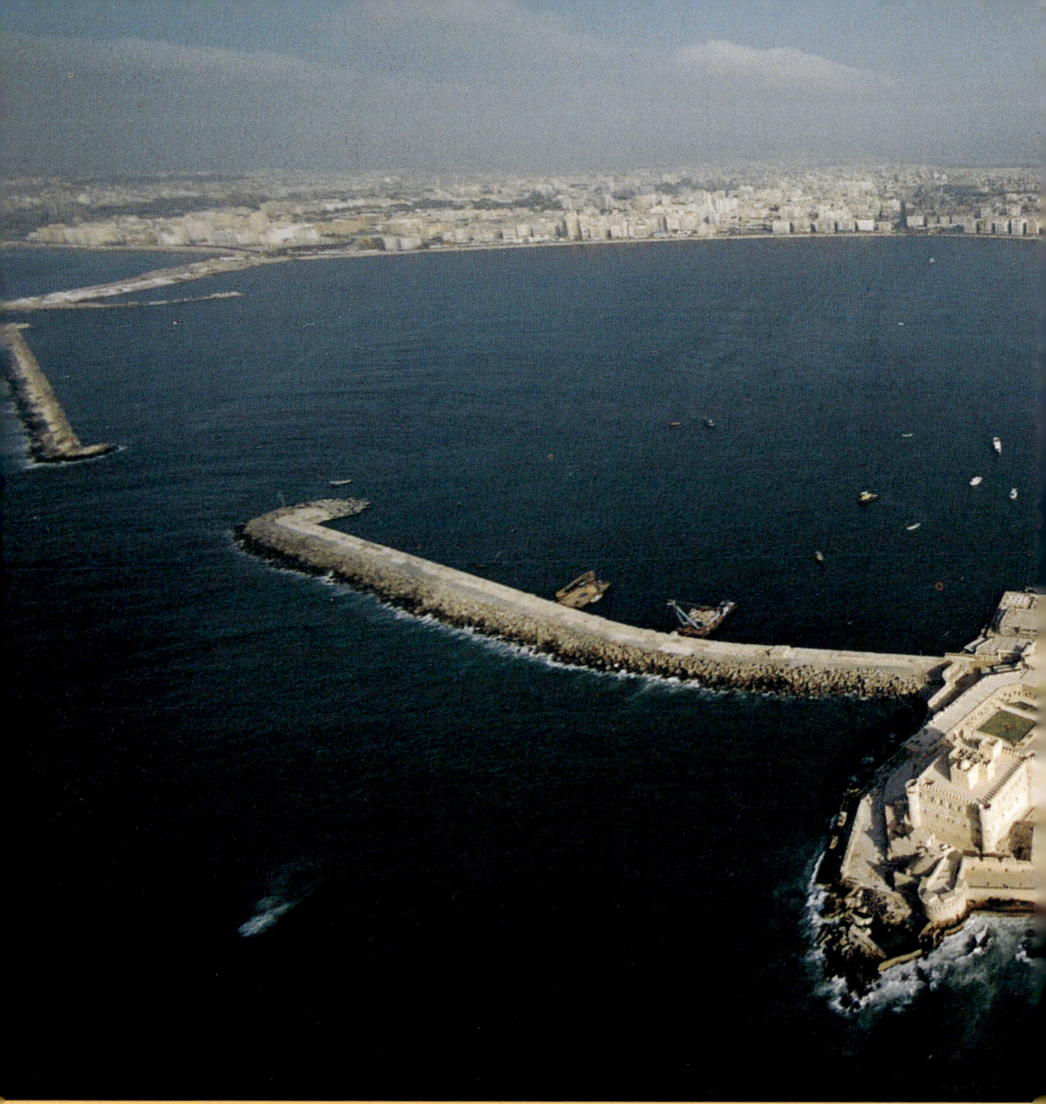

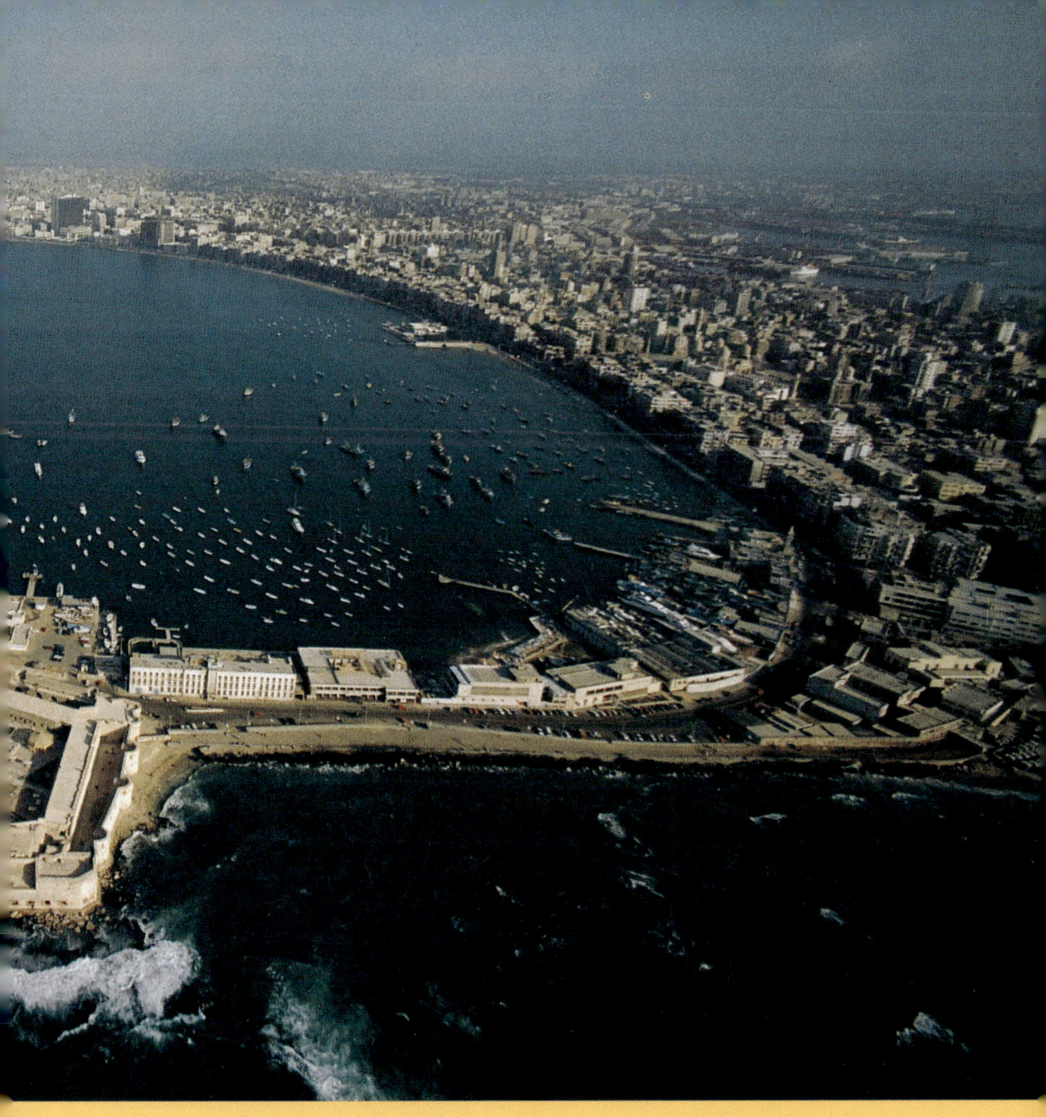

Alexandria und das Delta

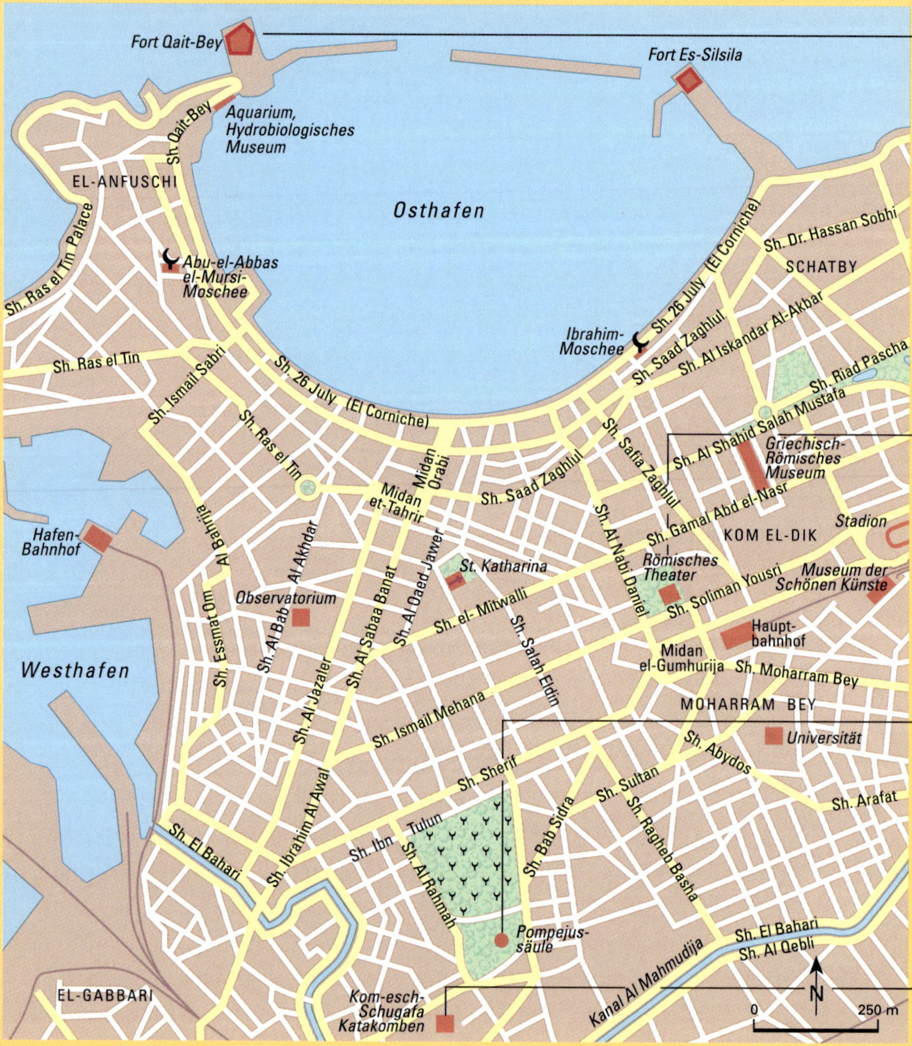

Fort Qait-Bey
Fort Es-Silsila
Aquarium, Hydrobiologisches Museum
Sh. Qait-Bey
EL-ANFUSCHI
Osthafen
Sh. Ras el Tin Palace
Abu-el-Abbas el-Mursi-Moschee
Sh. Dr. Hassan Sobhi
SCHATBY
Sh. 26 July (El Corniche)
Ibrahim-Moschee
Sh. Saad Zaghlul
Sh. Al Iskandar Al-Akbar
Sh. Riad Pascha
Sh. Ras el Tin
Sh. Ismail Sabri
Sh. Ras el Tin
Sh. 26 July (El Corniche)
Sh. Al Shahid Salah Mustafa
Griechisch-Römisches Museum
Midan Orabi
Midan et-Tahrir
Sh. Saad Zaghlul
Sh. Safia Zaghlul
Sh. Gamal Abd el-Nasr
Stadion
KOM EL-DIK
Hafen-Bahnhof
Al Bahrija
Al Akhdar
Sh. Al Qaed Jawer
St. Katharina
Sh. Al Nabi Daniel
Römisches Theater
Museum der Schönen Künste
Sh. Soliman Yousri
Observatorium
Sh. Essmat Om
Sh. Al Bab
Sh. Al Sabaa Banat
Sh. el- Mitwalli
Sh. Salah Eldin
Haupt-bahnhof
Midan el-Gumhurija
Sh. Moharram Bey
Westhafen
Sh. Al Jazaler
Sh. Ismail Mehana
MOHARRAM BEY
Universität
Sh. Abydos
Sh. Sherif
Sh. Sultan
Sh. Arafat
Sh. El Bahari
Sh. Ibrahim Al Awal
Sh. Ibn Tulun
Sh. Al Rahmah
Sh. Bab Sidra
Sh. Ragheb Basha
Pompejus-säule
Sh. El Bahari
Sh. Al Qebli
Kanal Al Mahmudija
N
0
250 m
EL-GABBARI
Kom-esch-Schugafa Katakomben

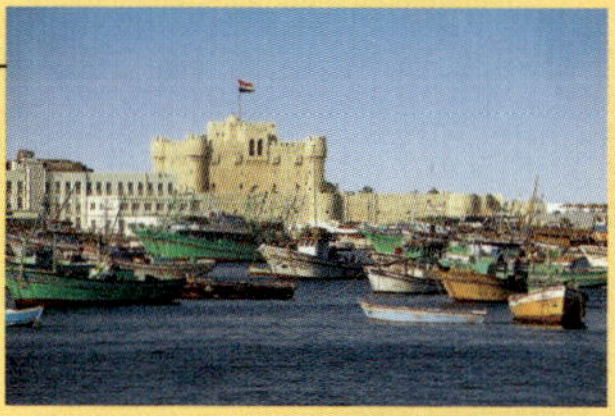

Fort Qait Bey, S. 51

Das Theater vom Kom el-Dik, S. 50

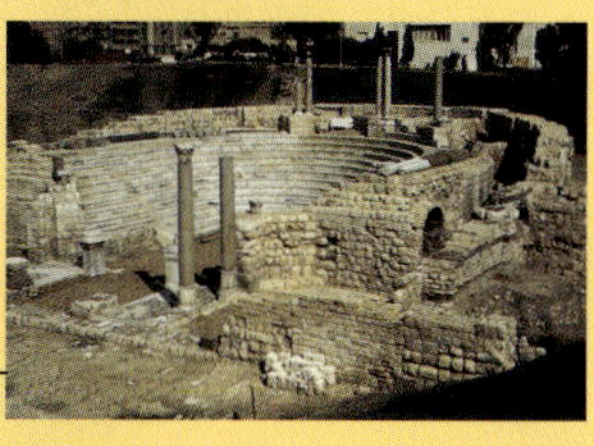

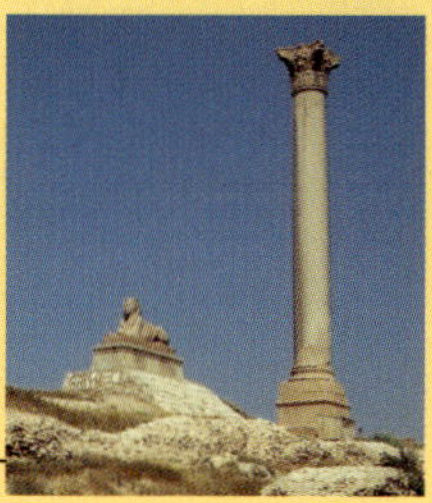

Die Pompejus-Säule, S. 48 f.

Kom esch-Schugafa, Vorhalle, S. 44 f.

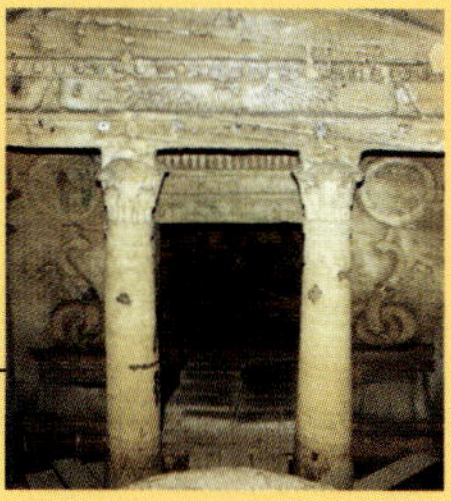

Alexandria

Seit seiner Gründung 322/21 v. Chr. durch Alexander den Großen gehört Alexandria, die »Perle am Mittelmeer«, zu den wichtigsten Schauplätzen der ägyptischen Geschichte. Nach dem Tode des Makedonenkönigs entwickelte sich die Stadt unter dem ptolemäischen Herrscherhaus zum geistigen und kulturellen Zentrum der gesamten hellenistischen Welt. Bedeutende Gelehrte lebten und arbeiteten im Museion. Die große Bibliothek vereinte das antike Wissen auf Hunderttausenden von Papyrusrollen, und der Leuchtturm von Pharos wies Kriegs- wie Handelsschiffen den sicheren Weg zum Hafen. Mit dem Selbstmord von Kleopatra VII. 30 v. Chr. endete die Blütezeit Alexandrias. Die folgenden Jahrhunderte römischer Besatzung waren von zahlreichen blutigen Auseinandersetzungen geprägt, die den langsamen, aber sicheren Niedergang der Stadt begleiteten. So ließ Kaiser Trajan (98–117 n. Chr.) die jüdischen Händler vertreiben, und Caracalla (211–217 n. Chr.) rächte sich für die Scharfzüngigkeit der Alexandriner mit einem Blutbad unter der Jugend. Auch das frühzeitig nach Alexandria gelangte Christentum sah sich im 3. und 4. Jh. heftigen Verfolgungen ausgesetzt. Mit dem Einzug des Islam 642 nahm die Bedeutung der einstigen Metropole immer weiter ab.

Vorhergehende Seiten: Blick auf den Osthafen und die Corniche von Alexandria

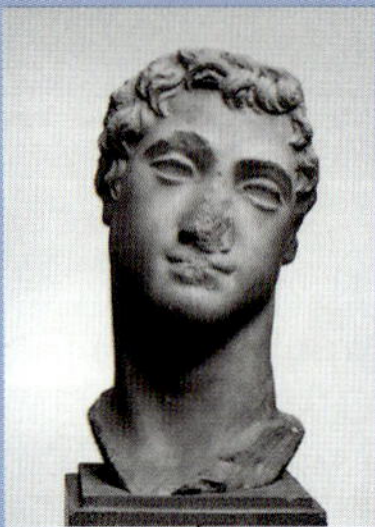

Bildnis Ptolemaios' VI. Philometor, S. 38

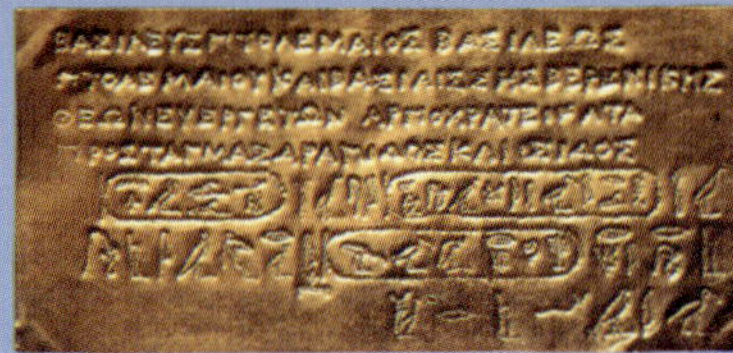

Gründungsplakette, S. 39

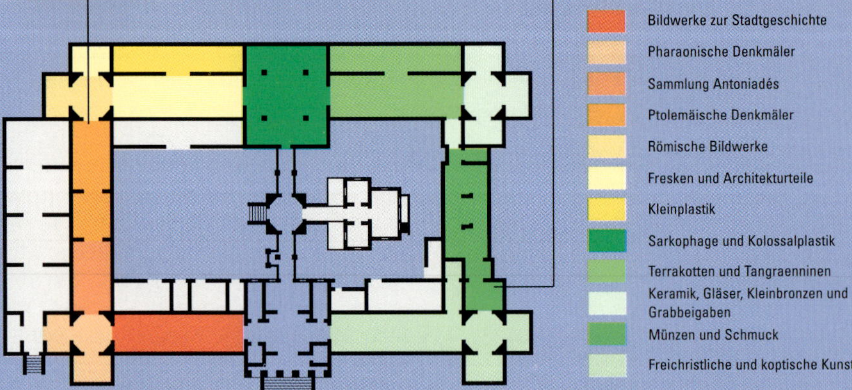

Das Griechisch-Römische Museum

Der Museumsbau für die Altertümer der griechisch-römischen Zeit Ägyptens wurde 1891 gegründet und mehrmals erweitert. Er beherbergt mit nahezu 50 000 Einzelobjekten die größte Sammlung seiner Art, die aber Exponate aus pharaonischer und koptischer Zeit mit einschließt. Neben einem Rundgang durch 23 Säle bietet der kleine Hofgarten eine Auswahl von monumentaleren Stücken. Die allermeisten Objekte wurden direkt bei den verschiedenen Ausgrabungen im Stadtgebiet von Alexandria gefunden, doch sind Kunstwerke anderer Herkunft ebenfalls vertreten, soweit sie in den chronologischen Rahmen passen. Das Museum ist zudem Auffangbecken für die vielen Zufallsfunde, die im trächtigen Boden der Stadt gemacht wurden. Den Grundstock des Museums legte ein Privatmann, John Antoniadis, der Ende des 19. Jh.s seine Sammlung der gerade gegründeten Institution stiftete.

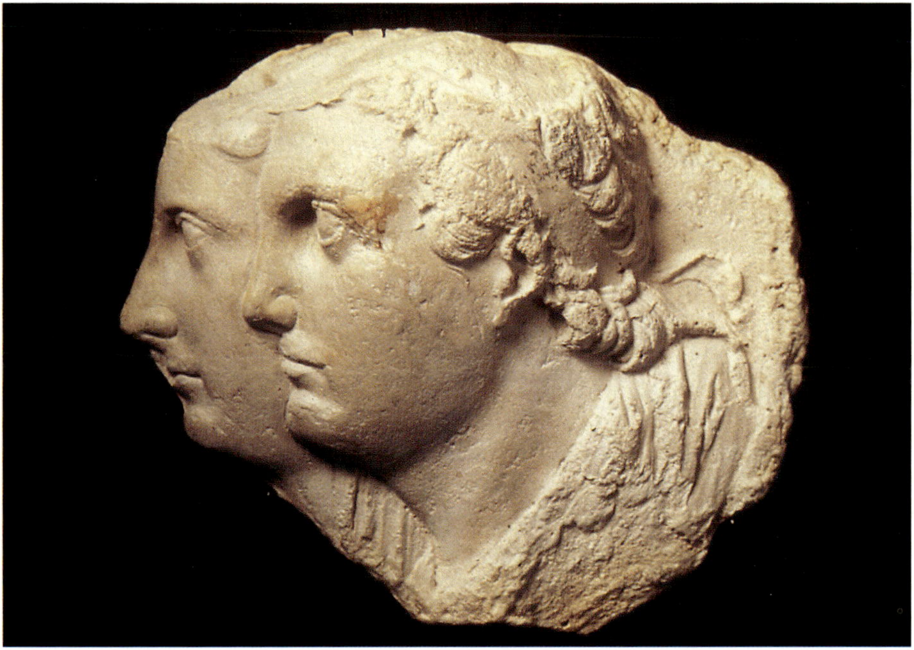

Abguss eines Kameo
Ptolemäerzeit, 3. Jh. v. Chr., Stuck, H. 13 cm, Br. 16 cm

Nur wenige Originale der aus kostbaren Schmucksteinen (z. B. Sardonyx) geschnittenen Prachtkameen für den ptolemäischen Hof haben die Zeiten überdauert. Diese einmalige antike Stuckabformung eines sonst verlorenen Kameo, der dem Museum 1936 als Geschenk Fuads I. übereignet wurde, zeigt das hintereinander gestaffelte Doppelporträt Ptolemaios I. Soter und seiner Gemahlin Berenike I. Die Züge des vergöttlichten Dynastiegründers werden besonders von einer markanten Nasen- und Kinnbildung bestimmt. Neben Chiton und Mantel trägt er das bandförmige Diadem seiner Königswürde. Interessanterweise war das Stück schon in der Antike beschädigt worden, da der umgebende Reliefgrund weggebrochen ist. Die trotzdem durchgeführte Abformung unterstreicht eindrucksvoll die hohe Wertschätzung, die man diesen Arbeiten der Steinschneidekunst beimaß.

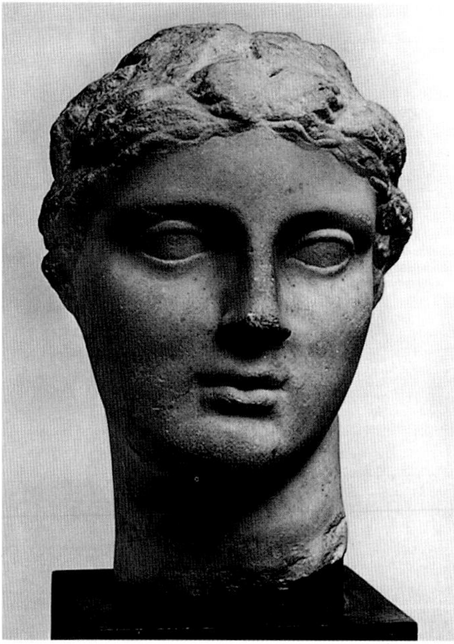

Bildnis Arsinoës II.
Ptolemäerzeit, um 270 v. Chr., Herkunft unbekannt, Marmor, H. 24 cm

Als Schwestergemahlin Ptolemaios' II. Philadelphos zählt Arsinoë II. zu den überragenden Frauengestalten des Hellenismus. Nach ihrem Tode (270 v. Chr.) wurde die Königin vergöttlicht und in zahlreichen Tempeln des Landes verehrt. Die Augen des leicht nach links gewendeten Kopfes blicken als ein Zeichen ihrer Apotheose (griech., »Vergöttlichung«) nach oben. Über der Stirn war wohl ein Uräus eingezapft.

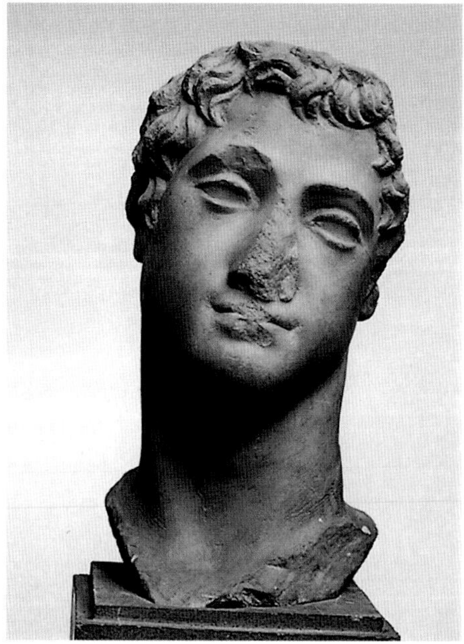

Bildnis Ptolemaios' VI. Philometor
Ptolemäerzeit, um 150 v. Chr., Herkunft unbekannt, Marmor, H. 41 cm

Während die Statuen der Ptolemäerkönige im ägyptischen Stil stark idealisiert sind und nur über ihre Beischriften sicher zugewiesen werden können, ermöglichen ihre hellenistischen Bildnisse eine unproblematische Bestimmung über die zeitgenössischen Münzporträts. Dieser Kopf von Ptolemaios VI. verbindet Gestaltungsprinzipien des sog. Landschaftsstils mit einer leicht pathetischen Mimik der Gesichtszüge.

Gründungsplakette
Ptolemäerzeit, um 210 v. Chr., Sarapeion, Alexandria, Gold, 11 x 5 cm

Wichtige Erkenntnisse zur Baugeschichte des berühmtesten Heiligtums in Alexandria, dem Sarapeion, lieferten zahlreiche Gründungsplaketten, die zwischen 1943 und 1945 unter der ptolemäischen Umfassungsmauer des Tempelbezirkes gefunden werden konnten. Sie waren aus Edelmetall (Gold, Silber und Bronze), aber auch aus Glas, Fayence und Ton gearbeitet. Die gepunzten oder aufgemalten Inschriften beinhalten kurze Gründungstexte, die zumeist in griechischer Sprache, aber auch als Bilingue (zweisprachig) in Ägyptisch wie Griechisch vermerkt wurden. So berichtet ein Beispiel mit dem Namen Ptolemaios' III. Euergetes I. vom Bau eines Sarapis-Tempels und eines heiligen Bezirkes. Das hier abgebildete Exemplar aus dünnem Goldblech stammt aus der Zeit seines Nachfolgers, Ptolemaios' IV. Philopator, dessen Text den Bau eines kleinen Heiligtums im Sarapeion für den Gott Harpokrates beurkundet, wobei dieser auf »Befehl« der Götter Isis und Sarapis unternommen wird: »Der König Ptolemaios (geliebt von Isis), Sohn des Ptolemaios und der königlichen Gemahlin Berenike, den ›Wohltätigen Gottheiten‹, für Harpokrates, auf Befehl des Osiris-Apis-Sarapis und der Isis«. Dieser Tempel des jugendlichen Gottes lag einst an der Ostseite des Sarapis-Tempels, der seinerseits als Neubau Ptolemaios' III. eine ursprüngliche Anlage des Dynastiegründers Ptolemaios' I. Soter ersetzte. Die Anlage von Gründungsdepots war schon in pharaonischer Zeit für Tempelbauten bekannt, wobei die Zusammensetzung ihrer Objekte stark variieren konnte.

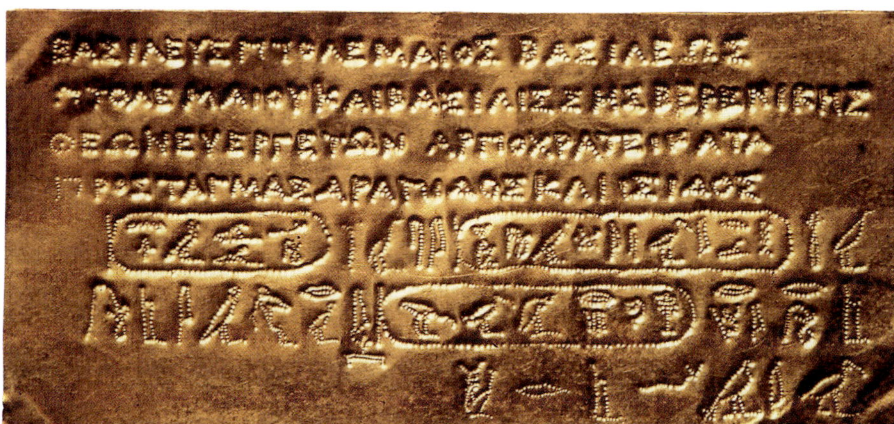

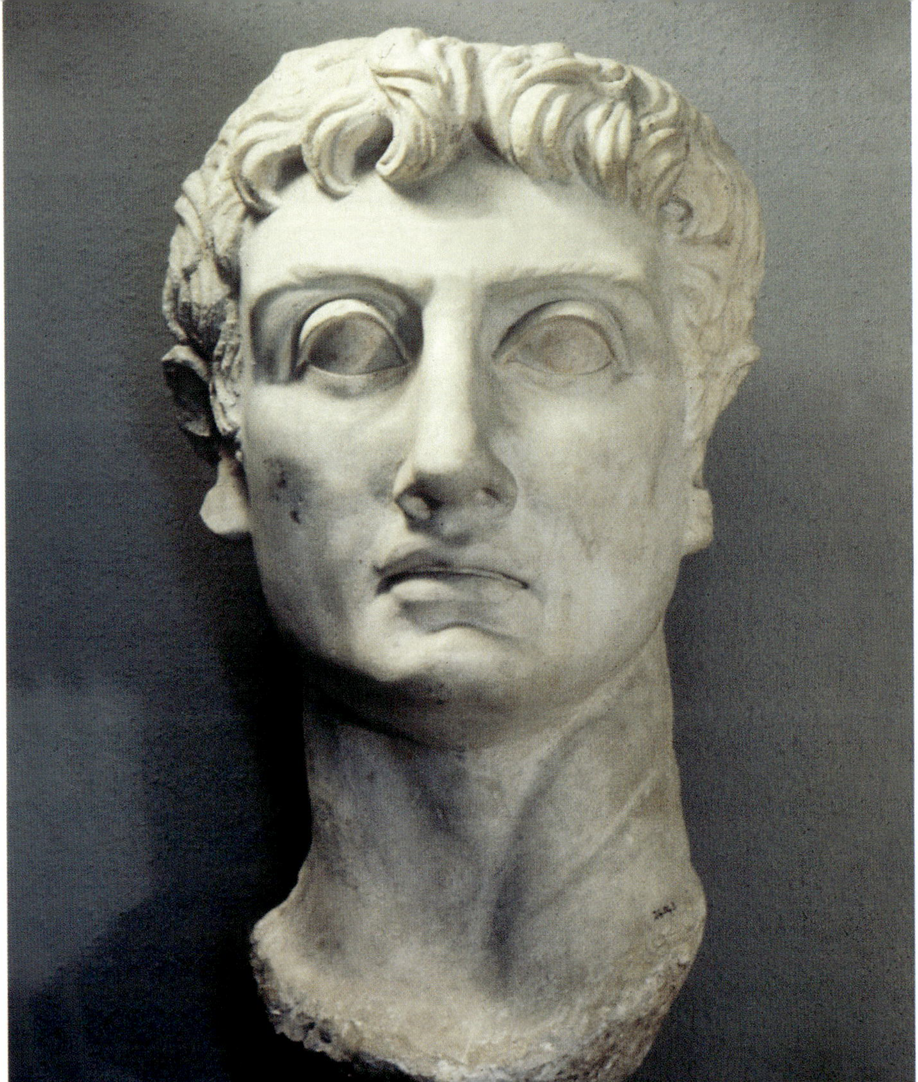

Kolossalbild des Kaisers Augustus
Römerzeit, um 50 n. Chr., Athribis (Delta), Marmor, H. 79 cm

Vergleichbar mit ihren ptolemäischen Vorgängern ließen sich auch die römischen Kaiser in der Tradition ägyptischer Herrscher auf den Wänden der in ihrem Namen errichteten Heiligtümer abbilden. Obwohl sie die Wirtschaftskraft des Landes am Nil unerbittlich ausbeuteten, war ihnen das Dogma von der Gottesnatur des Pharao hochwillkommen, da es der Intention des Kaiserkultes in die Hände spielte. In diesem Zusammenhang wird auch das Kolossalporträt des Augustus zu sehen sein, das erst einige Jahrzehnte nach seinem Tode (14 n. Chr.) entstand und den vergöttlichten Kaiser darstellt. Der fehlende Oberkopf war ursprünglich in Stuck ergänzt, wie auch sonst bei Marmorarbeiten des griechisch-römischen Ägyptens diese Fertigungsweise für rückwärtige Partien einer Plastik als typisch angesehen werden darf. Geringe Farbreste sind an den Haaren und Augen erhalten, die auf eine ehemalige Bemalung der Gesamtstatue hinweisen.

Figur des Gottes Sarapis (Detail)
Römerzeit, 1./2. Jh. n. Chr., Faijum, Holz, stuckiert, H. 172 cm

Unmittelbar nach seinem Regierungsantritt wurde unter Ptolemaios I. Soter eine Göttergestalt mit dem Namen Sarapis geschaffen, die Wesensmerkmale altägyptischer wie griechischer Gottheiten in sich vereinte und somit auf ideale Weise den politischen Realitäten entsprach. Die äußere Erscheinung des neuen Staatsgottes war nach der mächtigen Haar- und Barttracht ganz griechischen Vorbildern (Zeus, Dionysos) entlehnt. Die im Faijum entdeckte Sarapis-Figur ist aufgrund des Werkstoffes Holz und ihrer beachtlichen Größe ein Unikat geblieben. Ehemals über einer Stuckgrundierung vollständig bemalt, zeigt sie den Gott in seiner charakteristischen Gestalt mit Vollbart und den fünf Stirnlocken.

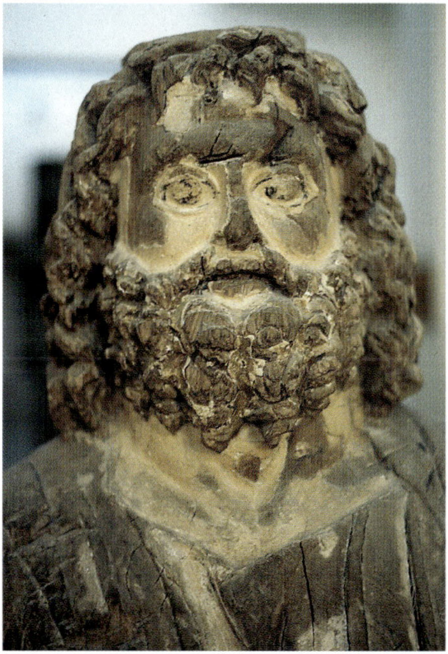

Der Leuchtturm von Pharos

Alexandria beherbergte unter der Herrschaft der ptolemäischen Könige eine Reihe von herausragenden Einrichtungen wie das Museion mit seiner großen Bibliothek, dem bis heute verschollenen Grabmal von Alexander dem Großen sowie dem Sarapeion, dem Heiligtum für den neuen Reichsgott Sarapis. Doch keines dieser Bauwerke erlangte den Ruhm des Leuchtturmes auf der Insel Pharos, dem jüngsten der sieben Weltwunder der Antike.

Die antiken Nachrichten zum Pharos geben zwar ihrer uneingeschränkten Bewunderung Ausdruck, liefern aber wenig konkrete Angaben zu den architektonischen Eckwerten des Leuchtturms. Eine ausführliche Beschreibung mit entsprechenden Maßangaben kann sogar erst dem Bericht eines arabischen Gelehrten aus dem 12. Jh. entnommen werden. Vielleicht schon von Ptolemaios I. Soter in Auftrag gegeben, darf die Vollendung des Baus unter seinem Nachfolger Ptolemaios II. Philadelphos um 280 v. Chr. angesetzt werden. Als Architekt des einmaligen Monumentes, das in seiner Größenordnung von keinem späteren Leuchtturm übertroffen wurde, gilt Sostratos von Knidos. Die Weihinschrift, in riesigen Lettern auf der Eingangsfront angebracht, lautete nach der vom griechischen Satiriker Lukian (2. Jh. n. Chr.) überlieferten Version: »Sostratos von Knidos, Sohn des Dexiphaes, (weiht den Turm) den Rettenden Göttern zum Wohle derer, die zur See fahren.« Der gewaltigen Bauleistung entsprachen auch die verwendeten Mittel von 800 Talenten, was rund 20 800 kg Silber entspricht. Dagegen kann die Gesamthöhe des Leuchtturmes nur ungefähr angegeben werden. Sie mag gegen 130 m betragen haben. Als Baumaterial wurde »weißer Stein«, also wohl Kalkstein und Marmor, verwendet. Der drei-

Hafen mit Leuchtturm (Rekonstruktion), kolorierter Kupferstich von J. Emanuel Fischer von Erlach, um 1700

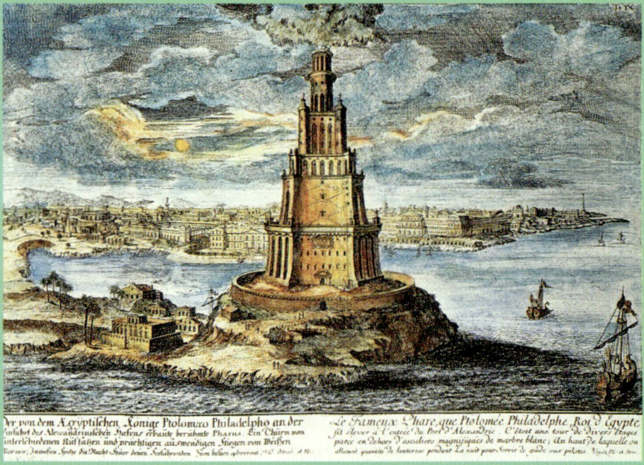

stufige Leuchtturm stand nicht auf der Insel Pharos selbst, sondern auf einem östlich vorgelagerten Felsriff. Er wurde von einer rechteckigen Terrasse umgeben, deren vier Ecken mit Wehrtürmen ausgestattet waren. Zugleich hatte man in den Fundamenten eine große Zisterne zur allgemeinen Wasserversorgung eingerichtet. Die unterste Turmstufe besaß einen quadratischen Grundriss und erreichte eine Höhe von rund 71 m, wobei der Haupteingang erst im zweiten Stock lag und nur über eine Rampe betreten werden konnte. Die darauffolgende zweite Stufe bestand aus einem Oktogon von rund 34 m, auf dessen Plattform sich ein Rundbau erhob. Dieser trug wiederum einen kleinen Aufsatz mit kegelförmigem Dach, auf dem eine Statue des Zeus das Bauwerk bekrönte. Das im oberen Bereich des Pharos zu lokalisierende Feuer bleibt hinsichtlich seiner Lichtverstärkung und Lichtführung eine offene Frage; wahrscheinlich hat man Hohlspiegel verwendet.

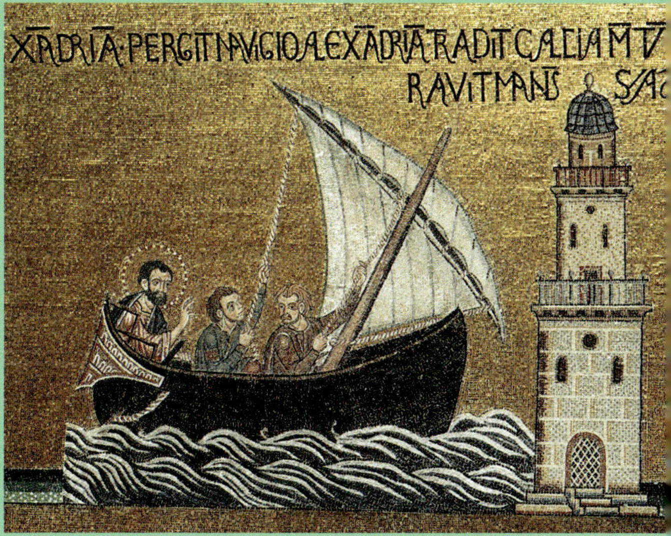

Der hl. Markus auf der Fahrt nach Alexandria (rechts der große Leuchtturm), 12./13. Jh., Mosaik, San Marco, Venedig

Über einige Jahrhunderte blieb der Pharos weitgehend unbeschädigt, bis ihn mehrere schwere Erdbeben zwischen dem 10. und 14. Jh. nahezu vollständig zerstörten. Die Trümmer ließ der Mamlukensultan Qait Bey um 1480 beseitigen und errichtete die nach ihm benannte Fortanlage an gleicher Stelle. In den letzten Jahren haben mehrere Unternehmungen französischer Unterwasserarchäologen im Osthafen zahlreiche Denkmäler und Architekturteile bergen können, unter denen sich auch solche befanden, die mit dem Bauwerk des Pharos in Verbindung zu bringen sind. Besonders spektakulär verlief 1996 die Bergung einer königlichen Kolossalstatue aus rotem Granit (Gewicht des Torsos: 11,4 Tonnen) im pharaonischen Stil, die möglicherweise Ptolemaios I. als Stiftung seines Sohnes Ptolemaios II. Philadelphos zugeschrieben werden kann. Zusammen mit einer weiteren Monumentalplastik seiner Gemahlin (in Gestalt der Isis Pharia) standen beide Figuren einst an der Eingangsrampe des Leuchtturms.

Kom esch-Schugafa

Römerzeit, 1./2. Jh. n. Chr.

Unweit vom Trümmerfeld des Sarapeions liegt an einem Hügelabhang der Eingang zu den Katakomben von Kom esch-Schugafa (arab., »Scherbenhügel«), der größten und bedeutendsten Grabanlage aus römischer Zeit in Ägypten. Die Begräbnisstätte mit ihren Dekorationselementen im ägyptisch-römischen Mischstil wurde 1900 entdeckt und besteht aus drei Stockwerken, die untereinander in den Fels getrieben wurden (untere Ebene grundwassergefährdet). Ehemaliger Eigentümer war sehr wahrscheinlich eine nichtchristliche Kultgemeinde, die für den Bau der Zentralanlage im 1. Jh. verantwortlich zeichnet.

Blick auf die Vorhalle

Vom Eingang führt eine Wendeltreppe in die Tiefe. Hat man das erste Stockwerk mit seiner zentralen Rotunde erreicht, liegt linker Hand das Triclinium: ein großer Raum mit breiten Liegebänken, wo die Totenfeiern abgehalten wurden. Eine weitere Treppe in der Achse macht die Grabkapelle mit einer kleinen Vorhalle zugänglich. Ihre Fassade hat einen flachen Rundgiebel, der von zwei Pflanzensäulen getragen wird. Der hintere Durchgang zur Grabkapelle wird von zwei mächtigen Schlangendarstellungen flankiert, über deren Kopf jeweils ein Rundschild mit Medusenhaupt angebracht ist. In beiden Schlangengestalten präsentiert sich Agathos Daimon, der Schutzgott von Alexandria.

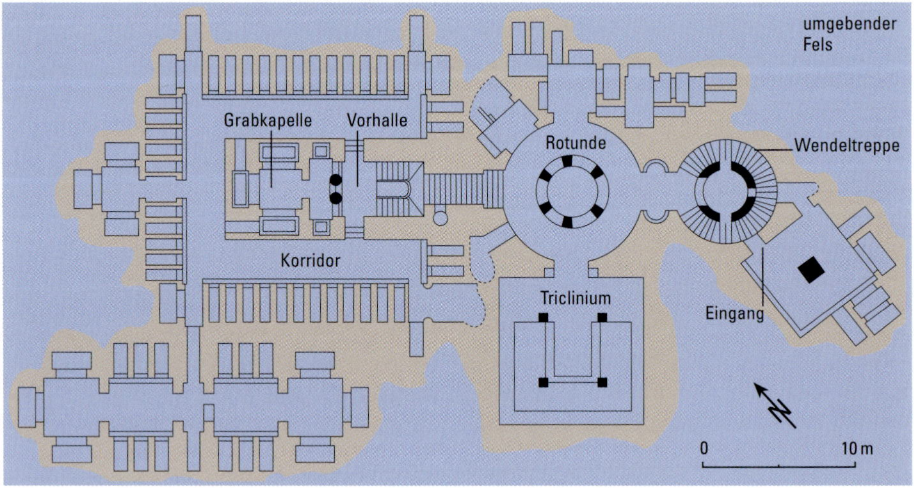

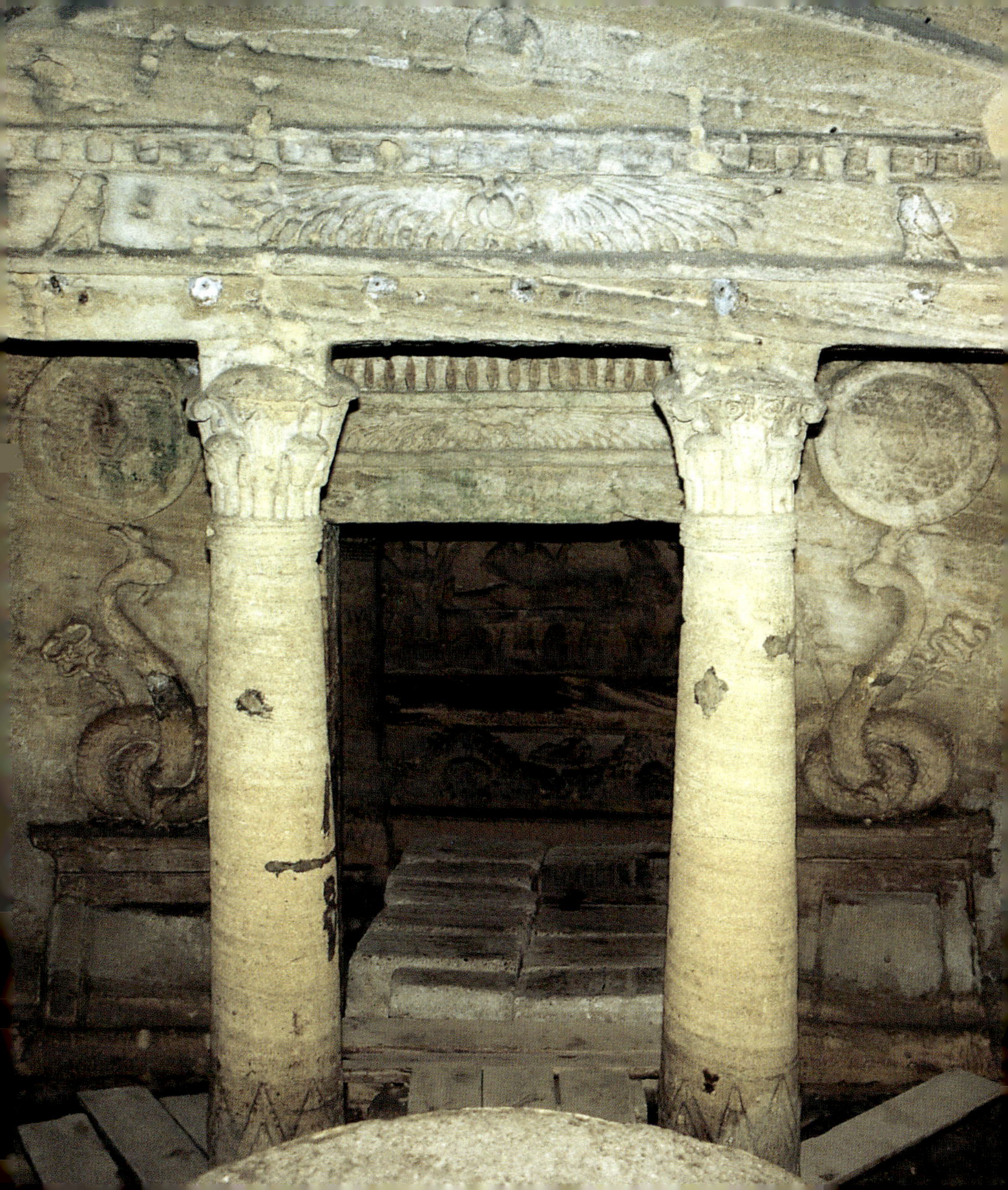

Reliefschmuck der Grabkapelle (rechte Nische)

Die heute vom aufsteigenden Grundwasser bedrohte Grabkapelle besitzt drei Großnischen, die mit Scheinsarkophagen ausgestattet sind. Sie wurden samt ihrer Deckel aus Sandstein gehauen und mit Dekorelementen, z. B. Girlanden, Masken und Bukranien (Stierköpfe), versehen. Frei gearbeitete Sarkophage dieses Typs aus Hartgestein können auf dem Vorplatz der Katakomben besichtigt werden. Alle Rückwände der Nischen zeigen in einem pastosen Hochrelief religiöse Szenen, die in ihrer Thematik auf rein altägyptischer Tradition basieren. So zeigt die Darstellung der rechten Nische den römischen Kaiser mit der Doppelkrone von Ober- und Unterägypten, wie er einen großen Halsschmuck vor dem Kultbild des stiergestaltigen Gottes Apis darbringt. Die in Memphis beheimatete Gottheit erscheint auf einem hohen Podest und trägt ein Pektoral und die Sonnenscheibe zwischen dem Gehörn. Zwischen Herrscher und Apis ist ein kleiner Opferständer aufgestellt, und links außen tritt die Göttin Isis mit ausgebreiteten Schwingen hinzu. Dieses Motiv einer klassischen Tempelszene wird hier in einer privaten Bestattungssituation weitgehend seiner kultischen Bedeutung enthoben und nur noch als Sinnbild allgemeiner Jenseitshoffnung verwendet.

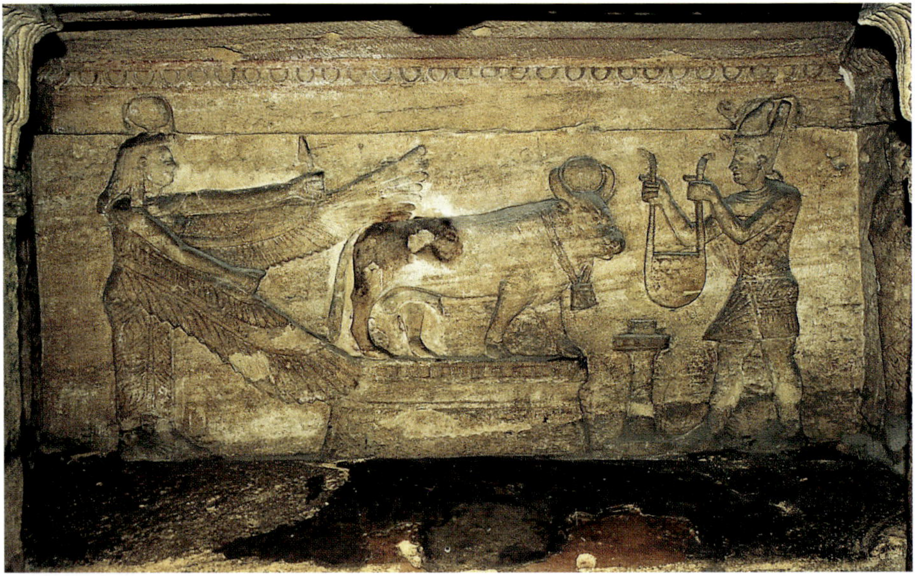

Gott Anubis

Seitlich am Durchgang zur Nebennische wird das Grabmal von der Gestalt des hundsköpfigen Gottes Anubis bewacht, der in seiner klassischen Funktion als Balsamierungsgottheit im Bild der Zentralnische auftaucht und dort zusammen mit Horus und Thot die Mumie des Verstorbenen besorgt. Anubis steht auf einem Sockel und trägt hier die Panzerkleidung eines römischen Soldaten. Dies entspricht ebenso der griechisch-römischen Bildauffassung wie die Körperhaltung mit dem leicht nach links gewendeten Kopf und den vorgeklappten Tierohren. Dagegen sind das gestreifte Kopftuch und eine kleine Sonnenscheibe über dem Haupt als rudimentäre Reste altägyptischer Ikonografie zu sehen. In der Hand seines erhobenen linken Armes hält Anubis einen langen Stab, die rechte stützt sich auf eine mächtige Keule. Über den Oberkörper verläuft der Tragriemen für eine Schwertscheide.

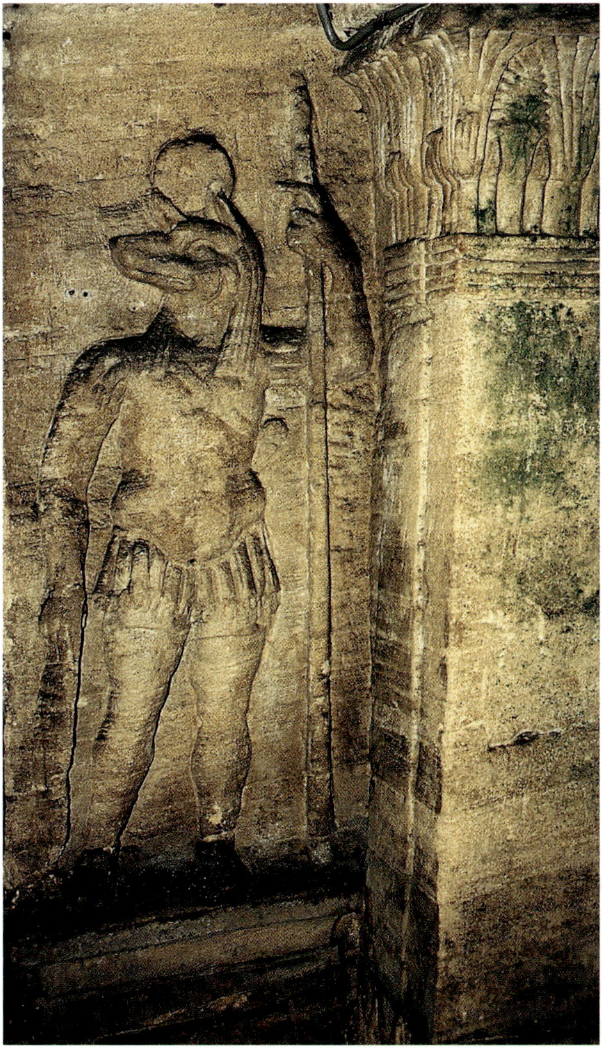

Die Pompejus-Säule

Römerzeit, 292 n. Chr.

Der Ruinenhügel mit der gewaltigen Pompejus-Säule lässt in seinem heute trostlosen Zustand kaum erkennen, dass hier einmal das berühmte Sarapeion stand. Dieser Haupttempel von Alexandria zur Zeit der Ptolemäer wurde von Kaiser Theodosius 391 n. Chr. anlässlich seiner Heidenverfolgung so vollständig zerstört, dass nicht einmal ein Grundriss ermittelt werden kann. Demselben Kaiser wird der Legende nach die Errichtung der Säule als Erinnerung an den Sieg des Christentums zugeschrieben. Wahrscheinlicher aber ist, dass Diokletian – nach einer Weihinschrift an der Basis 292 n. Chr. – dieses letzte Bauteil des alten Sarapeions hat aufstellen lassen. Die Säule mit einem korinthischen Kapitell wurde aus rotem Granit gearbeitet und hat eine Höhe von knapp 27 m bei einem Durchmesser von 2,70 m sowie einem Umfang von 9 m. Auf dem Kapitell sollen sich 1832 anlässlich eines Besuches von Eugen von Savoyen 22 Personen versammelt haben, um dort im Kreis sitzend eine Mahlzeit einzunehmen. Ihre noch heute gebräuchliche Bezeichnung verdankt das Denkmal dem frühen Mittelalter, als man das Grab des römischen Feldherrn Pompejus hier vermutete. Um die Säule werden verschiedene Großobjekte gezeigt, u. a. auch zwei schöne Königssphingen aus Rosengranit, die der frühen Ptolemäerzeit angehören, jedoch im Stadtgebiet gefunden wurden.

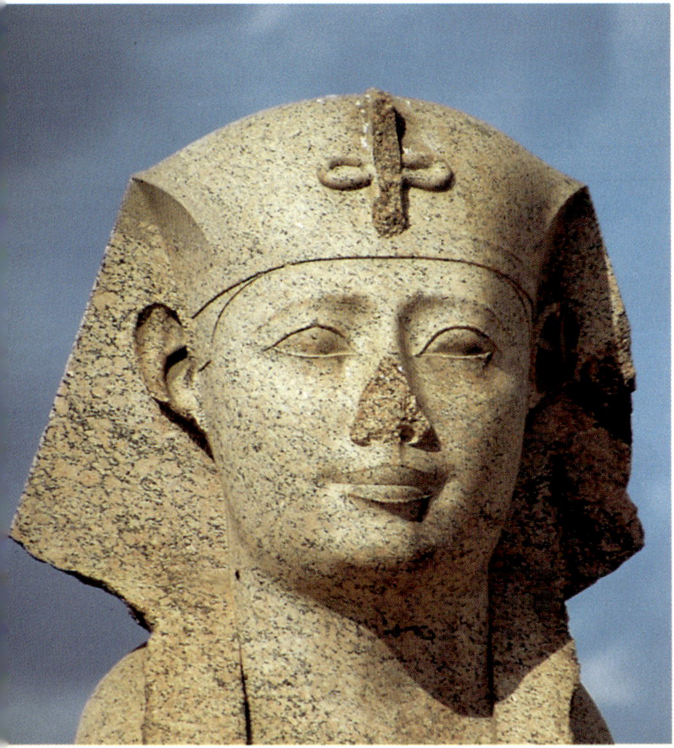

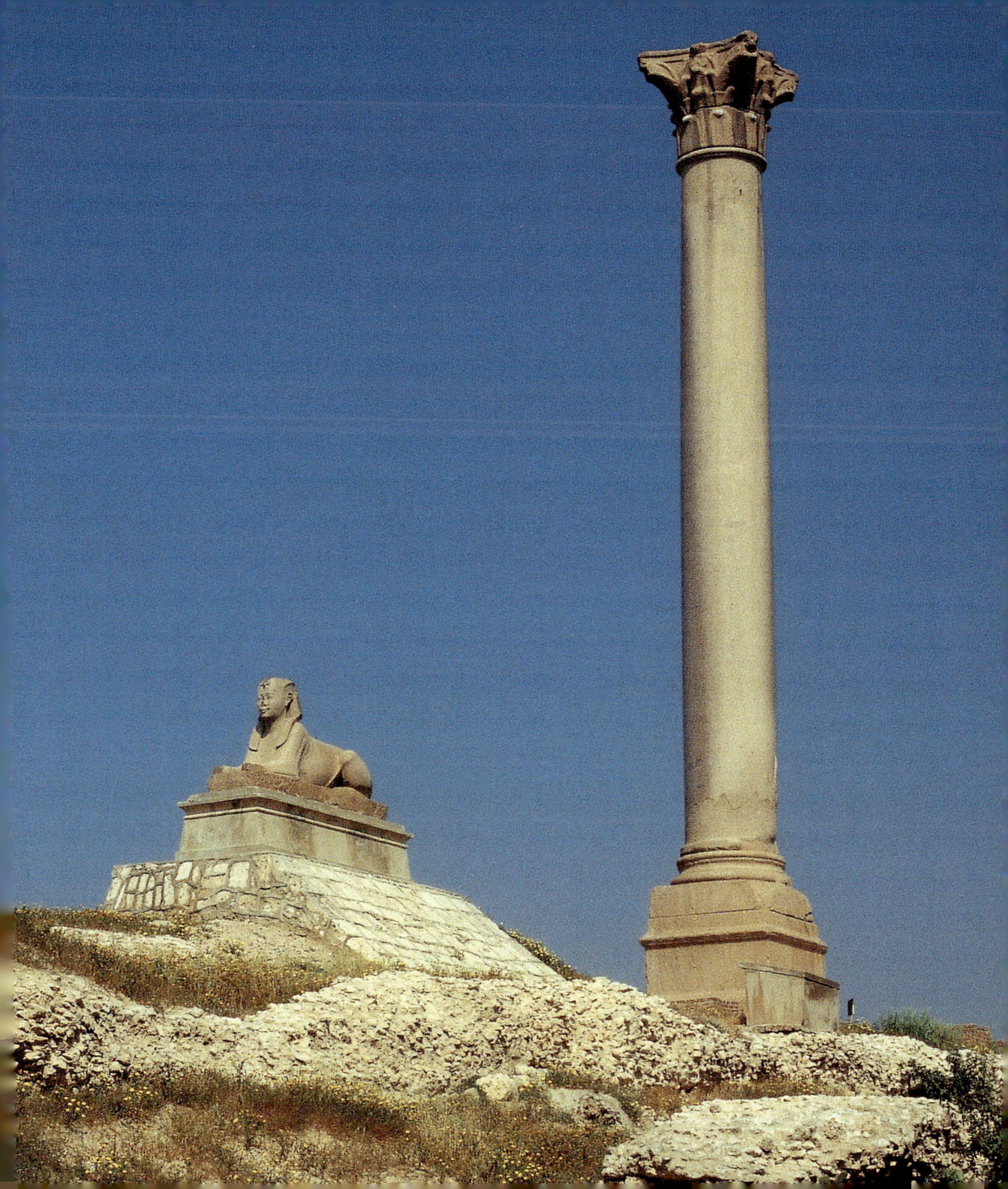

Das Theater vom Kom el-Dik

Römerzeit, 3./4. Jh. n. Chr.

Viele der antiken Bauten in Alexandria haben die Zeiten nicht überdauert oder liegen unerreichbar unter dem Bodenniveau der modernen Stadt. Dank einer ausführlichen Beschreibung, die der griechische Geschichtsschreiber Strabo (spätes 1. Jh. v. Chr.) im 17. Buch seiner »Geographica« hinterlassen hat, sind wir zumindest schriftlich über wichtige Einrichtungen der ehemaligen Weltstadt unterrichtet. Bei der Entdeckung des Komplexes vom Kom el-Dik spielte jedoch der Zufall eine gewichtige Rolle. Erst beim Abriss alter Kasernenanlagen stieß man auf so interessante Bodenfunde, dass das ganze Gelände sogleich zum Grabungsgebiet erklärt wurde. Neben weiträumigen Thermen wurde 1964 ein gut erhaltenes Theater aus römischer Zeit gefunden. Die in 13 Stufen angelegten Ränge sind aus weißem Importmarmor gearbeitet und boten Platz für rund 800 Besucher. Eine acht Meter hohe Außenmauer wurde später zugefügt und der Spielbetrieb bis ins 7. Jh. weitergeführt.

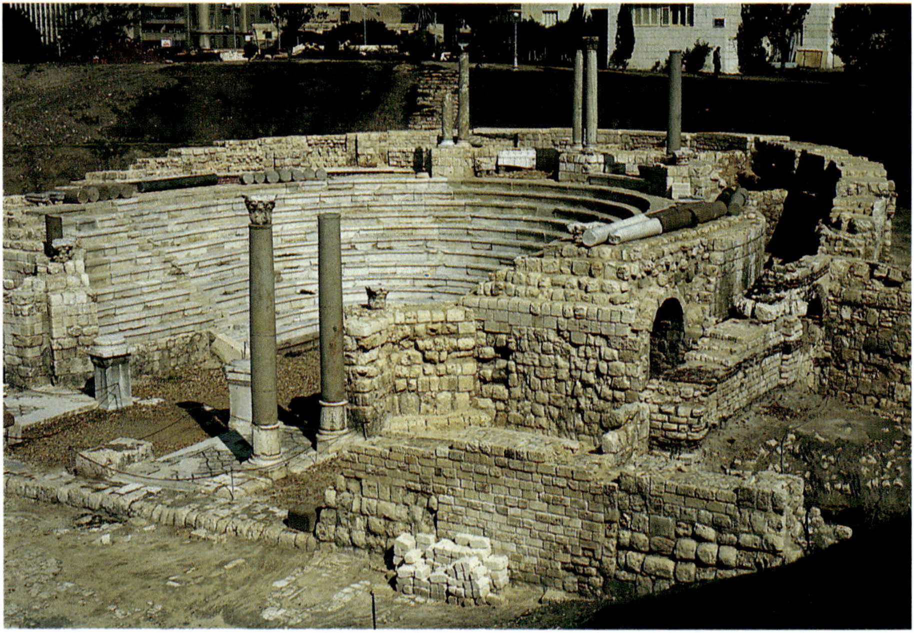

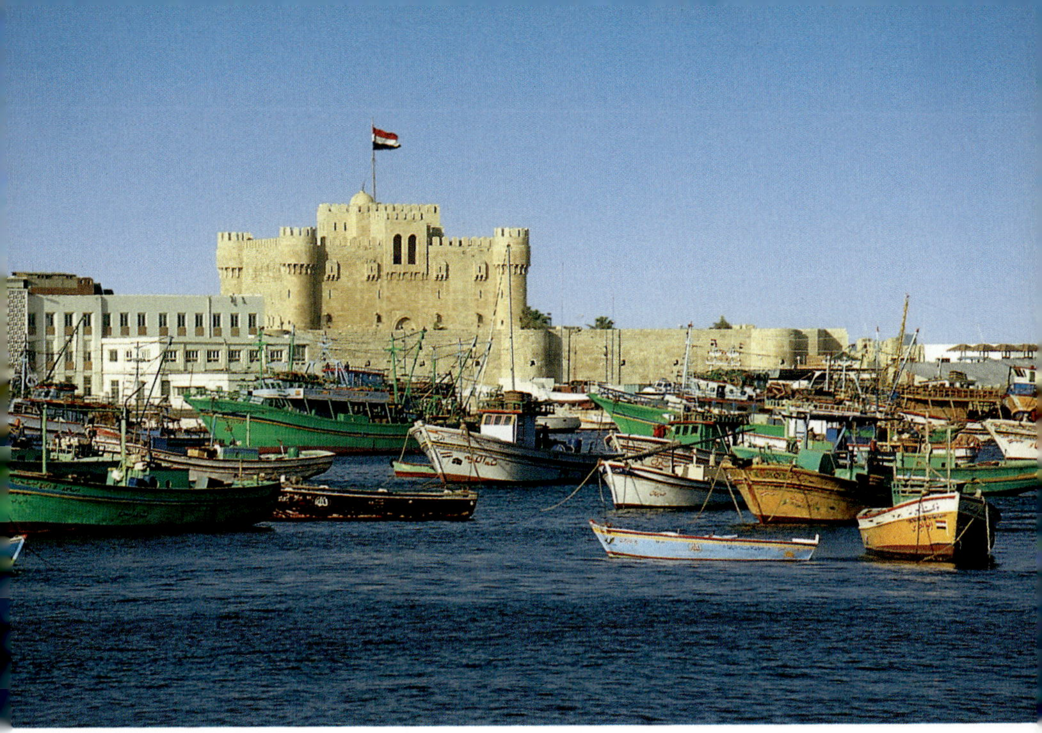

Fort Qait Bey

Islamische Zeit, 15. Jh.

Auf der Nordspitze der ehemaligen Insel Pharos erhebt sich an der Stelle, wo einst der berühmte Leuchtturm stand, die mächtige Fortanlage des Sultans Qait Bey. Nachdem zwei letzte schwere Erdbeben von 1303 und 1326 den antiken Turm endgültig zum Einsturz gebracht hatten, wurden dessen Überreste für den Bau des Forts (um 1480) weiterverwendet. Durch ihre strategisch günstige Lage konnte mit dieser Anlage die Zufahrt zum großen Osthafen kontrolliert und vor allen Angriffen geschützt werden. Als Teil der Verteidigungseinrichtungen der Stadt besteht das dreistöckige Fort aus einem quadratischen Zentralbau mit vier runden Wehrtürmen an den Ecken und wird von einem massiven Mauerwall umgeben, der ebenfalls mehrere Turmbastionen aufweist. Heute befindet sich im Fort Qait Bey ein kleines Schiffsmuseum und das renommierte Ozeanographische Museum.

Kleopatra VII. – Frauenpower am Nil

Wohl keine andere Königin Ägyptens hat ihre Zeitgenossen und die Nachwelt derart fasziniert wie die letzte Vertreterin des ptolemäischen Herrscherhauses Kleopatra VII. (51–30 v. Chr.). Für die vielschichtige Legendenbildung um ihre Person waren nicht nur die politischen Verhältnisse der Zeit sowie ihre wechselvolle Lebensführung verantwortlich, sondern auch die dramatischen Umstände ihres Todes. Unbestritten ist, dass Kleopatra eine Frau von überragender Intelligenz und Bildung war. Sie beherrschte mehrere Sprachen in Wort und Schrift. Aber auch Skrupellosigkeit und ein ausgeprägtes Machtstreben gehören zum Charakterbild der Königin. Wenngleich ihre Schönheit in der Literatur gepriesen wurde, wird man dies in Anbetracht der überlieferten Münzporträts eher als Übertreibung werten müssen; ein kleines Defizit, das von ihrer persönlichen Ausstrahlung und ihrem charmanten Wesen wohl mehr als wettgemacht wurde. Kleopatra VII. wurde 70/69 v. Chr. als Tochter Ptolemaios' XII. Neos Dionysos geboren, der sie und ihren Bruder Ptolemaios XIII. zu gemeinsamen Nachfolgern in seinem Testament bestimmte. Doch unmittelbar nach ihrem Regierungsantritt (51 v. Chr.) kam es zwischen den Geschwistern zu heftigen Auseinandersetzungen um die Macht, die zunächst mit der Flucht Kleopatras nach Syrien endeten. Die Lage änderte sich jedoch bald, als Julius Cäsar im Zuge des römischen Bürgerkrieges im Juli 48 mit einem kleinen Truppenkontingent ägyptischen Boden betrat. Er nahm im Königspalast von Alexandria Quartier und erklärte sich zum Schlichter der Thronstreitigkeiten des Geschwisterpaares. Schon bei einer

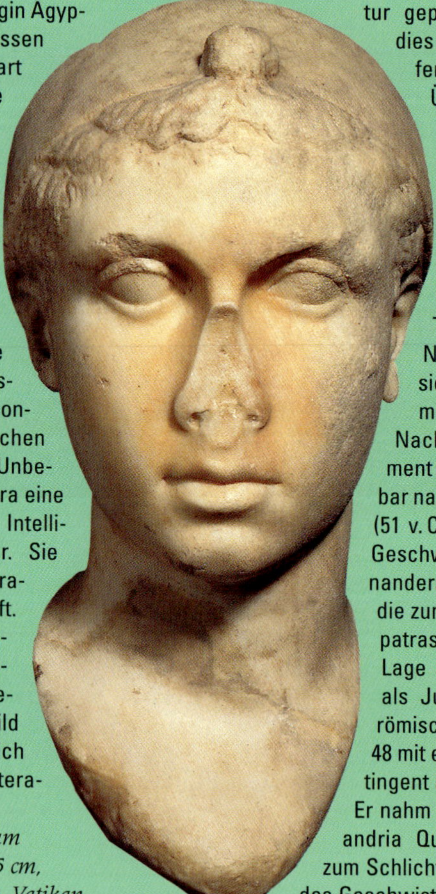

Porträt Kleopatras VII., um 50 v. Chr., Marmor, H. 35 cm, Museo Gregoriano Egizio, Vatikan

ersten Begegnung mit der Königin verfiel der Römer ihren Reizen und ließ sich für Kleopatras politische Ziele einspannen. Die anschließenden Kämpfe in Alexandria konnte Cäsar letztendlich siegreich beenden, wobei Ptolemaios XIII. den Tod fand. Kleopatra VII. regierte jetzt uneingeschränkt über Ägypten. Im Juni 47 v. Chr. gebar die Herrscherin den gemeinsamen Sohn, der als Ptolemaios XV. Caesarion geführt wurde. Cäsar selbst war nach Rom zurückgekehrt, wohin ihm Kleopatra im nächsten Jahr folgte. Nach der Ermordung Cäsars (44 v. Chr.) kehrte sie jedoch unmittelbar nach Ägypten zurück. Das Bestreben, die Existenz der ptolemäischen Dynastie zu sichern, ließ die Königin eine neue Liebesbeziehung zum damals mächtigsten Mann im Osten eingehen, dem Feldherrn Marcus Antonius. Eine prunkvolle Hofhaltung des Paares und die gottgleiche Verehrung im Kult begleiteten ihren Traum von einem hellenistisch-ägyptischen Großreich. Ab dem Jahr 33 verschärfte sich dann das politische Klima zwischen Rom und Ägypten zunehmend, da man die Eigenständigkeit von Antonius nicht mehr hinnehmen wollte. Scharfmacher im Hintergrund war Octavian, der legitime Erbe des großen Cäsar. Er sah seine eigenen Ansprüche gefährdet und erreichte sogar, dass Kleopatra zum Staatsfeind Roms erklärt wurde. Der offene Krieg begann im Frühjahr 31 und endete für Antonius und die Königin mit der katastrophalen Niederlage in der Seeschlacht bei Actium am 2. September desselben Jahres. Beide konnten zwar entkommen, aber den siegreichen Heeren des Octavian, des späteren Kaisers Augustus, hatten sie nichts mehr entgegenzusetzen. Nach Octavians Einmarsch in Alexandria (1. August 30 v. Chr.) wählte Antonius unter dramatischen Umständen den Freitod. Ihm folgte die letzte Ptolemäerherrscherin einige Tage später durch den Biss einer Giftschlange, nachdem sie erkannt hatte, dass diesmal bei dem römischen Sieger keine weibliche Strategie verfing. Zudem wollte sie Octavian nicht die Genugtuung verschaffen, anlässlich seines Triumphzuges in Rom dem Pöbel als Gefangene vorgeführt zu werden.

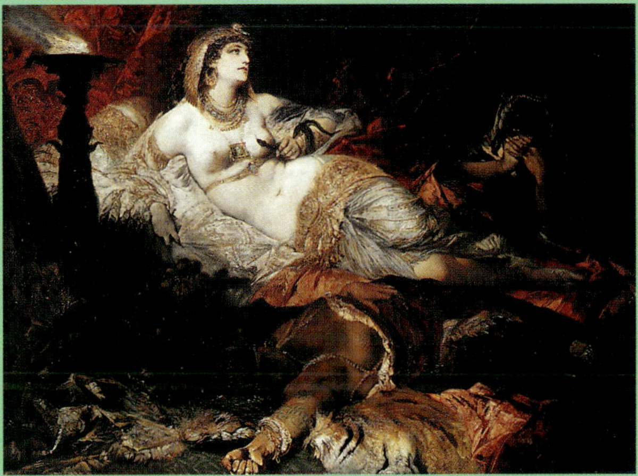

Hans Makart, Der Tod der Kleopatra, 1875/76, Öl auf Leinwand, 191 x 254 cm, Neue Galerie, Staatliche Kunstsammlungen, Kassel

Behbeit el-Hagar

Im Südwesten der Provinzhauptstadt el-Mansura (Norddelta) liegt Behbeit el-Hagar mit den eindrucksvollen Überresten eines Heiligtums der Göttin Isis, worauf schon die Ortsnamen Iseum oder Isidis Oppidum der klassischen Antike verweisen. In der arabischen Bezeichnung des Dorfes Behbeit steckt noch der pharaonische Name Hebet. Das Ruinenfeld des Tempels wird von einer mächtigen Mauer (360 x 210 m) aus ungebrannten Nilschlammziegeln umgeben und bedeckte selbst ein Areal von 80 x 55 m. Wohl infolge eines Erdbebens ist das Tempelhaus vollständig zusammengestürzt, sodass heute den Besucher ein wirres Durcheinander von Granitblöcken und anderen Bauteilen erwartet.

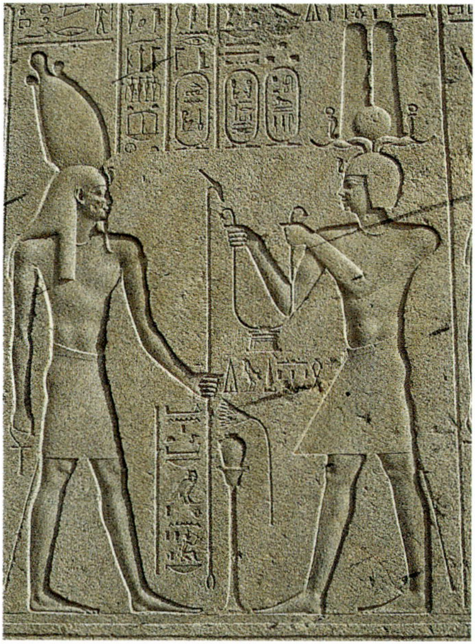

Der Isis-Tempel

Ptolemäerzeit, 3. Jh. v. Chr.

Reliefblock Ptolemaios' II.

Möglicherweise wurde das Heiligtum der Isis als Ersatz für eine ältere Anlage der Saitenzeit (26. Dynastie) errichtet. Als erster Bauherr in Behbeit ist Nektanebos II. aus der 30. Dynastie nachgewiesen, unter dem die Arbeiten wegen des Persereinfalls von 343 v. Chr. jedoch nicht vollendet werden konnten. Die Reliefausstattung blieb somit den beiden frühptolemäischen Herrschern Ptolemaios II. Philadelphos (282–246 v. Chr.) und seinem Nachfolger Ptolemaios III. Euergetes I. (246–222 v. Chr.) vorbehalten. Vollständig aus Hartgestein gebaut, wobei schwarzer und roter Granit zum Einsatz kamen, überzeugt besonders die hohe Qualität der Flachbilder. Die vorgestellte Ritualszene zeigt Ptolemaios II. (rechts), der dem Gott Osiris einen Brustschmuck (Pektoral) mit Halsband überreicht. Die Gottheit erscheint hier nicht mumiengestaltig, sondern rein anthropomorph mit einer Atef-Krone über der Perücke.

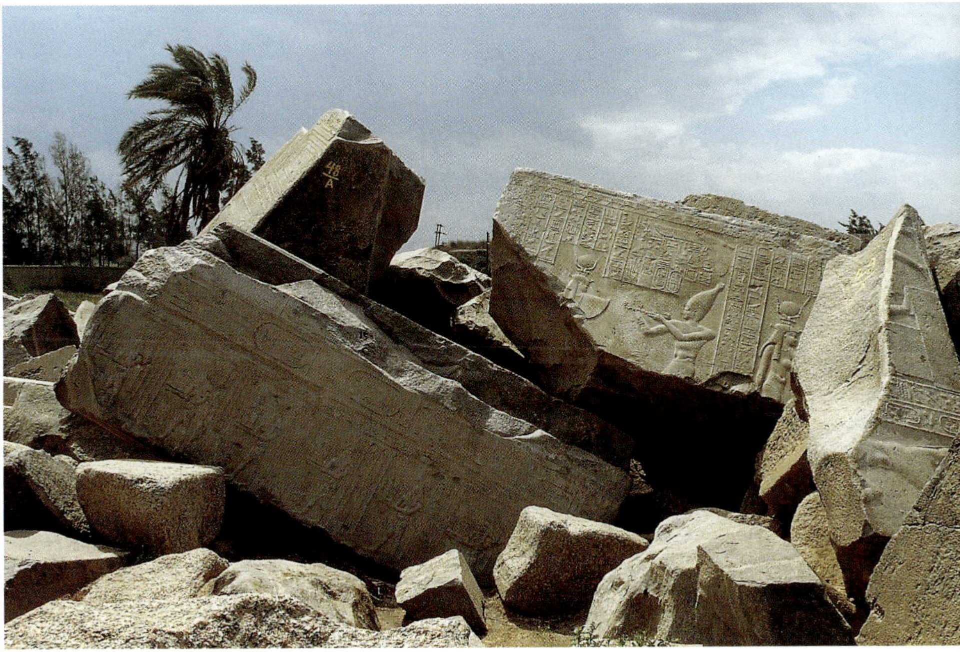

Wandfragmente des Sanktuarbereichs

Neuere Untersuchungen haben die Vielfalt und Menge der vorhandenen Bauteile wie Wandblöcke, Säulentrommeln, Hohlkehlen und Treppenansätze genutzt, um den Grundriss des Heiligtums zu rekonstruieren. An einen Wiederaufbau wird momentan allerdings nicht gedacht. Denn dazu müssten auch die im 19. und 20. Jh. verschleppten Blöcke herangezogen werden, die jetzt weltweit auf verschiedene Sammlungen verteilt sind. Der Tempel besaß eine geschlossene Fassade, hinter der sich ein großer Säulensaal mit Hathor-Säulen aus Assuan-Granit erstreckte. Anschließend führte die Achse in das Barkensanktuar für die Hauptgötter Isis und Osiris, das von einem Kapellenkranz umzogen wurde. Die jeweils wichtigste Szene auf den Längswänden des Sanktuars zeigt den ptolemäischen König (mit oberägyptischer Krone) beim Weihrauchopfer vor der heiligen Barke der Isis, der »Herrin von Hebet«, von der hier noch das Kopfprotom mit Kuhgehörn und Sonnenscheiben erhalten ist.

Der Nil – Lebensader Ägyptens

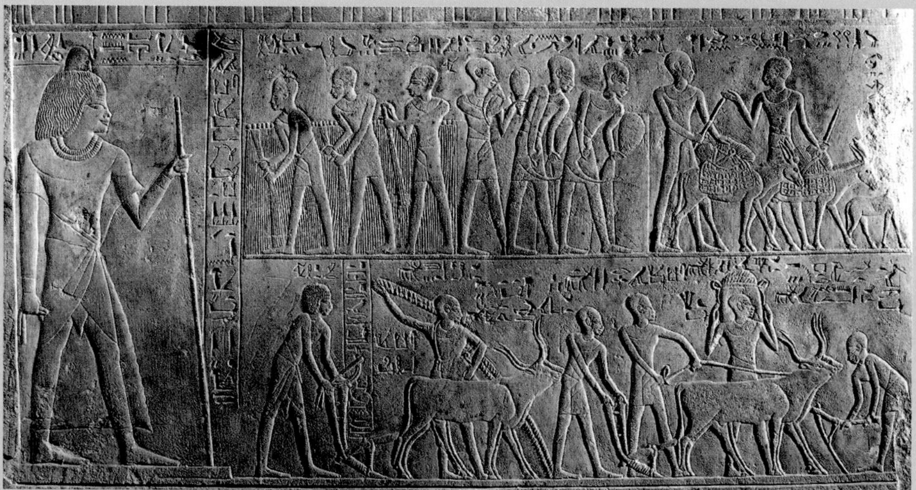

Landleben mit Ackerbau vor dem Grabherrn, Grab des Merj-merj, Saqqara, 18. Dynastie, um 1380 v. Chr., Rijksmuseum van Oudhedden, Leiden

Wenn der griechische Historiker Herodot (5. Jh. v. Chr.) den Nil als »Vater Ägyptens« bezeichnet, dann wird man ihm nicht widersprechen können. Denn erst die Flussoase mit ihrem breiten Delta erlaubte eine ertragreiche Landwirtschaft und damit die Grundversorgung der Bevölkerung. So nannten die Ägypter ihr Land »Kemet«, das Schwarze, und spielten damit auf den dunklen mineralstoffreichen Schlamm an, den die alljährlichen Überschwemmungsfluten des Nils beim Rückgang der Wassermassen auf den Böden zurückließen. Die Nilfluten waren Segen und Fluch zugleich, da sie sehr unterschiedlich ausfallen konnten. Abhängig vom Regen im äthiopischen Hochland schwankten die Wasserstände bei Fluteintritt in Ägypten (August bis November) teilweise um mehrere Meter. Eine zu geringe Fluthöhe führte zu Versorgungsengpässen, während eine zu hohe Überschwemmung katastrophale Zerstörungen mit sich brachte. Die Abhängigkeit Ägyptens von dem mit 6670 km zweitlängsten Strom der Erde wird auch in den Bezeichnungen für die drei Jahreszeiten des Kalenders deutlich, die als Perioden der Überschwemmung, der Aussaat und der Ernte in den Texten benannt werden. Unter dem Namen Hapi wurde der Fluss göttlich verehrt. Seine Darstellungen zeigen ihn als fetten Mann mit weiblich wirkenden Brüsten; ein Erscheinungsbild, das nachdrücklich die Aspekte der Fruchtbarkeit und der Wohlversorgung repräsentieren soll. So wird der Gott auf Tempelreliefs häufig als Gabenbringer mit einer Opferplatte in seinen Händen gezeigt. In den zahlreichen Beinamen wird Hapi unter anderem als der, »der die beiden Länder (Ober- und Unterägypten) mit Lebenswasser überflutet«, oder sogar als »Amme des ganzen Landes« bezeichnet. Darüber hinaus feierte man Wesen und Bedeutung des Gottes in einem großen Hymnus aus der Zeit des Mittleren Reiches. Seine Gaben und Güter werden am höchsten geschätzt, wenn es heißt: »Von Silber wird man nicht trunken, und Lapislazuli kann man nicht essen. Gerste aber ist die Grundlage der Lebenskraft.« Nach mythologischem Verständnis verlegten die Ägypter die Nilquellen an die südliche Landesgrenze nach Elephantine unweit des ersten Kataraktes. Darauf bezog sich auch noch der ägyptische Gewährsmann von Herodot, der diesem erzählte, dass »mitten aus den Bergen die Quellen des Nils aus grundloser Tiefe hervorkämen, und die eine Hälfte des Wassers ströme nordwärts nach Ägypten hinein, die andere südwärts nach Äthiopien«.

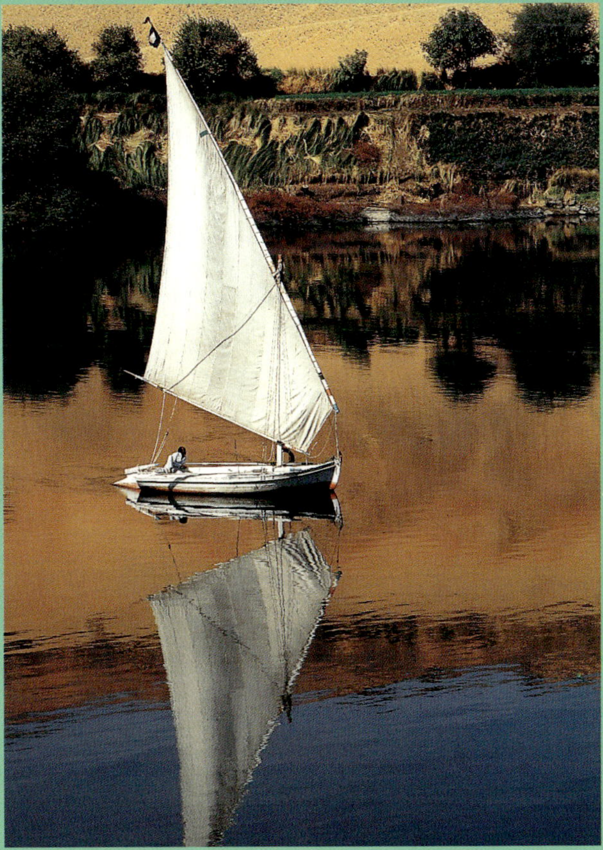

Feluke auf dem Nil bei Assuan

Tanis (San el-Hagar)

Nähert man sich dem kleinen Dorf San el-Hagar im nördlichen Ostdelta, wird von weitem der gewaltige Ruinenhügel von Tanis sichtbar, das Zoan der Bibel. Der größte antike Siedlungskom (Erderhebung über antiker Bebauung) des Landes (rund 1600 x 1200 m) hat mit seiner Höhe von knapp 40 m schon früh das Interesse der Ausgräber auf sich gezogen. Auguste Mariette kam 1860 nach Tanis, Flinders Petrie folgte ihm 1883/84, und 1929–1951 grub hier der Franzose Pierre Montet, dem die Freilegung der Königsgräber glücken sollte. Auch heute wird von einer französischen Mission weiterhin in Tanis gearbeitet, wobei kein Ende abzusehen ist. Zur neuen Hauptstadt Ägyptens wurde der Ort zu Beginn der 21. Dynastie erhoben, als die ramessidische Metropole in Piramesse aus politischen wie wirtschaftlichen Gründen aufgegeben worden war. Im Zentrum des Hügels liegt der große Tempel des Amun, der von einem mächtigen Ziegelwall (430 x 370 m) umgeben wird, der seine letzte Erweiterung in der Ptolemäerzeit erfuhr. Den Eingangsbereich markiert ein mächtiges Tor Schoschenqs III. (22. Dynastie), das wie so viele Bauten in Tanis aus älteren, hierher verschleppten Granitblöcken zusammengefügt wurde. Dahinter erstreckt sich ein mit Denkmälern (Statuen, Obelisken, Säulen und Reliefblöcken) übersätes Areal, dessen ehemalige Architektur fast vollständig verloren ist.

Kolossalfigur Ramses' II., S. 61

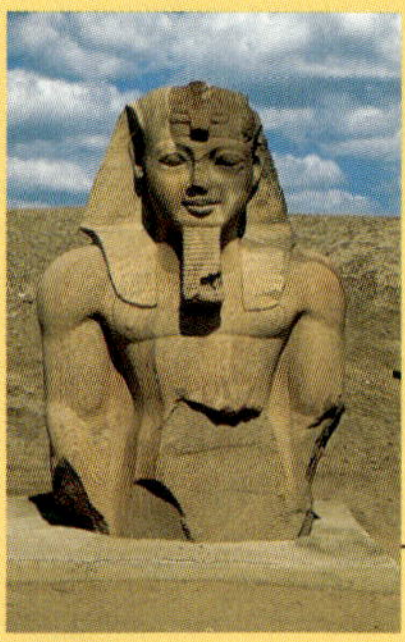

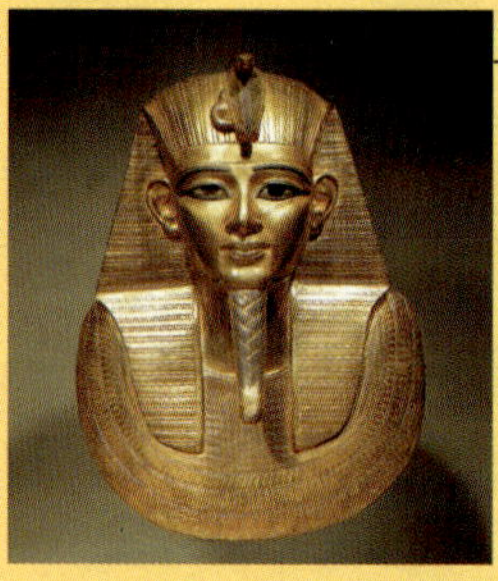

Goldmaske Psusennes' I., S. 64 f.

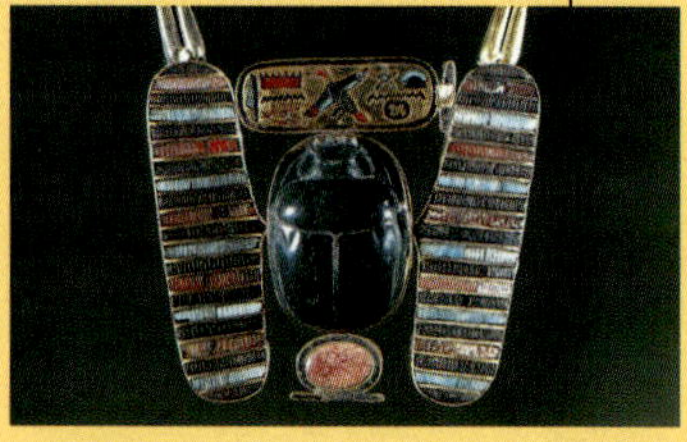

Pektoral Psusennes' I., S. 64

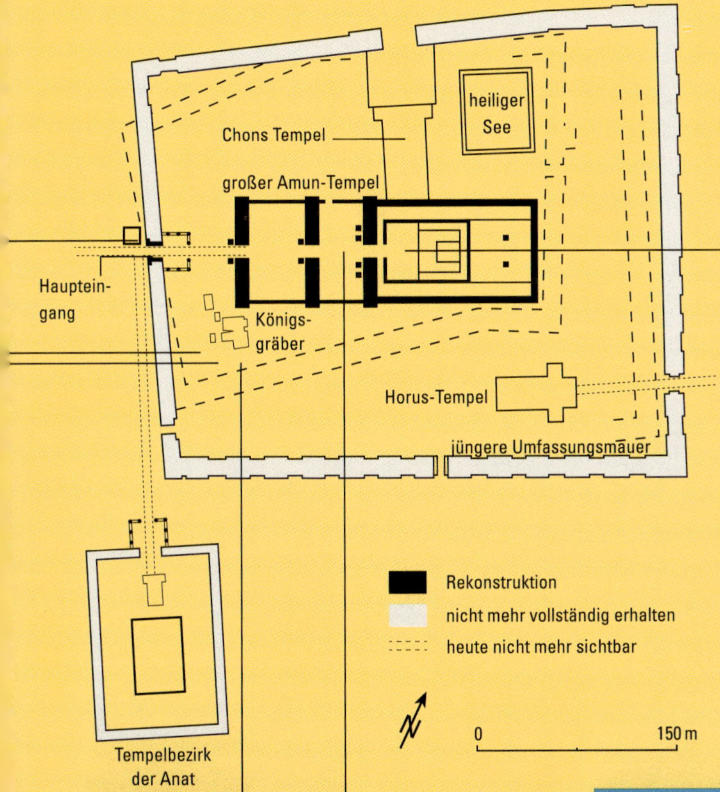

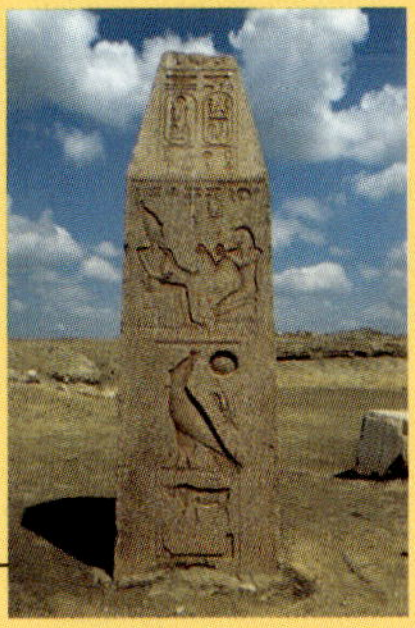

Obelisk Ramses' II., S. 61

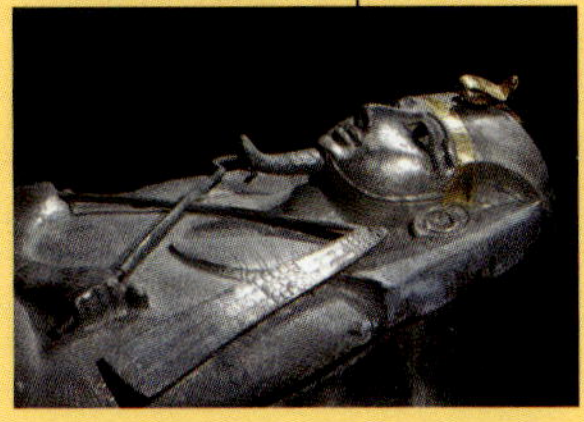

Der Silbersarg Psusennes' I., S. 63

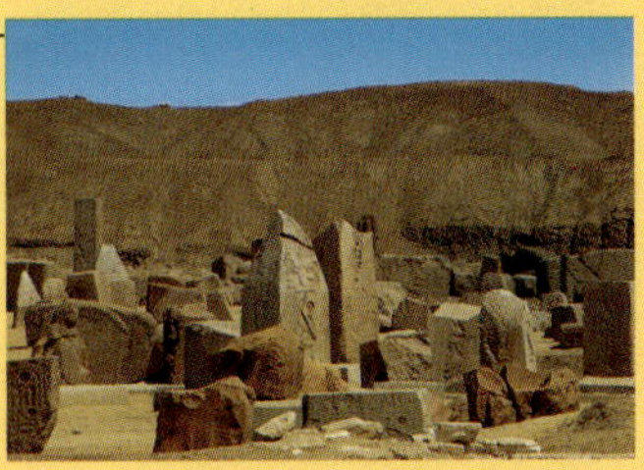

Der Tempelbezirk von Tanis, S. 60

Der Tempelbezirk

21./22. Dynastie, 10./9. Jh. v. Chr.

Als die tanitischen Herrscher den Entschluss fassten, ihre Hauptstadt weiter nördlich ins Delta zu verlegen, musste ein entscheidendes Problem gelöst werden. Denn die Steinbrüche für das notwendige Baumaterial lagen weitab in Oberägypten. Folgerichtig ließ man die Bauten und Denkmäler der Ramsesstadt niederlegen und verbrachte sie über eine Strecke von gut 20 km an ihren neuen Bestimmungsort: ein Vorgang, der mehrere Jahrzehnte in Anspruch genommen haben dürfte. Auch nachdem sich die politische Macht im weiteren Verlauf des 1. Jt.s auf andere Deltastädte verschoben hatte, blieb die Siedlungstradition von Tanis bis in die griechisch-römische Zeit bestehen. Besonders aufwändig wurde das Hauptheiligtum des Amun (L. rund 235 m) ausgestattet, das drei große Pylone vor dem hinteren Tempelhaus besaß und zum überwiegenden Teil aus Granitblöcken errichtet worden war. Allein vor dem dritten Pylon Osorkons II. (22. Dynastie) standen vier Obelisken und Kolossalfiguren aus der Zeit Ramses des Großen.

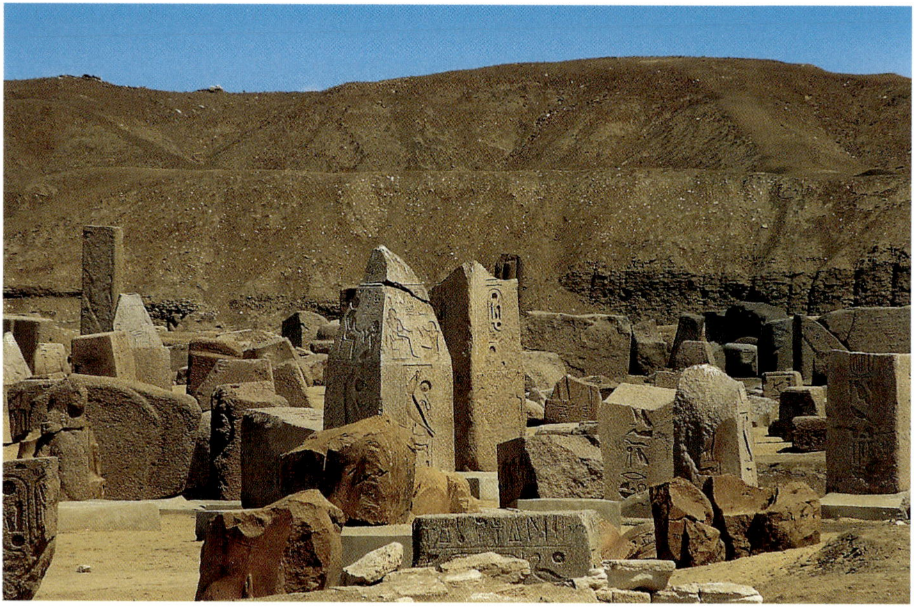

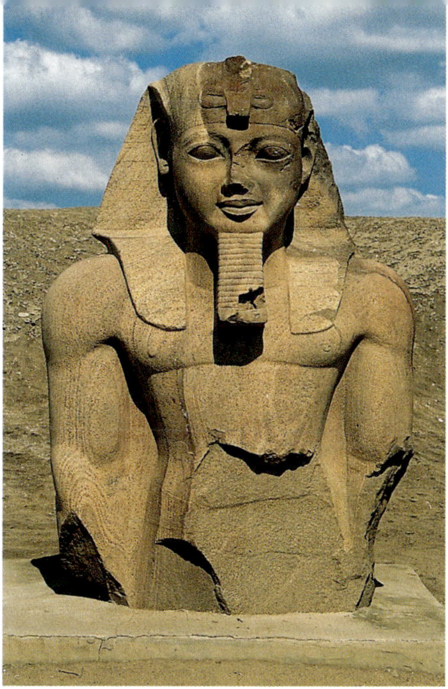

Kolossalfigur Ramses' II.

Die lange Regierungszeit Ramses' II. von 67 Jahren (1279–1213 v. Chr.) führte u. a. dazu, dass die notwendigen Rundbilder des Herrschers für sein gigantisches Bauprogramm im ganzen Land nicht ausreichend zur Verfügung standen. Zur Ausstattung der Tempelanlagen in Piramesse wurden deshalb aus Heiligtümern des memphitischen Großraumes zahlreiche Statuen von früheren Königen abtransportiert und weiterverwendet. Dazu traten originäre Werke der 19. Dynastie wie dieses Oberteil einer kolossalen Standfigur (H. 3,85 m).

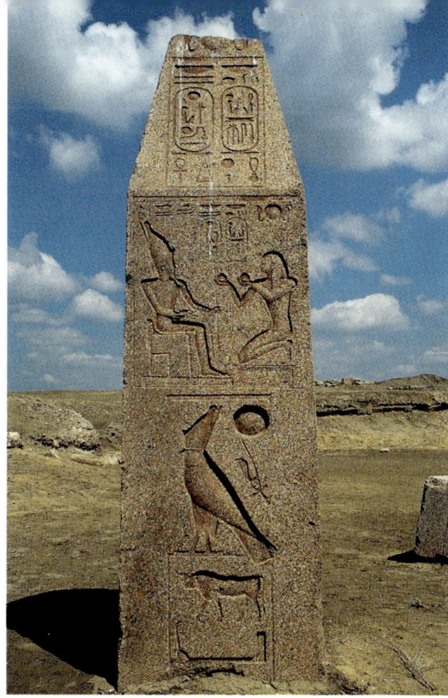

Obelisk Ramses' II.

Obwohl Tanis stark unter einem lange andauernden Steinraub zu leiden hatte und viele Einzeldenkmäler in die Museen (Kairo, Paris) wanderten, lässt die Fülle des Objektmaterials vor Ort noch etwas von der ehemaligen Pracht des Tempels erahnen. Neben unzähligen Statuen, die kolossale Ausmaße bis 20 m erreicht haben, wurden allein 23 Obelisken entdeckt. Die meisten von ihnen bestehen wie dieses Großfragment (H. 4,20 m) aus rotem Granit und waren einst unter Ramses II. für die Ramsesstadt gearbeitet worden.

Die Königsgräber

21./22. Dynastie, 10./9. Jh. v. Chr.

In der Südwestecke des Tempelbezirkes stieß der französische Ausgräber Pierre Montet 1939 auf die königliche Nekropole von Herrschern der 21. und 22. Dynastie. Die eng zusammenstehenden Kammergräber lagen einst unter dem Bodenniveau, während von den anzunehmenden Oberbauten keine Spuren mehr vorhanden waren. Besonders der reichhaltige Grabschatz Psusennes' I. (21. Dynastie) lieferte mit Kultgefäßen aus Edelmetall, herrlichem Schmuck und nicht zuletzt der goldenen Gesichtsmaske des Königs Objekte, die sich durchaus mit denen aus dem Grab des Tutanchamun messen können. Mit Psusennes I. wurden seine Gemahlin Mutnedjmet, der Pharao Amenemope und auch der General Wendjebauendjed beigesetzt. Daneben befindet sich der Grabraum Osorkons II. und etwas abseits die Anlage für Schoschenq III. Zwei weitere Grabkammern blieben unfertig zurück. Vielleicht birgt die Erde von Tanis noch weitere Sensationen, denn wichtige Könige dieser Zeit wie Schoschenq I. konnten mit ihren Gräbern noch nicht entdeckt werden.

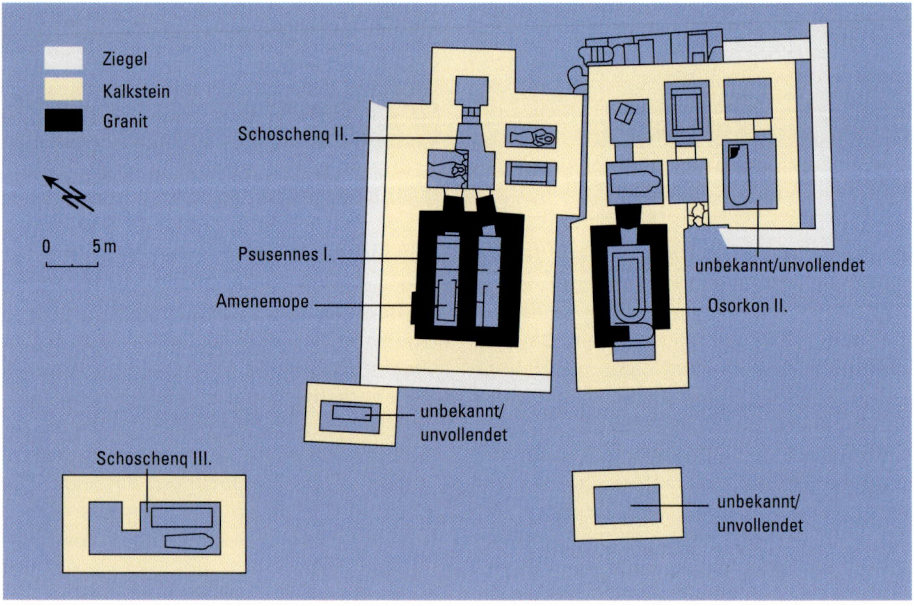

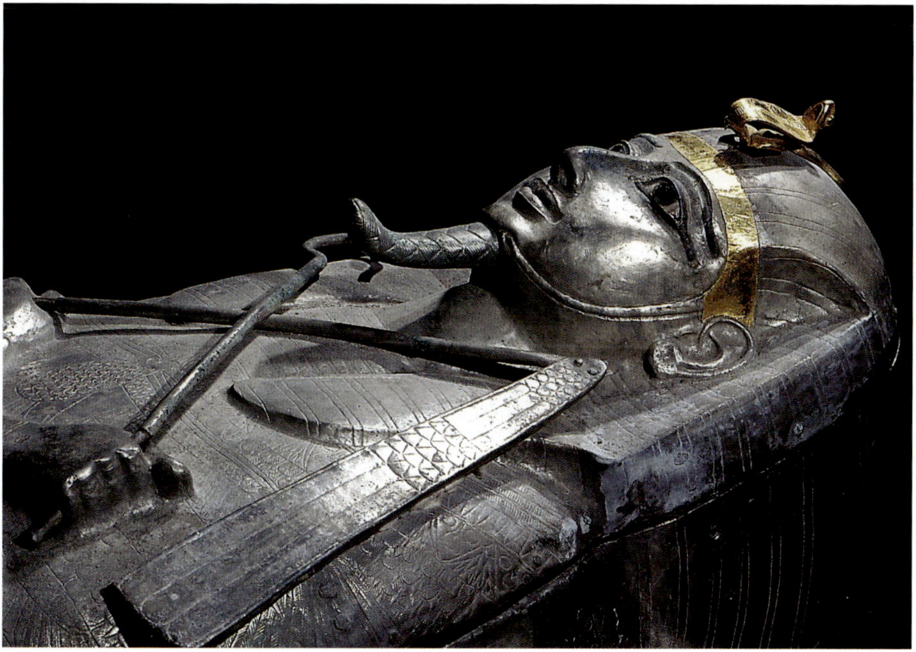

Der Silbersarg Psusennes' I.
21. Dynastie, um 1000 v. Chr., Silber, Gold, L. 185 cm, Ägyptisches Museum, Kairo

In der Tradition der Pharaonen des Neuen Reiches ließ sich auch Psusennes I. in mehreren Sarghüllen bestatten. Doch die Vorstellung war nicht einfach umzusetzen gewesen, denn selbst für das Königsgrab machte sich der Steinmangel im Delta unliebsam bemerkbar. Die Lösung war eher pragmatischer Natur, als einem Pharao angemessen. Über seine Beziehungen zu den Priesterkönigen des Gottesstaates des Amun übernahm Psusennes einen Granitsarkophag des Königs Merenptah (19. Dynastie), dessen Grabanlage im Tal der Könige schon beraubt war. Ebenso neu beschriftet wurde der zweite anthropomorphe Sarg aus schwarzem Granit, der einmal einem Beamten der frühen 19. Dynastie gehört hatte. Erst in diesem lag der herrliche Silbersarg des tanitischen Herrschers, der als originale Schöpfung der Zeit angesehen werden kann und durch das Wechselspiel der Metallfarben besticht.

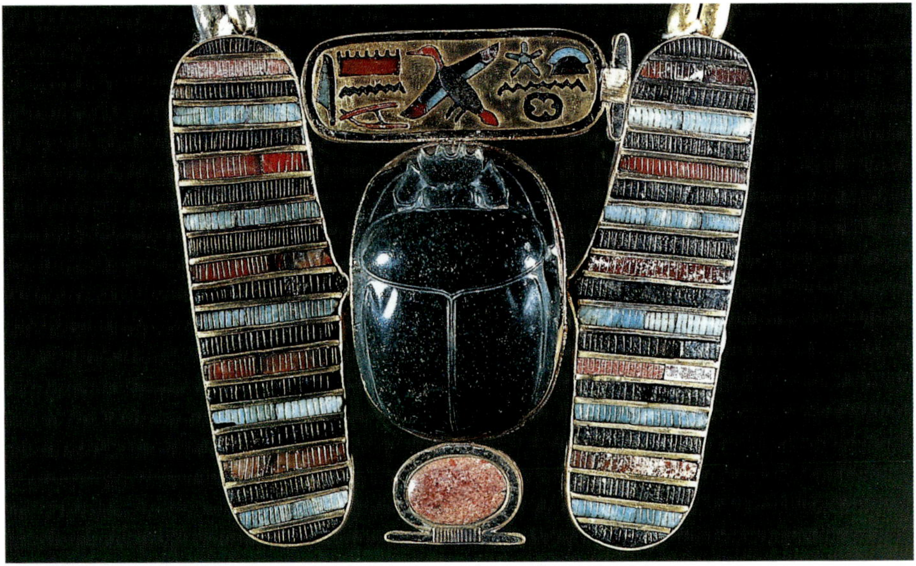

Pektoral Psusennes' I. mit Herz-Skarabäus
21. Dynastie, um 1000 v. Chr., Gold und Schmucksteine, H. 10,5 cm, Ägyptisches Museum, Kairo

Die Goldmaske Psusennes' I.
21. Dynastie, um 1000 v. Chr., Gold, Lapislazuli, H. 48 cm, Ägyptisches Museum, Kairo

An der Mumie Psusennes' I. konnte Montet zahlreiche Schmuckstücke bergen, zu denen auch dieses herrliche Pektoral in Gestalt eines geflügelten Skarabäus (aus schwarzem Opakglas) gehört. Als wirkmächtiges Regenerationssymbol ist er bei zahlreichen Juwelen des Grabschatzes verwendet worden. Hier verbindet er einen sog. Schen-Ring, das Abzeichen der zyklischen Unendlichkeit, mit einer waagerecht gestellten Kartusche, die den Geburtsnamen Psusennes' I. enthält.

Während bei anderen Bestattungen der Königsgräber von Tanis nur reine Gesichtsmasken verwendet wurden, hüllte die Goldmaske Psusennes' I. das Haupt des verstorbenen Herrschers vollständig ein und vermittelt seine Gesichtszüge in zeitloser Schönheit. Der König trägt das Kopftuch mit einem hoch aufragenden Uräus an der Stirn, den geflochtenen Götterbart und einen breiten Blütenhalskragen. Augenbrauen, Lidränder und das Bartband wurden in kostbarem Lapislazuli eingelegt.

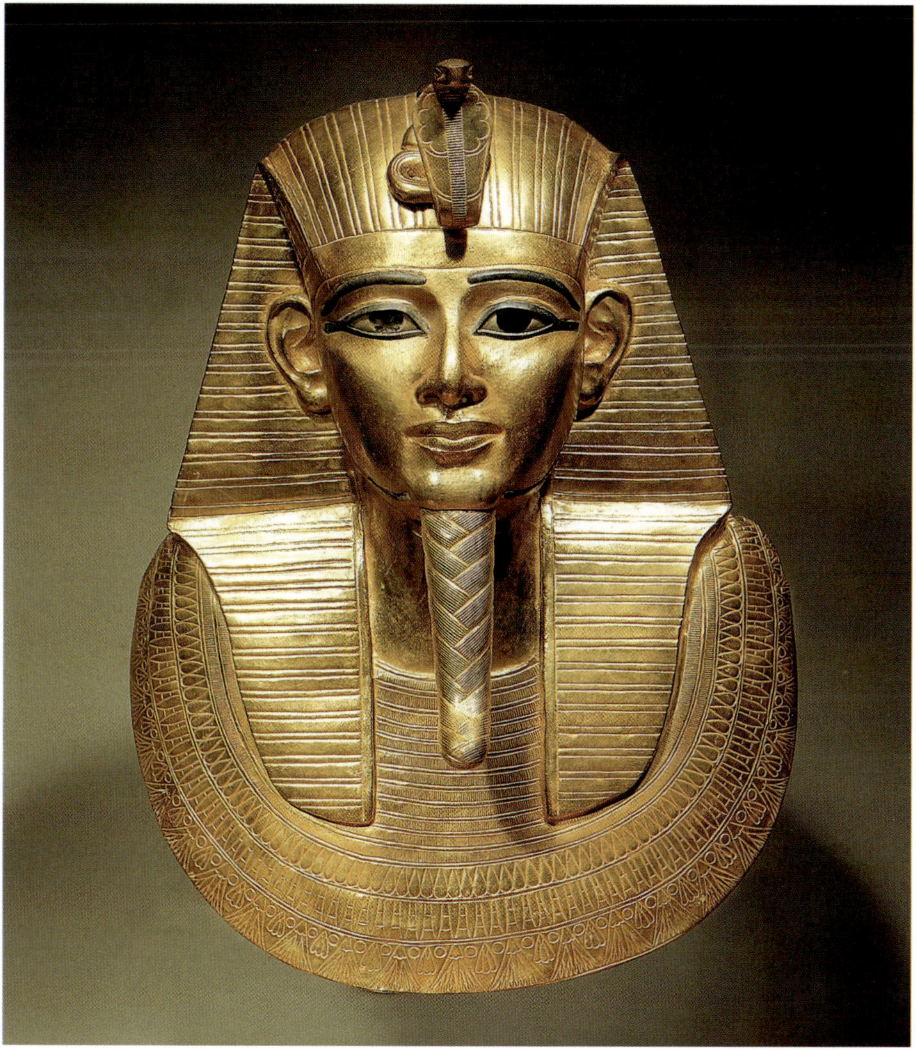

Das Rätsel der Ramsesstadt

Unter den Ägyptologen gilt es heute als anerkannte Tatsache, dass die in den Texten der 19. Dynastie so häufig beschriebene »Ramsesstadt« nicht mit dem gewaltigen Ruinenhügel von Tanis identifiziert werden darf, sondern etwas südlicher im Ostdelta beim Dorf Qantir lag. Bis zu dieser Erkenntnis vergingen Jahrzehnte einer kontrovers geführten Diskussion, die erst durch neue archäologische Befunde entschieden wurde. Doch zunächst galt Tanis als Ort des antiken Piramesse (»Stadt des Ramses«), der von den ramessidischen Herrschern zur neuen Hauptstadt Ägyptens ausgebaut wurde, dem in der Bibel erwähnten Fronort des Volkes Israel. Schon im letzten Jahrhundert hatten Grabungen dort zahlreiche Königsfiguren und Architekturteile zutage treten lassen, die zumeist den Namenszug Ramses' II. trugen. Zum wichtigsten Protagonisten für die Tanis-Theorie wurde jedoch der Franzose Pierre Montet, der ab 1929 die ersten planmäßigen Ausgrabungen leitete. Die überwältigende Anzahl an baulichen Hinterlassenschaften der 19. und 20. Dynastie ließen ihn zeit seines Lebens daran festhalten, in Tanis die Ramsesstadt zu erkennen. Doch Zweifel regten sich bald, da im Gegensatz zur Denkmälerfülle keine eigentliche Baugeschichte des Neuen Reiches in Tanis ermittelt werden konnte. Ägyptische Archäologen hatten dagegen bei Qantir untrügerische Anzeichen einer großen Stadt mit Resten von Palästen und Tempeln aufge-

Blick auf die Ausgrabungsflächen von Qantir im Ostdelta

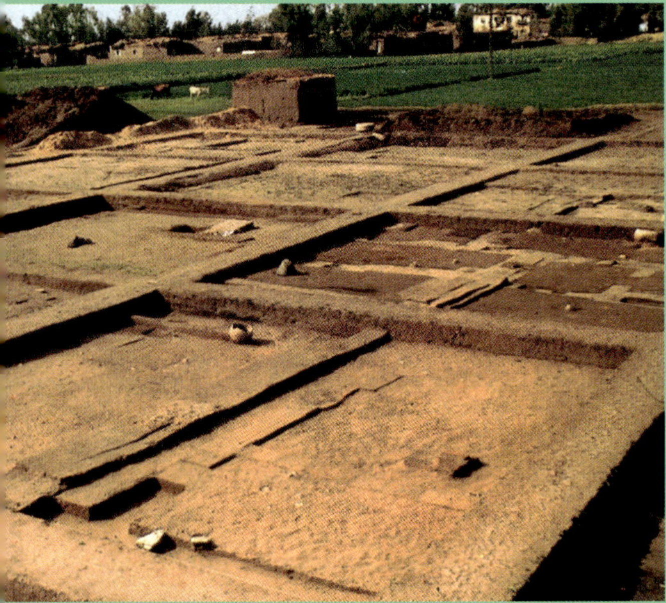

funden. Trotz dieser deutlichen Anzeichen gelang erst einer Expedition von österreichischen und deutschen Wissenschaftlern, die ab den 1970er-Jahren in Qantir ausgedehnte Grabungsarbeiten durchführten, der sichere Nachweis, dass hier das wichtigste urbane Zentrum des Landes im späten 2. Jt. v. Chr. zu lokalisieren ist. Die Region von Qantir-Piramesse und die unweit gelegene Metropole der Hyksos-Könige von Auaris (heute Tell ed-Dab'a) umfasst ein Gebiet von nahezu 30 km^2. Diese riesige Gesamtausdehnung lässt in Zusammenhang mit der schwierigen Grabungssituation auf landwirtschaftlicher Nutzfläche nur langsame Fortschritte zu, sodass die Untersuchungen auch heute noch lange nicht abgeschlossen sind, aber jedes Jahr wichtige Erkenntnisse gewonnen werden. Wie verlief nun die Geschichte zwischen Auaris, Piramesse und Tanis? Zunächst gründeten die Fremdherrscher der Hyksos im Ostdelta ihre Hauptstadt Auaris, zu deren Ausstattung sie Denkmäler des Mittleren Reiches aus dem memphitischen Großraum verschleppen ließen. Vergleichbares geschah für die Ramsesstadt. Fortan bedienten sich die Herrscher der 19. Dynastie in Auaris, aber auch aus anderen Quellen. Die Odyssee endete in Tanis. Denn als man Ende der 20. Dynastie die Ramsesstadt aufgab und die Könige der 21. Dynastie den bislang unbedeutenden Ort Tanis im äußersten Ostdelta zur neuen Hauptstadt wählten, benutzten sie Piramesse quasi als Steinbruch und verbrachten ihrerseits viele ältere Statuen und Bauteile wie Säulen und Obelisken an den neuen Standort. Dort führten diese ramessidisch beschrifteten Denkmäler zur irrtümlichen Gleichsetzung von Tanis mit der Ramsesstadt.

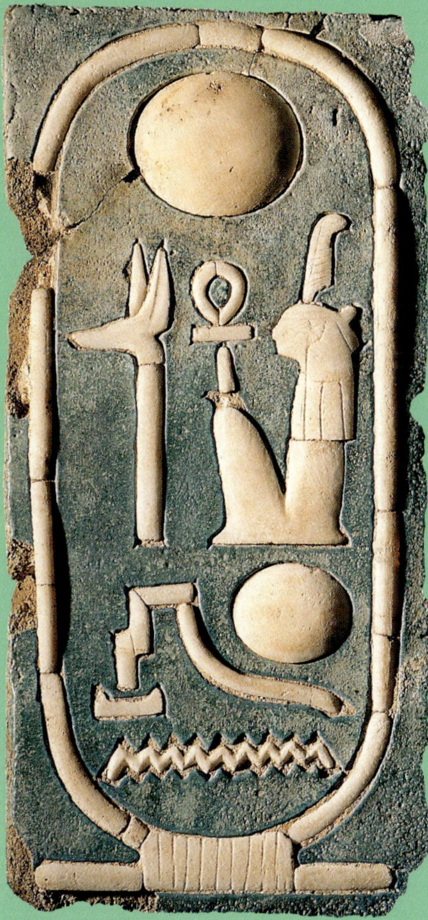

Kachel mit Namen Ramses' II., 19. Dynastie, um 1250 v. Chr., Qantir, Fayence und Kalzit, H. 26,5 cm, Staatliche Sammlung Ägyptischer Kunst, München

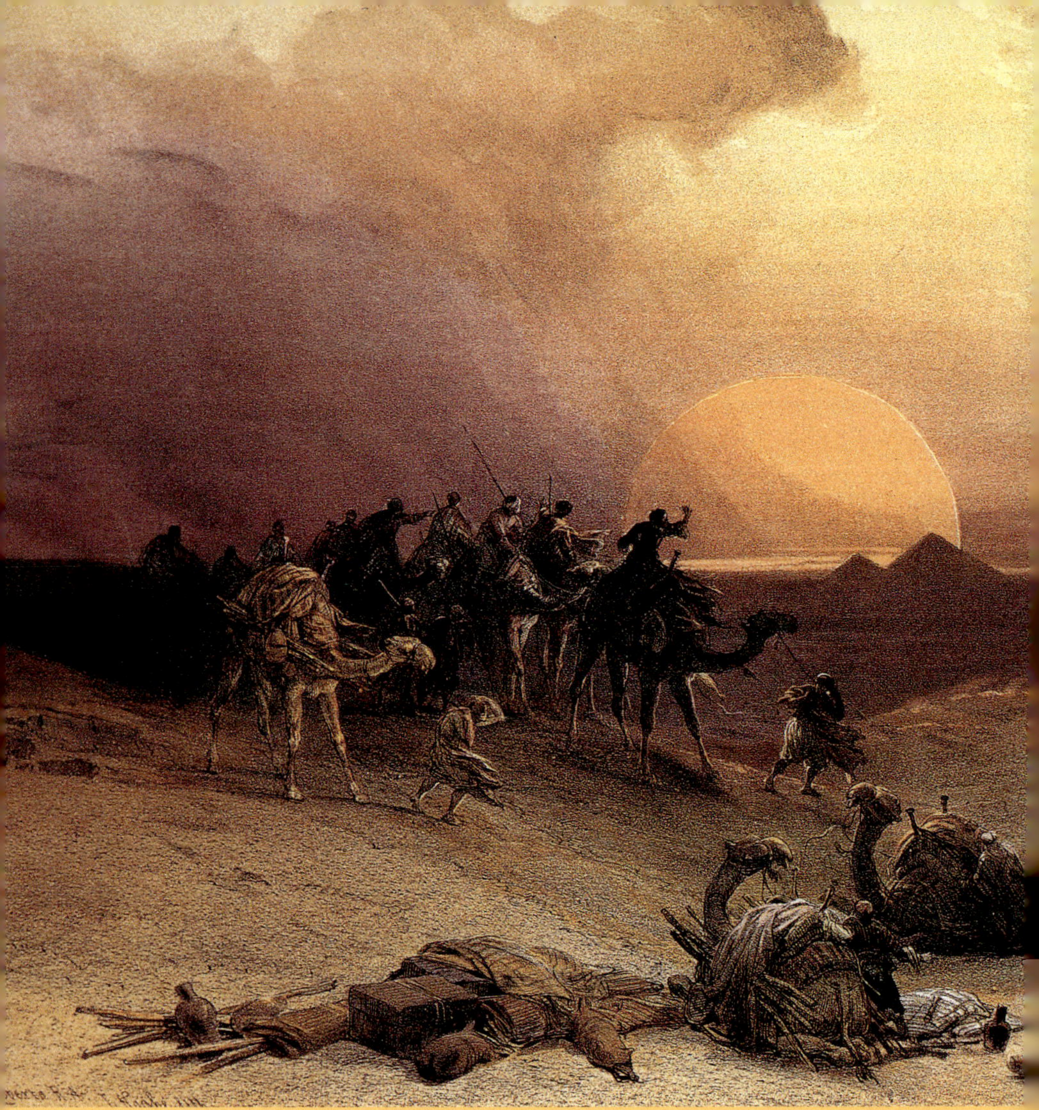

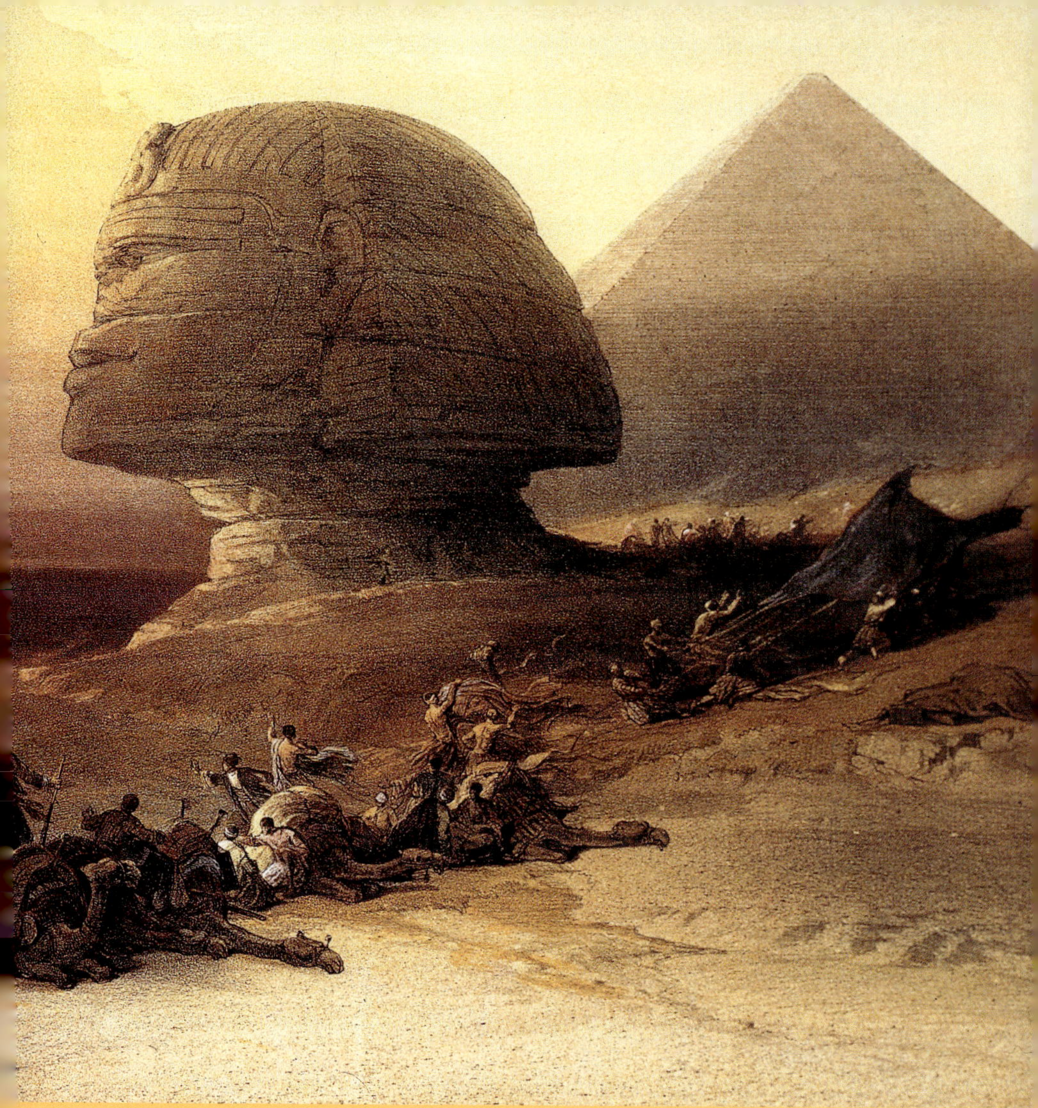

Kairo, Giza und Memphis

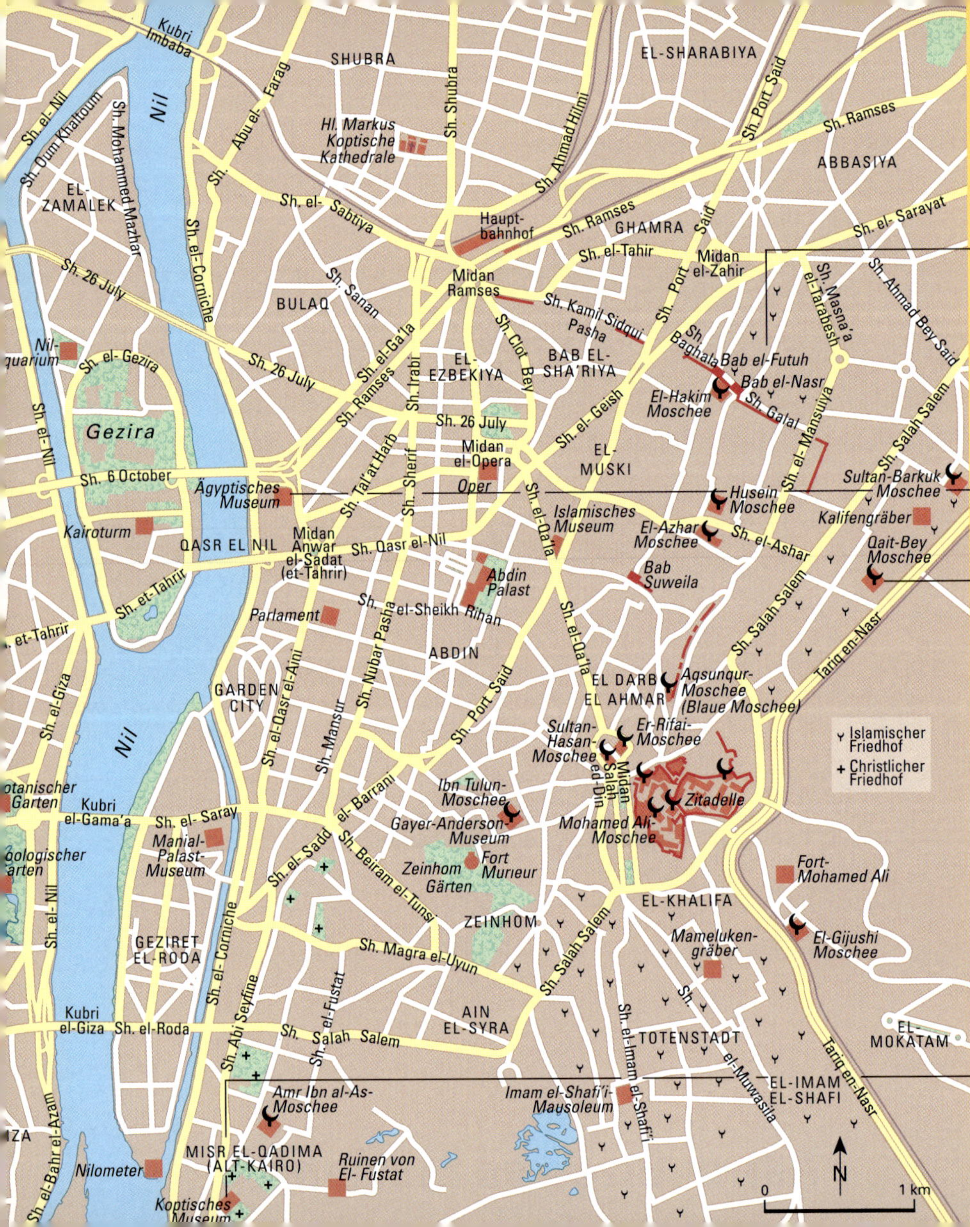
Kubri Imbaba
Nil
SHUBRA
EL-SHARABIYA
Sh. el-Nil
Sh. Oum Khaltoum
Sh. Mohammed Mazhar
Sh. Abu el-Farag
Sh. Shubra
Hl. Markus Koptische Kathedrale
Sh. Ahmad Hilmi
Sh. Port Said
Sh. Ramses
ABBASIYA
EL-ZAMALEK
Sh. el-Sabtiya
Hauptbahnhof
Sh. Ramses
GHAMRA
Sh. el-Sarayat
Sh. el-Corniche
Sh. 26 July
Sh. el-Tahir
Midan el-Zahir
Midan Ramses
Sh. Sanan
BULAQ
Sh. Kamil Sidqui Pasha
Sh. Port Said
Sh. Masna'a el-Tarabesh
Sh. Ahmad Bey Said
Nil-Aquarium
Sh. el-Gezira
Sh. 26 July
Sh. el-Ga'la
Sh. Clot Bey
EL-EZBEKIYA
BAB EL-SHA'RIYA
Sh. Baghala
Bab el-Futuh
Bab el-Nasr
El-Hakim Moschee
Sh. Galal
Sh. Ramses
Sh. Irabi
Sh. el-Nil
Gezira
Sh. 26 July
Midan el-Opera
Sh. el-Geish
EL-MUSKI
Sh. el-Mansuiya
Sh. Salah Salem
Sh. 6 October
Ägyptisches Museum
Sh. Tal'at Harb
Sh. Sherif
Oper
Sh. el-Qal'a
Husein Moschee
Sultan-Barkuk Moschee
Kalifengräber
Kairoturm
QASR EL NIL
Midan Anwar el-Sadat (et-Tahrir)
Sh. Qasr el-Nil
Islamisches Museum
El-Azhar Moschee
Sh. el-Ashar
Qait-Bey Moschee
Sh. et-Tahrir
Abdin Palast
Bab Suweila
Sh. et-Tahrir
Parlament
Sh. el-Sheikh Rihan
Sh. Salah Salem
Tariq en-Nasr
ABDIN
Sh. el-Giza
GARDEN CITY
Sh. el-Qasr el-Aini
Sh. Nubar Pasha
Sh. Mansur
Sh. Port Said
Sh. el-Qal'a
EL DARB EL AHMAR
Aqsunqur-Moschee (Blaue Moschee)
Nil
Sultan-Hasan-Moschee
Er-Rifai-Moschee
Midan Salah ed-Din
Islamischer Friedhof
Christlicher Friedhof
Botanischer Garten
Kubri el-Gama'a
Sh. el-Saray
Sh. el-Barrani
Ibn Tulun-Moschee
Zitadelle
Gayer-Anderson-Museum
Mohamed Ali-Moschee
Zoologischer Garten
Manial-Palast-Museum
Sh. el-Sadd
Sh. Beiram el-Tunsi
Zeinhom Gärten
Fort Murieur
Fort Mohamed Ali
Sh. el-Nil
GEZIRET EL-RODA
Sh. el-Corniche
ZEINHOM
EL-KHALIFA
Sh. Salah Salem
Mameluken-gräber
El-Gijushi Moschee
Sh. Magra el-Uyun
Sh. el-Fustat
Sh. Abi Seyfine
Kubri el-Giza
Sh. el-Roda
Sh. Salah Salem
AIN EL-SYRA
Sh. el-Imam el-Shafi'i
TOTENSTADT
Sh. el-Muwasila
EL-MOKATAM
EL-IMAM EL-SHAFI
Tariq en-Nasr
Amr Ibn al-As-Moschee
Imam el-Shafi'i-Mausoleum
Sh. el-Bahr el-Azam
MISR EL-QADIMA (ALT-KAIRO)
Nilometer
Ruinen von El-Fustat
Koptisches Museum
N
0
1 km

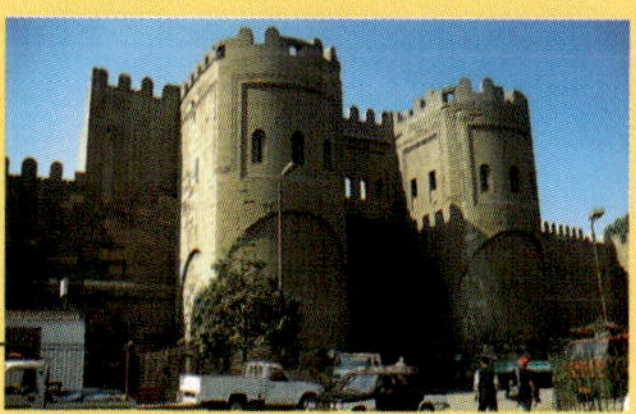

Bab el-Futuh, S. 83

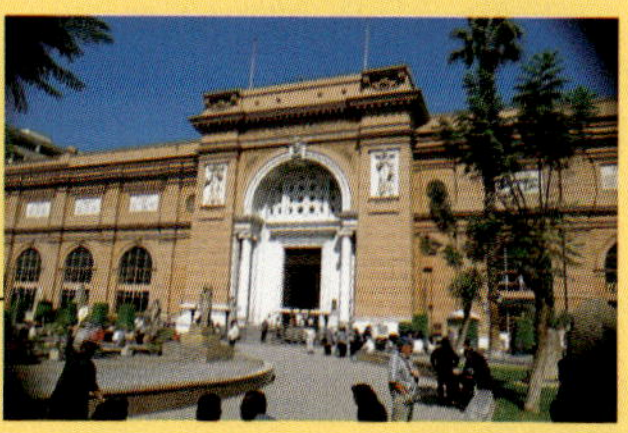

Das Ägyptische Museum, S. 88 ff.

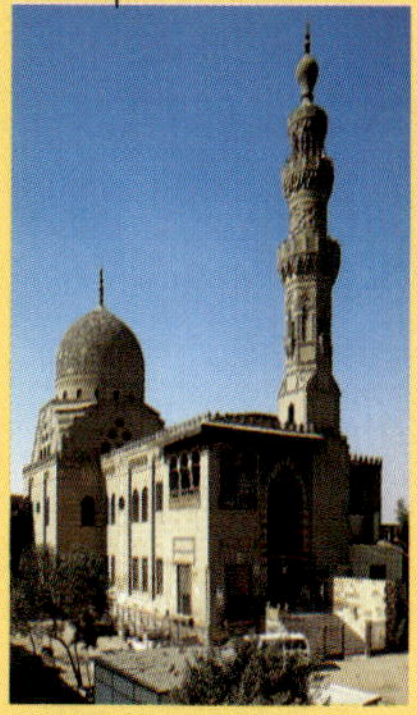

Die Grabmoschee des Qait Bey, S. 85

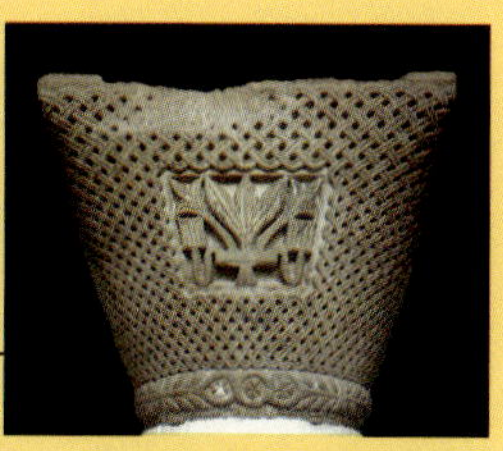

Korbkapitell mit Lebensbaum, S. 152

Kairo

Seit über 1000 Jahren schlägt das Herz Ägyptens in Kairo. Als Hauptstadt des Landes und Sitz der Regierung beherbergt Kairo alle wichtigen Institutionen von Politik, Wirtschaft und Kultur. Darüber hinaus ist sie weltweit das unbestrittene Zentrum des sunnitischen Islam. Die größte Stadt des afrikanischen Kontinents, deren Einwohnerzahl auf ca. 18 Millionen geschätzt wird, fasziniert durch gewaltige Gegensätze; sie verbindet ihre islamischen Traditionen mit den Anforderungen der modernen Zeit. Täglich droht der endgültige Verkehrskollaps in der Innenstadt. Auch zahlreiche Maßnahmen zur Verbesserung der Infrastruktur wie der Bau von Hochstraßen und einer modernen U-Bahn haben den Moloch Kairo nicht wirklich entlasten können. Die erste Hauptstadt an dieser Stelle geht auf Amr Ibn al-As zurück, den Feldherrn des Kalifen Omar. Er gründete 641 in Fustat (heute Alt-Kairo) eine Stadt, die aber schon im Jahre 750 Opfer einer Feuersbrunst wurde. In den nächsten 200 Jahren verschob sich das Machtzentrum zweimal in nördliche Richtung. Die eigentliche Geburtsstunde von Kairo fiel dann in das Jahr 969, als die Fatimiden Ägypten eroberten und eine neue Residenz anlegten, die sie el-Qahira (arab., »Die Siegreiche«) nannten.

Vorhergehende Seiten: Die Wüste bei Kairo, aus: David Roberts, »Egypt and Nubia«, London 1846–1850

El-Azhar-Moschee

Fatimidenzeit, 10. Jh.

Keine andere Moschee in Kairo übertrifft el-Azhar, die »Blühende«, an Tradition und Bedeutung. Schon bald nach ihrer Gründung 970 wurde ein Schul- bzw. Universitätsbetrieb angegliedert, der bis heute besteht und den Ruhm der el-Azhar-Moschee als Hochburg islamischer Gelehrsamkeit begründet hat. Erst seit 1961 wurde der Unterricht in den klassischen Fächern (z. B. Theologie und islamisches Recht) um moderne Studiengänge (z. B. Medizin, Wirtschafts- und Ingenieurwissenschaften) ausgedehnt. Der fatimidische Kernbau vom Typ einer Hofmoschee erfuhr in den darauf folgenden Jahrhunderten zahlreiche Veränderungen und Erweiterungen. Über den Haupteingang, das sog. »Tor der Barbiere«, erreicht man das Westportal des Sultans Qait Bey mit einem Minarett (1469) und steht dann im großen Mittelhof (arab. »sahn« 1130–1149, 48 x 32 m). Er wird von einem eleganten Säulengang aus Kielbogen (12. Jh.) umzogen, dessen Fassaden mit Stuckrosetten und Blendnischen in alternierender Folge aufwändig geschmückt wurden.

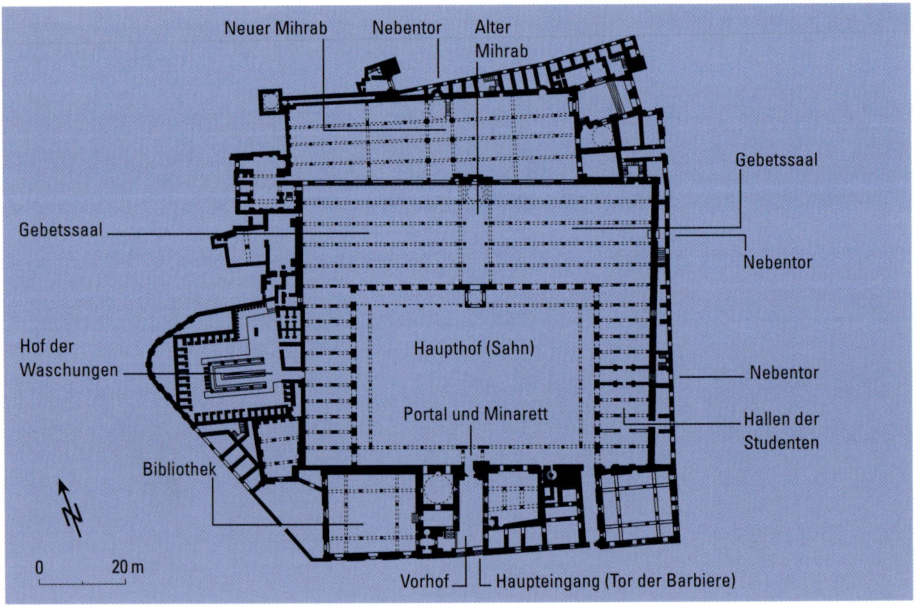

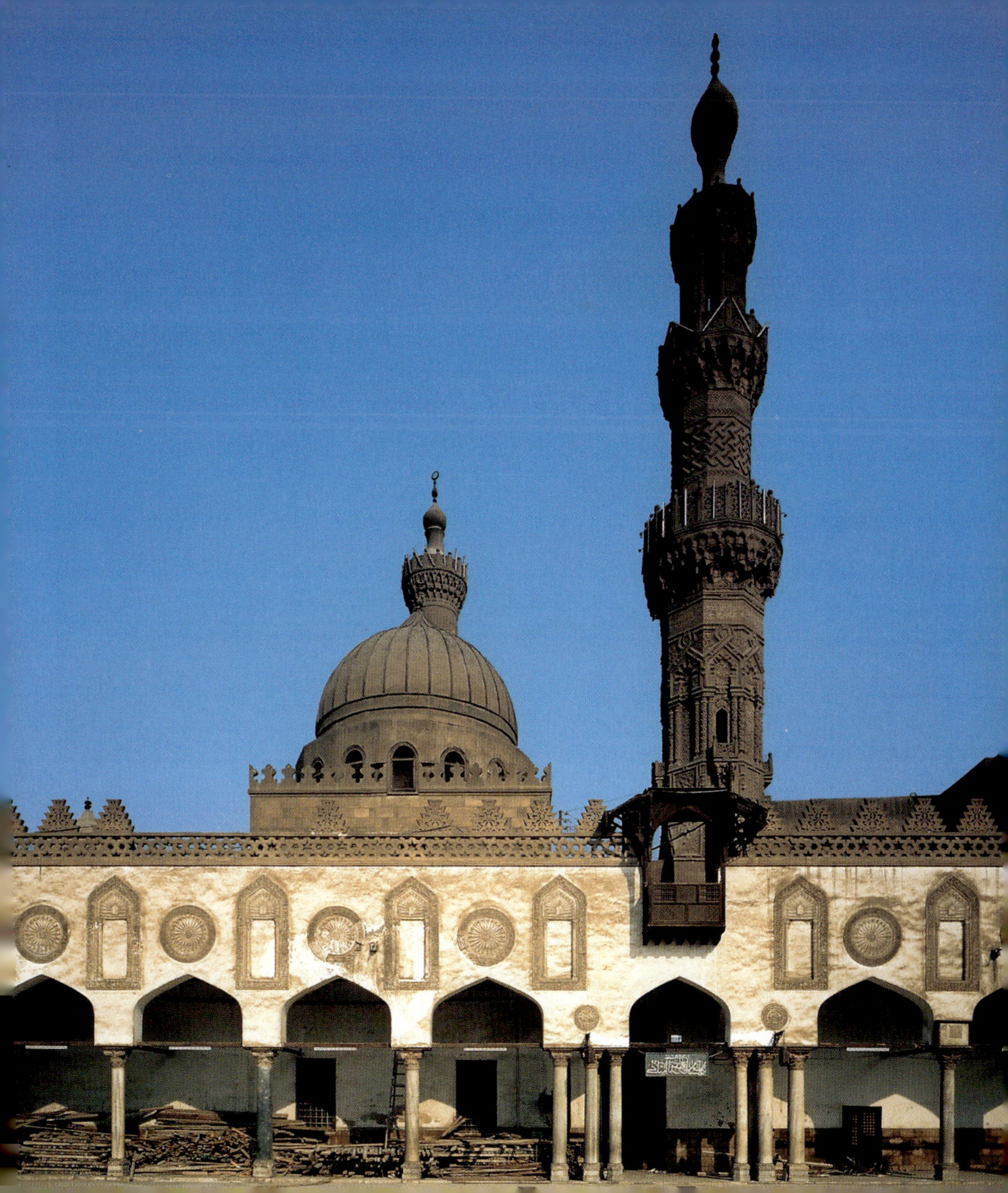

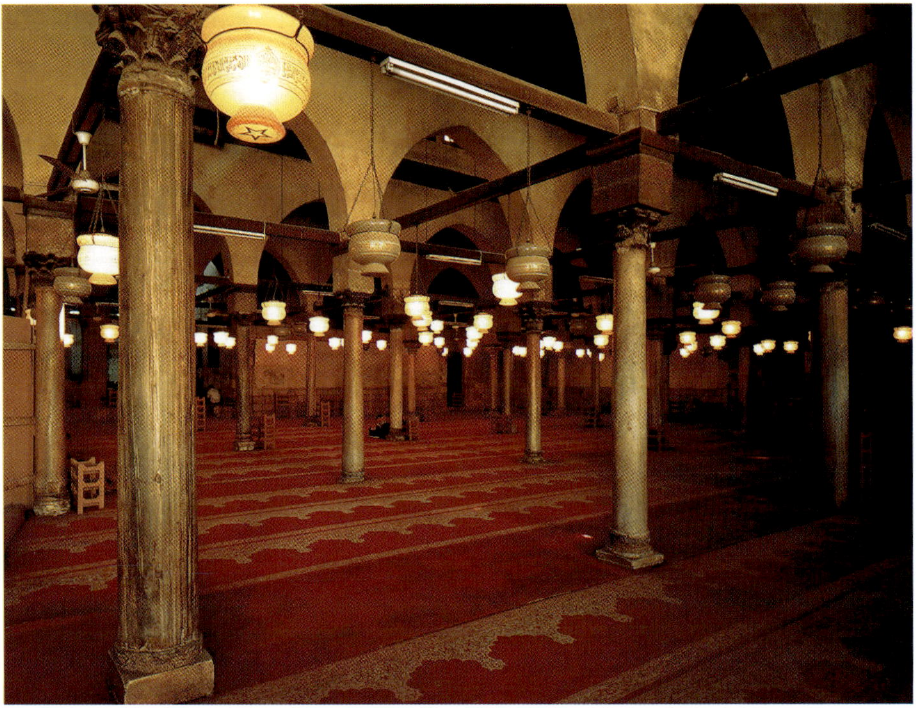

Blick in den Betsaal
Fatimidenzeit, 10. Jh.

Hinter der östlichen Hofseite erstreckt sich der große Betsaal (4000 m^2), der im fatimidischen Gründungsbau als fünfschiffige Säulenhalle errichtet wurde. Die Schiffe verlaufen parallel zur Kibla-Wand (Richtung Mekka). Erst im 18. Jh. hat man diese Anlage durch vier weitere Schiffe Richtung Osten vergrößert, wobei zusätzlich zum zentralen Mihrab des Urbaus eine weitere, neue Gebetsnische entstand. Viele der hier verwendeten Marmorsäulen sind antike Spolien, stammen also aus älteren Bauwerken. Diese große Bethalle war und ist nicht nur Versammlungsort der Gläubigen beim Freitagsgebet, sondern sie diente zugleich als Hauptlehrsaal. Obwohl nicht mehr der Regelfall, können noch heute Gruppen von Studenten mit ihren Lehrern beim Unterricht angetroffen werden.

Ibn-Tulun-Moschee

Tulunidenzeit, 9. Jh.

Dem Begründer der kurzlebigen Tuluniden-Dynastie, Ahmed Ibn-Tulun, verdankt Kairo einen seiner ältesten und schönsten Moscheebauten. Das 876–879 errichtete Gebäude wird von sehr hohen Außenmauern und auf drei Seiten von schmalen Vorhöfen (L. 162 m) umgeben. Die Verbindung zum Baustil der abbassidischen Moscheen in Samarra (Irak) wird durch die Spiralform im unteren Teil des Minaretts verdeutlicht, das sich im nordwestlichen Vorhof erhebt. Im Zentrum des weiten Innenhofes (Seitenlänge 92 m) steht das kuppelüberwölbte Brunnenhaus von quadratischem Grundriß. Wie auch das Minarett wurde es im späten 13. Jh. unter Sultan Lagin erneuert. Die Hofseiten werden von spitzbogigen Pfeilerarkaden eingenommen, die aus roten Ziegelsteinen mit einer Stuckverkleidung bestehen. Der marmorvertäfelten Hauptgebetsnische, der großen Holzkanzel (Minbar) und der Dikka (Podest für den Vorbeter) ist die Bethalle vorgelagert, die aus fünf Schiffen besteht.

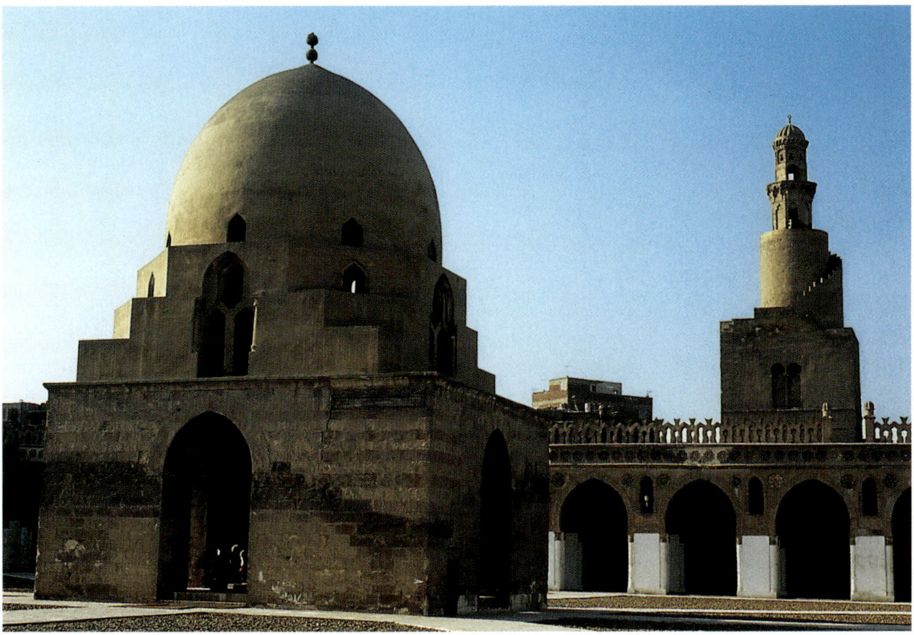

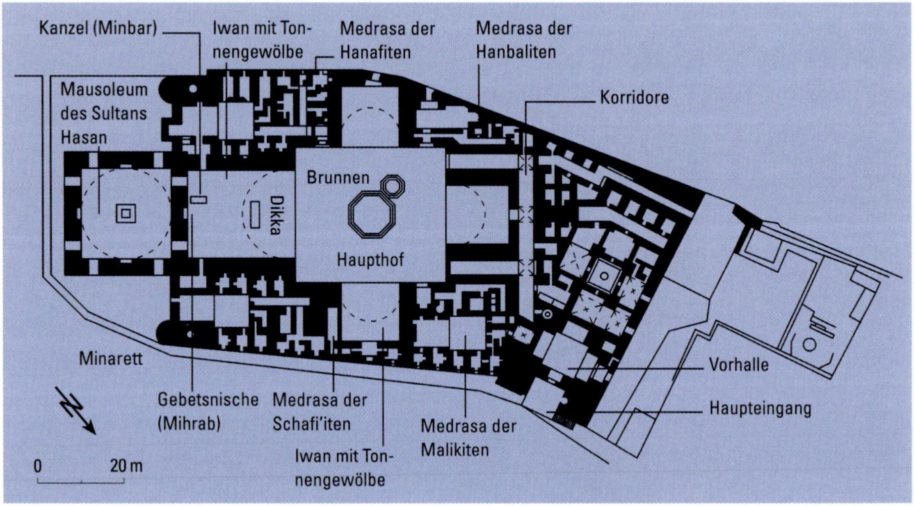

Medrasa-Moschee des Sultans Hasan

Mamlukenzeit, 14. Jh.

Unterhalb der Zitadelle ließ Sultan Hasan (1347–1361) eine Moschee errichten, die zu den herausragenden Leistungen islamischer Baukunst gehört. Das festungsartige Gebäude erhebt sich über einem unregelmäßigen Fünfeck (L. 155 m) und bedeckt eine Fläche von 7900 m^2. Die beiden Minarette haben eine unterschiedliche Höhe, da das nördliche im 17. Jh. eingestürzt ist und durch ein kleineres ersetzt werden musste. Das noch erhaltene südliche Minarett besitzt die beachtliche Höhe von 81,6 m. Besonders eindrucksvoll ist die Fassade mit ihren hohen Fenstern und der mehrreihigen Stalaktitendekoration. Die bronzenen Türflügel wurden um 1415 von Schech Muaijad geraubt und für seine eigene Moschee verwendet. Der übrige Bau besteht aus einem mehrräumigen Eingangsbereich, einem zentralen Hof mit umliegenden Gebets- und Schulungsräumen, dem Hauptgebetsraum und dem dahinter liegenden Mausoleum. Letzteres besteht aus einem rechteckigen, überkuppelten Raum, der mit einer Dekoration aus Stalaktiten und einem umlaufenden Schriftfries geschmückt ist. In seiner Mitte befindet sich der Katafalk des Sultans. Hasan wurde im Jahre 1361 hingerichtet; er hat die ein Jahr später stattfindende Eröffnung der Moschee also nicht mehr miterlebt.

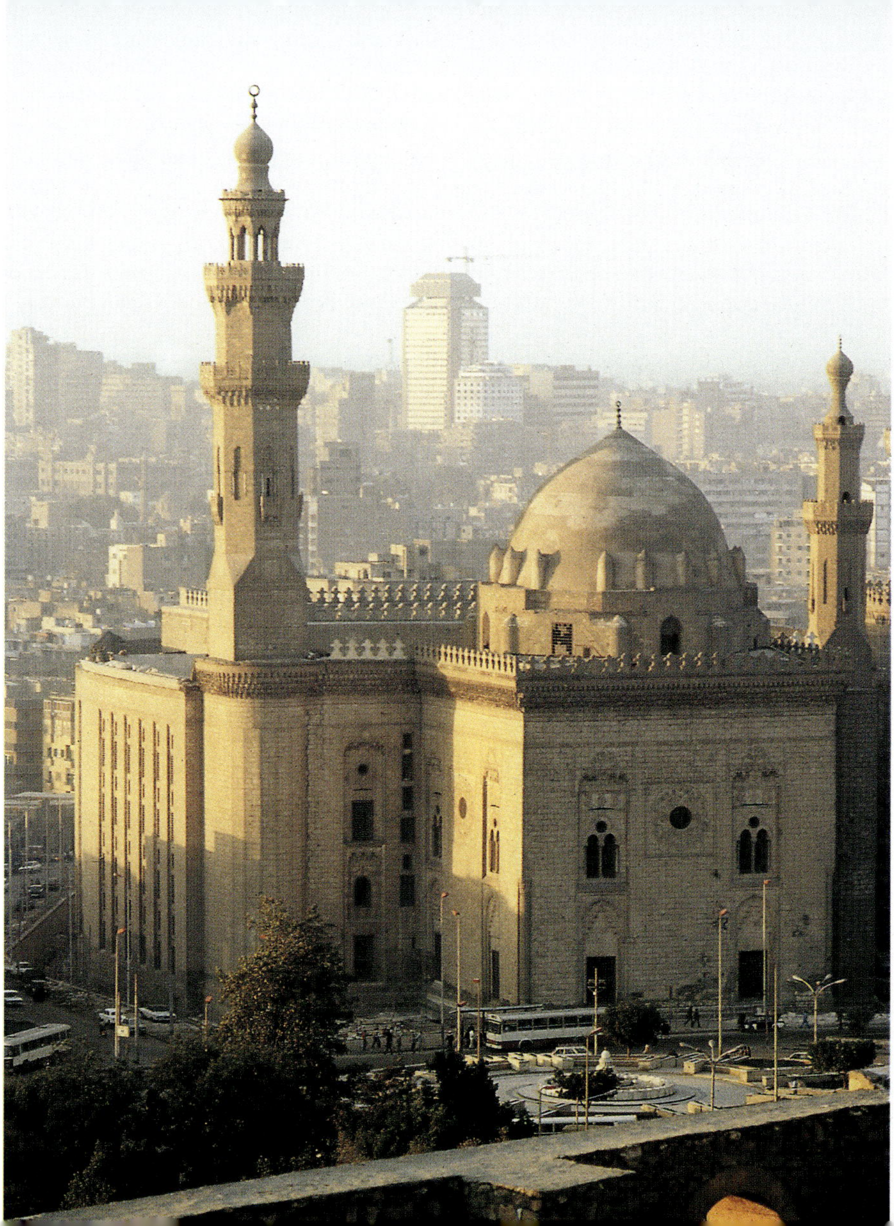

Die Hofanlage

Man gelangt über eine Freitreppe, durch das 26 m hohe Portal, eine überkuppelte Vorhalle mit kreuzförmigem Grundriss und einen Korridor in den rechteckigen Hof der Sultan-Hasan-Moschee. Er ist das Zentrum dieses Baus vom Typ einer »Vier-Iwan-Moschee«. Die vier mit Tonnengewölben überspannten Räume (Iwane) grenzen unmittelbar an jede Seite des Hofes an, sodass auch hier ein kreuzförmiger Grundriss entsteht. Zwischen den Iwanen befanden sich Studienräume, in denen entsprechend der vier sunnitischen Rechtsschulen Unterricht erteilt wurde. Somit bietet die Gesamtarchitektur von außen einen quadratischen Anblick. Der Reinigungsbrunnen in der Mitte des Hofes besitzt eine Kuppel mit vergoldetem Schriftband und einen vorstehenden Dachrand, der von acht schlanken Säulen gestützt wird.

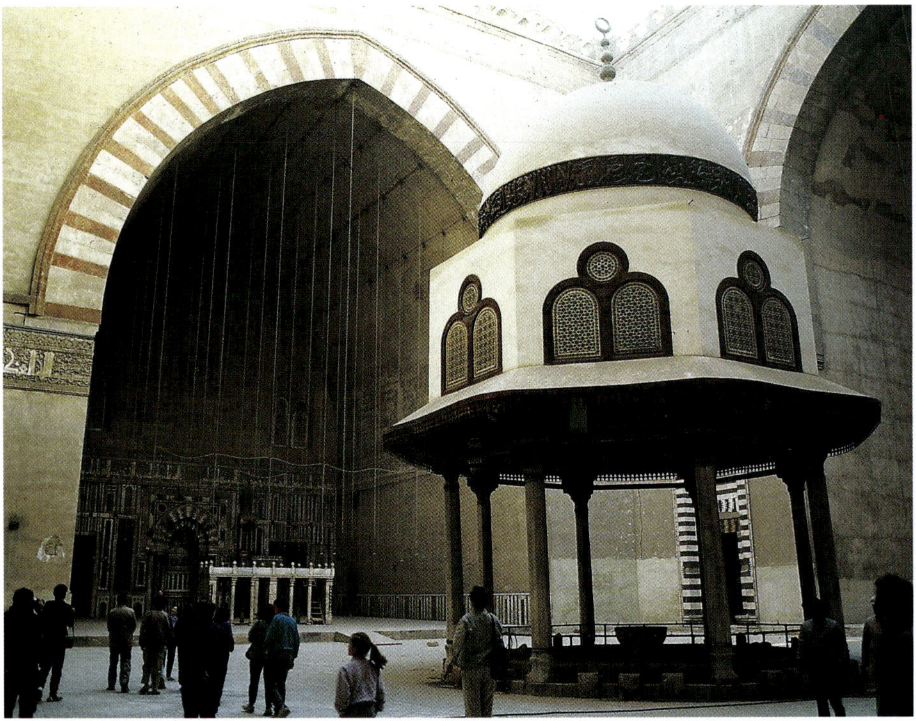

Die Kanzel

Im Hauptiwan der Sultan-Hasan-Moschee haben sich noch die aus farbigem Marmor gearbeitete Gebetstribüne (Dikka), die Gebetsnische (Mihrab) und die Kanzel (Minbar) gut erhalten, ebenso das in Stuck geschnittene Inschriftband am oberen Wandabschnitt. Der Minbar besteht aus einer Eingangspforte mit stufenartig auskragendem Gesims, das mit einer Nischendekoration versehen ist. Eine reich dekorierte, zweiflügelige Holztür verschließt den Zugang. Eine steile Treppe führt hinauf zur eigentlichen Kanzel, einer Art Baldachin, die von einer hochstieligen Zwiebelkuppel bekrönt wird. Als wesentlicher Teil der Einrichtung einer Freitagsmoschee lag der Minbar unmittelbar neben der Gebetsnische, wobei die Anzahl der Stufen, die zur Plattform für die Verkündigung der Freitagspredigt hinaufführten, nicht festgelegt waren. Ursprünglich waren solche Minbars der Platz des Kalifen oder seines Vertreters.

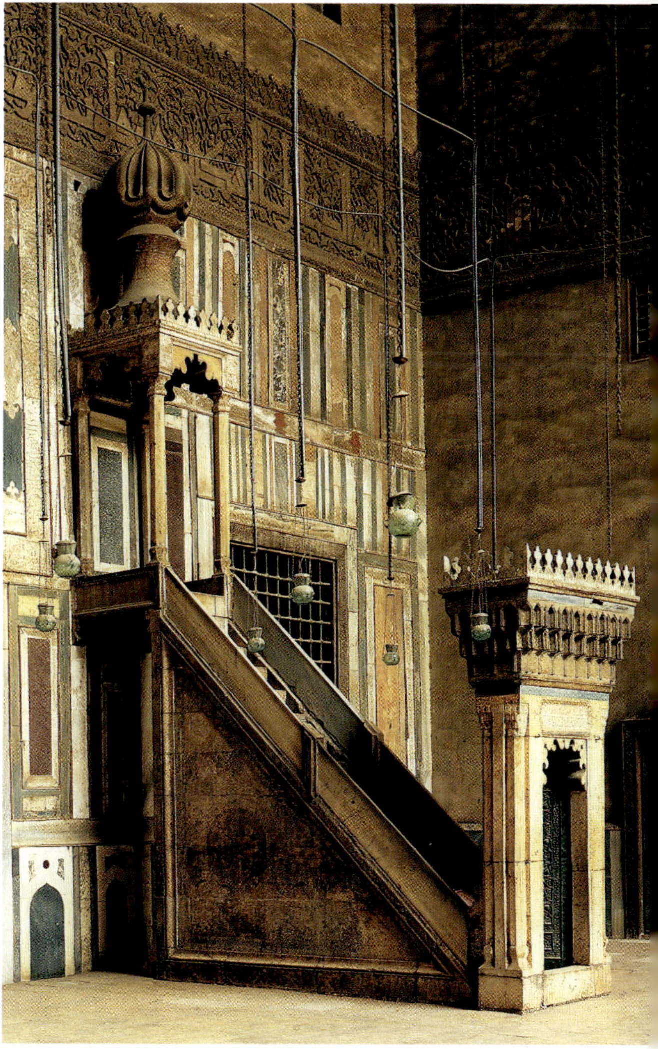

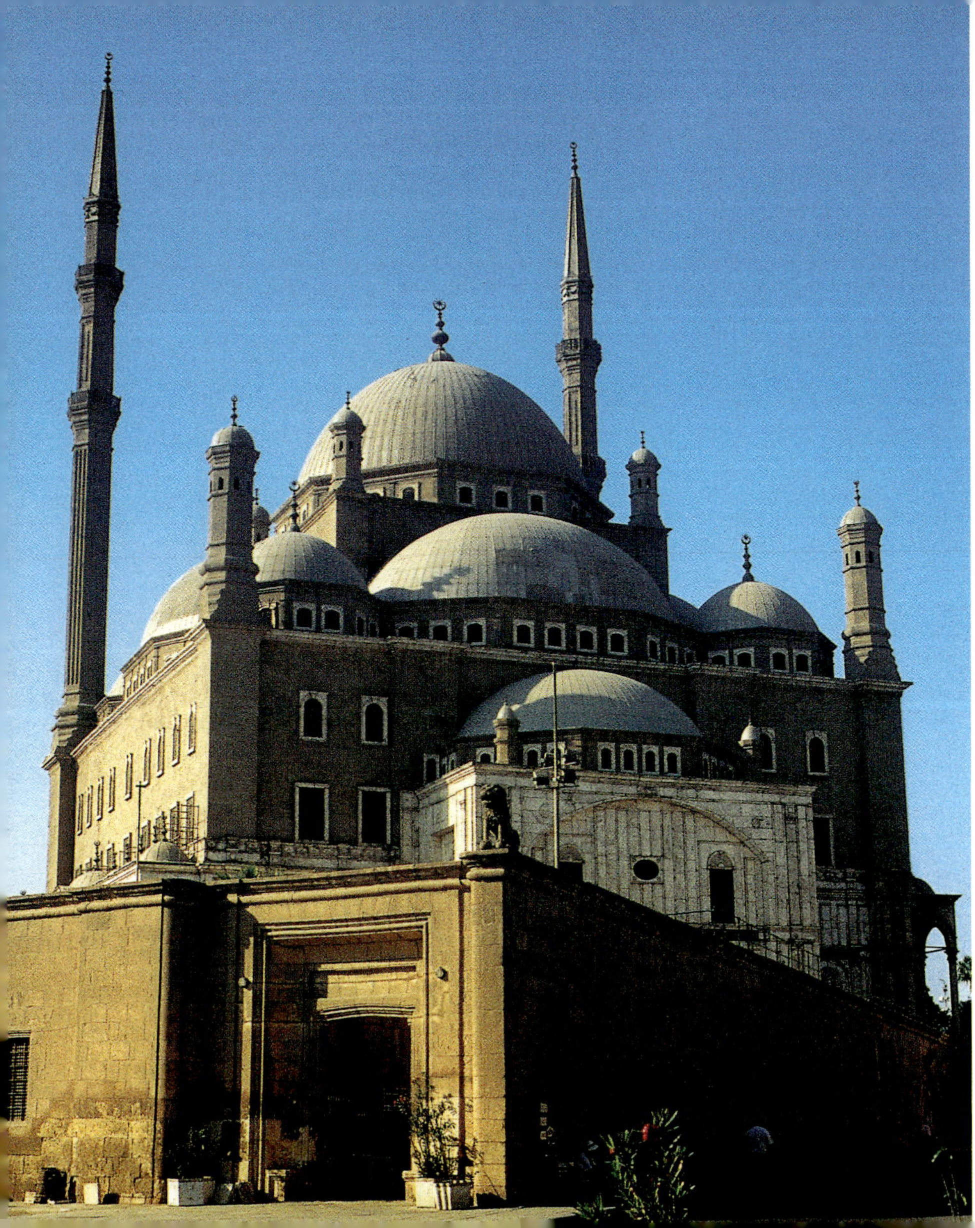

Mohamed-Ali-Moschee

Osmanische Zeit (Khediven), 1830–1857

Die Zitadelle von Kairo wurde unter Aijubiden-Herrschern zwischen 1176 und 1207 errichtet und später zur Residenz der Mamluken und osmanischen Paschas ausgebaut. Sultan en-Nasir Mohamed I. (1294–1340) ließ hier nicht nur seinen Hauptpalast erbauen, sondern auch seine heute noch erhaltene Moschee. Außerdem gab er ein großes Aquädukt in Auftrag, um das Wasser vom Nil hierher zu leiten und mit Radschöpfwerken zur Zitadelle emporzuheben. Die zweite große Moschee der Zitadelle stammt von Mohamed Ali, dem 1805–1848 regierenden Khediven (Vizekönig). Das Bauwerk wurde an die Stelle des alten Sultanspalastes gesetzt, der 1824 durch die Explosion des Munitionslagers in die Luft geflogen war. Der Architekt Jusuf, »der Bosnier«, orientierte sich stark am klassisch osmanischen Stil, und so setzt sich sein Bau aus zwei schlanken Minaretten (sog. Stiftminarette, H. 82 m), einem Vorhof mit Reinigungsanlage und der großen Gebetshalle mit seiner gewaltigen Hauptkuppel und mehreren Nebenkuppeln zusammen. Die Wände sind mit Alabaster verkleidet und die Fensteröffnungen mit dünn geschliffenen Platten gleichen Materiales gefüllt, worauf der Name »Alabastermoschee« beruht. Rechts vom Eingang zum Kuppelraum befindet sich der Marmorsarkophag des Mohamed Ali.

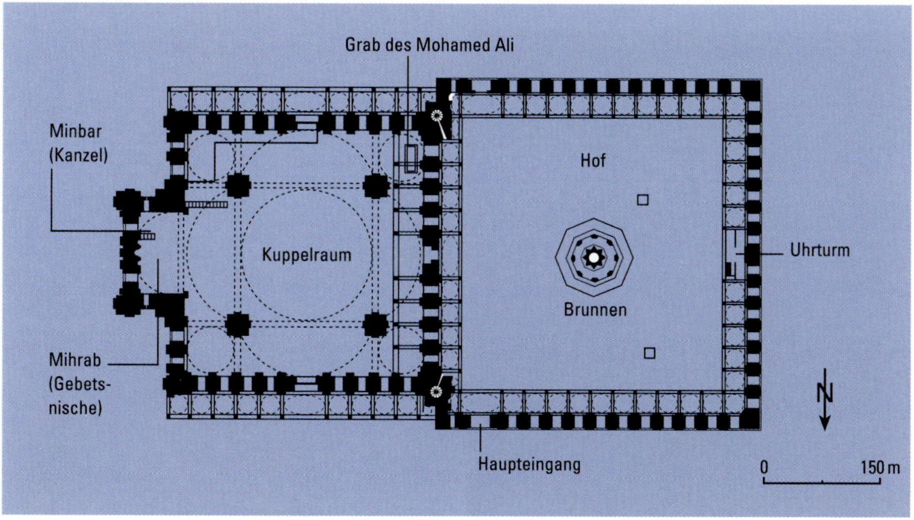

Hof mit Brunnenanlage

Der Hof der Alabastermoschee Mohamed Alis ist von Arkaden umgeben, die mit 50 kleinen Kuppeln und über den Durchgängen mit drei größeren Kuppeln überdacht sind. Der Haupteingang zur Anlage liegt in der Ostecke der Nordarkade, der zur Moschee in der Mitte der Ostarkade. Im Zentrum des Hofes befindet sich der Reinigungsbrunnen (Hanafija); der vorstehende Rand seines Kuppeldaches ruht auf acht kannelierten Säulen. Die Ornamente und Blütenmotive des Brunnens erinnern stark an den Stil des französischen Empire. In der Mitte der westlichen Arkade erhebt sich ein Uhrenturm, ein Geschenk des französischen Königs Louis Philippe (1830–1848) an den Khediven.

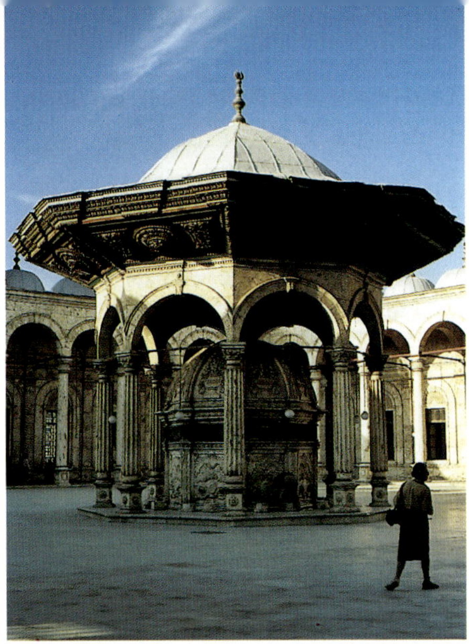

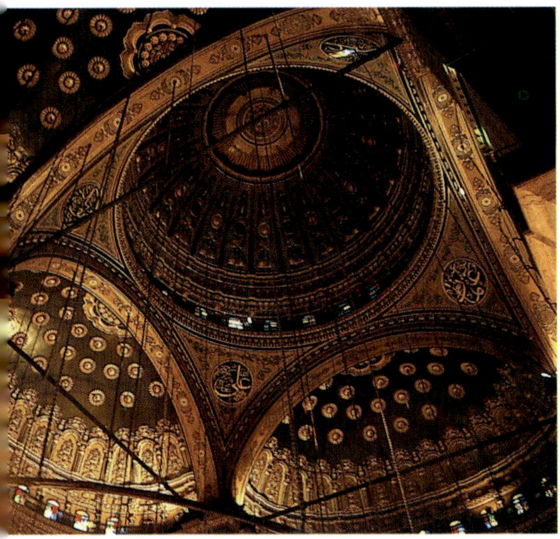

Kuppeldecke des Gebetsraumes

Die Decke des Gebetsraumes besteht aus einer mächtigen 52 m hohen Hauptkuppel über vier Pfeilern, vier umgebenden Halbkuppeln und vier weiteren kleineren Kuppeln über den Ecken des Raumes. Die Fenstergalerie mit Alabasterscheiben befindet sich unmittelbar unterhalb dieser Kuppelzone und grenzt sie geschickt, wie durch eine Lichtschranke, von dem darunter liegenden dunklen Raum ab, dessen Wände bis in elf Meter Höhe von Alabasterplatten bedeckt sind. Der Architekt Jusuf Bosnak hat sich bei seiner Planung wohl vom Vorbild des osmanischen Baumeisters Sinan aus dem 16. Jh. leiten lassen.

Bab el-Futuh

Fatimidenzeit, spätes 11. Jh.

Im späten 11. Jh. ließ Wesir Badr al-Djamali im Auftrag des fatimidischen Kalifen el-Mustansir eine massive Befestigungsanlage um die Residenz el-Qahira (Kairo) errichten. Als Architekt wurde ein armenischer Baumeister aus Odessa beauftragt, der mit der Konstruktion von Festungsbauten vertraut war. Der Armenier erstellte ein gewaltiges Bauwerk mit rechteckigen Bastionen und 60 Eingangstoren sowie Rundbogenzinnen auf der ganzen Mauerkrone. Obwohl die Stadtmauer nie belagert wurde, sind nur noch ein 600 m langes Teilstück und drei Tore erhalten: das Bab el-Futuh (»Eroberungstor«), das Bab en-Nasr (»Siegestor«) und das Bab Zuwaila, welches noch im 19. Jh. als öffentliche Hinrichtungsstätte diente. Das Bab el-Futuh besteht aus zwei mächtigen Rundtürmen und dem dazwischen liegenden Torbau mit abgerundeten Strebebögen und Zinnen darüber. Über dem Durchgang (5 m breit und 6,80 m hoch, ursprüngliche Basis 4 m unter dem heutigen Begehungshorizont) befanden sich auch die Aufenthaltsräume für die Wachmannschaft. Die Arkaden neben dem Eingang sind mit einem strahlenförmigen Bogenfries geschmückt.

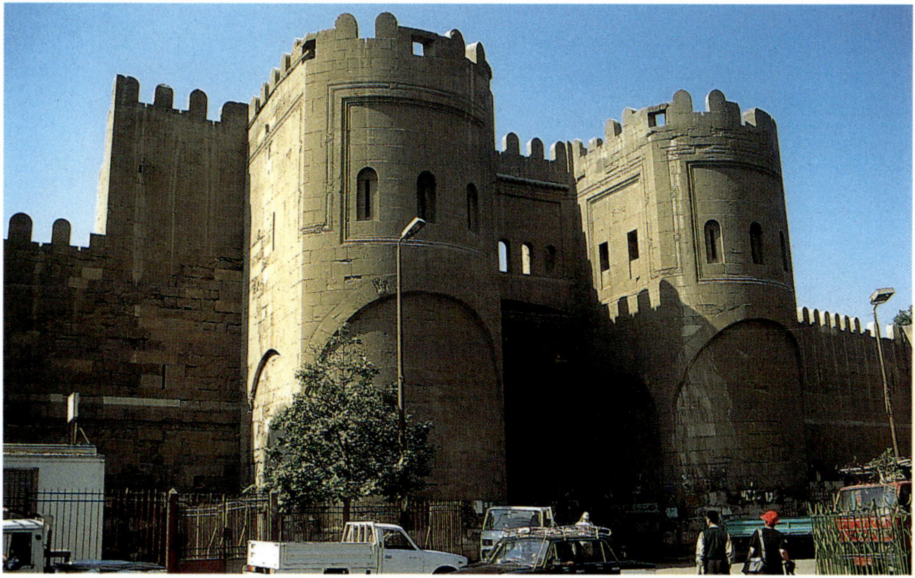

Die Totenstadt

Am Fuße des Mokattam-Gebirges, östlich des fatimidischen el-Qahira liegt die große, heute mit dem modernen Häusermeer zusammengewachsene Totenstadt. Hier finden sich einige der beeindruckendsten Zeugnisse islamischer Baukunst. Der nördliche Friedhof wird von den sog. »Kalifengräbern« bestimmt, wobei es sich um die Mausoleen der Burgi-Mamlukensultane (1382–1517) und ihrer Angehörigen handelt. Besonders eindrucksvoll sind die Grabmoscheen für el-Zahir Barkuk, el-Achraf Bars Bey und Qait Bey mit ihrem überreichen Baudekor ausgeführt. Im südlichen Friedhof finden sich u.a. die Gräber der Bahri-Mamluken (1250–1382) sowie die Mausoleen für den großen Rechtsgelehrten Imam el-Schafii (Bau: 1211) und die Familie des Khediven Mohamed Ali (19. Jh.).

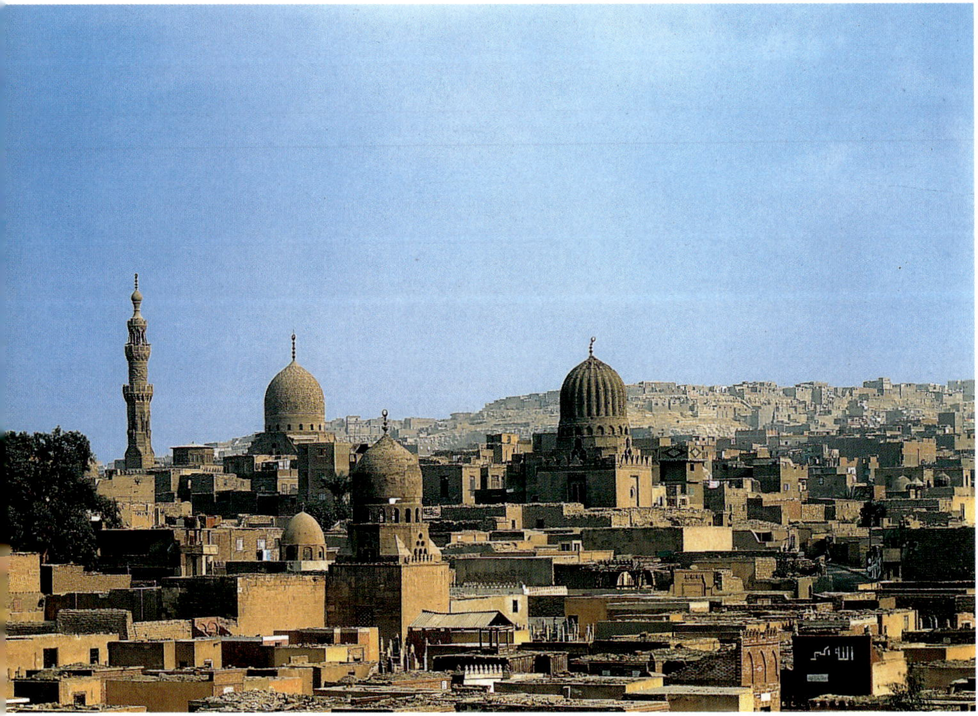

Die Grabmoschee des Qait Bey

Mamlukenzeit, 1472–1474

Die Anlage gehört zu den schönsten islamischen Bauten Kairos. Sie besteht aus einem Portaltrakt mit Brunnenraum, einem Minarett (H. 40 m), der Medrasa-Moschee aus vier kreuzförmig um einen Hof angelegten Räumen (»Vier-Iwan-Anlage«), Versorgungs- und Wohnkammern sowie dem eigentlichen Mausoleum mit einem Nebenraum für die Gräber der vier Frauen des Sultans. Die Kuppel und das Minarett sind mit einem filigranen Arabeskendekor ausgestattet, und auch das Innere wurde mit kostbaren Inkrustationen (Verzierungen in Einlegetechnik) und Marmorfußböden mit Intarsien geschmückt. Im Mausoleum steht vor der Gebetsnische der prachtvolle Kenotaph (Grabmal ohne Bestattung) des Qait Bey, daneben ein Reliquienbehälter mit den aus Mekka stammenden, schwarzen Fußabdrücken des Propheten Mohamed.

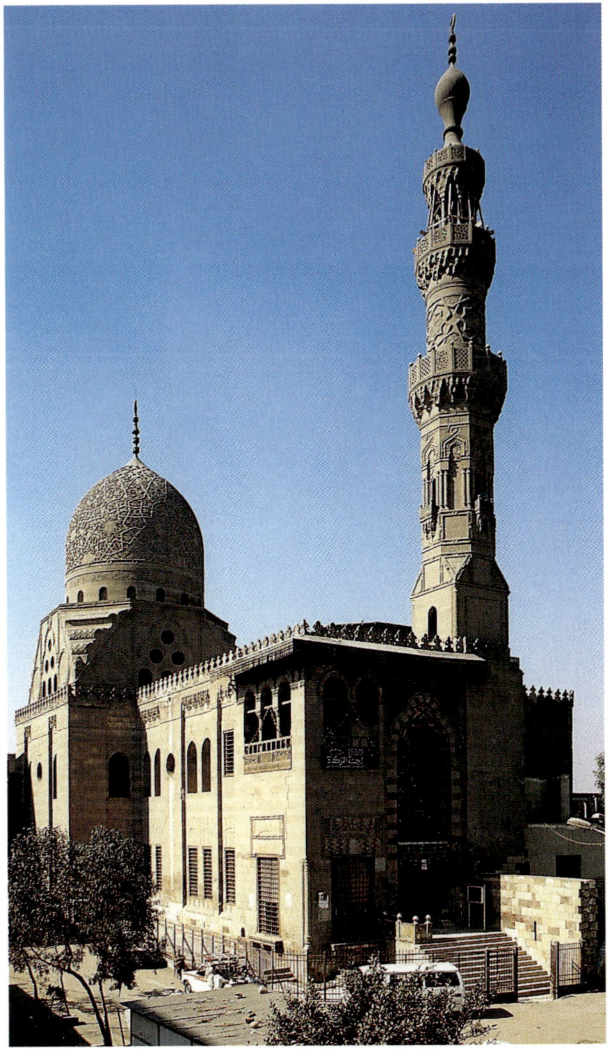

Der Prophet Mohamed

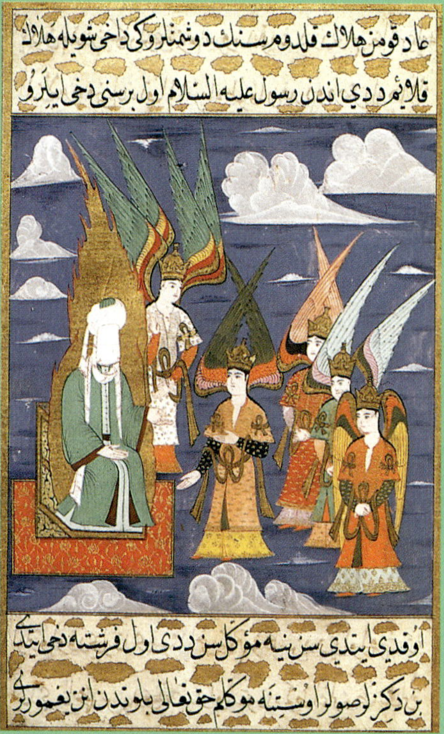

Der Prophet Mohamed auf dem Berg Hira, aus dem Manuskript »Siyer e-Nebi«, Top Kapi Saray Bibliothek, Istanbul

Um 570 n. Chr. wurde der Prophet Mohamed in Mekka geboren. Mit 25 Jahren heiratete er Chadidscha, eine vermögende Kaufmannswitwe, die ihm mehrere Kinder gebar. Mit zunehmendem Alter begann er sich mit religiösen Fragen auseinander zu setzen und hatte in seinem 40. Lebensjahr die ersten visionären Offenbarungserlebnisse. Schließlich fühlte er sich von Gott berufen, die Araber zum Islam zu bekehren, das heißt zur strikten Ein-Gott-Religion. Da seine Mission in Mekka aber auf Ablehnung stieß und er sogar offener Feindschaft begegnete, zog er im Jahre 622 mit seinen Anhängern nach Medina. Dort bildete er eine Glaubensgemeinschaft, die zur Durchsetzung geistiger Ziele politische Maßnahmen ergriff. Ein langjähriger Kampf zur Ausbreitung der neuen Religion begann, doch im Jahre 630 gelang es Mohamed, in Mekka einzuziehen. Den heiligen Bezirk der Stadt rief er zum Zentrum des Islam aus und bezeichnete sich selbst als »Siegel des Islam«, das heißt als letzten Propheten Gottes, der mit der Aufgabe betraut sei, die ganze Menschheit zum rechten Glauben zu führen. Nach seinem Tode im Jahre 632 gelang es seinen unmittelbaren Nachfolgern, den Kalifen, in wenigen Jahrzehnten den gesamten südlichen Mittelmeerraum, den Vorderen Orient, Ägypten und später auch Teile Spaniens zu erobern.

Wichtigste Richtlinien für jeden muslimischen Gläubigen sind die so genannten fünf Säulen des Islam. Dabei handelt es sich um das Bekenntnis zu einem einzigen Gott und seinem

Gesandten Mohamed, um das fünfmal am Tag zu verrichtende Gebet, um das Almosengeben, um die Pilgerfahrt nach Mekka und um das Fasten im Monat Ramadan. Grundlage des Islam ist der Koran; von verschiedenen Schreibern aufgezeichnet, enthält er die Offenbarungen, die der Prophet Mohamed von Gott erhalten hat, und die Lehren mit dem ethischen Konzept und den Gesetzen. Gegliedert ist der Koran in 114 Suren, die aus mehreren Versen bestehen können. Eine weitere Grundlage ist die Sunna, bei der es sich um die gesicherte Überlieferung der Taten und Worte des Propheten handelt und die als Erläuterungen zum Koran verstanden werden. Eine bedeutende Rolle spielt schließlich auch die Scharia: ein Pflichtenkatalog, der von Rechtsgelehrten auf der Basis des Korans, der Sunna, den daraus ablesbaren Normen und den in der Gemeinschaft allgemein akzeptierten Traditionen zusammengestellt wurde. In einigen arabischen Staaten (z. B. dem Iran) gilt die Scharia als verbindliches Rechtssystem.
Trotz der gemeinsamen Grundlagen ist der Islam jedoch keine homogene Religion. Die unterschiedlichen Auslegungen des Korans haben ebenso zu Auseinandersetzungen geführt wie innerislamische Machtkämpfe. Und so gibt es heute verschiedenste islamische Glaubensrichtungen. Die Sunniten und die Schiiten sind die beiden größten islamischen Gemeinschaften, die jedoch in sich auch wieder aufgespalten sind.

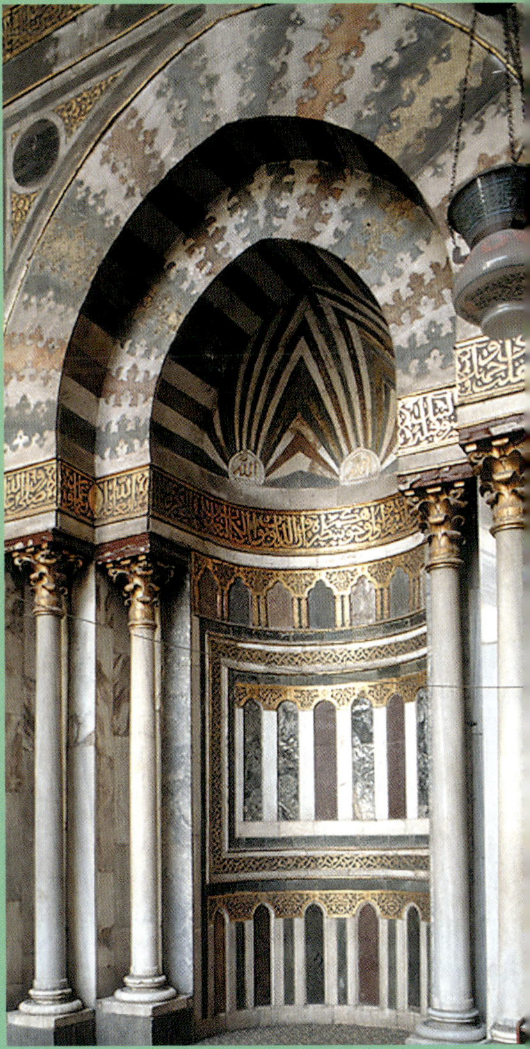

Gebetsnische in der Moschee des Sultan Hasan, farbiger Marmor, 14. Jh., Kairo

Das Ägyptische Museum

Unmittelbar am verkehrsreichen Midan et-Tahrir (»Freiheitsplatz«) liegt das Ägyptische Nationalmuseum, das heute mit über 150 000 Objekten die größte und bedeutendste Sammlung ägyptischer Altertümer birgt. Unter der Regierung des Khediven Abbas Helmi wurde es nach Plänen des französischen Architekten Marcel Dourgnon zwischen 1897 und 1901 erbaut und am 15. November 1902 feierlich eröffnet. Damit ging ein langer Kampf um eine angemessene Unterbringung der Exponate erfolgreich zu Ende, der seit Gründung des Antikendienstes im Jahre 1858 von Auguste Mariette (sein Mausoleum befand sich bis vor kurzem im Museumsgarten) und seinen Nachfolgern geführt worden war. Beide Ausstellungsebenen sind mit ihren Räumen um einen überdachten Innenhof angeordnet. Während im Erdgeschoss eine chronologische Abfolge die Konzeption bestimmt, dominieren im Obergeschoss die Galerien mit dem Grabschatz des Tutanchamun. Trotz zahlreicher Verbesserungen genügt das Gebäude nicht mehr modernen museologischen Anforderungen, sodass der geplante Neubau in Giza sehnsüchtig erwartet wird.

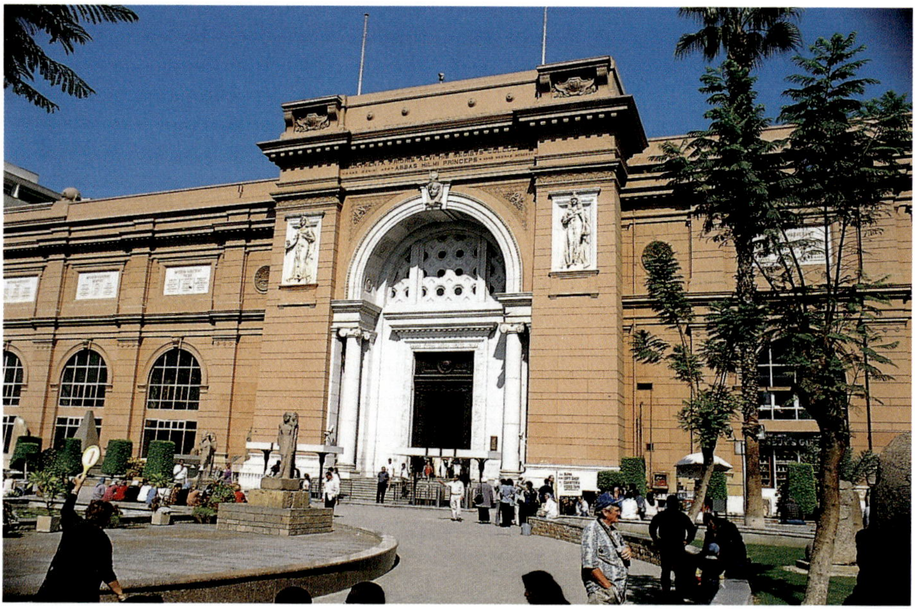

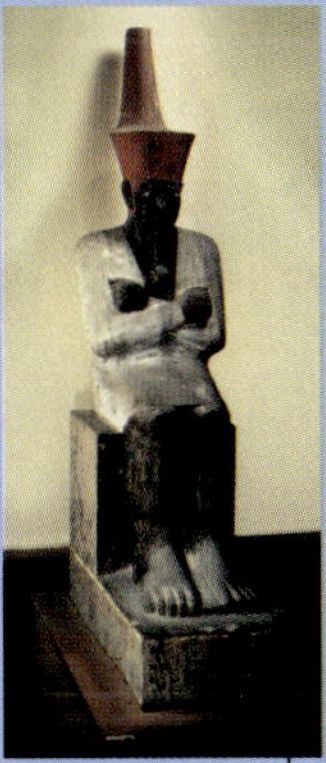

Sitzfigur Mentuhoteps II., S. 104

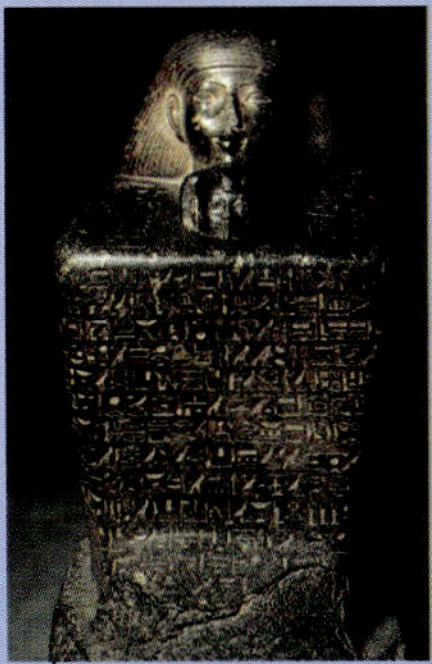

Hockfigur des Senenmut mit Neferure, S. 120

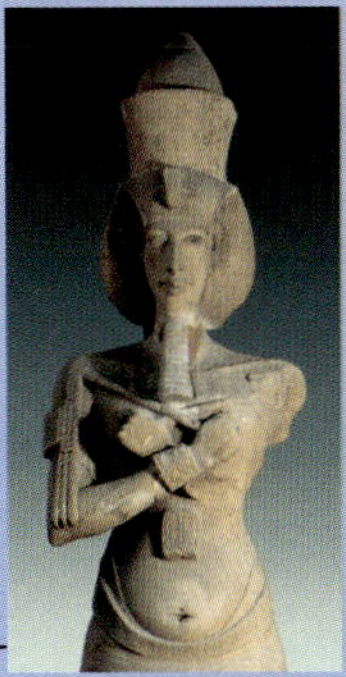

Kolossalfigur des Echnaton, S. 137

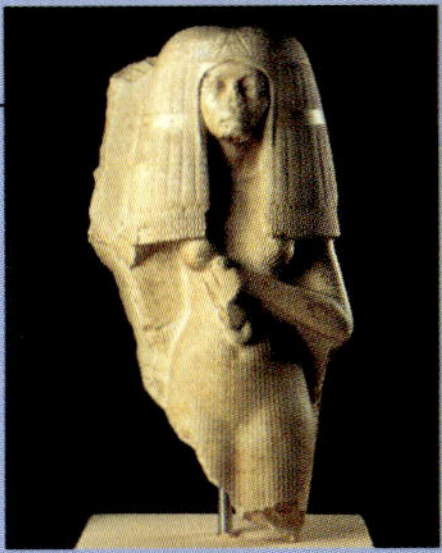

Statuengruppe des General Nachtmin, S. 138 f.

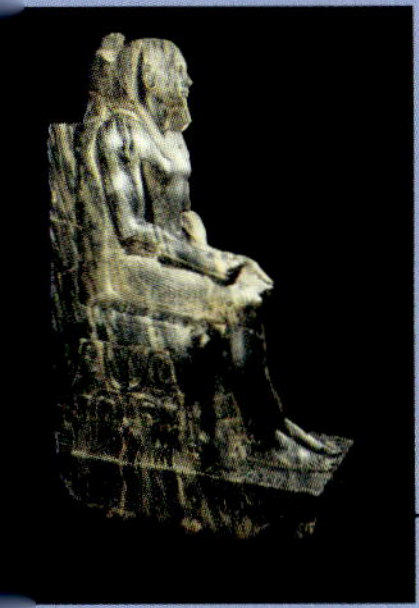

arao Chephren, S. 96 f.

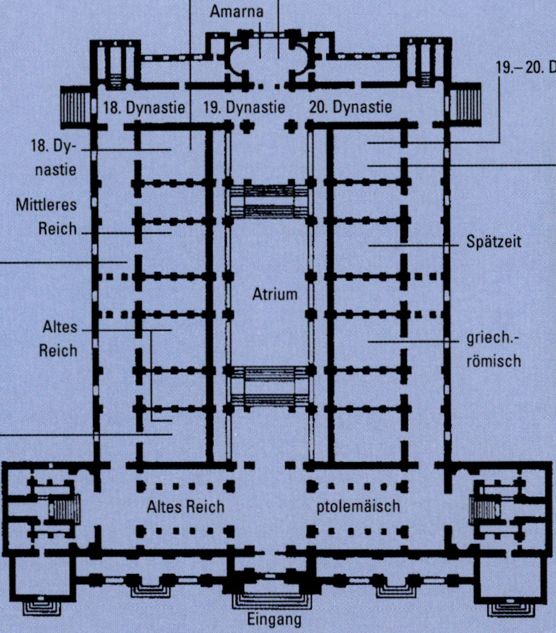

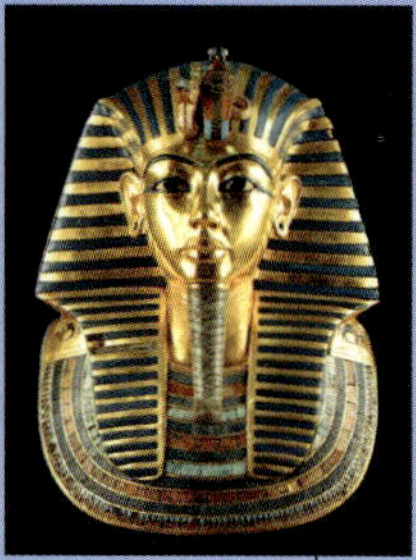

Goldmaske des Tutanchamun, S. 128 f.

Pektoral der Prinzessin Meret, S. 108

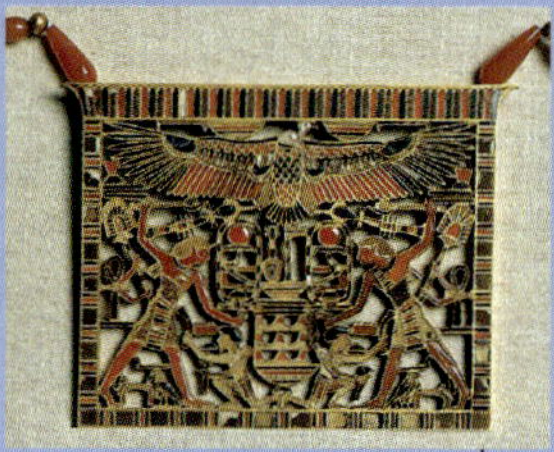

Mumienmaske der Tuja, S. 121

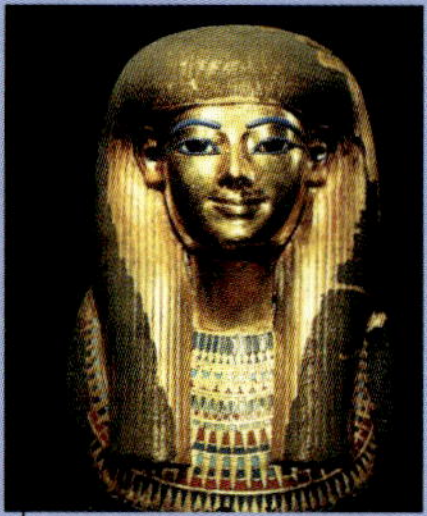

Mumie Ramses' II., S. 119

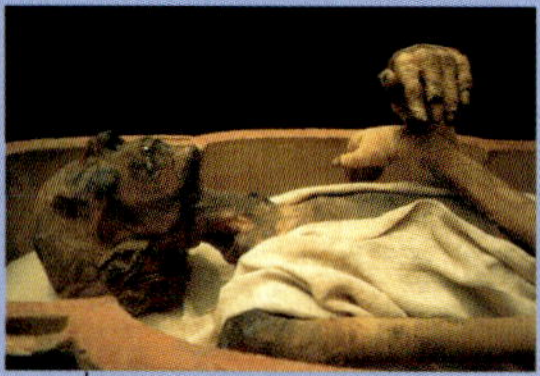

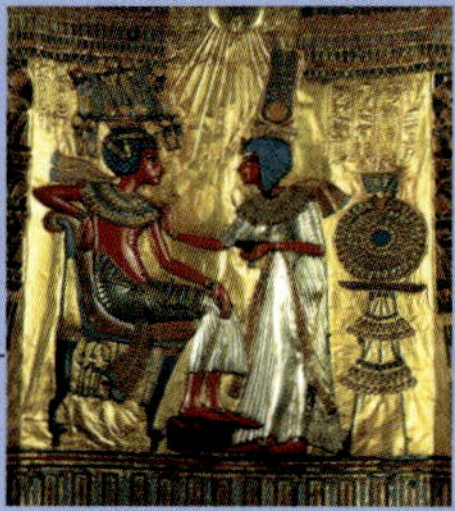

Thronsessel des Tutanchamun (Detail), S. 126 f.

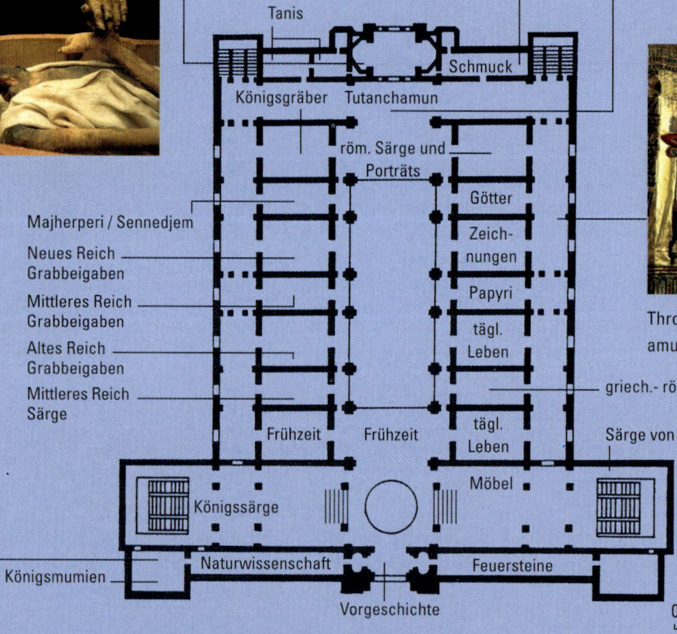

Napf mit plastischem Dekor
Prädynastische Zeit (Negade I), 4. Jt. v. Chr.,
Gebelein, Ton, bemalt, H. 11 cm, Ø 19,5 cm

Zu den wichtigsten Artefakten der ägyptischen Vorgeschichte zählen die Erzeugnisse der Keramikproduktion; sie sind für die Datierung archäologischer Befunde unverzichtbar. Dieser Napf mit seinem braunroten Grundton und weißer Bemalung ist ein typisches Exemplar aus der älteren Negade-Kultur. Geläufiger Dekor sind geometrische Muster, man findet aber auch Tier- und Pflanzendarstellungen und in seltenen Fällen sogar plastische Applikationen, wie hier in Gestalt von vier Krokodilen.

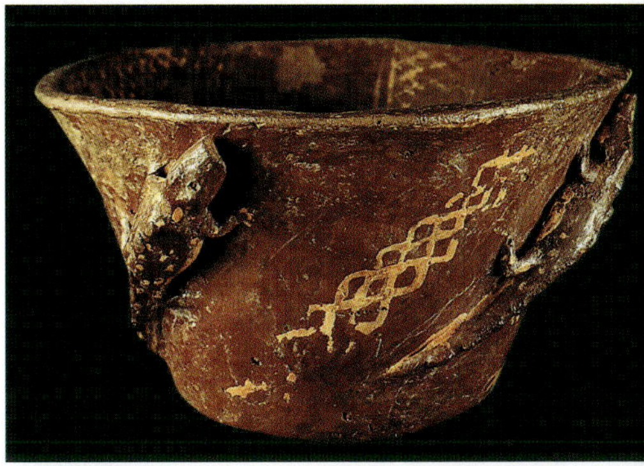

Bemaltes Gefäß
Prädynastische Zeit (Negade II), 4. Jt. v. Chr.,
Ton, bemalt, H. 22 cm, Ø 15 cm

Im Verlauf des 4. Jt.s wird der Formenschatz der Tongefäße und die Vielfalt ihres Dekors immer reicher. Zu den klassischen Typen gehören Gefäße mit einer schmalen Lippe und zwei breiten Ösenansätzen, wonach sie auch »Schnurösengefäße« genannt werden. Die Darstellungen erscheinen in der Negade-II-Zeit in braunroter Farbe auf einem hellen, unpolierten Tongrund. Noch ohne Einteilung in Register sind die szenischen Elemente auf dem Gefäßkörper verteilt. Hier wird eine Gruppe von Straußenvögeln abgebildet, darüber ein Ruderboot mit Doppelkajüte. An seinem Bug, geschmückt mit einem Palmwedel, hängt der Anker herab.

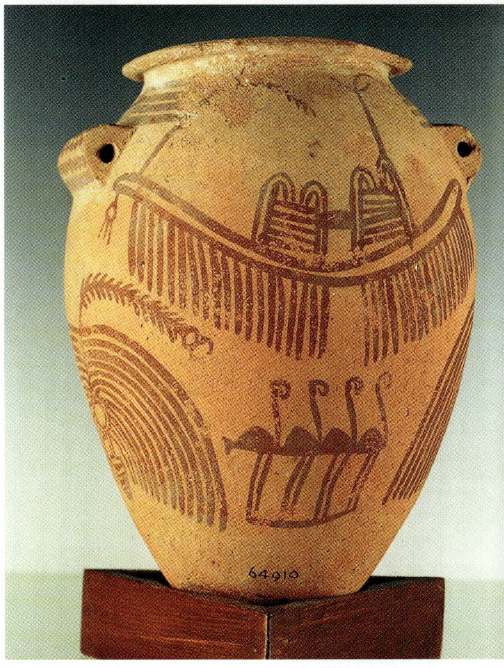

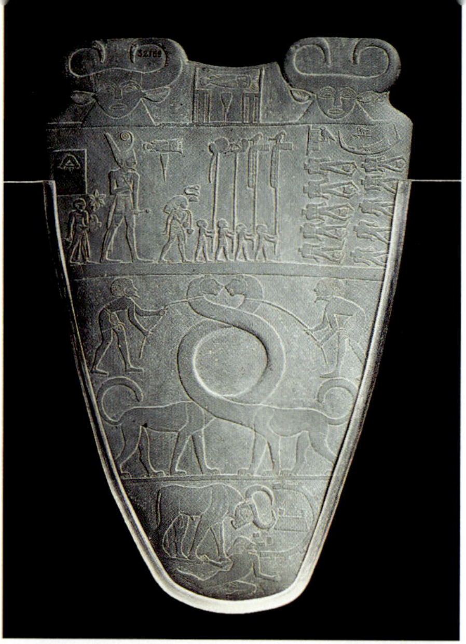

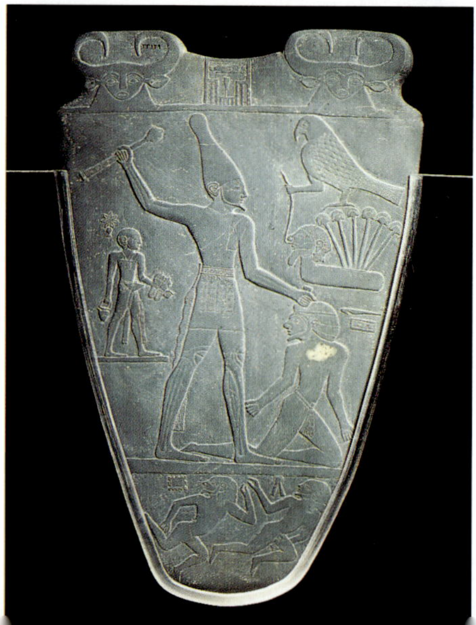

Die Narmer-Palette
0. Dynastie, um 3100 v. Chr., Hierakonpolis, Grauwacke, H. 64 cm

Bei Ausgrabungen im Horus-Tempel von Hierakonpolis stieß ein britisches Team 1894 auf ein Depot von Votivgaben, darunter auch die Prunkpalette des spätvorgeschichtlichen Königs Narmer. Die Vorderseite zeigt zwei sog. Schlangenhals- Panther, die ihre Hälse ineinander verschlungen haben. In der Mitte symbolisiert die kreisrunde Form den Sonnenball, wobei die Bewegung des Sonnenlaufes von dem gespannten oder locker herabhängenden Strick markiert wird, an dem die Fabelwesen von zwei Männern gehalten werden. Im oberen Register tritt Narmer mit einem Standartengeleit aus seinem Palast und inspiziert zwei Reihen von gefesselten und enthaupteten Feinden. Ganz unten zerstört der Herrscher in Gestalt eines Stieres mit seinen Hörnern eine Festungsmauer. Das Triumphbild des »Erschlagens der Feinde« bildet das Hauptmotiv der Palettenrückseite. Der König, dem sein Sandalenträger folgt, trägt hier die weiße Krone von Oberägypten. Vor ihm erscheint der Falkengott Horus, der den Kopf eines Gefangenen an der Leine hält. Ein integriertes Zeichen für »Land«, aus dem sechs Papyruspflanzen sprießen, symbolisiert die Unterwerfung der Deltagebiete durch Narmer. Die Palette findet ihren oberen Abschluss durch zwei Kuhköpfe der archaischen Himmelsgöttin Bat, die jeweils den Horus-Namen des Königs flankieren.

Sitzfigur des Djoser
3. Dynastie, um 2650 v. Chr., Saqqara, Grabbezirk des Djoser, Kalkstein, H. 142 cm

Die berühmte Sitzfigur des Königs Djoser ist das erste lebensgroße Herrscherbildnis, das bislang in Ägypten gefunden werden konnte. Ursprünglich war es in einer kleinen Kalksteinkammer, dem sog. Serdab, direkt vor der Nordseite der Stufenpyramide aufgestellt. Zwei Löcher in Augenhöhe der Statue (einst bemalt) erlaubten dem verstorbenen Herrscher den Blick auf die unvergänglichen Sterne des Nordhimmels, dem Ort des Jenseits nach damaligen Glaubensvorstellungen. Djoser sitzt auf einem sänftenartigen Thron mit Rückenlehne und hoher Fußplatte, die auf der Vorderseite Titulatur und Namen des Königs (Horus Netjeri-chet, »Göttlich an Leib«) nennt. Sein Körper wird von einem langen Gewand, dem Sed-Fest-Mantel, eingehüllt, wobei nur die geballte Faust des rechten vor die Brust gelegten Armes herausragt. Die linke Hand ruht dagegen ausgestreckt auf dem zugehörigen Oberschenkel. Zum Ornat des Herrschers zählt weiterhin eine Strähnenperücke, teilweise überdeckt von einer archaischen Ausführung des Nemes-Kopftuches mit spitz zulaufenden Brustlappen, sowie der mächtige Zeremonialbart. Der strenge Ausdruck des Gesichtsfeldes mit den hohen Wangenknochen und einem breiten Mund samt Oberlippenbart wurde nachhaltig von den Augen und Brauen bestimmt, die einst aus farbigen Materialien eingelegt waren.

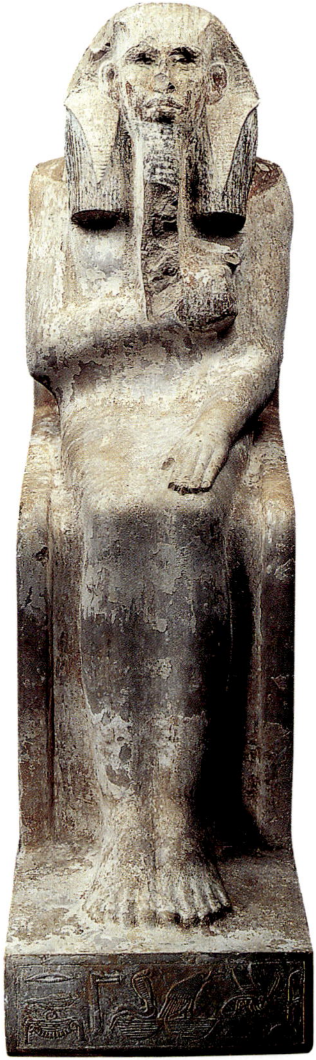

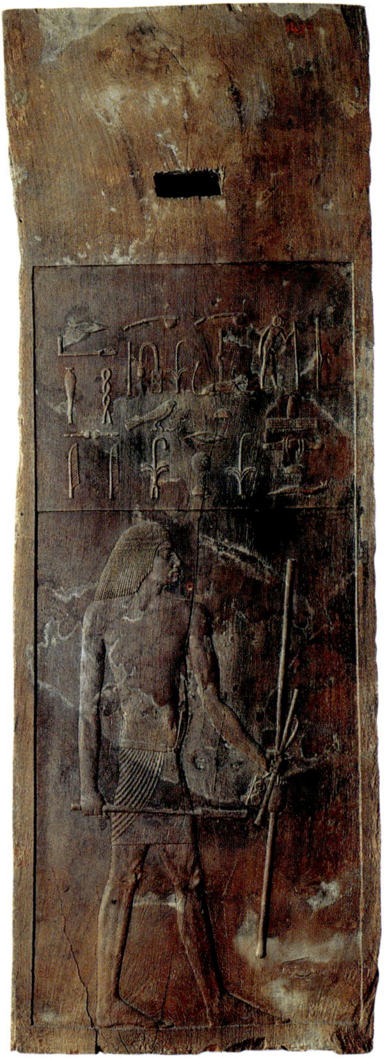

Relieftafel des Hesire

3. Dynastie, um 2650 v. Chr., Saqqara, Mastaba des Hesire, Holz, H. 114 cm

Vergleichbar mit dem Pyramidenbau für die verstorbenen Herrscher des Alten Reiches unterlagen auch die Gräber der Beamten, die sog. Mastabas, einer architektonischen Entwicklung. Größe und Raumgefüge sind ein Spiegel ihrer jeweiligen Entstehungszeit und des sozialen Status des Grabherrn. Für Hesire, der unter König Djoser zahlreiche hohe Ämter in der Verwaltung bekleidete, wurde eine riesige Ziegelmastaba nördlich der Stufenpyramide seines Dienstherrn in Saqqara errichtet. Die Opferkammer hat die Form eines langen Korridors, ihre Westwand ist durch elf Nischen gegliedert. Die Rückwand jeder Nische war mit einer hohen Holztafel verschalt, von denen bei den Ausgrabungen unter Auguste Mariette noch sechs Exemplare sichergestellt werden konnten. Alle zeigen die Person des Grabherrn in verschiedenen Positionen und Trachten. Unter einem Schriftfeld mit der Titel- und Namensnennung des Beamten steht die athletisch wirkende Gestalt des Hesire, der mit einer Strähnenperücke und dem kurzen Männerschurz bekleidet ist. In seiner rechten Hand hält er ein Amtszepter, die linke dagegen umfasst einen Stab und mehrere Schreibutensilien, darunter eine Palette mit zwei Farbnäpfen. Die kraftvoll erfasste Muskulatur bezeichnet einen ersten Höhepunkt in der Flachbildkunst des Alten Reiches.

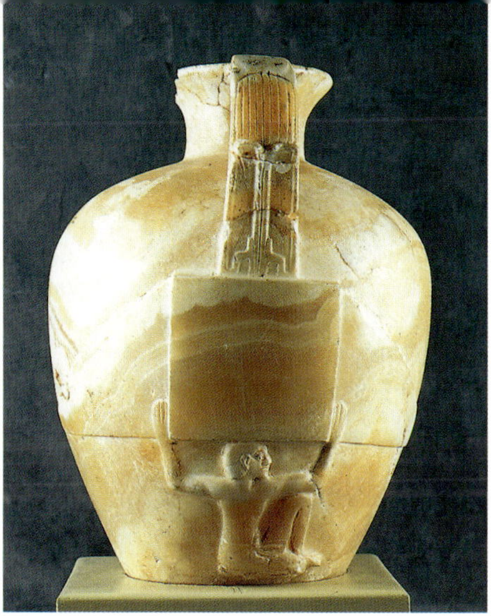

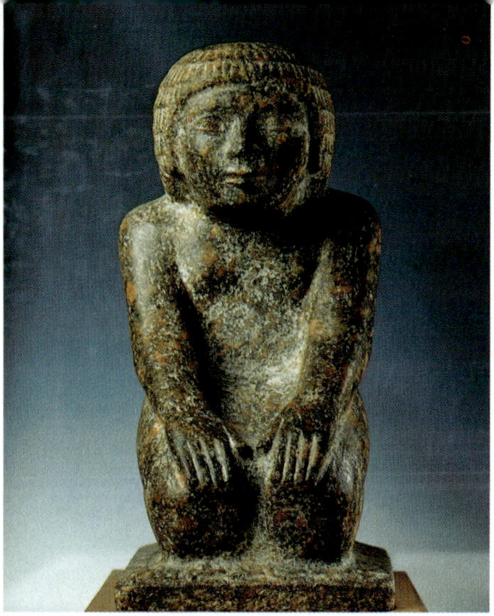

Prunkvase
3. Dynastie, um 2650 v. Chr., Saqqara, Stufenpyramide des Djoser, Kalzit, H. 37 cm

In den unterirdischen Magazinen der Stufenpyramide des Djoser lagerten an die 40 000 Gefäße der unterschiedlichsten Formen und Steinsorten, darunter auch ganz ungewöhnlich Sonderausführungen. Die Reliefdekoration dieser Vase hat das Sed-Fest (»Hebsed«) des Herrschers, sein Regierungsjubiläum, zum Thema. Die kniende Gestalt des Gottes Heh trägt ein hohes Podest mit seitlichen Treppenaufgängen und dem doppelten Hebsed-Pavillon, in dem die Thronsitze der beiden Länder abgebildet sind. Den übergeordneten Erneuerungsgedanken unterstreicht das Skarabäus-Motiv am oberen Teil des Henkels.

Kniefigur des Hetepdief
3. Dynastie, um 2630 v. Chr., Memphis, roter Granit, H. 39 cm

Über einer dünnen Basisplatte, welche auch seinen Titel und Namen wiedergibt, kniet Hetepdief am Boden und hat beide Hände in Gebetshaltung flach auf die Knie gelegt. Der Beamte, der eine Löckchenperücke und einen Schurz trägt, war höchstwahrscheinlich im Totenkult der ersten drei Könige der 2. Dynastie tätig, deren Horus-Namen hinter seiner rechten Schulter eingeritzt stehen. Die noch ungelenke Körperbildung mit einem nahezu halslosen Ansatz des übergroßen Kopfes weist die Figur als eines der frühesten Werke der Privatplastik aus, welches kurz vor Ende der 3. Dynastie entstanden sein dürfte.

Statuette des Königs Cheops
4. Dynastie, um 2560 v. Chr., Abydos, Elfenbein, H. 7,5 cm

Als einziges Bildnis des Erbauers der Großen Pyramide von Giza hat sich diese winzige Statuette des Cheops erhalten. Der thronende Herrscher trägt die rote Krone von Unterägypten und einen kurzen Königsschurz. Dazu hält er die Geißel in seiner rechten Hand. 1903 war bei den Ausgrabungen in Abydos zunächst nur der Unterteil des Figürchens gefunden worden. Der Horus-Name des Cheops am Thron veranlasste aber eine erneute intensive Suche nach dem Kopf – sie wurde belohnt.

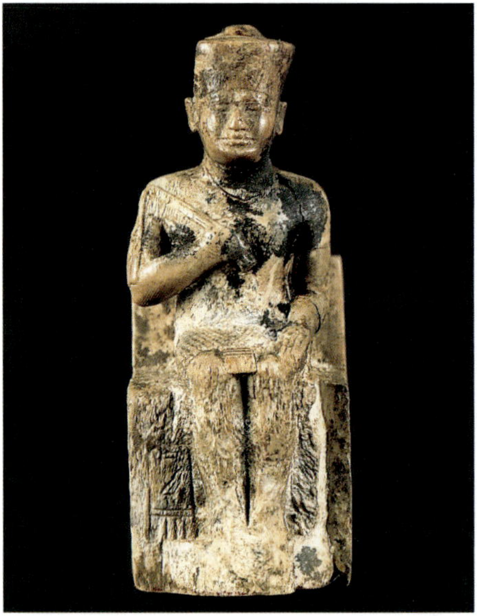

Pharao Chephren
4. Dynastie, um 2530 v. Chr., Giza, Taltempel des Chephren, Anorthositgneis, H. 168 cm

Keine andere Herrscherfigur des Alten Reiches verkörpert die Idee des Gottkönigtums so eindrucksvoll wie das Sitzbild des Chephren, eines der großen Meisterwerke ägyptischer Rundplastik. In ihm verbindet sich eine virtuose Bearbeitung des Werkmaterials mit den vielschichtigen Bedeutungsebenen der formalen Gestaltung. Chephren hat auf einem Löwenthron mit hoher Rückenlehne Platz genommen und trägt das königliche Kopftuch, den dreiteiligen Kurzschurz und einen schmalen Götterbart. Beide Seiten des Thronsessels sind mit einer Verknüpfung von Lotus und Papyrus, den Wappenpflanzen von Ober- und Unterägypten, dekoriert. Diese Heraldik der »Vereinigung der beiden Länder« ist fortan der kanonisierte Ausdruck der Gesamtstaatlichkeit des Landes. Auf der breiten Rückenplatte erhebt sich eine Falkenfigur, Abbild des Himmelsgottes Horus, und umfängt mit beiden Schwingen das Haupt des Herrschers. Die Flügelspitzen treffen dabei genau auf die Eckpunkte von Seitenflügeln und Brustlappen des Kopftuches und lassen die Vogelgestalt dadurch zum integrierten Bestandteil des Gesamtbildes werden. Die Statue des sog. Falken-Chephren war einst in der Pfeilerhalle des Taltempels der Pyramidenanlage des Chephren von Giza aufgestellt, eine ewige Manifestation der Gottesnatur des Königs, des lebenden Horus auf Erden.

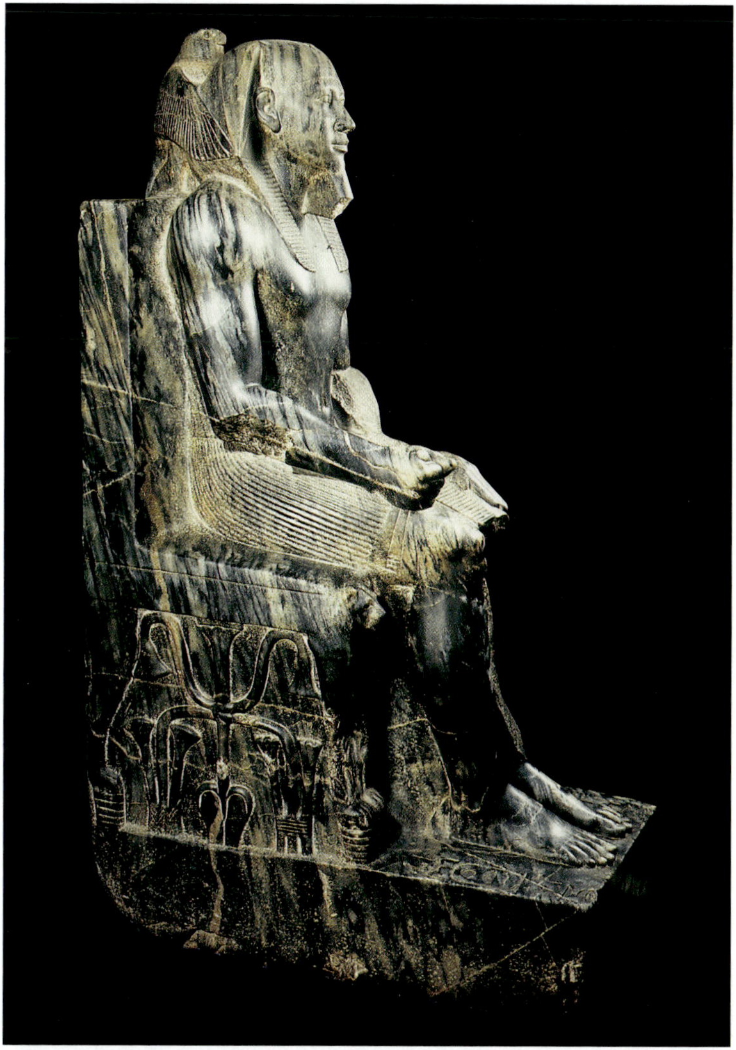

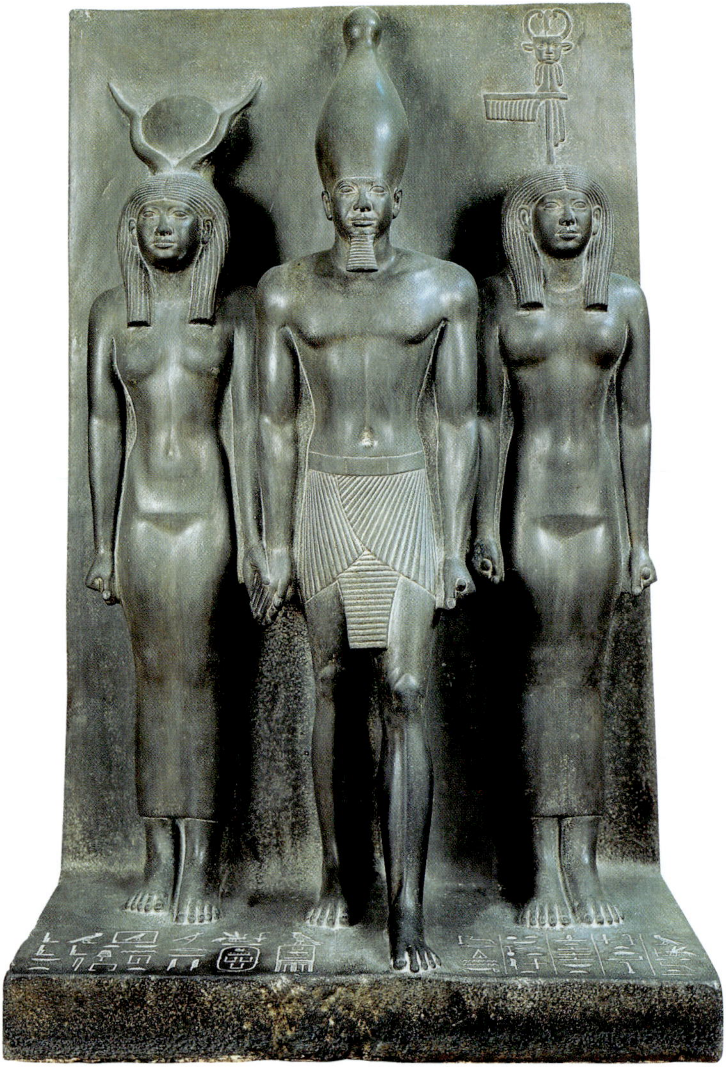

Triade des Mykerinos

4. Dynastie, um 2500 v. Chr., Giza, Taltempel des Mykerinos, Grauwacke, H. 96 cm

Gleich zu Beginn seiner Ausgrabungen in Giza untersuchte G. Andrew Reisner (Harvard University, Boston) 1907/08 die Kultanlagen an der Pyramide des Mykerinos. Im Taltempel des Herrschers stieß er auf insgesamt vier vollständig erhaltene Gruppenbilder sowie zahlreiche unterschiedlich große Fragmente von weiteren Exemplaren. Jede dieser Triaden zeigt mit den drei gleichen Personen, dem König, der Himmelsgöttin Hathor und einer Gaugottheit, einen identischen Aufbau. Ebenso besteht Einheitlichkeit hinsichtlich des verwendeten Werkmaterials (Grauwacke) und der Wiedergabe des Mykerinos mit der oberägyptischen Krone. Obwohl Reisner kein einziges Fragment einer Triade für den unterägyptischen Landesteil finden konnte, waren sie ursprünglich wohl geplant. Vor einer hohen Rückenplatte steht der König im Zentrum der Gruppe und wird auf seiner rechten Seite von Hathor (mit Kuhgehörn und Sonnenscheibe) und links von der Gaugöttin des siebten Gaus von Oberägypten (Gauzeichen über dem Kopf) flankiert. Den athletischen Körperbau des Mykerinos kontrastieren die fließenden Formen beider Frauenfiguren, die sich unter den langen Gewändern deutlich abzeichnen. Die Inschriften auf der Fußplatte nennen Titel wie Namen der Hathor und des Königs, verweisen aber auch auf die Opfergaben für den Totenkult.

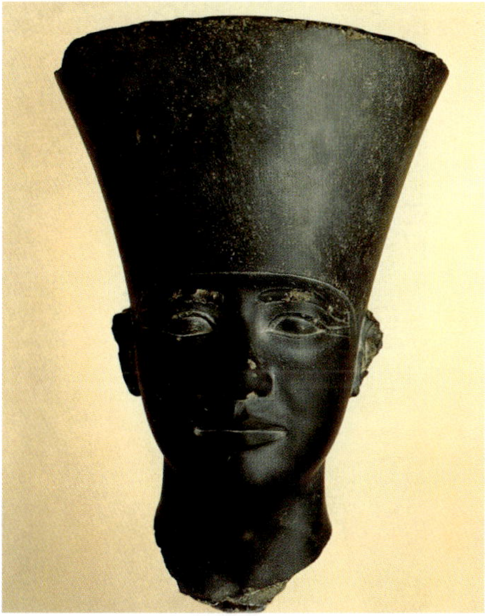

König Userkaf

5. Dynastie, um 2450 v. Chr., Abusir, Sonnenheiligtum des Userkaf, Grauwacke, H. 45 cm

Als erster Herrscher ließ Userkaf bei Abusir (nördlich von Saqqara) ein Sonnenheiligtum errichten, das der besonderen Verehrung des Gottes Re geweiht war. Kurz vor Grabungsschluss 1957 dort aufgefunden, wurde dieser ausdrucksstarke Kopf wegen des fehlenden Zeremonialbartes und der unterägyptischen Krone zunächst für ein Bildnis der Göttin Neith gehalten. Farbreste eines dünnen Oberlippenbartes lassen aber keinen Zweifel an seiner Einordnung als Königsporträt aufkommen.

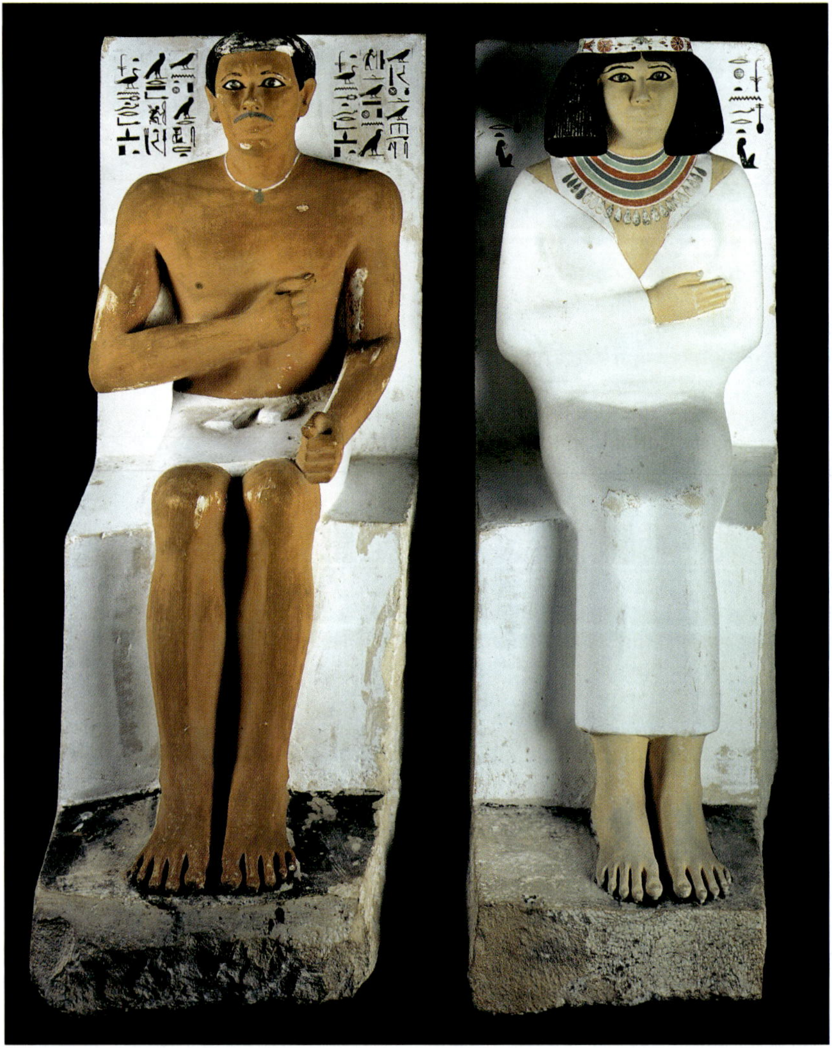

Rahotep und Nofret
4. Dynastie, um 2600 v. Chr., Meidum, Kalkstein, bemalt, H. 121 bzw. 122 cm

In Nachbarschaft zur Pyramide seines Vaters Snofru wurde für Prinz Rahotep eine große Ziegel-Mastaba erbaut, in der 1871 die beiden Sitzfiguren des Grabherrn und seiner Frau Nofret entdeckt wurden. Mit ihrem perfekten Erhaltungszustand repräsentieren sie wie kein anderes Werk die Bildhauerkunst der frühesten 4. Dynastie. Rahotep, der u.a. das Amt des Hohenpriesters des Re von Heliopolis bekleidete, trägt eine Kurzhaarfrisur und den einfachen Leinenschurz, Nofret ein raffiniert ausgeschnittenes Trägergewand, einen breiten Halskragen sowie eine schulterlange Strähnenperücke mit Diadem.

Standfigur des Kaaper
5. Dynastie, um 2470 v. Chr., Saqqara, Sykomorenholz, H. 112 cm

Die lebensnahe Physiognomie des Vorlesepriesters Kaaper erinnerte die Arbeiter 1860 bei der Entdeckung der Figur (einst bemalt) so sehr an ihren Bürgermeister, dass sie ihr spontan den Beinamen Scheich el-Beled (arab., »Dorfschulze«) gaben. Trotz der realistischen Erscheinung des Grabherrn wird hier primär ein Grundtypus der Privatplastik vorgestellt. Kurzes Haupthaar, markante Fettleibigkeit und der knielange Schurz stehen für den erfolgreichen, wirtschaftlich saturierten Beamten auf dem Höhepunkt seiner Laufbahn.

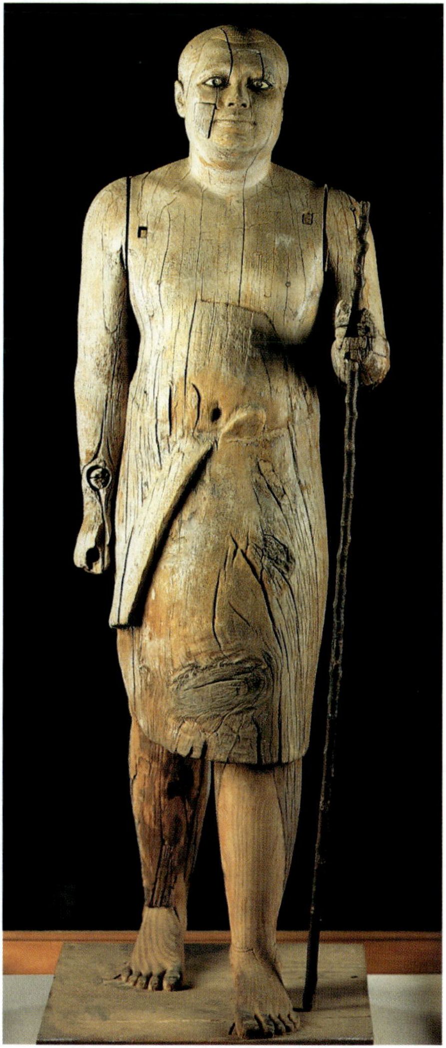

Sänftenauszug des Ipi

6. Dynastie, um 2300 v. Chr., Saqqara-Süd, Kalkstein, H. 112 cm

In amtlicher Funktion begibt sich der Güterverwalter Ipi zum Hafen, um dort die Ankunft von Lastschiffen zu überwachen. Seiner Stellung angemessen hat er in einer prachtvollen Sänfte mit Sonnendach Platz genommen, die von insgesamt 14 Trägern geschultert wird. Sichtbar sind allerdings nur die Männer der rechten Seite, während die der linken als Doppelkontur entlang der Körperumrisse angedeutet werden. Der Beamte trägt eine Löckchenperücke und einen Kurzschurz mit gesteiftem Vorbau. In seinen Händen hält er links einen kurzen Befehlsstab, rechts einen Wedel. Zur Prozession gehören Diener im Laufschritt mit Sonnenschirmen sowie weiteres Gesinde aus dem Haushalt des Grabherrn. Die Inschriften zwischen den Trägern zeichnen das sog. Sänftenlied auf, das die Mühen dieser Arbeit beklagt.

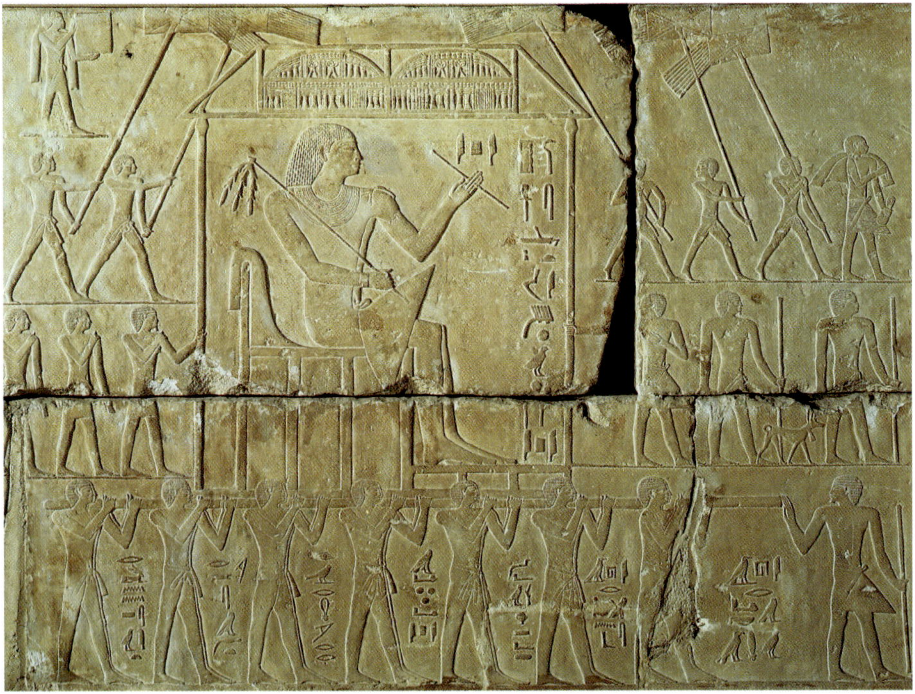

Falkengott Horus

6. Dynastie, um 2300 v. Chr., Hierakonpolis, Gold, Obsidian, H. 37,5 cm, 635 g

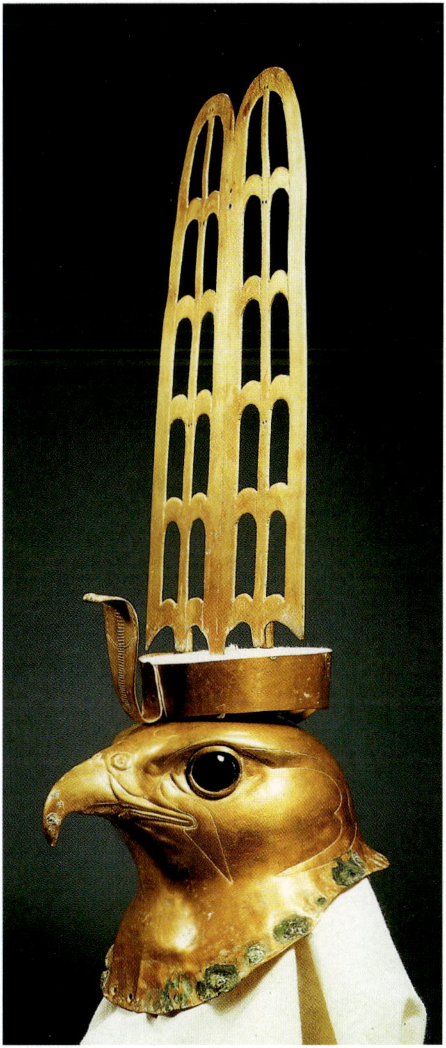

Nur äußerst selten haben kostbare Kultgegenstände aus Edelmetall die Zeiten überdauert, da sie immer wieder auf legaler wie illegaler Basis eingeschmolzen wurden. So verdankt dieser herrliche Falkenkopf aus getriebenem Goldblech nur einem glücklichen Umstand seine Erhaltung. Als man im Neuen Reich das altehrwürdige Heiligtum des Gottes Horus in Hierakonpolis (ägypt. Nechen) erneuerte, wurden nämlich verschiedene Gegenstände des Inventarbestandes ihrer kultischen Funktion enthoben und in einer Grube unter dem Bodenpflaster deponiert, wo sie bis zu ihrer Entdeckung 1897/98 bewahrt blieben. Die einstige Kultstatue zeigte den Falken mit einem mumienförmigen Körper, der auf einem Sockel ruhte. Der Kern dieser Figur war aus Holz gefertigt und mit einem Beschlag aus Kupferplättchen überzogen. Nur der Kopf bestand aus Gold und wurde mit Bronze- und Goldnägeln befestigt. Der Natur nachgeformt, aber in die reduzierte Formensprache eines Bildwerkes überführt, sind die Details des Vogelkopfes meisterhaft getroffen. Die großen Augen bestehen dabei aus einem durchgezogenen Obsidianstab, dessen Enden rundgeschliffen und poliert wurden. Als Kopfschmuck besitzt das Götterbild eine hohe Doppelfederkrone, die sich über einem reifenförmigen Untersatz mit einer mächtigen Uräus-Schlange erhebt.

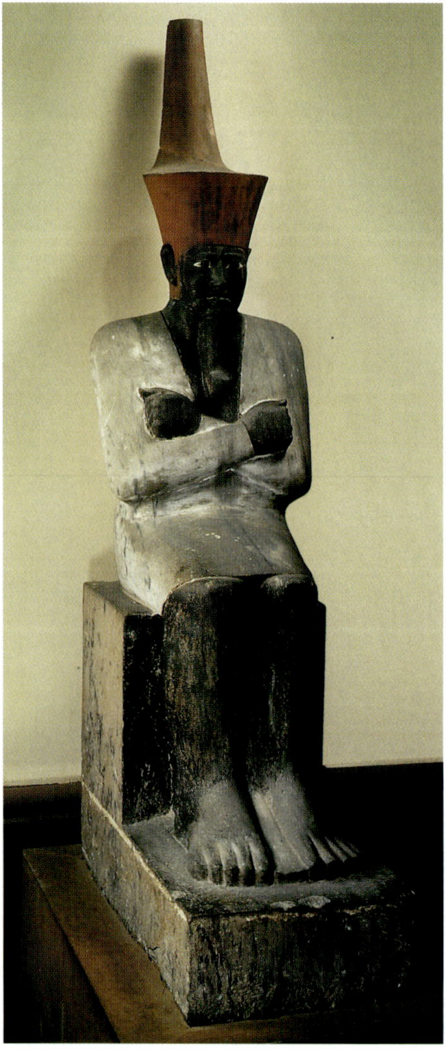

Sitzfigur Mentuhoteps II.
11. Dynastie, um 2030 v. Chr., Theben-West, Deir el-Bahari, Sandstein, bemalt, H. 138 cm

Neben systematischer Arbeit kann auch der Zufall den Erfolg eines Archäologen bestimmen. Als 1901 Howard Carter, der nachmalige Entdecker des Tutanchamun-Grabes, über den weiten Vorhof des Totentempels Mentuhoteps II. in Theben-West ritt, brach sein Pferd im Boden ein. Seitdem trägt die anschließend ausgegrabene Bodensenke den Namen Bab el-Hosan, (Pferdetor). Konkret handelte es sich um den Eingang zu einem langen Stollen, der unterhalb des Heiligtums in eine Kammer mündet. Hier fand man neben einem leeren Kastensarg eine Sitzfigur des Königs, die von einem dünnen Leinentuch umhüllt war. Dieser Gesamtbefund deutet darauf hin, dass die Anlage, wohl in Sekundärverwendung einer älteren Baustufe, eine Funktion als Osiris-Grab erfüllte. Mentuhotep II. sitzt mit überkreuzten Armen auf einem einfachen Blockthron ohne Rückenlehne und Beschriftung. Wie auch die Körperpartien der Statue ist er schwarz bemalt, mit der Symbolfarbe für Fruchtbarkeit und Regeneration. Der Begründer des Mittleren Reiches trägt die Rote Krone, das kurze Sed-Fest-Gewand und einen gewaltigen Götterbart. In seiner formalen Geschlossenheit, der kraftvoll durchgebildeten Gesichtslandschaft und einer brutal anmutenden Körperlichkeit markiert dieses Bildnis den Anfang einer neuen Entwicklung der königlichen Rundplastik.

Pfeiler Sesostris' I. (Detail)
12. Dynastie, um 1930 v. Chr., Karnak, Tempel des Amun-Re, Kalkstein, H. 434 cm, Br. 75 cm

Obwohl die Herrscher der frühen 12. Dynastie ihre Residenz wieder nach Norden in den Raum um Memphis verlegten, blieb ihre Fürsorge für die oberägyptischen Heiligtümer ungebrochen. Besonders der intensiven Bautätigkeit unter Sesostris I. sind zahlreiche Neugründungen bzw. Erweiterungen zu verdanken. Dazu ist auch der erste große Amun-Tempel in Karnak zu zählen, der vollständig aus Kalkstein errichtet wurde. Durch den Abriss in der 18. Dynastie sind nur wenige Bauteile erhalten geblieben, wie dieser monumentale Pfeiler, der einst mit weiteren Exemplaren die Fassade oder den Umgang des Kernbaus bildete. Jede Pfeilerseite zeigt den König in Umarmung mit einer der wichtigsten Landesgottheiten: Für den Süden stehen der Falkengott Horus von Edfu und Amun von Karnak, den Norden markieren der Schöpfergott Atum von Heliopolis und Ptah von Memphis, wie in der Abbildung zu sehen. Angesicht zu Angesicht stehen Sesostris I. und Ptah gemeinsam unter dem Dach eines Götterschreines. Der Herrscher trägt das gestreifte Nemes-Kopftuch und einen plissierten Kurzschurz, die mumiengestaltige Gottheit eine für sie charakteristische eng anliegende Haarkappe. In ihrem klaren Schnittduktus ergänzen die großformatigen Hieroglyphen der Beischriften den strengen Reliefstil der Kultszene zu einem Gesamtbild kompositorischer Dichte.

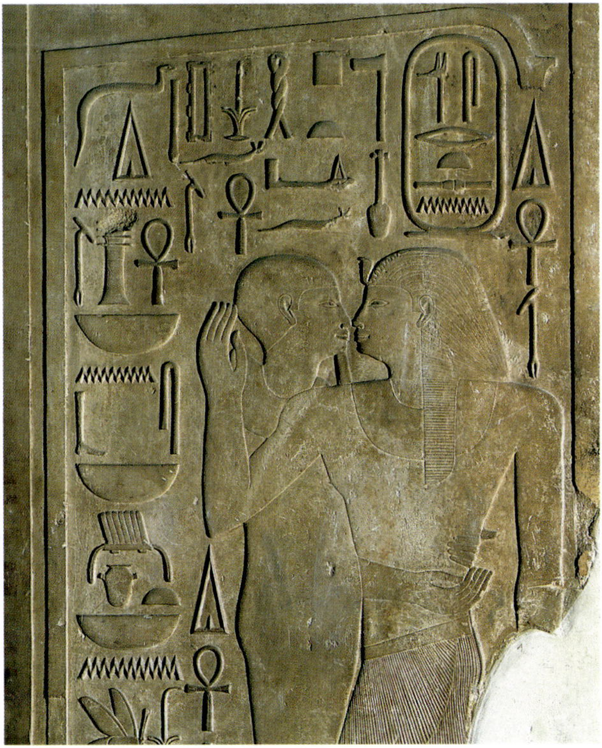

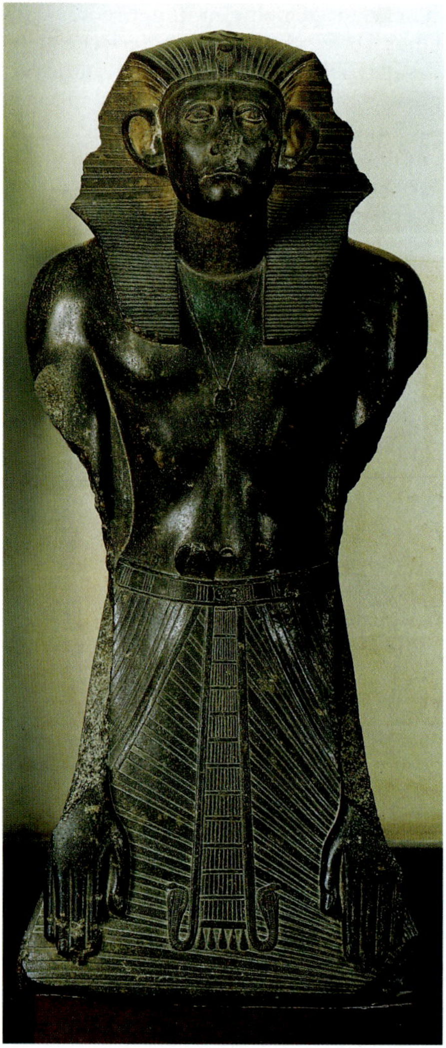

Sesostris III. als Beter

12. Dynastie, um 1860 v. Chr., Theben-West, Deir el-Bahari, Granodiorit, H. 150 cm

Im Totentempel Mentuhoteps II., Begründer des Mittleren Reiches, ließ Sesostris III. zu dessen Ehren insgesamt sechs Standfiguren aufstellen. Eine für die Königsplastik völlig neue Haltung ist die des Betergestus mit flach ausgestreckten Händen auf dem vorstehenden Schurz. Besonders eindrucksvoll ist die ernste, trotzdem dynamisch wirkende Physiognomie des Herrschers. Dargestellt ist ein hageres Gesicht mit tief liegenden Augen unter natürlich gestalteten Brauen, deutlich markierten Nasolabialfalten und einem schmallippigen Mund.

Die »Fischopferer« Amenemhets III.

12. Dynastie, um 1830 v. Chr., Tanis, Granodiorit, H. 160 cm

Die in Tanis gefundene Doppelstatue Amenemhets III. gehörte zu einer äußerst ungewöhnlichen Denkmälergruppe dieses Königs, die ursprünglich wohl im Sobek-Heiligtum von Medinet el-Faijum aufgestellt gewesen war. Hier ist der Herrscher zweimal mit einer einzigartigen Perücke aus Korkenzieherlocken und einem künstlichen Vollbart abgebildet. Er trägt eine Opferplatte mit Fischen in den Händen, von denen Lotuspflanzen, ein weiterer Fisch und gefangene Gänse herabhängen, und verkörpert dadurch den Fruchtbarkeit bringenden Nilgott Hapi. Die Inschrift wurde von Psusennes I. (21. Dynastie) erneuert.

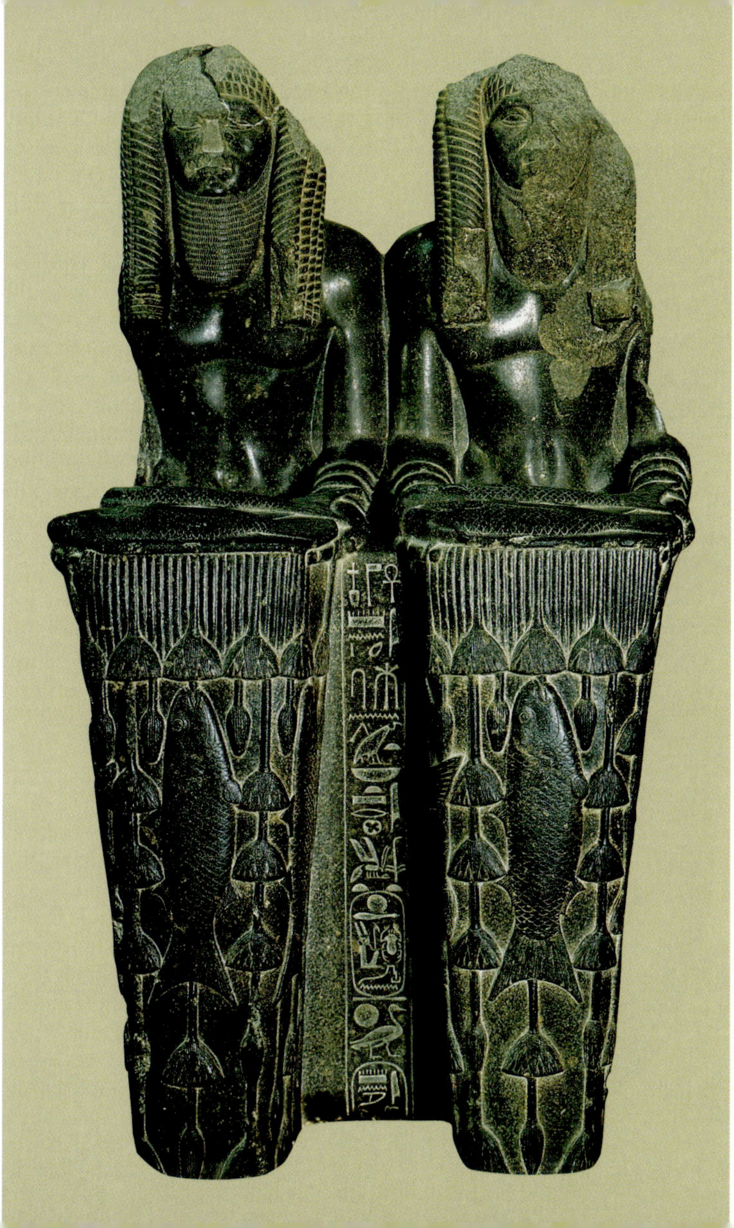

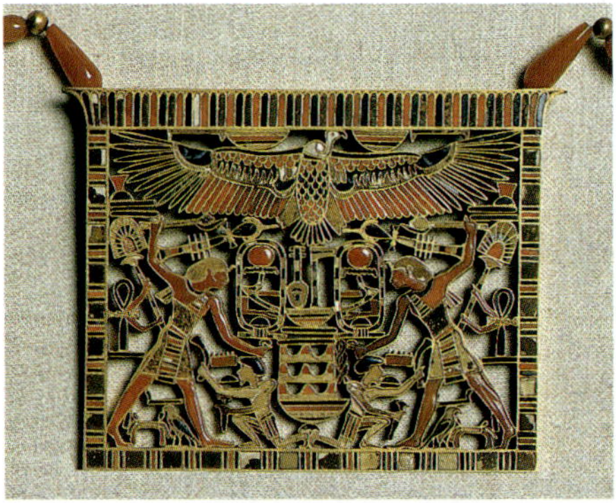

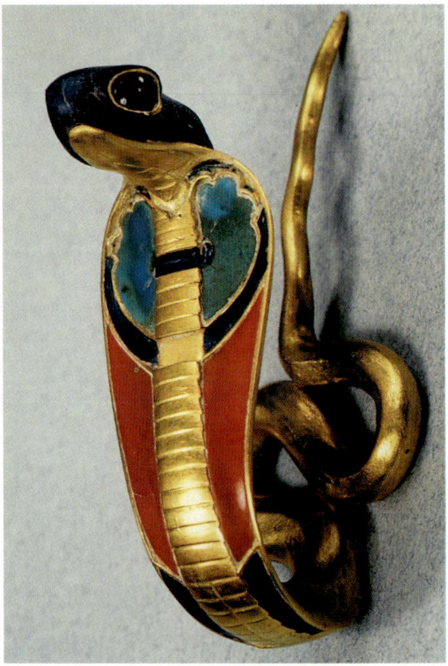

Pektoral der Prinzessin Mereret
12. Dynastie, um 1840 v. Chr., Dahschur, Grab der Mereret, Gold, Karneol, Türkis, Lapislazuli, Amethyst, H. 7,9 cm

Als Tochter Sesostris' III. konnte die Prinzessin Mereret für ihre Grabausstattung auf die Schmuckproduktion der königlichen Werkstätten zurückgreifen. Das hier abgebildete Pektoral besitzt eine zentrale Inschrift, die den Thron- und Geburtsnamen des zu dieser Zeit amtierenden Königs Amenemhet III. (Bruder der Mereret) nennt und ihn als »vollkommenen Gott, Herrn der beiden Länder und aller Fremdländer« bezeichnet. Zu beiden Seiten ist der König im Ausfallschritt dargestellt, wie er einen asiatischen Feind am Schopf packt, um ihn mit einer Keule zu erschlagen. Über dieser symbolträchtigen Szene schwebt die Geiergöttin Nechbet, die Kronengöttin von Oberägypten. Das gesamte Motiv ist auf der Rückseite des Pektorals in ziselierter Technik wiederholt.

Uräus-Schlange Sesostris' II.
12. Dynastie, um 1880 v. Chr., el-Lahun, Pyramide Sesostris' II., Gold, Lapislazuli, Karneol, Feldspat, H. 6,7 cm

Die Uräus-Schlange (Kobra) war neben Krummstab und Wedel eines der wichtigsten Symbole des Königtums. Ihr Abbild wurde vom König über der Stirn getragen und demonstrierte die Macht des Herrschers und seine beständige Wehrhaftigkeit. Der Uräus Sesostris' II. wurde in einem Nebenraum zur Grabkammer seiner Pyramide in el-Lahun im Faijum entdeckt. Die Fundsituation verweist darauf, daß dieses Kleinod von den Grabräubern übersehen worden war. Der Körper der Schlange ist aus Gold gearbeitet und mit mehrfarbigen Schmucksteineinlagen versehen. Zwei an dem gewundenen Schwanzteil angeschweißte Ösen dienten zur Befestigung am Kopfputz des Herrschers (Kappe oder Kopftuch).

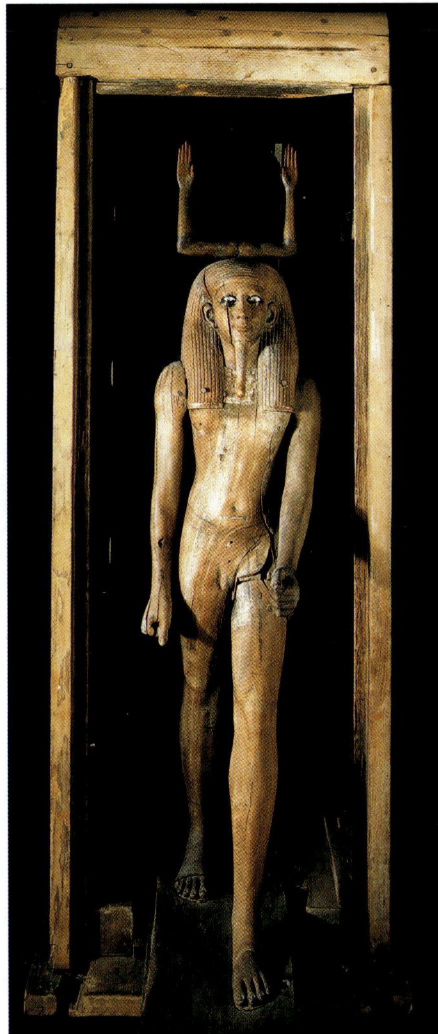

Ka-Figur des Königs Hor
13. Dynastie, um 1720 v. Chr., Dahschur, Holz, H. 170 cm; Höhe des Schreins 207 cm

Südlich der Pyramide Amenemhets III. in Dahschur wurde im Grab des Hor, eines historisch unbedeutenderen Herrschers der 13. Dynastie, diese Statue innerhalb eines Naos gefunden. Durch das Zeichen der sog. Ka-Arme über ihrem Haupt wird sie als Ka-Figur des Königs charakterisiert, Abbild der unvergänglichen Lebenskraft eines Menschen. Nur mit einer Strähnenperücke und dem geflochtenen Götterbart ausgestattet, ist die Gestalt des Ka nackt und in Schrittstellung wiedergegeben; in den Händen fehlen heute das waagerecht gehaltene Zepter (rechts) und ein Stab (links). Geringfügige Reste weisen auf eine teilweise Vergoldung der Figur hin. Diese war ebenso wie die Bemalung ursprünglich auf einer dünnen Stuckgrundierung aufgetragen, die bei der Entdeckung der Figur durch den französischen Ausgräber de Morgan 1884 sofort zu Staub zerfiel.

Figur eines stehenden Nilpferdes
17. Dynastie, um 1600 v. Chr., Theben-West, Dra Abu el-Naga, Blaue Fayence, H. 11,5 cm

Während des Mittleren Reiches und der Zweiten Zwischenzeit wurden den Verstorbenen häufig Gefäße und Figürchen von unbekleideten Frauen und Tieren (z. B. Igel, Hasen oder Affen) aus Fayence mit ins Grab gegeben. Besonders charakteristisch sind aber die Nilpferdfiguren, von denen es drei Grundtypen gibt. Sie zeigen das mächtige Tier in liegender, stehender oder sitzender Position, mit geschlossenem oder zum Brüllen geöffnetem Rachen. Die blaue wie grüne Farbgebung der Fayenceglasur verweist in Zusammenhang mit den aufgemalten Wasserpflanzen nicht nur auf den natürlichen Lebensraum des Tieres, sondern besitzt auch magische Funktion. Dabei spielen Papyrus und Lotus eine herausragende Rolle, die Schutz und Regeneration verheißen. Schon seit frühester Zeit hatte man den Nilpferden numinose Kräfte zugesprochen. Einerseits waren sie Vertreter der ungezügelten Natur und galten als gefährliche, zu bekämpfende Tiere, andererseits symbolisierten sie Fruchtbarkeit, sodass Schutzgottheiten, wie z. B. Thoëris, in Nilpferdgestalt erscheinen.

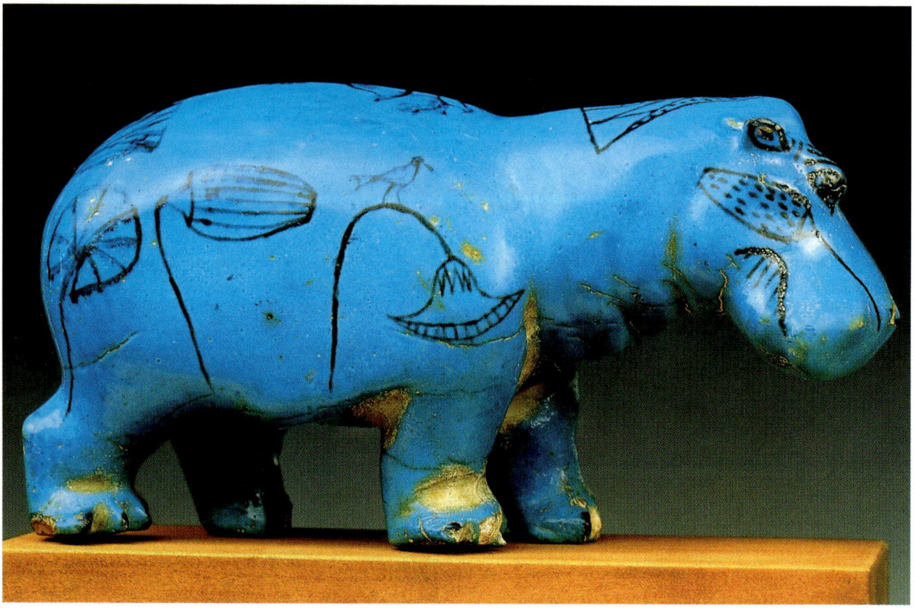

Stele des Königs Ahmose
18. Dynastie, um 1540 v. Chr.,
Abydos, Kalkstein, H. 225 cm

Zu Ehren seiner verstorbenen Großmutter Tetischeri ließ Pharao Ahmose diese Stele aufstellen, nachdem er den Befreiungskampf gegen die Hyksos erfolgreich abgeschlossen hatte. Im Giebelfeld des Denksteines tritt der Herrscher unter dem Symbol der Flügelsonne von beiden Seiten heran und weiht jeweils einen großen Opferaufbau der thronenden Tetischeri, die im Ornat einer amtierenden Königin dargestellt ist. Dazu gehören besonders die Perücke mit Geierhaube und einem hohen Federpaar sowie das wedelartige Zepter in ihrer Hand. Der lange Text schildert ein Gespräch des Ahmose mit seiner Schwestergemahlin Ahmes-Nefertari, in dem er die Gründung eines Totendenkmals in Abydos für die Stammmutter seines Herrscherhauses bekundet. Neben einer Pyramide mit Kapelle sollte die Kultanlage mit einem kleinen See und einem Garten ausgestattet sein.

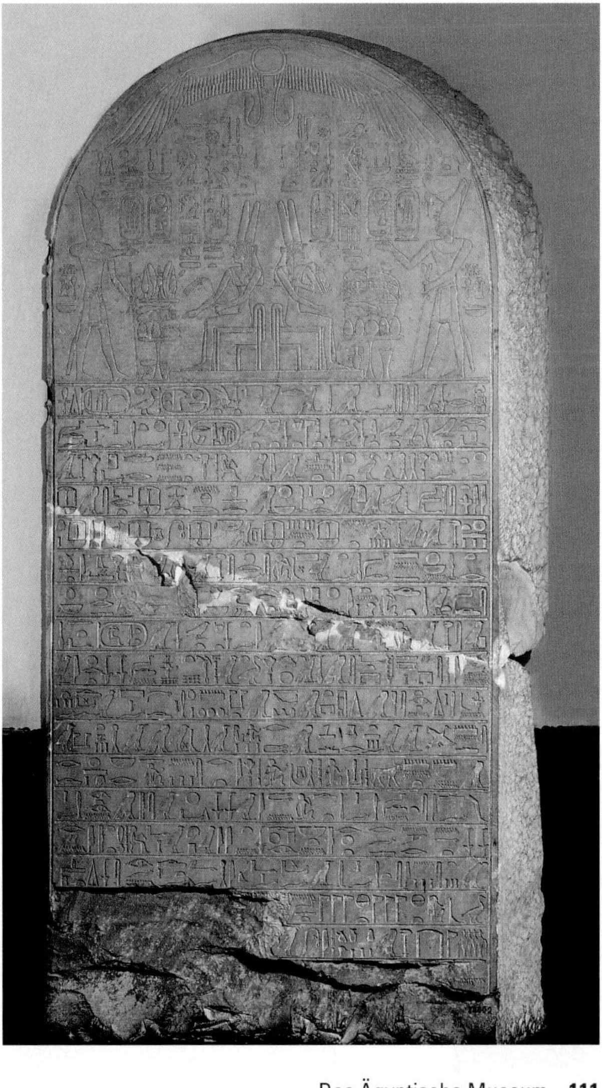

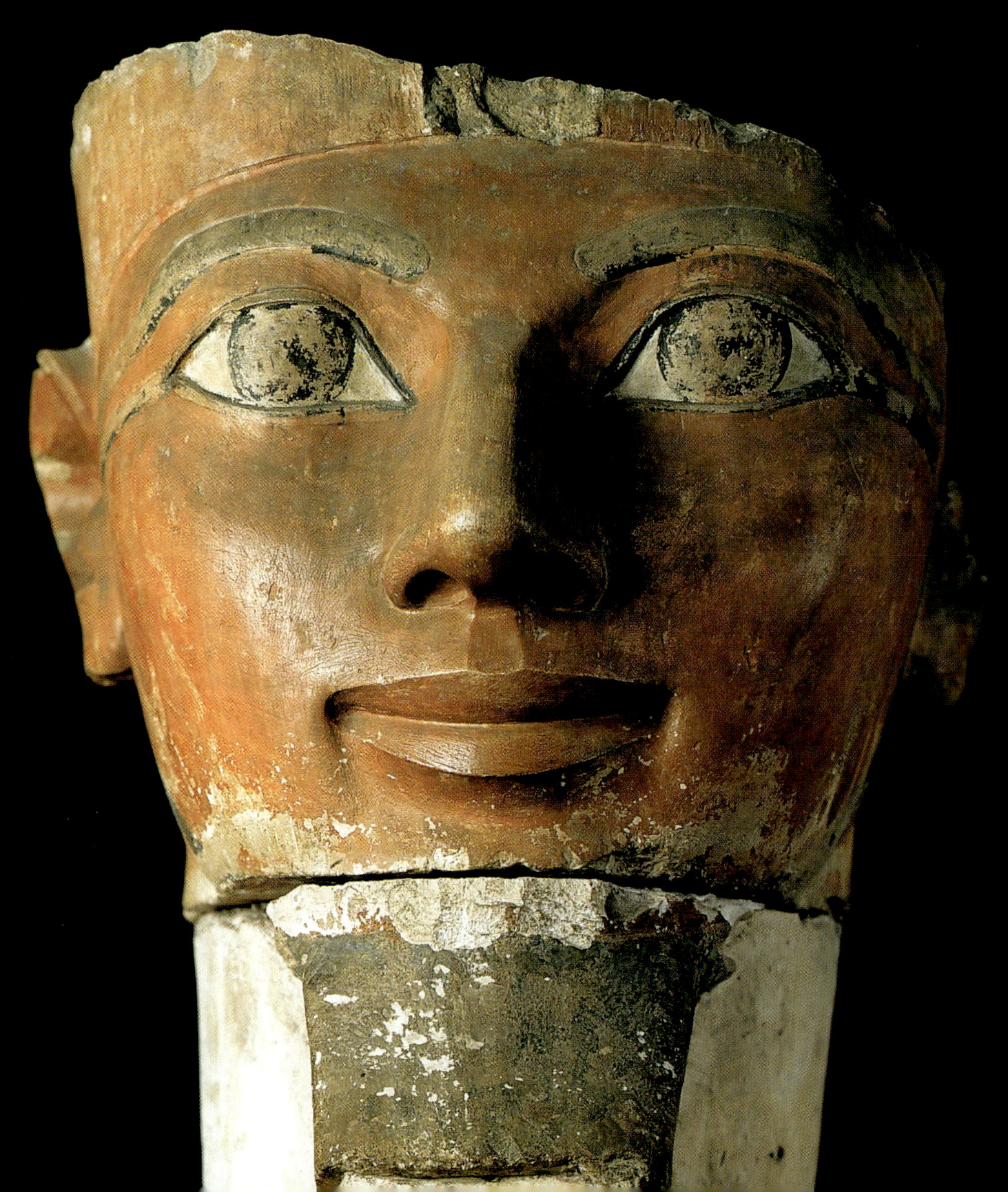

Königin Hatschepsut
18. Dynastie, um 1470 v. Chr., Theben-West, Deir el-Bahari, Totentempel der Hatschepsut, Kalkstein, bemalt, H. 61 cm

Hatschepsut, Tochter König Thutmosis' I. und Gemahlin ihres Halbbruders Thutmosis' II., gelangte nach dem Tod ihres Mannes an die Macht; sie sollte als Regentin für den neuen Herrscher, ihren unmündigen Stiefsohn Thutmosis III., fungieren. Aber schon im zweiten Jahr Thutmosis' III. ließ sie sich selbst zur Königin krönen und verstand sich nun als seine Koregentin. Während ihrer fast zwei Jahrzehnte andauernden Herrschaft scheinen sich keine offenen Konflikte mit Thutmosis III. ergeben zu haben, denn beide lassen sich z. B. zusammen beim Opfer vor den Göttern darstellen. Erst nach ihrem Tode, gegen Ende der langen Regierungszeit Thutmosis' III., beginnt die Verfemung der Hatschepsut als Herrscherin, indem ihr Name und ihre Gestalt auf ihren Denkmälern und auch in ihrem Totentempel in Deir el-Bahari ausgehackt werden. Das abgebildete Gesichtsfragment gehört zu einer der kolossalen Statuen, die auf der oberen Terrasse ihres Tempels vor den Pfeilern der Fassade aufgestellt waren. Diese sog. Osiris-Pfeiler zeigen die Königin in Gestalt des Gottes, d. h. mumienförmig und mit Götterbart. Dazu tragen die Figuren eine der beiden Landeskronen, in diesem Fall die Doppelkrone (nur Rest der unt.-äg. Krone erhalten). Ein Beweis dafür, dass die zugehörige Statue auf der nördlichen Seite der Terrasse stand.

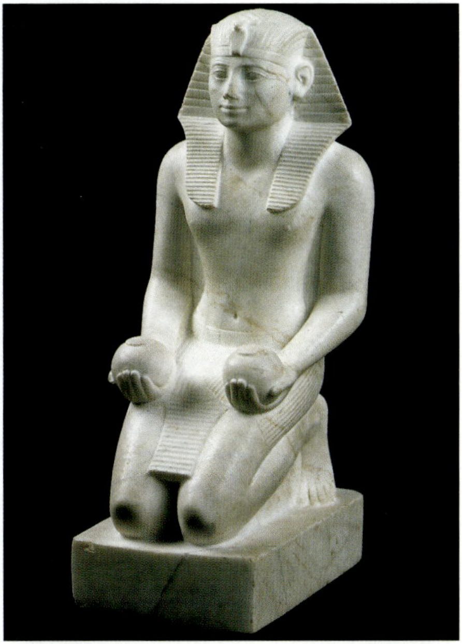

Kniefigur Thutmosis' III.
18. Dynastie, um 1450 v. Chr., Theben-West, Deir el-Medineh, Marmor, H. 26,5 cm

1912 wurde an der westlichen Umfassungsmauer des Hathor-Tempels von Deir el-Medineh diese kleine Königsfigur im Schutt verworfen aufgefunden. Dargestellt ist Thutmosis III. beim Weinopfer, einem beliebten Typus des königlichen Rundbildes im Neuen Reich. Der Herrscher kniet dabei auf dem Boden und hält in beiden Händen je ein kugelförmiges Gefäß, das er der Gottheit präsentiert.

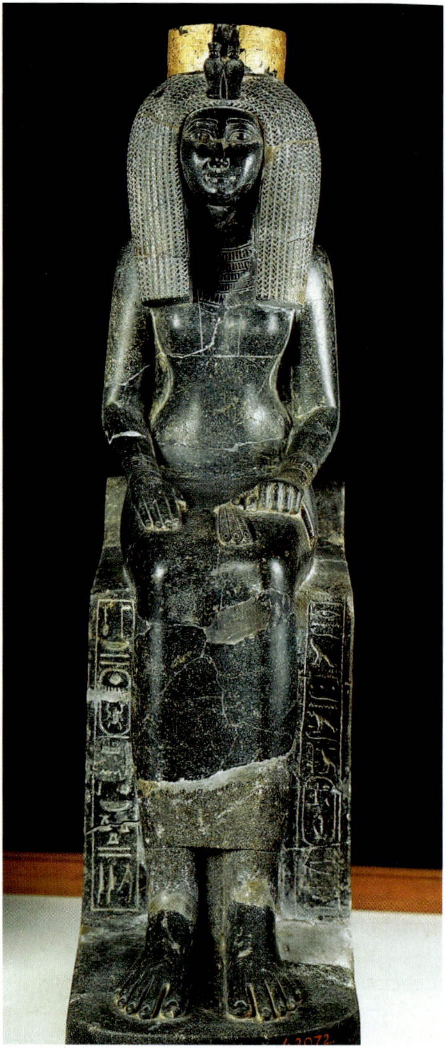

Sitzfigur der Königin Isis

18. Dynastie, um 1450 v. Chr., Karnak, Tempel des Amun-Re, Granodiorit, H. 98,5 cm

Als Stiftung ihres Sohnes Thutmosis III. war diese Statue der Königin Isis im Reichsheiligtum von Karnak aufgestellt worden. Darauf verweist die linke Inschrift am Thronsitz: »Er machte es als ein Denkmal für seine Mutter, die Königinmutter Isis, gerechtfertigt.« Die Herrscherin ist mit knöchellangem Trägergewand, einem breiten Halskragen und der langen Zopfperücke bekleidet. An ihrer Stirn erheben sich die beiden Uräen von Ober- und Unterägypten, von der hohen Federkrone (wohl aus Edelmetall) blieb nur der vergoldete Untersatz erhalten.

Die Hathor-Kapelle Thutmosis' III.

18. Dynastie, um 1430 v. Chr., Theben-West, Deir el-Bahari, Sandstein, bemalt, H. 225 cm

Nachdem Thutmosis III. den Totentempel der Hatschepsut in Deir el-Bahari mit dem dort angesiedelten Hathor-Kult hatte schließen lassen, errichtete er nicht nur oberhalb des nebenan gelegenen Heiligtums Mentuhoteps' II. einen eigenen Tempel, sondern zusätzlich eine neue Felskapelle zu Ehren der Hathor. Erst sein Nachfolger Amenophis II. stiftete dann das monumentale Kultbild der Hathor-Kuh mit der Figur des Königs, welches die kleine Grotte mit ihren gut erhaltenen Wandmalereien (Kultszenen) fast vollständig ausfüllt.

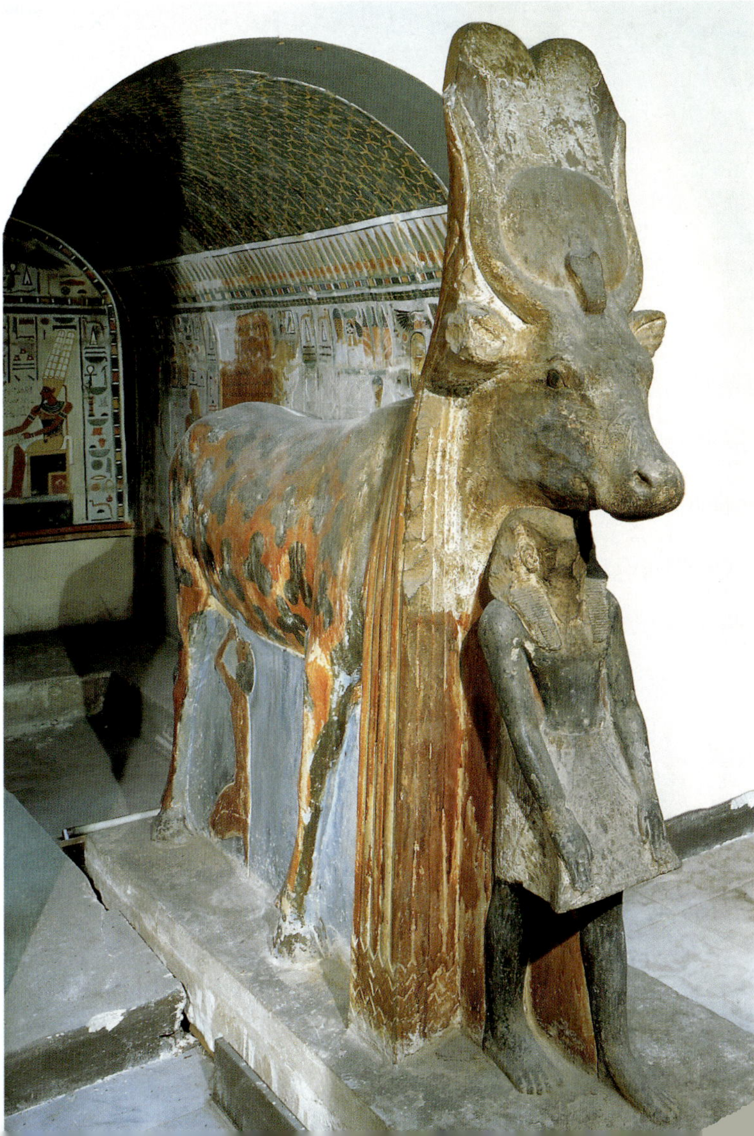

Die Königsmumien des Neuen Reiches

Mit dem Beginn der modernen Erforschung Ägyptens im 19. Jh. und dem Interesse der europäischen Länder, für ihre Museen Objekte der pharaonischen Kultur zu erwerben, hatte eine »Berufsgruppe« auch wieder Hochkonjunktur, die in Ägypten eine Tradition über Jahrtausende besaß: die Grabräuber. Zu den Hauptplätzen ihrer illegalen Aktivitäten gehörte die große Nekropole von Theben-West. Wahrscheinlich im Sommer 1871 entdeckten Mitglieder aus der alteingesessenen Familie der Abd el-Rasul den Eingang einer Grabanlage südlich des Talkessels von Deir el-Bahari. Als sie den zwölf Meter tiefen Zugangsschacht hinabgeklettert waren, meinten die beiden Brüder Ahmed und Hussein kaum ihren Augen trauen zu können. In dem anschließenden Korridor lagerten Dutzende von Särgen, Kästen mit Uschebtis (s. S. 434 f.), Statuetten und zahlreiche Papyri. Eine wahre Goldgrube, die richtig genutzt werden wollte. Trotz geschickter Verkaufsstrategie wurden die Behörden mit der Zeit aufmerksam, als immer mehr Gegenstände aus königlichen Bestattungen im Kunsthandel von Kairo und Europa auftauchten. So reiste im Jahre 1881 der damalige Generaldirektor der Altertümerverwaltung, der Franzose Gaston Maspero, nach Oberägypten, um der Sache auf den Grund zu gehen. Er konnte zwar die Hauptverdächtigen schnell er-

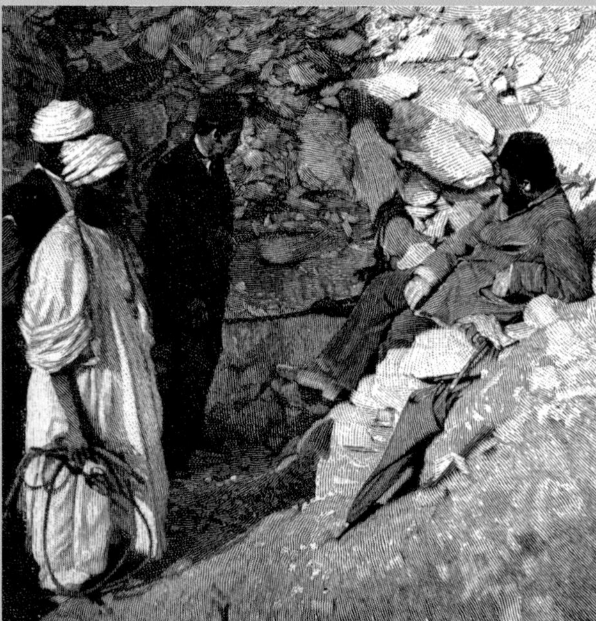

G. Maspero mit Begleitung am Eingang zum Versteck der Königsmumien, Theben-West, Talkessel von Deir el-Bahari

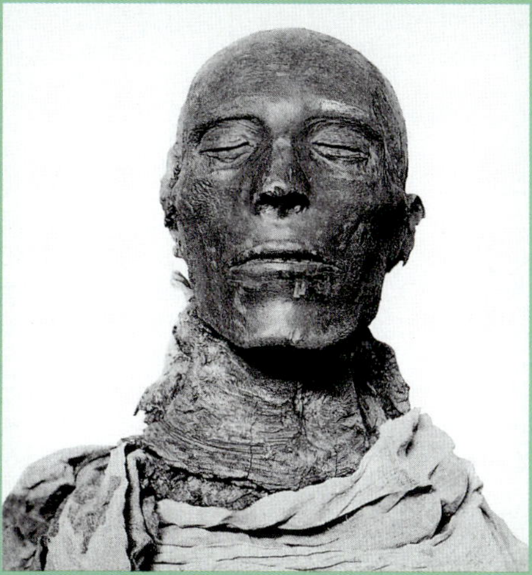

Kopf der Mumie Sethos' I. nach der Auswicklung, 19. Dynastie, um 1280 v. Chr., Ägyptisches Museum, Kairo

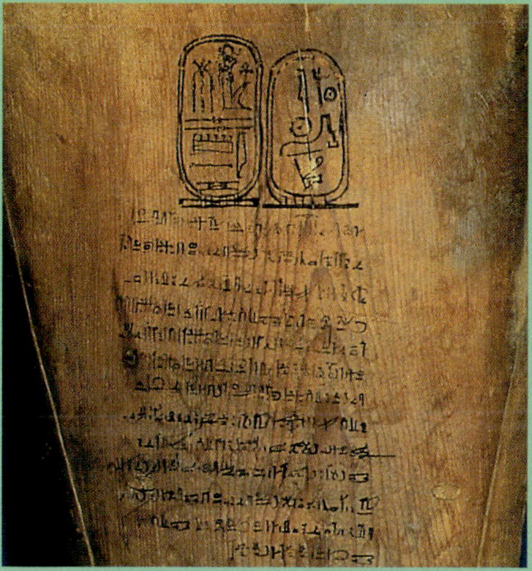

Wiederbestattungsinschrift vom Sarg Ramses' II., 21. Dynastie, um 1060 v. Chr., Ägyptisches Museum, Kairo

mitteln, doch leugneten die Abd el-Rasuls jegliche Beteiligung an den Vorgängen, und auch eine Hausdurchsuchung brachte kein Ergebnis. Maspero übergab die beiden deswegen dem zuständigen Mudir von Kena. Die mehrmonatige Haft und recht unsanfte Verhörmethoden sollten nachträglich Wirkung zeigen. Der älteste Bruder Mohamed verriet schließlich das Geheimnis und führte im Juli desselben Jahres eine vom Khediven (Regent in Kairo) eingesetzte Kommission zum Versteck in Deir el-Bahari, der berühmten »Cachette« der Königsmumien des Neuen Reiches. Maspero wurde bei der offiziellen Begehung von seinem Mitarbeiter Emil Brugsch vertreten, der seinen ersten Eindruck später so schildert: »Ich nahm meine Sinne zusammen und sah im Schein meiner Fackel sofort, dass die Särge königlichen Personen gehörten. (...) Ich kam in die letzte Kammer, wo ich eine noch größere Ansammlung von Särgen vorfand, die an der Wand standen oder auf dem Boden lagen. Ihre Goldauflagen und die polierten Oberflächen reflektierten mein erregtes Antlitz so klar, als würde ich in die Gesichter meiner eigenen Ahnen schauen.« Doch Emil Brugsch konnte sich weitere Gedankengänge dieser Art nicht leisten, denn unter den Einheimischen verbreitete sich das Gerücht von einem riesigen Schatz, und der Wissenschaftler fürchtete etwaige Übergriffe. Er ließ deshalb in einer Gewaltaktion den Inhalt des Mumienverstecks innerhalb von 48 Stunden räumen, auf

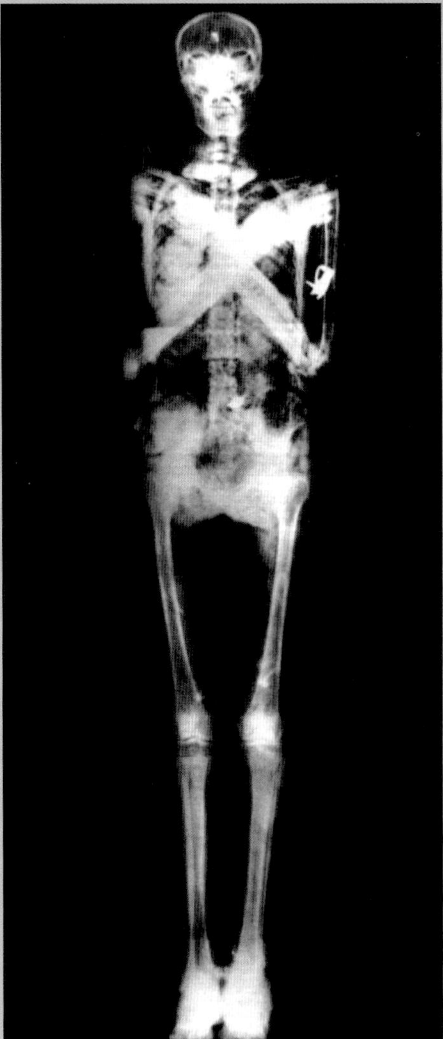

ein Dampfschiff verladen und nach Kairo bringen. Glaubhaft wird berichtet, dass in vielen Ortschaften bei der Vorbeifahrt die Männer ans Ufer eilten, um für die verstorbenen Herrscher Ägyptens Salut zu schießen.
Die Ansammlung von über 40 Mumien von Herrschern, Königinnen und Familienmitgliedern der thebanischen Hohepriester mit nahezu 6000 Beigaben in einer Grabanlage warf zahlreiche Fragen auf. Maspero gab eine Antwort, die lange Zeit verbindlich blieb. Seiner Meinung nach sind die Königsgräber von organisierten Räuberbanden heimgesucht worden, während später fromme Priester wenigstens die sterblichen Überreste in Sicherheit gebracht haben, nachdem die Mumien von diesen neu bandagiert worden waren. Gemäß den Ergebnissen neuerer Forschung scheinen die Dinge allerdings etwas anders verlaufen zu sein. Nach dem Tode Ramses' XI. 1070/69 zerfiel das Land endgültig in zwei Machtblöcke. Im Norden regierten als formale Könige die Herrscher in Tanis, während Oberägypten unter Kontrolle der Priesterschaft des Amun in Theben stand. Schon unter dem letzten Ramessiden waren bürgerkriegsähnliche Kämpfe ausgebrochen, die der General und Hohepriester Pianch gegen den Vizekönig von Nubien, Panehsi, führte. Angesichts der desolaten Wirtschaftslage des Landes mussten neue Finanzquellen erschlossen werden, und Pianch griff zu einem bisher unvorstellbaren Ausweg: Er ließ Königs- wie Privatgräber in Theben-West von zwei Nekropolenschreibern aufspüren und anschließend plündern. Auch seine Amtsnachfolger bedien-

Röntgenbild der Mumie Sethos' I.

ten sich am Gold der Pharaonen. Die aller Kostbarkeiten ihrer Grabausstattung entkleideten Königsmumien wurden zunächst in verschiedene Zwischenlager verbracht, bis ein wichtiger Teil von ihnen endgültig nach Deir el-Bahari kam, darunter die sterblichen Hüllen so großer Herrscher wie Sethos I. und Ramses II. Die Anlage dort war die Familiengruft des Hohepriesters Pinodjem II., in der erst zu Beginn der 22. Dynastie (um 930 v. Chr.) die Mumien ihre endgültige Ruhe finden sollten. Seit ihrer Entdeckung wurden sie auf vielfältige Weise untersucht, um Klärung zu Todesursachen oder Krankheitsbefunden zu ermitteln. Besonders spektakulär waren vor einigen Jahren die radiologischen Befunde, die an allen Königsmumien erhoben wurden. Die gut erhaltene Mumie Ramses' II. unterzog man von September 1976 bis zum Mai 1977 im Musée de l'Homme, Paris, einer ausführlichen Spezialuntersuchung, an der über 100 Spezialisten beteiligt waren. Zu den Ergebnissen gehörte auch die kuriose Feststellung, dass der greise Pharao ursprünglich rote Haare besessen haben muss.

Mumie Ramses' II., 19. Dynastie, 1213 v. Chr., Ägyptisches Museum, Kairo

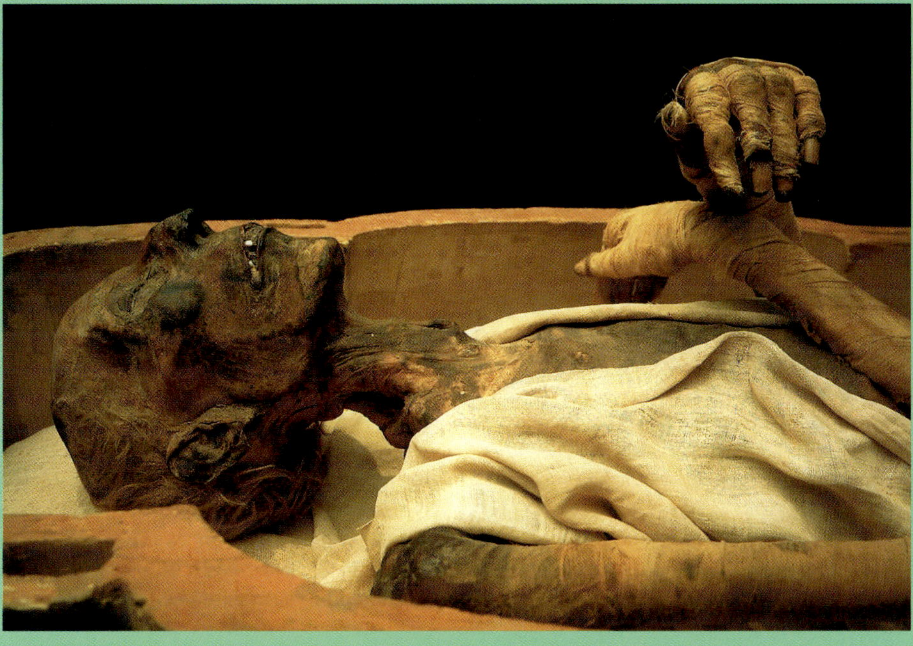

Hockfigur des Senenmut mit Neferure
18. Dynastie, um 1470 v. Chr., Karnak, Tempel des Amun-Re, Granodiorit, H. 130 cm

Senenmut war lange Jahre einer der einflussreichsten Beamten am Hofe der Hatschepsut und genoss das besondere Vertrauen der Königin. Er amtierte als oberster Güterverwalter, Regierungssprecher und Erzieher ihrer Tochter Neferure. Als Vorsteher aller Arbeiten war er für die Handwerker, Künstler und Architekten zuständig und in diesem Zusammenhang auch für die Errichtung des Terrassentempels der Hatschepsut in Deir el-Bahari. Auf dem Höhepunkt seiner Karriere besaß Senenmut fast 80 Amts- und Ehrentitel. Erstaunlich ist, wie viele Denkmäler und zeitgenössische Erwähnungen dieses Mannes sich bis heute erhalten haben; so weiß man von weit über 20 Statuen, von denen mehrere typologische Neuschöpfungen sind, zahlreichen Darstellungen und Inschriften in Gräbern und Tempeln sowie einer Übungszeichnung mit seinem Porträt auf einem Ostrakon (als Schreibmaterial verwendete Scherbe). Einige Zeit nach dem Tode der Kronprinzessin im 11. Regierungsjahr fiel Senenmut jedoch in Ungnade; über den Grund dafür kann nur spekuliert werden, möglicherweise ein Loyalitätskonflikt gegenüber den beiden Regenten Hatschepsut und Thutmosis III. Als direkte Folge dieses Sturzes wurden viele Denkmäler und das Grab des königlichen Günstlings zerstört. Senenmut hatte primär Statuen favorisiert, die ihn als königlichen Erzieher zusammen mit der Kronprinzessin Neferure zeigen. Hierzu gehören auch seine Hockfiguren (sog. Würfelhocker) mit angezogenen Beinen, bei denen nur der Kopf der kleinen Prinzessin sichtbar wird, so als hätte er sie fest in sein Gewand eingehüllt. Auf den jugendlichen Status der Neferure verweisen die Seitenlocke an ihrer Haarkappe mit Stirn-Uräus sowie der Lutschgestus am Zeigefinger. Senenmut selbst trägt eine leicht gewellte Strähnenperücke, die seine beiden Ohren frei lässt.

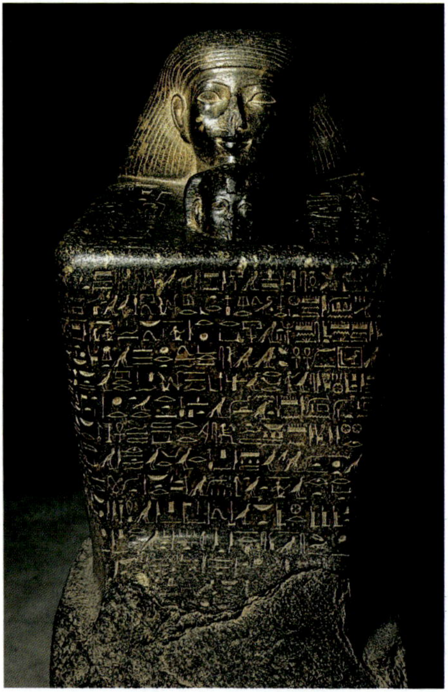

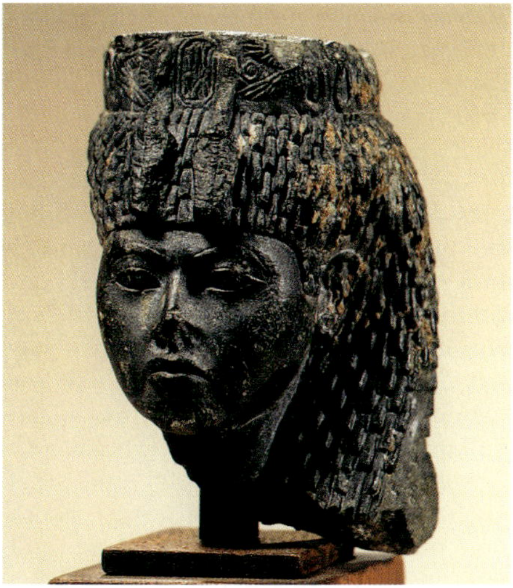

Mumienmaske der Tuja

18. Dynastie, um 1380 v. Chr., Theben-West, Tal der Könige (KV 46), Kartonage, vergoldet, H. 40 cm

Als Eltern der Königin Teje erhielten Juja und Tuja das ungewöhnliche Vorrecht, ihr Grab im Tal der Könige anlegen zu dürfen. Die Grabausstattung mit den Särgen konnte 1905 weitgehend vollständig geborgen werden, darunter auch die elegante Mumienmaske der Tuja aus vergoldeter Kartonage. Augen, Brauenbogen und Schminkstriche sowie Teile des Halskragens wurden aus Schmucksteinen und Glasfluss eingelegt, wobei das farbige Opakglas, der »flüssige Stein«, als besonders wertvoll galt. An der Perücke haben sich Reste eines dünnen Leinentuches erhalten.

Königin Teje

18. Dynastie, um 1360 v. Chr., Serabit el-Chadim, Hathor-Tempel, grüner Steatit, H. 7,2 cm

Teje, die Gemahlin Amenophis' III., war eine der machtvollsten Königinnen des Neuen Reiches. In diesem Zusammenhang stand wohl auch, dass sie ein eigenes, sehr charakteristisches Idealporträt erhielt. Bei dem in Serabit el-Chadim aufgefundenen Köpfchen treten einige dieser Züge recht deutlich hervor, dazu gehört v. a. der volllippige Mund mit den deutlich herabgezogenen Mundwinkeln. Die Königin trägt hier eine Lockenperücke, zwei Kobras als Zeichen der Landesgöttinnen Uto und Nechbet über der Stirn und einen Kronenuntersatz mit ihrer Namenskartusche.

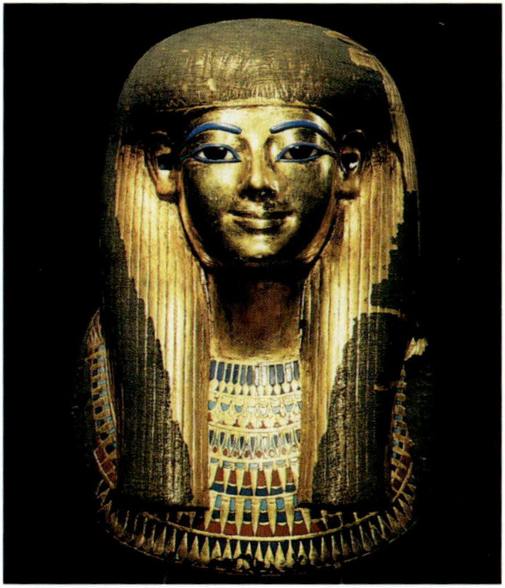

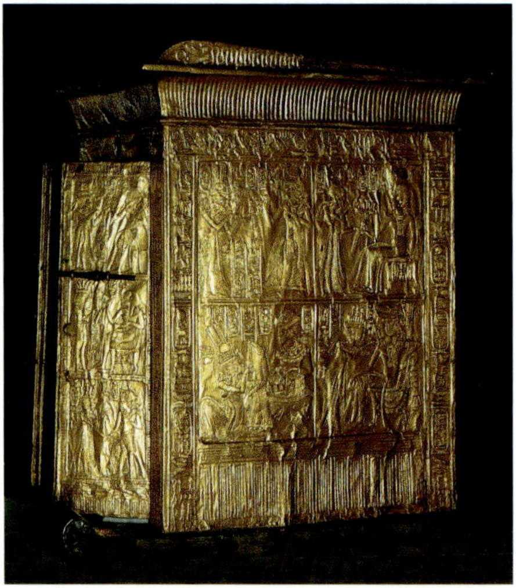

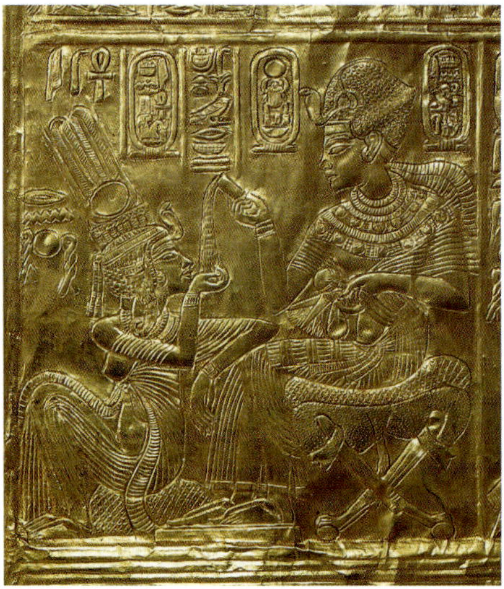

Statuenschrein des Tutanchamun (mit Detail)
18. Dynastie, um 1325 v. Chr., Theben-West, Tal der Könige (KV 62), Holz, vergoldet, und Silber, H. 50,5 cm

In der Vorkammer des Grabes des Tutanchamun fand sich dieser kleine Schrein, der noch eine Statuenbasis aus Ebenholz und einen Anhänger in Gestalt der schlangenförmigen Schutzgöttin Werethekau enthielt. Die Statuette des Königs aus massivem Gold war allerdings nicht mehr vorhanden. Der mit einer dünnen Goldblechauflage überzogene Schrein besitzt ein gewölbtes Dach mit Hohlkehle und ist auf einem Zugschlitten montiert. Alle Dekorationen wurden über einer leinenumhüllten Gipsschicht in das Goldblech getrieben und dann nachziseliert. Die Vorderseite des Daches und der Türsturz sind mit geflügelten Sonnenscheiben geschmückt. Über die Schreinwände und beide Türflügel sind 16 Bildfelder verteilt, die Tutanchamun und seine Gemahlin Anchesenamun zeigen. Auffällig ist, dass die Königin in den meisten Szenen ihren Mann versorgt, d. h. ihn bekleidet, salbt und ihm Opfergüter reicht. Somit vollzieht sie Handlungen, die der König sonst vor den Göttern durchführt. Eine der Szenen zeigt den auf einem kostbaren Klappstuhl sitzenden König, der von seiner vor ihm auf dem Boden hockenden Frau ein Blumenbouquet erhalten hat. Als Gegengabe gießt er ihr Wein in die geöffnete Handfläche, ein Motiv, das schon in ähnlicher Weise aus den Privatgräbern von Amarna bekannt ist.

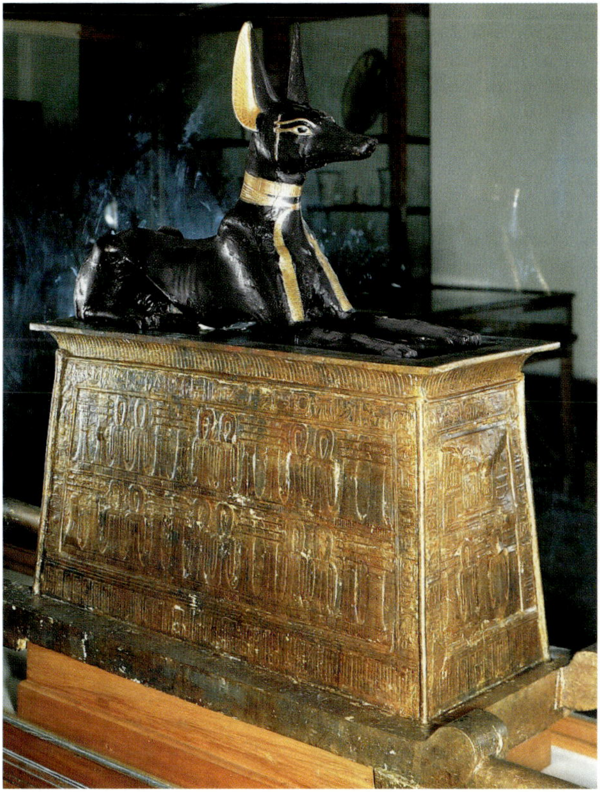

Gott Anubis
18. Dynastie, um 1325 v. Chr., Theben-West, Tal der Könige (KV 62), Holz, gefirnisst und vergoldet, H. 118 cm, L. 270 cm

Die auf einem Schrein mit Trageholmen liegende Figur des Gottes Anubis wurde wohl während des Begräbniszuges Tutanchamuns mitgeführt und anschließend direkt am Durchgang zwischen Schatz- und Sargkammer abgestellt. Sie sollte dort nicht nur den Inhalt der Kammer, sondern v. a. den Kanopenschrein mit den Krügen für Eingeweide schützen. Ein Stück Königsleinen mit einem Webvermerk aus dem siebten Jahr von König Echnaton umhüllte den Körper des Schakals, der zusätzlich mit einem Schal und einem Blütenkranz geschmückt war. Die Figur selbst ist schwarz lackiert, die Innenseiten der aufmerksam aufgerichteten Ohren, das Halsband und der Schal darunter vergoldet. Die Augen wurden mit Gold, Obsidian und Quarz eingelegt, die Krallen der Pfoten mit Silber. Die Dekoration des mit einer Hohlkehle ausgestatteten Schreines wurde geschnitzt und vergoldet. Sie besteht aus Djed-Pfeilern (Zeichen des Osiris) und Tjt-Knoten (Zeichen der Isis), die sich paarweise abwechseln. Die umlaufende Inschrift nennt die Namen und Beinamen von König und Gott. Im Inneren des kapellenförmigen Schreins fand Howard Carter mehrere Fayenceamulette, zwei Alabasterschalen und acht Pektorale.

Jagd- und Kriegstruhe

18. Dynastie, um 1325 v. Chr., Theben-West, Tal der Könige (KV 62), Holz, bemalt, H. 44 cm, L. 61 cm

Vor dem vermauerten Durchgang zur Sargkammer des Tutanchamun stand auf dem Boden der Vorkammer eine ganz einzigartige Truhe, die mit Jagd- und Kriegsszenen in Miniaturmalerei ausgestattet ist. Auf dem in zwei längliche Bildfelder unterteilten Deckel ist die Löwenjagd des Herrschers im Streitwagen und die Jagd auf verschiedene Wüstentiere (Steinböcke, Gazellen, Hyänen, Wildesel und Strauße) dargestellt. Die beiden Längsseiten der Truhe sind dagegen den kriegerischen Auseinandersetzungen gewidmet; auf der einen Seite dem Kampf gegen die Nubier, auf der anderen gegen die Syrer. Während der König und seine Gefolgsleute in wohl geordneten Reihen, zu Fuß und in Streitwagen heranpreschen, stürzen die Feinde in wildem Chaos durcheinander. Die Details der einzelnen Motive sind von erstaunlicher Lebendigkeit, z. B. dort, wo die Hunde des Herrschers die Feinde in Kopf oder Hand beißen oder die Pferde der umgestürzten syrischen Streitwagen sich verzweifelt zu befreien versuchen. An den beiden Schmalseiten der Truhe findet sich ein sehr kanonisches Motiv: das Niedertrampeln der Feinde durch je zwei Sphingen, die den König repräsentieren. Ebenso formal gebunden sind bei aller Individualität im Detail die Darstellungen der beiden Großthemen – Kampf und Jagd. Sie stehen grundsätzlich für den Sieg des ägyptischen Pharao über die physischen Feinde des Landes wie für die Abwehr aller gefährlichen Mächte der ungeordneten Welt, die von den wilden Tieren der Wüste symbolisiert werden. Der heraldische Gesamtcharakter der Szenen erhellt sich weiterhin durch die einfache Tatsache, dass ein Jugendlicher im Alter wie Tutanchamun kaum persönlich das geschilderte Jagd- und Kampfgeschehen hätte ableisten können.

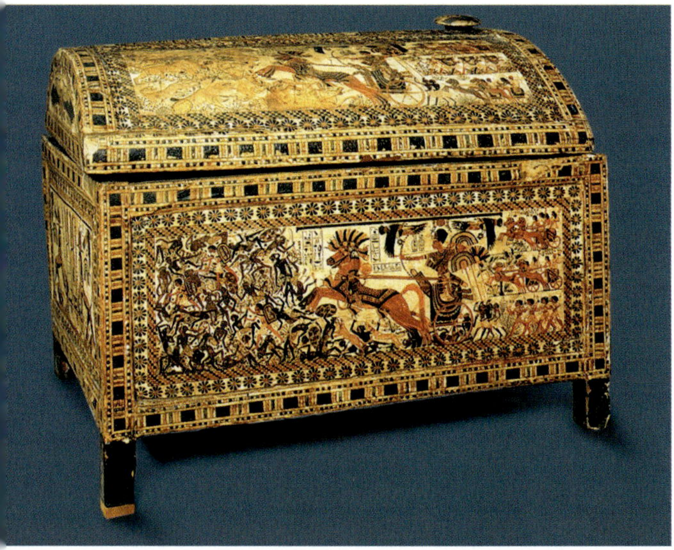

Königsstatuette in der Barke
18. Dynastie, um 1325 v. Chr., Theben-West, Tal der Könige (KV 62), Holz, vergoldet, Bronze, H. 69,4 cm

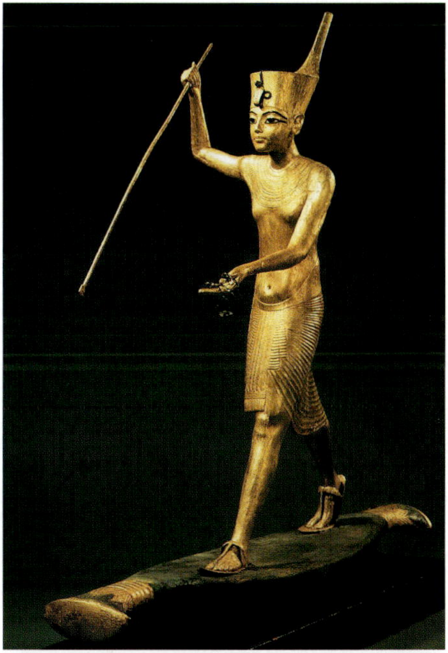

In der sog. Schatzkammer des Grabes standen mehrere versiegelte Schreine, in denen insgesamt 32 Königs- und Götterfiguren aus vergoldetem Holz untergebracht waren. Die sieben königlichen Statuetten zeigen Tutanchamun in der einfachen Haltung eines Schreitenden, auf einem Leoparden stehend oder in einem Papyrusnachen, wozu auch das hier abgebildete Exemplar gehört. Der Herrscher ist mit unterägyptischer Krone, plissiertem Prunkschurz und Sandalen bekleidet. Er hat die rechte Hand erhoben, um eine Harpune zu schleudern, in der linken hält er eine Fangleine. Hintergrund des Motivs ist die Nilpferdjagd, welche auf mythischer Ebene als Kampf gegen die Elemente des Chaos verstanden wurde.

Namenspektoral mit geflügeltem Skarabäus
18. Dynastie, um 1325 v. Chr., Theben-West, Tal der Könige (KV 62), Gold und Schmucksteine, H. 9 cm

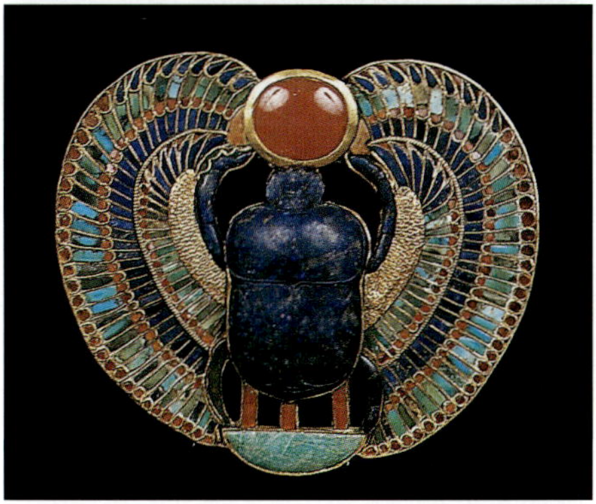

Bei genauer Betrachtung dieses Pektorals wird deutlich, dass es sich nicht nur um das Abbild des käfergestaltigen Sonnengottes handelt, sondern um die künstlerische Wiedergabe des königlichen Thronnamens Nebcheperure, »Herr der Erscheinungsformen ist Re«, der sich aus den Zeichen Sonnenscheibe, Skarabäus, Korb und den sog. Pluralstrichen zusammensetzt.

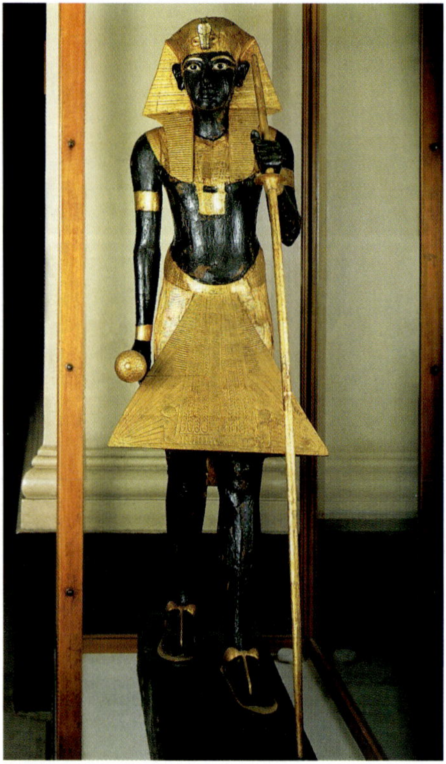

Statue des Tutanchamun
18. Dynastie, um 1325 v. Chr., Theben-West, Tal der Könige (KV 62), Holz, vergoldet, Harz und Bronze, H. 192 cm

Den vermauerten Durchgang zur Sargkammer flankierten zwei Holzfiguren des Königs mit Keule und Ehrenstab in den Händen. Während alle Trachtelemente und Insignien vergoldet sind, ist der Körper der Figuren mit schwarzem Harz, in der Farbe der Fruchtbarkeit und Regeneration, überzogen. Die beiden Figuren unterscheiden sich lediglich dadurch, dass die eine das Nemes-Kopftuch und die andere die Haarbeutelperücke trägt. Ein letztes Rätsel könnte noch mit den Figuren verbunden sein. Denn auf der Unterseite des vorstehenden Schurzes ist ein Holzdübel unter der Vergoldung erkennbar, der entweder ein Astloch schließt oder doch einen versteckten Hohlraum für eine Papyrusrolle.

Thronsessel des Tutanchamun (Detail)
18. Dynastie, um 1325 v. Chr., Theben-West, Tal der Könige (KV 62), Holz, vergoldet, Silber, Schmucksteine und Glasfluss, H. des Sessels 102 cm

Der berühmte Thronsessel des Tutanchamun scheint auch zu Lebzeiten des Herrschers benutzt worden zu sein. Die Inschriften zeigen teilweise noch den ursprünglichen Namen des Königs Tutanchaton, »lebendes Abbild des Aton«, dessen letzten Bestandteil er erst später in »-amun« abänderte. Auf der Innenseite der Rückenlehne ist der thronende König dargestellt, der von seiner Gemahlin Anchesenpaaton bzw. Anchesenamun wie ein Gott gesalbt wird. Die Szene spielt sich unter den schützenden Strahlen des Aton ab, dem Gottessymbol des Echnaton in Amarna. Die Körper und Perücken sind mit Glasfluss eingelegt, die Gewänder mit Silber und Schmucksteinen.

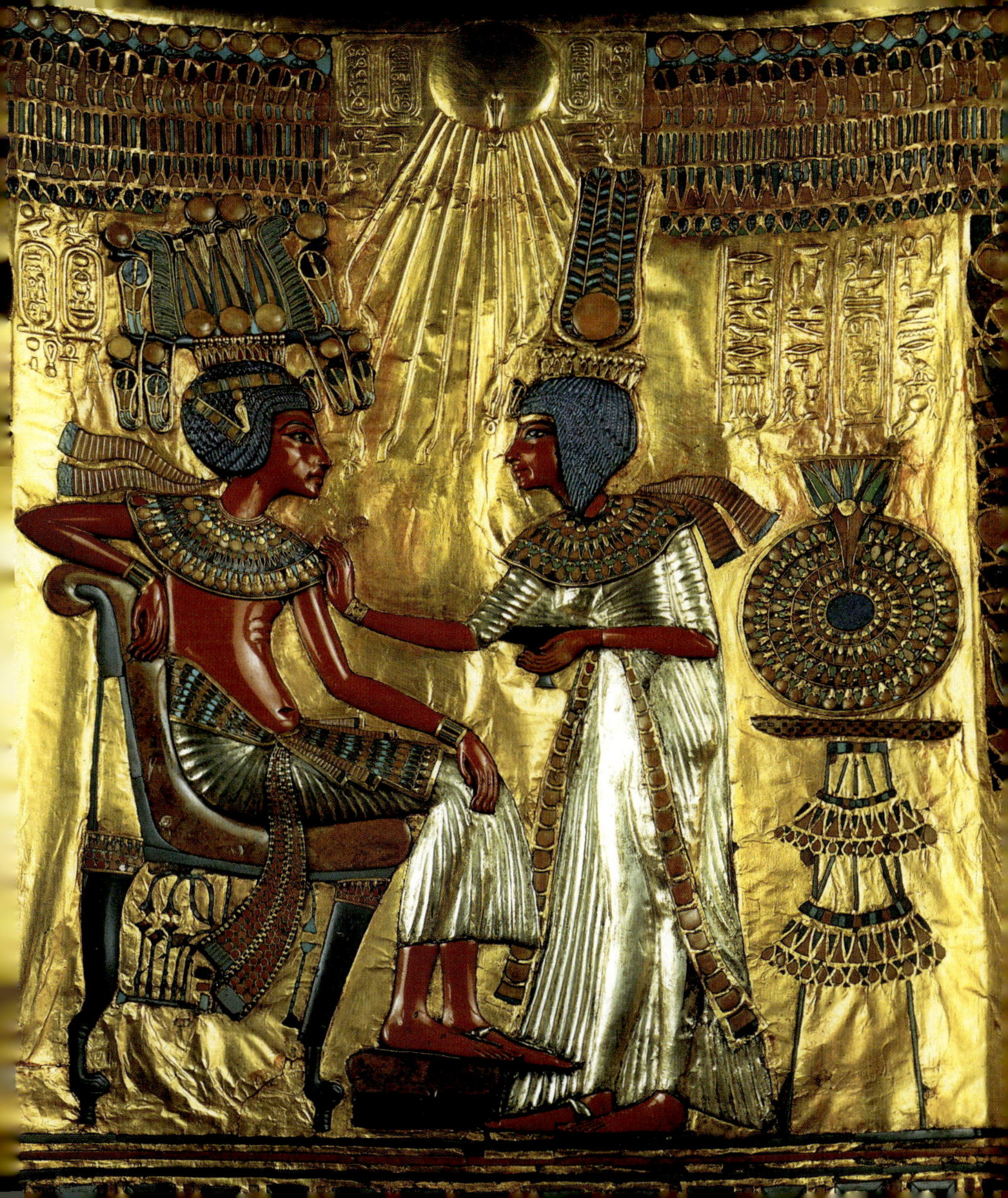

Goldsarg des Tutanchamun
18. Dynastie, um 1325 v. Chr., Theben-West,
Tal der Könige (KV 62), Gold, Schmucksteine und Glasfluss, L. 187 cm, 110,4 kg

Die Mumie des Tutanchamun lag in einem menschengestaltigen Sarg aus massivem Gold, der in zwei weiteren vergoldeten Holzsärgen ruhte. Das ganze Ensemble war in einem rechteckigen Steinsarkophag untergebracht, seinerseits von vier unterschiedlich gestalteten Holzschreinen umgeben. Der innerste, goldene Sarg zeigt den verstorbenen König mit Nemes-Kopftuch, den Landessymbolen Geier und Kobra über der Stirn, einem jenseitigen Götterbart sowie Krummstab und Wedel in den Händen. Der Körper wird von den ausgebreiteten Geierflügeln der Landesgöttinnen Uto und Nechbet schützend umfasst. Ein reich eingelegter Halskragen und Armbänder schmücken den König.

Goldmaske des Tutanchamun
18. Dynastie, um 1325 v. Chr., Theben-West,
Tal der Könige (KV 62), Gold, Schmucksteine und Glasfluss, H. 54 cm, 11 kg

Kopf und Brustbereich der Mumie des Tutanchamun steckten in einer goldenen Maske, die den König mit jugendlich idealisierten Zügen zeigt. Die zeitlose Schönheit dieses Bildnisses hat so nachhaltig auf unsere moderne Welt gewirkt, dass es für viele nicht nur zum umschwärmten Inbegriff altägyptischer Kunst geworden ist, sondern auch zum oft missbrauchten Werbeträger. Die Maske wurde reich mit Schmucksteinen und Glasfluss eingelegt, sodass ein eindrucksvoller Farbkontrast insbesondere zwischen den goldenen und dunkelblauen Tönen des Nemes-Kopftuches entsteht. Auf der Rückseite der Maske befindet sich ein gravierter Text mit dem Spruch 151 b des Totenbuches, der die Unversehrtheit der einzelnen Körperteile beschwört.

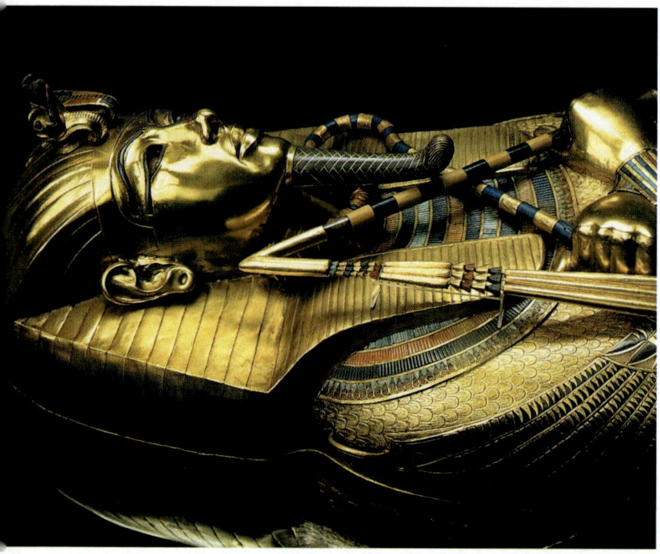

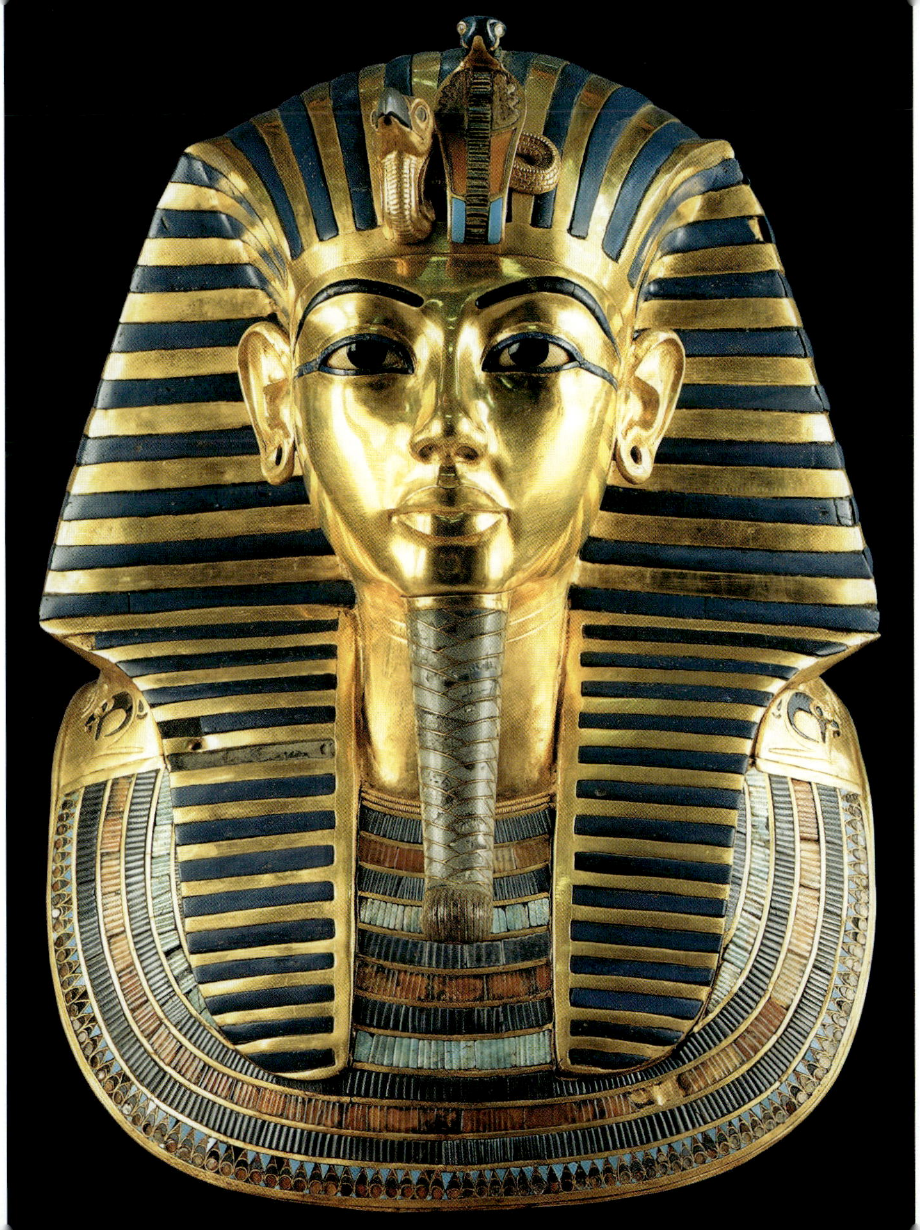

Jean-François Champollion und die Hieroglyphen

Die Schrift der alten Ägypter fasziniert die Menschen bis zum heutigen Tag. Die Vielfalt und Form der Zeichen führte über lange Zeit hinweg zu den unterschiedlichsten Deutungsversuchen, denn nach der Schließung der letzten altägyptischen Tempel im 5./6. Jh. n. Chr. war jegliches Wissen über die Funktion der Zeichen verloren gegangen. Späteren Entzifferungsversuchen stand zunächst eine grundlegende Fehlinterpretation im Wege, die von einer heiligen Bedeutung jedes Zeichens ausging. So meinten zum Beispiel schon der griechische Philosoph Plotin (3. Jh. n. Chr.), dass jede Hieroglyphe eine komplexe Vorstellung wiedergebe, und der Jesuit Athanasius Kircher (1602–1680), dass es sich um Symbole handele, die »Einblicke in (...) große Ideen und tiefe Geheimnisse gewähren«.

Die Situation änderte sich jedoch durch den Fund eines Inschriftensteines 1799 bei dem Ort Rosette, östlich von Alexandria (heute im Britischen Museum, London). Er trug die Abschrift eines Priesterdekretes aus dem neunten Regierungsjahr König Ptolemaios' V. (196 v. Chr.) in einer hieroglyphi-

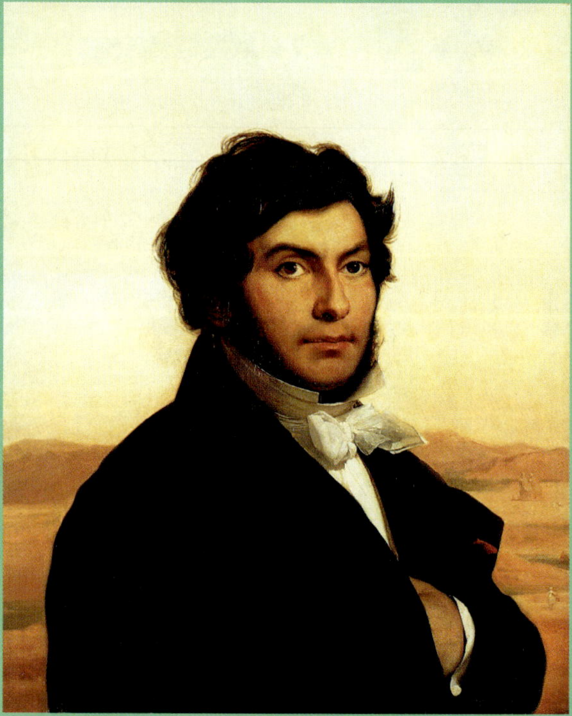

Der Stein von Rosette, Ptolemäerzeit, 2. Jh. v. Chr., Basalt, H. 114 cm, The British Museum, London

Léon Cogniet (1794–1880), Porträt von Jean-François Champollion, 1831, Öl auf Leinwand, 73,5 x 60 cm, Musée du Louvre, Paris

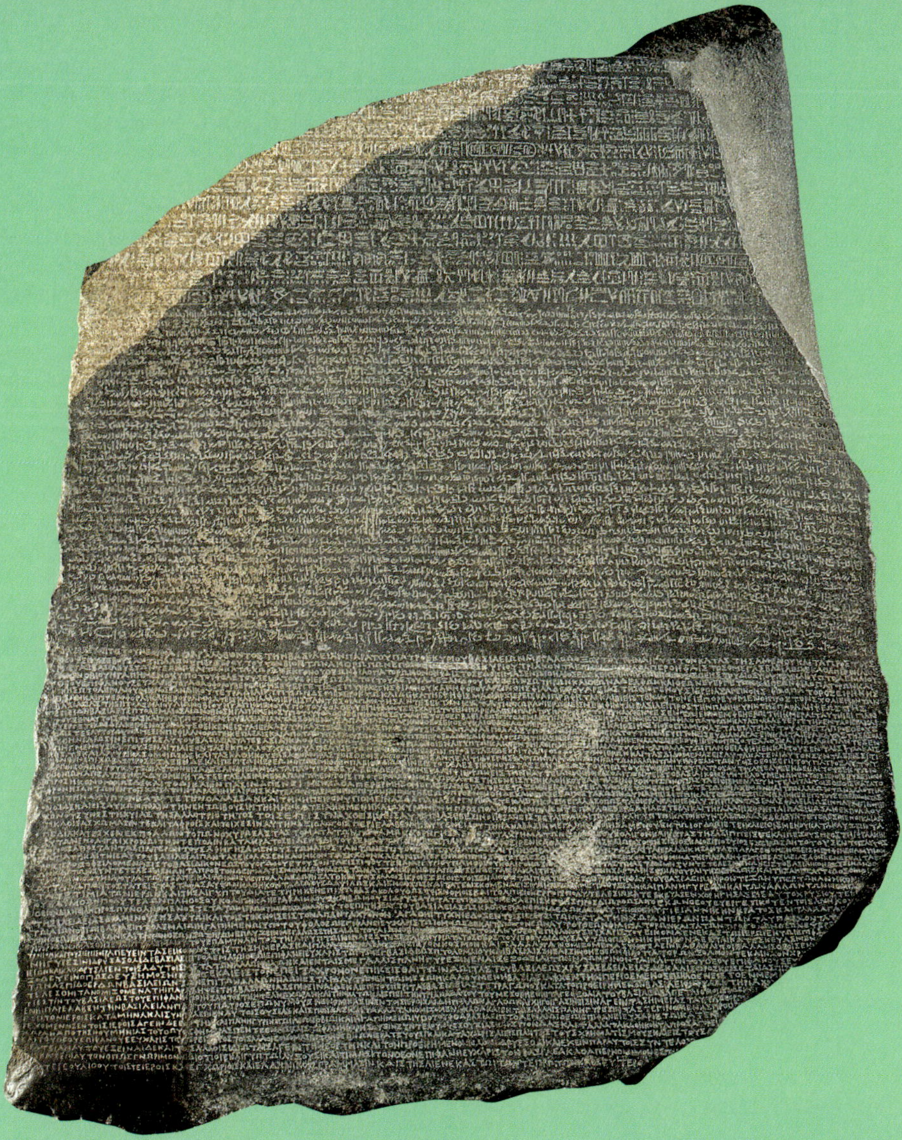

schen, einer demotischen (altägyptische Kurzschrift) und einer griechischen Version. Da der griechische Text gelesen und verstanden werden konnte, versuchte man zunächst durch Vergleich die hieroglyphischen und demotischen Schreibungen der Orts- und Personennamen zu ermitteln. Zwischen dem Engländer Thomas Young, dem Schweden David Akerblad und dem Franzosen Sylvestre de Sacy entstand nun ein erbitterter Wettbewerb um die Entzifferung der Hieroglyphen. Den richtigen Weg fand aber ein anderer, Jean-François Champollion (1790–1832). Schon als Kind war er Ägypten-begeistert und studierte mit 13 Jahren neben Griechisch und Latein verschiedene orientalische Sprachen; später kam auch Koptisch hinzu, die letzte Sprachstufe des Altägyptischen. Bereits mit 19 Jahren wurde er in Grenoble zum stellvertretenden Professor für Geschichte des Altertums berufen, musste aber kurze Zeit später diese Position aus politischen Gründen aufgeben. So ging er 1821 zu seinem älteren Bruder nach Paris, der dort Privatsekretär des Altphilologen Bon Joseph Dacier war. Hier beschäftigte er sich intensiv mit einer Abschrift des »Steins von Rosette« und fand schließlich den Schlüssel zur Grundstruktur des hieroglyphischen Schriftsystems, das heißt, er erkannte, dass es sich um eine Kombination aus Laut- und Deutzeichen handelte. Einen Bericht über seine ersten erfolgreichen Entzifferungsversuche gab er am 27. September 1822 in einem Brief an Monsieur Dacier. Die Ermittlung der ersten alphabetischen Lautwerte war ihm über die Schreibung des Königsnamens Ptolemaios gelungen, die im hieroglyphischen Textteil durch einen ringförmigen Rahmen, die so genannte Kartusche, hervorgehoben war. Er übertrug den Lautwert der griechischen Zeichen auf die hieroglyphischen und erfasste so ihre phonetische Bedeutung. Dann überprüfte er das System an der Namensschreibung anderer ptolemäischer und römischer Könige und Königinnen. Nachdem der Schlüssel erst einmal gefunden war, gelang es Champollion unter anderem aufgrund seiner guten Koptischkenntnisse, auch andere Texte zu lesen und zu verstehen. Er bemühte sich, so viele schriftliche Quellen wie möglich zu erfassen, und erhielt 1824 die Genehmigung, die alt-

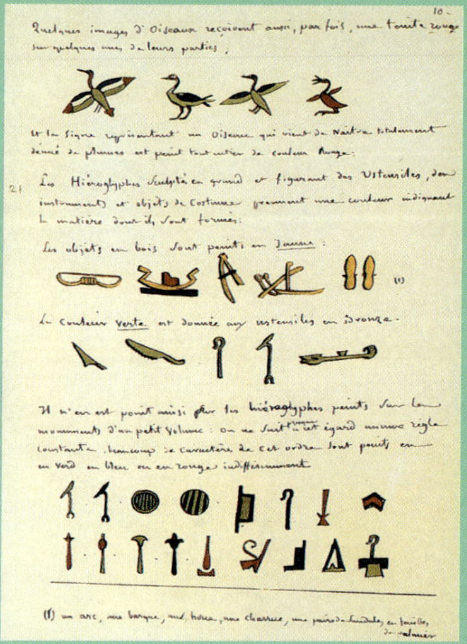

Jean-François Champollion, Hieroglyphen aus seiner Grammatik, 1836, Paris

ägyptischen Objekte der Sammlung Drovetti in Turin (heute Museo Egizio) zu studieren. 1828/29 reiste er zusammen mit einem Team von Zeichnern nach Ägypten und Nubien und kopierte dort möglichst viele Inschriften, sodass deren Lesung nun auch die letzten Zweifler überzeugte.

Die ägyptische Sprache hat sich im Laufe der Jahrtausende zwar beträchtlich gewandelt, trotzdem ist eine Kontinuität des Vokabulars und bestimmter grammatikalischer Strukturen nachweisbar. Man unterteilt heute in fünf verschiedene, sich zeitlich überlappende Sprachstufen: in Alt- und Mittelägyptisch, in Neuägyptisch, Demotisch und Koptisch. Dabei reichen die ältesten Schriftzeugnisse bis ins ausgehende 4. Jt. v. Chr. zurück und die jüngste Sprachstufe, das Koptische, hat sich in der orthodoxen Kirche Ägyptens bis heute erhalten.

Schon seit dem Alten Reich gibt es zwei Schriftformen: das Hieroglyphische und das Hieratische. Letzteres war eine Art von Schreibschrift, die vor

Zeichen	Laut	Objekt	**Zeichen**	Laut	Objekt
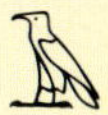	ꜣ (a)	Geier	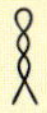	ḥ (h)	Docht
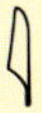	j (i, j)	Schilfblatt		ḫ (ch wie »auch«)	Schirm
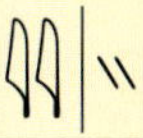	y (i, j)	Schilfblätter	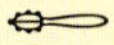	ẖ (ch wie »ich«)	Tierbauch
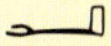	ꜥ (a)	Arm	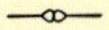	z (s wie »Rose«)	Türriegel
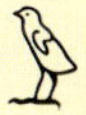	w (u, w)	Küken	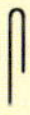	s (s wie »Fluß«)	Tuch
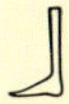	b (b)	Bein	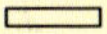	š (sch)	Teich
	p (p)	Blocksitz		q (k wie »Kuh«)	Berghang
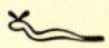	f (f)	Hornviper	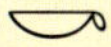	k (k)	Korb
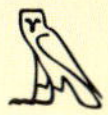	m (m)	Eule		g (g)	Gefäßständer
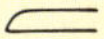	m (m)	?		t (t)	Brot
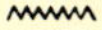	n (n)	Wasser	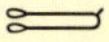	ṯ (tsch)	Strick
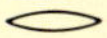	r (r, l)	Mund	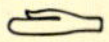	d (d)	Hand
	h (h)	Mattenschutz	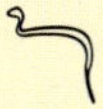	ḏ (dsch)	Kobra

Das ägyptische »Alphabet« mit allen Einkonsonantenzeichen

allem in der Verwaltung benutzt wurde und mit Binse und Tusche auf unterschiedlichsten Schriftträgern ausgeführt werden konnte. Dabei wurden, um die Schreibgeschwindigkeit zu erhöhen, die hieroglyphischen Zeichen stark vereinfacht oder mehrere von ihnen zu so genannten Ligaturen zusammengezogen. Im religiösen und repräsentativen Bereich verwendete man dagegen Hieroglyphen, die sowohl in versenktem wie erhabenem Relief in Stein geschnitten oder aufgemalt wurden.

Das altägyptische Schriftsystem besteht aus einer Kombination von Laut- und Deutzeichen. Die häufigsten Hieroglyphen sind die so genannten Einkonsonantenzeichen, die eine Art von Alphabet bilden. Daneben gibt es Zwei- und Dreikonsonantenzeichen, die von Einkonsonantenzeichen als Lesehilfe begleitet werden können. An den Schluss der meisten Verben und Nomen treten oft Deutzeichen, welche die Charakteristik eines Begriffs unterstreichen. So können etwa Verben der Bewegung mit der Hieroglyphe der »laufenden Beine« determiniert werden, Namen je nach Geschlechtszuweisung mit einer »sitzenden Frau« oder einem »sitzenden Mann« und abstrakte Begriffe mit einer »Buchrolle«. Einige wenige Zeichen haben symbolischen Gehalt und stehen für einen einzigen Begriff, dazu gehört auch das Zeichen der »Sonnenscheibe«, das für den Sonnengott stehen kann. Die Anordnung der Hieroglyphen wird von funktionalen und ästhetischen Faktoren bestimmt,

Truhe (Detail): Kartuschenpaar mit dem Geburts- und Thronnamen des Tutanchamun, 18. Dynastie, um 1325 v. Chr., Holz, bemalt, Ägyptisches Museum, Kairo

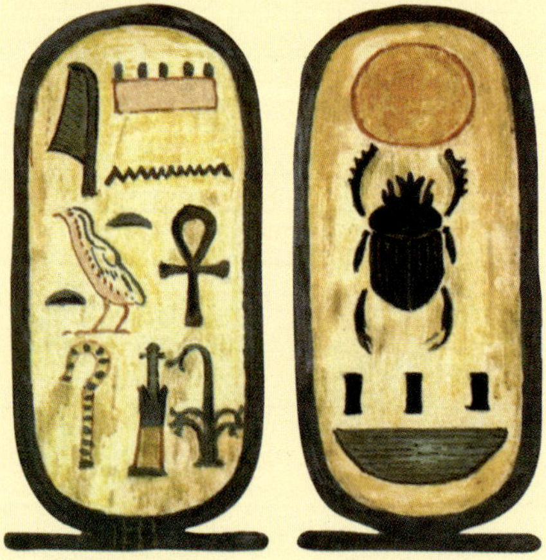

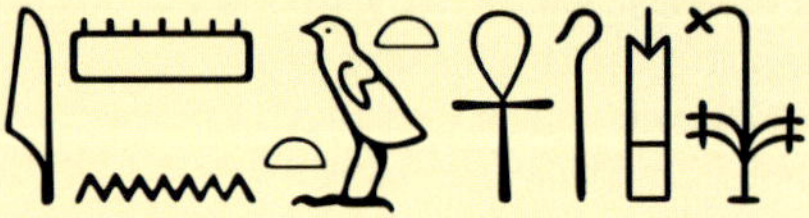

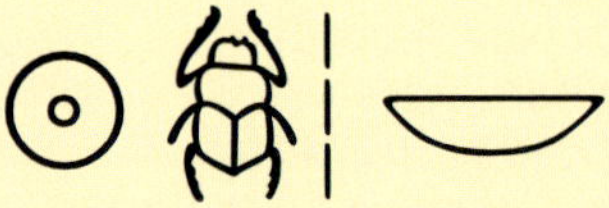

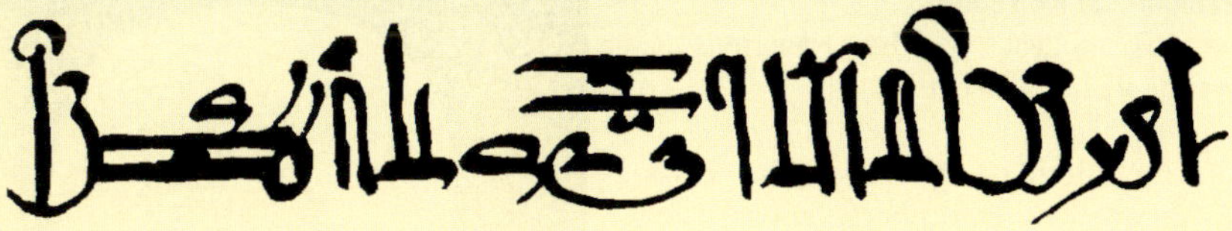

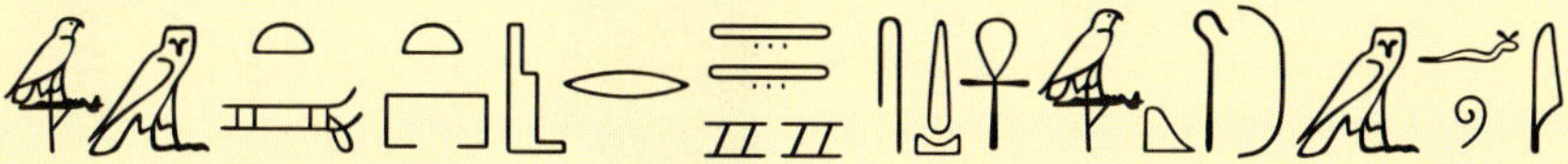

»Er war Herrscher — er lebe, sei heil und gesund — der beiden Länder auf dem Thron des Atum«

Papyrus Harris I: Zeile in hieratischer Schrift mit Umsetzung in Hieroglyphen, 20. Dynastie, um 1150 v. Chr., The British Museum, London

weshalb auch die Größe der Zeichen und ihre Stellung zueinander variieren. Die Schriftrichtung kann links-, seltener rechtsläufig angelegt sein, aber auch Kolumnenbildung mit einer Anordnung der Zeichen von oben nach unten ist möglich. Im Laufe der Jahrhunderte veränderten sich Anzahl, Form und Ausführung sowohl der hieroglyphischen als auch der hieratischen Zeichen, und im 1. Jt. v. Chr. kam noch eine weitere Schrift hinzu, die mit demselben Terminus bezeichnet wird wie die gleichzeitig auftretende Sprachstufe, nämlich Demotisch. Hierbei handelt es sich um eine Art von Kurzschreibung, welche die ursprüngliche hieroglyphische Grundform oft kaum noch erkennen lässt.

Obwohl das altägyptische Schriftsystem nicht gerade einfach zu erlernen ist, vermittelt es doch die Vielfalt und den hohen Abstraktionsgrad der sprachlichen Ausdrucksmöglichkeiten sowie die Qualität der Literatur. Und trotz der Komplexität des Systems wurde so gut wie alles aufgeschrieben, wodurch uns die alten Ägypter heute oft näher stehen als die Menschen anderer antiker Kulturen.

In der griechisch-römischen Epoche ersetzt das Griechische zunehmend die ägyptische Verwaltungssprache, und die griechische Schrift gewinnt an Bedeutung; später dient sie, erweitert um einige Zeichen, auch zur Schreibung der heute als koptisch bezeichneten letzten Sprachstufe des Ägyptischen. Dabei werden verschiedene Dialekte unterschieden, von denen das Saïdische als Literatursprache verwendet wurde. Nach der Eroberung des Landes durch den Propheten Mohamed setzte ein noch gravierenderer Wandel ein, denn das Arabische verdrängte nun auch die ägyptische Sprache und das mit ihr verbundene koptische Schriftsystem.

Statuenkopf der Nofretete
18. Dynastie, um 1340 v. Chr., Tell el-Amarna, brauner Quarzit, H. 35,5 cm

Dieses unvollendete Meisterwerk wurde 1932 im antiken Handwerkerviertel von Tell el-Amarna entdeckt. Ohne Zweifel sind die Züge dem Idealporträt der Königin Nofretete zuzuschreiben. Der Kopf wurde als Teil einer Kompositfigur angefertigt, die aus mehreren Bestandteilen und unterschiedlichen Materialien zusammengesetzt werden sollte. Obwohl die Hilfslinien für den Kronenaufsatz und die zentrale Mittellinie noch vorhanden sind, wurde das Gesicht schon vollständig ausmodelliert.

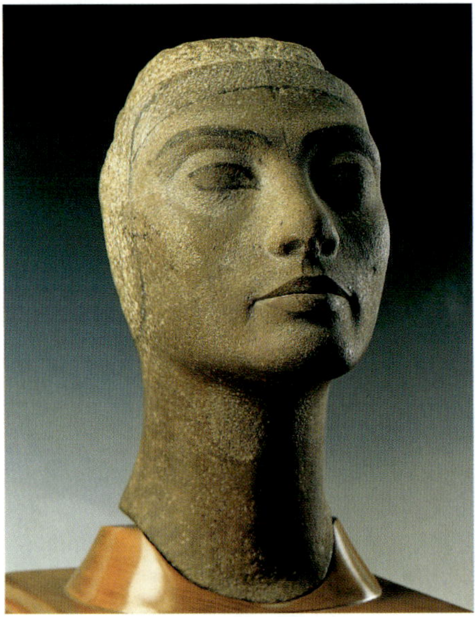

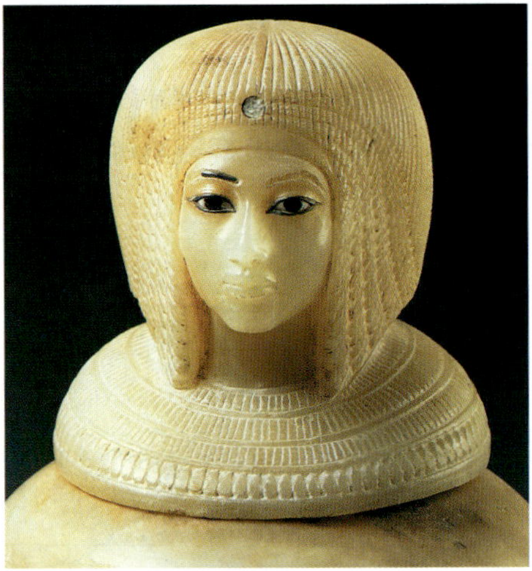

Kanopengefäß einer Königin
18. Dynastie, um 1345 v. Chr., Theben-West, Tal der Könige (KV 55), Kalzit, H. 38,3 cm

Als 1907 das Grab Nummer 55 im Tal der Könige entdeckt wurde, fand man eine große Anzahl verschiedener, hier wieder verwendeter Gegenstände, die alle aus Amarna stammten. Hierzu gehörte ein Kanopensatz mit Deckeln, die als Königinnen- oder Prinzessinnenköpfe gestaltet waren; später wurde dann eine Bohrung für einen königlichen Uräus angebracht. Obwohl die Inschriften der Krüge fast vollständig abgeschliffen waren, gelang es vor wenigen Jahren, den Namen der ursprünglichen Besitzerin zu ermitteln. Es handelte sich um eine frühe Nebengemahlin des Echnaton namens Kija.

Kolossalfigur des Echnaton

18. Dynastie, um 1350 v. Chr., Karnak-Ost, Sandstein, H. 4,10 m

Schon kurze Zeit nach seinem Regierungsantritt begann Amenophis IV. ein neues Gottesverständnis zu favorisieren, das sich in den letzten Herrschaftsjahren seines Vaters entwickelt hatte. Zentrum dieses religiösen Systems war der Sonnengott und seine alles beherrschende Kraft. Amenophis IV., der sich in Echnaton umbenannte, verstand sich nun selbst und seine Gemahlin Nofretete als göttliche Wesen, die durch den Sonnengott Aton Schöpfungskraft erlangten. Um diesem neuen religiösen Ansatz Ausdruck zu verleihen, ließ er im Osten von Karnak einen gewaltigen Tempel (Grundfläche: 130 x 200 m) für Aton errichten. Im großen offenen Hof waren vor den Pfeilern Kolossalfiguren des Königs (Originalhöhe über 5 m) aufgestellt, die ihn in recht ungewöhnlicher Gestalt zeigten. Die Körperproportionen der nur noch zum Teil erhaltenen Figuren wirken extrem. Die Arme und Beine sind überlängt, Kopf, Hals und Brustpartie schlank, Bauch und Oberschenkel äußerst füllig. Auch das lange schlanke Gesicht weicht von jeglicher Norm ab und scheint nur aus Gegensätzen zu bestehen: Die Augen sind schmal, die Nase ist lang, der Mund volllippig und das Kinn rund und extrem herabgezogen. Der König trägt die Doppelkrone über dem Chat-Kopftuch, den Uräus und einen Königsbart. In den überkreuzten Händen hält er Krummstab und Wedel.

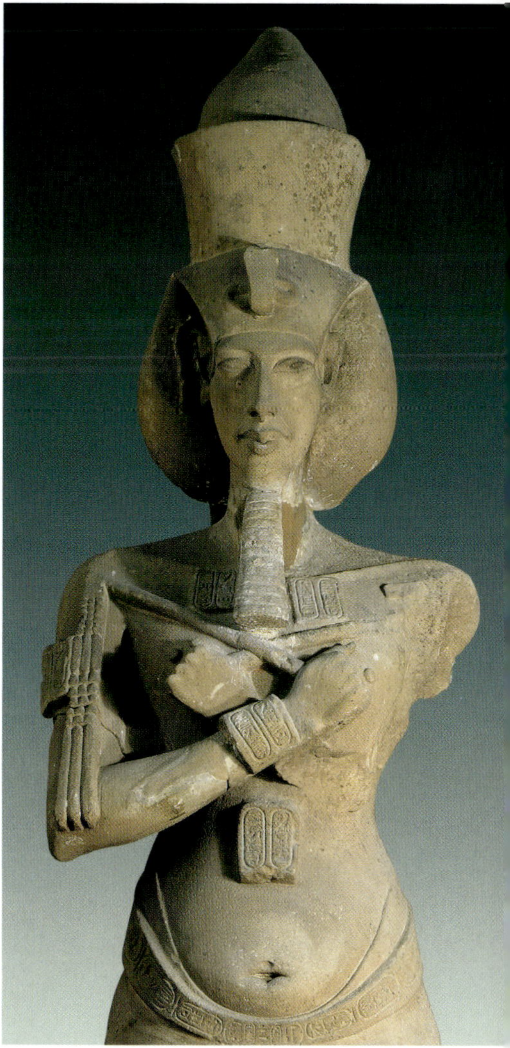

Statuengruppe des Generals Nachtmin
18. Dynastie, um 1320 v. Chr., kristalliner Kalkstein, H. 34 cm und 85 cm

Die beiden Großfragmente gehörten zu einer Statuengruppe mit gemeinsamer Rückenplatte. Beide Personen waren stehend dargestellt, wobei die Frau in traditioneller Weise den Mann rechts neben sich umarmte. Trotz der starken Beschädigungen wird auch heute noch die hohe Qualität der Gruppe deutlich, die sich nicht nur in der detaillierten Gestaltung von Gewand und Perücken widerspiegelt, sondern auch in der feinen Modellierung der Gesichter und ihrer hohen Ästhetik. Die ausgeprägte, fast sinnliche Körperlichkeit der Frauenfigur steht dabei noch deutlich in der Bildhauertradition von Amarna. Von der ehemaligen Bemalung können nur noch geringfügige Reste an den Augen und am Mund festgestellt werden. Die Inschriften auf der Rückenplatte nennen Namen und Titel des Nachtmin. Demnach bekleidete er den Rang eines Armeegenerals, wird aber zusätzlich noch als Königssohn bezeichnet. Da die Inschrift gerade an dieser Stelle abbricht, kann nur vermutet werden, dass Nachtmin ein Sohn des Eje war, der für wenige Jahre als Nachfolger des Tutanchamun auf dem Pharaonenthron saß. Auch der Ehrenwedel, der rechts von seinem Kopf sichtbar ist, unterstreicht die bedeutende Position dieses Mannes. Der Name der Frau an seiner Seite ist nicht erhalten, der Umarmungsgestus verweist aber eindeutig auf eine Beziehung, die nur mit seiner Ehefrau oder Mutter in Verbindung gebracht werden kann. Eine weitere Statuengruppe des Nachtmin nennt diese Mutter, eine »Sängerin der Isis« namens Iui. Trotzdem wird man in der Frauengestalt der Kairener Gruppe eher die Gemahlin des hohen Militärs erkennen dürfen.

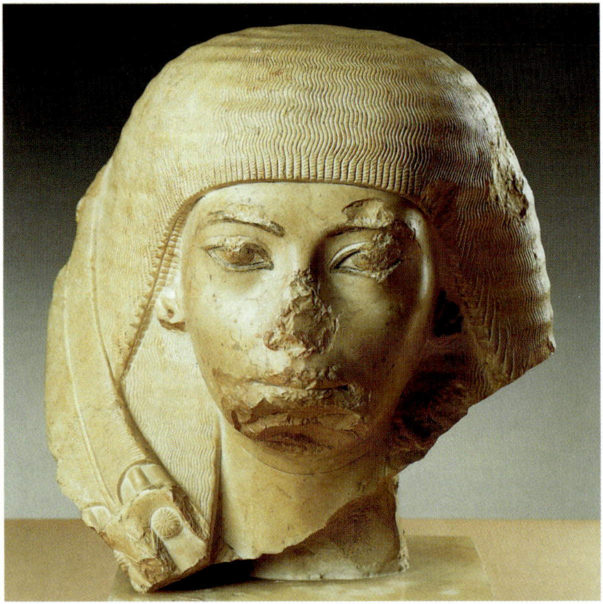

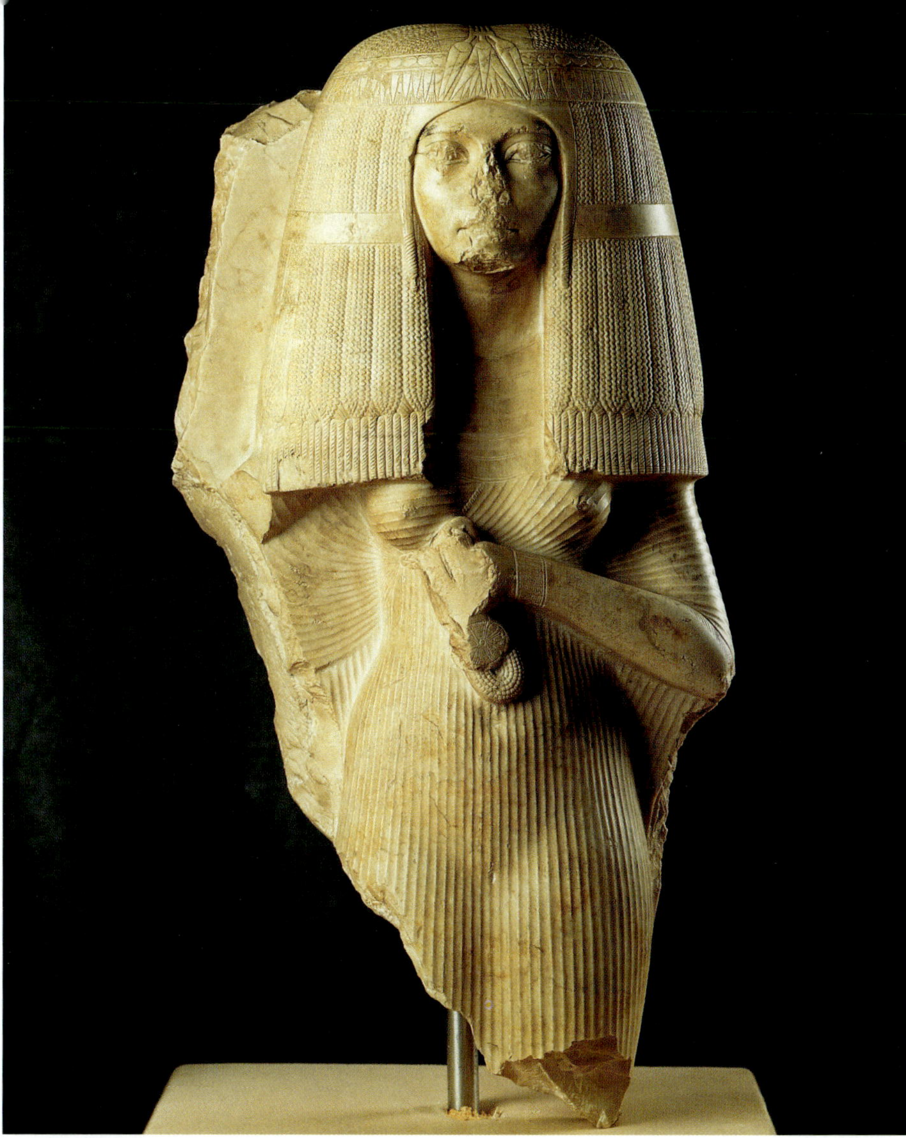

Sphinx Ramses' II.

19. Dynastie, um 1260 v. Chr., Karnak, Tempel des Amun-Re, harter Sandstein, H. 18 cm, L. 30 cm

Der königliche Statuentyp des Sphinx ist seit dem Alten Reich bekannt; er zeigt den Herrscher in der Gestalt eines liegenden Löwen mit menschlichem Kopf. Neben dieser klassischen Ausführung kommen im Neuen Reich verstärkt Sondertypen auf, welche dem Sphinx einen Handlungsrahmen zuweisen. So präsentiert sich die Sphinxfigur Ramses' II. mit menschlichen Händen statt Tierpranken, zwischen denen er ein Opfergefäß mit einem widderköpfigen Deckel hält. Solche als Amunsvasen bezeichneten Gefäße, die im Original wahrscheinlich aus Edelmetall bestanden, gehörten zur kultischen Geräteausstattung eines jeden Amun-Tempels. Reliefabbildungen zeigen uns, dass kleinformatige Steinsphingen beidseitig auf Vorsprüngen von Tempeltüren platziert wurden, um dort die Rolle des Herrschers als obersten Kultherrn zu betonen.

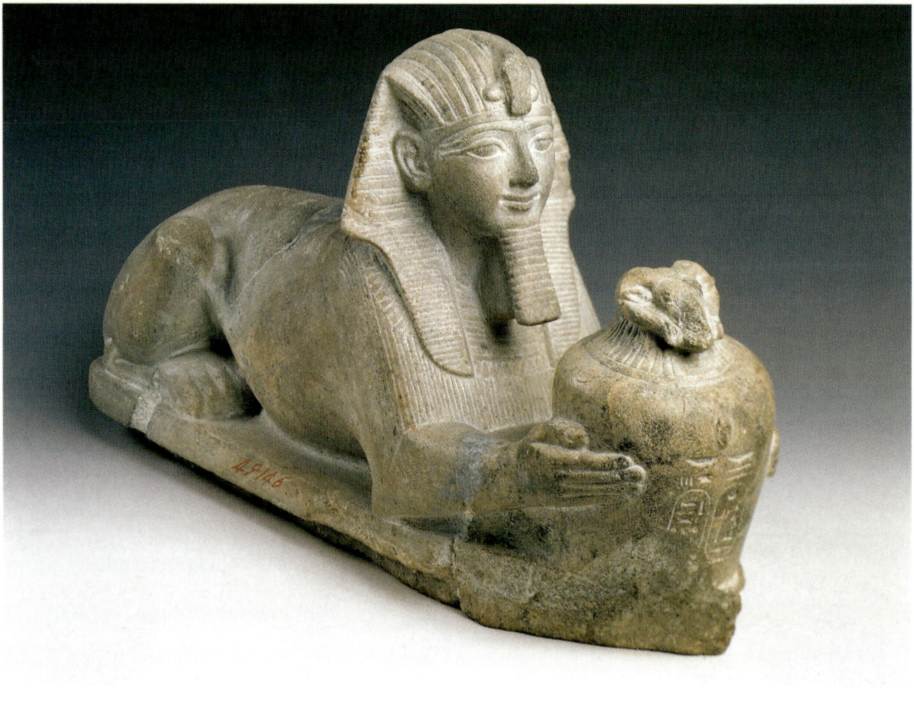

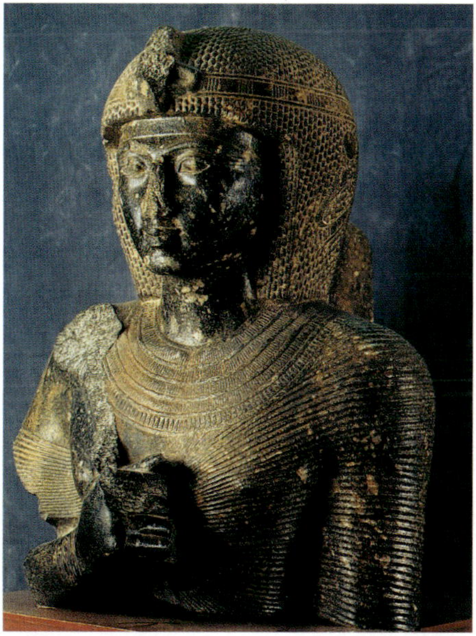

Büste Ramses' II.
19. Dynastie, um 1275 v. Chr., Tanis, Granodiorit, H. 80 cm

Diese Büste Ramses' II. gehörte zu einer lebensgroßen Statue des thronenden Herrschers, die ihn mit jugendlichen Gesichtszügen kurz nach Regierungsantritt abbildet. Ursprünglich in einem Heiligtum in Piramesse aufgestellt, wurde die Figur dann zu Beginn der 21. Dynastie in die neue Hauptstadt Tanis verschleppt. Ramses II. trägt eine gelockte Kugelperücke mit Diadem und Uräus-Schlange und hält in seiner rechten Hand das Heka-Zepter.

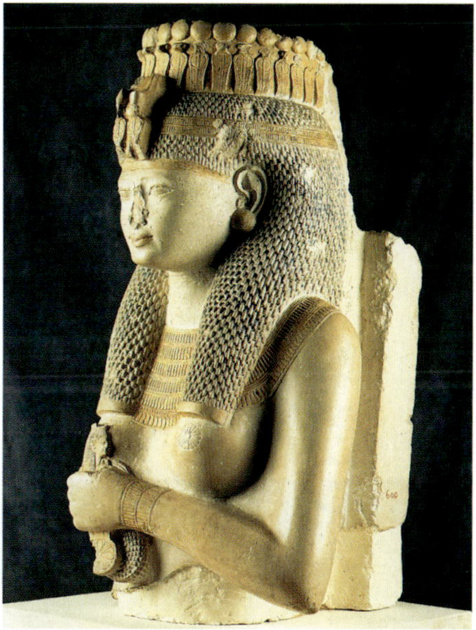

Königin Meritamun
19. Dynastie, um 1250 v. Chr., Theben-West, Kapelle am Ramesseum, Kalkstein, bemalt, H. 75 cm

Aufgrund stilistischer und ikonographischer Vergleiche lässt sich diese, früher als »weiße Königin« bezeichnete Figur der Tochter Ramses' II., Meritamun, zuweisen, die nach dem Tode ihrer Mutter Nefertari ebenfalls in den Rang einer »großen königlichen Gemahlin« aufstieg. Die Herrscherin trägt eine detailreiche Löckchenperücke mit einem mächtigen Kronenuntersatz aus Uräus-Schlangen sowie ein Diadem mit dem Doppel-Uräus über der Stirn.

Der Schatzfund von Zagazig

19. Dynastie, um 1200 v. Chr., Tell Basta (Zagazig), Silberkrug: H. 16,5 cm, Goldkrug: H. 11,2 cm

1906 wurden bei Straßenbauarbeiten in der Stadt Zagazig (Ostdelta) im Gebiet des antiken Tempels von Bubastis zwei zusammengehörige Schatzfunde gemacht. Dabei handelt es sich um ein mehrteiliges Prunkgeschirr aus Edelmetall. Zum ersten Fund gehört ein Silberkrug mit Goldblechrand und einem Henkel in Gestalt einer sich aufrichtenden Ziege. Der bauchige Körper ist mit getriebenen Blättermotiven versehen, die Gefäßschulter mit einer Inschriftzeile. Den hohen Hals des Gefäßes schmücken fein ziselierte Szenenfolgen in zwei Registern übereinander. Das obere zeigt vorderasiatische Motive mit Wüsten- und Fabeltieren sowie stilisierten Pflanzen, das untere die beiden typisch ägyptischen Bilder vom Fisch- und Vogelfang. Aus dem zweiten Schatzfund stammt ein Goldkrug, dessen bauchiger Körper vollständig mit einem in das Metall getriebenen Dekor versehen ist, der an Maiskörner erinnert. Den Hals bedecken ziselierte Blütenornamente in vier Reihen. Am Gefäßrand ist ein beweglicher Ring mit einer Halterung in Gestalt eines liegenden Kalbes angebracht.

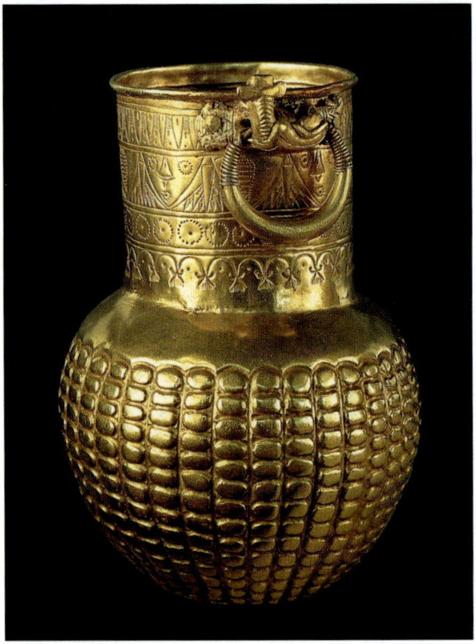

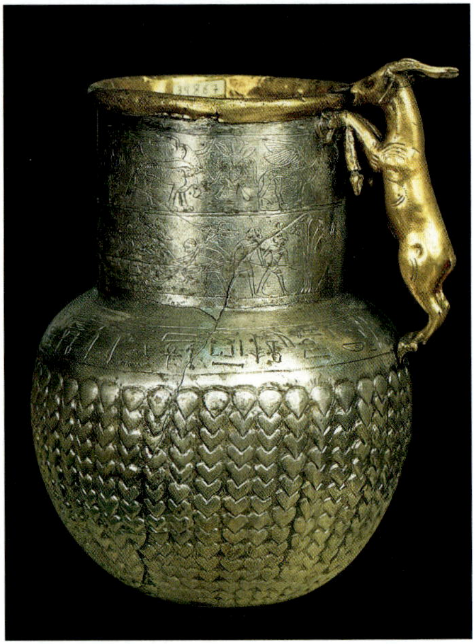

Standfigur des Monthemhat
25. Dynastie, um 670 v. Chr., Karnak, Tempel des Amun-Re, Granodiorit, H. 137 cm

Die Schreitfigur des Monthemhat, Gouverneur von Oberägypten, Bürgermeister von Theben und Vierter Priester des Amun, stammt aus dem Reichstempel von Karnak. Sie zeigt den hohen Beamten in einer Haltung und einer Tracht, die seit der Pyramidenzeit in Ägypten geläufig waren und ihn als bedeutenden Bewahrer der Tradition ausweisen. Dagegen sind seine äußerst energischen Gesichtszüge nachhaltig vom zeitgenössischen Königsbild der 25. Dynastie beeinflusst. Seinen beruflichen Aufstieg erlebte er zur Zeit des kuschitischen Herrschers Taharqo (690–664 v. Chr.), der von Napata (Sudan) aus ein sich bis ans Mittelmeer erstreckendes Großreich regierte. Nach wiederholten Einfällen gelang es 656 v. Chr. den Assyrern unter ihrem König Assurbanipal bis nach Theben vorzustoßen und die Stadt zu plündern. Da sich Taharqo zurückgezogen hatte, stand Monthemhat als eigentlicher Machthaber von Oberägypten im Mittelpunkt des politischen Geschehens. Auch nach der endgültigen Vertreibung der Kuschiten aus Ägypten konnte er seine Karriere fortsetzen und wurde von Psammetich I. (664–610 v. Chr.), dem Begründer der 26. Dynastie, im Amt bestätigt. Als er schließlich 548 v. Chr. starb, erfolgte seine Beisetzung in einem der größten Grabbauten, die jemals in der thebanischen Nekropole angelegt worden waren.

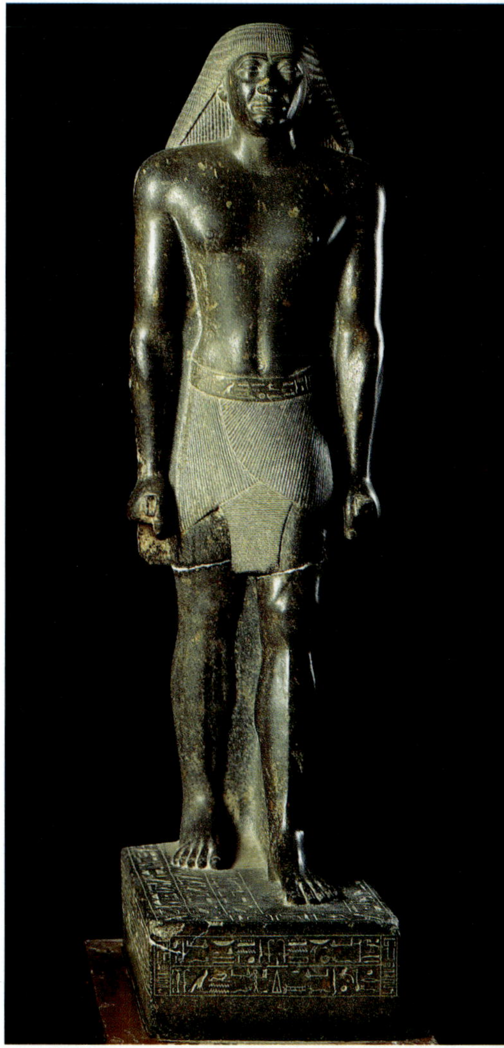

Die moderne ägyptische Malerei

Abdel Ghaffar Shedid

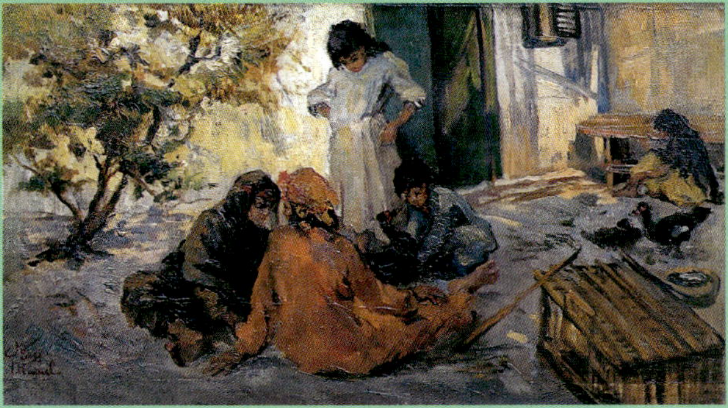

Yusef Kamil, Das Gespräch, Öl auf Leinwand, Museum für Moderne Ägyptische Kunst, Kairo

Im Jahr 1908 wird von Prinz Yusef Kamal in Kairo die Akademie der bildenden Künste gegründet, die erste Kunstakademie des Landes. Sie arbeitet nach französischem und italienischem Vorbild in Lehrmethode und Studienaufbau, die Studenten werden ausgebildet nach klassischen akademischen Regeln, was auch bedeutet, dass ausschließlich die Werke der griechischen und römischen Antike und der nachfolgenden europäischen Stilrichtungen als Vorbild und Lehrbeispiel dienen. Leiter und Lehrer der Akademie sind Europäer, vor allem Franzosen und Italiener, die ganze Kunstszene des Landes ist zu dieser Zeit geprägt von ausländischen Malern. Mitte des 19. Jahrhunderts wurden sie von Sultan Mohamed Ali, dann auch vom frankophilen Prinzen Yusef Kamal ins Land geholt, um Paläste auszustatten im Stil des französischen Barock und Rokoko. Die gehobene Gesellschaft und die Aristokratie Ägyptens orientieren sich in ihrem ästhetischen Empfinden an diesen späten Orientalisten, an Impressionisten und Eklektizisten und Vertretern des Jugendstils. Berühmt bei den breiten Massen sind freilich die einheimischen Kalligrafen und Maler, die rein ornamental ausgerichtet zum Beispiel die Schmuckseiten des Korans gestalten. Daneben existiert eine naive Volkskunst. Die Gesellschaft ist noch geprägt vom – wenn auch locker gehandhabten – islamischen Bildverbot. Am Ende des 19. Jahrhunderts beginnt sich die Einstellung zum gegenständlichen Bild zu wandeln, nicht zuletzt weil sich der bekannte Imam Mohamed Abdu über die wichtige Funktion des Bildes in der Wissenschaft äußert und erklärt, dass gegenständliche Darstellungen Religion und Glauben nicht negativ beeinflussten. Die Entwicklung der modernen Malerei nimmt einen rasanten Verlauf, ägyptische Studenten absolvieren Auslandsstudien an Akademien in Italien und Frankreich, schon 1910 treten sie in Kairo in einer ersten Ausstellung mit ihren Werken an die Öffentlichkeit. Die Künstler zeigen sich zwar geprägt vor allem von Vorbildern des zeitgleichen französischen Kunstschaffens, sie setzen aber sehr stilsicher neue Akzente und beschreiten eigene Wege. Hier sind Künstler zu nennen wie Yusef Kamil, Ahmed Sabri, Mohamed Nagi und Raghib Ayyad; sie zählen inzwischen im gesamten arabischen Raum zu den Klassikern der Moderne, ihre Werke sind gesucht. Yusef Kamil (1891–1971) repräsentiert die impressionistische Schule in Ägypten, rückt in Motiv und Stilistik aber ab von den akademischen Lehren, die er in Italien bezog. Seine bevorzugten Motive sind Straßenszenen aus der Altstadt Kairos und das Treiben in seinen noch dörflichen Vororten. Seine Momentaufnahmen wirken spontan und lebendig, im Gegensatz zu den europäischen Impressionisten betont er mit schwarzen Akzenten die Kraft des Sonnenlichts und das intensive Spiel der Farben. Auffällig ist sein kräftig knapper und lebhafter Pinselstrich. Seine Schüler Kamil Mustafa, Mohamed Sabri, Sabri Ragheb und Hosni Banani bleiben diesem Stil treu. Ahmed Sabri (1889–1955) spezialisiert sich auf Stillleben und vor allem Porträts von sehr intensiver Wirkung. Er absolvierte ein Auslandsstudium in Paris, lernte hier vor allem von den Impressionisten. Sein Werk ist gekennzeichnet durch eine warme Farbpalette, ruhige und harmonische Kompositionen und einen ausgeprägten Pinselstrich, auch handwerklich sind die Arbeiten ganz ausgezeichnet aufgebaut. Ähnlich arbeiten Mohammed Hassan (1892–1961), Ahmed Sabris' Schüler Hussein Picar (geb. 1913), und Abdel Asis Derwish. Mohammed Nagi (1881–1956) ist

Mahmoud Said, Die Stadt, Öl auf Leinwand, Museum für Moderne Ägyptische Kunst, Kairo

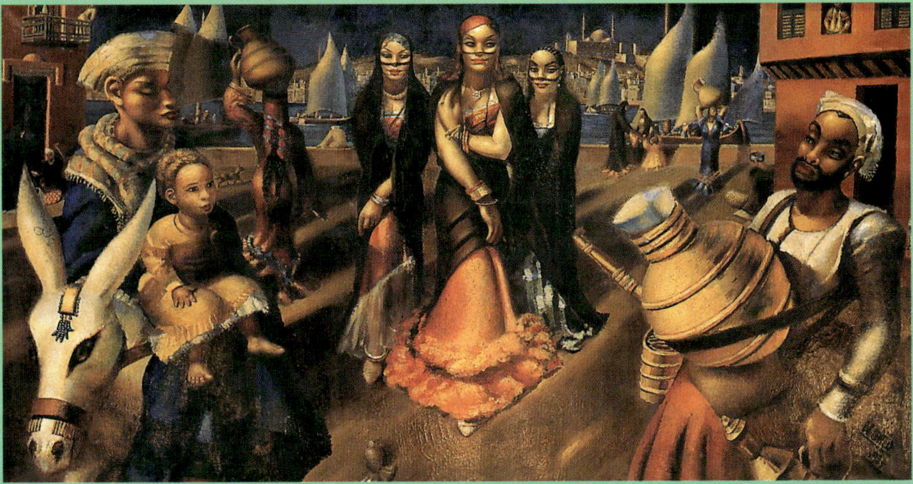

ein weiterer Vertreter der ägyptischen Porträtmalerei. In seinem Œuvre finden sich auch Darstellungen von Legenden und Dorfszenen. In seinem Spätwerk zeigt er sich inspiriert vom strengen Aufbau altägyptischer Malerei und Reliefkunst, so erprobt er zum Beispiel die Einteilung der Bildfläche in Registerstreifen. Sein Atelier am Fuße der Pyramiden ist heute eines der wichtigen Museen der klassischen Moderne in Kairo mit einer Ausstellung seiner Werke. Auch Raghib Ayyad (1892–1983) wirkt als Porträtmaler; außerdem wählt er Bildmotive aus der ägyptischen Folklore. Ganze Serien widmet er den Bauern und der armen Bevölkerung. Er will eine nationale Kunst schaffen, versucht sie in der Kompostion mit Anregungen aus der altägyptischen und koptischen Malerei zu erreichen.

Abd el Hadi el Gazar, Hochzeit, Federzeichnung auf Papier, Museum der Kunstakademie, Kairo

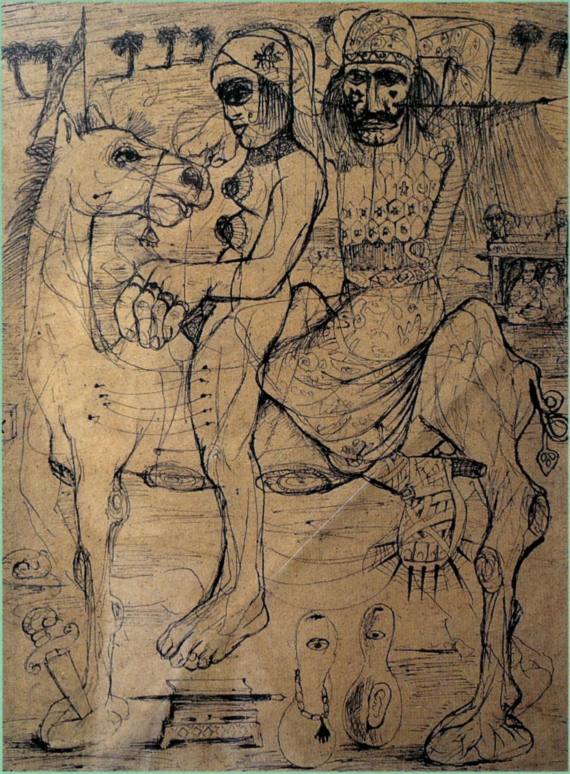

1935 gründet in Kairo der Dichter Georges Henein die Gruppe »Kunst und Freiheit«, mit dem Ziel, Expressionismus, Kubismus und Surrealismus für die ägyptische Kunst fruchtbar zu machen. Ausdrücklich wenden sie sich gegen die Verfolgung der Vertreter dieser Stilrichtungen, der »Entarteten« im nationalsozialistischen Deutschland. Es schließen sich Maler an wie Kamel Telmisany, Ramses Younan und Fouad Kamel. Ganz eigene Wege geht Mahmoud Said (1897–1964); der Autodidakt entwickelt einen ausgeprägten Malstil mit stark plastischer Formgebung und intensiver Farbigkeit. Seine Themen sind Akte, Tiere sowie Ansichten vom Nil mit seinen Feluken, Szenen aus dem Alltagsleben und eine Serie »Ägyptische Frauen«. Ein Museum in Alexandria ist seinem Werk gewidmet. Herausragend in der Kunstszene der 40er- und 50er- Jahre sind Seif Wanli (1906–1979) und sein Bruder Adham Wanli (1904–1961), beide sind in der Behandlung ihrer Themen und Kompositionen eher expressionistisch einzuordnen. Bekannt sind Seif Wanlis Serien volkstümlicher und ausländischer Tanzgruppen und Tänzer.

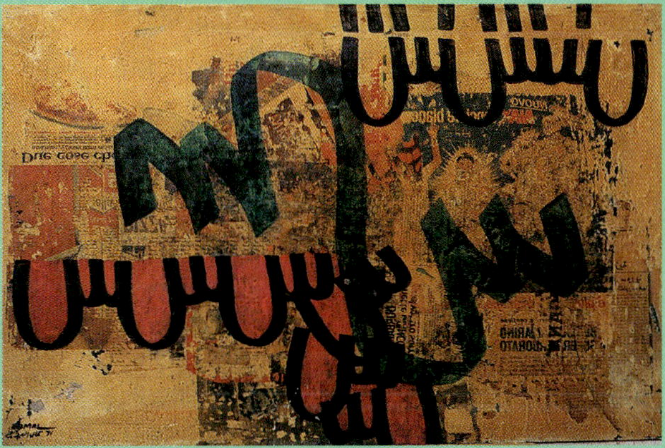

Kamal el Sarrag, Der Buchstabe S, Öl auf Leinwand, Museum der Kunstakademie, Kairo

Nach der ägyptischen Revolution von 1952 organisiert sich eine Reihe von Künstlern in Verbänden und Gruppen, die bis heute eine Basis für die ägyptische Künstlerbewegung in einer bis dahin eher von Individualisten gekennzeichneten Kunstlandschaft darstellen. Gerade in den früheren Arbeiten der Vertreter dieser Künstlergruppen kommt deutlich ein nationales Selbstbewusstsein zum Ausdruck, das sich in der intensiven Verarbeitung und Neuformulierung von Thematiken, aber auch Techniken der eigenen mehr als 5000-jährigen Hochkultur artikuliert, der altägyptischen wie auch der islamischen. Hier zeigen sich Bezüge zur ägyptischen Folklore, etwa mit ihrer farbenprächtigen naiven Malerei oder der überaus typenreichen und sehr formschönen Gebrauchskeramik, der Trachten etc., aber auch die Fülle der sich aufdrängenden malerischen Motive, die Altstadt Kairos, die Genreszenen aus dem Leben der einfachen Bevölkerung, die ägyptischen Wüsten- und Nillandschaften oder auch die Feste und Zeremonien des Volksglaubens. Als zweiter Hauptzug kommt die dagegen eher formenstrenge, ornamental geprägte islamische Kunst dazu, vor allem die in großer Meisterschaft und langer Tradition betriebene Kalligrafie. Eine weitere bildnerische Anregung stellen die im Land allgegenwärtigen Werke der altägyptischen Kunst, Malerei, Bildhauerei und Architektur dar, die in stilistischer und technischer Perfektion die frühe Hochkultur des Landes vor Augen führen. Die Aufnahme und Verarbeitung von Elementen dieser drei großen Kulturzüge, sei es nun rein formaler, inhaltlicher oder auch technischer Art, ist zunächst ein Hauptanliegen dieser Künstlergeneration. So verfolgt eine Gruppe von Künstlern der 60er-Jahre eine volkstümliche Bildkunst mit Folkloremotiven und eine Stilrichtung, die an eine Art magischen Realismus erinnert. Die Verbindung zu einer europäischen Kunstrichtung ist damit

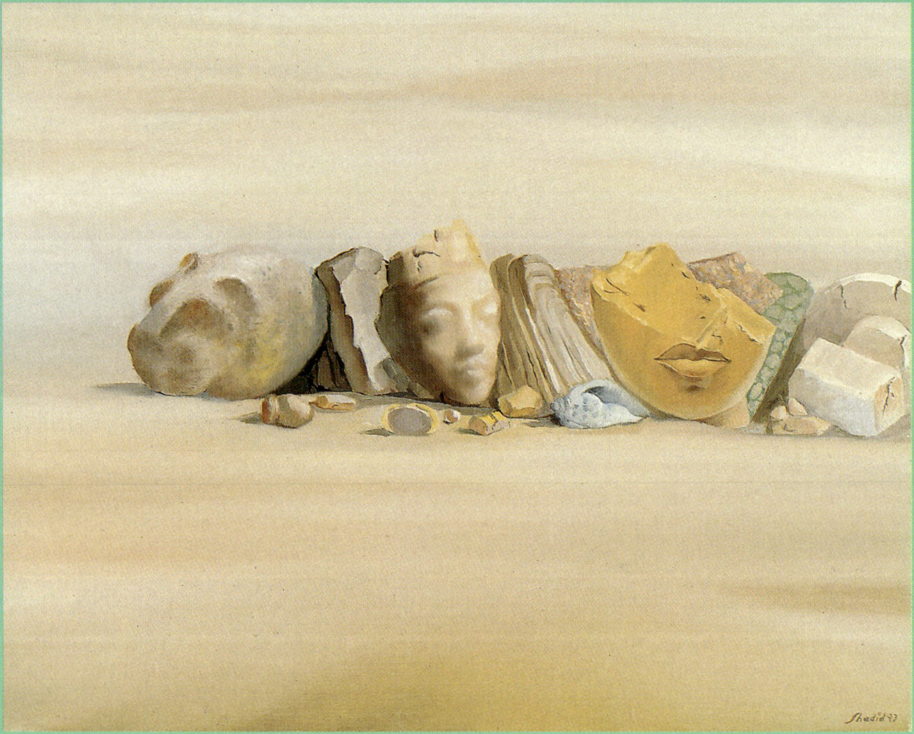

Abdel Ghaffar Shedid, Steine, Öl auf Leinwand, Besitz des Künstlers

zwar formal gegeben, Motiv ist aber die ägyptische Folklore, vor allem, was sich dahinter verbirgt an Verhaltensweisen und Unbewusstem, die Phantasiewelt von Legenden, Sagen, Magie und Volksglauben. Die Künstler sehen dies auch aus einem sozialen Blickwinkel, sie konfrontieren den Betrachter mit dem Elend der armen Schichten und dem Unwissen der Bevölkerung. Vertreter dieser Gruppe sind Abd el Hadi el Gazar (1925 – 1966) und Hamed Nada (1924 – 1992). Diese folkloristische Tendenz wird auch von Sayed Abdel Rassoul und einer starken Gruppe von Malerinnen, Taheya Halim, Effat Naghi, Gazbeya Sirry und Inji Efflatoun, vertreten. Verwandt mit dieser Bewegung ist die Malerei von Hamed Abdallah (1917 – 1985), der als Erster arabische Schriftzüge in seine großformatigen Kompositionen aufnahm. Salah Taher (geb. 1911) vollzieht in seiner Arbeit eine Entwicklung ausgehend von eher impressionistischer zu einer abstrahierenden Stilisierung seiner Bildfiguren. Eine gegenständliche surrealistische Richtung mit pessimistischer Grundstimmung verfolgt Samir Rafi (geb. 1926). In den 80er- Jahren zeigen die Arbeiten eine wesentlich stärkere Hinwendung zu internationalen Tendenzen, die sich durch die Kommunikation mit west- und osteuropäischer und mit amerikanischer Kunst ergibt. Im Werk dieser Künstlergeneration, den Schülern von Hussein Picar und Abdel Asis Darwish: Zacharia el Zeni, Kamal es Sarrag, Abdel Ghaffar Shedid, zeigen sich traditionsverbundene, realistische, neo-expressionistische, surrealistische Tendenzen. Rein abstrakte Auffassungen vertreten Farouk Hosni und Ahmed Fouad Selim. Auch Mounir Kanaan (1920–2000) komponiert mit stark kontrastierenden Farbflächen seine Werke, er experimentiert mit Collagen, farbigem und strukturiertem Karton. Gegenwärtig finden sich nun selbstverständlich auch Künstler, die die neuen Medien nutzen, die sich etwa mit Video-Installationen beschäftigen und Computer einsetzen.

Die moderne Malerei, allgemein die bildenden Künste, genießen in Ägypten große Aufmerksamkeit. In den Großstädten Kairo und Alexandria wird in zahlreichen privaten Galerien, internationalen Biennalen und Trienalen ein weiteres Spektrum an Ausstellungen geboten. Mehrere kleinere Museen wurden in den letzten Jahren eröffnet, die speziell die klassische Moderne und die zeitgenössische Kunst zum Programm haben, hier wären noch einmal zu erwähnen das Atelier-Museum Mohammed Nagi, das Mahmoud-Said-Museum in Alexandria, die Sammlungen der Kunstakademien des Landes und vor allem das Museum für moderne ägyptische Kunst in Kairo gegenüber der neuen Oper.

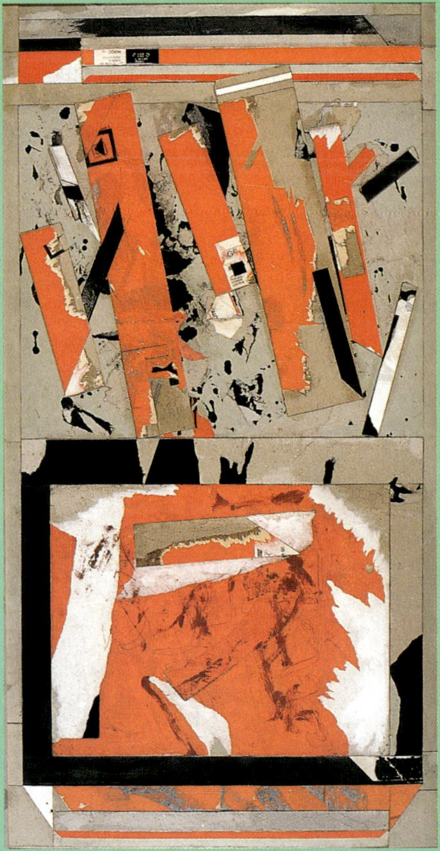

Mounir Kanaan, Komposition, Kartoncollage, Besitz des Künstlers

Alt-Kairo

Der heute als Alt-Kairo bezeichnete Stadtteil besteht aus dem koptischen Qasr esch-Schama (»Festung der Kerze«) und dem von im 7. Jh. als Hauptstadt Ägyptens gegründeten Fustat. Das Koptenviertel entstand innerhalb der Mauern der römischen Festung Babylon, die im 1. Jh. n. Chr. errichtet und in byzantinischer Zeit erneuert worden war. Die ältesten Kirchen wurden hier im 4.–5. Jh. gegründet, später aber immer wieder zerstört, sodass der größte Teil der heutigen Bausubstanz nicht vor das 10./11. Jh. zurückreicht. Im Süden des Viertels befindet sich el-Moallaqa, die »Hängende Kirche«, die sich über dem südlichen Turm der Festung erhebt. Sie ist der Jungfrau Maria geweiht und war zeitweilig Sitz des Patriarchen von Alexandria. Die ältesten Kirchen im Norden sind die der hl. Sergius und Bacchus, der hl. Barbara und des hl. Georg. Die ehemalige Michaelskirche wurde im 12. Jh. in eine Synagoge umgebaut und wird heute nach dem Auftraggeber Ben Ezra (Oberrabbiner von Jerusalem) oder nach dem Propheten Elias benannt, der hier erschienen sein soll.

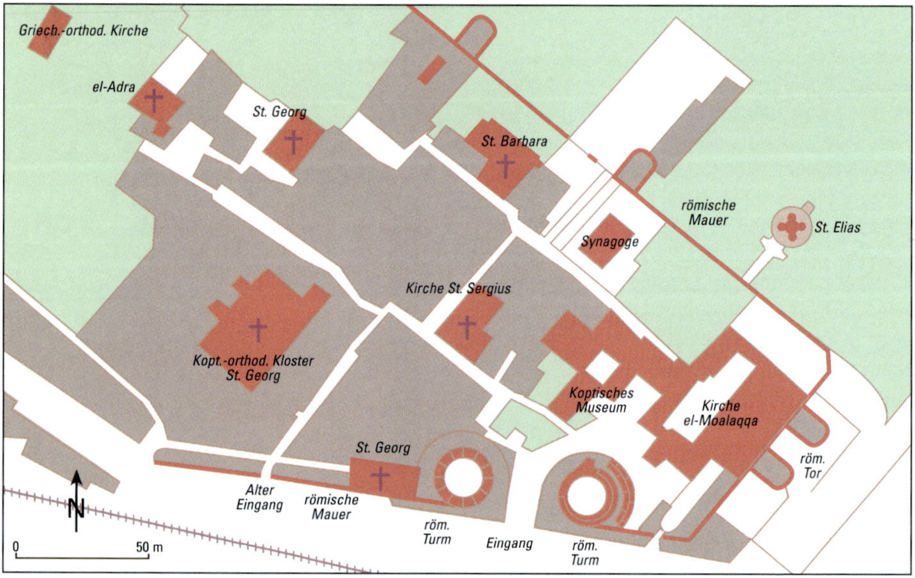

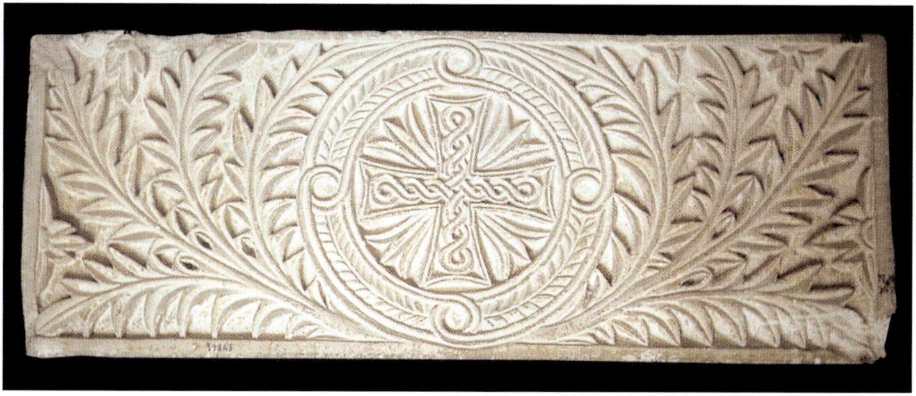

Das Koptische Museum

Fries mit Kreuz und Ranken
5./6. Jh. n. Chr., Saqqara, Jeremias-Kloster, Kalkstein, H. ca. 35 cm

Das 1908 von Marcus Simaika Pascha gegründete Koptische Museum beherbergt die weltweit größte Sammlung koptischer Denkmäler. Das um einen Innenhof errichtete Gebäude wurde im Laufe der Zeit mit Türen und Fenstern, Decken und Fußböden aus Häusern und Kirchen der Umgebung ausgestattet. Zu den Exponaten gehören alle Arten von Architekturplastik aus Kirchen und Klöstern (wie Apsiden, Friese und Kapitelle), Grabstelen und -figuren, Holz-, Elfenbein- und Metallarbeiten, Fresken und Ikonen sowie verschiedenste Textilien, die bis in die Spätantike zurückreichen. Von herausragender Bedeutung ist auch das umfangreiche Handschriftenarchiv des Museums, in dem u. a. die berühmten gnostischen Codices von Nag Hammadi (4./5. Jh.) aufbewahrt werden.

Das Kloster des hl. Jeremias wurde Ende des 4. Jh. n. Chr. in Saqqara (Nähe Unas-Aufweg) errichtet und um 960 von den Arabern zerstört. Noch heute beeindrucken die Überreste der Anlagen, wobei die meisten dekorierten Blöcke jedoch in das Koptische Museum verbracht worden sind. In jüngster Zeit haben Bauforscher vom DAI das Kloster nochmals untersucht. Der hier abgebildete Fries zeigt ein charakteristisches Motiv: Es besteht aus einem Kreuz mit Flechtbanddekor und dreiblättrigem Akanthus in den Winkeln zwischen den Armen. Umfasst wird es von einer großen Kreisschlinge aus vier mit Knotenschlingen verbundenen Segmenten. Rechts und links davon biegen sich Ranken um das Zentralmotiv empor.

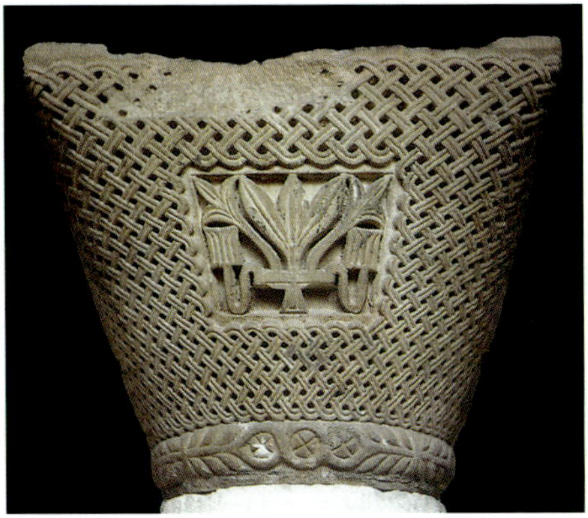

Großes Korbkapitell

6. Jh. n. Chr., Alexandria, Marmor, H. 83 cm

Das vierseitige, weit ausladende Kapitell ist mit einem tief eingeschnittenen Flechtornament überzogen, das sich über einem Floralband mit Blatt- und Schlingenmotiven entwickelt. Auf jeder der Seiten befindet sich ein großes quadratisches Bildfeld, in dem ein stark stilisiertes Blütenmotiv abgebildet wird, das in seiner klaren symmetrischen Anordnung noch auf altägyptische Gestaltungsprinzipien zurückgreift. Ähnliche Kapitelle sind auch außerhalb Ägyptens bekannt (z. B. in San Vitale, Ravenna). Das Kapitell erhielt später offenbar eine neue Funktion und wurde dafür ausgehöhlt; zu erwägen ist beispielsweise eine Nutzung als Taufbecken. Auf die Kostbarkeit des Kapitells verweist auch das Material Marmor, das aus dem Ausland eingeführt werden musste.

Seiten aus den Nag Hammadi Codices

Spätes 4. Jh. n. Chr., bei Nag Hammadi, Papyrus, H. 28,2 cm

Die berühmten »Nag Hammadi Codices« wurden 1944 in einem Krug am Fuße des Djebel et-Taref entdeckt. Es dauerte jedoch noch einige Jahre, bis man gewahr wurde, dass es sich bei diesem Fund um gnostische Schriften handelte und somit um eine Weltsensation. Zwar wusste man aus den Predigten und Briefen der frühen Kirchenführer vom »verderblichen Einfluss« der Gnostiker, die von einem negativen Weltbild ausgingen und die Erlösung in der Erkenntnis vom eigenen Ursprung in einer materiefreien Lichtwelt sahen. Doch Originaltexte gab es bislang kaum. Die abgebildete Doppelseite zeigt den Titel des Apokryphons des Johannes, der üblicher Weise am Ende des Textes steht.

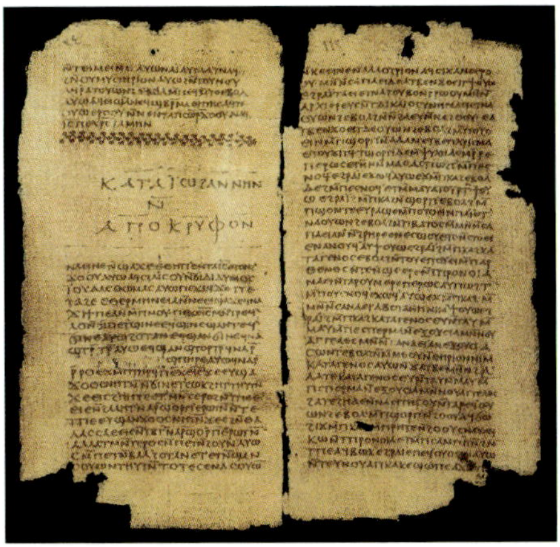

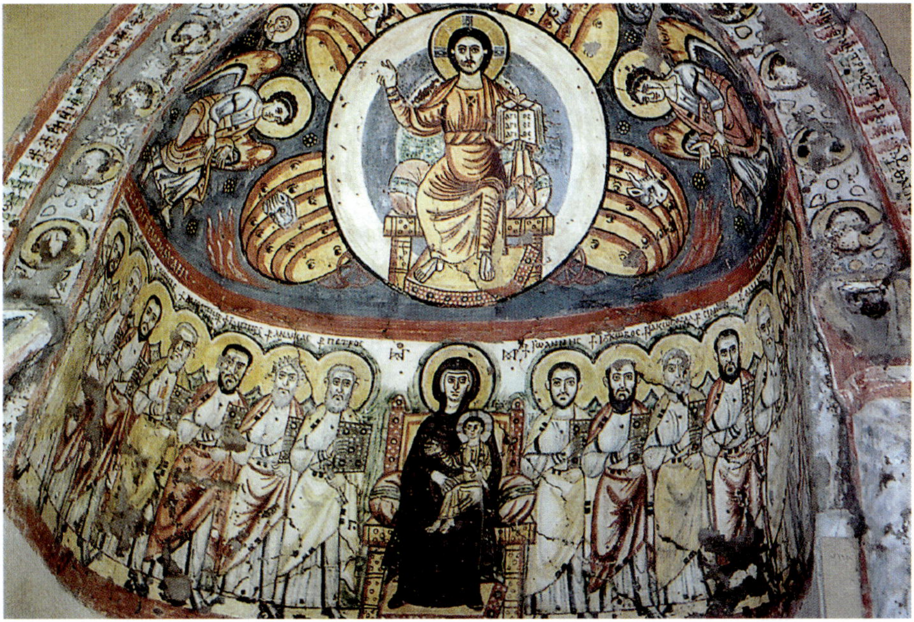

Himmelfahrt Christi
6./7. Jh. n. Chr., Bawit, Kloster des hl. Apollo, Fresko auf Stuckgrund, H. der Nische 2,20 m

Das Kloster von Bawit ist für seine qualitätsvollen Fresken bekannt, zu denen auch diese berühmte Nischenmalerei gehört. Im Zentrum des oberen Bildfeldes ist der in einer Mandorla thronende Jesus dargestellt; er hat die rechte Hand zum Segen erhoben und hält in der linken ein offenes Buch, in dem dreimal das Wort »heilig« steht. Jesus ist umgeben von den vier apokalyptischen Wesen (Mensch, Adler, Löwe und Stier) sowie von den Erzengeln Michael (links) und Gabriel (rechts). In der Mitte des unteren Bildfeldes thront Maria mit dem Jesuskind, das eine Schriftrolle in der Hand hält. Rechts und links von ihr stehen die zwölf Apostel und zwei Lokalheilige. Alle haben einen Heiligenschein und halten ein Buch auf dem linken Arm. Petrus, der sich an Marias rechter Seite befindet, hält zusätzlich den für ihn charakteristischen Schlüssel und Paulus, ganz links dargestellt, einen langen Stab mit Kreuzaufsatz. Die Nische wird von einem Rahmen mit Medaillonbüsten begrenzt.

Die Kirche el-Moallaqa

5./6. Jh. n. Chr.

Die Kirche der Jungfrau Maria wurde anstelle eines älteren kleinen Baus aus dem 4. Jh. über den beiden 18 m hohen Türmen des Südtores der Festung Babylon errichtet. Da man von hier auf die römischen Anlagen herabblicken konnte, bezeichnete man sie schon bald als die »Hängende«, el-Moallaqa. Die im 5./6. Jh. erbaute dreischiffige Kirche wurde im 9. Jh. zum Teil zerstört und die erhaltenen Teile in eine Moschee umgewandelt. Im 10. Jh. ließ Patriarch Alexander sie wieder instand setzen, und vom 11.–14. Jh. wurde sie sogar zum Sitz des Patriarchats. Trotzdem war die Kirche immer wieder Angriffen ausgesetzt, wie durch die Kreuzritter im Jahre 1168 oder die Mamluken 1259 und 1280. Die letzten größeren Umbauten fanden im 18. und 19. Jh. statt, als man die Kirche zu einer vierschiffigen Anlage erweiterte. Der Bau besteht heute aus einem Narthex, der vierschiffigen Hauptanlage und drei Sanktuarien, die der Jungfrau Maria (Mitte), Johannes dem Täufer (rechts) und dem hl. Georg (links) geweiht sind. Vom nördlichen Teil der Seitenschiffe führen zwei Treppen hinab, die eine in eine unterirdische Anlage, die von den Priestern und Diakonen bei Gefahr als Schutz- und Gebetsraum genutzt wurde, die andere zu einem Fluchtweg. Die südlich an das Hauptgebäude anschließende Kapelle ist für den äthiopischen Heiligen Takla-Hajmanont bestimmt. Bei den Restaurierungsarbeiten 1984 wurden hier Fresken aus dem 14. Jh. entdeckt. Da die Kirche mehrere Reliquien von Heiligen birgt, z. B. die des Theodosius und der Damiana, dient sie auch heute noch als Wallfahrtsziel. Mehrere der wertvollen Manuskripte, Ikonen und Holzarbeiten der Kirche befinden sich jedoch nicht mehr hier, sondern im Koptischen Museum.

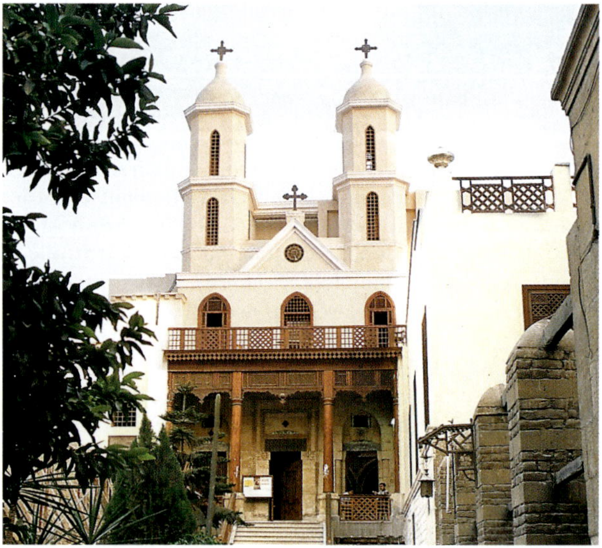

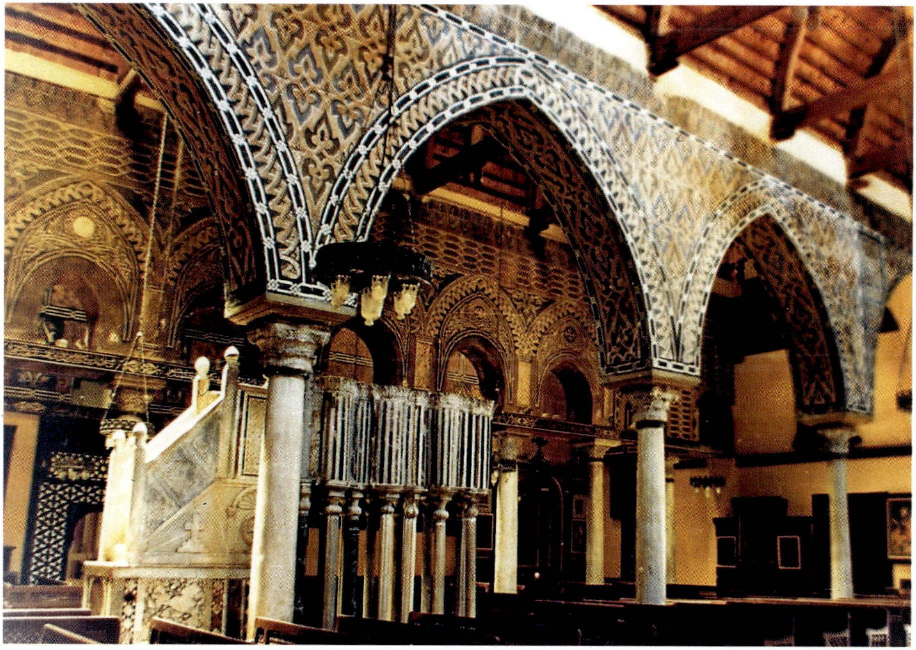

Innenraum mit Kanzel

Im Gebetsraum der Kirche fällt der Blick auf je acht Säulen, welche das Hauptschiff von den Seitenschiffen trennen. Drei weitere von Bogen überspannte Säulen befinden sich scheinbar in der Mitte des Raumes. Sie liegen in der Achse der Trennwand zwischen den Sanktuarien der Maria und des Georg, sodass sie den Übergang zwischen dem alten Haupt- und dem nördlichen Seitenschiff der dreischiffigen Basilika markieren. Die als »Ambo« bezeichnete Kanzel stammt aus dem 11. Jh. Sie erhebt sich über 15 schlanken Säulen und wurde aus farbigem Marmor gefertigt. Die Sanktuarien werden durch eine hohe Ikonostase aus dem 12./13. Jh. vom Hauptraum abgetrennt. Sie besteht aus Zedern- und Ebenholz und ist mit geometrischen Mustern und Elfenbeineinlagen geschmückt. Im oberen Teil dieser Wand sind Ikonen eingelassen, die neben Christus mit der Jungfrau Maria die Erzengel Michael und Gabriel sowie Petrus, Paulus und Johannes den Täufer zeigen.

Giza

Wahrscheinlich waren es die Bauprobleme seines Vaters Snofru in Dahschur, die König Cheops auf die Suche nach einem neuen Standort für die eigene Pyramide gehen ließen. Er fand ihn auf einem 40 m hohen Plateau am Rande der libyschen Wüste, heute rund 12 km vom Stadtkern Kairos entfernt. Seit der 4. Dynastie künden die Pyramiden des Cheops, Chephren und Mykerinos in Giza nicht nur von einer der großartigsten Bauleistungen in der Geschichte der Menschheit, sondern sie standen und stehen auch für die pharaonische Kultur schlechthin. Ruft schon die Bewältigung der technischen Probleme beim Bau dieser gewaltigen Anlagen Bewunderung hervor, so wird sie angesichts der logistischen Herausforderungen noch gesteigert. Neben der Pyramide selbst mussten die jeweiligen Kultbauten errichtet werden, und auch die Mastaba-Gräber der hohen Beamten absorbierten Arbeitskraft. Im Laufe der Zeit entstand in Giza eine ganze Totenstadt mit den großen Pyramiden im Zentrum, die früh Wissenschaftler und Ausgräber, aber auch Abenteurer und Phantasten aller Ausrichtungen magisch anzog. Mehrere Expeditionen haben seit dem Ende des 19. Jh.s intensiv in Giza gearbeitet, von denen insbesondere die unter der Leitung von Hermann Junker für die Akademie Wien und George A. Reisner (bis 1942) von der Harvard University, Boston, zu nennen sind.

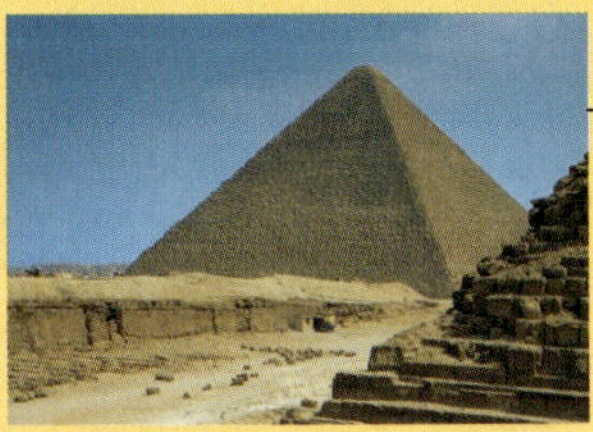

Die Cheops-Pyramide, S. 158 ff.

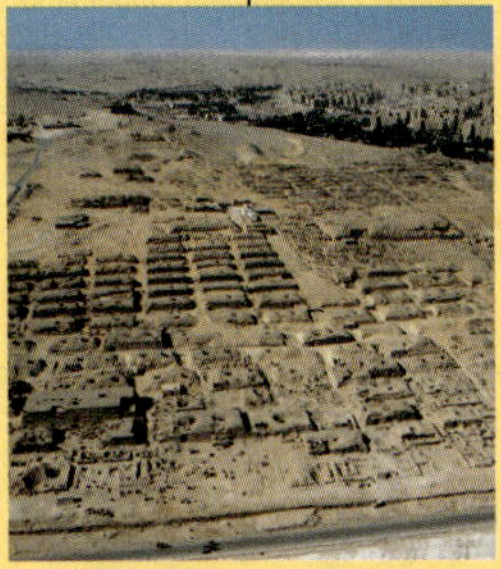

Der Westfriedhof von Giza, S. 162 f.

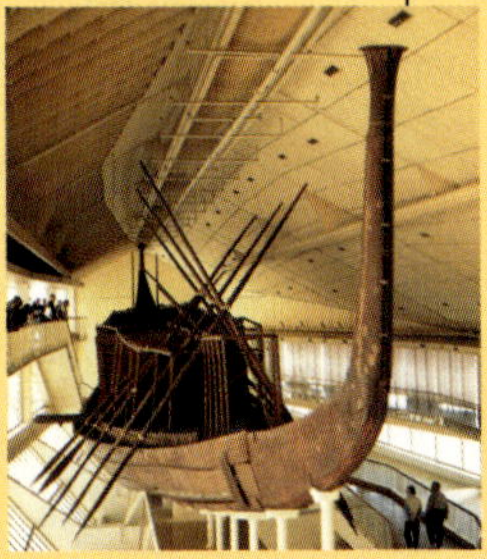

Das Sonnenschiff des Cheops, S. 174

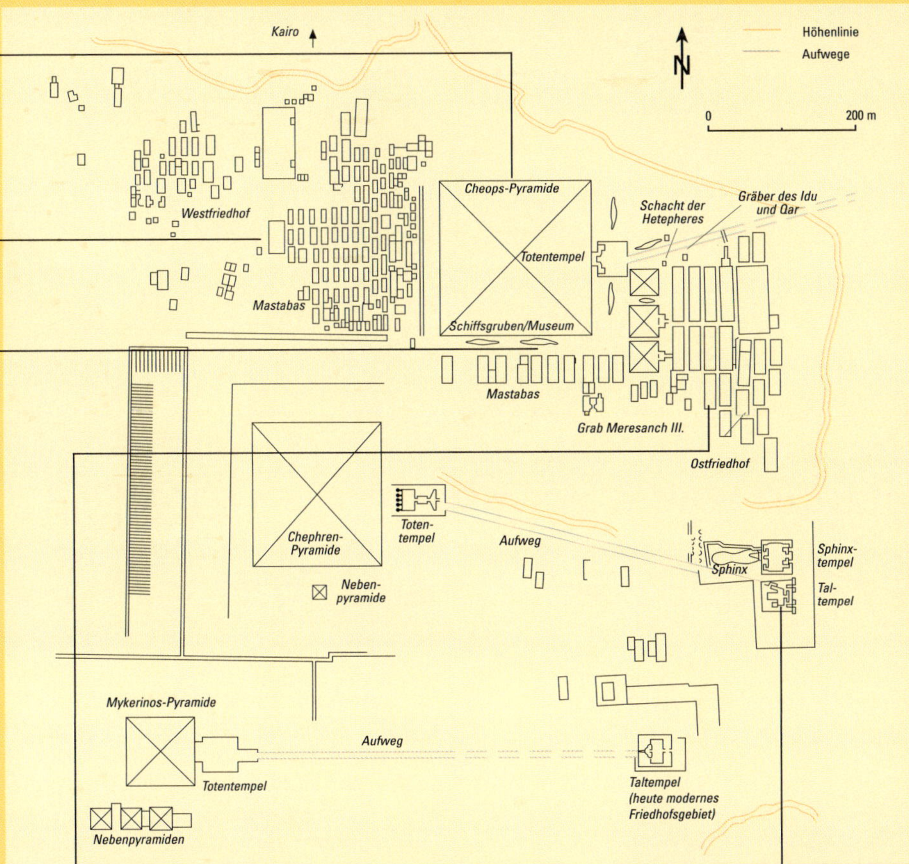

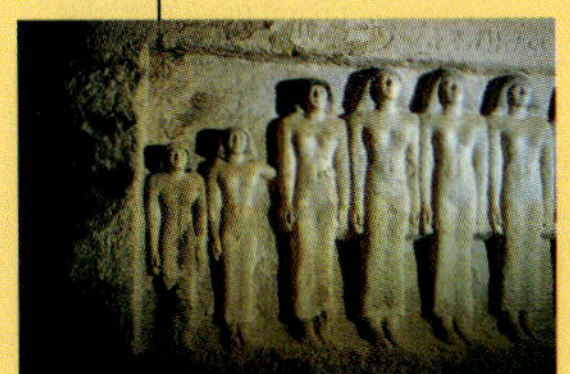

Felsgrab Meresanch III., Statuenreihe, S. 178

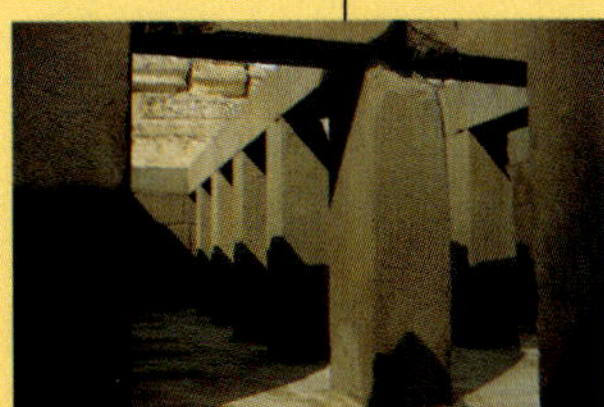

Der Taltempel des Chephren, S. 166 f.

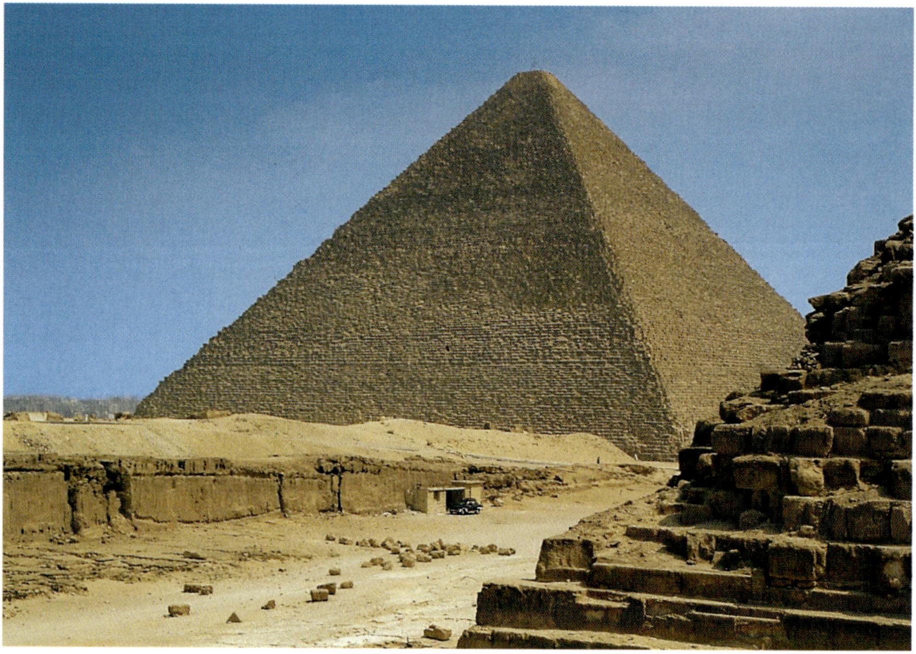

Die Cheops-Pyramide

4. Dynastie, um 2560 v. Chr.

»Horizont des Cheops« nannte man die größte Pyramide, die jemals in Ägypten errichtet wurde. Mit Recht führte der Bau, dessen präzise Ausführung überwältigend ist, die Liste der antiken Weltwunder an. Bei einer Kantenlänge von 230,38 m im Quadrat weichen diese nur maximal 11 cm vom Mittelwert ab, beim Höhennivellement beträgt der Unterschied ganze 2,1 cm. Die Pyramide des Cheops maß ursprünglich eine Höhe von 146,6 m, hat aber heute ihre Spitze mit dem Pyramidion verloren, sodass ein Höhenverlust von rund zehn Metern eingetreten ist. Bis auf geringe Reste ebenfalls nicht mehr vorhanden sind die Verkleidungsblöcke aus weißem Kalkstein, die aus den Steinbrüchen von Tura auf dem Ostufer stammen. Für das Kernmauerwerk verwendeten die Baumeister damals 2,5 Millionen Blöcke mit einem Gewicht von je 2,5 t aus lokalem Numulithenkalkstein, die sie in 210 Steinlagen übereinander türmten. Der jetzt benutzte Eingang auf der Nordseite ist ein Grabräuberstollen aus der Kalifenzeit, der etwas unterhalb des Originalzugangs liegt. Ein enger Gang mündet nach rund 38 m in die Große Galerie; dort zweigt ebenfalls ein waagerechter Gang in eine Grabkammer der ersten Bauphase ab. Am oberen Ende der Großen Halle führt dann ein kurzer Weg in die endgültige Grabkammer, in der noch die leere Sarkophagwanne des Herrschers steht. Im Gegensatz zur Pyramide sind die Kultanlagen an der Ostseite nur schlecht erhalten. Vom Totentempel blieb wenig mehr als das schwarze Basaltpflaster der Hofanlage erkennbar. In unmittelbarer Nähe des Heiligtums erheben sich drei kleine Königinnenpyramiden. Zu beiden Seiten des Totentempels und am Beginn des zerstörten Aufwegs zum Taltempel wurden riesige Bootsgruben angelegt. Zwei weitere vor der Südseite bargen noch die zerlegten Totenschiffe des Cheops, von denen eines zusammengesetzt wurde und vor Ort in einem eigenen Museumsbau über der alten Grube aufgestellt wurde.

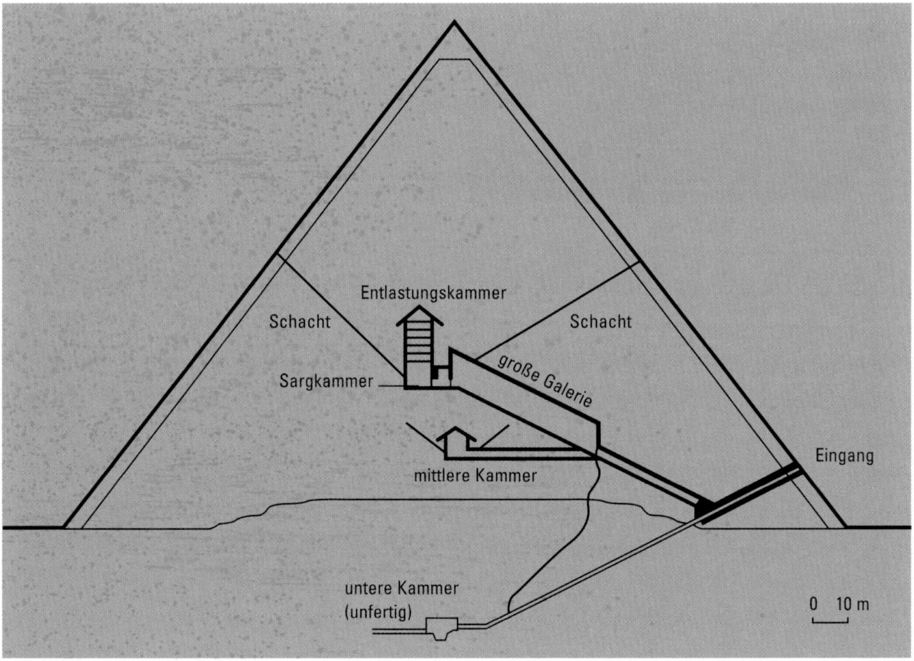

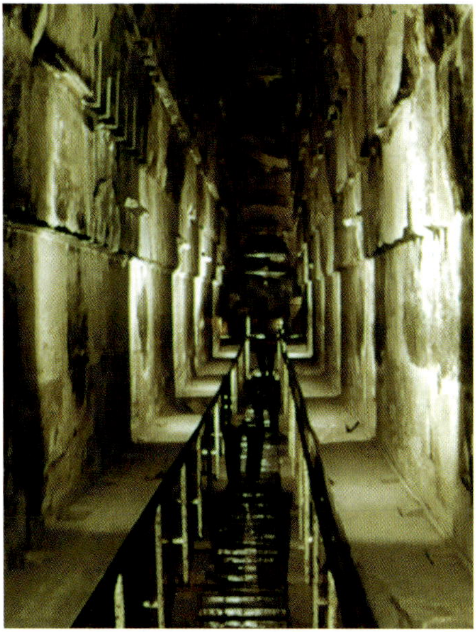

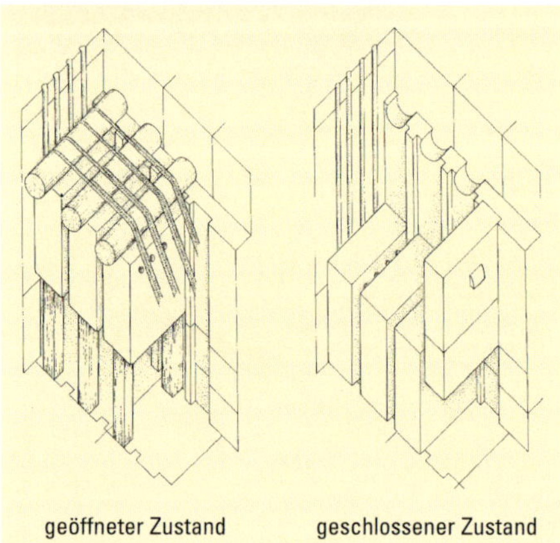

Die Große Galerie

Schräg nach oben führend hat diese monumentale Raumeinheit eine Länge von knapp 47 m bei einer Höhe von 8,5 m. Ihre Decke wurde in Form eines sich verjüngenden Kraggewölbes in sieben Lagen gestaltet, dessen oberer Abschluss jedoch von horizontal verlegten Steinplatten gebildet wird. Die enorme Dimension der Halle erklärt sich aus der Tatsache, dass hier an den Seiten die Steine (ca. 25 Stück) gestapelt wurden, die man nach der Beisetzung des Königs für den Verschluss des unteren Korridorteils benötigte. Entsprechende kleine Seitennischen an den Wänden markieren die Halterungen für massive Holzbalken zur Positionierung dieser Blöcke, um ihr vorzeitiges Abrutschen zu verhindern.

Das Porticulli-System der Cheops-Pyramide

Am Ende der Großen Galerie beginnt ein kurzer Gang von nur 1,10 m Höhe, der in eine lange Kammer mit drei Fallsteinen aus Granit übergeht, bevor er in die Sargkammer mündet. Seit der Knickpyramide des Snofru in Dahschur wurde in allen Königsgräbern des Alten Reiches ein System von drei dicht hintereinander liegenden Steinplatten eingesetzt, um den Korridor zur Sargkammer zu blockieren und damit das Begräbnis des verstorbenen Herrschers zu schützen. Doch auch dieses Hindernis konnte die Grabräuber letztendlich nicht aufhalten: Die Fallsteine wurde entweder umgangen oder durchgemeißelt.

Die Sargkammer

Gute 42 m über dem Bodenniveau liegt die Sargkammer (10,50 x 5,20 m) der Cheops-Pyramide, die vollständig aus rotem Granit erbaut wurde. Allein die neun gewaltigen Deckenmonolithe besitzen eine Spannbreite von 5,5 m und wiegen jeweils zwischen 30 und 40 t. Etwas dezentral im Raum steht der deckellose Steinsarkophag (Länge 2,30 m) des Herrschers, der einst weitere Innensärge mit der Mumie enthielt. Er muss schon während der Bauzeit eingebracht worden sein, da er durch keinen der Gänge gepasst hätte. Die beiden schmalen Schächte, die von der Nord- und Südwand abgehen, haben sicherlich nicht der Luftzufuhr gedient, sondern besaßen eine symbolische Funktion. Sie sollten nämlich dem verklärten Geist des Pharao den Aufstieg zu den Sternen sichern. Oberhalb der Grabkammer wurden fünf Entlastungskammern (zugänglich) mit einem abschließenden Satteldach eingerichtet; eine etwas übertriebene Maßnahme zur Ablenkung des gewaltigen Steingewichtes, wie moderne Berechnungen ergeben haben. Auf den Blöcken der Entlastungskammern konnten Steinbruchinschriften mit dem Namen des Cheops entdeckt werden. Dies ist ein sicherer Nachweis für die Zuordnung der Pyramide zu diesem König.

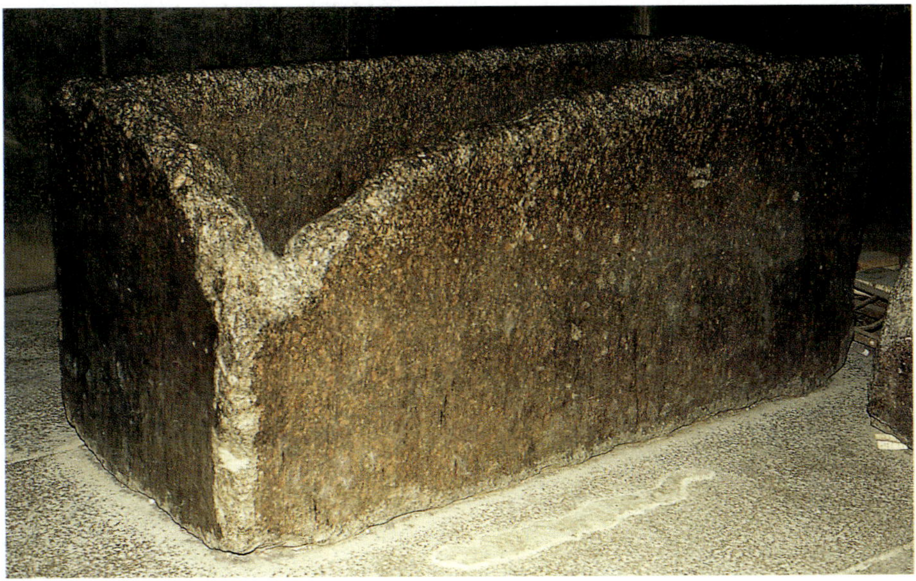

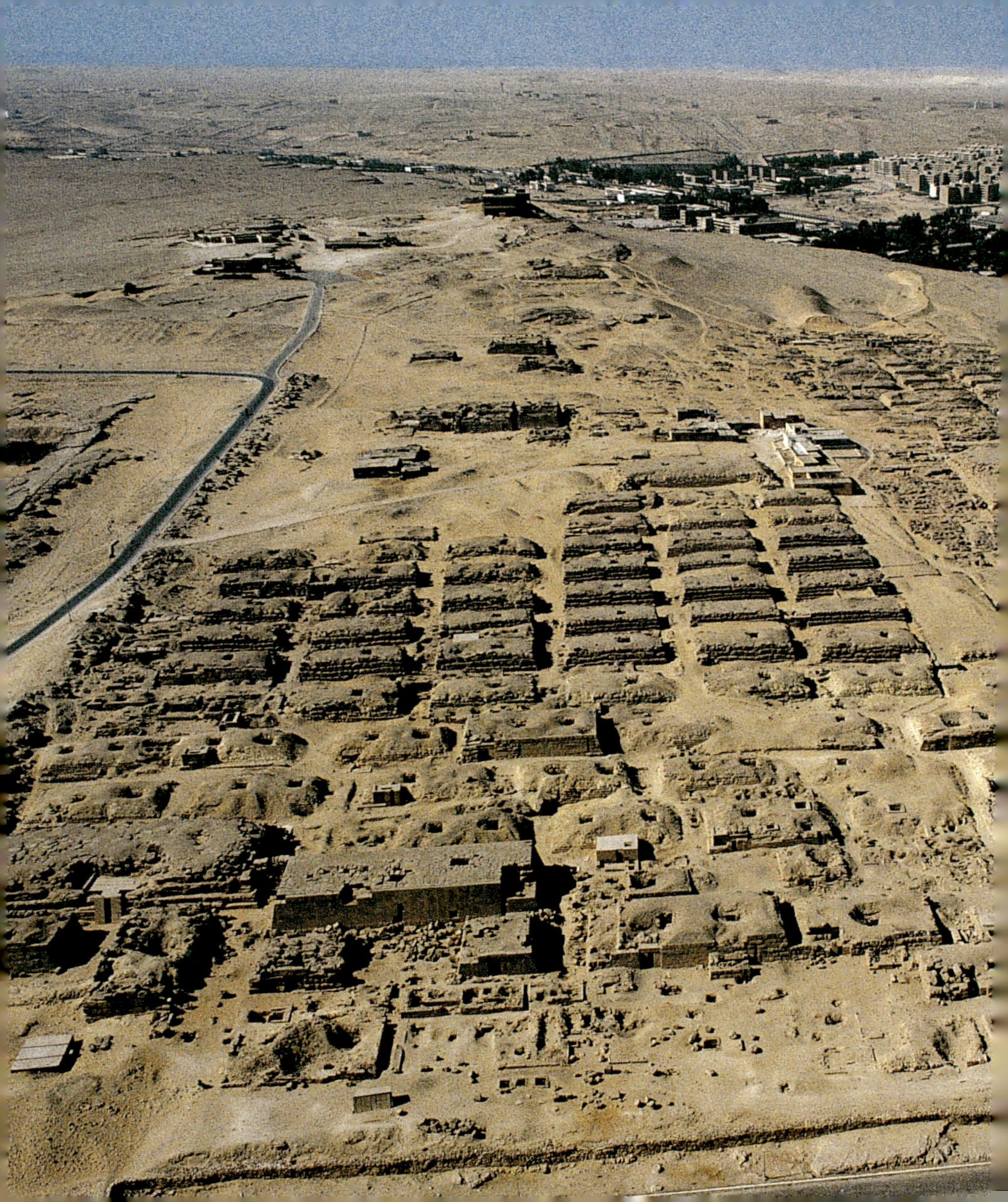

Der Westfriedhof von Giza

4. Dynastie, um 2580–2480 v. Chr.

In seiner Gesamtanlage spiegelt das Pyramidenfeld die soziale Ordnung des Landes wider, die für das Jenseits ebenfalls Bestand haben sollte. Der gottgleichen Position des Herrschers angemessen, überragen die Pyramiden als königliche Grabmäler alle anderen Bauten. Schon wesentlich bescheidener fielen die Anlagen der Königinnen aus. Um die Cheops-Pyramide herum ließen sich sodann die Hofbeamten in ihren Mastaba-Gräbern beisetzen. Zur Zeit des Cheops und des Chephren wurde einem klaren Belegungsplan für die Friedhofsabschnitte gefolgt. So war das Ostfeld bei der Cheops-Pyramide den Familienmitgliedern des Königshauses vorbehalten, während den Höflingen der Westfriedhof zugewiesen wurde. Die klare straßenmäßige Ordnung der Gräber fiel allerdings den An- und Zubauten des späteren Alten Reiches weitgehend zum Opfer. Die Oberbauten der großen Mastabas (vgl. Rekonstruktionszeichnung unten) bestehen aus aufgemauerten Kalksteinquadern, deren leicht geböschte Außenseiten verkleidet waren. Eine Kultkapelle mit Opferplatte lag im Osten davor; die Schächte zur unterirdischen Sargkammer führten aus dem Massiv des Oberbaus in die Tiefe. Der Kernbereich des Westfriedhofs war das Hauptgrabungsgebiet von Hermann Junker, der dort zunächst im Auftrag der Akademie der Wissenschaften in Wien und unter finanzieller Beteiligung des Hildesheimer Kaufmanns Wilhelm Pelizaeus zwischen 1912–1914 mit großem Erfolg tätig war.

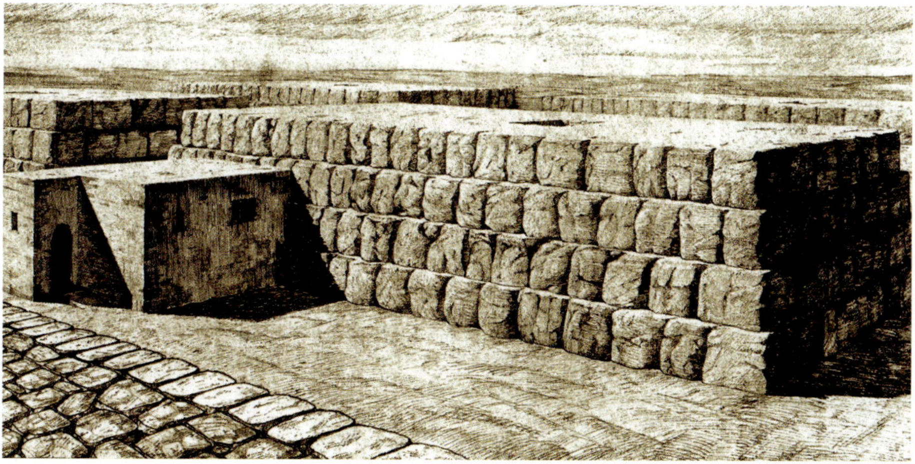

Die Chephren-Pyramide

4. Dynastie, um 2530 v. Chr.

Diagonal zum Bau des Cheops hat sich König Chephren seine Pyramide in Giza errichten lassen, die wegen ihres höheren Standplatzes größer wirkt, aber mit einer Höhe von 143,5 m etwas unter dem Maß der Cheops-Pyramide bleibt. Besonders an der Spitze ist die Kalksteinverkleidung der Anlage gut erhalten, deren unterste Lagen aus rotem Granit bestehen. Architektonisch dem Bau seines großen Vorgängers ebenbürtig, wurde für das Gang- und Kammersystem im Innern eine völlig andere, dabei recht einfache Lösung gefunden. Zwei Eingänge aus unterschiedlichen Bauphasen münden in abfallende Gänge, die sich letztlich zu einem einfachen Hauptgang vereinen, der bei waagerechtem Verlauf in die mit einem Giebeldach ausgestattete Grabkammer (14,1 x 5 m) führt. Diese wurde in der Neuzeit erstmals vom italienischen Abenteurer Giovanni Belzoni 1813 betreten, der den leeren Granitsarkophag des Königs im Boden eingelassen vorfand. Der gegenüber der Cheops-Pyramide geringe Raumumfang gab der Spekulation nach weiteren Kammern Nahrung. Eine strahlentechnische Untersuchung blieb jedoch ergebnislos.

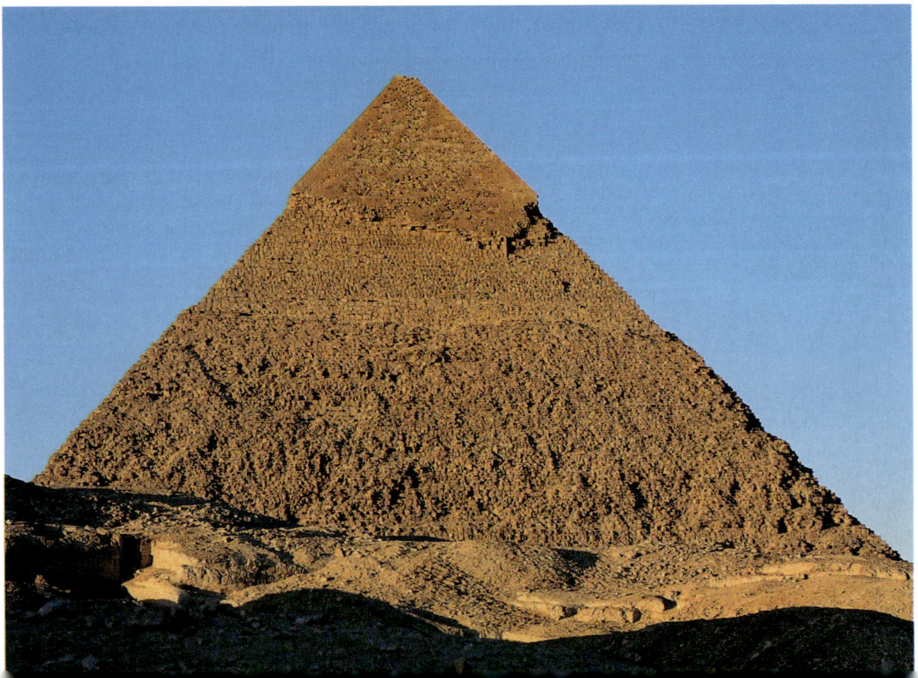

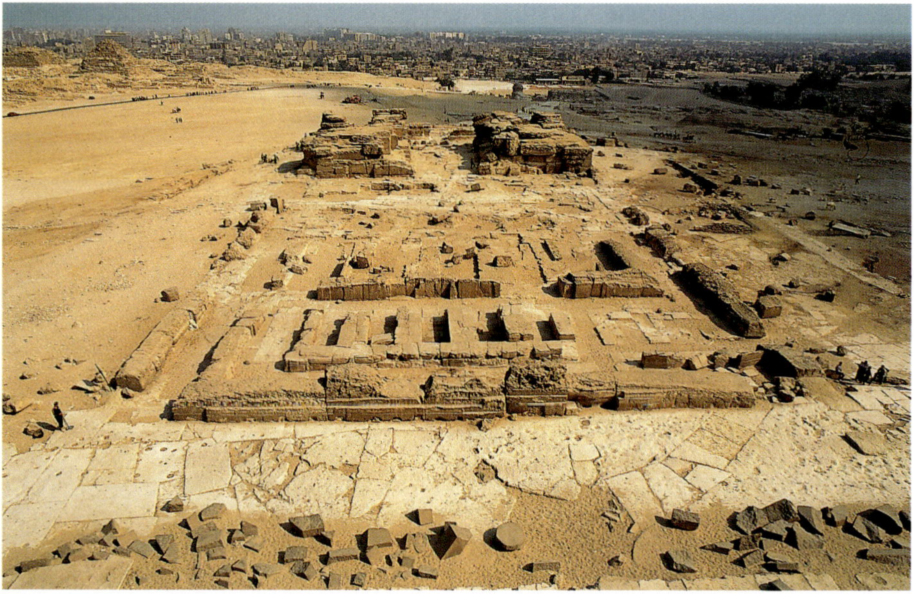

Der Totentempel des Chephren

4. Dynastie, um 2530 v. Chr.

Wenngleich das charakteristische Ensemble der Kultanlagen bei den Pyramiden mit Taltempel, dem Aufweg und einem Totentempel (Pyramidentempel) vor der Ostseite des Grabmals schon unter Snofru auftaucht, bieten erst die entsprechenden Anlagen in Giza einen ausgereiften Entwurf. Für jeden Herrscher der 4. Dynastie wurde jedoch eine individuelle Gestaltung des einzelnen Gebäudes verwirklicht. Erst ab der 5. Dynastie hat man zu einer weitergehenden Standardisierung der Bauten und des Raumprogramms gefunden, die bis zum Ende des Alten Reiches verbindlich blieb. Vom Pyramidentempel des Chephren (111 x 56 m) ragen noch die aus dem Fels gehauenen Mauerkerne empor, ihrer ehemaligen Verkleidung aus Granit- und Kalksteinblöcken entblößt, wodurch auch die Wanddarstellungen verloren gingen. Gut auszumachen ist die große Hofanlage, in der einst zwölf Kolossalfiguren des Königs vor den Pfeilern standen. An der Hofrückseite reihen sich fünf tiefe Sanktuarräume für die Kultbarken des Chephren auf.

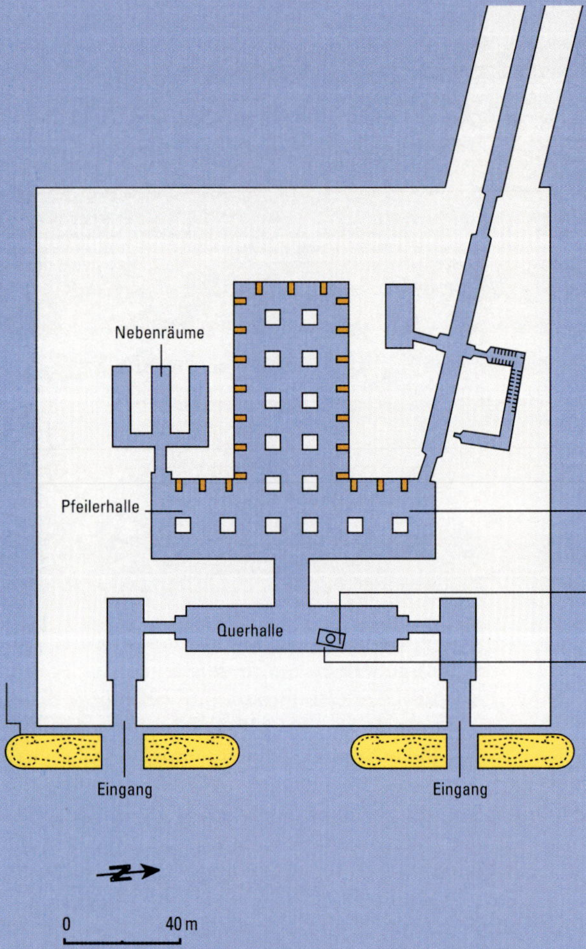

Standspuren von Königsstatuen
Standspuren von Sphingen

Pfeilerhalle, S. 167

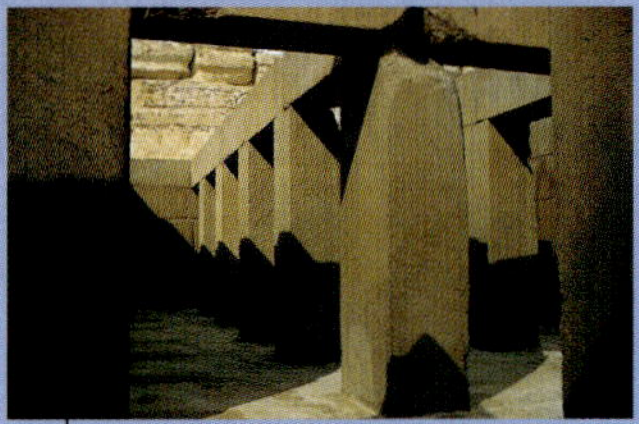

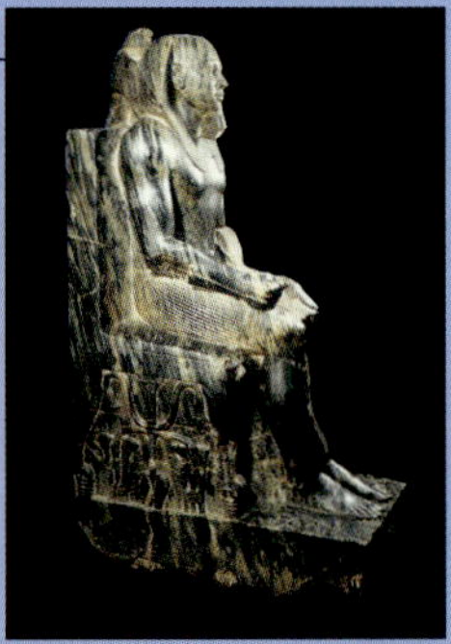

Sitzfigur des Pharao
Chephren, S. 96 f.

Der Taltempel des Chephren

4. Dynastie, um 2530 v. Chr.

Neben dem Großen Sphinx liegt der Taltempel des Chephren (45 x 45 m), der besterhaltene Sakralbau des Alten Reiches überhaupt. Besonders die tonnenschweren Verkleidungsblöcke der Wände aus Granit beeindrucken durch ihre fugenlose Versatztechnik. Auf der Ostfassade führen zwei symmetrisch angelegte Tore in die Eingangsräume mit je einer Hochnische, über die der Zutritt in eine Querhalle erfolgt. Von hier leitet ein Durchgang zum zentralen Bauteil über, der T-förmigen Pfeilerhalle. Insgesamt 16 monolithische Granitpfeiler mit gewaltigen Architravzügen trugen einst die Decke dieser Halle. Der Boden wurde mit Kalzitplatten ausgelegt, und an den Wänden entlang waren ursprünglich 23 Kultbilder des Chephren (aus Gneis, Basalt und Kalzit) aufgestellt, die durch ihre Standspuren im Pflaster nachgewiesen sind. Zu ihnen gehörte auch die berühmte Sitzfigur des sog. Falken-Chephren (s. S. 96 f.), die schon im letzten Jahrhundert mit weiteren Statuen des Königs in einem Schacht der Querhalle verworfen entdeckt werden konnte.

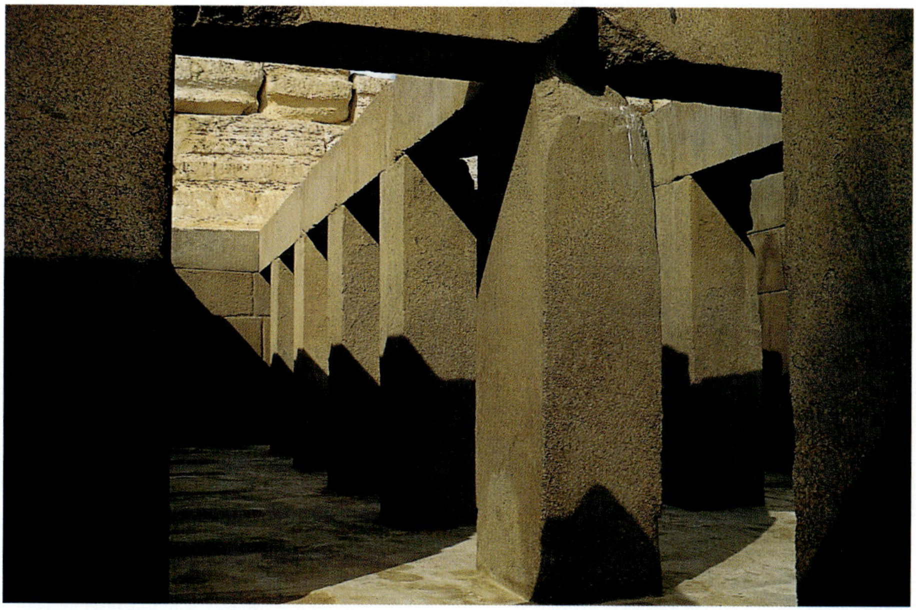

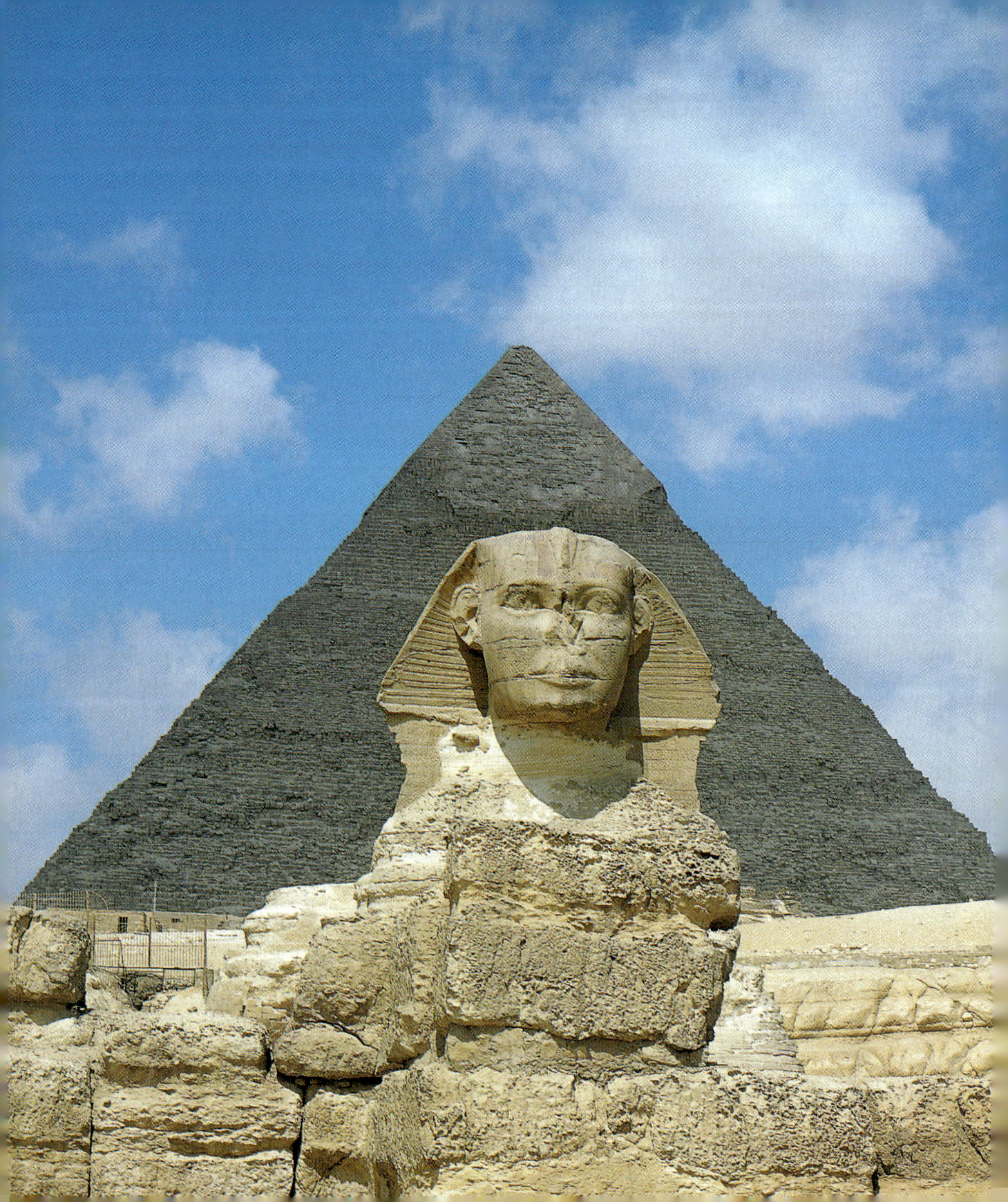

Der Große Sphinx

4. Dynastie, um 2530 v. Chr.

Aus dem anstehenden Fels wurde die Gestalt des Großen Sphinx herausgearbeitet. Die nach Osten blickende Kolossalplastik (73,5 x 20 m) des Chephren zeigt die klassische Verbindung des liegenden Löwenleibes mit dem Haupt des Pharao. Der Herrscher trägt das gestreifte Nemes-Kopftuch, an der Stirn hat er einen flach aufliegenden Uräus. Zur Zeit seiner Entstehung als Abbild des Gottkönigs verstanden, galt er im Neuen Reich als Gestalt des Sonnengottes, des »Horus im Horizont«. Dieser Erscheinungsform des Gottes errichtete man in der 18. Dynastie (Amenophis II.) ein kleines Ziegelheiligtum linker Hand, während das monumentale Bauwerk vor den Tatzen des Sphinx, der sog. Harmachis-Tempel, auf die 4. Dynastie zurückgeht. Mutwillige Beschädigungen, Wind und Wetter sowie ein angestiegener Grundwasserspiegel haben dem Denkmal sichtbare Wunden geschlagen, sodass in jüngster Zeit ein umfassendes Restaurierungsprojekt in Gang gesetzt werden musste.

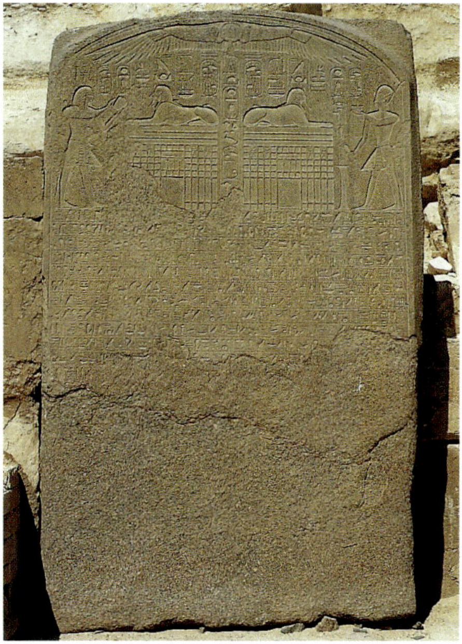

Die »Traumstele« Thutmosis' IV.

18. Dynastie, um 1390 v. Chr.

Zwischen den Vordertatzen des Großen Sphinx ließ Thutmosis IV. in der 18. Dynastie eine monumentale Stele aus rotem Granit aufstellen, die sog. Traumstele. Denn im Text berichtet der Herrscher, dass er als Prinz beim Sphinx gerastet hätte und ihm der Gott im Traum die Königswürde Ägyptens versprach, wenn er sein Abbild vom Sand befreien würde. Selbstverständlich erfolgte die Stiftung der Stele erst nach der Thronbesteigung des Königs, um die göttliche Wahl seiner Person herauszustellen. Im Bildfeld des Denkmals opfert König Thutmosis IV. unter dem Symbol der geflügelten Sonnenscheibe zu beiden Seiten je einer Darstellung des Sphinx.

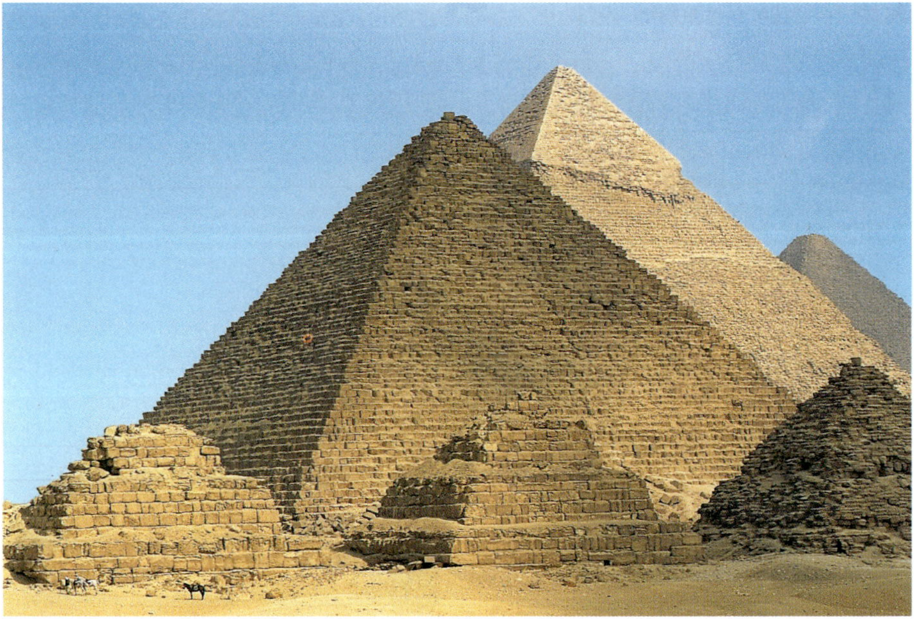

Die Pyramide des Mykerinos

4. Dynastie, um 2500 v. Chr.

Die bescheiden anmutende Höhe von ehemals 66 m der Mykerinos-Pyramide mag eine Folge der jahrzehntelangen Beanspruchung aller wirtschaftlichen Ressourcen des Landes durch die gewaltigen Bauten seiner Vorgänger gewesen sein. Trotz einer respektablen Regierungszeit von fast 30 Jahren konnten auch die Kultbauten des Mykerinos nicht ganz vollendet werden, die zudem teilweise aus Lehmziegeln bestanden. Die Ausgrabungen zu Beginn unseres Jahrhunderts durch die Harvard University, Boston, erbrachten zahlreiche Statuen des Königs, unter ihnen auch die berühmten Triaden aus dem Taltempel. Zu der im Fels angelegten und mit Granit ausgekleideten Grabkammer gelangt man über einen einfachen Gang mit Vorkammer und drei Fallsteinvorrichtungen. In der Grabkammer stand 1837 noch der mächtige Basaltsarkophag des Herrschers, der aber bei seiner Überführung ins Britische Museum in London samt Schiff im Golf von Biscaya unterging.

Eingang zur Mykerinos-Pyramide

Hatte Cheops seine Pyramide vollständig mit feinem Kalkstein aus den Brüchen von Tura verkleiden lassen, bestanden die untersten Lagen bei Chephren schon aus rotem Granit. Diese Tendenz kam beim Bau des Mykerinos verstärkt zum Durchbruch, da hier die unteren 16 Lagen mit Granitblöcken versehen wurden. Für die oberen Lagen hatte man weiterhin Kalkstein als Verkleidungsmaterial vorgezogen. Dadurch ergab sich ein klarer Farbkontrast im äußeren Erscheinungsbild der Pyramide, wobei Weiß und Rot wohl nicht zufällig auch die Farben der beiden Landesteile waren: Rot stand für Unterägypten, Weiß für Oberägypten. Nur an der wenig über dem Bodenniveau liegenden Eingangszone auf der Nordseite sind die Granitblöcke sauber geglättet worden. Dort wurde in der 26. Dynastie eine Inschrift angebracht, die sich auf Restaurierungsmaßnahmen an dem damals schon ehrwürdigen Bau bezieht.

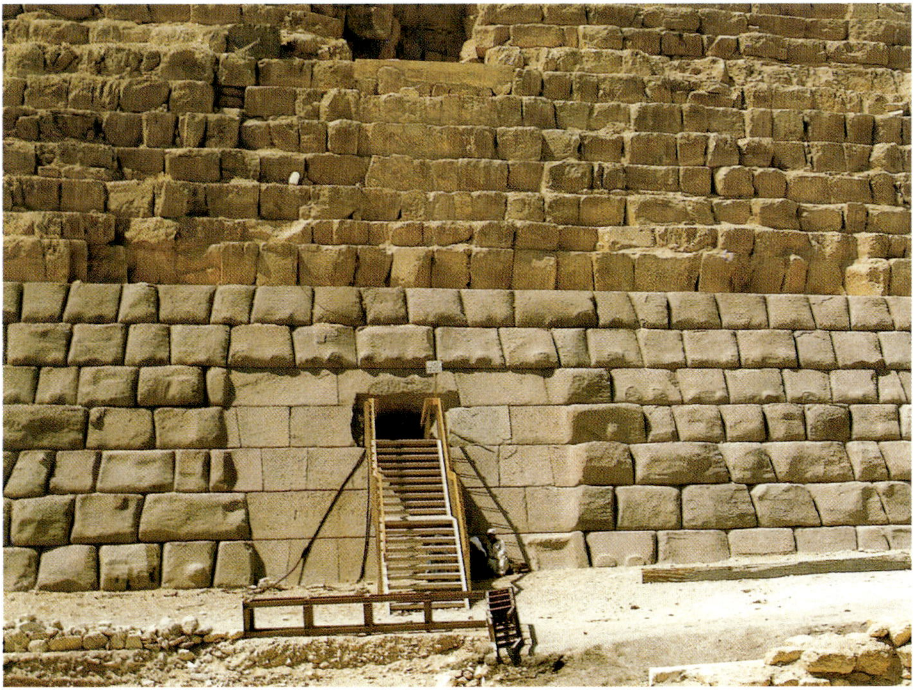

Erfolge und Katastrophen – der Pyramidenbau

Die geradezu übermenschlich wirkende Monumentalität der großen Pyramiden hat die Nachkommen seit der Antike nicht nur beeindruckt, sondern auch immer wieder vor die Frage nach ihrer Funktion und Bauweise gestellt. Bis heute sind sie aber auch Gegenstand von Spekulationen und wildesten Vermutungen. Ob man Außerirdische vor Tausenden von Jahren zu Bauherren erklärt, in der Sarkophagwanne des Cheops ein Hohlmaß zu erkennen glaubt oder hinter dem Blockadestein eines robotererforschten Schachtes weitere unentdeckte Kammern in der Großen Pyramide von Giza vermutet; der Phantasie scheinen in Bezug auf die Pyramiden keine Grenzen gesetzt zu sein. Diesen so genannten Experten hat der deutsche Bauforscher Ludwig Borchardt schon in den 1920er-Jahren einen treffenden, bis heute anwendbaren Beinamen verpasst: die Pyramidioten.

Für die ernsthafte Beschäftigung mit dem Pyramidenbau muss man sich mit den architektonischen Gegebenheiten auseinander setzen, um glaubhafte Lösungen anbieten zu können. Denn die ägyptischen Quellen schweigen sich bedauerlicherweise dazu aus. Keine Papyrusrolle mit Konstruktionszeichnungen, keine Berichte mit technischen oder logistischen Angaben sind überliefert. In der 3. und frühen 4. Dynastie wurden so genannte Stufenpyramiden gebaut, die aus einer Folge von einwärts geneigten Ummantelungen aus relativ kleinformatigen Blöcken um einen Kernbau herum konstruiert waren und dadurch eine gewisse Höhe kaum übersteigen konnten. Wichtigster Vertreter dieser Bauweise und zugleich die früheste erhaltene Pyramide ist die Anlage des Djoser (2665 – 2645 v. Chr.) in Saqqara. Der Wechsel von der Stufenpyramide zur echten Pyramide vollzog sich unter Kö-

Verschiedene Rampenrekonstruktionen beim Pyramidenbau

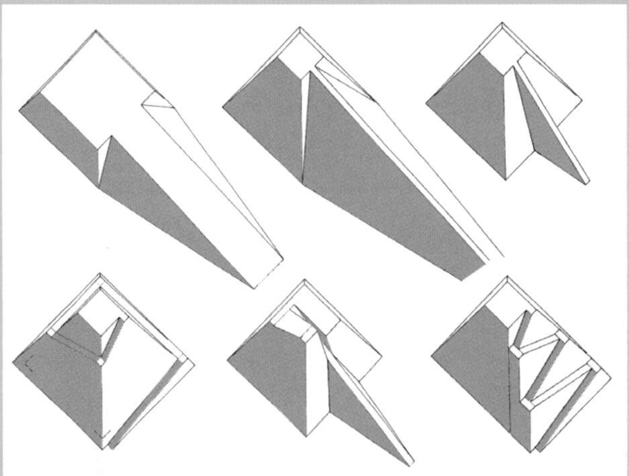

nig Snofru (2614–2579 v. Chr.), dem Vorgänger des Cheops. Sein Bau in Meidum wurde noch als Stufenpyramide begonnen und in seiner letzten Ausbaustufe zur klassischen Pyramide erweitert. Ein erstes großes Baudesaster fällt ebenfalls in die Regierungszeit des Snofru. Die Planung eines weiteren, noch größeren Baus in Dahschur (H. 137,5 m) scheiterte, da der Untergrund dem gewaltigen Gewicht nicht gewachsen war und eklatante Schäden auftraten. Auch Stützkonstruktionen und die Abflachung des Neigungswinkels im oberen Teil des Baus, der seitdem als Knickpyramide bezeichnet wird, halfen nicht. Der König befahl eine weitere Pyramide in Dahschur, die so genannte Rote Pyramide, in der er schließlich beigesetzt wurde.

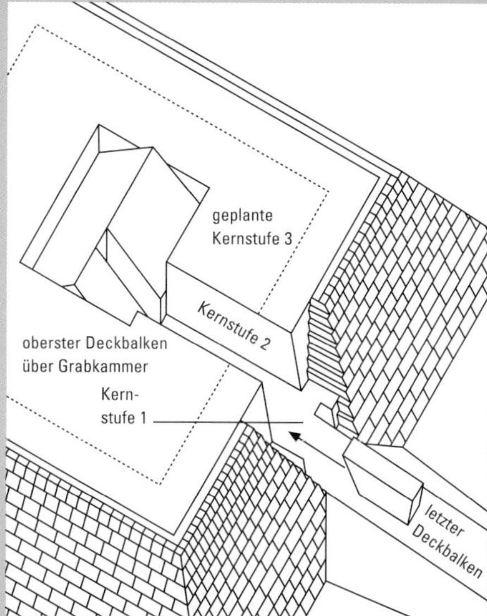

Bauabschnitt einer Pyramide der 5./6. Dynastie des Alten Reiches mit angelegter Sargkammer

Den unübertroffenen Höhepunkt des Pyramidenbaus stellen die Anlagen in Giza dar. Die mächtigen Kalksteinquader wurden in horizontale Lagen versetzt, wobei man die Verkleidungsblöcke für die Außenseiten aus einer sehr guten Steinqualität gleichzeitig mit verbaute. Auch die Pyramidenspitze, das Pyramidion, wurde wohl von Lage zu Lage mitgenommen, um diesen Schlussstein des Bauwerks unproblematisch einbringen zu können. Eine immer wieder postulierte Vergoldung ist jedoch unwahrscheinlich.Während die Masse der Blöcke für das untere Drittel des Baukörpers mit Hilfe von zahlreichen Rampen aufgeführt wurde, bleibt die Versatztechnik für die Resthöhe in seiner Methode umstritten. Für die Bewegung der Steine wurde sicherlich eine Art Hebelsystem genutzt. Kongenial zur technischen Durchführung steht die Bewältigung der logistischen Probleme an einer solchen Großbaustelle. Denn nicht nur die Bauhütte mit einigen Tausend Arbeitern musste versorgt und organisiert werden, sondern auch der Transport der Steine wie auch die Tätigkeiten in den Steinbrüchen bedurften einer sorgfältigen Abstimmung. Die erzielten Ergebnisse sprechen eine klare Sprache bezüglich des Könnens der alten Architekten und ihrer Planungsstäbe. Trotz der jahrhundertelangen Erfahrungen waren auch die Pyramidenbauer der 12. Dynastie (Mittleres Reich) nicht vor Überraschungen sicher. Vergleichbar dem Fall an der Knickpyramide des Snofru musste auch Amenemhet III. seinen Bau in Dahschur wegen nicht behebbarer Schäden aufgeben und eine weitere Pyramide in Hawara errichten.

Das Sonnenschiff des Cheops

4. Dynastie, um 2560 v. Chr.

Auf dem an großartigen Entdeckungen sicherlich nicht armen Nekropolenfeld von Giza konnte 1954 ein weiterer sensationeller Fund gemacht werden. Bei Arbeiten direkt vor der Südseite der Cheops-Pyramide stieß der ägyptische Antikendienst auf zwei Bootsgruben, die noch ihren originalen Inhalt aufwiesen. Nachdem die östliche Grube (L. 31 m) geöffnet worden war, trat der in 1224 Einzelteile zerlegte Schiffskörper zutage. Das zweite Schiff ruht noch in seiner Grube, seine Existenz hat eine fototechnische Sondierung vor einigen Jahren jedoch gesichert. Der exzellente Erhaltungszustand des Zedernholzes mit einem Alter von über 4500 Jahren ist dem Umstand zu verdanken, dass die Fugen der 41 riesigen Abdeckblöcke aus Kalkstein (rund 20 t) mit Stuckmörtel hermetisch abgedichtet wurden. Keine Feuchtigkeit und auch keine Schadinsekten konnten so dem Holz gefährlich werden. Die Bergung der Schiffsteile und die anschließende Rekonstruktion stellten eine große Herausforderung dar, und es dauerte über 20 Jahre, bis die Arbeiten erfolgreich abgeschlossen waren. Heute kann die Großbarke des Cheops in einem eigens für sie über ihrem Fundplatz errichteten Museum besichtigt werden. Das elegant geschwungene Schiff besitzt eine Länge von 43 m, wobei die Endpartien von Bug und Heck als Lotosblüten gestaltet wurden. Die Schiffsbretter sind in einer speziellen Technik mit starken Stricken hohl genäht worden, sodass man beim Bau des Bootskörpers keine Nägel oder andere Metallstifte zu verwenden brauchte. Für die Zuordnung der Balken gab es innen kurze Schriftmarken. Die gewaltigen Längsbalken des Kiels (L. 23 m) wiegen allein über 4 t. Beigelegt waren insgesamt zwölf große Ruder mit lanzettförmigen Blättern, die längsten von ihnen als Steuerruder. Unter einem Baldachin aus zierlichen Zeltstangensäulen wurde die Kajüte (2,50 m x 9 m) errichtet, die aus zwei Räumen besteht. Für den Kapitän des Schiffes stand am Bug ein offenes Kajütenzelt.

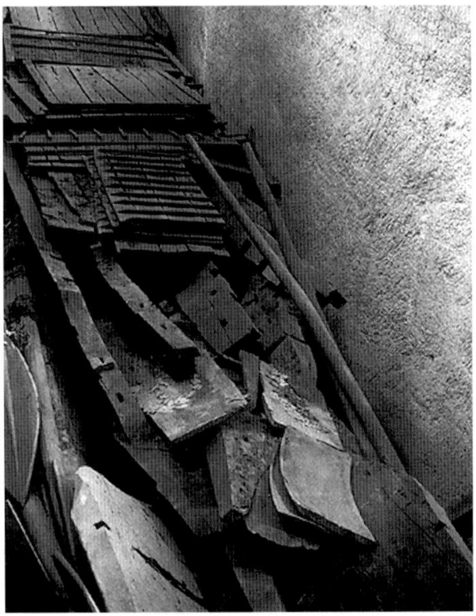

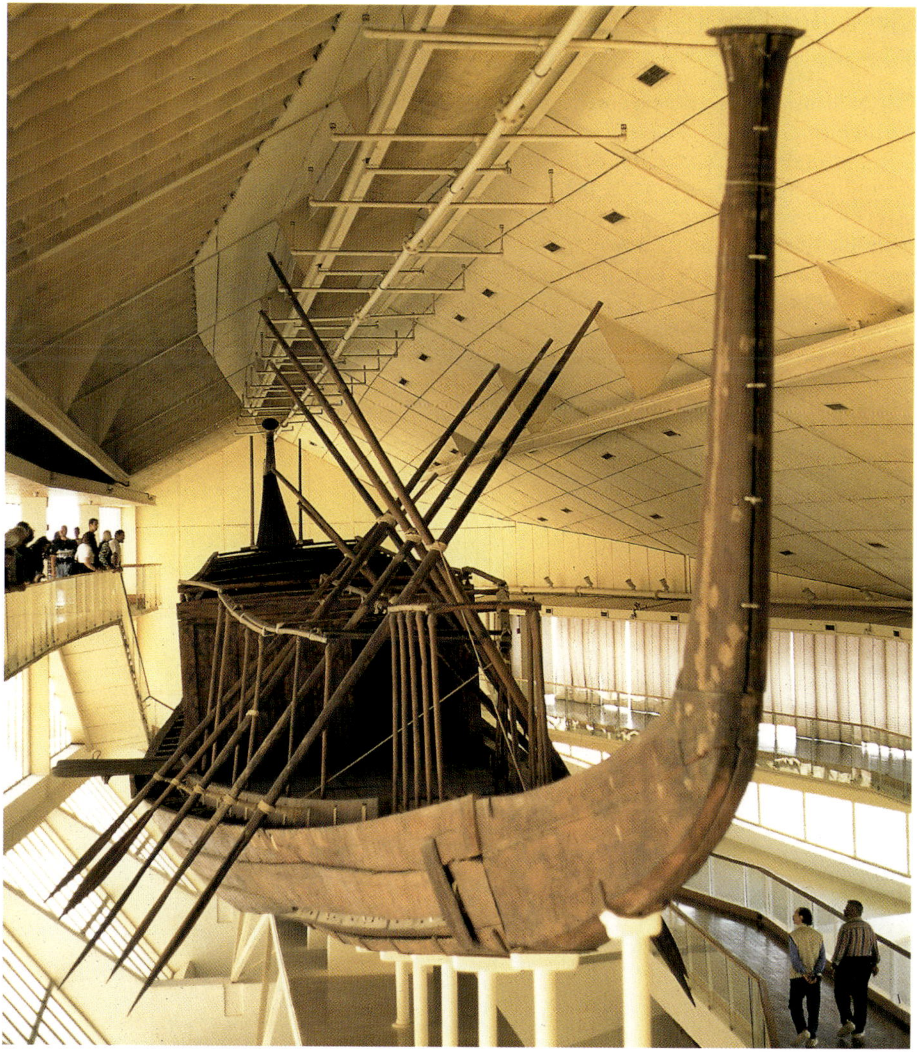

Grab des Qar (G 7101)

6. Dynastie, um 2280 v. Chr.

Darstellungen des Bestattungsrituals

Auch nachdem die Herrscher der 5. Dynastie mit ihren Pyramiden nach Saqqara und Abusir abgewandert waren, blieb der Totenkult für ihre Vorgänger der 4. Dynastie in Giza bestehen. Die Durchführung des Totenkultes lag in den Händen der dafür eingesetzten Priesterschaft. Die kleine Anlage des Qar (eig. Nefer-Merir-Re) liegt nur wenige Meter vom Pyramidentempel des Cheops entfernt auf dem Ostfriedhof. Nach Ausweis der Grabinschriften amtierte der Grabherr zur Zeit Pepis I. im Kult des Chephren und Mykerinos. Nach einem Treppenabgang betritt man den modern überdachten Hof, dessen Wände hochinteressante Reliefs tragen. Rechts vom Eingang wird ein rechteckiges Gebäude mit zwei symmetrischen Zugängen abgebildet, das sog. Reinigungszelt; eine temporäre Anlage in Leichtbauweise, die wohl zur Leichenwäsche innerhalb des Bestattungs- und Balsamierungsrituals diente. Die genaue Lage im Bereich der Nekropole bleibt umstritten, da bisher kein archäologischer Befund festgestellt werden konnte.

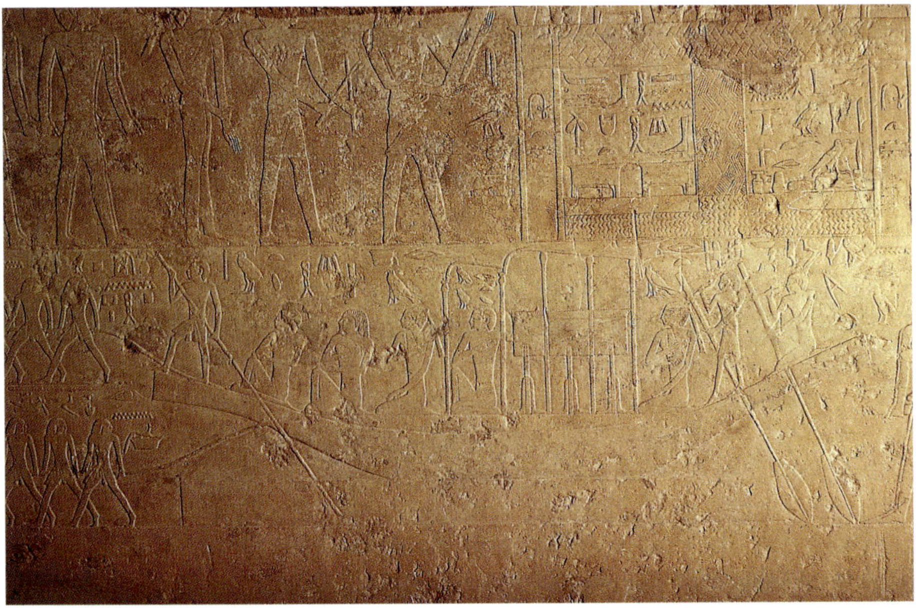

Grab des Idu (G 7530)

6. Dynastie, um 2260 v. Chr.

Scheintür mit Grabherrn

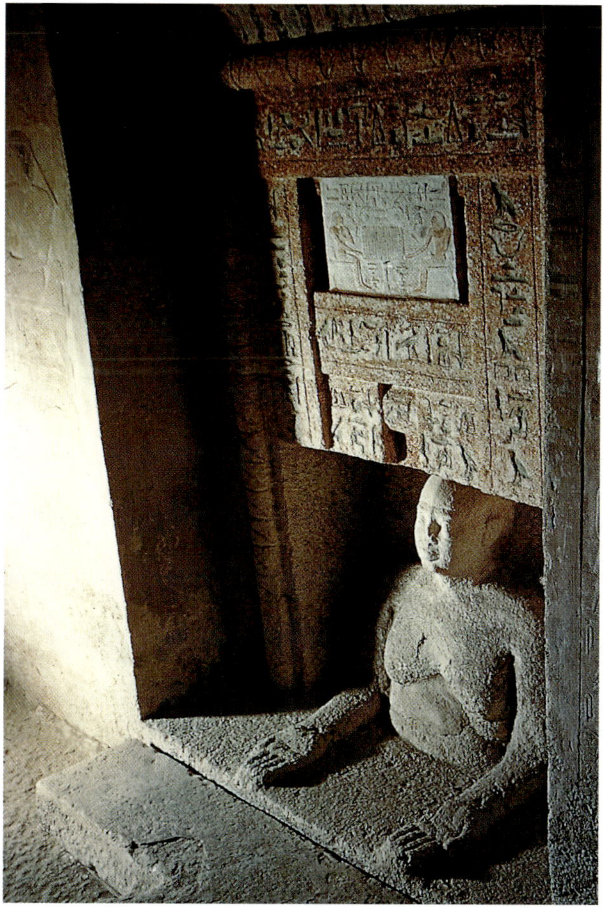

Ebenfalls auf dem Ostfriedhof ließ der Beamte Idu sein Grab in unmittelbarer Nähe zur Mastaba seines Vaters Qar anlegen. Die schmale Kultkammer wird auf ihrer Ostwand (links) von sechs Standfiguren des Grabherrn eingenommen, die in Nischen aus dem Fels geschlagen wurden. Dabei soll die rote Wandfarbe Hartgestein imitieren. Die Inschriften belehren uns, dass Idu in der Verwaltung der Pyramidenstadt Pepis I. tätig war. Auf der Innenwand des Eingangs sind die kleinformatigen Szenen wiederum dem Bestattungsritual vorbehalten. Sie zeigen den Zug des Sarges auf einem von Rindern gezogenen Schlitten beim Verlassen der Balsamierungshalle, den Transport des Sarges und das Reinigungszelt sowie die Bootsfahrt des Sarges unter einem Schrein. Besonders auffällig ist die Gestaltung der Scheintür (rechte Wand), der Hauptkultstelle des Grabes. Ihre untere Hälfte wird von der halb plastischen Gestalt des Beamten eingenommen, der die Handflächen seiner nach vorn gestreckten Arme zum Opferempfang geöffnet hat.

Felsgrab der Meresanch III. (G 7530)

4. Dynastie, um 2510 v. Chr.

Statuenreihe, Königin mit Tochter

Tiefer im Süden des Ostfriedhofes wurde für die Königin Meresanch III. ein Grabbau errichtet, dessen drei Kammern in den gewachsenen Felsgrund gehauen sind. Als Tochter des Prinzen Kawab, eines Sohnes des Cheops, starb sie im verhältnismäßig hohen Alter von über 50 Jahren zur Zeit des Mykerinos, wobei interessanterweise ihre Mutter, die Königin Hetepheres II., die Grabanlage erbauen ließ. In der Eingangslaibung sind neben dem Namen der Grabeigentümerin auch Sterbe- und Bestattungstag genannt, die eine Zeitspanne von 70 Tagen zwischen den beiden Ereignissen belegen. Der erste Hauptraum hat eine Reliefdarstellung ganz eigener Art bewahrt: Meresanch mit einem Pantherfell über dem langen Gewand, den obersten Vorlesepriester Nebemachet und vor ihnen die Königin Hetepheres. Diese trägt ein Kleid mit spitzen Schulterteilen und eine gelbblonde Haartracht, die wohl im Sinne eines Prunkhaarnetzes mit Goldfiligran zu deuten ist. Im rechts anschließenden Raum beeindruckt die Galerie von zehn Felsstatuen, die, wenngleich ohne Beischriften, den beiden Königinnen und weiteren Töchtern gewidmet sind. Alle tragen das knöchellange Frauengewand und schulterlange Perücken. Als weitere rundplastische Ausstattung befinden sich im Eingangsraum insgesamt sechs kleine Schreiberfiguren in drei wohl sekundär angelegten Wandnischen, die dem Totenkult der Meresanch zugeordnet werden dürfen. Bei den Ausgrabungen durch die Expedition der Harvard University wurde auch der schwarze Granitsarkophag (mit Palastfassadendekor) der Königin entdeckt, wobei festgestellt werden konnte, dass er ursprünglich für ihre Mutter hergestellt worden war. Darin wurden noch Knochen und der Schädel der ansonsten beraubten Bestattung aufgefunden.

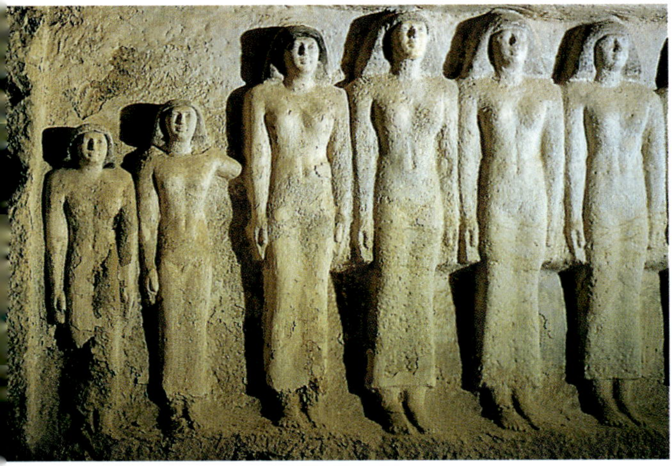

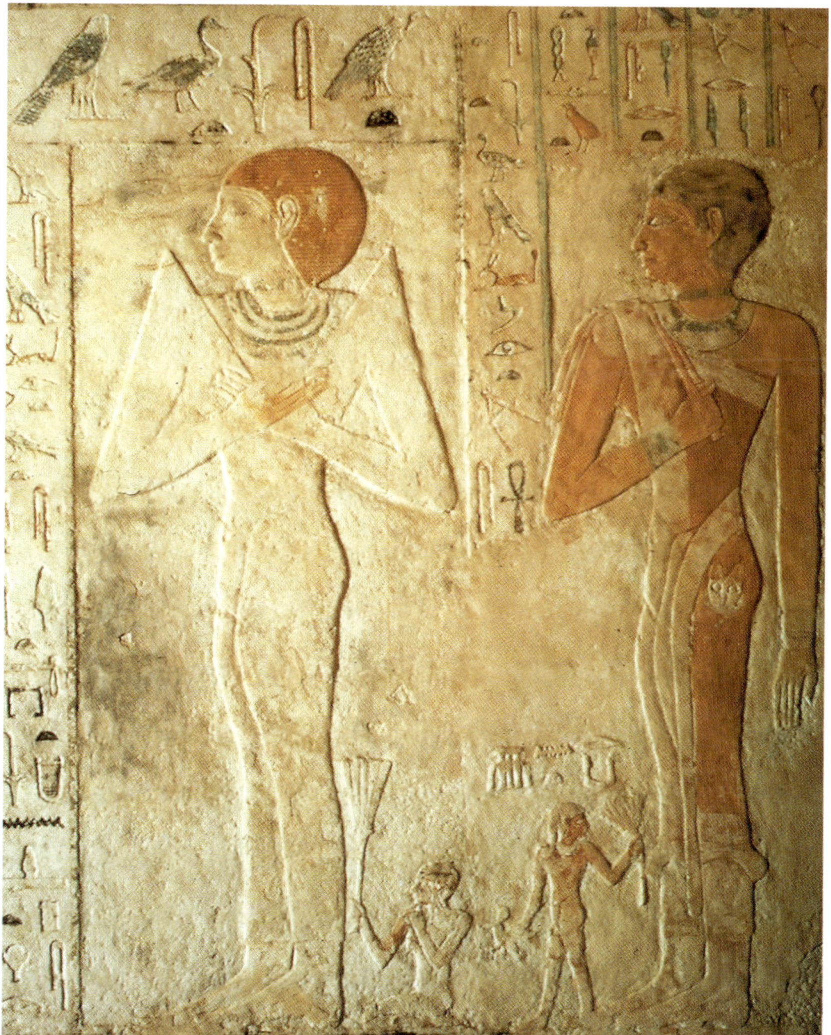

Ein Archäologe bezieht Stellung – Interview mit Dr. Zahi Hawass

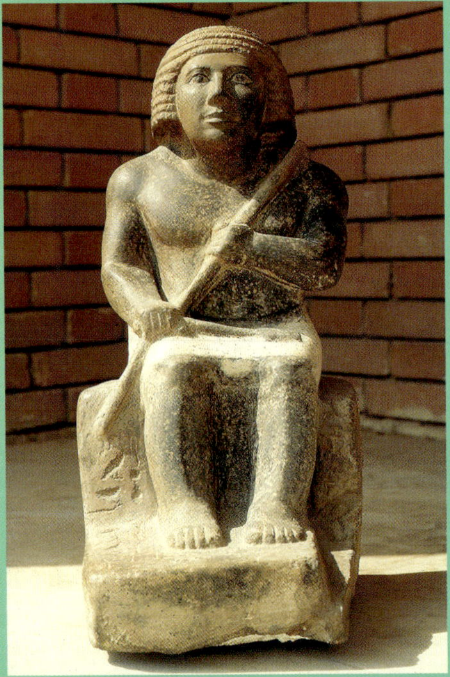

Sitzfigur des Zwerges Pernjanchu, 4. Dynastie, um 2500 v. Chr., Giza, Westfriedhof, Basalt, H. 48 cm., Ägyptisches Museum, Kairo

Als Generaldirektor und Unterstaatssekretär ist Zahi Hawass zuständig für die Pyramidenfelder von Giza und Saqqara sowie für die Antiken in der Oase Bahrija. Ihm gelangen so spektakuläre Funde wie die Gräber der Arbeiter an den Pyramiden von Giza und jüngst die Freilegung eines Nekropolenfeldes im »Tal der goldenen Mumien« der Oase Bahrija. Der Verlag sprach mit Dr. Hawass in seinem Office in Giza.

Verlag: Welche Vorbilder haben Sie beeinflusst und Ihre Berufswahl möglicherweise mitbestimmt?

Hawass: An erster Stelle steht mein Vater, der mir als jungem Menschen die Begriffe der Ehre und Würde vermittelt hat. Während meines Promotionsstudiums in den USA (University of Pennsylvania) durfte ich mich auf den Rat des damaligen ägyptischen Botschafters stützen, der heute zu meinen engsten Freunden zählt. Für meine berufliche Karriere als Ägyptologe und Ausgräber habe ich viel dem ehemaligen Präsidenten der Altertümerverwaltung, dem leider inzwischen verstorbenen Dr. Gamal Mokhtar, zu verdanken.

Verlag: Welche Ausgrabungsprojekte werden Sie in der nächsten Zeit durchführen?

Hawass: In Giza werden wir zunächst im Süden der Mykerinos-Pyramide die Grabungen fortsetzen. Besondere Aufmerksamkeit werde ich jedoch den seit 1990 laufenden Untersuchungen des Friedhofabschnitts schenken, auf dem die Grabanlagen von Arbeitern an den Pyramiden entdeckt wurden. Dort haben wir schon letztes Jahr Gräber von einem ganz ungewöhnlichen und einmaligen Aussehen feststellen können.

Sie sind pyramidenförmig und mit einer Art Aufgang ausgestattet, imitieren also die königlichen Bauten in Giza. Ein weiteres Großprojekt wird die Fortsetzung der Ausgrabungen in Bahrija sein, wobei ich mich auf die Anlagen der 26. Dynastie konzentrieren werde. Ich hoffe, dass wir neben dem Grab des Oasengouverneurs Djed-Chonsu-iuef-anch, das ich im letzten Mai freigelegt habe, auf die Anlagen seiner Familie stoßen werden. Ebenfalls in der kommenden Grabungssaison sollen die Arbeiten im Umfeld der Pyramide der Königin Chuit in Saqqara fortgeführt werden.

Verlag: Wird in naher Zukunft das zweite Totenschiff an der Cheops-Pyramide gehoben werden, und wie beurteilen Sie das jetzige Bootsmuseum in Giza?

Hawass: Zurzeit arbeitet ein japanisches Team in Giza, das die Bootsgrube des zweiten Schiffs mit einem Schutzdach versehen hat, und auch die Schadinsekten im Inneren wurden bekämpft. Bevor an eine Bergung des Bootes zu denken ist, müssen die Japaner noch die Finanzierung durch die Regierung sicherstellen. Von ägyptischer Seite wurde schon beschlossen, beide Boote in einem gemeinsamen Museumsneubau an der Straße zum Faijum unterzubringen, der in den anstehenden Fels gebaut werden soll. Allerdings rechne ich damit, dass das Projekt erst in einem Zeitraum von zehn Jahren realisiert werden kann. Das heutige Bootsmuseum in Giza ist von seiner Architektur her keine Schönheit, und es war sicherlich keine glückliche Idee, es unmittelbar vor der Südseite der großen Pyramide zu errichten. Deshalb werden wir alles unternehmen, um dem japanischen Plan zum Erfolg zu verhelfen.

Verlag: Wann wird das Rätsel um den blockierten Luftschacht in der Cheops-Pyramide gelöst werden?

Hawass: Nun, zunächst bleibt festzustellen, dass die Frage nach der so genannten »Tür« in diesem Schacht der Cheops-Pyramide sicherlich keine Lösung wie in einem Hollywoodfilm hergibt. Als seinerzeit die ägyptische Antikenverwaltung mit Herrn Gantenbrinck die Untersuchung des Schachtes mit Hilfe eines Roboters durchgeführt hat, ist es leider zu einigen

Der ägyptische Archäologe Dr. Zahi Hawass

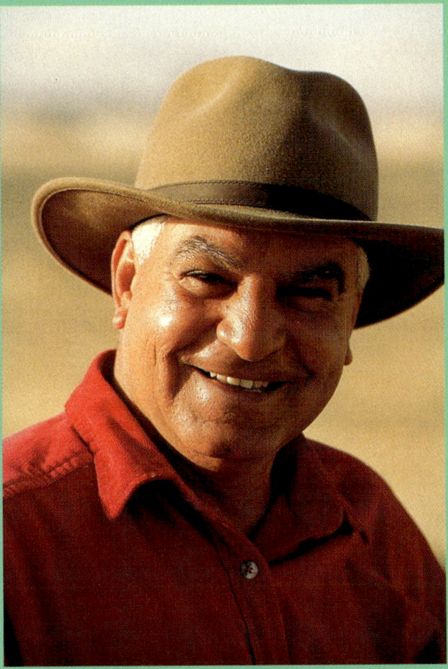

Missverständnissen und Problemen mit ihm gekommen. Wir haben deswegen entschieden, die Angelegenheit jetzt in Zusammenarbeit mit einer wissenschaftlichen Einrichtung zu klären. Dazu wird eine neue ferngesteuerte Laufmaschine entwickelt werden, die eine Miniaturkamera unterhalb der Steinblockade einführen soll, um den Raum dahinter einsehen zu können. Ich bin sicher, dass dieses Projekt jedermann zufrieden stellen wird, sei er Anhänger der Esoterik-Bewegung oder Wisssenschaftler. Nach meiner Meinung handelt es sich aber aus bautechnischen Erwägungen um keine Tür, sondern nur um einen einfachen Stein, den man im Schacht zurückgelassen hat.

Verlag: Wie ist der konservatorische Zustand des Großen Sphinx von Giza?

Hawass: In enger internationaler Zusammenarbeit sind die Restaurierungsarbeiten am Sphinx in weniger als zehn Jahren beendet worden. Die Abschlussfeier fand 1998 in Gegenwart des Staatspräsidenten Mohamed H. Mubarak statt. Trotz aller Verbesserungen am Zustand dieses weltberühmten Denkmals muss es weiterhin sorgfältig beobachtet werden. Denn wir wissen, dass das alte Steinmaterial sehr anfällig ist und auch das tiefere Muttergestein sich in keinem idealen Zustand befindet. Diese Aufgabe leistet ein Komitee, um den ältesten »Patienten« der Welt zukünftig optimal versorgen zu können.

Verlag: Was steckt hinter dem von Ihnen entworfenen Giza-Plateau-Projekt?

Hawass: Die Verbindung zwischen dem notwendigen Schutz unserer Denkmäler und den Anforderungen des modernen Tourismus ist eine Problemstellung, die mir wirklich am Herzen liegt. Dabei bin ich der festen Auffassung, dass hier nur ein gut organisiertes Management der ganzen archäologischen Zone weiterhilft. Für Giza haben wir uns zu einem Rotationssystem entschlossen. Wird eine Pyramide oder ein Grab geöffnet, werden andere dafür geschlossen. Zusätzlich wird es eine Schutzzone um die ganze Nekropole geben, die frei von allen touristischen Aktivitäten bleiben soll. Darüber hinaus werden wir den Zugang zu einzelnen Denkmälern mit einem Tageslimit versehen, das zum Beispiel bei der Cheops-Pyramide 300 Per-

Oase Bahrija, Blick in eine Grabanlage des römischen Friedhofs mit mehreren Mumienkammern, 1. Jh. n. Chr.

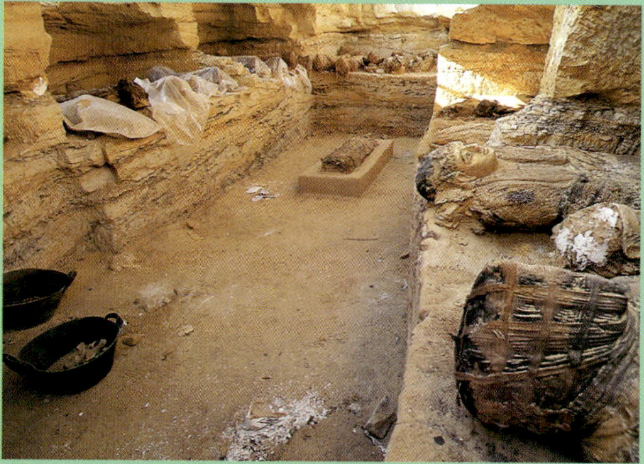

sonen nicht übersteigen wird. Auch für weitere bekannte Stätten sollten wir über Besucherbeschränkungen nachdenken, um nicht ihre Zukunft zu verspielen. In Theben-West plädiere ich für die totale Schließung der Grabanlage der Königin Nefertari und für eine nachhaltige Kontrolle der Touristenströme in den Gräbern des Tutanchamun und Sethos' I. Über die Gesamtproblematik habe ich gerade einen Vortrag bei der UNESCO in Paris gehalten.

Verlag: Wann wird das neue Nationalmuseum in Giza gebaut?

Hawass: Angesichts des gewaltigen Investitionsvolumens für diesen Neubau wird es noch etwas bis zum Baubeginn dauern. Nach meinem Dafürhalten sollte das Museum speziell dem Grabschatz des Tutanchamun mit seinen rund 5000 Objekten und den Königsmumien vorbehalten bleiben. Ein solches Gebäude würde nicht nur das alte Ägyptische Museum entlasten, sondern einen neuen, hochattraktiven Standort für den Tourismus begründen. In Bezug auf seine Innenausstattung und die Präsentation der Exponate könnte ich mir als Vorbild das Anthropologische Museum in Mexiko City vorstellen. Allerdings sagt mir mein Gefühl, dass ein dermaßen strukturiertes Museum nicht unbedingt an den Pyramiden von Giza errichtet werden sollte. Vielmehr halte ich eine zentrale Stadtlage wie an der Straße 6. Oktober in Kairo für sinnvoller.

Verlag: Wie sehen Ihre Ausgrabungsziele in der Oase Bahrija aus?

Hawass: Nachdem wir im Frühjahr 1999 sieben weitere Sammelbestattungen mit insgesamt 102 Mumien ausgegraben haben, werden wir die Arbeiten im »Tal der goldenen Mumien« in den

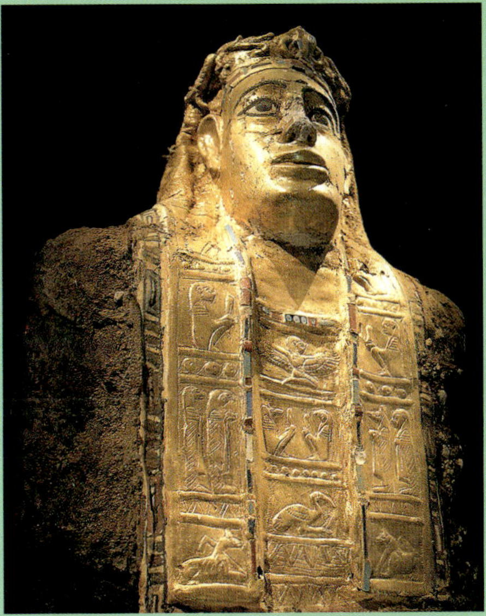

Mumienmaske eines Mannes. spätes 1. Jh. n. Chr., Oase Bahrija, römischer Friedhof, Kartonage, vergoldet, H. 74 cm, Oase Bahrija, Museum

nächsten Jahren doch etwas einschränken. Dabei möchte ich besonders die Anlagen der höheren Gesellschaftsschichten von Bahrija finden und Untersuchungen zum Alltagsleben der Oasenbewohner zur griechisch-römischen Zeit in den Mittelpunkt stellen. Alle bisher entdeckten Mumien werden in situ verbleiben. Nur sechs der besten Beispiele mit ihren vergoldeten Gesichtsmasken werden in einem neuen Ortsmuseum ausgestellt, um dem unglaublichen Interesse der Öffentlichkeit zu entsprechen. Die Gräber selbst werden aber auch in Zukunft geschlossen bleiben.

Memphis

»Sic transit gloria mundi« – treffender könnte man die heutige Situation der alten Landeshauptstadt Ägyptens nicht umschreiben, denn nur sehr wenig ist vom einstigen Glanz dieser Metropole geblieben. Nahe dem Dorf Mitrahina (rund 20 km südlich von Kairo) sind inmitten von Palmenhainen einige königliche Kolossalfiguren, der große Alabastersphinx, die Einbalsamierungsstätten der Apis-Stiere und die Überreste des großen Ptah-Tempels zu besichtigen. Schon in der Frühzeit als Königsburg gegründet, stieg Memphis im Alten Reich zum unbestrittenen Zentrum des Landes auf. An der Nahtstelle zwischen Unter- und Oberägypten gelegen und formal Hauptstadt des ersten Gaus von Unterägypten, nannte man sie auch »Waage der beiden Länder«. Die griechische Ortsbezeichnung Memphis leitet sich von Mennefer-Pepi, dem Pyramidennamen Pepis I. (6. Dynastie), ab. Die wechselhafte Geschichte der Stadt reicht bis ins 12./13. Jh., als Memphis durch intensiven Steinraub für Bauten in Kairo dem endgültigen Untergang preisgegeben worden war. Moderne Ausgrabungen im alten Stadtgebiet haben heute mit einem stark gestiegenen Grundwasserspiegel und der zunehmenden Besiedlung zu kämpfen.

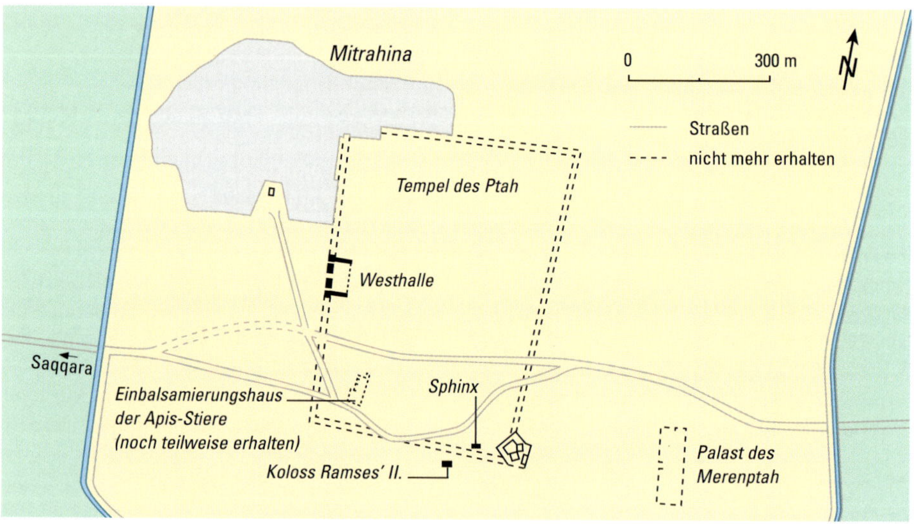

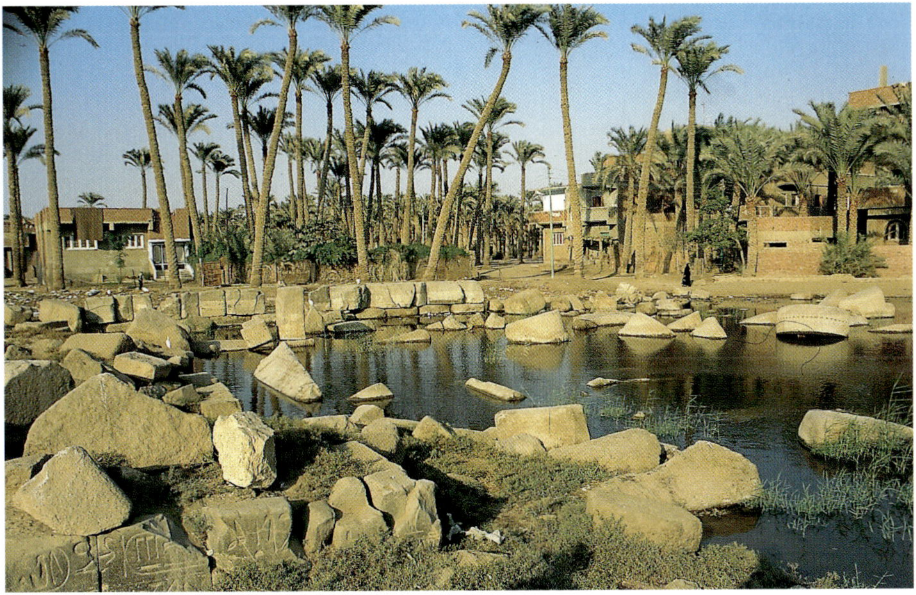

Der Tempel des Ptah

19. Dynastie, um 1250 v. Chr.

Westhalle

Als Hauptgott von Memphis wurde der Schöpfergott Ptah verehrt, der zusammen mit der löwenköpfigen Göttin Sachmet und dem Lotosblütengott Nefertem die heilige Trias der Stadt bildete. Einst gehörte das Heiligtum des Ptah zu den größten Tempelanlagen Ägyptens, doch wurde es so vollständig zerstört, dass selbst sein Grundriss nicht mehr zu ermitteln ist. Allein die mächtige Westhalle Ramses' II. kann einigermaßen rekonstruiert werden. Sie markierte den entsprechenden Eingang zum Tempelbezirk. Hinter einem Pylon von 74 m Breite folgte eine hypostyle Halle, die im Zentrum 16 Papyrussäulen in vier Reihen aufwies und von niedrigeren Säulenstellungen umgeben war. In östlicher Richtung schloss sich dann in über 300 m Länge das eigentliche Tempelhaus an, dem wohl alle bedeutenden Herrscher seit dem Alten Reich ihre Aufmerksamkeit geschenkt haben. Noch in der Ptolemäerzeit wurde der Gesamtbezirk mit einer riesigen trapezförmigen Umfassungsmauer (maximal 630 x 480 m) umgeben.

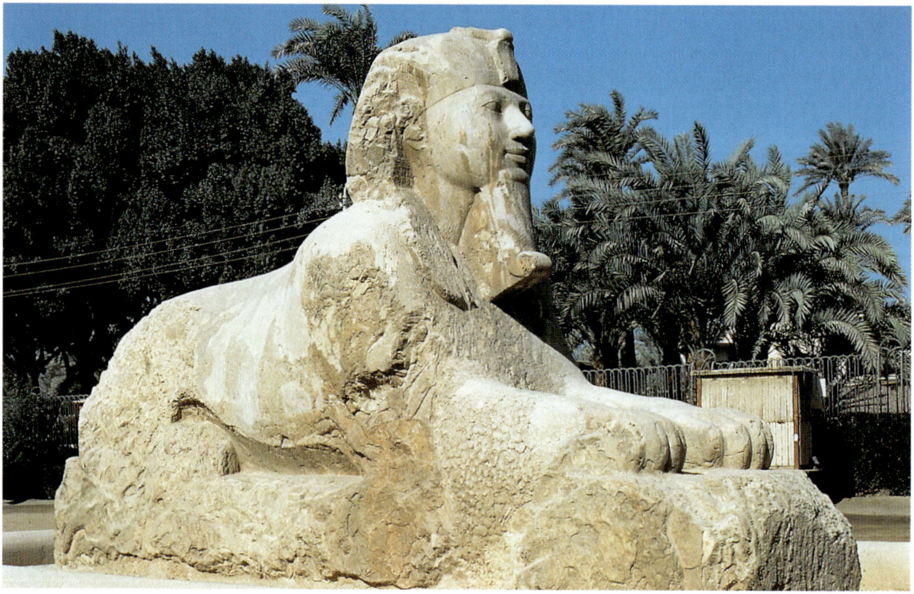

Der »Alabastersphinx«

18. Dynastie, um 1420 v. Chr.

Die gewaltigen Ausmaße des Ptah-Tempels verlangten nach einem Statuenschmuck vergleichbarer Größenordnung, soweit es die Gestaltung von Pylonen und Hofanlagen betraf. Im Denkmälergarten von Memphis liegt die kolossale Sphinxfigur aus Kalzit, die der berühmte Ausgräber W. M. Flinders Petrie unweit des heutigen Standortes 1912 gefunden hatte. Die starken Schäden auf der rechten Seite sind die Folge der langen Einwirkungen des Grundwassers. Das Haupt des Herrschers wird von einem königlichen Kopftuch mit Stirn-Uräus umhüllt, während dem Kinn ein geflochtener Götterbart mit eingerolltem Ende entspringt. Da weder auf der Brust noch auf dem hohen Sockel eine Inschrift erhalten ist, kann die zeitliche Einordnung des Sphinx nur nach stilistischen Kriterien vorgenommen werden, die Amenophis II. (18. Dynastie) als seinen Besitzer ausweisen. Trotz seiner Monumentalität (8,70 x 4,70 m, 80 t) besaß der Sphinx wahrscheinlich ein Gegenstück, sodass das Paar ursprünglich die Tempelachse im Hof oder eine Eingangssituation flankierte.

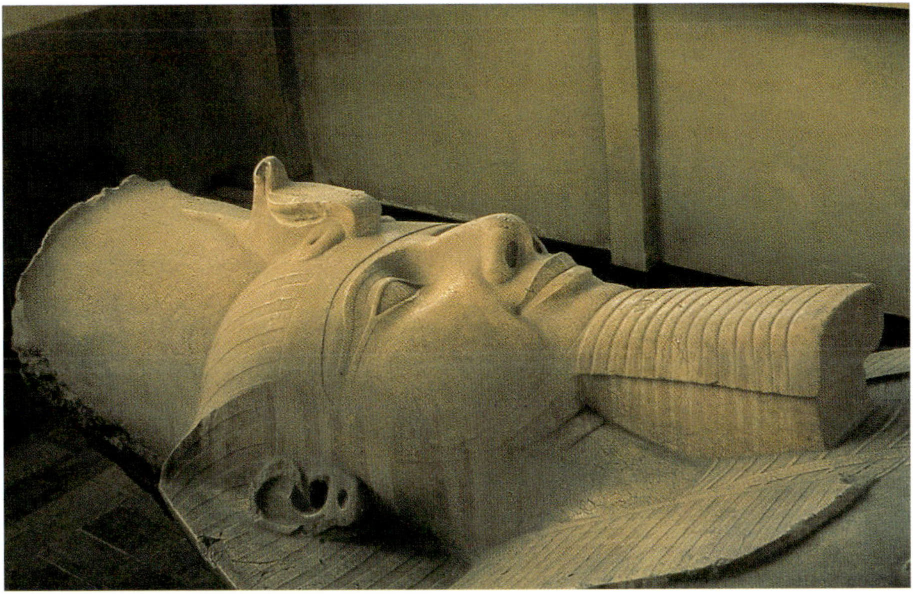

Kolossalfigur Ramses' II.

19. Dynastie, um 1250 v. Chr.

Im Zusammenhang mit den intensiven Baumaßnahmen, die unter Ramses II. im Bereich des Ptah-Tempels durchgeführt wurden, entstand eine ganze Serie von Kolossalfiguren des Herrschers aus unterschiedlichen Steinsorten. Seit dem 19. Jh. bekannt, 1888 dann endgültig freigelegt, wird heute in einem modernen Schutzgebäude ein auf seinem Rücken liegendes Standbildnis (H. ehem. 13,50 m) des Herrschers gezeigt. Aus einer dichten Kalksteinvarietät geschaffen, darf es ob seiner hohen Qualität zu den besten rundplastischen Werken Ramses' II. gezählt werden. Der König trägt das Kopftuch mit einer teilweise zerstörten Doppelkrone und den Zeremonialbart. Im Gürtel des fein plissierten Kurzschurzes steckt ein Dolch mit zwei Falkenköpfen am Griff, über der Brust liegt ein Pektoral auf, das den Namenszug des Herrschers zeigt. Auf dem Materialsteg zwischen den Beinen (Füße und Basis weggebrochen) erscheint im Relief die Königin Bint-Anat. Als originaler Standplatz der Statue ist das südliche Eingangstor des Heiligtums zu vermuten.

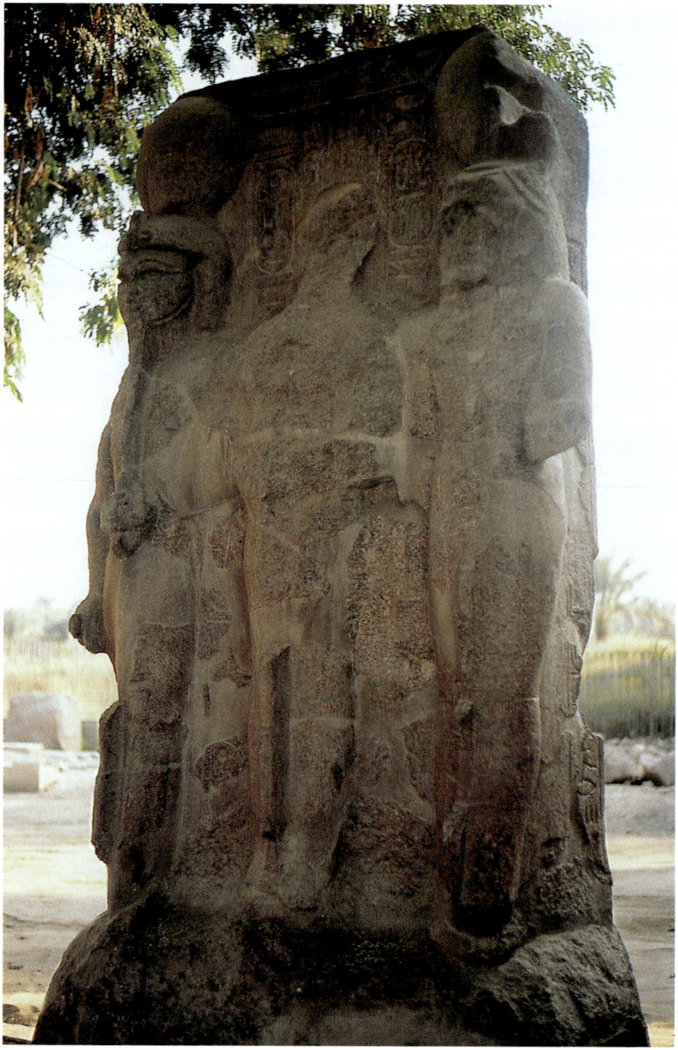

Gruppenplastik Ramses' II. mit Ptah und Sachmet

19. Dynastie, um 1250 v. Chr.

Seine Gottesnatur als Herrscher hat Ramses II. schon zu Lebzeiten im Bereich der Rundplastik häufig durch Gruppenbilder ausdrücken lassen, die ihn in identischer Größenordnung mit den jeweiligen Gottheiten darstellen. Diese Triade aus rotem Granit (H. etwa 3,80 m) vereint ihn mit Ptah und Sachmet, den beiden Hauptgöttern von Memphis. Der König übernimmt aber nicht die Rolle des jugendlichen Gottes Nefertem, sondern erscheint als Gott Ramses mit einer Sonnenscheibe über der kugeligen Perücke.

Balsamierungshaus der Apis-Stiere

Spätzeit, 6.–4. Jh. v. Chr.

Im Bezirk des Ptah-Tempels lag einst das Heiligtum für die Apis-Stiere, in dem das göttlich verehrte Tier auch gehalten wurde. Während diese Anlage archäologisch bisher nicht nachweisbar ist, konnte das zugehörige Einbalsamierungshaus entdeckt werden. Es besteht aus mehreren Räumen mit unterschiedlich großen Balsamierungsbetten aus Kalzit, eines von ihnen durch den Namen des Königs Necho in die 26. Dynastie datiert. Nach dem Tode eines Apis wurde der Tierkörper hier mumifiziert und anschließend im Serapeum von Saqqara beigesetzt.

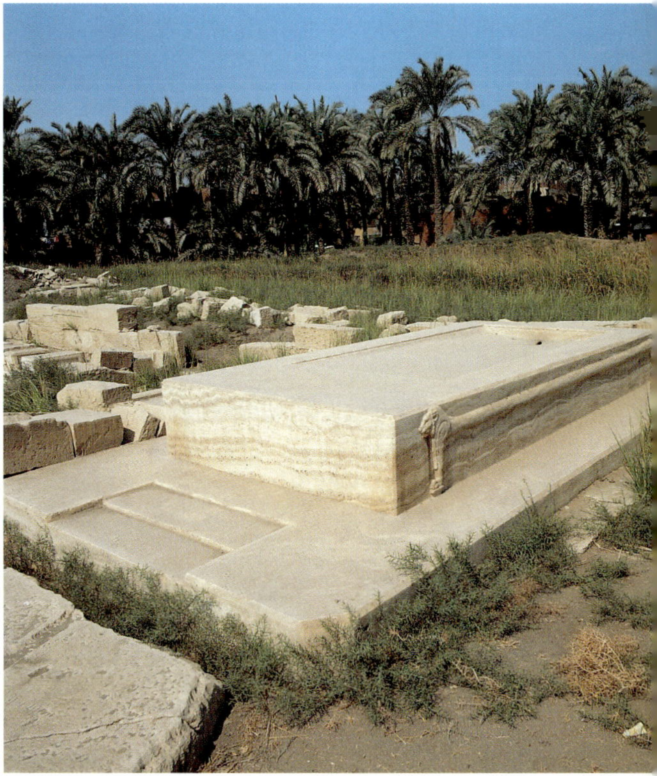

Im Auftrag des Pharao – der Wesir

Mit »Wesir« bezeichnet man den Beamten an der Spitze der ägyptischen Beamtenhierarchie, wobei das Amt selbst vom frühen Alten Reich bis in die Zeit der 30. Dynastie nachgewiesen werden kann. Neben ihrem spezifischen Titel trugen die Wesire ab dem Mittleren Reich auch eine besondere Amtstracht, die aus einem langen, bis unter die Achseln reichenden Schurz bestand, der mit Trägern um den Hals befestigt wurde. Die Zuständigkeiten der Wesire waren nahezu allumfassend. Vom Herrscher direkt berufen oder auch wieder bei Verfehlungen entlassen, mussten sie nur ihrem Dienstherrn Rechenschaft ablegen. In der 18. Dynastie hat man das Wesirat geteilt, sodass zwei Beamte, der Wesir von Oberägypten und sein Kollege für Unterägypten, gleichzeitig in Theben beziehungsweise Memphis (während der 19./20. Dynastie zeitweilig in der Ramsesstadt) amtierten. Das breite Aufgabenspektrum eines Wesirs wurde durch eine detaillierte Dienstanweisung geregelt, die in einigen Versionen (Grabinschriften) des Neuen Reiches erhalten ist. Die hohen Anforderungen an das Amt umreißt der König eindrucksvoll in seiner Einführungsrede an den ausgewählten Beamten, wie im Fall Thutmosis' III. gegenüber dem Wesir Rechmire: »Betrachte nun den Wesir! Siehe, nicht ist es ein

Grabrelief des Ptahemhat (Detail), Die beiden Wesire der Landesteile hinter dem Generalissimus Haremhab, 18. Dynastie, um 1330 v. Chr., Kalkstein, bemalt, Br. 128 cm, Ägyptisches Museum, Staatliche Museen Berlin Preußischer Kulturbesitz, Berlin

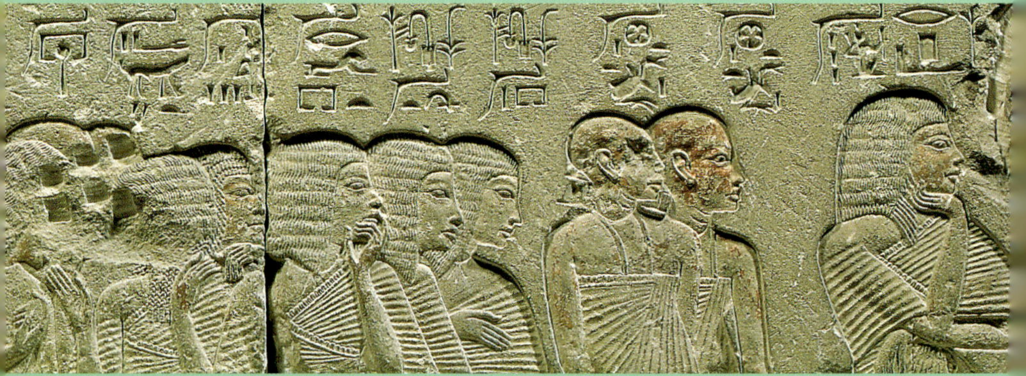

angenehmes Amt! Siehe, bitter ist es wie die Galle.« Anschließend wird Rechmire ermahnt: »Eine Abscheu für Gott ist, wenn man sich auf eine Seite gibt (das heißt parteiisch ist). Dies ist die Lehre. Du sollst entsprechend handeln und den Bekannten wie den Unbekannten, den Nahestehenden wie den Fernstehenden gleicherweise behandeln.« Besonnenheit und Durchsetzungsvermögen werden dann ebenso eingefordert: »Handele nicht blindlings gegen einen Mann wie ein Gewitter! Weswegen man zornig sein muss, deswegen kannst du zornig sein. Denn der Große, den man fürchtet, ist ein Großer. Siehe, der Wert eines Großen ist, dass er die Maat (Gerechtigkeit) tue.« Viele Paragrafen führen anschließend die Kompetenz des Wesirs aus, unter denen die Gerichtshoheit und die Geschäfte der Staatsverwaltung den wichtigsten Platz einnehmen. Aber auch die Art und Weise, wie der Aktenverkehr abzulaufen hat, sowie die Geschäftsordnung für Amtssitzungen sind festgelegt. Von allen Angelegenheiten des Landes muss der Wesir unterrichtet sein, um seine Entscheidungen treffen zu können: »Ein jedes Amt – vom höchsten bis zum niedrigsten – soll eintreten in die Halle des Wesirs zur Beratung miteinander. (...) Er schickt die Bürgermeister und Ortsvorsteher in der Erntezeit zum Ackern. Er ernennt den Polizeivorsteher in der Halle des Königshauses. Er ernennt den, der die Bürgermeister und Ortsvorsteher anhört und in seinem Namen nach Ober- und Unterägypten reist. Ihm werden alle Dinge gemeldet.«

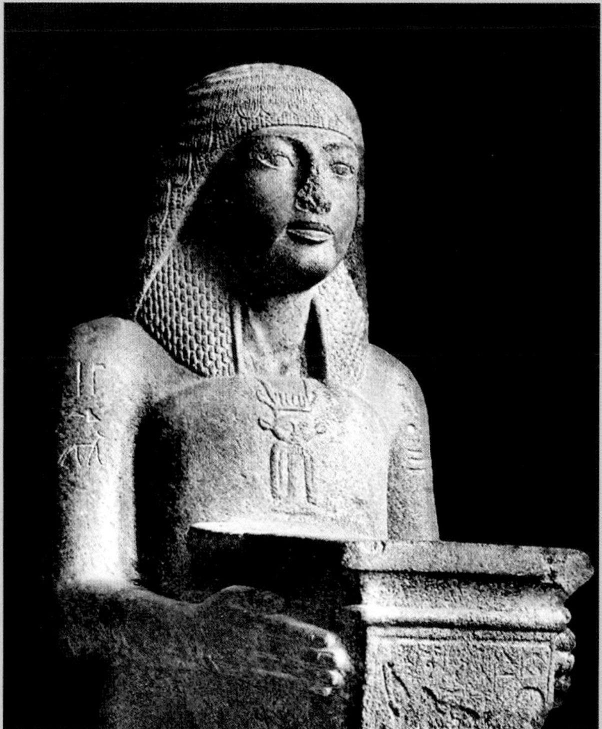

Kniefigur des Wesirs Paser in Amtstracht. 19. Dynastie, um 1270 v. Chr., Karnak, Tempel des Amun; Granodiorit, H. 108 cm, Ägyptisches Museum, Kairo

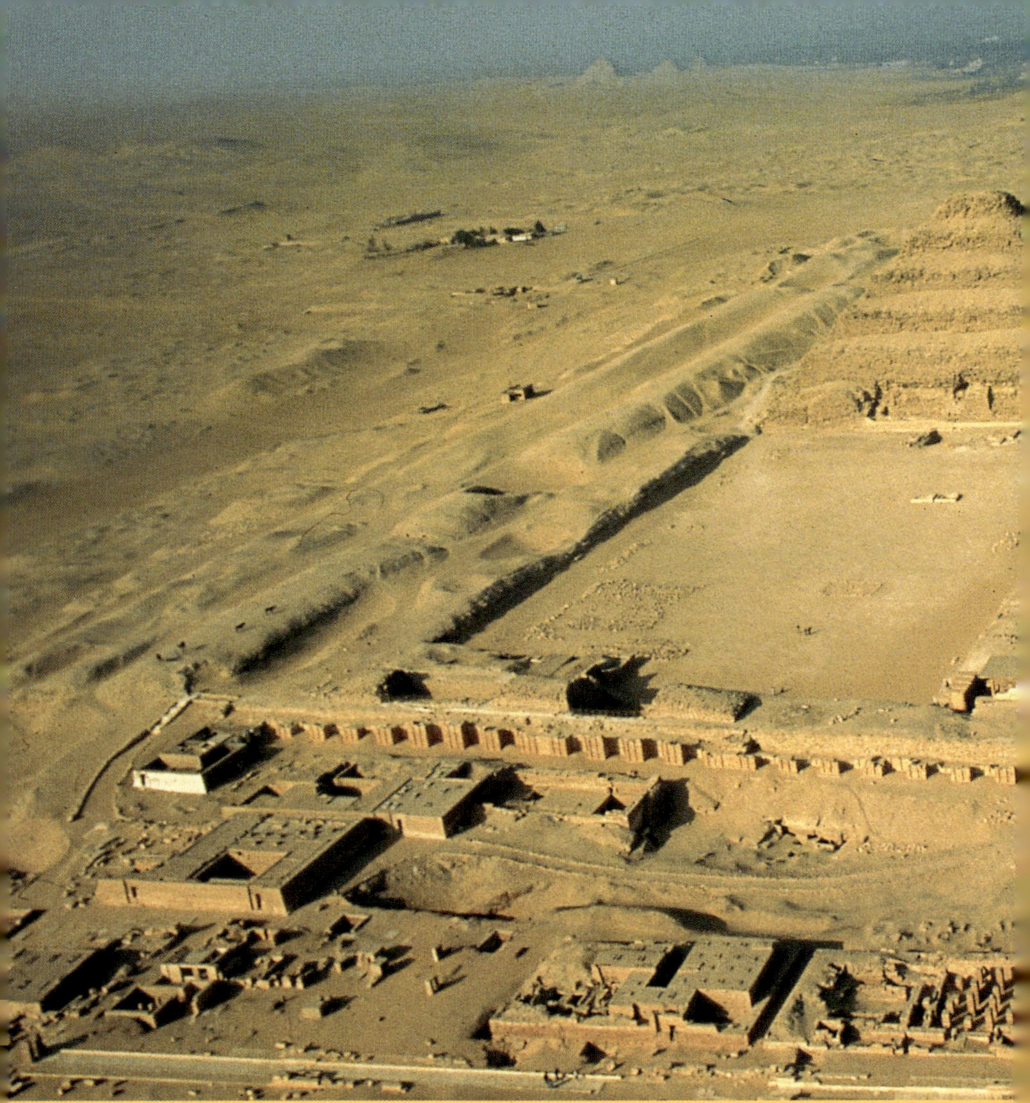

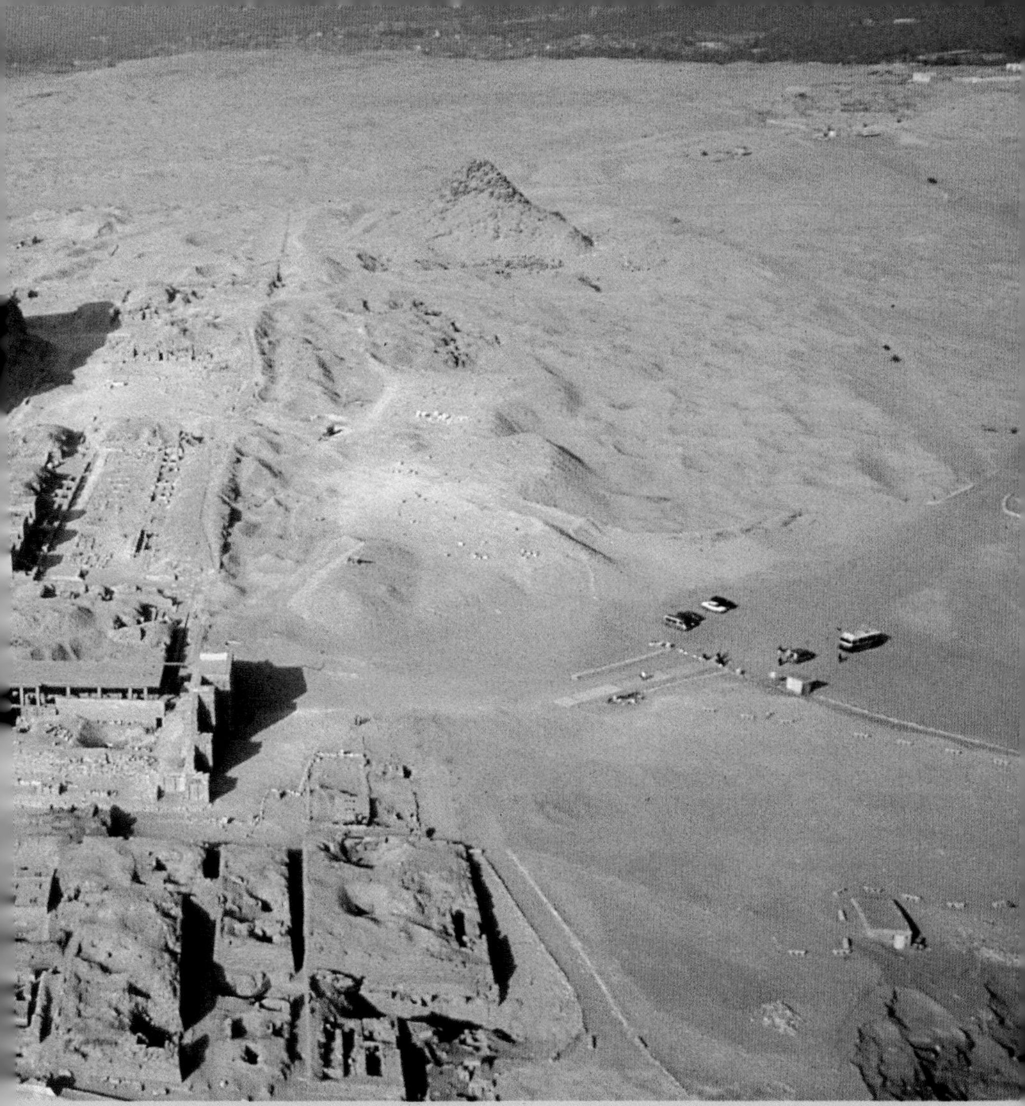

Von Saqqara zum Faijum

Saqqara

Neben dem Friedhofsgebiet von Theben-West ist Saqqara die am meisten ausgedehnte Totenstadt Ägyptens, deren Belegungsgeschichte von der Frühzeit (1./2. Dynastie) bis in die Ptolemäerzeit reicht, mit dem Bau des Jeremias-Klosters im 5. Jh. sogar die christliche Epoche umfasst. Als der Memphis zugeordneten Hauptnekropole erstreckt sich das Gebiet über sieben Kilometer in nord-südlicher Richtung am Rand der westlichen Wüste. Der politischen Situation des Landes entsprechend, erlebte Saqqara seine große Blütezeit während des Alten Reiches mit der Stufenpyramide des Königs Djoser als Wahrzeichen des ganzen Gräberfeldes. Um seinen Kultbezirk liegen weitere Pyramiden und die Mastaba-Bauten der Beamten und Höflinge aus der 3.–6. Dynastie. Weiter nördlich wurden spätzeitliche Tierfriedhöfe in den Felsboden getrieben, und dicht am Abhang des Wüstenplateaus beeindrucken die Ziegelgräber der beiden ersten Dynastien. Ebenso in Saqqara wurden die unterirdischen Bestattungsgrüfte der Apis-Stiere, die Schachtgräber der Perserzeit und die Grabbauten im Friedhofsabschnitt des Neuen Reiches bei der Unas-Pyramide angelegt. Saqqara-Süd wählten einige Könige des späten Alten Reiches für ihre Pyramiden und Kulteinrichtungen.

Vorhergehende Seiten: Der Pyramidenbezirk des Königs Djoser in Saqqara

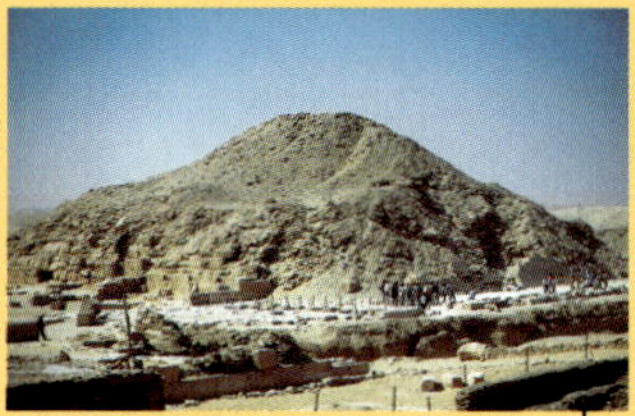

Die Unas-Pyramide, S. 206 ff.

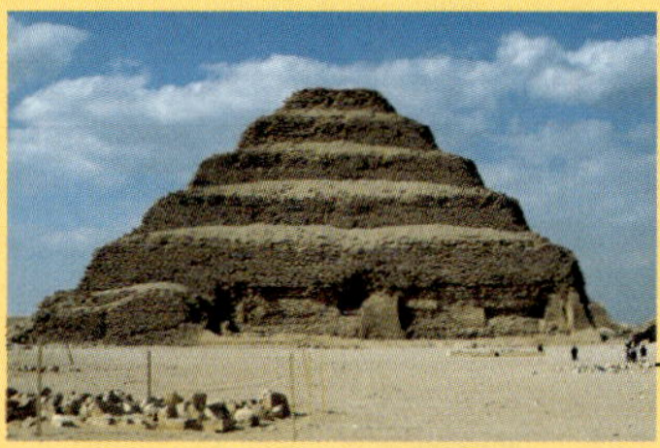

Die Stufenpyramide des Djoser, S. 197 ff.

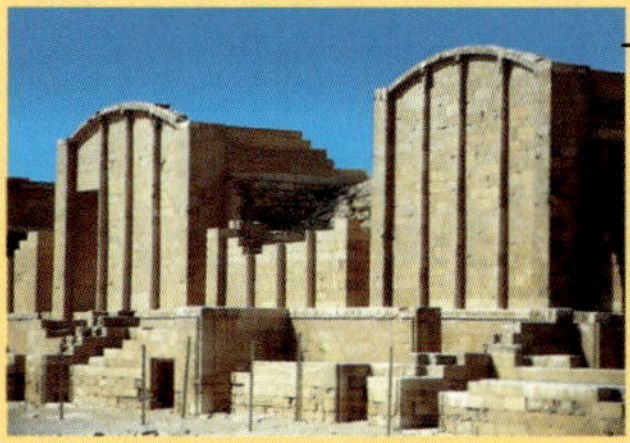

Der kleine Kapellenhof, S. 199

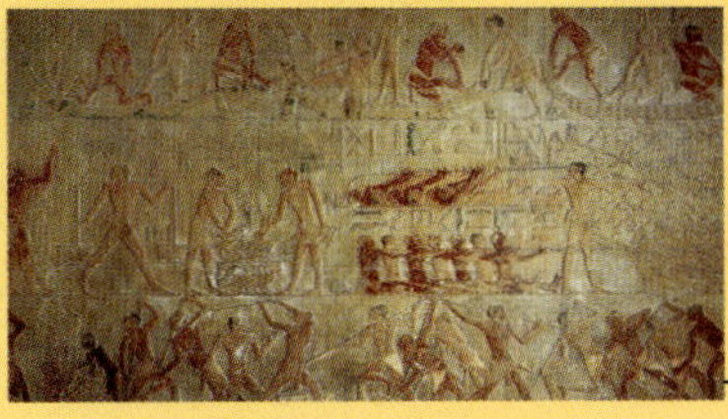

Mastaba des Ptahhotep, Vogelfang und Fischerspiele, S. 218 f.

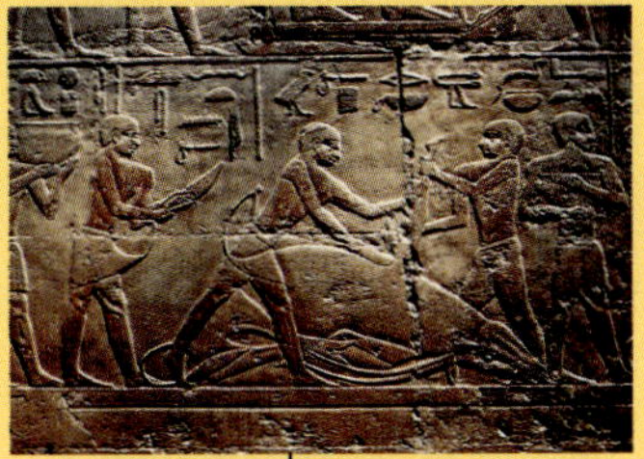

Mastaba des Ti, Schlachtung der Rinder, S. 213

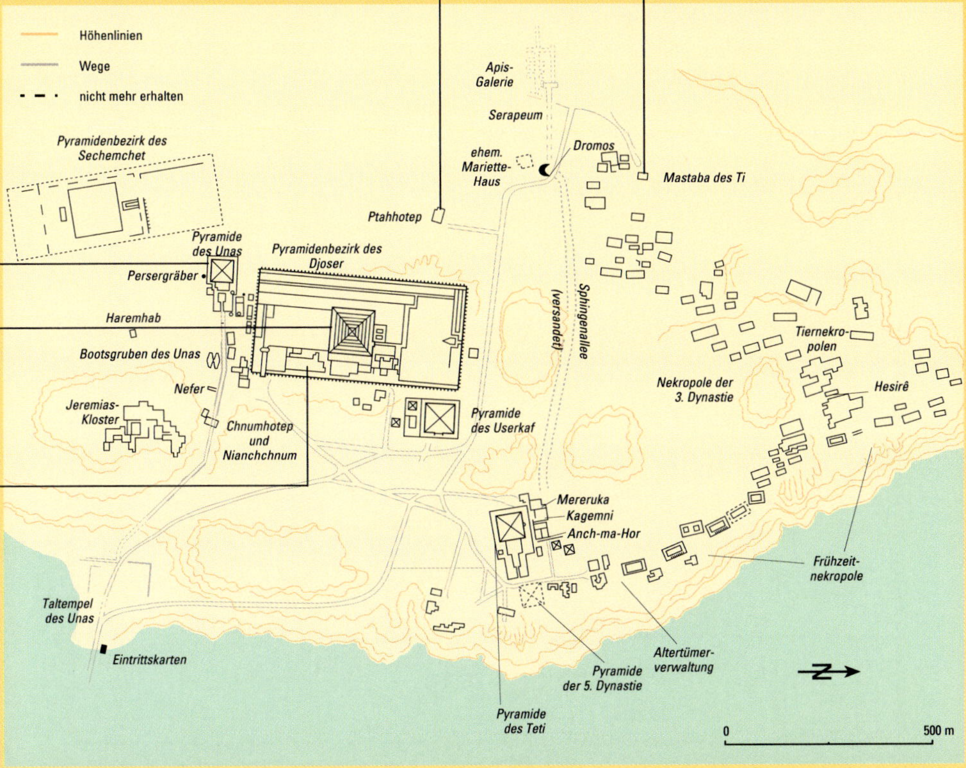

Grabbezirk des Djoser

3. Dynastie, um 2650 v. Chr.

Der große Grabbezirk von König Djoser bildet den einsamen Höhepunkt in der Entwicklung königlicher Grabanlagen des frühen 3. Jt.s, die sich aus Elementen ober- und unterägyptischer Bautraditionen zusammensetzen. Erstmals in der Sakralbaukunst aus Stein errichtet, boten die verschiedenen Gebäude um die Pyramide dem verstorbenen Pharao die dauerhafte Gewähr seiner jenseitigen Existenz. Mit Ausnahme seines Grabmales und dem Totentempel als Bestattungs- und Kultort wurden die übrigen Bauten als Scheinarchitektur ausgeführt, die ihre Funktion definieren, ohne in konkrete Handlungsabläufe eingebunden zu sein. Diese Konzeption einer Jenseitsresidenz für die Ewigkeit entwickelte sich in mehreren Bauphasen wie die Pyramide selbst, war also nicht der geniale Erstentwurf des Imhotep, der aber als Bauleiter das Projekt maßgeblich betreute. Erst spätere Zeiten sahen in ihm den Erfinder der Steinbautechnik und Weisen, der göttliche Verehrung erlangte. Trotz intensiver Bemühungen blieb die Suche nach dem Grab des Imhotep, das sicherlich nördlich der Stufenpyramide angelegt wurde, bisher erfolglos. Nicht nur die Leistung dieses genialen Beamten des Djoser blieb über Jahrtausende im Bewusstsein seiner Nachwelt, sondern der Bau selbst wurde in der Spätzeit als besonders ehrwürdig angesehen. So dienten die Nischenreliefs im Südgrab als Vorlagen für entsprechende Szenen im Palast des Apries (26. Dynastie) von Memphis.

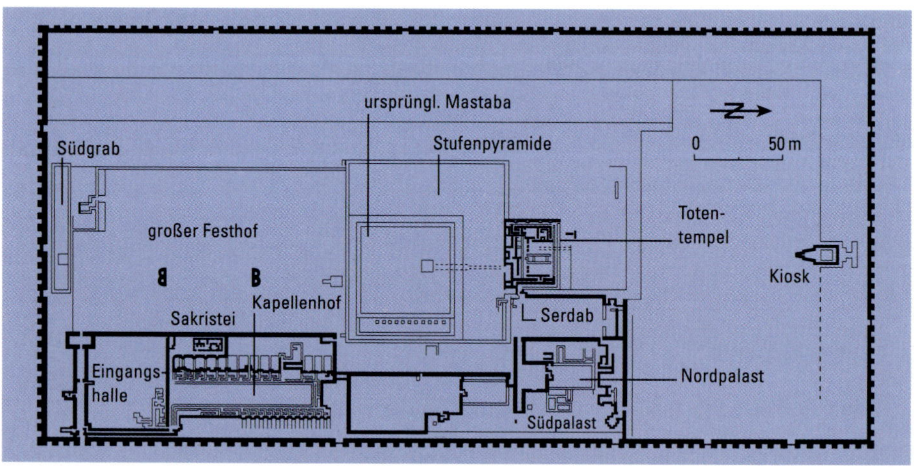

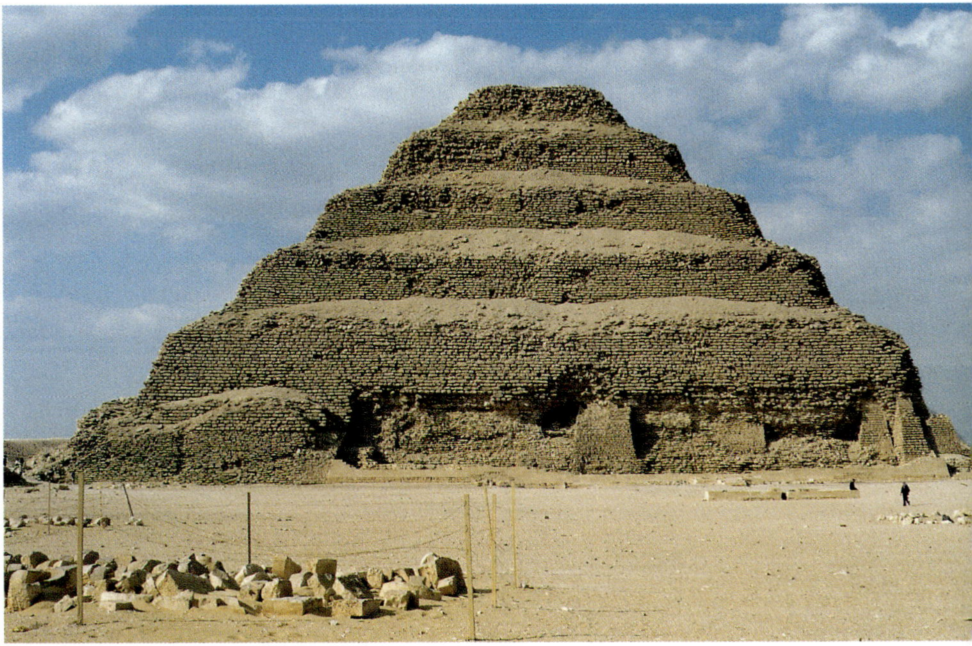

Die Stufenpyramide

Als erster monumentaler Steinbau in der Geschichte der Menschheit liegt die Stufenpyramide des Königs am Nordende des großen Hofes. Ursprünglich war das Grabmal in Gestalt einer mächtigen Mastaba aus Stein geplant, die dann mehrere Erweiterungen erfuhr. Erst später veränderte man den Bau in eine vierstufige Anlage, die nochmals vergrößert wurde, bis die endgültige Pyramide mit sechs Stufen bei einer Höhe von 60 m vollendet war. Ihr Baumaterial besteht aus noch relativ kleinen Steinquadern, die unter Wahrung des Stufencharakters eine Verkleidung aus Tura-Kalkstein erhielten. Der Eingang zum Grabmal des Djoser liegt auf der Nordseite im Bereich des Totentempels, bei dem auch die kleine Statuenkammer (Serdab) mit der berühmten Sitzfigur (s. S. 93) des Herrschers freigelegt wurde. Die unterirdischen Anlagen (T. bis 32 m) mit der Grabkammer des Herrschers aus rotem Granit besitzen einen labyrinthhaften Zuschnitt; die Magazine allein bargen zehntausende Steingefäße.

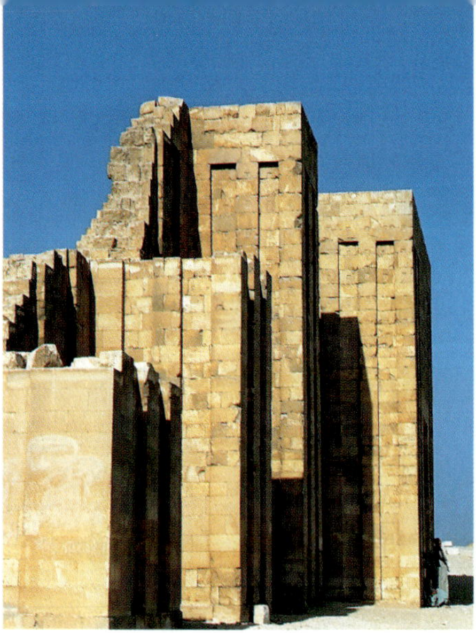

Die große Umfassungsmauer

Der gesamte Pyramidenbezirk wird von einer gewaltigen Umfassungsmauer (545 x 278 m) aus Kalksteinblöcken umzogen, die mit einer Nischengliederung versehen ist. Die Mauer (H. 10,5 m) wird von 14 Scheintoren gegliedert, nur an der Südostecke erlaubt ein wirklicher Eingang den Zutritt zu dem Bezirk. Das Tor mündet in eine lange, einst eingedeckte Kolonnade mit aufgemauerten Zungensäulen (mit der Wand verbunden), die Schilfbündel imitieren. Im Eingangskorridor verdeutlichen die Deckenbalken und ein geöffneter Türflügel samt Pfanne das Prinzip der Blend- und Scheinarchitektur, die ihre Vorbilder aus Holz in den neuen Werkstoff Stein umsetzen.

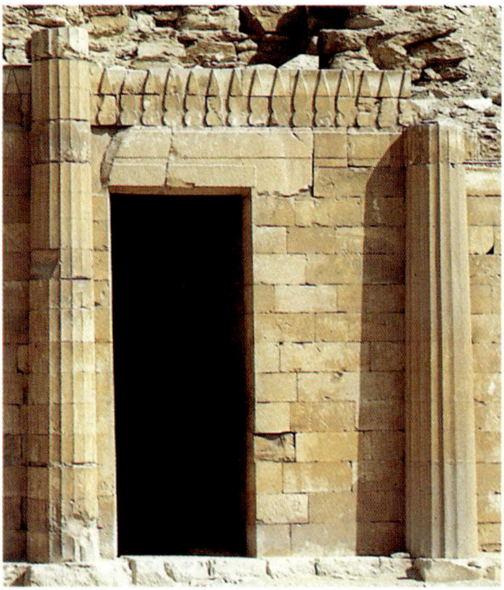

Der »Palast des Südens«

Im Osten der Pyramide liegen zwei Scheingebäude mit je einem zugehörigen Hof. Sie werden als »Palast des Südens« und »Palast des Nordens« bezeichnet und repräsentieren den Gedanken des Landesdualismus. In ihrer äußeren Form wurden sie vorgeschichtlichen Kultkapellen nachgebildet. Die Fassaden sind von vier schlanken Halbsäulen mit Kanneluren eingenommen, deren Innenpaar den Eingang (dahinter nur kleine Gangräume) flankiert. Die rekonstruierte Eingangszone des Südpalastes zeigt direkt über dem Tor ein Dekorband mit spitz zulaufenden Elementen, den sog. Cheker-Fries, der hier erstmals in der Sakralbaukunst auftritt.

Der kleine Kapellenhof

Zu den großartigsten Einzelanlagen des Kultbezirkes gehört der kleine Kapellen- oder Sed-Festhof, der ursprünglich über eine lange Passage vom Eingangsbereich aus zugänglich war. In seiner heutigen Gestalt ist der Hof mit den ihn flankierenden Kapellen das Lebenswerk des französischen Wissenschaftlers Jean-Philippe Lauer, der bereits seit den 1930er-Jahren den Djoser-Komplex erforscht und die Rekonstruktionsarbeiten leitet. Seine Ergebnisse haben das Verständnis der Bauten maßgeblich gefördert, deren Deutung ohne Darstellungen und Inschriften auskommen muss. In ihren beiden unterschiedlichen Grundtypen bilden die in Blendarchitektur ausgeführten Kapellen die vorgeschichtlichen Reichsheiligtümer von Ober- und Unterägypten nach, die hier in ihrer Gesamtzahl als Gauheiligtümer das ganze Land symbolisieren und so für den verstorbenen Herrscher eine Art Kultbühne zur ewigen Feier seines Regierungsjubiläums (ägypt. Heb-Sed) bereiten. Die realen Riten des Sed-Festes fanden allerdings am Palast des Königs in Memphis statt.

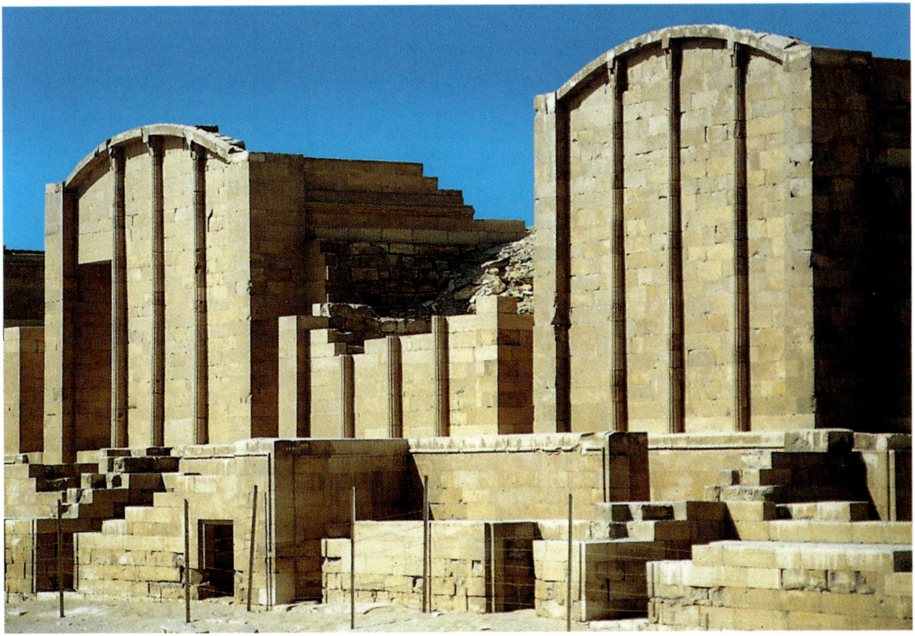

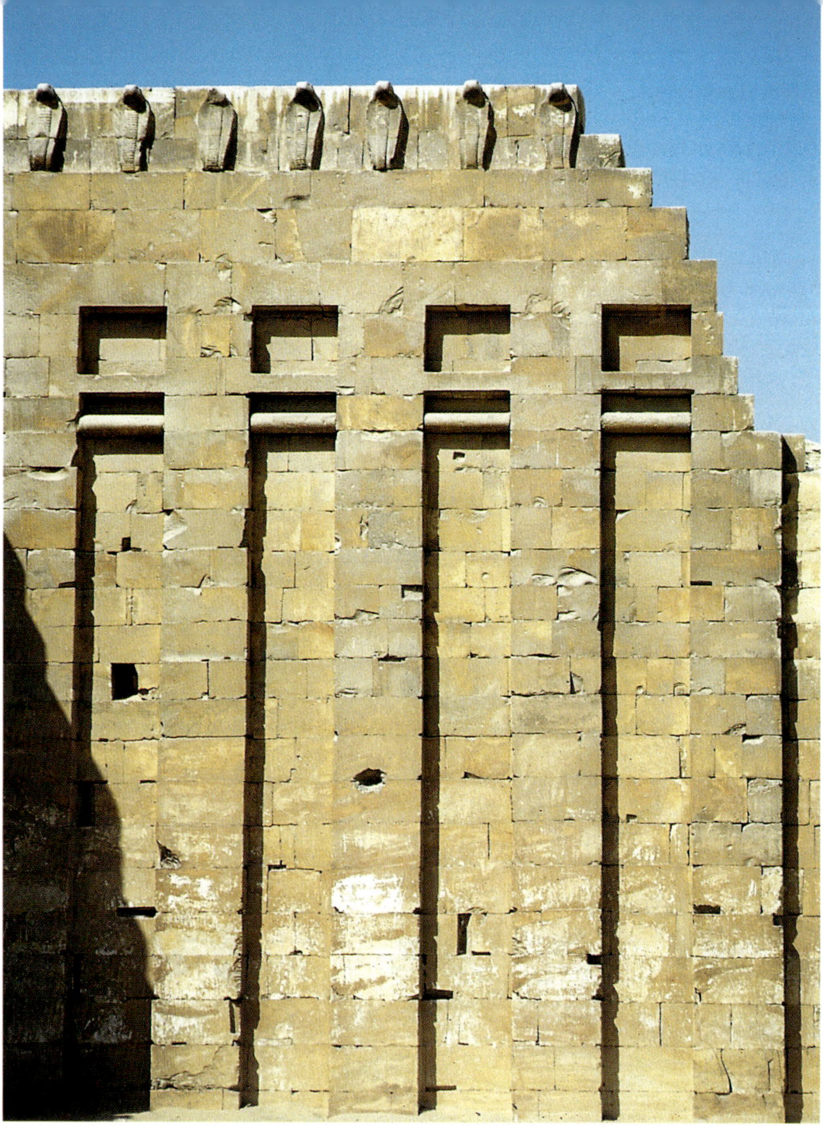

Das Südgrab

Nach seiner Lage im Grabbezirk benannt, besitzt das Südgrab die Gestalt einer Mastaba mit gewölbtem Dach. Zur Hofseite hin verfügt es über einen Anbau, dessen Außenwand eine leichte Nischengliederung sowie einen herrlichen Uräen-Fries als oberen Abschluss aufweist. Die Funktion dieses Zweitgrabes war lange umstritten. Man wird in ihm aber die mythische Begräbnisstätte in Verbindung mit dem Ritual des Sed-Festes erkennen dürfen, das der Regeneration des Herrschers diente. Zusammen mit dem großen Hof vor der Pyramide als fiktivem Ort der Kultläufe und der Anlage des Kapellenhofes gehörte das Südgrab zu den zentralen Einrichtungen dieses bedeutenden Königsfestes.

König Djoser beim Kultlauf

Vergleichbar mit dem echten Grab König Djosers unter seiner Pyramide weist auch das Südgrab eine Grabkammer aus Rosengranit auf, die am Boden eines tiefen Schachtes liegt. Wie dort wurden einige der umgebenden Räumlichkeiten durch eine Wandverkleidung aus kleinen türkisblauen Fayencekacheln besonders hervorgehoben. Diese hochrechteckigen Täfelchen wurden mit Gipsmörtel zwischen Steinstegen an der Wand eingefügt und zusätzlich mittels einer dünnen Schnur aus Pflanzenfasern in Position gehalten, die durch ihre rückseitigen Ösen verlief. Die so erzeugte Mattenstruktur der Wände dieses Jenseitspalastes erfährt eine Unterbrechung von scheintürartigen Nischen, die auf ihrer Rückwand mit einer Darstellung in erhabenem Relief versehen sind. Sie zeigen König Djoser bei den verschiedenen Kultläufen des Sed-Festes, wobei offen bleibt, ob der Herrscher jemals dieses Laufritual absolvieren musste. Als wirkmächtiges Symbol der physischen Leistungskraft des Pharao blieb dieses Bild aber bis in die griechisch-römische Zeit (Tempelreliefs) in Gebrauch. Auf dem äußeren Rahmen der Nischen wurde die Titulatur des Königs vermerkt, dessen Name Djoser nicht zeitgenössisch ist, sondern Netjeri-chet (»Göttlich an Leib«) lautete.

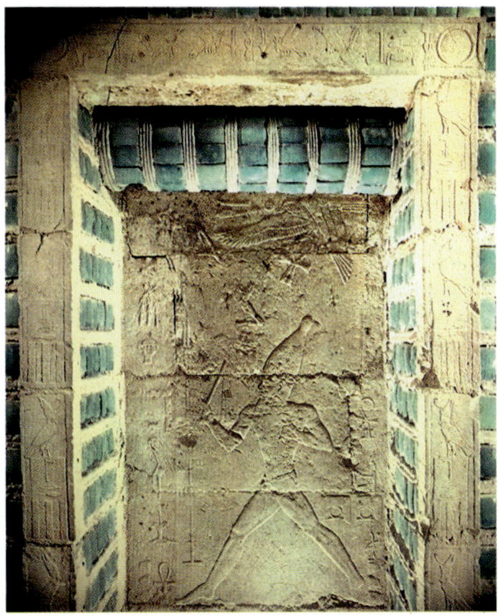

Auguste Mariette in Saqqara

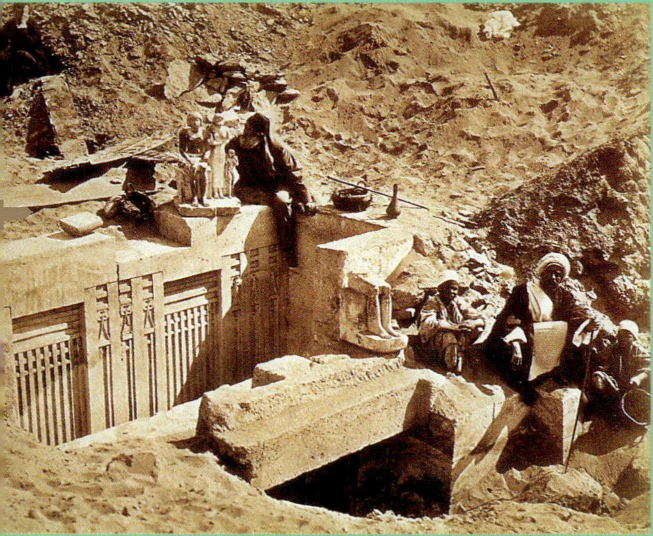

Auguste Mariette (1821–1881) mit einer neu gefundenen Familiengruppe in Saqqara, Druckgrafik, 1893

Das ausgedehnte Nekropolenfeld von Saqqara ist untrennbar mit dem Namen eines Mannes verknüpft, der zu den großen Gründerfiguren der ägyptischen Altertumswissenschaften im 19. Jh. gehört: Auguste Mariette (1821–1881). Dank seiner überragenden Leistungen als Ausgräber wurde er 1858 zum ersten Direktor des Antikendienstes berufen und eröffnete 1863 das Ägyptische Museum von Kairo im Ortsteil Boulaq. Im Auftrag des Louvre 1850 nach Ägypten geschickt, um koptische Manuskripte zu erwerben, ahnte er wohl selbst nicht, welch spektakulärer Erfolg ihm schon im nächsten Jahr beschieden sein sollte. Seine Ankaufbemühungen waren nämlich beim koptischen Patriarchen auf wenig Gegenliebe gestoßen, und Mariette scheint die Angelegenheit auch nicht weiterverfolgt zu haben. Vielmehr begab er sich nach Saqqara. Als er dort einen aus dem Wüstensand herausragenden Sphinx-Kopf sah, erinnerte er sich an eine Stelle im Werk des griechischen Geografen Strabo (1. Jh. n. Chr.), wo erwähnt wird, dass es in Memphis »einen Tempel des Sarapis an einem derart sandigen Ort gäbe, dass die Winde dort Mengen von Sand anhäufen, unter den wir Sphingen sahen, die einen zur Hälfte, die anderen bis zum Kopf begraben, wonach man vermuten kann, dass der Weg in Richtung auf diesen Tempel nicht ungefährlich sein würde, wenn man von einem Windstoß überrascht würde.« Ohne eine offizielle Genehmigung bei den Behörden einzuholen, begann Mariette Anfang November 1851 hier mit seinen Ausgrabungen. Er ließ seine Arbeiter der

Sphingenallee nachgehen, wobei im Schnitt zehn Meter hoher Flugsand geräumt werden musste, und traf tatsächlich wenige Tage später auf den Eingang des Serapeums, der unterirdischen Grüfte für die Beisetzung der heiligen Apis-Stiere. Dabei war Mariette zunächst auf die späteste Bauphase der Gesamtanlage gestoßen, der großen Galerie von über 300 m Länge, die in der Spätzeit (26. Dynastie) angelegt worden war und bis zur späten Ptolemäerzeit in Verwendung blieb. In den Kammern zu beiden Seiten des Ganges standen mächtige Steinsarkophage, jeder zwischen 60 und 70 t schwer. Mit Enttäuschung musste der Ausgräber aber feststellen, dass ihm in jedem Fall die antiken Grabräuber zuvorgekommen waren.

1852 fand Mariette eine weitere, wenn auch kleinere Galerie aus der 19. Dynastie sowie die ältesten Einzelgräber des frühen Neuen Reiches, die bis zur Zeit Amenophis' III. zurückreichten. Hier konnte der Franzose eine noch intakte Stierbestattung mit zwei Holzsärgen entdecken, die wertvolle Beigaben lieferten, unter anderem ein herrliches Pektoral mit dem Namen Ramses' II. Dies ist ein deutlicher Hinweis darauf, mit welchem Aufwand die Apis-Stiere beigesetzt wurden. Noch bedeutender war jedoch die Auffindung des Sarkophages mit der Mumie des Prinzen Chaemwese, Sohn Ramses' des Großen und Hohepriester des Ptah von Memphis, als dessen Erscheinungsform der Apis-Stier galt. Nach langen Verhandlungen wurden Mariette seine Funde, nahezu 6000 Einzelobjekte, zugesprochen und gelangten 1852/53 in den Louvre; darunter eine monumentale Stierfigur des Apis (30. Dynastie) aus den oberirdischen Tempelanlagen des Gottes wie auch einige Großkanopen aus verschiedenen Apis-Grüften der 18. Dynastie (seit Amenophis III. und Tutanchamun). Von besonderer Bedeutung für die Kulttradition sind aber die zahlreichen Stelen (ab Neuem Reich) mit den Angaben zum Todestag und Alter eines Apis-Stieres.

Brustschmuck mit Thronnamen Ramses' II., 19. Dynastie, um 1250 v. Chr., Serapeum, Saqqara, Gold mit farbigen Einlagen, H. 13,5 cm, Musée du Louvre, Paris

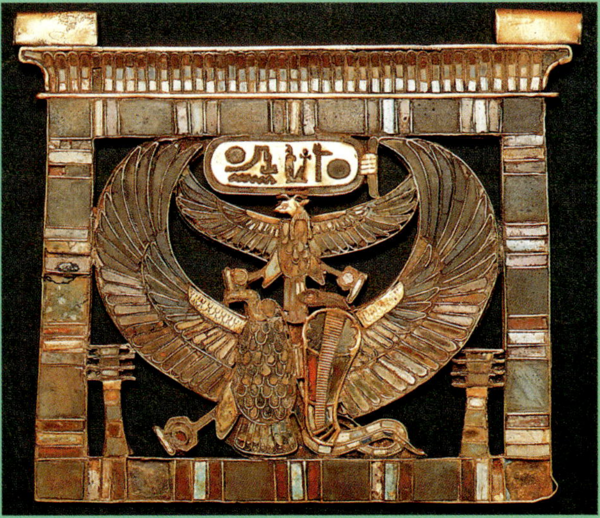

Das Serapeum

Spät- und Ptolemäerzeit, 7.–1. Jh. v. Chr.

Weiter östlich liegt hinter der Djoser-Pyramide der Eingang zum Serapeum, den unterirdischen Galerien zur Beisetzung der heiligen Apis-Stiere. Seine Entdeckung gehört zu den Pioniertaten der Archäologie des 19. Jh.s (s. S. 486), doch die meisten Reste der Oberbauten hat sich der Wüstensand seither zurückgeholt. Der Kult des Apis lässt sich im memphitischen Raum durch inschriftliche Belege bis in die Frühzeit verfolgen, die früheste Einzelbestattung in Saqqara stammt jedoch erst aus der Zeit Amenophis' III. (18. Dynastie). Heute besichtigt man im Serapeum die große, stark einsturzgefährdete Galerie aus der 26. Dynastie, die unter den Ptolemäern noch erweitert wurde. Unmittelbar im Eingangsbereich sind zahlreiche Felsnischen zu erkennen, in denen einst Stelen eingelassen waren, deren Texte wichtige Quellen für die Belegungsphasen des Serapeums darstellen. Auf beiden Seiten des Hauptgangs (200 m sind begehbar) führen dann die Kammern ab, die das jeweilige Stierbegräbnis aufnahmen. Gleich nachdem man die Hauptgalerie erreicht hat, liegt linker Hand die Nische mit dem ältesten erhaltenen Sarkophag aus rotem Granit, der durch seine Inschrift auf die 26. Dynastie datiert ist. In einem Nebengang (s. Plan) blieb ein unfertiger Sarkophag liegen, der vielleicht dem letzten geplanten Begräbnis eines Apis-Stieres im 1. Jh. v. Chr. zugeordnet werden kann.

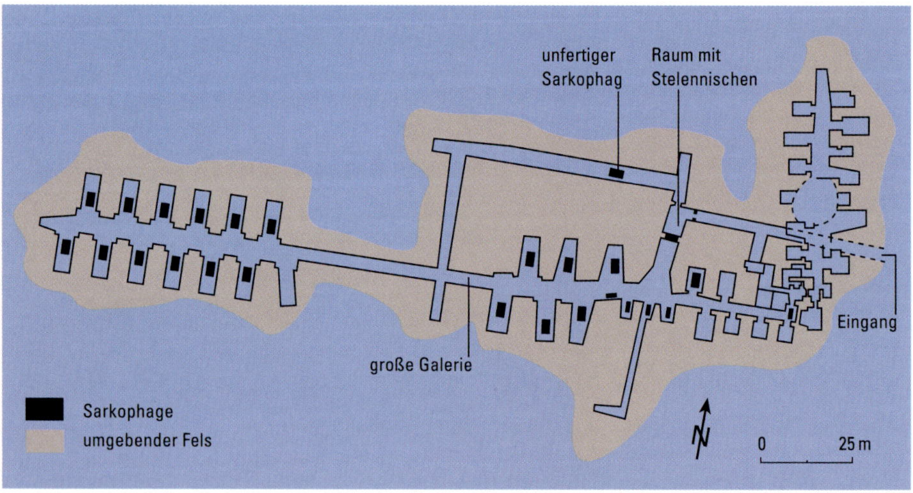

Aufgebrochener Sarkophag
Ptolemäerzeit, 3./2. Jh. v. Chr.

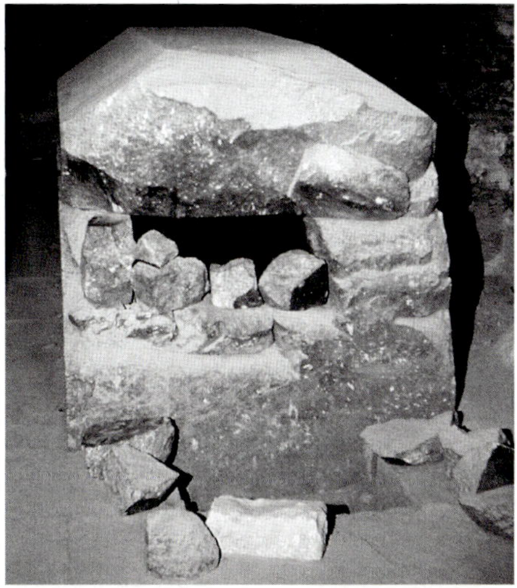

Damit ein Stier zum Apis erklärt werden konnte, musste er über eine bestimmte Fellzeichnung verfügen. Nach seiner Inthronisierung wurde das Tier im Tempelbezirk des Ptah als eine Art Mittler des Gottes von Memphis gehalten. Ein verstorbener Apis wurde wie ein Mensch einbalsamiert und dann in einem feierlichen Prozessionszug ins Serapeum überführt. Seit der Zeit Psammetichs I. erfolgte die Beisetzung in gewaltigen Steinsarkophagen, die ein Gewicht von bis zu 70 t erreichten. Die wertvollen Beigaben an der Mumie des Stieres riefen jedoch schon in der Antike Grabräuber auf den Plan.

Prunksarkophag
Ptolemäerzeit, 2./1. Jh. v. Chr.

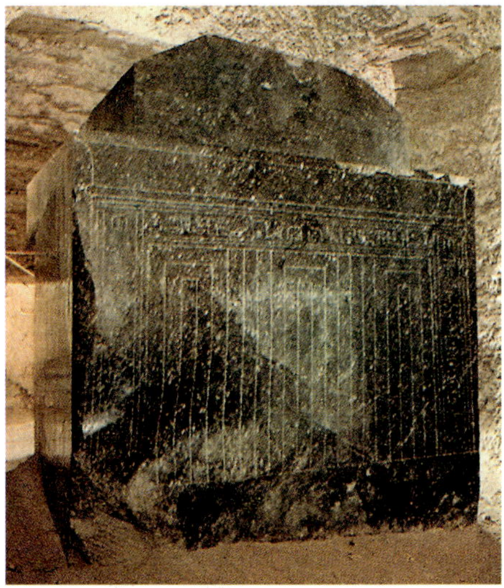

Ganz am Ende der großen Galerie liegt der Standort des wohl feinsten Sarkophages im Serapeum. Aus schwarzem, hoch poliertem Granit gearbeitet, hat man ihn mit einem Palastfassadendekor in dünner Ritztechnik und Inschriften ausgestattet. Der satteldachförmige Deckel wurde von den Grabräubern nur so weit verschoben, dass sie an die goldene Gesichtsmaske der Apis-Mumie und andere Schmuckstücke gelangen konnten. Die aufwändige Bestattungsart der zu Osiris-Apis gewordenen Stiere unterstreicht ihre Bedeutung, wobei allein der Transport eines Sarkophages dieser Gewichtsklasse eine Leistung für sich darstellt.

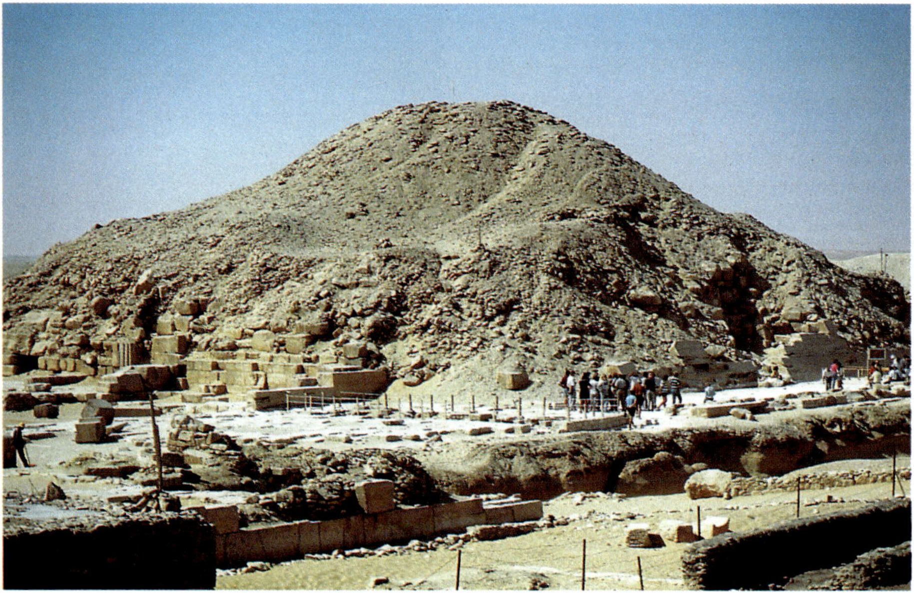

Die Unas-Pyramide

5. Dynastie, um 2340 v. Chr.

In direkter Nähe zur Südseite des Djoser-Bezirkes ließ König Unas, letzter Herrscher der 5. Dynastie, seine Pyramide erbauen. Weitgehend ihrer Verkleidung beraubt, ähnelt sie bei einer Höhe von 43 m nur noch einem großen Schutthaufen. Dennoch ist auf der südlichen Außenseite eine mehrzeilige Inschrift der 19. Dynastie erhalten, in der Prinz Chaemwese berichtet, dass er im Auftrag seines Vaters Ramses' II. den Bau restauriert habe.

Aufweg mit Tor zum Totentempel

Die Verbindung vom stark zerstörten Taltempel am Rande des Fruchtlandes zum Totentempel vor der Ostseite der Pyramide musste ein fast 700 m langer Aufweg herstellen, wobei ein beträchtlicher Anstieg zum Wüstenplateau von Saqqara zu überwinden war. Ein rekonstruiertes Teilstück zeigt, dass der Aufweg eine Überdachung aus mächtigen Kalksteinblöcken besaß und nur durch einen dünnen Lichtschlitz in der Decke beleuchtet wurde. Vom ausführlichen Reliefschmuck der Innenwände ist nur wenig geblieben.

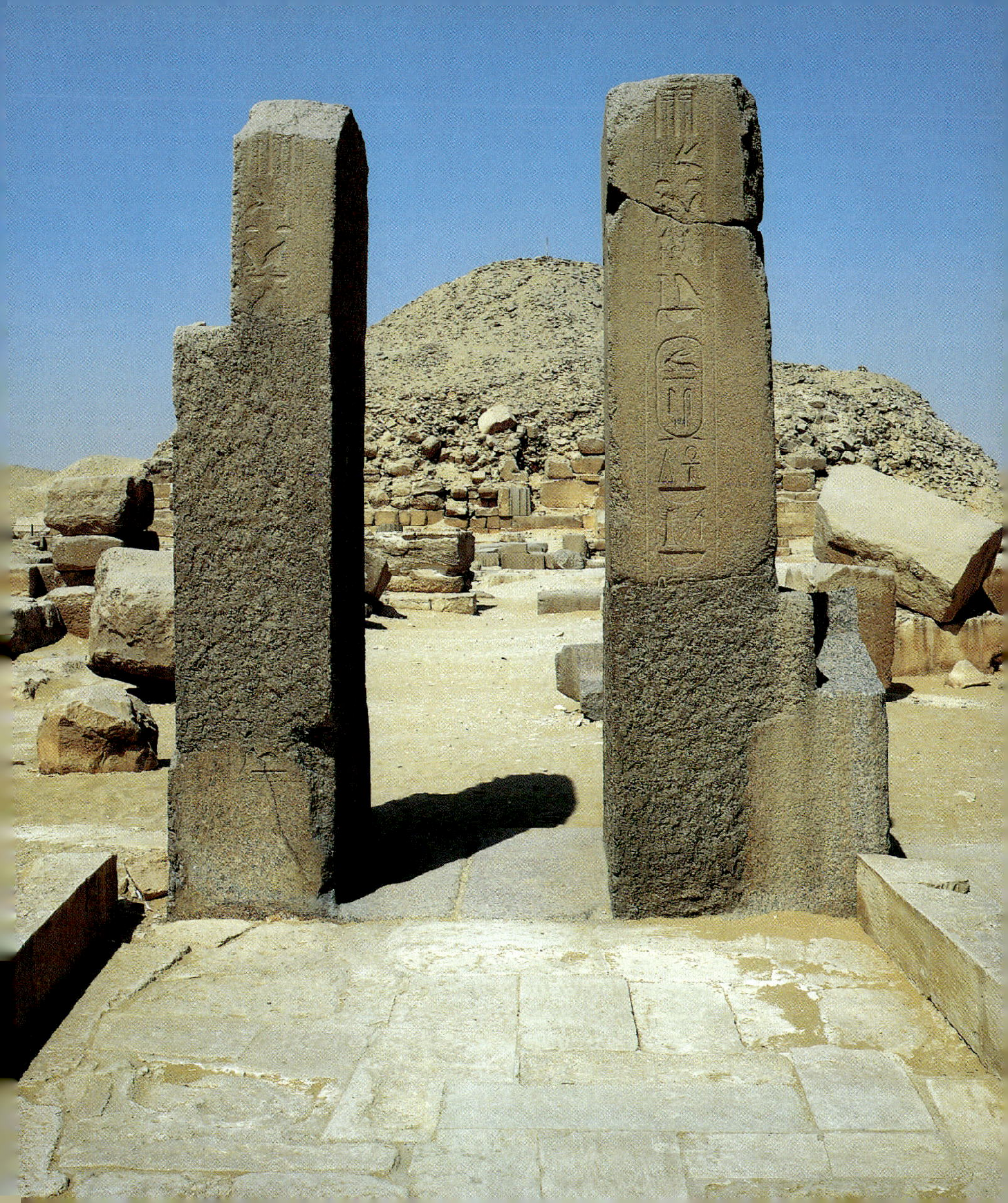

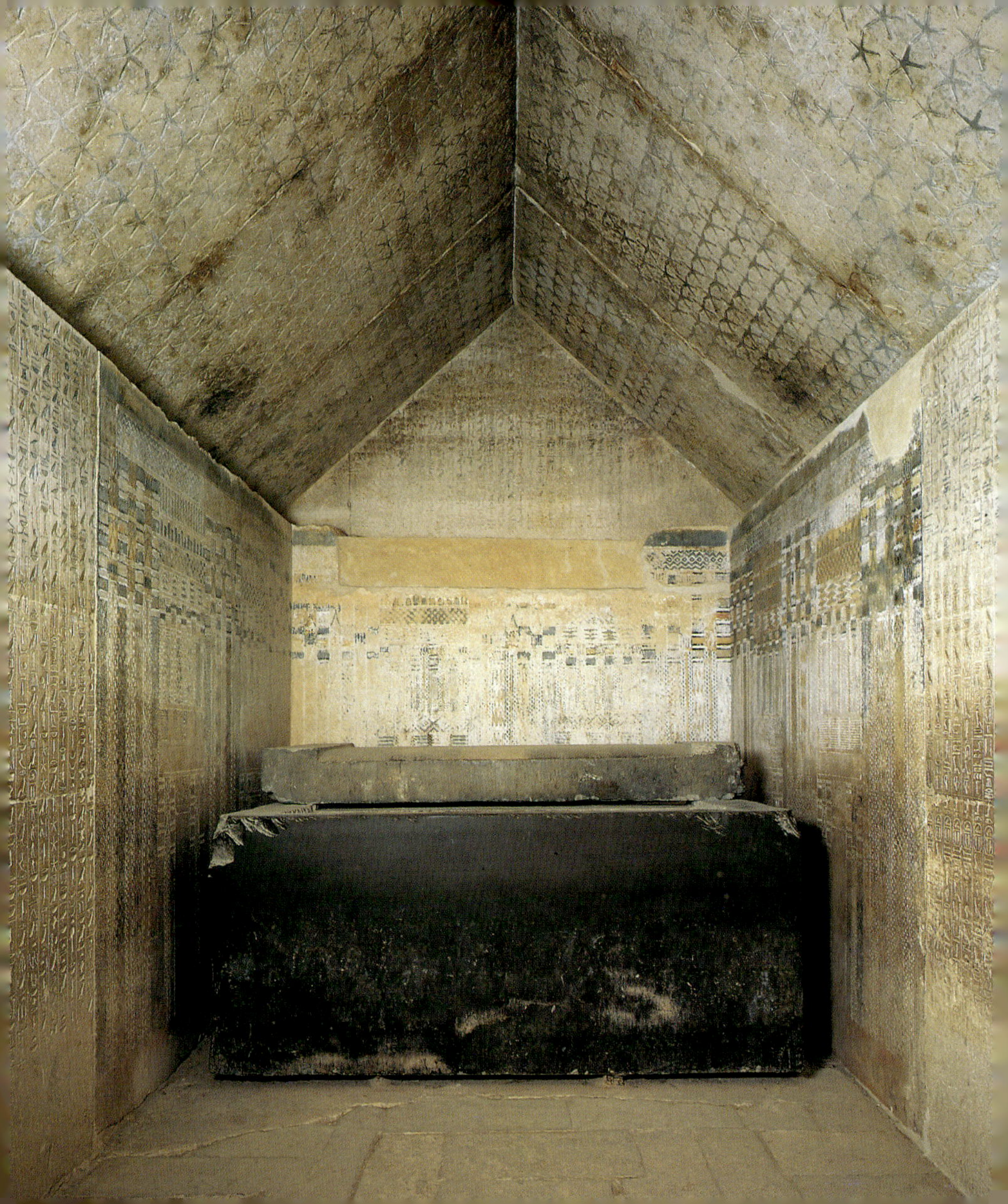

Die Sargkammer

Mit der 5. Dynastie etablierte sich für die Innenräume der Pyramiden ein Idealschema, dem auch hier gefolgt wurde. Auf Bodenhöhe noch vor der Pyramide liegt im Norden der Einstieg, von dem ein kurzer Gang schräg nach unten führt und in einen kleinen Vorraum mündet. Im Anschluss daran wird der Gang waagerecht. Nachdem die Vorrichtung für drei Fallsteine passiert ist, erreicht man die Vorkammer zur rechts abzweigenden Sargkammer. Unter einem sternengeschmückten Satteldach steht dort noch der große Basaltsarkophag des Herrschers. Diese beiden Räume wurden wie auch das Gangende erstmals mit einem in Kolumnen angeordneten religiösen Schriftgut versehen, den sog. Pyramidentexten.

Die Pyramidentexte

In blau ausgemalten Hieroglyphen überziehen seit der Zeit des Unas religiöse Texte die Wände der Innenräume einer Pyramide des Alten Reiches. Schon vor der 5. Dynastie entstanden, ließ fortan jeder König für sein Grabmal eine individuelle Auswahl aus dem gesamten Spruchkonvolut treffen. Die Texte dienten der Verklärung und Versorgung des verstorbenen Herrschers und beschäftigen sich mit seiner jenseitigen Existenz in der Gemeinschaft der Götter. Unterschiedlich wird der Gebrauch des Schriftgutes bewertet. Wurden die Sprüche teilweise anlässlich des Bestattungsrituals von Priestern rezitiert, oder standen sie als wirkmächtige Texte in direkter Nähe des toten Königs nur diesem zur Verfügung?

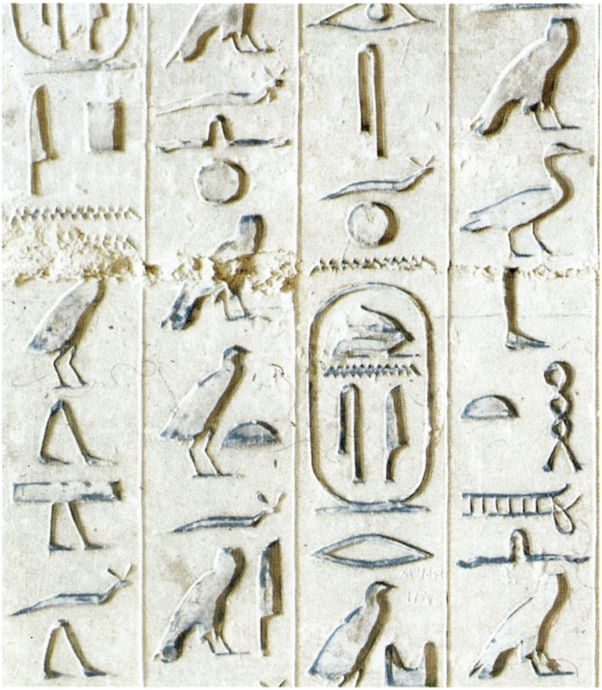

Der Pharao – Gott und Mensch

Mit der Bezeichnung Pharao, ägyptisch »per-aa« (Großes Haus), wurde in den frühesten Zeiten der königliche Palast belegt, bis sie im Neuen Reich für den Herrscher selbst Verwendung fand. Als »Gott auf Erden« stand der König an der Spitze des Staatswesens; sein Amt wurde ihm von den Göttern übereignet. Die Institution des sakralen Königtums blieb trotz vielfältiger Änderungen im Dogma grundsätzlich bis zum Ende der ägyptischen Kultur erhalten. Es war darüber hinaus so attraktiv, dass sämtliche Fremdherrscher des Landes wie die Kuschiten der 25. Dynastie oder die Ptolemäer und römischen Kaiser sich der pharaonischen Tradition anschlossen. Im Regelfall wurde das Amt in Erbfolge vergeben: Der älteste Sohn folgte seinem verstorbenen Vater. Die reale Machtübernahme mit der Thronbesteigung konnte an jedem beliebigen Tag des Jahres stattfinden. Die Zeremonien des Krönungsfestes beging man hingegen an einem besonders Glück verheißenden Datum, im Neuen Reich häufig bei Neumond. Anlässlich dieser Ereignisse wurden dem neuen Pharao die Insignien wie Krummstab und Wedel beziehungsweise seine Kronen übergeben. Ebenso wichtig war die Verleihung und Verkündung der mehrteiligen Titulatur, die aus fünf Bestandteilen zusammengesetzt war: Horus-Name, Herrinnenname, Goldhorus-Name, Thronname und Geburtsname. Nur die beiden letzten Namen, der Name »König von Ober- und Unterägypten« sowie »Sohn der Sonne«, wurden in ovale Ringe, die so genannten Kartuschen, gesetzt. Die Namen selbst bargen religiöse oder politische Aussagen: Tutanchamun heißt »lebendes Abbild des (Gottes) Amun«,

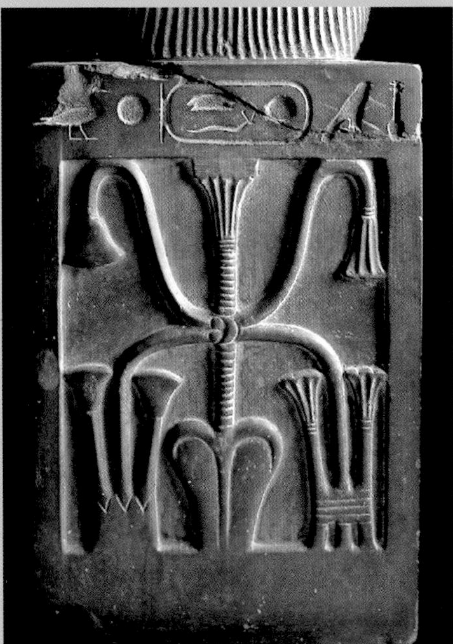

Thronrückseite einer Statue des Chephren: »Die Vereinigung der beiden Länder«, 4. Dynastie, um 2500 v. Chr., Giza, Basalt, H. 108 cm, Ägyptisches Museum, Kairo

oder Amenophis (Amunhotep) bedeutet »Amun ist zufrieden«. Nach dem Staatsdogma musste der Herrscher in Stellvertretung der Götter auf Erden für die korrekte Einhaltung der Maat, dem Prinzip der göttlichen Weltordnung, sorgen. Dies geschah im Tempelkult, den der König als oberster Priester auszuführen hatte, wenn auch die realen Handlungen zumeist von der eingesetzten Priesterschaft wahrgenommen wurden. Dem regierenden Pharao stand ebenso die Herrschaft über die bekannte Welt zu; seinen Triumph über die Feinde des Landes schildern die Tempelreliefs im Siegesbild des »Erschlagens der Feinde«. Hinter der Amtsnatur des Pharao tritt seine Persönlichkeit weitgehend zurück. Kaum eine Nachricht lässt ein Urteil über den jeweiligen Menschen zu. Seine gottgleiche Stellung bestimmt die staatlichen Verlautbarungen und die Darstellungen: Das Dogma erlaubt keine Schwächen.

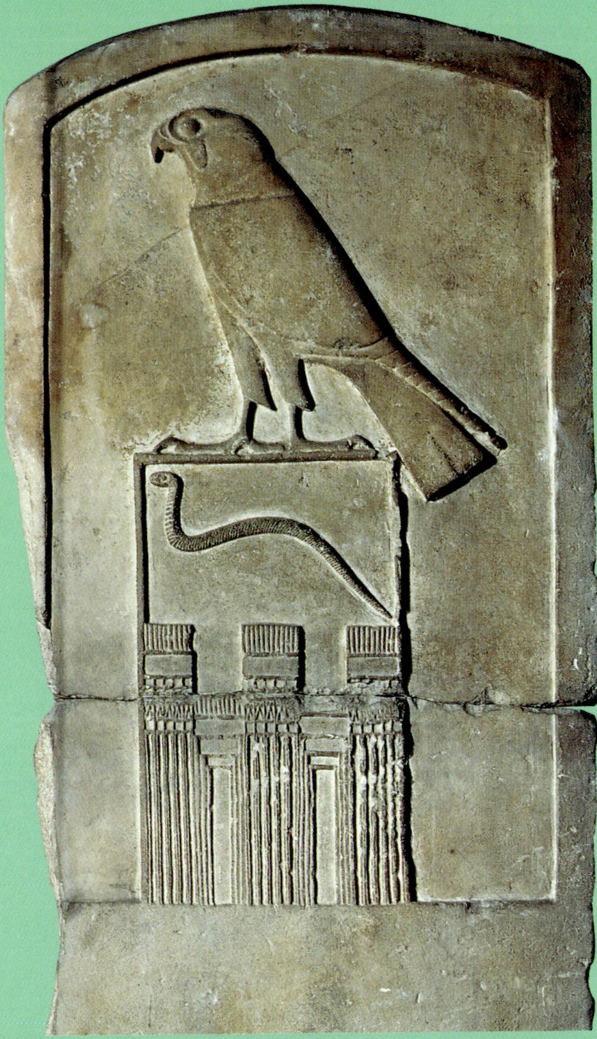

Grabstele des Königs Djet mit seinem Horus-Namen, 1. Dynastie, um 2900 v. Chr., Abydos, Kalkstein, H. 143 cm, Musée du Louvre, Paris

Mastaba des Ti

5. Dynastie, um 2400 v. Chr.

Östlich vom Serapeum liegt die Mastaba des Beamten Ti, eine der großartigen Entdeckungen Auguste Mariettes bei seinen Grabungen von 1860 in Saqqara. Der Grabherr führte den Titel eines »Obersten Hoffriseurs« und bekleidete zahlreiche Ämter in der Verwaltung von zwei Pyramidenanlagen und vier Sonnenheiligtümern der 5. Dynastie. Diese Ämterfülle verdankte Ti wohl seiner persönlichen Nähe zum Herrscher, die ihm auch den Rang eines »Einzigen Freundes (des Königs)« einbrachte. Die umfangreichen Amtseinkünfte versetzten ihn in die Lage, einen repräsentativen Grabbau in Auftrag zu geben und sich der besten Künstler aus den königlichen Werkstätten zu versichern. Der Oberbau der Mastaba stand einst frei über dem Gelände, steckt heute jedoch im angewehten Wüstensand. Durch ein kleines Vestibül betritt man den großen Hof der Anlage, der von einer Pfeilerkolonnade umgeben wird. Im Hof geht auch der Schacht zur unterirdischen Grabkammer ab. Aus der Südwest-

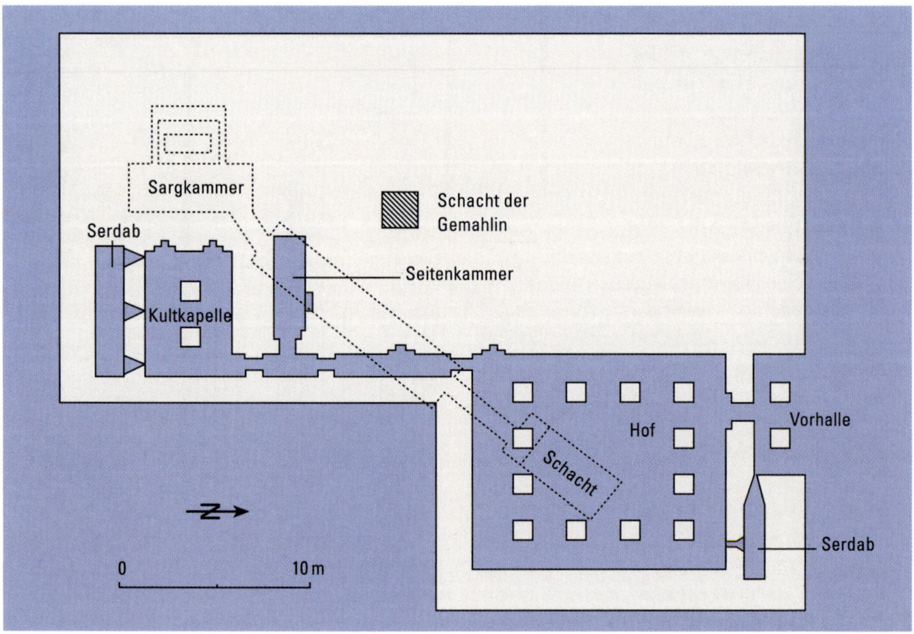

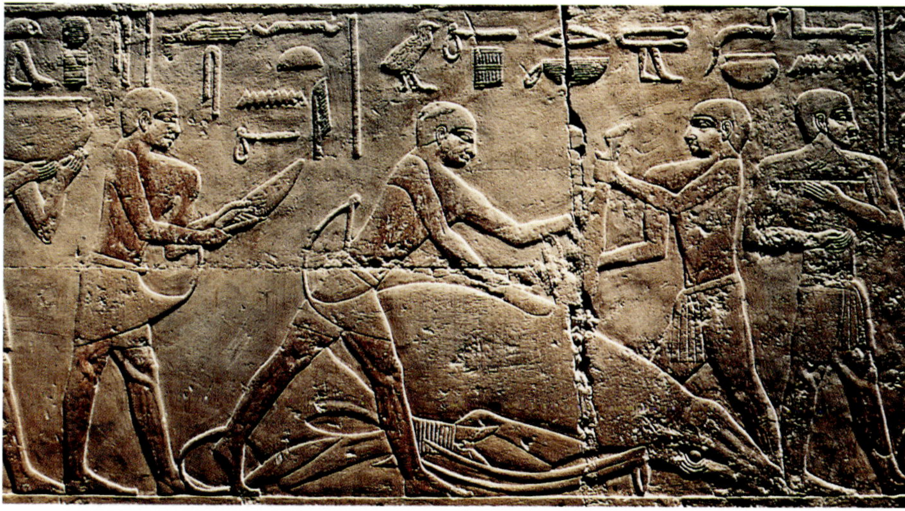

ecke führt ein enger Korridor vorbei an der Vorratskammer bis zur Kultkapelle, dem wichtigsten Raum des Grabes. Während die Westwand von zwei Scheintüren für den Opferkult eingenommen wird, verraten kleine Sehschlitze auf der Südwand den dahinter liegenden Serdab, wo Auguste Mariette noch eine überlebensgroße Standfigur des Ti (im Grab eine Kopie) fand.

Schlachtung der Rinder

Der Opferkult für den verstorbenen Grabherrn wurde schon zu Lebzeiten durch eine schriftliche Verfügung der Totenstiftung festgelegt. Dazu gehörten die Naturalien von den Gütern des Toten, die von den beauftragten Priestern auf der Opferplatte vor der Scheintür dargebracht wurden. Erfahrungsgemäß hatte der physische Vollzug der Opferhandlungen aber eine zeitliche Grenze, sodass erst die magische Realität der Darstellung eine Gewähr für die Ewigkeit lieferte. Zu den kanonischen Bildern dieser Thematik gehörten die Schlachtungsszenen, da die ausreichende Versorgung mit Fleischteilen ein unverzichtbares Element des Totenopfers war. Bei Ti sieht man ein gefesseltes, schon geschächtetes Rind am Boden liegen, dem gerade ein Vorderschenkel abgetrennt wird. Jeweils außen wird ein großer Bottich mit dem aufgefangenen Blut weggebracht, während ein weiterer Metzger mit einem Wetzinstrument sein Feuersteinmesser schärft.

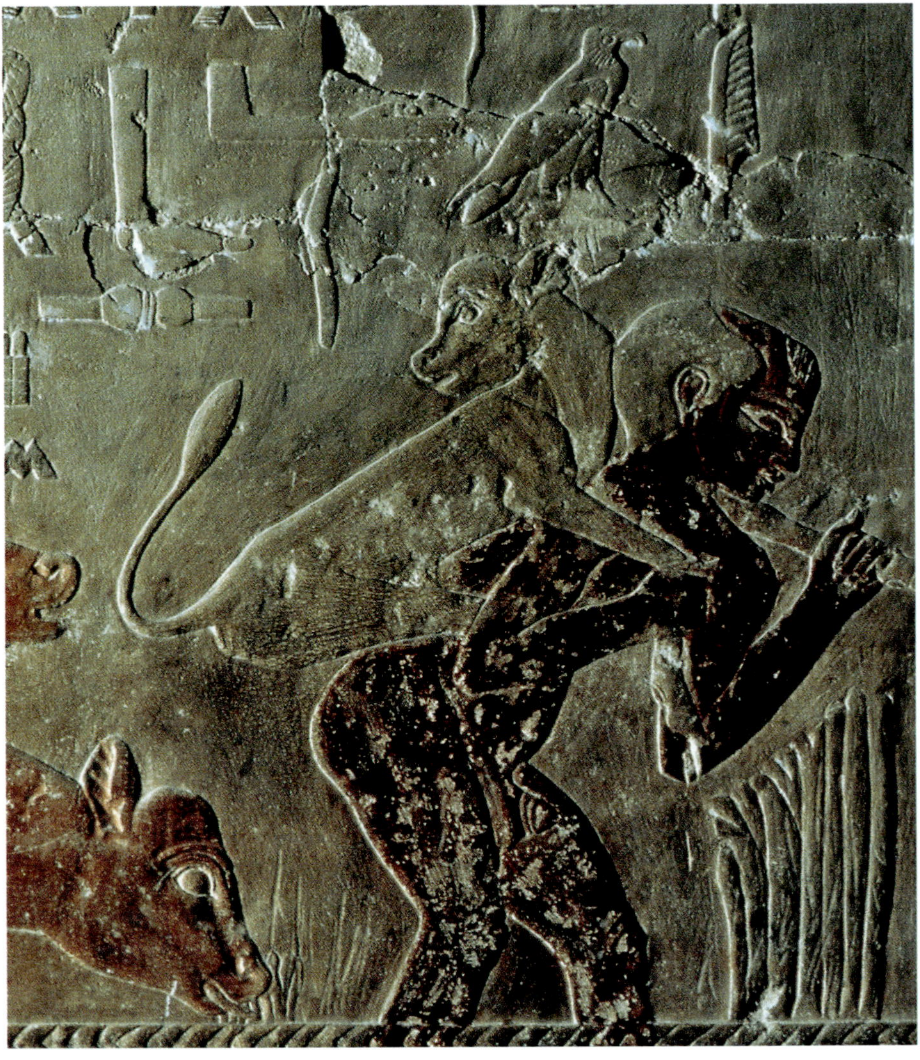

Viehtrieb durch eine Furt (mit Detail)

Als Agrarstaat war Ägypten von der prosperierenden Produktion seiner Landwirtschaft abhängig, sodass es wenig wundert, wenn den Darstellungen des bäuerlichen Lebens breiter Raum in den Gräbern zugewiesen wird. Dies geschah aber nicht im Sinne einer genrehaften Illustration zur »Verschönerung« der Wände, sondern um ein ideales Abbild der Wirklichkeit zu schaffen, die dem Amtsträger auf Ewigkeit zur Verfügung stehen sollte. Eine berühmte Einzelszene aus dem Grab des Ti befindet sich in der Kultkammer gleich rechts am Eingang. Auf der Heimkehr von der Weide wird eine Rinderherde durch die Furt getrieben, wobei der erste Bauer ein Kälbchen geschultert hat, um es sicher ans Ufer zu bringen. Angstvoll blickt das Tier zu seiner Mutter zurück, die mit erhobenem Kopf nach ihrem Jungen ruft. Eine ebenso genaue Naturbeoachtung liegt dem gestalterischen Versuch zugrunde, im Wasserstreifen die Lichtbrechung der Beine von Menschen und Tieren durch unkonturierte Bemalung wiederzugeben. Als Einzelmotiv gehört der »Kälbchenträger« zu den auch in weiteren Gräbern verwendeten Versatzstücken des szenischen Repertoires.

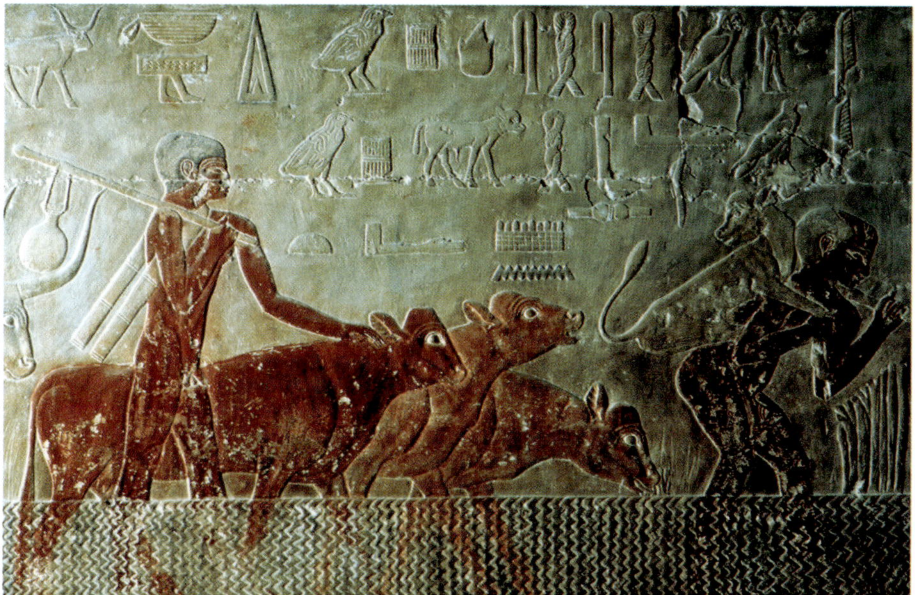

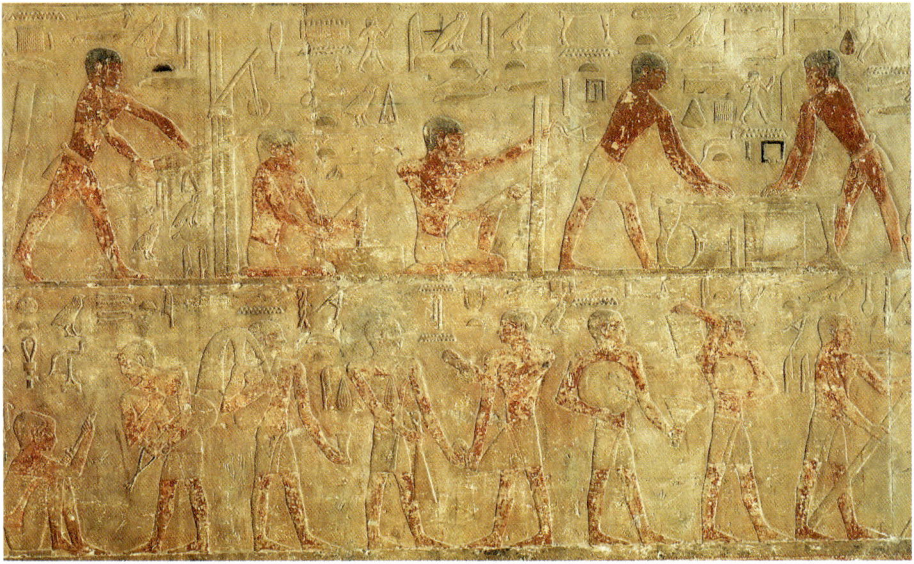

Tischler bei der Arbeit

Neben den landwirtschaftlichen Szenen stehen die Darstellungen handwerklicher Tätigkeiten wie auf der südlichen Wand der Kultkammer, die Tischler bei verschiedenen Arbeiten abbildet. Links außen sieht man, wie eine große Holzplanke zersägt wird, danach zwei sitzende Handwerker beim Dübeleinschlagen und Brettsägen. Anschließend polieren zwei Männer ein Holzbett. Das untere Register zeigt Handeltreibende eines Dorfmarktes, wobei die Wiedergabe eines hockenden Mannes (unteres Register, ganz links) beim Bohren eines Rollsiegels einzigartig ist.

Aufzug der Domänen

Das Bestreben des Verstorbenen, seine erreichte Amtsposition und soziale Absicherung auch im Jenseits kraft der Grabdarstellungen zu bewahren, trifft auch für seine materielle Versorgung zu. Im untersten Register der Nordwand lässt Ti eine lange Reihe von Dienerinnen aufziehen, die jeweils eine Domäne aus dem Besitz des Grabherrn personifizieren. Jedes derart wiedergegebene Wirtschaftsgut wird mit einem Namen bezeichnet, der mit dem Eigennamen des Ti zusammengesetzt ist. Insgesamt 108 Abgaben leistende Güter werden in seinem Grab aufgeführt.

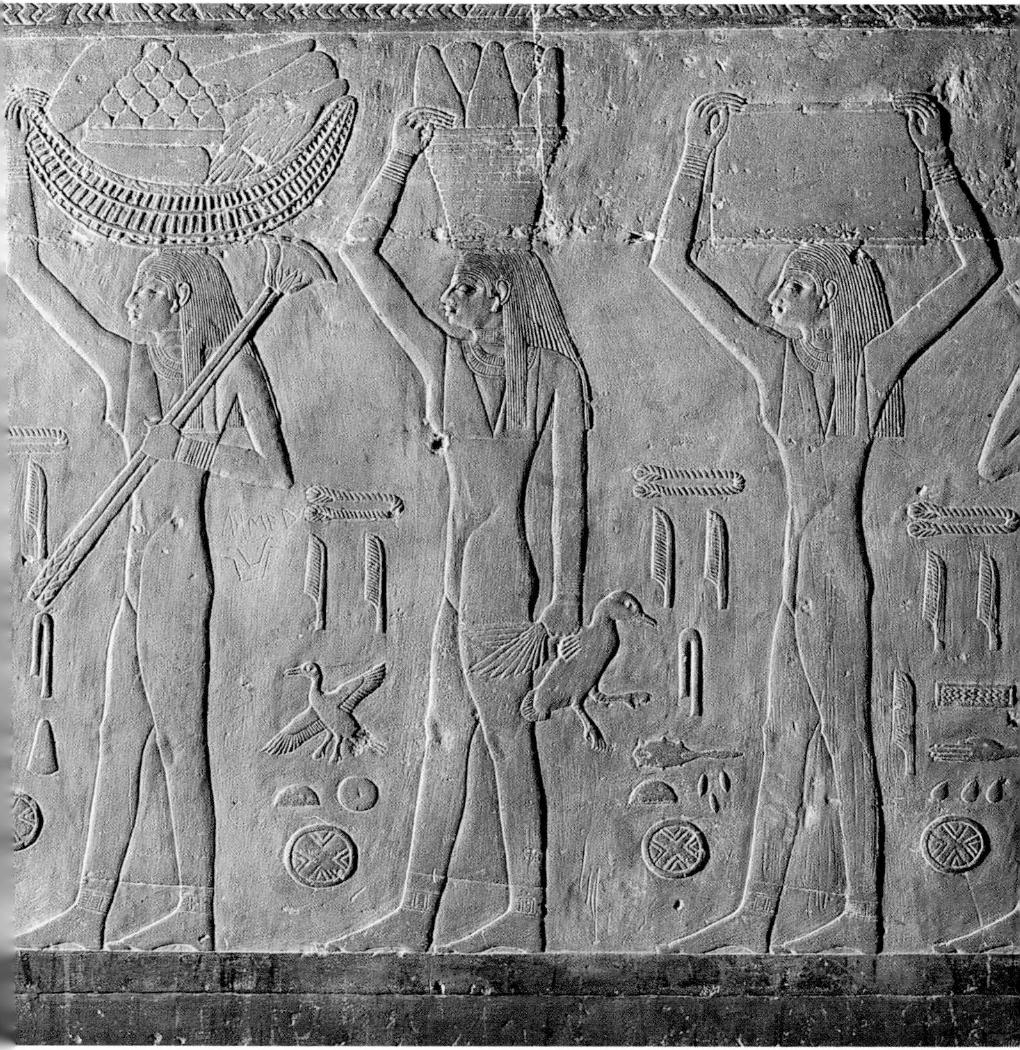

Mastaba des Ptahhotep

5. Dynastie, um 2350 v. Chr.

Vogelfang und Fischerspiele

Etwas später als die Mastaba des Ti in der 5. Dynastie ließ sich der Wesir Ptahhotep seine Grabanlage in Saqqara errichten, die auch für die Bestattung seines Vaters Achethotep benutzt wurde. Trotz der hohen Stellung des Beamten konnte die Dekoration des Grabes nicht fertig gestellt werden, und nur die beiden Kultkammern tragen Reliefzyklen. Ihre qualitätvolle Ausführung darf aber nicht darüber hinwegtäuschen, dass der absolute Höhepunkt der Flachbildkunst des Alten Reiches, wie sie an den Reliefs des Ti-Grabes ablesbar wird, schon überschritten ist. Die Komposition wirkt großflächiger, und die Figuren haben an Volumen gewonnen. Der Grabeingang öffnet sich in einen Längsraum, dessen unfertige Bilder einen guten Eindruck vom Werkverfahren vermitteln. Rechter Hand betritt man dann den undekorierten Pfeilersaal, von dem der kreuzförmige Kultraum des Achethotep rechts abzweigt, während die Südseite über einen kleinen Vorraum den Zugang zur Opferkammer des Ptahhotep gewährt. Auf der Westwand erscheint der Grabherr vor dem Speisetisch zwischen zwei großen Scheintüren. Steht hier die kultische Versorgung des Ptahhotep im Mittelpunkt, ist die gegenüberliegende Wand mit Szenen des Landlebens ausgestattet. Der Bildausschnitt zeigt im oberen Register die Herstellung von Papyrusbooten, besonders das Festziehen von Seilen um die Pflanzenbündel. Die Hauptszene darunter ist dem Vogelfang mit einem Schlagnetz gewidmet. Während sich die obere Mannschaft nach dem Zeichen des Jagdleiters schon mächtig ins Zeug legt,

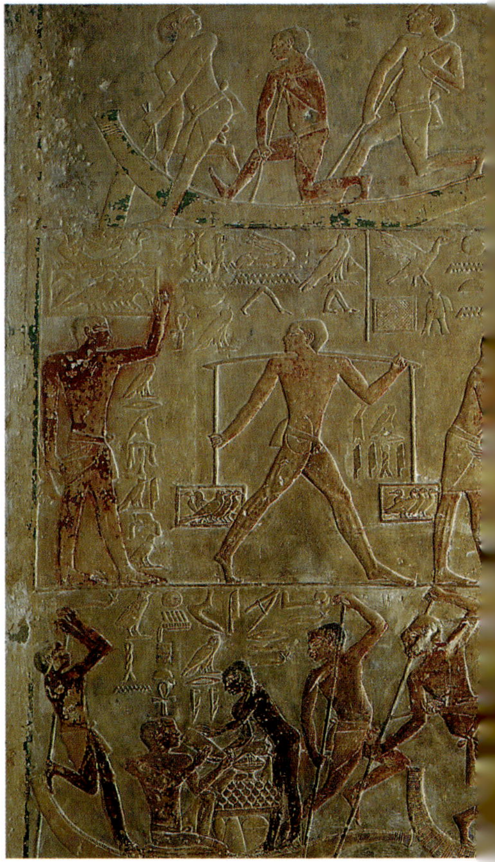

wartet die zweite Gruppe noch auf das Kommando zum Zuziehen des Netzes. Voller Dynamik steckt die Szene des sog. Fischerstechens, an dem vier Papyrusnachen mit ihren Besatzungen beteiligt sind. Ziel der Teilnehmer dieses Kampfspieles ist es, sich mit Hilfe langer Stangen gegenseitig ins Wasser zu befördern. Ganz rechts außen hockt im Boot der Künstler des Grabes, der mit einem Getränk versorgt wird und mit Titel und Namen bezeichnet ist: »Vorsteher der Bildhauer, Nianchptah«.

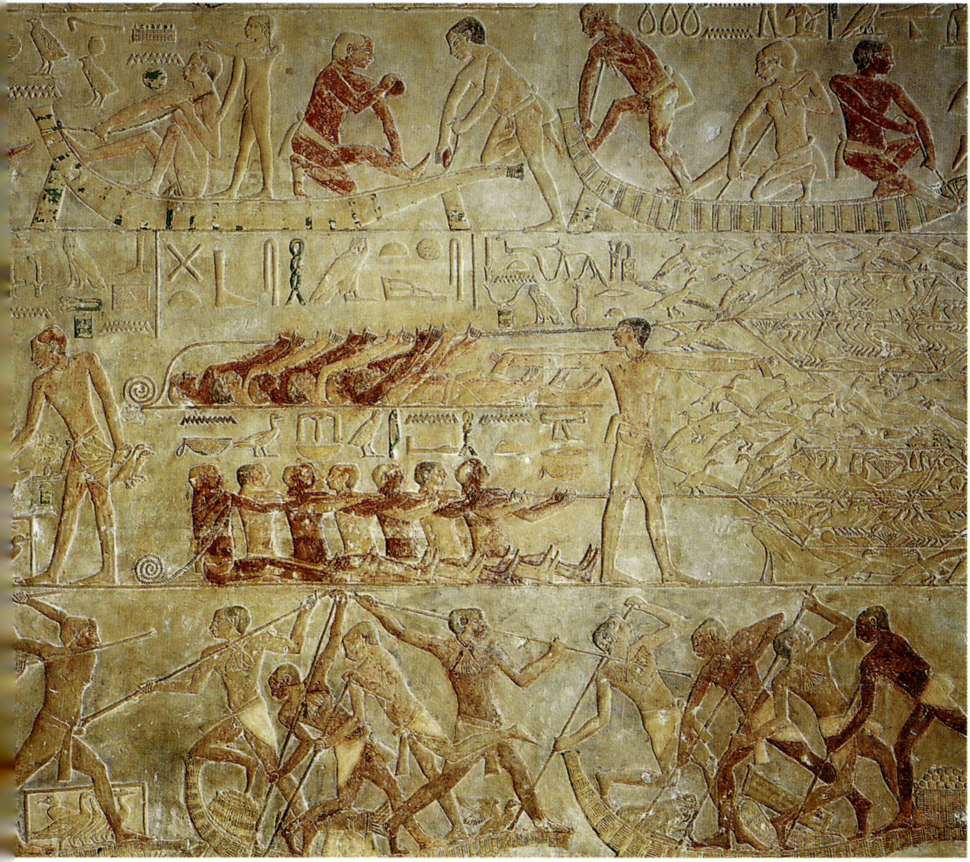

Wüstenjagd

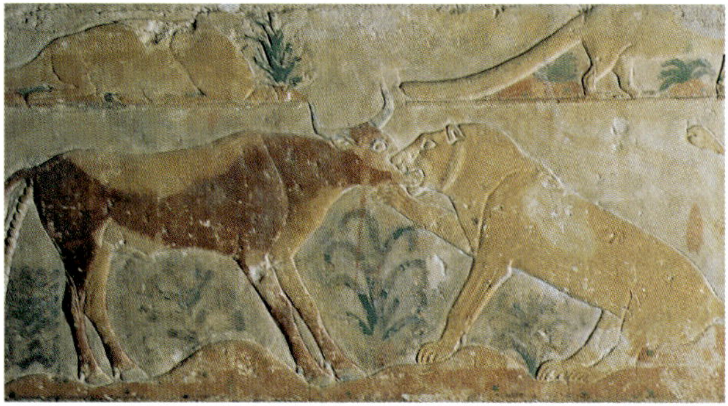

Ebenfalls auf der Ostwand der Kultkammer befindet sich im oberen Wandbereich die Wiedergabe einer Wüstenlandschaft mit Jagdszenen. Die wellige Bodenstruktur vermittelt dabei die geografische Situation, angereichert mit einzelnen Pflanzen in Reliefausführung oder Hintergrundmalerei. Genau nach der Natur wird der Angriff einer Löwin abgebildet, die einem Rind in die Schnauze beißt, um das Tier zu ersticken. Ebenso präzise beobachtet wie der Beutebiß der Raubkatze ist der Todeskampf seines Opfers, das sich mit aller Kraft gegen sein drohendes Ende stemmt und einen mächtigen Harnstrahl abgibt.

Mastaba des Mereruka

6. Dynastie, um 2300 v. Chr.

Nilpferdjagd

Nur wenige Meter von der Pyramide des Königs Teti entfernt, des ersten Herrschers der 6. Dynastie, liegt die Mastaba des Mereruka. Er amtierte als Wesir des Teti und war zudem mit einer Tochter des Pharao verheiratet. Mit 32 Räumen ist die Anlage eines der größten Gräber des Alten Reiches überhaupt und damit dem höchsten Staatsbeamten angemessen. Während die Überzahl der Raumeinheiten Mereruka zugeordnet ist, wurde ein nördlicher Anbau hinter der Hauptkultkammer seinem Sohn zugewiesen. Auch seine Gemahlin erhielt einige Kammern. Gleich im ersten Raum hinter dem Eingang zeigen sowohl Süd- als auch Nordwand eine großflächige Darstellung des Grabherrn auf der Jagd im Papyrusdickicht. Als Nebenszene ist das vielleicht eindrucksvollste Bild einer Nilpferdjagd aus dem Alten Reich wiedergegeben. Zwei Boote mit ihren Besatzungen haben drei der gewaltigen Wassertiere eingekreist, die mit ihren mächtigen Hauern im weit geöffneten Rachen den Jägern drohen. Der erfolgreiche Ausgang des Jagdabenteuers wird ebenfalls im Bild gezeigt: Die Harpunen haben die Nilpferde bereits getroffen, die Beute kann mit den Zugseilen eingeholt werden. Im Kontrast zum gefährlichen Jagdgeschehen steht die idyllisch anmutende Wiedergabe der Wasserpflanzen, die von Fröschen und Heuschrecken bevölkert werden.

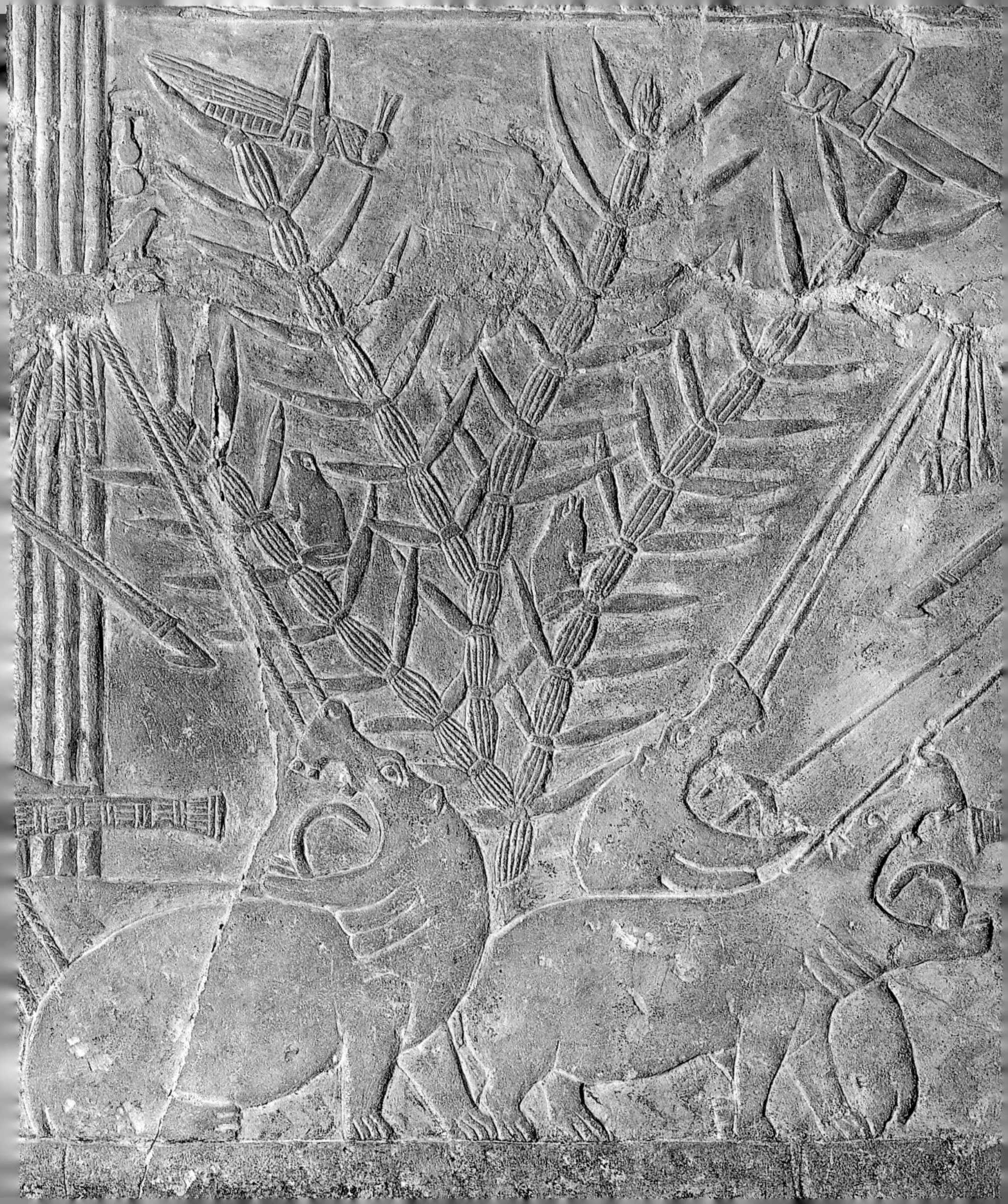

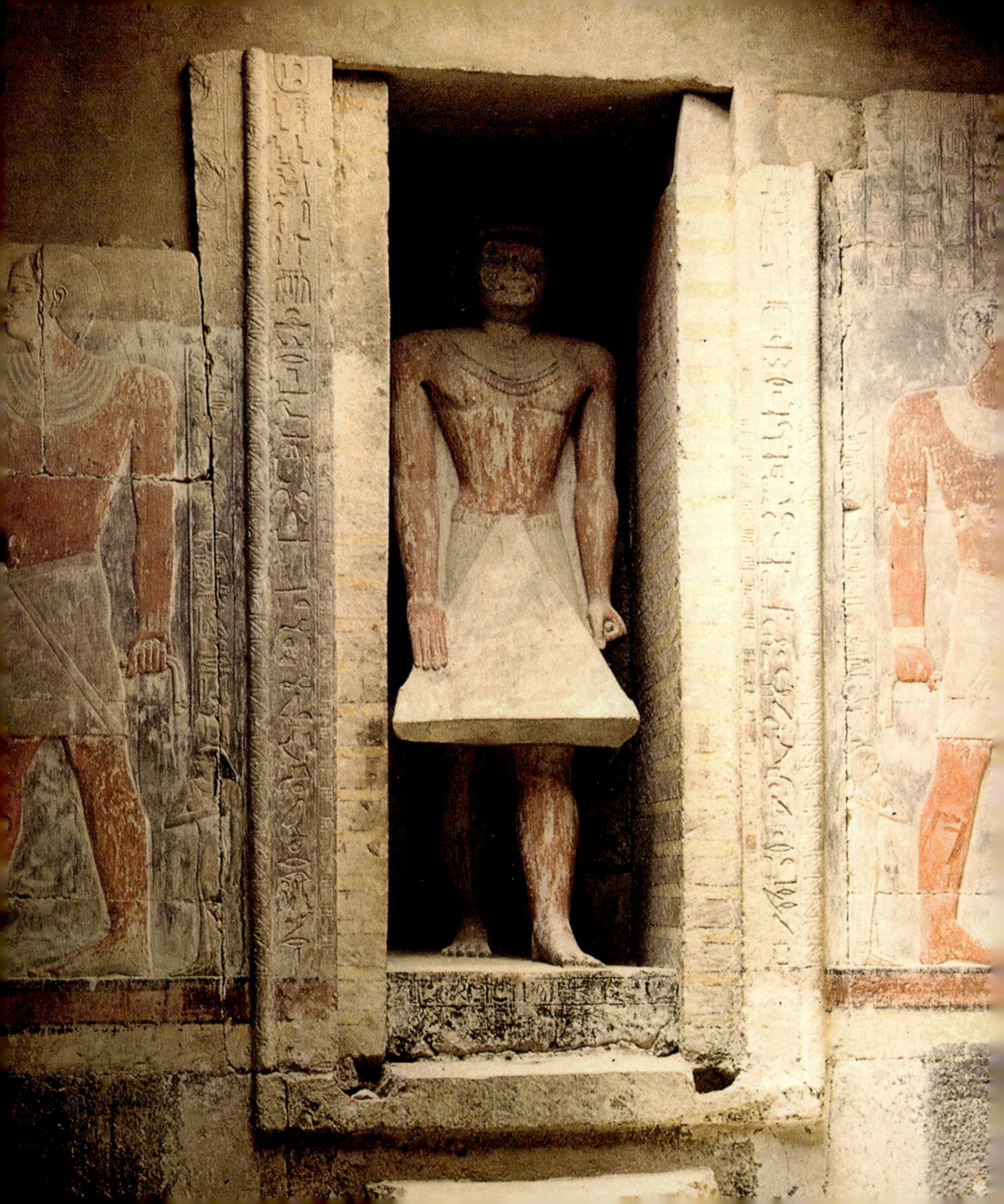

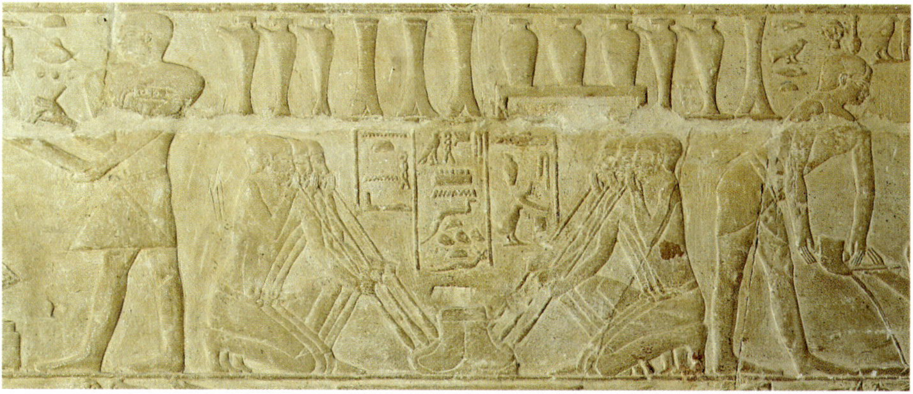

Die Kultkammer

Der mit Abstand größte Raum der Mastaba ist die Kultkammer, die mit sechs Pfeilern in zwei Reihen ausgestellt wurde. Eine mächtige Steinöse am Boden diente wohl zum Anbinden von Opfertieren. Der Blick des Betrachters fällt gleich beim Betreten des Raumes auf die an der Nordwand eingelassene Hochnische, in der die Kultfigur des Grabherrn steht. Zu ihr führt eine kurze Treppe hinauf, die vor der Opfertafel endet. Die vorhandenen Türangeln belegen außerdem, dass der Statuenschrein nur beim Vollzug der Opferhandlungen geöffnet war, um dem Wesir die Teilnahme an den Versorgungsriten zu ermöglichen. Dies ist eine ganz ungewöhnliche Lösung, da in anderen Fällen die Kultstatuen des jeweiligen Grabbesitzers in einer gesonderten, unzugänglichen Kammer, dem sog. Serdab, untergebracht worden sind.

Metallverarbeitung

Die immer weiter fortschreitende Differenzierung der handwerklichen Tätigkeiten im Verlauf des Alten Reiches führte auch zur Ausdehnung des diesbezüglichen Bildprogramms in den zeitgenössischen Privatgräbern. Eine besonders aufschlussreiche Szene der verschiedenen Produktionsphasen des Metallgusses stammt aus der Anlage des Mereruka. Um den zentralen Schmelztiegel herum hocken zwei Gruppen von Metallarbeitern am Boden, die mit langen Blasrohren die Sauerstoffzufuhr erhöhen und somit die notwendige Temperatur des Feuers erreichen. Das flüssige Metall wird dann in Formen gegossen, wobei ein Arbeiter mittels eines kleinen Stabes die Flussmenge und ihre Geschwindigkeit reguliert. Ganz rechts außen (nicht mehr im Bild) wird der Materialblock dann durch Hämmern zur Weiterverarbeitung vorbereitet.

Gartenanlage

Ohne eine sehr intensive Bewässerung der landwirtschaftlichen Nutzzonen waren keine ausreichenden Ernteerträge in Ägypten zu erzielen. Trotz der jedes Jahr wiederkehrenden Überschwemmungswasser des Nils bedurften kleinere Gartenanlagen, z. B. für den Gemüseanbau, einer kontinuierlichen Wasserversorgung. Die notwendige Menge musste dabei von Reservoirs oder direkt vom Fluss herbeigeschafft werden. Ein solches Feld mit gitternetzartig angelegten Kanälen zeigt diese seltene Abbildung im Grab des Mereruka, wobei die Feldränder zum Schutz gegen Wind und Sandverwehungen mit Sträuchern bepflanzt wurden. Mehrere Landarbeiter, die nur mit einem einfachen Kurzschurz bekleidet sind, haben einen Jochbalken geschultert und tragen Wasser in zwei kugeligen Tongefäßen herbei, um im Anschluss daran die Gewächse zu begießen.

Grab des Nefer und Kahay

5. Dynastie, um 2400 v. Chr.

Der Grabherr

Beim Bau des langen Aufweges zur Unas-Pyramide mussten teilweise bestehende Mastaba-Gräber weichen, oder sie lagen dann in unmittelbarer Nähe zur Außenwand des königlichen Kultweges. Dazu gehört auch das bescheidene Felsgrab des Nefer und Kahay, beide Leiter der Sänger am Königshof. Hinter der Südwand der Kultkammer liegt der Serdab für die Kultfiguren, dessen Existenz nur von drei waagerechten Mauerschlitzen für die hier stets durchgeführten Räucherungen angezeigt wird. Die übergroße Gestalt des Nefer, dem seine Brüder folgen, stützt sich auf einen Würdestab und nimmt die Opfergaben entgegen. Zu Füßen des Grabherrn sitzt seine Frau, die an einer Lotosblüte riecht und ebenfalls versorgt wird.

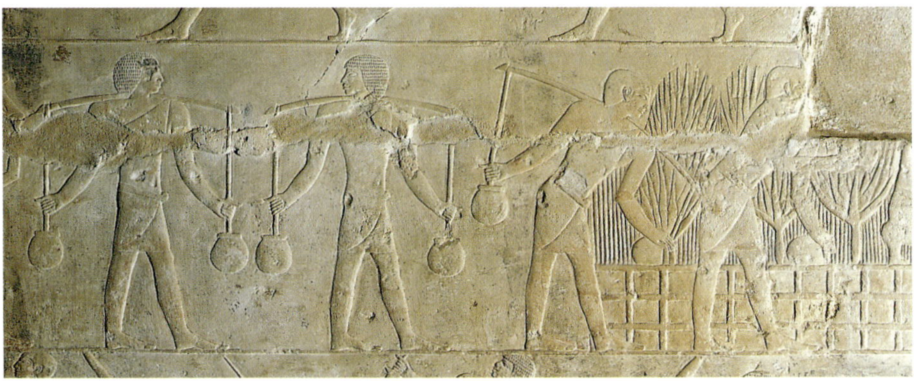

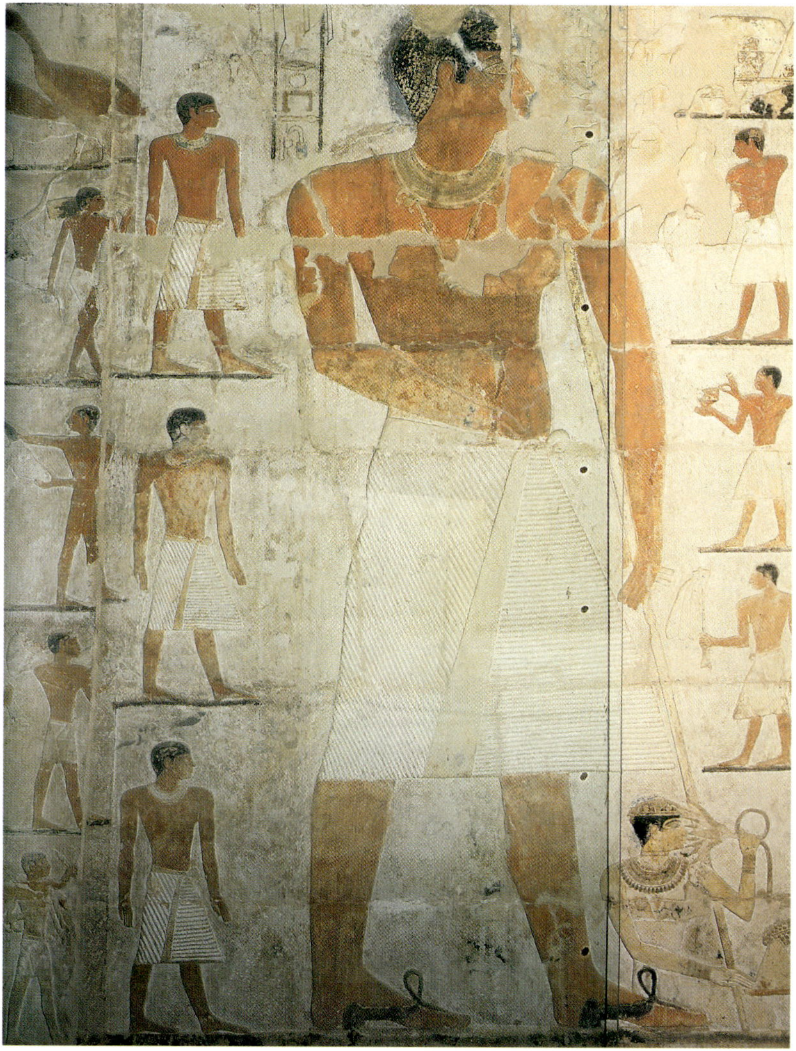

Leben auf dem Land

Sicherlich haben sich die beiden Hofsänger für die Ausstattung ihres Grabes nicht der großen Künstler ihrer Zeit bedienen können, dennoch bieten die Reliefs in ihrer Lebendigkeit und gut erhaltenen Bemalung viele überraschende Details. Sie belegen, dass bei einer Übereinstimmung der Grundthemen jedes Grab letztendlich eine individuelle Bildausstattung erhielt. Auswahl und szenischer Umfang waren eine Frage des Platzangebotes, wobei die Größe der Grabanlage in der Regel den sozialen Status des Grabherrn andeutet. Die beiden oberen Register verbindet ein hohes Papyrusdickicht, in dem Wasservögel (u. a. Fischreiher) und Schmetterlinge angesiedelt sind. Drei Arbeiter ernten Papyrusstauden, die gleich nebenan für den Bootsbau weiterverwendet werden. Darunter geleitet ein Hirte seine kleine Rinderherde durch die Wasserfurt. Kollegen von ihm widmen sich der Viehzucht. Dabei liegt ein wiederkäuendes Rind angepflockt am Boden, während ein zweites gerade getränkt wird. Das Hauptmotiv des unteren Registers ist dem Vogelfang vorbehalten.

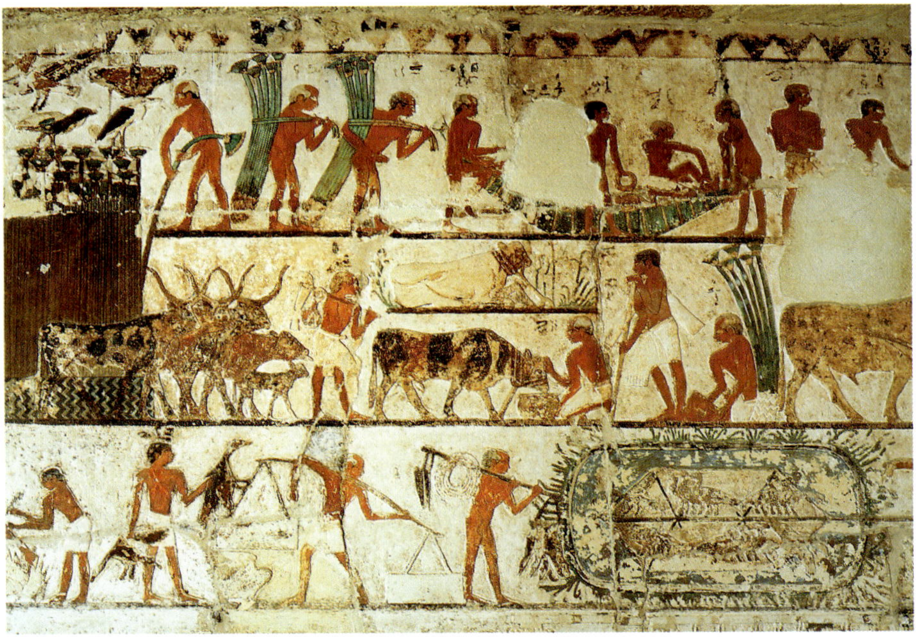

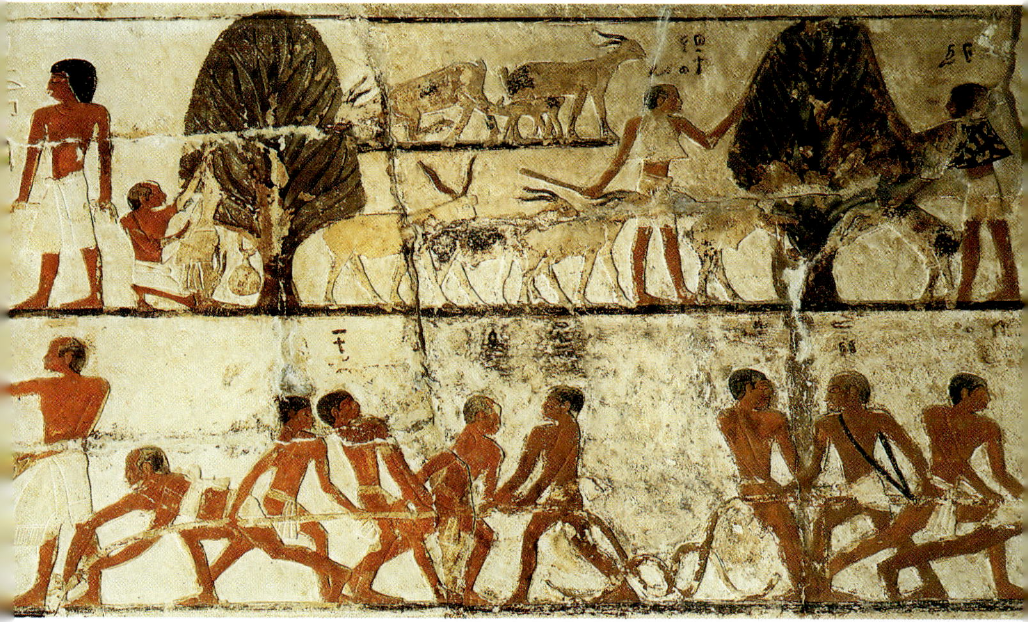

Hinter dem großen Schlagnetz mit reicher Beute steht ein Bauer, der einen Stab mit dem aufgerollten Zugseil und zwei Holzpflöcken geschultert hat. Ihm schließen sich weitere Männer an, die das erlegte Geflügel abtransportieren.

Fischfang und Ziegenherden

Zum klassischen Bildbestand der Gräber des Alten Reiches darf auch der Fischfang gezählt werden, bei dem verschiedene Fangmethoden zum Einsatz kamen. Hier sind es zwei Gruppen von Fischern, die am Flussufer stehen und in dynamischem Bewegungsablauf die Zugleinen eines großen Stellnetzes einholen. Die erbeuteten Fische sind so arttypisch abgebildet, dass ihre Bestimmung kein Problem darstellt. Im Register darüber ist eine Weideszene mit Ziegen festgehalten. Von Hirten begleitet, äsen einige der Tiere am Blattwerk der strauchartigen Bäume, links im Bild wird eine Ziege gerade geschlachtet. Ein Feldaufseher (oberes Register, links außen) übergibt in schriftlicher Form einen Bericht des Geschehens an den Grabherrn.

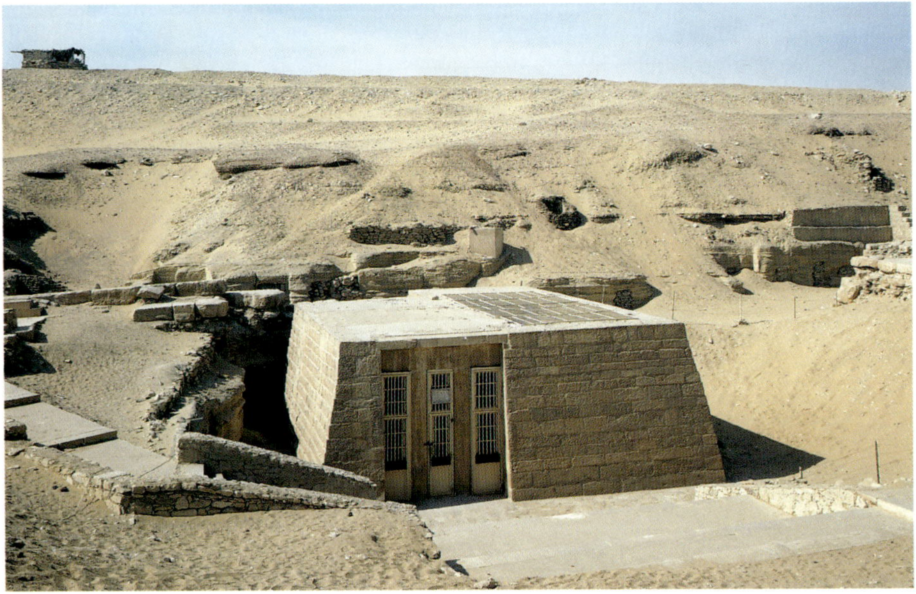

Mastaba des Nianchchnum und Chnumhotep

5. Dynastie, um 2400 v. Chr.

Wo heute der rekonstruierte Abschnitt des Unas-Aufweges endet, liegt die große Doppel-Mastaba der zwei Grabherren Nianchchnum und Chnumhotep. Die beiden, wohl zwei Brüder, dienten am Hof als Vorsteher der königlichen Nagelpfleger. Zugleich amtierten sie als Priester des Gottes Re am Sonnenheiligtum des Pharao Niuserre. Im Gegensatz zur sonst üblichen Trennung der Grabtypen, nämlich Felsgrab und aufgemauerte Mastaba, verbindet diese Grabanlage in ihrer spezifischen topografischen Situation beide Formen miteinander. Während zunächst die Kultkammer in den anstehenden Fels getrieben wurde, hat man nachträglich noch eine Mastaba mit ihren geböschten Wänden aus Kalksteinblöcken davorgesetzt. Als König Unas einige Jahrzehnte später seinen Aufweg errichten ließ, fiel dieser Vorbau den Baumaßnahmen zum Opfer. Die abgebrochenen Steine wanderten dann in die Fundamente des Aufweges, wo sie bei Grabungen entdeckt werden konnten und so einen Wiederaufbau der Mastaba ermöglichten.

Handwerker bei der Arbeit

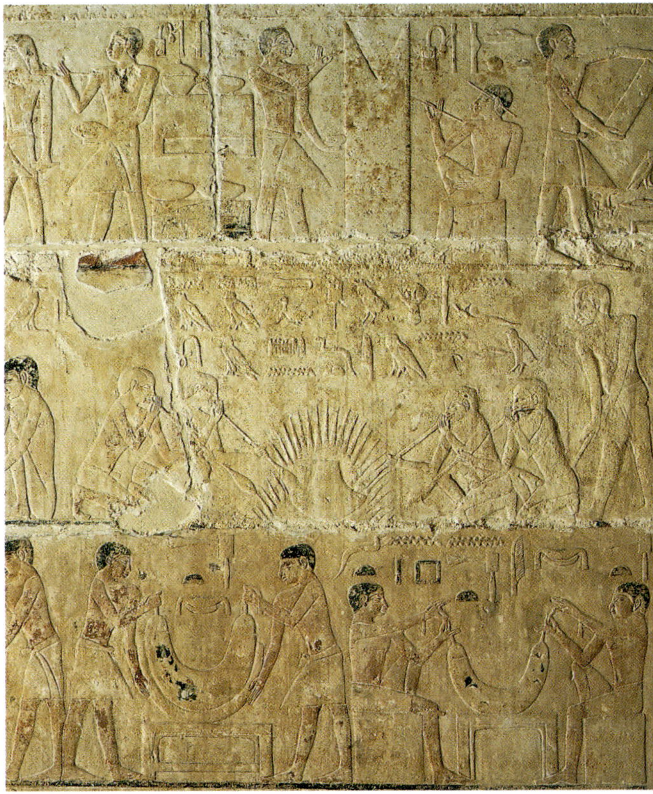

Die Bereitstellung einer möglichst umfangreichen Ausstattung für das Grab gehörte zusammen mit dem Grabbau selbst, dem »Haus für die Ewigkeit«, zu den zentralen Aufgaben eines Beamten. Ein großer Teil der Privat- und Diensteinkünfte wurde für dieses Ziel verwendet, da nur so die angestrebte Existenz im Jenseits nach ägyptischen Glaubensvorstellungen gewährleistet war. Darstellungen von Produktionsvorgängen zu einzelnen Gegenständen der Grabausrüstung werden aus diesem Grund häufig in das Abbildungsrepertoire aufgenommen. Zwei Maler arbeiten hier an einem schreinartigen Kasten. Während der eine Künstler im Stehen mit einem Pinsel den Farbauftrag vornimmt, sitzt sein Kollege auf einem Blockuntersatz und widmet sich voller Konzentration derselben Tätigkeit. Hinter das linke Ohr hat er eine weitere Malbinse geklemmt. In der jeweils anderen Hand halten beide Maler eine Muschelschale als Palette, wovon hinter dem linken Mann weitere Exemplare auf ihren Behältern gezeigt werden. Im Register darunter sind mehrere Handwerker mit der Erschmelzung von Metall beschäftigt, wobei über lange Blasrohre dem Schmelztiegel Sauerstoff zugeführt wird. Ganz unten wird dann die Herstellung von großen Halskrägen abgebildet, was die Beischrift wie folgt erläutert: »Knüpfen der Krägen durch den Halsbandknüpfer der Totenstiftung«.

Mastaba des Mehu

6. Dynastie, um 2330 v. Chr.

Aufzug der Opfergabenträger

Vor der Südmauer des Djoser-Bezirkes liegt mit der Mastaba des Mehu einer der schönsten Grabbauten in Saqqara. Besonders die polychromen Originalfarben vermitteln etwas von der alten Leuchtkraft der Reliefs. Beide Längswände der Kultkammer zeigen über einem tiefblauen Fond die schier unendliche Aufreihung der Opfergabenträger, welche die verschiedenen Naturalien (hier Geflügel) von den Gütern des Wesirs in beiden Landesteilen heranschaffen, der zusätzlich noch die wichtigen Ämter eines Vorstehers der Scheunen und der beiden Schatzhäuser bekleidete.

Scheintür der Kultkammer

Als Nahtstelle zwischen Diesseits und Jenseits war die Scheintür eines Grabes die Hauptkultstelle für die materielle Versorgung des Verstorbenen mit Opfergaben. Die Scheintür des Mehu zeigt die klassische Ausführung mit einer vorkragenden Hohlkehle und einer Randverdickung, dem sog. Rundstab. Über dem dünnen Türschlitz sitzt der Wesir am Speisetisch. Die Inschriften mit gelb ausgemalten Hieroglyphen beinhalten die Opfergebete an Osiris und Anubis sowie die Titel und Namen des Beamten. Unter jedem Kolumnenpaar steht ein Abbild des Mehu. Zusätzlich ist an beiden Seiten außerhalb der eigentlichen Scheintür jeweils ein Bildstreifen mit Darstellungen von Opfergefäßen angelegt.

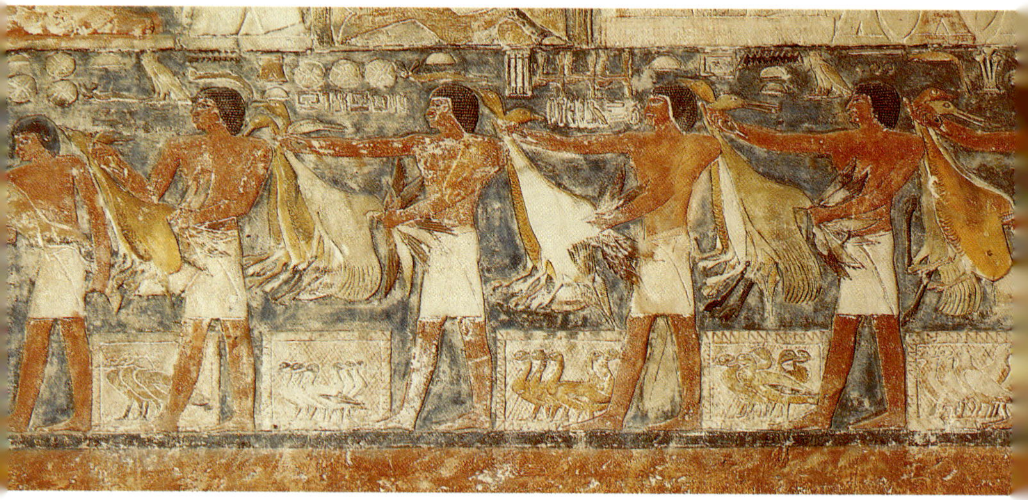

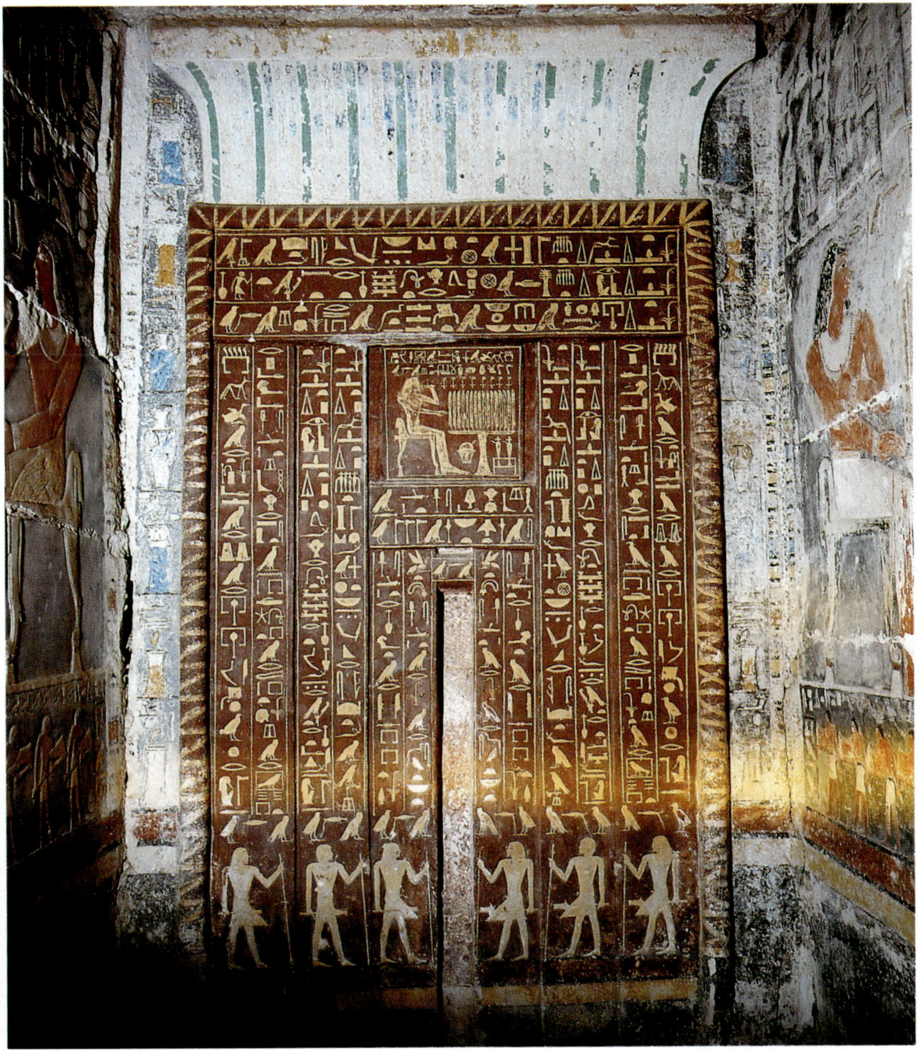

Dahschur

Nur wenige Kilometer südlich von Saqqara erstreckt sich das bedeutende und weitläufige Pyramidenfeld von Dahschur. Unmittelbar am Rande zum Fruchtland liegen die Ziegelbauten von drei Herrschern der 12. Dynastie: im Norden der Bau Sesostris' III., in der Mitte die Anlage Amenemhets II. und weiter im Süden die Schwarze Pyramide von Amenemhet III. Weiter in der Wüste hatte König Snofru, der Begründer der 4. Dynastie, schon zuvor zwei gewaltige Steinpyramiden errichten lassen, die sog. Knickpyramide im Süden und die Rote Pyramide in nördlicher Richtung.

Die Knickpyramide

4. Dynastie, um 2590 v. Chr.

Nach Aufgabe seiner ersten Pyramidenanlage in Meidum verlegte Snofru die königliche Nekropole nach Dahschur und begann mit dem Bau einer noch größeren Pyramide, die aufgrund ihrer charakteristischen Form »Knickpyramide« genannt wird. Erhebliche Steinsetzungen während des Baus führten in halber Höhe zu einer Änderung des Neigungswinkels, der auf gut 44° zurückgenommen wurde. Diese Abfla-

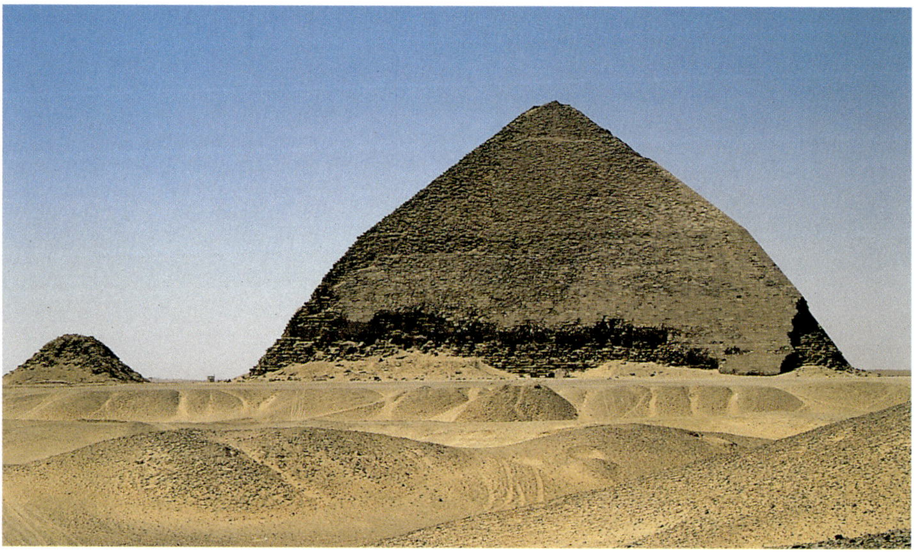

chung ließ die Pyramide bei einer Kantenlänge von 189 m nur noch eine Höhe von knapp 105 m erreichen. Bei der Planung dieser ersten echten Pyramide hatte man vergessen, den Untergrund auf seine Tragfähigkeit zu überprüfen. Als Material für die Verkleidung, die sich großflächig erhalten hat, wurde feiner Kalkstein aus den Brüchen von Tura verwendet. Eine Besonderheit der Knickpyramide ist weiterhin, dass sie über zwei Eingänge, nämlich auf der Nord- und auf der Westseite, verfügt, denen zwei unterschiedlich hoch gelegene Kammersysteme mit Kraggewölben entsprechen. Weil auch hier tiefe Risse auftraten, konnte die Pyramide nicht für das Begräbnis des Königs genutzt werden.

Das Stelenheiligtum

Die Kultbauten an der Knickpyramide folgen zwar in ihrer Gesamtkonzeption der klassischen Aufteilung von Taltempel (zerstört), Aufweg und Totentempel, sind aber in ihrer Einzelgestaltung Endpunkt einer Tradition, die dann an der Roten Pyramide aufgegeben werden sollte. Vergleichbar mit Meidum lag direkt vor der Ostseite ein kleines Stelenheiligtum mit Vorraum und einem offenen Hof, in dem der zentrale Opferplatz angelegt war. Dieser wurde von zwei monumentalen Kalksteinstelen (H. um 4 m, jetzt Ägyptisches Museum, Kairo) mit der Titulatur und einer Darstellung des Snofru im Sed-Fest-Gewand flankiert.

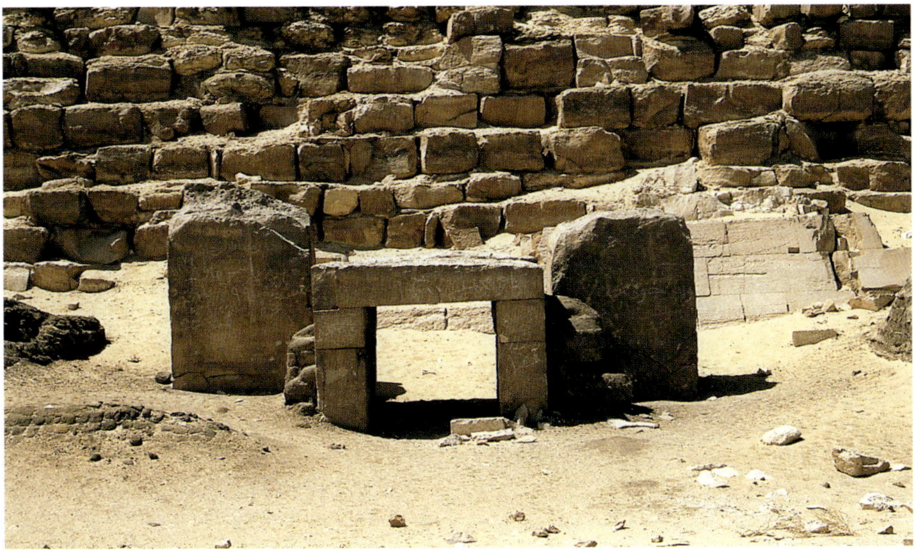

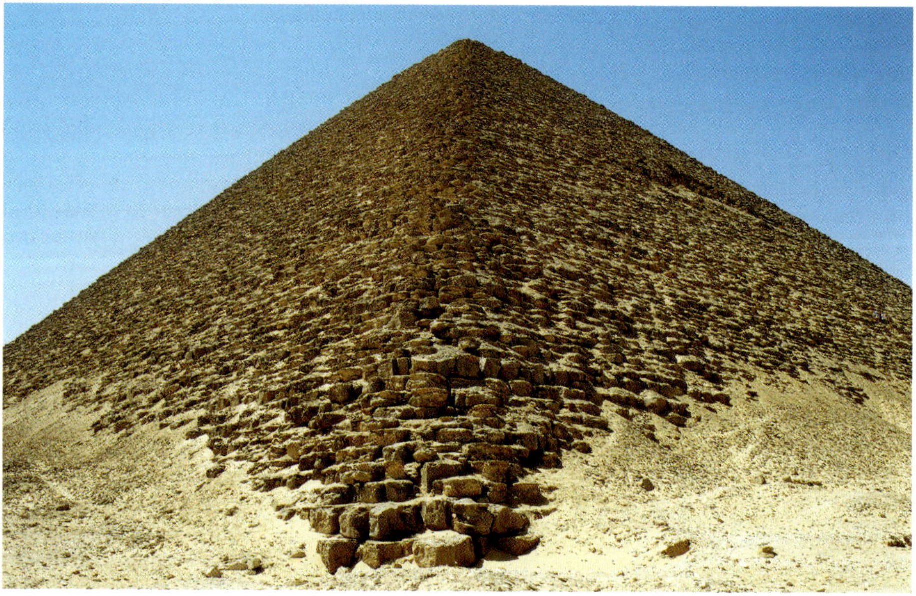

Die Rote Pyramide

4. Dynastie, um 2580 v. Chr.

Die durch massive Bauschäden hervorgerufene Funktionsuntüchtigkeit der Knickpyramide erzwang einen weiteren Grabbau für Pharao Snofru, der mit insgesamt drei Pyramiden zum größten Bauherrn des Alten Reiches aufstieg. Ihren Namen verdankt die Rote Pyramide der einer Patinierung entsprechenden Farbgebung der Verkleidungsblöcke, die im Laufe der Zeit eingetreten ist. Trotz einer gewaltigen Kantenlänge von 220 m, die nur noch von der Cheops-Pyramide übertroffen wurde, erhebt sich der Bau nur bis zu einer Höhe von etwa 101 m, da der Neigungswinkel zur Vermeidung der Probleme an der Knickpyramide gleich auf 45° reduziert worden war. Der Eingang auf der Nordseite führt in ein vereinfachtes Raumsystem mit zwei Vorkammern und der abschließenden Grabkammer. Von den Kultanlagen im Osten ist nur der stark zerstörte Totentempel ausgegraben, vom Aufweg und Taltempel fehlt bisher jede Spur. Im Totentempel wurde auch das restaurierte Pyramidion, die einzige erhaltene Pyramidenspitze des Alten Reiches, aufgestellt.

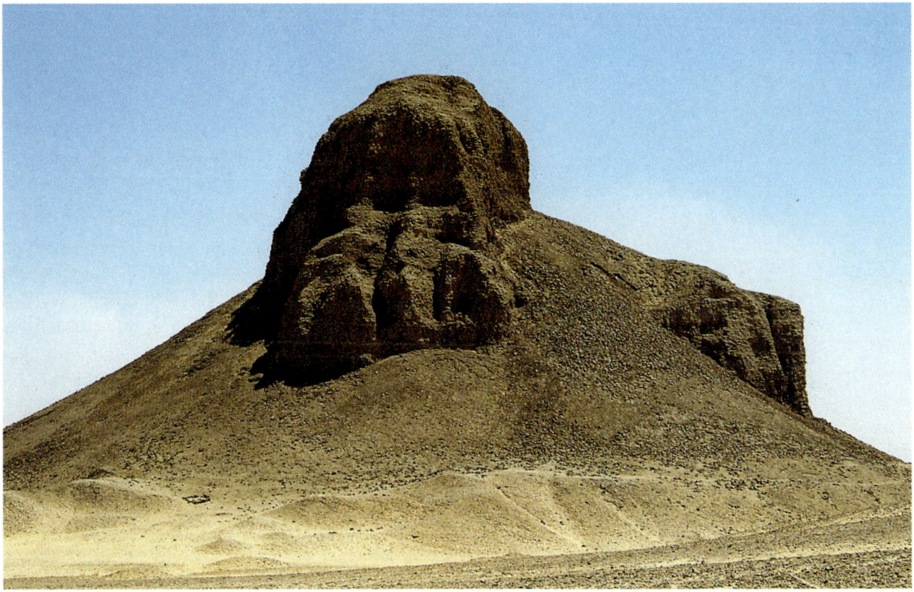

Die Schwarze Pyramide Amenemhets III.

12. Dynastie, um 1820 v. Chr.

Die Herrscher der späteren 12. Dynastie wählten als Baumaterial für ihre Pyramiden den luftgetrockneten Nilschlammziegel, der wegen seiner dunklen Farbe der Anlage Amenemhets III. ihren Beinamen gab. In Fragen der Sicherheit für die königliche Bestattung setzte man nicht mehr auf die gewaltigen Steinmassen wie im Alten Reich, sondern vertraute eher einem wahren Labyrinth aus Gängen und Kammern. Nachdem die schützende Verkleidung aus Kalkstein verschwunden war, begann an dem Bau Amenemhets III. der Verwitterungsprozess, sodass heute die Pyramide wie ein Turm mit einem riesigen Schuttkranz in der Landschaft steht. Mit 78 m Höhe und einer Kantenlänge von 105 m war sie einst der größte Bau des Mittleren Reiches. Allerdings ereilte die Anlage ein vergleichbares Schicksal wie die Knickpyramide des Snofru, da sich auch hier der Untergrund als nicht tragfähig erwies. Erhebliche Schäden erzwangen die Einstellung aller Arbeiten, der schon aufgestellte Granitsarkophag des Königs blieb leer.

Handwerker und Künstler

Wer waren die Bildhauer der großartigen Rundbilder der Pharaonen, wer reliefierte Tausende von Tempelwänden, und wer stattete unzählige Grabanlagen mit herrlichen Malereien aus? Dürfen wir in den bezeichneten Personen Künstler im abendländischen Sinne sehen, oder sind sie eher als hoch qualifizierte Handwerker zu betrachten? Nur selten zeigen uns die Darstellungen einen Meister unter Nennung seines Titels und Namens, und nur im absoluten Ausnahmefall kann von einer Künstlersignatur gesprochen werden. Durchaus häufig sind dagegen seit der Epoche des Alten Reiches Wandbilder aus Gräbern, die Handwerker bei der Arbeit zeigen. Sie alle verbleiben aber in der Anonymität ihrer Berufsgruppe, sind nicht als Individuen zu erfassen.

Handwerker bearbeiten eine königliche Kolossalfigur, 18. Dynastie, um 1450 v. Chr., Grab des Rechmire, Theben-West

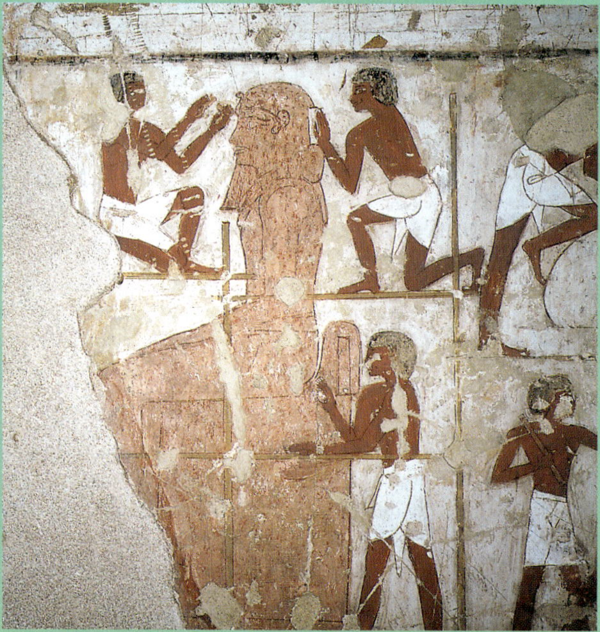

Zu den theoretischen Grundlagen der ägyptischen Kunst ist nur eine einzige Quelle erhalten, nämlich das berühmte »Selbstzeugnis« eines altägyptischen Künstlers auf einer Stele des frühen Mittleren Reiches (11. Dynastie, Zeit Mentuhoteps II., Stele des Irj-irusen aus Abydos; heute in Paris, Musée du Louvre). Eine längere Passage ihres Textes bietet einen Katalog von notwendigem Fachwissen eines bildenden Künstlers. Dazu gehören die Kenntnisse der in Musterbüchern festgehaltenen Vorlagen, die Beherrschung des Proportionskanons mit seinen

Maßeinheiten, die Techniken des Werkverfahrens bei Plastik, Relief und Malerei, Kenntnisse von der Vielfalt der Motive, aber auch die Gewinnung und Zusammensetzung der Farben und Bindemittel. Erst das Wissen um die richtige Darstellungsweise in Rund- wie Flachbild ließ den Künstler ein fertiges Werk schaffen, das seine Wirkmächtigkeit im funktionalen Umfeld eines Grabes oder eines Kultbaus entfalten konnte. Denn nur eine Statue oder eine Szene, die im altägyptischen Sinne »richtig« ausgeführt worden war, konnte ihre kultischen Aufgaben erfüllen, die angestrebte Wirklichkeit für das Jenseits garantieren. Das strenge Regelwerk, das der bildende Künstler zu beachten hatte, machte sich besonders bei der Wiedergabe des menschlichen Körpers bemerkbar. Diese musste einem festgelegten Proportionskanon folgen, der die Maßverhältnisse der Einzelteile zueinander definierte, die somit frei skalierbar, das heißt in ihrer Größe frei veränderbar blieben. Selbst für das ungeübte Auge des modernen Betrachters wird so ein altägyptisches Werk sofort als ein solches wahrnehmbar; zugleich wird aber auch der Eindruck erweckt, als ob der ägyptischen Kunst keine Entwicklungsphasen zu Eigen wären. Weit gefehlt! Im Bereich der Typologie, der Ikonografie und besonders der Stilistik können gravierende Unterschiede im Verlauf der langen Geschichte des Landes erkannt werden. Ebenso richtig ist, dass zu allen Zeiten neben der großen Masse gut ausgebildeter Handwerker auch wahre Künstlerpersönlichkeiten ihr Potential im Rahmen der Vorgaben bis an das Limit ausschöpften und Werke hinterließen, die zu den überragenden Leistungen der Weltkunst gezählt werden dürfen.

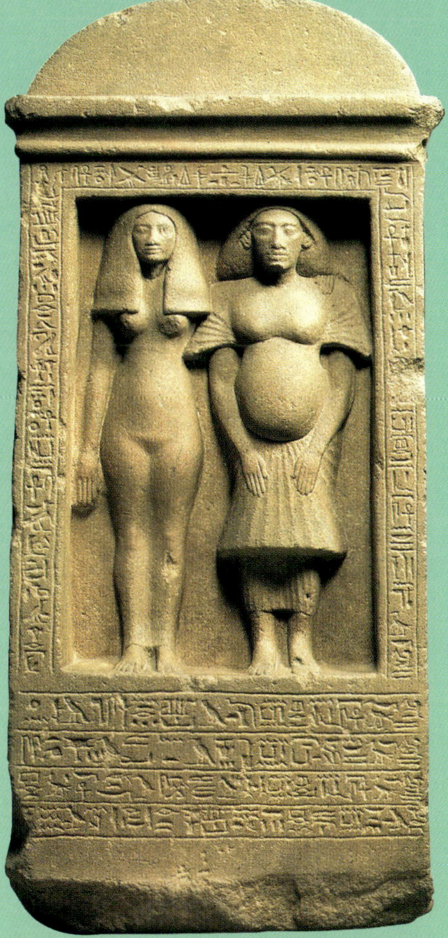

Naos-Stele des Bildhauers Bak, 18. Dyn., um 1340 v. Chr., Quarzit, H. 63,5 cm, Ägypt. Museum, Staatl. Museen Preuß. Kulturbesitz, Berlin

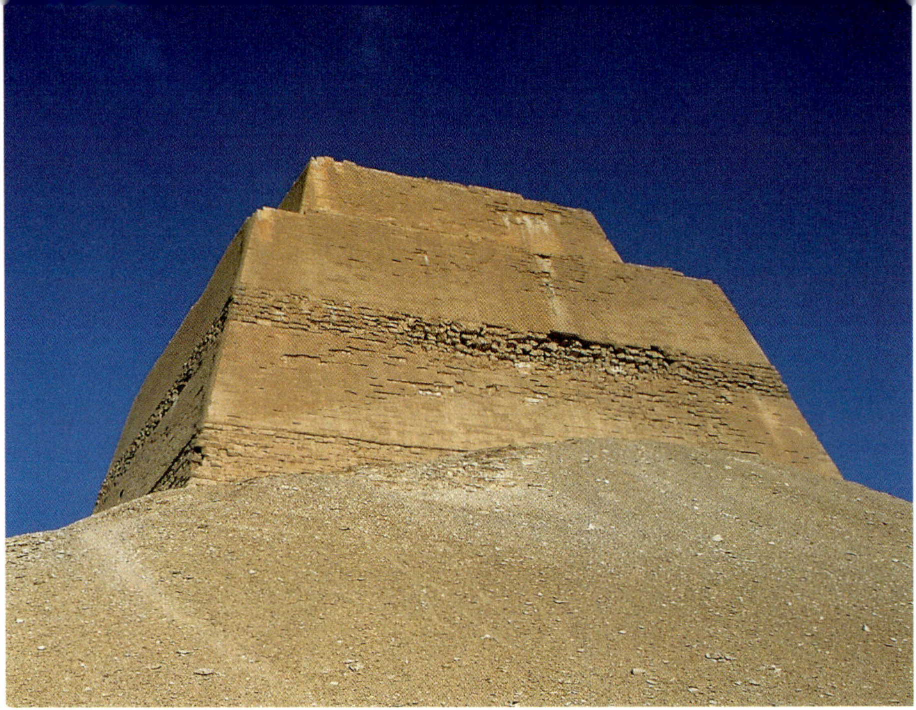

Meidum

Weitab vom Nil liegt in Richtung zum östlichen Faijum-Eingang die Nekropole von Meidum mit der sog. Stufenpyramide als Wahrzeichen. In ihrer unmittelbaren Nähe haben sich die hohen Beamten aus der frühen 4. Dynastie große Mastaba-Gräber erbauen lassen, die schon im letzten Jahrhundert von Auguste Mariette und Flinders Petrie ausgegraben wurden. Darunter sind die berühmten Anlagen der Prinzen Rahotep (s. S. 100 f.) und Nefermaat.

Die Pyramide des Snofru

4. Dynastie, um 2590 v. Chr.

Die Pyramide von Meidum stellt exakt die Nahtstelle zwischen der Bautradition der 3. und 4. Dynastie dar. Geplant wurde sie von König Snofru noch als reine Stufenpyramide (H. 92 m), allerdings gegenüber dem Bau des Djoser in Saqqara mit einer besseren Versatztechnik der Kalksteinblöcke.

Die mehrmalige Erweiterung bzw. Vergrößerung des Kernbaus mit den angelegten Stufen kann heute gut an der Abfolge von geglätteten und rauen Zonen des Mauerwerks abgelesen werden. Wohl erst nach Abschluss dieser Arbeiten entstand die Idee, durch Auffüllung der Stufen die geometrische Form einer echten Pyramide zu erreichen. Die offenkundigen Stabilitätsmängel einer solchen Konstruktion bezeugen die riesigen Schutt- und Steinmengen, die den Pyramidenfuß wie einen Kranz umziehen. Vom Eingang auf der Nordseite gelangt man über einen abwärts führenden Gang in die Grabkammer. Die Ostseite der Pyramide besitzt ein bescheidenes Stelenheiligtum, das aus einem Zweikammerbau ohne Dekoration besteht. Hinter ihm ragen zwei unbeschriftete Monumentalstelen (H. 4,10 m) auf, welche die Opferstelle markieren. In den Räumen künden hieratische Besucherinschriften aus der Zeit des Neuen Reiches von der posthumen Verehrung des Snofru.

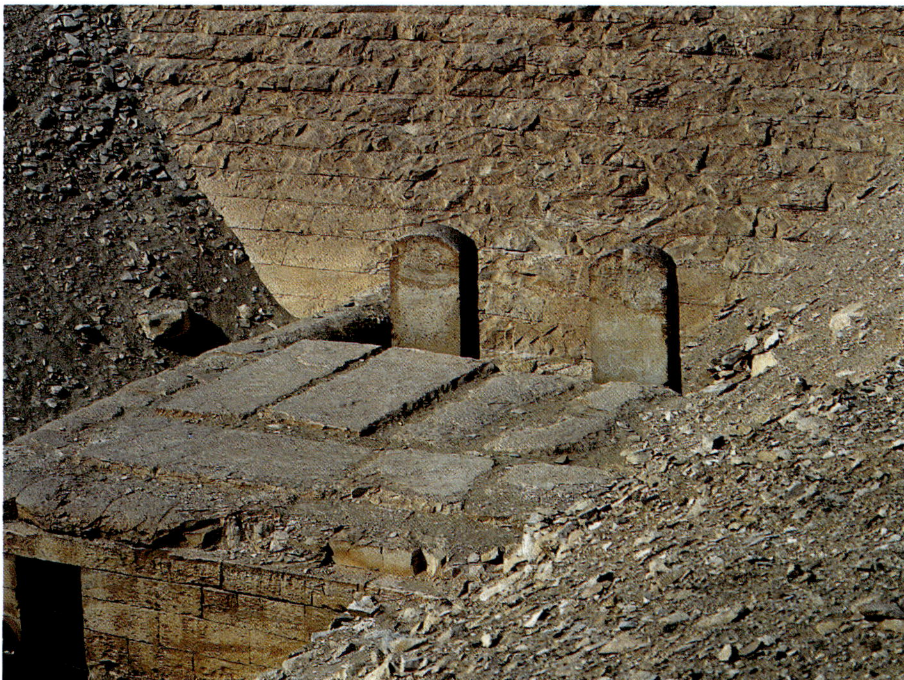

Papyrus – Papier der Könige

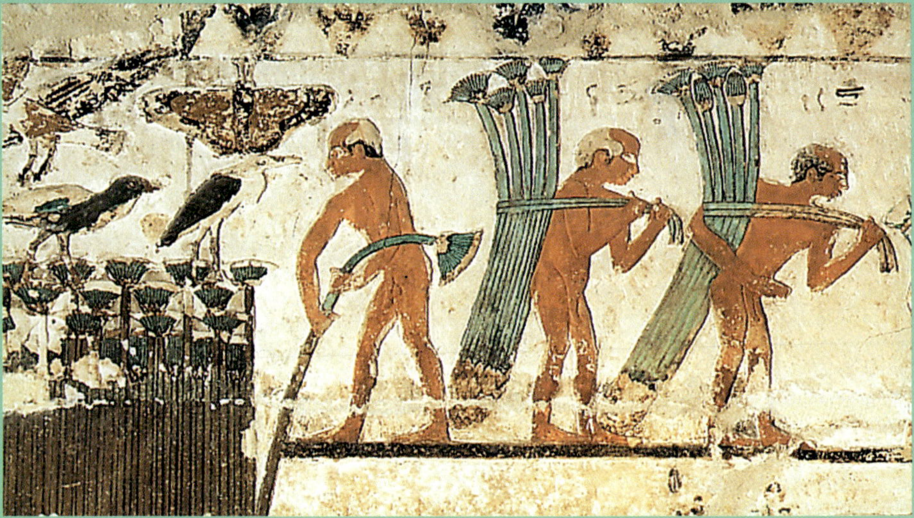

Papyrusernte, 5. Dynastie, um 2450 v. Chr., Grab des Nefer, Saqqara

Das Riedgras Papyrus (Cyperus papyrus L.) stellte für die alten Ägypter eine äußerst vielseitig verwendbare Pflanze dar, die besonders in den Sümpfen des Deltas überall wuchs. Der um vier Meter hohe Papyrusstängel war so charakteristisch für diesen Landesteil, dass er als Wappenpflanze von Unterägypten erwählt wurde. Die Stiele verwendete man zur Herstellung von Papyrusbooten, Körben und Matten, aus den Fasern machte man Seile, und die Wurzeln wurden sogar als Gemüse gegessen. Die unbestritten größte Bedeutung gewann die Pflanze aber durch ihre Verarbeitung zu Schreibmaterial, dem Papyrus. Schon aus der Zeit der 1. Dynastie ist eine Papyrusrolle bekannt, wenn auch unbeschriftet. Mit den »Abusir-Papyri«, Verwaltungsakten der königlichen Totentempel aus der 5. Dynastie, liegen die ältesten Schriftdokumente in größerem Umfang auf Papyrus vor. Die griechische Bezeichnung »papyros« leitet sich wohl von ägyptisch »pa-en-per-aa« (»das des Pharao«) ab, ein Hinweis darauf, dass in der Ptolemäerzeit der Exporthandel des wertvollen und begehrten Schreibmaterials unter Kontrolle des Herrschers stand. Im heutigen Ägypten ist Papyrus nicht mehr frei wachsend anzutreffen, da die notwendigen Feuchtgebiete fehlen.

Obwohl es keine altägyptische Darstellung zur Papyrusherstellung gibt, kann das Verfahren durch Untersuchungen an den Originalen gut rekonstruiert werden. Zunächst wurde der frisch geerntete Pflanzenstängel, der eine dreikantige Grundform besitzt, geschält und in etwa 40 cm lange Abschnitte unterteilt. Das freiliegende Mark schnitt man in dünne Streifen, die man leicht überlappend auf einer geraden Unterlage waagerecht auslegte. Danach folgte eine weitere Lage in senkrechter Anordnung. Bei anschließendem Druck trat der stärkehaltige Saft aus und verklebte beide Streifenlagen miteinander. Nachdem das einzelne Blatt abgetrocknet war, wurde es mit einem Polierstein geglättet und die Ränder begradigt. Für längere Schriftstücke (z. B. Totenbuchpapyri) konnten je nach Bedarf mehrere Einzelblätter zusammengeklebt werden, und es entstand die klassische Papyrusrolle. Aufzeichnungen belegen, dass in der 20. Dynastie des Neuen Reiches eine Standardrolle aus 20 aneinander geklebten Seiten bestand. Königliche Prachtpapyri wie der »Papyrus Harris I« (heute Britisches Museum, London) besaßen eine Länge von über 40 m.

Grundsätzlich war Papyrus ein so kostbares Material, dass es ausschließlich für wichtige Dokumente eingesetzt wurde. Trotzdem gab es nicht nur Unterschiede im Format, sondern auch hinsichtlich der Farbe, die von hellgelb bis dunkelbraun reichte, sowie der Qualität der Faserstruktur. Die jeweilige Papyrusrolle wurde versiegelt und, soweit sie archiviert werden sollte, in eine Hülse gesteckt, um dann in einem wohl nicht allzu großen Kasten zusammen mit anderen Rollen aufbewahrt zu werden.

Der hohe Bedarf an Papyrusmaterial während der pharaonischen Zeit wird wohl nur durch den Einsatz organisierter Manufakturen zu bewältigen gewesen sein, die unter königlicher Kontrolle standen. Allein für die Büros der Zentralverwaltung muss die Nachfrage einen kaum bezifferbaren Umfang gehabt haben.

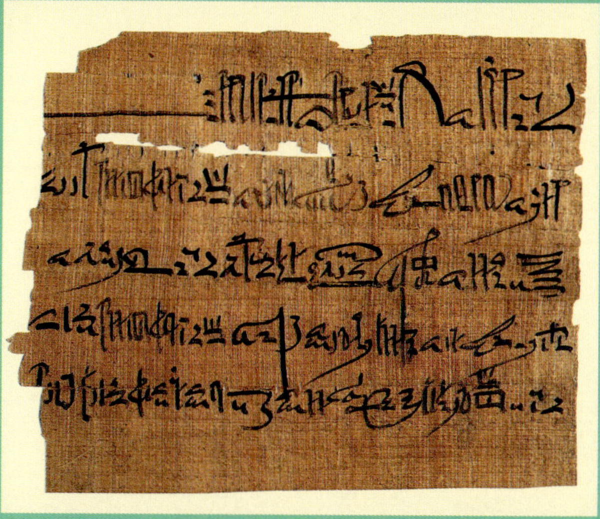

Brief des Hohepriesters Mencheperre, 21. Dynastie, um 1050 v. Chr., Papyrus, H. 18 cm, Musée du Louvre, Paris

Das Faijum

Ungefähr 90 km südlich von Kairo erstreckt sich in einer Senke der Libyschen Wüste das Gebiet der Großoase Faijum. Bei einer Ausdehnung von 65 km auf der Ost-West-Achse weckt der Begriff Oase allerdings falsche Vorstellungen. Zudem steht das Faijum über den Zufluss des Bahr Jussuf (»Josefskanal«) mit dem Niltal in Verbindung. Er beginnt beim mittelägyptischen Deirut, verläuft dann 300 km parallel zum großen Strom, um sich in den Karun-See (Birket el-Qarun) zu ergießen. Dieser liegt heute 45 m unter dem Meeresspiegel und hat einen Großteil seiner Fläche gegenüber der Antike durch Verdunstung und Verlandung verloren. Schon im Paläolithikum (Altsteinzeit) waren die Randgebiete des Faijum von Menschen besiedelt, die Jäger und Sammler waren. Noch in pharaonischen Zeiten prägten ausgedehnte Papyrus- und Schilfdickichte die sumpfige Landschaft, deren landwirtschaft-

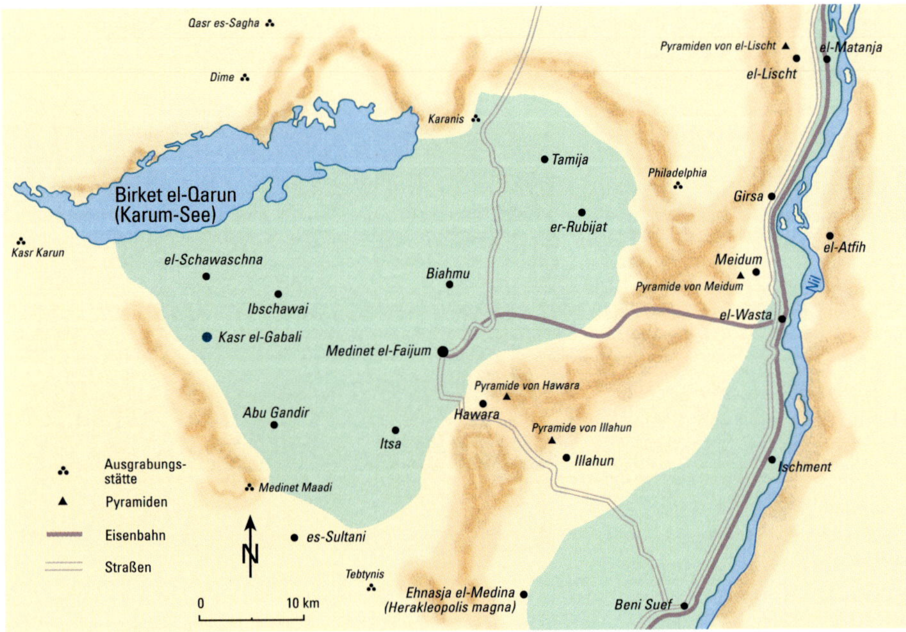

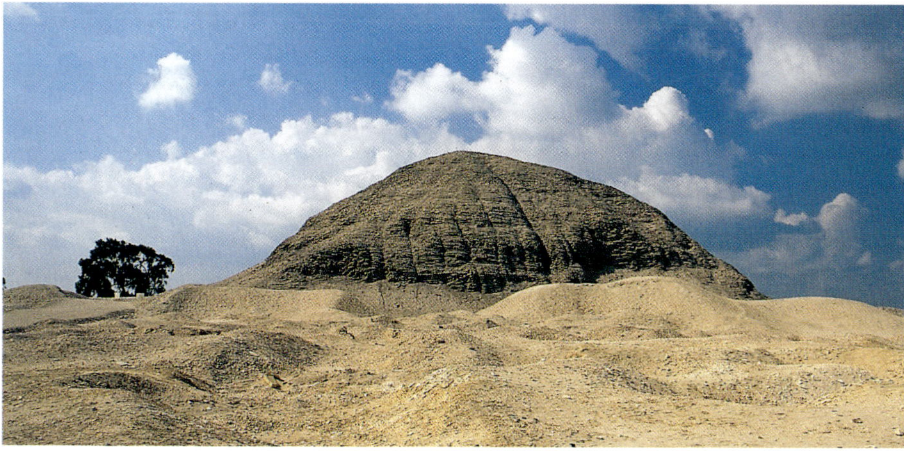

liches Potential von den Herrschern der 12. Dynastie erstmals genutzt wurde. Unter Amenemhet III. (um 1830 v. Chr.) konnte ein Großprojekt zur Bodengewinnung im Faijum durch Kanal- und Dammbau erfolgreich abgeschlossen werden. Dieser König errichtete für den Krokodilgott Sobek, der als Hauptgottheit im Faijum verehrt wurde, ein Heiligtum bei der heutigen Provinzhauptstadt von Medinet el-Faijum und war Bauherr weiterer Tempelanlagen. Erneut im Brennpunkt der Ereignisse stand die Region erst wieder in ptolemäischer Zeit, als Ptolemaios II. die Erträge der landwirtschaftlichen Flächen nochmals durch intensive Trockenlegungen steigern ließ. Die alte Hauptstadt Schedet wurde in Krokodilopolis umbenannt, und eine breit angelegte Siedlungspolitik führte zu zahlreichen lokalen Neugründungen.

Pyramide von Hawara

12. Dynastie, um 1830 v. Chr.

Bauschäden an der Anlage in Dahschur zwangen Amenemhet III. zu einem Neubau seiner Grabpyramide, als deren Standort er Hawara im Südosten des Faijums gewählt hat. Sie erreichte ehemals eine Höhe von 105 m und bediente sich zur Stabilisierung der Skelettbauweise. Dazu wurden die Zwischenräume der sternförmig angelegten Steinrippen mit großen Nilschlammziegeln ausgemauert; abschließend erfolgte die Verkleidung mit Kalksteinplatten. Berühmt wurde der gewaltige, bedauerlicherweise stark zerstörte Totentempel, das sog. Labyrinth, der nach einer Schilderung des Historikers Strabo (1. Jh. v. Chr.) 1500 Räume in zwei Geschossen gehabt haben soll.

Karanis (Kom Auschim)

Griech.-röm. Zeit, 3. Jh. v. Chr./4. Jh. n. Chr.

Direkt an der Wüstenstraße von Giza erstreckt sich am nördlichen Eingang zum Faijum die weitläufige Siedlung von Karanis, die ihre Blütezeit im 2.–3. Jh. n. Chr. erlebte. Unzählige hier gefundene Objekte des Alltags zeichnen ein facettenreiches Bild dieser Stadt, deren Wohnhäuser teilweise noch gut erhalten sind. Besonders interessant sind aber mehr als 5000 Papyrusfragmente und Ostraka, die Auskunft über das Wirtschaftsleben im römischen Ägypten geben. Mehrere aus Kalkstein errichtete Heiligtümer waren einer lokalen Form des Sobek, aber auch dem Sarapis wie dem Zeus-Ammon geweiht.

Tempel von Qasr es-Sagha

12. Dynastie, um 1800 v. Chr.

Weitab in der Wüste liegt nördlich des Karun-Sees auf einer Anhöhe das Heiligtum von Qasr es-Sagha aus der späten 12. Dynastie. Sein Mauerwerk besteht aus mächtigen Kalksteinquadern. Der zentrale Eingang führt in einen schmalen Querraum (Br. 21 m). An dessen Rückwand sind sieben Kapellen nebeneinander angeordnet, die wie der ganze Tempel jedoch ohne Darstellungen und Inschriften, verblieben. Welche Gottheiten hier verehrt wurden, muss deshalb eine offene Frage bleiben. Man wird sie aber im Kreis der großen Götter des Faijum – Sobek, Renenutet und Horus – zu suchen haben.

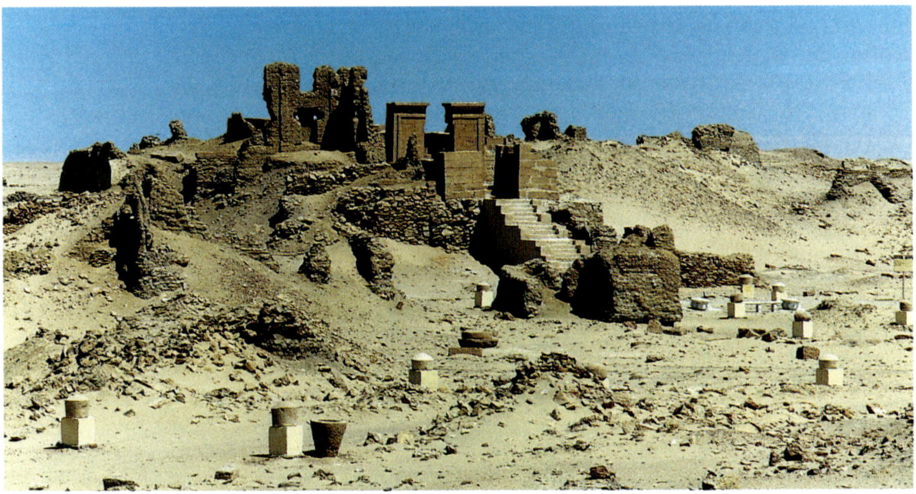

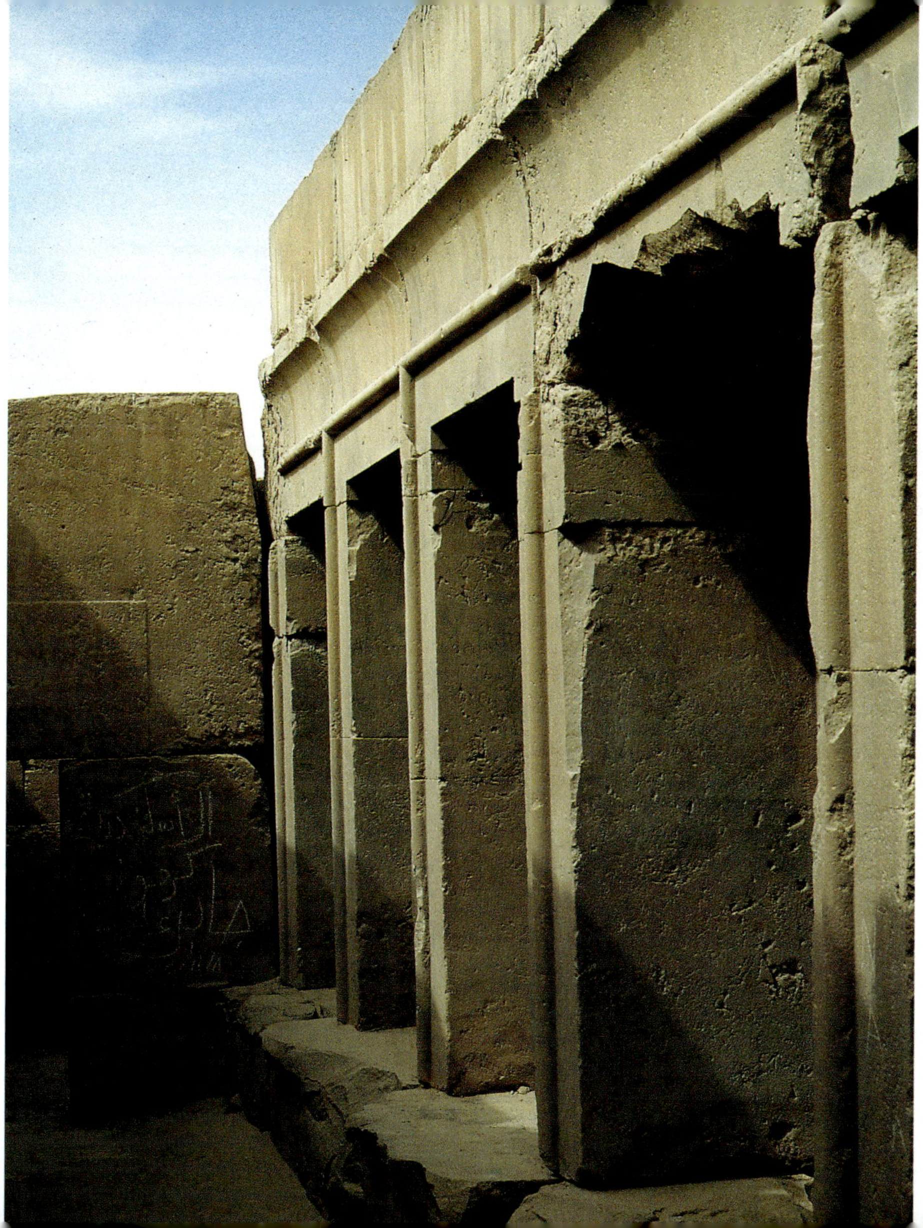

Mumienporträts – Bilder aus dem Wüstensand

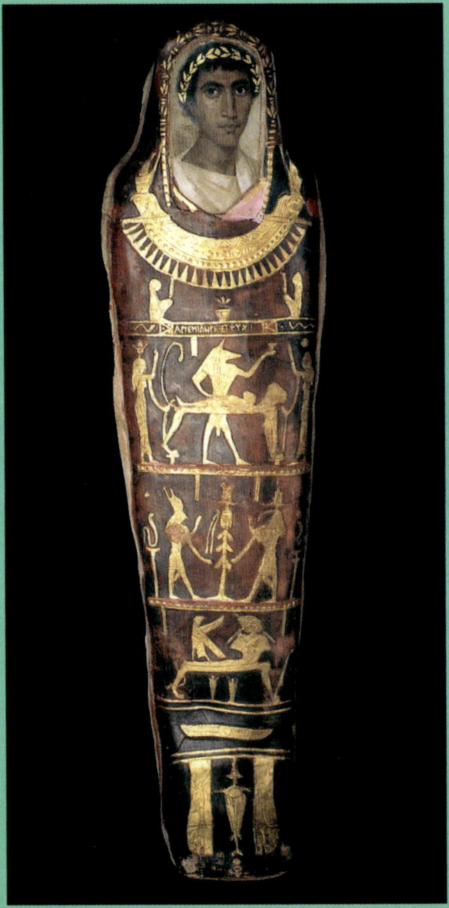

Mit der römischen Herrschaft unter Kaiser Augustus begann für das Land am Nil ein neuer historischer Abschnitt, zugleich aber auch der langsame und endgültige Abschied von der pharaonischen Tradition. Politisch spielte Ägypten keine Rolle mehr, seine Wirtschaftskraft wurde von Rom ausgebeutet und kulturelle Errungenschaften wie das hieroglyphische Schriftsystem nur noch von der Priesterschaft der großen Landestempel gepflegt und verstanden. Auf dem in Ägypten so bedeutsamen Gebiet des Bestattungswesens setzte jedoch ein Innovationsschub ein, der eine gelungene Synthese zwischen den alten Mumifizierungspraktiken und von den Römern beeinflussten Elementen darstellt. Gemeint ist die Sitte, über dem Kopf der Mumie eine Holztafel mit dem Bildnis des Verstorbenen in die Mumienbinden oder Kartonagen einzufügen, das so genannte Mumienporträt. Früheste Beispiele gehören der Zeit des Kaisers Tiberius (14 – 37 n. Chr.) an und blieben rund 300 Jahre während der römischen Kaiserzeit in Gebrauch. Obwohl ihre Fundplätze landesweit nachweisbar sind, kann als Hauptverbreitungsgebiet die Großoase des Faijum gelten, sodass die bemalten Tafeln auch den Beinamen Faijum-Porträts erhielten. Dort befin-

Mumie des Artemidorus mit Porträttafel, um 100 n. Chr., Hawara, Holz, bemalt und vergoldet, Mumie: L. 167 cm, The British Museum, London

den sich die beiden wichtigsten Fundorte, die Nekropolen von er-Rubayat und Hawara. Besondere Aufmerksamkeit gebührt den Unternehmungen des britischen Ausgräbers W. M. Flinders Petrie (1853–1942), dem Urvater aller Archäologen und wissenschaftlichen Grabungsmethoden in Ägypten. Im Winter 1888/89 war er mit der Absicht nach Hawara gekommen, die Pyramide Amenemhets III. aus der späten 12. Dynastie und dessen Totentempel, das berühmte Labyrinth, zu erforschen. Die Suche nach dem Pyramideneingang gestaltete sich schwieriger als gedacht, sodass Petrie einen Teil seiner Arbeiter anderweitig beschäftigen musste. Schon bald stieß man auf ein römisches Gräberfeld, das Dutzende von Porträtmumien lieferte, die häufig nur in flachen Gruben beigesetzt waren. Eine zweite Kampagne führte Petrie nochmals 1911/12 nach Hawara, bei der er weitere 70 Mumien ausgraben konnte. Seine genauen Aufzeichnungen und Beobachtungen zu den Fundumständen haben der Forschung auf diesem Gebiet wertvolle Dienste erwiesen. Bei der Herstellung der Porträtbilder kamen zumeist mit Wachs gebundene Farben (Enkaustik) zum Einsatz, aber auch die Verwendung von Tempera kann beobachtet werden. Viele der Tafeln waren schon zu Lebzeiten ihrer Besitzer gefertigt worden. Sie wurden nach deren Ableben passgerecht zugeschnitten und dann in die Mumienhülle integriert. Ihre zeitliche Einordnung erlaubt bei Männer- wie Frauenbildern besonders die Betrachtung der Frisuren, die weitgehend stadtrömischen Vorbildern folgten. Das Hauptmotiv für die Einführung der Porträts in den Totenkult, wodurch die Mumie eine bisher unbekannte Individualisierung erfuhr, war wohl ihre Eignung zur Repräsentanz, die von bestimmten Gesellschaftskreisen als unverzichtbar angesehen wurde. In ihrer Vielfalt und dem durchweg guten Erhaltungszustand gehören die Mumienporträts aus Ägypten zu den besten Beispielen antiker Malerei überhaupt.

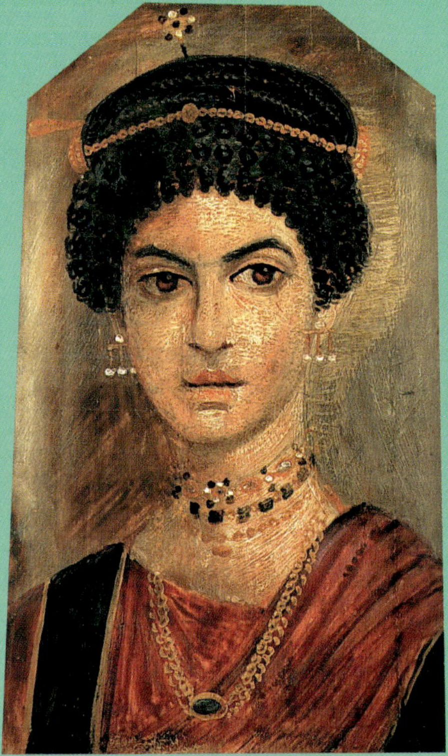

Mumienporträt einer Frau, 2. Jh. n. Chr., Hawara, Holz, bemalt, H. 43,7 cm, Royal Scottish Museum, Edinburgh

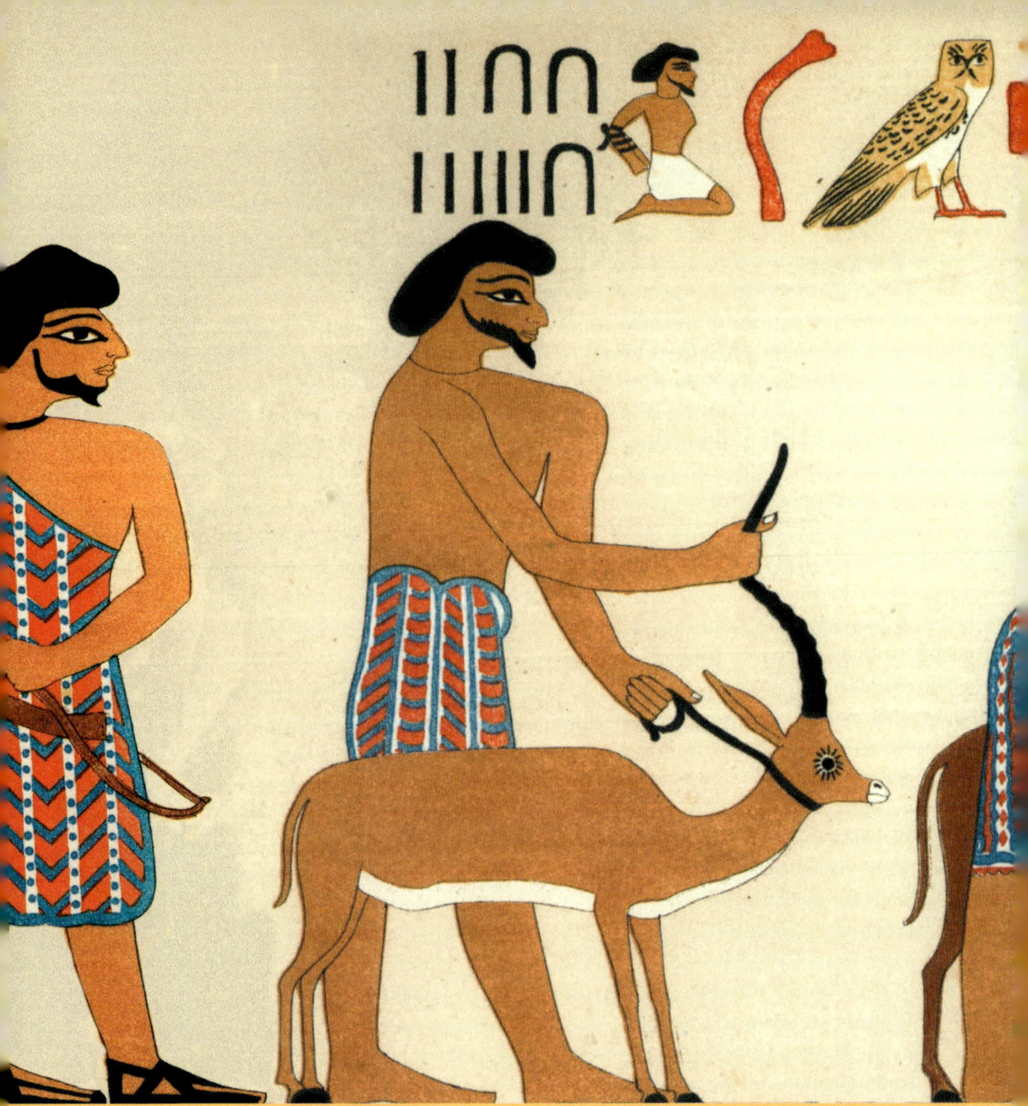

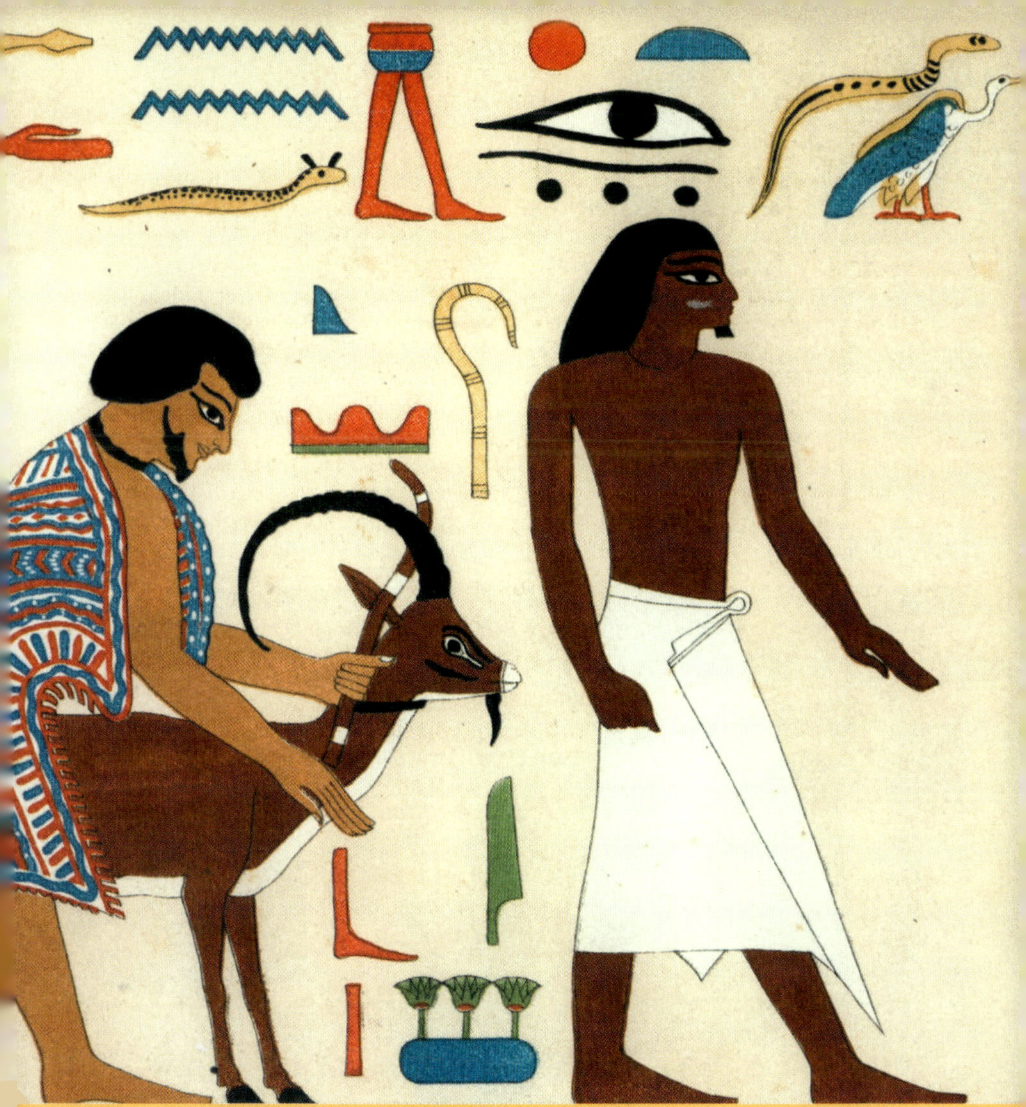

Von Beni Hassan nach Hermopolis

Beni Hassan

Mit dem Zusammenbruch des Alten Reiches am Ende der 6. Dynastie hatte sich der erste Zentralstaat Ägyptens aufgelöst und war in regionale Machtbereiche zerfallen. Diese neue Unabhängigkeit lokaler Potentaten führte in der Folgezeit auch zur Anlage von ganzen Nekropolen in den jeweiligen Gauzentren. Die Gaufürsten des 16. oberägyptischen Gazellengaus aus der 11. und 12. Dynastie ließen sich bei Beni Hassan auf der Ostseite des Nils ihre Felsgräber anlegen, deren Malereien zu den herausragenden Zeugnissen altägyptischer Kunst zählen. Insgesamt 39 Gräber wurden, meist als Einraumanlagen mit Kultnische, nebeneinander auf halber Höhe des Gebirgszuges in den Fels getrieben. Manche sind jedoch ohne Dekoration. Während die älteren Gräber nur einfache Eingangstüren besitzen, wurden die Fassaden der späteren Anlagen aufwändig mit einer doppelten Säulenstellung und einem Vorhof (s. Bild unten) gestaltet.

Vorhergehende Seiten: Semitenkarawane im Grab des Chnumhotep von Beni Hassan, aus: Richard Lepsius, »Denkmaeler aus Aegypten und Aethiopien«, Berlin 1849–1859

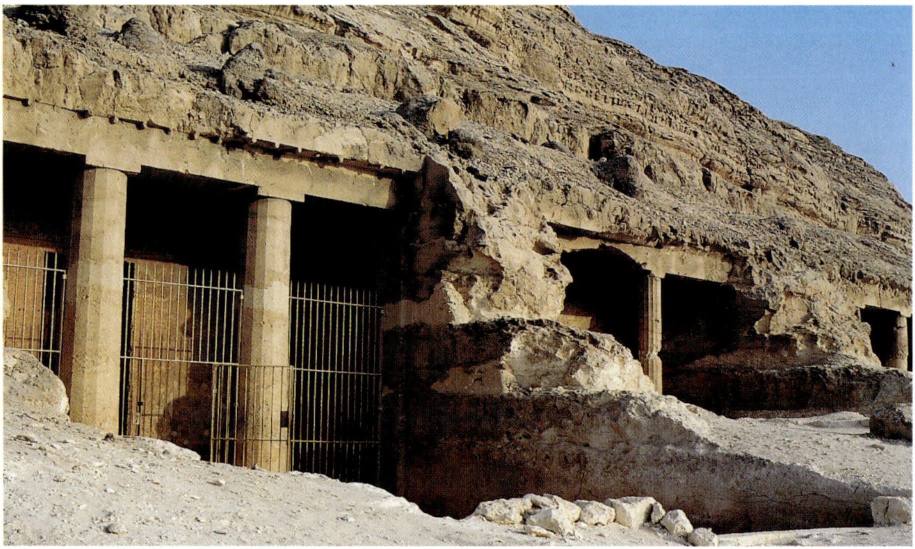

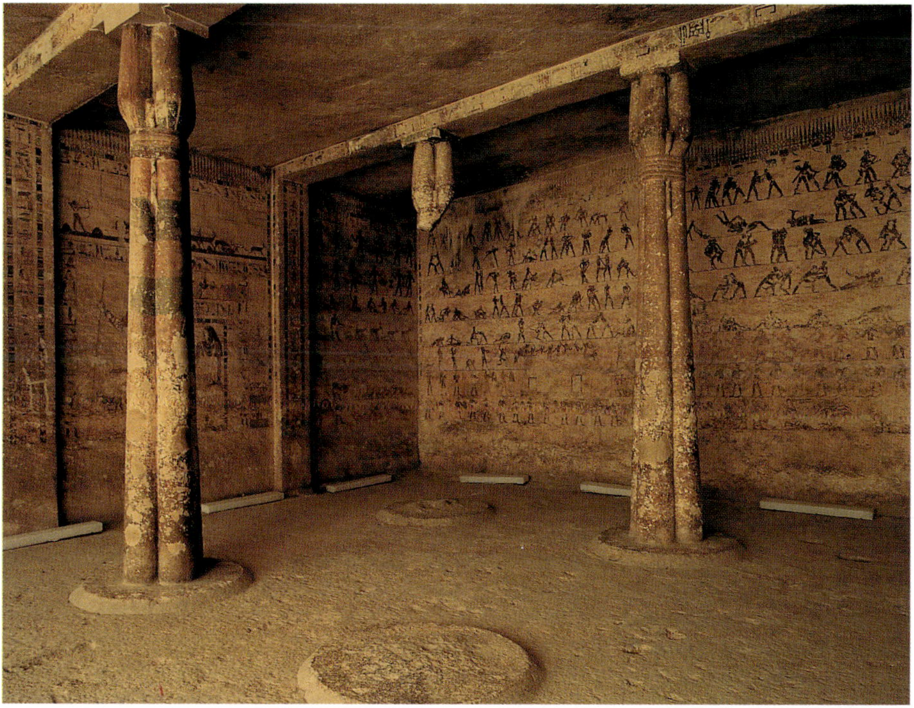

Grab des Cheti (Nr. 17)

12. Dynastie, um 1960 v. Chr.

Als Gaufürst führte Cheti den Titel eines »Großen Oberhauptes des Gazellengaus in seiner Gesamtheit«. Der hallenartige Raum (rund 12 x 16 m) mit leicht gewölbter Decke erfährt seine Gliederung durch zwei Säulenreihen im hinteren Abschnitt der Kultkammer. Von den ursprünglich sechs Lotosbündelsäulen sind nur noch zwei mit einem guten Teil ihrer Originalbemalung erhalten. Ihre Stängelschäfte und Blüten wurden so naturnah wie möglich nachgeformt. Die dünnen Architravbänder gehen an den Wänden in leicht vorstehende Pilaster über. Unter den Darstellungen fallen besonders die Wiedergabe einer Wüstenjagd mit Stellnetzen (Nordwand, links) und die in mehreren Registern abgebildeten Ringergruppen (Rückwand) auf.

Grab des Baket (Nr. 15)

12. Dynastie, um 1980 v. Chr.

Ball spielende Mädchen

Eine ganz ähnliche Anlage wie sein Sohn Cheti besaß auch der Gaufürst Baket, wobei nur eine Säulenstellung mit zwei Lotosbündelsäulen (heute zerstört) den Großraum (rund 12,5 x 16,5 m) unterteilt. In der südwestlichen Ecke liegt eine kleine Wandnische, die einen Opfertisch enthielt und vor der im Boden der Hauptschacht (T. rund 30 m) zur Sargkammer abgeht. Das reichhaltige Bildprogramm erlebt in den Abbildungen von 220 Ringerpaaren auf der Ostwand einen Höhepunkt. Sie offenbaren eine Vorliebe des Künstlers für komplizierte Bewegungsabläufe. Dies gilt auch für eine andere berühmte Darstellung auf der Nordwand: Drei Akrobatinnen jonglieren mit mehreren Bällen. Sie tragen Perücken mit überlangen Haarzöpfen sowie wadenlange Gewänder.

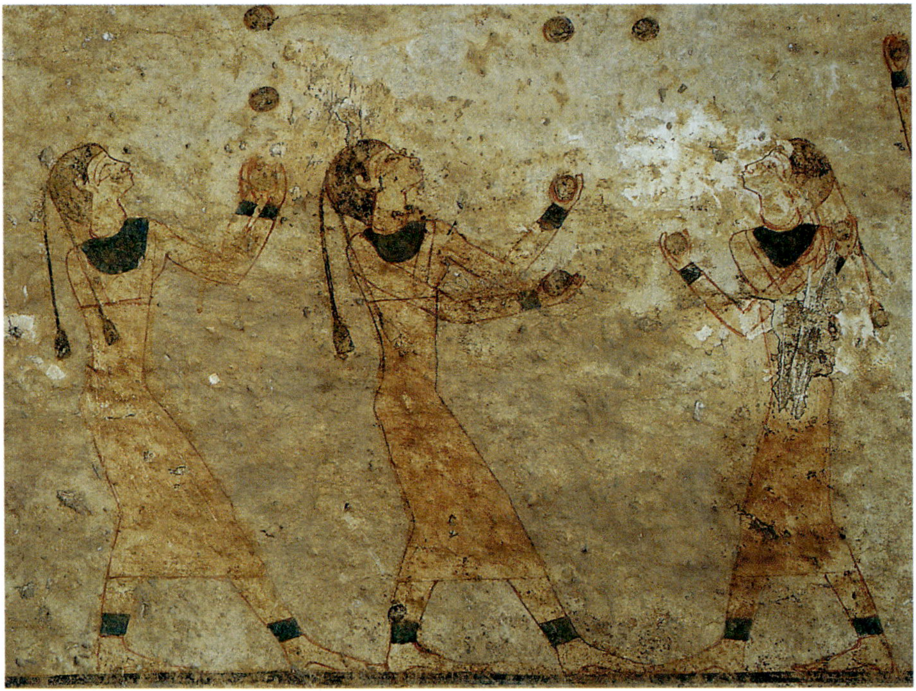

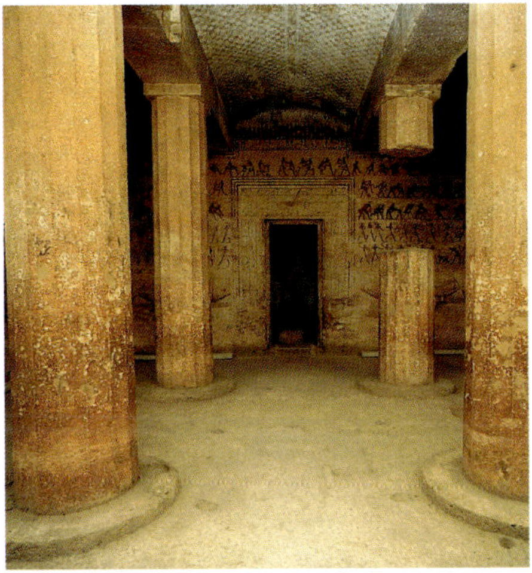

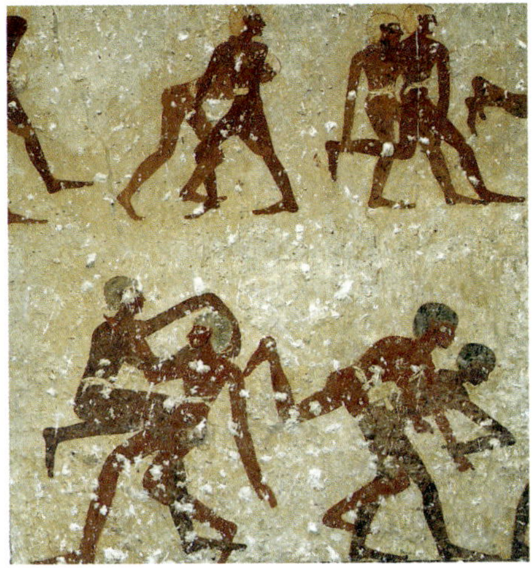

Grab des Amenemhet (Nr. 2)

12. Dynastie, um 1920 v. Chr.

Die Grabanlage des Amenemhet gehört zweifellos zu den schönsten Gräbern von Beni Hassan. Der Kultraum wird hier von vier 16-kantigen Säulen mit leichter Kannelur unterteilt. Die Raumachse zielt auf die große Statuennische an der Ostwand, die ein Sitzbild des Ameni (Kurzname) mit Figuren seiner Frau und Mutter enthält. Die zentrale Deckenwölbung bildet ein Mattenmuster ab. Die Türlaibung des Eingangs hat eine lange biografische Inschrift des Gaufürsten erhalten, die von verschiedenen militärischen Unternehmungen des Grabherrn berichtet und mit dem 43. Regierungsjahr Sesostris' I. datiert ist.

Ringergruppen

Wie schon in den etwas älteren Gräbern des Baket und Cheti wurde auch hier den Ringergruppen breiter Raum zugewiesen. Sie liegen wiederum auf der Ostwand und umgeben somit an prominenter Stelle die Statuennische. Die Bewegungsabläufe sind in ihrer Dynamik besonders gut getroffen, wobei sich von den insgesamt 59 Paaren kein einziges wiederholt. Zur besseren Unterscheidung und Abgrenzung der Konturen hat man die Körperbemalung im Farbwert leicht variiert. Zusammen mit den Ringergruppen wird in weiteren Registern die Schlacht um eine Festung geschildert. Diese szenische Verbindung deutet die Ringkämpfer als Truppenkontingent des Gaufürsten.

Grab des Chnumhotep (Nr. 3)

12. Dynastie, um 1880 v. Chr.

Die Grabarchitektur und Malerei von Beni Hassan erreichen in der Anlage des Chnumhotep ihren Höhepunkt und Abschluss zugleich. Der Grabherr amtierte unter Amenemhet II. und Sesostris II. als »Bürgermeister von Menat-Chufu« (Amme des Cheops) auf dem Ostufer und führte zugleich den Titel eines »Vorstehers der Ostwüste«. Nur wenige Jahre nach dem Tode des Chnumhotep kassierte Sesostris III. die Privilegien der Gaufürsten zugunsten einer erstarkten Zentralverwaltung, und die Bautätigkeiten in den mittelägyptischen Nekropolen kamen zum Erliegen. Gewaltige Architravzüge teilen die monumentale Kulthalle in drei Schiffe mit gewölbten Decken, wobei die ehemals eingestellten Säulen zerstört sind. Die zentrale Statuennische (Ostwand) wird von einem Inschriftrahmen umgeben und auf den Wänden von einem großformatigen Szenenpaar flankiert, das schon aus dem Alten Reich belegt ist. Jeweils in einem Nachen stehend, jagt Chnumhotep in den Papyrusdickichten. Links stellt er mit dem Wurfholz Wasservögeln nach, während er rechts zwei Nilbarsche mit einer langen Harpune erlegt. Direkt über der Statuennische (s. Bild unten) ist der Grabherr auf der Vogeljagd mit dem Schlagnetz dargestellt. Seiner Amtswürde angemessen, sitzt Chnumhotep auf einem Stuhl hinter einer Schutzwand aus Schilf und hat gerade das Netz zugezogen, das reich mit Beute gefüllt ist. Die Vögel sind dabei mit solcher Genauigkeit gemalt, dass sie alle ornithologisch bestimmt werden können, wie z. B. das berühmte Bild eines Wiedehopfs. Zwei Personen folgen dem Bürgermeister: sein Sohn Nacht und der Bauleiter des Grabes mit dem Namen Baket.

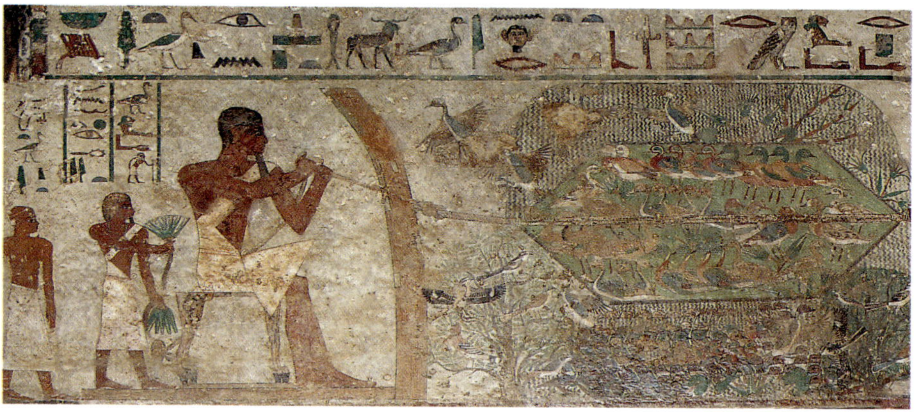

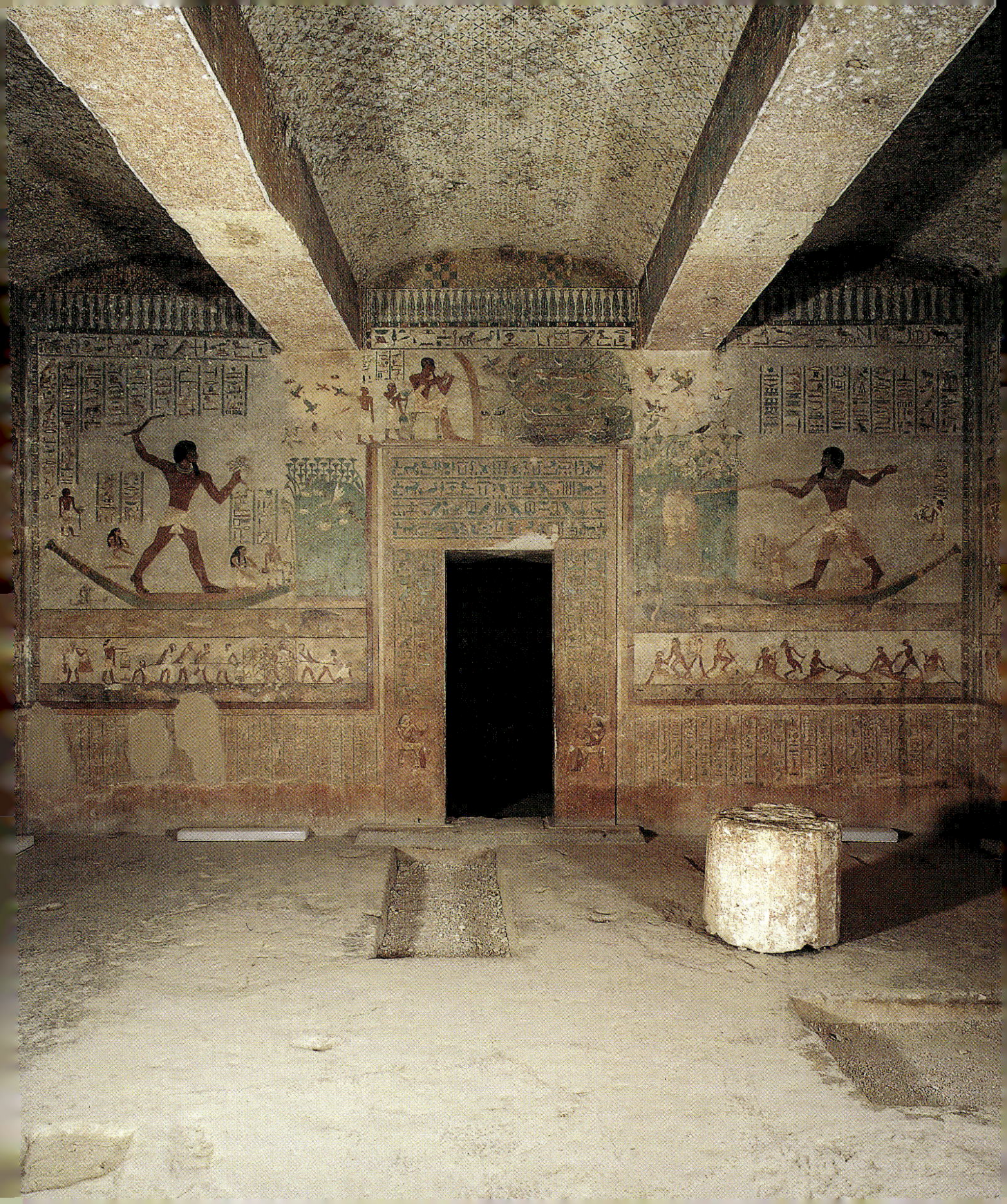

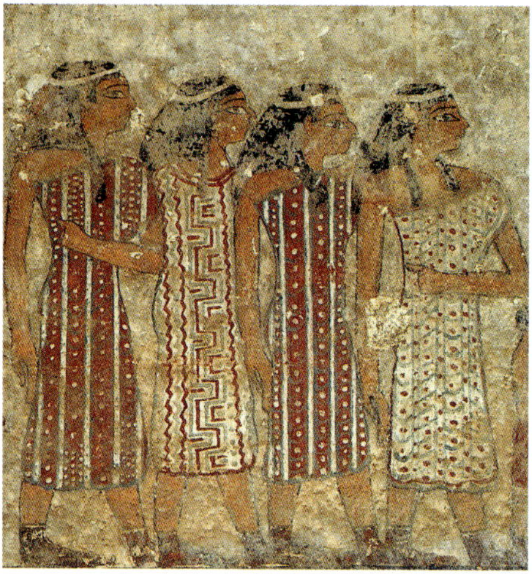

Die Semitenkarawane

Das sicher berühmteste Stück Malerei aus den Gräbern in Beni Hassan findet man unterhalb einer großen Wüstenjagdszene auf der Nordwand der Anlage des Chnumhotep. Sie zeigt eine kleine Handelskarawane von Semiten, die vom Jägermeister des Grabherrn herbeigeführt wird. Zugleich überreicht er dem Bürgermeister ein Schriftdokument, das dieses Ereignis exakt festhält: »Jahr 6 unter Seiner Majestät, dem Horus, Vereiniger der beiden Länder von Ober- und Unterägypten, Cha-cheper-Re (Thronname Sesostris' II.); die Anzahl der Aamu (Bewohner der Ostwüste), gebracht vom Sohn des Chnumhotep bezüglich der Augenschminke, beträgt 37«. In seiner Funktion als »Vorsteher der Ostwüste« gehörte die Abwicklung von Handelskontakten mit dem Ausland zum Aufgabenprofil des Chnumhotep. An der Spitze der Karawane wird zusammen mit einem Steinbock ihr Anführer abgebildet, der sich vor dem Grabinhaber (rechts, nicht im Bild) verbeugt und einen kurzen Krummstab in seiner linken Hand hält. Er wird durch die Beischrift bezeichnet: »Vorsteher der Fremdländer, Ibscha«. Aus diesem Titel (ägypt. Heka-hasut) wurde schließlich die Bezeichnung Hyksos für die ausländischen Herrscher der Zweiten Zwischenzeit (15. Dynastie) abgeleitet. Aber auch Haartracht, Backenbart und das reich gemusterte Gewand charakterisieren Ibscha als Angehörigen eines semitischen Stammes. Ebenso lebhaft wirken Farbigkeit und Mustergebung der wadenlangen Kleider einer Gruppe von vier Frauen inmitten des Aufzuges, deren Haarpracht von weißen Bändern zusammen gehalten wird. Darüber hinaus vermittelt die Form ihrer knöchelhohen Lederschuhe die Zugehörigkeit zu einem semitischen Beduinenstamm aus der Ostwüste.

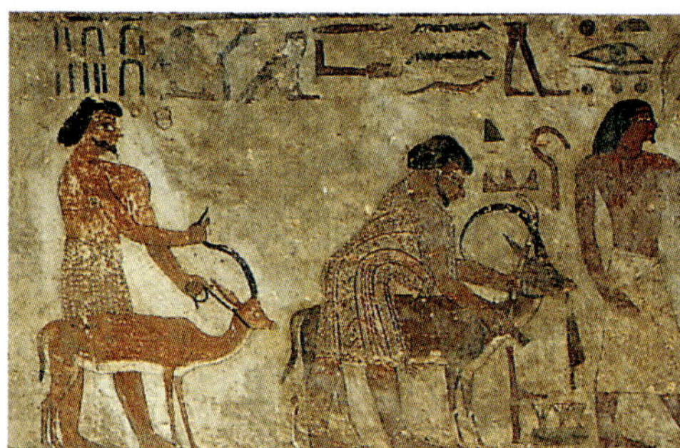

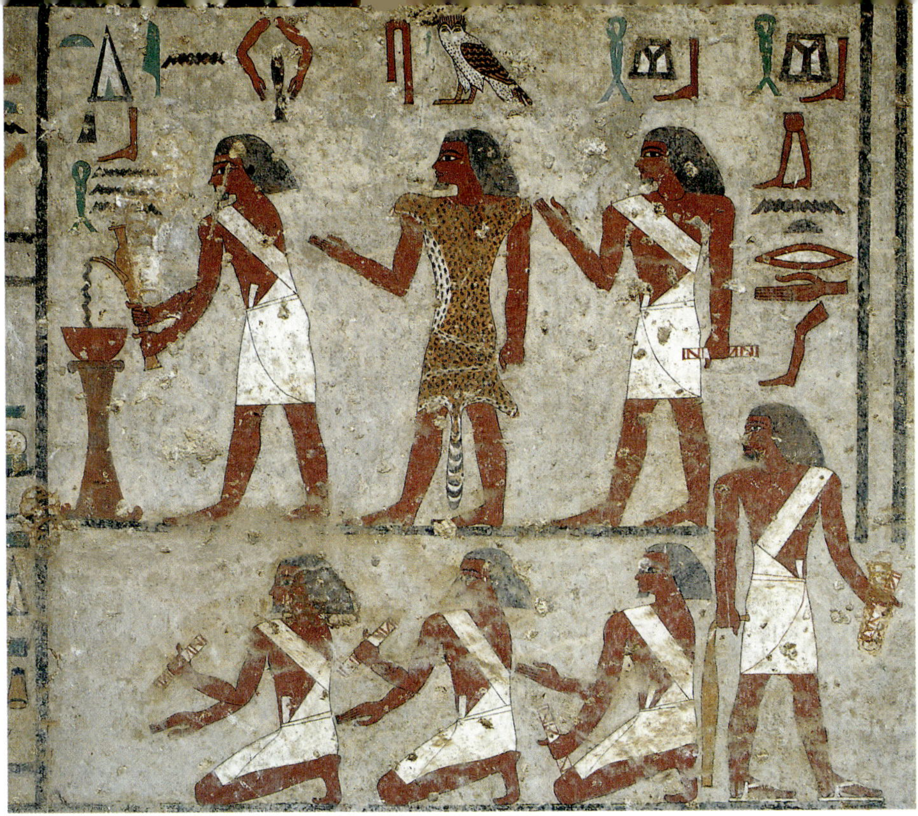

Priester beim Totenkult

Die Südwand des Grabes von Chnumhotep ist den Darstellungen des Totenkultes und der materiellen Versorgung des Grabherrn vorbehalten. Die Riten vollziehen mehrere Priester, die in zwei Kleinregistern angeordnet sind und verschiedene Klassen repräsentieren. Zunächst bringt der Totenpriester eine Wasserspende aus; ihm folgen ein Sem-Priester im Pantherfell und ein Vorlesepriester mit einer Papyrusrolle in seiner linken Hand. Auch die kniende Gruppe darunter zeigt drei Vorlesepriester mit ihrem typischen Brustband. Ganz rechts verlässt ein Priester in Schrittstellung nach Abschluss der Handlungen das Grab, säubert mit einem besenartigen Gerät den Boden und stellt somit die kultische Reinheit des Raumes wieder her.

Das Geheimnis der Mumien

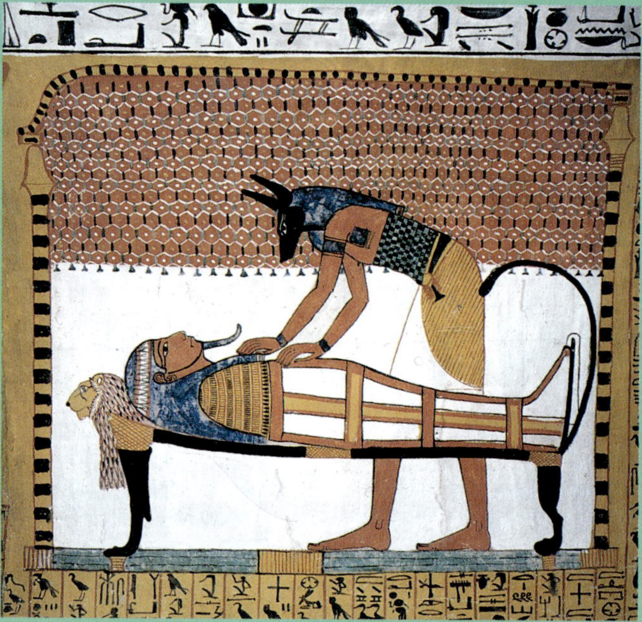

Gott Anubis versorgt die Mumie des Verstorbenen, 19. Dynastie, um 1250 v. Chr., Theben-West, Deir el-Medineh, Grab des Sennedjem

Der Erhalt des menschlichen Körpers nach dem Tode war für die alten Ägypter unabdingbar für ihre jenseitige Existenz. Während die immateriellen Elemente des Verstorbenen ins Totenreich eingingen, verblieb der Körper im diesseitigen Grab. Er war Bestandteil des Irdischen und Bindeglied zu den Lebenden, die mit ihren kultischen Handlungen den Toten versorgten. Um der Vergänglichkeit des Leichnams entgegenzuwirken, wurden verschiedene Balsamierungspraktiken entwickelt. In vorgeschichtlicher Zeit reichte die natürliche Mumifizierung durch den heißen, trockenen Wüstensand aus. Doch schon im Alten Reich wurden erste künstliche Methoden eingesetzt, aber erst ab dem Mittleren Reich kann man von wirklicher Balsamierung sprechen. Dabei wurde zunächst das Gehirn mittels langer Haken entfernt und heißes Salböl in den Schädel gefüllt, anschließend öffnete man den Brust- und Bauchraum und nahm die Eingeweide heraus. Nur das Herz (oder ein Herz-Skarabäus) wurde wieder eingefügt, die anderen Teile reinigte der Balsamierer, behandelte sie mit Natronsalz und brachte sie in vier bereitstehenden Kanopenkrügen unter. Der Körper selbst wurde ebenfalls in Trockennatron eingelegt, um ihm jegliche Flüssigkeit zu entziehen, anschließend gesalbt und die Körperhöhlung mit unterschiedlichsten Materialien und duftenden Kräutern gefüllt. Später verwendete man als zusätzliches Konservierungsmittel das als Bitumen bezeichnete Erdpech, von dessen arabischer Bezeichnung der Begriff Mumie abgeleitet ist. Letztendlich ist der gute Erhaltungszustand vieler Mumien aber dem ariden Klima des Landes zu verdanken. Während der bei der Mumifizierung getriebene Aufwand ganz wesentlich von den wirtschaftlichen Möglichkeiten des Verstorbenen und seiner Familie abhing, unterlag ihre Technik zeitlichen Veränderungen im Detail (z. B. Art der Bindenwicklung oder die verwendeten Füllstoffe). Bis zum Ende des 19. Jh.s glichen Untersuchungen an Mumien eher unkontrollierten Auspackaktionen. Dies änderte sich erst, als man nach der Entdeckung der Röntgenstrahlen (1895) die Vorteile dieser Methode für die Mumienforschung erkannte. Ohne Veränderungen an der Mumie selbst konnten jetzt Informationen zum Geschlecht, Alter und Gesundheitszustand der jeweiligen Person gewonnen werden. Das heute häufig eingesetzte Verfahren der Computertomographie (CT) erzeugt Schnittbilder, deren Daten sogar eine dreidimensionale Rekonstruktion (3 D) des Körpers zulassen. Jüngst wurde zusätzlich damit begonnen, DNA-Analysen an Mumienmaterial durchzuführen, wobei das endgültige Potential dieser Methode noch abzuwarten bleibt.

Noch weit entfernt von diesen Möglichkeiten stieß ein Grabungsteam des Metropolitan Mu-

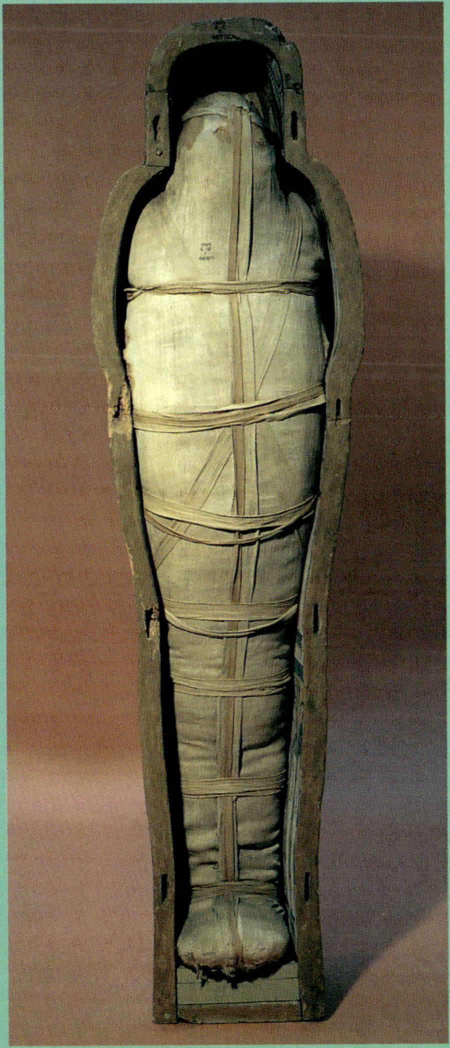

Sargwanne mit Mumie in ihren Binden, 21. Dynastie, um 1000 v. Chr., Theben-West, L. 183 cm, The British Museum, London

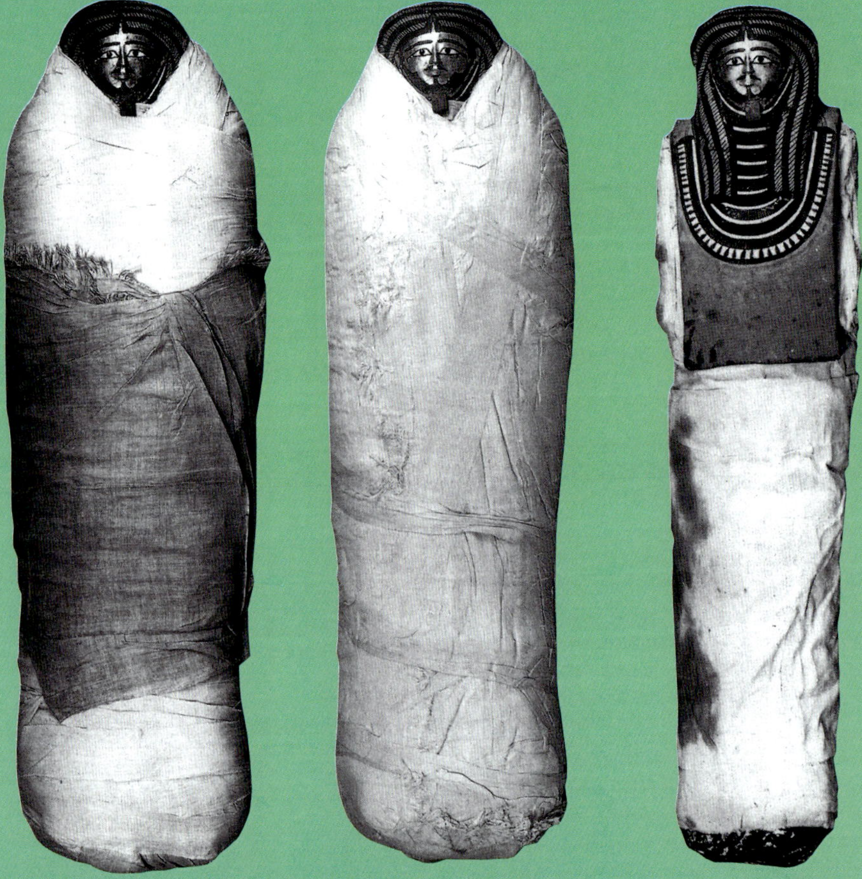

seums New York 1920 in den Felsklippen von Deir el-Bahari auf das bescheidene, aber völlig intakte Grab des Wah aus der späten 11. Dynastie, der zur Zeit Mentuhoteps III. lebte. Die Mumie dieses kleinen Beamten, der mit circa 30 Jahren verstarb, gehört mit ihrer aufwändigen Wicklung zu den ältesten Beispielen in einem perfekten Erhaltungszustand. Als die Ausgräber 1939 die Binden entfernten, errechneten sie, dass insgesamt 375 m^2 an Leinenstoffen bei

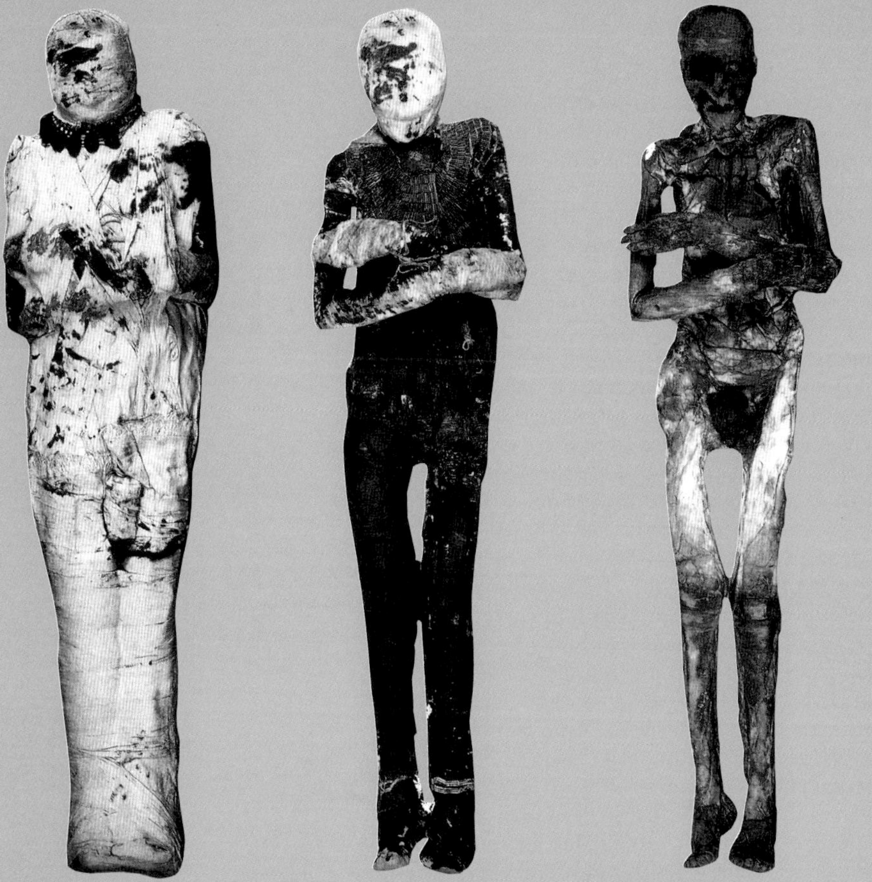

der Mumifizierung (längste Stoffbahn: über 25 Meter) verwendet worden waren. Neben diversem Halsschmuck wurden auch zwei herrliche Skarabäen aus Silber (s. S. 282) in den Mumienbinden entdeckt.

Mumie des Wah (verschiedene Stadien der Auswicklung), 11. Dynastie, um 1990 v. Chr., Theben-West, Grab des Wah, The Metropolitan Museum of Art, New York

Tell el-Amarna

Achetaton, »Horizont des Aton«, nannte König Echnaton seine neue Hauptstadt, die er in einem weit geöffneten Talkessel auf dem östlichen Nilufer, rund 15 km südlich der modernen Ortschaft Mellaui, errichten ließ. Zunächst hatte er noch als Amenophis IV. in Theben residiert, sich aber bald in »Echnaton« umbenannt und zu Ehren des Gottes Aton im Osten von Karnak mehrere Heiligtümer gestiftet. Sein Staatsdogma von der alleinigen Gottesmacht der Sonnenscheibe Aton und dem König als einzigem Verkünder veranlasste die Suche nach einem Ort ohne kultische Vorbelastung. Die halbkreisförmige Ebene von Tell el-Amarna entsprach dieser Vorgabe auf ideale Weise, sodass Echnaton hier im fünften Regierungsjahr die Stadtgründung befahl und wohl schon ein Jahr später mit seinem Hof umsiedelte. Auf jetzt heiligem Boden musste in Rekordzeit die notwendige Urbanität hergestellt werden. Parallel zum Nil lagen an der sog. Königsstraße die gewaltigen Heiligtümer des Aton und verschiedene Palastbauten, südlich wie nördlich vom Stadtkern die Siedlungsbereiche. Die Beamtenschaft erhielt ihre Felsgräber als Gunstbeweis des Königs zugewiesen; viele davon blieben unfertig zurück und haben nie eine Bestattung gesehen. In einem Wadi der Ostwüste, rund 12 km von der Stadt entfernt, fand man 1891 das Grab des Echnaton mit seinem völlig zertrümmerten Sarkophag aus rotem Granit.

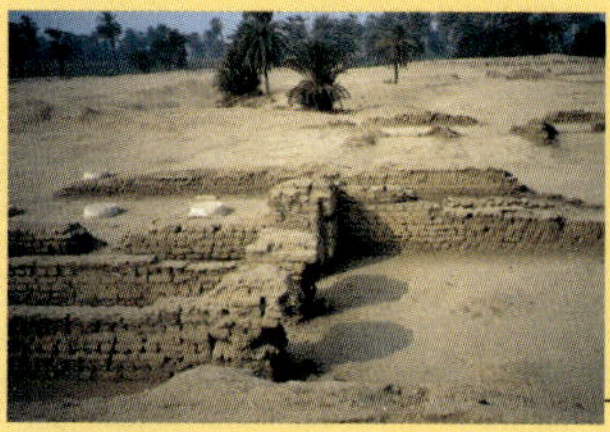

Der Nordpalast, S. 266

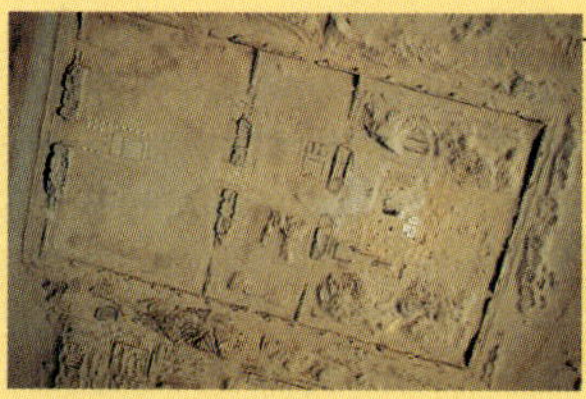

Kleiner Aton-Tempel, S. 264 f.

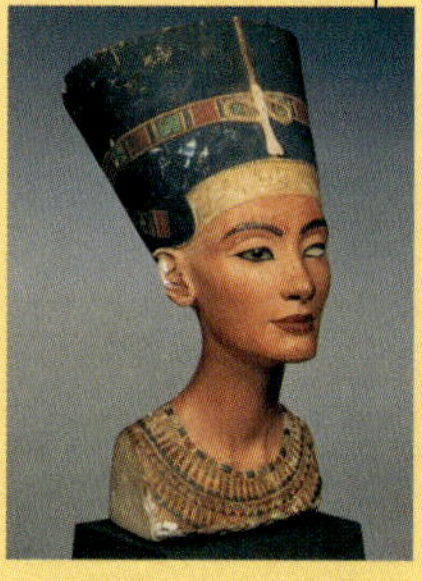

Büste der Königin Nofrete, S. 272

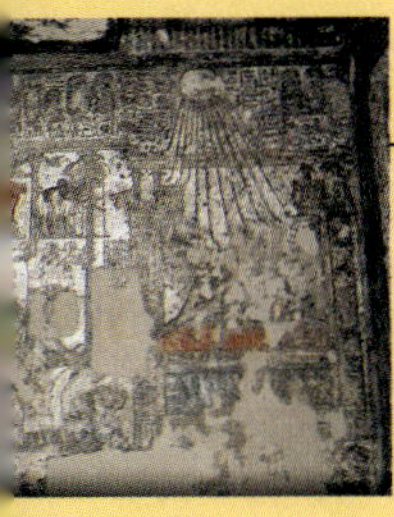

des Merire I. (Nr. 4), Königs-
im Erscheinungsfenster, S. 267

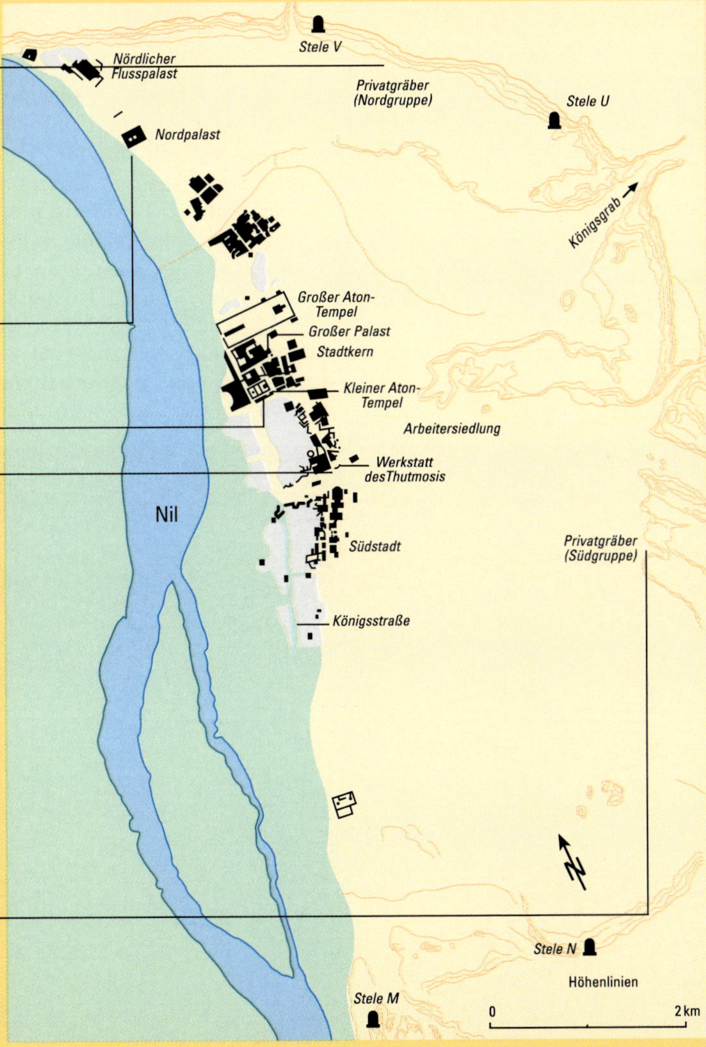

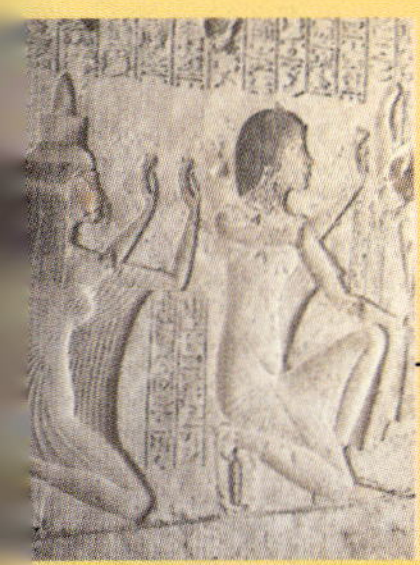

des Eje (Nr. 25), Ehepaar,
end, mit großem Hymnus, S. 267

Die Tempel des Aton

18. Dynastie, um 1345 v. Chr.

Wer heute im inneren Stadtbereich die Flächen der einstigen Heiligtümer von Achetaton überblickt, wird seine Enttäuschung kaum verbergen können. Niedrige Mauerreste aus Nilschlammziegeln und einige steinerne Säulenbasen sind die einzigen Überreste dieser glanzvollen Anlagen. Nachdem unter Tutanchamun (1333–1323) die Stadt endgültig verlassen worden war, begann in der frühen 19. Dynastie der planmäßige Abriss aller Steinbauten des Ketzerkönigs. Das so gewonnene Blockmaterial nutzte u. a. Ramses II. zur Verfüllung von Fundamenten seiner Tempel im gegenüberliegenden Hermopolis (Westufer). Dort konnten rund 1500 Reliefs geborgen werden, die für die Flachbildkunst der Amarna-Zeit einen hohen Stellenwert besitzen. Der vollständigen Zerstörung der Stadt folgte zudem keine Neubesiedelung, sodass die Ausgräber unter dem Sand auf den Originalzustand der 18. Dynastie stießen. In Verbindung mit den Tempeldarstellungen der Privatgräber boten die bis heute erhaltenen Grundrisse genügend Anhaltspunkte für eine Rekonstruk-

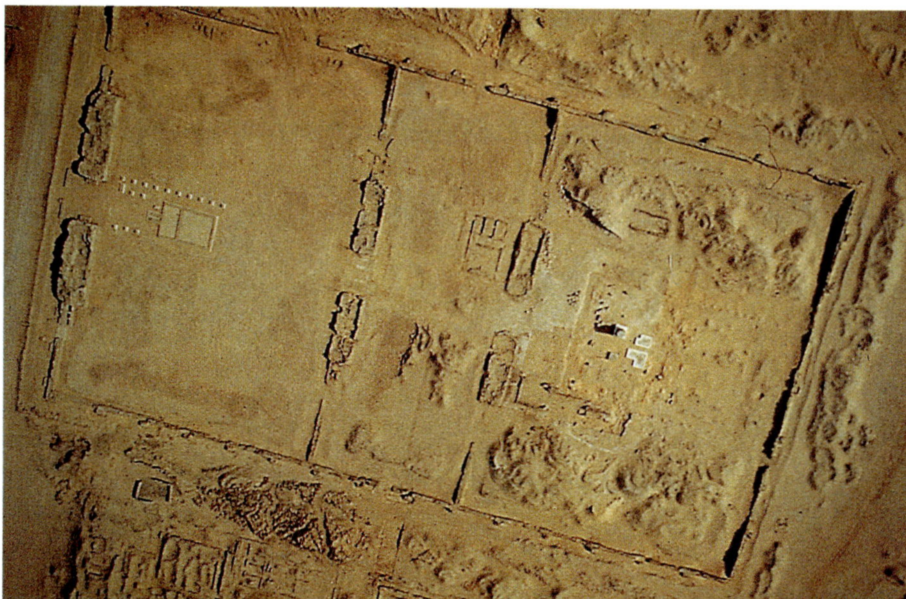

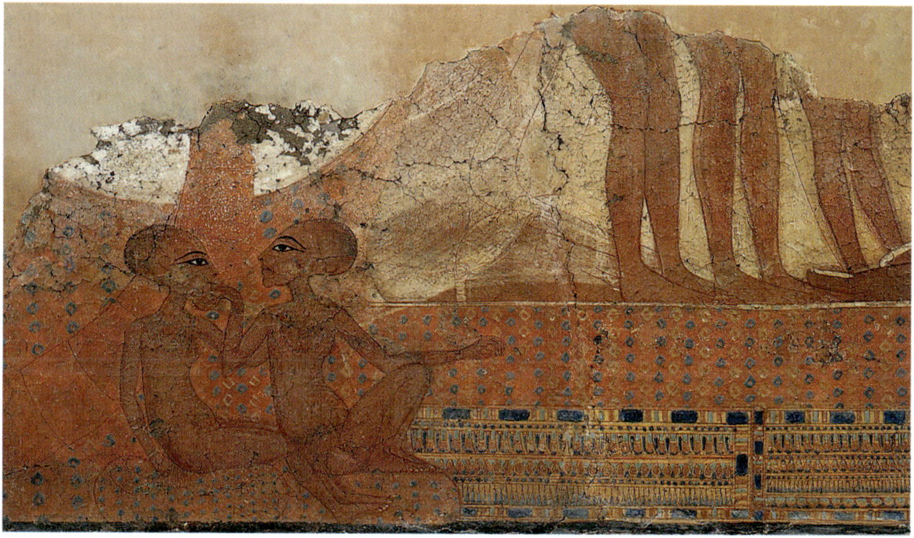

tion der Heiligtümer. Der sog. Große Aton-Tempel stand in einem riesigen Bezirk (760 x 270 m) östlich an der Königsallee und umfasste zwei Tempel, die über 350 m voneinander entfernt lagen. Einige 100 m in südlicher Richtung folgte der Kleine Tempel des Gottes, dessen Umfassungsmauer bastionsartige Vorsprünge aufweist (s. Bild S. 264) und vielleicht als Stätte des königlichen Totenkultes dienen sollte. Der Bezirk wird von drei Pylonpaaren gegliedert, wobei im ersten Hof ein monumentaler Hochaltar von 108 kleineren Altarsockeln umgeben ist. Diese Abfolge von offenen Höfen mit zahllosen Altären für den Gotteskult gilt als herausragendes Charakteristikum der Sakralbaukunst von Amarna.

Die königliche Familie
18. Dynastie, um 1345 v. Chr., Wandmalerei auf Putzschicht, 40 x 165 cm, Ashmolean Museum, Oxford

Alle Palastbauten in Amarna – Großer Palast, Nordpalast und Flusspalast – besaßen ursprünglich eine ausgedehnte Bemalung ihrer Fußböden und Wände, von der allerdings nur wenige Beispiele erhalten geblieben sind. Dieses Fragment zeigt zwei der jüngeren Prinzessinnen, die zu Füßen des Königspaares in einer für Amarna so charakteristischen Familienszenerie am Boden sitzen, während ihre älteren Schwestern zwischen Echnaton und Nofretete dargestellt sind.

Der Nordpalast

18. Dynastie, um 1345 v. Chr.

Angesichts der zahlreichen Paläste stellt sich die Frage, in welcher Anlage Echnaton mit seiner Familie wirklich lebte. Der gewaltige Komplex des Zentralpalastes westlich der Königsallee (rund 15 000 m²), der über eine Brücke mit anderen königlichen Bauten jenseits der Straße verbunden war, scheint rein repräsentativen Auftritten des Herrschers gedient zu haben. Die Bausubstanz des Nordpalastes, in dessen Achse zwei große Höfe mit einer Teichanlage zu den gedeckten Säulenhallen und einem abschließenden Thronraum überleiten, ist besser erhalten. Die seitlichen Flächen werden weitgehend von Wirtschaftsanlagen eingenommen. Die relativ bescheidene Anlage hat jedoch eher den Charakter eines Zeremonialpalastes besessen, war somit auch nicht Lebensmittelpunkt des Königs. Diese Funktion wird dem Flusspalast im äußersten Norden der Stadt zuzusprechen sein, der zwar nie vollständig ausgegraben wurde, aber über alle relevanten Einrichtungen für einen Daueraufenthalt verfügte.

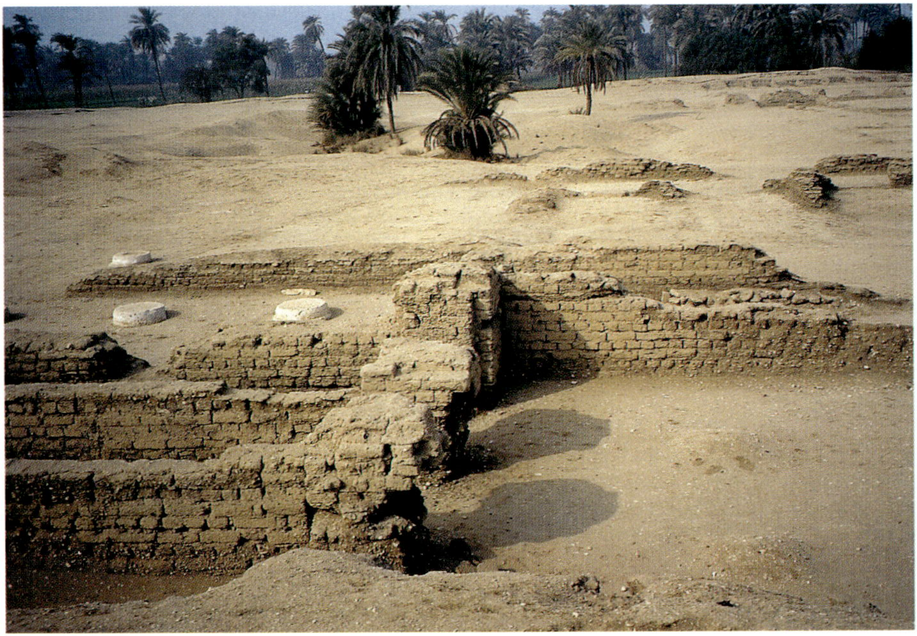

Grab des Merire I. (Nr. 4)

18. Dynastie, um 1340 v. Chr.

Königspaar im Erscheinungsfenster

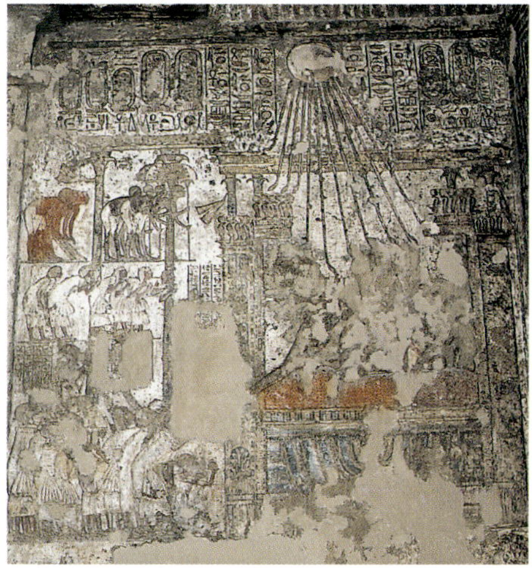

Insgesamt 25 Gräber von Hofbeamten wurden im Gebirgsrund von Amarna aus dem Fels gehauen. Ihre Reliefs unterscheiden sich grundlegend von den thebanischen Privatgräbern, indem sie den Auftritt des Königs mit seiner Familie in den Mittelpunkt jeder Darstellung rücken. Diese Szene aus dem Grab Merires I., Hohepriester des Aton, zeigt Echnaton am Erscheinungsfenster des Palastes, wie er den Grabherrn samt Gefolge mit den Gaben des sog. Ehrengoldes auszeichnet.

Grab des Eje (Nr. 25)

18. Dynastie, um 1340 v. Chr.

Ehepaar im Gebetsgestus

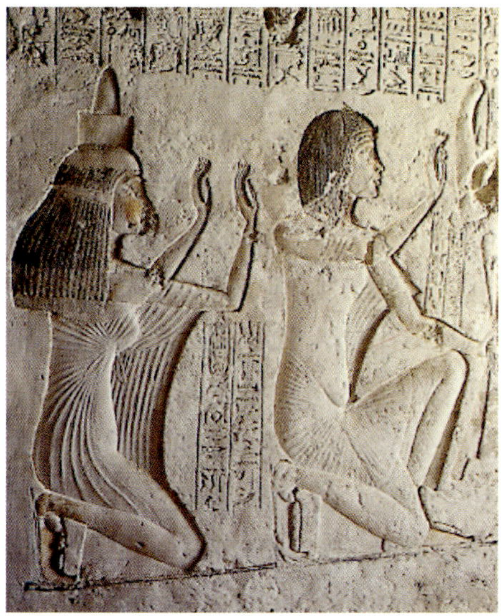

Zu den einflussreichsten Beamten am Hofe von Amarna gehörte der als »Gottesvater« bezeichnete Eje. Die Halle seiner Grabanlage sollten einmal 24 Papyrusbündelsäulen stützen, doch kamen die Arbeiten über die linke Raumhälfte nicht hinaus. Trotzdem birgt das Grab ein Juwel der Weltliteratur: den großen Sonnengesang des Echnaton. Auf der rechten Eingangswand sehen wir den Grabherrn mit seiner Frau Tija knien, Amme der Königin Nofretete, wie sie die Arme im Anbetungs- und Verehrungsgestus erhoben haben.

Grenzstele A

18. Dynastie, um 1345 v. Chr.

Das Gründungsdekret für die neue Hauptstadt wurde auf 14 monumentalen Felsstelen niedergelegt, die zugleich das Stadtgebiet im Sinne von Grenzsteinen umziehen. Teilweise schwer zugänglich markieren elf von ihnen am Ostgebirge die Stadtgrenze, während drei weitere auf der Westseite des Nils bei Tuna el-Gebel angebracht wurden, darunter auch die sog. Grenzstele A. Dem eigentlichen Stelenfeld wurden häufig Statuen des Echnaton und der Nofretete zugesellt, die wie hier mit weit ausgestreckten Armen eine Opferplatte halten.

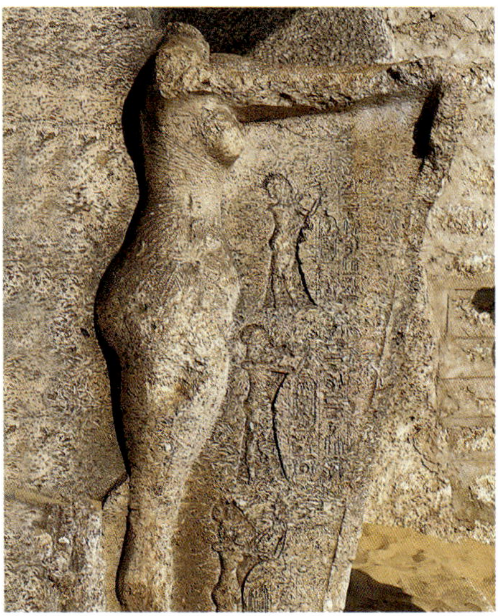

Grenzstele S

18. Dynastie, um 1345 v. Chr.

Der Einsatz von Grenzsteinen zur sichtbaren Markierung eines Grenzverlaufes von Feldern oder sogar von Provinzen (Gauen) ist schon vor der Amarna-Zeit bekannt gewesen, die enge Begrenzung eines Stadtgebietes mit Felsstelen wie für Achetaton wird dagegen nur vor dem Hintergrund besonderer kulttopografischer Erwägungen verständlich. Im Sinne einer öffentlichen Deklaration betont Echnaton im Text zweier Stelen ausdrücklich, dass die Ortswahl von seinem Gott Aton selbst vorgegeben war und keine Alternative in Betracht zu ziehen sei: »(...) Ich soll Achetaton für meinen Vater Aton an diesem Platz gründen. Ich soll Achetaton für ihn nicht südlich, nördlich, westlich oder östlich davon anlegen.« Die abseitige, aber dennoch exponierte Lage der Grenzstelen (H. bis 9 m) hat sie leider der Winderosion und dem Vandalismus ausgesetzt. Viele von ihnen wurden noch in den letzten Jahrzehnten beschädigt, wie ein Großfragment der Stele S (s. roter Rahmen im rechten Bild) beweist, das heute in Boston (Museum of Fine Arts, 1992.18) aufbewahrt wird, sich aber bei der Erstpublikation (um 1910) noch an Ort und Stelle befand. Es zeigt im Giebelfeld der Stele die zwei ältesten Töchter des Königs, die Prinzessinnen Meritaton und Maketaton, die zu beiden Seiten ihren Eltern beim Opfer unter dem Strahlenaton Folge leisten und jeweils ein Sistrum halten.

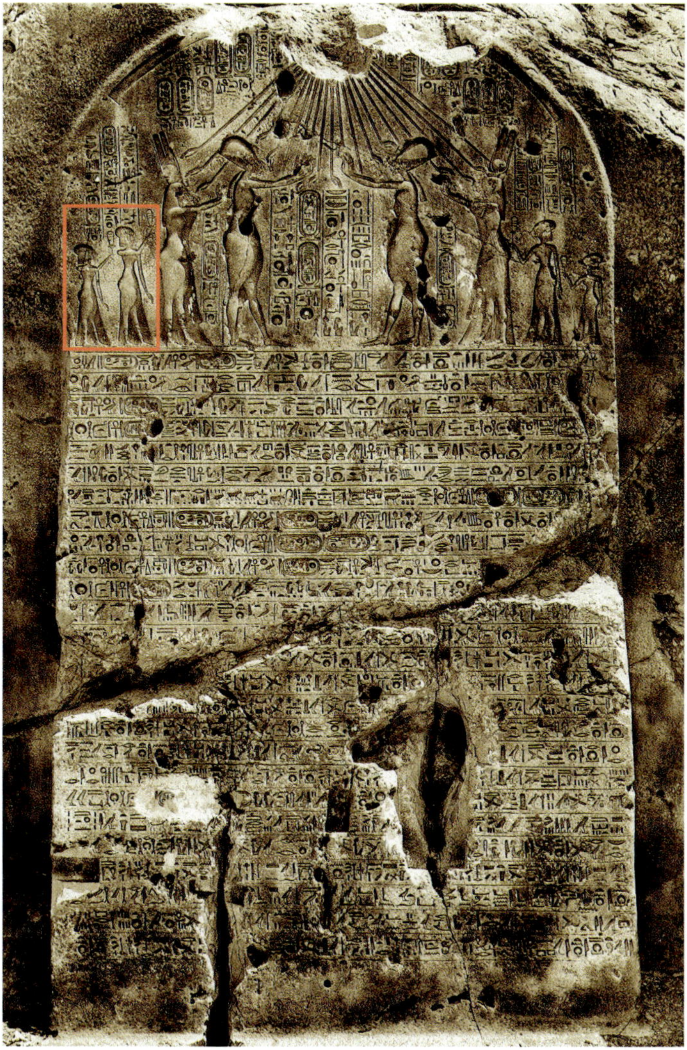

Die Bildhauerwerkstatt des Thutmosis

Immer dann, wenn in der langen Geschichte Ägyptens einschneidende politische Veränderungen stattfanden, ist ein Zeitfenster bezeichnet, das für die moderne Archäologie ein besonders gutes Fundpotential markieren kann. Denn die Aufgabe einer Residenz oder eines Friedhofsgebietes und der damit verbundene Wechsel zu einer neuen Örtlichkeit forderte von den zuständigen Beamten beziehungsweise Priestern eine Entscheidung zur Qualität des »Umzugsgutes«. Als überflüssig erachtete Dinge ließ man gerne an der alten Stätte zurück, so geschehen bei den berühmten »Abusir-Papyri«, den Verwaltungsakten der Totenpriesterschaft an den Pyramidenanlagen der 5. Dynastie des gleichnamigen Ortes (zwischen Giza und Saqqara).

Rekonstruktion des Hauses P 47,2, 18. Dynastie, um 1340 v. Chr., Tell el-Amarna

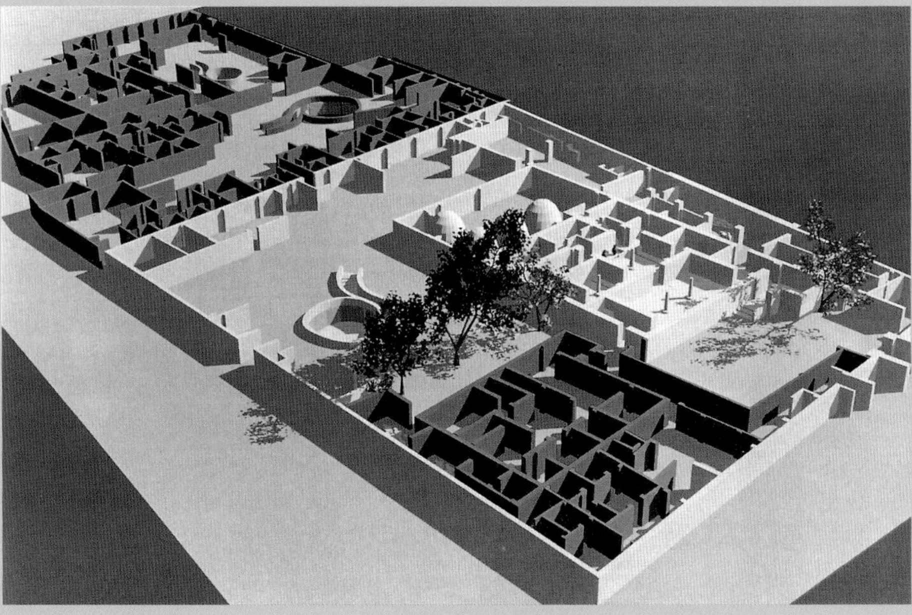

Die Mitnahme dieser Unterlagen war durch die Rückverlegung des königlichen Begräbnisplatzes nach Saqqara unter den letzten Herrschern der 5. Dynastie obsolet geworden.
Wesentlich komplexer stellt sich die Sachlage im Fall von Achetaton dar, der neu gegründeten Hauptstadt des Echnaton in Mittelägypten. Hier wurde nur kurze Zeit nach Ableben des so genannten Ketzerkönigs eine ganze Stadtanlage verlassen und auch nicht wieder besiedelt. Während die Einwohner, ob Beamte, Priester oder Handwerker, ihr persönliches Hab und Gut sicherlich mitnahmen, blieben religionsspezifische Gegenstände zurück, aber auch alle Wohnhäuser, Werkstätten und andere Wirtschaftsgebäude. Die Verfemung des Echnaton und des von ihm propagierten Aton-Glaubens brachten es mit sich, dass nicht nur die Heiligtümer und Paläste letztlich in der frühen 19. Dynastie abgerissen wurden, sondern auch der Bestand an königlicher Steinplastik weitgehend der Zerstörung anheim fiel. So wird es nur einem glücklichen Umstand zu verdanken sein, dass die zahlreichen Bildnisse des Echnaton und seiner Familie aus der Bildhauerwerkstatt des Thutmosis dem Verfolgungswahn seiner Nachfolger entgingen. Möglicherweise hat man ihnen auch keine weitere Beachtung ge-

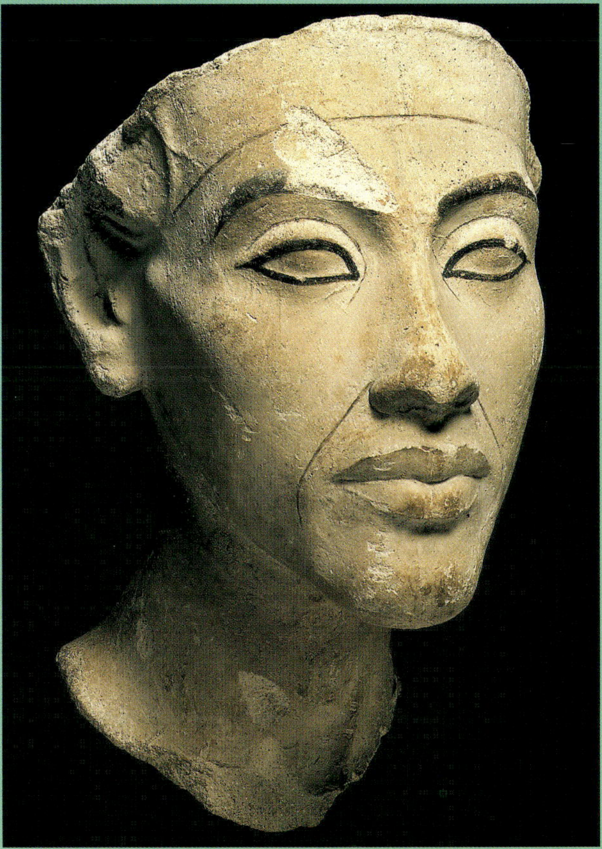

König Echnaton, 18. Dynastie, um 1340 v. Chr., Tell el-Amarna, Stuckgips, H. 26 cm, Ägyptisches Museum, Staatliche Museen Preußischer Kulturbesitz, Berlin

schenkt, da sie als Modellvorlagen und Statuenteile keinen offiziellen Charakter besaßen, kultisch noch nicht in Funktion getreten waren. Anlässlich eines normalen Regierungswechsels hätte man solche Werkstücke wohl einfach beseitigt, da die Arbeiten jetzt den Rundbildern des neuen Königs vorbehalten waren. Als der Oberbildhauer Thutmosis sein ausgedehntes Anwesen mit den Atelierräumen verließ, unterzog er sich nicht einmal dieser Mühe, sondern überließ die nun nutzlosen und ideologisch unerwünschten Abbilder seines verstorbenen Dienstherrn ihrem Schicksal. Diese »Negativauswahl« bescherte in Verbindung mit der nicht wieder aufgenommenen Siedlungstradition dem deutschen Ausgräber Ludwig Borchardt im Dezember 1912 einen sensationellen Erfolg, als er im Raum 19 des Hauses P 47,2 – so die nüchterne Planquadratbezeichnung – auf die Modellkammer der »Werkstatt des Thutmosis« stieß. In schneller Abfolge wurden herrliche Porträtköpfe und andere Statuenteile der Kö-

Büste der Königin Nofretete, 18. Dynastie, um 1340 v. Chr., Tell el-Amarna, Kalkstein, bemalt, H. 50 cm, Ägyptisches Museum, Staatliche Museen Preußischer Kulturbesitz, Berlin

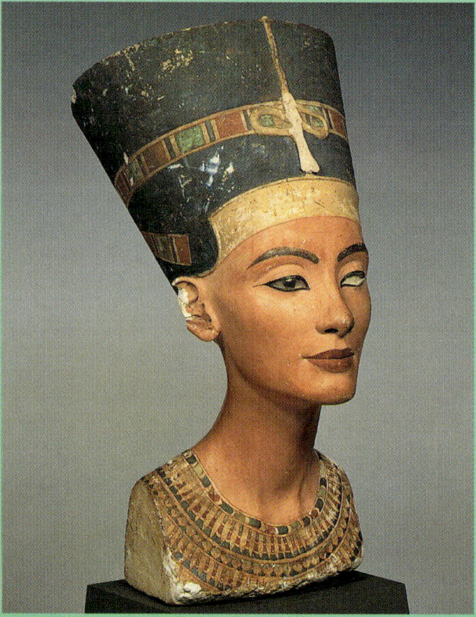

Kopf einer Prinzessin, 18. Dynastie, um 1340 v. Chr., Tell el-Amarna, Quarzit, H. 21 cm, Ägyptisches Museum, Staatliche Museen Preußischer Kulturbesitz, Berlin

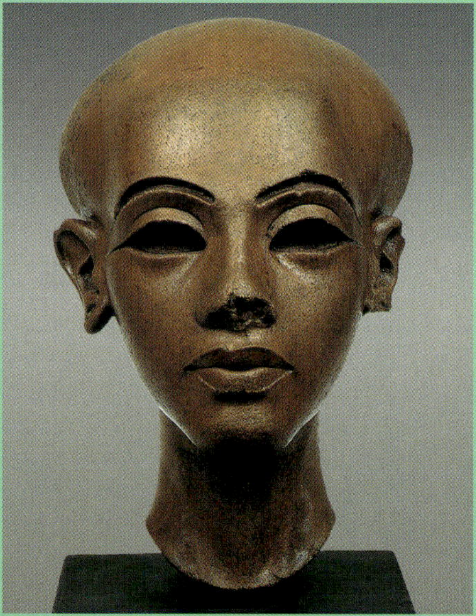

nigsfamilie, vorzugsweise der Nofretete und der Prinzessinnen, geborgen, die zumeist aus gelbbraunem Quarzit bestehen, einem bevorzugten Werkmaterial für das königliche Rundbild der Amarna-Zeit. Neben schon vollendet ausgeführten Werken dokumentieren andere in ihrem unfertigen Zustand den Arbeitsprozess des Künstlers. Alle Steinplastiken waren für so genannte Kompositfiguren hergestellt, wobei Kopf und Extremitäten in den aus einem anderen Stein bestehenden Körper eingelassen wurden. Weitere Details, wie der Kronenaufsatz, konnten aus Fayence, Glasfluss und sogar Edelmetall gesondert gearbeitet sein und verliehen diesen Statuen eine unbeschreibliche, göttliche Strahlkraft. Besondere Aufmerksamkeit verdienen auch die über 20 Modellköpfe aus Stuck, darunter solche des Echnaton und der Nofretete, aber auch von Beamten und ihren Frauen. Einer der Köpfe wird Eje zugeschrieben, graue Eminenz am Hofe von Amarna und späterer König (1323–1319 v. Chr.). Erst intensive Untersuchungen haben geklärt, dass es sich bei den Gipsköpfen um Formabgüsse handelt, die man von überarbeiteten Tonmodellen gewonnen hatte. In der Bildhauerwerkstatt wurden sie dann als Vorlagen für die weitere Statuenproduktion aufbewahrt.

Das großartigste Kunstwerk des gesamten Fundkomplexes stellt zweifellos die weltberühmte Büste der Nofretete aus bemaltem Kalkstein dar. Die harmonischen Gesichtszüge der Königin sind einem zeitlosen Schönheitsideal verpflichtet und erinnern in nichts an die expressiven Bildnisse der frühen Amarna-Zeit. Sie trägt eine hohe Krone mit Diadem und Uräus, die so genannte Nofretete-Haube, sowie einen mehrreihigen Blütenhalskragen. Den Modellcharakter der Büste unterstreicht das fehlende linke Auge, das die Ausgräber trotz aller Mühen nicht finden konnten, weil es nie eingesetzt worden war. Anlässlich der offiziellen Fundteilung war die Büste 1913 von den ägyptischen Behörden dem Berliner Kaufmann James Simon zugesprochen worden, der die Ausgrabungen der Deutschen Orientgesellschaft in Amarna finanziert hatte. Simon wiederum übereignete sie in einer Schenkung von 1920 dem damaligen preußischen Staat.

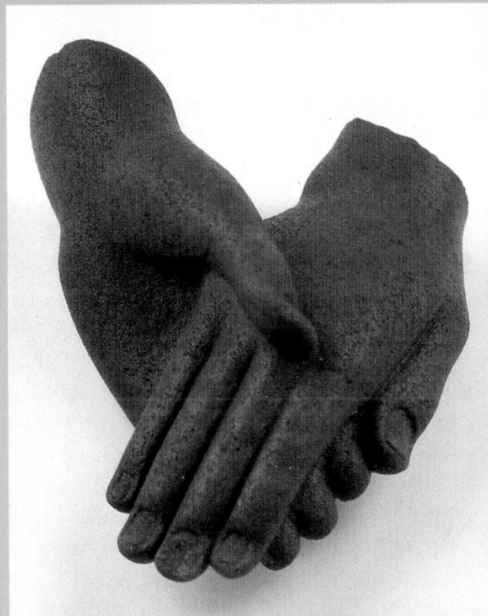

Hände von einer Statuengruppe, 18. Dynastie, um 1340 v. Chr., Tell el-Amarna, Quarzit, H. 9 cm, Ägyptisches Museum, Staatliche Museen Preußischer Kulturbesitz, Berlin

Hermopolis und Tuna el-Gebel

Als Hauptstadt des 15. oberägyptischen Gaus, des Hasengaus, liegt das Stadtgebiet von Hermopolis etwa 300 km südlich von Kairo auf dem Westufer. Spiegelt sich im arabischen Namen Aschmunein noch der altägyptische Ortsname »Schmunu«, so geht das griechische Hermopolis auf die Gleichsetzung des Gottes Hermes mit dem Ortsgott Thot zurück. Hermopolis galt als bedeutendes religiöses Zentrum und Heimat der acht Urgötter. Im Zentrum des antiken Stadtgebietes stand der große Thot-Tempel aus dem späten 4. Jh. v. Chr., der noch zu Beginn des 20. Jh.s erhalten war, heute jedoch bis auf geringfügige Reste verschwunden ist. Dies gilt auch für einen Pylonbau Amenemhets II. aus der 12. Dynastie und die Anlagen aus der Zeit Ramses' II. Schon außerhalb der Umfassungsmauer liegen die wichtigsten Zeugnisse der griechisch-römischen Siedlungsphase mit Straßenzügen aus dem 1.–2. Jh. n. Chr. und den Bauteilen eines Peripteraltempels von Ptolemaios III. Über diesem rein griechischen Heiligtum erhebt sich die christliche Basilika (5. Jh.). Von Hermopolis führt der Weg zehn Kilometer westwärts, bis man die zugehörige Nekropole von Tuna el-Gebel erreicht hat. Dort konzentriert sich das Interesse auf den Grabtempel des Petosiris (4. Jh. v. Chr.) mit der umliegenden Totenstadt und den ausgedehnten Ibis-Katakomben.

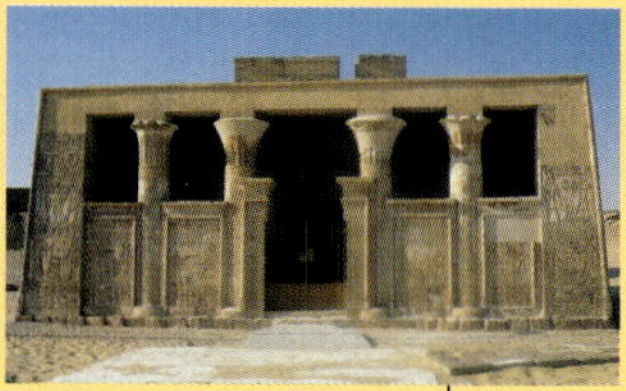

Grabtempel des Petosiris, S. 278 ff.

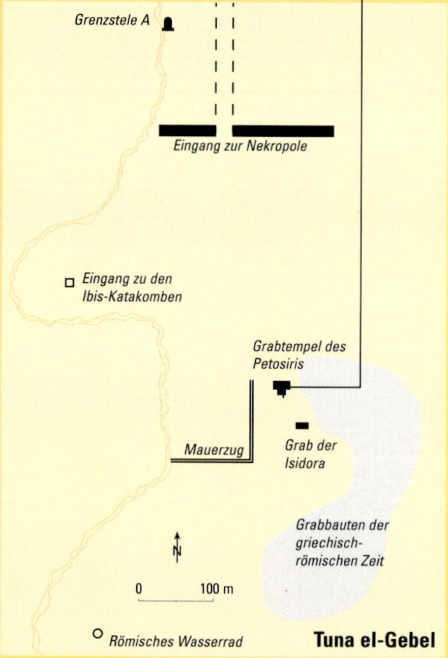

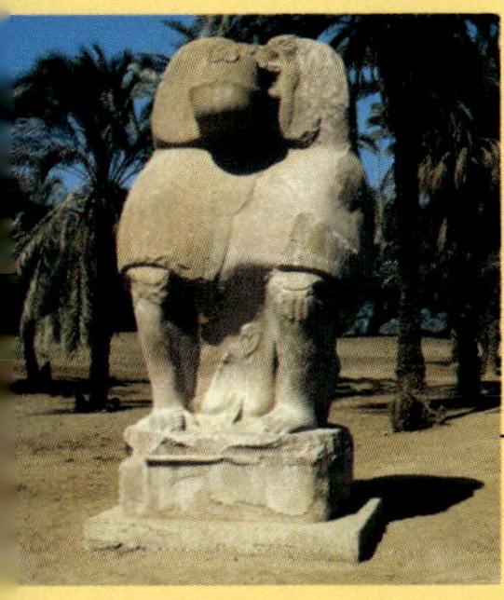

avianfigur des Gottes Thot, S. 276 f.

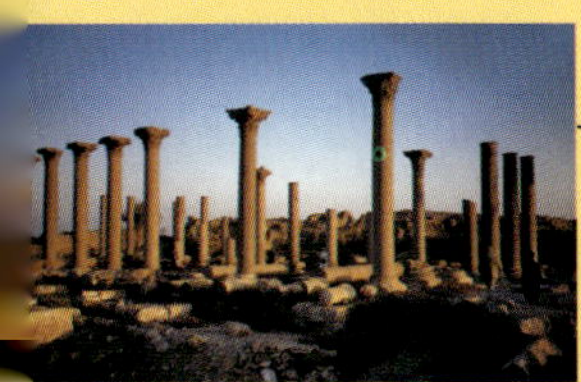

e Basilika, S. 276

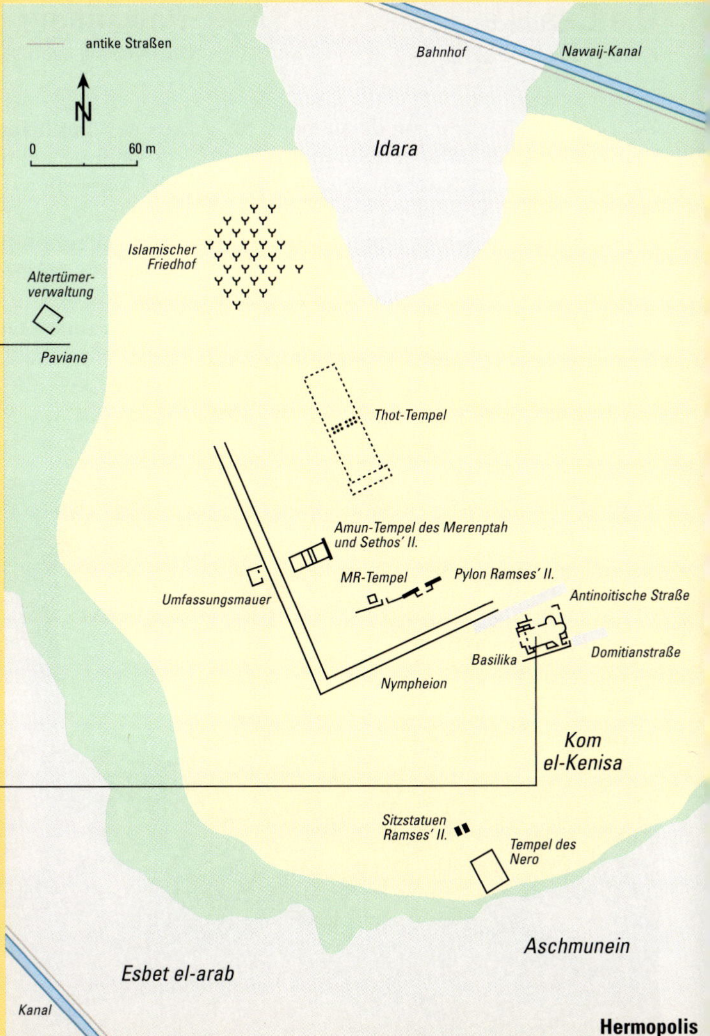

Die Basilika

Koptisch, 5. Jh.

Die gewaltige Basilika von Hermopolis, Namensgeberin des nahe gelegenen Kom el-Kenisa (Hügel der Kirche), gehört zu den größten Kirchenanlagen (L. rund 65 m) des frühchristlichen Ägypten. Zwischen 410 und 440 n. Chr. erbaut, war sie der Jungfrau Maria geweiht. Während die Mauerzüge weitgehend zerstört sind, konnten zahlreiche Säulen aus rotem Granit wieder errichtet werden. Sie gliederten einst das dreischiffige Kirchenhaus und umzogen noch die Nebenapsiden.

Pavianfigur des Thot

18. Dynastie, um 1380 v. Chr.

Aus den Fundamenten des ptolemäischen Thot-Tempels konnten die Fragmente von acht kolossalen Pavianfiguren aus braunem Quarzit geborgen werden. Sie wurden unter Amenophis III. für die Hofanlage des Heiligtums gestiftet und wiegen bei einer Höhe von 4,5 m jeweils über 35 t. Trotz ihrer gigantischen Maße sind die Charakteristika der heiligen Tiere des Thot hervorragend getroffen. Heute sind die besten Exemplare am Magazinbau der Altertümerverwaltung in Hermopolis aufgestellt.

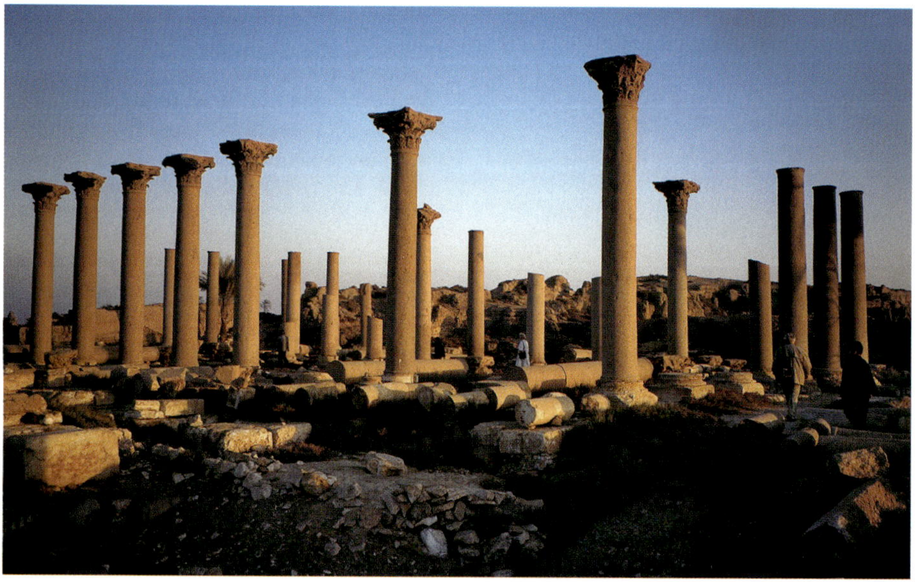

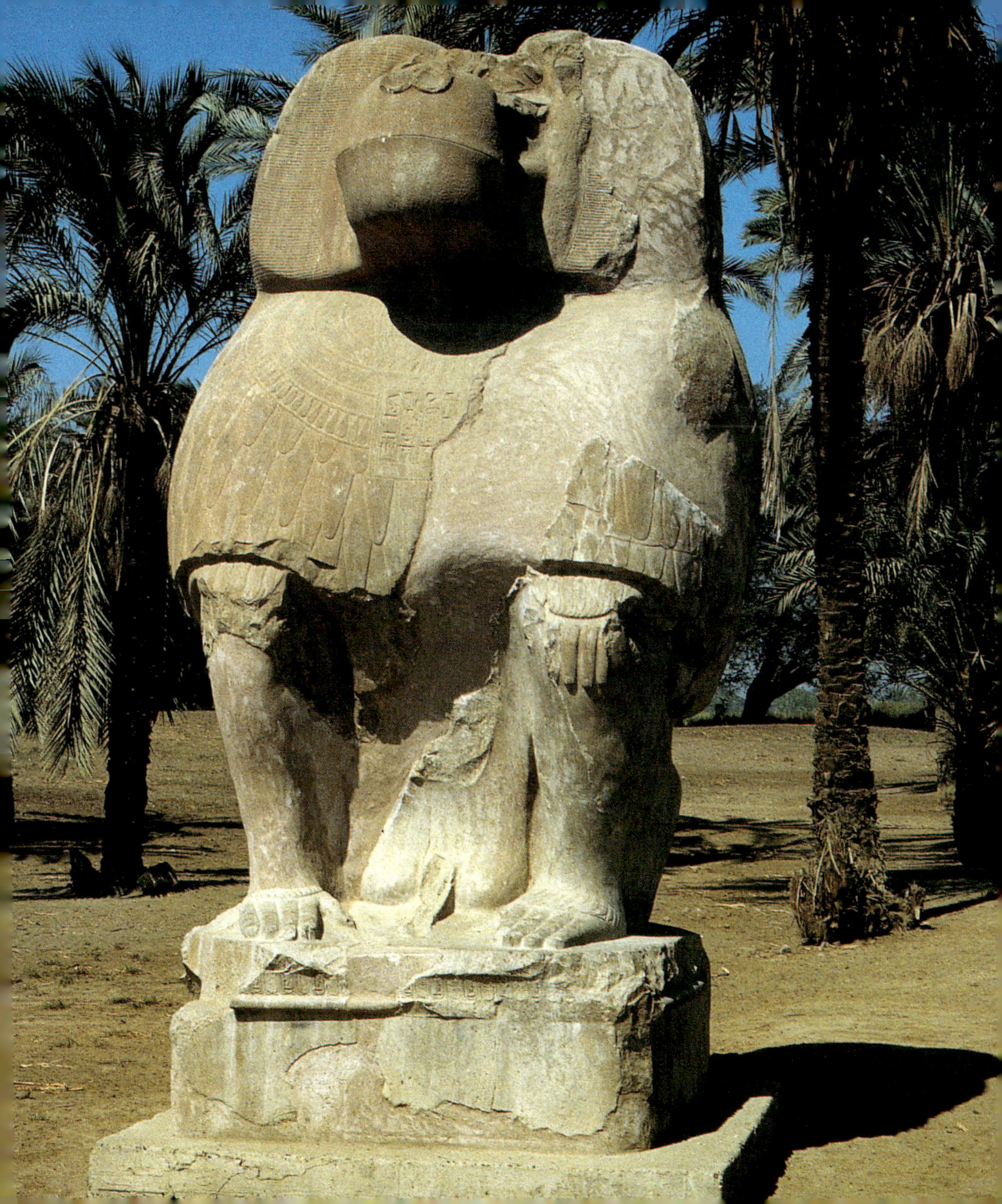

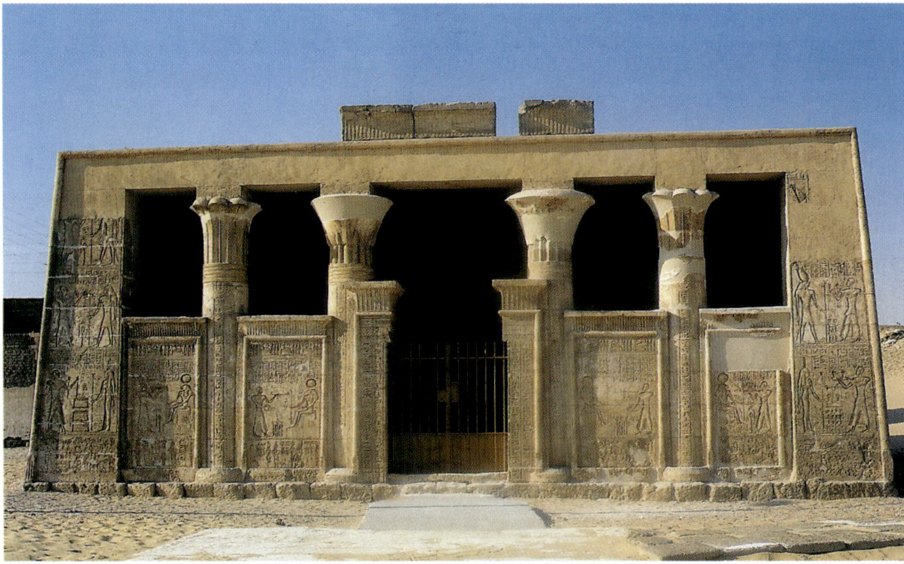

Grabtempel des Petosiris

Spätes 4. Jh. v. Chr.

Die eigentliche Belegungsgeschichte der Nekropole von Tuna el-Gebel beginnt im Neuen Reich, doch ist das Gebiet von griechisch-römischen Anlagen geprägt. Den prächtigsten Grabbau ließ sich der Hohepriester des Thot von Hermopolis, Petosiris, kurz vor Beginn der ptolemäischen Herrschaft in Ägypten errichten. Als typisches Familiengrab konzipiert, wurden hier neben dem Grabherrn selbst auch sein Vater Nes-Schu und sein Bruder Djed-Djehutiiuef-anch beigesetzt. Der Graboberbau hat die Gestalt eines kleinen Tempels mit einer Säulenfassade, deren Schranken Opferszenen des Petosiris abbilden. Berühmt wurde das Grab durch seine Darstellungen im ägyptisch-griechischen Mischstil. Dabei betonen die Reliefs der Vorhalle mit ihren Handwerker- und Landwirtschaftsszenen die griechische Komponente, während die religiösen Motive der anschließenden Pfeilerkapelle ganz dem altägyptischen Erbe verpflichtet sind. Wenngleich das Grab schon in der Antike geplündert wurde, konnten die französischen Ausgräber mit dem Holzsarg des Petosiris einen besonderen Fund machen, der sich durch seine Hieroglypheneinlagen aus Glas hervorhebt.

Metallhandwerker

Die Vorhalle des Grabbaus zeigt in ihren Wanddarstellungen eine klare Rezeption altägyptischer Bildinhalte, die teilweise bis auf das Alte Reich zurückreichen. Dazu müssen die landwirtschaftlichen Szenen vom Pflügen, der Flachs- und Getreideernte sowie vom Dreschen des Korns auf der linken Wand gezählt werden, aber auch der Rinderauftrieb und die Weinverarbeitung auf der gegenüberliegenden Wandfläche. Die stilistische Ausführung und ikonografische Details jedoch wurden dem zeitgenössischen Stil aus dem griechisch geprägten Umfeld entlehnt. Ganz besonders markant ist dies an den Gewändern und der Körperbildung der vorgestellten Personen abzulesen. Die Innenseiten der Säulenschranken sind den Darstellungen von Handwerkern vorbehalten, wobei die beiden östlichen Bildfelder u. a. Tischler bei der Arbeit zeigen, die beiden westlichen Produktionsvorgänge der Metallverarbeitung. Kontrolliert von einem beistehenden Aufseher, sitzen drei Goldschmiede auf dem Boden und ziselieren das Dekor verschiedener Gefäße. Während einer von ihnen den Rand einer hohen Vase bearbeitet, verzieren seine Kollegen ein tierköpfiges Rhyton bzw. Doppelrhyton (Trinkbehälter), ein unägyptischer Gefäßtypus, der aus dem griechischen bzw. achämenidischen Raum stammt.

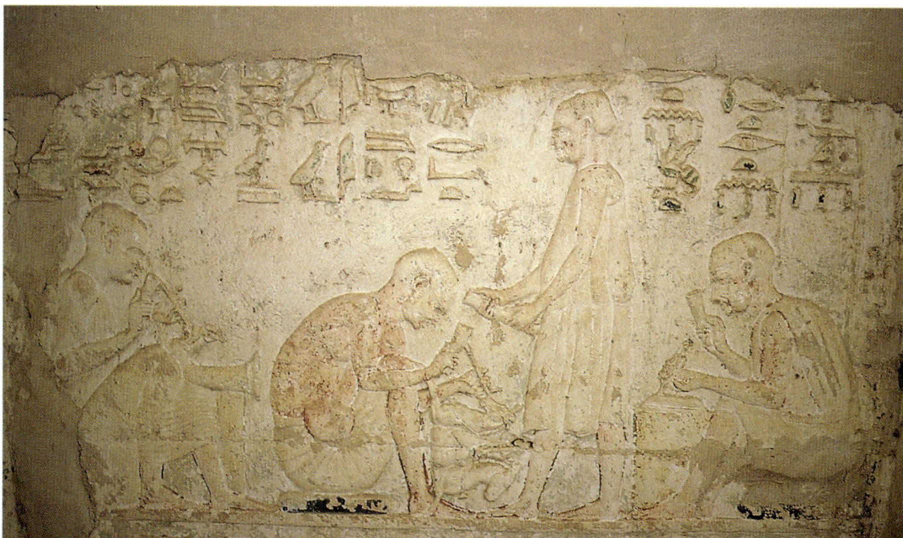

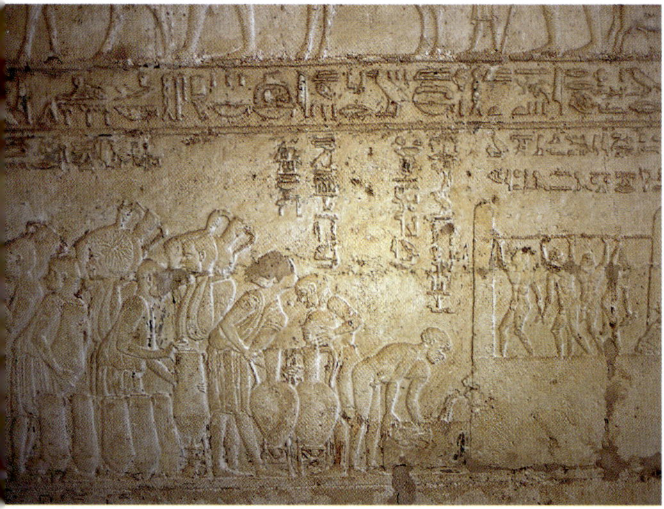

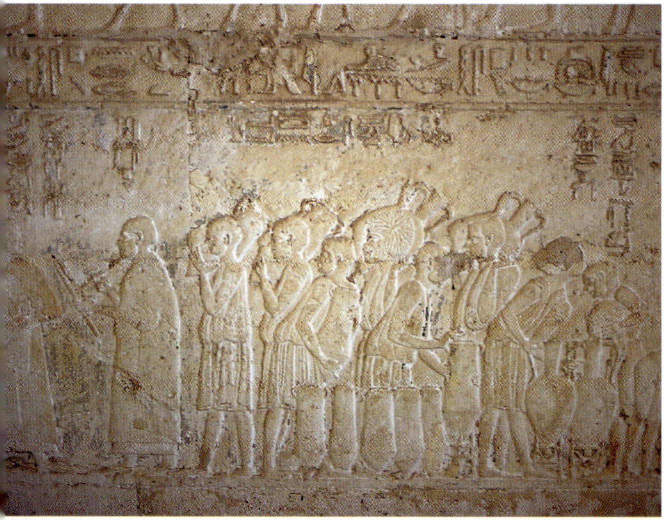

Weinverarbeitung

Wohl aus rein klimatischen Gründen lagen die Anbaugebiete des Weines traditionell im Delta und in den Oasen, wobei die Weinkultur schon in den vordynastischen Zeiten aus dem syropalästinensischen Raum nach Ägypten kam. Das Luxusgut Wein war Königen und hohen Beamten sowie den Göttern vorbehalten. Seine Wertschätzung belegen weiterhin die zahlreichen Grabdarstellungen zur Weingewinnung, die besonders seit der Zeit des Neuen Reiches bekannt sind. Auch im Grabtempel des Petosiris ist ein Registerzug der rechten Seitenwand diesem Thema gewidmet. Nach der Ernte werden die Trauben zu einer großen Steinpresse gebracht, in der vier Männer das Keltergut zerstampfen. Über einen Ausguss wird dann der Rebensaft in einen großen Auffangbottich geleitet, bevor man ihn in Amphoren und Krüge abfüllt. Zum Schluss erfolgt die genaue Notierung und Ablieferung der Weinernte an die Domänenverwalter.

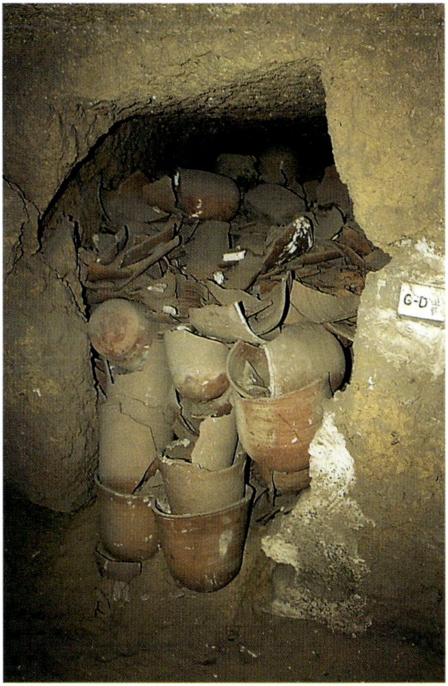

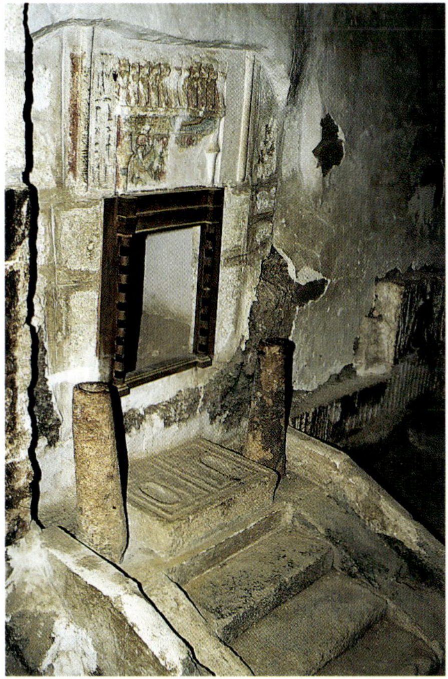

Die Ibis-Katakomben

Ptolemäerzeit, 3.–1. Jh. v. Chr.

Eine kurze Wegstrecke vom Grabbau des Petosiris entfernt, betritt man über einen unscheinbaren Eingang die unterirdischen Galerien des Tierfriedhofes. Das weit verzweigte Gang- und Kammersystem diente zugleich als Kult- und Bestattungsplatz für Ibis und Mantelpavian, den heiligen Tieren des Weisheitsgottes Thot. Zu den gewöhnlichsten Beisetzungsformen gehörte die Einbringung der Ibis-Mumien in einfache Tongefäße, die dann zu Hunderten in einer Felskammer übereinander gestapelt wurden. Daneben waren bemalte Holzsärge und kleine Kalksteinsarkophage in Gebrauch. Die frühptolemäischen Könige ließen zur Verehrung des Thot mehrere Kultkammern mit Reliefdarstellungen und Opferstellen in die Galerien einbauen, die derzeit von einem Münchner Archäologenteam untersucht werden.

Der Skarabäus

Die Gestalt des Mistkäfers, des heiligen Skarabäus, verstanden die Ägypter als eine der Erscheinungsformen des Sonnengottes. So stellten sie zum Beispiel in den Unterweltsbüchern den Gott als einen Käfer dar, der die Sonnenscheibe – analog zur Mistkugel des Mistkäfers – vor sich herrollt, um am Morgen aus der Erde aufzusteigen und neugeboren zu werden. Die vermutete Geburt des Käfers aus der Erde und die äußere Gestalt der Mistkugel haben wohl zur gedanklichen Verbindung von Käfer und Sonne geführt. Auch das Schriftzeichen in Form

Skarabäus des Güterverwalters Wah, 11. Dynastie, um 1990 v. Chr., Theben-West, Grab des Wah, Silber und Gold (Inschrift), L. 3,8 cm, The Metropolitan Museum of Art, New York

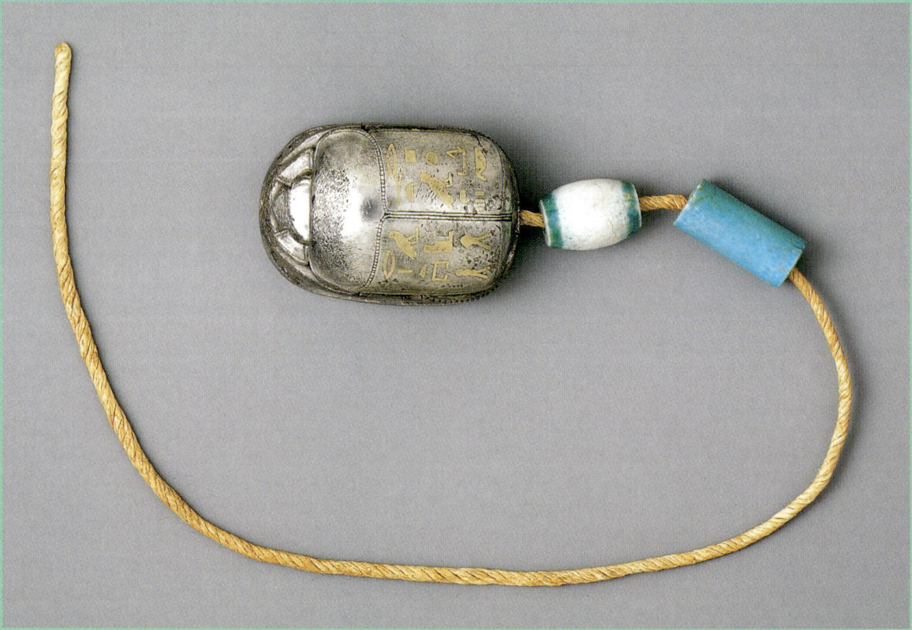

eines Skarabäus, das »cheper« gelesen wird und »werden, sich verwandeln« bedeutet, verweist auf diesen Gedanken der zyklischen Erneuerung. Demzufolge besaßen skarabäengestaltige Amulette während der gesamten ägyptischen Geschichte große Bedeutung. Dabei gibt es sowohl rein käfergestaltige Formen, die nur durch ihr Äußeres regenerativ und Glück verheißend wirken sollten, und solche mit glatter Unterseite, die als Schriftträger dienen.

Seit dem Mittleren Reich sind Skarabäen belegt, die mit einem Königsnamen versehen sind. Der eingeschriebene Name hatte in der Regel eine religiöse Bedeutung, die zusammen mit der Macht des Herrschers positiv auf den Besitzer des Skarabäus wirken sollte. Dabei handelte es sich nicht nur um den Namen des lebenden Königs, sondern auch um die bereits verstorbenen Herrscher, die als besonders wirkungsmächtig galten. Ab dem Neuen Reich wurden die schützenden und Glück verheißenden Aspekte des Skarabäus durch kurze Formeln oder eine Kombination entsprechender Schriftzeichen verstärkt, wobei der Name des Gottes Amun-Re in mannigfaltigen Schreibweisen eine besondere Rolle spielt. Skarabäen mit den Namen von Privatpersonen stammen vor allem aus dem Mittleren Reich, sie dienten als Namenssiegel, konnten aber auch verschenkt werden.

Während die als Amulette oder Siegel verwendeten Skarabäen meist kleinformatig sind, gibt es zwei Kategorien von größerem Maßstab. Bei ihnen handelt es sich einerseits um Herz-Skarabäen, die mit dem Totenbuchspruch 30 versehen sind und den Verstorbenen bei seinem Totengericht vor Strafe bewahren sollten, andererseits um die Gedenk-Skarabäen, die besonders von Amenophis III. anlässlich wichtiger Ereignisse herausgegeben wurden. Skarabäen begleiteten aber nicht nur die Lebenden und Verstorbenen in Ägypten, sie wurden als Schutzamulette auch ins Ausland exportiert. Die Nachfrage war so groß, dass im gesamten Mittelmeerraum eigene Produktionsstätten entstanden. Die dort hergestellten Skarabäen besaßen zwar die gleiche äußere Form wie die ägyptischen, die Inschriften auf der Unterseite sind aber inzwischen nicht mehr lesbar und lediglich als Nachahmungen der magisch wirksamen Zeichen zu verstehen.

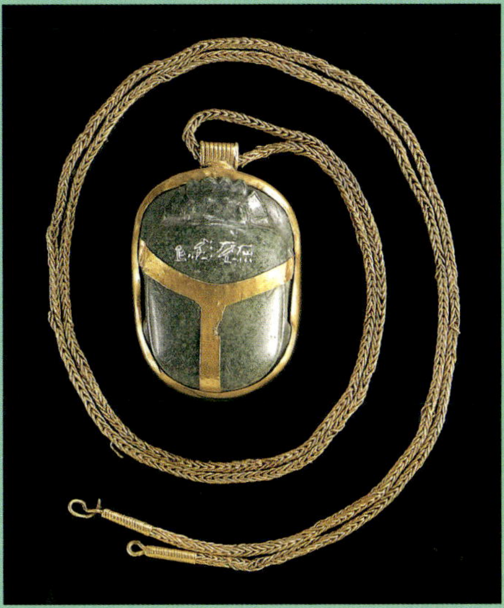

Herz-Skarabäus des Generals Djehuti mit Goldkette, 18. Dynastie, um 1450 v. Chr., Saqqara, Gold und Nephrit, L. 8,3 cm, Rijksmuseum van Oudheden, Leiden

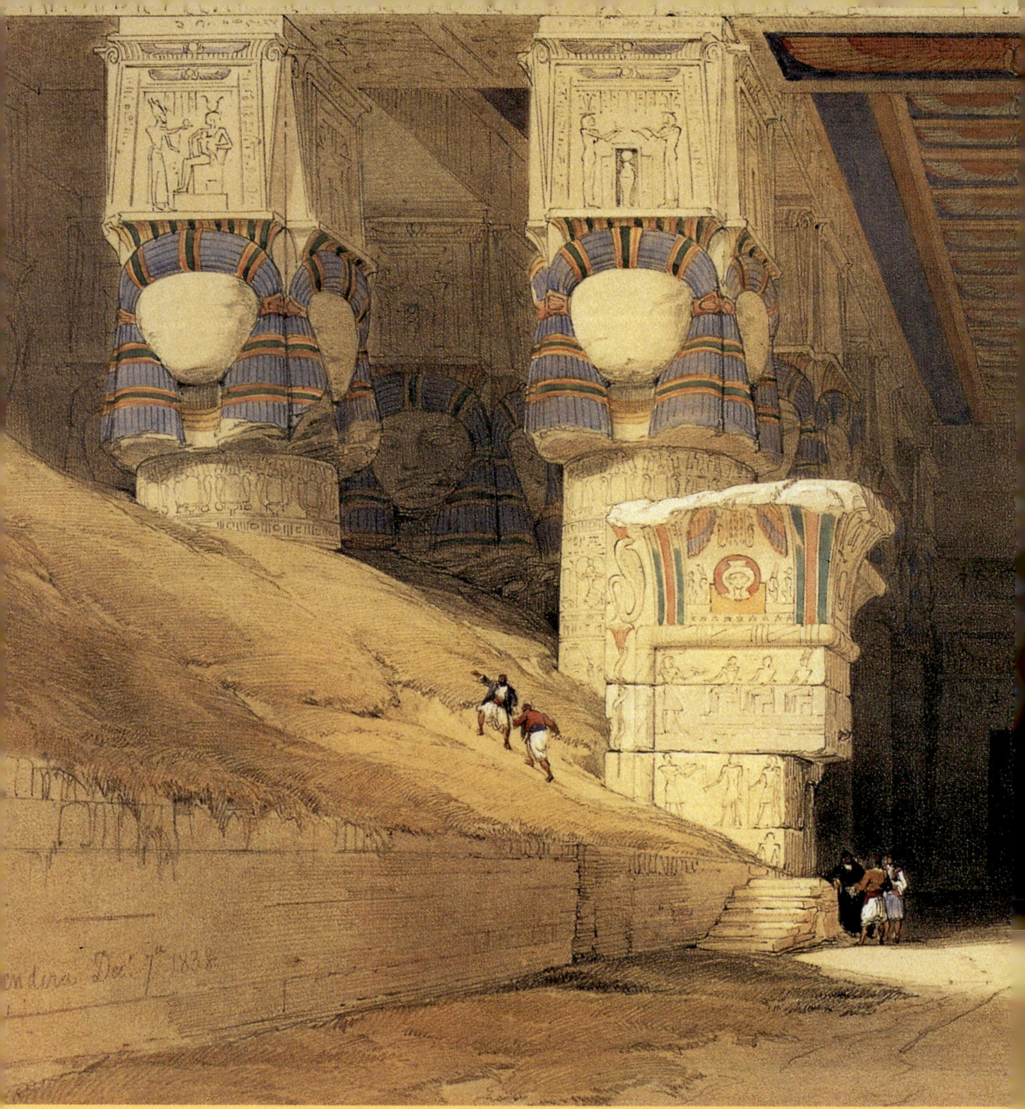
ndira Decr 7th 1838

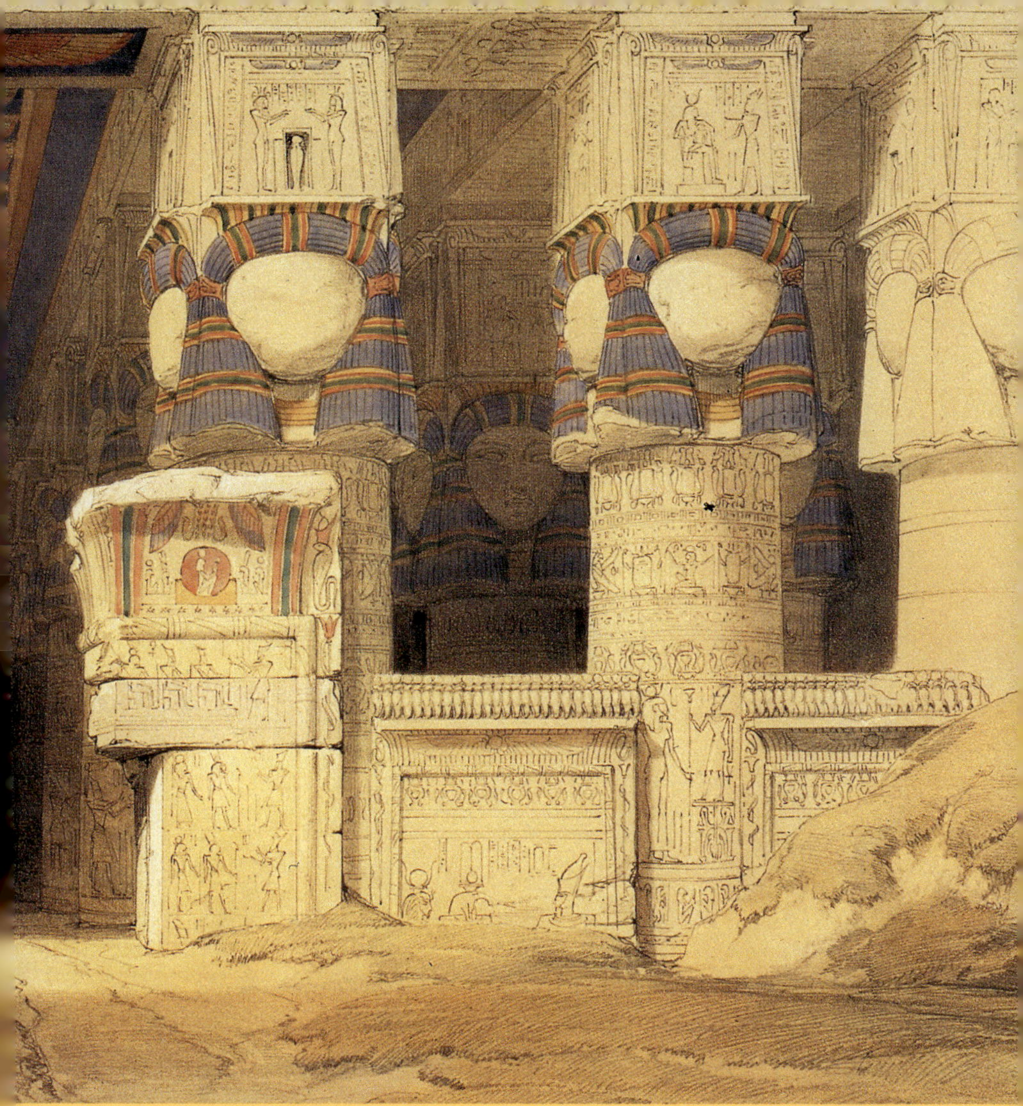

Abydos und Dendera

Abydos

Als eines der wichtigsten religiösen Zentren des Landes liegt das Nekropolenfeld von Abydos, der Hauptstadt des achten oberägyptischen Gaus, rund 15 km südwestlich der modernen Stadt Baljana. Seit dem Alten Reich wurde hier der Toten- und Vegetationsgott Osiris verehrt, der später mit seiner Gemahlin Isis und dem jugendlichen Horus die heilige Göttertriade des Ortes bildete. Nahezu alle Phasen der ägyptischen Geschichte sind in Abydos mit bedeutenden Denkmälern vertreten. Mitten in der Wüste wurden bei Umm el-Qaab (arab., »Mutter der Scherben«) die Königsgräber der frühdynastischen Zeit (0.–2. Dynastie) angelegt, deren Architektur in den letzten Jahren nochmals von einer Unternehmung des Deutschen Archäologischen Instituts (Kairo) untersucht wurde. Nordöstlich davon befinden sich in der weitläufigen Totenstadt die Überreste des großen Osiris-Tempels auf dem Kom es-Sultan, einst das kultische Zentrum von Abydos. Den unbestreitbaren Höhepunkt der baulichen Zeugnisse bilden jedoch die beiden Heiligtümer der frühen Ramessidenzeit, die gut erhaltenen Anlagen Sethos' I. und seines Sohnes Ramses' II. aus der 19. Dynastie mit einer nahezu einmaligen Farbenpracht ihres Reliefschmuckes.

Vorhergehende Seiten: Der Hathor-Tempel von Dendera, aus: David Roberts, »Egypt and Nubia«, London 1846–1850

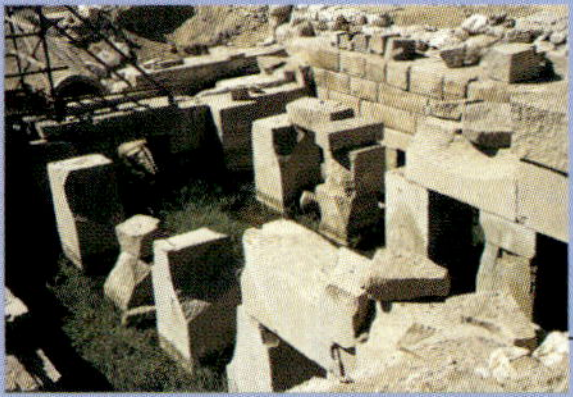

Das Osireion, S. 293

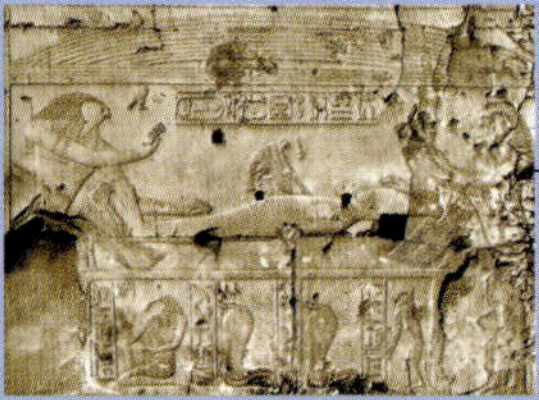

Der Osiris-Mythos, S. 292

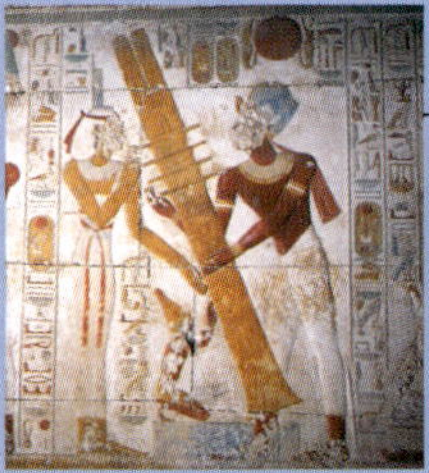

Aufrichten des Djed-Pfeilers, S. 290

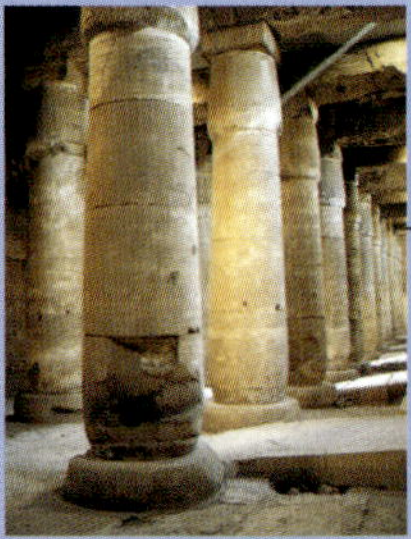

Tempel Sethos' I., Blick in den zweiten Säulensaal, S. 288

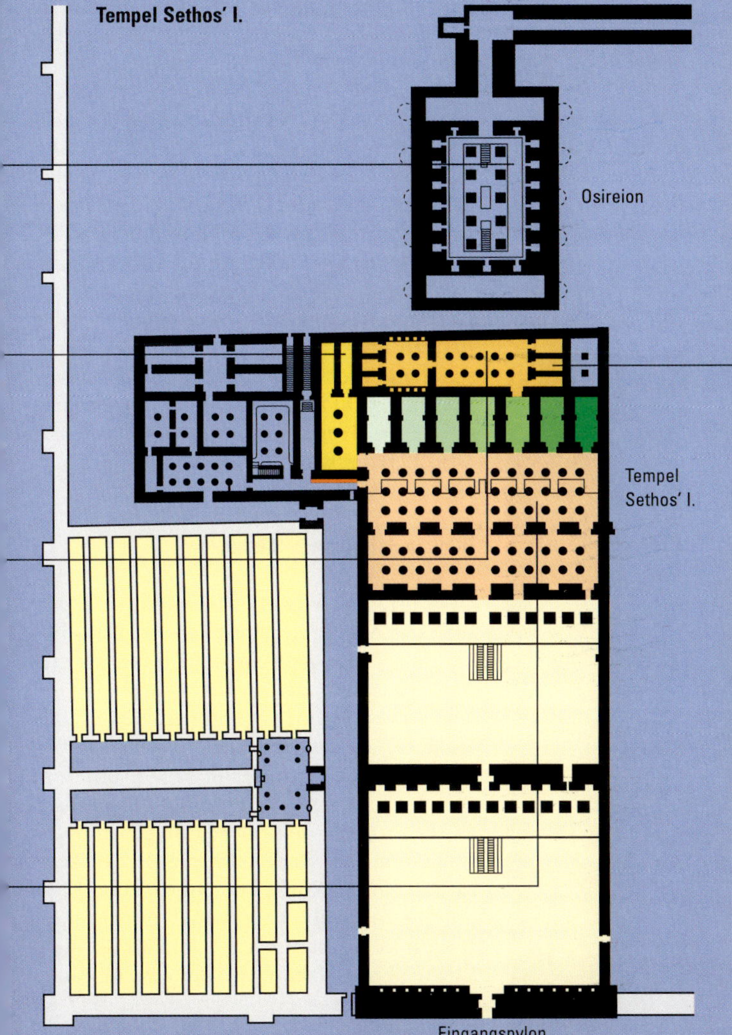

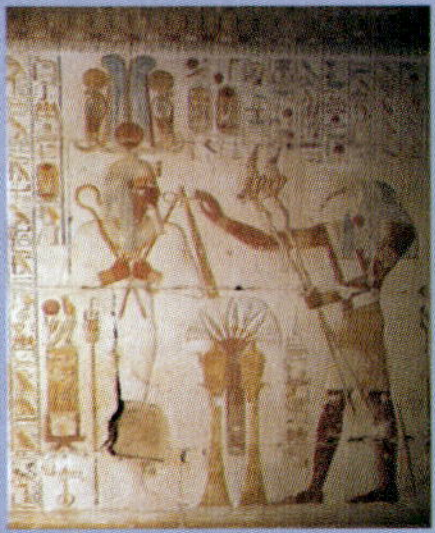

Gott Thot vor Sethos I. als Osiris, S. 290 f.

Tempel Sethos' I.

19. Dynastie, um 1280 v. Chr.

Wegen seiner einmaligen Architektur und der hohen Qualität seiner Reliefs nimmt die Anlage Sethos' I. eine herausragende Stellung unter den Sakralbauten des Neuen Reiches ein. Nach zwei großen Höfen steht man vor der Pfeilerfassade des Tempelhauses und gewinnt Zutritt zu den beiden folgenden Säulensälen. Eine Besonderheit des Bauplans ist, dass auf sie in leicht erhöhter Position eine Reihe von sieben Sanktuaren folgt, die den Ortsgottheiten Osiris, Isis und Horus, den Reichsgöttern Amun-Re, Re-Harachte und Ptah sowie dem vergöttlichten Sethos geweiht wurden. Nur das Osiris-Sanktuar besitzt einen rückwärtigen Durchgang, der in einen Raumtrakt für die Mysterienfeiern des Gottes führt. Im südlichen Anbau des Tempels liegt auch der Korridor mit der berühmten »Königsliste von Abydos«, die nahezu alle Namenskartuschen der Herrscher von Menes bis Sethos I. selbst erfasst. Von hier geht ein weiterer Längsraum ab, der einen Treppenausgang zum Osireion (s. S. 293) direkt hinter dem Tempelhaus hat.

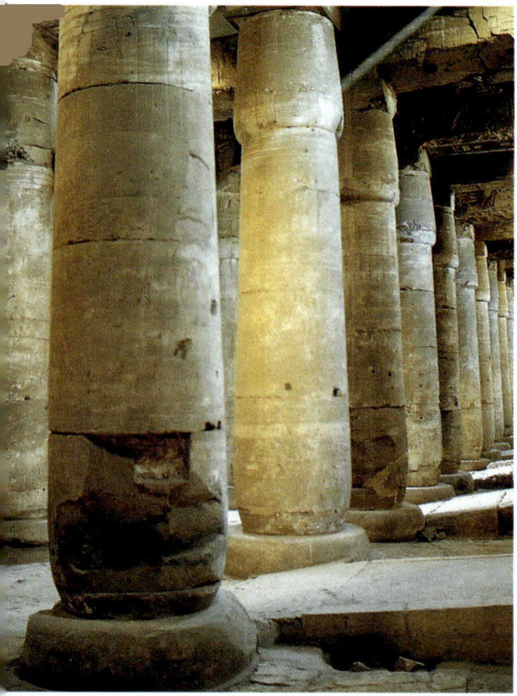

Blick in den zweiten Säulensaal

Ursprünglich wies die Tempelfassade gemäß der Anzahl der Sanktuare sieben Eingänge auf, die aber von Ramses II. bis auf den mittleren zugemauert wurden. Der Nachfolger Sethos' I. hatte nicht nur die Hofanlagen, sondern auch die erste Säulenhalle (52 x 11 m) fertig stellen und mit Reliefschmuck versehen lassen. Insgesamt 24 Papyrusbündelsäulen mit geschlossenen Kapitellen flankieren die Kultachsen, die auf gleiche Weise auch im zweiten Säulensaal angeordnet wurden. Von hier aus führen kurze Rampen zur leicht erhöhten Ebene der Sanktuare, auf der eine Reihung mit zwölf einfachen Stammsäulen die Decke tragen.

Das Kultbildritual

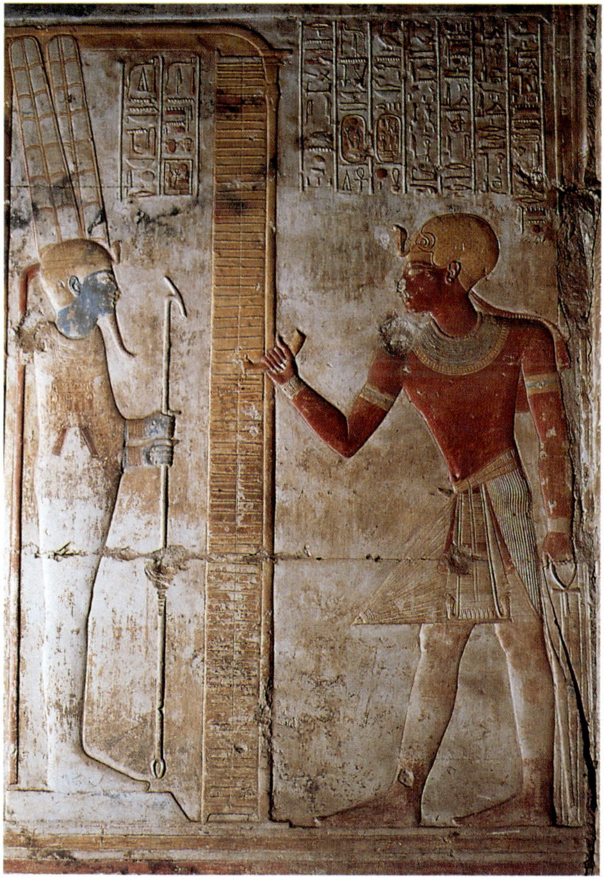

Die erhöht liegenden sieben Sanktuare des Sethos-Tempels wurden mit hohen Deckengewölben ausgestattet und durch Pilastervorsprünge in zwei Raumeinheiten gegliedert. Während die Rückwand jeweils eine Doppelscheintür (außer der Osiris-Kapelle) aufweist, haben die Darstellungen auf den übrigen Wänden die vollständigste Bildversion des sog. Kultbildrituals erhalten. In 36 Einzelszenen wird der Handlungsablauf wiedergegeben, der sich jeden Morgen vor und an dem Götterbild im Allerheiligsten abspielte. Die Reliefs zeigen den König bei der Zeremonie, doch agierte in Wirklichkeit der Hohepriester des Tempels. Er betritt das Sanktuar, entzündet eine Fackel und verbrennt Weihrauch. Anschließend öffnet er den Schrein und nimmt das Götterbild heraus, das dann von Salben, Schminke und Kleidung des Vortages (Bild mit Figur des Amun) gesäubert wird. Danach setzt die Neuversorgung des Gottes ein; zum Schluss verlässt der Priester den Raum, indem er seine Fußspuren im Sand mit einem Besen verwischt und die Türflügel des Sanktuars schließt. Von den einstigen Götterschreinen in den Sanktuaren hat sich ebenso wenig etwas erhalten wie von den Sockeln der Prozessionsbarken.

Aufrichten des Djed-Pfeilers

Die Jenseitserwartung im alten Ägypten war seit dem ausgehenden 3. Jt. v. Chr. eng mit der Gestalt des Totengottes Osiris verknüpft, als dessen Hauptbegräbnisort Abydos galt. Besonders die Teilnahme an den Auferstehungsmysterien des Gottes, die alljährlich stattfanden, war deshalb ein von vielen gehegter Wunsch. Doch nicht jeder konnte durch ein Begräbnis in der heiligen Nekropole zugegen sein, sodass als Ersatzlösung ein Kenotaph oder wenigstens ein Gedenkstein dorthin gestiftet wurde. Derart war eine Teilhabe am öffentlichen Abschnitt des Mysterienspiels gesichert, das in einem Prozessionsumzug des Gottes durch die Totenstadt bestand und vom Tempel auf dem Kom es-Sultan seinen Ausgang hatte. Die verborgenen Riten im Heiligtum waren teilweise Gegenstand des Bildprogramms in den Räumen hinter dem Osiris-Sanktuar. Zur Auferstehungsthematik gehört auch diese Szene des »Aufrichtens des Djed-Pfeilers«, das Sethos I. unter Hilfestellung der Göttin Isis vollzieht. Die Handlung beruht auf einem uralten memphitischen Fruchtbarkeitsritus, wobei der Pfeiler selbst als Hauptkultfetisch des Osiris betrachtet wurde.

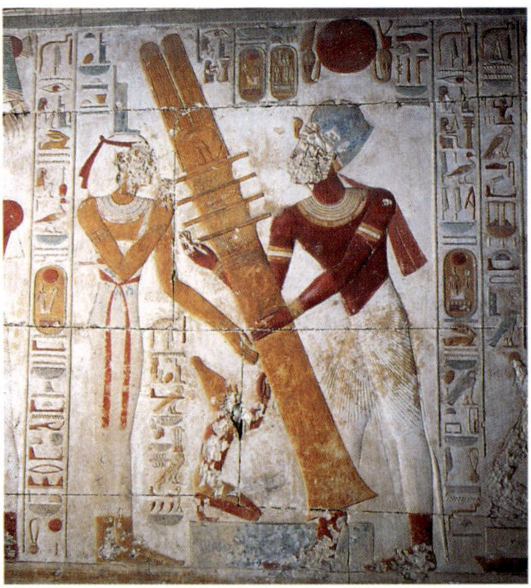

Gott Thot vor Sethos I. als Osiris

Rechter Hand der säulenbestandenen Osiris-Halle hinter dem Sanktuar des Gottes liegen drei kleine Kapellen, die der Götterfamilie von Abydos geweiht waren. Der mittlere Raum birgt großformatige Kultszenen, die den Osiris-König Sethos I. in Verbindung mit verschiedenen Göttern darstellen und durch ihre gut erhaltene Bemalung auffallen. Rechts tritt der Ibisköpfige Gott Thot heran und überreicht dem Herrscher in der Mumiengestalt des Osiris ein Anch-Zeichen sowie zwei lange Wappenstäbe mit den Pflanzen der beiden Landesteile (Papyrus und Lilie). Zusätzlich umwinden und bekrönen die beiden Schutzgöttinnen (Uräus-Schlangen) von Ober- und Unterägypten dieses Herrschaftssymbol. Eine Kurzinschrift (rechts neben den Opferständern) zwischen den Personen besagt eindeutig: »Ich gebe dir die Lebenskraft an deine Nase und die beiden Herrinnenstäbe vor dein vollkommenes Antlitz.«

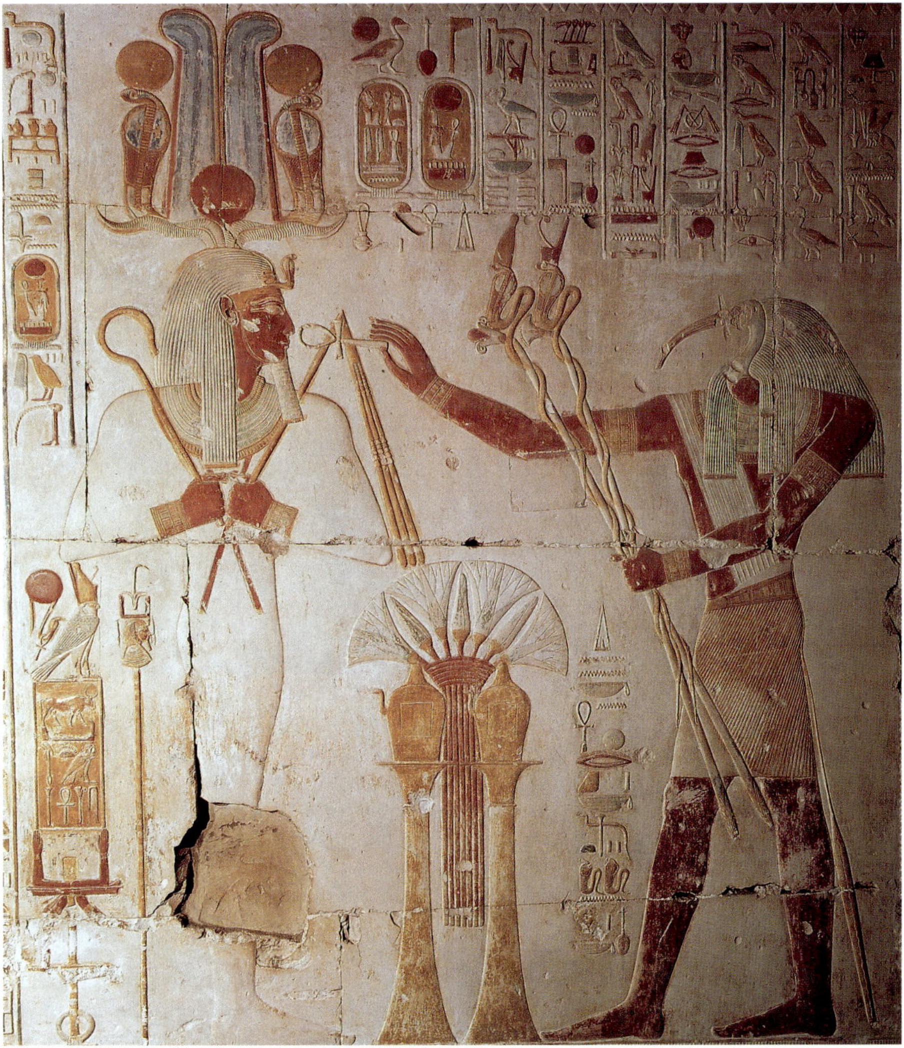

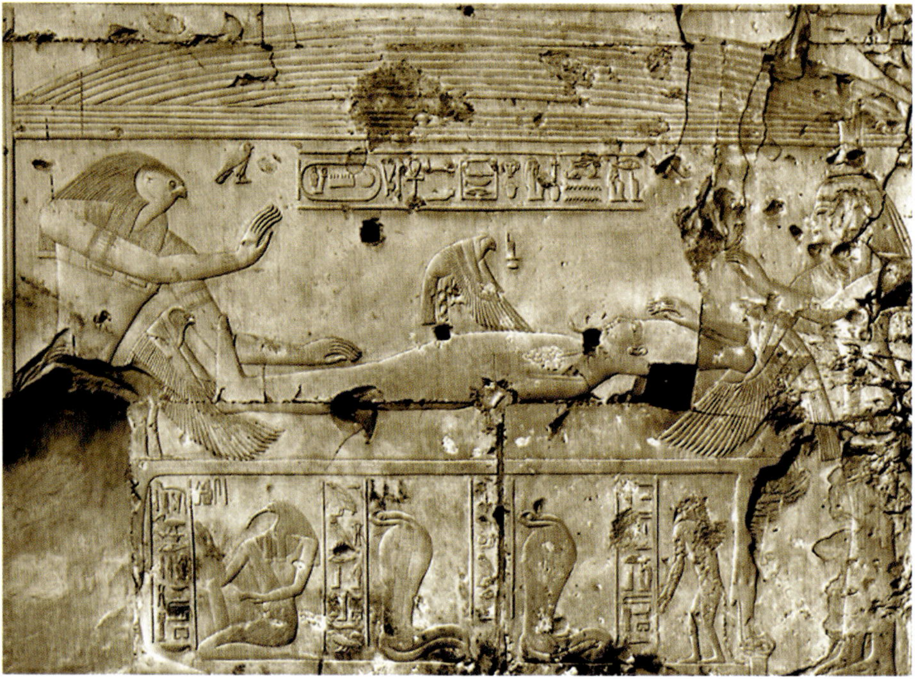

Der Osiris-Mythos

Im Nebentrakt des Heiligtums wurde eine Raumeinheit für die memphitischen Götter Nefertem und Ptah-Sokar eingerichtet, die als jugendliche Sonnen- bzw. chthonische Totengottheiten mit den regenerativen Aspekten des Osiris verbunden sind. Daher erklärt sich die Anbringung von zwei Darstellungen in der rechten hinteren Kammer, die dem Osiris-Mythos entnommen sind. Auf einer Totenbahre liegt die Mumie des Gottes, während von außen Isis und Horus herantreten. In Gestalt eines Falkenweibchens lässt sich die Schwestergemahlin Isis auf den erigierten Phallus des Osiris nieder: die posthume Zeugung des Horus, der nach Heranwachsen in den Marschen des Deltas den Mord an seinem Vater rächen sollte. Eine rundplastische Ausbildung dieser Szene stand seit der Spätzeit in einem Königsgrab von Umm el-Qaab, wo es zum Zentrum eines ausgeprägten Pilgerwesens nach Abydos wurde.

Das Osireion

19. Dynastie, um 1280 v. Chr.

Der gewaltige Kenotaph wurde unmittelbar hinter dem Heiligtum Sethos' I. angelegt und bezeichnet das mythische Grab des Osiris-Herrschers. Im Zentrum dieses größten je gebauten Scheingrabes (Kenotaph) liegt eine künstliche Insel, die von einem Wassergraben umgeben ist und auf der zwei Reihen mit jeweils fünf gigantischen Pfeilern (je 55 t) stehen. Die Zuleitung erfolgt über einen unterirdischen Kanal, der immer noch funktionstüchtig ist. Auf der Insel markieren zwei rechteckige Vertiefungen den virtuellen Standplatz des Sarkophags und eines Kanopenkastens. Die jetzt offene Anlage war ursprünglich eingedeckt und als Osiris-Grab wohl von einem aufgeschütteten Erdhügel abgeschlossen. Der eigentliche Eingang zum Kenotaph befindet sich im Norden noch außerhalb der großen Umfassungsmauer des Bezirkes. Rund 10 m unter dem Bodenniveau führt von dort ein 128 m langer Korridor bis zu einem Vorraum, wo der Gang dann zum Zentralbau abgewinkelt ist.

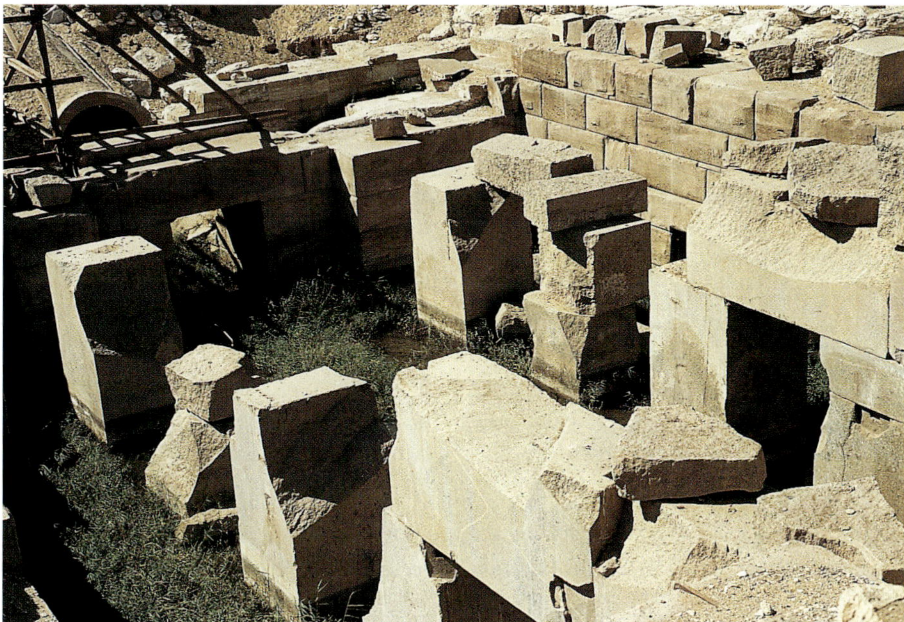

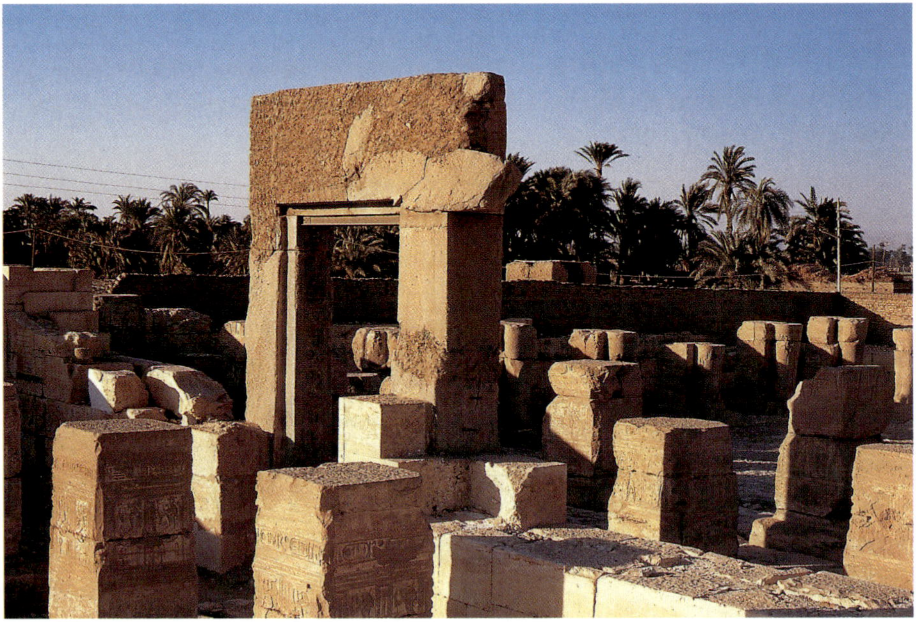

Tempel Ramses' II.

19. Dynastie, um 1270 v. Chr.

In Verbindung mit den Arbeiten zur Fertigstellung der Anlage seines Vaters hat Ramses II. einen eigenen Tempel aus Kalkstein erbauen lassen, der etwas nördlich von diesem entfernt am Wüstenrand liegt. Der obere Teil des Mauerwerks wanderte in die lokalen Brennöfen, und auch der Eingangspylon mit dem ersten Hof ist heute verschwunden. Dies ist ein besonders bedauerlicher Verlust angesichts der feinen Reliefs mit ihrer gut erhaltenen Farbenpracht. Während die Außenmauern Darstellungen der Qadesch-Schlacht tragen, sind die Wände im zweiten Hof mit langen Opferprozessionen versehen. Daran anschließend folgen zwei kleinere Pfeilersäle, die von Nebenkammern flankiert sind. Der Sanktuarbereich umfasst drei Räume, die der osirianischen Triade geweiht waren. Das zentrale Allerheiligste des Osiris birgt eine Statuengruppe aus Granit, deren fünf Personen die Götterfamilie Osiris, Isis und Horus sowie die vergöttlichten Könige Sethos I. und Ramses II. wiedergeben.

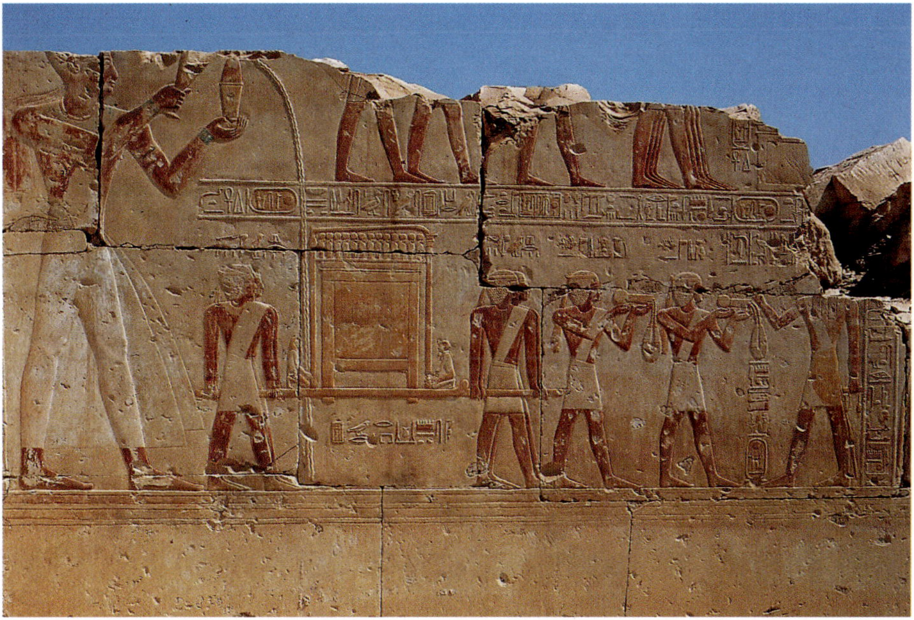

Das Stoffmagazin

Bildprogramm und Raumfunktion bilden in den altägyptischen Heiligtümern eine untrennbare Einheit. Aus den Darstellungen mit ihren Begleittexten können also unmittelbare Rückschlüsse auf die Bedeutung einer entsprechenden Raumeinheit gezogen werden. Auf der Südseite des zweiten Pfeilerhofes hat die erste Kammer im untersten Register eine großformatige Szene bewahrt, die den Raum als Stoffmagazin des Tempels ausweist: Ganz links opfert Ramses II. ein Salbgefäß und bringt eine Wasserspende aus. Die kleine Prozession vor ihm wird rechts vom Ibisköpfigen Gott Thot empfangen, wobei die beiden ersten Vorlesepriester jeweils einen Menat-Brustschmuck präsentieren. Erst dann folgen vier Kollegen, die auf Tragholmen eine kastenförmige Truhe mit abschließendem Uräen-Fries herbeitragen, wobei die Truhe seinerseits unter einen Baldachin gestellt ist. Die kurze Inschrift darunter erklärt den Vorgang: »Transport der Kleiderstoffe zum Allerheiligsten«. Konkret waren die entsprechenden Kleiderkästen einst auf den Steinbänken dieses Raumes abgestellt.

Gold – das Fleisch der Götter

Ägypten galt in der Antike als das Goldland schlechthin, denn dieses Edelmetall war eines der wichtigsten Güter, die im Handel mit dem Ausland eingesetzt wurden. Aber auch im Inland war Gold unverzichtbar und diente zur Ausstattung der königlichen Paläste und Tempel. Die Ägypter unterschieden zwei wohl gleichwertige Varianten des Edelmetalls, das »Nebu« genannte Gold von dem als »Djam« bezeichneten Elektron, einer Legierung aus Gold und Silber, die anscheinend auch künstlich hergestellt werden konnte. Gold besitzt die Farbe der Sonne und korrodiert nicht, deshalb galt es wie diese als unvergänglicher Garant für beständige Erneuerung und als Material, aus dem das Fleisch der Götter geschaffen war. Und so müssen die Kultfiguren im Innern der Tempelsanktuare ganz oder teilweise aus Gold bestanden haben, ebenso wie die Mumienmasken, die Finger- und Zehenhülsen der königlichen Mumien. Während von den goldenen Götterbildern kaum etwas erhalten ist, verweist der berühmte Grabschatz des Königs Tutanchamun (1333–1323 v. Chr.) auf die prächtige Goldausstattung der Königsgräber im Neuen Reich. Für den privaten Bereich stand Gold nur in eingeschränktem Maße zur Verfügung, weshalb man an seiner Stelle oft gelbe Bemalung einsetzte und sich davon die gleiche regenerative Wirkung erhoffte.

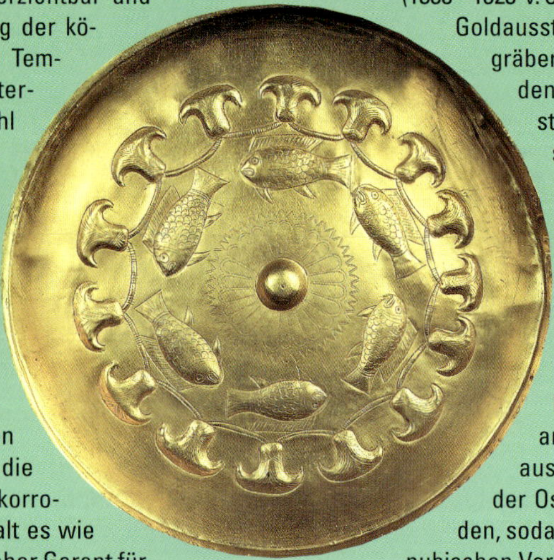

Prunkschale des Generals Djehuti, 18. Dynastie, um 1450 v. Chr., Saqqara, Gold, Ø 17,9 cm, Musée du Louvre, Paris

Der ungeheure Bedarf an Gold konnte nicht aus den eigenen Minen der Ostwüste gedeckt werden, sodass man schon früh die nubischen Vorkommen auszubeuten begann. Besonders während des Neuen Reiches (um 1550 – um 1170 v. Chr.), als Ägypten über ganz Nubien herrschte, müssen ungeheure Mengen Gold nach Ägypten gelangt sein, wovon auch die ägyptischen Nachbarn unterrichtet waren. So schreibt zum Beispiel der Mitanni-König Tuschratta an Amenophis III., er möge ihm Gold senden, da es in seinem Land doch wie Staub vorhanden sei. Trotzdem sind die realen Fördermengen umstritten, denn aus den Annalen Thutmosis' III. geht hervor, dass wohl nicht mehr als etwa 300 kg Gold jährlich aus Nubien angeliefert wurde; rechnet man die einheimische Produktion hinzu, so kommt man auf rund 600–700 kg jährlich. Gleichzeitig gibt es aber auch Angaben, die von 15 000 kg Gold sprechen, die an den Amun-Tempel in Karnak gestiftet wurden. Für den Transport hat man das Edelmetall zumeist in Ringe oder Barren gegossen und den Goldstaub in kleine Säcke gefüllt. Für die anschließende Verarbeitung sind unterschiedlichste Techniken belegt, zu denen Filigran- und Einlegearbeiten, Granulation und Tauschierung, aber auch Vergoldung gehörten. So wurden beispielsweise die Obeliskenspitzen mit Gold verkleidet und manchmal sogar Teile des Schaftes, wie aus der Biografie des Schatzmeisters Djehuti hervorgeht, der für Transport und Vergoldung der beiden gewaltigen Obelisken der Königin Hatschepsut (1479–1458/57 v. Chr.) in Karnak zuständig war. Aber auch andere Architekturteile konnten aufwändig mit Edelmetall versehen sein. Von seinem Totentempel in Theben-West lässt Amenophis III. behaupten: »(...) der Ort (Tempel) des Ruhens meines Vaters (Amun) bei jedem seiner Feste, prächtig ausgestattet mit Sandstein, in seiner Länge mit Gold verkleidet, sein Fußboden mit Silber geschmückt, alle seine Tore aus Gold (...)«. Aus Gold wurden weiterhin Schmuck, Kult- und Prunkgeräte sowie Auszeichnungen gefertigt, zum Beispiel das berühmte Ehrengold, ein mehrreihiger Halskragen aus Goldperlen, das der König besonders verdienstvollen Beamten überreichte. Zu dieser Kategorie dürfte auch die Goldschale des Generals Djehuti (l. Bild) gehört haben.

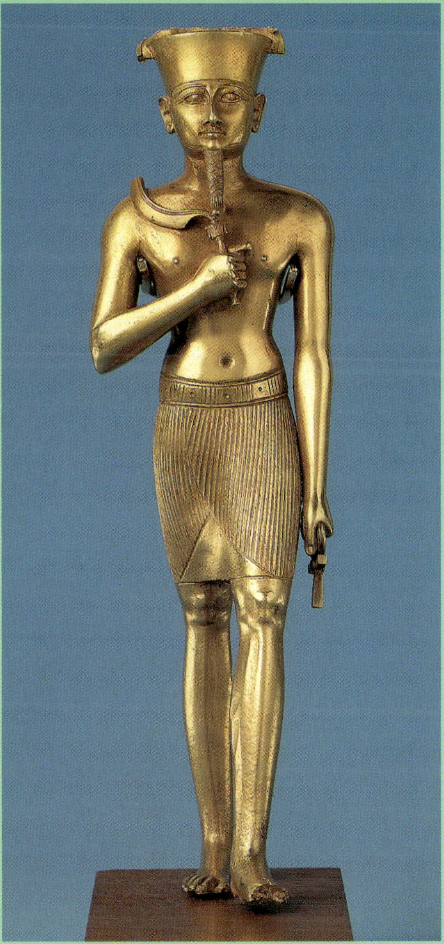

Statuette des Gottes Amun, 21. Dynastie, um 1000 v. Chr., Gold, H. 17,5 cm, The Metropolitan Museum of Art, New York

Dendera

Wie andere ehrwürdige Kultplätze verfügt auch Dendera, die Hauptstadt des sechsten oberägyptischen Gaus, über eine recht lange Bautradition seiner Heiligtümer. Bereits unter Cheops soll im alten Iunu ein Heiligtum zu Ehren der kuhgestaltigen Mutter- und Königsgöttin Hathor gestanden haben. Ihrem Sohn, dem Musikgott Ihi, stiftete König Pepi I. (6. Dynastie) eine goldene Statuette. Archäologisch greifbar werden erst die Denkmäler des Mittleren Reiches. Dazu gehört eine kleine Kapelle Mentuhoteps II., die abgebaut wurde und heute im Ägyptischen Museum von Kairo steht. Die glorreiche 18. Dynastie hat nach inschriftlichen Nachrichten unter Thutmosis III. das Heiligtum erweitert, und Amenophis III. übergab eine Edelmetallfigur des Nilgottes Hapi. Der heute noch vorhandene Monumentalbau verdankt seine Entstehung der griechisch-römischen Zeit. Er liegt inmitten eines großen Bezirkes (291 x 280 m) mit der obligatorischen Ziegelumwallung. Begonnen unter den späten Ptolemäerkönigen (wohl Ptolemaios XII.), folgten zwei römische Bauphasen. Kaiser Tiberius unternahm den Bau des großen Pronaos, während die Umfassungsmauer aus Stein unter Nero nicht über die ersten Steinlagen hinauskam. Das üppige Dekorationsprogramm zog sich noch bis ins 2. Jh. n. Chr. hin. Im Vorfeld und neben dem Tempel wurden weitere Bauten angelegt, darunter das römische Geburtshaus.

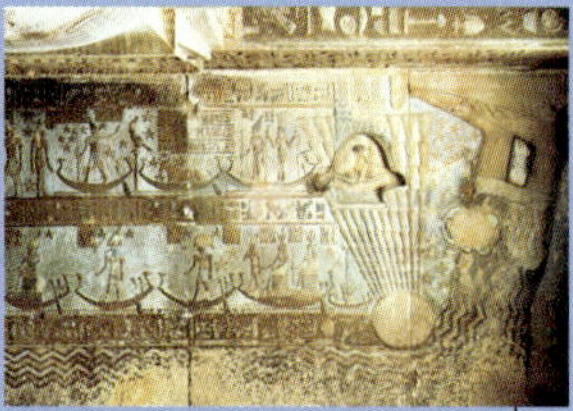

Deckenbild im Pronaos, S. 302

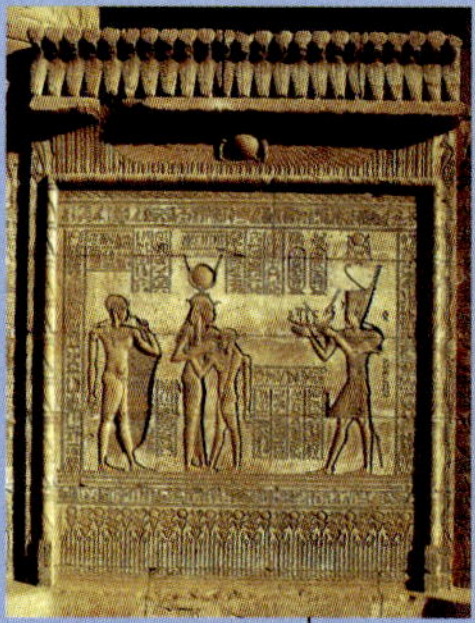

Relief einer Säulenschranke des römischen Geburtshauses, S. 304 f.

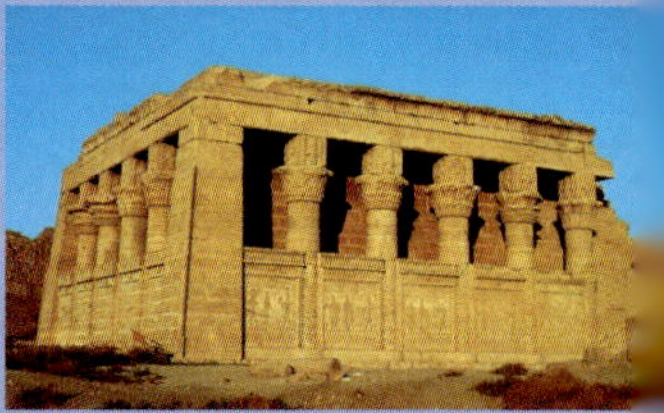

Das römische Geburtshaus, S. 304

Hathor-Tempel

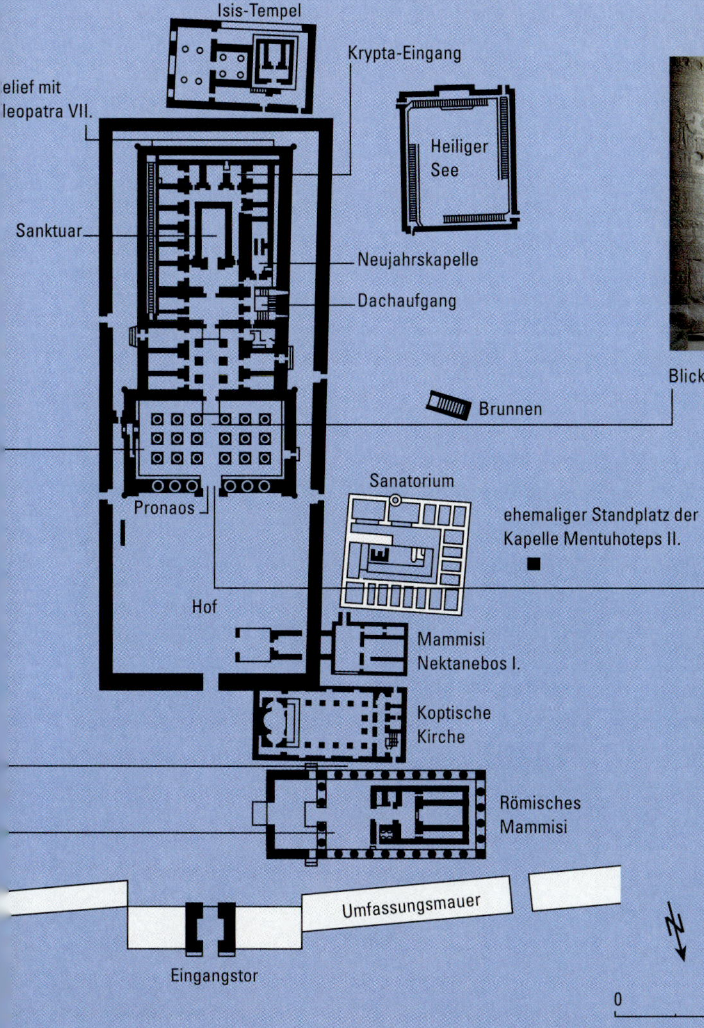

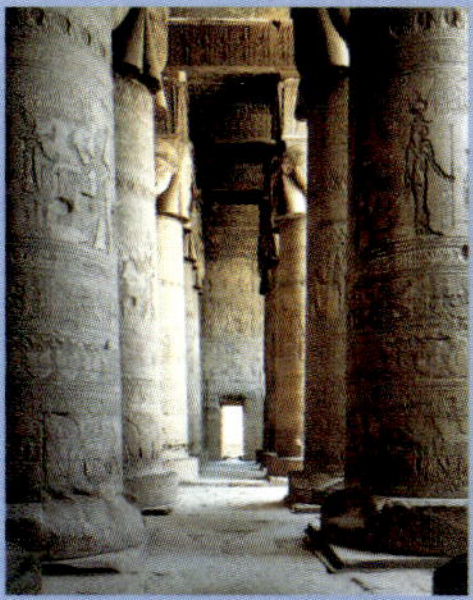

Blick in den Pronaos, S. 301

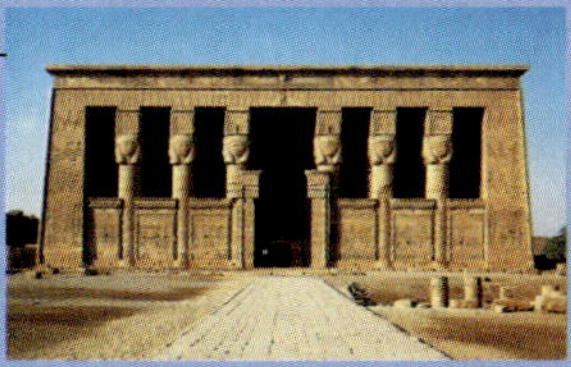

Hathor-Tempel, S. 300 ff.

Der Hathor-Tempel

Griech.-röm. Zeit, 2./1. Jh. v. Chr.– 2. Jh. n. Chr.

Durch ein mächtiges Eingangstor hindurch betritt man heute den heiligen Bezirk von Dendera. Da die geplante Hofanlage mit dem Eingangspylon nie zur Ausführung kam, beginnt das Heiligtum (81 x 35 m) mit der Monumentalfassade der großen Säulenhalle. Ein Wald von 24 Hathor-Säulen trägt eine Decke mit astronomischen Darstellungen. Hinter dem Pronaos beginnt der Kernbau mit einem weiteren Säulensaal, dem sog. Erscheinungssaal. Der Achse folgend, schließen sich dann zwei Raumeinheiten an, bis das große Barkensanktuar erreicht wird. Wie in Edfu ist es von einem Kapellenkranz umgeben, von dem aus man auch die Krypten begehen kann. Rechts neben dem Sanktuar liegen der Aufgang zum Dach und die Neujahrskapelle, deren Hof mit Opferaufbauten und Opferlisten dekoriert ist. Ein Rundgang um den Tempel führt am Heiligen See vorbei und gibt den Blick frei auf die Wasserspeier in Form von Löwenoberkörpern, die hoch an den Außenwänden hervorragen.

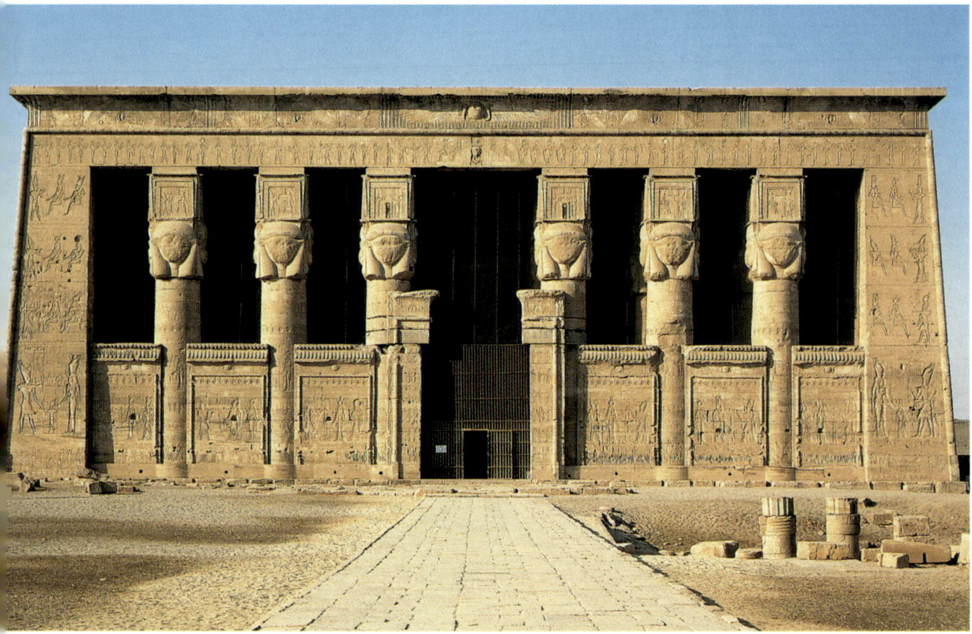

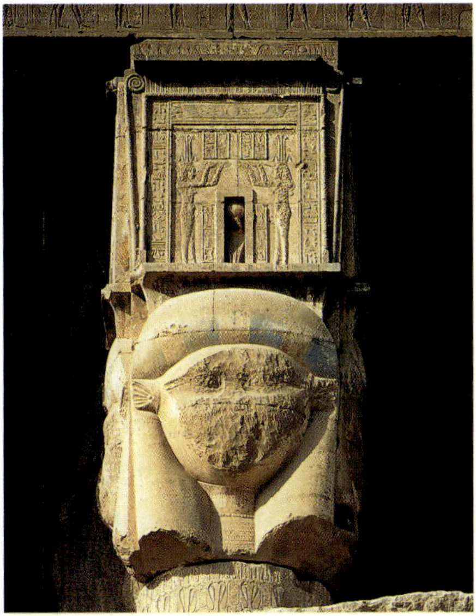

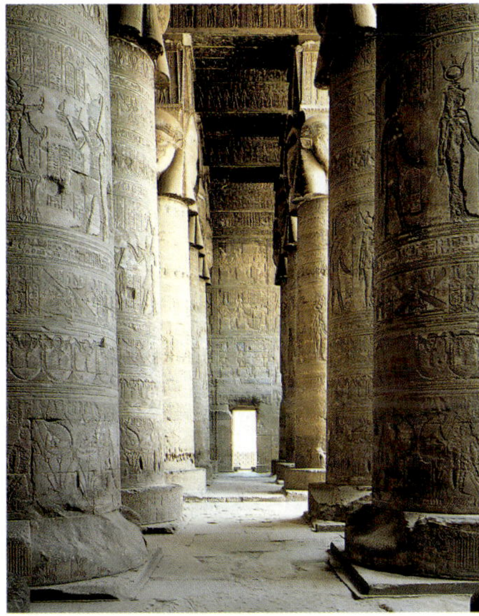

Hathor-Kapitell

Als Auguste Mariette 1859 mit der Freilegung des stark verschütteten Tempels begann, waren dessen Wandfarben noch relativ gut erhalten. Heute lassen nur noch wenige Spuren die einst umfangreiche Bemalung erahnen, wie hier an einem Kapitell der äußeren Säulenreihe vom Pronaos. Auf den vier Seiten erscheint das Gesicht der Hathor mit Kuhohren und einer gegliederten Strähnenperücke. Darüber sitzt ein Naos mit seitlichen Spiralen auf, die das Rindergehörn der Göttin symbolisieren. Die Zerstörungen des Antlitzes gehen auf den christlichen Bildersturm zurück.

Blick in den Pronaos

Zur Zeit des Mittleren Reiches tritt erstmals ein Säulentypus auf, der bis zur römischen Epoche in Gebrauch bleiben sollte: die Hathor- oder Sistrum-Säule. Gemäß seines Charakters wurde dieser Typus vorrangig für Sakralbauten der Göttin Hathor eingesetzt. Die monumentalsten Exemplare stehen zweifellos im Pronaos von Dendera, wo sie in ihrem Maßstab kaum noch an ihr Vorbild, das Sistrum, erinnern. Dieses rasselartige Musikinstrument spielte im Tempelkult der Hathor eine dominante Rolle, sodass das Heiligtum sogar als »Haus des Sistrums« bezeichnet wurde.

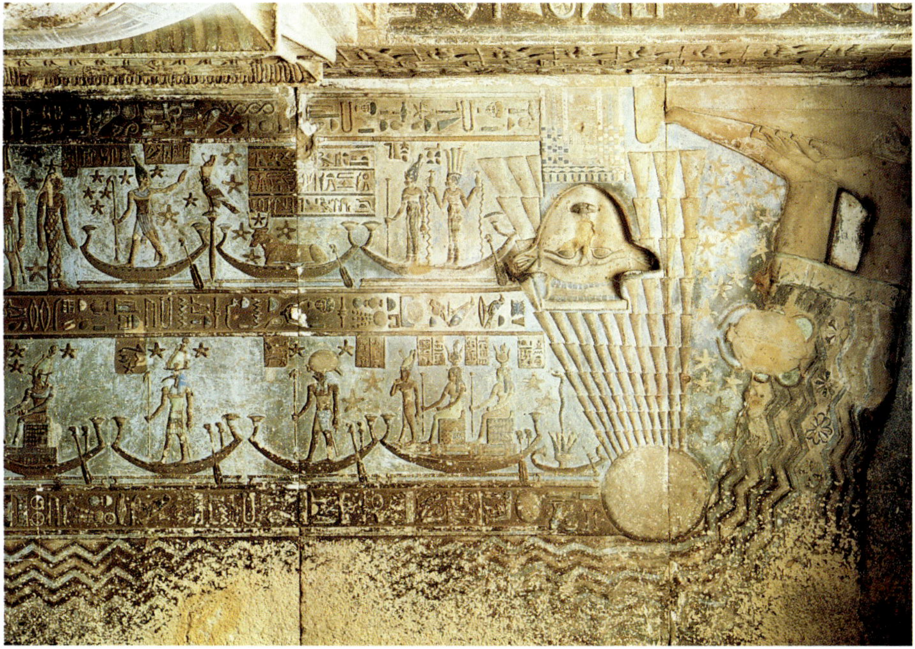

Deckenbild im Pronaos

Die Grundvorstellung vom Tempel als Abbild des Kosmos führte dazu, die Decke mit dem Himmelszelt gleichzusetzen. Ab dem Neuen Reich wurde ihre Ausführung mit astronomischen Darstellungen üblich, die in den Bauten der griechisch-römischen Zeit, besonders aber in Dendera, ganze Himmelslandschaften lebendig werden lässt. Die Architravzüge unterteilen das Deckenfeld des Pronaos in sieben Abschnitte, wobei die interessantesten Illustrationen jeweils im äußeren Bildsegment der jeweiligen Raumhälfte angebracht sind. Hier erkennt man den lang ausgestreckten Körper der Himmelsgöttin Nut, die den Sonnenball am Abend verschluckt, um ihn morgens in einem ewigen Kreislauf erneut zu gebären. Dabei fallen die Sonnenstrahlen auf das Heiligtum von Dendera, das durch einen Hathor-Kopf symbolisiert wird. Unterhalb vom Leib der Nut fahren personifizierte Dekansterne in ihren Barken über das Firmament, wie die Isis-Sothis (Sirius) in Gestalt einer liegenden Kuh.

Die Dachanlagen

Die Bebauung des Tempeldaches ist keine innovative Leistung der späten Heiligtümer, doch sind nirgendwo diese Anlagen besser erhalten als in Dendera. Zwei verschiedene Treppenhäuser führen vom Tempelinneren auf das Dach. Ihre Wandreliefs zeigen eine lange Prozession von Priestern, die am Neujahrstag die unterschiedlichsten Kultgeräte hinauftragen. Zielpunkt war ein kleiner Kiosk in der Südwestecke des Daches, wo der Ritus der Vereinigung der Kultbilder mit der Sonne vollzogen wurde. Magisch mit Lebenskraft aufgetankt, brachte man sie anschließend wieder in die Krypten zurück. Ebenfalls auf dem Dach liegen zwei Osiris-Heiligtümer für die Auferstehungsfeierlichkeiten des Gottes.

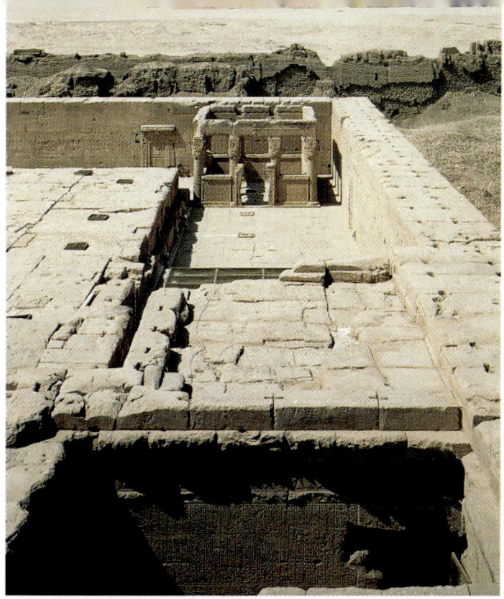

Die Krypten

Die Krypten des Tempels liegen in den massiven Außenmauern und reichen teilweise bis zu den Fundamenten herab. Ihre kleinen Einstiege wurden einst mit einer Steinplatte verschlossen. Die dort eingelagerten Kultbilder und andere Objekte verließen nur zu besonderen Anlässen die Dunkelheit. Auf den Wänden der Krypten wurden Kultgegenstände abgebildet und ihre Größe sowie das Werkmaterial, aus dem sie gearbeitet wurden, inschriftlich vermerkt. Unter den insgesamt 162 Kultbildern befand sich auch diese Falkenstatuette mit detailliert ausgeführtem Gefieder.

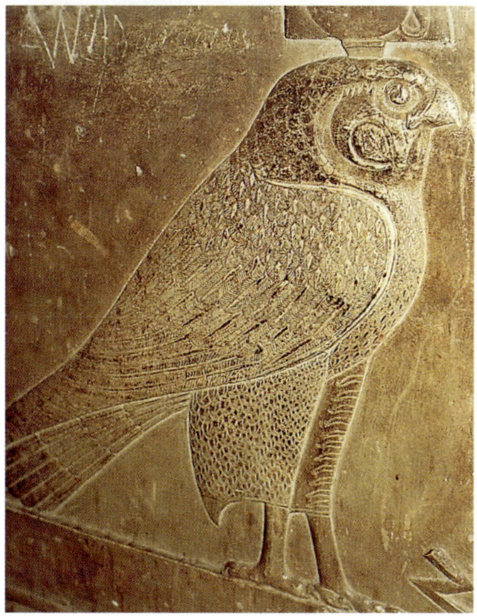

Das römische Geburtshaus

Römerzeit, 1. Jh. n. Chr.

Im Vorfeld des Haupttempels liegen rechter Hand vom Eingangstor mehrere Bauten hintereinander: das sog. Sanatorium (Heilbäder der Tempelbesucher), das Mammisi von Nektanebos I. (30. Dynastie), eine koptische Kirche (5. Jh. n. Chr.) und gleich als erste Anlage das Geburtshaus der römischen Kaiserzeit. Als Peripteralbau (Tempel mit Umgang) unter Nero entstanden, wurde an der Dekoration des römischen Geburtshauses noch im 2. Jh. n. Chr. gearbeitet. Im Allerheiligsten zeigen die Wanddarstellungen die Geburt des Gotteskindes Ihi in Bildfolgen, die auf Vorlagen des Neuen Reiches zurückgehen. Der äußere Säulenumgang besitzt hohe Schranken mit den wohl schönsten Reliefs ihrer Zeit in Ägypten. Umzogen von einem Rundstab, bekrönt von einer Hohlkehle mit Uräus-Fries, zeigt das Bild den Kaiser Trajan mit der unterägyptischen Krone beim Opferkult. Die Handlung gilt der Göttin Hathor, die ihren Sohn Ihi säugt. Als Hauptperson des Mammisi erscheint der Musikgott nochmals als jugendliche Gottheit hinter seiner Mutter.

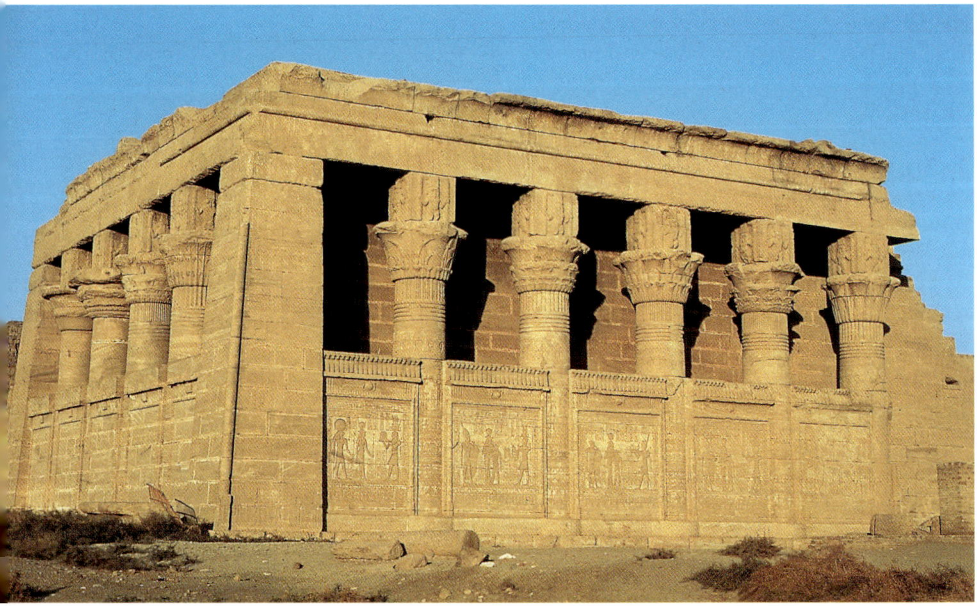

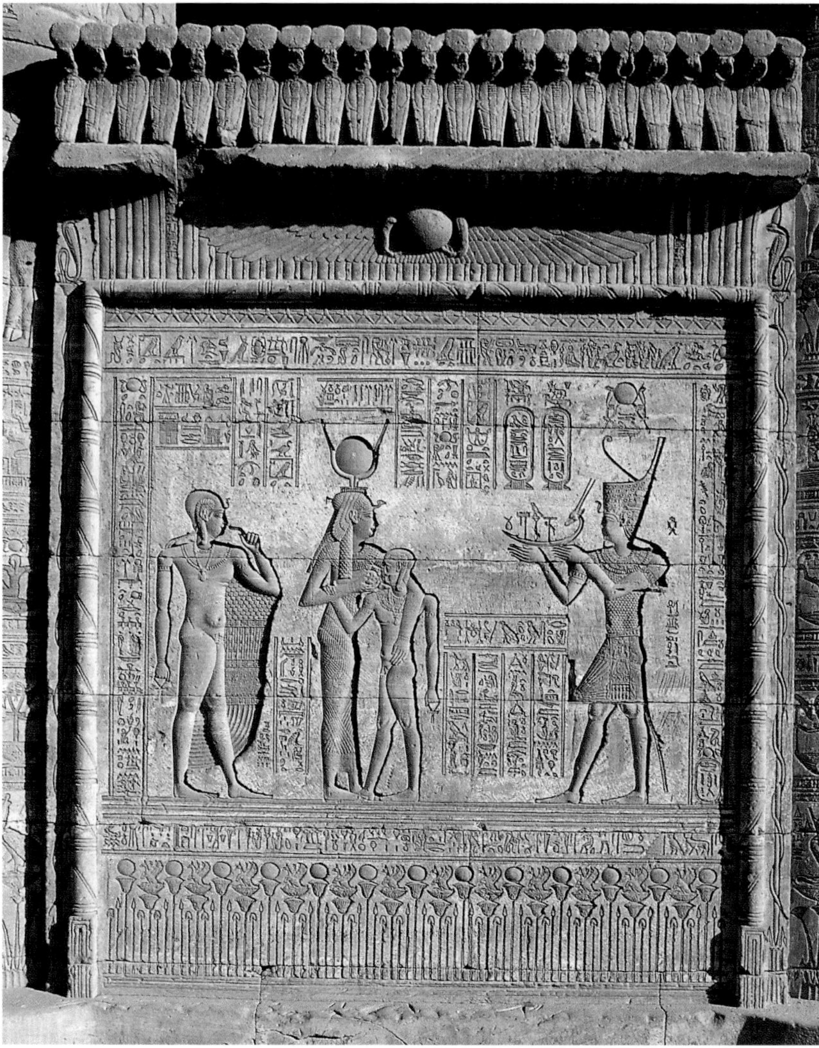

Priester – die Diener Gottes

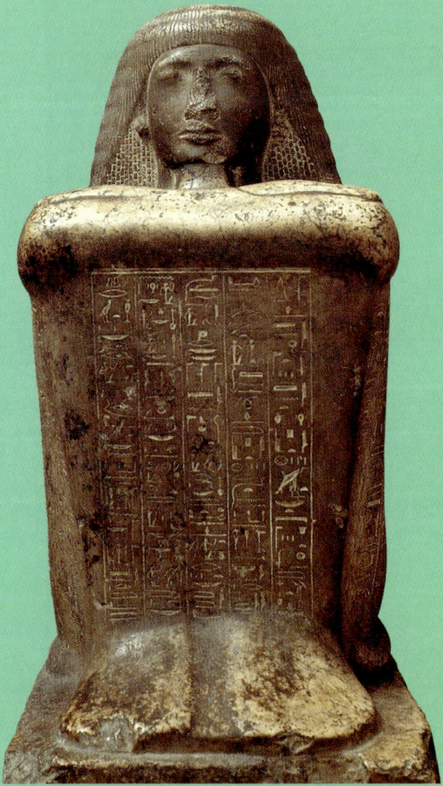

Würfelhockerfigur des Hohepriesters Rama, 19. Dynastie, um 1210 v. Chr., Karnak, Amun-Tempel, Kalkstein, H. 105 cm, Ägyptisches Museum, Kairo

Der Kult für die Götter, den König und die Verstorbenen war unverzichtbarer Bestandteil des täglichen Lebens im alten Ägypten. Mit den Göttern in Verbindung zu treten war allein dem Pharao gestattet, sodass in den Landestempeln seine Person beim Opferritual dargestellt wird. In Wirklichkeit versah jedoch die Priesterschaft eines Heiligtums die verschiedenen Kulthandlungen. Für die einfachsten Arbeiten setzte man die so genannten Wab-Priester ein und für den eigentlichen Kult die Gottesdiener. Sie waren in mehreren, sich abwechselnden Abteilungen organisiert, den Phylen (griech. für ägypt. »sa«, Wache), und wurden von Hohepriestern geleitet, die aus der obersten Beamtenschicht stammten. Es gab daneben aber auch hauptamtliche Priester, die über eine besondere Ausbildung verfügten; zu ihnen gehörten die so genannten Vorlesepriester, die die Ritualvorschriften verlasen und alle notwendigen Regeln und Sprüche kannten, weshalb man ihnen auch magische und heilende Fähigkeiten zusprach. Daneben waren Bauern und Handwerker sowie Verwaltungs- und Wachpersonal am Tempel angestellt und kümmerten sich um Versorgung, Ausstattung und Ordnung der Heiligtümer.
Die täglichen Kulthandlungen hatten einen festgelegten Ablauf, wozu das Reinigen des Tempels mit Weihrauch und heiligem Wasser, das Bereitstellen und Weihen der Opferspeisen sowie das Kultbildritual gehörten. Bei Letzterem wurde das kostbare Götterbild aus seinem Schrein

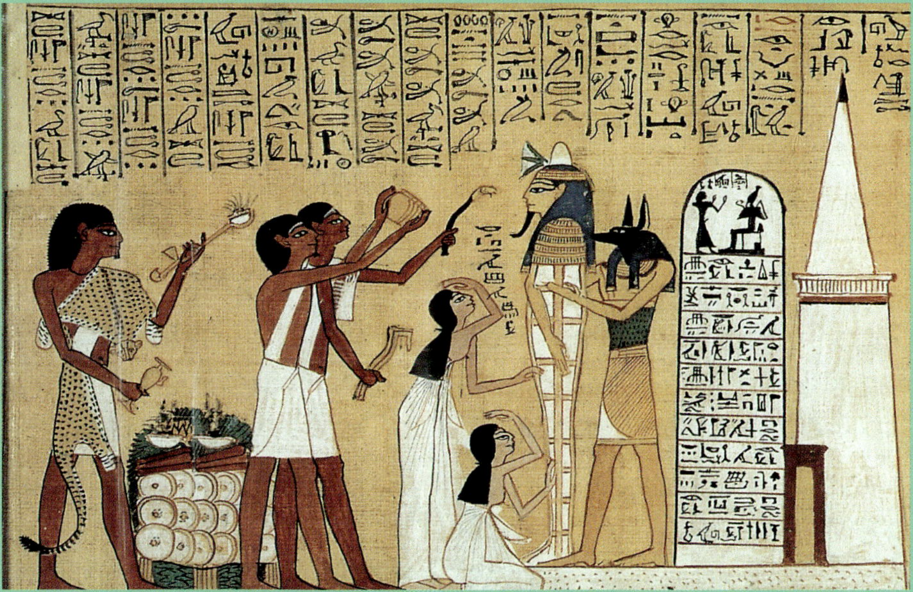

Papyrus Hunefer: Priester vor der Mumie und Grabbau, 19. Dynastie, um 1280 v. Chr., Papyrus, H. 39 cm, The British Museum, London

genommen, gereinigt, gekleidet, gesalbt und geschminkt und dann mit Schmuck und Insignien ausgestattet. Daneben fanden zahlreiche Feste und Prozessionen statt, an denen das Kultbild in einer Barke das Sanktuar verließ, um entweder auf das Tempeldach, in den Vorhof oder in einen anderen Tempel gebracht zu werden. Anlässlich der großen Festumzüge wurde auch musiziert, wobei vor allem Tempelsängerinnen und -tänzerinnen eine besondere Rolle spielten. Andere priesterliche Funktionen konnten von Frauen ebenfalls bekleidet werden. So war zum Beispiel die Stellung einer Gottesgemahlin des Amun gleichzeitig eines der wichtigsten politischen Ämter in der 25. und 26. Dynastie.

Der Tempelkult kam nicht nur den Göttern und dem König zugute, sondern auch bestimmten Würdenträgern. Sie durften Statuen oder Stelen im Tempelareal aufstellen, was nicht nur eine Ehrung, sondern die Teilhabe am dortigen Opferaufkommen war. In den Nekropolen waren zunächst die Angehörigen für Bestattung und Totenkult verantwortlich. Doch schon bald wurde diese Aufgabe hauptamtlichen Totenpriestern übertragen, die an bestimmten Festtagen die Rituale und Opfer vollzogen.

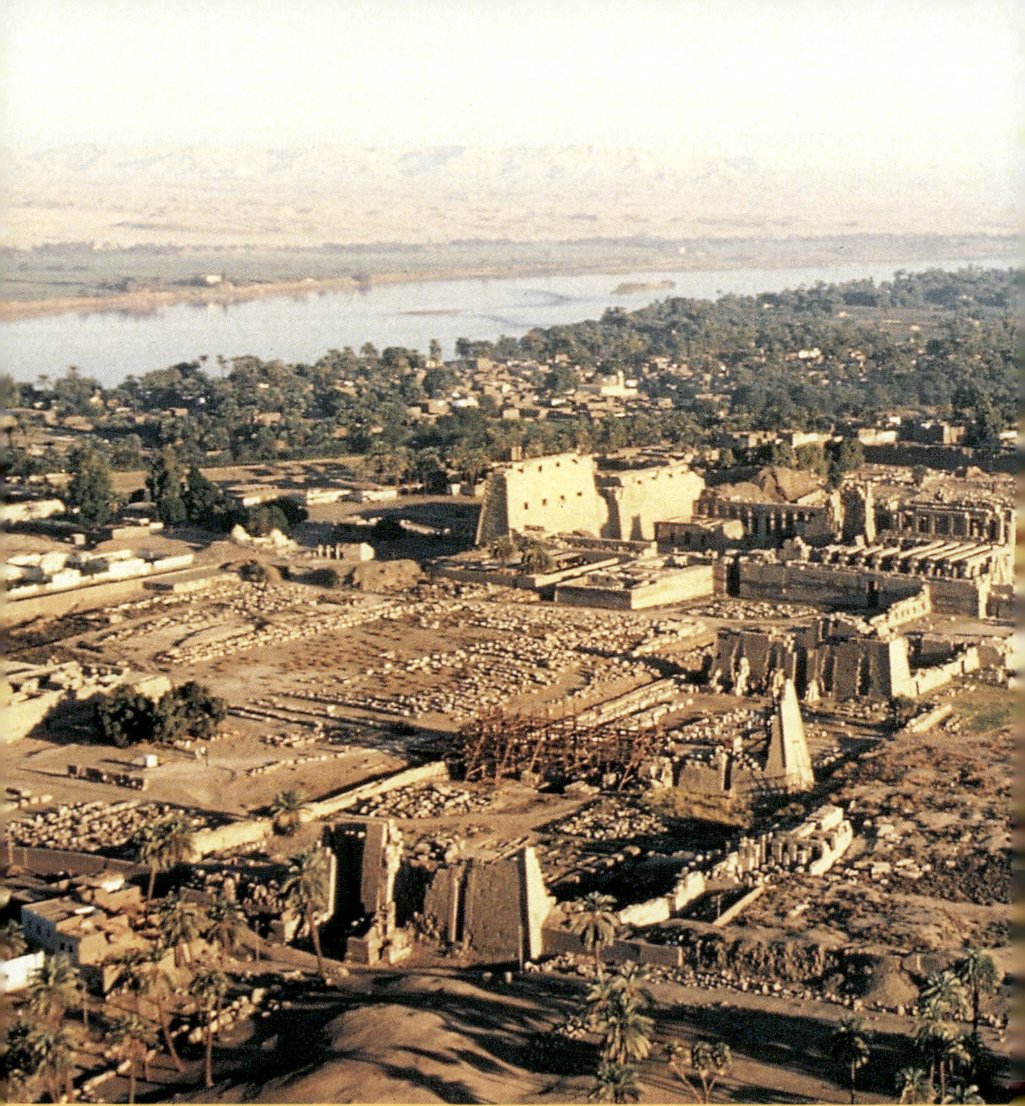

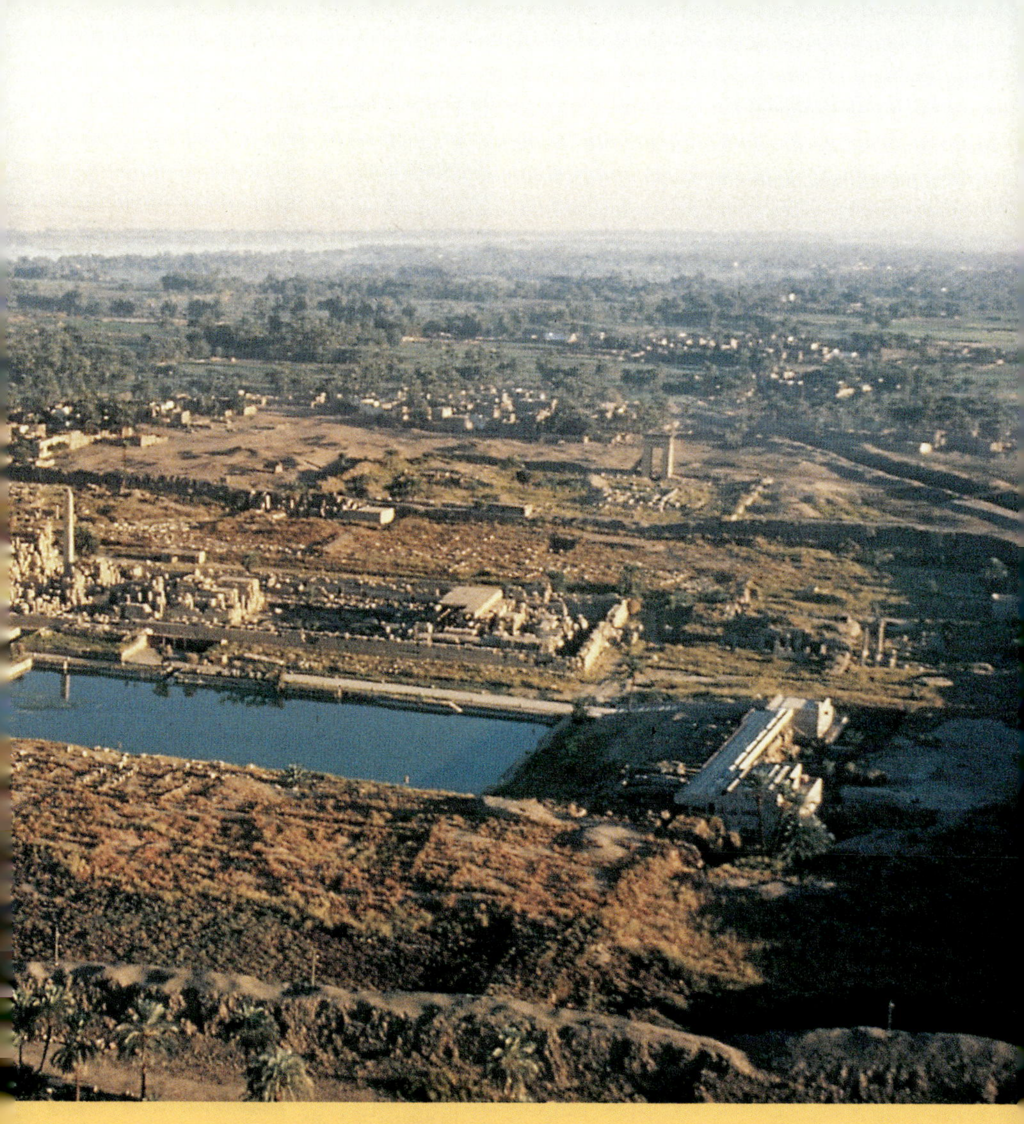

Theben (Luxor)

Theben (Luxor)

Nach eher bescheidenen Anfängen als Provinzstadt im vierten oberägyptischen Gau sollte Theben, das alte »Waset«, zur glanzvollsten Metropole Ägyptens aufsteigen. Erstmals im Brennpunkt politischer Macht stand die Stadt im frühen Mittleren Reich unter Mentuhotep II. (11. Dynastie), der im Zuge der Wiedervereinigung des Landes Theben zur Residenz erwählte. Ihre absolute Blütezeit aber erreichte die »hunderttorige« Stadt, wie Homer sie nannte, in der 18. Dynastie des Neuen Reiches. Über 200 Jahre herrschten die großen Pharaonen wie Thutmosis III. von hier aus über ein Imperium, das im Süden den tiefen nubischen Raum und im Norden weite Teile der syro-palästinensischen Gebiete umfasste. Zu Ehren des Reichsgottes Amun-Re entstand mit der Zeit in Karnak eine gewaltige Tempelstadt. Auf dem Westufer errichteten die Herrscher ihre Totentempel und ließen sich im berühmten Tal der Könige beisetzen. Auch nachdem die Ramessiden (19./20. Dynastie) den Hof nach Piramesse ins Ostdelta verlegt hatten, blieb Theben das wichtigste religiöse Zentrum des Landes. Die Priesterkönige der 21. Dynastie etablierten im frühen 1. Jt. einen Gottesstaat des Amun in der Thebais, die nochmals unter den »schwarzen« Pharaonen der 25. Dynastie an Bedeutung gewann.

Vorhergehende Seiten: Blick über die Ruinen des Karnak-Tempels

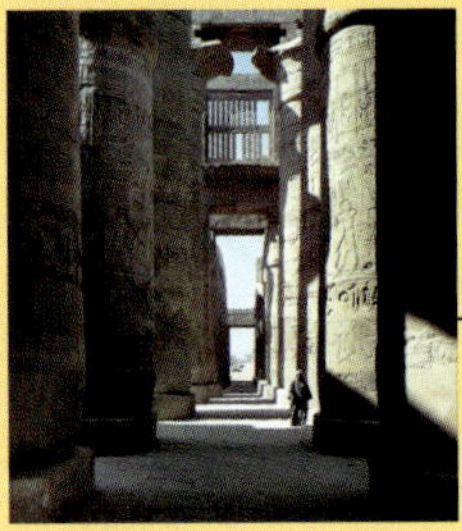

Der große Säulensaal, S. 336 f.

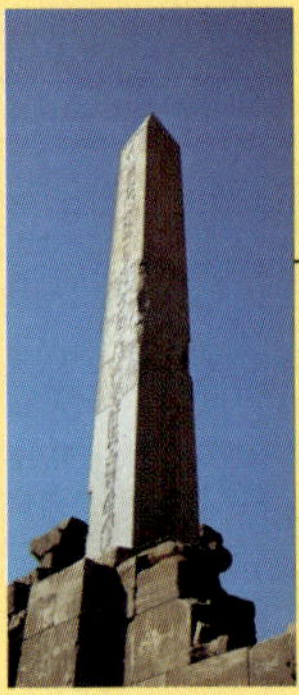

Obelisk der Hatschepsut, S. 340

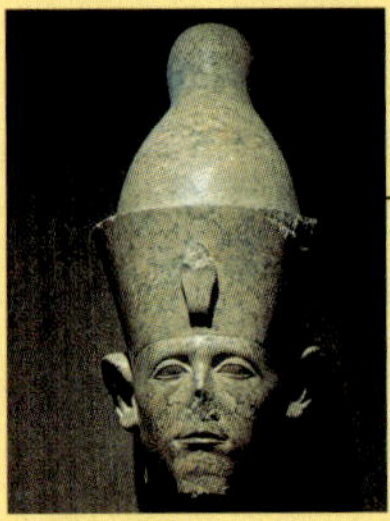

Pharao Sesostris III., S. 325

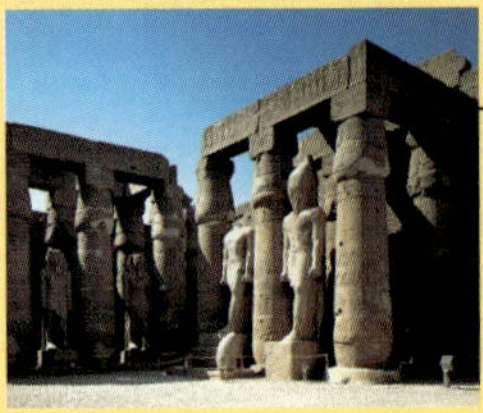

Hof Ramses' II., S. 316

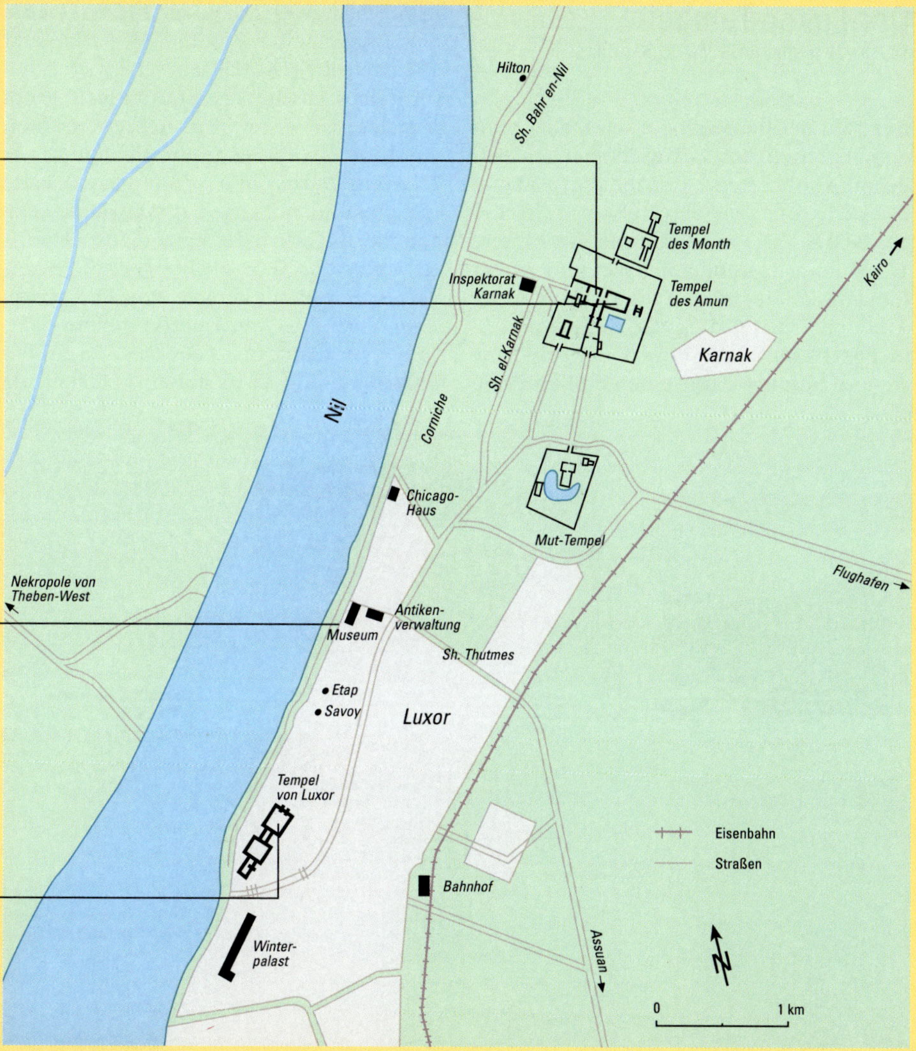
Hilton
Sh. Bahr en-Nil
Tempel des Month
Inspektorat Karnak
Tempel des Amun
Kairo
Karnak
Sh. el-Karnak
Nil
Corniche
Chicago-Haus
Mut-Tempel
Flughafen
Nekropole von Theben-West
Antiken-verwaltung
Museum
Sh. Thutmes
Etap
Savoy
Luxor
Tempel von Luxor
Eisenbahn
Straßen
Bahnhof
Winter-palast
Assuan
N
0
1 km

Der Luxor-Tempel

18./19. Dynastie, um 1380–1250 v. Chr.

Inmitten der heute modernen Stadt Luxor erstreckt sich der Luxor-Tempel am östlichen Nilufer. Seine Entstehung verdankt das Heiligtum zwei der größten Herrscher des Neuen Reiches. Während das hintere Tempelhaus einschließlich Hof und großer Eingangskolonnade auf die Planung unter Amenophis III. zurückgeht, ließ Ramses II. in der 19. Dynastie diesen Bau um eine weitere Hofanlage und einen großen Pylon in nördlicher Richtung verlängern, sodass der Tempel eine Gesamtlänge von über 250 m erreicht. Auffälligerweise wurde dieser ramessidische Erweiterungsbau leicht versetzt zur bisherigen Achse errichtet, wohl um ein älteres Stationsheiligtum der Thutmosidenzeit in das Hofareal einbeziehen zu können. Lange hat man den Luxor-Tempel als Harem des Reichsgottes Amun-Re vertreten. Neuere Untersuchungen ergeben ein weitaus komplexeres Bild, wobei zwei Aspekte im Mittelpunkt stehen. Jedes Jahr wurde anlässlich des Opet-Festes ein Prozessionszug veranstaltet, bei dem die

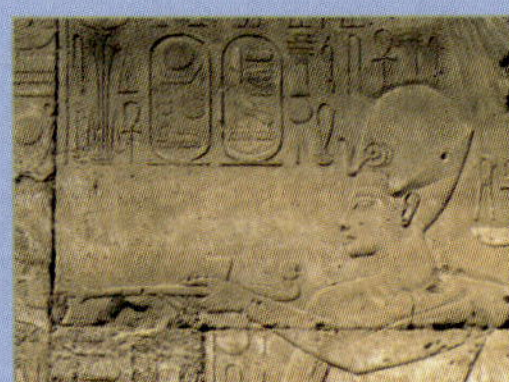

Tutanchamun beim Opfervollzug, S. 319

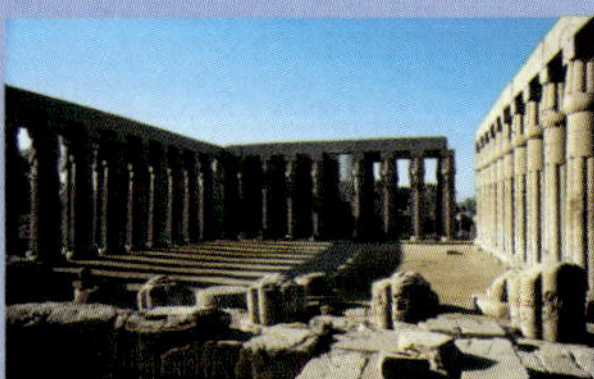

Hofanlage Amenophis' III., S. 320

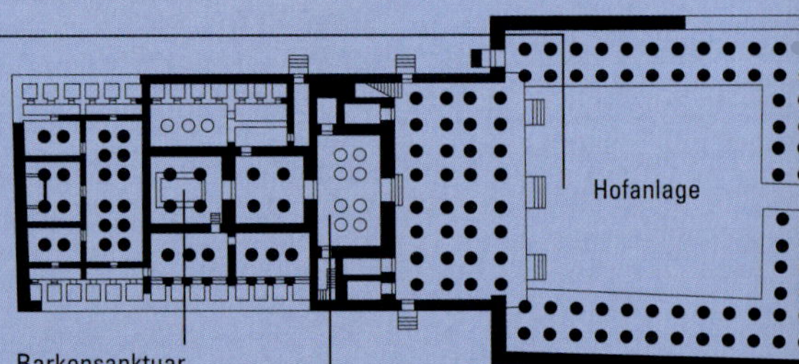

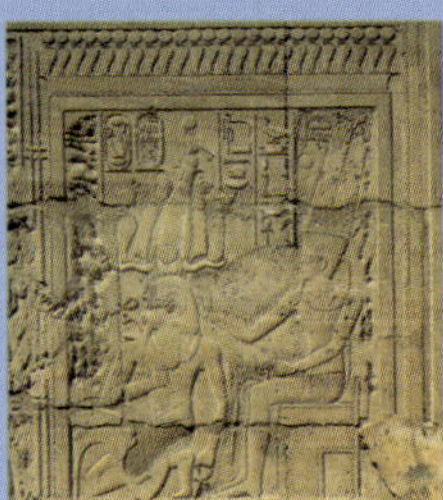

Krönung Amenophis' III., S. 320 f.

Götterbarken mit den Kultbildern der thebanischen Triade Amun, Mut und Chons von Karnak nach Luxor zogen. Nachdem allein die Barke des Reichsgottes in das Mittelsanktuar getragen worden war, vollzogen sich in den Seitenräumen die geheimen Riten der Welterneuerung. In dieser zyklischen Wiederholung des Schöpfungsvorgangs durch Amun offenbart sich die wichtigste Funktion des ganzen Heiligtums, das deshalb auch als »Stätte des Ersten Males« bezeichnet wird. Ebenso bedeutsam war der Tempel von Luxor für den Königskult, da er die monumentale Bühne für die Vergöttlichung des Herrschers abgab. Im Zentrum des Rituals, das in Gegenwart des Königs oder vor einer besonderen Kultfigur durchgeführt wurde, stand die Vereinigung mit seinem göttlichen Ka. Erst dadurch erreichte der regierende Pharao den Status eines gottgleichen Wesens, das als »Abbild des Amun« amtieren konnte. In diesem Zusammenhang sind auch die Darstellungen auf den Wänden von zwei Räumen östlich des Barkensanktuars zu betrachten, die sich in zahlreichen Einzelbildern mit der göttlichen Herkunft (Geburtslegende) des Königs beschäftigen.

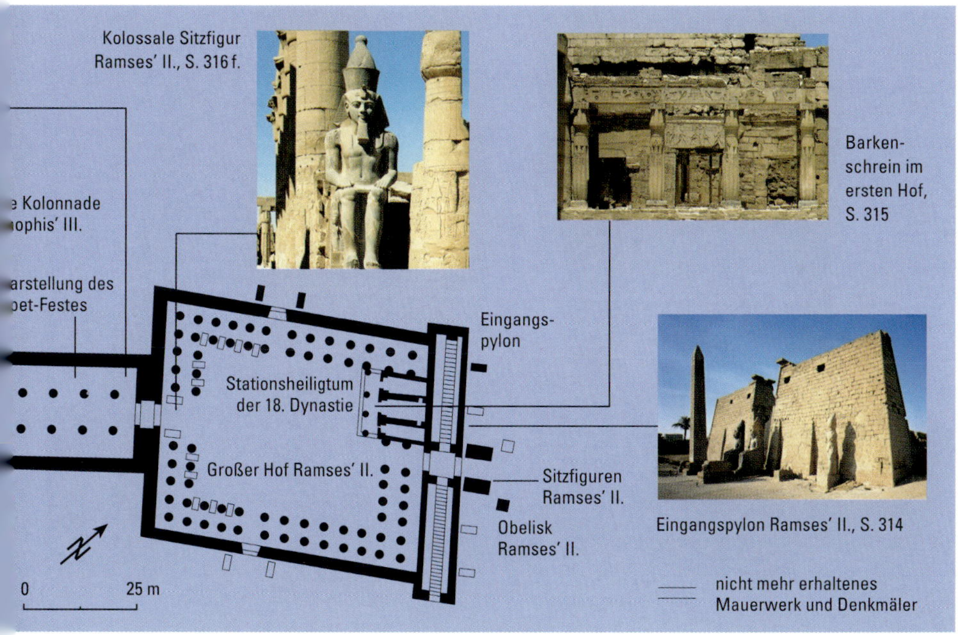

Eingangspylon Ramses' II.
19. Dynastie, um 1270 v. Chr.

Schon in seinen ersten Regierungsjahren veranlasste Ramses II. die Erweiterungsbauten des Heiligtums in Luxor. Ein mächtiger Pylon (Br. 65 m) schließt seitdem den Tempel gen Norden ab. Gut erkennbar sind jeweils zwei schmale Aussparungen im Mauerwerk der Pylontürme, die den Standort der großen Flaggenmasten markieren, die einst den Bau um einige Meter überragten. Vom Statuenschmuck des Pylons sind die beiden kolossalen Sitzfiguren (H. 14 m) am Eingang sowie ein weiteres Standbild Ramses' II. erhalten. Bis zum Jahr 1836 standen auch noch die zwei Obelisken aus rotem Granit an ihrem angestammten Platz. Dann wurde der westliche Monolith als Staatsgeschenk nach Frankreich abtransportiert und prägt heute abgasumweht das Bild der Place de la Concorde in Paris. Vor dem Tempel mündet eine repräsentative Sphingenallee, die bei 2,5 km Länge Luxor mit dem Reichsheiligtum in Karnak verband. Die Sphingen selbst sind jedoch Erneuerungsarbeiten aus der Zeit Nektanebos' I. (30. Dynastie).

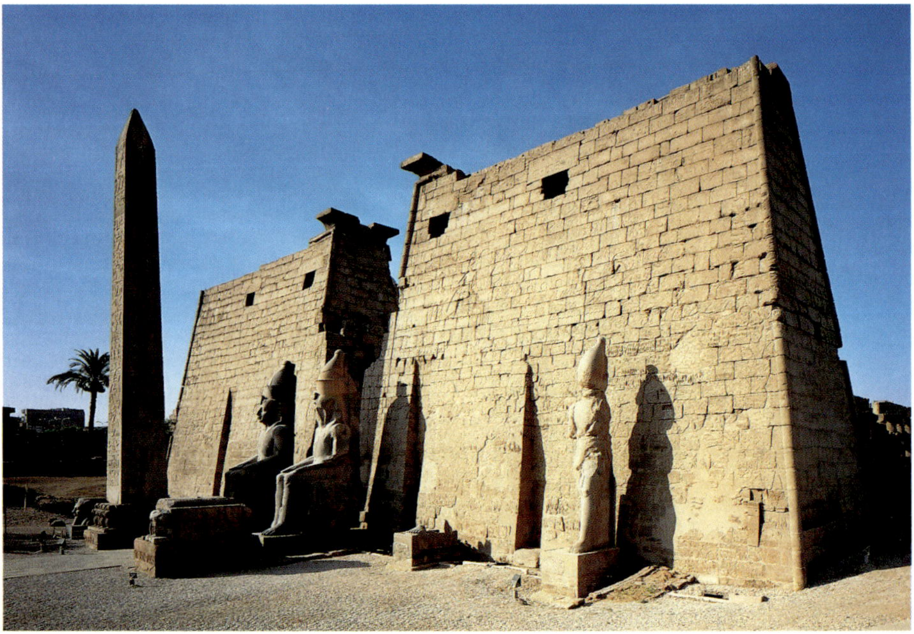

Barkenschrein im ersten Hof

18. Dynastie, um 1470 v. Chr.

In der nordwestlichen Ecke des ramessidischen Hofes liegt unmittelbar hinter dem Pylonturm ein dreiteiliger Barkenschrein für die thebanische Götterfamilie Amun, Muth und Chous, dessen Bauelemente teilweise aus der Zeit Hatschepsuts (1479–1458/59 v. Chr.) und Thutmosis' III. stammen. Ursprünglich stand die kleine Anlage im Vorfeld des Luxor-Tempels und bildete die letzte Haltestation für die Prozessionsbarken des Opet-Festes. An der Fassade stehen in gleichmäßigen Abständen vier Papyrusbündelsäulen aus rotem Granit, die mit geschlossenen Kapitellen und gerippten Schäften ausgestattet sind. Bei ihrer Neubeschriftung mit der Titulatur Ramses' II. unterlief den Handwerkern ein kleiner Fehler. Sie vergaßen, die Feminin-Endung eines Wortes im Stein zu eliminieren, sodass eine Zuweisung der Säulen an Hatschepsut außer Zweifel steht. Dafür spricht zusätzlich die Ausführung der Schäfte, die in der 18. Dynastie dem Pflanzenvorbild folgen, in der 19. Dynastie aber zumeist nur glatt angelegt wurden.

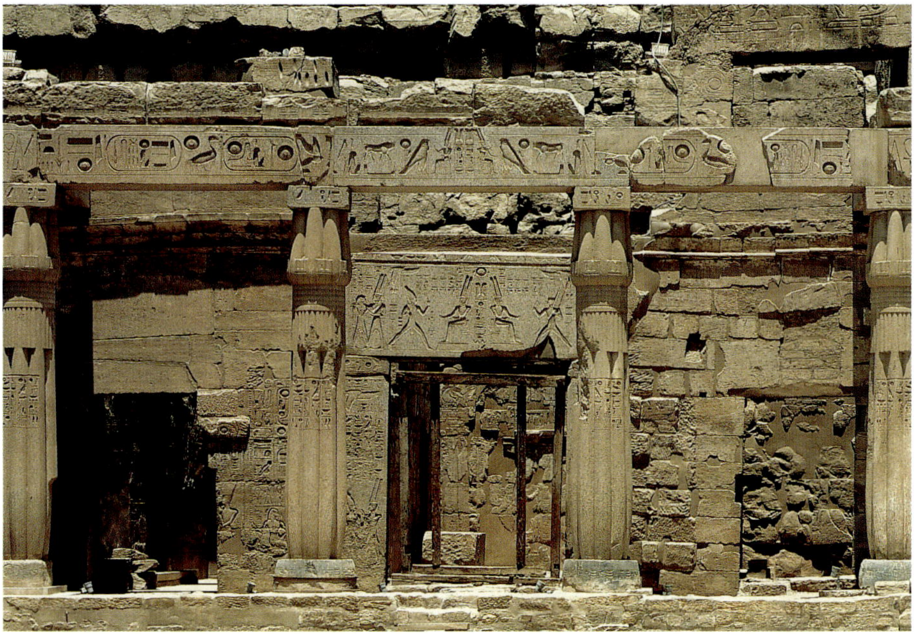

Hof Ramses' II.
19. Dynastie, um 1270 v. Chr.

Die große Hofanlage (57 x 51 m), die sich hinter dem Pylon erstreckt, besitzt eine umlaufende Kolonnade aus insgesamt 74 Papyrusbündelsäulen mit geschlossenem Kapitell. Im südlichen Hofbereich sind die Interkolumnen mit königlichen Standfiguren ausgefüllt. Während die etwas kleineren Exemplare mit dem Nemes-Kopftuch originäre Arbeiten der Zeit Ramses' II. sind, wurden die übrigen Rundbilder aus der Anlage Amenophis' III. übernommen und durch Neubeschriftung usurpiert.

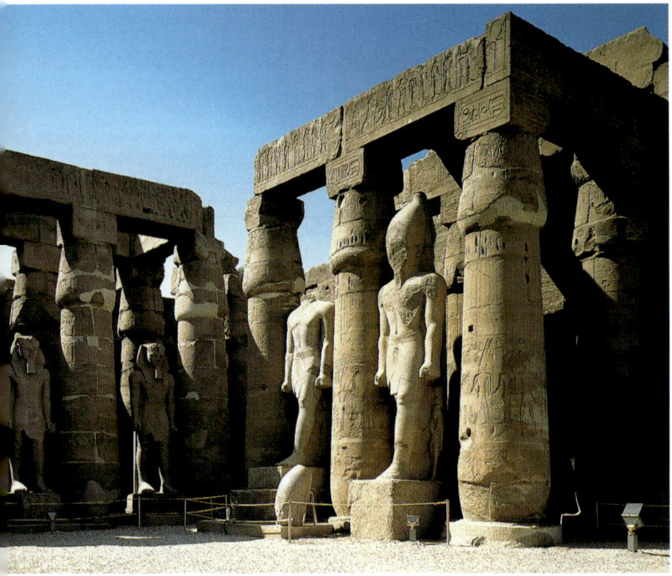

Kolossale Sitzfigur Ramses' II.
19. Dynastie, um 1270 v. Chr.

Wie am Hauptportal des Pylons flankieren zwei kolossale Granitfiguren Ramses' II. den Durchgang zur großen Kolonnade im ersten Hof. Der jugendliche Herrscher hat auf einem einfachen Blockthron mit Rückenpfeiler und hoher Fußplatte Platz genommen und beide Hände in ausgestreckter Haltung auf die Knie gelegt. Er trägt den fein plissierten Königsschurz, das Kopftuch mit Doppelkrone und Stirn-Uräus sowie einen Zeremonialbart. Die Gesichtszüge des Herrschers werden von seinem leicht lächelnden Mund und einer markanten Nase bestimmt. Es ist ein idealisiertes Königsporträt, das in seiner zeitlosen Ebenmäßigkeit mehr den Amtsträger als das Individuum Ramses charakterisiert. Neben dem rechten Bein des Königs ist als kleine Figur seine damalige Hauptgemahlin, die Königin Nefertari, abgebildet. Die Statue (H. 720 cm) verkörpert zudem einen speziellen Aspekt der Göttlichkeit Ramses des Großen, die sich in ihrem auf beiden Schultern vermerkten Eigennamen manifestiert. Ra-en-hekau, »Sonne der Fremdherrscher«, lautet dieser Statuenname.

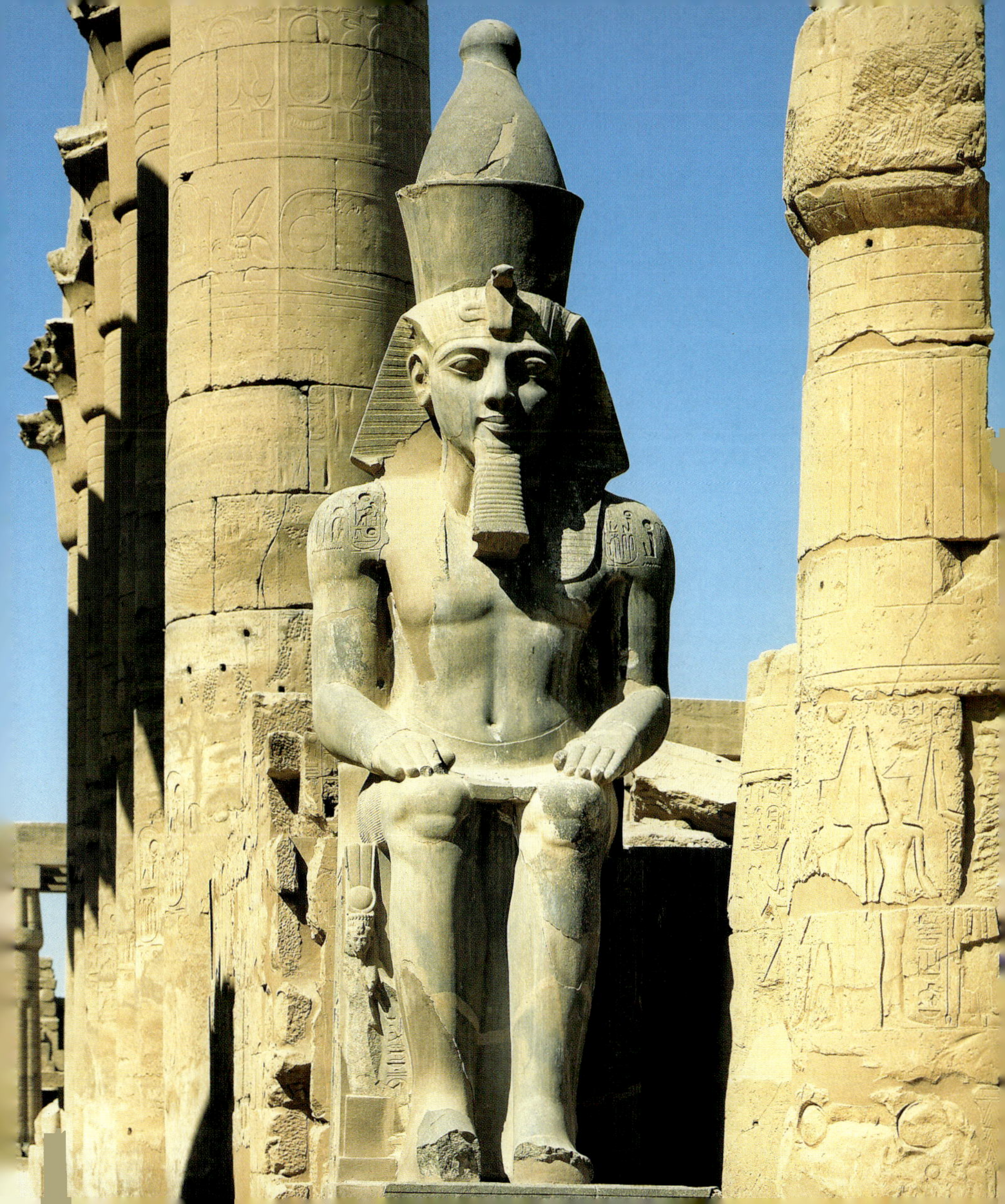

Das Opet-Fest (Detail)
18. Dynastie, um 1330 v. Chr.

Als letztes Bauteil der Anlage Amenophis' III. wurde seinem Hof eine monumentale Eingangskolonnade (L. 52 m) vorgelegt, die aus sieben Paaren von Papyrussäulen mit geöffnetem Kapitell gebildet wird. Die Wandreliefs dieser gigantischen Raumeinheit konnten jedoch erst in der späten 18. Dynastie unter Tutanchamun und Haremhab vollendet werden. Thematisch sind sie ganz den Darstellungen des Opet-Festes vorbehalten, wobei die Westwand den Prozessionszug der Götterbarken von Karnak nach Luxor schildert, die Ostwand die Rückkehr zum Reichsheiligtum. Zunächst dauerte das Fest elf Tage, im weiteren Verlauf des Neuen Reiches erhöhte sich diese Zeitspanne sogar auf 27 Tage. Beide Wegstrecken wurden auf dem Wasser zurückgelegt, wobei man die kleineren Götterbarken zunächst auf entsprechend große Flussbarken verlud, um sie dann durch Zugmannschaften über den Nil treideln zu lassen. Die Volksfeststimmung des Geschehens vermitteln begleitende Gruppen von Soldaten, aber auch Tänzer, Sängerinnen und Musikanten, wie dieses Bild von der Westwand aufschlussreich zeigt.

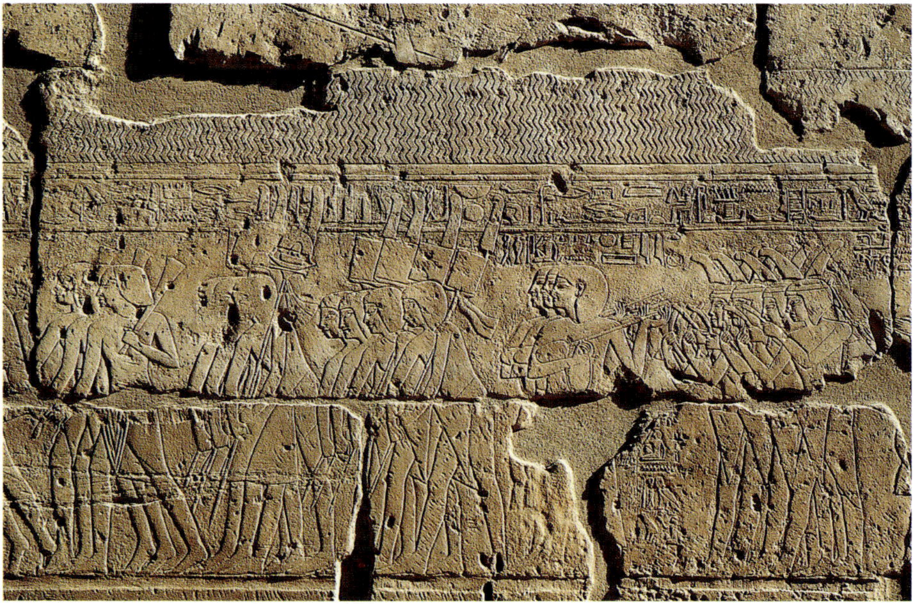

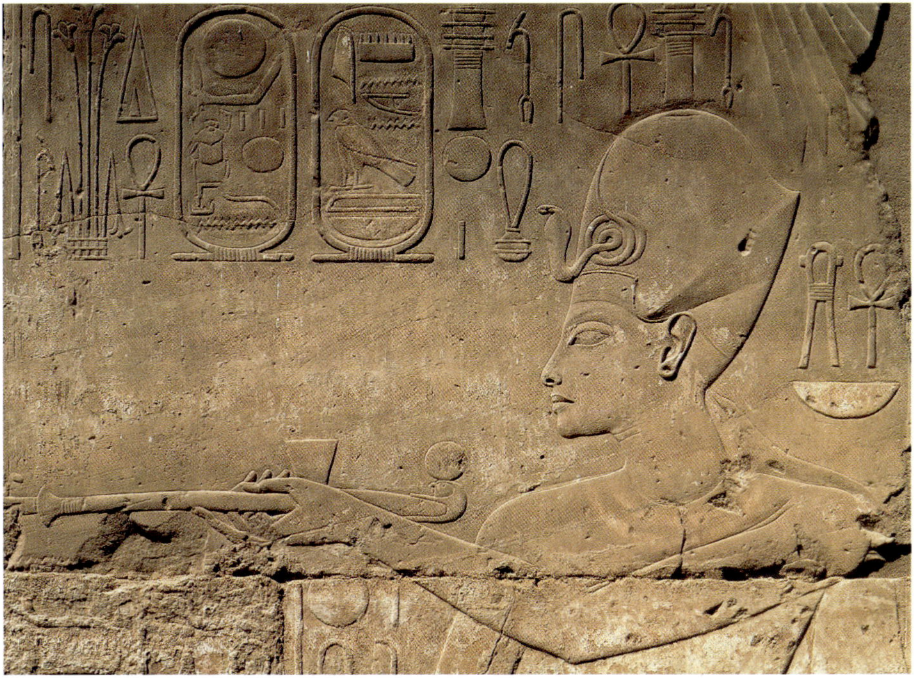

Opet-Fest: Tutanchamun beim Opfervollzug
18. Dynastie, um 1330 v. Chr.

Bevor die Prozessionsbarken mit den Kultbildern von Amun, Mut und Chons ihren Heimattempel in Karnak verließen, brachte der Herrscher den Gottheiten ein Opfer dar. Diese Handlungen, von Tutanchamun vollzogen, werden auf der kurzen Nordwand der großen Kolonnade abgebildet. An seiner Identität lassen die Gesichtszüge keinen Zweifel, selbst wenn die beiden Kartuschennamen später von Haremhab überschrieben wurden. Der König trägt die Blaue Krone (ägypt. Chepresch) mit Uräus-Schlange und einen breiten Halskragen. In seiner linken Hand hält Tutanchamun einen elaborierten Räucherarm, um den Göttern Wohlgeruch zu spenden. Erst nach Beendigung dieser Opferzeremonie wurden die Tragbarken von ihren Sockeln gehoben, von Priestern geschultert und zur großen Kaianlage im Vorfeld des Heiligtums gebracht.

Hofanlage Amenophis' III.
18. Dynastie, um 1370 v. Chr.

Der große Festhof von Amenophis' III. (52 x 46 m) entsprang einer zweiten Bauphase und war seitdem integraler Bestandteil des theologischen Konzeptes im Luxor-Tempel. Hier zeigte sich der Herrscher seinen Höflingen, nachdem er im inneren Tempelhaus die Riten seiner Vergöttlichung erfahren hatte. Ein wahrer Wald von Papyrusbündelsäulen mit geschlossenem Kapitell umzieht in Doppelreihe auf drei Seiten das Hofareal und symbolisiert eindrucksvoll den Gedanken der Schöpfung und Regeneration, der zu allen Zeiten mit dieser Pflanze verbunden wurde.

Krönung Amenophis' III.
18. Dynastie, um 1370 v. Chr.

Hinter der großen Säulenhalle mit 32 Papyrusbündelsäulen liegt in der Tempelachse ein Raum, dessen Südwand Darstellungen des Krönungsrituals zeigt. In einem Schrein kniet Amenophis III. vor der thronenden Gestalt des Gottes Amun-Re, der seine Hand an die aus verschiedenen Elementen zusammengesetzte Krone des Königs gelegt hat. Um das Ohr des Herrschers windet sich als Ausweis der erlangten Göttlichkeit das Widderhorn des Amun. Die Regalien vervollständigt ein Heka-Zepter (Krummstab), das Amenophis III. in seiner rechten Hand hält.

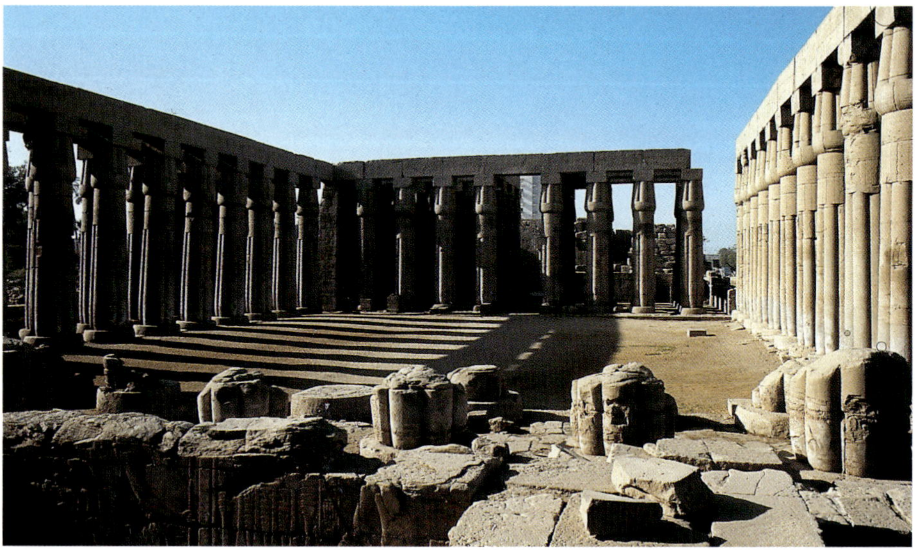

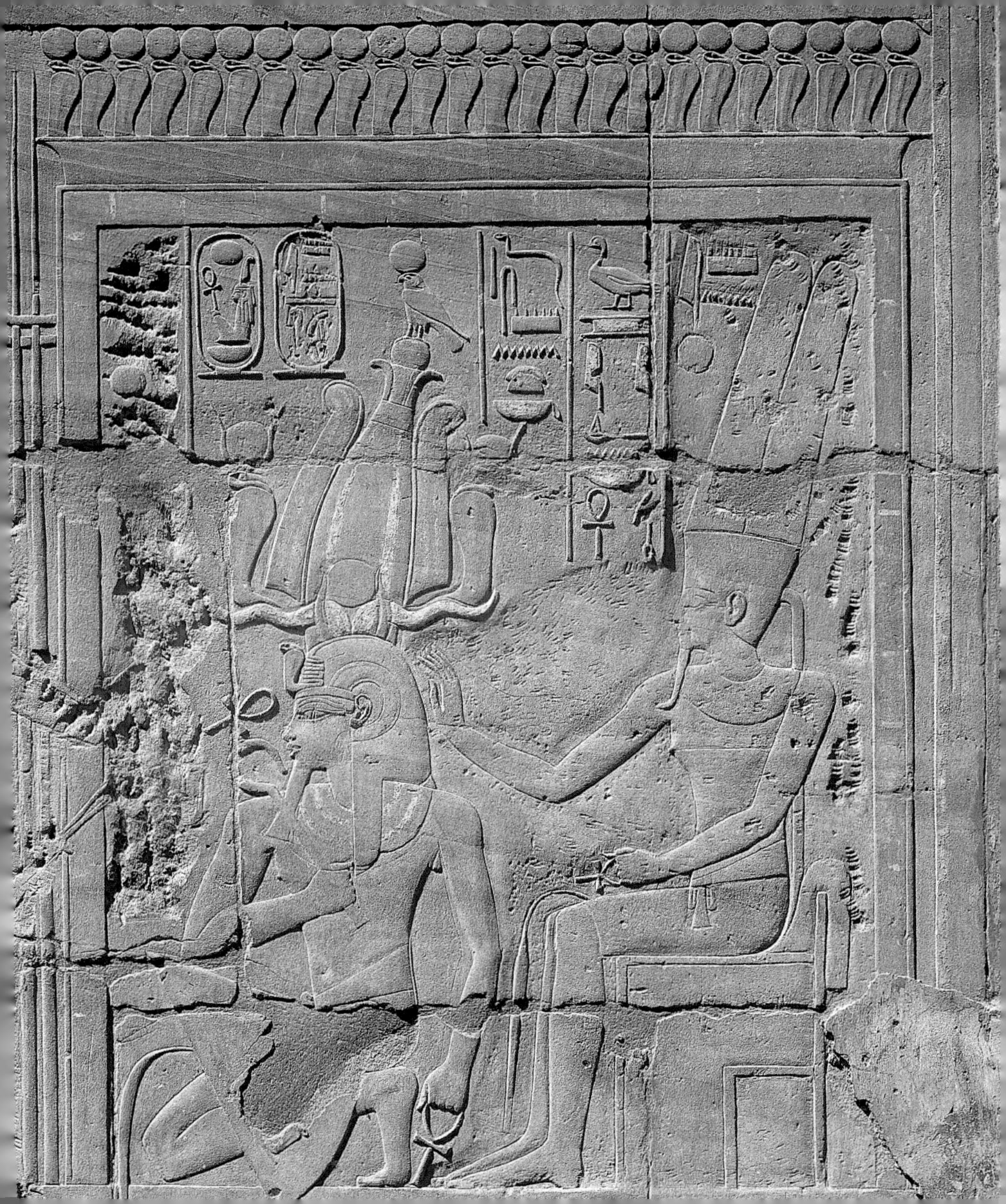

Ramses II. und die Schlacht von Qadesch

Ohne Zweifel war Ramses II. (1279 – 1213 v. Chr.) einer der bedeutendsten Herrscher Ägyptens, und sein Name steht noch heute für Macht und Herrlichkeit der Pharaonen. Während seiner 67-jährigen Herrschaft trat er nicht nur als großer Bauherr auf, sondern gewann für das Land innen- wie außenpolitische Stabilität. Die ersten Jahre seiner Herrschaft waren jedoch von ständigen Konfrontationen, vor allem mit dem Hethiter-Reich, geprägt. Die wohl berühmteste Auseinandersetzung zwischen den beiden Großmächten fand um die Festung Qadesch am Orontes (Syrien) im fünften Regierungsjahr des Königs statt und wurde von den Ägyptern wie den Hethitern als Sieg verbucht. Ramses II. war in Fortsetzung der Außenpolitik seines Vaters Sethos' I. mit vier Divisionen (20 000 Mann) an den Orontes gezogen, um die Hethiter aus den

Ramses II. in der Schlacht von Qadesch, 19. Dynastie, um 1250 v. Chr., Luxor-Tempel, erster Pylon

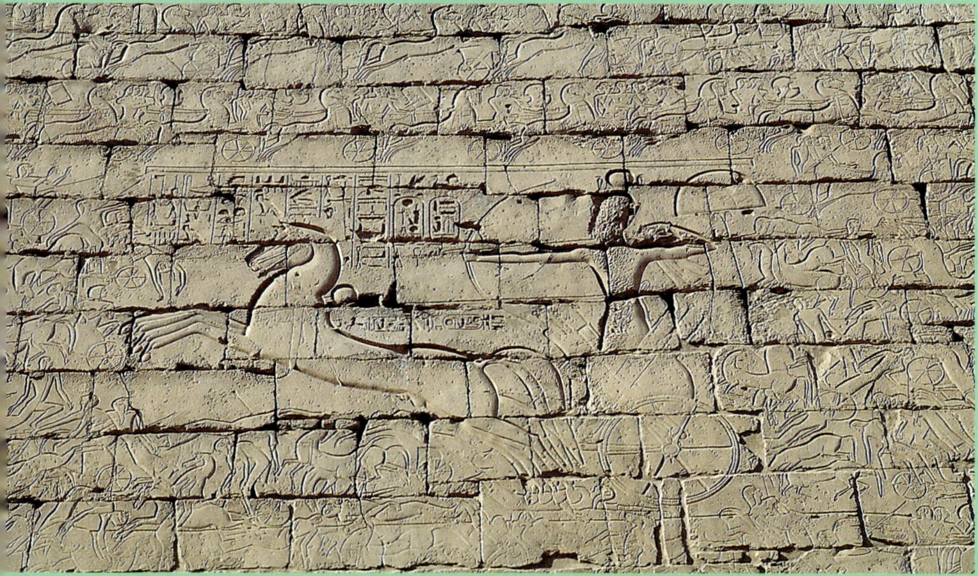

ägyptischen Interessensgebieten zu vertreiben. Mit der Division »Amun« setzte er über den Fluss, um sein Kriegslager westlich von Qadesch aufzuschlagen. Durch eine Kriegslist der Hethiter wurde Ramses getäuscht, rückte mit seinem Teilheer vor und wurde von der hethitischen Streitwagentruppe des Königs Muwatallis angegriffen, der mit 37 000 Fußsoldaten und 2500 Streitwagen schon in unmittelbarer Nähe auf die Ägypter gewartet hatte. Die Division Amun wurde umstellt, die zu Hilfe eilende Division »Re« nahezu aufgerieben, und die beiden anderen ägyptischen Divisionen standen noch zu weit südlich, um eingreifen zu können. Die Situation für Ramses II. schien hoffnungslos, als wie durch ein Wunder eine noch nicht erwartete ägyptische Elitetruppe eintraf, die erst entlang der Küste marschiert war und später von Westen her angreifen sollte. Sie sprengte den Belagerungsgürtel und half dem König, sodass den Überlebenden die Flucht gelang. Wohl wegen der hereinbrechenden Dunkelheit rückten die Hethiter nicht hinterher, um dem völlig desolaten ägyptischen Heer eine Entscheidungsschlacht aufzuzwingen, sondern zogen sich erstaunlicherweise zurück. So konnte Ramses II. unbelästigt nach Ägypten zurückkehren und dort seinen angeblichen Sieg über die Hethiter feiern. Die Bedeutung dieser Schlacht für den König muss ungeheuer gewesen sein, und er sah im Erscheinen der Sondertruppe ein direktes Eingreifen des Gottes Amun zu seiner persönlichen Rettung. Nur so ist zu erklären, dass er seine verzweifelte Lage und seinen so genannten Sieg immer wieder darstellen und beschreiben ließ. Obwohl von Ramses II. in den kommenden Jahren noch mehrere Feldzüge unternommen wurden, versuchte er die Konfrontation mit den Hethitern zu vermeiden. Auf diese Weise kam es 16 Jahre nach der Schlacht am Orontes zum ersten in der Antike belegten Friedensvertrag, der später noch durch zwei diplomatische Hochzeiten des Königs mit Hethiter-Prinzessinnen bekräftigt wurde.

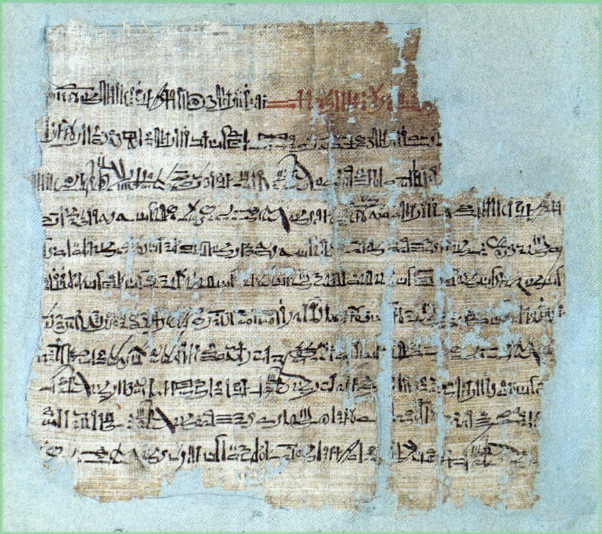

Das »Gedicht« zur Qadesch-Schlacht, 19. Dynastie, um 1200 v. Chr., Papyrus, H. 20,5 cm, Musée du Louvre, Paris

Das Luxor-Museum

Nach längerer Planungsphase eröffnete 1976 das Luxor-Museum seine Pforten. Direkt an der Uferstraße gelegen, ist es mit seiner mustergültigen Präsentation der Exponate einer der schönsten Museumsbauten Ägyptens. Auf zwei Ausstellungsebenen werden Denkmäler vorrangig aus dem thebanischen Großraum gezeigt. Im Erdgeschoss hat man eine eigene Galerie für die Statuenfunde aus der »Cachette« des Luxor-Tempels reserviert.

Amenophis II. als Bogenschütze
18. Dynastie, um 1410 v. Chr., Tempel des Amun-Re, Karnak, roter Granit, Br. 234 cm

Die Darstellung dieses Reliefblocks, der einst zu einem Torbau Amenophis' II. in Karnak gehörte, zeigt den Herrscher als Bogenschützen. In vollem Galopp stürmt er mit seinem Streitwagen heran und sendet seine Pfeile auf einen kupferbeschlagenen Zielpfosten aus. Darunter wird eine durchschossene Kupferplatte abgebildet, die die übermenschliche Physis des königlichen Kriegsherrn demonstrieren soll.

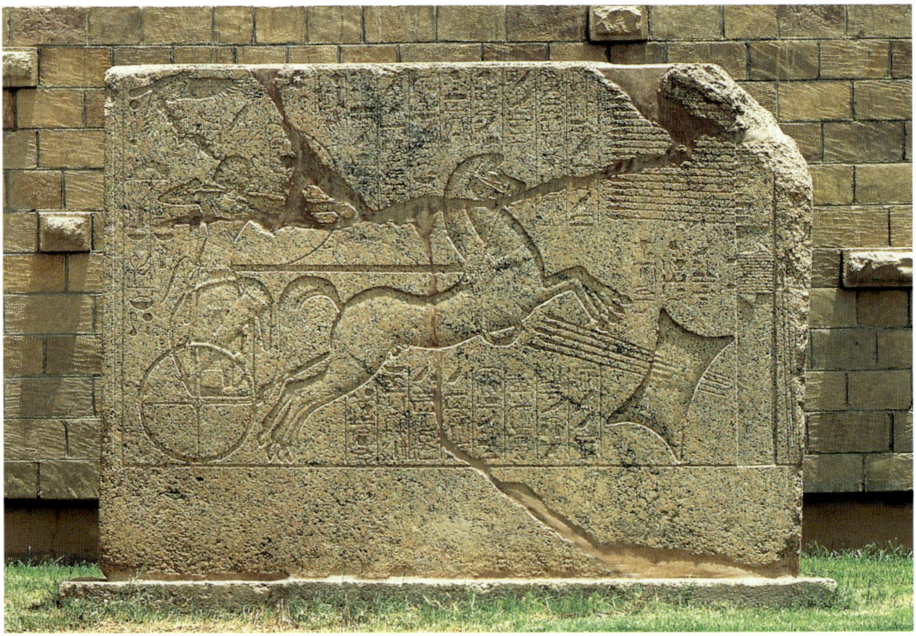

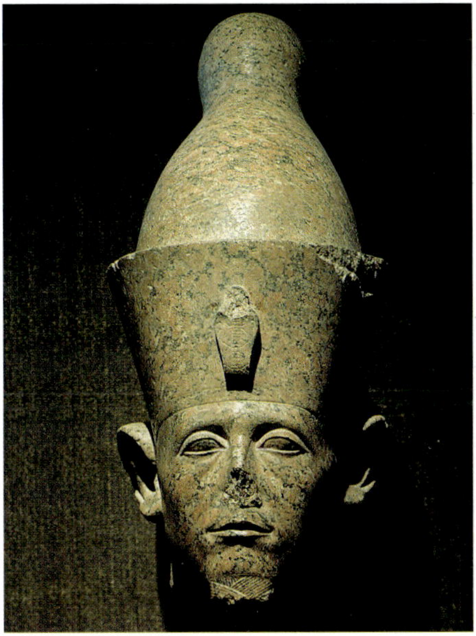

Pharao Sesostris III.
12. Dynastie, um 1860 v. Chr., Tempel des Amun-Re, Karnak, roter Granit, H. 80 cm

Ursprünglich gehörte dieser Kopf zu einer weit überlebensgroßen Standfigur des Königs, die wohl zusammen mit einem Gegenstück im Heiligtum des Mittleren Reiches von Karnak aufgestellt war und dort ein Portal flankierte. Sesostris III. trägt die Doppelkrone beider Landesteile, hinter der ein hoher Rückenpfeiler aufragt. Die ausdrucksstarke Gesichtslandschaft dieses Herrschers zählt zu den überragenden Leistungen altägyptischer Porträtkunst.

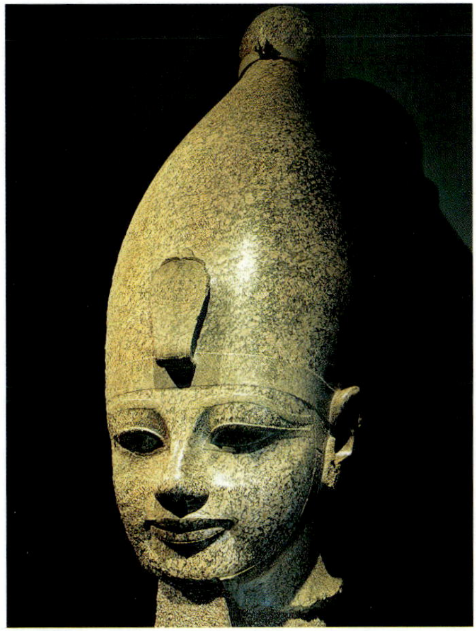

Kolossalkopf Amenophis' III.
18. Dynastie, um 1370 v. Chr., Totentempel des Königs, Theben-West, roter Granit, H. 215 cm

Den wohl gewaltigsten Totentempel eines Herrschers des Neuen Reiches ließ sich Amenophis III. in der thebanischen Totenstadt anlegen. In seinem Hofbereich standen zwischen den Säulen Kolossalfiguren des Königs, von denen auch dieser Kopf mit der oberägyptischen Krone stammt. Die charakteristische Physiognomie des Königs bestimmen die mandelförmigen Augen mit breiten Lidbändern und ein voller Mund mit scharfgratig konturierten Lippen.

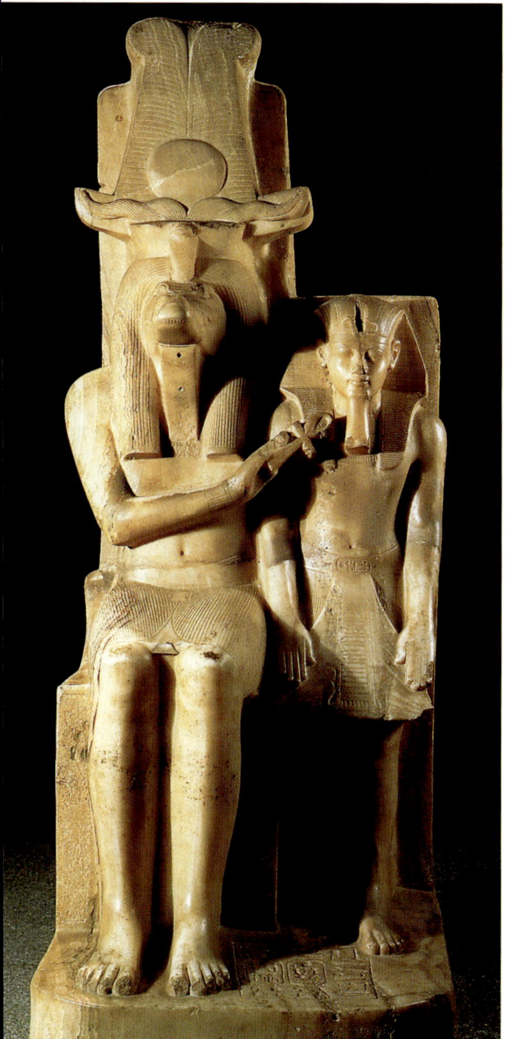

Amenophis III. und Gott Sobek
18. Dynastie, um 1360 v. Chr., Tempel des Sobek, Dahamscha, Kalzit, H. 256,5 cm

Südlich von Luxor stieß man 1967 bei Kanalarbeiten am Boden einer Schachtanlage auf diese herrliche Statuengruppe Amenophis' III. mit dem Krokodilgott Sobek. In Verbindung mit weiteren Funden belegt sie die Bedeutung des alten Sumenu als wichtiges Kultzentrum der 18. Dynastie. Die thronende Gottheit überreicht dem neben ihr stehenden Herrscher ein Lebenszeichen, der seinerseits beide Hände im Gebetsgestus auf den Schurz gelegt hat. Im Zuge einer Neubeschriftung des Denkmals für Ramses II. wurde wahrscheinlich auch die abgebrochene Tierschnauze restauriert.

Standfigur Thutmosis' III.
18. Dynastie, um 1450 v. Chr., Tempel des Amun-Re, Karnak, Grauwacke, H. 90,5 cm

Zusammen mit über 800 Steinplastiken und 18 000 Bronzefiguren wurde dieses Standbildnis Thutmosis' III. 1904 in dem berühmten Statuenversteck, der »Cachette« von Karnak, gefunden. Der bedeutendste Kriegsherr der 18. Dynastie trägt hier den dreiteiligen Königsschurz, ein Nemes-Kopftuch und den langen Zeremonialbart. Die fast manieristisch anmutende Eleganz dieser Figur wird maßgeblich von der virtuosen Glättung der Materialoberfläche mitbestimmt. Wahrscheinlich stand sie einst im Festtempel (Ach-menu) des Königs.

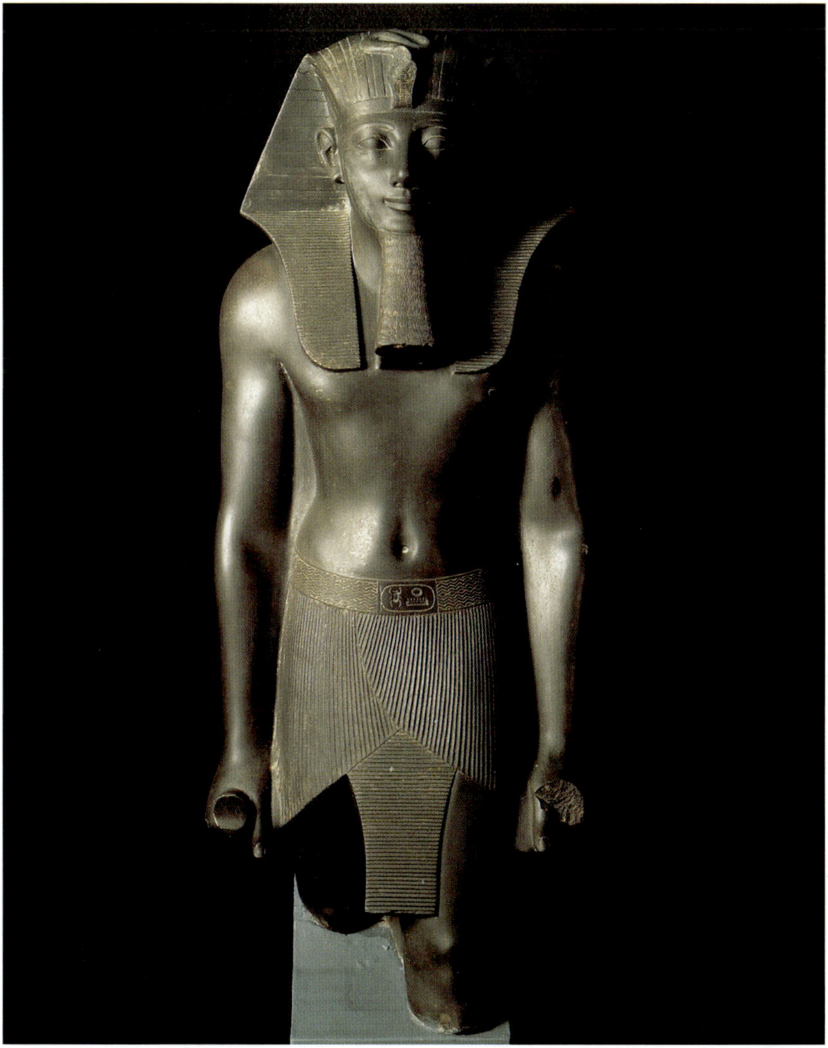

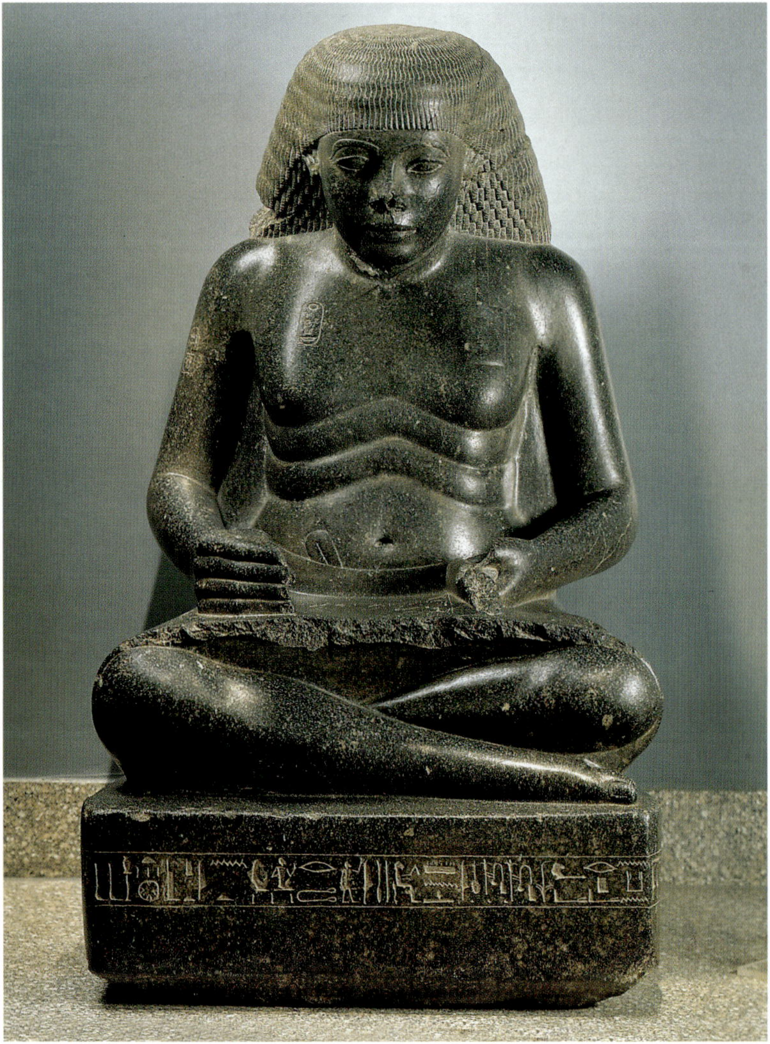

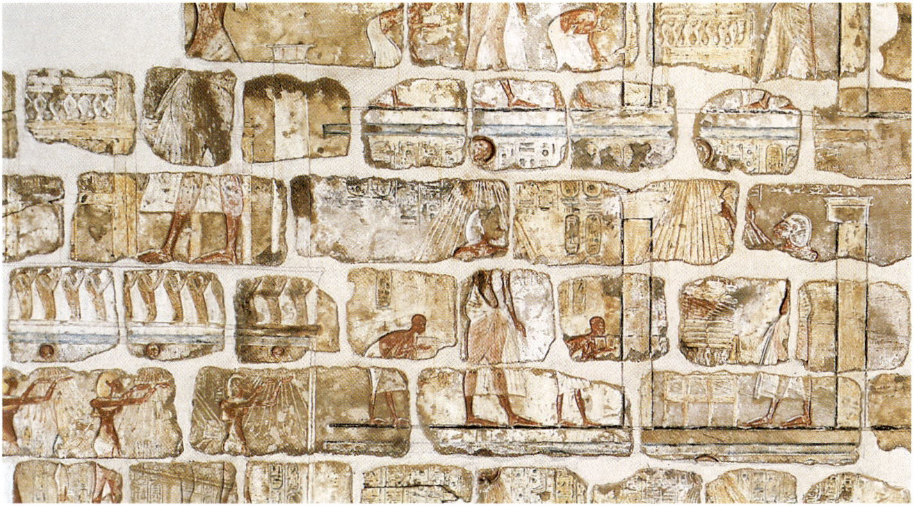

Amenophis, Sohn des Hapu
18. Dynastie, um 1370 v. Chr., Tempel des Amun-Re, Karnak, Granodiorit, H. 130,5 cm

Als persönlicher Ratgeber Amenophis' III. erfreute sich der Beamte Amenophis höchster Protektion durch den Herrscher. Dies ermöglichte ihm auch die Aufstellung zahlreicher Statuen im Karnak-Tempel. Seine Schreiberfigur zeigt Amenophis mit untergeschlagenen Beinen am Boden hockend vor einer Papyrusrolle, die über dem Schurz ausgebreitet liegt. Die spezielle Mittlerfunktion der Statue für Wünsche und Bitten von Tempelbesuchern erläutert ein Abschnitt der Sockelinschrift: »Kommt zu mir, damit ich das, was mir gesagt wurde, Amun-Re in Karnak vorlege.«

Tempelwand des Echnaton (Detail)
18. Dynastie, um 1350 v. Chr., Aton-Tempel, Karnak, Sandstein, bemalt, 2,97 x 17,20 m

Im Osten des Amun-Tempels ließ Amenophis IV./Echnaton für seinen neuen Staatsgott Aton mehrere Heiligtümer errichten, die im Zuge der Restauration des alten Amun-Kultes am Ende der 18. Dynastie abgerissen wurden. Das angefallene Steinmaterial wurde zur Verfüllung von Fundamenten und Pylontürmen späterer Bauten verwendet. Aus dem neunten Pylon des Haremhab stammen diese Blöcke einer rekonstruierten Tempelwand. Ihr linker Teil zeigt den König bei Opferhandlungen unter dem Strahlen-Aton, rechts sind Tempelmagazine und Werkstätten abgebildet.

Die Tempelstadt von Karnak

Wo heute jeden Tag Abertausende von Besuchern angesichts der gewaltigen Architektur von Karnak in Bewunderung erstarren, schlug einst Jahrhunderte lang das religiöse Herz des Landes. Der gesamte Tempelkomplex wird aus drei eigenständigen Bezirken gebildet, wobei jeder mit einer Umfassungsmauer aus ungebrannten Nilschlammziegeln ausgestattet ist. In seinem Zentrum liegt das Areal des sehr großen Amun-Tempels, der eine Grundfläche von 123 ha bedeckt. Unmittelbar nördlich schließt sich der wesentlich kleinere Bezirk des Month an, der alten Ortsgottheit von Theben. Das andere Nachbarheiligtum der Göttin Mut wurde im Süden des Amun-Heiligtums begründet und ist mit diesem über eine Sphingenallee verbunden. Allein das System der Prozessionsstraßen auf dem thebanischen Ostufer umfasste mehrere Kilometer, die von nahezu 1300 Sphinxfiguren flankiert wurden. Archäologisch nachweisbar beginnt die über 2000-jährige Baugeschichte von Karnak im frühen Mittleren Reich und reicht bis in die griechisch-römische Zeit. Für seine grundsätzliche Größenordnung jedoch waren die enormen Bauleistungen der Herrscher des Neuen Reiches ausschlaggebend. Zu Ehren ihres göttlichen Vaters Amun-Re, des »Königs der Götter«,

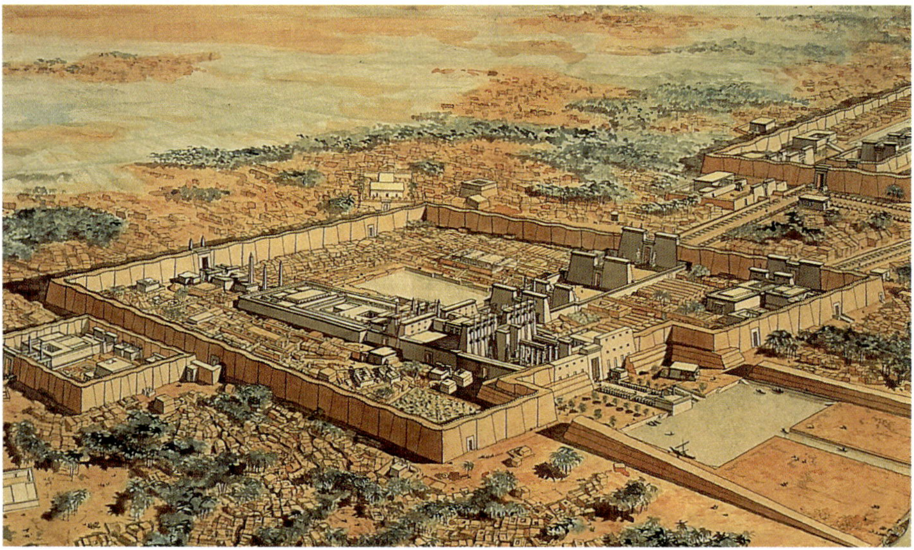

haben nahezu alle Pharaonen dieser Epoche ihre Spuren im Reichsheiligtum des Amun hinterlassen. Die Anlage besitzt zwei Achsen, von denen die eine in ost-westlicher Richtung als Hauptachse vom Allerheiligsten bis zum ersten Pylon führt. Die Nebenachse, der Kultweg zum Mut-Bezirk, verläuft vom vierten Pylon ausgehend nach Süden und umfasst die Pylone sieben bis zehn mit ihren Höfen. Innerhalb seiner Mauern beherbergt der Amun-Bezirk eine Reihe weiterer Heiligtümer und Kapellen. Darunter ist ein Tempel für den Mondgott Chons aus der 20./21. Dynastie und der kleine Ptah-Tempel an der nördlichen Umfassungsmauer, dessen Kern unter Thutmosis III. entstand. Derselbe König ließ für den Sonnenkult das sog. Gegenheiligtum im Osten des Haupttempels errichten, in dessen Zentrum ein einziger Obelisk (H. 30,70 m) stand, der seit 1587 in Rom den Lateranplatz ziert. Die fortschreitende Vergrößerung des Amun-Tempels brachte auch den Abriss älterer Bauten mit sich. Dieses Steinmaterial wurde weiterverwendet (s. S. 329) und bildet die Grundlage zur Ermittlung der Gestalt des Tempels im Mittleren Reich und der frühen 18. Dynastie. Dazu gehören so herausragende Zeugnisse der Architektur wie die »Weiße Kapelle« Sesostris' I und das große Barkenheiligtum der Hatschepsut, die »Rote Kapelle«. Seit den Grabungen von Auguste Mariette im Jahre 1858 arbeiten in Karnak vorrangig französische Wissenschaftler, wobei ab 1967 die Verantwortung in den Händen des Centre Franco-égyptien liegt.

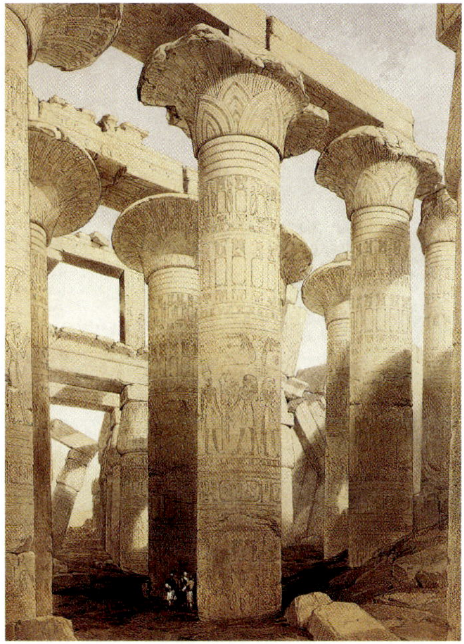

Der Große Säulensaal in Karnak
Farblithografie, aus: David Roberts, »Egypt and Nubia«, London 1846–1850

Bilder aus dem 19. Jh. dokumentieren den damaligen Zustand des Großen Säulensaals von Karnak mit den dort angewachsenen Schuttmengen, umgestürzten Säulen und herabgefallenen Architravblöcken. Ausgedehnte Fundamentschäden führten dann am 3. Oktober 1899 unter ohrenbetäubendem Donner zum Einsturz dieses weltberühmten Bauwerks. Jahrzehnte vergingen bis zu seiner Wiederherstellung.

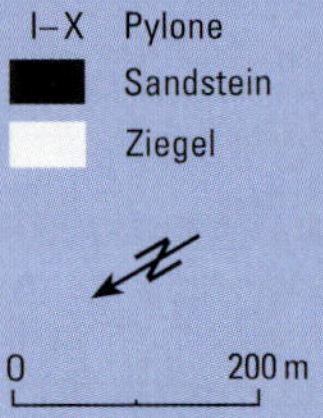

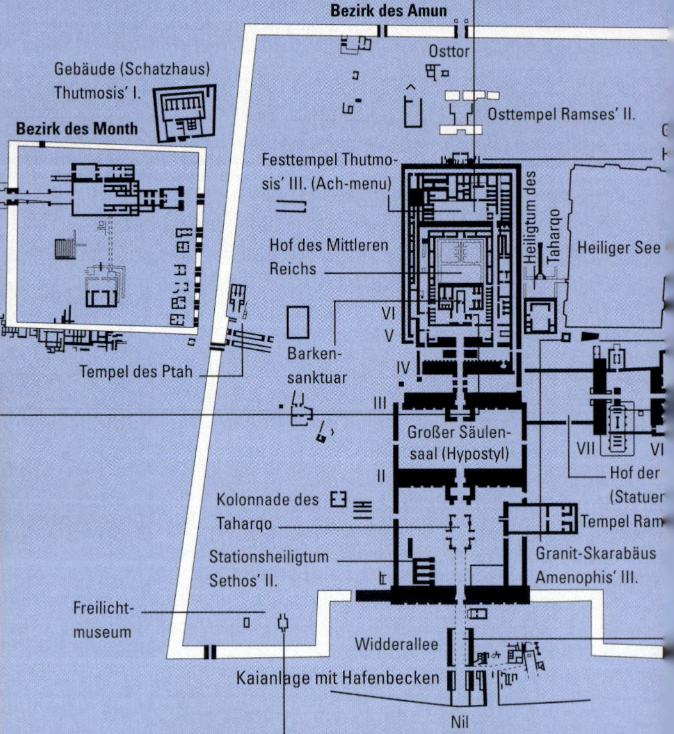

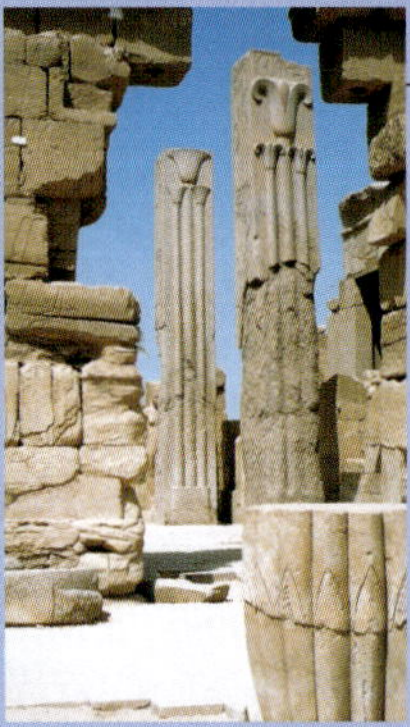

Die Wappenpfeiler Thutmosis' III., S. 341

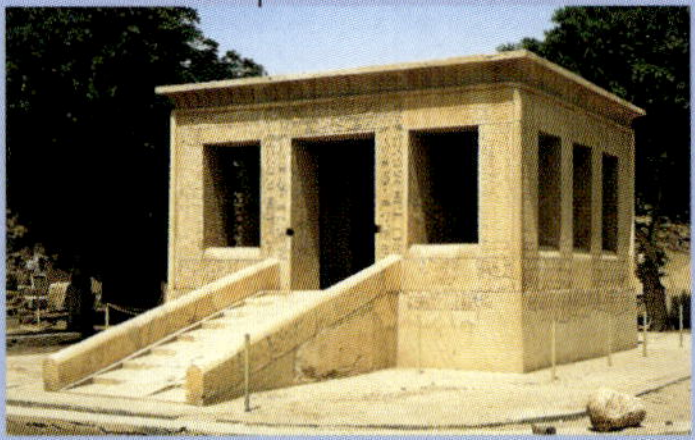

Die »Weiße Kapelle« Sesostris' I., S. 348 f.

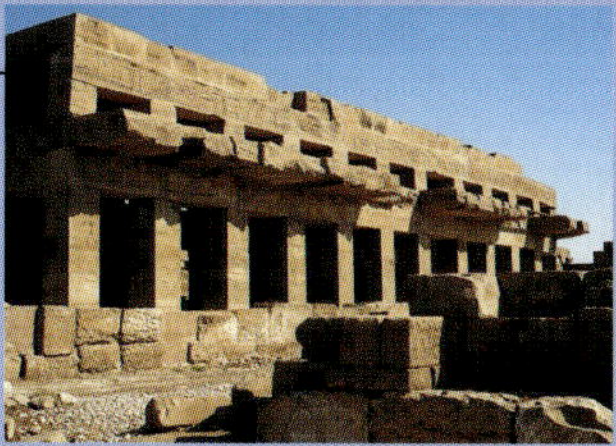

Der Festtempel Thutmosis' III., S. 342

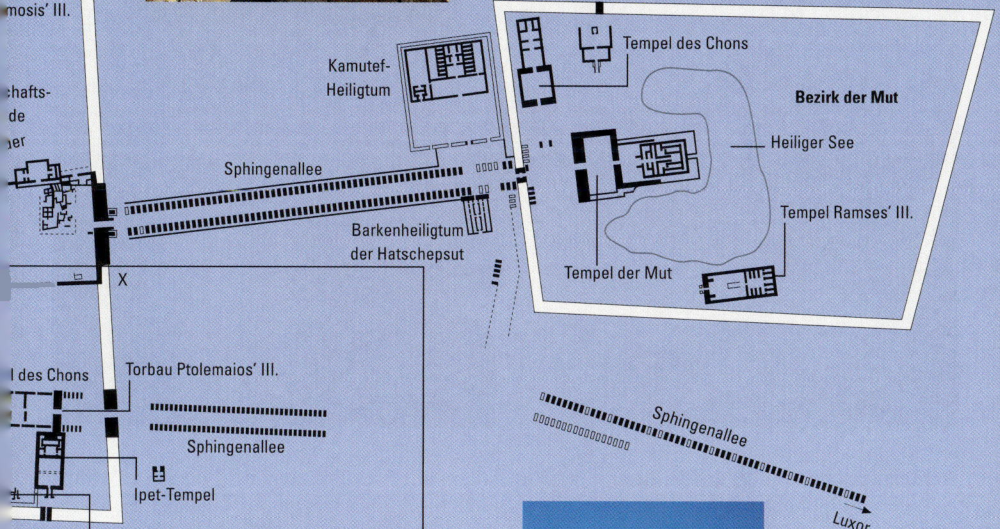

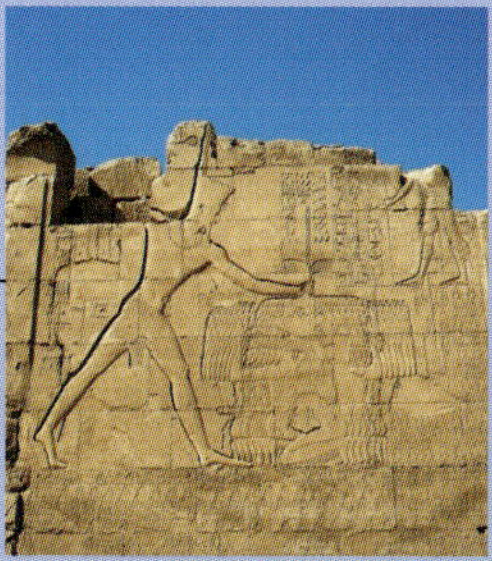

Das »Erschlagen der Feinde«, S. 344 f.

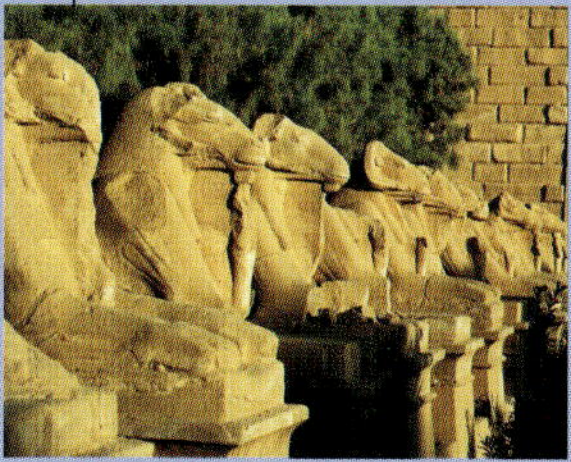

Widder-Sphingen vor dem ersten Pylon, S. 334

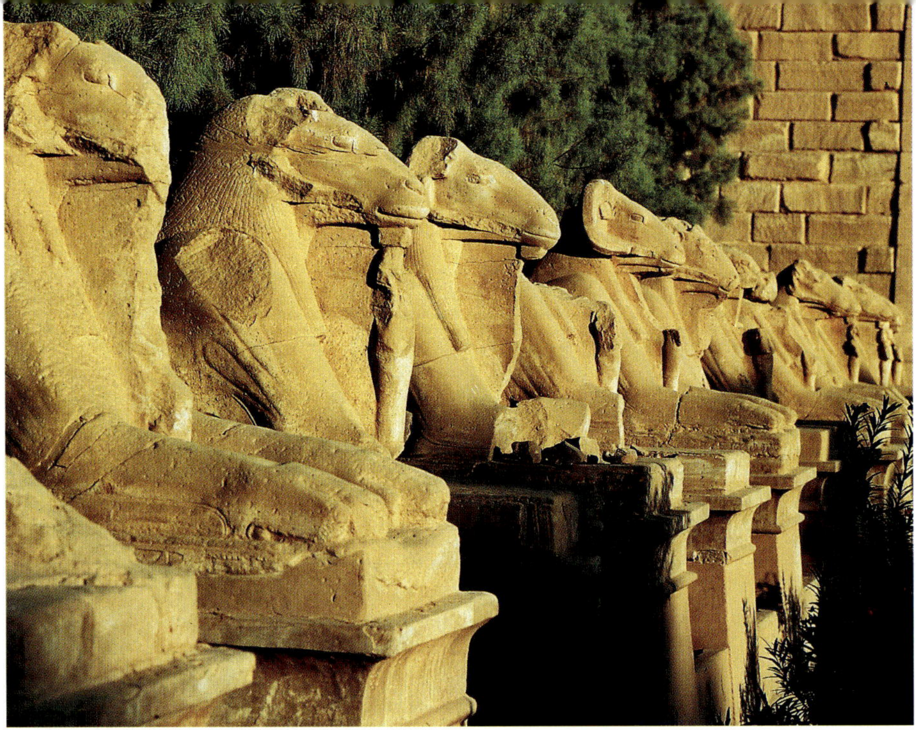

Widdersphingen vor dem ersten Pylon
19. Dynastie, um 1250 v. Chr.

Die Baugeschichte des Amun-Tempels beginnt mit dem heute zerstörten Bau Sesostris' I. im Hof des Mittleren Reiches, um dann Richtung Westen weiter fortzuschreiten. Als letztes monumentales Bauwerk an dieser Achse entstand zur 30. Dynastie der erste Pylon (Br. 113 m), der jedoch nicht vollendet werden konnte. Mit Errichtung dieses größten Torbaus aller Zeiten wurde eine lange Sphingenallee unterbrochen, die ursprünglich vom zweiten Pylon des Haremhab bis zur Kaianlage (einst mit großem Hafenbecken und Stichkanal zum Nil) des Heiligtums führte und wohl unter Ramses II. angelegt worden war. Beidseitig der gepflasterten Prozessionsstraße liegen auf hohen Sockeln die Sphinxfiguren, die den Löwenleib mit dem Kopf eines Widders, des heiligen Tieres des Amun, kombinieren. Den Schutz- und Erwählungsgedanken seitens der Gottheit symbolisieren königliche Statuetten, die zwischen den Vordertatzen der Sphingen erscheinen.

Kolossalfigur vor dem zweiten Pylon
19. Dynastie, um 1250 v. Chr.

Die große Hofanlage hinter dem ersten Pylon (Südturm mit Resten der Baurampe aus Ziegeln) wird von mehreren Bauten eingenommen, die aus ganz unterschiedlichen Zeiten stammen. Zentral erhebt sich der gewaltige Säulenkiosk des Königs Taharqo aus der 25. Dynastie. Von zehn seiner 21 m hohen Papyrussäulen steht heute nur noch ein einziges Exemplar aufrecht. Spätestens anlässlich dieses Bauvorhabens wurde die Widdersphingenallee in der Tempelachse aufgelassen, und dic cinzclnen Figuren an den Hofseiten wurden magaziniert. Schon in der 22. Dynastie war unter Schoschenq I. dieser Hof entstanden, als das Areal vor dem zweiten Pylon mit Säulenkolonnaden geschlossen wurde. Hinter dem Nordturm des ersten Pylons liegt die dreiteilige Barkenstation Sethos' II., während an der südlichen Hofseite der rechtwinklig zur Hauptachse platzierte Bau Ramses' III. eingemeindet ist. Direkt am Tor des zweiten Pylons hat man eine kolossale Standfigur (H. 11 m) aus rotem Granit wieder errichtet, deren Fragmente 1954 entdeckt wurden. Der Herrscher trägt das Kopftuch mit der Doppelkrone und einen Kurzschurz. Die vor der Brust gekreuzten Hände halten Krummstab und Wedel; eine kleine Königinnenfigur steht vor seinen Beinen. Obwohl die Inschriften den Priesterkönig Pinodjem I. (21. Dynastie) als Eigentümer angeben, dürfte der Koloss in der Ramessidenzeit gearbeitet worden sein.

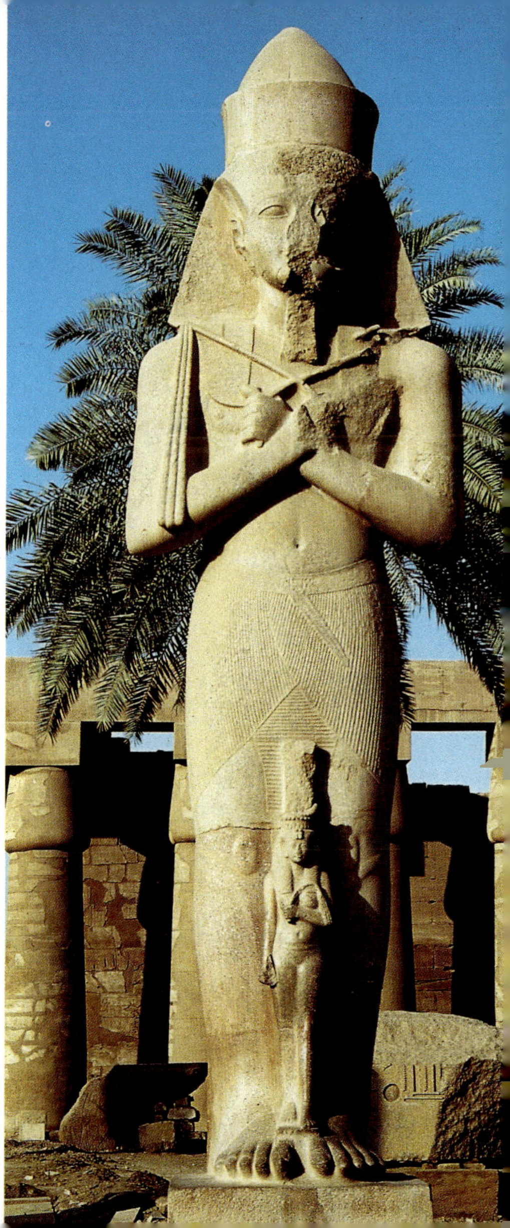

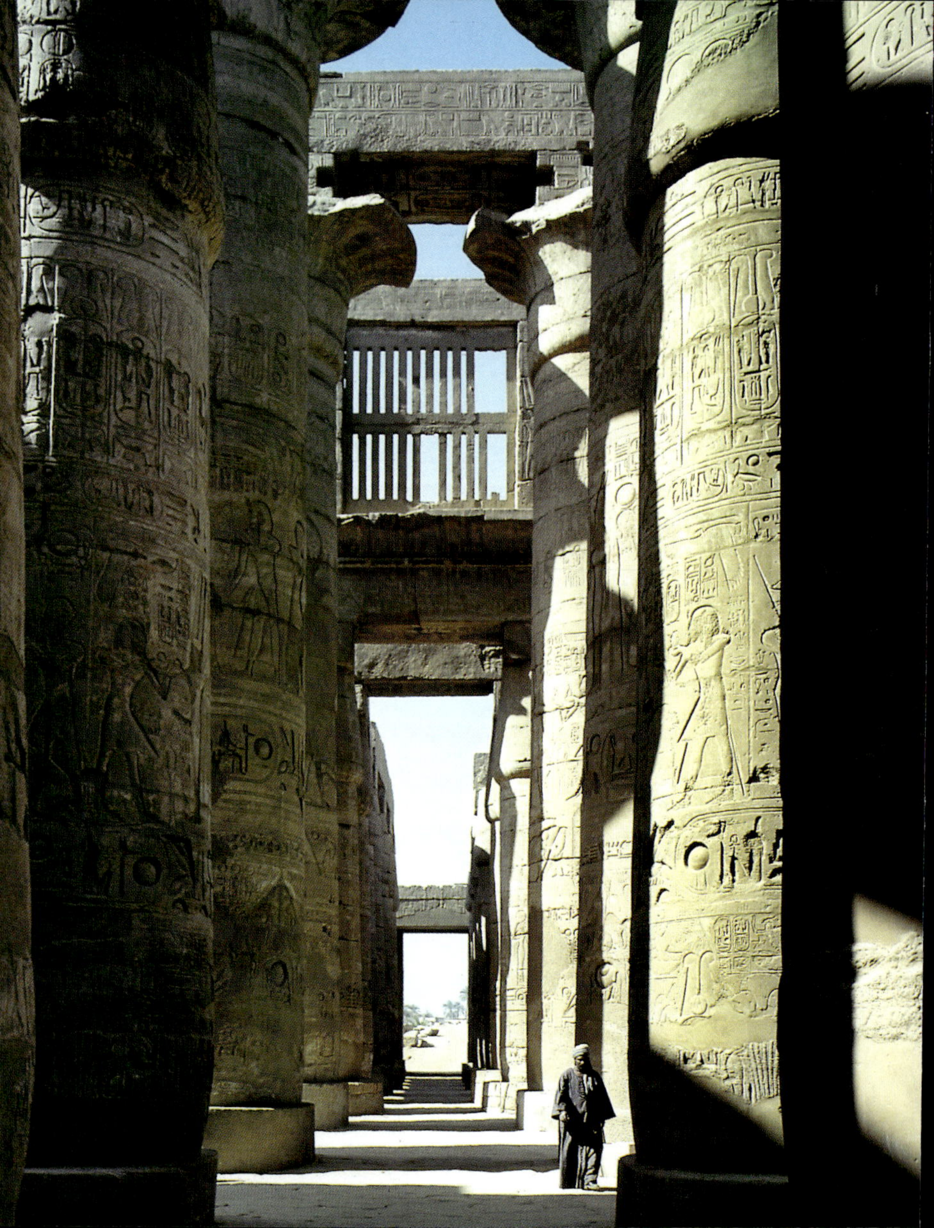

Der große Säulensaal
19. Dynastie, um 1290–1260 v. Chr.

In Verbindung mit der Errichtung des zweiten Pylons (Haremhab) war für das Gebiet zwischen diesem Torbau und dem dritten Pylon (Amenophis' III.) der größte Säulensaal ägyptischer Architekturgeschichte in Planung gegangen: das Hypostyl von Karnak. Vollendet unter den frühramessidischen Herrschern Sethos I. und seinem Sohn Ramses II., bedeckt dieser gigantische Baukörper eine Grundfläche von über 5400 m^2 und wird von insgesamt 134 Papyrussäulen bestanden. Drei überhöhte Mittelschiffe werden von zwei Reihen zu je sechs Pflanzensäulen mit geöffnetem Kapitell (H. 21 m, Ø 3,50 m) getragen, während die tiefer liegenden 14 Seitenschiffe den Typus mit geschlossenem Kapitell (H. 13 m) darstellen. Den Höhenunterschied der basilikalen Anlage überbrücken riesige Fenstergitter, die den zentralen Prozessionsweg an der Tempelachse mit Licht versorgten. Dagegen verblieben die breiten Seitenschiffe in einem dämmrigen Halbdunkel. Die gewaltigen Sandsteinsäulen wurden aus Halbtrommeln aufgemauert. Als oberer Abschluss dienen rechteckige Steinquader (Abakus), denen die Architravzüge aufgesetzt wurden. Sie erreichen ein Gewicht von bis zu 70 t und haben teilweise ihre originale Bemalung bewahrt. Säulen wie Wände sind überreich mit Darstellungen versehen. Ihre unterschiedliche Entstehungszeit lässt sich am gewählten Reliefstil ablesen. Im nördlichen Teil des Saales ließ Sethos I. ein erhabenes Relief arbeiten, während man unter Ramses II. den südlichen Abschnitt mit vertieften Reliefbildern ausstattete. Sie zeigen den Herrscher beim Opfer vor den thebanischen Göttern, Ausschnitte aus dem Krönungsritual und den Auszug der Prozessionsbarken. Dagegen sind die Außenwände ganz den Kriegszügen beider Bauherren der 19. Dynastie vorbehalten. Besonders detailreich werden Kampfhandlungen aus den ersten Regierungsjahren Sethos' I. in Palästina und Syrien geschildert (Nordwand). Der heutige Zustand des Hypostyls ist das Ergebnis jahrzehntelanger Restaurierungsarbeiten, denn nicht nur der Zahn der Zeit, sondern auch kleinere Erdbeben hatten das Bauwerk stark mitgenommen.

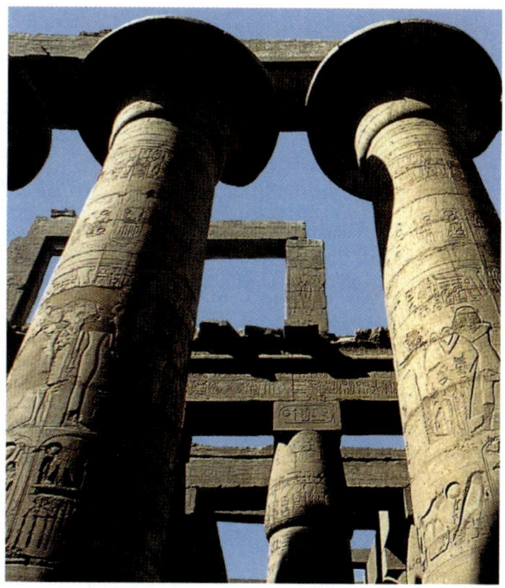

Heiliger See
18. Dynastie, um 1450 v. Chr.

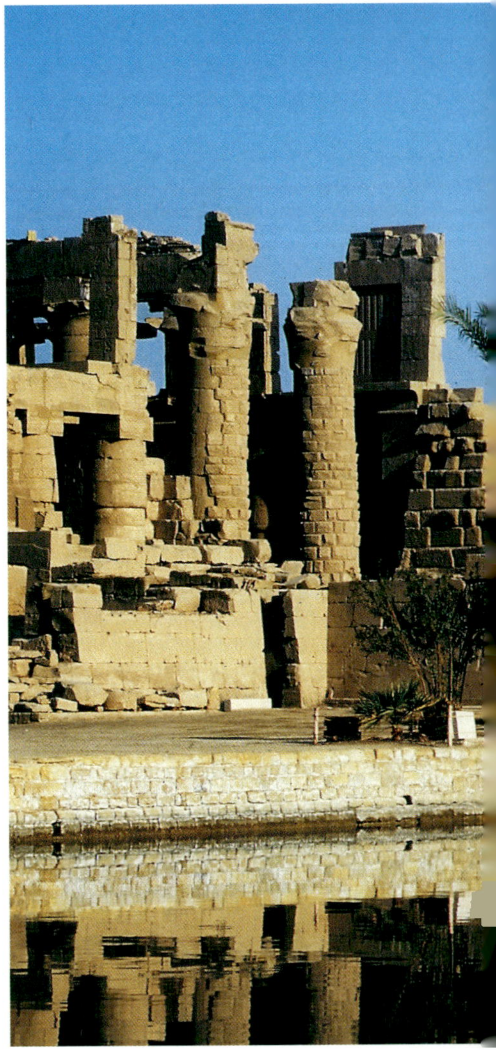

Parallel zum hinteren Tempelbereich mit den beiden markanten Obelisken Thutmosis' I. und der Hatschepsut erstreckt sich auf dessen Südseite der Heilige See von Karnak, der mit seinen Maßen von 120 x 77 m der größte Tempelsee Ägyptens ist. Angelegt unter Thutmosis III., wurde er in der 25. Dynastie nochmals erweitert. Eine Zuleitung vom Nil versorgte in der Antike das riesige Becken mit Wasser, heute wird es vom Grundwasser gespeist. Zahlreiche Zugangstreppen führen zum See hinab, der zunächst den Reinigungsriten der Priesterschaft und als Reservoir für das im Kult verwendete Spendenwasser diente. Zusätzlich fanden hier rituelle Bootsfahrten statt, wie uns ein Text aus Karnak belehrt: »Es machte meine Majestät für ihn einen See zum Rudern des Gottesleibes (König) in ewiger Arbeit, um seine Wasserfahrt darauf zu machen an seinen großen Festen des Jahresanfangs.« Im Gelände des Tempelsees wurden Wirtschaftsanlagen entdeckt, unter denen sich auch ein Geflügelhof befand. Denn neben dem Widder galt die Gans als heiliges Tier des Reichsgottes Amun. Über einen schrägen, eingedeckten Gang, die sog. »Gänsestiege«, konnten die Tiere direkt aus ihren Stallungen zum Wasser gelangen. An der Nordwestecke des Sees wurde ein kolossaler Skarabäus Amenophis' III. aus rotem Granit aufgestellt. Unweit davon liegt ein Teil des umgestürzten Obelisken der Königin Hatschepsut.

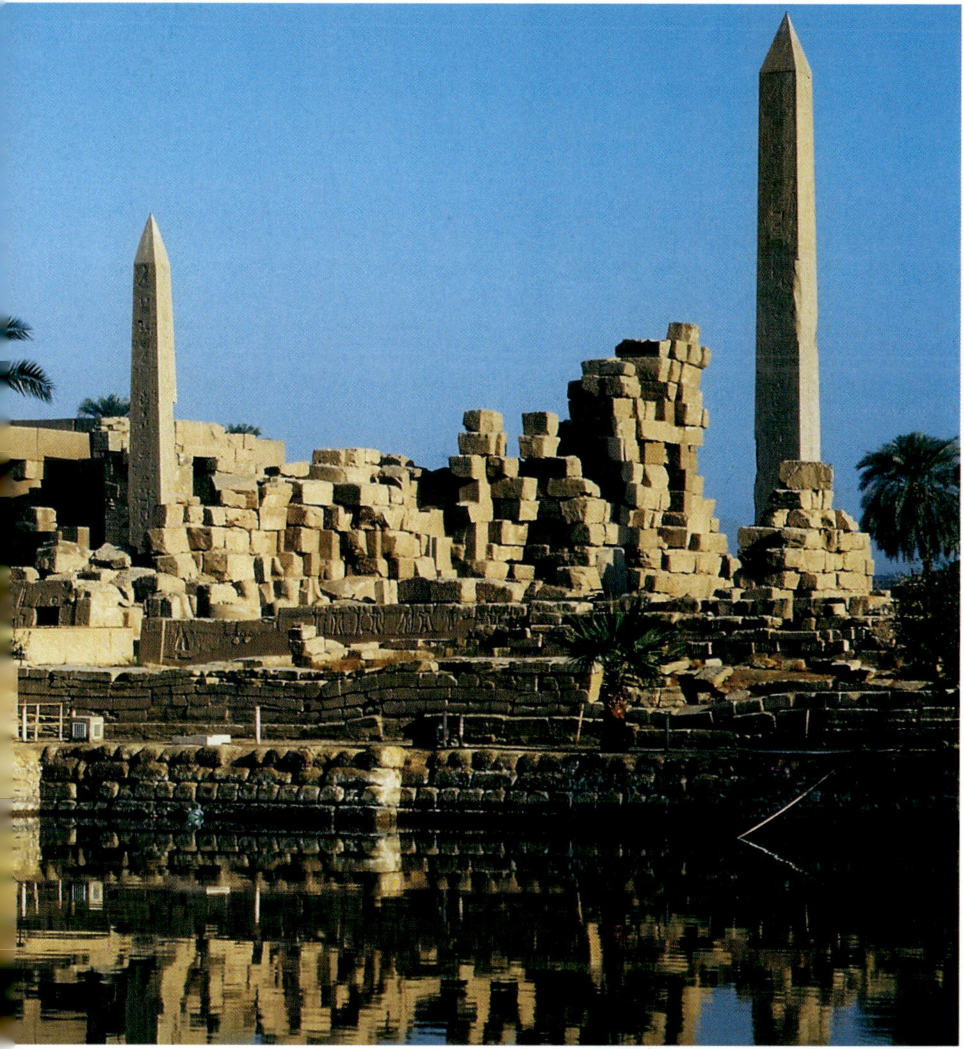

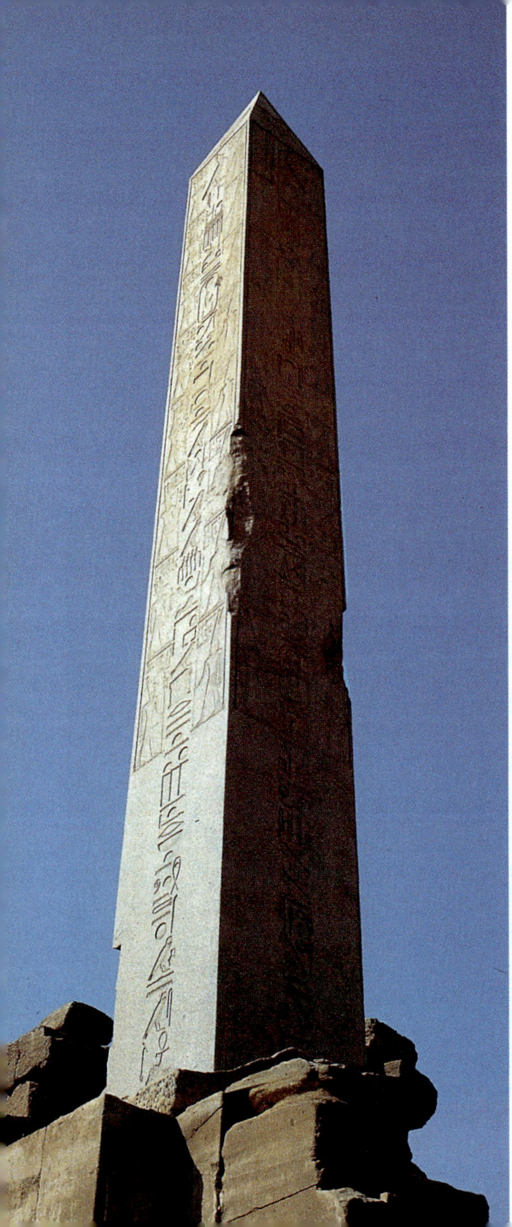

Obelisk der Hatschepsut
18. Dynastie, um 1464 v. Chr.

In Fortsetzung der Bauleistung ihres Vaters Thutmosis' I. ließ auch Hatschepsut in Karnak zahlreiche Denkmäler errichten. Neben einem neuen Barkensanktuar, der »Chapelle rouge«, zählten die beiden gewaltigen Obelisken zwischen dem vierten und fünften Pylon zu den wichtigsten Stiftungen dieser machtbewussten Frau auf dem Pharaonenthron. Nur das nördliche Exemplar steht heute noch aufrecht im Tempel, sein niedergestürztes Gegenstück wurde am Heiligen See deponiert. Die Aufstellung der steinernen Monolithe (H. 29,5 m) war ein so herausragendes Ereignis, dass es mehrmals auf anderen Denkmälern der Herrscherin dokumentiert wurde. So feiert eine Darstellung des erwähnten Barkenschreins die Weihung an den Gott Amun-Re mit folgenden Worten: »Seine Majestät selbst ließ zwei große Obelisken für seinen Vater Amun-Re vor der herrlichen Säulenhalle errichten; beschlagen mit reinem Gold, sehr viel.« In Wirklichkeit wurde nur das Pyramidion, die Obeliskenspitze, vergoldet und mit einer Krönungsszene dekoriert. Alle Seiten des Schaftes weisen lange Titulaturkolumnen auf, wobei das obere Drittel wetterbedingt verfärbt ist. Denn nach Antritt seiner Alleinregierung ließ Thutmosis III. das Andenken der Hatschepsut verfolgen und beide Obelisken bis zur Dachhöhe vollständig ummanteln, sodass in dieser Zone der rote Granit seinen Farbwert erhalten hat.

Die Wappenpfeiler Thutmosis' III.

18. Dynastie, um 1450 v. Chr.

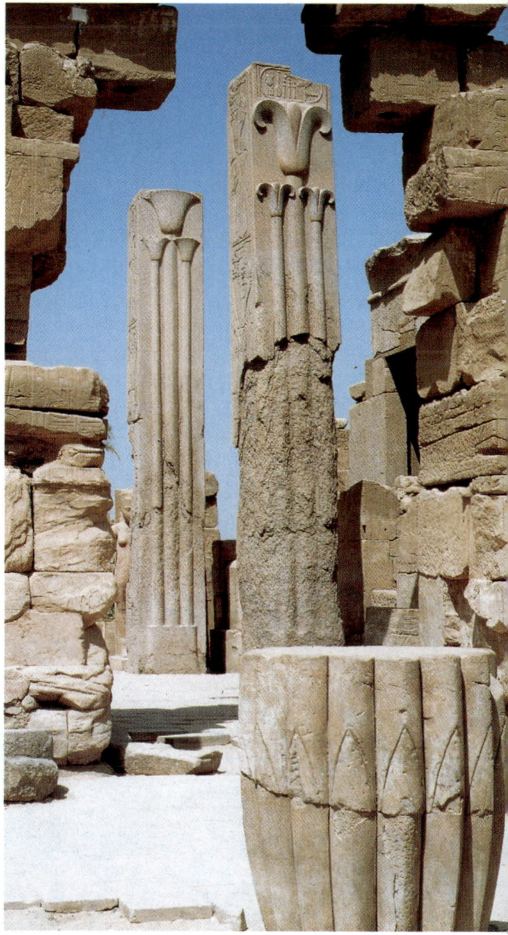

Zu den größten Bauherren in Karnak gehörte Thutmosis III. Unter seiner Herrschaft entstanden u. a. der siebte Pylon an der Südachse, der Festtempel des Königs im Osten des Amun-Bezirkes und ein Barkensanktuar, das die Anlage der Hatschepsut ersetzte. Zudem stiftete er zahlreiche Obelisken und Kolossalfiguren sowie anderes Kultinventar zu Ehren des Amun von Ipet-sut, wie der alte Ortsname von Karnak lautete. Vor der Eingangsfront des zentralen Barkensanktuars ließ Thutmosis III. im Annalensaal mit den Berichten seiner Feldzüge zwei mächtige Pfeilersymbole aufstellen. Diese sog. Wappenpfeiler aus rotem Granit (H. 6,77 m) verkörpern in nie wiederholter Ausprägung den Gedanken der staatlichen Einheit Ägyptens. Jeweils eine Seite beider Pfeiler ist mit den halb plastisch gebildeten Pflanzen (mittig je eine Großblüte) der Landesteile geschmückt. Im Norden (links) steht der »Papyrus« für Unterägypten, im Süden (rechts) erscheint die »Lilie« von Oberägypten. Die ewige Sinnmächtigkeit des Pfeilerpaares sicherte seinen Bestand, während das Sanktuar nochmals gegen Ende des 4. Jh.s durch den bis heute erhaltenen Granitbau von Philippos Arrhidaios, eines Halbbruders Alexanders des Großen, erneuert wurde. Beide Pfeiler haben durch Einwirkung des salzhaltigen Grundwassers, das den Granit vom Boden her abplatzen lässt, stark gelitten. Diese Bedrohung der Tempelarchitektur, und zwar nicht nur in Karnak, ist heute nach dem Bau des Hochstaudamms bei Assuan noch größer geworden.

Der Festtempel Thutmosis' III.
18. Dynastie, um 1450 v. Chr.

Innerhalb der Umfassungsmauer des zentralen Amun-Tempels erbaute Thutmosis III. ganz im Osten hinter dem Hof des Mittleren Reiches seinen Festtempel, das Achmenu. Das außergewöhnliche Bauwerk liegt quer zur alten Hauptachse und konnte ausschließlich über einen Eingang an der Südostecke betreten werden. Eine architektonische Besonderheit bietet die große Festhalle (44 x 16 m) von basilikalem Zuschnitt. Das höhere Mittelschiff tragen zwei Reihen von jeweils zehn monumentalen Zeltstangensäulen, wodurch die Halle den Charakter eines Festzeltes annimmt. Als »Haus von Millionen von Jahren« war das Achmenu mit seinen vielfältigen Strukturen ganz dem Königskult vorbehalten und Schauplatz der Erneuerungsriten beim Krönungs- und Regierungsjubiläum des Pharao. Noch Alexander der Große wollte sich dieser Herrschaftsgarantie versichern und ließ die Wände einer Raumeinheit mit seinen Reliefbildern versehen.

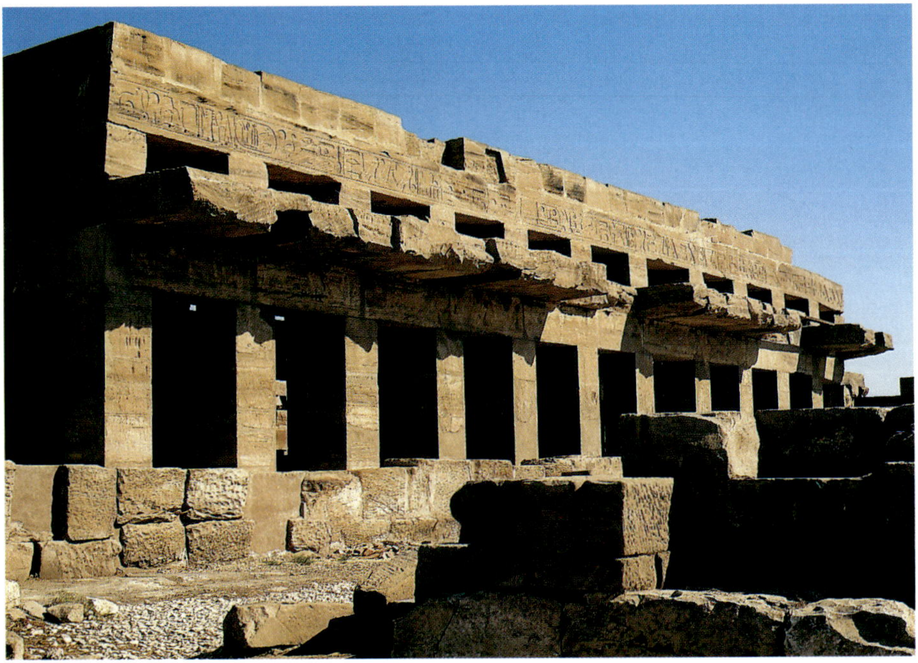

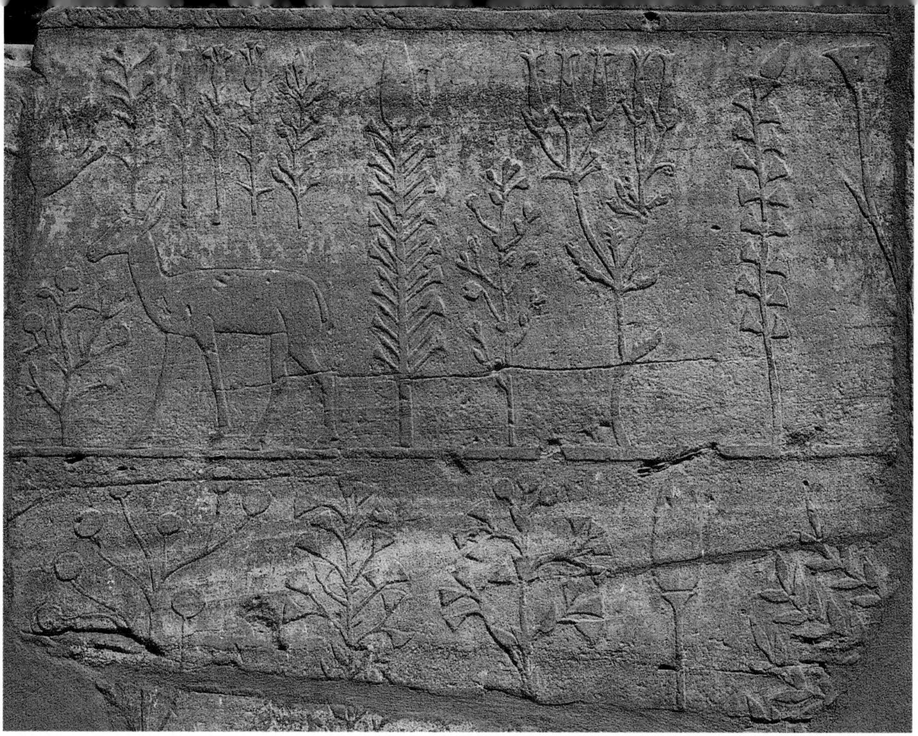

»Botanischer Garten«
18. Dynastie, um 1450 v. Chr.

Von der großen Festhalle des Achmenu führt ein Durchgang auf der Ostseite in drei abfolgende Gangräume, deren letzter in seiner Nordwand eine deutlich über dem Bodenniveau liegende Tür aufweist. Über sie erreicht man zunächst einen kleinen Saal, dessen Dach von vier Papyrusbündelsäulen getragen wurde. Die unteren Wandzonen schmücken Reliefdarstellungen von Pflanzen und Tieren, die dem Raum den irreführenden Namen »Botanischer Garten« eingebracht haben. Denn bei aller detailgenauen Wiedergabe der einzelnen Blätter und Blüten, die in der einstigen Bemalung noch intensiver gewesen sein dürfte, offenbart sich kein naturwissenschaftliches Interesse des Bauherrn Thutmosis' III. Vielmehr bringt die versammelte Fauna und Flora den Schöpfungsgedanken zum Ausdruck, wie er rund 100 Jahre später im »Großen Sonnengesang« des Echnaton seinen literarischen Niederschlag gefunden hat.

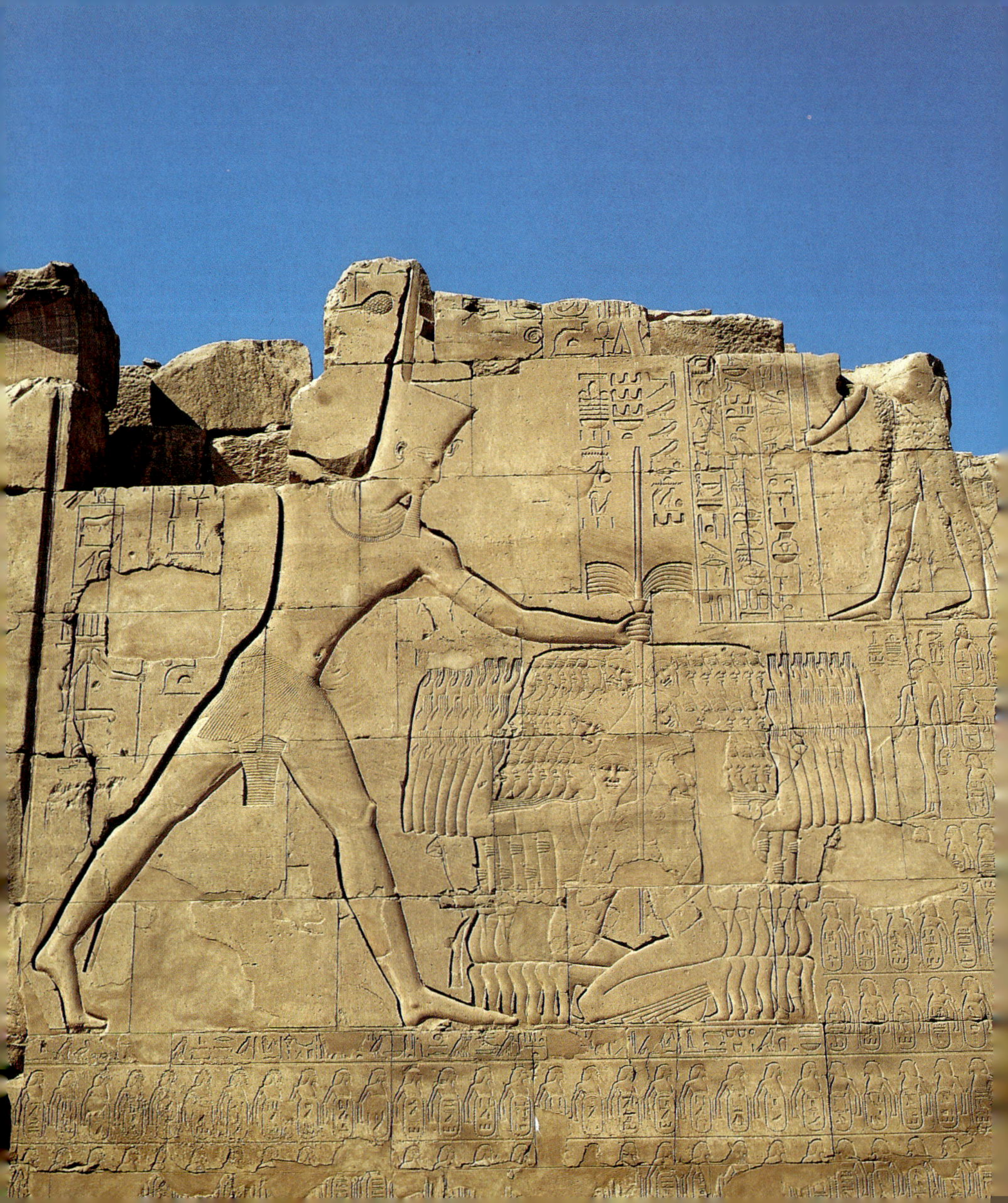

Das »Erschlagen der Feinde«

18. Dynastie, um 1450 v. Chr.

Zu den klassischen Bildern der Feindsymbolik gehört das »Erschlagen der Feinde« durch den regierenden Herrscher. Auch Thutmosis III. hat sich auf dem westlichen Turm seines siebten Pylons (Br. 63,2 m) in Karnak dieser Triumphdarstellung bedient. Eine ganze Traube asiatischer Gegner, die mit erhobenen Armen um Gnade bitten, hält Thutmosis weit ausschreitend am Schopf, um sie mit einer Schlachtkeule zu töten. Der König trägt die Rote Krone von Unterägypten und den dreiteiligen Plisseeschurz mit einem Stierschwanz.

Der achte Pylon

18. Dynastie, um 1470 v. Chr.

Schon unter Sesostris I. (frühe 12. Dynastie) war die südliche Nebenachse des Amun-Tempels definiert worden, wenngleich die zugehörigen Anlagen archäologisch weitgehend unbekannt blieben. Die Monumentalisierung des Kultweges Richtung Mut-Bezirk begann mit dem Bau des achten Pylons der Hatschepsut. Vor seiner Südfassade standen einst sechs (heute vier) kolossale Sitzfiguren, die der Königin, ihrem Mitregenten Thutmosis III. sowie verstorbenen Vorgängern des Herrscherhauses geweiht waren.

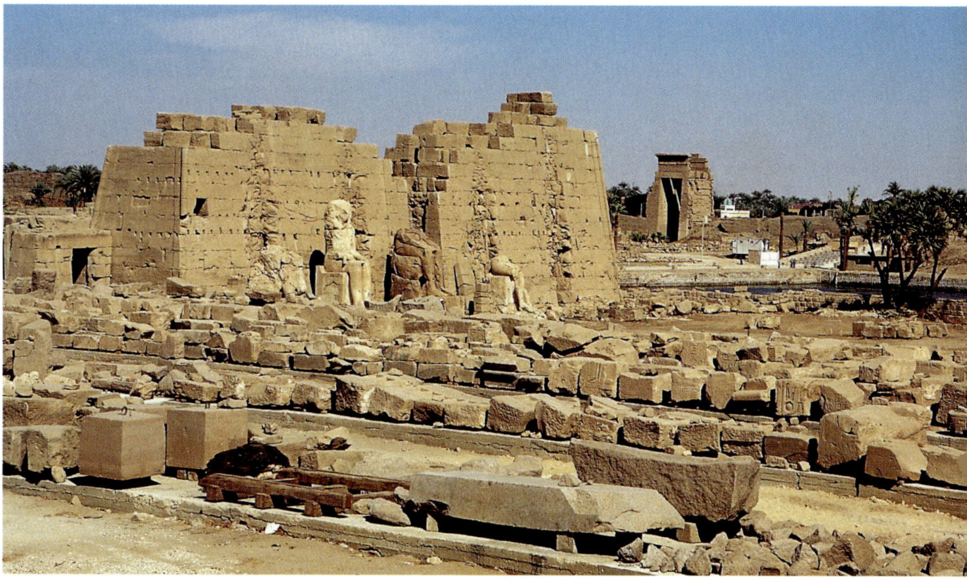

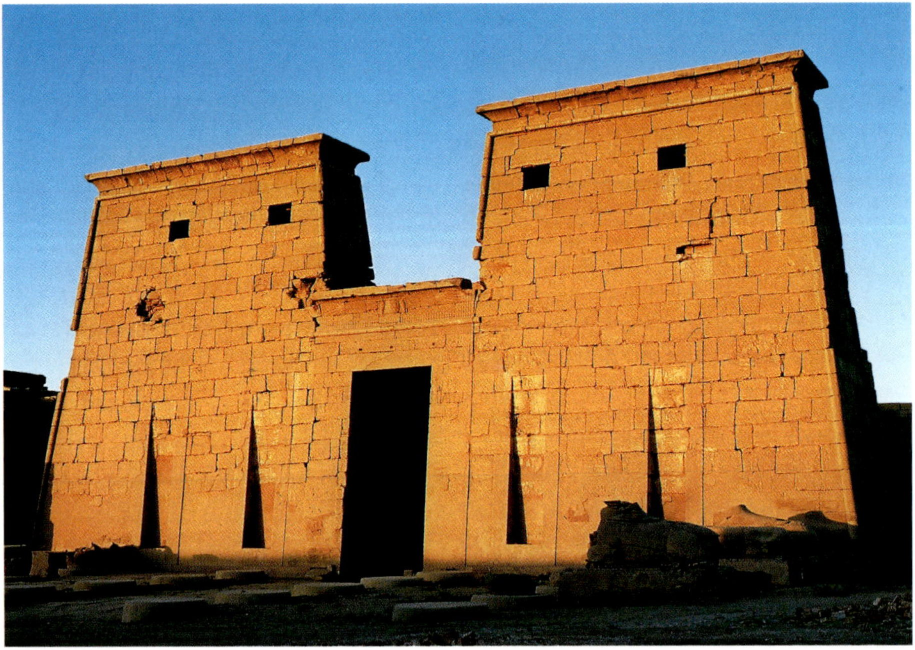

Der Chons-Tempel
20. Dynastie, um 1170 v. Chr.

In der Südwestecke des Amun-Bezirkes entstand während der späten Ramessidenzeit ein eigener Tempel für den Mondgott Chons, der Sohngestalt der thebanischen Götterfamilie. Der sehr gut erhaltene Bau wurde von Ramses III. begonnen, seine Dekoration aber erst unter seinen Nachfolgern Ramses IV. und Ramses XI. sowie dem Priesterkönig Herihor weitgehend abgeschlossen. Hinter dem Eingangspylon (Br. 32 m; vier Flaggenmasten) erstreckt sich der Säulenhof mit einer erhöhten Rückhalle, dem das quer gelagerte Hypostyl folgt. In der komprimierten Raumordung schließt sich das Barkensanktuar an, bevor man den hinteren Kultbildraum mit seinen Nebenkammern betritt. Während der 29. Dynastie wurde an der Rückwand des Heiligtums ein kioskartiger Anbau vorgenommen, der über einen Mauerdurchbruch (heute zugemauert) mit dem Allerheiligsten in Verbindung stand und wohl der Orakeltätigkeit durch die Priesterschaft diente.

Ptah-Tempel: Imhotep und Amenophis
18. Dynastie, um 1450 v. Chr.

Durch das nördliche Tor des großen Säulensaals erreicht man nach kurzer Wegstrecke den Tempel des memphitischen Schöpfergottes Ptah. Der Kernbau des bescheidenen Heiligtums entstand unter Thutmosis III., Torweg und Eingang dagegen stammen beide aus der ptolemäischen Epoche. Hinter dem Hof und einer winzigen Vorhalle mit zwei 16-kantigen Stammsäulen liegen die Sanktuarräume, von denen die zentrale Kapelle noch das kopflose Sitzbild des Gottes birgt. Bei geschlossener Tür (modern) offenbart sich eindrucksvoll die antike Beleuchtungssituation einer Kultstatue. Die Standfigur der Sachmet im rechten Nebensanktuar dürfte dagegen erst sekundär dort aufgestellt worden sein. Die interessanteste Einzelszene des Tempels, die in versenkter Relieftechnik ausgeführt wurde, befindet sich aber auf der äußeren Rückwand. Hinter den Göttern Ptah und Hathor wurden hier zwei Beamte dargestellt, die in der griechisch-römischen Zeit göttliche Verehrung erfuhren. An erster Stelle Imhotep, Baumeister von König Djoser aus der 3. Dynastie, der mit einer engen Haarkappe sowie Zepter und Lebenszeichen in den Händen ausgestattet ist. Die kurze Beischrift bezeichnet ihn als »Sohn des Ptah«. Ihm folgt Amenophis, Sohn des Hapu, weiser Ratgeber und herausragende Persönlichkeit am Hof seines Königs Amenophis' III. Er trägt ein brusthohes Gewand und hält eine Schreiberpalette in der rechten Hand. Das ganze Reliefbild war mit einem schreinartigen Vorbau aus Holz ausgestattet und diente den Tempelbesuchern als persönliche Gebetsstelle. Von den beiden vergöttlichten Beamten versprach man sich tatkräftige Hilfe bei den vorgetragenen Bitten und Wünschen.

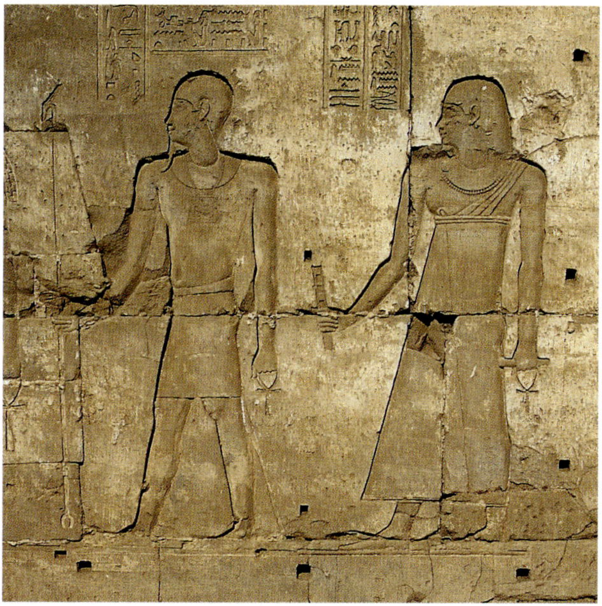

Freilichtmuseum

Über das nördliche Tor des ersten Hofes erreicht man das Areal des Freilichtmuseums von Karnak, das 1987 in der Nordwestecke der großen Umfassungsmauer der 30. Dynastie eröffnet wurde. Hier sind wichtige Denkmäler zur Baugeschichte des Amun-Tempels ausgestellt bzw. wieder errichtet worden. Darunter befinden sich die berühmten Barkenheiligtümer Sesostris' I. und der Hatschepsut, aber auch eine Kalzitkapelle Amenophis' I. und als jüngste Attraktion eine ganze Tempelwand aus der Zeit Thutmosis' IV.

Die »Weiße Kapelle« Sesostris' I.

12. Dynastie, um 1925 v. Chr.

Benannt nach dem Baumaterial, einem weißen Kalkstein, wurde die kleine Stationskapelle (6,54 x 6,54 m) anlässlich des Sed-Festes für Sesostris I. errichtet, wobei ihr originaler Standplatz bislang ungeklärt ist, aber vor dem jetzigen vierten Pylon vermutet wird. Zwei mit niedrigen Balustraden versehene Rampen führen zu einer Plattform mit dem Barkensockel empor, die von 16 Pfeilern eingenommen wird. In der 18. Dynastie wurde der Kiosk abgerissen, und die Blöcke in den Fundamenten des dritten Pylons verbaut.

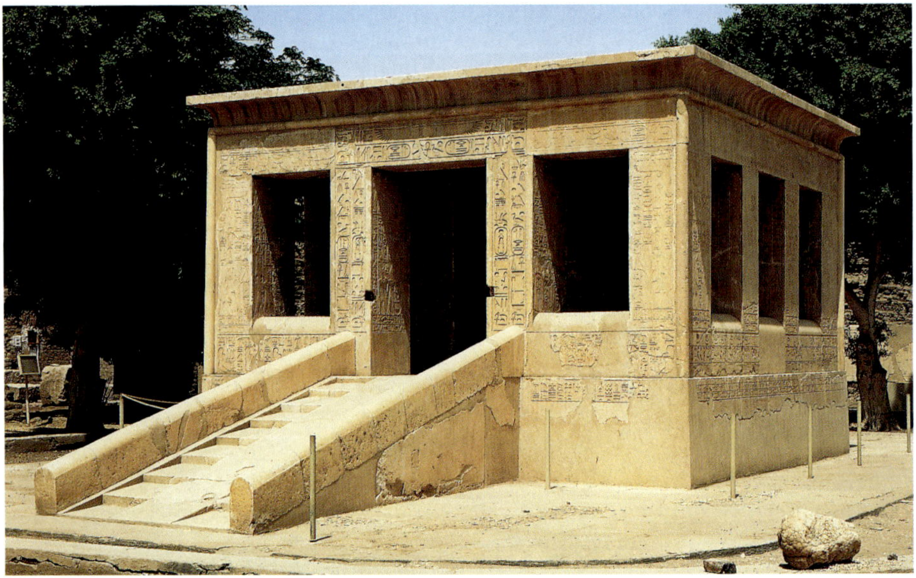

Sesostris I. unter den Göttern

12. Dynastie, um 1925 v. Chr.

Als einziges komplettes Bauwerk des Mittleren Reiches in Karnak erregt die »Chapelle blanche« durch die Ausgewogenheit ihrer Architektur höchste Bewunderung. Mit dem umfangreichen Reliefschmuck ihrer Pfeiler ist sie aber auch ein herausragendes Zeugnis zur Flachbildkunst der frühen 12. Dynastie. In einem komplizierten Beziehungsgeflecht sind die 60 Einzelszenen der Pfeiler über der Längsachse inhaltlich miteinander verbunden, wobei die Ritualhandlungen dem Gott Amun in seinen zwei Erscheinungsformen gelten. Diese zeigen das »Oberhaupt der Götter« in seiner klassischen Gestalt mit hoher Federkrone oder als ithyphallischen Fruchtbarkeitsgott, der in den Beischriften als Kamutef (ägypt., »Stier seiner Mutter«) benannt wird. Auf den etwas breiteren Eckpfeilern stehen Bilder, die der Einführung des Herrschers in das Heiligtum gewidmet sind. Zum einen ist es der Schöpfergott Atum von Heliopolis (Bild oben), der Sesostris I. vor die Kamutef-Gestalt des Amun führt, zum anderen geleitet der falkenköpfige Gott Month (Bild unten) den König vor den späteren Reichsgott. Besonderes Interesse verdient eine Liste an der oberen Sockelzone (r. und l. Außenwand), die alle Gaue Ägyptens mit ihren Hauptgöttern und Kultorten aufzählt. Zusätzlich ist zu jedem Gau seine Längenausdehnung angegeben, sodass in der Addition eine Gesamtvermaßung des Landes festgehalten ist.

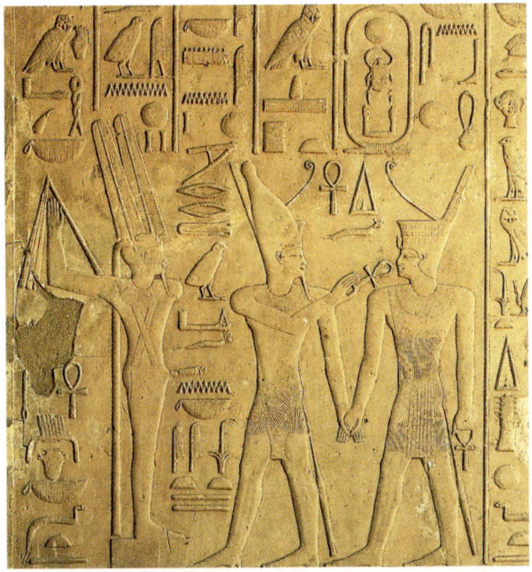

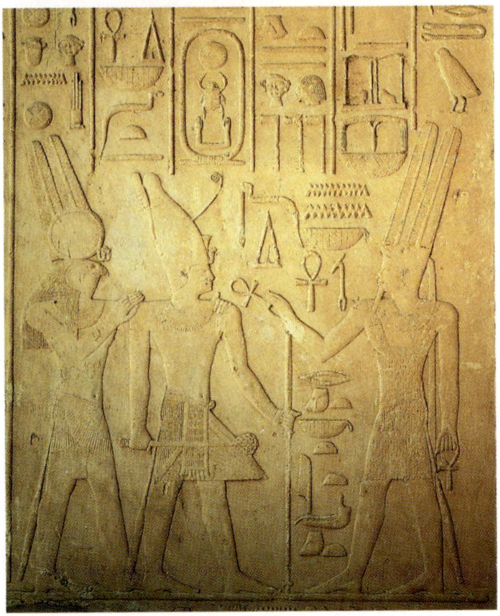

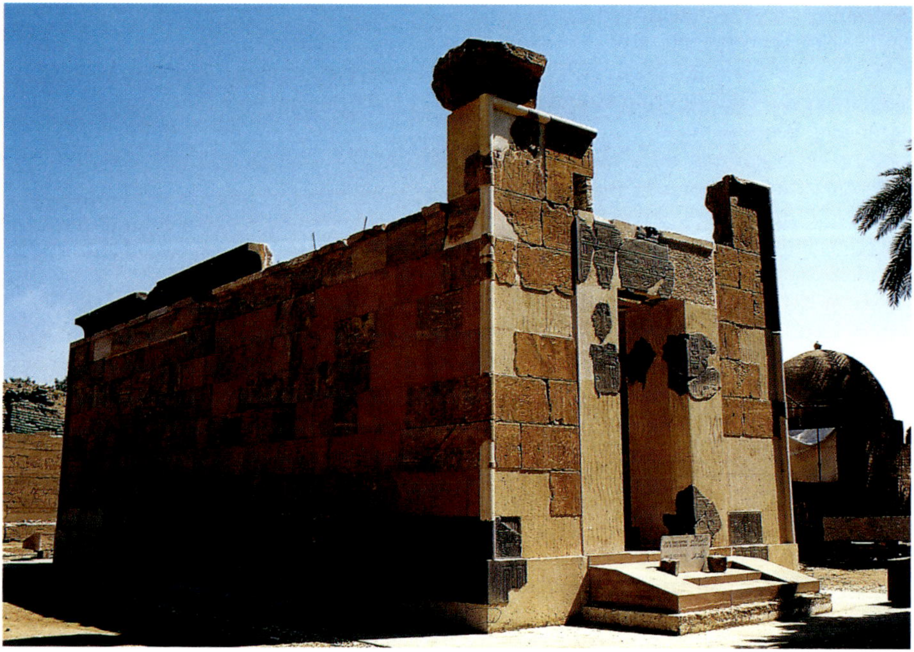

Die »Rote Kapelle« der Hatschepsut
18. Dynastie, um 1460 v. Chr.

Ebenso wie die »Weiße Kapelle« Sesostris' I. hat auch die »Chapelle rouge« ihren modernen Namen nach dem verwendeten Baumaterial, einem braunroten Quarzit, bekommen. Nur für die Basislagen der Wände (mit Nischengliederung) wurde schwarzer Granit verwendet. Das monumentale Barkensanktuar (L. 15 m) der Hatschepsut aus ihrem 16./17. Regierungsjahr, der »Herzenssitz des Amun«, stand nur kurze Zeit in Karnak aufrecht. Schon Thutmosis III. ließ ihn für seinen Neubau abreißen. Nach einer längeren Zwischenlagerung wanderten die Blöcke schließlich unter Amenophis III. in die Fundamente des heute stark zerstörten dritten Pylons. Ungefähr zwei Drittel der ursprünglichen Bausubstanz, über 300 Blöcke, haben französische Ausgräber dort sicherstellen können. Das reichhaltige Bildprogramm zeigt insbesondere Opferszenen, Darstellungen des Krönungsrituals und der großen thebanischen Feste (Talfest, Opet-Fest).

Die heilige Barke des Amun-Re
18. Dynastie, um 1460 v. Chr.

Die »Rote Kapelle« birgt die älteste bislang bekannte Bildversion des Opet-Festes, die wichtige Hinweise zum formalen Ablauf des Prozessionsgeschehens in der Regierungszeit der Hatschepsut liefert. Auf dem Weg vom Karnak-Tempel nach Luxor standen damals sechs kleine Stationsheiligtümer, in denen die Barken nacheinander anhielten. Zwischen diesen einzelnen Stationen wurde Amun-Res Barke von Priestern geschultert und unter Begleitung der Herrscherin wie auch des jugendlichen Thutmosis' III. weitergetragen. Auch sonst bietet das gemeinsame Auftreten der beiden Pharaonen keinen Anlass für die immer wieder vermuteten Auseinandersetzungen. Abgebildet ist hier die Götterbarke, wie sie samt den Tragholmen auf ihrem Sockel ruht und an den Widderköpfen von Bug und Heck erkennbar wird. Eine kurze Beischrift nennt den Namen der Kapelle und deren numerische Position. Das Prozessionsbild des Gottes befand sich innerhalb des Schreins, der seinerseits von einem Tuch umhüllt ist. Die Eingänge des Gebäudes flankieren Osiris-Pfeilerfiguren der Königin, die von außen herantritt und ein Weihrauchopfer vollzieht. Ihre Gestalt ist die eines männlichen Pharao, und nur Elemente der Titulatur verweisen auf die Weiblichkeit der Hatschepsut.

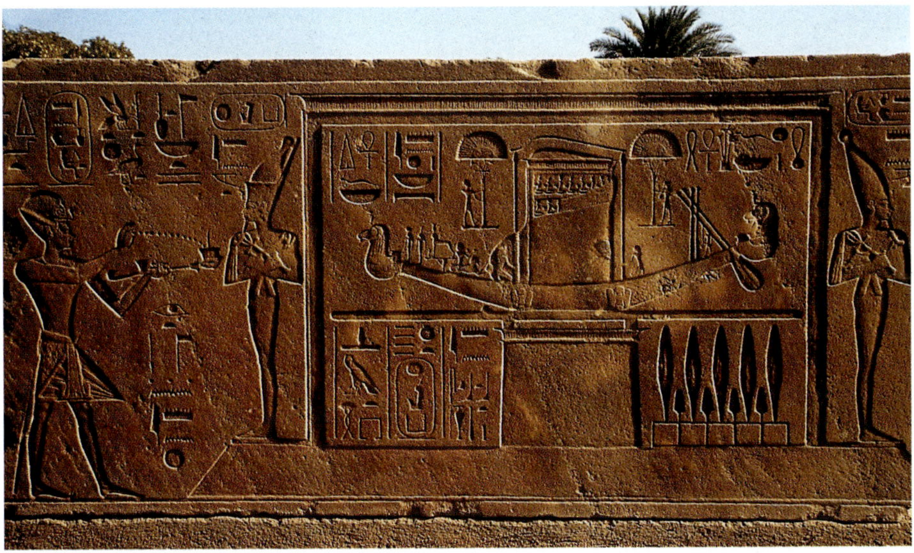

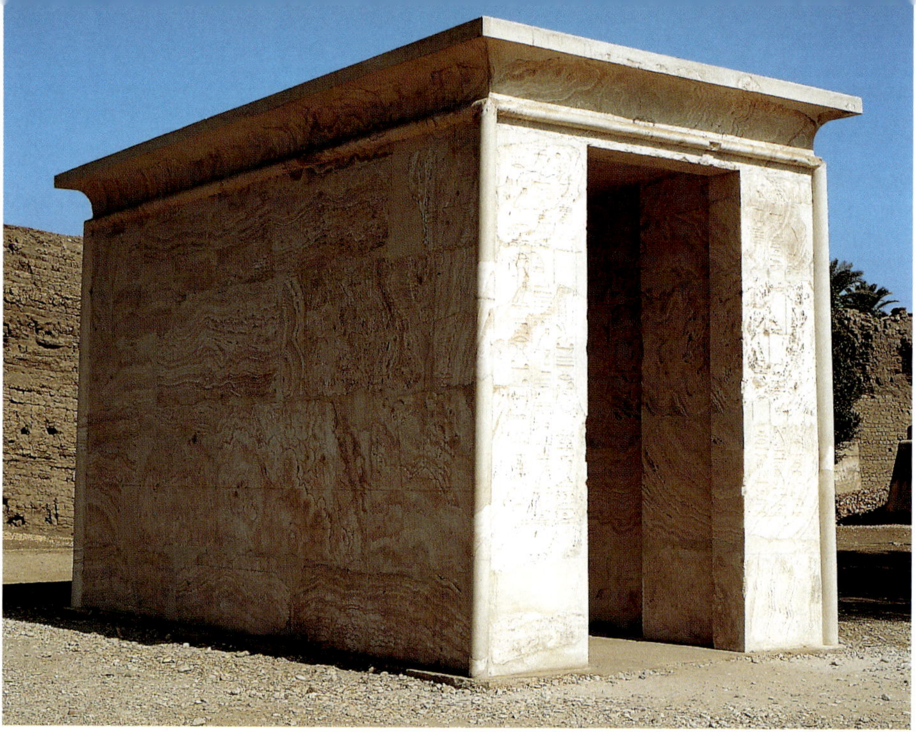

»Alabasterschrein« Amenophis' I.
18. Dynastie, um 1505 v. Chr.

Dem Tempelkomplex des Mittleren Reiches ließ Amenophis I., zweiter Herrscher der 18. Dynastie, eine Reihe weiterer Bauten und Kapellen hinzufügen. Dieser Barkenschrein (H. 450 cm) aus fein gemasertem Kalzit war dem Amun geweiht und besaß ursprünglich hölzerne Türflügel, die mit Bändern aus Edelmetall versehen waren. Darauf nimmt der Stiftungstext des Herrschers zu beiden Seiten der Eingänge Bezug, wo es heißt: ».... er (König) machte es als ein Denkmal für seinen Vater Amun, dem Herrn der Throne der beiden Länder: er machte für ihn einen Schrein (mit dem Namen) »Amun dauerhaft an Denkmälern« aus Kalzit-Alabaster von Hatnub (Steinbruch in Mittelägypten), die Türflügel beschlagen mit Metallblech aus Schwarzkupfer, die Reliefbilder mit Gold ausgestattet ...« Die Reliefs des schmalen Innenraums zeigen den Herrscher bei Opferhandlungen, wobei die Gesichtszüge Amenophis' I. in porträthafter Ausführung erscheinen.

Tempelwand Thutmosis' IV.
18. Dynastie, um 1390 v. Chr.

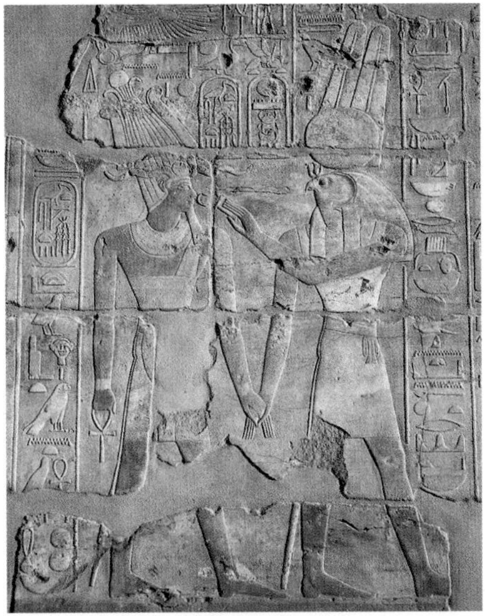

Die Neubauten Thutmosis' IV. in Karnak konzentrierten sich auf die Anlage eines Hofes vor dem vierten Pylon und dessen Torbereich. Im Zuge der Errichtung des dritten Pylons durch seinen Nachfolger Amenophis III. wurden diese Bauwerke aber schon wieder abgerissen. Die erst jüngst im Freilichtmuseum wieder errichtete Wand zeigt den König in zwei langen Registerzügen bei verschiedenen Kulthandlungen, z. B. mit dem thebanischen Ortsgott Month, aber auch den Aufzug der prachtvoll geschmückten Opferrinder. Die schnelle Wiederverwendung der einzelnen Blöcke hat die Originalfarben der feinen Hochreliefs insgesamt in einem erstaunlich guten Zustand bewahrt.

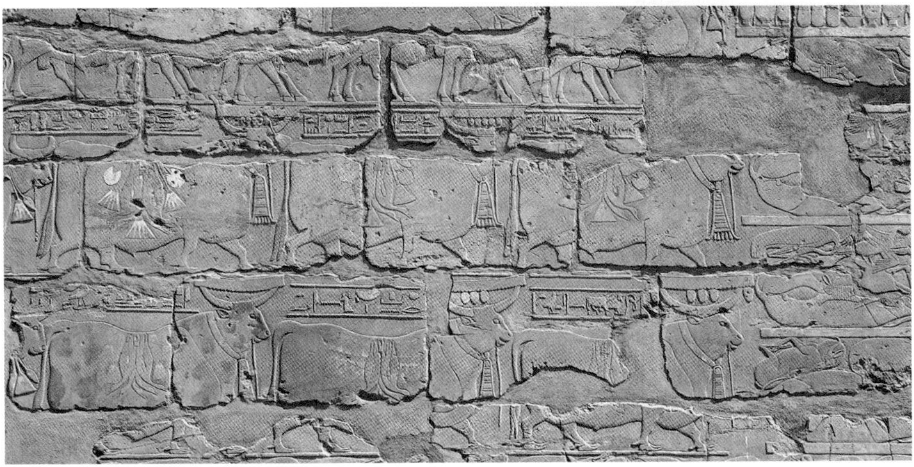

Obelisken – die Nadeln der Pharaonen

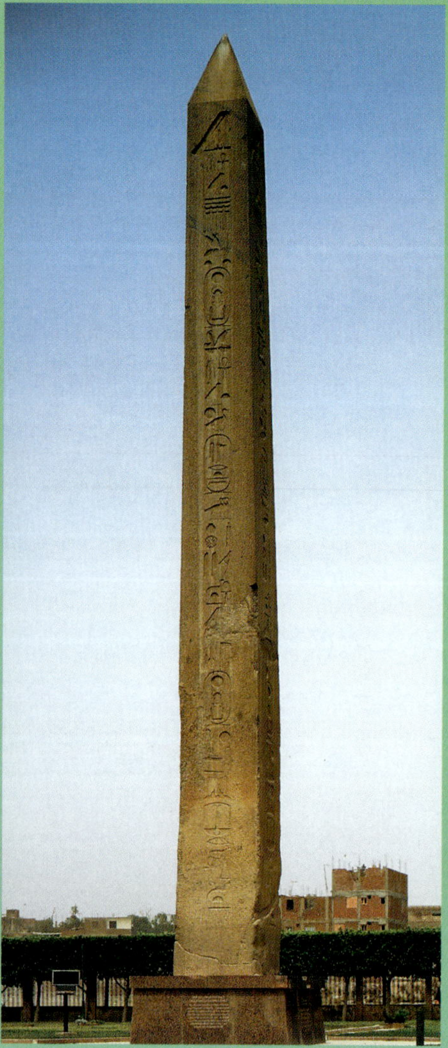

Neben Sphinx und Pyramide gilt der Obelisk als typischstes Symbol des alten Ägypten. Dabei handelt es sich um hoch aufragende vierkantige Pfeiler mit einer Spitze in Pyramidengestalt, die in einigen Fällen vergoldet war, sodass sich das Licht der Sonne darin spiegelte. Denn Obelisken waren Monumente des Königs für den Sonnengott, dessen Hauptkultstätte in Heliopolis ebenfalls mit einem hoch aufragenden natürlichen Steinmal versehen war, das für das erste Erscheinen des Gottes aus der Urflut bei der Weltenschöpfung stand. Die ältesten aufgemauerten Obelisken entstanden in der 5. Dynastie als Zentren der so genannten Sonnenheiligtümer, die am westlichen Wüstenrand bei Abu Gurob/Abusir errichtet worden waren. Nur wenig später sind die ersten monolithischen Obelisken belegt, die sowohl im Tempelbereich als auch in kleinerem Format vor Privatgräbern aufgestellt wurden. Im Mittleren und Neuen Reich ließen die Herrscher gewaltige Obelisken vor und in den großen Reichstempeln aufstellen. Besonders beeindruckend sind die Obelisken der Königin Hatschepsut (1479–1458/57 v. Chr.), die sie ihrem Göttervater Amun-Re weihte. Die beiden nahezu 30 m großen und 323 t schweren Denkmäler stammten aus den Granitbrüchen bei Assuan und wurden auf Schiffen nach Karnak verbracht. Das ganze Unterfangen muss

Obelisk Sesostris' I. in Heliopolis, 12. Dynastie, um 1950 v. Chr., roter Granit, H. 20,40 m

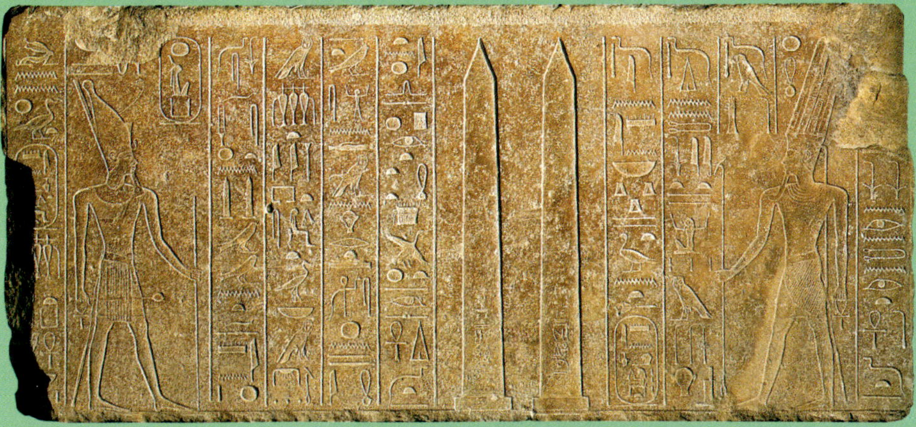

Block der »Roten Kapelle«: Königin Hatschepsut stiftet dem Gott Amun-Re ein Obeliskenpaar, 18. Dynastie, um 1460 v. Chr., Amun-Tempel, Karnak, Quarzit, H. 60 cm, Freilichtmuseum Karnak

so spektakulär gewesen sein, dass nicht nur die zuständigen Beamten in ihren Biografien davon berichteten, sondern auch die Herrscherin selbst den Transport auf der untersten Terrasse ihres Totentempels in Deir el-Bahari darstellen ließ. Auf dem Fundament des nördlichen Obelisken wird die Produktions- und Transportzeit mit sieben Monaten angegeben, und es wird mehrfach darauf hingewiesen, dass die oberen Hälften mit Gold verkleidet waren. Aber nicht nur die mit Steinwerkzeugen aus Dolerit ausgeführten Steinbrucharbeiten und der Transport waren technische Meisterleistungen, sondern auch das Aufstellen der gewaltigen Pfeiler mit Hilfe von Lehmziegelrampen und zusätzlichen Gerüstkonstruktionen, deren Aussehen im Detail immer noch umstritten ist. Der mächtigste je geplante Obelisk sollte fast 42 m messen; da der Stein aber schon im Steinbruch von Assuan gesprungen war, kam er nie zur Aufstellung. Auch die römischen Kaiser waren von den ägyptischen Obelisken fasziniert. Allein 13 von ihnen ließ man nach Rom schaffen. Dazu gehört auch das größte je errichtete Exemplar Thutmosis' III. aus Karnak. Das 455 t schwere und fast 35 m hohe Monument blieb nach Ankunft im Tempel erst einmal 35 Jahre lang auf der Seite liegen, wie es in einer von Thutmosis IV. hinzugefügten Inschrift heißt, bevor es aufgerichtet werden konnte. Im 4. Jh. wurde der Obelisk dann auf Befehl Kaiser Konstantins I. abtransportiert und unter seinem Sohn Konstantin II. nach Rom überführt, wo er noch heute auf dem Lateransplatz steht. Später gelangten Obelisken aber auch in andere Teile der Welt, so nach Istanbul, London, New York und Paris.

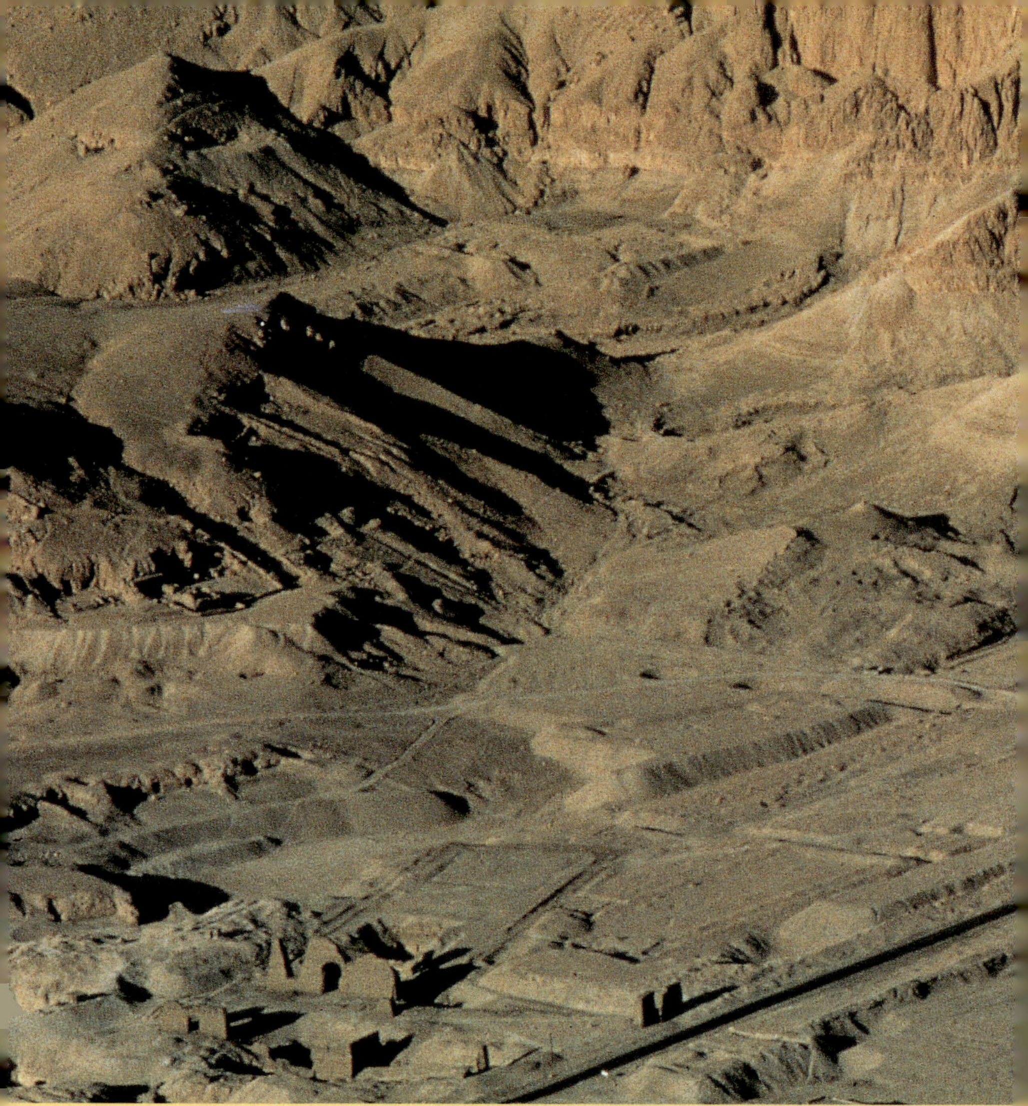

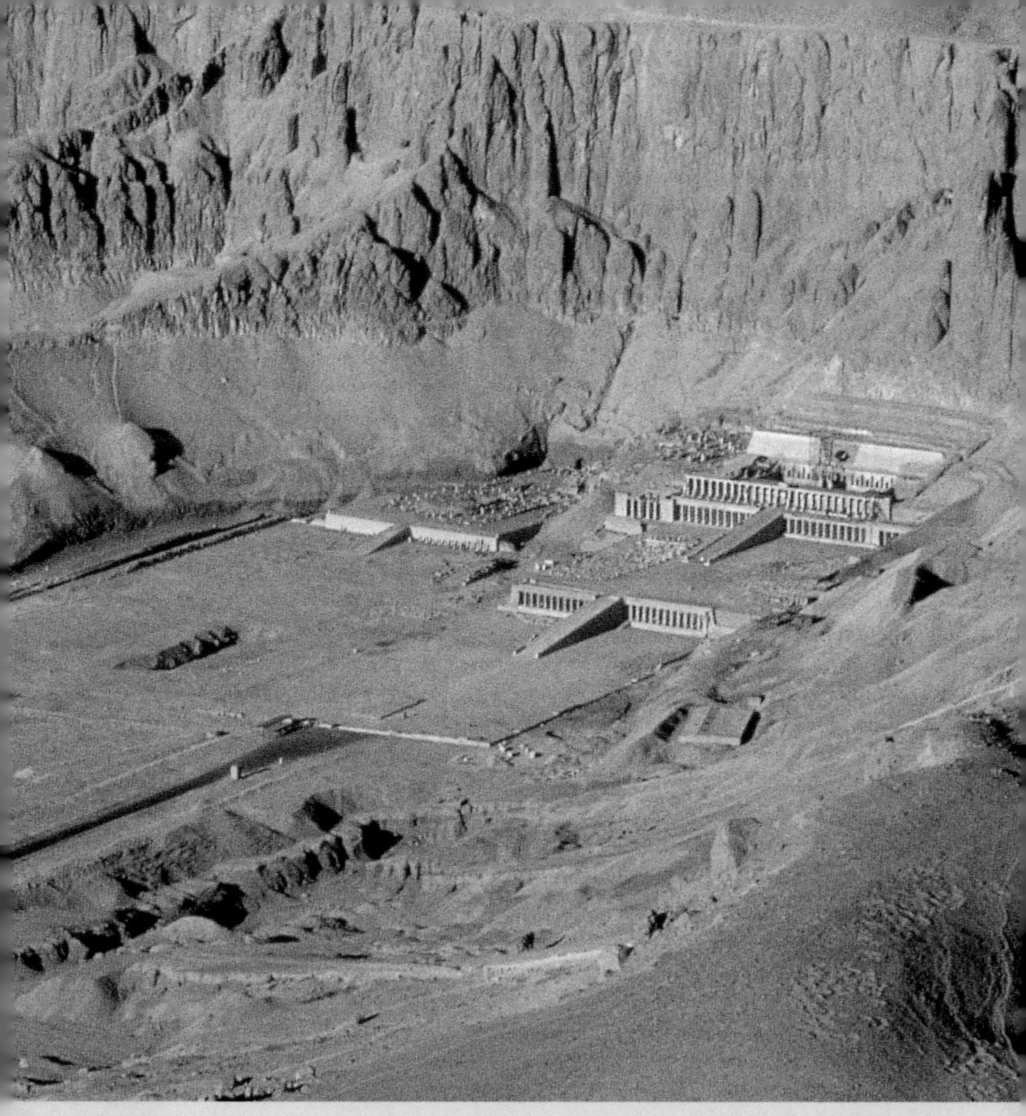

Die Nekropole von Theben-West

Theben-West

Auf dem Westufer des Nils erstreckt sich über mehrere Kilometer die Totenstadt von Theben. Die Belegung des weiträumigen Friedhofsgebietes nahm schon im 3. Jt. mit einigen Ziegel-Mastabas des Alten Reiches in el-Tarif ihren Anfang. Während der 11. Dynastie ließ sich das thebanische Herrscherhaus auf seinem Heimatfriedhof beisetzen, wobei Mentuhotep II. mit seinem Grabmal im Talkessel von Deir el-Bahari den ältesten Monumentalbau der Nekropole errichtete. Analog zu der politischen und religiösen Bedeutung von Theben im Neuen Reich begann mit der 18. Dynastie der eigentliche Aufstieg zur größten Totenstadt des Landes. Ein abseits gelegenes Wüstental wurde zum traditionellen Bestattungsplatz aller Könige bis zum Ende der 20. Dynastie, die ihre gewaltigen Totentempel am Rande des Fruchtlandes erbauten. In diesen Heiligtümern, den so genannten »Millionenjahrhäusern«, verband sich der Kult für die verstorbenen Herrscher mit dem des Reichsgottes Amun-Re von Karnak. Einmal im Jahr zum »Schönen Fest vom Wüstental« besuchte Amun zusammen mit den Gottheiten Mut und Chons die Götter der thebanische Westseite in einer großen Barkenprozession, die seit der 19. Dynastie in der Anlage des jeweils regierenden Königs endete.

Vorhergehende Seiten: Theben-West, Blick in den Talkessel von Deir el-Bahari

Grab des Haremhab (KV 57), Haremhab opfert vor dem Gott Osiris, S. 392 f.

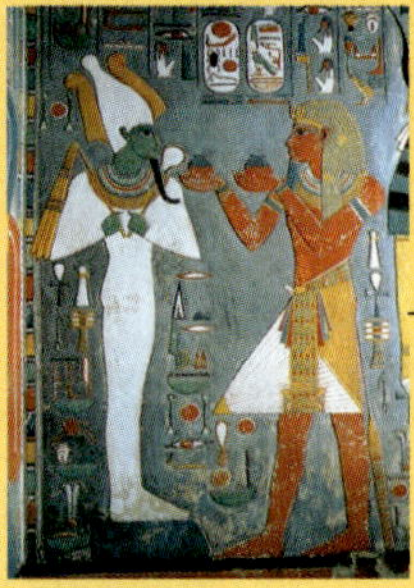

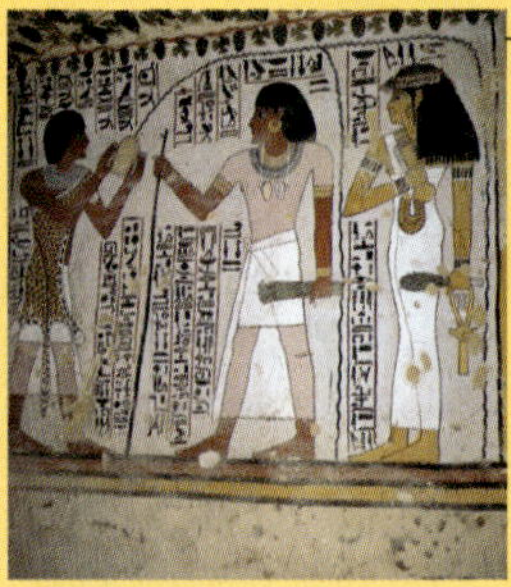

Grab des Sennefer (TT 96), Die Reinigung, S. 423 ff.

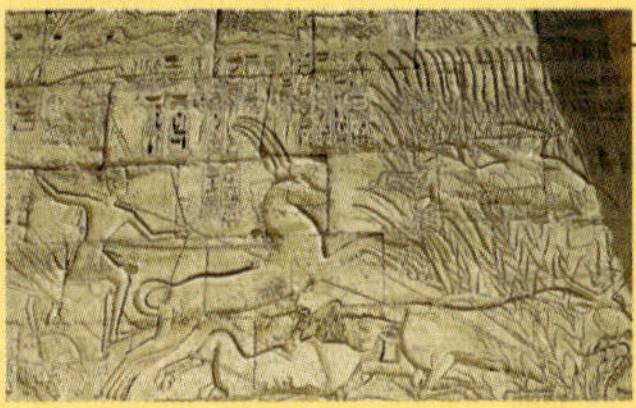

Medinet Habu, Die Wildstierjagd Ramses' III., S. 375

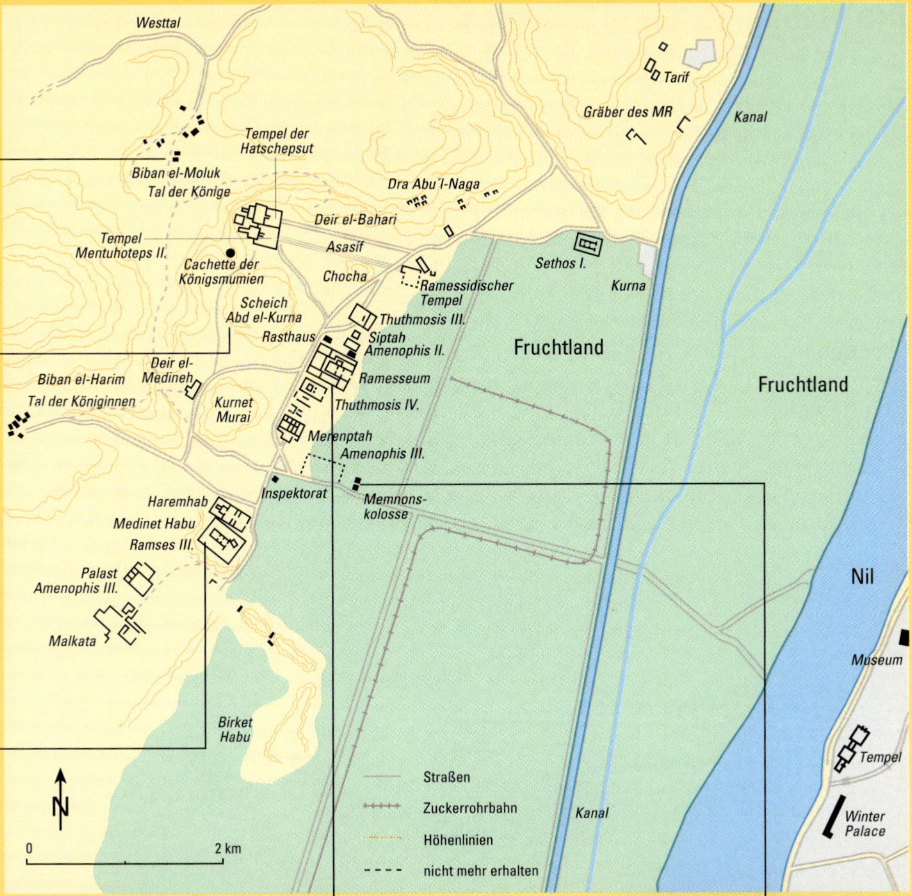

Das Ramesseum, S. 368 ff.

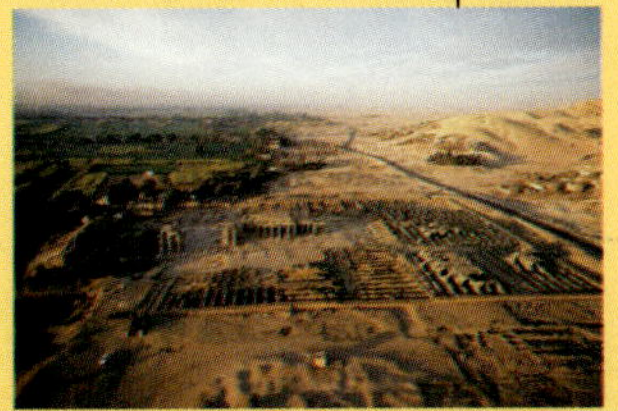

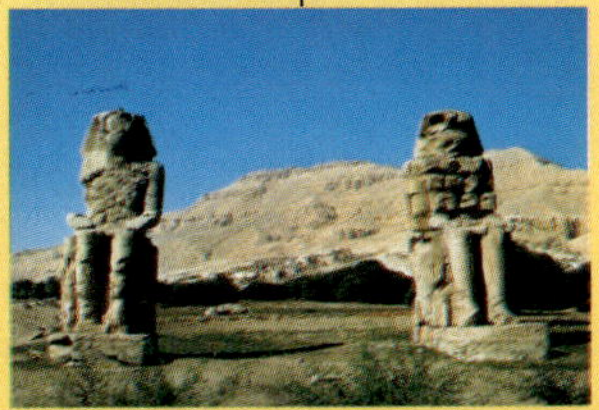

Die Memnons-Kolosse, S. 367

Die thebanischen Totentempel

Tempel Mentuhoteps II.

11. Dynastie, um 2020 v. Chr.

Im Talkessel von Deir el-Bahari wurde für Mentuhotep II. eine Anlage verwirklicht, deren Gesamtkonzeption innovativen Charakter besitzt, aber der traditionellen Verbindung von Totentempel und Grabmal noch Rechnung trägt. Über 1200 m führte vom ehemaligen Talbau ein Aufweg (Br. 46 m) zum Heiligtum und mündete dort in einen großen Vorhof, der mit einer mehrreihigen Baumbepflanzung (Tempelgarten) und Standfiguren des Königs ausgestattet war. Im vorderen Hofbereich markiert eine Bodenvertiefung den Zugang zum osirianischen Zweitgrab des Königs, das sog. Bab el-Hosan (arab. »Pferdetor«). Der über eine Rampe zugängliche Kernbau liegt auf einer hohen Terrasse und wird allseitig von einem Umgang mit achteckigen Pfeilern abgeschlossen. Darüber wurde ein mastabaähnlicher Baukörper (evtl. auch mit Baumbestand, s. Zeichnung) errichtet, der wohl den Gedanken des Urhügels repräsentieren sollte. Das hintere Tempelhaus mit Hof, Pfeilersaal und Sanktuar diente dem Kult des vergöttlichten Königs und des Amun. Von hier führt auch ein 150 m langer Stollen in den Berg, an dessen Ende die Grabkammer Mentuhoteps II. liegt.

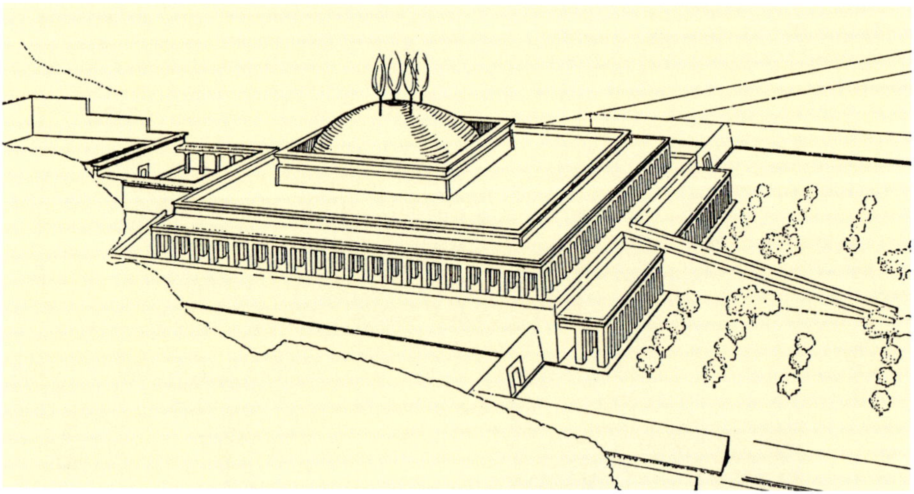

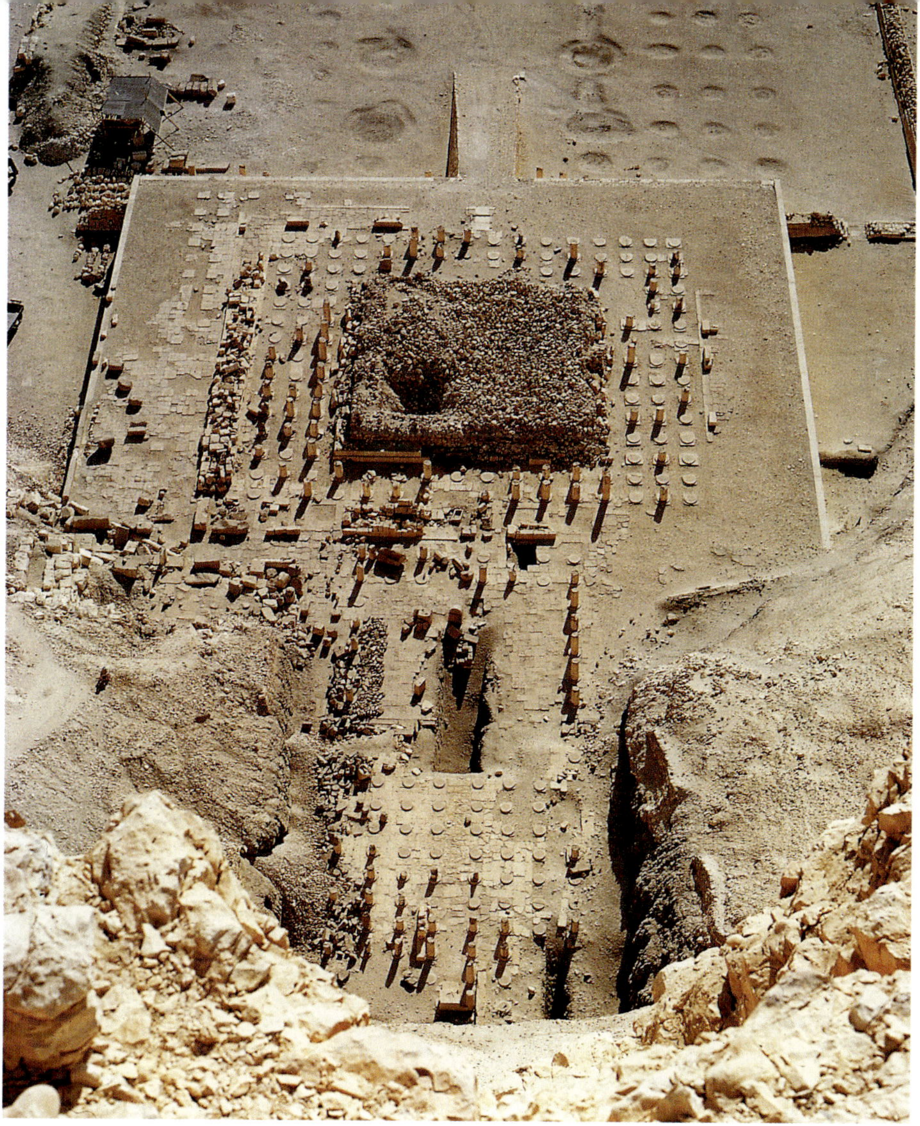

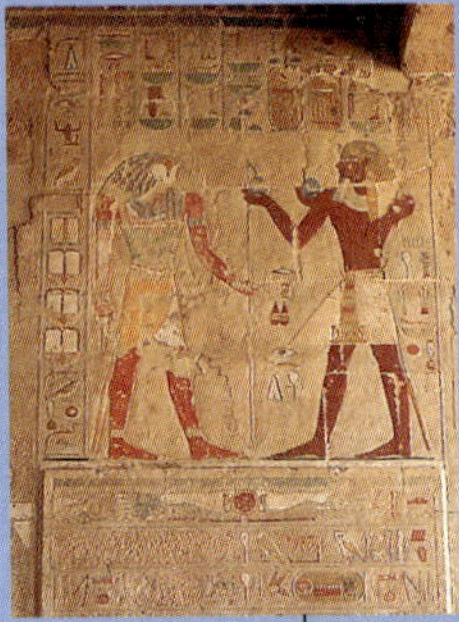

Anubis-Kapelle: Opfer Thutmosis' III., S. 366

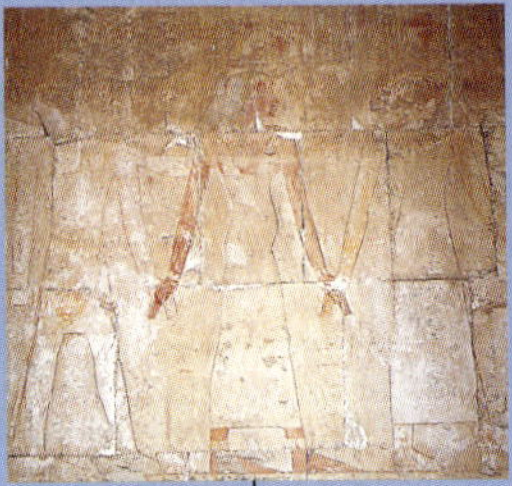

Die göttliche Geburt der Hatschepsut, S. 366

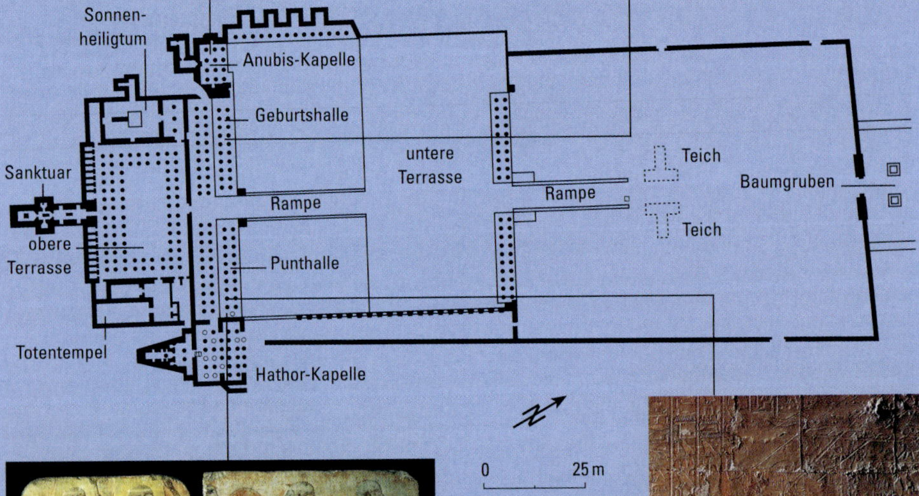

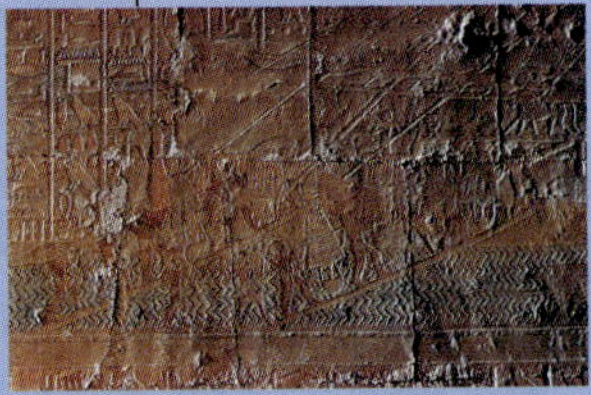

Die Fahrt nach Punt, S. 364

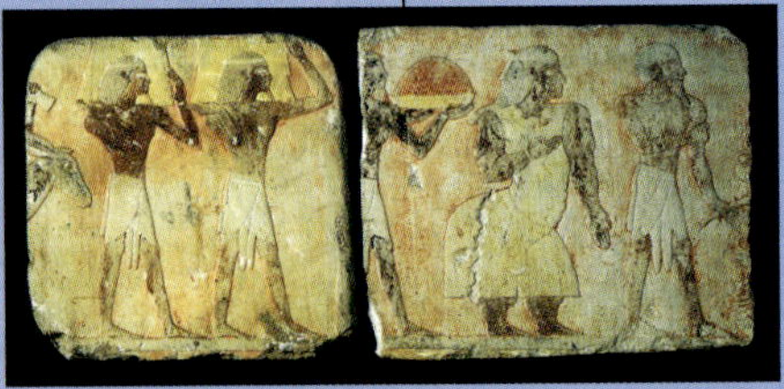

Fürst und Fürstin von Punt, S. 365

Totentempel der Hatschepsut

18. Dynastie, um 1470 v. Chr.

Unmittelbar neben dem Heiligtum Mentuhoteps II. ließ Königin Hatschepsut ihren Totentempel vor den steilen Klippen des Westgebirges anlegen, der zu den eigenwilligsten Leistungen ägyptischer Sakralarchitektur gehört. Der aus Kalkstein errichtete Bau besteht aus einem weiten Hof, dem in Abfolge zwei mächtige Terrassen nachgegliedert wurden. Ihre Fronten werden dabei von geöffneten Pfeilerhallen eingenommen, die durch den jeweiligen Rampenaufgang in zwei Hälften unterteilt sind. Während an die untere Terrasse mit der Punt- und der Geburtshalle noch die seitlichen Sanktuare des Anubis (nördlich) und der Hathor (südlich) angebaut wurden, erhebt sich das eigentliche Heiligtum auf der oberen Ebene. Hinter einer Fassade mit monumentalen Statuenpfeilern der Königin öffnet sich der breite Säulenhof, bevor man das in den Fels gehauene Barkensanktuar sowie die Kultbildkammern des Amun-Re und der Hatschepsut betritt. Nebenanlagen umfassen ein Sonnenheiligtum und die Totenopferräume der Königin und ihres Vaters Thutmosis' I.

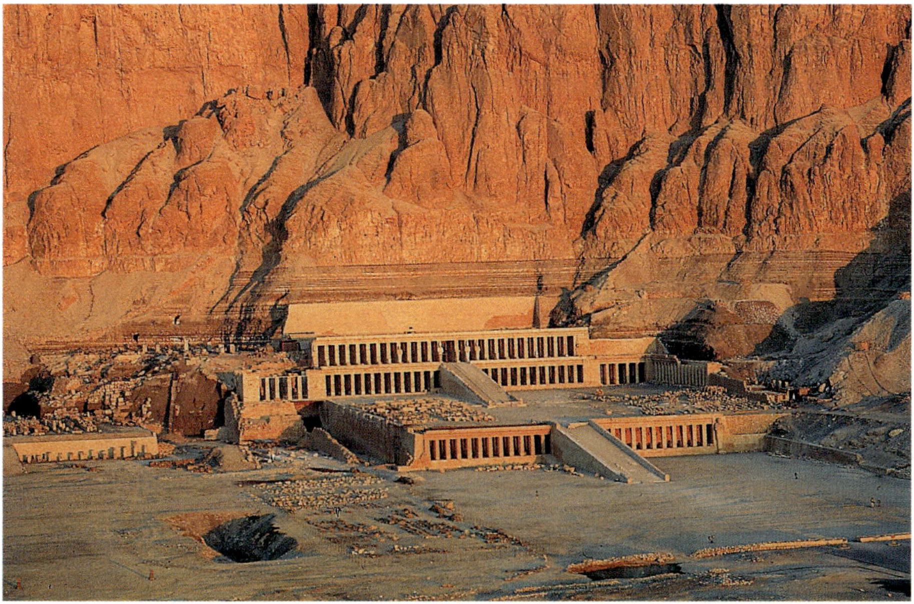

Die Fahrt nach Punt

In der südlichen Halle auf der unteren Terrasse sind die Reliefbilder ganz dem Thema der großen Handelsexpedition nach dem Land Punt gewidmet, die im neunten Regierungsjahr der Königin Hatschepsut unternommen wurde. Dabei handelt es sich um die einzige erhaltene Bildversion (schriftl. Belege seit dem Alten Reich) einer solchen Fahrt in den tieferen afrikanischen Raum. Mit fünf Schiffen segelten die Ägypter unter der Leitung des Kanzlers Nehesi zunächst an der Westküste des Roten Meeres entlang, um dann auf dem Landweg ihr Ziel im Norden des heutigen Eritrea zu erreichen. Neben den klassischen Naturprodukten dieser Gegend wie Gold, Ebenholz, Elfenbein und Raubkatzenfellen galt das Interesse besonders dem Import von hoch geschätzten Weihrauchharzen, die im Kult der zahlreichen Landestempel für die Räucherrituale unverzichtbar waren. Zusätzlich belud man die Lastensegler mit eingekübelten Myrrhebäumen, von denen nach inschriftlichen Aussagen 31 Exemplare die lange Rückfahrt nach Theben überstanden. Der Versuch, sie im Tempelgarten von Karnak heimisch zu machen, dürfte jedoch aus klimatischen Gründen gescheitert sein.

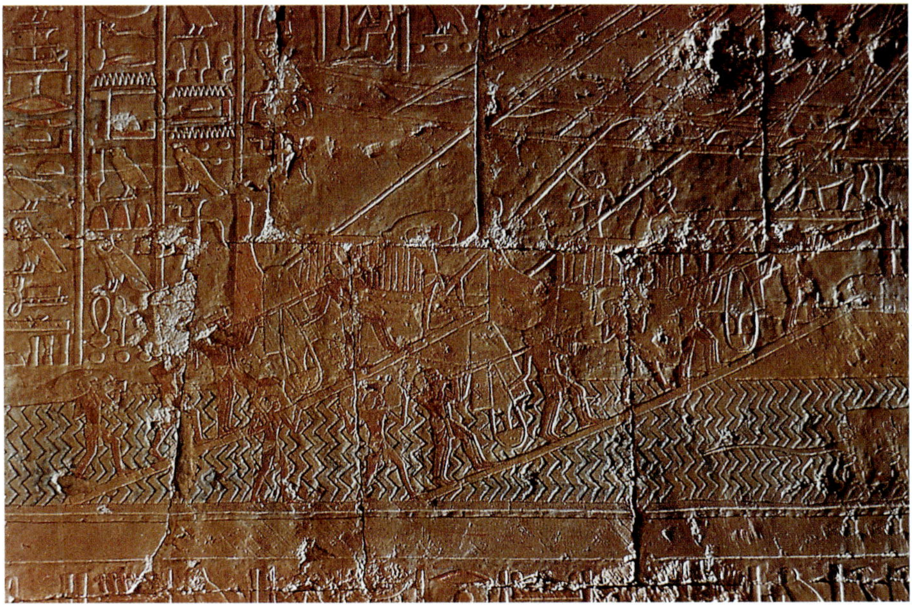

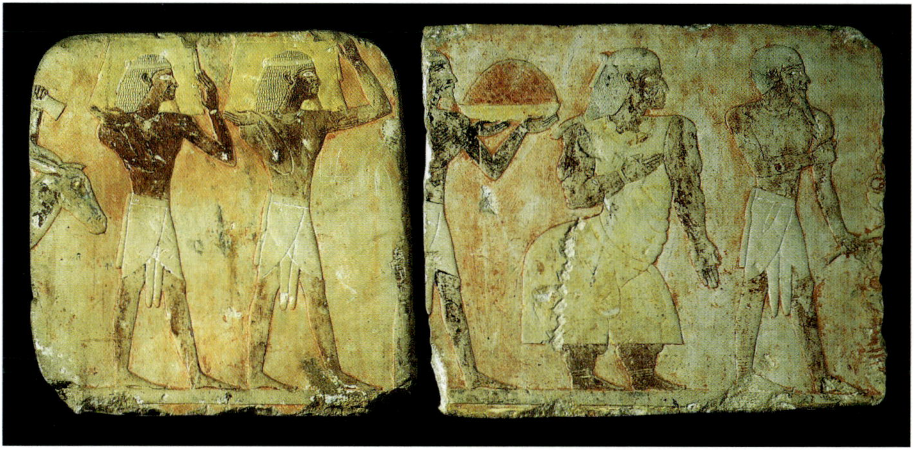

Fürst und Fürstin von Punt

Das ägyptische Expeditionscorps mit seinem Gesandten an der Spitze wird vom Fürsten von Punt und dessen Gemahlin empfangen. Der Fürst, »der Große von Punt«, besitzt eine Normalfigur und trägt einen langen Spitzbart sowie einen Kurzschurz mit Dolch im Gürtel. Die Gestalt der stark adipösen Königin Ati war dagegen so ungewöhnlich, dass ihre Darstellung in genauer Erfassung des Krankheitsbildes mit der starken Krümmung der Wirbelsäule und dem überhängenden Fettgewebe ausgeführt wurde. Ihr welliges Haar endet in einem Zopf und wird von einem breiten Band gehalten. Eine Halskette mit wuchtigen Goldscheiben und paarweise getragene Fuß- und Armreifen bilden den Schmuck der Fürstin. Noch in der Ramessidenzeit bot das Bild der Ati einem Künstler in Deir el-Medineh so viel Anreiz, dass er ihre Figur als lockere Skizze auf ein Ostrakon (Kalksteinsplitter) bannte. Ähnlich hat vielleicht auch ein Expeditionsteilnehmer die Kenntnis vom Aussehen der Fürstin nach Theben mitgebracht und damit deren Darstellung erst ermöglicht. Dem Herrscherpaar folgen deren Bedienstete, die als Gegengaben für den ägyptischen Hof in Theben Geschenke herbeischaffen. Die Naturprodukte werden auf flachen Schalen präsentiert oder in Körben auf den Schultern getragen. Die noch erhaltenen Blöcke dieser einmaligen Darstellung wurden vor längerer Zeit einmal gestohlen, nach ihrer glücklichen Sicherstellung aber dem Museum in Kairo übergeben, sodass im Tempel heute Gipsabgüsse von recht bescheidener Ausführung angebracht sind.

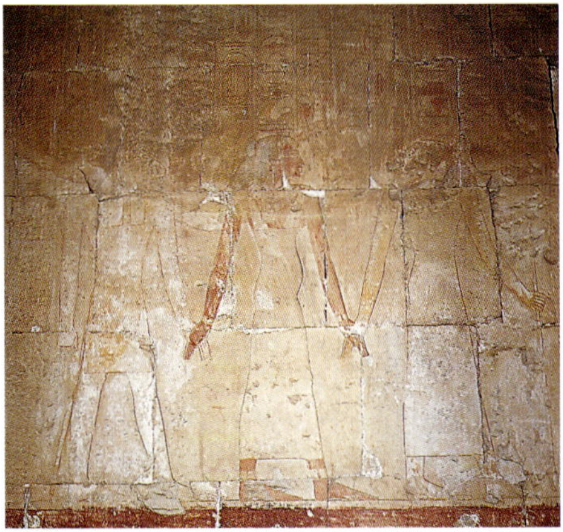

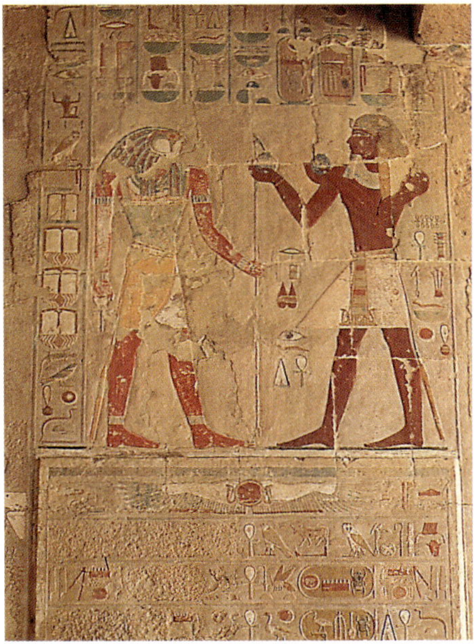

Die göttliche Geburt der Hatschepsut

Die Nordhalle der ersten Terrasse birgt den großen Reliefzyklus von der göttlichen Abstammung der Hatschepsut, der ältesten bekannten Bildfassung der königlichen Geburtslegende. Der Handlungsbogen reicht von dem Beschluss des Reichsgottes Amun, einen neuen Herrscher zu schaffen, über das Geleit der Königinmutter Ahmose zur Geburt (Mitte) durch die Götter Chnum und Heket (froschköpfig) bis zur Formung des königlichen Kindes mit seinem Ka auf der Töpferscheibe durch den widderköpfigen Schöpfergott von Elephantine.

Anubis-Kapelle: Das Opfer Thutmosis' III.

An der Nordseite der Geburtshalle wurde eine eigenständige Kapelle für den Gott Anubis errichtet, die aus einer breiten Vorhalle mit zwölf Säulen und zwei Kulträumen im Fels besteht. Während die Darstellungen der Hatschepsut wie überall im Tempel von den Wänden getilgt worden sind, hat sich über der rechten Nische der Säulenhalle eine Szene erhalten, die eindrucksvoll die hohe Qualität der Flachbildkunst dieser Zeit demonstriert und ebenso durch die Farbenpracht ihrer Bemalung beeindruckt. Sie zeigt Thutmosis III. beim Weinopfer vor dem falkenköpfigen Sonnengott Re-Harachte, dessen Kultbild wohl einst in der Nische stand. Auf der gegenüberliegenden Wand barg eine weitere Nische die Figur des Amun-Re, dem auch die korrespondierende Kultszene darüber galt.

Die Memnons-Kolosse

18. Dynastie, um 1370 v. Chr.

Die Krönung der unvorstellbaren Bauleistung Amenophis' III. stellt die Anlage seines thebanischen Totentempels dar, des größten jemals in Ägypten errichteten Einzelheiligtums. Von diesem monumentalen Bau (Umfassungsmauer: 700 x 550 m), der durch Erdbeben und Steinraub weitestgehend zerstört wurde, zeugen heute nur noch zwei riesige Sitzfiguren des Herrschers, die sog. Memnons-Kolosse. Aus einem monolithischen Quarzitblock gearbeitet, erreichen sie eine Höhe von etwa 18 m. Ihren Beinamen verdanken die Figuren einem Naturphänomen. Durch ein Erdbeben im Jahr 27 v. Chr. wurde der nördliche Koloss stark beschädigt und begann seitdem am Morgen »zu singen«. Diese Geräusche, wohl durch die Temperaturunterschiede von Tag zu Nacht und den damit verbundenen Absplitterungen von Gesteinspartikeln hervorgerufen, wurden in der Antike als Klagen der Göttin Eos um ihren vor Troja gefallenen Sohn Memnon gedeutet. Nachdem Kaiser Septimius Severus 199 n. Chr. die Figur hatte restaurieren lassen, verstummte sie für immer.

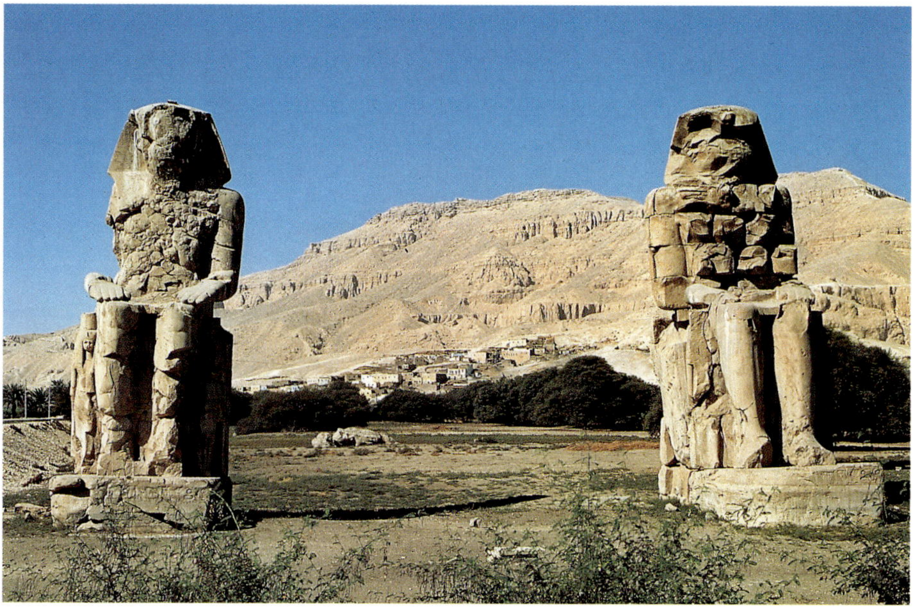

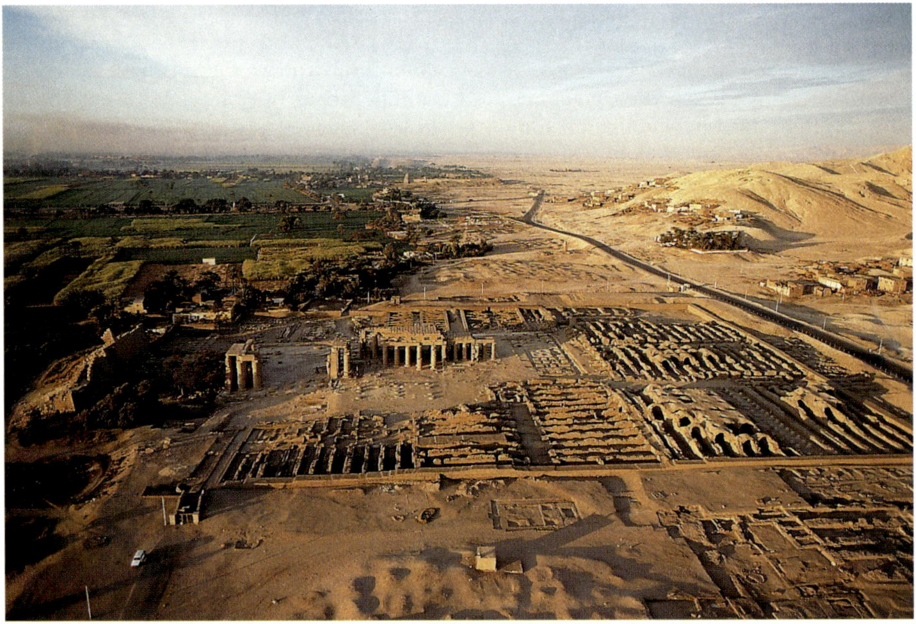

Das Rameseum

19. Dynastie, um 1260 v. Chr.

Nur kurze Zeit nach der Thronbesteigung Ramses' II. begannen die Arbeiten an seinem großen Totentempel, dem Ramesseum. Auf einer Fläche von ungefähr 15 000 m^2 liegen außer dem Heiligtum selbst ausgedehnte Magazinanlagen mit teilweise gut erhaltenen Tonnengewölben. Hinter dem mächtigen Eingangspylon (Br. 68 m), der erstmals in der Totentempelarchitektur aus Sandstein errichtet wurde, erstrecken sich zunächst zwei Höfe, in denen mehrere Kolossalfiguren des Herrschers standen. Vom zweiten Hof führen dann drei parallele Rampen zum erhöht gelegenen Tempelhaus hinauf, und man erreicht den großen Säulensaal. In seiner basilikalen Bauweise mit insgesamt 48 Papyrussäulen entspricht er dem Hypostyl des Karnak-Tempels. Der folgende Raum besitzt eine Decke mit astronomischen Darstellungen und zeigt auf der Ostwand Bilder der Barkenprozession. Daran schließt sich der Opfertischsaal an, wohingegen der eigentliche Sanktuarbereich vollständig zerstört ist.

»Ramses, Sonne der Fremdherrscher«

Mit diesem Eigennamen versehen, erhob sich südlich der Rampe, die vom ersten Hof zum zweiten Pylon emporführt, eine der größten Kolossalfiguren des vergöttlichten Ramses. Noch heute faszinieren die gewaltigen Granittrümmer dieses Sitzbildes, das einst eine Höhe von über 18 m erreichte und über 1000 t wog. Beeindruckend sind auch die Einzelmaße der sorgfältig bearbeiteten Riesenstatue, z. B. die Brustweite von 7 m, ein Armumfang von 5,30 m und die Länge des Mittelfingers von einem Meter. Schon in der Antike vom Historiker Diodor (1. Jh. v. Chr.) beschrieben und bewundert, erlangte die Figur als Osymandyas (Verballhornung des königlichen Thronnamens User-maat-Re) durch das Sonett von Percy B. Shelly (1817) literarischen Weltruhm. Als Pendant zum Ramseskoloss scheint in der nördlichen Hofhälfte eine nicht ganz so gewaltige Statue der Königinmutter Tuja aufgestellt gewesen zu sein, von der aber nur Fragmente in geringem Umfang aufgefunden werden konnten.

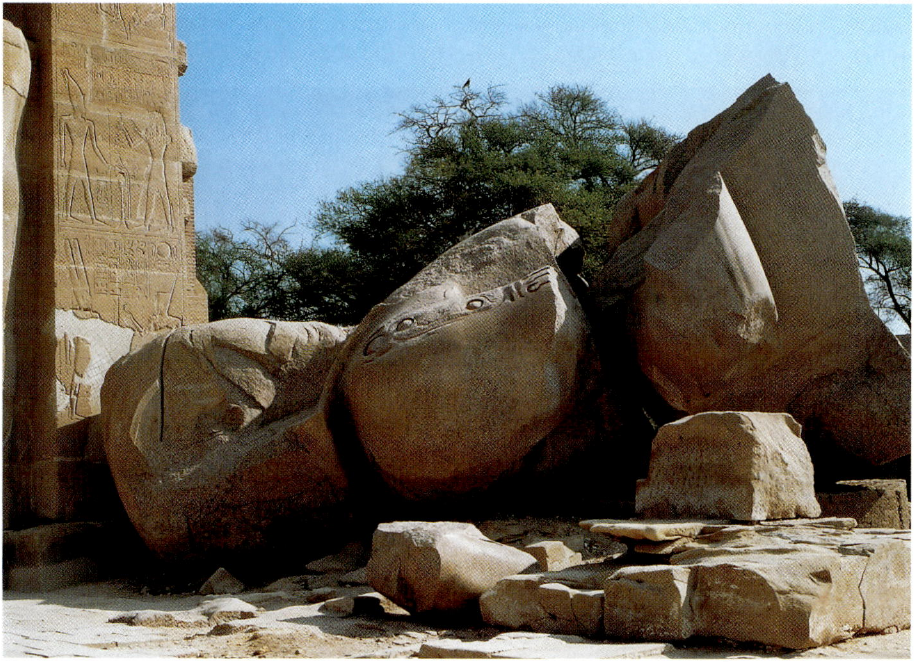

Statuenpfeiler im zweiten Hof

Königliche Pfeilerfiguren sind in der Sakralbaukunst Ägyptens schon seit dem Alten Reich bezeugt, doch kann ihr Einsatz zur Gestaltung eines Hofumgangs erst für die Heiligtümer des Neuen Reiches nachgewiesen werden. Die Figuren bilden dabei mit den hinter ihnen aufragenden Pfeilern einen Verbund, besitzen aber keine tragende Funktion wie in der griechischen Architektur. Eine mumienförmige Körperausführung und die überkreuzten Arme mit den Händen, die Krummstab und Wedel halten, haben ihnen die geläufige Bezeichnung »Osiris-Pfeiler« eingetragen.

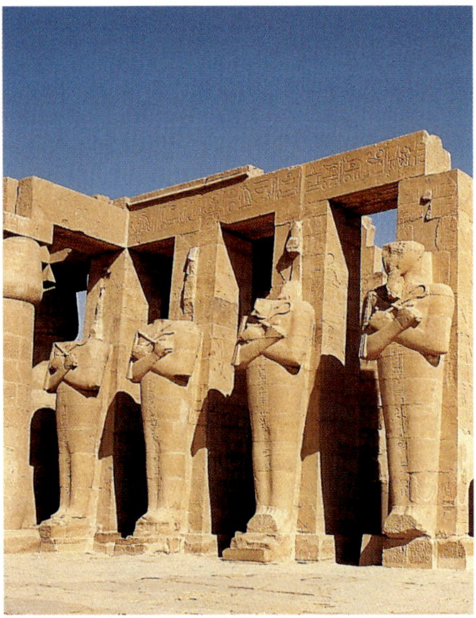

Blick in das Hypostyl

Gegenüber der Anlage seines Vaters Sethos I., mit der die Reihe der ramessidischen Totentempel im Norden von Theben-West beginnt, wird für Ramses II. ein stark veränderter Bauplan verwirklicht. Zu diesen neuen Elementen gehört auch das Hypostyl, die große Säulenhalle. Ihre kraftvolle und zugleich harmonische Raumwirkung mit dem nur leicht erhöhten Mittelschiff hat schon Jean-François Champollion in einem Brief die Auffassung vertreten lassen: »Das Ramesseum ist, was große Denkmäler angeht, vielleicht das vornehmste und schönste in Theben.«

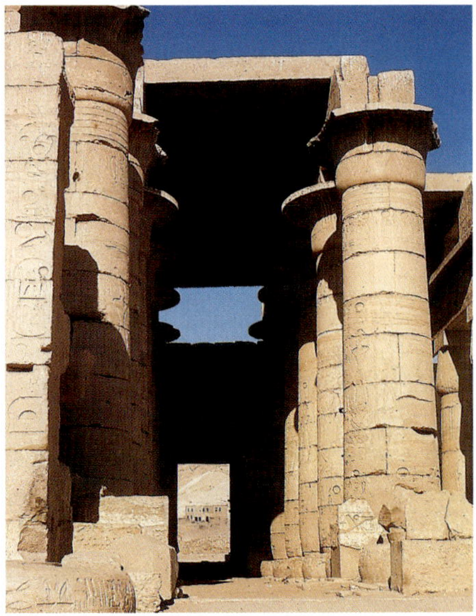

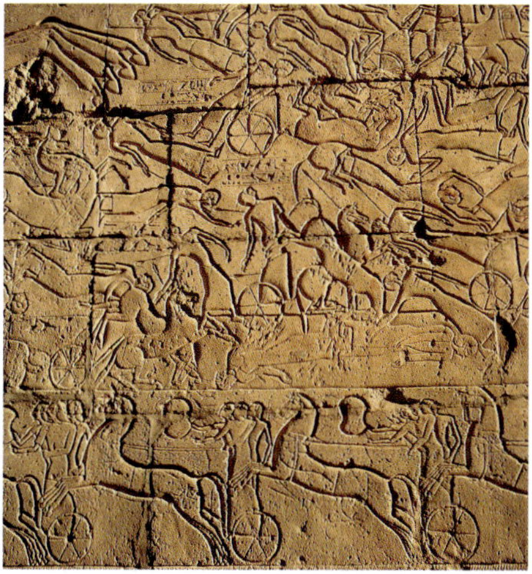

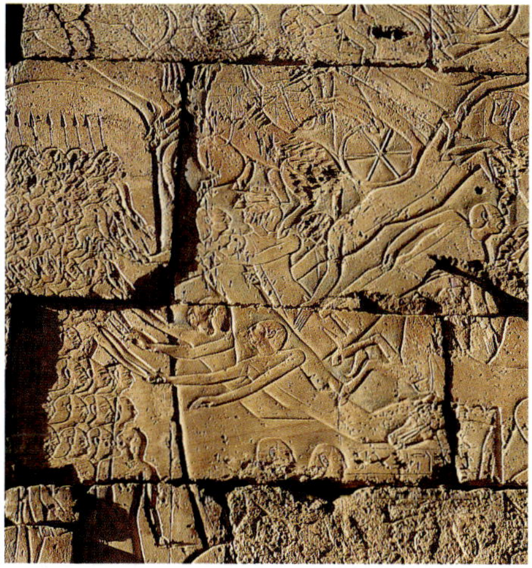

Kampf um Qadesch

Auch in seinem Totentempel hat Ramses II. die dramatischen Ereignisse der berühmten Schlacht von Qadesch gegen die Hethiter (1275 v. Chr.) in aller Breite darstellen lassen, um seinem Triumph vor den Göttern Ewigkeitscharakter zu verleihen. Eine vollständige Version wurde auf den Innenseiten des ersten Pylons angebracht, und eine weitere Bildfolge schmückt den erhaltenen Abschnitt der Ostwand im zweiten Hof. Das Kampfgetümmel zeigt in einem chaotischen Durcheinander die von Pfeilen durchbohrten Leichen der Feinde und ihre umgestürzten Streitwagen, während im Basisregister (linkes Bild) die hethitischen Gespanne mit jeweils drei Mann Besatzung heranfahren. Als Hethiter werden sie nicht nur durch ihre Bekleidung charakterisiert, sondern vor allem durch einen Teil der mitgeführten Bewaffnung, den sog. Achterschilden. Großformatige Schlachtenbilder, die ganze Tempelwände einnehmen können, waren eine Neuerung der 19. Dynastie, wobei die erzählerische Art des Kompositionsgefüges ein Erbe der Amarnazeit ist. In der detailreichen Ausgestaltung des Kampfgeschehens werden auch eher unwichtige Handlungsebenen wiedergegeben. Die vorderen Krieger reichen dabei ihren ins Wasser gefallenen Kameraden die Hand, um sie vor dem Ertrinken zu retten. So sieht man die Reihen der hethitischen Fußtruppen mit ihren Speeren am Ufer des Orontes stehen (rechtes Bild), an dem die Stadtfestung von Qadesch lag.

Medinet Habu

Totentempel Ramses' III.

20. Dynastie, um 1170 v. Chr.

Im Süden von Theben-West liegt mit dem Bau Ramses' III. bei Medinet Habu der am besten erhaltene Totentempel der ganzen Nekropole. Die mächtige Ziegelumwallung (315 x 205 m) umschließt dabei noch zwei weitere Anlagen: den »Kleinen Tempel« der 18. Dynastie (Hatschepsut/Thutmosis III.; dann wiederholt erweitert) und im Südosten die Grabkapellen von drei Gottesgemahlinnen aus der 25./26. Dynastie. Den Eingang zum gesamten Kultbezirk markiert auf seiner Ostseite ein festungsartiges Bauwerk, das sog. »Hohe Tor«. Von hier aus fällt der Blick auf den ersten Pylon des Millionenjahrhauses Ramses' III., dessen Grundriss sich weitgehend an dem des Ramesseums orientiert. Dem Eingangspylon folgen zwei Höfe, wobei dem ersten Hof im Süden ein großer Kultpalast angegliedert wurde. Das hintere Tempelhaus mit verschiedenen Säulensälen und dem Barkensanktuar ist dagegen weniger gut erhalten. Um das Heiligtum erstrecken sich umfangreiche Wirtschafts- und Verwaltungseinrichtungen, die darauf verweisen, dass Medinet Habu zu dieser Zeit Sitz der thebanischen Administration war.

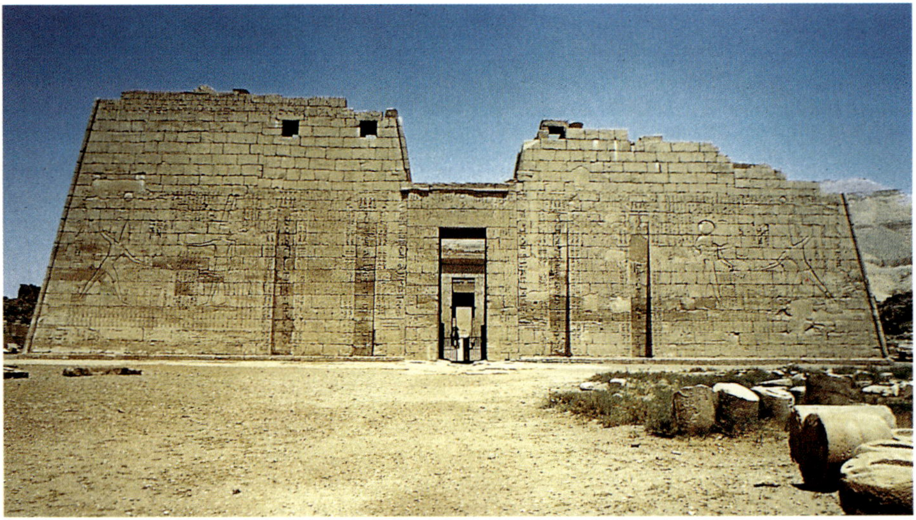

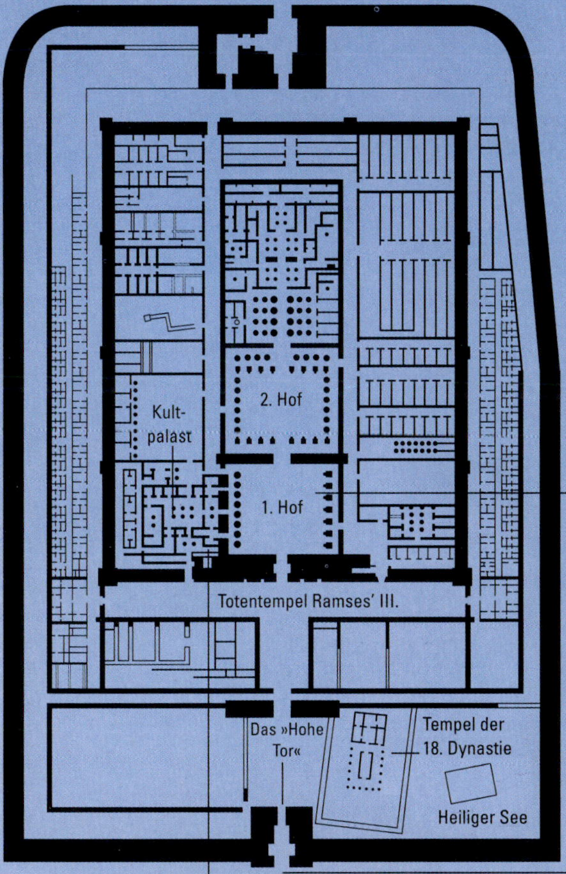

Blick in den ersten Hof, S. 376

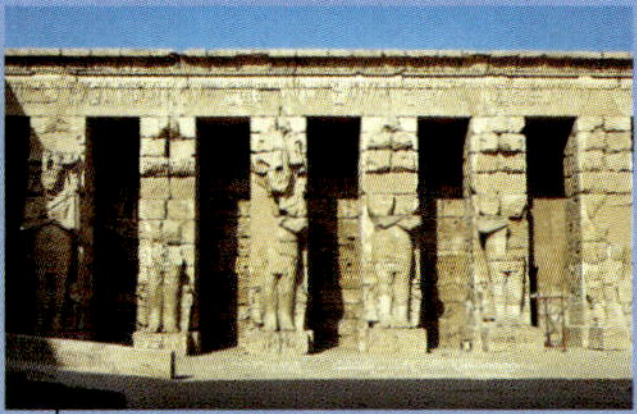

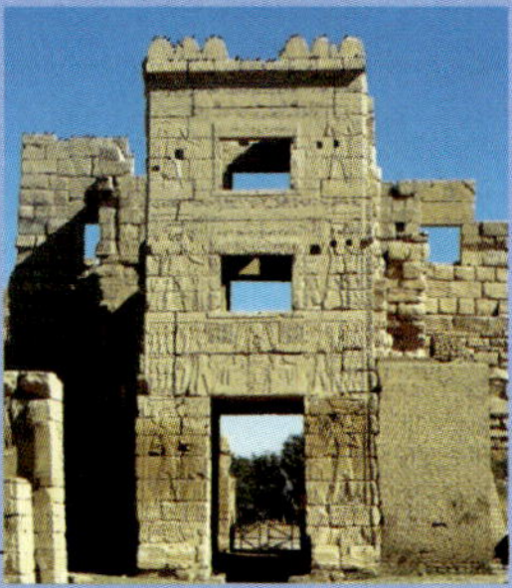

Das »Hohe Tor« von Medinet Habu, S. 374 f.

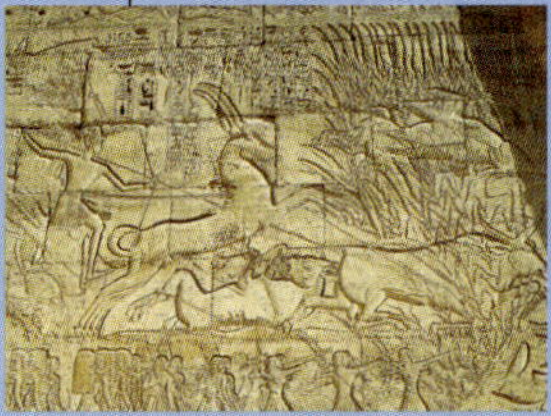

Die Wildstierjagd Ramses' III., S. 375

0 50 m

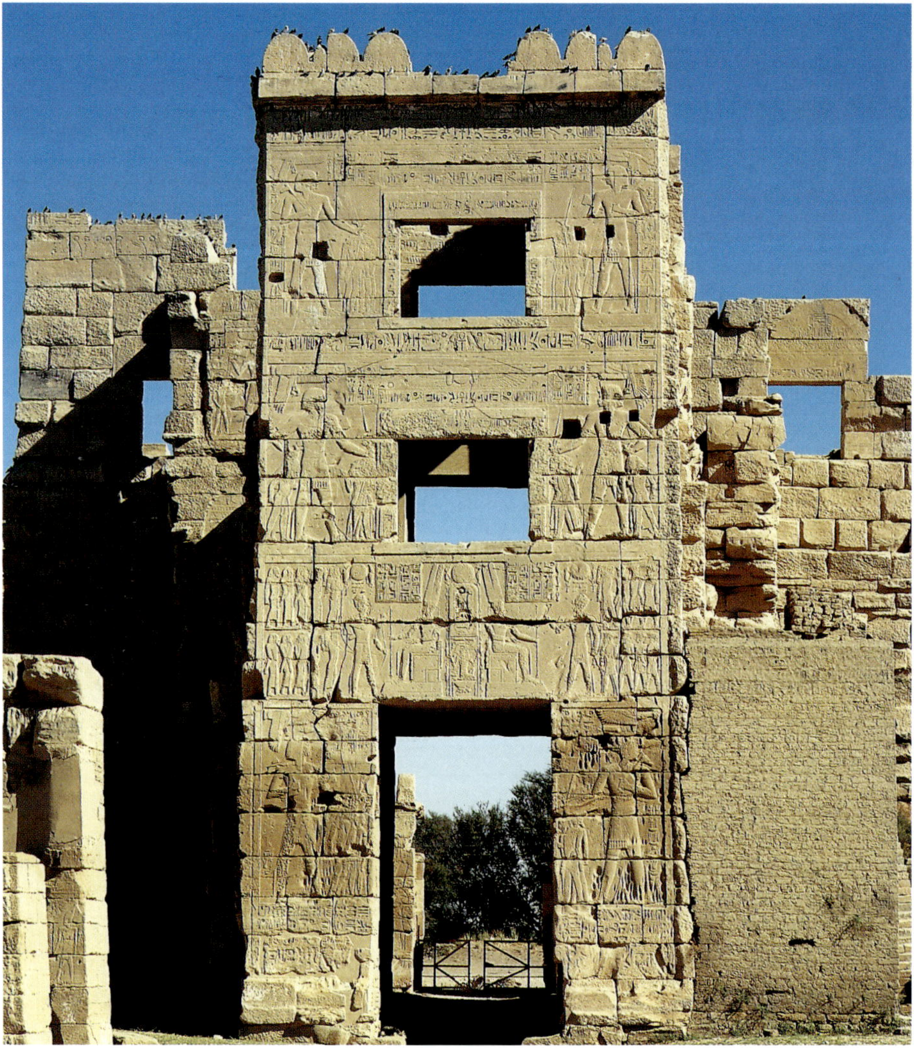

Das »Hohe Tor« von Medinet Habu

Dieser monumentale Torbau (H. 19 m) besitzt eine für die ägyptische Tempelarchitektur einmalige Gestalt, die wohl Vorbildern aus dem vorderasiatischen Festungsbau entlehnt wurde. Zwei mit Zinnen bekrönte Türme flankieren mit ihrem anschließenden Mauerwerk die Eingangspassage. Erst auf der rückwärtigen Front werden sie durch ein doppeltes Obergeschoss miteinander verbunden. Die bewohnbaren Innenräume dienten dem Herrscher für kurzfristige Aufenthalte; einige Reliefs zeigen ihn in privatem Ambiente mit seinen Haremsdamen.

Die Wildstierjagd Ramses' III.

Die außerhalb des Hofes sichtbare Westwand des südlichen Pylonturmes ist mit zwei großflächigen Jagdszenen ausgestattet, die in der Dynamik ihres Bildaufbaus zu den schönsten dieses Genres gehören. Das untere Reliefbild zeigt Ramses III. beim Erlegen von drei Wildstieren am Rand der Deltamarschen. Von Pfeilen durchbohrt, brechen die Tiere im Todeskampf zusammen oder werden vom Wagen des Königs überfahren. Unterhalb des herrschaftlichen Gespanns eilt seine Begleitmannschaft herbei, an deren Spitze mehrere Prinzen aktiv in das Jagdgeschehen eingreifen.

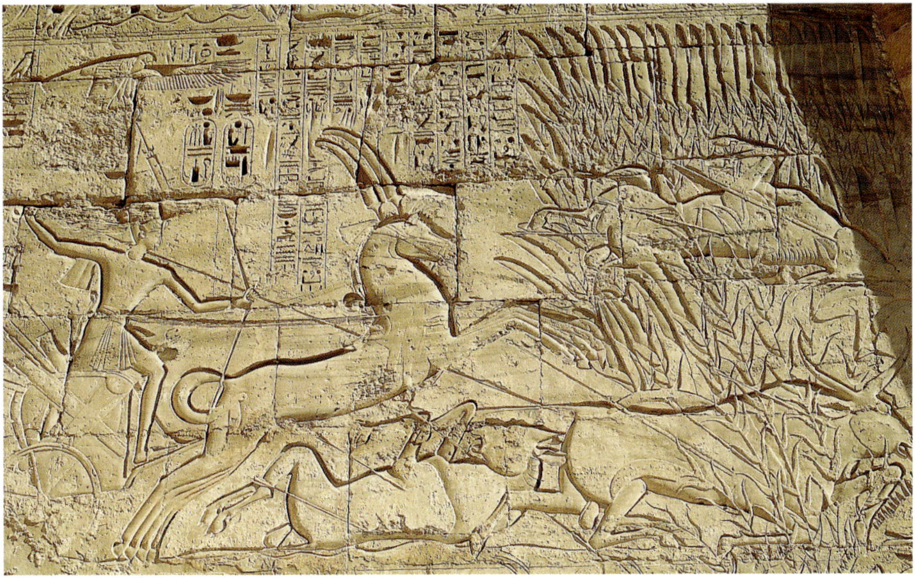

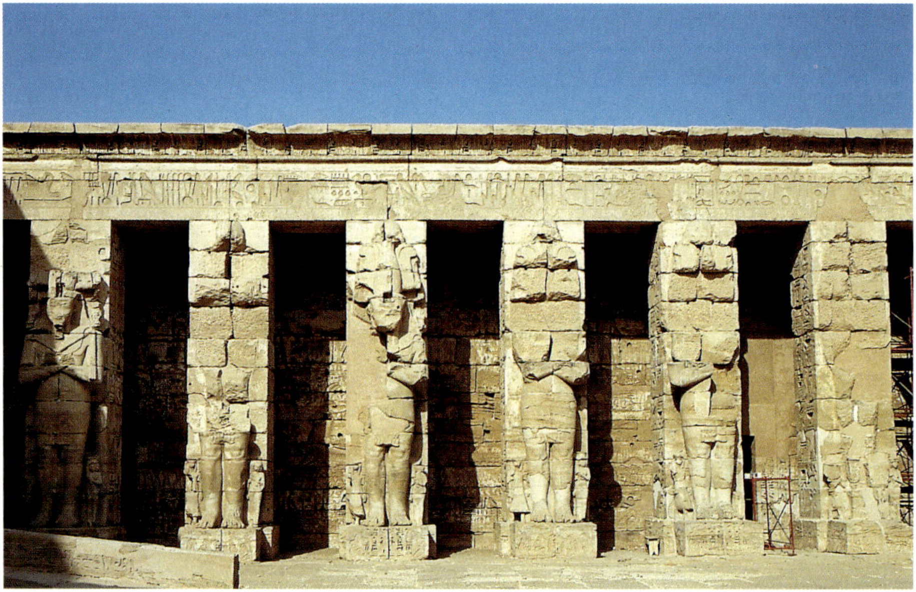

Blick in den ersten Hof

Die Thematik der Reliefdarstellungen im ersten Hof (33 x 42 m) steht ganz im Zeichen der kriegerischen Erfolge Ramses' III. über die Libyer und die Truppen der Seevölker. Die beiden Schlachten gegen die vereinten Stammesverbände der Seevölker im achten Regierungsjahr waren v. a. Ereignisse von weltpolitischer Tragweite. Während der inschriftliche Bericht an der Westseite des Hofes, auf dem zweiten Pylon, vermerkt ist, wurden die Bilder der Land- wie der Seeschlacht auf die nördliche Außenwand des Tempels verlegt. Die Gestaltung des Hofes umfasst auf der rechten (nördlichen) Seite eine Stellung von sieben Statuenpfeilern des Königs. Rundplastische Zusätze von Hieroglyphenzeichen an den Kronen und auf den Schultern lassen die Figuren dabei zu steinernen Kryptogrammen des Thronnamens Ramses' III. werden: User-maat-Re merj-Amun (»Mächtig an Maat ist Re, Erwählter des Amun«). Hinter den Papyrussäulen der gegenüberliegenden Hofseite durchbricht das sog. Erscheinungsfenster die Wand, das zusammen mit zwei seitlichen Pforten die Verbindung zwischen Hof und Kultpalast (s. S. 377) herstellt.

Zählung der Gefallenen (Detail)

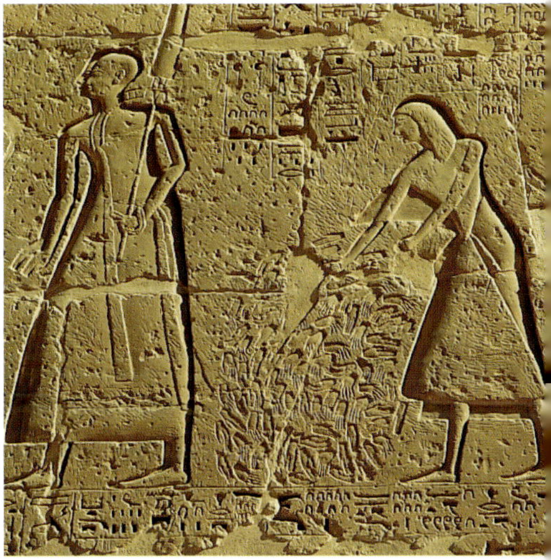

Die ausführlichen Kriegsdarstellungen im Totentempel Ramses' III. reichen bis in den zweiten Hof, der auf seiner Südwand eine interessante Detailszene aus einem der Libyenfeldzüge bewahrt hat. Im Beisein der beiden Wesire (links) wird dem Herrscher die genaue Anzahl der getöteten Feinde gemeldet. Die als notwendig erachtete Zählung erfolgte auf eine recht unkonventionelle, wenn auch effektive Art und Weise: Jedem Gefallenen wurde die rechte Hand und das Geschlechtsteil abgeschnitten. Von Soldaten zu je einem getrennten Haufen aufgeschichtet, wurden sie dann von einem Heeresschreiber registriert.

Der Kultpalast von Medinet Habu

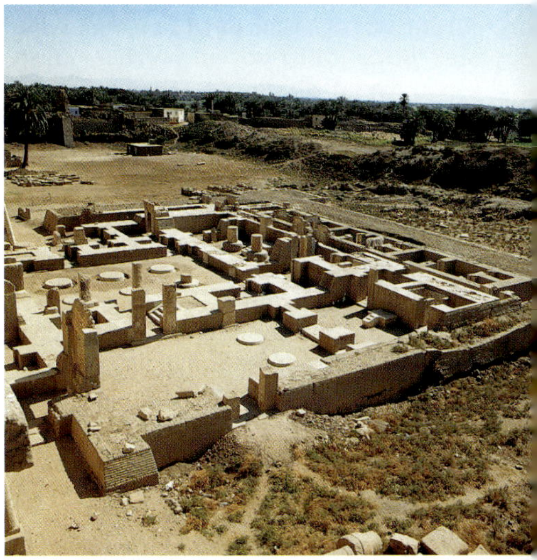

Im Zuge der Ausgrabungen des Oriental Institute Chicago (ab 1929) konnte auch der königliche Kultpalast wiedergewonnen und in den unteren Mauerschichten rekonstruiert werden (Ziegellagen modern). Er liegt in Höhe des ersten Hofes an der Südseite des Tempels und ist mit diesem über das Erscheinungsfenster verbunden. Hier zeigte sich der Herrscher der im Hof versammelten Beamtenschaft anlässlich einer wichtigen Zeremonie, der »Verleihung des Ehrengoldes« an verdiente Beamte. Der Palast selbst besaß einen großen Thronsaal mit Palmstamm-Säulen, ein Schlafzimmer und ein Bad (mit Toilette) sowie mehrere Nebengemächer für Familienangehörige des Pharao.

Das Tal der Könige

Mit dem Aufstieg Thebens zur Hauptstadt des Landes bestand für die Herrscher der frühen 18. Dynastie die Notwendigkeit, ein neues Friedhofsgebiet für ihre Grabanlagen zu bestimmen. Die Wahl fiel auf ein rund fünf Kilometer vom Nil entferntes Wüstental des thebanischen Westgebirges, in dem sich seit Thutmosis I. alle Könige des Neuen Reiches beisetzen ließen. Im Zusammenhang damit war die Entscheidung gefallen, auf die traditionelle Pyramidenbestattung zu verzichten, da selbst die gewaltigsten Steinmassen den Schutz der königlichen Mumie nicht hatten gewährleisten können. Dagegen schien ein Felsgrab in dem abseits gelegenen Wadi dem Bedürfnis nach Geheimhaltung und Schutz auf ideale Weise zu entsprechen. Davon zeugt die oft zitierte Aussage eines Beamten in seiner autobiografischen Grabinschrift: »(...) Ich sah, wie man das Felsgrab Seiner Majestät (Thutmosis I.) grub in der Einsamkeit, niemand sah es, niemand hörte es«. Doch kurz nach Ende des Neuen Reiches waren sämtliche Gräber beraubt, und nur die bescheidene Anlage des Tutanchamun überdauerte durch glückliche Umstände die Jahrtausende. Verantwortlich für die Anlage des Königsgrabes war in der 18. Dynastie ein vom Herrscher persönlich ernannter Beamter, während in der Ramessidenzeit die entsprechenden Aufgaben vom jeweils amtierenden Wesir wahrgenommen wurden.

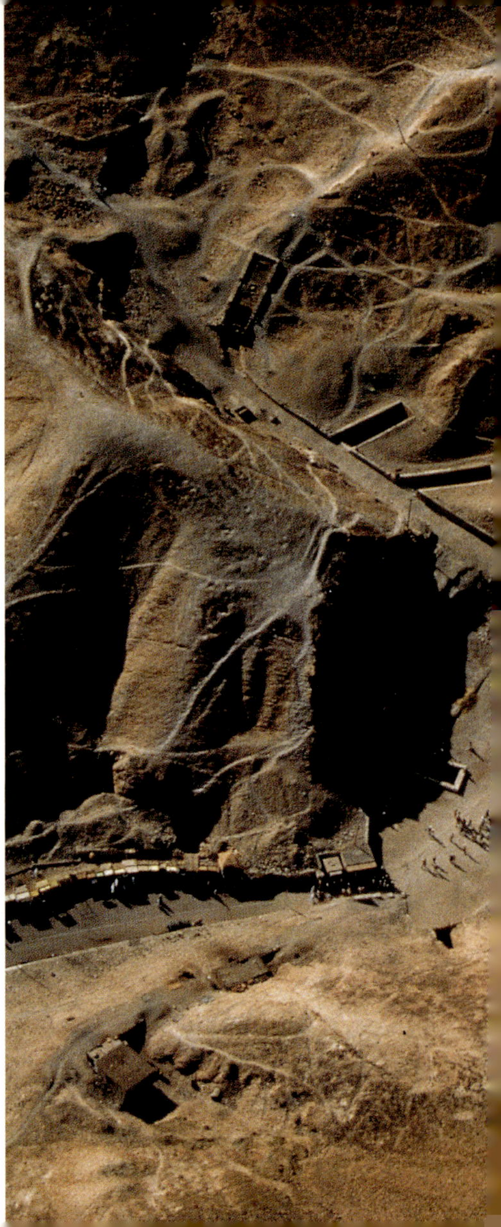

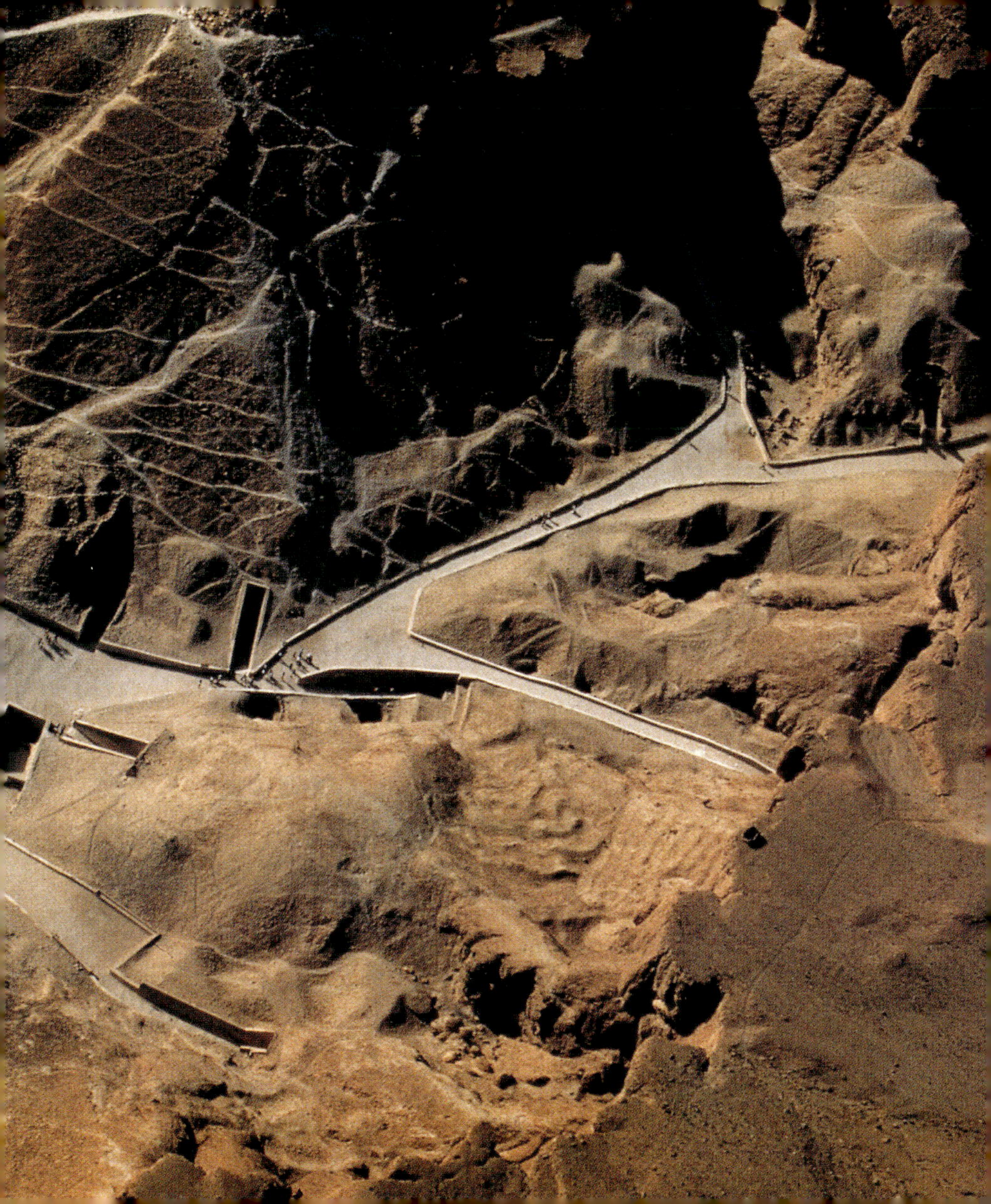

Grab Thutmosis' III. (KV 34)

18. Dynastie, um 1450 v. Chr.

Das Wadi Biban el-Moluk, das Tal der Könige, gliedert sich in zwei Arme, von denen der östliche den zentralen Bereich mit den meisten Gräbern umfasst. Das westliche Seitental dagegen wurde nur von Amenophis III. und Eje als Bestattungsort genutzt. Der innere Talkessel bot am Fuße seiner Felsformationen besonders günstige Möglichkeiten, ein Grab in versteckter Lage auszuheben und nach erfolgter Beisetzung durch Zuschüttung den Blicken zu entziehen. Die Sorgfalt bei der Auswahl des Grabplatzes für den verstorbenen Herrscher demonstriert eindrucksvoll das Beispiel Thutmosis' III., dessen Eingang über dem Bodenniveau in einer kleinen Felsspalte liegt, sodass er heute nur mit Hilfe einer modernen Eisenleiter erreichbar ist. Das Grab wurde 1898 von dem Franzosen Victor Loret entdeckt und weist den charakteristischen Achsenknick der thutmosidenzeitlichen Anlagen auf. Steile Treppenabgänge führen über einen großen Vorraum zur dekorierten Sargkammer, deren Decke durch zwei Pfeiler getragen wird und die als letzte ihrer Art einen ovalen Grundriss aufweist.

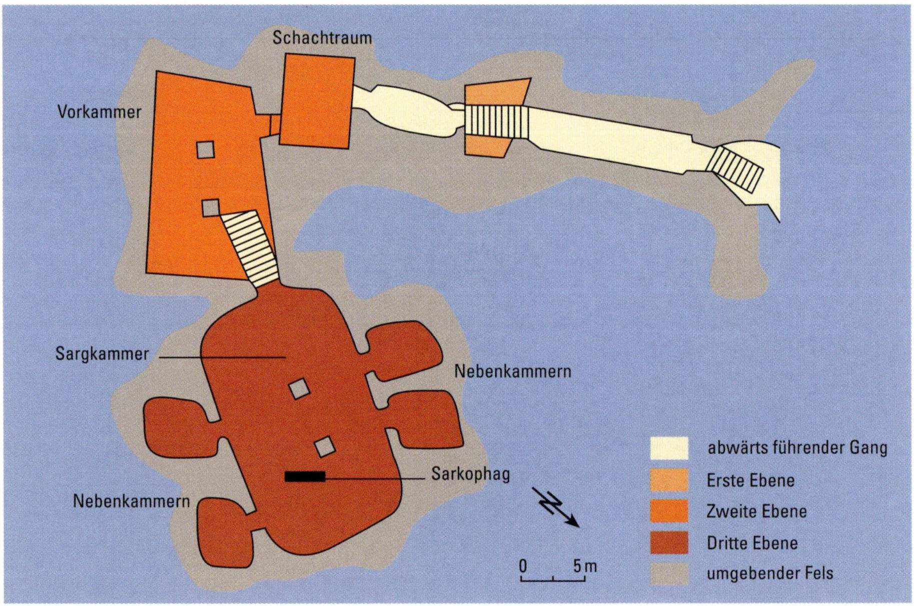

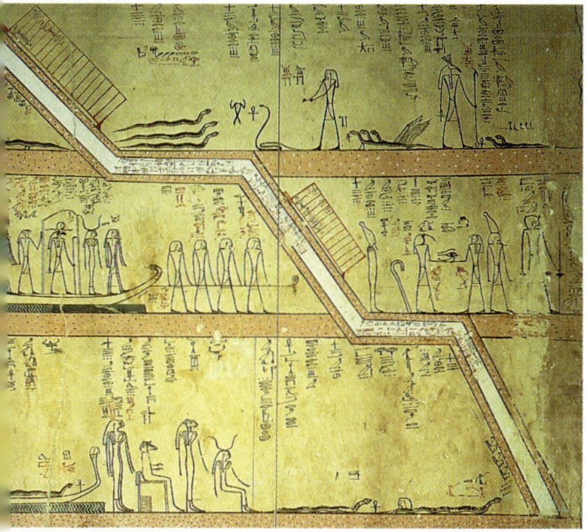

Das Amduat: Die vierte Nachtstunde

Auf den Wänden der Sargkammer erscheint die älteste vollständige Fassung des »Amduat«, das mit seinem Originaltitel als »Schrift des Verborgenen Raumes« bezeichnet wird. Dieses Buch von der Unterwelt schildert die Fahrt des Sonnengottes in seiner Barke durch die zwölf Stunden der Nacht. Die zusammengehörigen Text- und Bildfelder der einzelnen Stunden sind hier noch nach den Himmelsrichtungen angeordnet. Die vierte Nachtstunde steht daher unmittelbar am Eingang zur Sargkammer. Hier führt der Weg der Barke im Zickzack durch das sandige Wüstengebiet von Rosetjau, dem Land des memphitischen Totengottes Sokar, während sie sonst über einen unterirdischen Wasserlauf (mittleres Register) getreidelt wird.

Nährung Thutmosis' III.

Neben den Wänden wurden auch beide Pfeiler in der Sargkammer dekoriert, wobei jeweils der skizzenhafte Stil der Bilder auffällt. Dabei hat der vordere Pfeiler eine absolut einmalige Darstellung erhalten. Im oberen Register rudert Thutmosis III. zusammen mit seiner Mutter Isis in einer Barke, während er darunter von einer Baumgöttin, »seiner Mutter Isis«, gestillt wird, wie auch die kurze Beischrift erläutert. Die Namensgleichheit zwischen der physischen und der göttlichen Mutter des Königs verstärkt den Versorgungsaspekt.

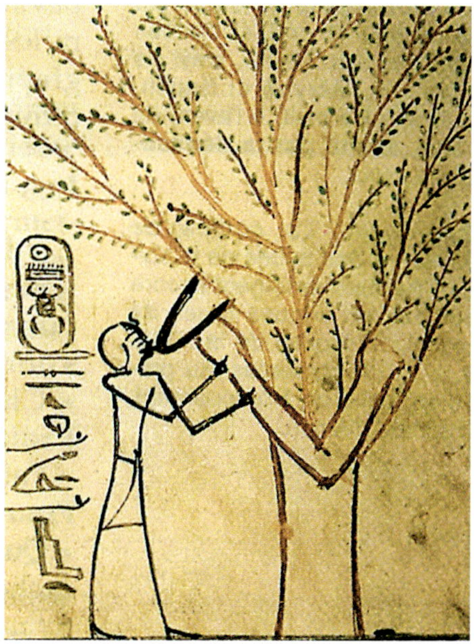

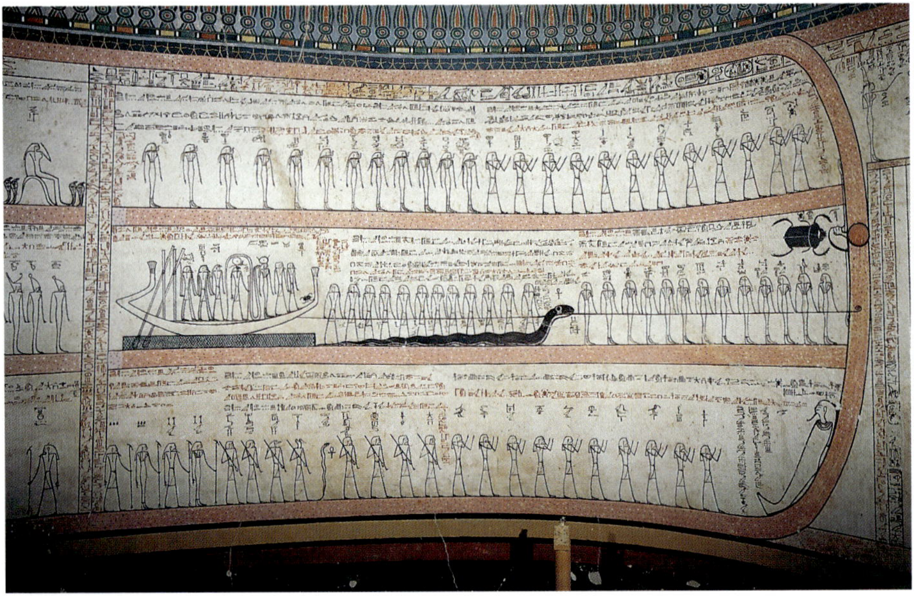

Sargkammer:
Die zwölfte Nachtstunde des Amduat

Im hinteren Teil der Sargkammer steht noch der kartuschenförmige Steinsarkophag des Königs aus braunrotem Quarzit, zentraler Gegenstand der ehemaligen Grabausstattung. Von ihr wurden zahlreiche Fragmente in den vier kleinen Seitenräumen gefunden, ihrer Goldauflagen beraubt. Die Mumie Thutmosis' III. war schon einige Jahre früher im berühmten Versteck der Königsmumien von Deir el-Bahari entdeckt worden. Das Fußende des Sarkophags weist auf die zwölfte Nachtstunde (Nordostwand), in der sich die Neugeburt der Sonne vollzieht. Im mittleren Register fährt der widderköpfige Gott in seiner Barke heran und transformiert sich im Leib einer gewaltigen Urgottschlange in die Gestalt eines Skarabäus (rechts), der von den ausgebreiteten Armen des Luftgottes Schu an den Osthorizont gehoben wird. Dort beginnt dann die zwölfstündige Tagesfahrt des Sonnengottes, bevor er wieder im Westen in die Unterwelt eintaucht. Die Vorstellung der Teilhabe des verstorbenen Herrschers an diesem ewigen Kreislauf bildete einen wichtigen Bestandteil seiner Garantie auf jenseitiges Leben.

Grab Amenophis' II. (KV 35)

18. Dynastie, um 1410 v. Chr.

In nicht ganz so versteckter Position wie die Anlage seines Vaters Thutmosis III. wurde das Grab Amenophis' II. in den weichen Kalkstein des thebanischen Westgebirges getrieben. Es folgt weitgehend dessen Grundriss, weist aber einige Veränderungen im Detail auf. So wurde die Sargkammer jetzt als rechteckiger Raum gestaltet, in dessen vorderem Teil sechs Pfeiler mit Götterszenen stehen, während man im hinteren Abschnitt den Boden stark abgesenkt hat. Dort stand bei der Entdeckung des Grabes (1898) der prächtige Quarzitsarkophag des Königs, der noch die beraubte Mumie Amenophis' II. enthielt. Auf seinen Schmalseiten schützen die knienden Göttinnen Isis (Fußende) und Nephthys (Kopfende) den toten König. Neben den Fragmenten der originalen Grabausstattung wurden in einer der vier kleinen Seitenkammern neun weitere Königsmumien entdeckt, die nachträglich hier in Sicherheit gebracht worden waren. Die Wände der Sargkammer schmückt eine vollständige Version des »Amduat«, wobei hier die zwölf Nachstunden in aufsteigender Numerik angeordnet wurden. Undekoriert blieben dagegen die Vorkammer und die tiefe Schachtanlage davor, der sog. Grabräuberschacht.

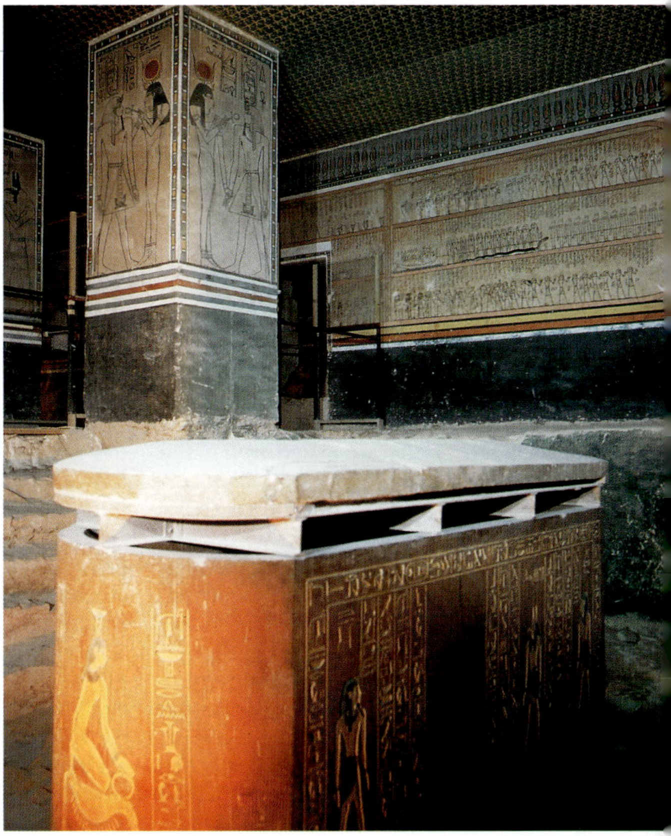

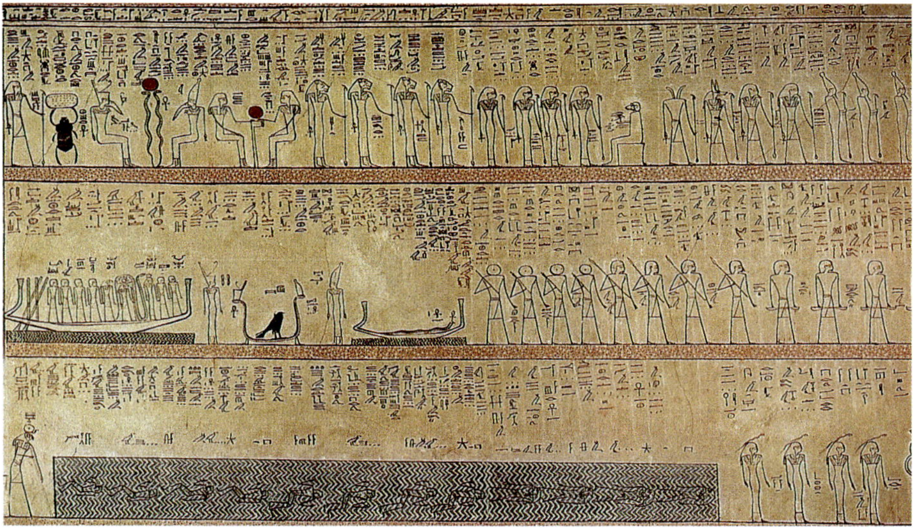

Das Amduat: Die zehnte Nachtstunde

Wiederum im mittleren Register kommt die Sonnenbarke heran. Davor treten auf: der Gott Sokar als Falke über dem Leib einer doppelköpfigen Schlange, Osiris als falkenköpfige Schlange sowie die bewaffnete Wachmannschaft des Sonnengottes. Das untere Register zeigt einen Wasserstreifen mit den dahintreibenden Figuren von Ertrunkenen. Sie werden von dem am Ufer stehenden Horus einer seligen Existenz im Jenseits zugeführt, obwohl bei Verlust des Leichnams kein Begräbnis durchgeführt werden konnte. Damit war auch für den König die mit einem eventuellen Unfalltod im Fluss verbundene Gefahr gebannt.

Amenophis II. vor der Göttin Hathor

Erstmals im Grab Amenophis' II. erscheinen auf den Pfeilern der Sargkammer großformatige Szenen, die den König in Verbindung mit verschiedenen Gottheiten wiedergeben. Für diese Darstellungen wurde auch der spezifische Zeichenstil der Wände zugunsten einer konventionellen Ausführung aufgegeben. Auffällig ist die sparsame Verwendung der Inkarnatfarbe. Nur drei für die jenseitige Existenz des verstorbenen Königs besonders wichtige Götter bilden die Auswahl: der Totengott Osiris, Anubis als Nekropolen- und Einbalsamierungsgott sowie Hathor, die Amenophis II. ein Anch-Zeichen, den Lebenshauch, überreicht.

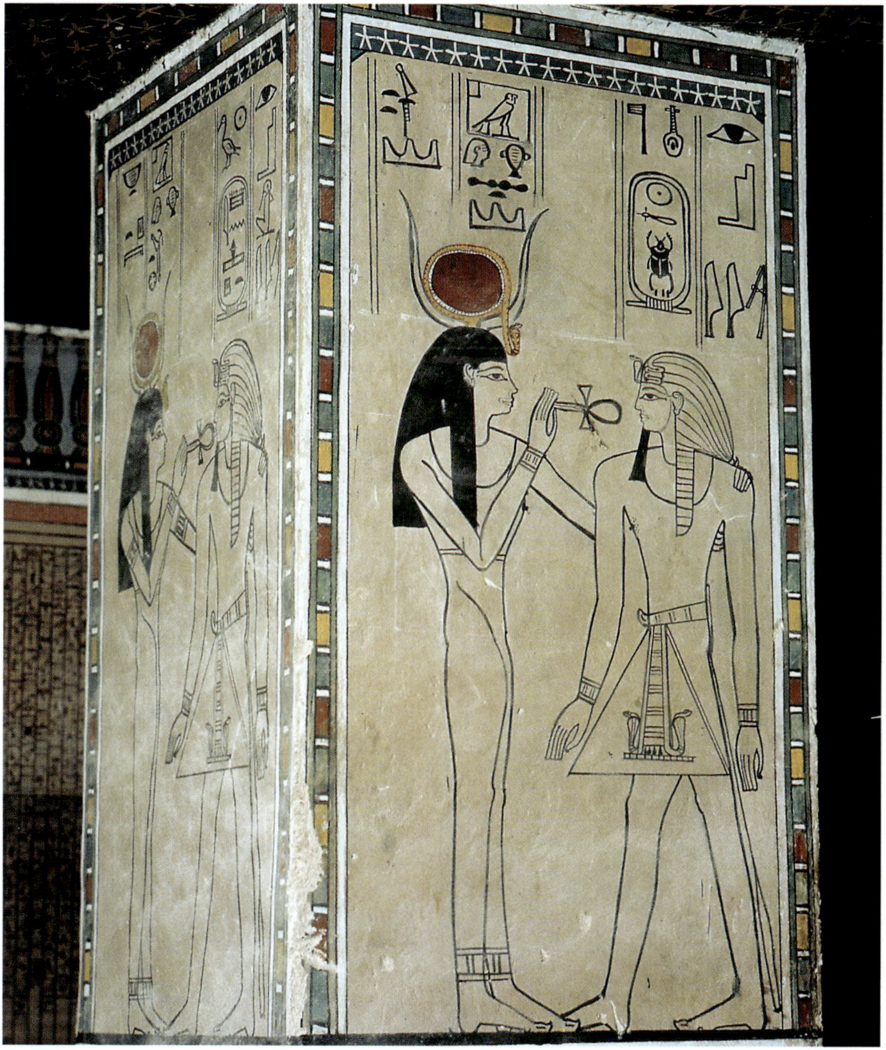

Howard Carter und der goldene Pharao

Als die Arbeiter des britischen Ausgräbers Howard Carter am 4. November 1922 im Tal der Könige auf eine Treppe im Felsboden stießen, konnte Carter nicht ahnen, dass ihm eine der größten Entdeckungen in der Geschichte der Archäologie bevorstand. Schon fünf Kampagnen hatte Carter im Auftrag seines Geldgebers Lord Carnarvon erfolglos im Tal den Schutt der Jahrtausende untersucht. Seinen unerschütterlichen Glauben an die Präsenz der Grabanlage dieses bis dahin kaum bekannten Königs stützte Carter auf einen Fund, den 1907 der amerikanische Großkaufmann Theodore M. Davis, Halter der Grabungskonzession zu dieser Zeit,

Grab des Tutanchamun (KV 62), 18. Dynastie, um 1325 v. Chr., Theben-West, Tal der Könige

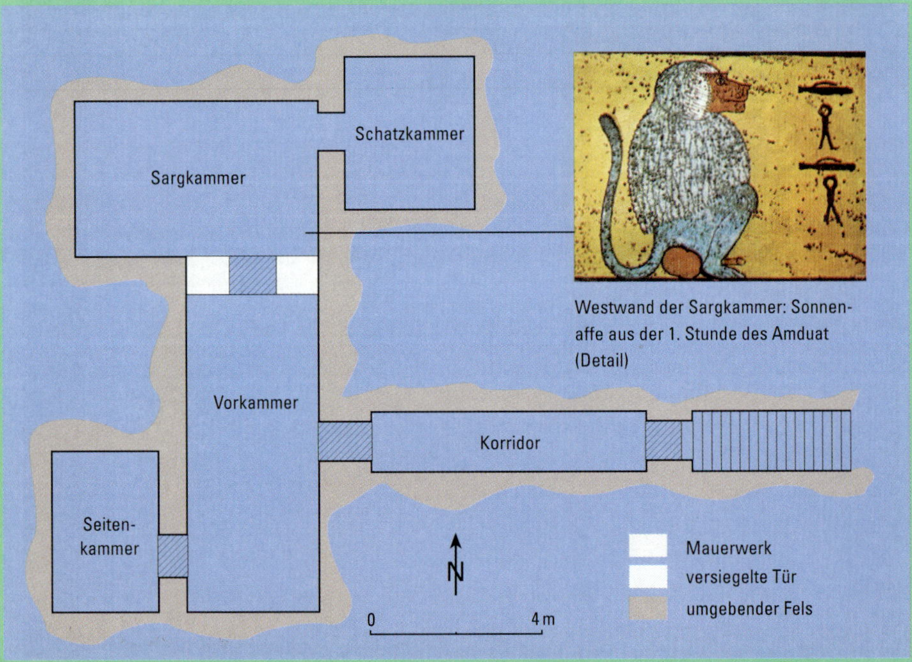

Westwand der Sargkammer: Sonnenaffe aus der 1. Stunde des Amduat (Detail)

gemacht hatte. In einer kleinen Bodenkammer waren Krüge, Stoffreste, ein Blütenhalskragen, ein Siegel mit dem Namen des Tutanchamun und anderes zum Vorschein gekommen. Wenngleich die eigentliche Bedeutung dieser so verschiedenen Objekte zunächst ungeklärt blieb, waren sie ein klares Indiz dafür, dass die Person des Tutanchamun mit dem Tal der Könige in Verbindung stand. Der Gedanke an ein nahezu vollständiges Königsgrab, des einzigen, das die Jahrtausende überdauert haben sollte, lag jedoch noch fern. Ende 1922 wendete sich Carter einem kleinen Areal zu, das ganz in der Nähe zum Eingang der Anlage Ramses' VI. situiert war. Es sollte sich erweisen, dass die Arbeiter in der Antike beim Aushub dieses Grabes den gesamten Abraum über der Eingangszone des Tutanchamun-Grabes abgelagert und es damit den Augen möglicher Grabräuber am Ende des Neuen Reiches entzogen hatten. Noch am Nachmittag des Entdeckungstages war der Treppenabgang so weit freigelegt, dass Carter einen Blick auf die Siegel des vermauerten Grabeingangs werfen konnte. Doch kein Name war festzustellen. Unter Aufbietung aller Beherrschung ließ er nicht weiterarbeiten, sondern telegrafierte an Carnarvon, der gerade in England weilte: »Habe endlich wunderbare Entdeckung gemacht. Ein Grab mit unbeschädigten Siegeln. Bis zu Ihrer Ankunft alles wieder

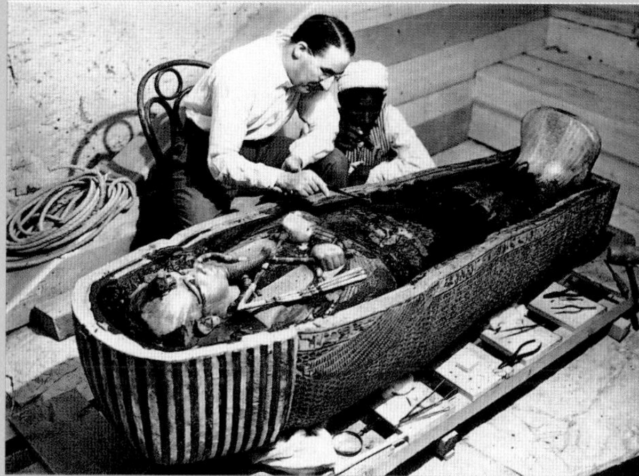

Howard Carter untersucht den Goldsarg des Tutanchamun, der noch im mittleren Sarg ruht (Zeit der Ausgrabung, 1924)

Siegelabdrücke von der Mauer des Grabeingangs, rechts das offizielle Siegel der Totenstadt

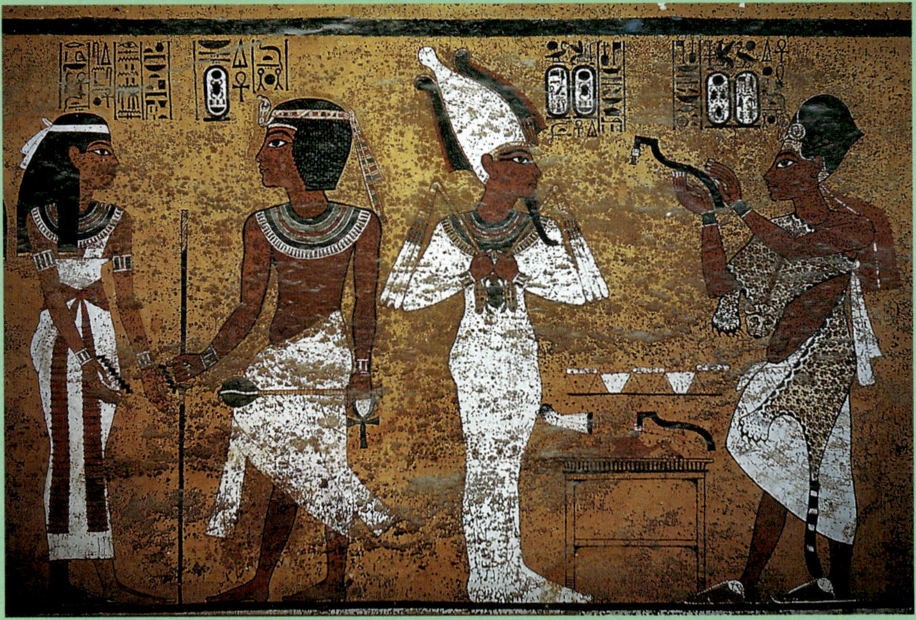

Nordwand der Sargkammer: Von rechts tritt der mit einem Pantherfell bekleidete König Eje, Nachfolger des Tutanchamun, vor die Osiris-Gestalt des Königs und vollzieht das Ritual der Mundöffnung. Links wird Tutanchamun von der Himmelsgöttin Nut mit dem sog. njnj-Gestus begrüßt.

zugeschüttet. Gratuliere!« Knapp zwei Wochen später traf der Lord in Luxor ein, und nach einigen Tagen standen die beiden Engländer am Ende des jetzt freigeräumten Eingangskorridors vor einem weiteren blockierten Durchgang. Die Spannung muss unerträglich gewesen sein, als Carter eine kleine Öffnung in das Mauerwerk brach, hineinleuchtete und in Schweigen verharrte. Schließlich fragte Carnarvon, der hinter ihm stand: »Können Sie etwas sehen?« Die Antwort war kurz und inhaltsschwer: »Ja, wundervolle Dinge.« In den nachfolgenden Jahren kam die Fachwelt nicht aus dem Staunen heraus. Nie gesehene Objekte tauchten aus dem Dunkel des Grabes auf; die ganze Fülle einer königlichen Bestattung des Neuen Reiches, dicht zusammengedrängt in nur vier Räumen. Den umfangreichen Grabschatz zu bergen war eine diffizile Angelegenheit und von Carters Mannschaft allein nicht zu bewältigen. Glücklicherweise konnte er auf die Hilfe von Wissenschaftlern der Expedition des Metropolitan Museums

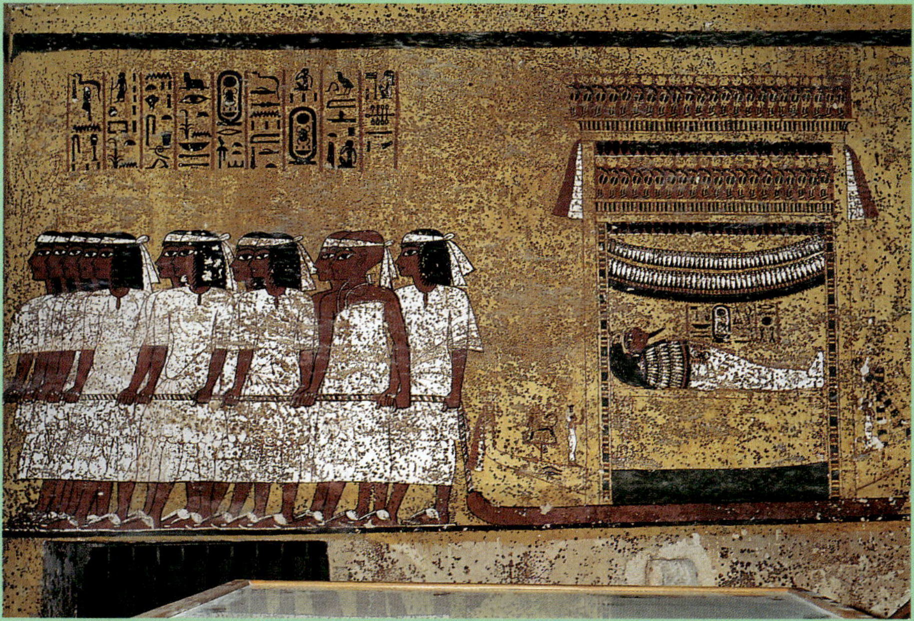

Ostwand der Sargkammer: Der Schrein mit der Mumie des verstorbenen Herrschers wird anlässlich der Beisetzung von insgesamt zwölf ranghohen Höflingen gezogen, unter ihnen die beiden kahlköpfigen Wesire von Ober- und Unterägypten sowie der General Henemhab.

in New York zurückgreifen, die ebenfalls in Theben-West arbeiteten. Unter ihnen war auch der Fotograf Harry Burton, dem eine mustergültige Dokumentation des Grabungsverlaufs zu verdanken ist. Nachdem Carnarvon 1923 einer Infektion erlegen war, lastete die ganze Verantwortung des Unternehmens auf Carters Schultern. Insgesamt zehn Jahre sollte es dauern, bis alle Objekte nach einer provisorischen Konservierung vor Ort das Ägyptische Museum in Kairo erreicht hatten. Dies lag aber nicht nur an der gewaltigen Aufgabenstellung, sondern auch daran, dass der Brite im Dauerstreit mit der Presse und den ägyptischen Behörden lag. Die Arbeiten mussten zum Teil sogar eingestellt werden. Obwohl nach dem Wortlaut der Lizenz Carnarvon einen Anspruch auf Fundteilung gehabt hätte, entschied man sich dafür, den Grabschatz des Tutanchamun als vollständiges Ensemble in Ägypten zu behalten; für den enormen Aufwand wurde jedoch die Erbin des Lords, seine Tochter Evelyn, finanziell entschädigt.

Grab Thutmosis' IV. (KV 43)

18. Dynastie, um 1390 v. Chr.

Obwohl Wände und Pfeiler im Grab Thutmosis' IV. schon vollständig geglättet waren, unterblieb ihre Dekoration. Nur der Schachtraum und der Vorraum zur Sargkammer wurden vor der Beisetzung noch mit Malereien versehen. Dieses Phänomen, dass trotz ausreichend langer Regierungszeit eines Herrschers seine Grabanlage im Todesfall nicht fertig gestellt war, kann häufiger beobachtet werden. Dabei lassen sich die Gründe für die eingetretenen Verzögerungen am »Projekt Königsgrab« höchstens spekulativ benennen. Die schnell ausgeführten Götterszenen wurden hier erstmals auf einen goldgelben Hintergrund gestellt und die einzelnen Figuren in kompletter Ausmalung wiedergegeben. Von den Totengöttern Osiris, Anubis und Hathor bekommt Thutmosis IV. jeweils ein Anch-Zeichen vor sein Gesicht gehalten.

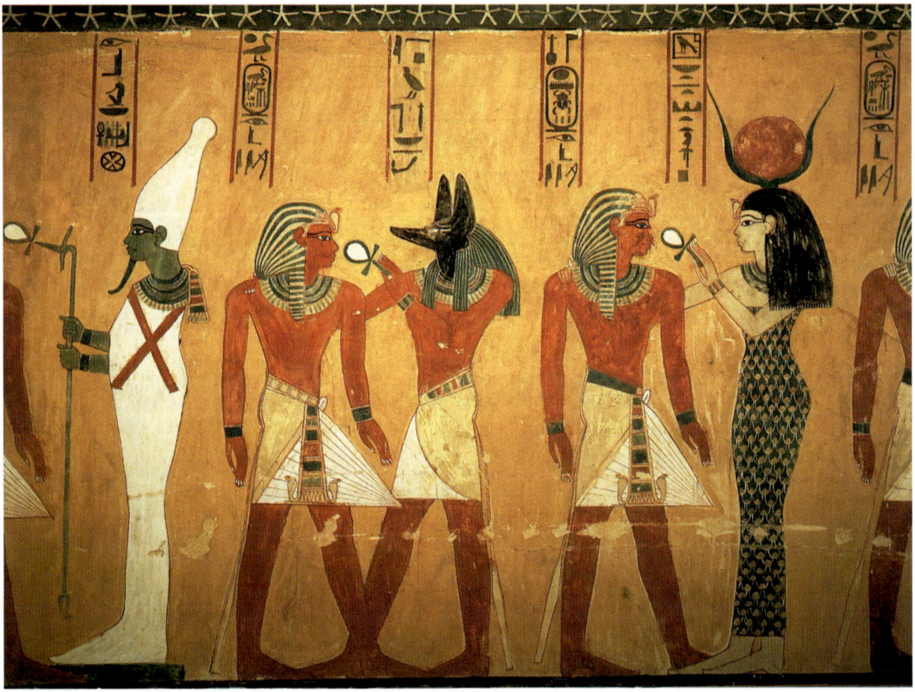

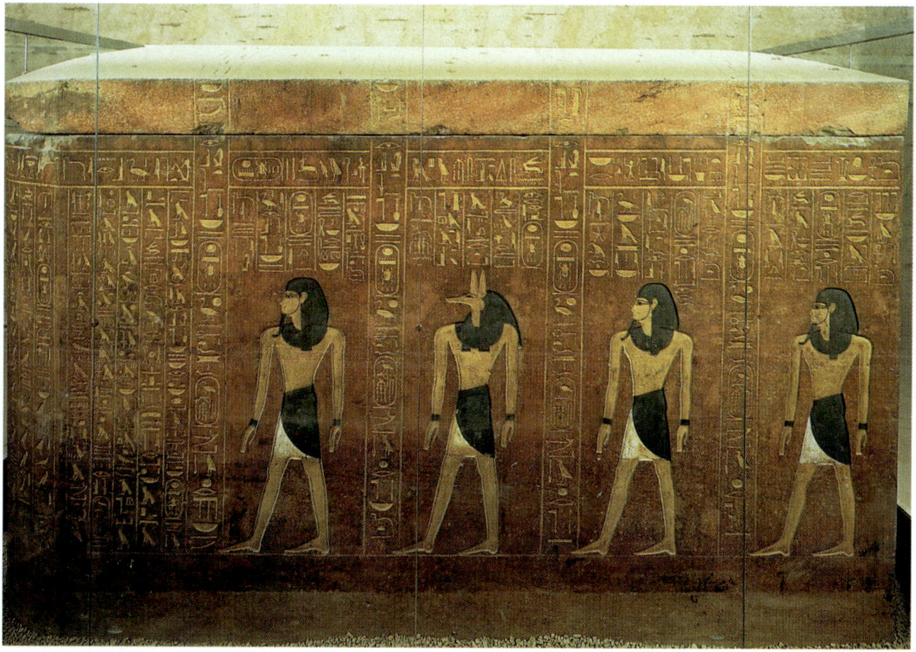

Der Sarkophag Thutmosis' IV.

Bei der Entdeckung der Grabanlage Thutmosis' IV. durch Howard Carter im Jahr 1903 fand der Ausgräber den herrlichen Quarzitsarkophag des Königs (L. 300 cm, Br. 160 cm) an seinem angestammten Platz in der Sargkammer. Die Wahl dieses Werkmaterials für die königlichen Sarkophage der frühen 18. Dynastie beruht auf seiner engen Verbindung zum Sonnenkult, da es in Steinbrüchen bei Heliopolis, der alten Stadt des Sonnengottes, gewonnen wurde. Das Dekorationsschema folgt einem festgelegten Kanon, wobei das Textgut aufgrund der Größe des Sarkophags ausgeweitet wurde. So stehen am Kopf- und Fußende die beiden Schutzgöttinnen Nephthys und Isis mit ausgebreiteten Armen, während die Längsseiten jeweils vier weitere Gottheiten abbilden, darunter die Kanopengenien Amset, Hapi, Kebehsenuef und Duamutef. Die gelb ausgemalten Hieroglyphen und eine knappe Polychromie der Figuren bilden einen lebhaften Kontrast zur Grundfarbe des Sarkophages.

Grab des Haremhab (KV 57)

18. Dynastie, um 1300 v. Chr.

Mit der Grabanlage des Haremhab, des letzten Herrschers der 18. Dynastie, wird ein neuer Grundrisstyp eingeführt. Er sollte in der folgenden Ramessidenzeit weitgehend verbindlich bleiben. Der charakteristische Achsenknick in den bisherigen Königsgräbern wurde aufgegeben und von einem zweigeteilten Gangsystem mit verschobener Achse ersetzt. Bei dieser Teilung war der obere Grabteil dem Sonnengott Re-Harachte, der untere dem Totengott Osiris zugeordnet. Die Anlage des Haremhab wurde 1908 von Mitarbeitern des amerikanischen Großkaufmanns Theodore M. Davis entdeckt, der zu dieser Zeit die Grabungslizenz im Tal der Könige hielt.

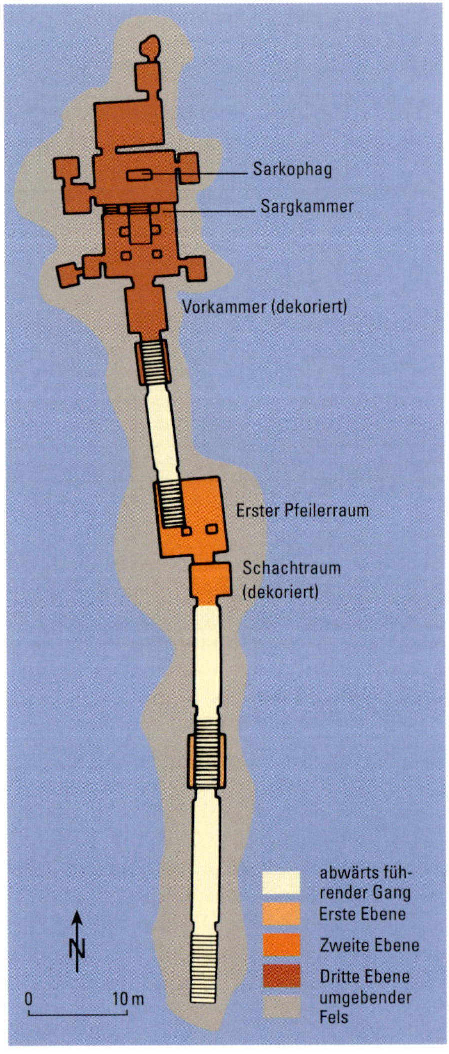

Haremhab opfert vor dem Gott Osiris

Nicht nur die Grabarchitektur, sondern auch das Dekorationsprogramm und der Stil der Malereien erfahren im Haremhab-Grab einen Neuanfang. Die Götterszenen bleiben zwar wie vor der Amarnazeit im Schachtraum und in der Vorkammer angesiedelt, doch wird der Götterkreis erweitert und als Wandfond ein himmlisches Blau gewählt. Hier steht Haremhab vor dem Totengott Osiris, dem er zwei kugelige Weinkrüge opfert. Die Gottheit trägt die Atef-Krone, einen breiten Halskragen und hält Krummstab und Wedel in ihren Händen.

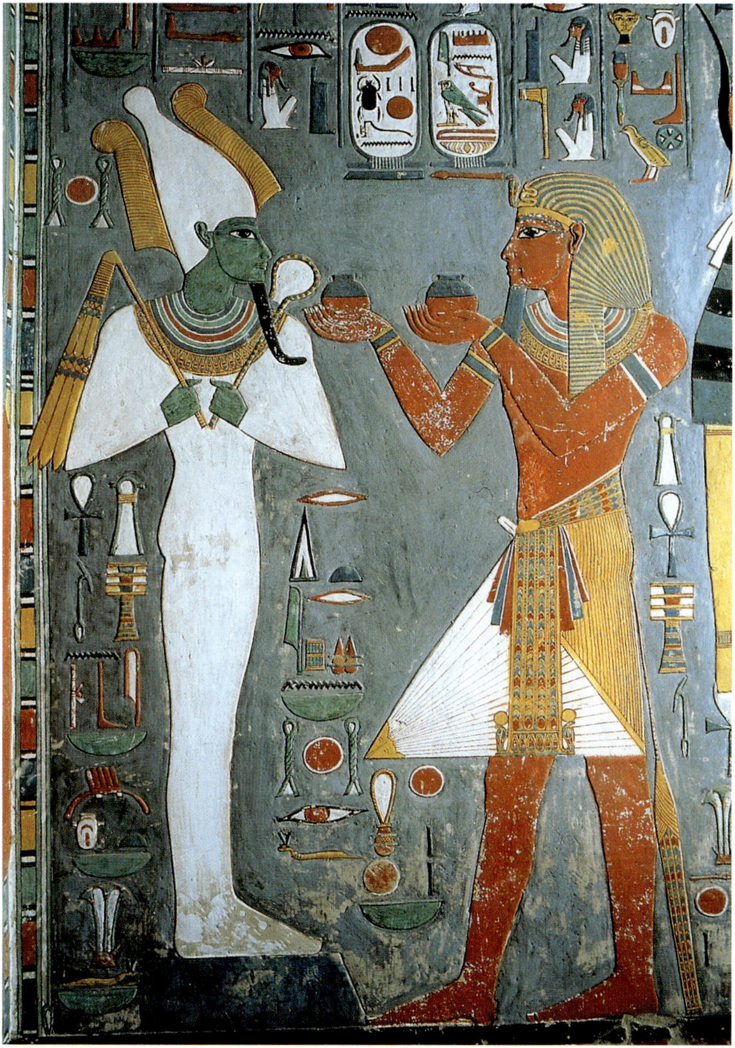

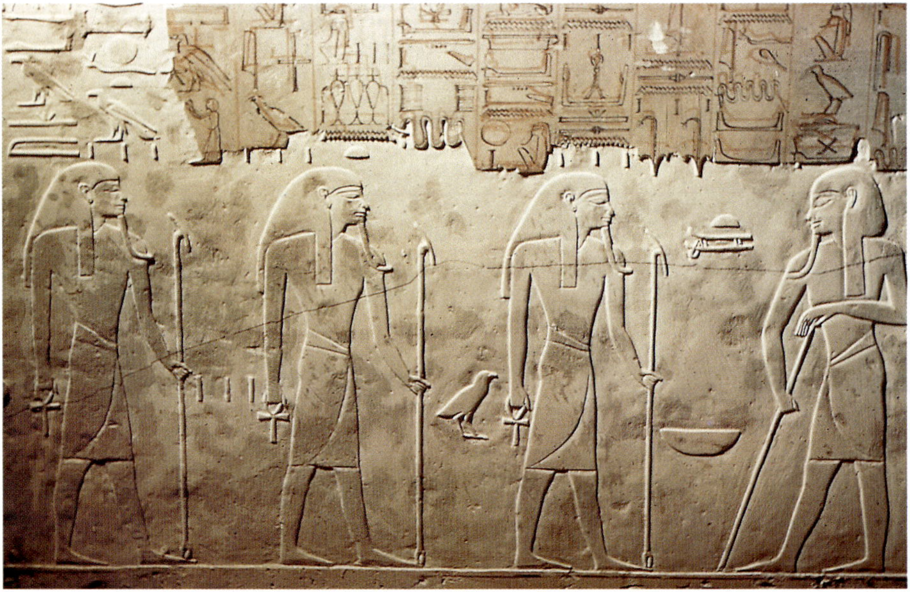

Das »Pfortenbuch« (Detail)

Die Sargkammer Haremhabs wurde als erste ihrer Art mit einem anderen Unterweltsbuch als dem bislang üblichen Amduat ausgestattet – dem »Pfortenbuch«. Auch in diesem religiösen Traktat steht die nächtliche Fahrt des Sonnengottes durch die Unterwelt im Vordergrund; die von schlangengestaltigen Genien bewachten Tore, die die einzelnen Stunden der Nacht voneinander trennen, werden hier systematisch dargestellt. Der unfertige Zustand dieser Szenen (Bild: rechts außen repräsentiert der Schöpfer-gott Atum als alter Mann, der sich auf einen Stab stützt, die Abendsonne) erlaubt einen Einblick in das Werkverfahren. Nach der Glättung der Wände wurden Inschriften wie Bilder vorgezeichnet, bevor man im Anschluss an einen Korrekturdurchgang mit der Reliefierung (von unten nach oben) begann. Zum Schluss sollte die Bemalung erfolgen. Alle Arbeiten an der Grabdekoration wurden beim Tod des Königs schlagartig abgebrochen, das Interesse galt nun ausschließlich der Beisetzungsvorbereitung. Selbst der Versuch, die fehlenden Darstellungen in Malerei auszuführen, kam über eine Szene nicht hinaus.

Grab Ramses' I. (KV 16)

19. Dynastie, um 1290 v. Chr.

Seelen von Pe und Nechen

Nachdem Ramses I., Begründer der 19. Dynastie, als Nachfolger des Haremhab und in fortgeschrittenem Alter den Thron bestiegen hatte, verblieben ihm nur wenige Regierungsjahre. Deshalb konnte für ihn kein reguläres Königsgrab vollendet werden. In seiner Anlage folgt auf zwei steile Treppenabgänge sofort die Sargkammer. Den kleinen Raum füllt ein unfertiger, nur bemalter Sarkophag nahezu ganz aus. Die Wandmalereien auf blauem Grund folgen in ihrem Stil denen im Grab des Haremhab und zeigen wegen des geringen Platzangebotes nur Ausschnitte aus dem Pfortenbuch und einzelne Götterszenen. In einer ganz ungewöhnlichen Darstellung auf der Rückwand erscheint Ramses I. kniend im Jubelgestus zwischen den tierköpfigen »Seelen von Pe und Nechen«, mächtigen Geistwesen, welche die urmythische Tradition des Königtums repräsentieren.

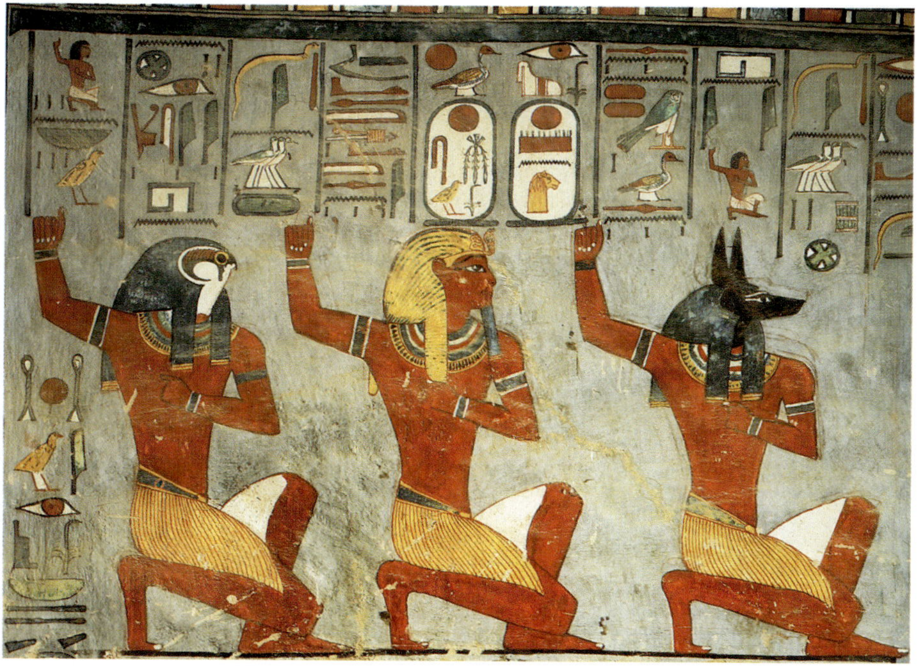

Die Barke des Sonnengottes

Die Vorstellung von einer Barkenfahrt des Sonnengottes geht auf uraltes Gedankengut zurück und lässt sich schon in den Pyramidentexten des Alten Reiches fassen. Die alltägliche Beobachtung des Sonnenaufgangs, der Bewegung des Gestirns am Himmel und seines Untergangs im Westen stellte früh die gedankliche Verbindung zum Schiff als dem geeigneten »Verkehrsmittel« für diesen Vorgang her. Gegenüber der Ausgestaltung der Sonnenbarke im »Amduat« sind in der Pfortenbuchversion einige Unterschiede auffällig. Zunächst ziehen jetzt vier ihr voranschreitende Männer die Barke; sie sind durch ihre Kleidung eindeutig als selige Verstorbene zu identifizieren. In jeder Nachtstunde wird die widderköpfige Gestalt des Re in seiner schreinartigen Kajüte vom gewundenen Leib der Mehen-Schlange umgeben und geschützt. Ebenso wurde die Begleitung des Sonnengottes an Bord modifiziert, die nur noch aus zwei ihn flankierenden Göttern besteht. Am Bug steht Sia, Personifikation der schöpferischen Erkenntnis, am Heck ist es Heka, der die Zauberkraft verkörpert. Rechter Hand ist noch eine der von einem Schlangengenius bewachten Pforten erkennbar, nach denen dieses Unterweltbuch von der Wissenschaft benannt ist.

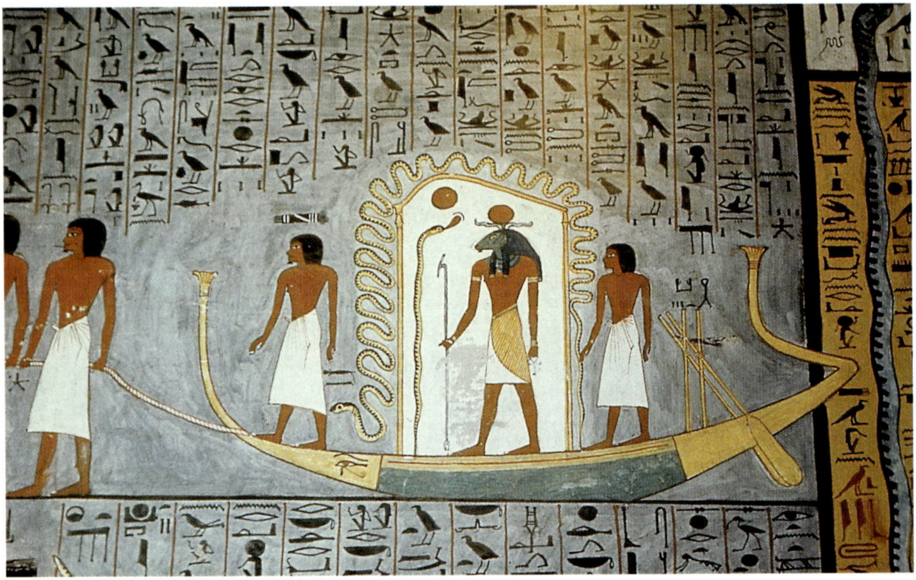

Grab Sethos' I. (KV 17)

19. Dynastie, um 1285 v. Chr.

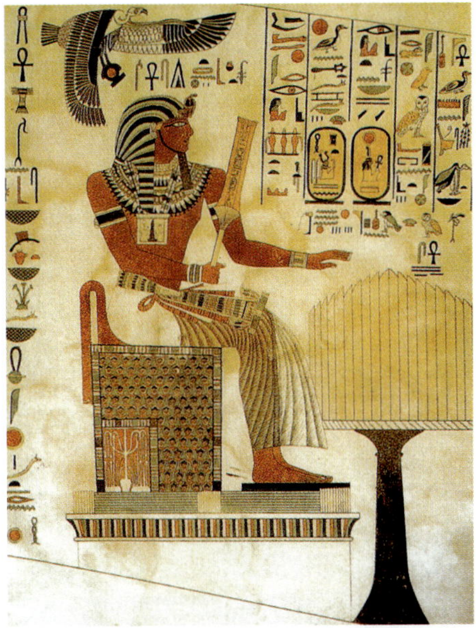

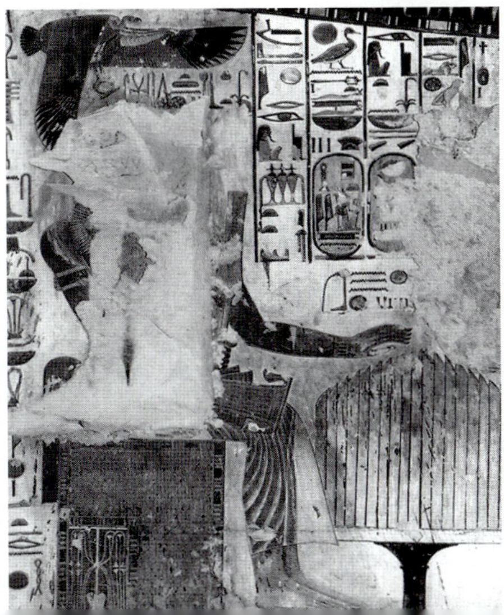

Zu den schillerndsten Gestalten, die jemals das Tal der Könige betraten, gehört sicherlich der italienische Abenteurer Giovanni Belzoni. Im Dienst des englischen Generalkonsuls Henry Salt führte er landesweit zahlreiche »Ausgrabungen« durch. Im Oktober 1817 gelang Belzoni sein größter Erfolg: Innerhalb weniger Tage entdeckte er die dicht nebeneinander liegenden Felsgrüfte der Könige Ramses' I. und Sethos' I., der beiden ersten Herrscher der 19. Dynastie. Noch heute ist für die Anlage von Sethos I. die Bezeichnung »Belzonis Grab« geläufig. Rund 100 m führen die beiden Achsen mit zahlreichen Korridoren und Kammern in die Tiefe bis zur monumentalen Sarghalle. Doch mit seiner Auffindung begann für dieses schönste Königsgrab des Neuen Reiches ein Leidensweg, der es nach knapp 200 Jahren an den Rand des Untergangs gebracht hat. Mutwillige Zerstörungen und Abklatsche im 19. Jh. haben den Reliefs mit ihrer ursprünglichen Farbenpracht ebenso geschadet wie der moderne Massentourismus. Als Beispiel für den Substanzverlust mag die Szene Sethos' I. vor dem Speisetisch dienen: oben der Zustand in der Publikation Belzonis von 1820, darunter derselbe Bildausschnitt in einer Schwarzweißaufnahme des amerikanischen Fotografen Harry Burton (auch Grabungsfotograf bei der Entdeckung des Tutanchamun-Grabes) aus den 1920er-Jahren.

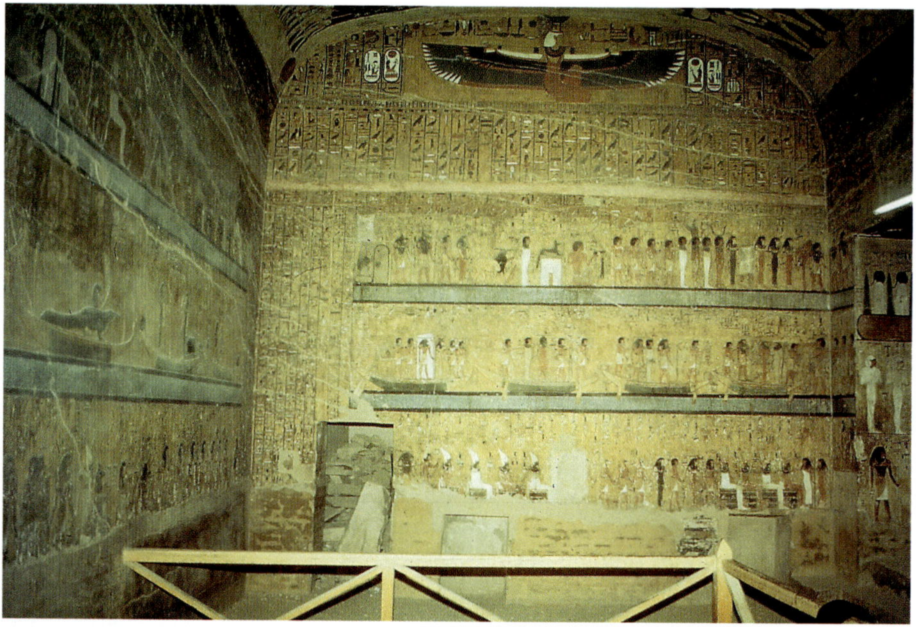

Blick in die Sarghalle

Nach einem Pfeilerraum gelangt man in die etwas abgesenkte Sarghalle (sog. Krypta), die bei Sethos I. erstmals eine gewölbte Decke aufweist und mit Szenen aus dem Amduat versehen wurde. Hier fand Belzoni noch die Wanne des inneren Sarkophags aus Kalzitgestein, der mit einer vollständigen Fassung des »Pfortenbuches« ausgestattet ist. Heute befindet sich dieses Stück im Soane Museum in London; dem Britischen Museum erschien das Angebot des Ausgräbers zu teuer. Unmittelbar am Standort des Sarges führt vom Boden der Halle ein langer, undekorierter Gang in den Fels (gesperrt), vielleicht das letzte Geheimnis im Tal der Könige. Stark einsturzgefährdet, wurde sein Ende bisher nicht erforscht. Vergleichbar dem »Grabräuberschacht«, der als symbolisches Grab des Unterweltsgottes Sokar aufzufassen ist, wird wohl auch dieses Gangsystem einen mythologischen Hintergrund besitzen. Mit Erreichen des Grundwasserspiegels wollte man wohl die Verbindung zum Urgewässer Nun herstellen, aus dem der König jeden Morgen wie die Sonne neugeboren wurde.

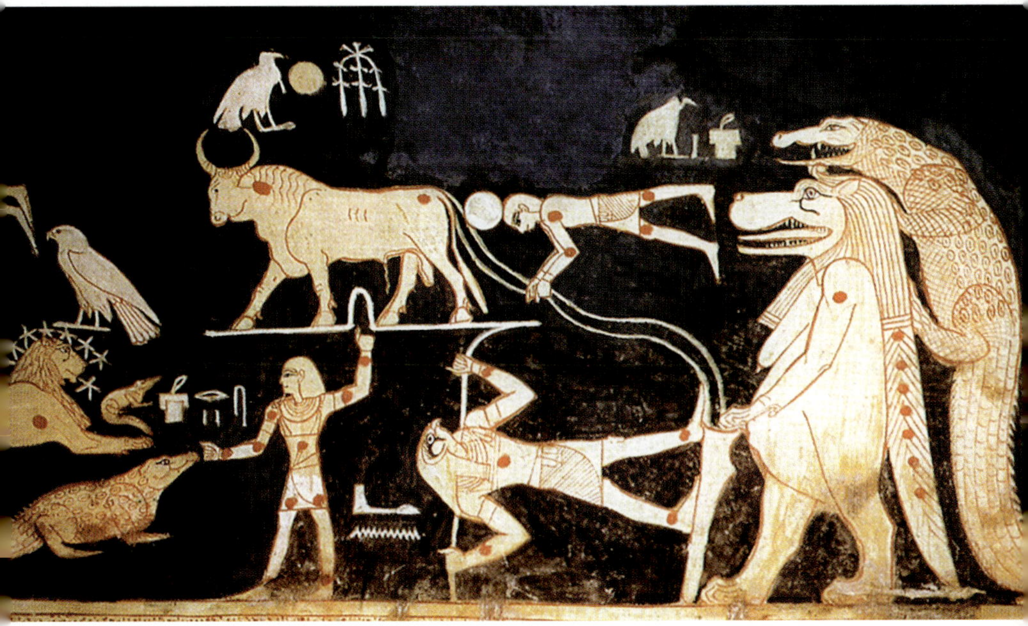

Die astronomische Decke

In den Königsgräbern der 18. Dynastie wurden die horizontal ausgeführten Raumdecken mit einem einfachen Dekor aus fünfarmigen Sternen (z. B. im Grab Amenophis' II.) versehen, der das Himmelszelt repräsentieren sollte. Das Deckengewölbe der Sarghalle Sethos' I. wird erstmals von einer Großdarstellung astronomischen Inhalts überzogen, die allerdings in der 20. Dynastie (ab Ramses IV.) von einem Bild der Himmelsgöttin Nut abgelöst werden sollte. Auf nachtblauem Grund erscheinen im Sethos-Grab lange Listen von Dekangestirnen (Südgruppe, u. a. mit Orion und Sirius) sowie Abbildungen von Sternen und Sternbildern des Nordhimmels, darunter der heute sog. Große Wagen in Gestalt eines Stieres. Andere Konstellationen wie das aufrecht stehende Nilpferd mit einem Krokodil auf dem Rücken entziehen sich bislang einer sicheren Identifikation. Ausschließlich dem verstorbenen König, der hier in seinen Särgen ruhte, stand diese grandiose Himmelslandschaft zur Verfügung, damit er als Ba-Seele zu den unvergänglichen Sternen aufsteigen konnte.

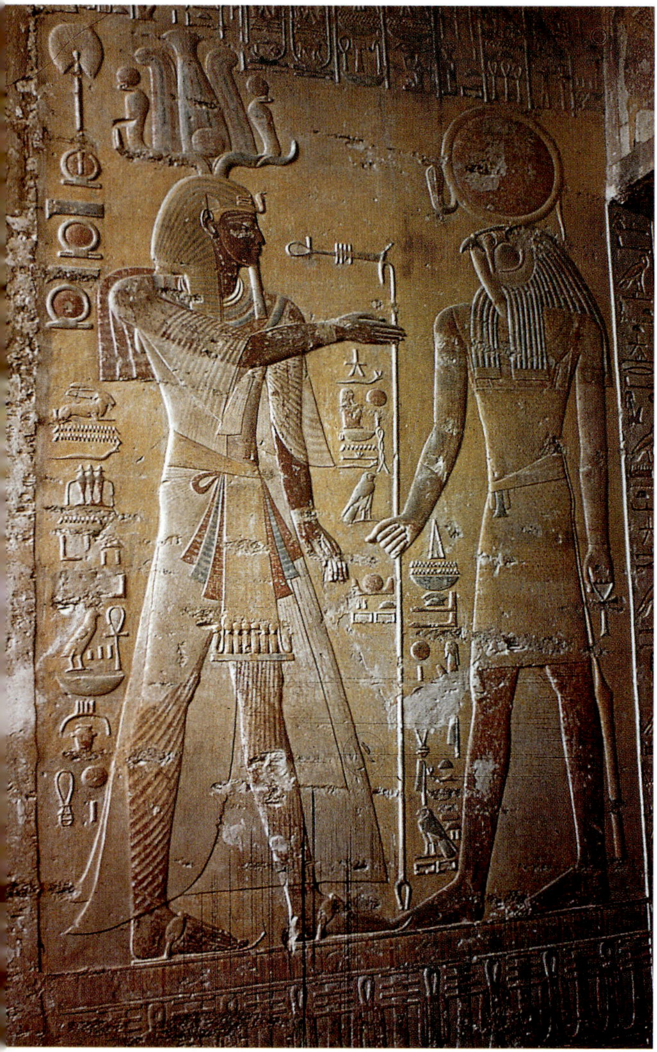

Grab des Merenptah (KV 8)

19. Dynastie, um 1205 v. Chr.

König Merenptah vor Re-Harachte

Seit der frühen 19. Dynastie bildet die »Sonnenlitanei« die Standarddekoration der beiden ersten Gangräume eines Königsgrabes. Der Originaltitel dieses Unterweltbuches lautet: »Buch der Anbetung des Re im Westen«. Ein längerer Text in der Großen Litanei beinhaltet den Anruf des Sonnengottes in seinen 75 verschiedenen Namen und Gestalten. Zunächst steht König Merenptah in einem aufwändig gearbeiteten Gewand und mit Kompositkrone vor der falkenköpfigen Gestalt des Re-Harachte, der die Uräus-umwundene Sonnenscheibe über seinem Haupt trägt. Dieser Szene folgt dann das Titelbild und der Textanfang der »Sonnenlitanei«. Im mittig angeordneten Sonnenball erscheint der Gott in zwei Gestalten, als Skarabäus und als Mann mit Widderkopf.

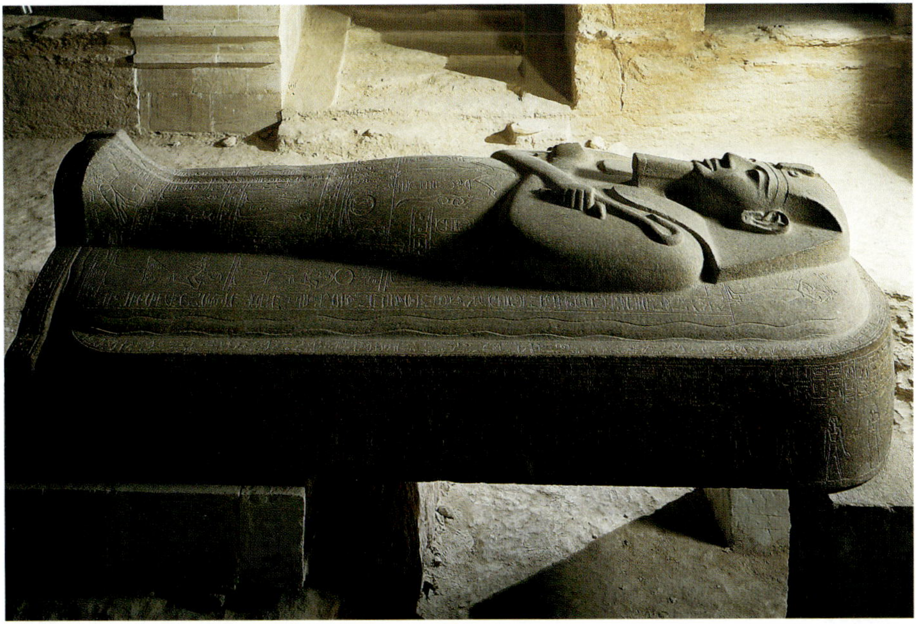

Sarkophagdeckel des Merenptah

Parallel zur Entwicklung der Grabgröße steht die Monumentalisierung der königlichen Sarkophage, die im Verlauf der Ramessidenzeit gigantische Ausmaße annahmen. Doch selbst diese tonnenschweren Hüllen für die Herrschermumien konnten ihre Beraubung nicht verhindern. Das Sarkophag-Ensemble des Merenptah bestand aus vier ineinander gestellten Einzelstücken. Während die drei äußeren Steinsärge aus rotem Granit gearbeitet waren, bestand der anthropoide Innensarg aus Kalzit. Dieser enthielt wohl weitere Sarkophage aus vergoldetem Holz und reinem Edelmetall, wie sie bei Tutanchamun gefunden werden konnten. In der Sarghalle des Grabes liegt noch der Deckel des zweiten Sarkophages (L. 345 cm, Br. 150 cm), der in seiner Grundform einer Königskartusche nachgebildet worden ist. Er zeigt die halb plastische Gestalt des Königs als Osiris, der in seinen überkreuzten Händen die Herrschaftsinsignien Krummstab und Wedel hält. Die hinzugefügten Inschriften bieten Auszüge aus den Unterweltsbüchern »Amduat« und »Pfortenbuch«.

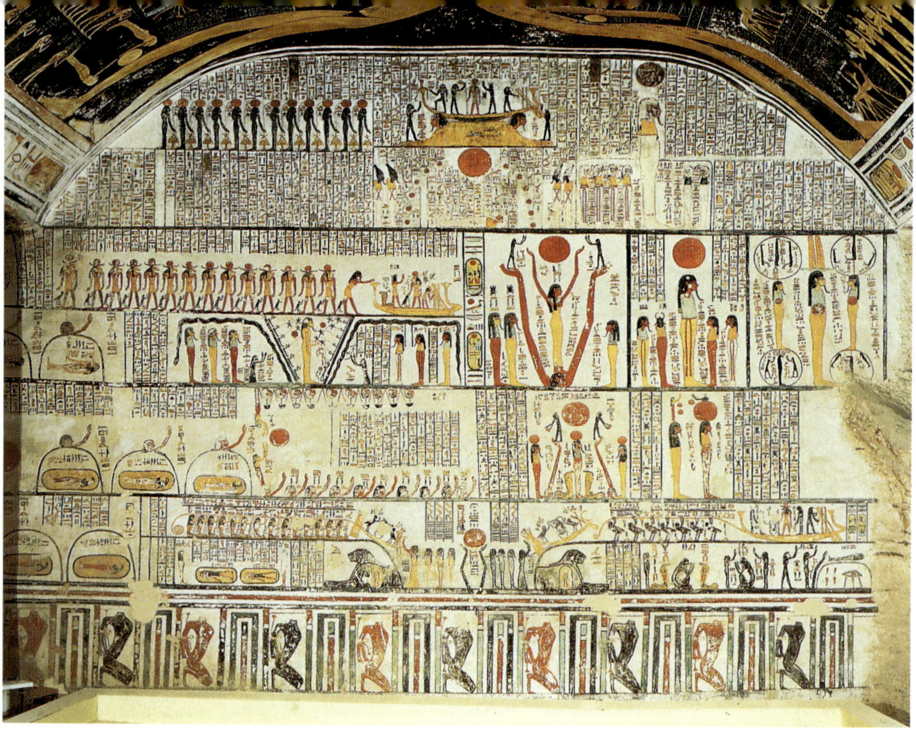

Grab Ramses' VI. (KV 9)

20. Dynastie, um 1135 v. Chr.

In der Sarghalle der Anlage Ramses' VI. wurden die Wände mit Szenen aus dem »Buch von der Erde« dekoriert, das nur in wenigen Gräbern der Ramessidenzeit auftaucht und hier in seiner vollständigsten Fassung vorliegt. Die Unterteilung der Nacht in zwölf Stunden wie im »Amduat« oder »Pfortenbuch« ist in diesem Unterweltsbuch aufgegeben, und im Mittelpunkt stehen die Götter der Erdtiefe: Geb, Tatenen und Aker. Auf der rechten Wand ist im Giebelregister der Erdgott Aker in Gestalt eines Doppelsphinx, der die Sonnenbarke auf seinem Rücken trägt. Die Sonnenfahrt durch das Erdinnere thematisiert auch das zentrale Bild im untersten Register, wobei zwischen den beiden Aker-Löwen die Arme des Nun (Gott des Urgewässers) die Sonnenscheibe aus der Tiefe emporheben. Dieses wichtige Motiv wiederholt sich in unterschiedlicher Weise in den beiden mittleren Bildfolgen.

Das Tal der Königinnen

Im Süden von Theben-West wurde mit dem Tal der Königinnen (ägypt. Ta set neferu, »Sitz der Schönheit«) ein gesonderter Bestattungsplatz für die zahlreichen Herrscherinnen, Prinzen und Prinzessinnen des Neuen Reiches geschaffen, wobei die meisten Gräber aus der 19. und 20. Dynastie stammen. Die in den Fels geschlagenen Anlagen bestehen zu dieser Zeit vorwiegend aus einem Korridor mit mehreren kleinen Seitenkammern. Hinsichtlich ihrer Größe und Tiefe halten sie jedoch keinen Vergleich mit den zeitgenössischen Königsgräbern aus. Auch im Dekorationsprogramm sind die Unterschiede eindeutig. So stehen Ritualszenen mit dem bzw. der Verstorbenen vor den Göttern im Mittelpunkt, und die Texte sind häufig dem Totenbuch entnommen. Viele der Gräber haben ihren Bildschmuck weitgehend verloren und wurden ausnahmslos schon im Altertum beraubt. Darunter zählt auch die weltberühmte Anlage der Königin Nefertari, die erst relativ spät (1904) von einer italienischen Mission unter der Leitung Ernesto Schiaparellis vom Museo Egizio in Turin entdeckt werden konnte.

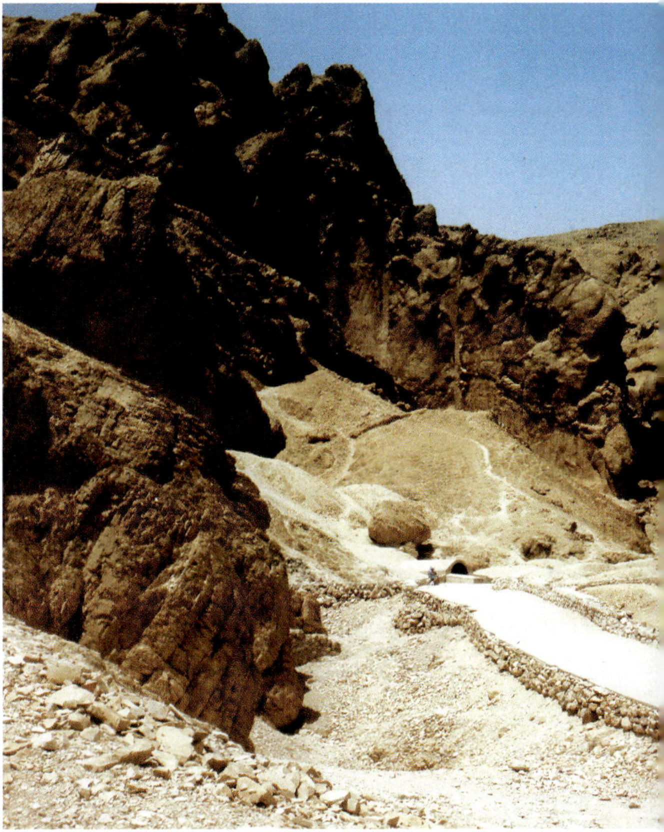

Grab der Nefertari (QV 66)

19. Dynastie, um 1250 v. Chr.

Als im Frühjahr 1992 die langwierigen Restaurierungsarbeiten an den bedrohten Wandmalereien des Nefertari-Grabes ihren offiziellen Abschluss gefunden hatten, war ein Juwel altägyptischer Kunst vor dem endgültigen Untergang bewahrt. Finanziert vom Getty Conservation Institute, Malibu, verschlang die Rettungsaktion rund sechs Millionen Mark und sah Spezialisten aus sieben Nationen an den Vorbereitungen beteiligt, bevor ein Konservatorenteam aus Italien mit den Restaurierungsarbeiten beginnen konnte. Trotz aller Bemühungen musste der Verlust von etwa 20 % der über 500 m^2 umfassenden Wand- und Deckenflächen des Grabes hingenommen werden. Gemäß ihrem Status als »Große königliche Gemahlin« Ramses' II. war für Nefertari schon zu Lebzeiten eine beachtliche Grabanlage geschaffen worden, die um das 24. Regierungsjahr ihres Mannes die Beisetzung der Königin erlebte. Die Beraubung des Grabes haben jedoch nur ganz wenige Objekte überstanden. Ein 18-stufiger Eingangskorridor mündet in der oberen Raumeinheit, von der eine weitere Treppenpassage zur achsenversetzten Sargkammer führt, die über drei kleine Nebenräume verfügt.

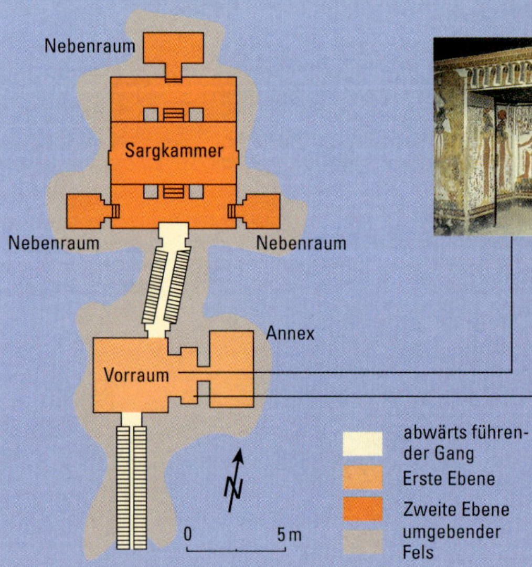

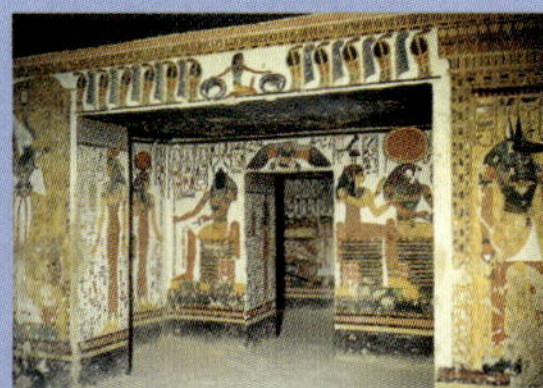

Götterszenen im oberen Raumkomplex, S. 405

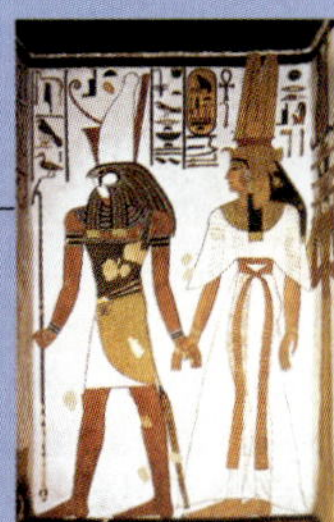

Gott Harsiese geleitet Nefertari, S. 406 f.

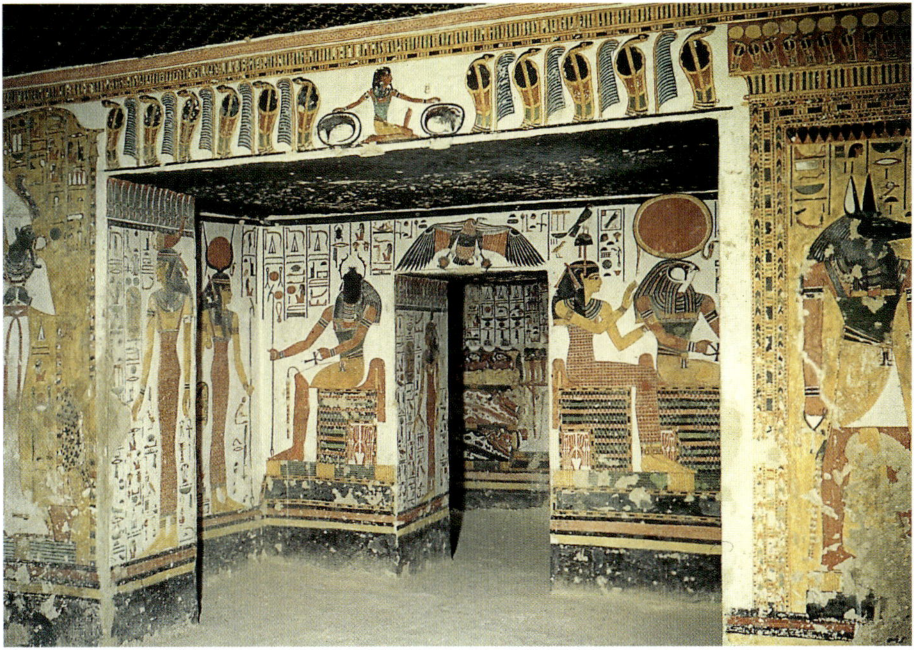

Götterszenen im oberen Raumkomplex

Die obere Raumebene des Grabes besitzt in östlicher Richtung einen breiten Annex, dem sich eine weitere Kammer anschließt. Ihren Zugang flankieren zwei Abbildungen des Sonnengottes. Links erscheint die thronende Gestalt des Chepre, der als Skarabäus die aufgehende Morgensonne verkörpert. In seinen Händen hält er ein Lebenszeichen und das Was-Zepter der männlichen Gottheiten. In den kurzen Beischriften verspricht Chepre der Nefertari die Teilhabe an der zyklischen Ewigkeit und einen Platz im »Heiligen Land«. Gegenüber sitzen jeweils auf einem reich dekorierten Blockthron der falkenköpfige Re-Harachte, hier Repräsentant der Mittags- und Abendsonne, und die Göttin Hathor in ihrer Eigenschaft als Schutzherrin des Westens (mit entsprechendem Symbol über ihrem Kopf), des Totenreiches. Direkt über dem Türdurchgang fällt der Blick auf eine Darstellung der Geiergöttin Nechbet mit weit ausgebreiteten Schwingen und je einem sog. Schen-Ring in ihren Klauen.

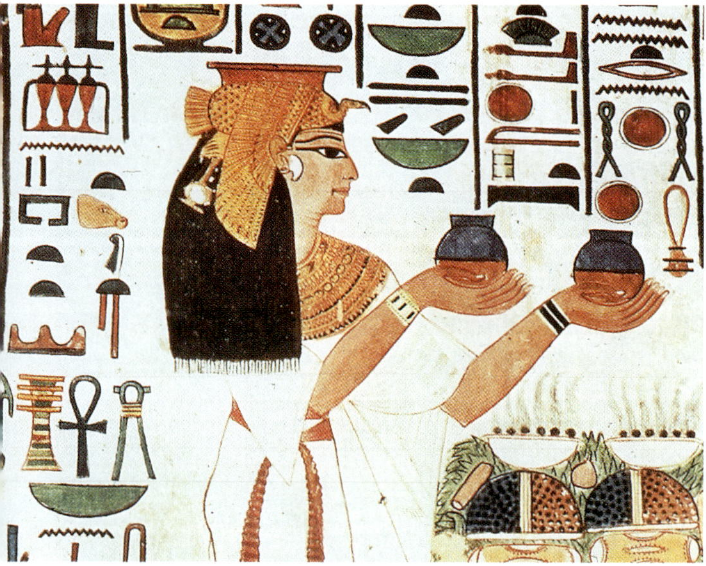

Nefertari beim Opfer

Zur Sargkammer führt ein breiter Korridor hinab, der gleich zu Beginn auf beiden Seiten einen nischenartigen Rücksprung in der Mauer aufweist, dessen Wände jeweils mit Opferszenen ausgestattet wurden. Während im Süden die Königin vor den Göttinnen Isis und Nephthys ein Trankopfer vollzieht, erscheint Nefertari auf der Nordwand wiederum mit den kugeligen Weingefäßen in ihren Händen vor Hathor und Selket. Sie trägt eine glatte Perücke mit Geierbalg, den mehrreihigen Prunkhalskragen sowie sog. »Papyrusblüten-Ohrringe«, die in ihrer Symbolik auf die Wiedergeburt anspielen.

Gott Harsiese geleitet Nefertari

Auf den Schmalseiten des Annex der oberen Raumeinheit wird die Königin jeweils von einer Gottheit vor die thronenden Darstellungen des Sonnengottes geleitet. Die Ostwand zeigt diesen Vorgang mit dem falkenköpfigen Gott Harsiese (»Horus, Sohn der Isis«), der Nefertari an die Hand genommen hat. Er trägt die Doppelkrone von Ober- und Unterägypten über der Perücke, ein Wams mit Trägern sowie den kurzen Götterschurz mit Stierschweif. Die Pharaonin hat ein durchscheinendes Leinengewand mit langer Taillenschärpe in roter Farbgebung angelegt und wird in der Beischrift als »gerechtfertigt, möge sie leben bei Osiris, dem großen Gott« bezeichnet. Auf der schmalen Wandfläche hinter der Nefertari wird in voller Größe ein Djed-Pfeiler, der Kultfetisch des Osiris, abgebildet. Er trägt die Atef-Krone und ist hier mit Armen versehen, welche die Insignien des Gottes halten. Zusätzlich erscheint die lange Taillenschärpe wie bei den Darstellungen der Königin, die dadurch in ihrer »Osiris-Werdung« vorgestellt wird.

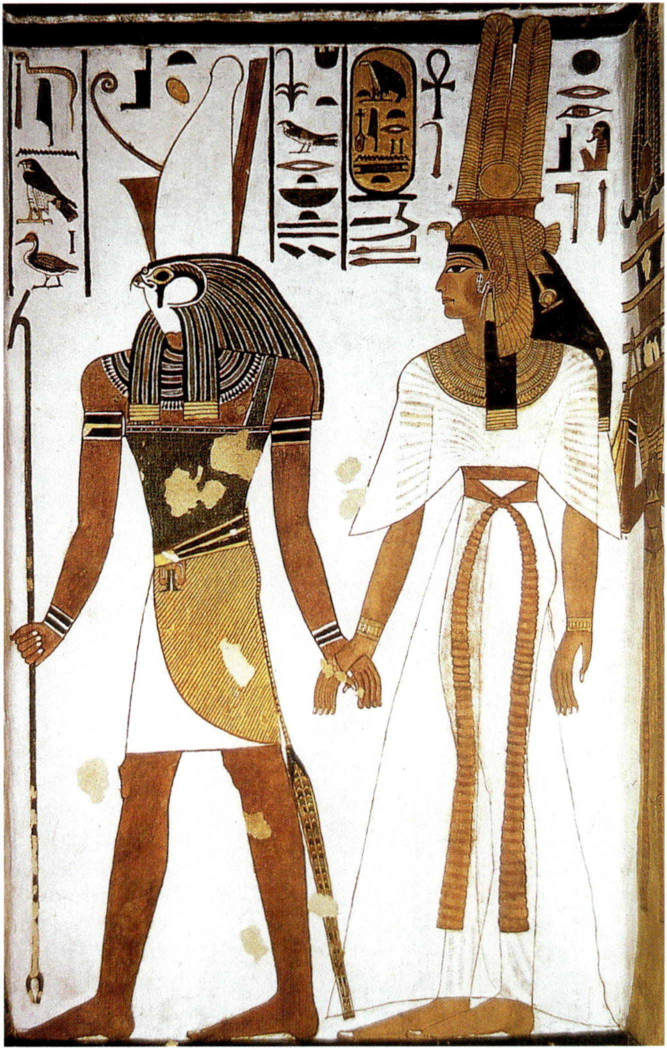

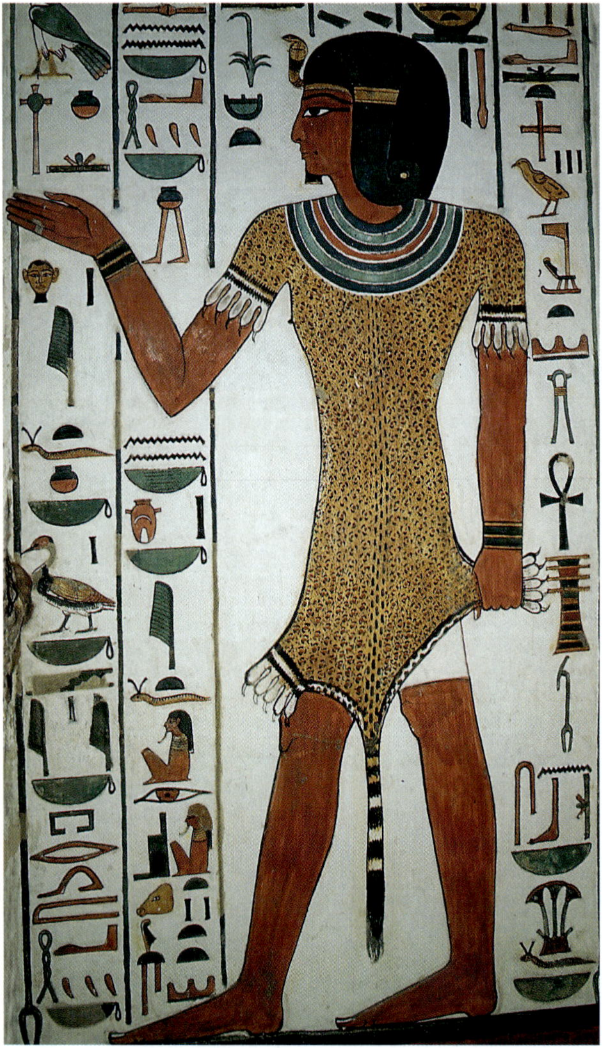

Darstellung auf einem Pfeiler der Sargkammer

Im Zentrum der Sargkammer wurde das Bodenniveau etwas abgesenkt und markiert dadurch die Stelle, wo einst der große Steinsarkophag der Königin aus rotem Granit stand. Von ihm wurden nur Fragmente des Deckels (L. 265 cm) gefunden, während die Wanne und die vergoldeten Innensärge mit der Mumie der Nefertari die Grabschändung nicht überdauert haben. Insgesamt vier Pfeiler umgeben den einstmaligen Standplatz des Sarkophages und stützen die sternenübersäte Decke. Die beiden dem Eingang zugewandten Seiten des vorderen Pfeilerpaares zeigen jeweils eine spezifische Erscheinung des Gottes Horus; er tritt in Gestalt eines Sem-Priesters auf, der mit einem Pantherfell angetan ist und die Verstorbene der Obhut des Jenseitsherrschers Osiris überweist. Die Innenseiten aller Pfeiler in Richtung Sarkophag wurden mit dem Kultsymbol des Osiris geschmückt, dem Djed-Pfeiler.

Grab des Amunherchepeschef (QV 55)

20. Dynastie, um 1160 v. Chr.

Ramses III. mit den Göttern der Unterwelt

Zu den Gräbern, die von Schiaparelli zwischen 1903 und 1905 bei seinen Ausgrabungen im Tal der Königinnen entdeckt wurden, gehört auch die Anlage des Amunherchepeschef, einer von fünf Prinzen Ramses' III., die hier ihre letzte Ruhestätte fanden. Der Grundriss zeigt einen nahezu quadratischen Eingangsraum mit Seitenkammer, dem sich ein Korridor anschließt, der seinerseits in die nur grob ausgehauene Sargkammer einmündet. Dort steht noch der unfertige Steinsarg des Prinzen. Die Qualität der Malereien genügt nicht mehr den höchsten Ansprüchen, besticht aber durch die gut erhaltene Farbenpracht und die Fülle ikonografischer Details. Alle Darstellungen im ersten Raum sind Ritualszenen vorbehalten, wobei jeweils der König in dominanter Position vor die verschiedenen Gottheiten tritt. Erst hinter ihm steht die kleinere Gestalt des Amunherchepeschef, des eigentlichen Grabherrn. Er trägt die charakteristische Prinzenlocke, ein seitliches Haarteil, und hält einen großen Wedel mit Straußenfeder in seiner Hand. Der obere Wandabschluss zeigt einen weitgestellten Cheker-Fries.

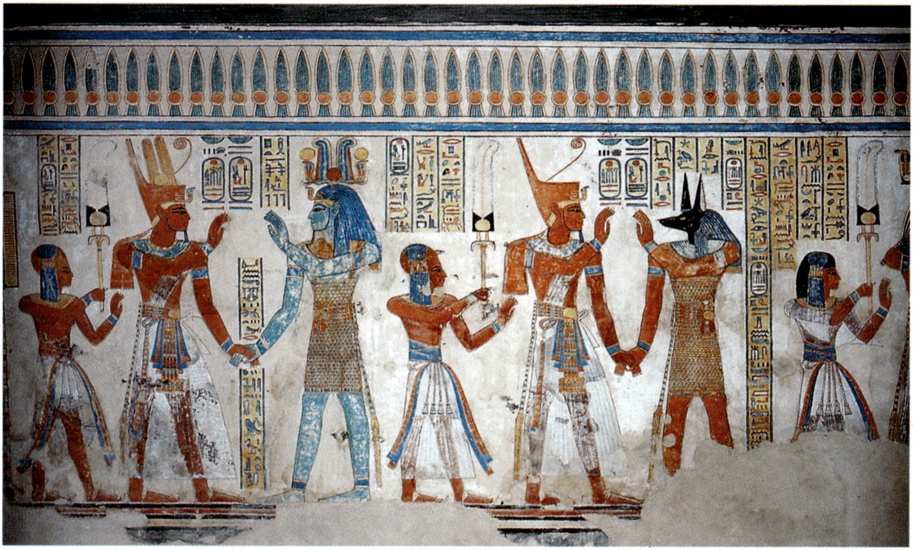

Haus und Familie im alten Ägypten

Gewaltige Pyramiden, prachtvolle Heiligtümer der Könige und Götter und der unermessliche Reichtum der Pharaonen bestimmen heute unser Bild von der altägyptischen Kultur. Immer stehen die offiziellen Denkmäler und Verlautbarungen der königlichen Ebene im Vordergrund der Betrachtungen. Doch wie organisierte sich der Alltag der Untertanen der gottgleichen Herrscher am Nil, welche Strukturen bestimmten das häusliche Zusammenleben der Menschen? Im Gegensatz zu den aus Stein errichteten Tempelanlagen bestanden die Profanbauten in Ägypten vorrangig aus klimatisch günstigen Lehmziegeln und Holz; Materialien, welche die Jahrtausende bei andauernder Überbauung und einem deutlich gestiegenen Grundwasser-

Wandmalerei: Haus mit Gartenanlage eines hohen Beamten (unteres Register), 18. Dynastie, um 1420 v. Chr., Theben-West, Grab des Djehutinefer (TT 80)

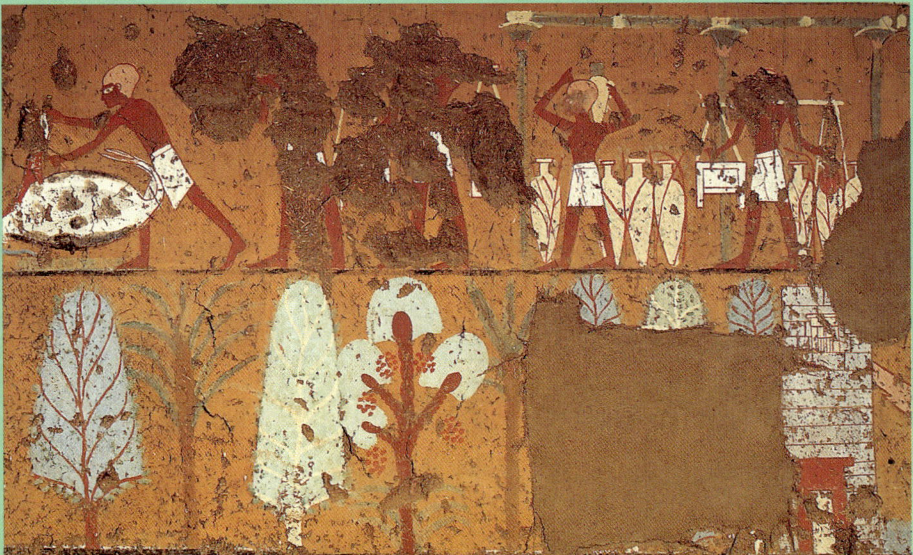

spiegel weniger gut überstanden haben. Nur selten bieten besondere Umstände den Archäologen die Möglichkeit, ein größeres Siedlungsgebiet umfassend zu untersuchen, wie in el-Lahun mit der Pyramidenstadt Sesostris' II. (12. Dynastie), in Tell el-Amarna mit der Hauptstadt des Echnaton oder in Deir el-Medineh mit dem Handwerkerdorf der thebanischen Nekropole. Im Neuen Reich ergänzen und bestätigen Grabdarstellungen von Wohnhäusern die archäologischen Befunde. Zu dieser Zeit hatte sich in Ägypten eine mehr oder weniger einheitliche Hausform durchgesetzt, wobei Größe und Ausstattung der sozialen Stellung des Hausherrn entsprachen. Neben weitläufigen Villen der hohen Verwaltungsbeamten mit bis zu 400 m^2 Grundfläche standen Kleinbehausungen von nur 25 bis 30 m^2. Die Außenwände waren im Regelfall verputzt und mit einem Anstrich in weißer beziehungsweise gelber Farbe bemalt. Die Nutzung der Dachbereiche war ebenso üblich wie die Anlage einer hohen Umfassungsmauer, um das Anwesen vor Wind und den Blicken Außenstehender abzuschirmen. Dagegen blieben Kellerräume wie in Deir el-Medineh die Ausnahme. Ein größeres Wohnhaus in el-Amarna zum Beispiel, das typischerweise leicht erhöht auf einem Mauersockel angelegt wurde, betrat man über einen kleinen Vorraum, der in eine breite, von vier Holzsäulen gestützte Vorhalle und ihre Nebenräume überleitete. Von dort erfolgte der Zugang zum zentralen Hauptraum des Anwesens, der hauptsächlich repräsentativen Zwecken diente. Sein Dach überragte die umliegenden Räumlichkeiten, wobei Oberlichter die Halle mit Licht und Luft versorgten. Im hinteren Bereich des Hauses lagen die Privaträume wie der »Salon«, ein Schlafzimmer mit Bettnische und das Bad mit Waschbassin und einem Toilettensitz. Das eigentliche Wohnhaus konnte von Höfen und Gartenanlagen umgeben sein, aber auch von Wirtschaftseinrichtungen (Speicherbauten, Tierställe, Öfen, Werkstätten), sodass die weitläufige Gesamtanlage den Charakter eines Gutshofes besaß.

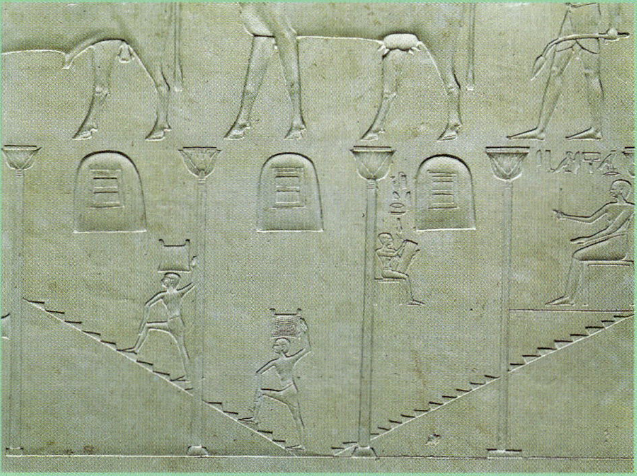

Sarkophag der Aschait (Detail): Getreidespeicher, 11. Dynastie, um 2040 v. Chr., Theben-West, Deir el-Bahari, Totentempel Mentuhoteps II., Kalkstein, H. 97 cm, Ägyptisches Museum, Kairo

Wenngleich bei Ausgrabungen kaum Gegenstände der Inneneinrichtung von Häusern

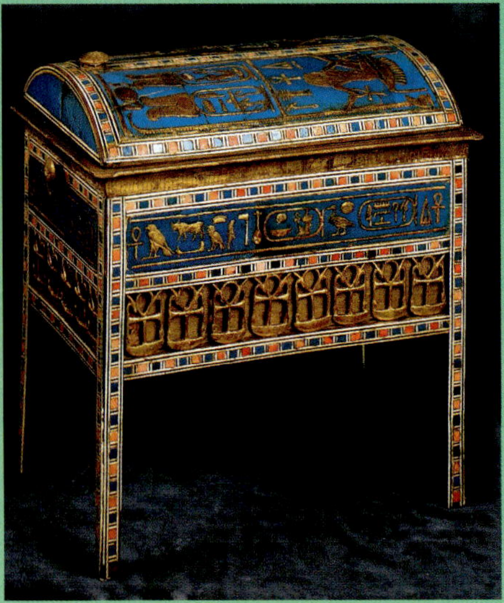

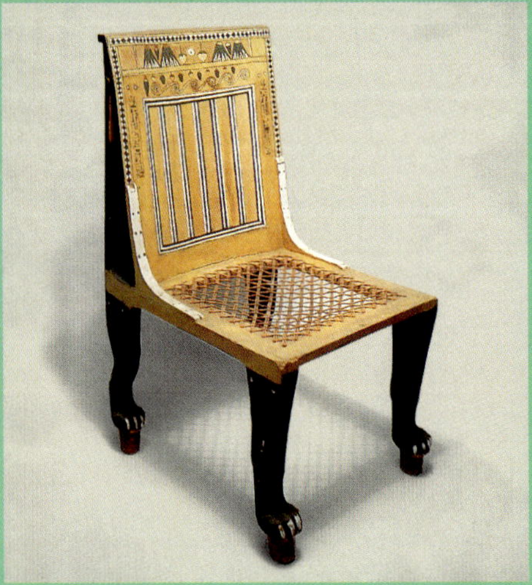

gefunden wurden, sind wir dennoch gut über das entsprechende Inventar unterrichtet. Nach ägyptischen Glaubensvorstellungen sollte der Verstorbene auch in seinem jenseitigen Leben mit den Gütern des täglichen Bedarfs versorgt sein, sodass sie einen wichtigen Bestandteil der Grabausstattung darstellten. Sicherlich wurde dabei ein Haushalt nicht vollständig übernommen, und viele Einzelobjekte sind speziell für den Jenseitsgebrauch angefertigt worden. In der Addition vieler Grabbefunde ergibt sich aber ein klares Bild vom Reichtum der materiellen Kultur, das noch von den vielen ausführlichen Darstellungen der Wandreliefs und -malereien ergänzt wird.

Zu den gebräuchlichsten Möbeln gehörten in einem besseren Haushalt verschiedene Sitzgelegenheiten, deren Ausführung von den finanziellen Möglichkeiten des Hausherrn abhing. Neben einfachen Hockern und Schemeln gab es Klappstühle sowie Sessel mit hoher Rückenlehne. Die Sitzfläche bestand häufig aus einer Lederbespannung oder geflochtenen Pflanzenfasern. Ganz ähnlich waren die niedrigen Bettgestelle bespannt, deren Beine die Gestalt von Rinderfüßen hatten. Zur Ablage von Gegenständen aller Art dienten kleine Tische und Stella-

Schmuckkasten der Tuja, 18. Dynastie, um 1370 v. Chr., Theben-West, Tal der Könige, Grab von Juja und Tuja, Holz, Elfenbein, Fayence, H. 43 cm, Ägyptisches Museum, Kairo

Lehnstuhl des Cha, 18. Dynastie, um 1400 v. Chr., Theben-West, Deir el-Medineh, Grab des Cha (TT 8), Holz, bemalt, H. 91 cm, Museo Egizio, Turin

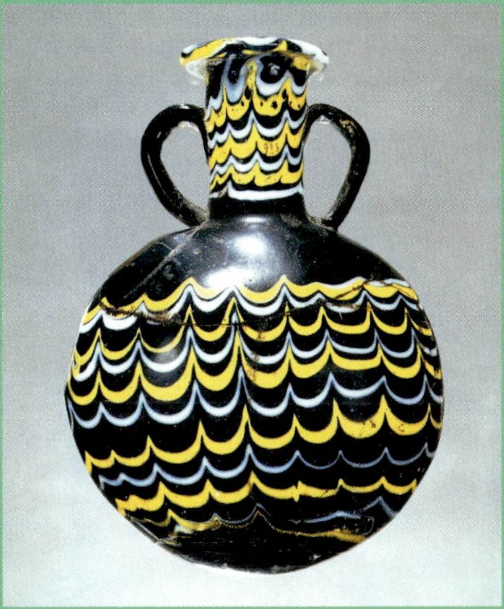

Kleines Schminkgefäß, 18. Dynastie, um 1300 v. Chr., polychromes Glas, H. 10 cm, Musée du Louvre, Paris

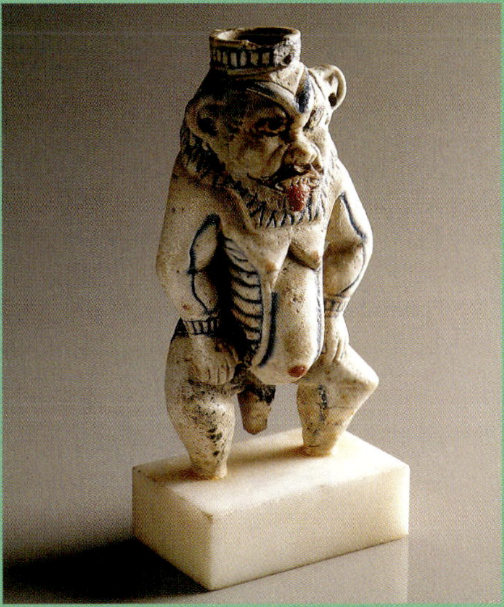

Schminkgefäß in Gestalt des Gottes Bes, 18. Dynastie, 1350 v. Chr., polychrome Fayence, H. 8,4 cm, Musée du Louvre, Paris

gen, die zumeist aus Holz gefertigt wurden. Richtige Esstische waren hingegen unbekannt. Kisten und Truhen der unterschiedlichsten Ausführungen und Größen nahmen den persönlichen Besitz auf, unter anderem Schmuck, Kleidung, Perücken oder Kosmetika. Ebenso wie auf peinliche Sauberkeit im Haus geachtet wurde, um das Ungeziefer fernzuhalten, schenkte man in der Oberschicht der täglichen Körperpflege uneingeschränkte Aufmerksamkeit. In gesonderten Kästchen wurden Gefäße mit Augenschminke, Salbölen und Parfümessenzen, Kämme, Haarnadeln und ein Spiegel aufbewahrt, die oft wahre Meisterwerke der Kleinkunst sind. Als besonderer Luxusartikel galten im Neuen Reich Schminkbehälter aus opakem Glas, dessen Erzeugung erst mit der frühen 18. Dynastie in Ägypten heimisch wurde. Zu den klassischen Formen der Kosmetikgefäße aus Stein oder Fayence gesellten sich rein figürliche Typen wie das abgebildete Beispiel in Gestalt des gnomhaften Gottes Bes, der als Schutzdämon des häuslichen Bereiches große Verehrung genoss.

Im Zentrum des ägyptischen Sozialgefüges stand die Familie, die im Normalfall als Einehe organisiert war und aus den Eltern mit ihren unmündigen Kindern bestand. Diese Kernfamilie bildete den Haushalt, der durch Bedienstete in unterschiedlicher Anzahl erweitert sein konnte. Anerkanntes Ziel der ehelichen Gemeinschaft war die Zeugung einer Nachkommenschaft, wie es schon in der berühmten Lehre des Ptahhotep formuliert wird: »Wenn du wohlhabend bist, einen Hausstand gegründet hast und deine Frau recht liebst, dann fülle ihren Leib und kleide ihren Rücken. Erfreue ihr Herz, solange du lebst, denn ein fruchtbarer Acker ist sie für ihren Herrn.« Die wichtigste Aufgabe der Kinder bestand im Vollzug des Totenkultes für ihre verstorbenen Eltern, um deren Andenken im Bewusstsein der Nachwelt zu bewahren und ihr Weiterleben im Jenseits zu sichern. So zeigen seit dem Alten Reich unzählige Darstellungen auf Grabwänden und Stelen, wie die Opfergaben zur Jenseitsversorgung des Ehepaars herangebracht werden. In vertrauter Umarmung sitzen der Grabherr und seine Frau vor dem Speisetisch und weiteren Gütern oder lassen sich gemeinsam in Gruppen- wie Familienstatuen mit ihren Kindern abbilden.

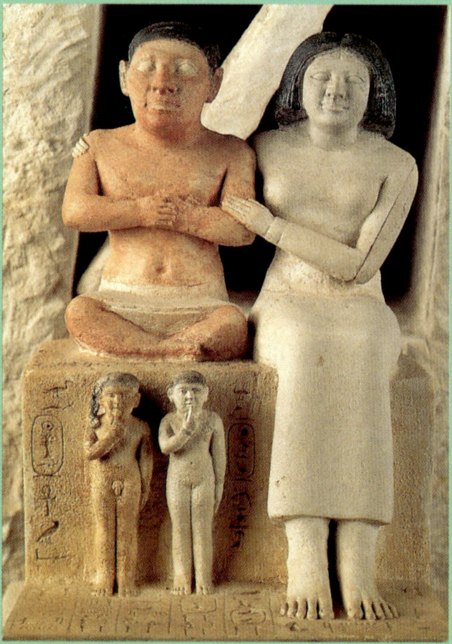

In vielerlei Hinsicht war die Ehefrau ihrem Mann rechtlich gleichgestellt, ohne dass im Grundsatz dessen übergeordnete Position als Hausvorstand und Versorger tangiert wurde. Frauen konnten vor Gericht auftreten, eigenständig Verträge abschließen und sogar ihren eigenen Besitz gesondert vererben. In ihren Händen lag auch die Erziehung der Kinder bis zu einem bestimmten Alter. Dann wurden die Söhne vom Vater ausgebildet oder besuchten bei Eignung eine Tempelschule, die ihnen eine Karriere als Beamter eröffnete. Trotz der angestrebten lebenslangen Verbindung der Ehepartner blieben Scheidungen nicht aus, sodass ein Vater für seine Tochter festlegte: »Du bist meine gute Tochter. Sollte dich dein Mann aus dem vorgerichteten Haus verstoßen, so kannst du in der Halle meines Vorratshauses wohnen.«

Rechte Seite: Der Bürgermeister Sennefer und seine Frau Senai, 18. Dynastie, um 1410 v. Chr., Karnak, Tempel des Amun-Re, Granodiorit, H. 120 cm, Ägyptisches Museum, Kairo

Familiengruppe des Zwerges Seneb, 4./5. Dynastie, um 2475 v. Chr., Giza, Mastaba des Seneb, Kalkstein, bemalt, H. 34 cm, Ägyptisches Museum, Kairo

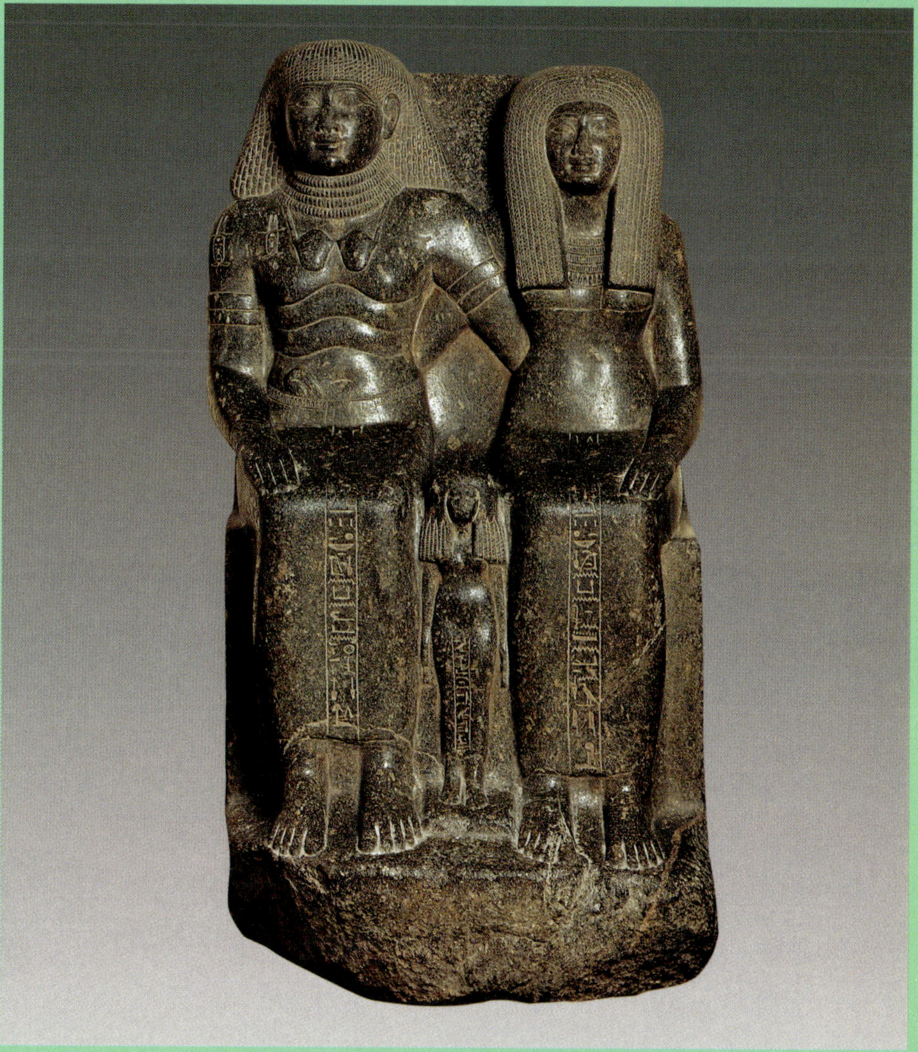

Die Privatgräber von Theben-West

Das thebanische Westgebirge galt ursprünglich als Schwelle zwischen Dies- und Jenseits und diente nicht nur den Herrschern des Neuen Reiches und ihren Familien als letzte Ruhestätte, sondern auch vielen Verwaltungsbeamten, Militärs und Priestern, sog. Privatpersonen. Die über 500 bislang entdeckten Privatgräber bilden von Norden nach Süden die Nekropolenabschnitte von Dra Abu el-Naga, Asasif, Chocha, Scheich Abd-el-Gurna (Bild unten), Gurnet Murrai und Deir el-Medineh. Ein einzelnes Grab besaß in aller Regel einen begehbaren Teil, der dem Totenkult diente, und einen unterirdischen für Mumie und Grabausstattung, der unzugänglich war. Der Kultbereich bestand aus einem Hof und mindestens einer in das Felsmassiv getriebenen Kammer – häufig ist die umgekehrte T-Form mit Quer- und Längsraum belegt –, einer Nische für die Statue des Verstorbenen und einer kleinen Pyramide über dem Eingang. War die Qualität des anstehenden Kalksteins gut genug, wurde die Dekoration in Relieftechnik ausgeführt, zumeist jedoch als Malerei über einer mit Stroh gemagerten Verputzschicht. Die Größe der Grabanlage erlaubt dabei im Regelfall einen Rückschluss auf den sozialen Status des Grabherrn.

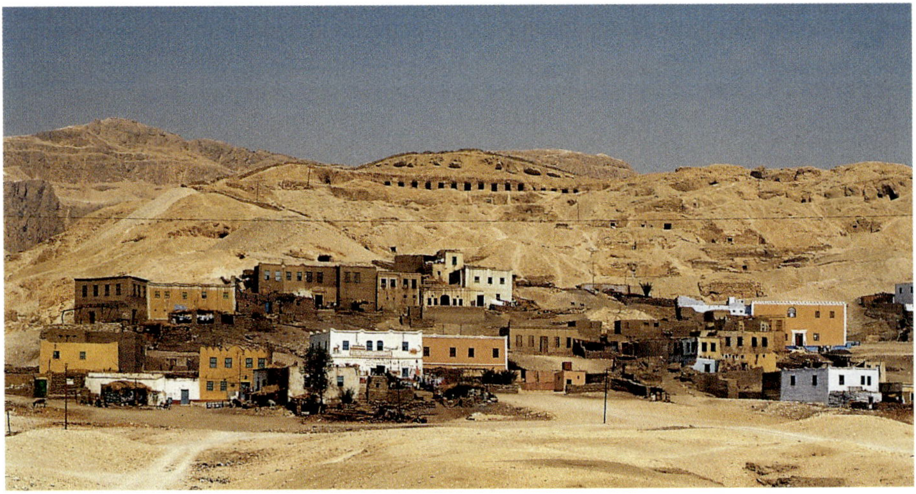

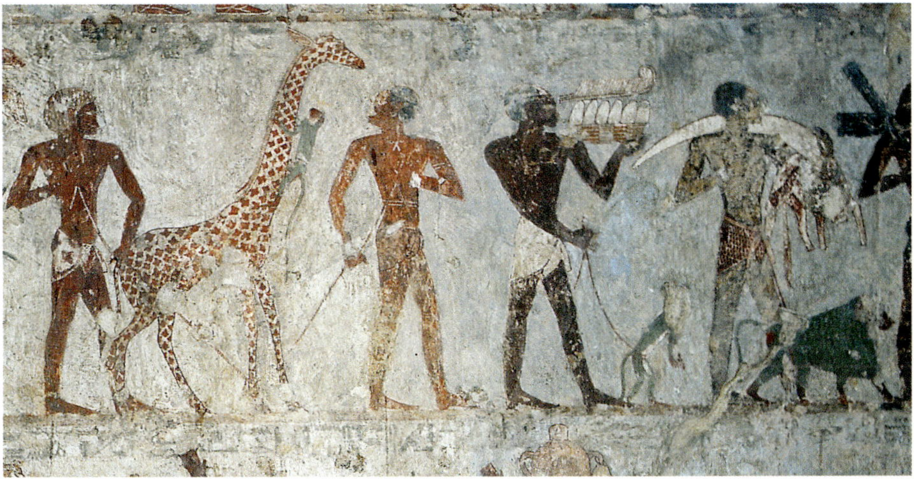

Grab des Rechmire (TT 100)

18. Dynastie, um 1450 v. Chr.

Nubischer Tribut

Rechmire, Wesir unter Thutmosis III. und Amenophis II., ließ sein Grab an erhöhter Stelle im Friedhof von Scheich Abd-el-Gurna anlegen. Wegen seiner Größe und motivreichen Dekoration gehört es zu den bedeutendsten in Theben, außerdem enthält es einen einzigartigen Text mit der sog. Dienstanweisung des Wesirs, welcher die Aufgaben dieses Amtes verdeutlicht. Als Wesir war Rechmire für alle Belange des Staates zuständig, worauf auch die vielfältigen Bildinhalte des Grabes verweisen. In der Querhalle befinden sich rechts vom Eingang u. a. Szenen von den Erzeugnissen der verschiedenen Landesteile, von der Bereitstellung königlicher Statuen für das Neujahrsfest sowie vom Fisch- und Vogelfang des Grabherrn. Auf der anderen Seite der Eingangshalle ist Rechmire bei der Überwachung der Steuereinnahmen aus Oberägypten und von Tributlieferungen aus dem Ausland (Punt, Nubien, Syrien, Ägäis) dargestellt. Dabei werden aus Nubien verschiedene exotische Tiere wie Geparden und Giraffen, aber auch Elfenbein, Felle und Straußeneier herbeigebracht. In der Längshalle, deren Decke in Richtung Scheintür und Statuennische erheblich ansteigt, sind unterschiedliche handwerkliche Tätigkeiten abgebildet, eine königliche Schiffsprozession und das Begräbnisritual in einer sehr ausführlichen Fassung mit 50 Einzelszenen.

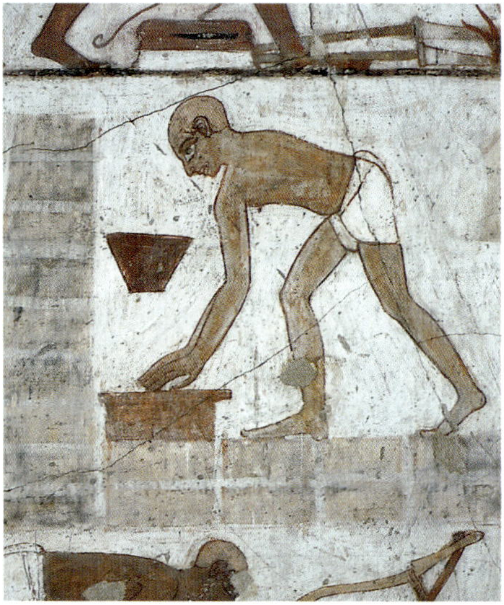

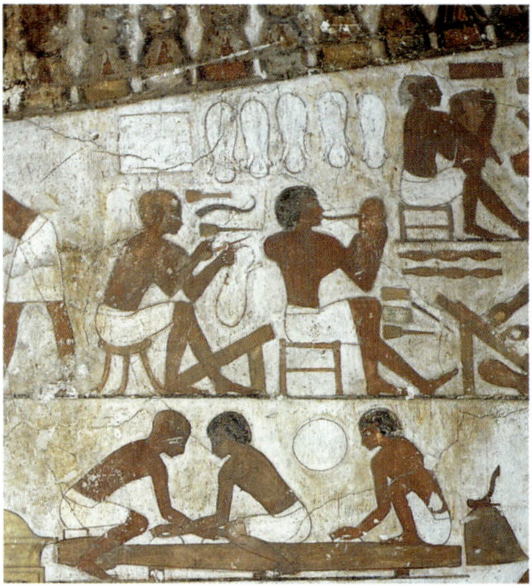

Ziegelproduktion

Auf der linken Wand der Längshalle im Grab des Rechmire befinden sich die berühmten Handwerkerszenen, welche hervorragenden Aufschluss über die damaligen Werkverfahren geben. Dazu gehört auch die Produktion von Lehmziegeln, des meistverwendeten Baumaterials in Ägypten. Die Ziegelmasse, die aus gewässertem, manchmal mit Sand, Strohhäcksel oder Asche gemischtem Nilschlamm bestand, wurde in Holzrahmen gefüllt und glatt gestrichen. Anschließend zog man den Rahmen fort und benutzte ihn für den nächsten Ziegel. Lange Reihen solcher Ziegel wurden nebeneinander zum Trocknen platziert und in besonderen Fällen mit dem königlichen Siegel versehen.

Sandalenmacher

Auch wenn man in Ägypten zumeist barfuß ging, hatte die Sandalenmacherei einen hohen Stellenwert. Einerseits wurden Prunksandalen als Statussymbol betrachtet, insbesondere wenn sie vom König vergeben wurden, andererseits waren sie notwendiger Schutz für die Füße bei der Arbeit in gebirgigen Regionen. Ledersandalen waren ebenso begehrt wie teuer, sodass ein einfacher Arbeiter fast ein Viertel seines Monatslohnes dafür ausgeben musste. Dargestellt sind hier (Arbeiter im oberen Register) das Recken des Leders, das Durchbohren der Sohle sowie die Lederstücke und das Werkzeug des Sandalenmachers.

Rechmire am Speisetisch

Am Ende der Längshalle, unmittelbar vor der Rückwand mit der Scheintür, ist der Grabinhaber zusammen mit seiner Frau Merit am Opfertisch dargestellt. Diese Szene wiederholt sich rechts wie links in mehreren Registern übereinander. Rechmire trägt den Wesirsschurz und hält ein Zepter in der rechten Hand, die linke hat er zum Opfertisch ausgestreckt. Vor der reich beladenen Kultstätte war einer seiner Söhne abgebildet, dessen Gestalt jedoch vollständig ausgehackt worden ist. Hintergrund für diese Handlung könnten die politischen Veränderungen zu Beginn der Regierungszeit von Amenophis II. gewesen sein. Dem neuen König scheint der große Einfluss Rechmires und seiner Familie, die viele wichtige Posten innehatte, nicht mehr recht gewesen zu sein, und er versetzte ihn bald in den Ruhestand. Er favorisierte nun eine andere Familie, nämlich die seines Jugendfreundes Sennefer. Rechmires ältester Sohn, der vielleicht als Amtsnachfolger geplant war, fiel in Ungnade, weshalb sein Bild, nicht aber das seines Vaters ausgelöscht wurde.

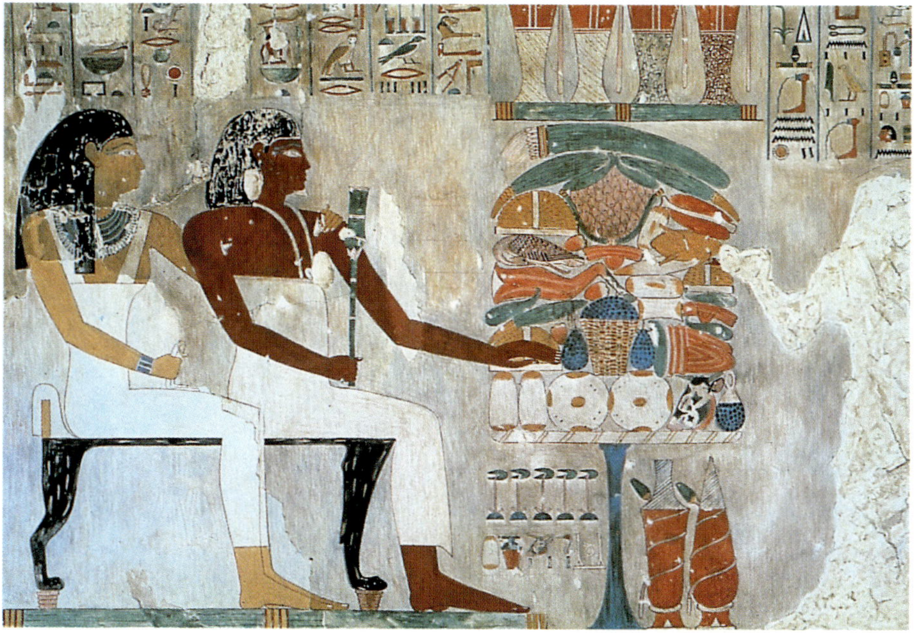

Grab des Ramose (TT 55)

18. Dynastie, um 1360 v. Chr.

Begräbniszug (Detail)

Ramose, Wesir unter Amenophis III. und während der ersten Regierungsjahre von Amenophis IV./Echnaton, legte seine Ruhestätte ebenfalls in Scheich Abd-el-Gurna an. Obwohl das Grab wegen seines frühen Todes nicht fertig gestellt worden ist, spiegelt es deutlich die Umbrüche des Regierungswechsels wider. Nur der Eingangssaal mit seinen vier mal acht Säulen ist schon teilweise dekoriert. An den ersten Wänden befinden sich großformatige Szenen in feinem Relief, auf der linken Seitenwand wechselte man dagegen zur Malerei. Die gesamte Länge dieser Wand ist dem Thema Begräbniszug gewidmet. Dargestellt sind der Transport von Sarg und Kanopenschrein zum Grab, Opfer- und Beigabenbringer, begleitende Priester und Klageweiber, das Ritual vor dem Grab sowie die Begegnung des Verstorbenen mit Osiris. Auffällig ist hier die Vielfalt der Motive und der Komposition mit zahlreichen Überschneidungen und Staffelungen. Auf der Rückwand der Halle tritt Ramose gleich zweimal vor Amenophis IV. auf, der links vom Durchgang in traditionellem Stil dargestellt ist, während die rechte Szene (Königsfamilie im Erscheinungsfenster) schon im neuen, sog. Amarnastil ausgeführt wurde.

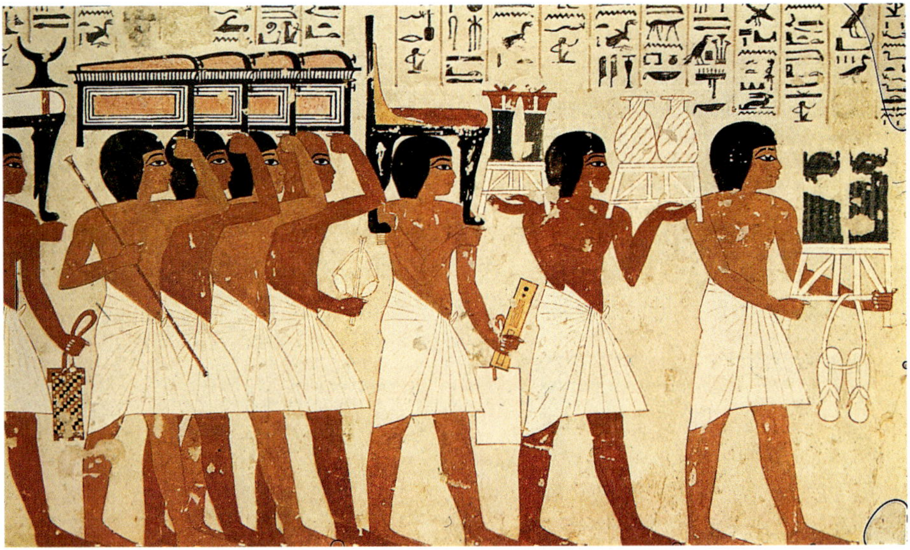

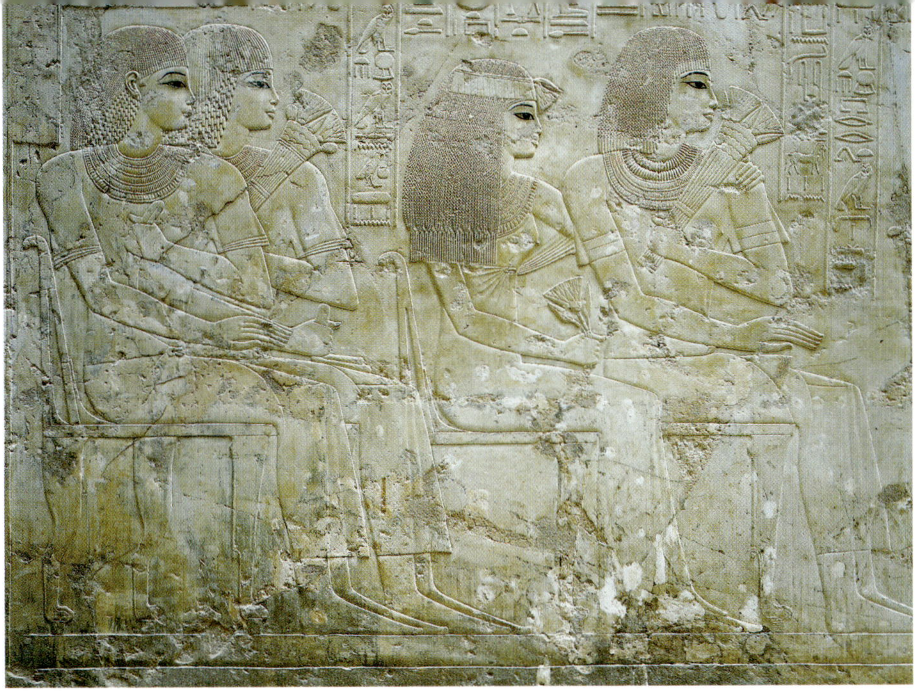

Das Bankett

Die hier abgebildeten Paare gehören zu den Gästen eines Festmahls, das zu Ehren des verstorbenen Wesirs abgehalten wird. Anwesend sind Verwandte und hohe Würdenträger aus der Verwaltung, zu denen auch der berühmte Weise Amenophis, Sohn des Hapu, gehört. Dieses Bankett ist auf der linken Eingangswand im Grab des Ramose zu sehen. Die Bilder stehen als ausdrucksstarkes Zeugnis für die hohe Qualität der Relieftechnik in der Zeit Amenophis' III. Eine feine Modellierung der Gesichter, die detaillierte und variantenreiche Ausführung von Perücken, Gewändern und Schmuck in feinster Schnitttechnik machen das künstlerische Streben nach höchster ästhetischer Vollkommenheit deutlich. Die Bemalung ist noch nicht vollständig ausgeführt, nur die schwarze Farbe an Augen und Brauenbogen bereits vorhanden. Auch wenn die Figuren durch ihre gemeinsame Sitzhaltung und ihr paarweises Auftreten auf den ersten Blick fast einheitlich wirken, so wird schon nach kurzer Betrachtung klar, dass keine Figur der anderen gleicht.

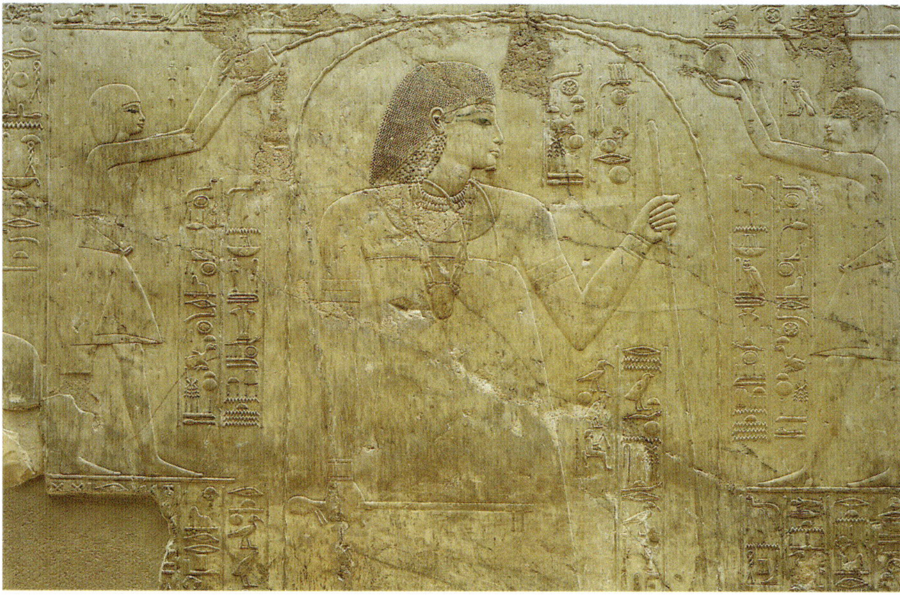

Das Reinigungsritual

Auf der rechten Eingangswand des Grabes von Ramose ist die Reinigung des Verstorbenen dargestellt, wozu zwei Priester von beiden Seiten her Wasser über ihm ausgießen. Ramose trägt das hoch über die Brust gezogene Wesirsgewand, das mit Hilfe eines schmalen Trägers um den Hals in Position gehalten wird. In den Händen hat er Stab und ein schlüsselähnliches Zepter, die als Würdezeichen aufgefasst werden müssen. Er ist nicht nur mit dem traditionellen Halskragen und Armreifen geschmückt, sondern auch mit einem aus goldenen Scheibenperlen bestehenden zweireihigen Ehrengold sowie einer langen Kette mit Herzamulett. Die Beischrift vor seinem Gesicht nennt seinen Namen und seinen Wesirstitel, darüber hinaus weist sie ihn auch als einen »vor dem Sonnengott Gerechtfertigten« aus. In der Realität hat man davon auszugehen, dass dieser mit dem Mundöffnungsritual verbundene Reinigungsakt sowohl an der Mumie als auch an der Statue des Verstorbenen vollzogen wurde; er hatte beim Eintritt in das Grab und beim Übergang ins Jenseits rein zu sein, was auch in zahlreichen Totentexten immer wieder betont wird.

Grab des Sennefer (TT 96)

18. Dynastie, um 1410 v. Chr.

Der Grabherr mit seiner Frau

Sennefer, Bürgermeister von Theben, war ein Jugendfreund und enger Vertrauter König Amenophis' II. Auch seine Familie erfreute sich eines hohen Ansehens; so amtierte ein Bruder des Grabherrn als Wesir. Nicht nur der Kultbereich des Sennefer-Grabes wurde dekoriert, sondern auch die zwölf Meter tiefe Grabkammer (steiler und niedriger Treppengang). Der elegante Stil ihrer Wandmalereien hat die Anlage ebenso berühmt gemacht wie ein Abschnitt der Decke, der eine Weinlaube nachbildet. Links vom Eingang sitzt Sennefer zusammen mit seiner Frau Merit, die den Titel einer Tempelsängerin des Amun führte. Er hält ein Würdenzepter und sie einen Lotosstrauß in der Hand. Nach seinem Tod wurde Sennefer noch ein ganz ungewöhnliches Privileg zuteil: Er wurde wohl nicht in seinem prachtvollen Grabbau in Scheich Abd-el-Gurna bestattet, sondern auf Anordnung Amenophis' II. im Tal der Könige. Wenngleich dort die Grabkammer undekoriert war, wog die Nähe zu den vestorbenen Gottkönigen diesen Nachteil auf.

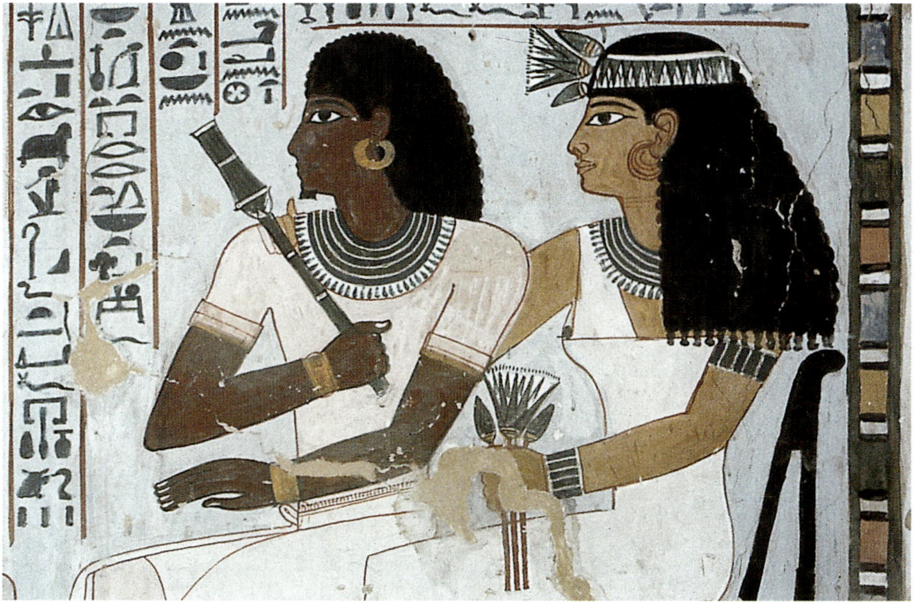

Die Abydosfahrt

Die wichtigste Bildfolge auf der Westwand ist der Pilgerfahrt nach Abydos gewidmet, dem Kultzentrum des obersten Totenrichters Osiris. In einem Papyrusboot, das von einem Ruderschiff über den Fluss gezogen wird, sitzen der Beamte und seine Frau unter einem Baldachin und werden von einem Priester mit Opfergaben versorgt. Ziel ist es, Osiris gnädig zu stimmen, damit er die Pilger später vor dem Totengericht positiv beurteilen möge. Denn nur so war es ihnen möglich, im Jenseits eine ewige Existenz als verklärte Verstorbene zu führen. Da aber nicht jeder diese Reise in Realität unternehmen konnte, diente eine Darstellung der Abydosfahrt im Grab als bildmagischer Ersatz.

Die Reinigung

Drei Großszenen füllen die Nordwand der Grabkammer: die rituelle Reinigung des Grabinhabers, seine Mumifizierung und die Begegnung mit den Göttern Osiris und Anubis. Als Bestandteil des Mundöffnungsrituals übergießt ein Sem (Totenpriester mit Raubkatzenfell) Sennefer und seine Frau mit einem Wasserstrahl. Beide haben das Totengericht bereits überstanden und kommen nun »in Frieden« herbei, um Osiris zu begegnen. Der Bürgermeister trägt ein Doppelherzamulett an einer Kette und vielfältigen Schmuck. Merit hält ein Menat (Halskragen mit Gegengewicht) vor ihre Brust und in der linken Hand ein Bügelsistrum, was sie in Verbindung mit ihrem Titel als Tempelsängerin ausweist.

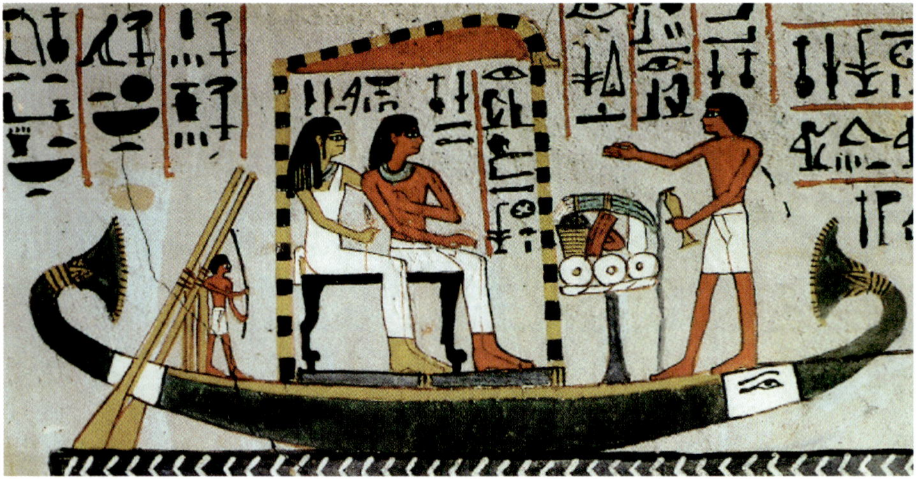

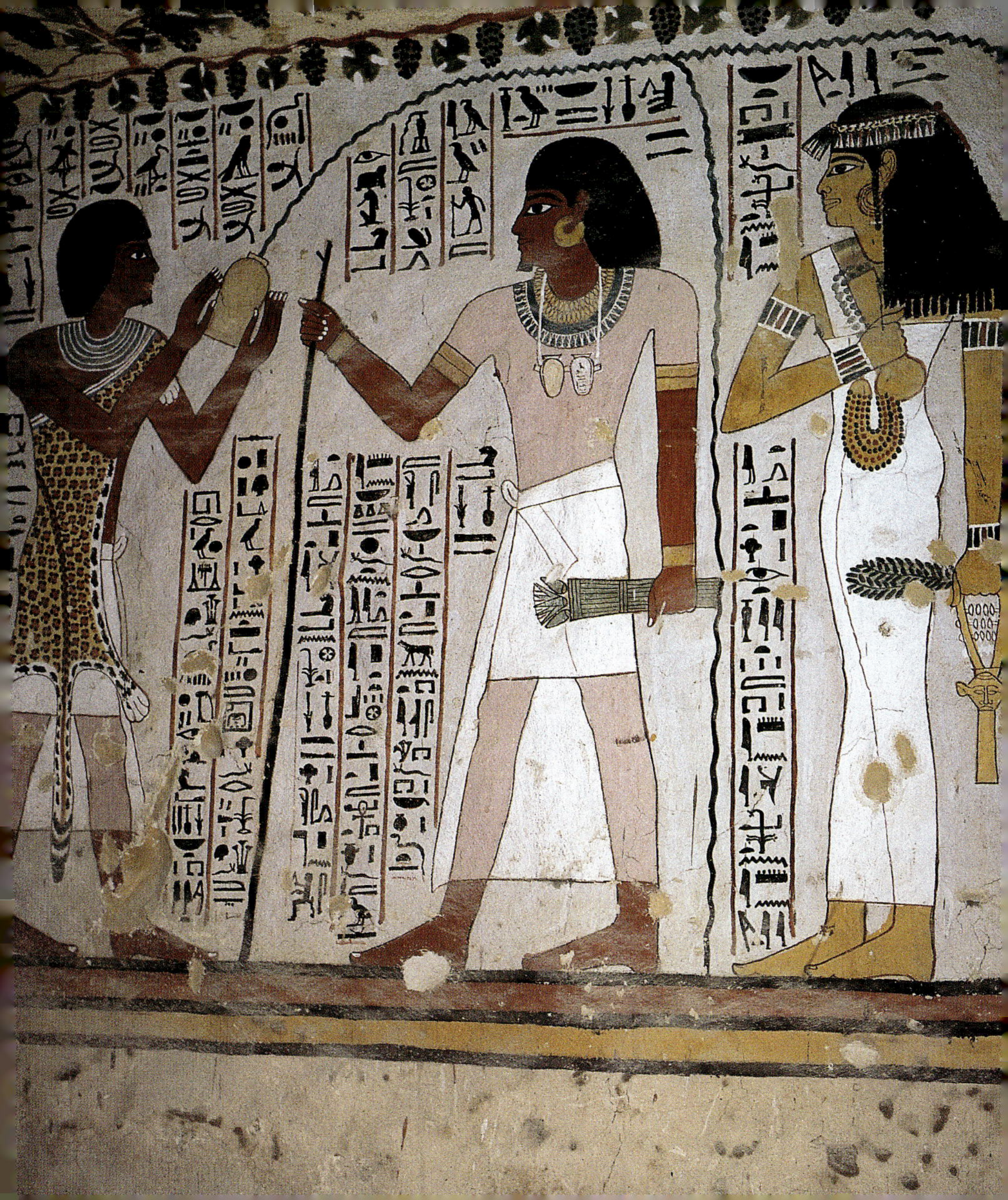

Grab des Menena (TT 69)

18. Dynastie, um 1395 v. Chr.

Getreidemesser bei der Arbeit

Unter König Thutmosis IV. war der Schreiber Menena in Theben für die Vermessung und Ertragsberechnung der Felder zuständig. Sein Grab, das er in Scheich Abd-el-Gurna errichten ließ, besteht wie üblich aus einer Eingangspassage, einer Quer- und Längshalle sowie einer Felsnische für eine Statuengruppe des Menena mit seiner Frau. Besonders detailreich wurden diejenigen Szenen ausgeführt, die den Grabherrn bei seiner beruflichen Tätigkeit zeigen (linke Eingangswand der Querhalle). Menena, der hier als »Schreiber des Herrn der beiden Länder« bezeichnet wird, steht in einem leichten Pavillon und überwacht die Feldarbeiten. Hinter ihm knien vier seiner Schreibergehilfen auf dem Boden und verzeichnen die Ernteerträge auf Papyrusrollen. Direkt auf dem Getreideplatz steht eine zweite Gruppe von Schreibern, die jeden einzelnen Scheffel (pro Hohlmaß wohl 1 Oipe = 19,2 l), den die Arbeiter vor ihnen abfüllen, genau notieren. Ein weiterer Schreiber hat sich mitten in den Kornberg gesetzt und scheint mit den Fingern mitzuzählen. Oberhalb von ihm ist eine verschlossene Deckeltruhe abgebildet, die wohl zur Unterbringung der Akten und des benötigten Schreibwerkzeuges diente.

Die Getreideernte

Obwohl der altägyptische Kalender nur eine Erntejahreszeit ausweist, ermöglichte die Fruchtbarkeit des Bodens im Niltal in manchen Gebieten mehrere Ernten pro Jahr. Im Grab des Menena ist nicht nur das Verzeichnen der Erträge im Detail dargestellt, sondern auch die Arbeit auf den Feldern. Nach dem Sicheln des Getreides wurde es in großen Körben von Menschen oder Eseln zur Tenne gebracht. Dort rechte man

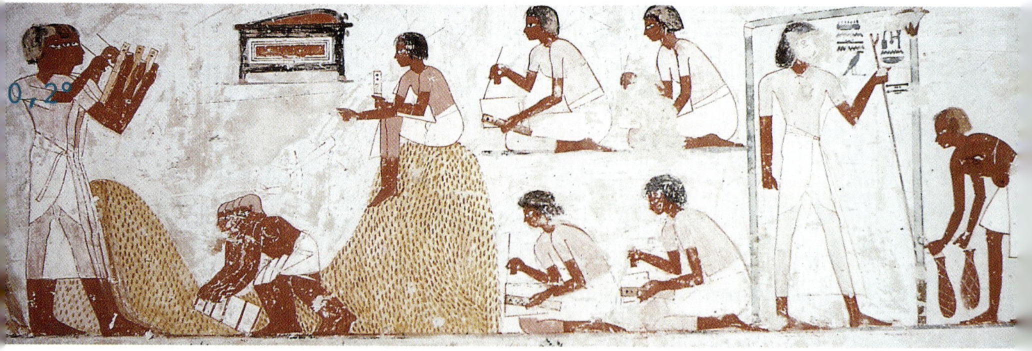

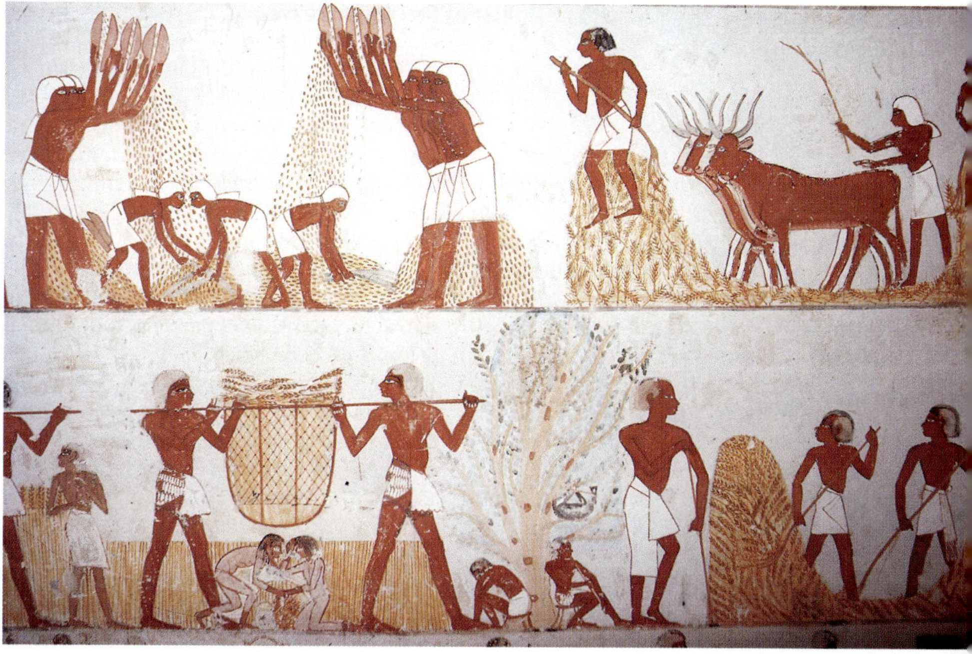

die Ähren zusammen, trieb Rinder darüber, um die Körner aus ihren Hülsen zu lösen, und worfelte es, um die Spreu vom Korn zu trennen. Der größte Teil der Ernteerträge wurde dann an zentrale Speicher geliefert und von der Scheunenverwaltung weiterverteilt. Diese Vorgänge werden hier höchst anschaulich und detailgenau wiedergegeben. So haben sich die Männer auf der Tenne Tücher um das Haar gebunden, um es vor Spreu und Staub zu schützen, nicht so die Männer, welche das Korn transportieren und zusammenrechen.

Auch kleine Genreszenen werden vorgestellt, wie die mit den beiden raufenden Mädchen auf dem Feld oder einem Baum, unter dem zwei Arbeiter hocken. Einer von ihnen ist eingenickt, während sein Kollege sich die Zeit mit Flötenspielen vertreibt. Gerade diese dem Leben abgelauschten Nebenszenen (deswegen in einem kleinen Maßstab) scheinen Jahrhunderte später als besonders attraktiv angesehen worden zu sein, da einige von ihnen in den thebanischen Beamtengräbern der Spätzeit (25./26. Dynastie) kopiert wurden.

Grab des Nacht (TT 52)

18. Dynastie, 1390 v. Chr.

Damen beim Fest

Der Schreiber und »Stundenpriester des Amun« Nacht lebte zur Zeit Thutmosis' IV./Amenophis' III. Obwohl sein Grab sehr klein ist, gehören die Szenen im Querraum wegen ihrer hohen Ästhetik und ihres ehemals sehr guten Erhaltungszustandes zu den berühmtesten Beispielen altägyptischer Malerei. An der linken Rückwand befinden sich die Bankettszenen, sie stellen das Festmahl für den Verstorbenen dar. Hinter einem Harfenspieler hocken die weiblichen Gäste in zwei Gruppen auf Papyrusmatten. Sie sind reich gewandet und tragen Duftkegel über ihren Perücken. Eine unbekleidete Dienerin hilft beim Richten der goldenen Ohrringe.

Drei Musikantinnen

Im Basisregister werden die Ehrengäste des Festmahls von drei Musikantinnen mit Harfe, Laute und Doppelflöte unterhalten. Die jungen Frauen sind mit Blütenkränzen und hohen Salbkegeln über den kunstvollen Perücken, reichem Schmuck und eleganter Kleidung ausgestattet. Während die beiden Frauen außen weiße Leinengewänder tragen, hat die Lautenspielerin nur den schmalen Gürtel der Tänzerinnen angelegt. Im Vorwärtsschreiten wendet sie den Kopf der hinter ihr stehenden Flötistin zu und bewirkt somit den kompositorischen Zusammenhalt der Gruppe. Es ist wohl v. a. die Eleganz der dargestellten Bewegungen und die Anmut der Gesichter mit den großen, schräg stehenden Mandelaugen, die die große Anziehungskraft dieser Szene auf den heutigen Betrachter bewirkt.

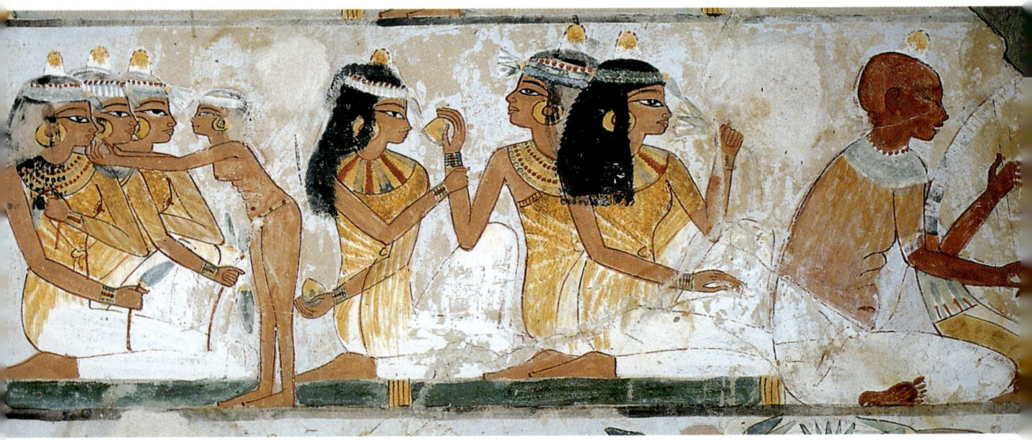

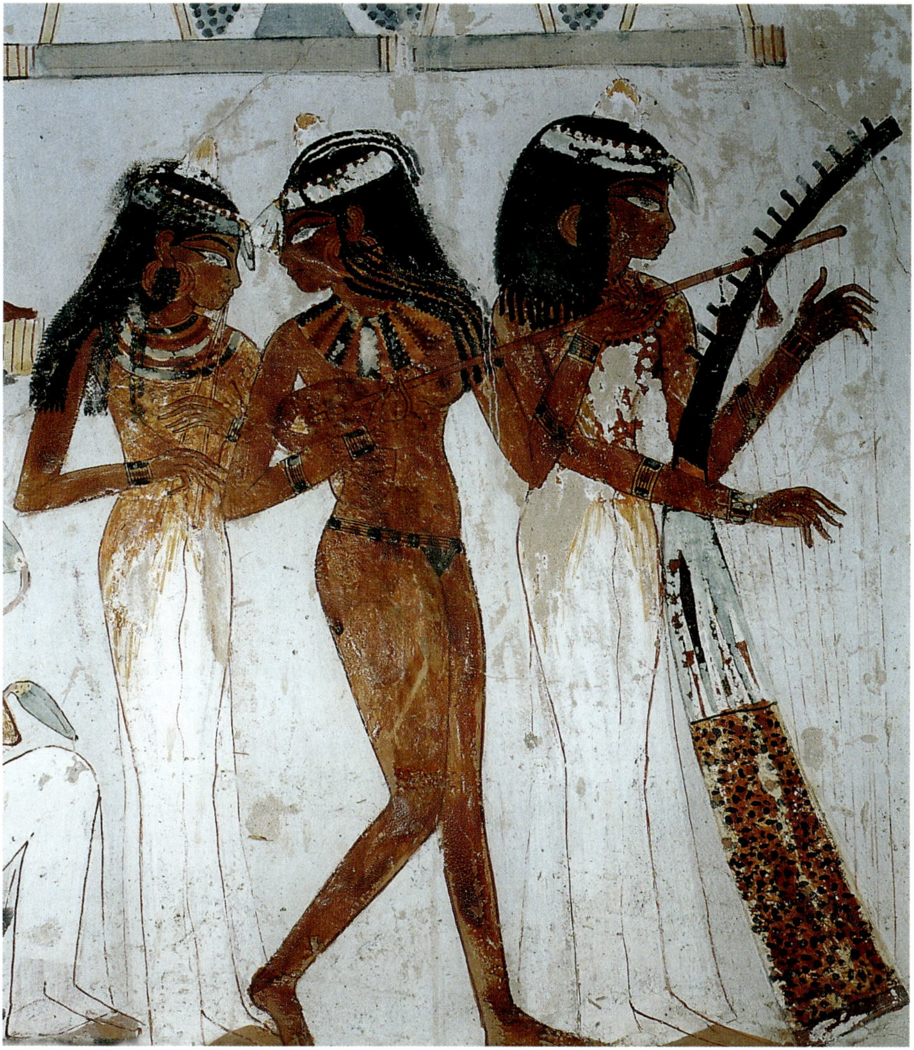

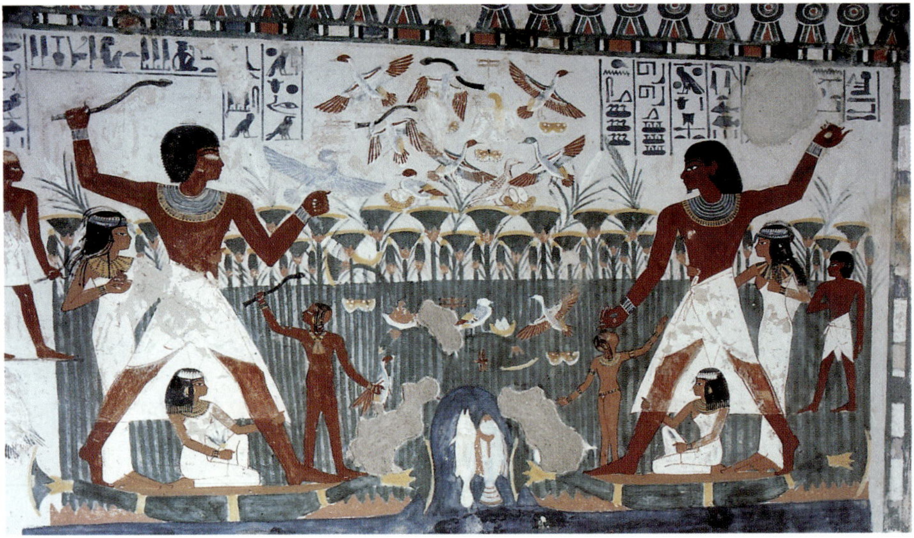

Jagd im Papyrusdickicht

Die Jagd im Papyrusdickicht zählt zu den traditionellsten Szenen im Bildprogramm der Privatgräber; man findet sie seit dem Alten Reich. Die Fahrt vermittelt nicht nur die Freude eines familiären Jagdausflugs, sondern muss auch als kultische Handlung verstanden werden. Sie steht einerseits mit der Zähmung und Nutzbarmachung der Natur in Verbindung, andererseits mit dem mythischen Ort des Papyrusdickichts, der Schutz und Regeneration verheißt. Im Grab des Nacht befindet sich diese Szene auf der rechten Rückwand des Querraumes. Der Grabherr wird hier gleich zweimal in gegenläufiger Haltung dargestellt. Er steht jeweils in weiter, bewegungserstarrter Schrittstellung auf einem Papyrusnachen, begleitet von Ehefrau und Töchtern. Bei der männlichen Figur rechts außen könnte es sich um einen Sohn handeln. Auf der rechten Seite des Bildes speert Nacht zwei Fische, die zusammen mit dem sie umgebenden Wasser aus dem Fluss emporgezogen werden (sog. Wasserberg). Obwohl die Geste des Speerens vollzogen wird, fehlt die Wiedergabe der Waffe in seiner Hand. Auf der anderen Seite hat er das Wurfholz zur Vogeljagd geschwungen und hält auch schon eine Gans an ihren Füßen. Ein Schwarm aufgeschreckter Wasservögel fliegt über dem schematisch angelegten Pflanzenfeld des Papyrusdickichts auf.

Grab des Userhat (TT 56)

18. Dynastie, um 1400 v. Chr.

Der Grabherr auf der Wüstenjagd

Unweit südlich vom großen Grabbau des Ramose (TT 55) liegt in Scheich Abd-el-Gurna die Anlage des Userhat, der unter Amenophis II. zahlreiche Ämter in der Verwaltung bekleidete. Dazu gehörten die Funktionen eines »Wirklichen königlichen Schreibers« und eines »Brotschreibers in Ober- und Unterägypten«, dem die Versorgung der Beamten mit Brotgetreide oblag. Die Architektur seines Grabes folgt mit einer Quer- und Längshalle der Standardausführung eines thebanischen Privatgrabes. Auf der linken Wand des hinteren Raumes wurden mehrere Jagdszenen vereinigt, von denen die Wüstenjagd besondere Beachtung verdient. Im fliegenden Galopp sprengt Userhat – königlichen Szenen vergleichbar – in seinem Wagen heran, die Zügel beider Pferde hat er sich um den Leib geschlungen. Voller Konzentration spannt er den Bogen und verschießt seine Pfeile auf die in einem wilden Durcheinander wiedergegebenen Tiere, deren Farbgebung von verschiedenen Ockertönen bestimmt wird. In dieser großartigen Komposition von getroffenen und flüchtenden Tieren lassen sich verschiedene Gazellen- und Antilopenarten, aber auch Hyänen, Strauße und Hasen identifizieren.

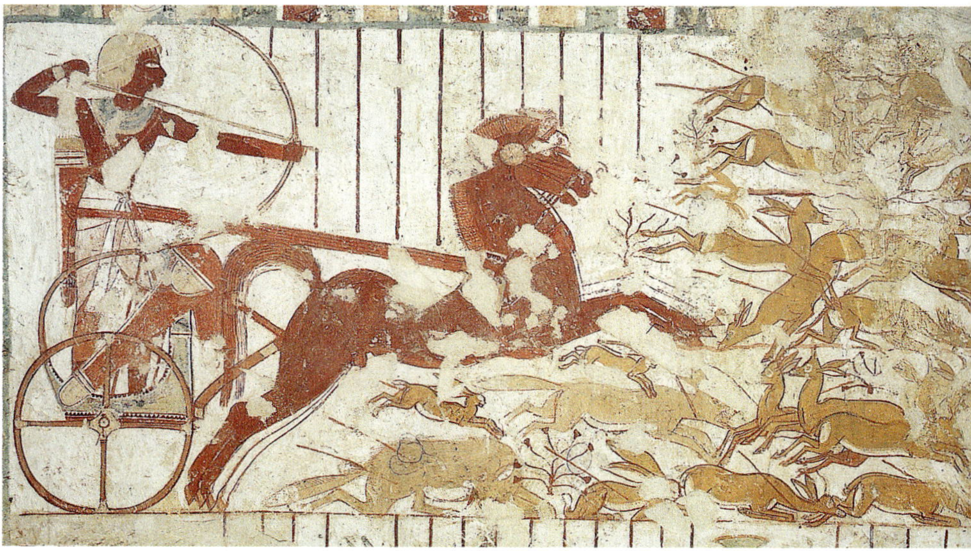

Im Proviantamt

Die rechte Rückwand der Querhalle zeigt eine zweigeteilte Bildfläche. Innen tritt Userhat vor seinen Dienstherrn, den in einem Kiosk thronenden König Amenophis II., und übergibt ihm ein großes Opfergebinde aus Blumen und Früchten. Der Begleittext erläutert: »Herbeibringen von allerlei schönen Blumen für Seine Majestät durch den vortrefflichen Vertrauten seines Herrn, den Gelobten des Guten Gottes (...).« Der restliche Wandbereich bis zum Türdurchgang wird von einer einzigen Großszene eingenommen, die der Proviantausgabe an die Soldaten des Heeres gewidmet ist. Auch diese Tätigkeit gehörte offenkundig zum Amtsprofil des Userhat, obwohl er selbst hier nicht auftritt. Rechts liegt das Gebäude des Proviantamtes, in das zwei Tore hineinführen. In seinem Hof sitzen insgesamt 14 Offiziere, wobei ihre Verteilung auf vier Kleinregister und die unterschiedlichen Versorgungsleistungen den Dienstrang definieren. Vor den Toren des Amtes sind in mehreren Reihen die Soldaten paarweise angetreten, um ihre Brotrationen in Empfang zu nehmen, die von Mitarbeitern der Verwaltung (rechts unten) herangebracht werden. Zum Abschluss des Geschehens wird eine einzigartige Genreszene (unten links) abgebildet, welche Soldaten beim Barbierbesuch zeigt. Während die meisten Männer am Boden oder auf kleinen Klappstühlen hocken und vor sich hin dösen, unterziehen sich zwei ihrer Kameraden schon der Haarpflege.

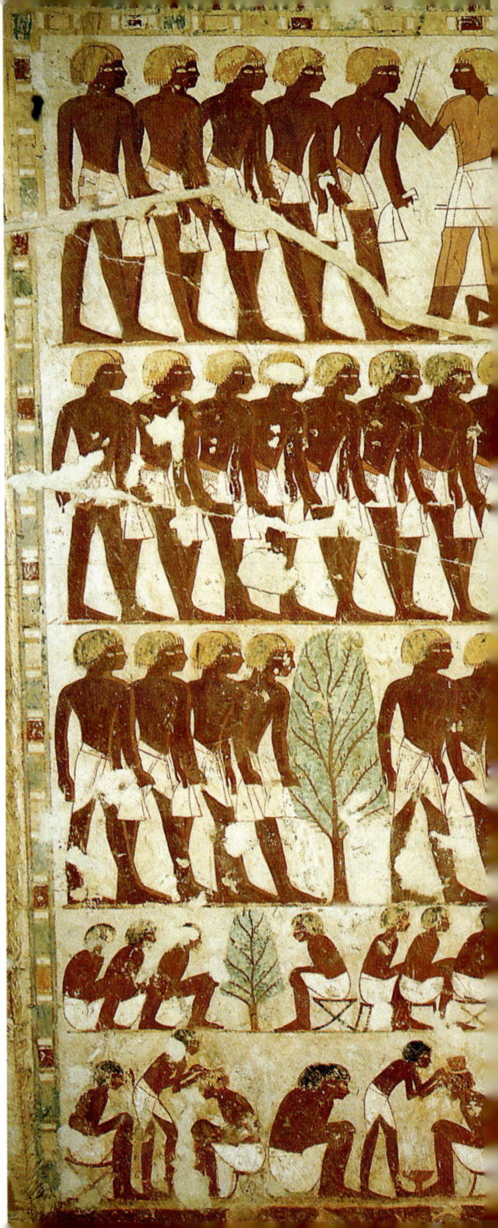

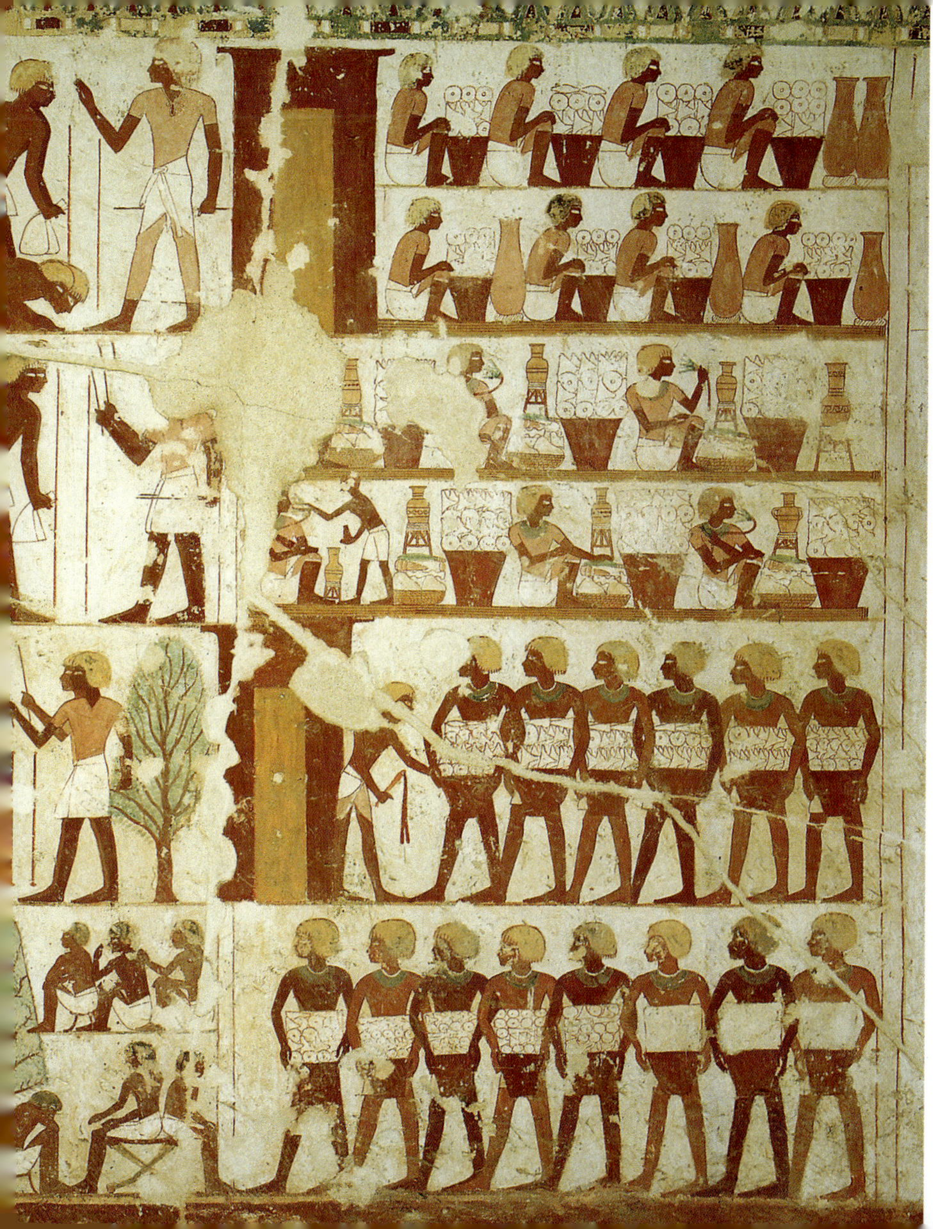

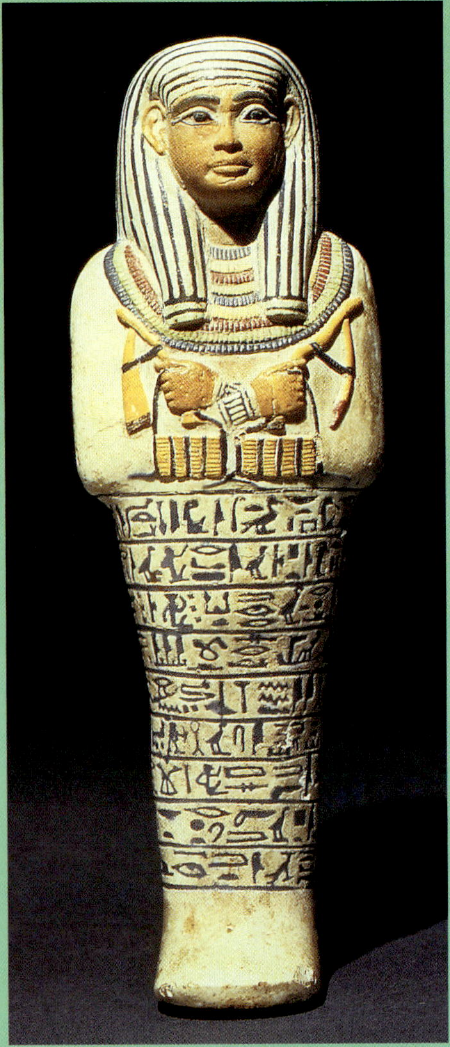

Uschebti – Diener für das Jenseits

Zu den charakteristischsten Gegenständen einer Grabausstattung gehören seit dem Mittleren Reich mumiengestaltige Figürchen, die so genannten Uschebti. Die ältesten Beispiele waren noch dem nackten menschlichen Körper nachgeformt und aus Wachs oder Nilschlamm hergestellt. Sie galten als Ersatzbild bei der vorstellbaren Zerstörung der Mumie des Grabherrn. In der 12. Dynastie erfolgte der Wechsel zur mumienförmigen Ausführung der Uschebti, die bis in die Ptolemäerzeit verbindlich bleiben sollte. Zunächst beschriftete man die Figuren nur mit dem Namen ihrer Besitzer, selten wurde eine Opferformel verwendet. Erst zur Zeit des Wechsels von der 12. zur 13. Dynastie taucht erstmals ein längerer Text auf, der als Uschebti-Formel bezeichnet wird und Spruch 6 aus dem Totenbuch wiedergibt. Er erklärt die Aufgabenstellung der Uschebti, nämlich im Jenseits für den Verstorbenen die Fronarbeiten zu erbringen: »O ihr Uschebti, wenn ich verpflichtet werde, irgendeine Arbeit zu leisten, die dort im Totenreich geleistet wird – wenn ein Mann dort zu seiner Arbeitsleistung verurteilt wird –, dann verpflichte du dich zu dem, was dort getan wird, um die Felder zu bestellen und die Ufer zu bewässern, um den Sanddünger des Ostens und des Westens überzufahren. ›Ich will es tun,

Uschebti-Figur der Sati, 18. Dynastie, um 1320 v. Chr., wohl Saqqara, polychrome Fayence, H. 25 cm, The Brooklyn Museum, New York

hier bin ich‹, sollst du sagen.«« Wichtig ist hier, dass die Uschebti die Befehle des Gottes stellvertretend für den Grabherrn auszuführen hatten. Die notwendigen Arbeitsgeräte – Erdhacke, Dechsel (Querbeil), Taschen, Körbe und Gefäße – wurden als kleine Modelle (z. B. aus Fayence) beigegeben, zumeist aber unmittelbar auf die Figur gemalt oder eingeritzt.
Während Uschebti zunächst nur für den Privatmann zum Einsatz kamen, kann ihre Verwendung für den Herrscher seit Beginn des Neuen Reiches belegt werden. Neben den Standardausführungen in Holz und Fayence wurde nun häufiger Stein als Werkmaterial verarbeitet; so stammen aus dem Grab Amenophis' III. Großexemplare aus rotem Granit. Die Anzahl der Uschebti scheint ursprünglich beliebig gewesen zu sein, bis sich in der 19. Dynastie die Zahl von 365 Statuetten einbürgerte, also für jeden Tag des Jahres eine Dienerfigur. Dazu können so genannte Aufseher-Uschebti treten, im Idealfall für jede Dekade einer. Diesen wird vereinzelt noch ein Oberaufseher zugeordnet. Aufgrund der gewaltigen Nachfrage entwickelte sich im späten Neuen Reich eine Massenproduktion, die selten Anspruch auf Qualität erheben kann. Die Uschebti waren in bemalten Kästen untergebracht, die in der Grabkammer nahe des Sarges abgestellt wurden.

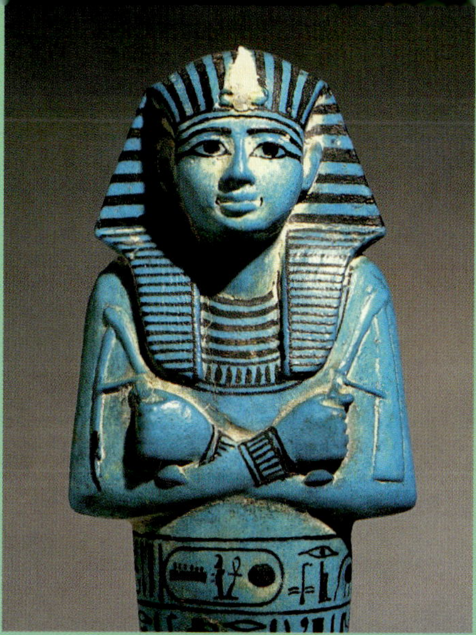

Uschebti-Figur Sethos' I., 19. Dynastie, um 1280 v. Chr., Theben-West, Tal der Könige, blaue Fayence, H. 22,4 cm, The British Museum, London

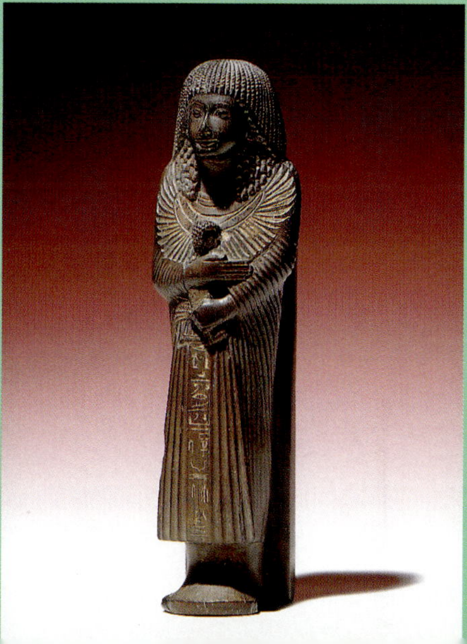

Uschebti-Figur des Upuaut-mes, 19. Dynastie, um 1280 v. Chr., Ebenholz, H. 25 cm, Rijksmuseum van Oudheden, Leiden

Deir el-Medineh

Zu Beginn der 18. Dynastie wurde auf Anordnung König Thutmosis' I. in einer Talsenke des thebanischen Westgebirges mit dem Bau einer gut bewachten Siedlung begonnen, die heute Deir el-Medineh heißt. Mitsamt ihren Familien lebten hier die königlichen Nekropolenhandwerker des Neuen Reiches, die »Diener an der Stätte der Wahrheit«, die wegen ihrer Kenntnis über Lage und Inhalt der Königsgräber als Geheimnisträger galten und direkt dem Wesir unterstanden. Die auf der Erdgeschossebene noch gut erhaltene Stadtanlage mit rund 70 Gebäuden stammt größtenteils aus der Ramessidenzeit. Von einer breiten Hauptstraße und einigen Nebenstraßen erschlossen, wurden die Häuser von einer Stadtmauer eingefasst. Jedes Haus besaß vier bis fünf Räume, einen Keller und ein Obergeschoss mit Terrasse. Über die im Ort lebende Künstlergemeinschaft sind wir recht gut unterrichtet, da ein beachtlicher Teil ihrer täglichen Aufzeichnungen in der großen Abfallgrube des Ortes wieder entdeckt wurde. Der östlich ansteigende Berghang hinter der Siedlung wurde von den Einwohnern zur Anlage ihrer Gräber genutzt, die zwar nur einen bescheidenen Umfang besitzen, aber durch die Leuchtkraft ihrer Malereien zu den schönsten Zeugnissen altägyptischer Kunst zu zählen sind.

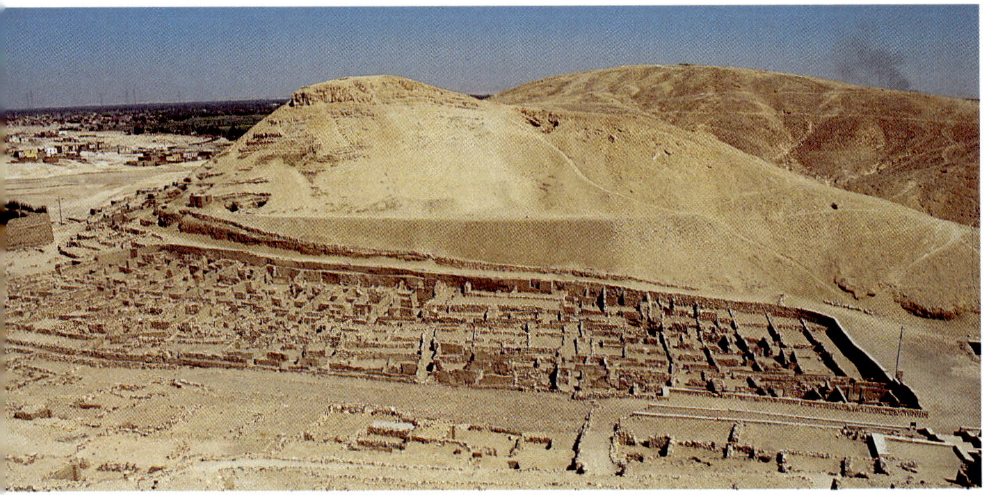

Grab des Sennedjem (TT 1)

19. Dynastie, um 1250 v. Chr.

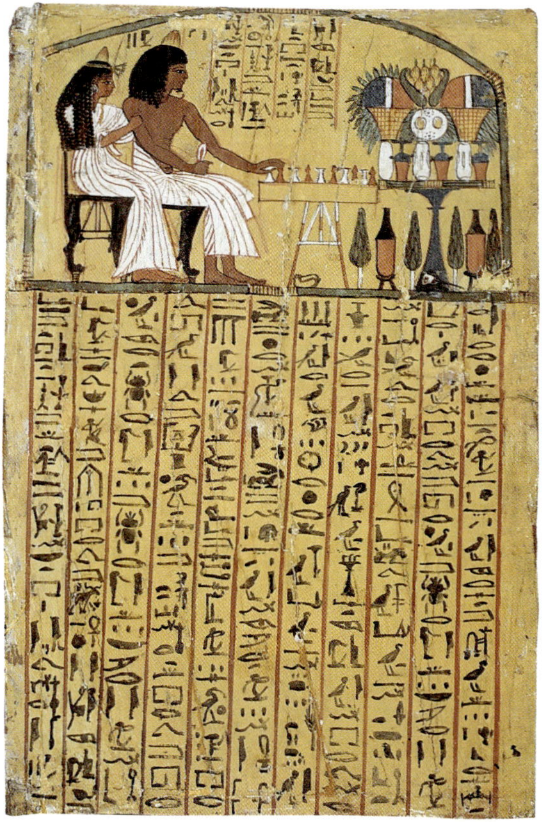

Im Februar 1886 wurde in Deir el-Medineh das unberaubte Familiengrab des Nekropolenhandwerkers Sennedjem aus der Zeit Ramses' II. entdeckt. Zwar waren die Oberbauten des Grabes, die aus einem Eingangspylon, einem offenen Hof und drei Ziegelpyramiden bestanden, stärker zerstört, die unterirdischen Anlagen dagegen hervorragend erhalten. Zwei Schächte führten lediglich in die undekorierten Sargkammern, ein weiterer aber zu einer bemalten und versiegelten Holztür (H. 135 cm, Ägyptisches Museum, Kairo). Ihre Außenseite ist mit Darstellungen des Sennedjem und seiner Familie vor den Totengöttern Osiris und Ptah-Sokar-Osiris versehen, die Innenseite zeigt den Grabherrn und seine Frau beim Brettspiel. Beide tragen lange plissierte Gewänder und sitzen auf löwenfüßigen Stühlen vor dem Senet-Brettspiel und einem reich gedeckten Opfertisch. Eine lange Inschrift enthält den Spruch 72 des Totenbuches, der Versorgung und freie Beweglichkeit der Verstorbenen im Jenseits garantieren soll. Hinter dieser Tür fanden die Ausgräber 20 Mumien, z. T. in anthropoiden Särgen, sowie die gesamte Grabausstattung. Die Grabkammer selbst ist komplett ausgemalt und zeigt jenseitige Motive wie die Fahrt des Sonnengottes durch die Unterwelt, den Totengott Osiris oder die Gefilde der Seligen, aber auch die Mumifizierung des Verstorbenen durch Anubis.

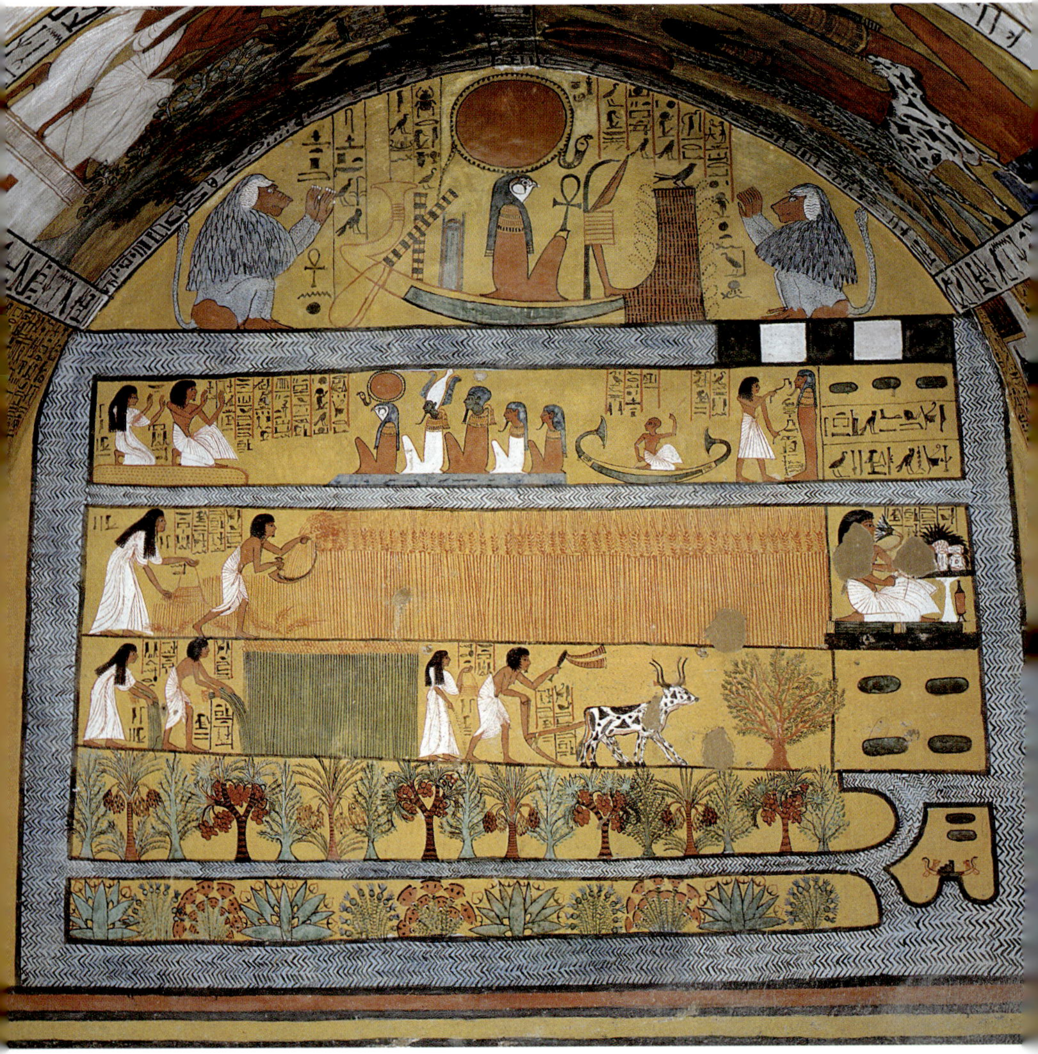

Die Gefilde der Seligen (mit Detail)

Auf der Ostwand der Grabkammer des Sennedjem sind die Gefilde der Seligen dargestellt; im Giebelfeld darüber fährt der falkenköpfige Sonnengott in seiner Barke und wird von zwei Sonnenaffen (männliche Mantelpaviane) mit erhobenen Armen begrüßt. Die Darstellung der sog. »Iaru-Gefilde« gehört als Vignette zum Totenbuchspruch 110, durch den die jenseitige Existenz des Verstorbenen gesichert werden sollte. So heißt es im Titel ganz explizit »Sprüche des Opfergefildes(...), um dort zu pflügen und zu ernten, dort zu essen und zu trinken, dort geschlechtlich zu verkehren und alles zu tun, was auf Erden getan wird.« Das zugehörige Bild zeigt ein vom unterirdischen Nil umflossenes Gebiet mit einzelnen Motiven. Im obersten Register betet Sennedjem mit seiner Frau vor einer hockenden Göttergruppe mit der großen Reichstriade der Ramessidenzeit an der Spitze: »Anbetung des Re-Harachte, Erdeküssen vor Osiris, dem Ersten der Westlichen, möge er Lobpreis geben an Ptah, Herr der Maat, für den Ka des Dieners an der Stätte der Wahrheit, Sennedjem, der Gerechtfertigte«. Anschließend fährt sein Sohn Rahotep im Papyrusnachen, und sein Sohn Chonsu vollzieht das Mundöffnungsritual an der Mumie des Vaters. In den beiden Registern darunter wird das Ehepaar beim Pflügen und der Kornaussaat sowie bei der Ernte von Weizen und Flachs abgebildet. Rechts außen kniet der Grabherr vor einem Opfertisch und riecht an einer übergroßen Lotosblüte. Zwei schmale Register zeigen zuunterst die reiche Pflanzenwelt mit Sykomorenbäumen, Dum- und Dattelpalmen, mit Mohn- und Kornblumen und wunderschönen Mandragorablüten.

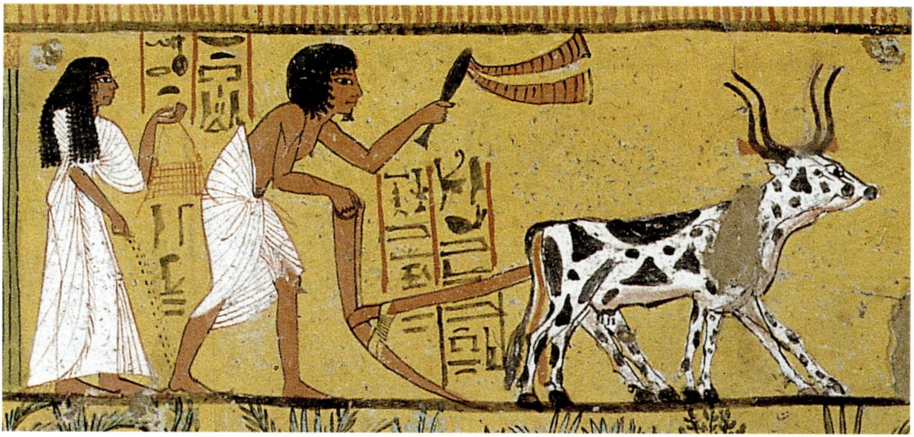

Die Sonnenbarke

Auf der Deckenwölbung der Grabkammer sind Vignetten zu den wichtigsten Sprüchen des Totenbuches abgebildet. Zu ihnen gehört auch der Spruch 100, der dem Verstorbenen zusichert, in der Barke des Sonnengottes »zu jedem Ort« zu fahren, »an dem er sein will«. Das zugehörige Motiv zeigt die Sonnenbarke, deren Bug und Heck als Papyrusdolden gestaltet sind. Vorn in der Barke steht der bei den Griechen als Phönix bezeichnete reihergestaltige Benu-Vogel (mit Atef-Krone) als Sinnbild der Regeneration. Sein Kult im sog. Phönix-Haus von Heliopolis wird schon in den Pyramidentexten des Alten Reiches erwähnt. Ihm folgen der falkenköpfige Sonnengott Re-Harachte-Atum sowie eine Gruppe von fünf Göttern, die stellvertretend für die Vielzahl der seligen Verstorbenen in der Barke stehen.

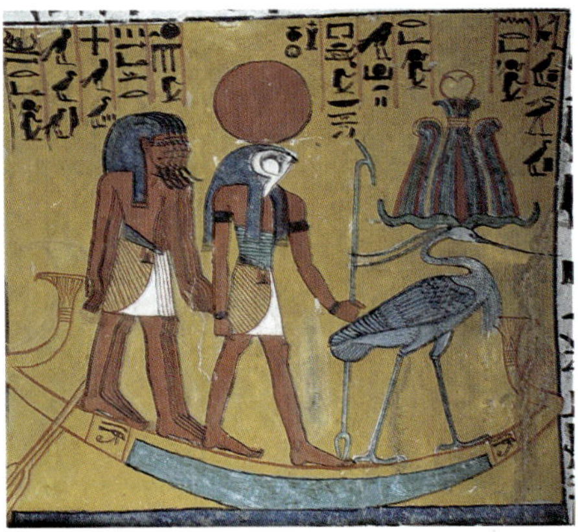

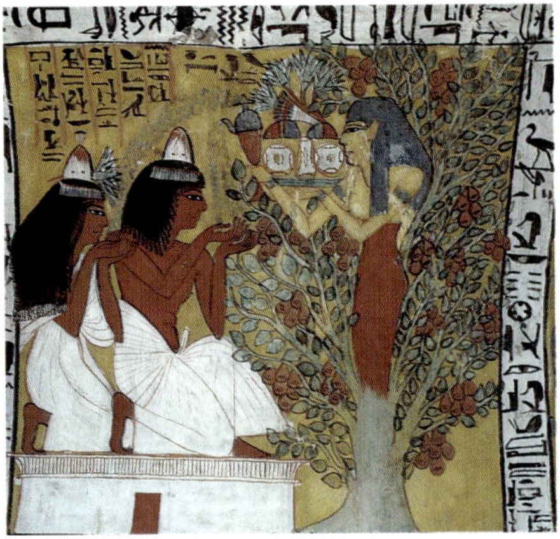

Die Baumgöttin

Die Versorgung der Verstorbenen steht im Mittelpunkt des 59. Totenbuchspruches »um Luft zu atmen und über Wasser zu verfügen im Totenreich«. Sennedjem und seine Frau Iineferti, angetan mit feinen Leinengewändern und Festtagsperücken mit hohen Salbkegeln, knien auf dem Oberbau ihres Grabes und halten die Hände bittend empor. Aus dem Stamm einer Sykomore (Maulbeerfeige) erhebt sich die Himmelsgöttin Nut, um sie als vor dem Totengericht gerechtfertigte Verstorbene zu empfangen und mit Speisen und Trank zu versorgen. Bildlich wird diese Vorstellung dadurch verdeutlicht, dass Nut dem Ehepaar Wasser über die geöffneten Hände gießt und ihm eine Matte mit Speisen reicht. Die kurze Beischrift nennt lediglich die Namen und Titel der beteiligten Personen.

Grab des Onuris-cha (TT 359)

20. Dynastie, um 1140 v. Chr.

Deckenmalerei mit Stierköpfen

Die Ruhestätte des »Obersten Vorzeichners« Onuris-cha aus der Zeit Ramses' IV. liegt in unmittelbarer Nähe des Sennedjem-Grabes. Der im Vorhof des Grabes hinabführende Schacht mündet in zwei reich dekorierte unterirdische Kammern. Der obere Vorraum zeigt vor allem Szenen aus den Jenseitsführern Pforten- und Totenbuch sowie eine kleine Königsliste mit den Schutzheiligen von Deir el-Medineh, Amenophis I. und seiner Mutter Ahmes-Nefertari. Die Decke wurde mit einzelnen Ornamentfeldern und Inschriftzeilen geschmückt. Herausragend ist das Feld mit dem Motiv fortlaufender Stierköpfe in Frontalansicht, die jeweils eine Sonnenscheibe tragen. Das sog. Bukranion, ein Stierkopf, erscheint in der Bilderwelt Ägyptens erstmals im Laufe des Neuen Reiches. Ursprünglich stammte es wohl aus dem minoischen Raum (Kreta). Unterhalb des jeweiligen Kopfes wird ein floraler Halskragen aus roten und grünen Blattreihen sichtbar. Gelbe Spiralbänder grenzen die Stierkopfreihen seitlich voneinander ab.

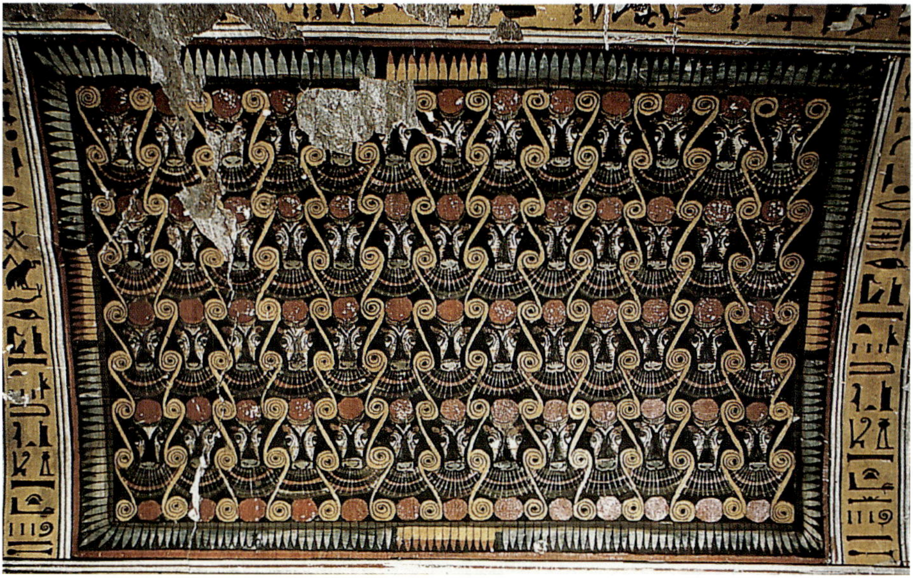

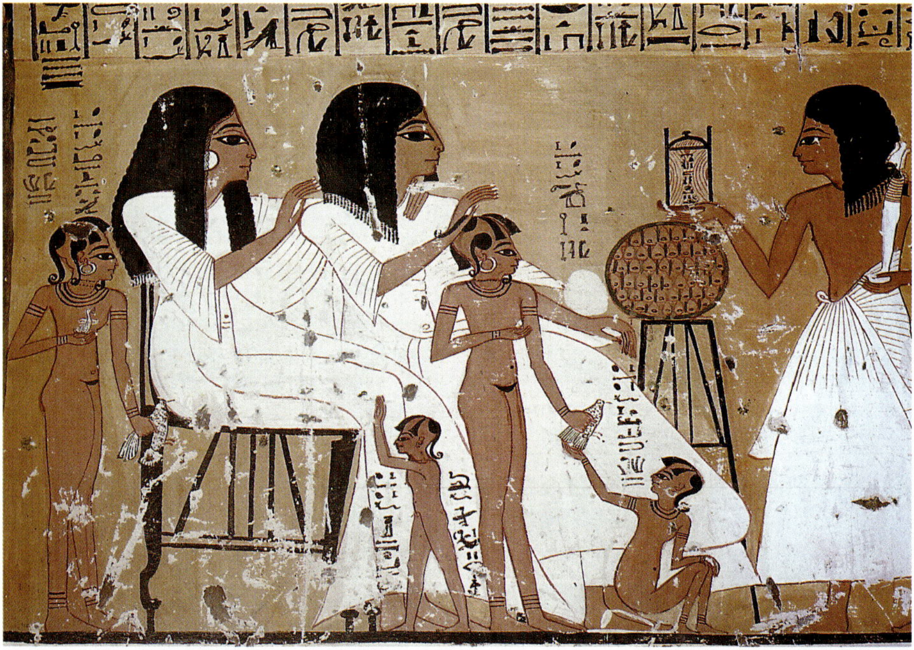

Die Familie des Onuris-cha

Die Grabkammer des Onuris-cha ist vollständig mit Bildern bedeckt, die auf gelbem Grund in drei Registern angelegt sind. Das Basisregister erhebt sich dabei über einer breiten Sockelzone, die mit einem stark stilisierten Palastfassadendekor versehen ist. Auf der rechten Wand ist der sitzende Grabinhaber zusammen mit seiner ganzen Familie abgebildet. Seine Gemahlin hat ihm einen Arm um die Schulter gelegt und den anderen zum Gruß erhoben. Beide blicken der Grabausstattung entgegen, die ihnen ein Sohn darreicht. Dabei handelt es sich um eine kleine Osiris-Figur und einen Schrein. Im Vordergrund sind die spielenden Töchter des Paares abgebildet. Als Kinder sind sie unbekleidet, tragen z. T. aber schon Halskragen, Armreifen und Ohrringe. Ungewöhnlich ist nicht nur die Frisur der Mädchen – einzelne Locken, zwischen denen das Haar ausrasiert wurde –, sondern auch die Geste des Grabherrn, der dem Anschein nach eine dieser Locken durch seine Finger gleiten lässt.

Der blinde Harfner

Die Szene zeigt einen auf einer Matte hockenden Harfner beim Spiel vor dem Grabherrn und seiner Frau. Während Onuris-cha zur Betonung seiner Würde ein Zepter in der Hand hält, hat seine Frau eine Hand zum Gruß erhoben. Der Harfenspieler greift mit beiden Händen in die Saiten des vor ihm stehenden Instruments und hat den Mund zum Gesang geöffnet. Seine Augen sind geschlossen, was entweder als Hinweis auf Blindheit oder auf die Konzentration beim Gesang verstanden werden kann. Der Text seines Liedes ist in der Inschrift hinter ihm verzeichnet. Dieses schon im Mittleren Reich bekannte sog. Harfnerlied handelt von der Vergänglichkeit des Seins, der Schönheit des Diesseits und der Ungewissheit des Jenseits. Deshalb fordert es dazu auf, das Leben zu genießen und nicht zu klagen, denn »keiner, der ging, kehrt zurück, und keiner kann seine Habe mit sich nehmen«.

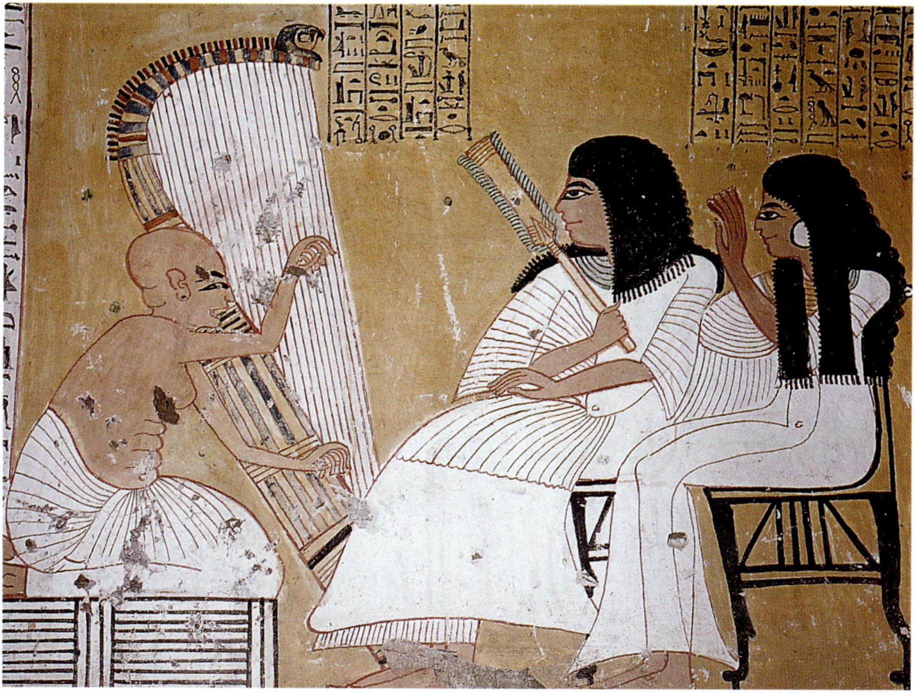

Der Hathor-Tempel von Deir el-Medineh

Ptolemäerzeit, 3.–1. Jh. v. Chr.

Etwas nördlich der Siedlung liegt innerhalb einer hohen Ziegelumwallung der kleine ptolemäische Tempel, welcher der Hathor als Schutzherrin der Verstorbenen und der Maat als Totengerichtsgöttin geweiht war. Das Innerste des Heiligtums besteht aus drei Sanktuarräumen, in denen Ptolemaios IV. mit seiner Schwester Arsinoë sowie Ptolemaios VI. und VII. vor den Göttern dargestellt sind. Der enge Bezug des Tempels zum Totenkult wird besonders in der linken Kapelle deutlich, in der eine ausführliche Wiedergabe des Totengerichts zu sehen ist. Der vor den Kapellen leicht erhöht gelegene Opfertischraum, von dem aus eine Treppe aufs Dach hinaufführt, zeigt wiederum die ptolemäischen Herrscher beim Opfer vor zwei Götterreihen (Bild rechts). Zwei Säulen mit Kompositkapitellen und Säulenschranken bilden den Übergang zum undekorierten Eingangsraum. Zahlreiche Steininschriften (Graffiti) verweisen darauf, dass in christlicher Zeit das Heiligtum in ein koptisches Kloster umgewandelt wurde, was sich noch im modernen Ortsnamen Deir el-Medineh – »Kloster der Stadt« – widerspiegelt.

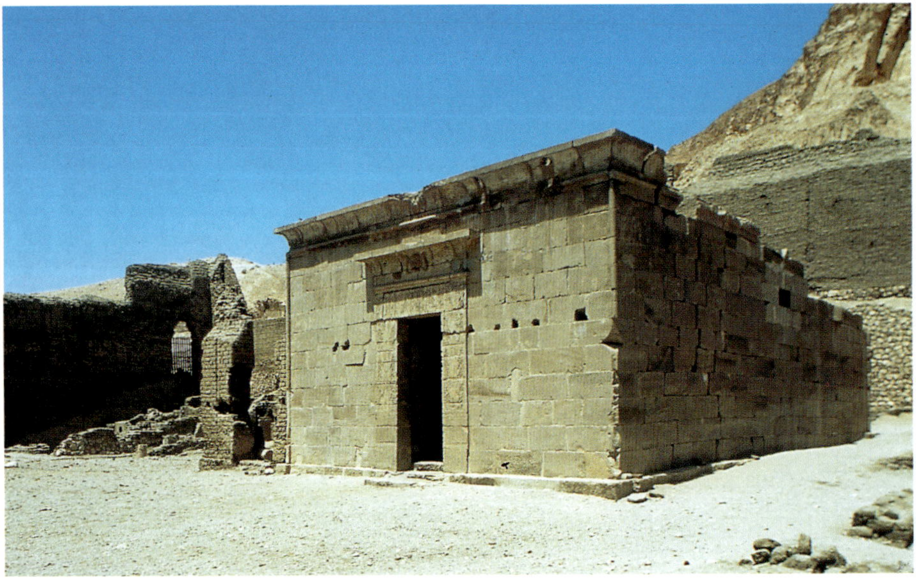

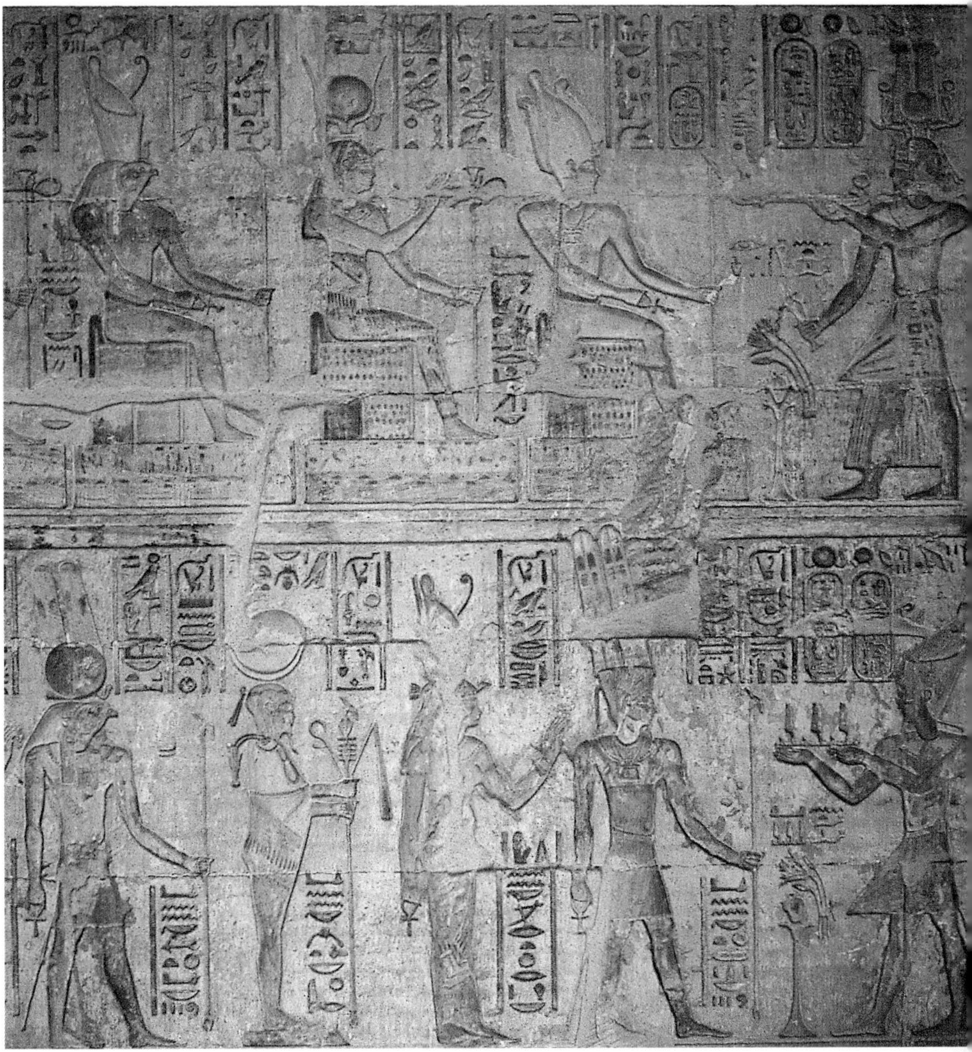

Grabräuber berichten

Die Zeit der späten 20. Dynastie war von inneren Unruhen und einem deutlichen Anstieg der Kriminalitätsrate geprägt. Vor den Dieben waren auch die Verstorbenen nicht sicher, und selbst die Königsgräber in der Nekropole von Theben-West wurden beraubt. Eine Reihe von Papyri aus der Zeit Ramses' IX. (1125 – 1107 v. Chr.) und Ramses' XI. (1103 – 1070/1069 v. Chr.) mit Gerichtsprotokollen, Listen von Verdächtigen und sichergestellter Beute sowie Berichten über Grabinspektionen erzählen davon. Ausgangspunkt für die Entdeckung der ersten Räubereien war eine politische Auseinandersetzung zwischen dem Bürgermeister des Ostufers von Theben, Paser, und dem des Westufers, Pawer-aa. Um seinem Rivalen zu schaden, wendet sich Paser mit der Behauptung an den Wesir, die Gräber im Tal der Könige und Königinnen, die unter der Verantwortung des Pawer-aa stünden, seien geplündert worden. Zwar stellt sich dieser Vorwurf als falsch heraus, trotzdem entdeckt man einige beraubte Privatgräber und, besonders schwerwiegend, die Plünderung des Grabes König Sebekemsafs II. und seiner Ge-

Papyrus Abott: Protokoll zu einem Grabräuberprozess, 20. Dynastie, um 1100 v. Chr., Papyrus, L. 218 cm, The British Museum, London

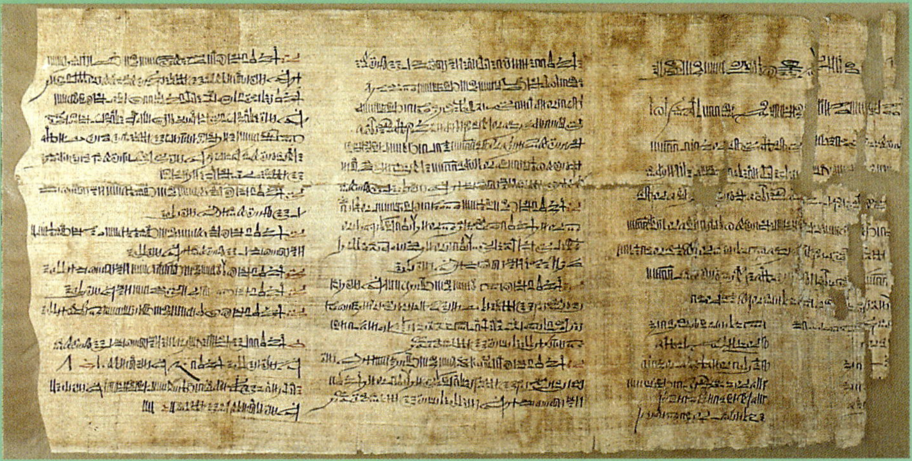

mahlin aus der 17. Dynastie (um 1600 v. Chr.). Das Gerichtsprotokoll aus dem 16. Regierungsjahr Ramses' IX. (1110 v. Chr.) enthält das volle Geständnis der Verbrecher. Wörtlich heißt es dort: »Wir öffneten ihre Sarkophage (...) und fanden die ehrwürdige Mumie dieses Königs (...). Sie war ganz mit Gold überzogen, und seine Särge waren innen und außen mit Gold und Silber geschmückt sowie mit vielen kostbaren Edelsteinen eingelegt. Wir sammelten das Gold (...) zusammen mit seinen Amuletten und Juwelen (...). Wir fanden die Königin in genau dem gleichen (geschmückten) Zustand. Wir sammelten, was wir fanden, und legten Feuer an ihre Särge. Wir teilten das Gold (...) in acht Teile, für jeden von uns 20 Deben (1,82 kg Gold).«

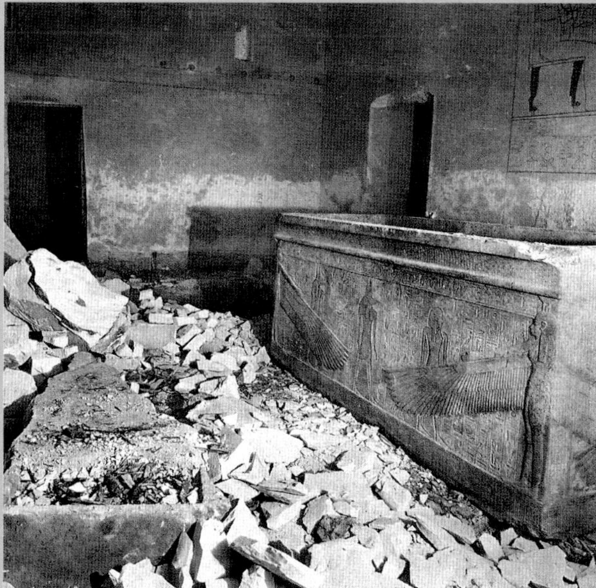

Blick in die Sargkammer mit beraubtem Sarkophag zur Zeit der Entdeckung 1908, Tal der Könige, Grab des Haremhab (KV 57), 18. Dynastie, um 1300 v. Chr.

Die ausufernden Raubzüge in der thebanischen Totenstadt gegen Ende des Neuen Reiches und der folgenden 21. Dynastie wurden sicherlich durch die schlechte Wirtschaftslage des Landes begünstigt, doch kann ihr Umfang kaum als alleiniges Werk von Grabräuberbanden im klassischen Sinne gelten. Vielmehr zwang der drohende Staatsbankrott (u. a. keine Goldlieferungen mehr aus Nubien) zum Rückgriff auf die einzigen erreichbaren Wertresourcen, dem Gold in den Königsgräbern. Angeordnet von den Machthabern in Oberägypten, der Hohenpriesterschaft des Amun, in der gebotenen Heimlichkeit durchgeführt von ihren Beamten, wurden die Objekte auch der dünnsten Blattgoldauflagen entkleidet und solide Edelmetallgegenstände eingeschmolzen. Immerhin reichte die Pietät noch dazu, die reinen Mumien der Gottkönige (s. S. 116 ff.) erneut in einem versteckten Sammelgrab ("Cachette" von Deir el-Bahari) beizusetzen. Mit der Wiederentdeckung Ägyptens im 19. Jh. hat alsbald die moderne Form der Grabräuberei und des illegalen Handels eingesetzt, der bis auf den heutigen Tag nicht beendet ist.

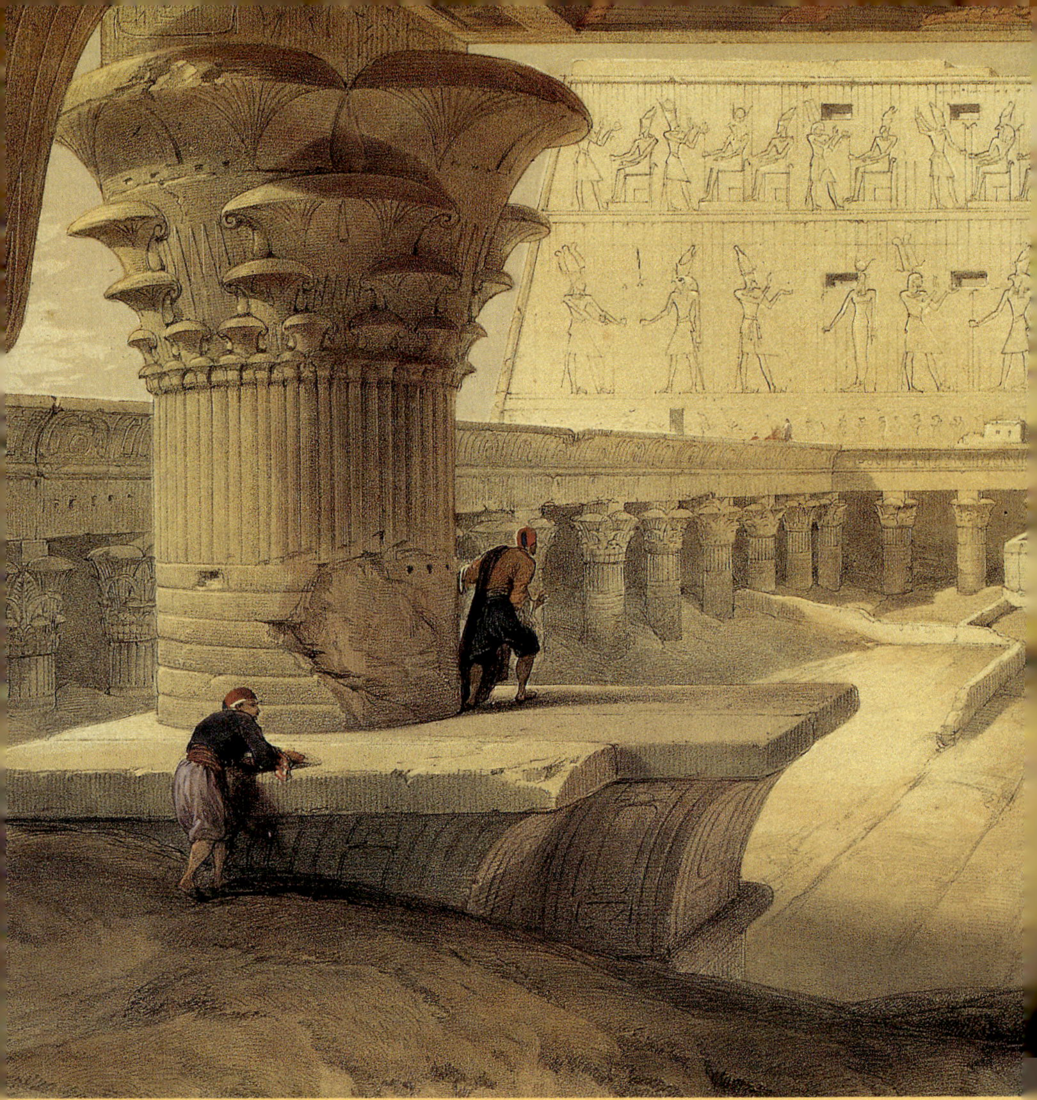

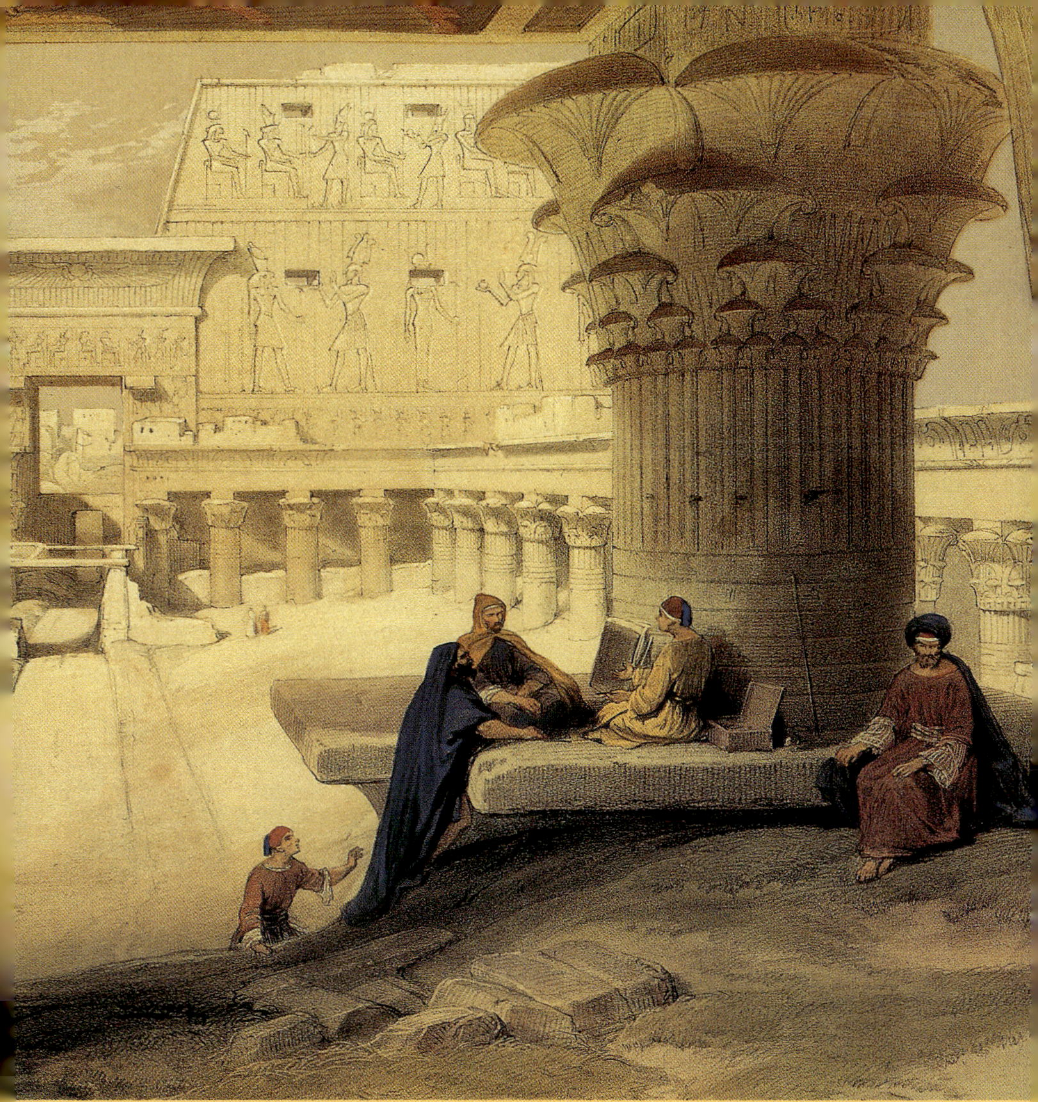

Von Esna nach Kom Ombo

Vorhergehende Seiten: Der große Hof im Horus-Tempel von Edfu, aus: David Roberts, »Egypt and Nubia«, London 1846–1850

Tempel des Chnum

Ptolemäer- und Römerzeit,
2. Jh. v. Chr. – 3. Jh. n. Chr.

Rund 60 km südlich von Luxor liegt am Westufer des Nils die Stadt Esna. Vom dortigen Heiligtum des widderköpfigen Schöpfergottes Chnum ist nur noch die eindrucksvolle Vorhalle (Pronaos) erhalten geblieben. Da sich das Bodenniveau des Ortes seit der Antike um rund neun Meter erhöht hat, muss man heute zur Besichtigung eine Leiter hinuntersteigen. Der Bau aus der griechisch-römischen Zeit ersetzte eine ältere Tempelanlage, die ab der 18. Dynastie des Neuen Reiches in Esna gestanden hat. Unter Ptolemaios VI. (221–204 v. Chr.) begonnen, wurde die Dekoration des Neubaus weitgehend in der Kaiserzeit des 1. und 2. Jh.s (u. a. unter Claudius, Vespasian und Trajan) ausgeführt. Das späteste Reliefbild datiert sogar von der Zeit unter Kaiser Decius (249–251 n. Chr.). Die Fassade der Vorhalle zeigt die charakteristischen hohen Säulenschranken, die das hintere Tempelhaus von der hier wohl nie vollendeten Hofanlage trennten. Im Inneren tragen insgesamt 24 Säulen das Dach, deren Kapitelle mit einem überreichen Pflanzendekor zu den schönsten ihrer Art zählen. Eine Besonderheit des Heiligtums in Esna stellen auch die ausführlichen Tex-

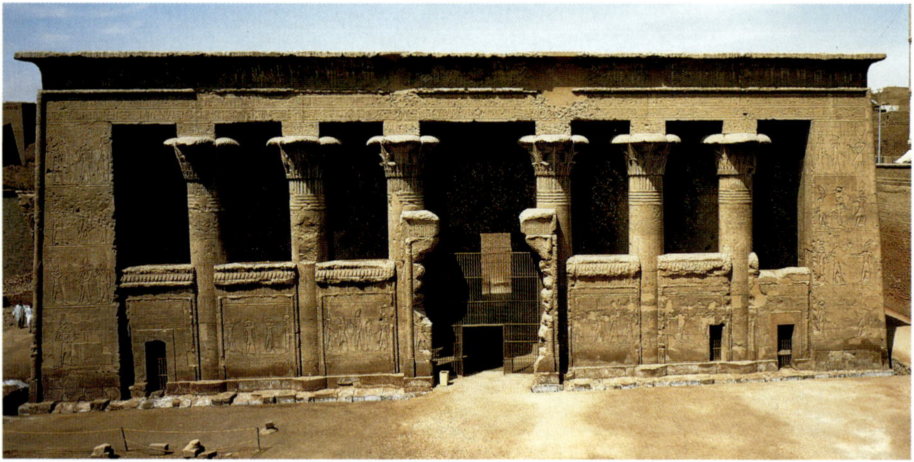

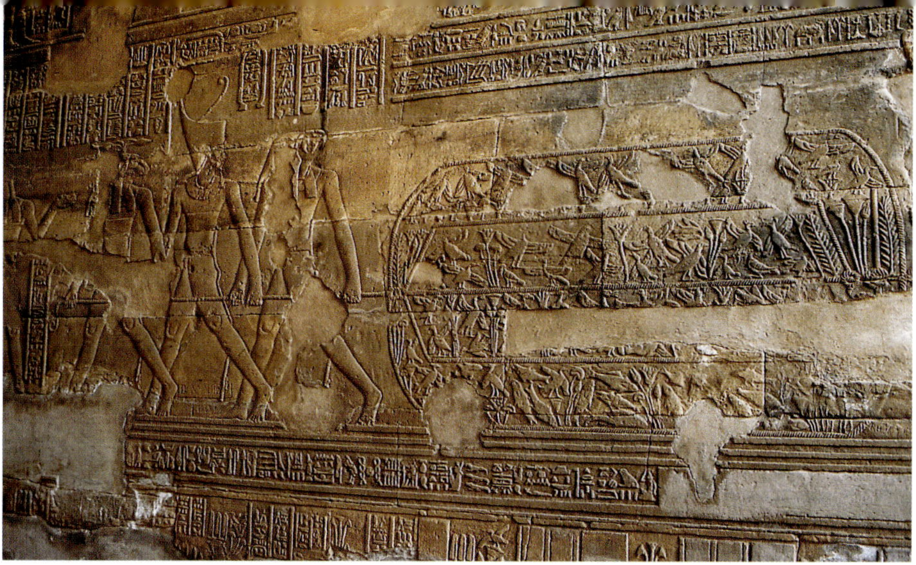

te auf den Säulenschäften dar, die größtenteils mythologischen Inhalts sind (z. B. Weltschöpfung). An den Wänden ist zu sehen, wie die römischen Kaiser im Ornat eines Pharao zahlreichen Gottheiten Opfer darbringen. Historisch interessant ist die Abbildung des Kaisers Septimius Severus mit seiner Gemahlin Julia Domna und den Söhnen Caracalla und Geta, die 199 n. Chr. Ägypten besuchten (Südwand). Die Gestalt und der Name des Geta wurden nach seiner Ermordung 212 n. Chr., wie überall im Römischen Reich, getilgt. Auffällig sind auch zwei kryptografisch geschriebene Hymnen an der jeweiligen Innenseite über der äußeren Säulenschranke. Sie bestehen fast nur aus Widder- bzw. Krokodilhieroglyphen und haben sich so bisher einer vollständigen Lesung und Interpretation entzogen.

Kaiser Commodus auf der Vogeljagd
Römerzeit, Ende 2. Jh. n. Chr.

Schon aufgrund seiner Größe hebt sich diese Darstellung von den übrigen Opferszenen ab. Sie zeigt den Pharao, hier in Person des Kaisers Commodus, wie er im Laufschritt das Zugseil eines riesigen Schlagnetzes mit gefangenen Vögeln und Fischen hält. Der Herrscher wird von den Göttern Chnum und Horus flankiert, die ihn beim Zuziehen des Netzes unterstützen. Der eigentliche Sinn des Bildes bezieht sich aber nicht auf ein reales Jagdgeschehen, sondern ist der Feindsymbolik entlehnt. Dabei steht der Vogelfang synonym für die Vernichtung der königlichen Feinde, die durch diese Art Schutzzauber unschädlich gemacht werden.

Elkab

Die Stadtanlage

Ganz in der Nähe des Flusslaufes liegt gute 80 km südlich von Luxor das Stadtgebiet von Elkab, das heute über die moderne Straßenverbindung Richtung Assuan problemlos zu erreichen ist. Zusammen mit ihrer auf dem Westufer errichteten Schwesterstadt Hierakonpolis gehörte Elkab, das antike Necheb, zu den altehrwürdigen Orten Ägyptens, deren Siedlungstradition bis in die Frühzeit der pharaonischen Geschichte zurückreicht. Elkab galt als Hauptkultort der geiergestaltigen Nechbet, der Kronen- und Landesgöttin von Oberägypten. Von den Griechen wurde sie mit deren Göttin Eileithyia gleichgesetzt, weshalb Elkab seitdem den Namen Eileithiaspolis führte. Das Stadtareal wird von einer gewaltigen Umfassungsmauer (570 x 540 m) aus ungebrannten Nilschlammziegeln umgeben, die drei Eingangstore aufweist. Sowohl diese Umwallung wie auch die Wohnsiedlungen innerhalb des Bezirkes haben im 19. Jh. schweren Schaden erlitten, als einheimische Bauern die Ruinen abgruben, um die gewonnene Ziegelerde zum Düngen ihrer Felder zu verwenden. Kaum besser stellt sich der Zustand der verschiedenen Heiligtümer dar, die in der Südwestecke des Stadtgebietes liegen und

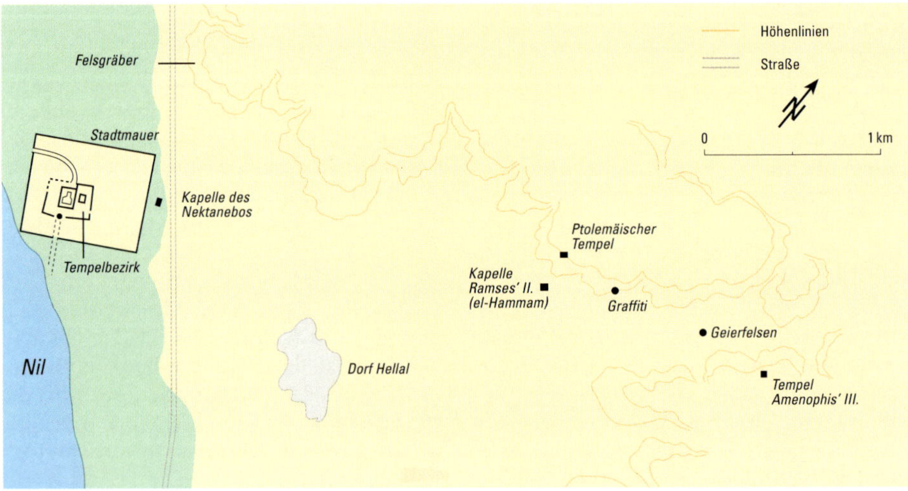

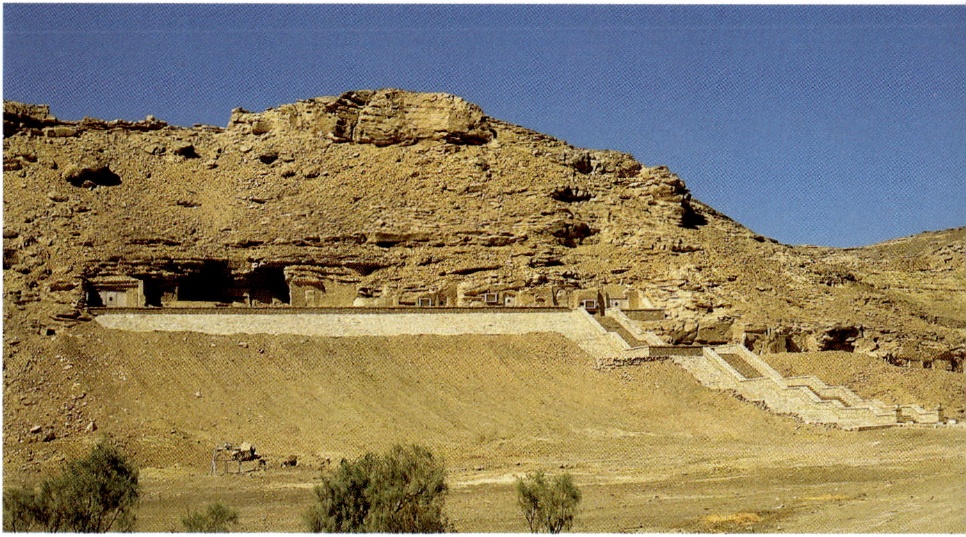

bis auf die untersten Steinlagen zerstört sind. Am Haupttempel der Nechbet haben seit dem Neuen Reich zahlreiche Könige bauen lassen, die späteste Phase wird durch die Namen Nektanebos I. und II. (30. Dynastie) bezeugt. Ein weiteres Heiligtum, dem Gott Thot geweiht, schließt sich unmittelbar westlich an. Es geht auf Amenophis II. zurück, wurde unter Ramses II. erweitert und weist letzte Ergänzungen aus der römischen Kaiserzeit auf. Im Osten der Tempelumfassung sind noch die Überreste des Heiligen Sees sowie anderer Nebenbauten auszumachen. Östlich vor der Stadtmauer liegt eine Kapelle der 30. Dynastie und etwas weiter entfernt im Nordwesten ein kleiner Bau Thutmosis' III.

Die Felsgräber

Nur rund 500 m vom Stadtgebiet entfernt wurden die Felsgräber von hohen Beamten in das anstehende Gebirge getrieben, deren nebeneinander liegende Eingänge über eine moderne Treppenanlage erreicht werden können. Sie bestehen zumeist aus einer einzigen kleinen Kultkammer mit gewölbter Decke und einer Statuennische an der Rückwand. Besonderes Interesse verdienen dabei die Anlagen aus der frühen 18. Dynastie, die in ihren Darstellungen und Inschriften wertvolle Quellen zur Kunst wie auch Geschichte dieser Epoche sind.

Grab des Paheri (Nr. 3)

18. Dynastie, um 1450 v. Chr.

Inspektion der Goldanlieferungen

Der Grabherr Paheri gehörte in seiner Funktion als Bürgermeister von Elkab zur Spitze der Provinzialverwaltung des dritten oberägyptischen Gaus. Zugleich diente er als Prophetenvorsteher im Kult der Kronen- und Landesgöttin von Oberägypten, Nechbet. Seine lange Karriere endete unter Thutmosis III., aus dessen Zeit auch die Grabanlage datieren dürfte. Neben Darstellungen des Bestattungsrituals beschäftigen sich ausführliche Reliefzyklen an der linken Wand mit verschiedenen Tätigkeiten aus dem Amtsbereich des Paheri. Zu seinen wichtigsten Aufgaben zählte auch die Kontrolle der Goldanlieferungen aus den Minen der Ostwüste, die dieser Bildausschnitt wiedergibt. Der Beamte hat auf einem Blocksitz mit niedriger Rückenlehne Platz genommen und hält als Abzeichen seiner Würde ein Zepter wie einen langen Amtsstab in den Händen. Vor ihm werden oben Goldbarren in Ringform von einer Gruppe Arbeiter angeliefert, dann auf einer großen Standwaage genau ausgewogen. Das Ergebnis wird anschließend von einem Schreiber registriert. Mit anderen Gegenständen sind im unteren Kleinregister nochmals Goldringe und Säcke mit Goldstaub abgebildet.

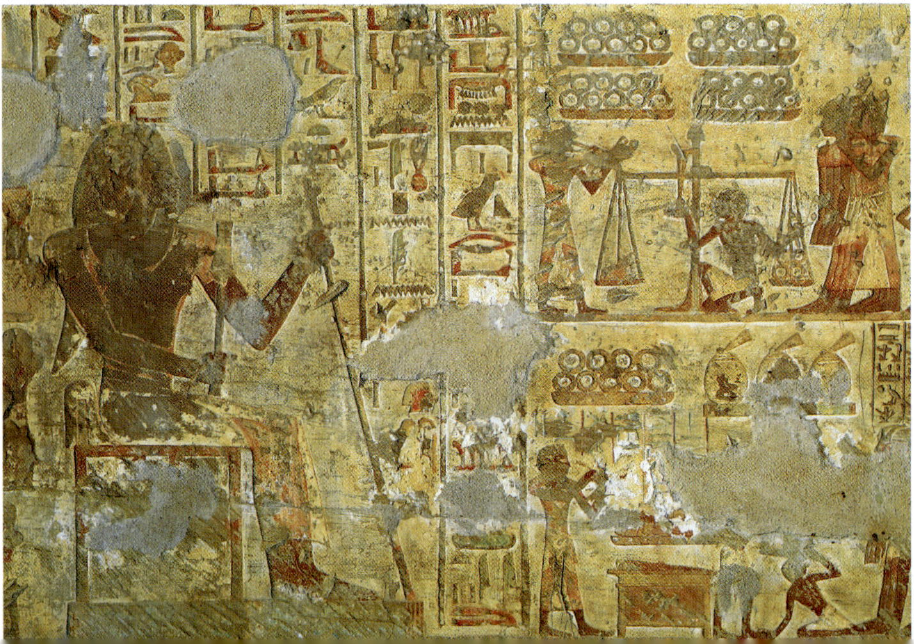

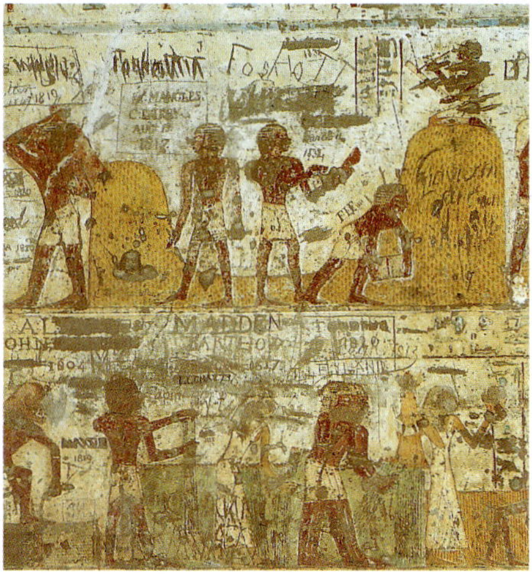

Getreide- und Flachsernte

Obwohl Szenen von landwirtschaftlichen Tätigkeiten zu den häufigsten Themen in Privatgräbern gehören, werden sie selten durch die Inschriften als offizielle Dienstangelegenheit charakterisiert wie hier im Grab des Paheri. Im Auftrag des Wesirs hatte er in seinem Amtsbereich für den ordnungsgemäßen Ablauf der Getreideernte wie der anschließenden Ablieferung des Ertrages an die lokale Scheunenverwaltung zu sorgen. Dazu gehörte die Registrierung der Kornmenge, die mit Hohlmaßen abgemessen wurde. Fast ebenso wichtig war die Flachsernte: Aus den Samenkapseln der Pflanze wurde Leinöl gewonnen, die Fasern dienten zur Herstellung von Leinenstoffen.

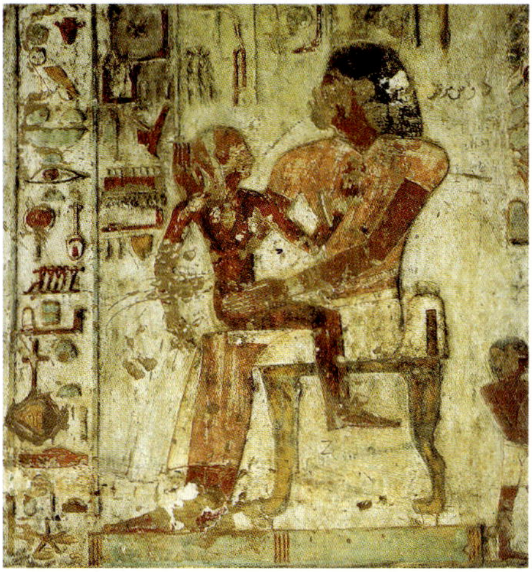

Paheri und der Prinz Wadjmose

Neben seinem wichtigen Amt als Bürgermeister von Elkab wurde Paheri vom Hof in Theben mit einer Ehrentätigkeit betraut, die für gewöhnlich nur den höchsten Beamten vorbehalten war: Er fungierte als Erzieher des Prinzen Wadjmose, eines Sohnes Thutmosis' I., der allerdings früh verstarb und nicht zur Thronfolge kam. Diese enge Beziehung zum thutmosidischen Herrscherhaus ließ Paheri in einer Nebenszene dokumentieren. Der Beamte hat auf einem eleganten Sessel Platz genommen und hält die Gestalt des Prinzen, der auf seinen Oberschenkeln sitzt und als nacktes Kleinkind wiedergegeben ist. Wadjmose trägt eine Haarkappe mit den langen Seitenlocken seines jugendlichen Alters.

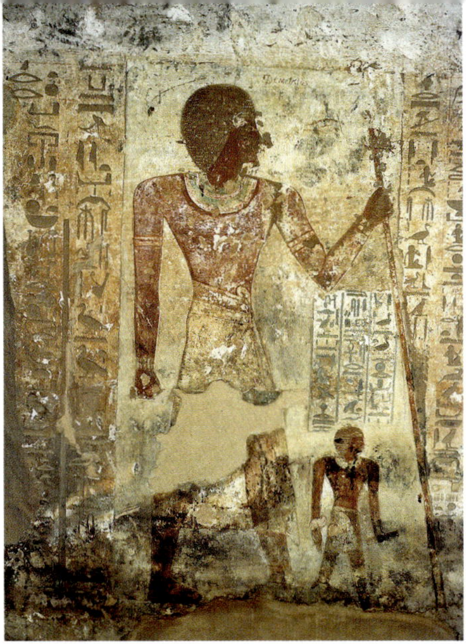

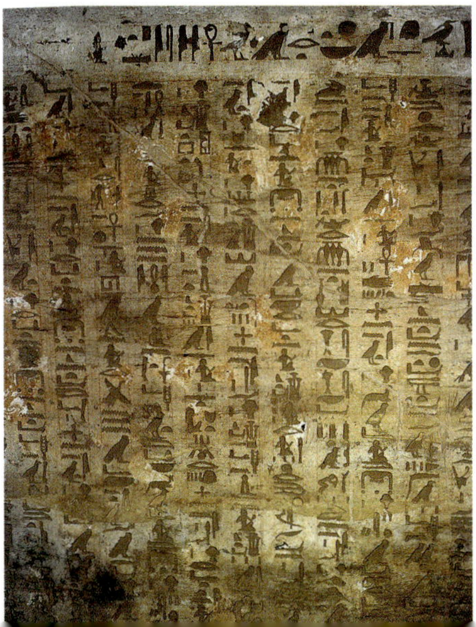

Grab des Ahmose, Sohn des Ebana (Nr. 5)

18. Dynastie, um 1480 v. Chr.

Die Autobiografie des Ahmose

Das bescheidene Felsgrab des Ahmose erhält seine Bedeutung nicht durch ein ausgedehntes Bildprogramm, sondern durch eine lange Inschrift mit der sog. Autobiografie des Grabherrn. Als Kapitän der ägyptischen Flotte umfasste seine lange Karriere die Regierungszeiten der ersten drei Herrscher der 18. Dynastie, der Könige Ahmose, Amenophis I. und Thutmosis I. Schon sein Vater hatte an den Befreiungskämpfen der Thebaner unter Seqenenre Taa II. gegen die asiatischen Fremdherrscher der Hyksos teilgenommen. Ausführlich wird die Eroberung der Hyksos-Hauptstadt Auaris im Ostdelta durch den Begründer des Neuen Reiches, König Ahmose, und die anschließende dreijährige Belagerung von Scharuhen (Südpalästina), wohin die Hyksos mit ihrem Anhang geflüchtet waren, geschildert. Ahmose begleitete Amenophis I. auf einem erfolgreichen Feldzug nach Nubien, wohin er nochmals unter dessen Nachfolger Thutmosis I. zog. Mit dem letztgenannten König brach Ahmose auch nach Syrien auf, wo es am Euphrat zu ersten Kämpfen zwischen Mitanni und Ägyptern kam. Zum Abschluss der Inschrift berichtet der Grabherr über seine Belohnung, die aus Zuweisungen von Feldern sowie Sklaven bestand.

Wüstentempel Amenophis' III.

18. Dynastie, um 1380 v. Chr.

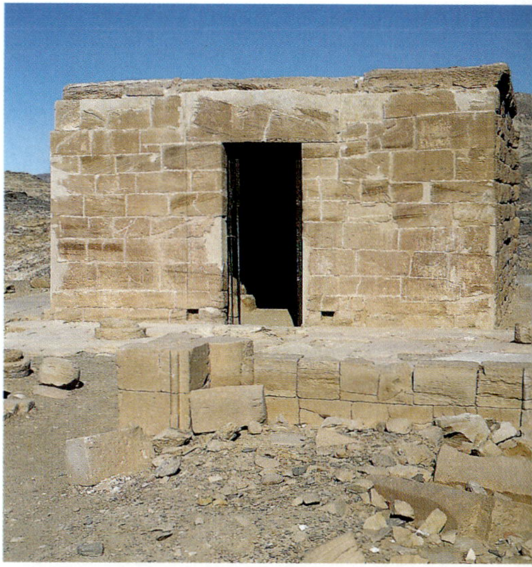

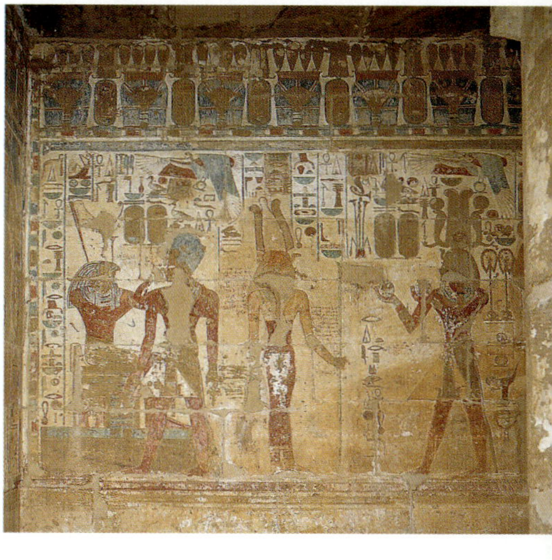

Östlich der Felsgräber liegen am Eingang des weiten Wüstentals zwei Kultbauten in unmittelbarer Nähe. Zum einen handelt es sich um einen stark zerstörten Hemispeos aus ptolemäischer Zeit, zum anderen um eine kleine Kapelle, die Setau, Vizekönig von Nubien unter Ramses II., zu Ehren des Gottes Thot errichten ließ; heute bei den Einheimischen als el-Hammam (»das Bad«) bekannt. Nachdem eine Felsformation, der sog. Geierfelsen passiert ist, wird der noch tiefer im Wadi erbaute Wüstentempel Amenophis' III. erreicht. Dieser abseitige Standort ist weder einmalig noch zufällig. Vielmehr hat er einen mythologischen Hintergrund, der das Heiligtum als Empfangsstation aus der Fremde heimkehrender Gottheiten definiert. Im Sanktuarraum stützen vier Pfeiler mit Hathor-Kapitellen die Decke. Die Wandreliefs zeigen Amenophis III. und seinen Vater Thutmosis IV. bei Opferhandlungen vor verschiedenen Göttern. So steht Amenophis (Bild unten) vor dem thronenden Falkengott Horus von Hierakonpolis oder opfert zwei Weingefäße der Stadtgöttin Nechbet. Den oberen Wandabschluss bildet ein Fries aus alternierenden Hathorkopfemblemen und Königskartuschen. Rechts vom Eingang (Außenwand) befindet sich eine kurze Inschrift des Prinzen Chaemwaset mit der Verkündigung des fünften Sed-Festes seines Vaters Ramses' II.

Das ägyptische Totenbuch

Zahlreiche Schriften der alten Ägypter beschäftigten sich mit dem Jenseits und sollten ein Weiterleben nach dem Tode garantieren; dazu gehören neben den Pyramiden- und Sargtexten auch die Unterwelts- und Himmelsbücher. Eine besondere Kategorie bildet das so genannte Totenbuch, das zur Einführung des Verstorbenen in die Geheimnisse des Totenreiches und somit zu seinem Schutz abgefaßt war. Zumeist wurden Auszüge, d. h. eine Zusammenstellung von Einzelsprüchen aus dieser Schrift, mit den zugehörigen Illustrationen auf einer Papyrusrolle mit ins Grab gegeben. Verschiedene Sprüche fanden aber auch Verwendung auf Särgen, Grab- und Tempelwänden sowie auf Statuen und Amuletten. Die Wurzeln der Spruchsammlung Totenbuch reichen dabei bis in die Pyramidenzeit zurück. Trotzdem handelt es sich um eine Schöpfung des Neuen Reiches, die bis in die griechisch-römische Zeit hinein Bestand haben sollte. Die einzelnen Sprüche haben unterschiedliche Aufgaben und sollen dem Schutz, der freien Beweglichkeit und der Versorgung des Verstorbenen in den jenseitigen und himmlischen Sphären dienen. So gibt es Sprüche, um gefährliche Orte zu überwinden und in die Opfergefilde zu gelangen, um dem Sonnengott in seiner Barke zu begegnen und in den Himmel

Papyrus Ani – das Totengericht mit Erwägung des Herzens (Detail), 19. Dynastie, um 1250 v. Chr., Papyrus, H. 38 cm, The British Museum, London

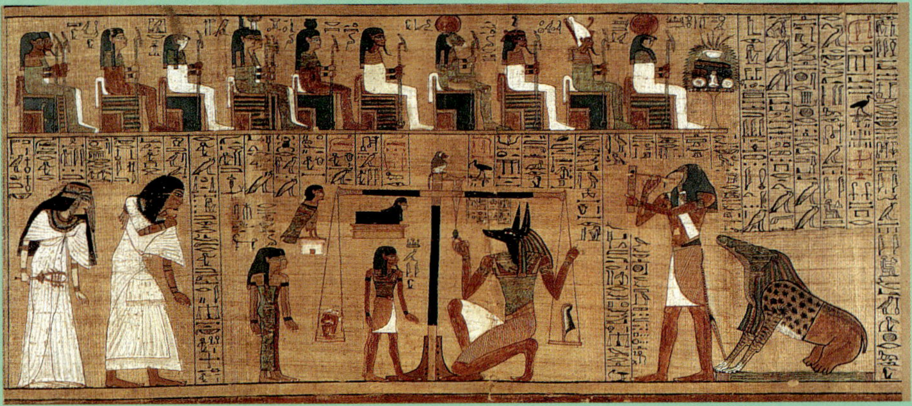

Papyrus Anhai: Anbetung des falkengestaltigen Sonnengottes (Det.), 20. Dynastie, um 1150 v. Chr., Papyrus, H. 37,5 cm, The British Museum, London

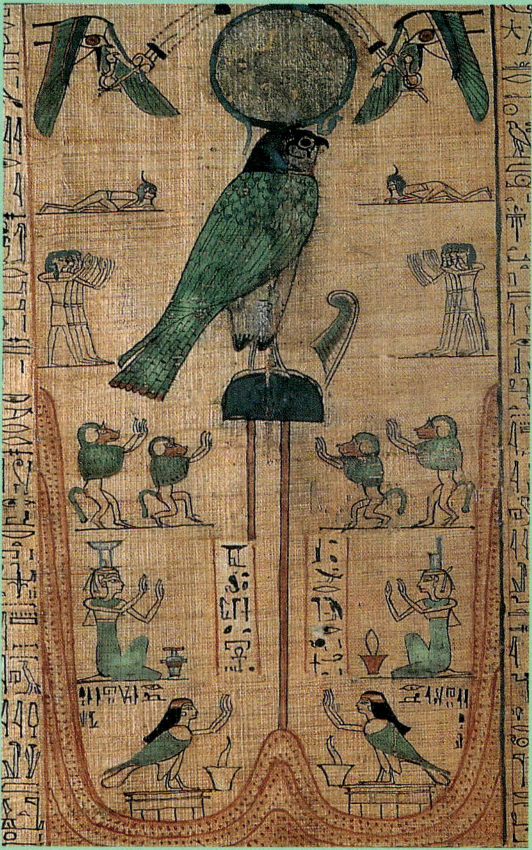

aufzusteigen, um im Gefolge des Totengottes Osiris zu sein und den Göttern zu begegnen. Eine andere Kategorie beschäftigt sich mit der sachgemäßen Balsamierung des Körpers des Verstorbenen, seiner Bestattung, seinem Erscheinen vor dem Totengericht, dem Schutz vor Strafen und seiner Regeneration. Einige der Sprüche waren von besonderer Bedeutung und kommen auch außerhalb des Totenbuches vor. Hierzu gehört vor allem das Totengericht, bei dem das Herz des Verstorbenen, als Sitz von Gewissen und Verstand, gegen die Feder der Göttin Maat, die für Ordnung und Gerechtigkeit stand, auf einer Waage aufgewogen wurde. Hatte man ein ordentliches Leben geführt, stellte sich ein Gleichstand beider Waagschalen ein, und man galt als gerechtfertigter Toter, der wieder belebt zu den himmlischen Sphären aufsteigen durfte. Das hatten 42 Totenrichter und der oberste Gerichtsherr Osiris zu bestätigen. Wer das Totengericht aber nicht bestand, wurde der großen Totenfresserin, einem aus mehreren gefährlichen Tieren zusammengesetzten Fabelwesen, zur endgültigen Vernichtung zum Fraß vorgeworfen. Ein anderer wichtiger Spruch richtet sich im gleichen Zusammenhang an das Herz, damit es beim Totengericht nicht gegen den Verstorbenen aussagen soll. Um die magische Wirkung dieses Spruches zu verstärken, konnte er auf die Unterseite eines großen Stein-Skarabäus geschrieben werden, der zusammen mit der Mumie bestattet wurde.

Edfu

Tempel des Horus
Ptolemäerzeit, 3.–1. Jh. v. Chr.

Wenige Kilometer südlich von Elkab liegt am Westufer des Nils Edfu, das Apollinopolis der Griechen und einst Hauptstadt des zweiten oberägyptischen Gaus mit Namen »Thron des Horus«. Inmitten der modernen Stadt erhebt sich der mächtige Tempelbau des Falkengottes Horus, der zusammen mit Hathor von Dendera und ihrem gemeinsamen Sohn Harsomtus die Götterfamilie des Ortes bildete. Das Heiligtum ist ein rein ptolemäisches Bauwerk, begonnen 237 v. Chr. unter Ptolemaios III. Euergetes I. Die letzten Arbeiten wurden 180 Jahre später zur Zeit Ptolemaios' XII. Neos Dionysos durchgeführt, sodass 57 v. Chr. der größte Sakralbau seiner Zeit vollendet war. Noch heute beeindruckt er durch seine nahezu vollständig erhaltene Architektur, nirgendwo sonst lässt sich die Raumwirkung und Lichtführung eines altägyptischen Tempels so nachhaltig erfahren wie in Edfu. Vergleichbar mit anderen Heiligtümern der griechisch-römischen Epoche besteht auch hier eine lange Bautradition, die bis ins 3. Jt. v. Chr. zurückreichen dürfte, wenngleich sie erst mit der Ramessidenzeit archäologisch gesichert einsetzt. Untersuchungen im Großen Hof haben vor einigen Jahren zahlreiche dekorierte Blöcke der 25. und 26. Dynastie erbracht, die im ptolemäischen Neubau als

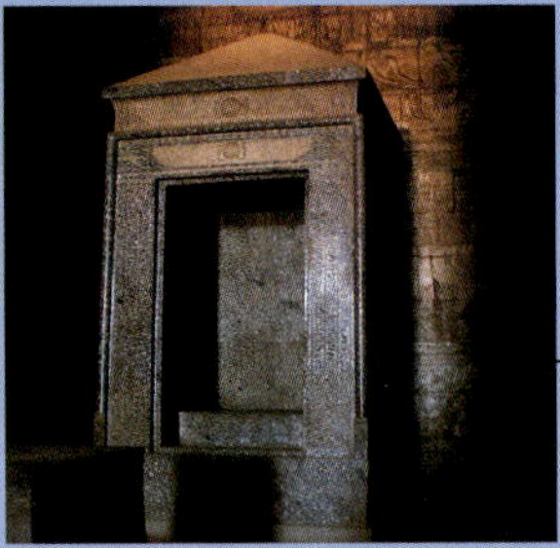

Naos im Sanktuar, S. 465

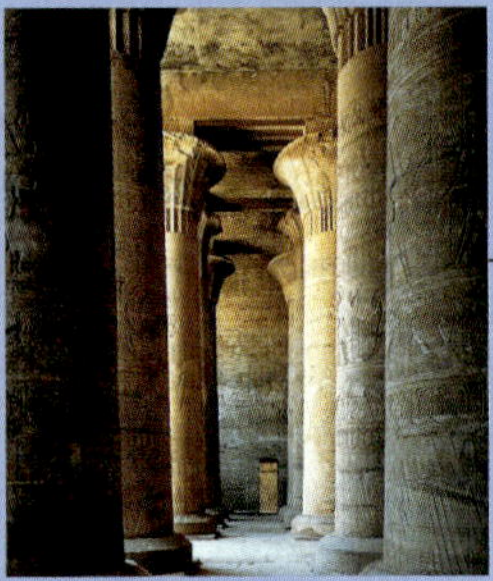

Blick in den großen Säulensaal, S. 464

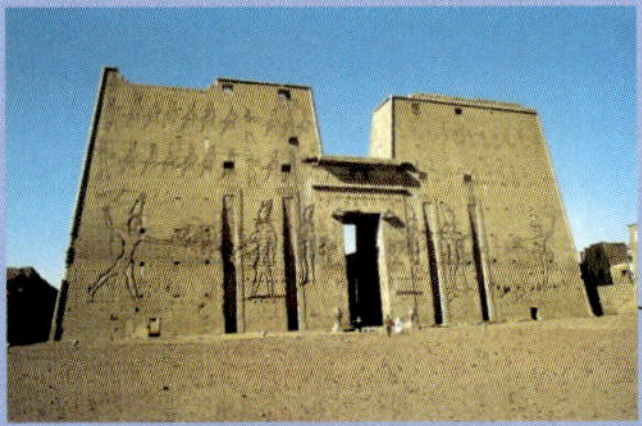

Tempel des Horus, S. 460 ff.

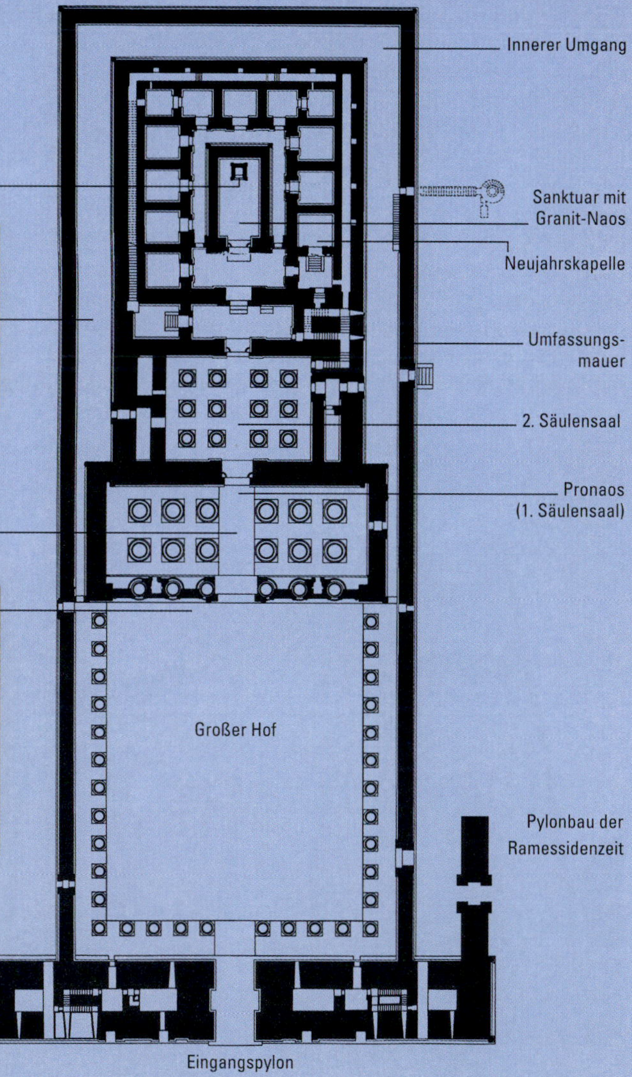

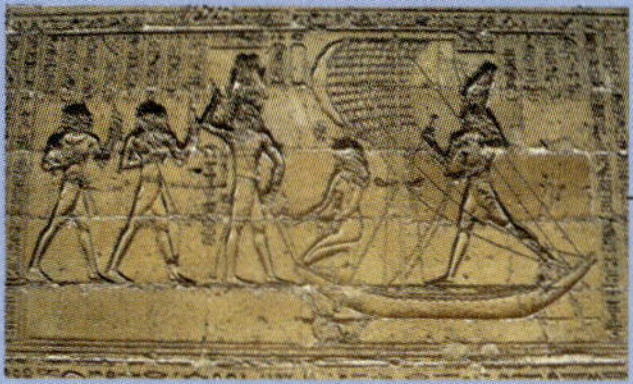

Der Horus-Mythos, S. 466

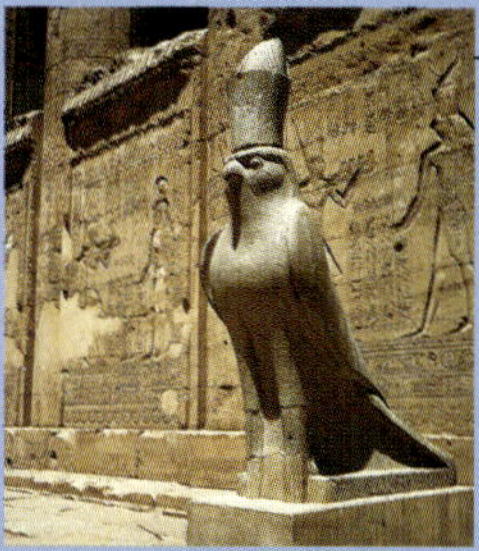

Falkenfigur des Gottes Horus, S. 464

Pflastersteine wieder verwendet worden waren. Im Moment beschäftigt sich ein deutsches Ägyptologenteam mit dem überreichen Textgut des Tempels. In seinen Ausmaßen (36 x 74 m) wird der mächtige Eingangspylon nur von der entsprechenden Anlage des Karnak-Tempels übertroffen. Beiderseits des Tores bezeichnen insgesamt vier Einschnitte den Standort der hohen Fahnenstangen, die einst vor den Pylontürmen emporragten. Die Fassadendekoration wird von den kanonischen Bildern des »Erschlagens der Feinde« dominiert. Adressaten der Handlung sind Horus und Hathor, die Hauptgötter von Edfu.

Die Fassade des Pronaos (Detail)

In der weitgehend normierten Raumordnung eines Heiligtums aus griechisch-römischer Zeit beginnt nach dem Pylon und der abfolgenden Hofanlage die Sphäre des Göttlichen mit dem quer gelagerten Bau des Pronaos, dem großen Säulensaal. Seine hofseitigen Säulen (rechtes Bild) sind durch hohe Schranken miteinander verbunden, die jeweils von einem Uräen-Fries bekrönt werden. Einige Reliefbilder auf den Schranken waren sogar mit einer Goldblechauflage verziert, wie noch vorhandene Dübellöcher nachweisen.

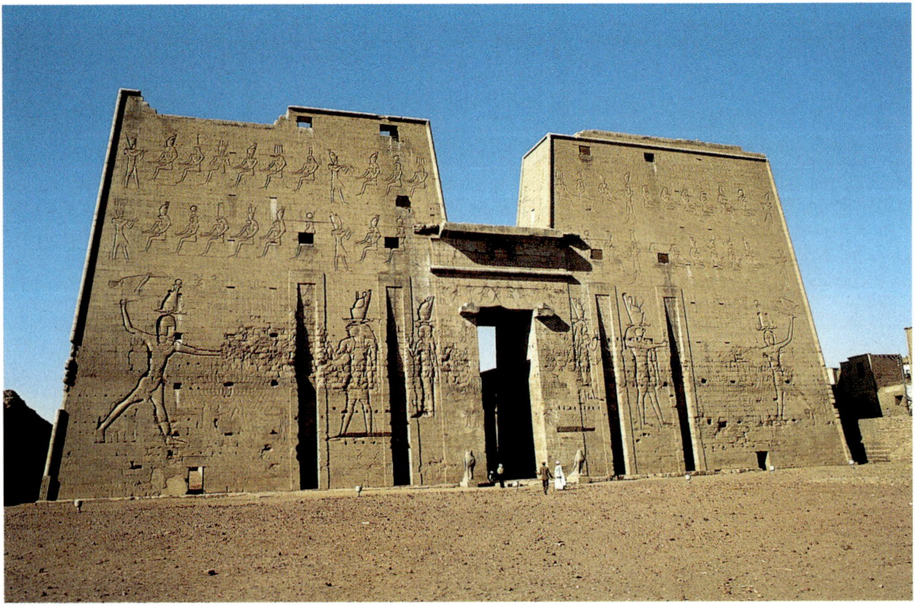

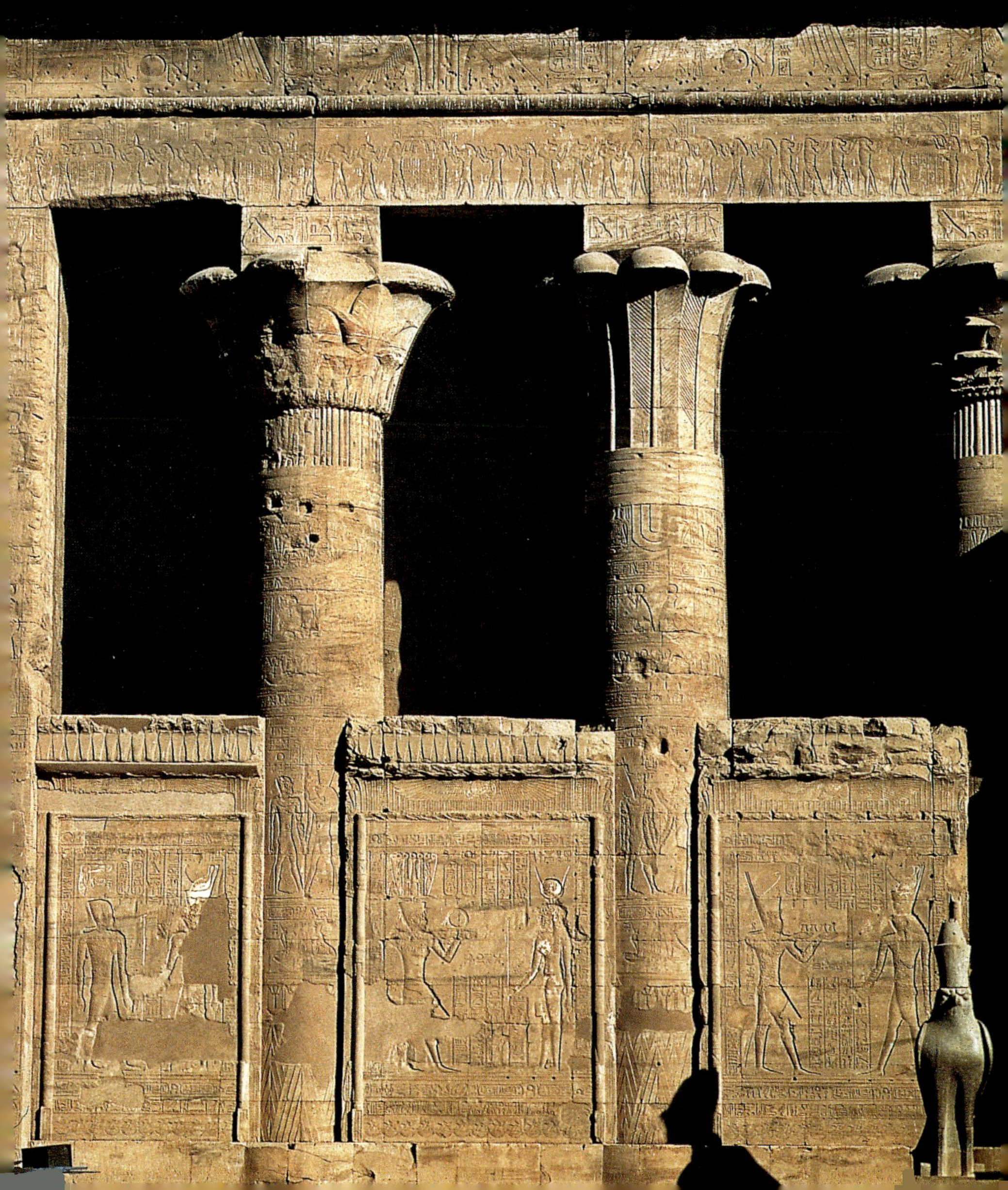

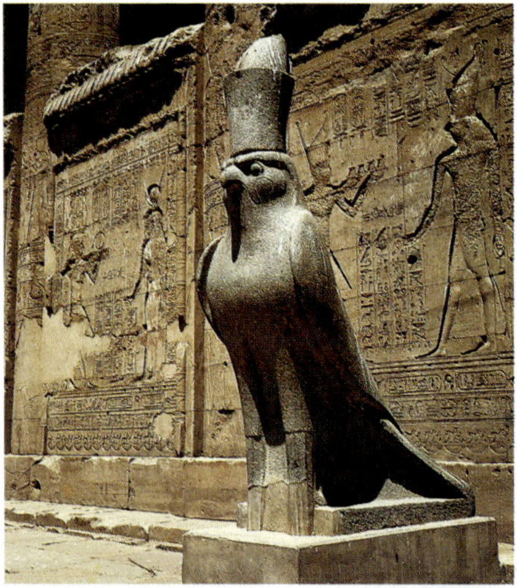

Falkenfigur des Gottes Horus

Der Eingang zum Pronaos wird zu beiden Seiten von einer großen Falkenfigur des Horus aus dunkelgrauem Granit flankiert, wobei nur das linke Exemplar nahezu vollständig erhalten ist. Die Gottheit mit dem Beinamen »Buntgefiederter« trägt die gesondert gearbeitete Doppelkrone von Ober- und Unterägypten. Die zeitlose Eleganz der Tierplastik darf aber nicht darüber hinwegtäuschen, dass ihr Aussehen mit der ehemaligen Originalbemalung völlig andersartig gewirkt haben muss. Möglicherweise gehörten die zwei Falkenbilder (H. ca. 3,20 m) zur Ausstattung eines Vorgängerbaus, sind folglich nicht zeitgleich mit der ptolemäischen Architektur.

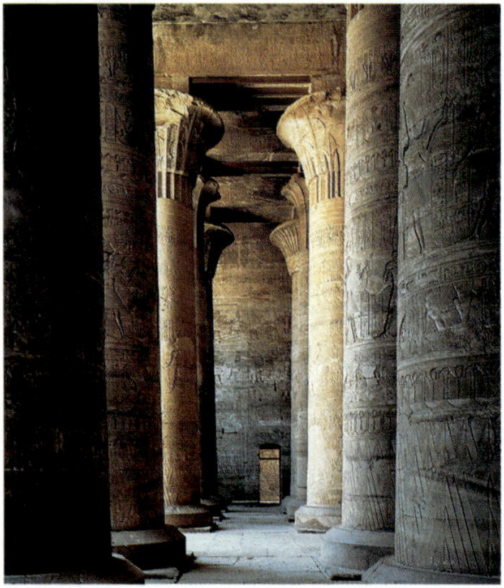

Blick in den großen Säulensaal

Insgesamt 18 monumentale Pflanzensäulen mit verschiedenen Kapitellen beherrschen das Bild. Astronomische Darstellungen schmücken die Decke, während die Wände in starrer Registereinteilung den ptolemäischen Herrscher beim Opfer- und Ritualvollzug vor den Göttern abbilden. Die Schematisierung der Reliefzyklen erfasst dabei auch rein formale Elemente, sodass die Gottheiten im untersten Registerzug immer stehen, in den oberen Bildstreifen jedoch thronen. Zwei kleine Räume an der jeweils mittleren Säulenschranke dienten als Tempelbibliothek (rechts) bzw. als Aufbewahrungsplatz von Salb- und Essenzrezepturen.

Naos im Sanktuar

Schon vom großen Säulensaal aus geht der Blick über die zentrale Achse bis zum Allerheiligsten, ungehindert von den heute verschwundenen Türen der einzelnen Raumeinheiten. Je weiter man in das Tempelinnere vordringt, desto mehr nimmt die Helligkeit ab. Nur kleine Fenster und Lichtschächte verbreiten ein diffuses Dämmerlicht. Dabei steigt der Boden in Richtung Sanktuar leicht an, während die Decken immer niedriger werden. Die Raumfolge führt vom Pronaos über eine weitere Säulenhalle und zwei Vorsäle zum Allerheiligsten des Tempels, das als eigentlicher Wohnort des Gottes Horus galt. Hier stehen im geheimnisvollen Dunkel noch ein Sockel für die heilige Barke und der monolithische Granitschrein, der laut Inschrift aus der Zeit Nektanebos' II. (30. Dynastie, H. 4,20 m) stammt und ursprünglich einen kleinen Naos aus Holz mit dem goldenen Kultbild des Horus barg. Auf den Wänden zeigen die Reliefs Szenen des täglichen Kultbildrituals sowie das Opfer Ptolemaios' IV. vor den heiligen Barken des Horus und der Hathor. In das Geschehen sind auch der erste Bauherr des Heiligtums, Ptolemaios III., und seine Gemahlin Berenike II. eingeschlossen. Der eigenständige Bau des Sanktuars wird von einem Kapellenkranz umgeben, dessen Einzelräume verschiedenen kultischen Zwecken dienten. Gleich rechts neben dem Allerheiligsten liegt wie in Dendera die »Wabet«, die Anlage für das Neujahrsfest. Sie besteht aus einem kleinen Hof, von dem eine kurze Treppe zu einer Kapelle hinaufführt, in der die Reinigungsriten vollzogen wurden.

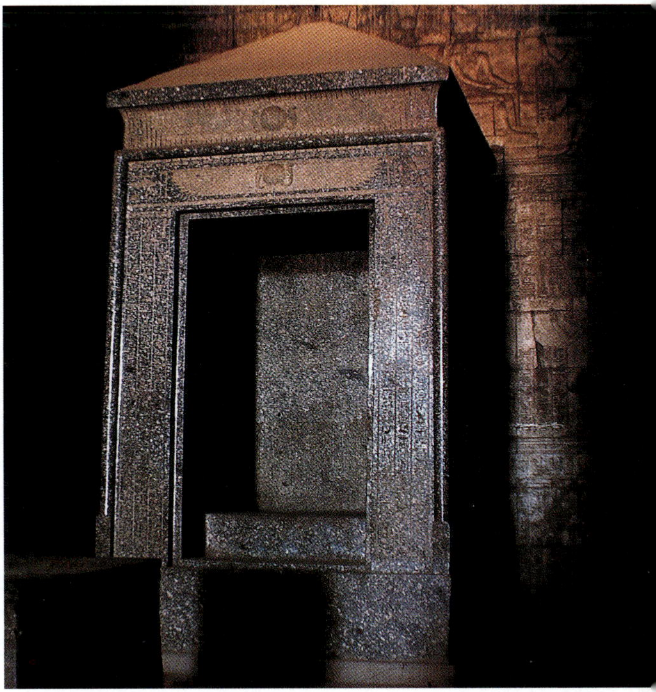

Der Horus-Mythos

Über einen schmalen Durchgang zu beiden Seiten des Pronaos gelangt man in den großen Tempelumgang, dessen hohe Außenmauer das Heiligtum umzieht und so die sakrale Sphäre von den übrigen Bereichen des Kultbezirkes trennt. Die ausgedehnten Reliefzyklen auf der westlichen Innenwand sind ganz den Handlungen des Horus-Mythos vorbehalten, der elementaren Auseinandersetzung zwischen Gut und Böse. Text- und Bildversion des Rituals schildern ausführlich den siegreichen Kampf des Horus gegen seinen Onkel Seth, die Verkörperung aller feindlichen und chtonischen Mächte. Dargestellt wird Seth in Gestalt eines kleinen Nilpferdes (teilweise auch in Rückenlage dargestellt), wobei die gewählte Körpergröße des Tieres schon auf seinen Status als vernichteter Gegner verweist. Zusammen mit seiner Mutter Isis, die am Bug kniet, steht Horus inmitten eines Segelnachens und harpuniert den Feind, der laut Mythos seinen Vater Osiris getötet hat. Die erfolgreiche Rache sicherte Horus seinen Herrschaftsanspruch über die geordnete Welt, das ägyptische Prinzip der Maat. In seiner Nachfolge bestieg jeder König den Pharaonenthron und regierte gottgleich über Ägypten. So wird auch verständlich, dass der ptolemäische Herrscher mit einer Lanze vom Ufer aus in den Kampf der Götter eingreift.

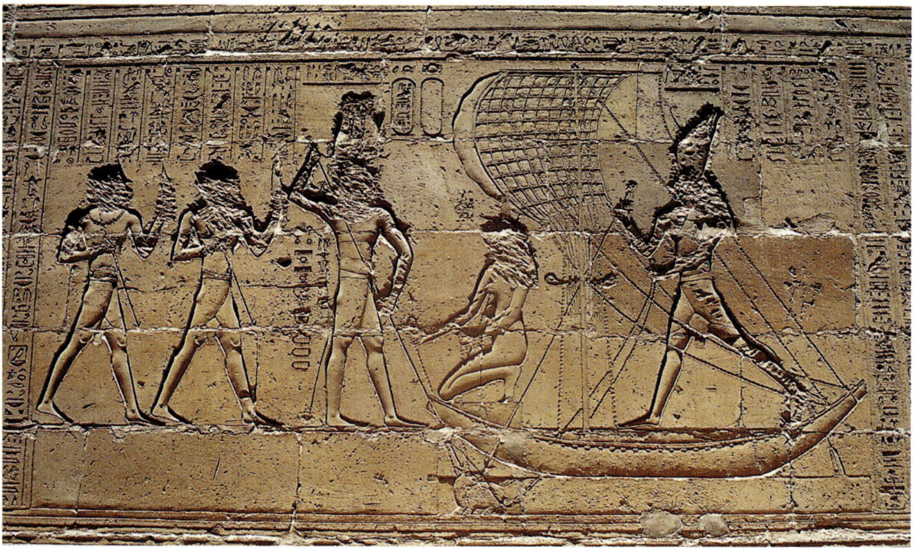

Krönung Ptolemaios' VIII.

Eine unendliche Fülle von Darstellungen und Inschriften überzieht die Wände des Heiligtums. In ihrer Gesamtheit geben sie nicht nur Auskunft über die Kulttradition von Edfu, sondern offenbaren das theologische Konzept des Tempels und damit das Wissen der späten Priesterschaft. Auch für die Deutung altbekannter Bilder sind die Belege aus den griechisch-römischen Sakralbauten dank der ausführlichen Beischriften eine wichtige Quelle. Zum klassischen Repertoire der Tempelszenen gehört diese Einzelszene mit der Krönung Ptolemaios' VIII., die von den beiden Landesgöttinnen Nechbet (rechts) und Uto (links) symbolhaft durchgeführt wird. Sie tragen über einer Perücke mit Geierbalg die jeweilige Krone von Ober- und Unterägypten, während der König mit der Doppelkrone (ägypt. »Pschent«) ausgestattet erscheint. Dieser ist zudem mit dem klassischen Kurzschurz seiner pharaonischen Vorgänger bekleidet.

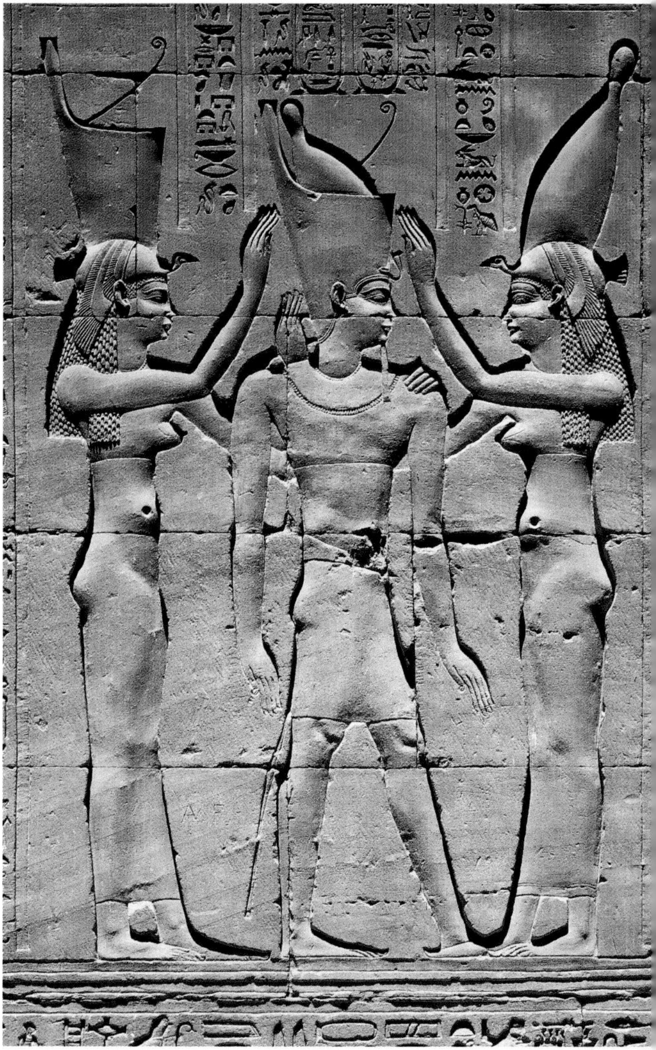

Der ägyptische Schreiber

Ägypten war in pharaonischer Zeit ein streng zentral geleiteter Staat, der über eine äußerst effektive Verwaltung verfügte. Basis für das reibungslose Funktionieren des Staates war eine breite, im Schreiben ausgebildete Beamtenschaft, die entweder bei der Zentral-, der Provinzial- oder der Tempelverwaltung angestellt war. In den Schreiberschulen wurden zunächst das Schriftsystem, aber auch Grundlagen der Literatur vermittelt; Spezialkenntnisse erlangte man dann im Rahmen von Weiterbildungsmaßnahmen in den verschiedenen Verwaltungsabteilungen oder den Schreibstuben der Tempel. In der Regel wurde der Beruf des Schreibers vom Vater auf den Sohn übertragen, es gab aber auch Zeiten, in denen wegen eines erhöhten Bedarfs Personen aus anderen Berufsbereichen angeworben werden mussten. Die hohe Wertschätzung, die man dem Schreiberberuf und seinen Vertretern zuerkannte, bringen so manche Erörterungen in den verschiedenen Weisheitslehren zum Ausdruck. Auch die Vorteile gegenüber anderen Berufen werden deutlich, wenn es in der Lehre des Dua-cheti heißt: »Siehe, nicht gibt es einen Beruf ohne Vorgesetzten außer den Schreiber, denn der ist Vorgesetzter«. Grundsätzlich war die Kenntnis des hieroglyphischen Schriftsystems Voraussetzung für einen Aufstieg innerhalb der Beamtenhierarchie, und das Ansehen eines Schreibers war ausgesprochen hoch. Nur so lässt sich erklären, dass selbst die höchsten Staatsangestellten es für angebracht hielten, in ihren Biografien auf ihren Schreiberstatus zu verweisen und sich in der charakteristischen Schreiberhaltung, das heißt mit gekreuzten Beinen auf dem Boden hockend, abbilden zu lassen.

Schreiberfigur eines hohen Beamten, 5. Dynastie, um 2450 v. Chr., Saqqara, Kalkstein, bemalt, H. 53 cm, Musée du Louvre, Paris

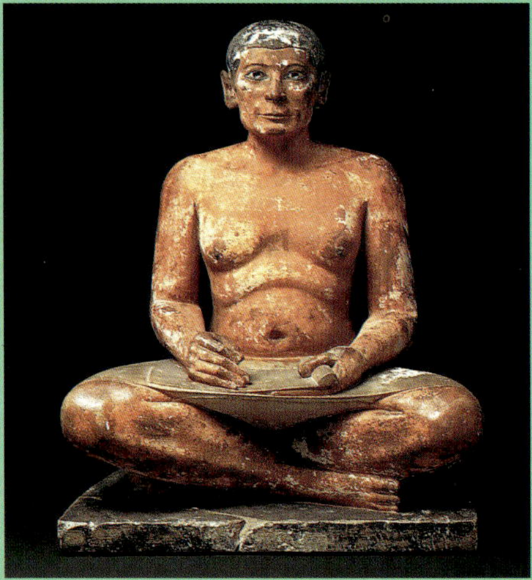

Zum Handwerkszeug der Schreiber gehörte neben der zu beschriftenden Unterlage (z. B. Papyrus, Leder, Holztafeln, Scherben für Notizen aus Kalkstein oder Ton) eine Palette, auf der das schwarze Rußpulver und der rote Ocker an-

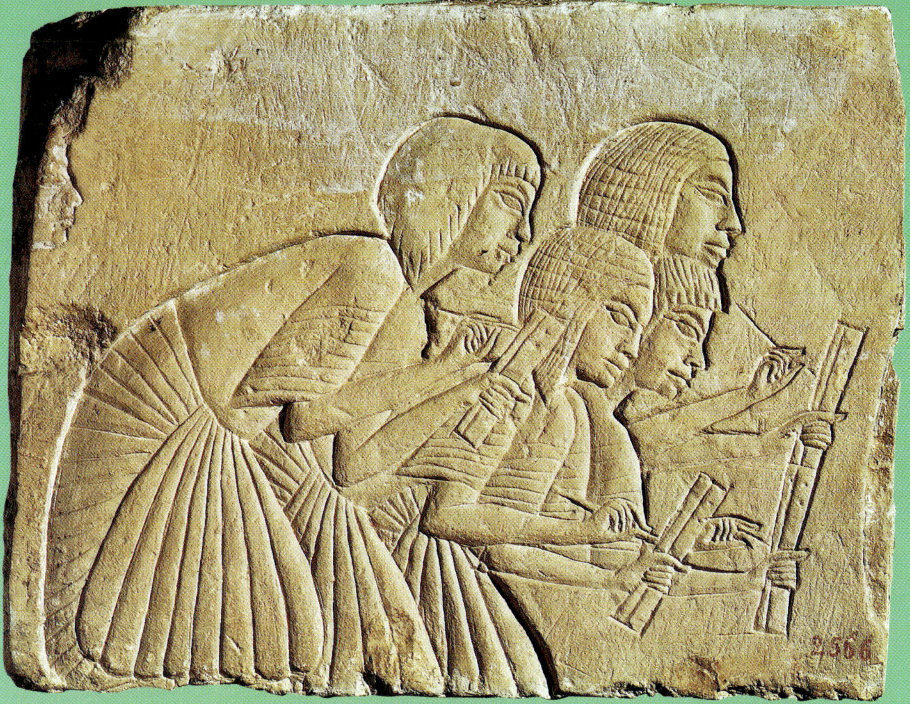

Verwaltungsschreiber bei der Arbeit, 18. Dynastie, um 1320 v. Chr., Saqqara, Grab des Haremhab, Kalkstein, H. 36 cm, Museo Archeologico, Florenz

gerührt werden konnten, die man in einem Säckchen mit sich führte, sowie Schreibbinsen. Die Darstellung des Arrangements aus Palette, Binse und Säckchen wurde auch als Schriftzeichen verwendet und stand sowohl für den Begriff des Schreibens als auch des Schreibers; als Berufssymbol konnte es bei Statuen auch auf der Schulter abgebildet werden. Hierdurch wird deutlich, dass der Schreiberstatus nicht nur als eine verwaltungstechnische Position verstanden wurde, sondern ebenso als Hinweis auf den hohen Bildungsstand einer Person, die in das gottgefällige System des ägyptischen Staates an wichtiger Stelle integriert war. Geordnete Strukturen und weises Verhalten wurden in Ägypten gleichgesetzt, und so war der Gott Thot, Inbegriff der Weisheit, nicht von ungefähr Schutzherr aller Schreiber.

Kom Ombo

Doppeltempel von Sobek und Haroëris

Ptolemäer- und Römerzeit,
2. Jh. v. Chr. – 3. Jh. n. Chr.

Rund 40 km nördlich von Assuan erhebt sich auf einer kleinen Anhöhe des östlichen Nilufers das Doppelheiligtum von Kom Ombo. Die direkte Nähe zum Fluss hat leider dazu geführt, dass Teile von Nebenbauten wie das Geburtshaus (Mammisi) und das große Eingangstor Ptolemaios' XII. ein Opfer der Fluten geworden sind. Der Tempel war größtenteils verschüttet und wurde 1893 durch den Antikendienst von seinen Sandmassen befreit. Auch in Kom Ombo reicht die Bautradition weit über die Entstehungszeit der aktuellen Anlage zurück und kann bis ins Mitt-

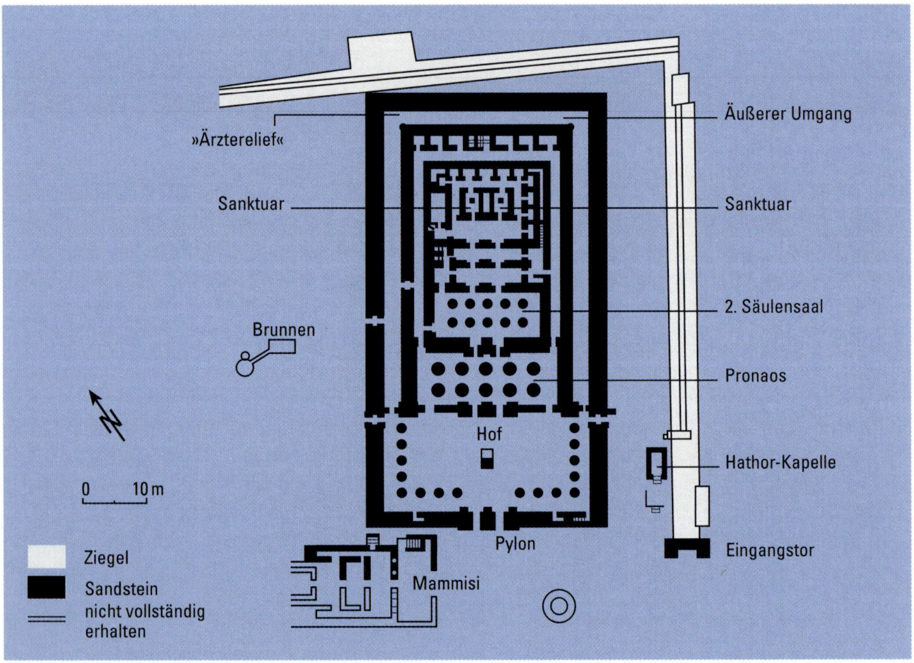

lere Reich verfolgt werden. Begonnen wurde das Heiligtum in seiner heutigen Gestalt unter Ptolemaios VI. Philometor (2. Jh. v. Chr.), sein Reliefschmuck entstand weitgehend erst in der römischen Kaiserzeit. Während die Namen des Augustus und Tiberius auf dem stark zerstörten Pylon bzw. auf den Säulenstümpfen des Hofes auftauchen, hat der Ostflügel des äußeren Umgangs ein Bildfeld des Kaisers Macrinus mit seinem Sohn Diadumenianus (217/218 n. Chr.) als späteste Darstellung bewahrt. Der Tempel wurde zwei Hauptgöttern geweiht: Seine rechte Hälfte gehört dem Krokodilgott Sobek, die linke bewohnt der falkenköpfige Haroëris. Beide führten eine Götterfamilie an: Zu Sobek gesellten sich Hathor und der Mondgott Chons, zu Haroëris seine Gemahlin Tasenetneferet (»Die schöne Schwester«) und sein Sohn Panebtaui (»Der Herr der beiden Länder«).

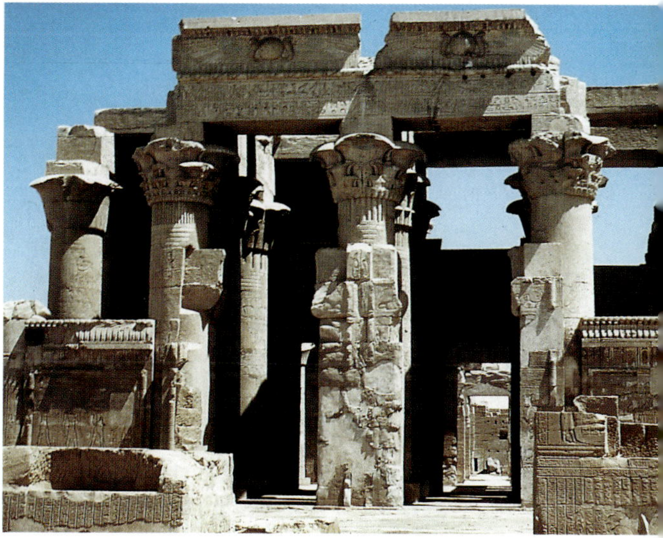

Die große Säulenhalle (Pronaos)

Schon weithin ist vom Nil aus die große Säulenhalle, der besterhaltene Tempelteil von Kom Ombo, sichtbar. Dem Charakter des Doppelheiligtums entsprechend, weist die Fassade zwei eigenständige Portale auf, die sich auf zwei parallel zueinander verlaufenden Achsen öffnen. Diese Struktur setzt beim Pylon ein und führt bis zu den kleinen Sanktuarräumen mit je einem Barkensockel aus schwarzem Granit. Im Pronaos erheben sich zehn Säulen mit Komposit- und Palmwedelkapitellen. Besonders beachtenswert sind die Szenen aus dem Reinigungs- und Krönungsritual auf den Säulenschranken, die in ihrer voluminösen Ausführung typisch für den spätptolemäischen Reliefstil sind. Richtet man im Pronaos den Blick zur Decke, wird die Dekoration der Architrave mit astronomischen Szenen erkennbar (Sterngötter in Barken; teilweise nur in Vorzeichnung).

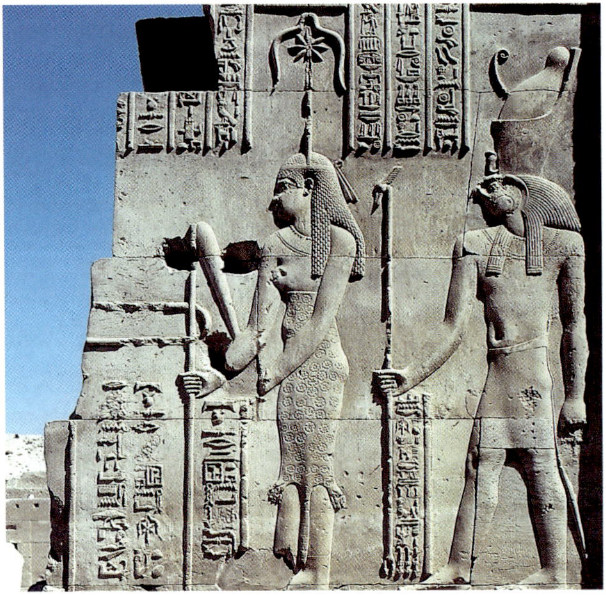

und seine abschließende Übergabe an den göttlichen Bewohner. In Kom Ombo zeigt eine weitgehend erhaltene Einzelszene aus der Zeit Ptolemaios' VI. das sog. Strickespannen, das traditionell die Göttin Seschat mit dem Herrscher in Aktion sieht. Der Auftritt einer Gottheit der Schreib- und Rechenkunst ist besonders sinnfällig, wenn der Vorgang die Grundrissmarkierung einer Tempelanlage betrifft. Seschat trägt ein Pantherfell als Kleid sowie eine fein gelockte Perücke mit Stirnband, aus dem sich ihr Symbol in Form einer Stabrosette mit umgekehrtem Kuhgehörn erhebt. Mit der rechten Hand hält die Göttin einen langen Fluchtstab, den sie mit einem großen Schlegel in den Boden treibt. Ihr königliches Gegenüber (zerstört) sah identisch aus. Um beide Fluchtstäbe schlingt sich die Messschnur, wobei eine kurze Beischrift die Zeremonie verdeutlicht: »Strickespannen im Tempel zusammen mit Seiner Majestät selbst«. Hinter der Seschat steht wie unbeteiligt der Falkengott Haroëris, der Herr dieser Tempelhälfte. Er trägt die Doppelkrone der Landesteile über seiner Perücke und hält traditionell das Lebenszeichen (Anch) sowie ein langes Was-Zepter in seinen Händen.

Szene aus dem Tempelgründungsritual

Zu den Darstellungen, deren Tradition bis in die Zeit des Alten Reiches zurückgeht, gehören auch die Szenen aus dem sog. Tempelgründungsritual. Vollständige Bilderfolgen in den Heiligtümern von Edfu und Dendera informieren über die einzelnen Handlungen, die vom König zusammen mit den jeweiligen Hauptgottheiten des Ortes vollzogen wurden. Darunter sind die Erstellung des Baugrundes, Festlegung des Grundrisses, der Antransport von Steinblöcken, das Formen von Nilschlammziegeln, die kultische Reinigung des Bauwerks

Gott Sobek

Die allgegenwärtige Präsenz der Krokodile im pharaonischen Ägypten und ihre Gefährlichkeit für Mensch und Tier hat schon früh dazu geführt, dass die mächtigen Panzerechsen zur Gottheit erhoben wurden. Landesweit errichtete man Gott Sobek zu Ehren Tempelanlagen, um ihn im Kult zu besänftigen. Im oberägyptischen Raum zählte Kom Ombo zu den wichtigsten Kultplätzen. Etwas entfernt vom Heiligtum lag eine Tiernekropole, aus der zahlreiche gut erhaltene Krokodilsmumien stammen. Sie werden heute in der kleinen Hathor-Kapelle aus der Zeit des Hadrian (2. Jh. n. Chr.) aufbewahrt, die unmittelbar rechts neben dem Hauptbau liegt.

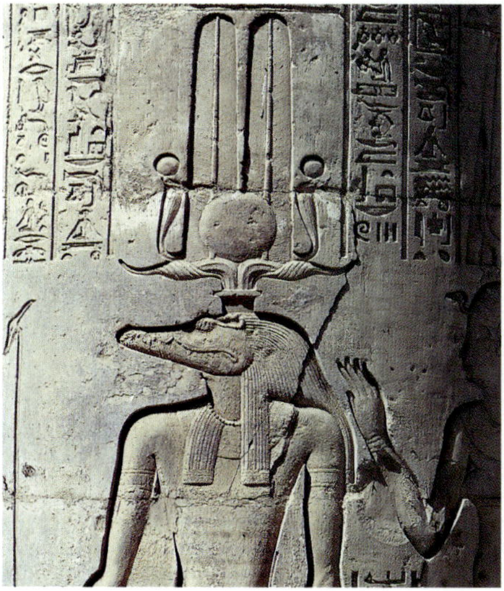

Das »Ärzterelief«

Im rückwärtigen Abschnitt des äußeren Tempelumgangs hat sich auf der Ostwand eine berühmte Darstellung erhalten, die ohne Parallelen ist: Das sog. »Ärzterelief« von Kom Ombo. Es zeigt den römischen Kaiser Trajan (98–117 n. Chr.) kniend beim Opfer vor der Triade der nördlichen Tempelhälfte. Zwischen den Handlungsträgern steht auf einem Podest ein kleiner Schrank mit geöffneten Türflügeln, die den Blick auf vier Register mit chirurgischen Instrumenten (u. a. Zangen, Haken, Säge) und heilkräftigen Amuletten (Udjat-Augen) freigeben. Rechts daneben wird auf einem hohen Ständer eine Schale für geweihtes Wasser in Pseudoperspektive abgebildet.

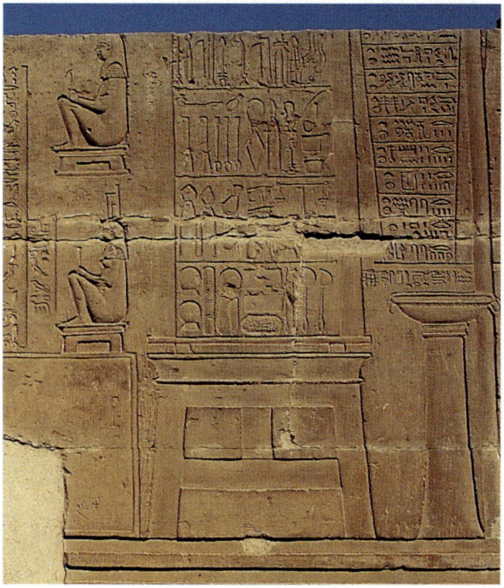

Die heiligen Tiere

Auch wenn die Griechen die Ägypter für besonders religiöse Menschen hielten und in der ägyptischen Religion die Wurzeln der eigenen sahen, verwunderte sie doch eine Besonderheit ganz ungemein, und das war die Verehrung der heiligen Tiere. Auch die Römer verstanden die Tierkulte nicht, und so machten sich einige Autoren sogar darüber lustig. Beide Reaktionen beruhten aber auf einem grundlegenden Missverständnis, denn die Ägypter beteten keine Tiere an. Voraussetzung für die Verehrung der heiligen Tiere war nämlich die Vorstellung, dass alles, was erschaffen wurde, miteinander kompatibel sei, das heißt, dass sich ein Gott in allem, was existiert, offenbaren kann und somit auch in einer Tiergestalt.

Eine besondere Verbindung bestand zwischen dem König und den heiligen Tieren. Ausgangspunkt war, dass jeder König einem Hochgott und jeder Hochgott einem König innewohnen konnte. Da der Gott aber ebenso in der Lage war, eine direkte Verbindung mit einem ausgesuchten heiligen Tier einzugehen, wurde diese Beziehung auch auf den König übertragen. Dabei ist zu bedenken, dass das Verhältnis vom König zu den Menschen analog zu verstehen ist wie

Widderfigur des Gottes Amun, 18. Dynastie, um 1380 v. Chr., Soleb (Nubien), Granit, L. 207 cm, Ägyptisches Museum, Staatliche Museen Preußischer Kulturbesitz, Berlin

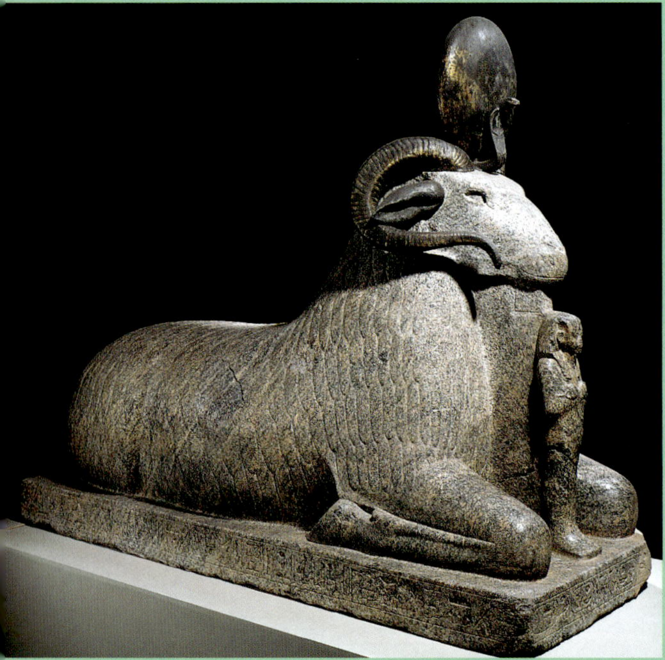

das des heiligen Tieres zu den übrigen Tieren. Etwas Besonderes war jedoch die heilige Herde, das sind die Tiere, die dem Gott aufgrund spezifischer Merkmale geeignet erschienen. In der Spätzeit wurden zunehmend Kultgemeinschaften eingerichtet, welche die heiligen Tiere zu versorgen hatten und damit ein zusätzliches Einkommen erhielten. Sie waren aufs Engste mit dem Königskult verbunden, wobei es aber nicht nur um Tiere ging, die als Verkörperung des Königs galten, wie Falken, Stiere oder Krokodile, sondern auch um solche, die mit Schutz- oder Mutterschaftsaspekten in Verbindung standen, zum Beispiel die Katzen der Göttin Bastet. Da es sich bei den heiligen Tieren um Geschöpfe handelte, die in göttliche oder königliche Seinsformen überführt werden konnten, wurden sie nach ihrem Tod nicht nur mumifiziert, sondern erhielten ein adäquates Begräbnis. Die großen Tiernekropolen, zum Beispiel das Serapeum in Saqqara für die heiligen Apis-Stiere (s. S. 204) oder die unterirdischen Anlagen für die heiligen Ibisse und Paviane des Gottes Thot in Tuna el Gebel (s. S. 281), zeugen davon. So wie aber ein Gott einem Tier innewohnen konnte, war es auch möglich, dass ein Tier an anderem Ort oder in anderer Situation als gefährlich und negativ galt und demzufolge getötet und sogar verbrannt wurde. Generell wird dadurch deutlich, dass der göttliche Gedanke in allen Lebens- und Seinsformen zutage tritt, unabhängig davon, ob es sich um einen Menschen, ein Tier, eine Pflanze oder einen Gegenstand handelt.

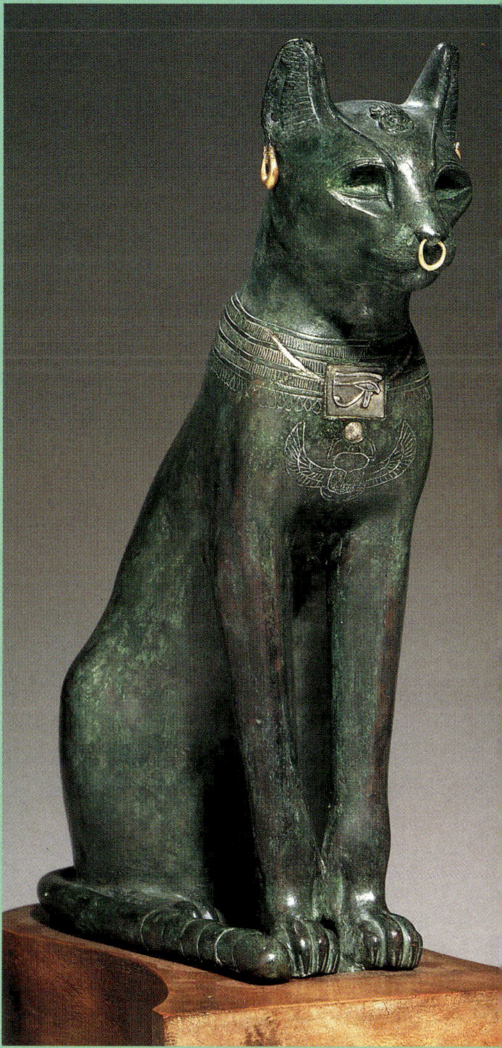

Katzenfigur der Göttin Bastet, Spätzeit, 7./6. Jh. v. Chr., Bronze und Edelmetall, H. 38 cm, The British Museum, London

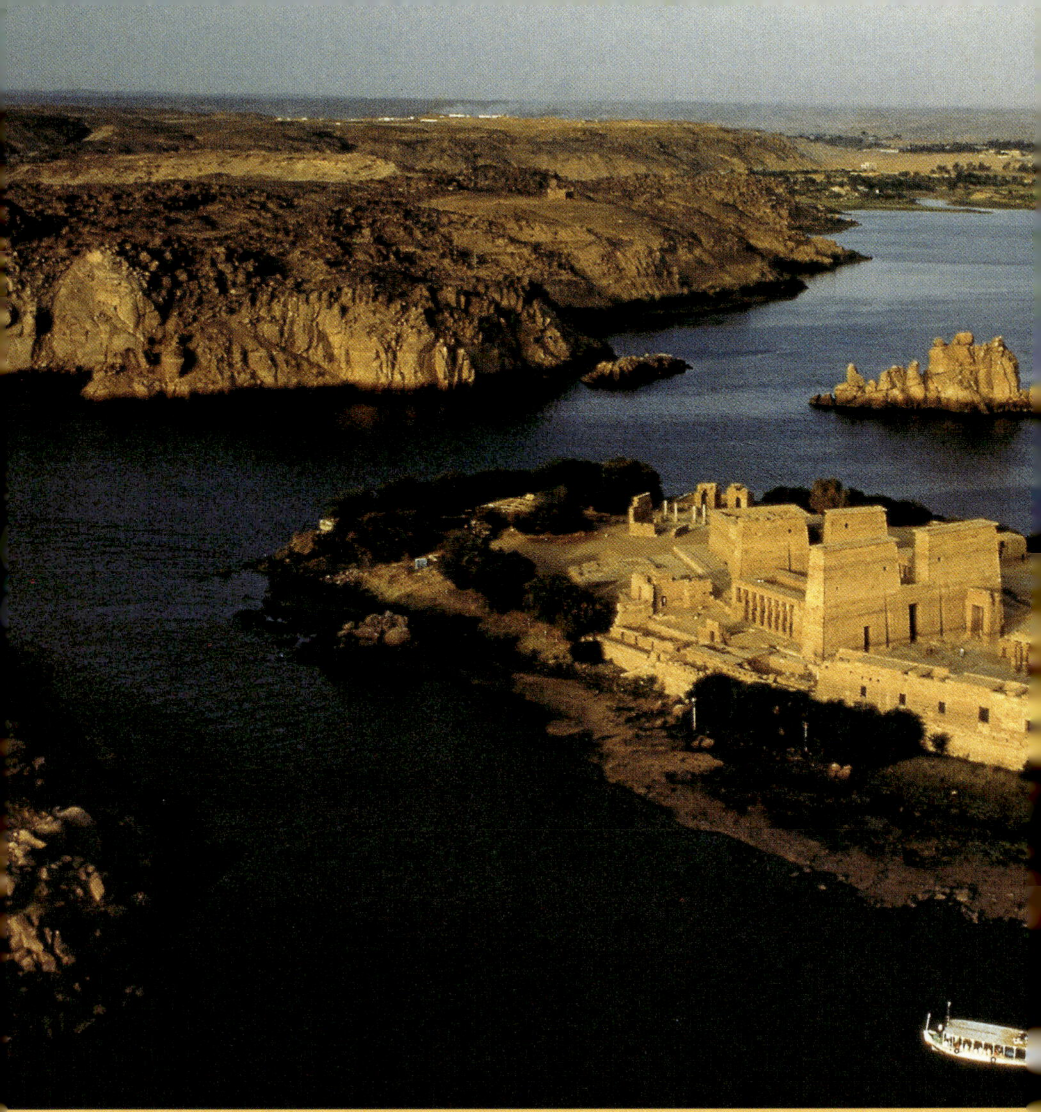

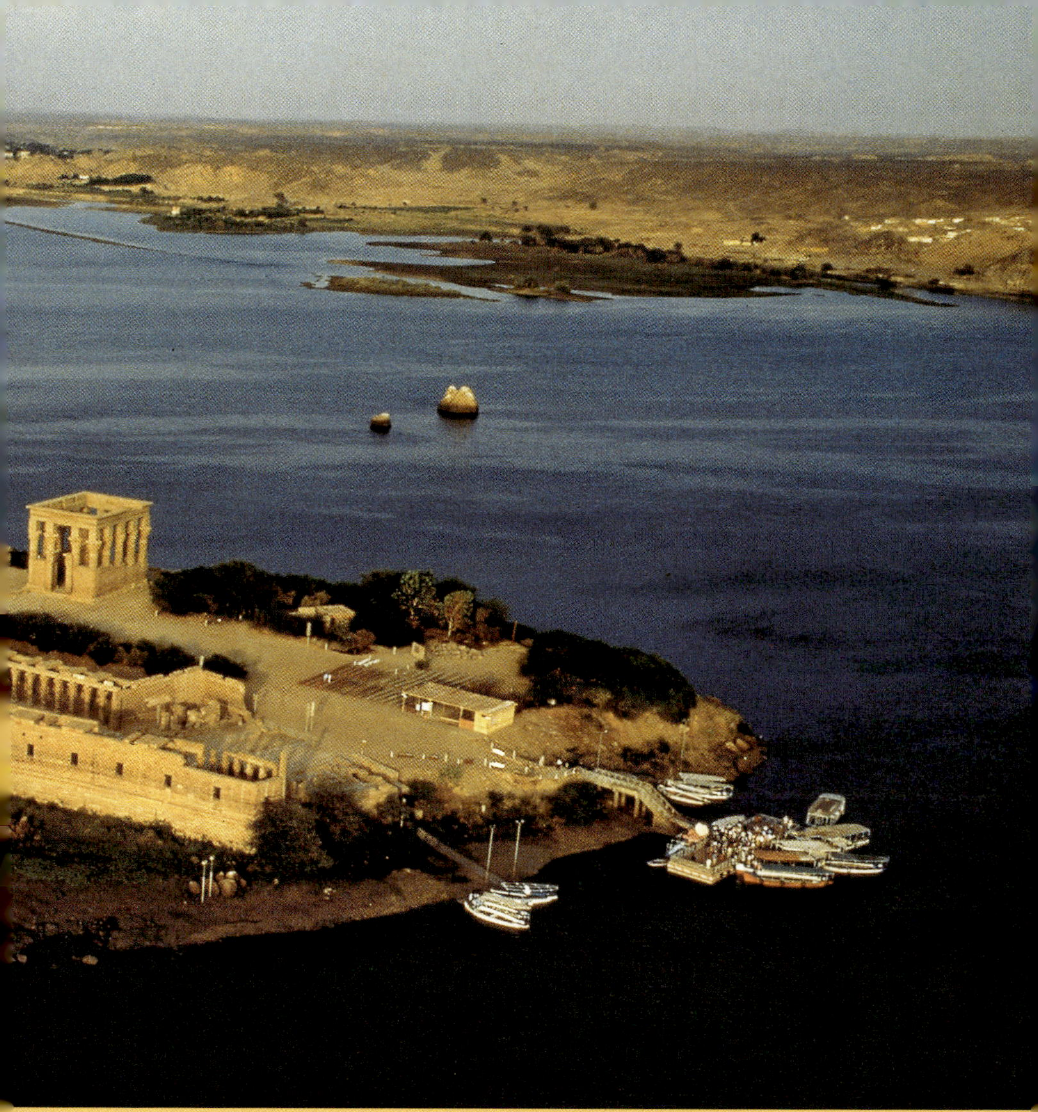

Assuan und Umgebung

Assuan und Umgebung

Die Umgebung der modernen Großstadt Assuan, dem griechischen Syene, beherbergt eine überwältigende Anzahl archäologischer Denkmäler, die nachhaltig von der Bedeutung des Ortes zeugen. Schon früh im Alten Reich etablierte man hier, unweit der Stromschnellen des ersten Katarakts, die südliche Landesgrenze, begann der erste oberägyptische Gau von »Tasetj«. Bis zur Ptolemäerzeit diente die Nilinsel Elephantine (ägypt. Abu, »Elefantenfestung«) als Sitz der Verwaltung, war Standort des Siedlungsgebietes und der verschiedenen Heiligtümer. Die günstige strategische Lage machte die Stadt zum Ausgangspunkt von militärischen Unternehmungen in den nubischen Großraum, ebenso wie ein Großteil des Handels mit dem Süden über Elephantine abgewickelt wurde. Neben den wichtigen Importen verfügte Assuan selbst mit dem roten Granit und anderen Hartgesteinen über hoch geschätzte Naturprodukte, die in den ausgedehnten Steinbruchgebieten gewonnen wurden. Gegenüber von Elephantine liegen auf dem Gräberberg der Qubbet el-Hawa (Westufer) die großen Felsgräber der Gaufürsten und der Beamtenschaft aus dem Alten und Mittleren Reich. Weitere Höhepunkte sind die Tempelanlagen von Kalabscha und auf der Insel Philae.

Vorhergehende Seiten: Blick auf die Tempelinsel von Philae (nach der Versetzung)

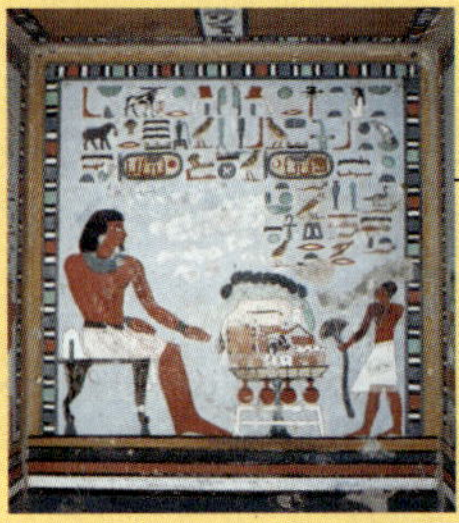

Grab des Sarenput II. (Nr. 31), S. 490 f.

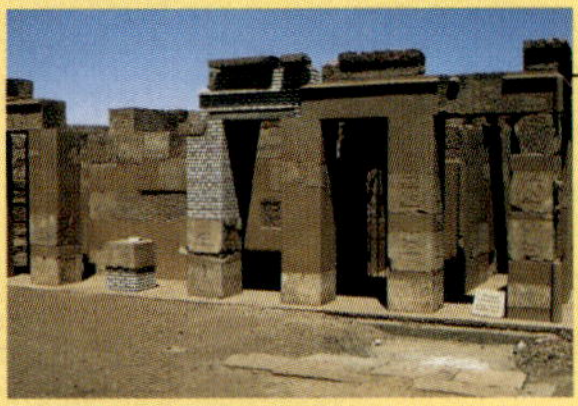

Der Satet-Tempel des Neuen Reiches, S. 483

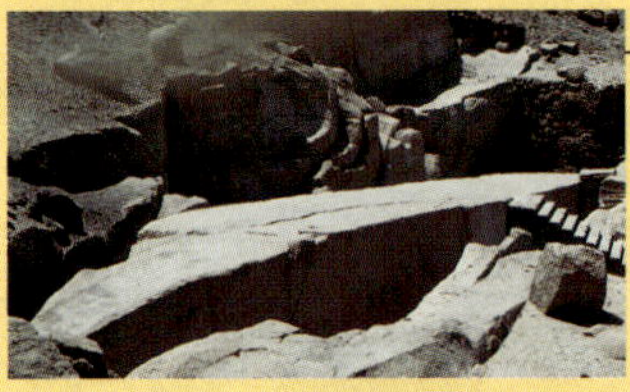

Die Steinbrüche, S. 5

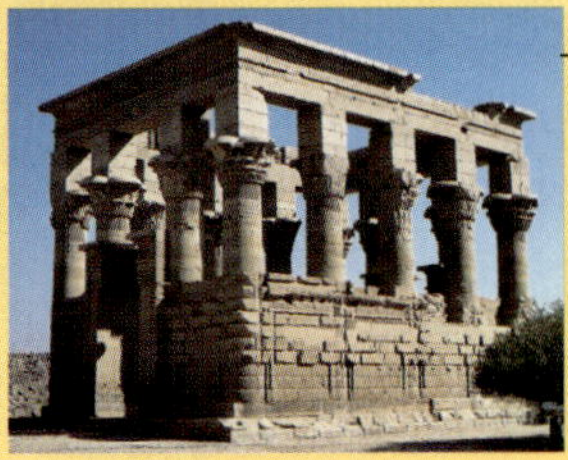

Großer Kiosk des Trajan, S. 499

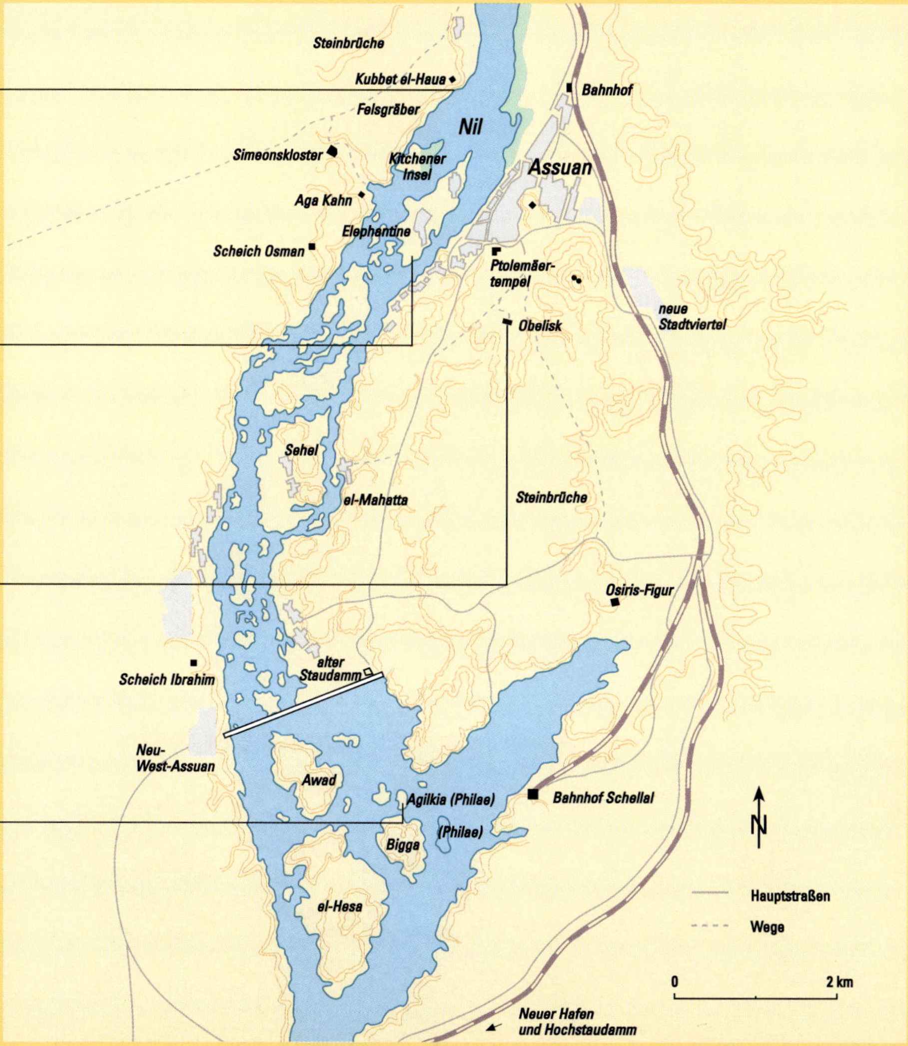

Steinbrüche
Kubbet el-Haua
Felsgräber
Nil
Bahnhof
Simeonskloster
Kitchener Insel
Assuan
Aga Kahn
Elephantine
Scheich Osman
Ptolemäer-tempel
neue Stadtviertel
Obelisk
Sehel
el-Mahatta
Steinbrüche
Osiris-Figur
Scheich Ibrahim
alter Staudamm
Neu-West-Assuan
Awad
Agilkia (Philae)
Bahnhof Schellal
Bigga
(Philae)
el-Hesa
N
Hauptstraßen
Wege
0
2 km
Neuer Hafen und Hochstaudamm

Elephantine

Zu den faszinierendsten Ausgrabungsstätten im Land am Nil gehört mit Sicherheit die Insel Elephantine, deren Siedlungstradition nahezu alle Epochen der ägyptischen Geschichte umfasst. Bei einer Länge von 1,5 km und einer Breite von maximal 500 m konzentrieren sich die Denkmäler auf ein kleines Areal an der Südspitze der Insel. Wegen des felsigen Untergrundes können die archäologischen Untersuchungen ungestört vom Grundwasser ablaufen, einer der mittlerweile größten Bedrohungen des antiken Denkmälerbestandes. Seit 1969 gräbt und arbeitet ein Team, bestehend aus dem Deutschen Archäologischen Institut und dem Schweizer Institut für Bauforschung, mit großem Erfolg auf Elephantine. Als Hauptgott des ganzen Katarakten-Gebietes wurde der widderköpfige Schöpfergott Chnum verehrt, dem die Gazellengöttin Satet als Gemahlin zur Seite stand. Beiden gelten als die wichtigsten Heiligtümer von Elephantine, wobei die Anlage des Chnum stark zerstört ist und nur die späteste Bauphase der 30. Dynastie repräsentiert. Allein das monumentale Granit-

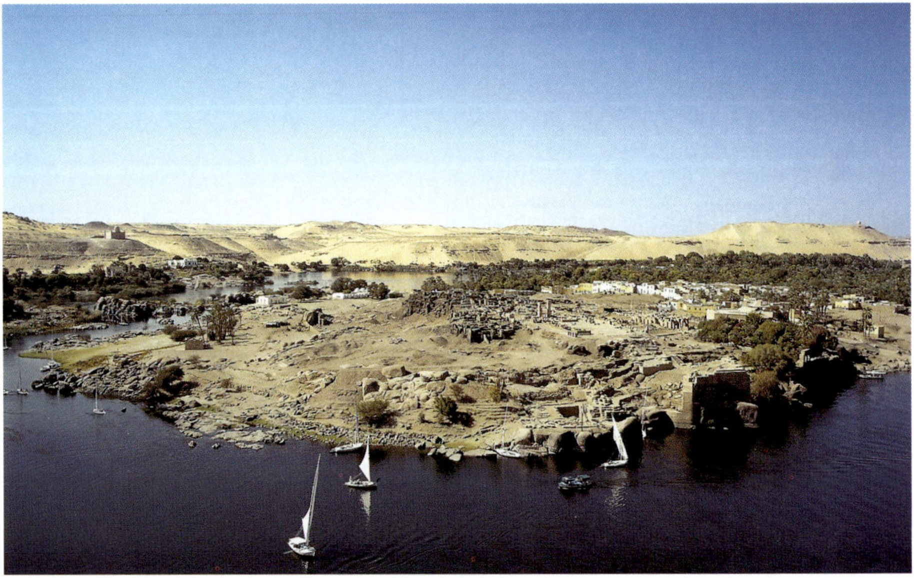

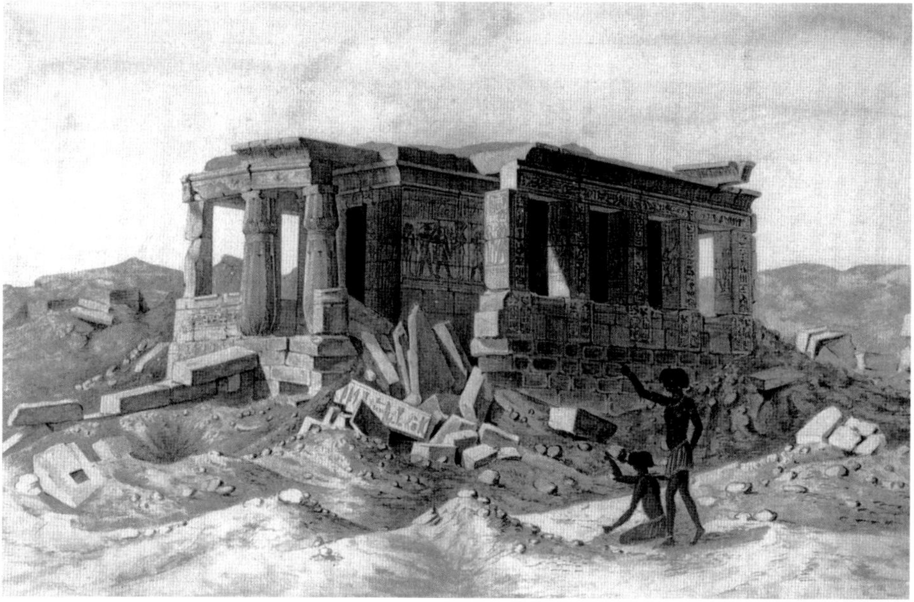

tor Alexanders IV. (um 310 v. Chr.) lässt etwas von seiner ehemaligen Größe erahnen. Gleich neben dem Chnum-Tempel liegt das kleinere Heiligtum der Satet; der jetzt rekonstruierte Bau stammt aus der 18. Dynastie. Ganz in der Nähe wuchs im Mittleren Reich aus einzelnen Kapellen der Kultbezirk des Hekaib zusammen, eines vergöttlichten Gaufürsten der 6. Dynastie. Im Norden der Heiligtümer schließen sich die eigentlichen Siedlungsgebiete (aus Nilschlammziegelbauten) an, die bis ins Alte Reich zurückdatieren. Dagegen wurden die eindrucksvollen Uferbefestigungen in der griechisch-römischen Zeit errichtet.

Barkenheiligtum Amenophis' III.
M. Adolphe Linant, um 1820, Aquarell, Griffith Institute, Oxford, Bankes MS. No. IV C 6

Unweit vom Satet-Tempel stand einst in nördlicher Richtung ein vollständig erhaltenes Barkenheiligtum Amenophis' III. mit Pfeilerumgang und Papyrusbündelsäulen an den beiden Schmalseiten. Dieses Kleinod altägyptischer Architektur wurde leider 1822 komplett abgerissen, um an Steinmaterial für lokale Bauten zu gelangen. So zeugen nur noch wenige Darstellungen aus dem frühen 19. Jh., wie dieses Aquarell, von seiner ehemaligen Existenz.

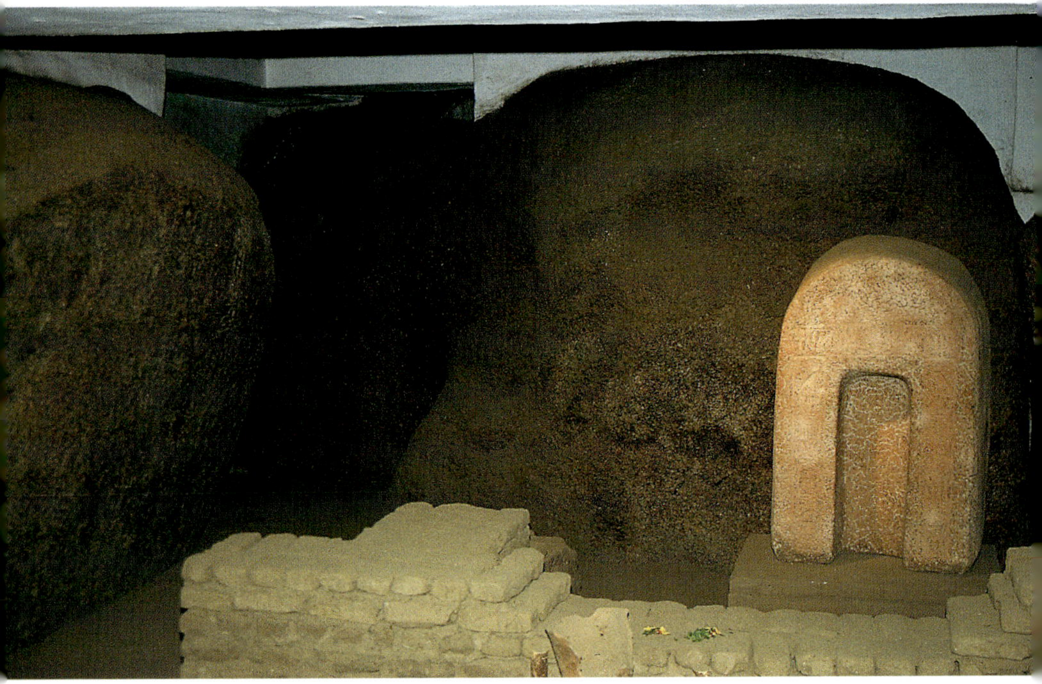

Felsgrotte des Satet-Tempels

6. Dynastie, um 2270 v. Chr.

Einer der wichtigsten Ergebnisse der deutschen Grabungen auf Elephantine war die Abklärung der Bauphasen des Satet-Tempels, die bislang völlig im Dunkeln lagen. Dabei verlief die Baugeschichte von der Frühzeit (1./2. Dynastie) bis in die ptolemäische Epoche. Als Ausgangspunkt diente eine kleine Felsgrotte, in deren Bodenbereich eine Fülle von Fayencefigürchen, wohl Votivgaben, wie aus Abydos und Hierakonpolis bekannt, geborgen werden konnte. Eine erste Erweiterung datiert aus der 3. Dynastie, bis unter Pepi I. in der 6. Dynastie ein kleiner Granit-Naos (Original im Musée du Louvre, Paris) für das nochmals vergrößerte Heiligtum gestiftet wurde. Um diese Uranfänge der Kulttradition auf Elephantine weiterhin zugänglich zu halten, wurde eine Plattform aus Stahlbeton darüber gesetzt, die heute den thutmosidischen Großbau der 18. Dynastie trägt.

Der Satet-Tempel des Neuen Reiches

18. Dynastie, um 1470 v. Chr.

Nachdem Sesostris I. zu Beginn der 12. Dynastie erstmals einen Neubau aus feinem Kalkstein hatte errichten lassen, führt die nächste Baustufe in die 18. Dynastie des Neuen Reiches. Wiederum wurde die ältere Anlage abgerissen und unter Königin Hatschepsut (1479–1458/59 v. Chr.) durch ein noch größeres Heiligtum ersetzt, für das nun Sandstein als Baumaterial Verwendung fand. Rund die Hälfte der Reliefblöcke konnten aus den Fundamenten der nachfolgenden Anlage der Ptolemäerzeit geborgen werden. Weiteres Material lieferten Abgüsse von Blöcken, die sich seit längerer Zeit in verschiedenen Museen (mehrheitlich im Musée du Louvre, Paris) befanden. Die erfolgreiche Rekonstruktion ergab ein Heiligtum (20 x 14 m) mit äußerem Umgang aus insgesamt 32 Pfeilern und einem nicht axialen Eingang. Über einen Vorhof mit zwei Hathor-Pfeilern erreicht man anschließend die Kulträume der Satet und des Reichsgottes Amun.

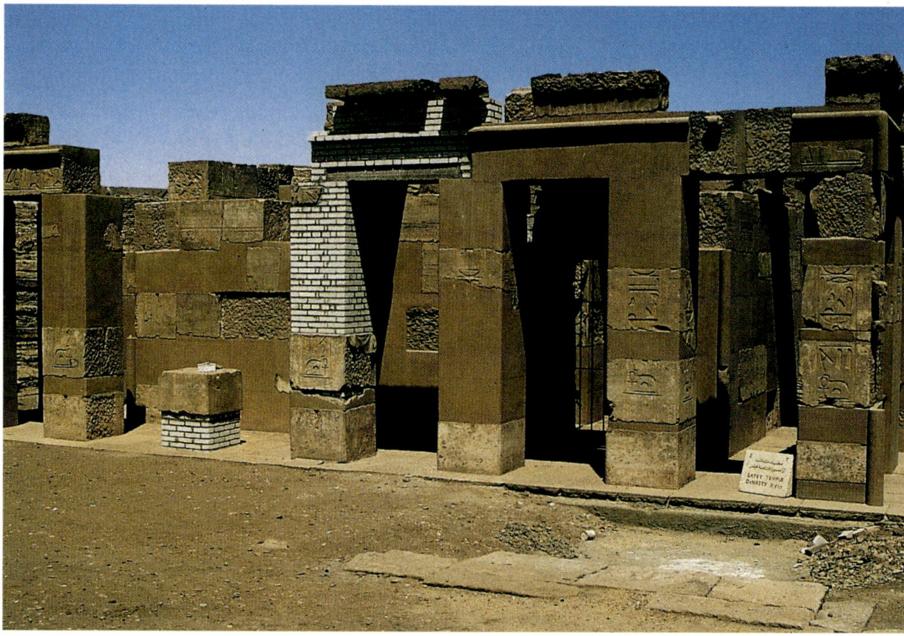

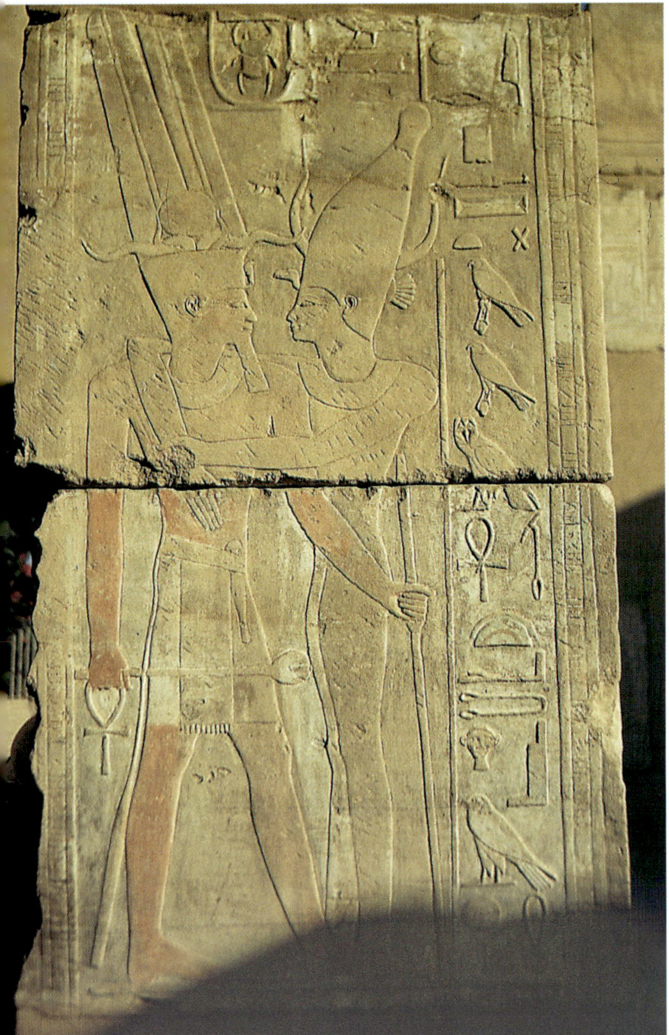

Thutmosis III. mit Göttin Satet

Die Reliefdarstellungen auf den Pfeilern des Umgangs zeigen den königlichen Bauherrn in Verbindung mit verschiedenen Gottheiten. Der Namensring dieser Szene übermittelt den Thronnamen Men-cheper-Re von Thutmosis III., der jedoch die Originalkartusche seiner ungeliebten Stiefmutter Hatschepsut hatte tilgen lassen. Die Gestalt des Herrschers, der eine hohe Federkrone und den Kurzschurz mit Perlengehänge trägt sowie eine Schlachtkäule in der Hand hält, wird von Satet geradezu überschwänglich umarmt, Indiz seiner engen Beziehung zur Göttin. Sie erscheint in einem langen Frauengewand und ihrem charakteristischen Kopfschmuck, der aus einer oberägyptischen Krone mit seitlichen Gazellenhörnern sowie einem Geierbalg besteht. Die Wiederverwendung der Blöcke des Neuen Reiches im Bau der Ptolemäerzeit hat ihre ehemalige Bemalung zum guten Teil bewahrt.

Nilometer

30. Dynastie, um 370 v. Chr.

Aufgrund der langen Siedlungsgeschichte von Elephantine wurden im Laufe der Zeit nicht nur ein einziger Nilometer angelegt, sondern mehrere Messanlagen für die Wassermengen des Nils in unterschiedlicher Bauweise errichtet. Mit Ankunft der jährlichen Überschwemmungsflut an Ägyptens südlicher Grenze lieferten die Wasserstandsmesser verlässliche Daten zur Qualität dieses Naturphänomens. Je nach Messergebnis hat man die landwirtschaftlichen Arbeiten organisiert und Steuern berechnet. Im Katastrophenfall einer überproportionalen Hochflut wurden die noch möglichen Sicherungsmaßnahmen eingeleitet. An der östlichen Ufermauer bietet ein einfacher Eingang dem Wasser Zugang in ein 16 m hohes Treppenhaus, das heute noch Messskalen aus der römischen Kaiserzeit aufweist. Im 19. Jh. hat man diesen Nilometer nochmals in Betrieb genommen, wie die neu angebrachten Skalen auf Marmortafeln belegen. Eine ganz andere Form hat der Nilometer gleich südlich der Terrasse am Chnum-Tempel. Das aus großen Steinquadern aufgemauerte Messbecken (rund 11 x 8 m) wurde schon vom griechischen Geografen Strabo (1. Jh. v. Chr.) beschrieben und zeigt zwei Skalen, von denen eine die Fluthöhe über einem mittleren Niveau der oberägyptischen Felder angibt.

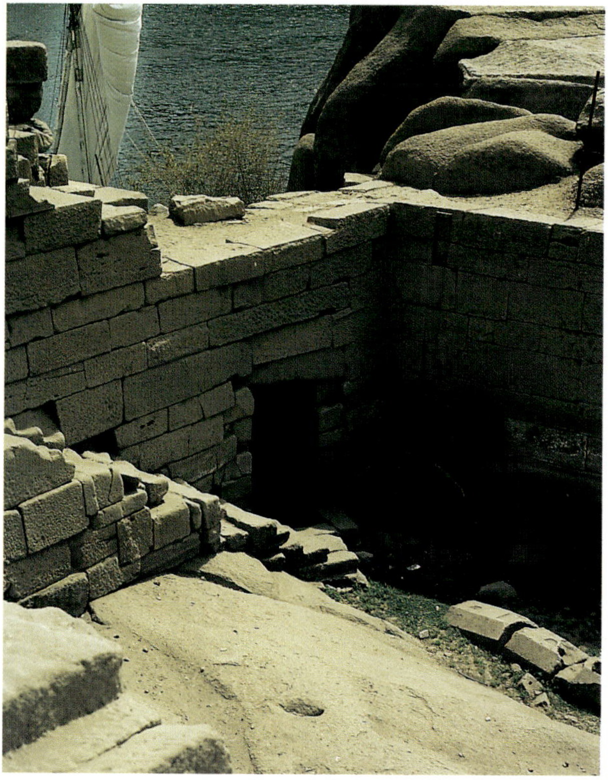

Die Wiederentdeckung Ägyptens im 19. Jahrhundert

Der Faszination der altägyptischen Kultur erlagen bereits die Griechen und Römer. Sie besichtigten die Pyramiden und standen staunend, aber voll Unverständnis in den Königsgräbern von Theben-West. Selbst römische Kaiser wie Hadrian (130 n. Chr.) besuchten das Land am Nil, der Kult der Götter Isis und Osiris drang bis nach Rom vor, und zahlreiche Obelisken wurden dorthin verbracht. Mit dem Einzug des Christentums in viele Länder des Mittelmeerraumes erlosch das Interesse am alten Ägypten, und das Land versank in Bedeutungslosigkeit. Erst über 1000 Jahre später waren es vereinzelte Reisende aus Europa, die im 17. und 18. Jh. unter großen Mühen Ägypten besuchten und ihre Erlebnisse dann publizierten. Zu ihnen gehörten der Italiener Pietro della Valle (1586–1632), der die Pyramiden von Giza und Dahschur beschrieb, ebenso wie der englische Geistliche Richard Pococke (1704–1765). Besonders populär wurde der ausführlich bebilderte Reisebericht des dänischen Kapitäns Frederik L. Norden (1708–1742), der 1738 im Auftrag seines Königs Christian VI. Ägypten erforschte. Doch die eigentliche Initialzündung für die moderne Wiederentdeckung der pharaonischen Kultur wurde von einer militärischen Unternehmung ausgelöst, dem Ägyptenfeldzug Napoleon Bonapartes. Als der Korse im Mai 1798 mit seiner Flotte Richtung Alexandria aufbricht, sind nicht nur 34 000 Soldaten an Bord, sondern auch 65 Mitglieder der so genannten Kommission der Wissenschaften und Künste der Orientarmee. Bis zur Kapitulation der Franzosen 1801 widmete sich diese Eliteeinheit vorrangig dem Studium und der zeichnerischen Aufnahme der altägyptischen Denk-

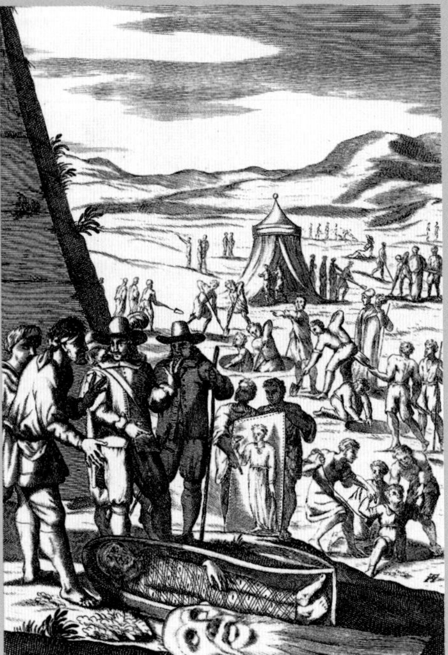

Mumiensuche in Saqqara: Pietro della Valle, »Reiss-Beschreibung in unterschiedliche Theile der Welt (...)« Kupferstich, Genf 1674

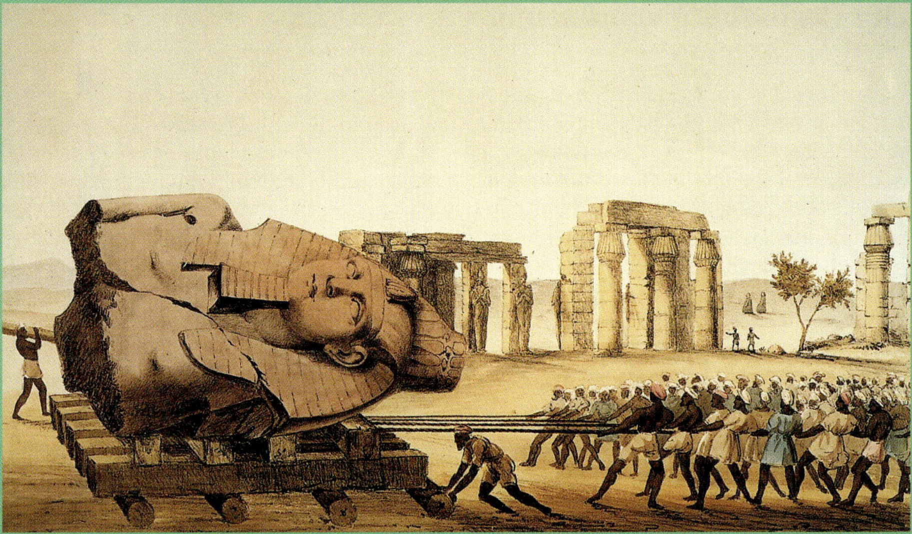

Abtransport einer Kolossalbüste Ramses' II. (heute im British Museum, London) aus dem Rameseum, Lithografie. G. Belzoni, Six New Plates, London 1822

mäler. Die Ausbeute an Plänen und Skizzen bildete später die Grundlage für das mehrbändige Monumentalwerk »Description de l'Égypte«, der ersten umfassenden Darstellung der Monumente Ägyptens überhaupt. Die Bände der »Description« gelangten auch in die Hände eines Mannes, der wenig später, nämlich 1822, die Hieroglyhen entziffern sollte: Jean-François Champollion (1790–1832). Mit Hilfe des berühmten »Steins von Rosette« (heute im British Museum, London) erkannte er das Grundsystem der ägyptischen Schrift und begründete dadurch die Wissenschaft der Ägyptologie.
Neben ernsthaften Forschern, die den Inschriften ihre Geheimnisse Stück für Stück entrissen, lockte die Ägyptenbegeisterung aber auch zahlreiche Abenteurer und skrupellose Schatzjäger ins Land. Unter diesen ragt die Gestalt des Italieners Giovanni Battista Belzoni (1778–1823) hervor, der in Diensten des britischen Generalkonsuls Henry Salt stand, eines der größten Kunsträuber seiner Zeit. Für ihn transportierte Belzoni eine tonnenschwere Kolossalbüste Ramses' II. aus Theben ab, verschaffte sich 1817 Zugang zum Felstempel von Abu Simbel und betrat als Erster die Pyramide des Chephren in Giza. Seinen größten Coup landete er jedoch im Oktober 1817 mit der Entdeckung der Grabanlage Sethos' I. im Tal der Könige, die seinen Nachruhm bis auf den heutigen Tag begründet.

Der Gräberberg von Assuan

Gegenüber der Nordstadt von Assuan liegt auf dem Westufer des Nils die markante Anhöhe des Gräberberges, der heute unter dem Namen Qubbet el-Hawa (»Hügel des Windes«) bekannt ist. Auf seiner Spitze hat man ein Kuppelgrab für den gleichnamigen Scheich errichtet, das wie ein Wahrzeichen weithin sichtbar ist. Verteilt auf mehrere Terrassen wurden am Hang zahlreiche dekorierte Felsgräber angelegt, die den Gaufürsten und Würdenträgern von Elephantine gehören und aus dem späten Alten Reich sowie dem nachfolgenden Mittleren Reich stammen. Die größeren Anlagen besitzen einen kleinen Vorhof und einen steilen Treppenaufgang mit Rampe, der bis zum Flussufer führt. Im Inneren sind die Gräber mit Wandmalereien oder Reliefs über einer Stuckschicht ausgestattet, deren Stil im Regelfall nur provinziellen Ansprüchen genügt. Hochinteressant sind dagegen die vielen inschriftlichen Berichte von Beamten, die Handelsexpeditionen nach Nubien leiteten.

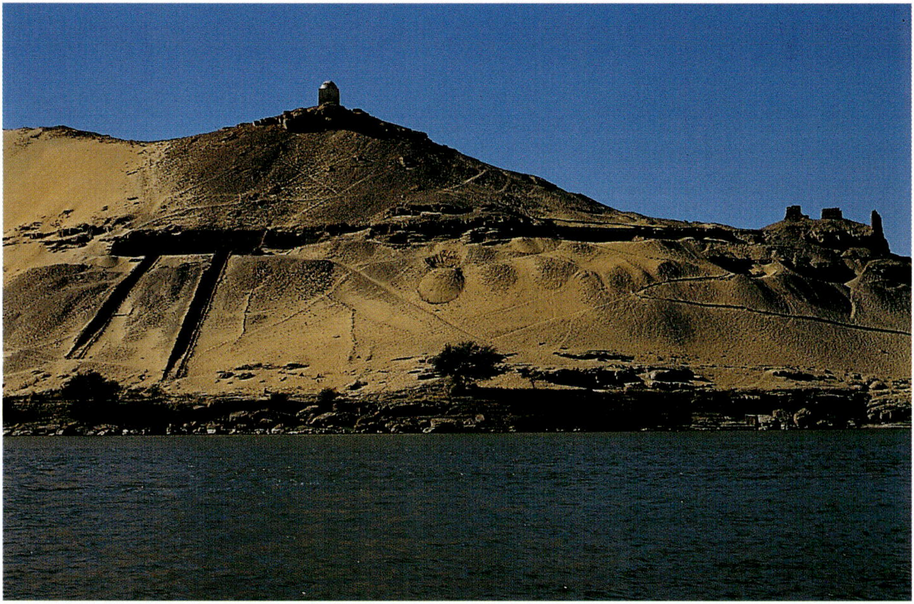

Grab des Machu und Sabni (Nr. 25/26)

6. Dynastie, um 2300 v. Chr.

Fisch- und Vogeljagd

Am südlichen Ende der mittleren Terrasse haben sich die Gaufürsten Machu und Sabni ein gewaltiges Doppelgrab anlegen lassen, dessen Kulträume mit mehreren Säulen- bzw. Pfeilerreihen versehen sind. Während vor dem Grabeingang des Machu zwei unbeschriftete Obelisken auffallen, verdient bei Sabni besonders die Fassadeninschrift die Aufmerksamkeit des Besuchers. Hier berichtet der Gaufürst von seinem Aufbruch nach Nubien, nachdem ihn die Nachricht erreicht hatte, dass sein Vater Machu dort zu Tode gekommen war. Er überführte den Leichnam nach Assuan und begrub ihn in allen Ehren. Im Grab des Sabni trägt die Rückwand das schönste Einzelbild, das mit der Fisch- und Vogeljagd eine klassische Szene aus dem Alten Reich wiedergibt. Beiderseits eines Papyrusdickichts steht der Grabherr jeweils in einem einfachen Nachen: Links speert er zwei Fische, rechts dagegen schleudert er ein Wurfholz gegen die Sumpfvögel.

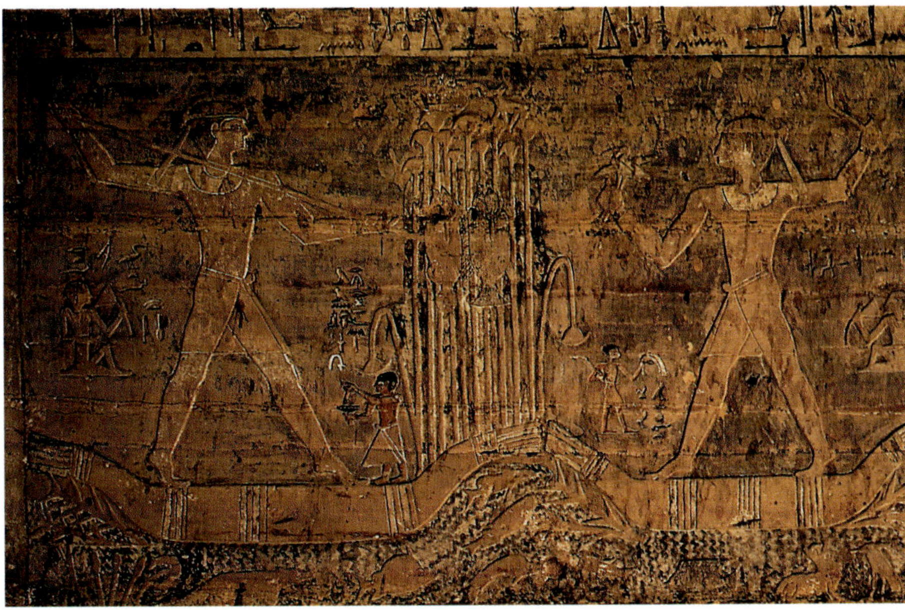

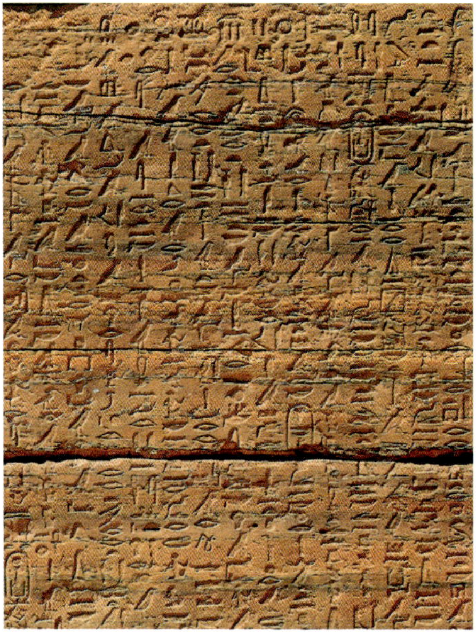

Grab des Herchuef (Nr. 34)

6. Dynastie, um 2200 v. Chr.

Autobiografische Inschrift

Zu den berühmtesten Anlagen auf der Qubbet el-Hawa zählt das Felsgrab des Herchuef, der zur Zeit der 6. Dynastie unter den Königen Merenre I. und II. und Pepi II. mehrere Expeditionen nach Nubien und in den Sudan unternahm. Von diesen spektakulären Handelsunternehmungen berichtet der Grabherr in einer langen autobiografischen Inschrift auf der Fassade seines Grabes zu beiden Seiten des Eingangs. Vier erfolgreiche Reisen hatte Herchuef auf verschiedenen Routen durchgeführt und war mit begehrten Gütern wie Elfenbein, Ebenholz, Weihrauch und Leopardenfellen aus dem Süden heimgekehrt. Doch kein Produkt weckte das Interesse Pepis II. so sehr wie ein Zwerg, den Herchuef von seiner letzten Expedition mitgebracht hatte. Nachdrücklich ermahnt der König seinen Beamten: »Wenn er (der Zwerg) mit dir das Schiff besteigt, so beauftrage tüchtige Männer, die auf ihn aufpassen, damit er nicht ins Wasser fällt.«

Grab des Sarenput II. (Nr. 31)

12. Dynastie, um 1900 v. Chr.

Sarenput II. vor dem Speisetisch

Mit der eindrucksvollen Grabanlage des Fürsten Sarenput II. aus der Regierungszeit Amenemhets II. endet die Bautradition auf dem Gräberberg von Assuan. Wie in anderen Landesprovinzen auch wurde der weitgehenden Unabhängigkeit der Gaufürsten von den starken Herrschern der 12. Dynastie jetzt ein Ende gemacht und das Land wieder zentralistisch verwaltet. Aus dem großen Pfeilersaal führt eine breite Treppe zunächst in einen Korridor mit leicht gewölbter Decke, dem ein kleiner Raum mit vier Pfeilern folgt. Auf seiner Rückwand liegt die Kultnische. Die zentrale Szene zeigt den Verstorbenen auf einem Stuhl sitzend, seine Hände zu einem reich beladenen Opfertisch ausstreckend.

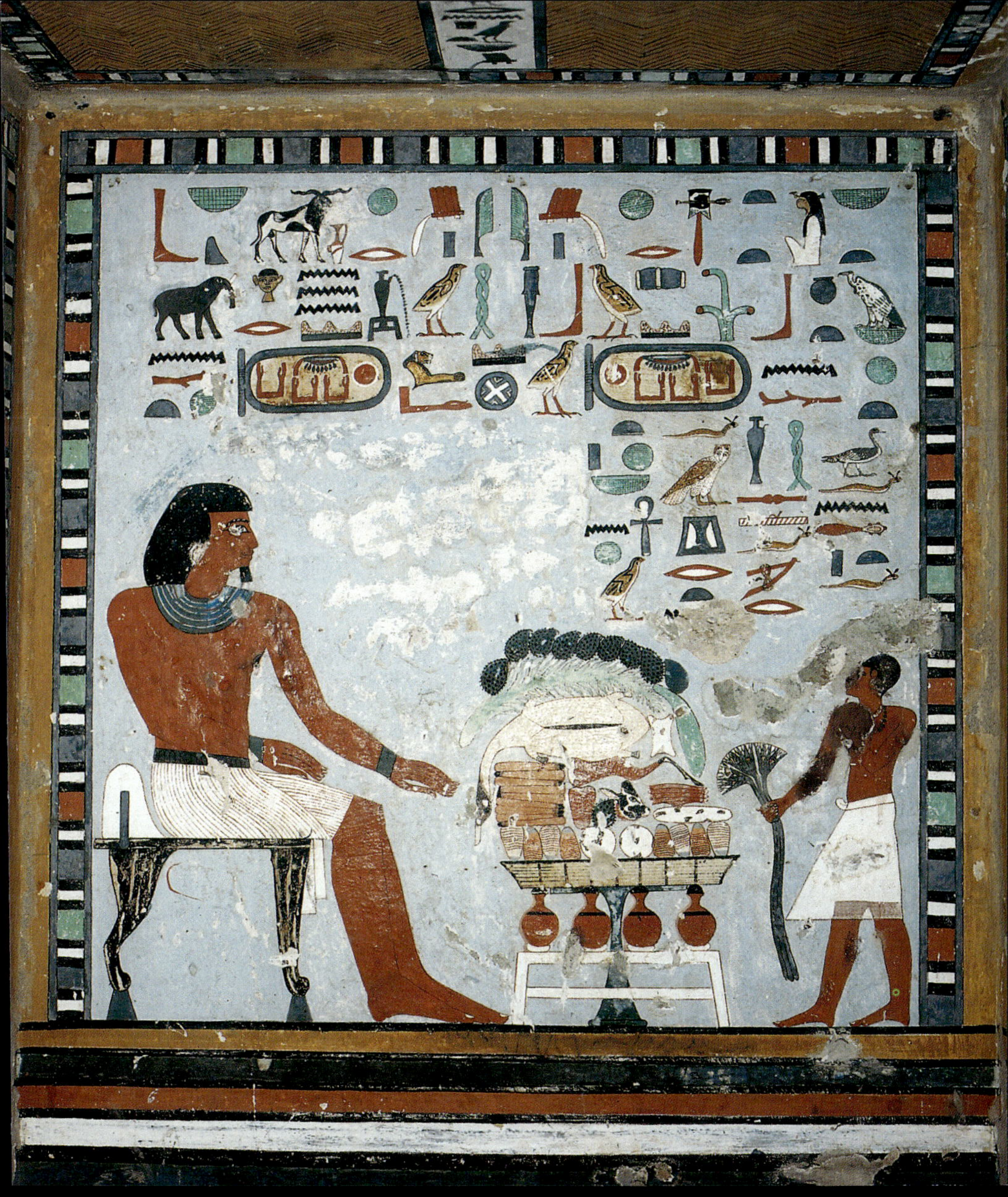

Mausoleum des Aga Khan

Von der Terrasse des ehrwürdigen Hotels »Old Cataract« geht der Blick über die Südspitze von Elephantine zum Westufer, wo auf einer Anhöhe Aga Sir Sultan Mohamed Schah (1877–1957) sein Grabmal errichten ließ. Aga Khan III. war Oberhaupt der ismailitischen Sekte (schiitische Glaubensrichtung) der Hodscha, die ihn zugleich als erblichen Imam verehrten. Seiner hohen Stellung entsprechend wurde er einmal im Jahr von seinen Anhängern in Gold aufgewogen, eine Praxis, die seinen Nachfolgern allerdings nicht mehr zeitgemäß erschien. Das kuppelüberwölbte Mausoleum, zu dem eine breite Freitreppe vom Nilufer hinaufführt, wurde der Gijuschi-Moschee bei Kairo nachempfunden und innen mit poliertem Granit ausgelegt. Beim Tode des Aga Khan war das Grabmal noch nicht vollendet, sodass sein Leichnam erst 1959 in einem herrlichen, mit Koransprüchen verzierten Marmorsarkophag beigesetzt werden konnte. Unterhalb des Mausoleums in seinem neufatimidischen Stil liegt die weiße Villa Nur es-Salam (»Licht des Friedens«) der Begum, die erst kürzlich verstarb und ihre letzte Ruhe an der Seite ihres Mannes gefunden hat.

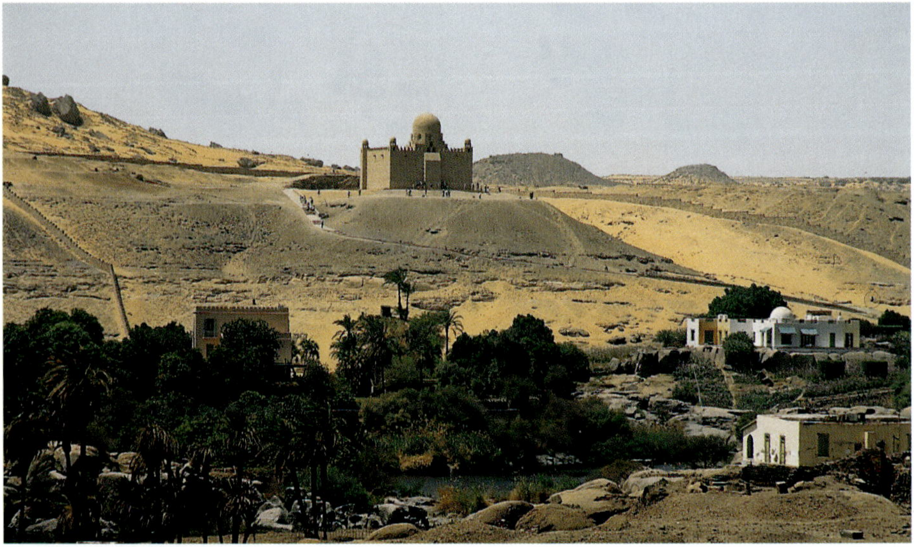

Das Simeonskloster

Koptisch, 7./8. Jh. n. Chr.

Inmitten der Wüste des Westufers wurde im 7./8. Jh. das Simeonskloster gegründet, das aber schon im 13. Jh. wegen Wassermangels und wiederholter Beduinenüberfälle aufgegeben werden musste. Mit seiner noch gut erhaltenen Architektur gehört die Anlage zu den bedeutendsten Klosterbauten Ägyptens. Auf einer zweistufigen Felsterrasse errichtet, umzieht eine gut sechs Meter hohe Mauer den Klosterbezirk. Die unteren Lagen bestehen aus Bruchsteinen, das obere Mauerwerk wurde dagegen mit ungebrannten Nilschlammziegeln ausgeführt. Auf der unteren Ebene betritt man das Kloster und steht unmittelbar vor der Kirche, einer dreischiffigen Basilika aus dem 9. Jh. Hier sind in der großen Apsis noch Fragmente der Wandfresken zu sehen, in der mittleren Wölbung eine Darstellung des thronenden Christus. Auf der oberen Ebene liegen rechts die Mönchszellen sowie das Refektorium, wo die Mönche ihre gemeinsamen Mahlzeiten einnahmen. Die übrigen Räumlichkeiten waren verschiedenen Wirtschafts- und Sanitäreinrichtungen vorbehalten.

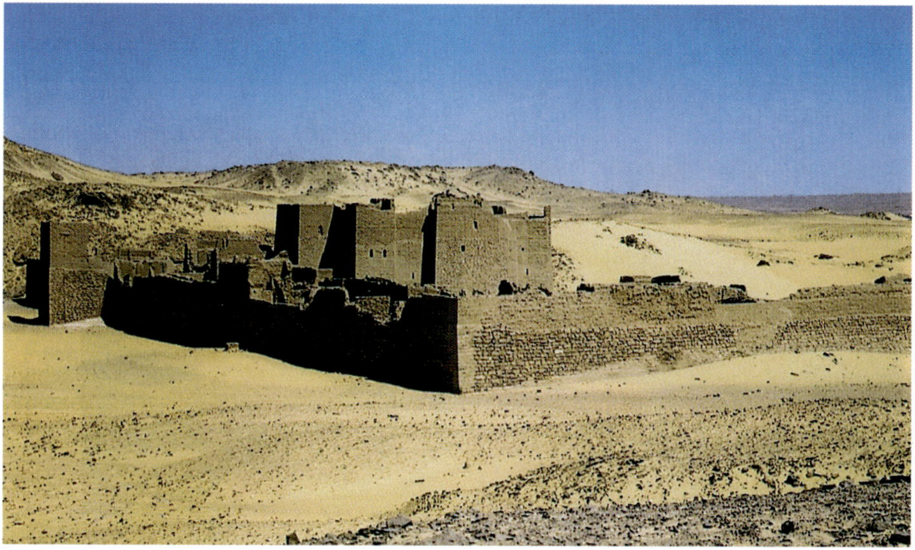

Die Tempelinsel von Philae

Die Sakralbauten auf Philae bildeten ein einmaliges Ensemble, das der Insel im Zusammenklang mit dem Naturraum zu Recht den Beinamen »Perle Ägyptens« eingetragen hat. Dicht gedrängt lag auf dem kleinen Eiland (rund 460 x 150 m) im Süden von Assuan eine ganze Tempelstadt, die zu Ehren der Göttin Isis errichtet worden war. Im Zuge der Versetzung der Heiligtümer in den 1970er-Jahren auf die Nachbarinsel Agilkia wurden aus den Fundamenten Hunderte von wiederverwendeten Blöcken geborgen, welche die Kult- und Bautradition von Philae vielleicht schon in der 25./26. Dynastie beginnen lassen. Als erster gesicherter Bauherr auf der Insel ist Nektanebos I. (30. Dynastie) zu nennen, während die Hauptbauten aus der griechisch-römischen Epoche stammen. Die Reliefausstattung reicht dabei bis in die Zeit der Kaiser Marc Aurel und Commodus (spätes 2. Jh. n. Chr.). Als große Muttergöttin war Isis so populär, dass sich ihr Kult auf Philae länger als der aller anderen altägyptischen Gottheiten halten konnte. Das späteste Steingraffito eines Pilgers auf den Tempelwänden in demotischer Schrift datiert aus dem Jahr 452 n. Chr. Erst im 6. Jh. wurde unter Kaiser Justinian I. ihr Heiligtum endgültig geschlossen und teilweise zu einer Kirche für den hl. Stephanus umgestaltet. Vergleichbar langlebig verlief dann die christlich-koptische Geschichte Philaes, die bis zum 12./13. Jh. andauerte.

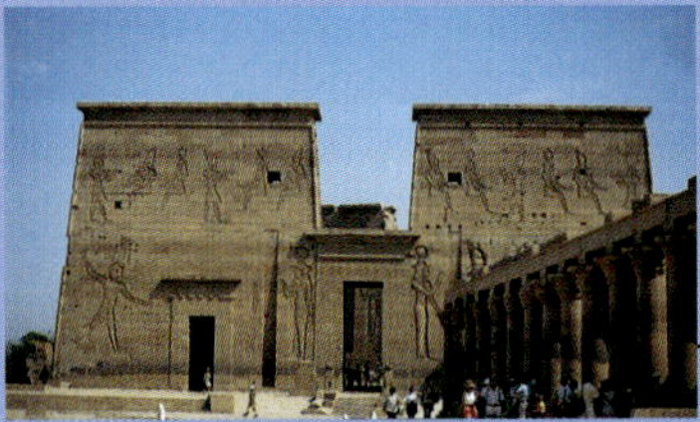

Der Isis-Tempel. S. 496 f.

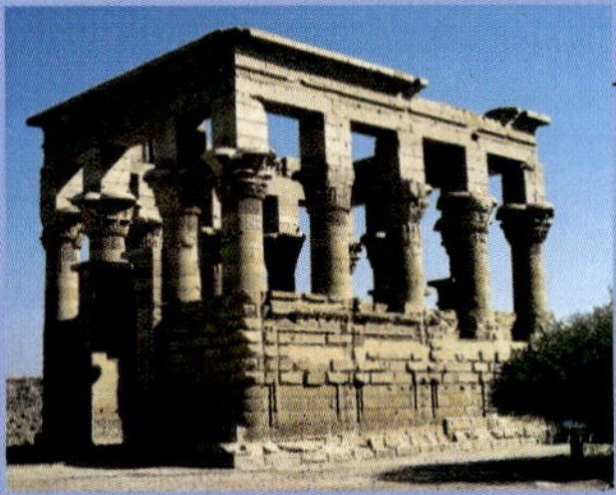

Großer Kiosk des Trajan, S. 499

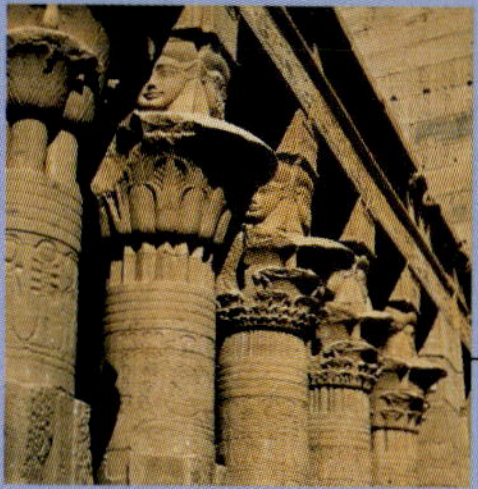

Geburtshaus: Hofseitiger Säulengang, S. 497

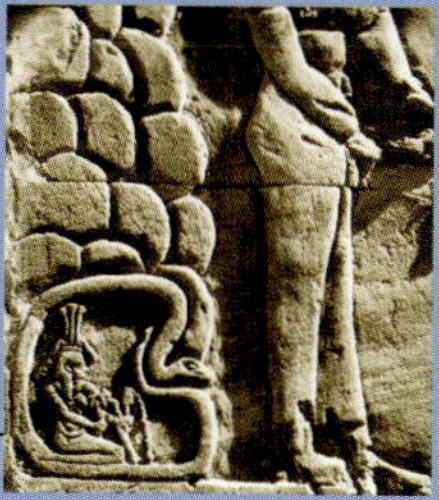

Hadrians-Tor, Nilgott Hapi, S. 498

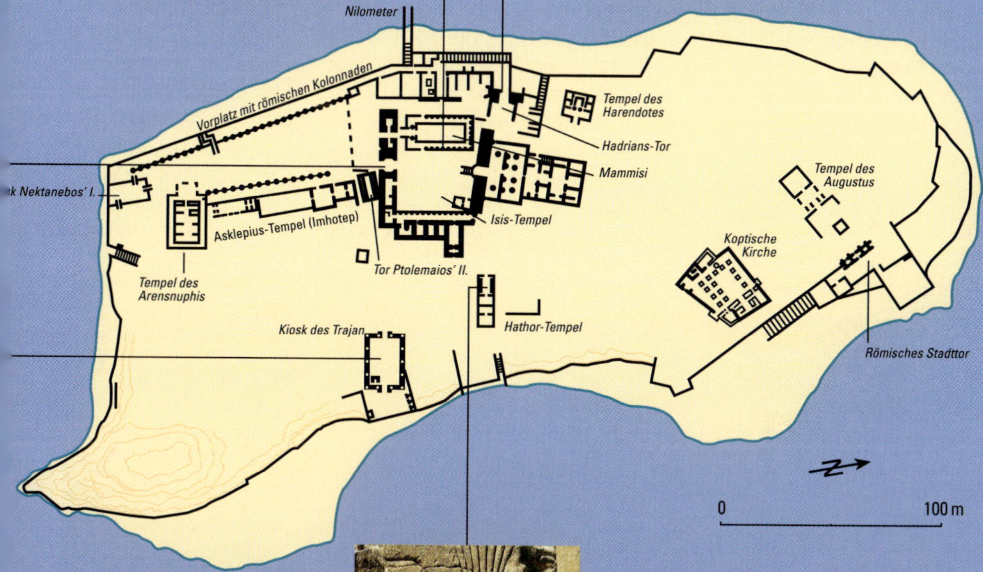

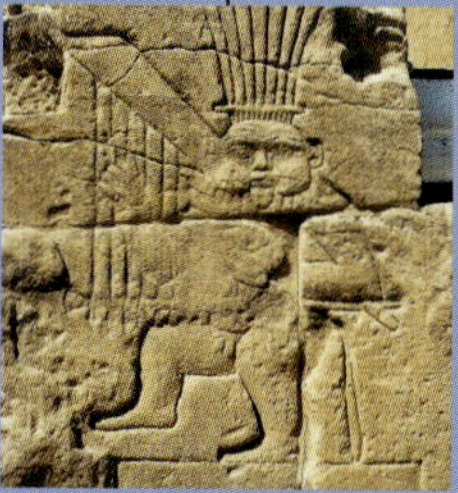

Hathor-Tempel, Gott Bes als Musikant, S. 498

Der Isis-Tempel

Ptolemäerzeit, 3.–1. Jh. v. Chr.

Der Haupttempel von Philae war der Göttin Isis und ihrem Sohn Harpokrates, dem jugendlichen Horus, geweiht. Dabei entspricht der Grundriss weder in der Raumanordnung noch in seiner Ausrichtung dem klassischen Schema eines ptolemäischen Heiligtums. Besonders auffällig ist der Achsenknick ab dem zweiten Pylon; ein Phänomen, das wohl ursächlich mit der Geländevorgabe des felsigen Untergrundes zusammenhängt. Heute betritt man über einen Kioskbau von Nektanebos I. (30. Dynastie) den großen Vorplatz, der von langen Säulenkolonnaden gesäumt wird, deren Dekoration aus der frühen Kaiserzeit stammt. Vor dem mächtigen Eingangspylon (45,5 x 18 m) standen einst zwei Löwenfiguren aus Granit sowie ein Obeliskenpaar, das jedoch schon zu Beginn des 19. Jh.s vom italienischen Abenteurer Giovanni Battista Belzoni abtransportiert wurde. Die Reliefs des ersten Pylons zeigen in monumentaler Größe Ptolemaios XII. Neos Dionysos beim »Erschlagen der Feinde«. Über diesen Triumphbildern opfert der Herrscher in mehreren Einzelszenen den Gottheiten; u. a. überbringt er auf dem Ostturm die Landeskronen an Horus und Nephthys oder räuchert vor Osiris, Isis und Harpokrates. Unmittelbar quer vor

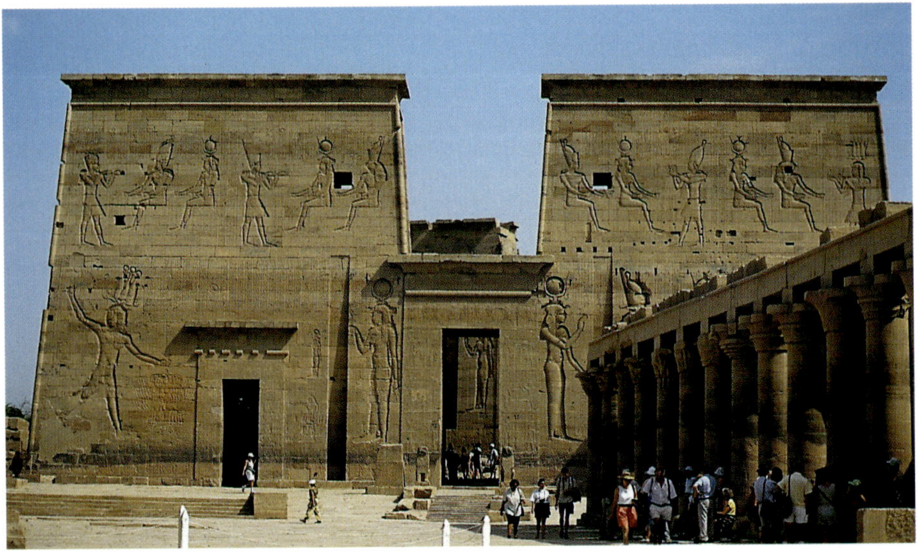

dem östlichen Pylonturm erhebt sich ein großes Tor von Ptolemaios II. Philadelphos, während das zentrale Eingangsportal bereits in der 30. Dynastie unter Nektanebos I. entstand und anschließend in den ptolemäischen Neubau integriert wurde. Die Hofanlage des Isis-Tempels wird links vom Geburtshaus und rechts von einer Raumreihe für die Priesterschaft begrenzt. Zum zweiten Pylon (32 x 12 m), wiederum unter Neos Dionysos dekoriert, führt eine Treppe empor. Im Mauerwerk des rechten Turms hat man einen anstehenden Granitfels geglättet und mit einem Schenkungstext aus dem 24. Regierungsjahr Ptolemaios' VI. Philometor beschriftet. Hinter dem Pylon liegt ein schmaler Hof, der nach Bedarf mit einem Sonnensegel abgedeckt werden konnte; es folgt die Vorhalle mit acht Säulen, in der die christliche Kirche (6. Jh. n. Chr.) eingerichtet wurde, wie die eingemeißelten Kreuze und eine kleine Wandapsis verdeutlichen. Durch weitere Räumlichkeiten hindurch wird am Ende der Tempelachse das Allerheiligste erreicht, wo noch der große Sockel für die Kultbarke der Isis steht. Die qualitätsvollen Flachreliefs (Ritualszenen) wurden zur Zeit des ersten Bauherrn des Heiligtums, Ptolemaios' II. Philadelphos, gearbeitet.

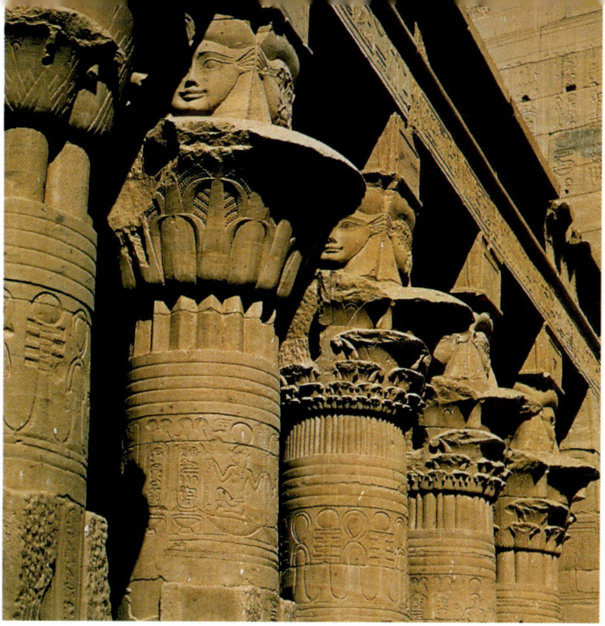

Geburtshaus: Hofseitiger Säulengang
Ptolemäerzeit, 2./1. Jh. v. Chr.

Traditionell liegen die Geburtshäuser, die sog. Mammisi, der späten Heiligtümer als eigenständige Anlagen vor dem jeweiligen Haupttempel. Nur auf Philae wurde das Mammisi als Peripteralbau auf der westlichen Seite des ersten Hofes in das Tempelhaus eingemeindet. Der Zugang erfolgt durch ein kleines Tor im Westturm des ersten Pylons. Über eine Vorhalle und zwei weitere Räume gelangt man ins Allerheiligste. Das zentrale Bild dort zeigt den jugendlichen Gott Horus als Falken in den Deltasümpfen, wo er dem Mythos nach von seiner Mutter Isis beschützt aufwächst.

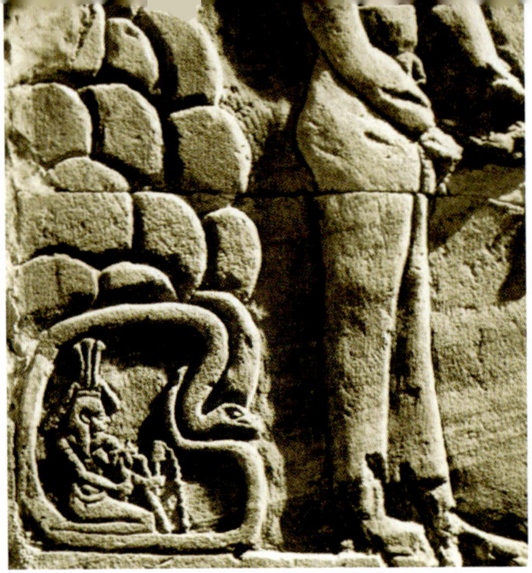

Hadrians-Tor (Detail)

Römisch, 2. Jh. n. Chr.

Nilgott Hapi

Nordwestlich vom zweiten Pylon des Isis-Tempels befindet sich an der alten Umfassungsmauer der Anlage ein Torbau aus der Zeit Kaiser Hadrians (117–138 n. Chr.). Unter den Reliefs des weitgehend zerstörten Vorraumes, die sich mit dem Osiris-Kult beschäftigen, verdient eine Szene am linken Ende der Nordwand besondere Beachtung, da sie das wohl berühmteste Einzelbild der Heiligtümer von Philae wiedergibt: »Die mythischen Nilquellen«. Am Fuß einer aufgetürmten Felsformation (Bild für das Kataraktengebiet) kniet der von einer Schlange umgebene Nilgott Hapi in seiner Grotte und gießt aus zwei Gefäßen das Wasser des Flusses aus, lässt es gewissermaßen aus den Quelltöpfen hervortreten.

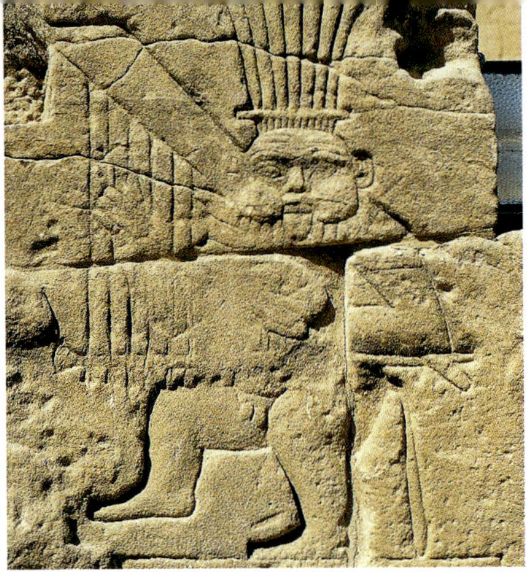

Hathor-Tempel (Detail)

Ptolemäer- und Römerzeit, 2./1. Jh. v. Chr.

Gott Bes als Musikant

Etwas östlich vom Isis-Tempel wurde ein kleines Heiligtum für die Göttin Hathor errichtet. Erbaut in der mittleren Ptolemäerzeit, sind Vorhof und das Allerheiligste (jetzt zerstört) erst unter Kaiser Augustus (30 v. Chr. –14 n. Chr.) hinzugefügt worden. Säulen wie Schranken des Hofes zeigen äußerst reizvolle Darstellungen, die trotz ihres profanen Charakters einen kultischen Hintergrund haben. Denn Musik und Tanz waren wichtige Elemente bei den Tempelfesten und Prozessionsumzügen: Man erkennt Flöten- und Harfenspieler, Laute spielende Affen und die Gestalt des gnomhaften Gottes Bes, der eine Handtrommel schlägt und sich zum Klang der Harfe im Tanzschritt wiegt.

Großer Kiosk des Trajan

Römerzeit, 1./2. Jh. n. Chr.

Direkt am Ostufer steht der große Kiosk aus der römischen Kaiserzeit. Während sein Reliefschmuck unvollendet geblieben ist, beeindruckt der Detailreichtum an den Kapitellen der Pflanzensäulen. Kioskbauten sind in den unterschiedlichsten Größenordnungen eine charakteristische Architekturform der griechisch-römischen Baukunst in Ägypten; ihrer Funktion nach ersetzen sie hier Stationsheiligtümer früherer Zeiten. Die offene Bauweise ließ dabei dem Sonnenlicht ungehindert Zugang. Vor dem Bau liegt eine Kaianlage, wo einst die Barken mit dem Kultbild der Isis an- und ablegten, wenn sie das Abaton, das Grab des Osiris, auf der Nachbarinsel Bigga besuchte.

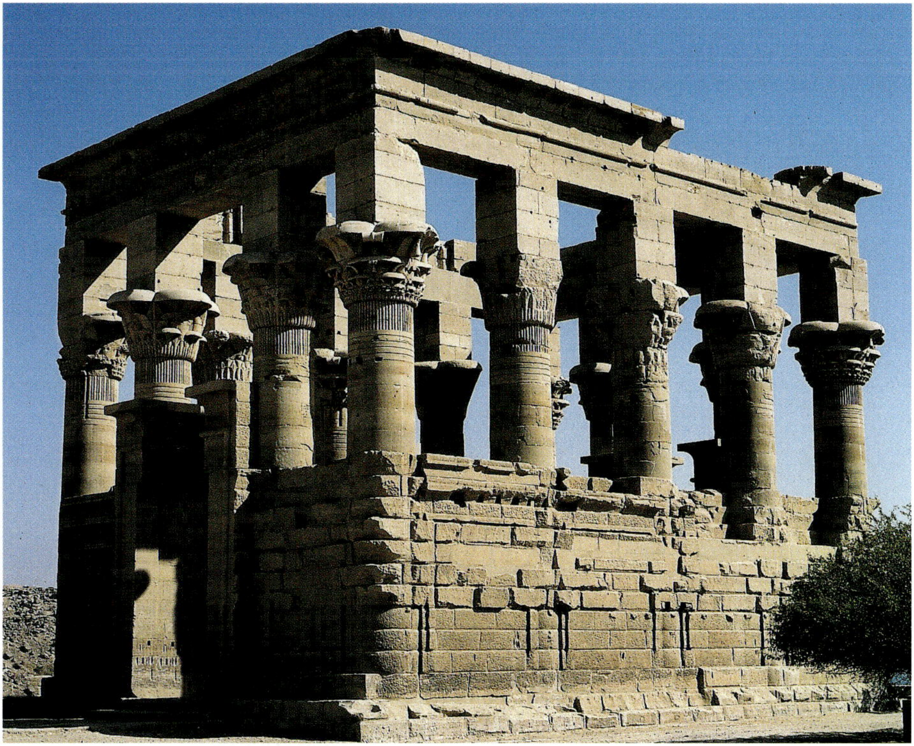

Philae – eine Insel wandert

Mit dem Bau des ersten Staudamms bei Assuan 1898–1902 begann für die Tempelanlagen auf der Insel Philae ein langer Leidensweg. Zunächst bewirkte der neue Damm, dass die Heiligtümer auf Philae zu Zeiten der Nilüberschwemmung von Januar bis Juli weitgehend in den Fluten versanken und eine Besichtigung des großen Isis-Tempels nur mit dem Ruderboot möglich war. Ausschließlich in den Monaten August und September konnte man die Insel trockenen Fußes betreten. Diese regelmäßige »Badekur« der Bauten hatte einen positiven wie einen negativen Aspekt. Einerseits löste das Wasser die im Sandstein enthaltenen Salze, andererseits verschwand die gesamte Farbenpracht der Reliefs, die noch zu Beginn des 19. Jh.s von den Wissenschaftlern der napoleonischen Expedition gerühmt worden war. Die Architektur auf Philae blieb jedoch unversehrt. Dies änderte sich dramatisch mit der Errichtung des gewaltigen Hochstaudamms, des Sadd el-Ali, der 1971 eingeweiht werden konnte. Etwa sie-

Die westliche Kolonnade am Isis-Tempel im Überschwemmungswasser, Philae, 1962

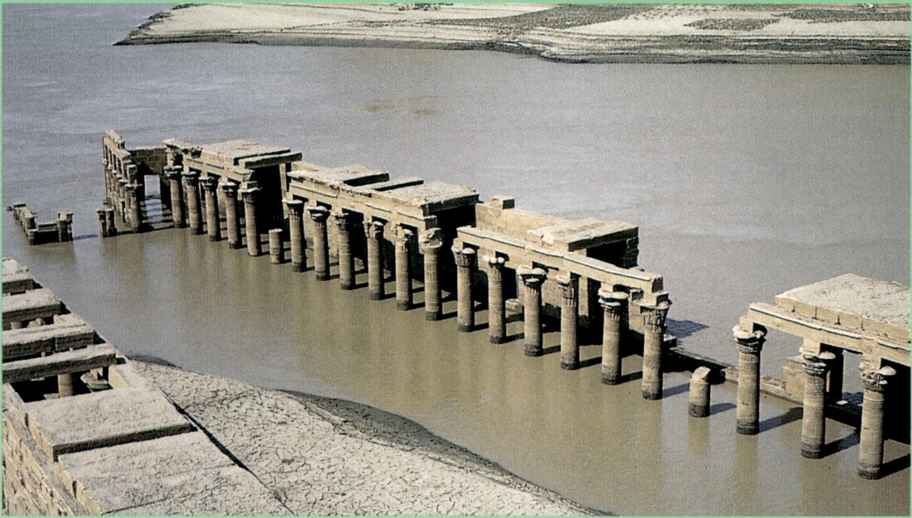

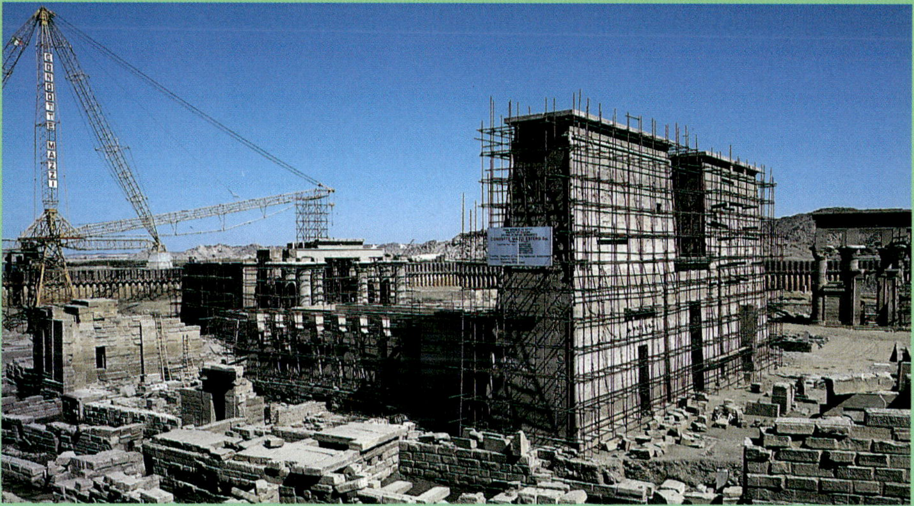

Der Isis-Tempel zur Zeit der Versetzung, Philae, um 1975

ben Kilometer oberhalb der alten Staumauer gelegen, sperrt er den Nil bei einer Gesamtlänge von 3600 m vollständig ab. Die Wasserzufuhr für den Fluss wird allein über die sechs Turbinentunnel des großen Kraftwerks geregelt. Die Heiligtümer auf Philae, das jetzt zwischen den beiden Dämmen lag, waren nun durch den täglich schwankenden Wasserstand und einen beachtlichen Wellengang auf das Äußerste bedroht.
Im Rahmen der internationalen Rettungsaktion für die nubischen Altertümer unter der Schirmherrschaft der UNESCO wurden auch für Philae verschiedene Vorschläge zur Bewahrung der einmaligen Tempelstadt geprüft. Letztendlich entschied man sich für die komplette Demontage der Bauten und ihre Wiedererrichtung auf der nur 300 m entfernten Insel Agilkia, die wegen ihrer höheren Lage die notwendige Sicherheit vor den Fluten bot. Zunächst musste aber Philae trockengelegt werden, bevor man mit dem Abbau beginnen konnte. Dies leistete eine gewaltige Spundwand aus Stahl, die um die wichtigsten Bauwerke gelegt wurde. Danach erfolgte das Abpumpen des Wassers, und die Heiligtümer wurden Stein für Stein abgetragen, insgesamt 40 000 Blöcke. Gleichzeitig liefen die Arbeiten auf Agilkia, wobei durch aufwändige Sprengungen das Bodenniveau für die Betonfundamente aller Anlagen erst bereitet werden musste. Im Frühjahr 1980 war die Verlegung zum neuen Standort abgeschlossen. Der unvergleichliche Zauber dieses Architekturensembles an seinem antiken Platz ließ sich allerdings nicht versetzen.

Die Steinbrüche

Zu Recht ist Ägypten einmal als »Staat aus dem Stein« bezeichnet worden, denn beiderseits des Nils boten die geologischen Formationen der Ost- und Westwüste ein breites Spektrum an Gesteinssorten. Mit Gründung eines einheitlichen Staatswesens im frühen 3. Jt. v. Chr. setzte eine intensive Prospektions- und Abbautätigkeit ein, die auch weitab gelegene Steinbrüche einschloss. Zahlreiche Expeditionsberichte belegen, mit welch hohem logistischem Aufwand das Werkmaterial für Pyramiden, Tempelbauten und Statuen gewonnen wurde. Unter den wichtigen Steinbrüchen nimmt das ausgedehnte Abbaugebiet südlich von Assuan eine Sonderstellung ein, da hier neben anderen Gesteinen (z. B. Quarzit) die hoch geschätzten Varietäten des roten Granits anstanden. Kronzeuge der alten Arbeitsleistung ist der unvollendete Obelisk, der wegen eines Materialfehlers nicht vom Felsbett gelöst wurde. Mit 42 m Länge und einem geschätzten Gewicht von knapp 1200 t war er der größte jemals geplante Obelisk. Er stammt sicherlich aus der 18. Dynastie und war möglicherweise für das Reichsheiligtum in Karnak vorgesehen gewesen.

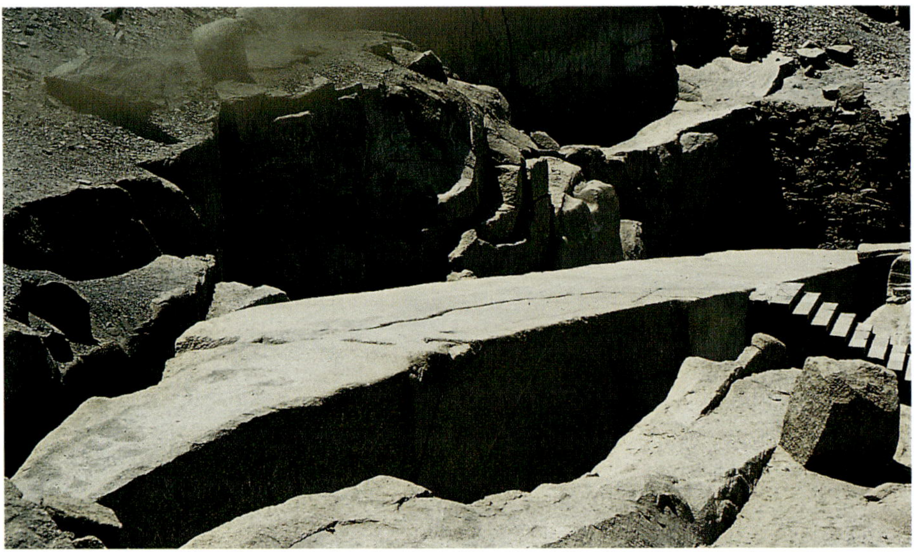

Der Kalabscha-Tempel

Ptolemäer- und Römerzeit, 1. Jh. v. Chr.

Ganz in der Nähe des Hochstaudammes von Assuan wurde auf dem Westufer der große Tempel von Kalabscha (72 x 35,5 m) wiedererrichtet, der sonst an seinem alten Standort 50 km südlich in den Fluten des Nasser-Stausees untergegangen wäre. Die Versetzungsarbeiten begannen 1961 und waren drei Jahre später als offizieller Beitrag der Bundesrepublik Deutschland im Rahmen der UNESCO-Aktion zur Rettung der nubischen Altertümer abgeschlossen. Insgesamt mussten dabei 16 000 Blöcke bewegt werden. Das Heiligtum ersetzte einen Vorgängerbau der 18. Dynastie (Zeit Amenophis' II.) und verdankt seine Dekoration überwiegend der Zeit von Kaiser Augustus, wenngleich der Reliefschmuck nie vollendet wurde. Geweiht war die Anlage dem nubischen Ortsgott Mandulis, dessen Kult erst in der Ptolemäerzeit nachweisbar ist. Eine enge Beziehung bestand zur Göttin Isis von Philae, die alljährlich via Schiffsprozession ihren Gastkult in Kalabscha besuchte. Wie so viele andere Sakralbauten wurde auch der Mandulis-Tempel im 6. Jh. in eine Kirche umgewandelt.

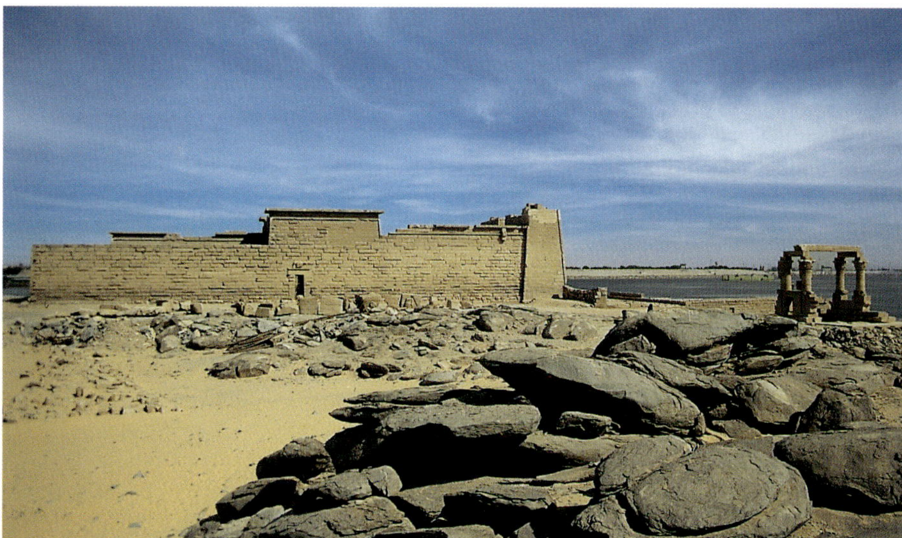

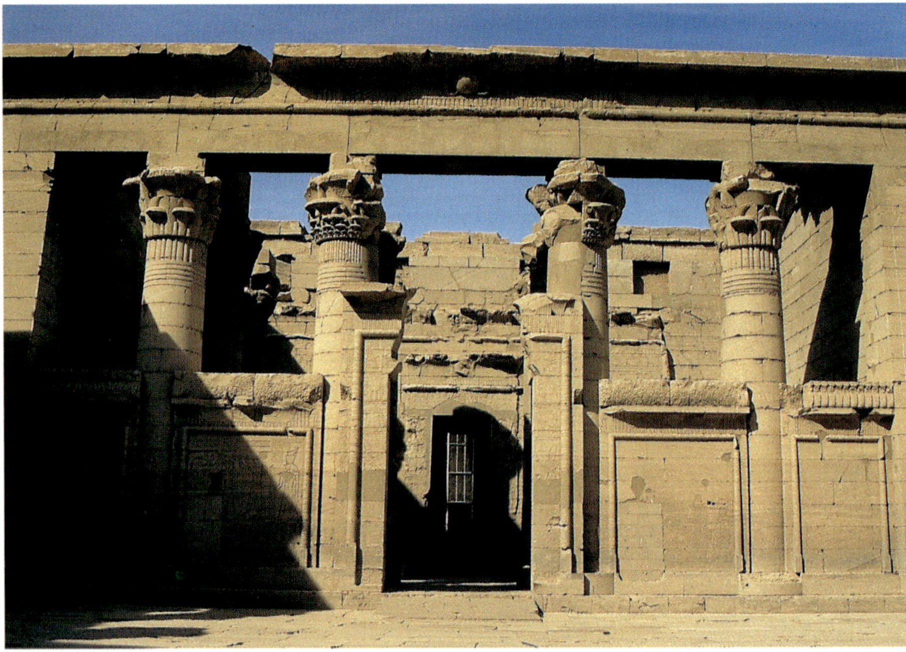

Der Pronaos

Über einen weitgehend undekoriert verbliebenen Pylonbau (H. 14,5 m) betritt man den großen Hof des Heiligtums, der auf drei Seiten von je einer Kolonnade umgeben wird. Dahinter erhebt sich die Säulenhalle (Pronaos), deren Decke eingestürzt ist und die daher mehr den Eindruck eines leichten Kiosks vermittelt. Die Säulen der Fassade sind mit hohen Schranken verbunden; auf der linken ist die Darstellung der königlichen Reinigung zu sehen. Diese Handlung führten traditionell die Götter der Landesteile von Ober- und Unterägypten durch, hier Horus und Thot in Gegenwart des Harsiese von Talmis (alter Ortsbezirk von Kalabscha). Die rechte Schranke hat eine Inschrift aus den Jahren 248/49 n. Chr. des Militärverwalters Aurelius Besarion bewahrt, der Schweinehirten auffordert, ihre Tiere vom Tempelbezirk fernzuhalten. Weiter rechts schildert der nubische Kleinkönig Silko (6. Jh. n. Chr.) seinen Sieg über die nomadischen Blemyer bei Taffa und Talmis.

Kultrelief mit Gott Mandulis

Da das eigentliche Tempelhaus als Wohnung eines Gottes nur vom Herrscher oder den für den Kultvollzug zuständigen Priestern betreten werden durfte, wurden an großen Heiligtümern oftmals Nebenkultstellen eingerichtet. Diese lagen gerne an der Rückseite oder im Umgang des Haupttempels und konnten so von den Tempelbesuchern wie den Pilgern begangen werden, um ihre Gebete und Bitten an die Gottheit zu richten. Während sich die Ritualhandlungen der Priesterschaft vor oder an einer Figur des jeweiligen Gottes abspielten, war das göttliche Wesen an einer solchen Gebetsstelle in Gestalt seiner Darstellung zugegen. Der Kalabscha-Tempel besaß ebenfalls eine entsprechende Einrichtung im inneren Umgang auf der Westwand der Umfassungsmauer. Sie zeigt den nubischen Ortsgott Mandulis (links), der zusammen mit dem Pharao einen Opferständer flankiert. Um die Szene ziehen sich mehrere Pfostenlöcher des ehemaligen hölzernen Schreinvorbaus herum.

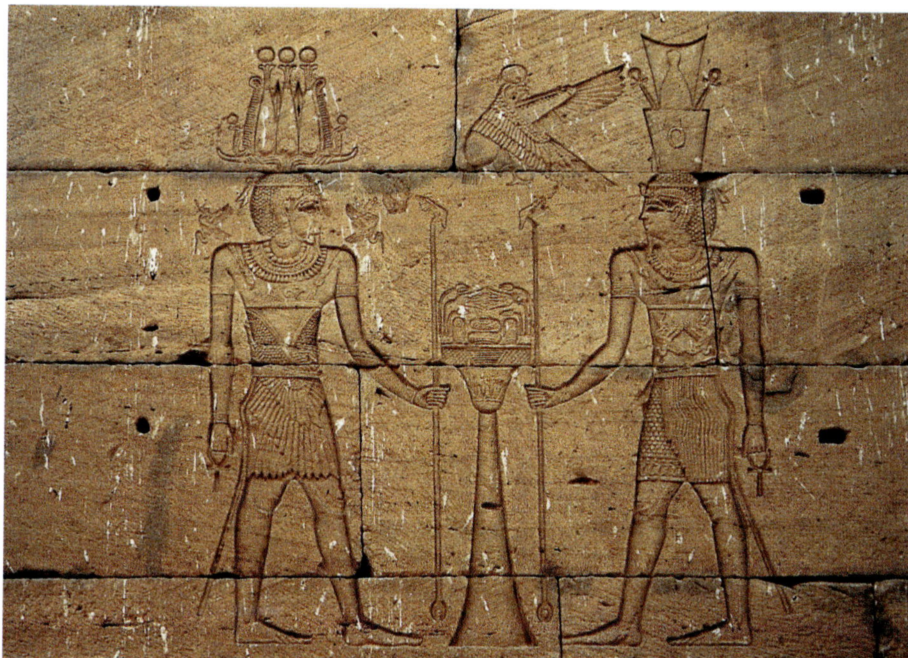

Tempel von Beit el-Wali

19. Dynastie, um 1270 v. Chr.

Dicht hinter dem Kalabscha-Tempel wurde mit dem kleinen Felstempel von Beit el-Wali ein weiteres Heiligtum vor den enormen Wasserfluten des Stausees in Sicherheit gebracht. Die bescheidene Anlage, ein Hemispeos (Räume sind nur teilweise in den Fels getrieben), entstand in den ersten Regierungsjahren Ramses' II. Hinter dem Eingangsportal erstreckt sich eine lange Vorhalle, die ursprünglich von einem Tonnengewölbe aus Nilschlammziegeln überdacht war. Auf den Wänden sind im Norden Einzelszenen aus den Kriegszügen des Königs gegen die Syrer und Libyer wiedergegeben, im Süden stehen Kämpfe in Nubien und Tributleistungen im Mittelpunkt. Drei Durchgänge führen in den Quersaal mit zwei einfachen Stammsäulen. Neben den farbigen Reliefs fallen zwei kleine Statuennischen mit den Figuren Ramses' II. zwischen Isis und Horus von Kuban (links) bzw. zwischen dem widderköpfigen Schöpfergott Chnum und der Göttin Anuket (rechts) auf. Der anschließende Sanktuarraum wies ursprünglich wohl eine weitere Figurengruppe (Triade) auf.

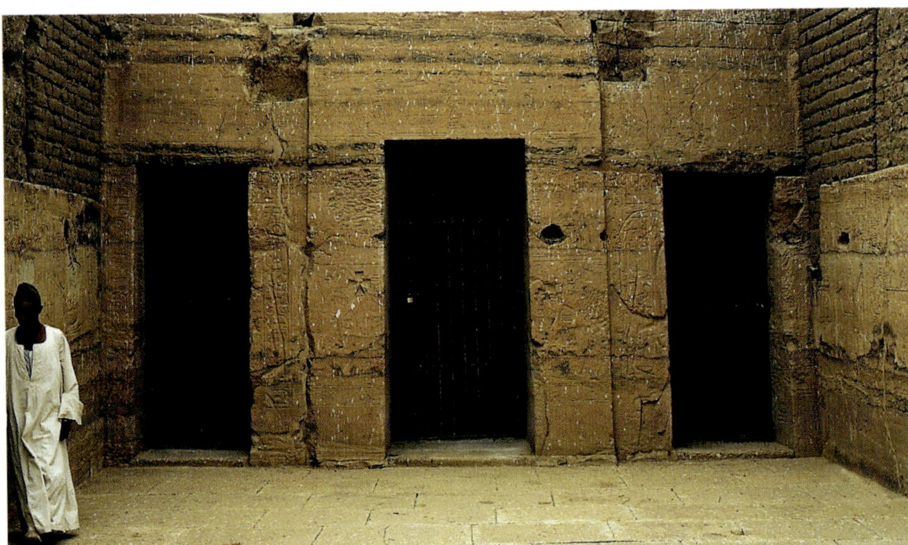

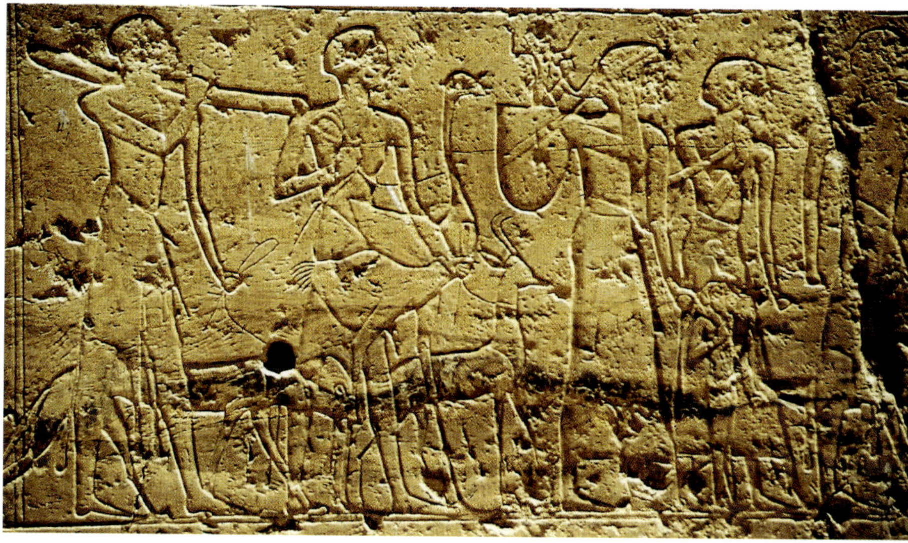

Der nubische Tribut (Detail)

Schon kurz nach Gründung des Neuen Reiches erlangte Ägypten erneut die vollständige Kontrolle über Nubien, das von einem hohen Beamten, dem »Königssohn von Kusch«, verwaltet wurde. Besonders der Ausbeutung reicher Goldvorkommen sowie der Anlieferung wertvoller Naturprodukte galt das Interesse. Tempeldarstellungen mit dem triumphierenden König und den anschließenden Tributleistungen der Südgebiete zeigen also weniger eine konkrete historische Situation, sondern sind Sinnbild des ewigen Anspruchs durch den regierenden Pharao. In Beit el-Wali erscheinen die entsprechenden Szenen in richtiger geografischer Anordnung auf der Südwand der Vorhalle, wobei man die Darstellungen in vertiefter Relieftechnik ausgeführt hat. Unter den Abgaben, die dem thronenden König hier vorgeführt werden, befinden sich auch exotische Tiere wie Affen, Raubkatzen, eine Giraffe und als besondere Seltenheit ein Strauß. Da in dem langen Aufzug der Tributbringer auch Frauen und Kinder auftreten, wird deutlich, dass Feldzüge nach Nubien eher den Charakter von kleineren Strafexpeditionen besaßen. Daneben werden Gruppen von Gefangenen gezeigt, deren ethnische Zugehörigkeit wie auch sonst durch Haartracht und Gesichtszüge eindeutig charakterisiert sind.

Insel Sehel

Rund drei Kilometer südlich von Elephantine liegt die kleine Insel Sehel, auf der die Hauptgötter des Kataraktgebietes verehrt wurden. Bekannt ist Sehel wegen seiner weit über 200 Inschriften, die auf den sich auftürmenden Granitfelsen zu finden sind. Sie stammen überwiegend von hohen Staatsbeamten aus der Zeit des Neuen Reiches, die hier im letzten heimatlichen Kultbezirk Station machten und ihre »Visitenkarte« hinterließen, bevor sie weiter nach Nubien zogen. Unter ihnen sind so bekannte Persönlichkeiten wie der Wesir Ramose, der unter Amenophis III. amtierte, und Setau, Vizekönig von Nubien unter Ramses II., häufig im Anbetungsgestus mit erhobenen Armen. Inschriften wie Bilder wurden zumeist nicht in klassischer Relieftechnik ausgeführt, man nutzte stattdessen den Farbunterschied zwischen der verwitterten Oberfläche und dem Muttergestein, um die Konturen zu erzeugen.

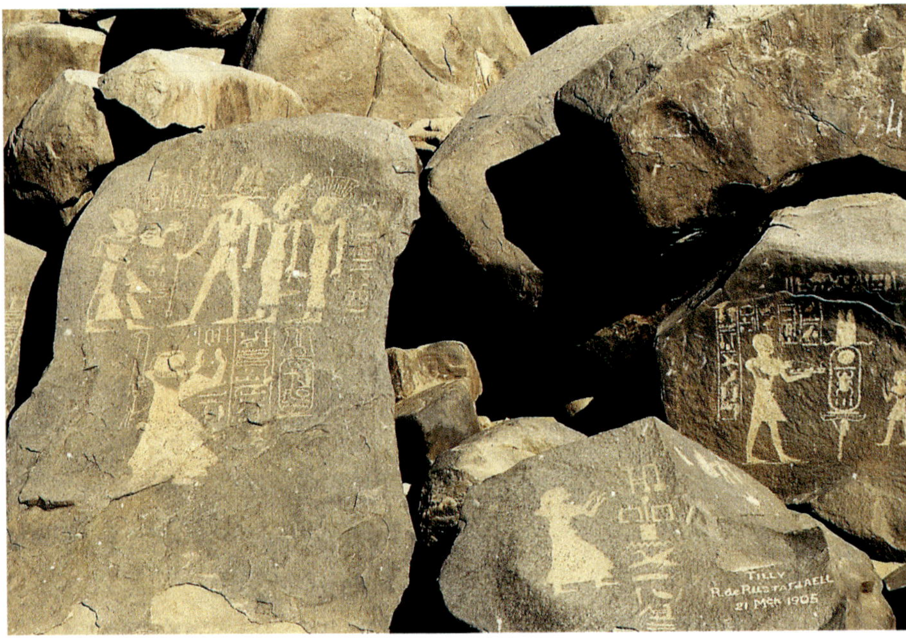

Die »Hungersnot-Stele«

Ptolemäerzeit, 3. Jh. v. Chr.

Auf der östlichen Kuppe des Granitberges von Sehel wurde auf einem riesigen Einzelfels die interessanteste Inschrift der Insel eingeschlagen, die sog. Hungersnot-Stele. Der lange Text wird von einem kleinen Bildfeld begleitet, das den König Djoser (3. Dynastie) beim Opfer vor der Kataraktentriade zeigt. Der Textbeginn (rechts oben) nennt den Namen dieses Herrschers des Alten Reiches und datiert das Geschehen konkret in sein 19. Regierungsjahr. Doch der Anschein trügt. In Wirklichkeit wurde die Inschrift unter Ptolemaios IV. (221–205 v. Chr.) mit der Absicht geschaffen, dem Kultanspruch der Priesterschaft dieses Gebietes eine uralte und deswegen unantastbare Tradition zu verleihen. Denn es wird von einer schweren Dürre und Hungersnot unter Djoser berichtet, die erst durch neue Opferstiftungen des Königs an den Kataraktengott Chnum überwunden worden sei. Der horizontal verlaufende Spaltenriss scheint erst nach Anbringung der Inschrift entstanden zu sein.

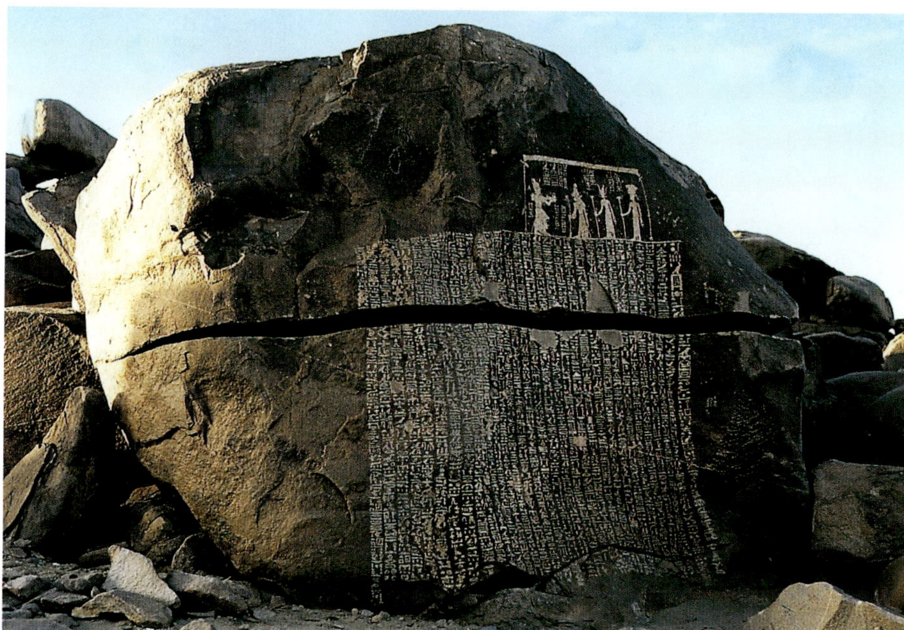

Das Nubische Museum

Am 16. November 1997 wurde mit dem Nubischen Museum der modernste Ausstellungsbau Ägyptens eröffnet. Unweit des Stadtzentrums von Assuan (an der Flughafenstraße) liegt das Museum in einem großzügigen Geländepark, der mit zahlreichen Denkmälern ausgestattet ist. Neben den Einzelobjekten wurde hier eine ganze Gruppe islamischer Mausoleen sowie auch eine nubische Hausanlage errichtet. Das Haupthaus von leicht geschwungener Architektur hat drei Ebenen, die neben den Ausstellungsflächen über umfängliche Serviceeinrichtungen verfügen und von dem üppig verwendeten roten Granit der Innenausstattung dominiert werden. In der Objektauswahl spiegelt sich die lange Siedlungstradition des nubischen Raumes; alle Zeiten, von der Vorgeschichte bis in die christliche und islamische Periode, sind

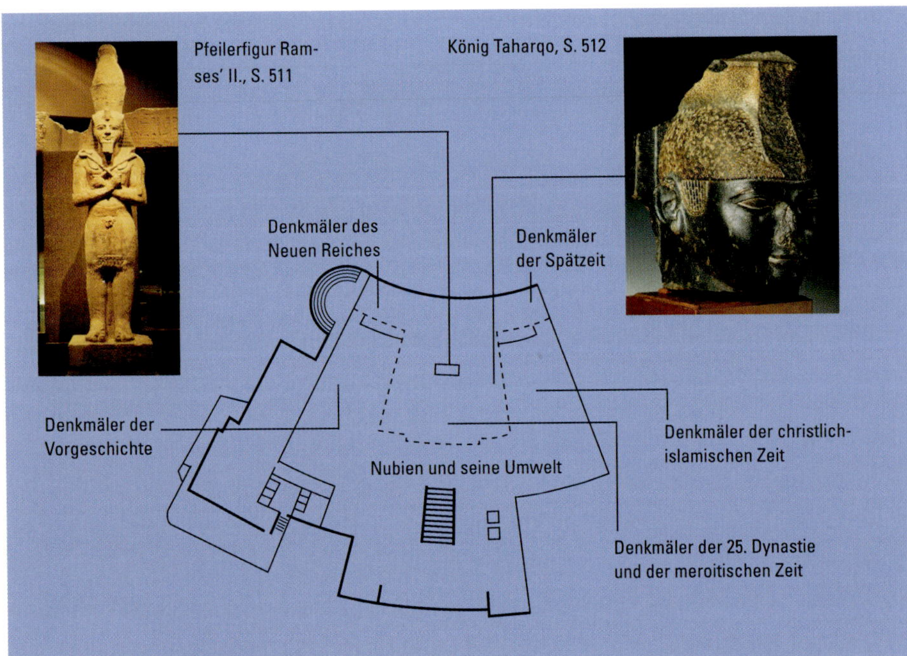

mit aussagekräftigen Exponaten vertreten. Daneben liefern Modelle und Dokumentationsmaterialien (UNESCO-Kampagne) weitere interessante Informationen.

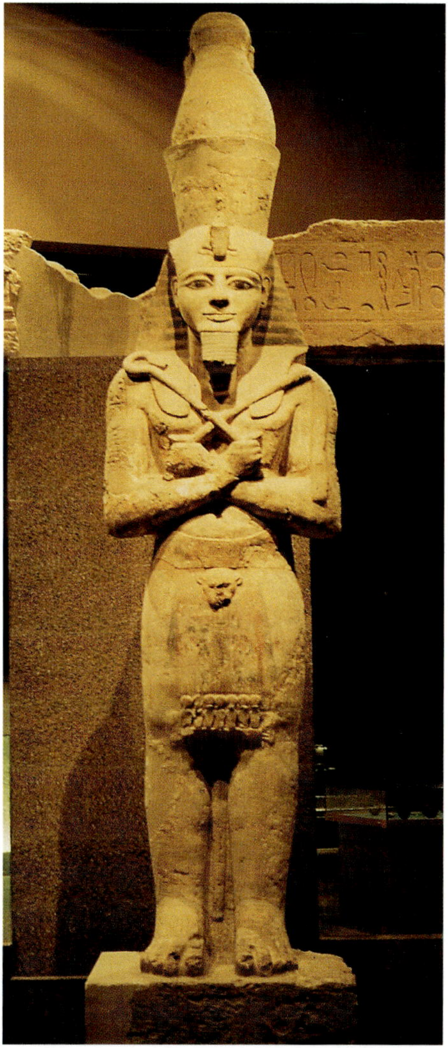

Pfeilerfigur Ramses' II.
19. Dynastie, um 1250 v. Chr., Gerf Hussein, Sandstein, bemalt, H. 3,70 m

Die zentrale Ausstellungshalle im Untergeschoss empfängt die Besucher mit der kolossalen Standfigur Ramses' II. aus seinem nubischen Heiligtum von Gerf Hussein (ca. 100 km südlich von Assuan), das memphitischen Göttern (Ptah, Ptah-Tatenen und Hathor) und dem vergöttlichten Herrscher (»Ramses, der große Gott«) selbst geweiht war. Von diesem Felstempel wurden nur ausgewählte Elemente wie diese Pfeilerfigur abgebaut und somit gerettet, der Rest der Architektur aber den Fluten des Stausees preisgegeben. Der König trägt das Nemes-Kopftuch mit Doppelkrone und Stirn-Uräus sowie einen breiten Zeremonialbart. Seine Arme sind vor der Brust gekreuzt, in den Händen hält er als Insignien Krummstab und Geißel. Ein knielanger Kurzschurz mit Pantherkopf und Uräus-Gehänge vervollständigt den Ornat. Mehrere Standfiguren dieser Art, die den König mit geschlossenen Füßen darstellen und aus mehreren Teilstücken aufgemauert waren, flankierten einst die Eingangshalle des Heiligtums. Obzwar eindrucksvoll in ihrer Größenordnung, genügt die künstlerische Qualität aber nur mittleren Ansprüchen.

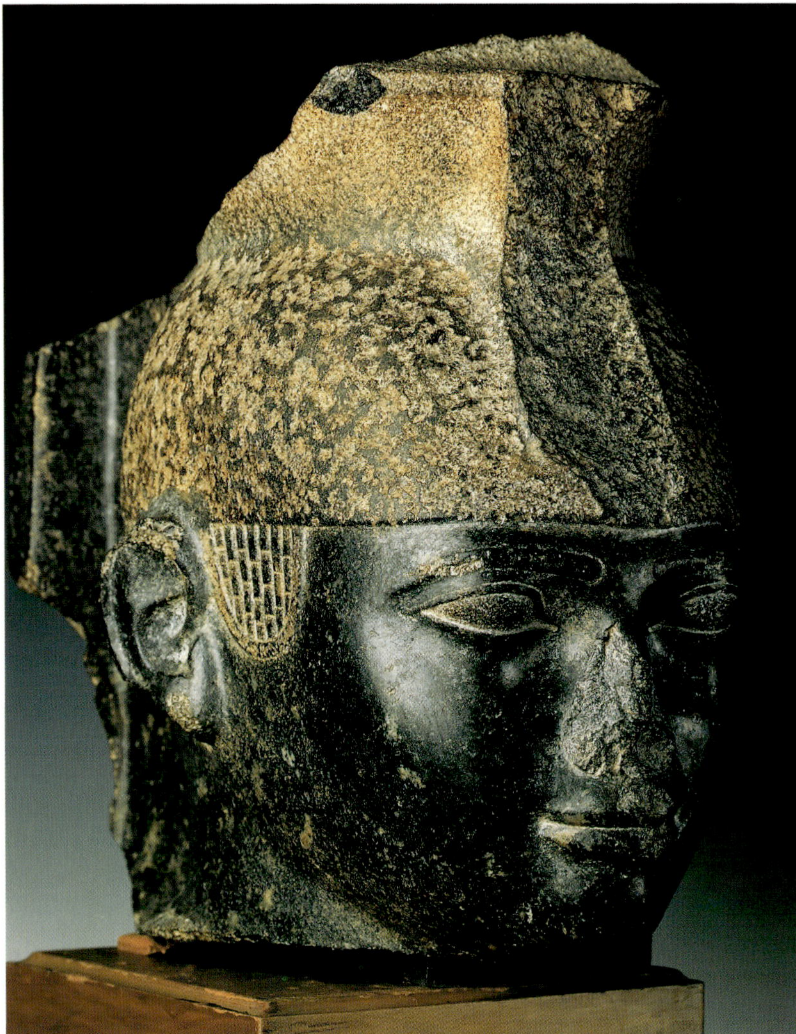

König Taharqo
Spätzeit, 25. Dynastie, um 670 v. Chr., wohl Karnak, Tempel des Amun-Re, dunkelgrauer Granit, H. 36,5 cm

Aus Kairo in das Nubische Museum übergesiedelt ist dieser hochberühmte Kopf einer überlebensgroßen Statue, wohl eine Standfigur des Königs Taharqo. Unter ihm erreichte die kuschitische Herrschaft über Ägypten ihren Höhepunkt. Besonders im thebanischen Raum hat Taharqo seine Spuren als Bauherr hinterlassen. Der Pharao trägt hier die charakteristische Kuschiten-Kappe mit Doppel-Uräus (wie der Kronenaufsatz weggebrochen) und seitlichen Ohrenklappen. Die Oberfläche des Kopfputzes hat man dabei zur besseren Haftung der einstigen Vergoldung ungeglättet belassen. In den Gesichtszügen verbinden sich die Merkmale der afrikanischen Abstammung von König Taharqo mit der idealisierenden Tendenz ägyptischer Tradition.

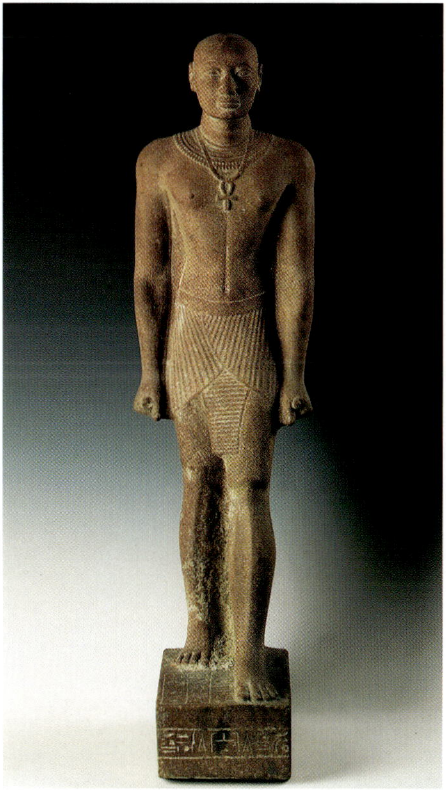

Standfigur des Horemachet
Spätzeit, 25. Dynastie, um 690 v. Chr., Karnak, Tempel des Amun-Re, roter Quarzit, H. 66 cm

Zu den Kunstwerken, die aus dem Ägyptischen Museum in Kairo nach Assuan gebracht wurden, gehört auch diese Standfigur des Horemachet. Unter seinem Vater, dem König Schabako, amtierte er als Hohepriester des Amun im Reichstempel von Karnak. Dort konnte die Statue in der berühmten »Cachette« vor dem siebten Pylon geborgen werden. Horemachet trägt den dreigeteilten Kurzschurz und einen mehrreihigen Halskragen. Zusätzlich hat er eine Kette mit Amulettanhänger angelegt, der die Form eines Lebenszeichens (ägypt. »Anch«) aufweist. Als Verweis auf seine priesterliche Würde wird der Königssohn mit kahl geschorenem Kopf dargestellt.

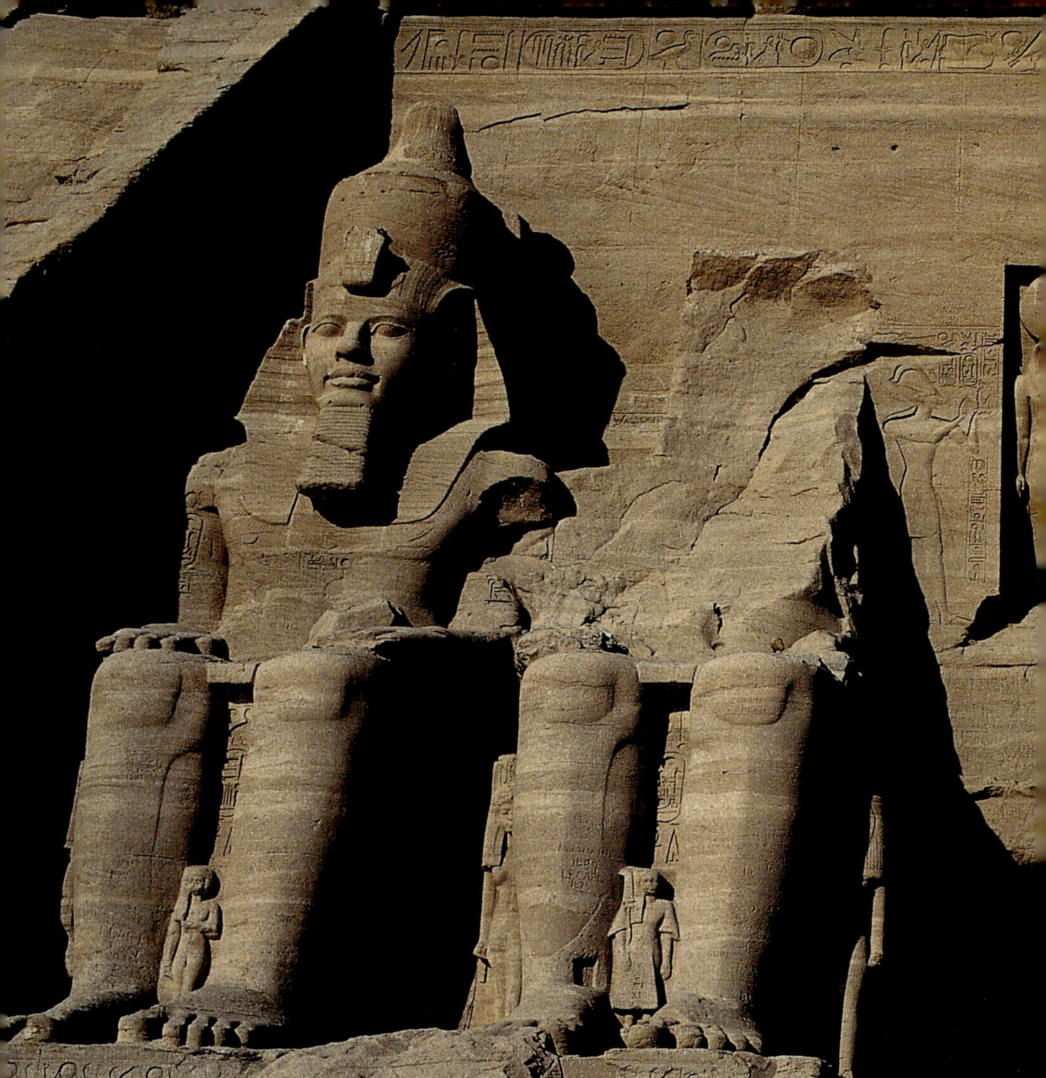

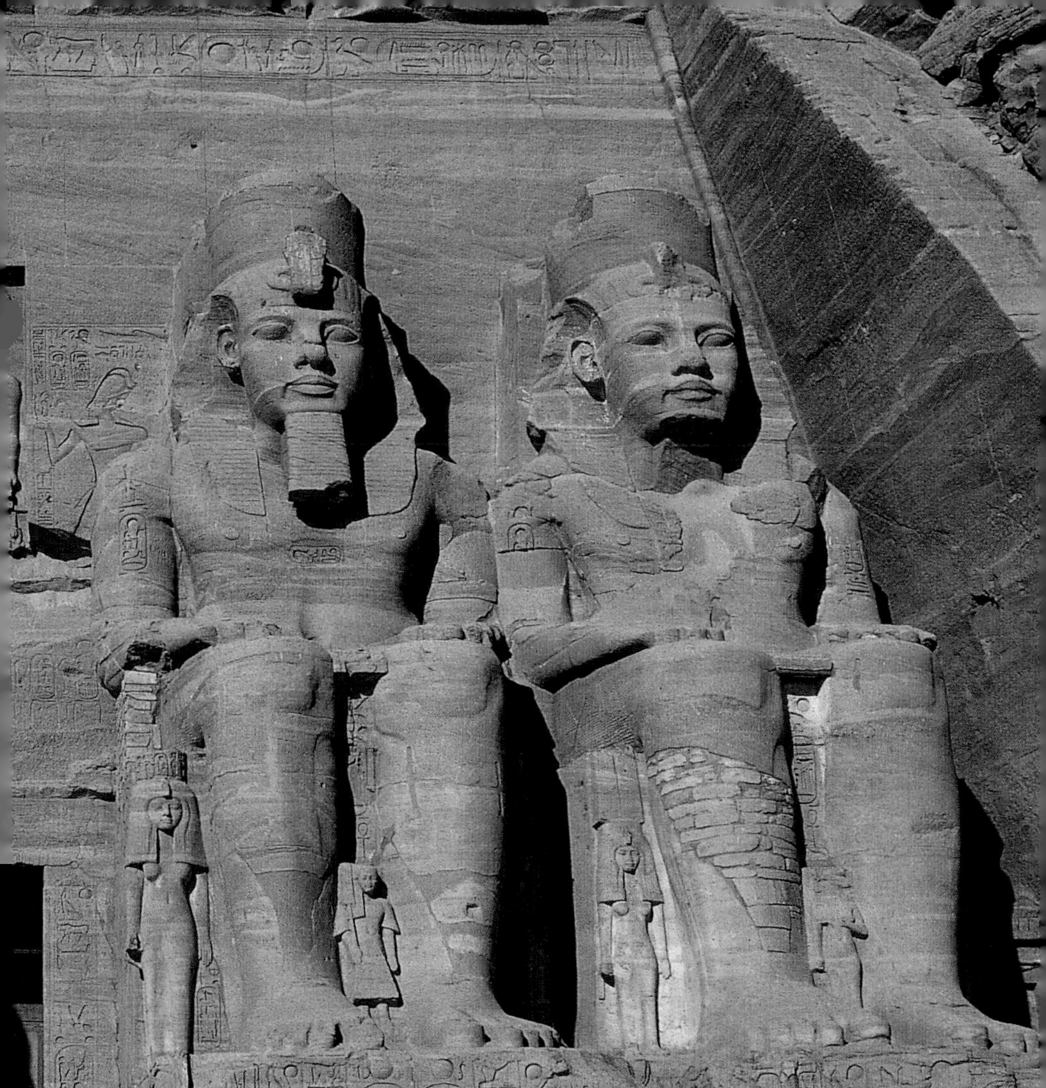

Nubien und seine Tempel

Nubien

Heute teilen sich mit Ägypten und dem Sudan zwei moderne Staaten den nubischen Großraum. In pharaonischen Zeiten wurde Unternubien, das sich von Assuan bis nach Wadi Halfa erstreckte, Wawat genannt, während Obernubien weiter südlich folgte und den Namen Kusch trug. Eine intensivere Besiedelung setzte jedoch schon im Neolithikum (5./4. Jt. v. Chr.) ein, bevor mit der 1. Dynastie ein langer Weg der wirtschaftlichen und kulturellen Interaktion Ägyptens mit den südlichen Nachbargebieten begann, dessen zentrales Anliegen immer die Absicherung des Warenhandels darstellte. Exotische Produkte wurden aus oder über Nubien eingeführt, darunter Edelhölzer und Elfenbein, aber auch Weihrauch, Öle und seltene Gesteine. In erster Linie war Nubien jedoch Lieferant von Gold in unterschiedlichen Qualitäten. Hatten die Herrscher der 12. Dynastie mit mächtigen Festungsanlagen (z. B. Buhen und Semna) ihren Einfluss bis zum zweiten Katarakt gefestigt, blieb es den Pharaonen des frühen Neuen Reiches (Thutmosis I. und III.) vorbehalten, das Land vollständig unter ägyptische Kontrolle zu bringen und verwaltungsmäßig dem Mutterland anzuschließen. Im 1. Jt. waren es jedoch kuschitische Könige, die ihrerseits Ägypten überrannten und als 25. Dynastie regierten.

Vorhergehende Seiten: Der große Tempel Ramses' II. in Abu Simbel

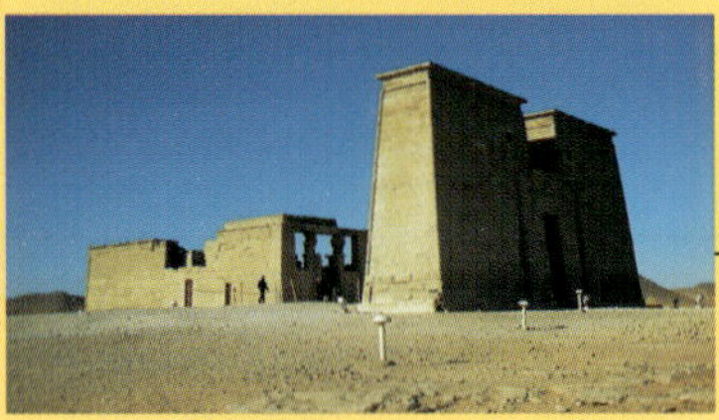

Tempel von el-Dakka, S. 533

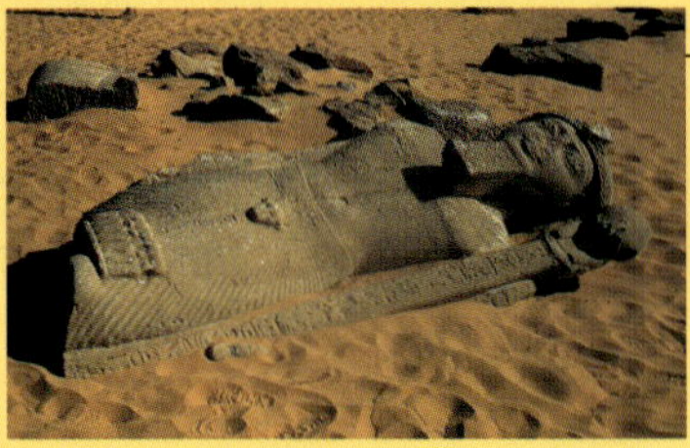

Stabträgerfigur Ramses' II., S. 532

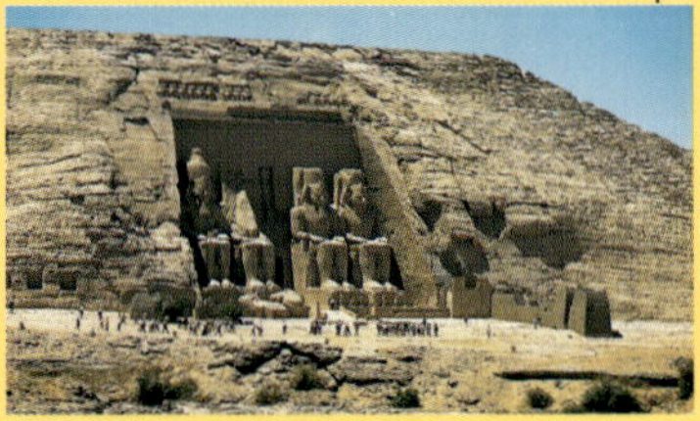

Großer Tempel Ramses' II., S. 518 ff.

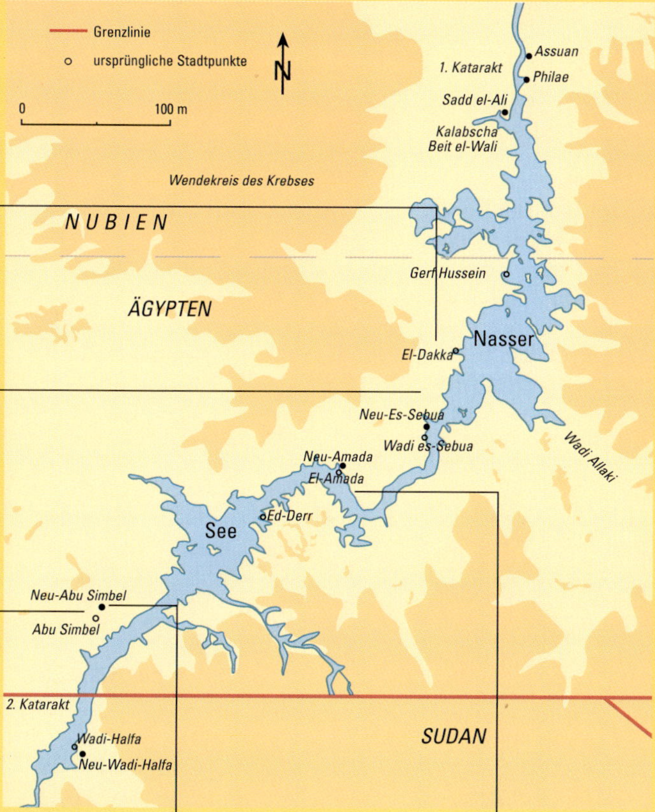

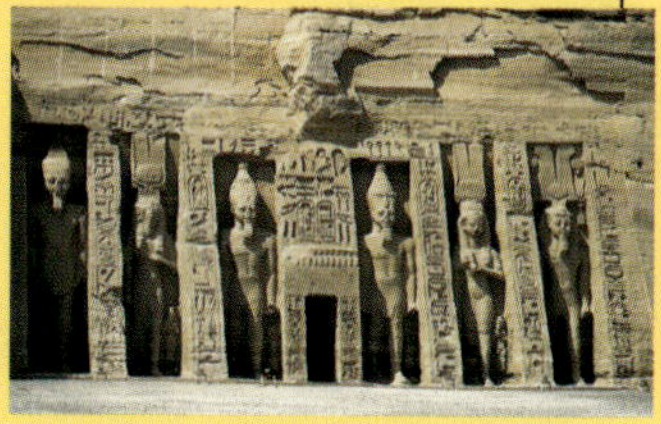

Abu Simbel, Kleiner Tempel der Nefertari, S. 524 f.

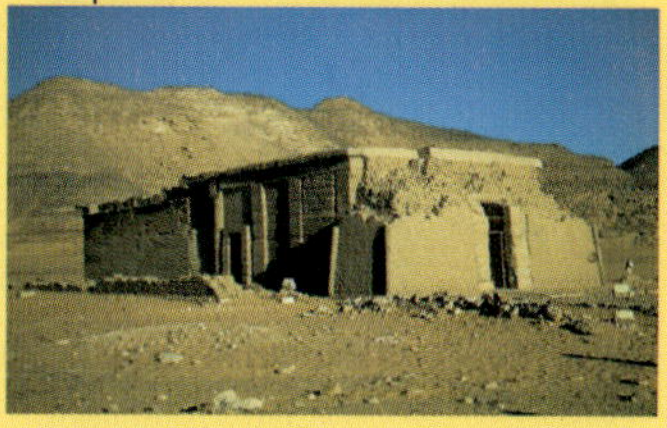

Tempel von Amada, S. 528

Abu Simbel

Großer Tempel Ramses' II.

19. Dynastie, um 1260 v. Chr.

Rund 40 km nördlich der sudanesischen Staatsgrenze liegen auf dem Westufer des modernen Stausees die beiden Felstempel von Abu Simbel. Ursprünglich in den Uferfels des Nils getrieben, wurden die Heiligtümer in stark versandetem Zustand von dem Schweizer Reisenden Johann L. Burckhardt 1813 wiederentdeckt. Nach ihrer erfolgreichen Rettung stehen die Heiligtümer heute wie Kegel in der Nubischen Wüste.

Den großen Tempel ließ Ramses II. den Reichsgöttern Re-Harachte, Amun-Re, Ptah und seinem göttlichen Selbst weihen. In Pylonform gestaltet, wird die Fassade von vier kolossalen Sitzfiguren (H. 20 m) des Königs eingenommen, die paarweise den Eingang flankieren. Der Herrscher trägt das Nemes-Kopftuch mit Doppelkrone und einen Kurzschurz. An den Beinen stehen die Statuen von Prinzen und Prinzessinnen, aber auch die der Königsmutter und seiner Hauptgemahlin Nefertari. Als Folge eines Erdbebens ist der Oberkörper der linken Figur am Eingang schon in der Antike herabgestürzt.

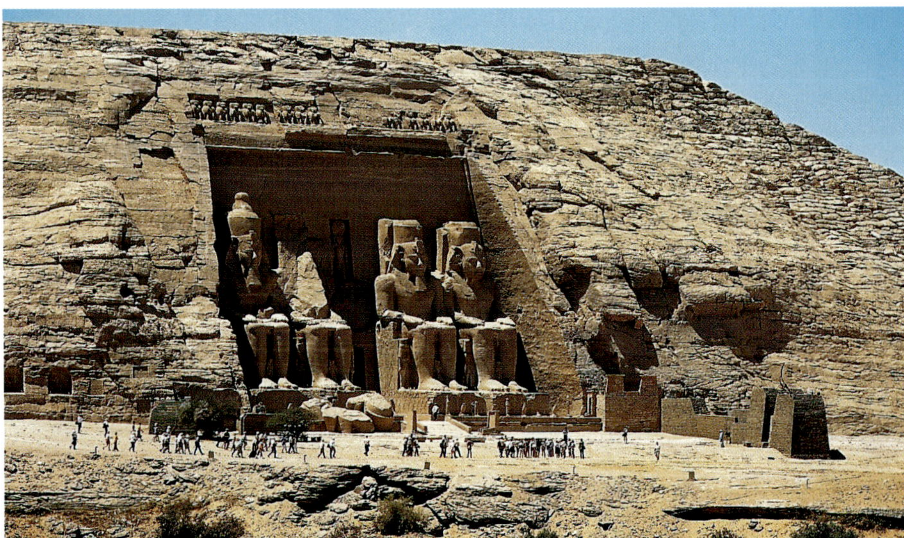

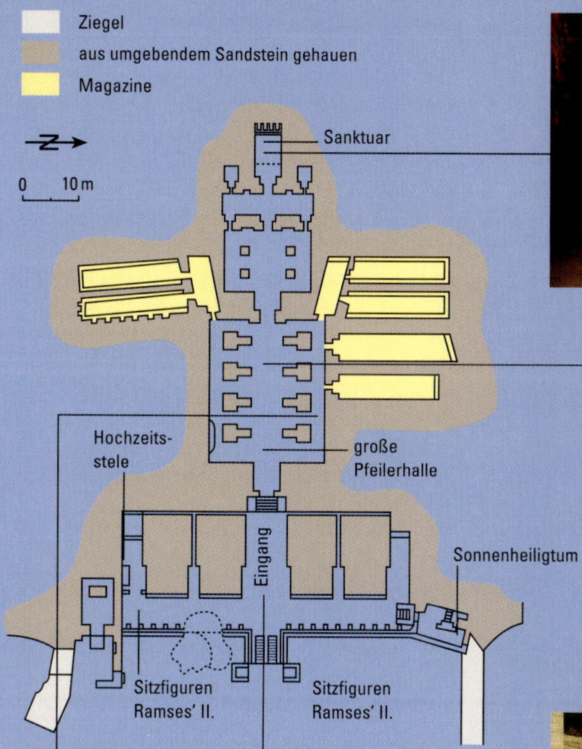

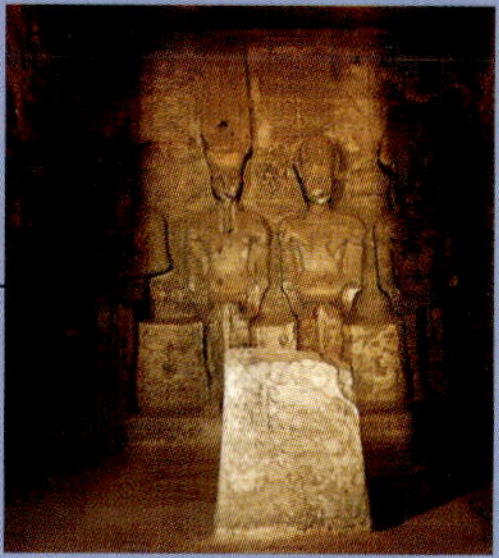

Statuengruppe im Sanktuar, S. 523

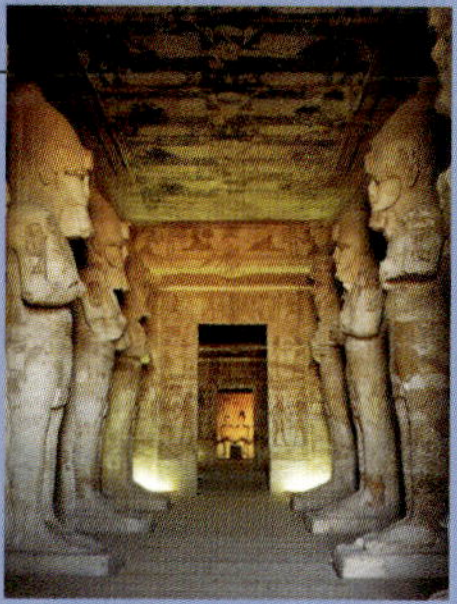

Der große Pfeilersaal, S. 520 f.

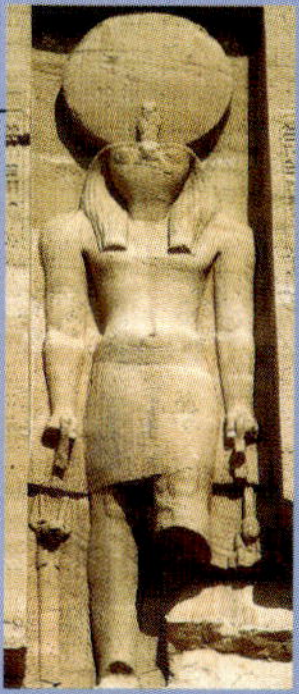

Eingangsfigur des Sonnengottes, S. 520

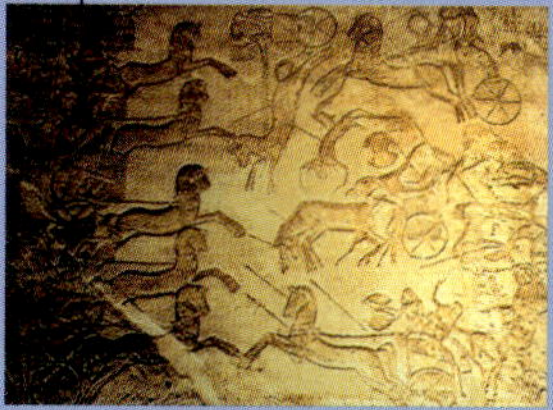

Qadesch-Schlacht (Detail), S. 522

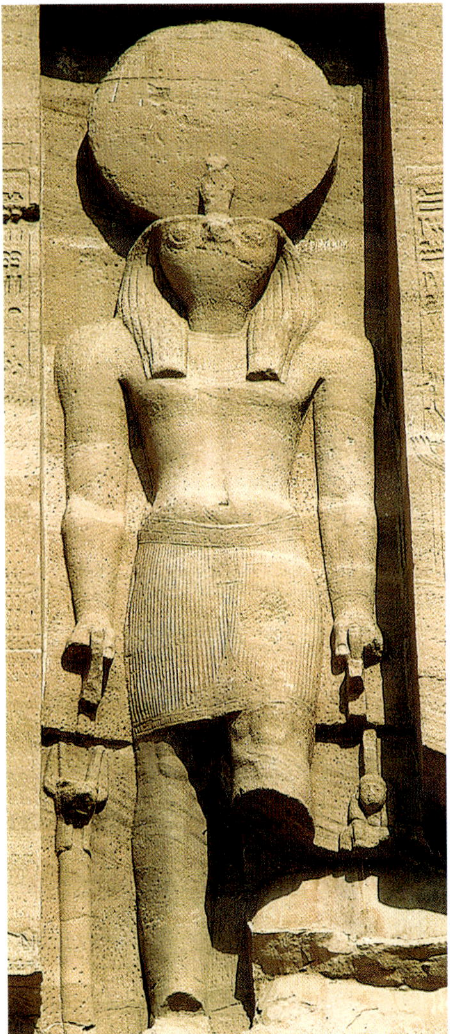

Eingangsfigur des Sonnengottes

Unmittelbar über dem Eingang wurde eine Hochnische ausgeführt, die das Standbild des falkenköpfigen Sonnengottes Re-Harachte zeigt. Nach Osten blickend, trägt die Gottheit als ihr Symbol eine Sonnenscheibe über dem Haupt sowie einen kurzen Schurz. Beide Arme hängen am Körper herab und »stützen« sich auf zwei vergegenständlichte Hieroglyphen neben den Beinen: den hundsköpfigen Stab (links) mit dem Lautwert »user« und die federbekrönte Figur der Göttin Maat. Bei einer Zusammenschau des Götterbildes mit diesen beiden Zeichen ergibt sich so die rebusartige Wiedergabe des Thronnamens Ramses' II.: User-maat-Re.

Der große Pfeilersaal

Der Eingang des Heiligtums öffnet sich in den großen Pfeilersaal, der in seiner Funktion der Hofanlage eines klassischen Tempelbaus entspricht. Zu beiden Seiten der Achse sind jeweils vier mächtige Standfiguren (H. 10 m) des Königs den Pfeilern vorgeblendet. Wie schon bei den Statuen an der Fassade wurde auf die Schulter jeder Figur ein Eigenname eingemeißelt, der eine spezifische göttliche Qualität des Herrschers ausdrückt. Die nördliche Längswand ist ganz den Darstellungen zur Qadesch-Schlacht gegen die Hethiter vorbehalten, gegenüber wird nur das untere Register von drei Kriegsbildern eingenommen.

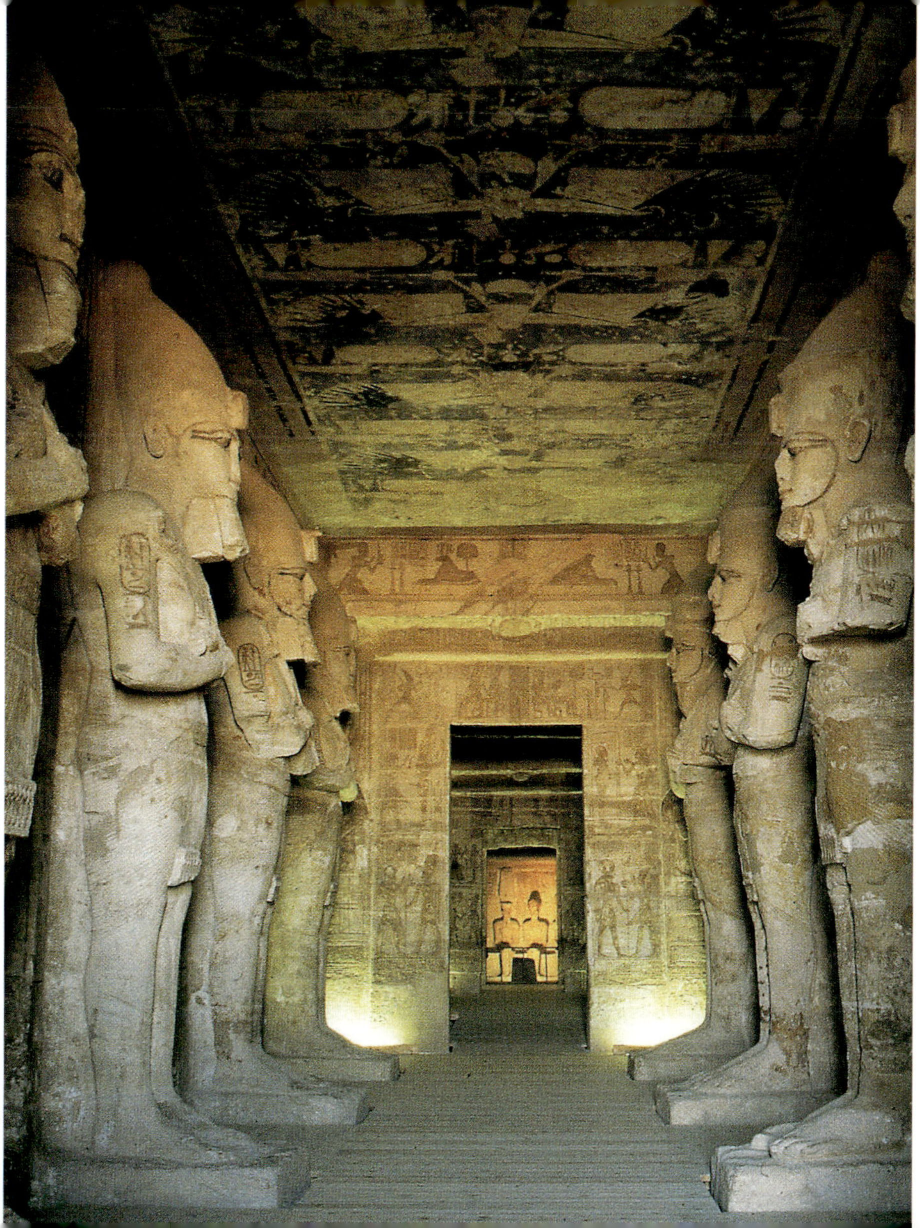

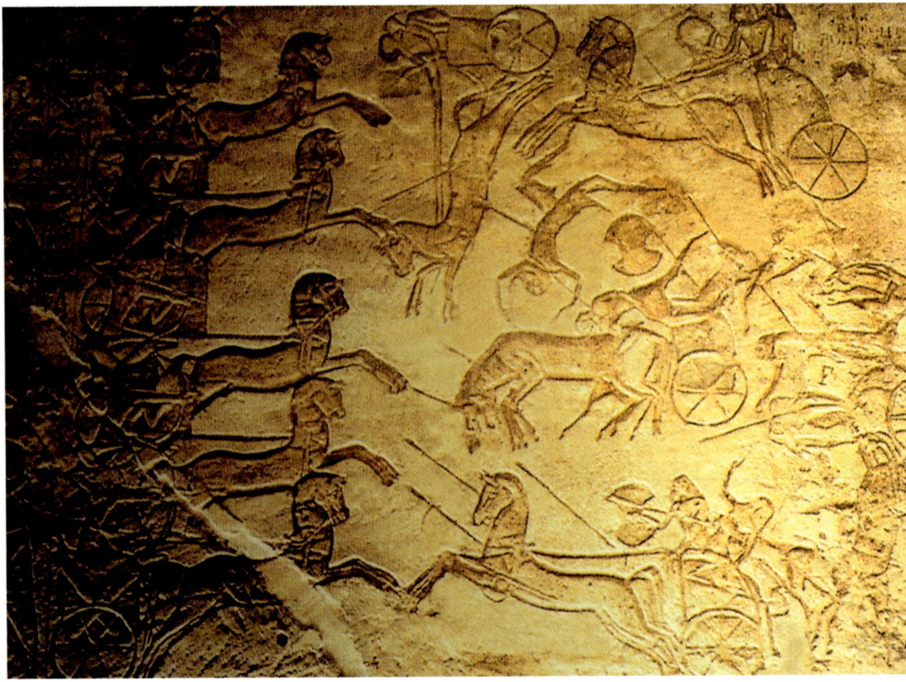

Qadesch-Schlacht (Detail)

Kein anderes außenpolitisches Ereignis hat die Regierungszeit Ramses' II. so sehr geprägt wie die Schlacht von Qadesch gegen die Hethiter. Trotz des für ihn wenig rühmlichen Ausgangs ließ der König alle großen Heiligtümer des Landes mit ausführlichen Darstellungen dieses Kriegszuges versehen, die im Sinne der dynastischen Propaganda den heroischen Sieg des Herrschers feiern. In ihrem szenischen Aufbau überzeugen die Bilder der Qadesch-Schlacht mit einer bis dahin unbekannten erzählerischen Dichte, die sich dennoch klassischer Versatzstücke bedient. Dazu gehört die Wiedergabe der geordnet anstürmenden Streitwagentruppe (links), der ein chaotisches Durcheinander des Feindes (rechts) gegenübersteht. Dieser Gegensatz markiert den ägyptischen Sieg, unbenommen der historischen Realität. Die freie Bildgestaltung ohne Registerlinien steigert dabei die Dynamik des Kampfgeschehens.

Statuengruppe im Sanktuar

Bei einer Gesamtlänge des Tempelhauses von 63 m erreicht man in der Tiefe des Berges das Allerheiligste, das auf seiner Rückseite vollständig von einer Statuengruppe eingenommen wird. Die vier Sitzfiguren sind direkt aus dem Stein gehauen und auf einer gemeinsamen Thronbank vorgestellt. Links außen erscheint die Gestalt des Schöpfergottes Ptah von Memphis, daran anschließend folgt der Reichsgott Amun-Re von Theben, neben diesem thront der göttliche Ramses mit einer Blauen Krone, während der Sonnengott Re-Harachte von Heliopolis die Gruppierung auf der rechten Seite beschließt. Auch nach Versetzung des Tempels findet hier zweimal im Jahr an den Äquinoktien (jetzt 21. Februar und 21. Oktober) das sog. Sonnenwunder von Abu Simbel statt: Dann fällt das Licht der aufgehenden Sonne bei geöffneten Türen bis ins Sanktuar, und die versammelten Götter erstrahlen. Weil bei diesem Ereignis die äußere Gestalt des Ptah zumeist im Halbdunkel verblieb, reduzierte sich im zentralen Lichteinfall die Gruppeneinheit auf eine Triade, die den König dann im Zentrum zwischen den Reichsgöttern Amun-Re (Süden = Theben) und Re-Harachte (Norden = Heliopolis) thronen sah. Die Inschrift oberhalb des Sonnengottes nennt auch den antiken Namen des Heiligtums: »Haus des Ramses, geliebt von Amun«.

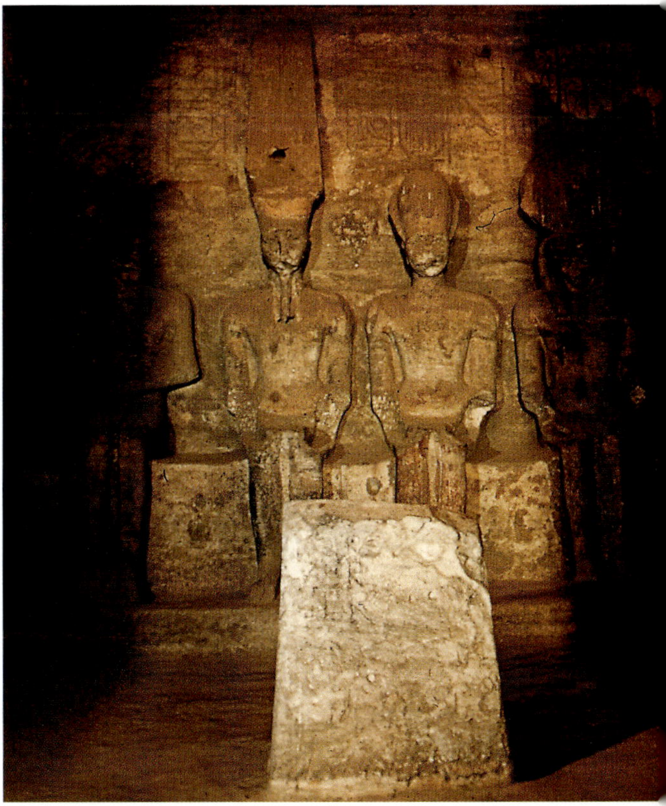

Kleiner Tempel der Nefertari

19. Dynastie, um 1260 v. Chr.

Etwas nördlich vom Haupttempel wurde der sog. Kleine Tempel von Abu Simbel angelegt, den Ramses II. seiner Gemahlin Nefertari und der Göttin Hathor weihen ließ. An der geböschten Fassade (12 x 28 m) mit einer weitgehend weggebrochenen Hohlkehle stehen sechs über zehn Meter hohe Kolossalfiguren des Herrschers und seiner Gemahlin, die in Gruppen von je drei Statuen das Eingangsportal flankieren. Ihre Bedeutung erschließt sich aus den ikonografischen Details und den beigefügten Inschriften. Direkt am Portal verkörpern die Figuren die Gottesnatur Ramses' II. und sind zudem über die Kronenwahl dem Aspekt der Landesteile (links Weiße Krone, rechts Doppelkrone) zugeordnet. Jeweils außen erscheint der König als regierender Herrscher auf dem Horus-Thron. Zwischen diesen beiden königlichen Manifestationen tritt die Königin Nefertari auf, die durch ihren Kopfschmuck, Kuhgehörn mit Doppelfeder und Sonnenscheibe der Göttin Hathor angeglichen ist.

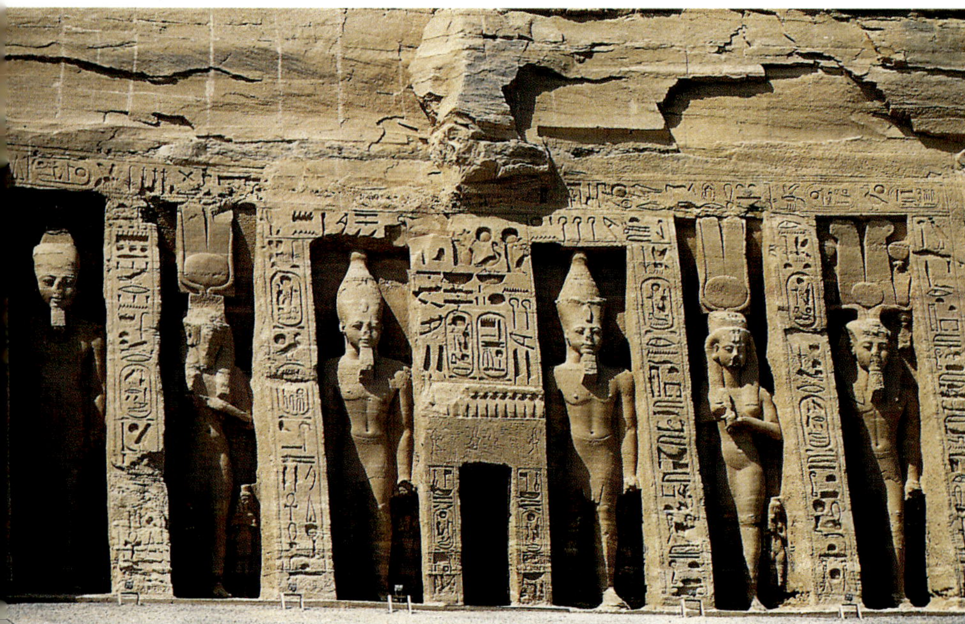

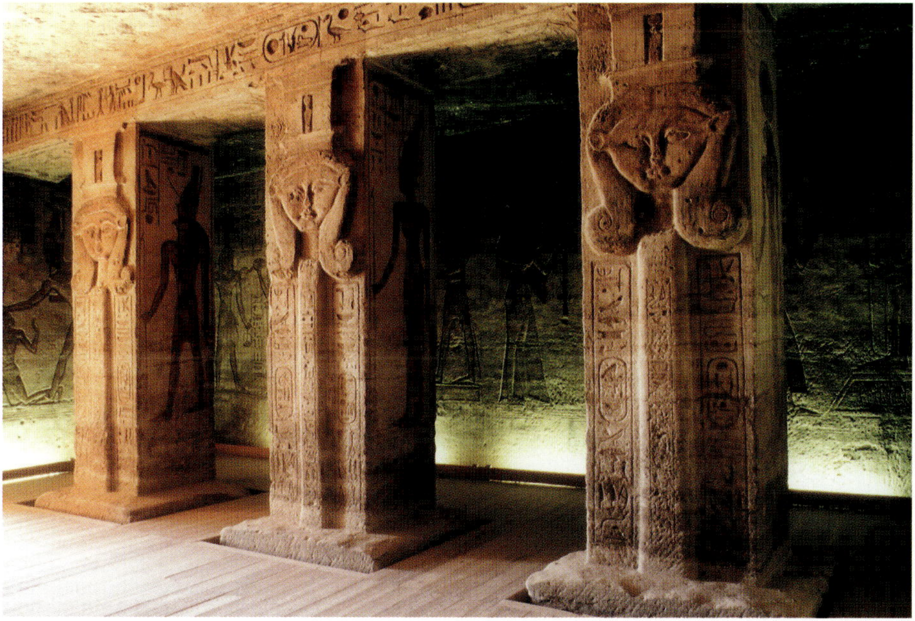

Die Pfeilerhalle

Dem Charakter als Hathor-Heiligtum entsprechend wurde die große Halle mit sechs Pfeilern ausgestattet, die auf der jeweiligen Achsenseite ein Sistrum (Rasselinstrument) mit dem Gesicht der Göttin zeigen. Die Längswände sind mit je vier Ritualszenen geschmückt, unter denen das zweite Bild der Nordwand (rechts) besonders auffällt. Hier bringt Ramses II. eine Wasserspende vor dem Widdergott Herischef von Herakleopolis, einer Stadt am Eingang der Oase Faijum, dar. Seine Präsenz in einem nubischen Tempel mag zunächst befremdlich wirken, wird aber sinnvoll, wenn der Typ eines Felstempels primär als Stätte der Fruchtbarkeit und Regeneration definiert ist und damit im übergeordneten Sinne die Beziehung zu einem »grünen« Gebiet wie dem Faijum besteht. Diesen wichtigen Aspekt repräsentiert auch die Göttin Hathor, wenn sie im kleinen Raum des Sanktuars in Gestalt einer Kuh (Figur jetzt stark zerstört) quasi aus dem Berg tritt, den König unter ihrem Kinn schützt und mit ihm die zyklische Erneuerung des Königtums garantiert.

Die Welt rettet Abu Simbel

Durch den Entschluss der ägyptischen Regierung, bei Assuan den neuen Hochstaudamm zu errichten, begann ein dramatischer Wettlauf mit der Zeit, um die Kulturgüter im nubischen Großraum vor den Wassermassen des entstehenden Lake Nasser zu retten. Ab dem 9. Januar 1960, dem Tag der ersten Sprengung für den Damm, lief die Uhr unerbittlich und ließ das Rettungsproblem jeden Monat dringlicher werden. Zudem war eindeutig, dass die betroffenen Länder Ägypten und Sudan nicht in der Lage sein würden, die notwendigen Arbeiten ohne internationale Hilfe in finanzieller wie wissenschaftlicher Hinsicht zu bewältigen. So erging im März desselben Jahres ein Aufruf der UNESCO an alle Mitgliedsstaaten um Unterstützung, dem in großzügiger Weise entsprochen wurde. Während zahlreiche Teams von Archäologen und Technikern in den folgenden Jahren Ausgrabungen wie Versetzungsarbeiten mit großem Erfolg durchführen konnten, blieb das Kernproblem zunächst ungelöst: Wie sollten die beiden Felstempel Ramses' II. in Abu Simbel vor dem Versinken im Stausee bewahrt werden? Immer neue Rettungspläne wurden diskutiert und wieder verworfen. Gleichzeitig gingen die Arbeiten am Hochdamm zügig voran, und mit der Jahreswende 1962/63 wurde die Bedrohung dieser einmaligen Sakralbauten immer akuter. Nahezu in letzter Minute einigten sich Ägypten und die UNESCO auf eine Lösung, die zudem den finanziellen Möglichkeiten und der schwierigen Zeitsituation gerecht wurde. Sie sah vor, die Heiligtümer in möglichst große Einzelblöcke zu zerlegen und die Anlagen anschließend 65 m höher und 180 m landeinwärts wieder zusammenzusetzen. Die Ausführungen wurden einem internationalen Firmenkonsortium unter der

Versetzungsarbeiten (Gesicht einer der Fassadenfiguren) am Großen Tempel in Abu Simbel, 1965

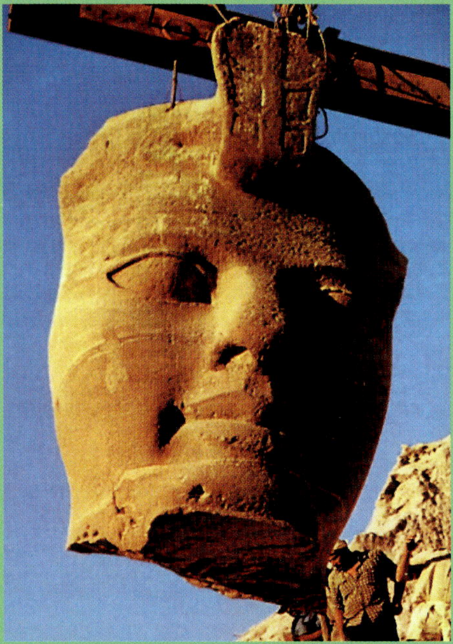

Federführung der Firma Hochtief, Essen, anvertraut. Eine erste Arbeitsphase bestand aus dem Bau eines Kofferdammes vor den Tempeln, um die steigenden Fluten abzuhalten. Anschließend wurden die Fassaden zum Schutz eingesandet, sodass man das Innere nur noch über eingebrachte Stahlröhren betreten konnte. Nachdem man das die Heiligtümer umgebende Felsgestein abgetragen hatte, wurden die eigentlichen Wandflächen wie die Fassadenteile in Blöcke von maximal 20 beziehungsweise 30 t zersägt, und zwar mit der Handsäge bei einer Schnittbreite von nur sechs Millimetern. Insgesamt 807 Blöcke vom Großen Tempel und 235 vom Bau der Nefertari mussten mit einem Spezialkran angehoben und zum Lagerplatz transportiert werden. Am 16. April 1966 wurde der letzte Block verladen, und der Abbau war sogar mit einem dreimonatigen Vorsprung vor dem Terminplan erfolgreich beendet. In der letzten Phase des Abbaus lief zeitgleich schon der Wiederaufbau, der Mitte 1968 zum Abschluss kam. Da man der jeweiligen Stahlbetonkonstruktion, die in die Wände und Fassadenbauten beider Tempel eingefügt waren, nicht die Traglast der neu angeschütteten Felssteine zumuten konnte, wurden sie mit einer sphärischen Kuppel überwölbt. Der so entstandene »Dom« kann im Fall des Großen Tempels heute besichtigt werden und versetzt seine Besucher in nicht geringeres Erstaunen als die Bauten Ramses' des Großen.

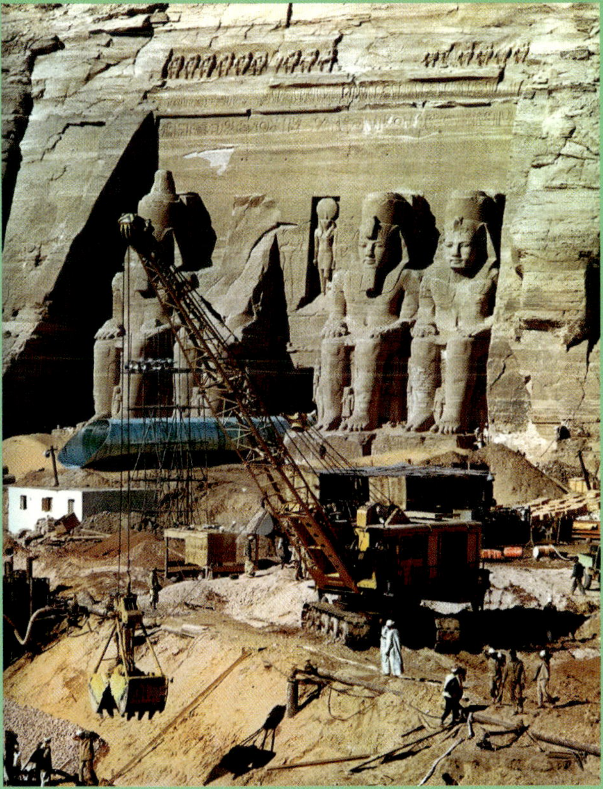

Fassade des Großen Tempels von Abu Simbel vor dem Abbau des Heiligtums, 1964

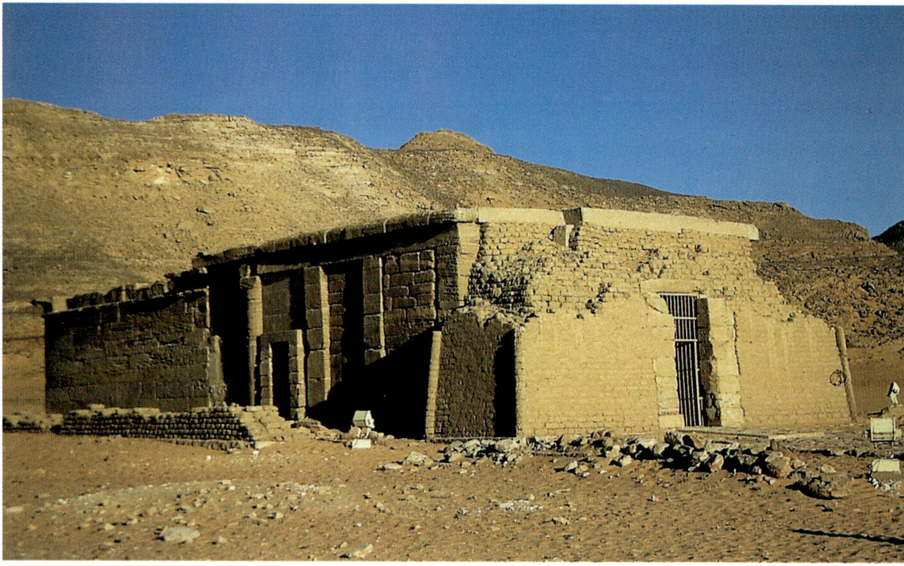

Tempel von Amada

18. Dynastie, um 1450–1400 v. Chr.

Das Heiligtum von Amada gehört ebenfalls zu den geretteten nubischen Altertümern. Es wurde von drei großen Königen der 18. Dynastie, Thutmosis III., Amenophis II. und Thutmosis IV., erbaut bzw. erweitert und den Göttern Re-Harachte und Amun-Re geweiht. Während die Außenmauern undekoriert geblieben sind, überraschen die feinen Reliefs der Innenräume durch ihre gut erhaltene Bemalung. Nach den Umbaumaßnahmen Thutmosis' IV. bestand der Tempel aus einem Pylon mit nachfolgender Pfeilerhalle, einem Quersaal, zwei Seitenräumen sowie dem zentralen Hauptsanktuar mit zwei Kultbildkammern. Die Rückwand des Sanktuars trägt eine interessante Inschrift aus dem dritten Jahr Amenophis' II., die u. a. einen Feldzug des Königs in Syrien schildert. Bei seiner Versetzung hat man das hintere Tempelhaus als Ganzes mit einem Betonsockel unterfüttert und dann auf Gleisen mit Hilfe hydraulischer Winden zum neuen, rund 2,5 km entfernten Standort verbracht.

Tempel von ed-Derr

19. Dynastie, um 1250 v. Chr.

Ebenfalls in Neu-Amada wurde der Felstempel Ramses' II. von ed-Derr wieder errichtet, der dem Sonnengott Re-Harachte geweiht war. Er besteht heute nur noch aus den zwei großen Pfeilerhallen und einem Sanktuar samt Nebenkammern. Die wenig ansprechende Architektur des Tempels hat trotzdem zahlreiche Reliefdarstellungen in lebendigen Farben bewahrt, da die Wände bei der Umwandlung in eine koptische Kirche mit einer schützenden Stuckschicht überzogen wurden. In der mit sechs Pfeilern ausgestellten zweiten Halle zeigt das letzte Bildfeld der Nordwand (links) die Übergabe der Regierungsjubiläen an den König durch die Götter. Ramses II. steht dabei im vollen Ornat unter dem Heiligen Isched-Baum von Heliopolis, auf dessen Blättern traditionell die Titulatur des Pharao verzeichnet wird. Ptah von Memphis und die löwenköpfige Sachmet vertreten hier den unterägyptischen Landesteil, während hinter dem König der Weisheitsgott Thot in Schrittstellung die unendlichen Jubiläen auf einer Palmrispe, der Jahreshieroglyphe, verzeichnet.

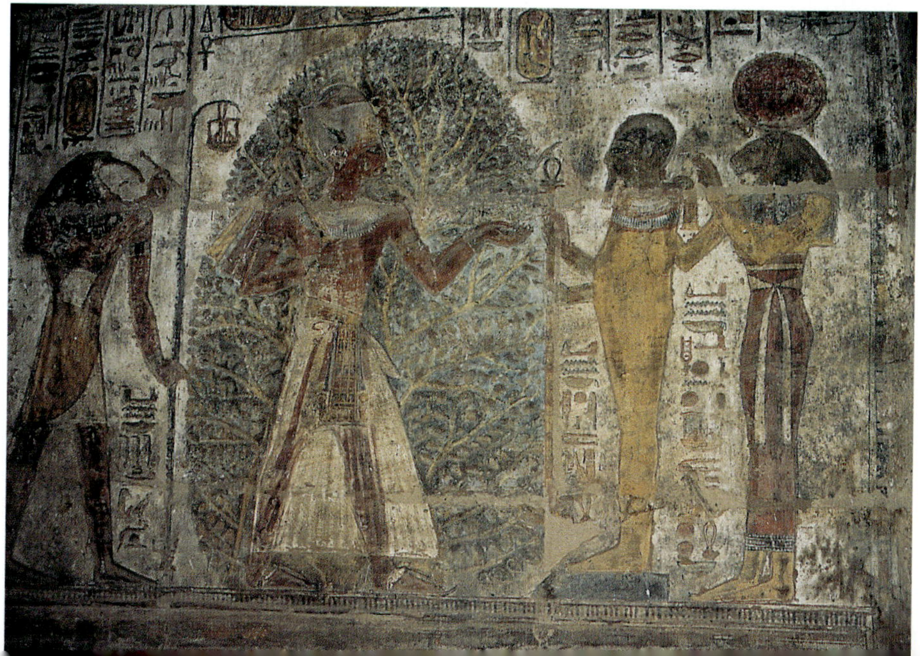

Tempel vom Wadi es-Sebua

19. Dynastie, um 1240 v. Chr.

Auch in Neu-Sebua hat man mehrere Heiligtümer, die zwischen 1961 und 1965 vor den Wasserfluten des Nasser-Stausees gerettet wurden, an einem sicheren Standplatz neu errichtet. Im Zentrum des heutigen Tempelensembles steht die Anlage Ramses' II. vom Wadi es-Sebua, die im herrschaftlichen Auftrag durch den Vizekönig von Nubien, Setau, im vierten Regierungsjahrzehnt des Herrschers errichtet wurde. Die moderne arabische Ortsbezeichnung »Tal der Löwen« erhielt der Tempel, dessen Originalposition rund fünf Kilometer westlich lag, von der Sphingenallee, die beide Vorhöfe durchzieht. Aus dem zweiten Hof führt eine Treppe zum höher platzierten Eingangspylon (H. 20,5 m) hinauf, dem der große Hof folgt. Ungewöhnlich erscheint der Aufbau der Pfeilerhalle, deren Raum schon aus dem Fels gehauen wurde und fast vollständig von den zwölf Stützelementen ausgefüllt ist. Über einen daran anschließenden Querraum führt der Weg zum Sanktuar mit zwei Nebenkammern.

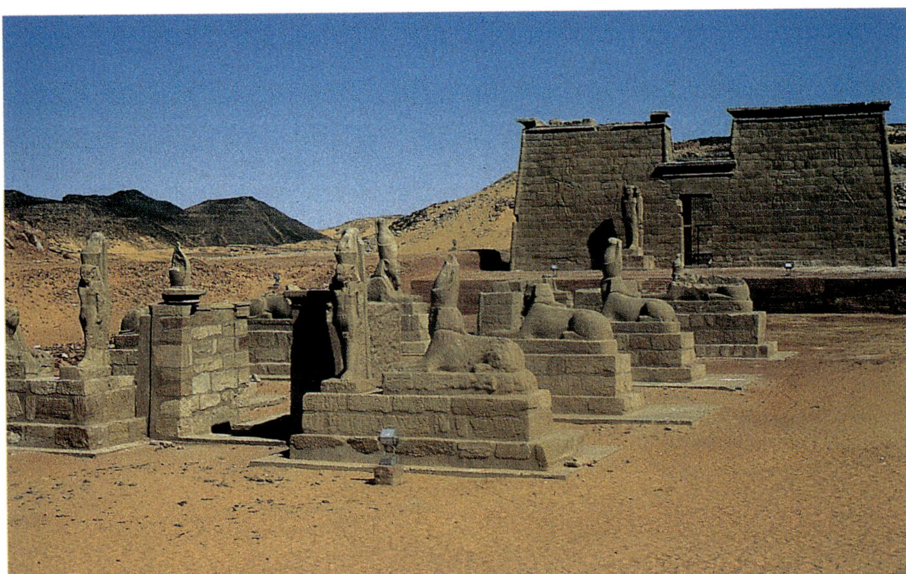

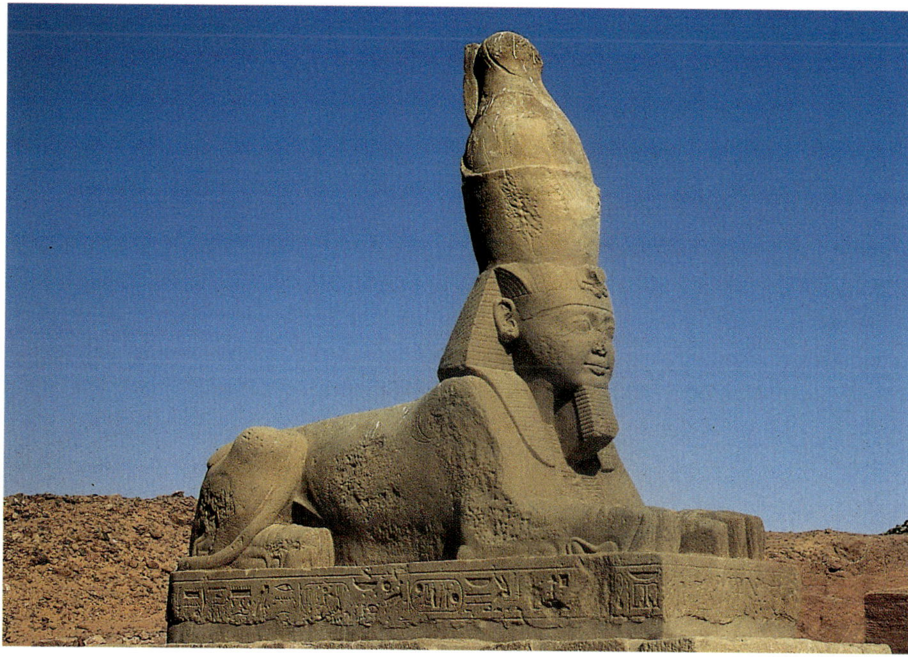

Sphinxfigur Ramses' II.

Vor dem Bau des Hochstaudamms in Assuan bot sich nahezu jedes Jahr zur Überschwemmungszeit in Sebua ein grandioser Anblick. Mit steigendem Wasserstand versanken die tiefer gelegenen Vorhöfe immer weiter in den Fluten, bis die Sphingen Ramses' II. nur noch wie gestaltete Steininseln auf dem Wasserspiegel lagen. Die Achse des ersten Vorhofes wird jeweils von drei Sphingen des Herrschers aus lokalem Sandstein flankiert, die sich über einer mit Königstitulatur beschrifteten Basisplatte erheben. Die Figuren ihrerseits sind heute auf hohe, aufgemauerte Podeste gesetzt. Der König trägt das Nemes-Kopftuch mit Doppelkrone und Stirn-Uräus sowie einen breiten Zeremonialbart. Dieser klassische Sphinxtypus wird im zweiten Hof von einer weitaus selteneren Variante abgelöst, die dort paarweise den Mittelweg rahmt. Der Löwenleib trägt hier nicht das Haupt des Pharao, sondern einen Falkenkopf als Ausweis der kultischen Verbundenheit mit dem Sonnengott.

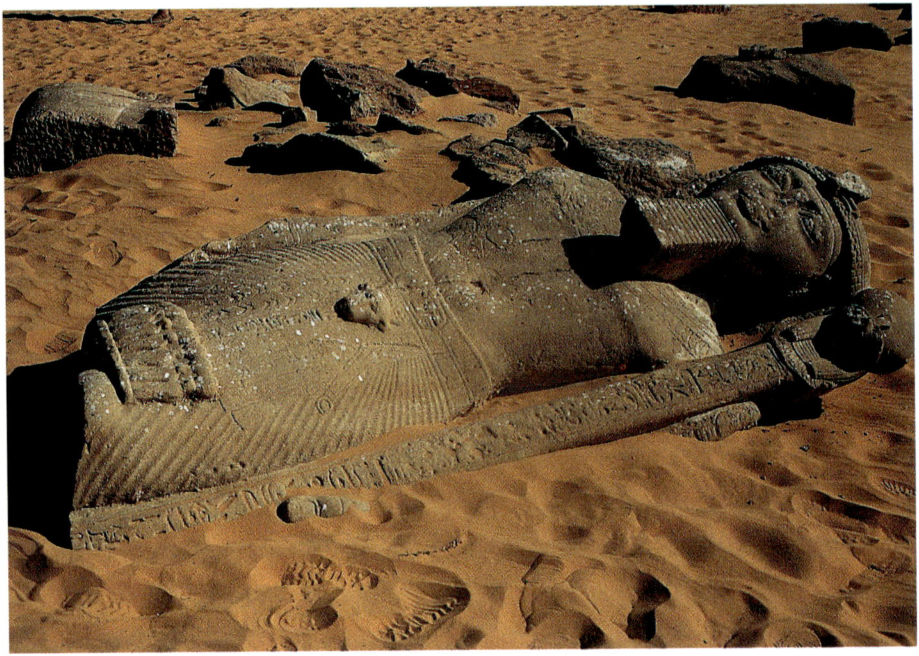

Stabträgerfigur Ramses' II.

Die kolossale Bauplastik vor den Pylontürmen der Heiligtümer umfasst seit dem Neuen Reich im Regelfall nur zwei Typen, nämlich die königliche Stand- oder Sitzfigur. Die wenigen bekannten Ausnahmen fallen alle in die Ramessidenzeit, wobei der Tempel vom Wadi es-Sebua das markanteste Beispiel liefert. Vor dem Pylonbau standen an jedem Turm zwei riesige Stabträgerfiguren des Königs (H. 9,50 m ohne Podest), von denen die eine noch aufrecht steht, eine andere daneben im Wüstensand (Unterschenkel weggebrochen) liegt. Dieser Typus des königlichen Rundbildes wurde unter Amenophis III. eingeführt und erfreute sich in der 19. und 20. Dynastie großer Beliebtheit. Er zeigt den Herrscher mit einem langen Götterstab (auch zwei sind möglich) im Arm, der von einem Götterkopf bekrönt wird. Die Stäbe der insgesamt vier Statuen in Sebua waren paarweise mit einem Falkenkopf für Re-Harachte bzw. mit einem Widderkopf für Amun-Re, den beiden Hauptgöttern des Heiligtums, versehen.

Tempel von el-Dakka

Meroitische bis römische Zeit,
3. Jh. v. Chr. –1. Jh. n. Chr.

Der Tempel von el-Dakka wurde einst 40 km nördlich von seinem heutigen Standort in Neu-Sebua errichtet. Seine Baugeschichte beginnt mit dem meroitischen König Arkamani (griech. Ergamenes, um 270–260 v. Chr.) und dessen jüngeren Zeitgenossen, Ptolemaios IV. Philopator (221–204 v. Chr.), und reicht bis in die frühe römische Kaiserzeit des Augustus (30 v. Chr. – 14 n. Chr.) und Tiberius (14–37 n. Chr.). Der Kult des Heiligtums galt dem lokalen Gott Thot von Pnubs und seiner Gemahlin, der Göttin Tefnut. Isoliert liegen der prächtige Eingangspylon (Br. 24,5 m; weitgehend undekoriert) und das eigentliche Tempelhaus hintereinander, da die verbindende Hofanlage und die äußere Umfassungsmauer vollständig zerstört sind. Die Ritualdarstellungen im Pronaos und in der anschließenden Querhalle sind ptolemäische Arbeiten (Ptolemaios' VIII. Euergetes II.), die an Qualität in der folgenden Kapelle des Ergamenes noch übertroffen werden. Dagegen lassen die rohen Bildausführungen im letzten Raum, dem römischen Sanktuar, keinen Zweifel an ihrer späten Entstehungszeit aufkommen.

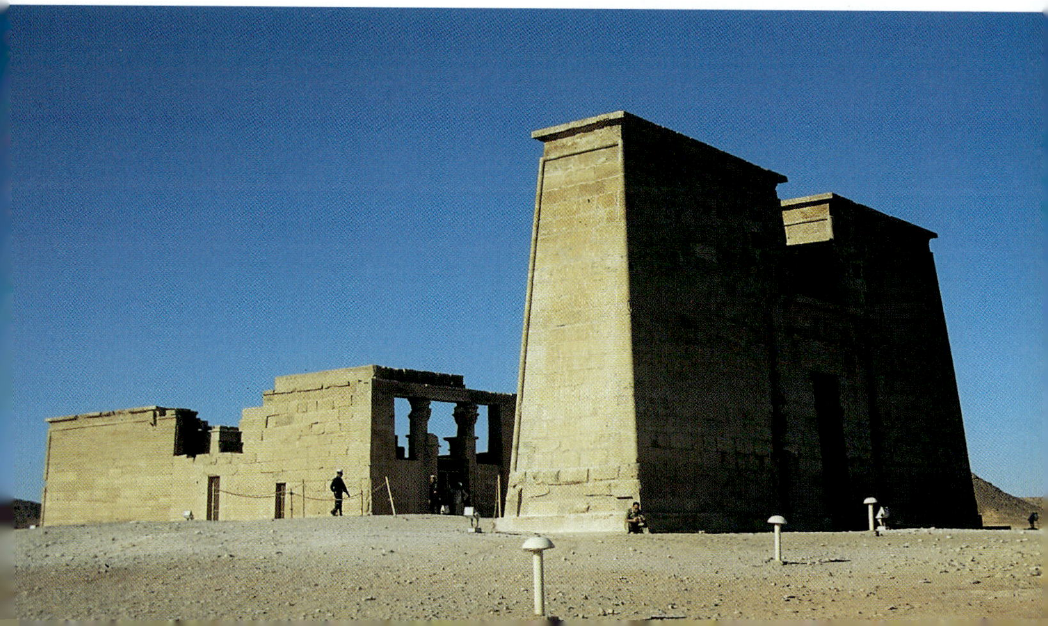

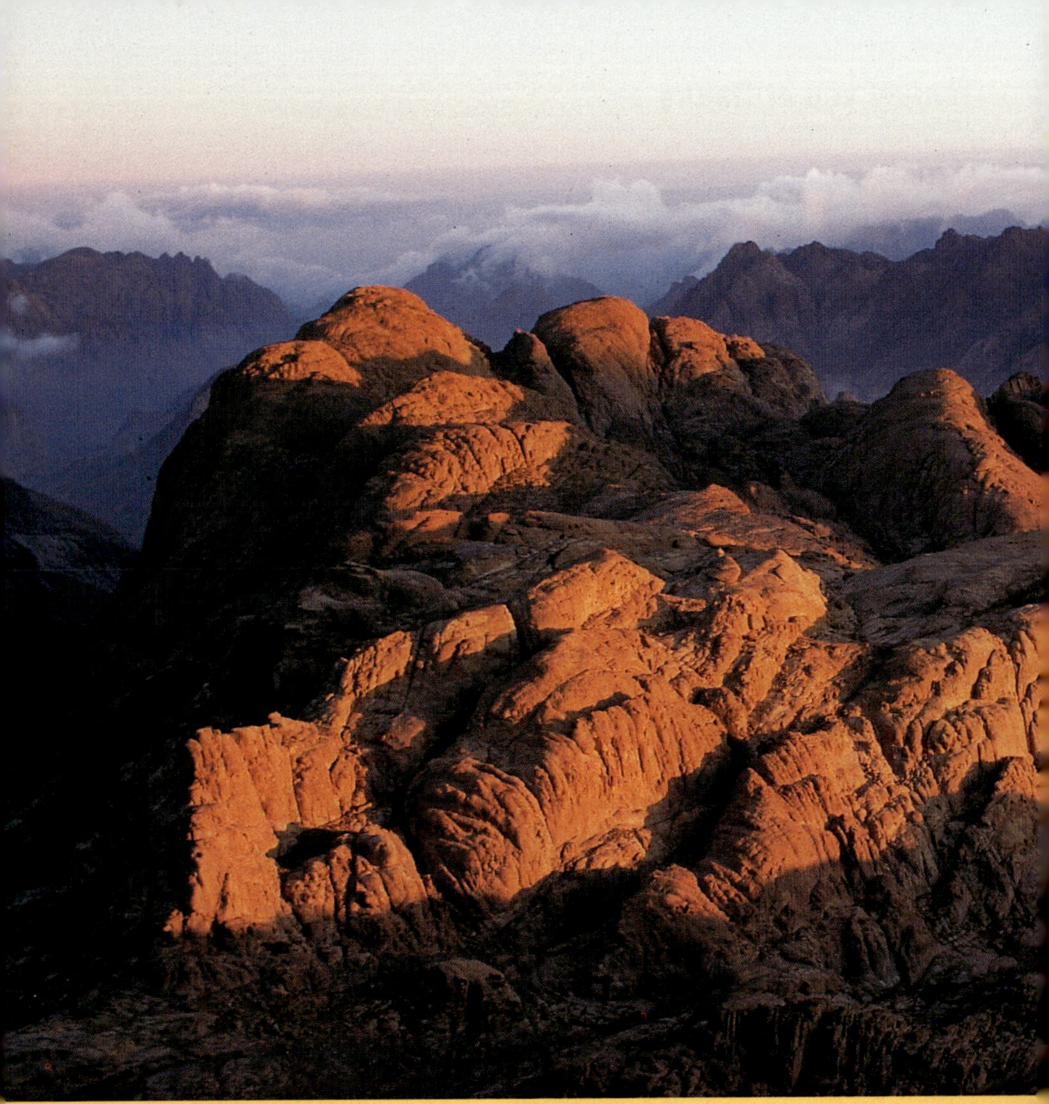

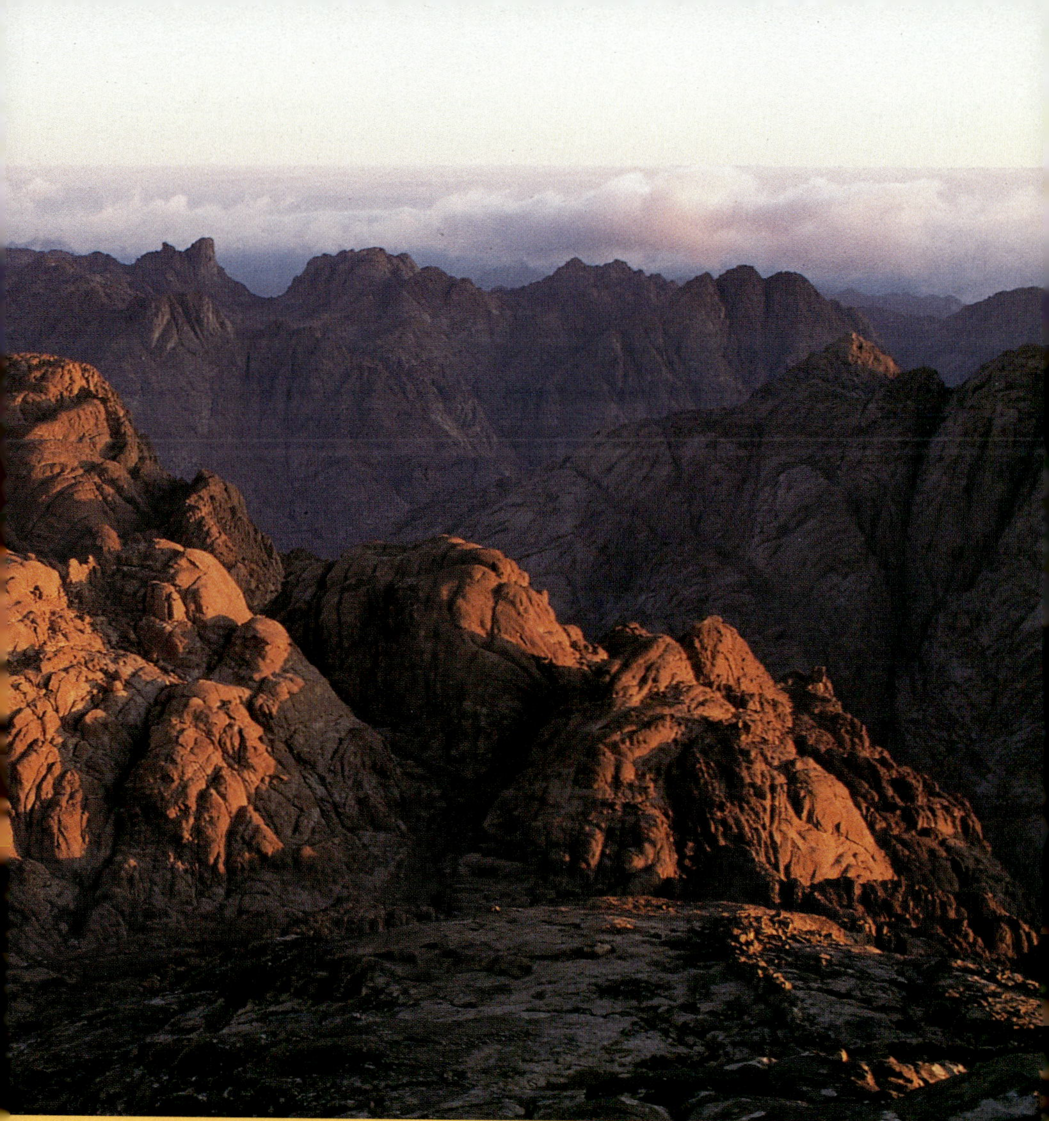

Der Sinai

Der Sinai

Vorhergehende Seiten: Gebirgslandschaft auf dem Sinai mit dem Mosesberg im Vordergrund

Als Kriegsschauplatz in den letzten Jahrzehnten immer wieder im Blickpunkt der Weltpolitik bietet der Sinai ein reiches kulturgeschichtliches Erbe, das sich auf die Südspitze der Halbinsel mit seiner eindrucksvollen Gebirgslandschaft konzentriert. Schon im frühen 3. Jt. lieferte der Sinai wertvolle Bodenschätze, unter denen Kupfer und Türkis die wichtigsten waren. Davon zeugen die zahlreichen Felsinschriften (ab Altem Reich) im Abbaugebiet des Wadi Maghara. Einige gut erhaltene Reliefs wurden dabei von Flinders Petrie schon kurz nach 1900 aus Sicherheitsgründen abgesägt und nach Kairo ins Museum verbracht; darunter auch die berühmte Darstellung des Königs Snofru (Bild links; roter Sandstein, H. 112 cm), wie er einen asiatischen Feind erschlägt. Neben seiner Titulatur bezeichnet ihn die Beischrift als »Bezwinger der Fremdländer«. Das heraldische Hauptmotiv erfährt eine Erweiterung dadurch, dass rechts der großformatige Horus-Name (»Herr der Wahrheit«) des Snofru steht, wobei die Falkenfigur über dem Palastfeld (ägypt. Serech) den Herrscher bildmagisch vertritt. Auch im und am Hathor-Tempel von Serabit el-Chadim mit seiner einzigartigen Architektur lassen die inschriftlichen Hinterlassenschaften aus dem Mittleren und Neuen Reich die Kontinuität der Abbauarbeiten deutlich werden. Für Juden- und Christentum gilt der Sinai gleichermaßen als heiliger Ort. Auf dem Berg »Horeb« empfing Moses die Gesetzestafeln von Gott, und seit dem Bau des Katharinenklosters (6. Jh.) liegt hier die bedeutendste christliche Stätte in Ägypten.

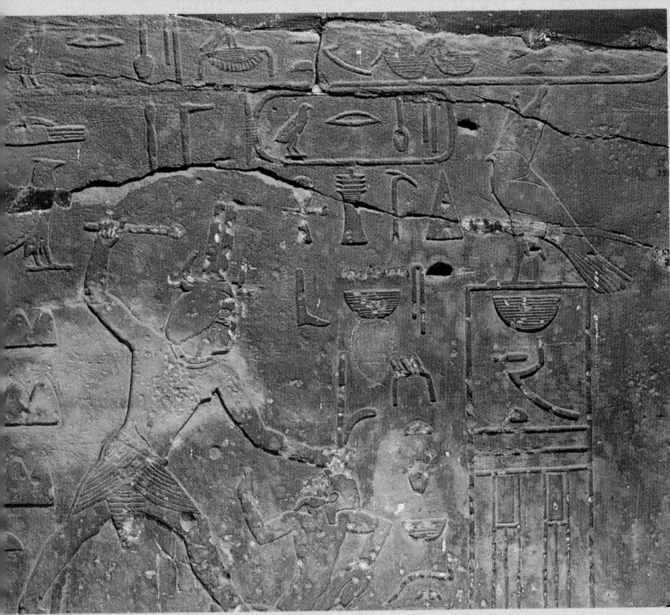

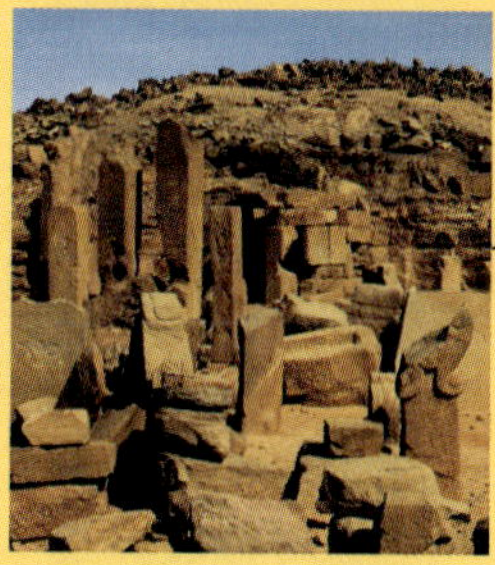

Serabit el-Chadim, S. 538 ff.

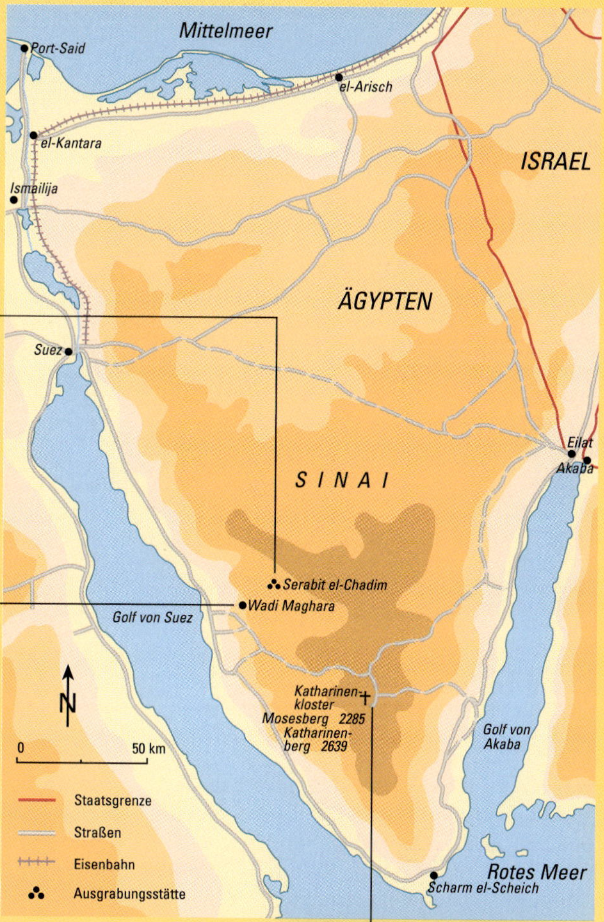

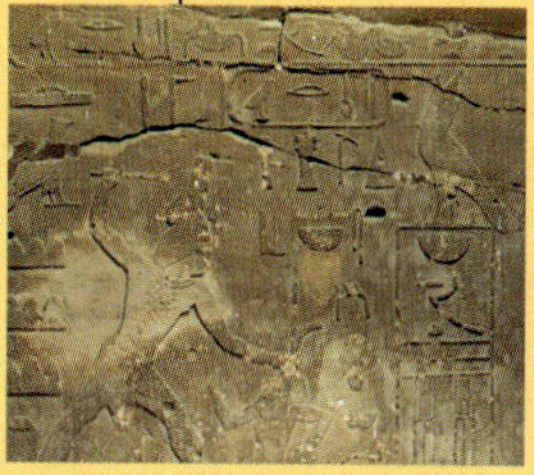

Snofru erschlägt einen asiatischen Feind, S. 536

Das Katharinen-kloster, S. 540 ff.

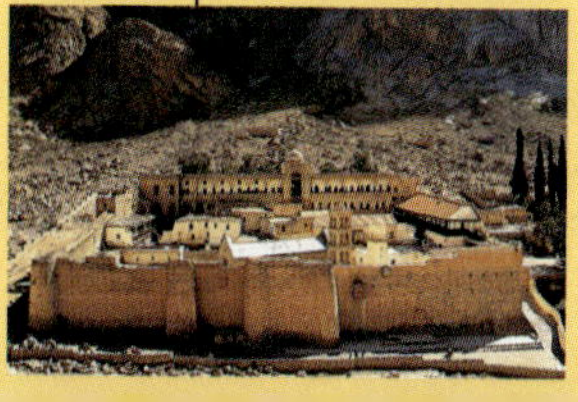

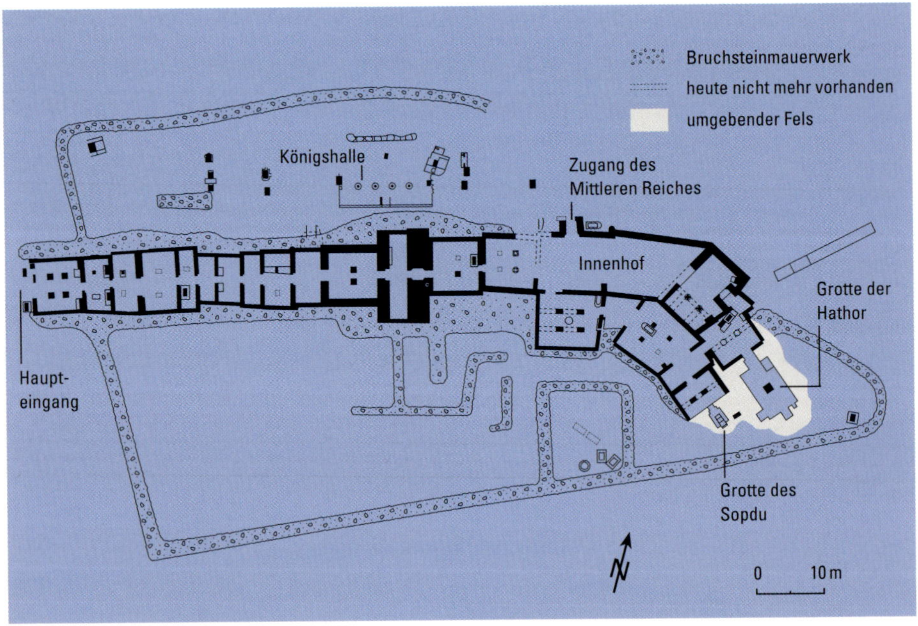

Serabit el-Chadim

Mittleres und Neues Reich, 2. Jt. v. Chr.

Auf einem 850 m hohen Felsplateau liegt inmitten des ehemaligen Türkisgebietes der lang gestreckte Tempelbereich von Serabit el-Chadim, dem größten Heiligtum auf dem Sinai aus pharaonischer Zeit. Als Schutzpatronin wurde Hathor hier verehrt, die den Beinamen »Herrin des Türkislandes« führte. Einen Kult besaßen weiterhin Sopdu, Gott der Ostwüste, sowie der Mondgott Thot und der vergöttlichte König Snofru aus der frühen 4. Dynastie. Die Tempelanlage fällt mit ihrer Abfolge von offenen Höfen völlig aus dem Rahmen der traditionellen Sakralarchitektur ihrer Zeit und besitzt einen Felsraum als Sanktuar. Verwirrend ist jedoch die Anzahl von Monumentalstelen, die im königlichen Auftrag von den leitenden Beamten der Türkisexpeditionen hier aufgestellt worden sind. Die frühesten Exemplare stammen aus der 12. Dynastie, umfassen alle großen Herrschernamen der 18. Dynastie und enden mit einem Denkstein aus der Zeit Ramses' VI. (20. Dynastie).

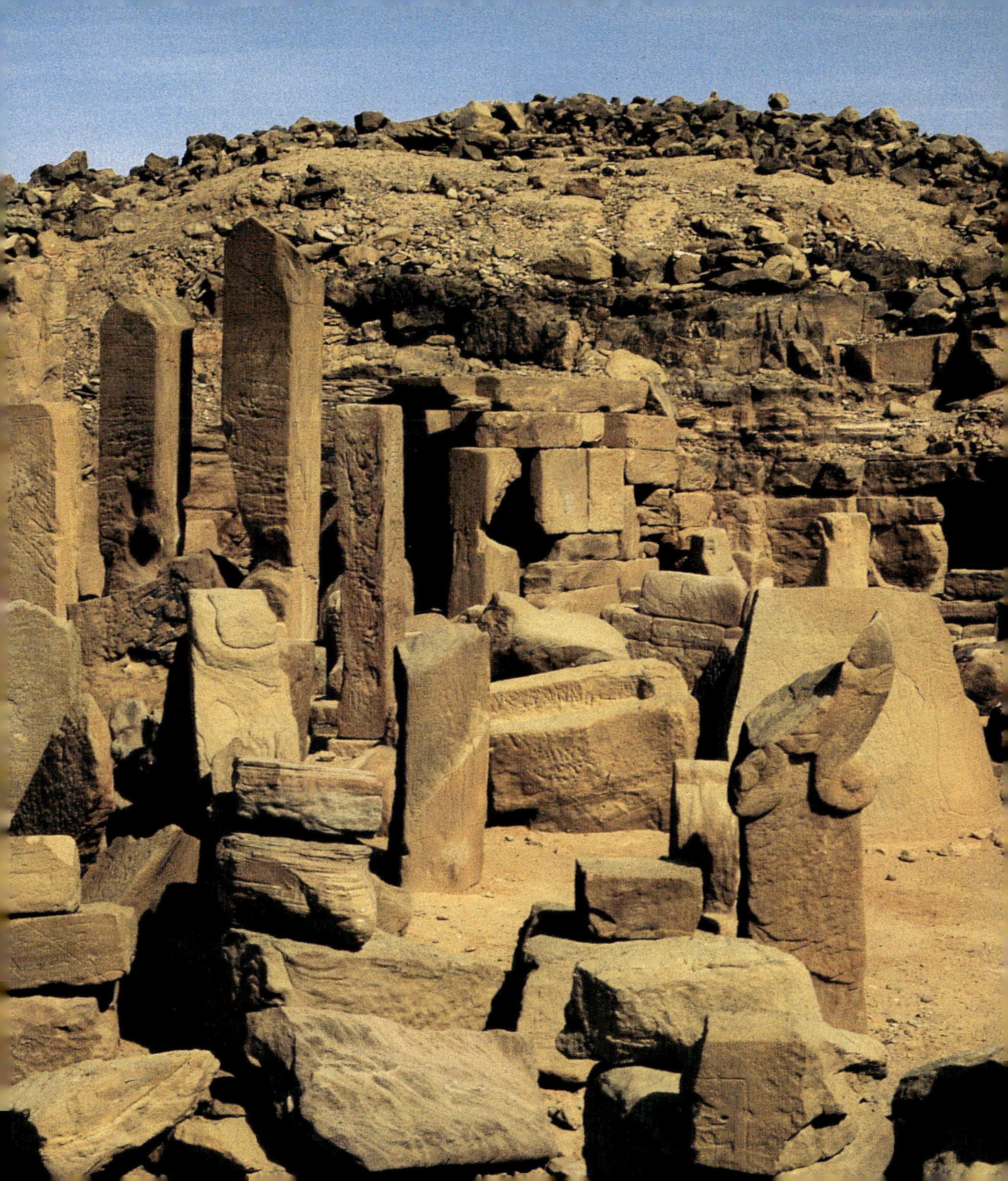

Das Katharinenkloster

Byzantinische Zeit, 6. Jh. n. Chr.

Wie eine Trutzburg liegt auf 1570 m Höhe die gewaltige Anlage des Katharinenklosters in einer Talsenke am Fuße des Mosesberges (2285 m). Als Stiftung des oströmischen Kaisers Justinian I. (527–565) wurde das Kloster am legendären Platz des brennenden Dornbuschs errichtet, wo es eine ältere Wehrkirche ersetzte. Die strategisch ungünstige Lage veranlasste den Kaiser weiterhin, zum Schutz der Mönche 200 römische und ägyptische Soldaten per Schenkungsurkunde anzusiedeln. Bei seiner Gründung war das Kloster zunächst der Jungfrau Maria geweiht und erst seit dem Mittelalter der hl. Katharina. Die Legende berichtet dazu, dass nach dem Traum eines Mönches die sterblichen Überreste der Märtyrerin auf dem Gipfel des nahen Katharinenberges gefunden worden seien. Seit dem 16. Jh. ist das Kloster ein selbstständiges Erzbistum des griechisch-orthodoxen Christentums. Nach

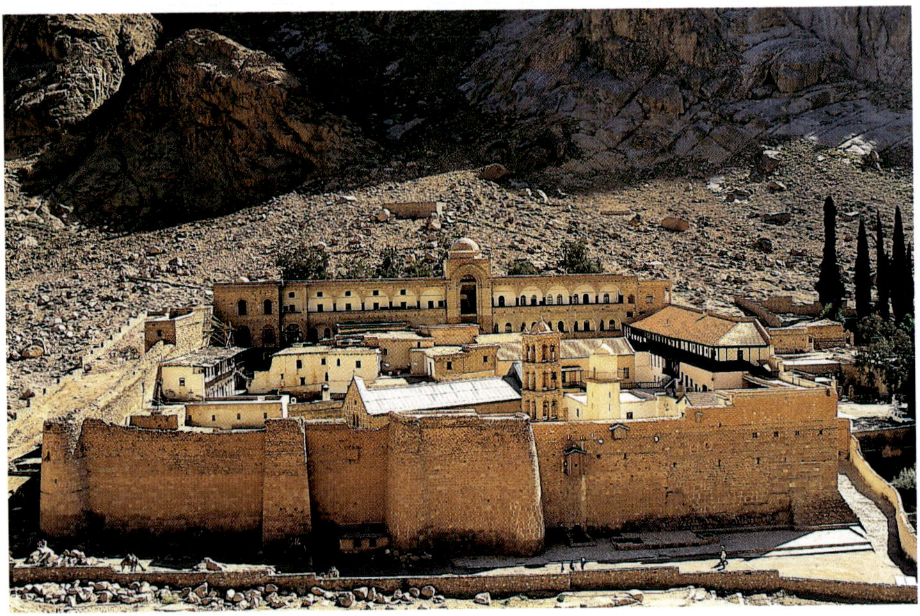

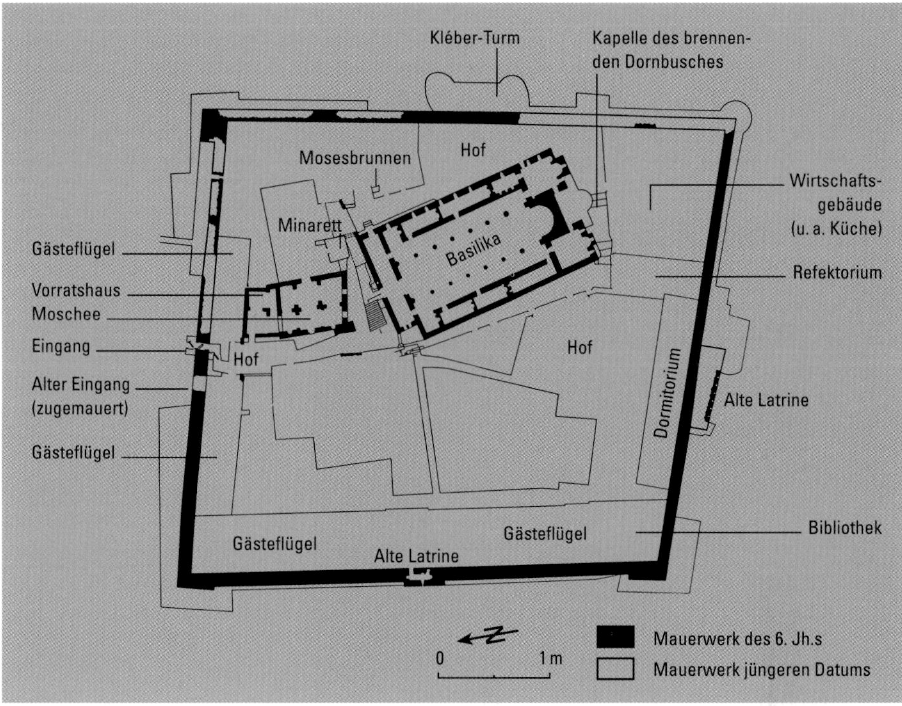

jahrzehntelangem Rückgang kann heute wieder ein Anstieg der im Kloster lebenden Mönche verzeichnet werden. Der Beschaffenheit des unregelmäßigen Bodenverlaufs angepasst, umgibt eine 12 bis 15 m hohe Schutzmauer aus Granitblöcken den Klosterbereich, der eine Fläche von 85 x 76 m aufweist. Nur an der Südwestseite ist größtenteils noch das justinianische Mauerwerk erhalten, das ansonsten häufigen Restaurierungsmaßnahmen unterzogen werden musste. Das ursprüngliche Haupttor wurde schon früh aus Gründen der Sicherheit zugemauert und zu Beginn des 19. Jh.s durch eine kleine Pforte linker Hand ersetzt. Zeitgleich wurde der alte Korbaufzug für Lasten und Personen stillgelegt. Innerhalb der Mauern sieht man sich einem wahren Labyrinth von Gängen, Treppen, Stiegen und Gebäuden gegenüber, die die profanen wie sakralen Einrichtungen beherbergen.

Die Basilika

Unübersehbares Zentrum der Klosteranlage ist die große Basilika aus justinianischer Zeit, die man durch eine Tür der Fatimidenzeit (11. Jh.) betritt. Hinter dem Narthex, der quer zum Hauptschiff liegt, erstreckt sich das dreischiffige Kirchenhaus, das von zwei Reihen mit jeweils sechs Granitsäulen getragen wird. In den beiden Seitenschiffen liegen Kapellen, die den Heiligen der orthodoxen Kirche geweiht sind. Der farbige Steinfußboden aus Marmor und Porphyr entstand erst 1714, ebenso wie die jetzige Flachdecke im 18. Jh. eingezogen wurde. Das originale Dachgestühl, seit dem 14. Jh. mit bleiverkleidetem Dach, hat auf drei Trägern Inschriften bewahrt, die das Kaiserpaar Justinian (»Zum Heile unseres frommen Kaisers Justinian«) und Theodora erwähnen sowie den Baumeister der Kirche, Stephanos von Alia. Eine reich bemalte und vergoldete Ikonostase von 1612 trennt den Chorbereich ab. Dort befinden sich rechts der Marmorsarkophag der hl. Katharina (18. Jh.) unter einem Baldachin und die weltberühmten Mosaiken der Apsis. Die letzte Erweiterung der Basilika betrifft den mehrgeschossigen barockisierenden Glockenturm von 1871, dessen neun bronzenen Einzelglocken eine Stiftung des russischen Zarenhauses sind.

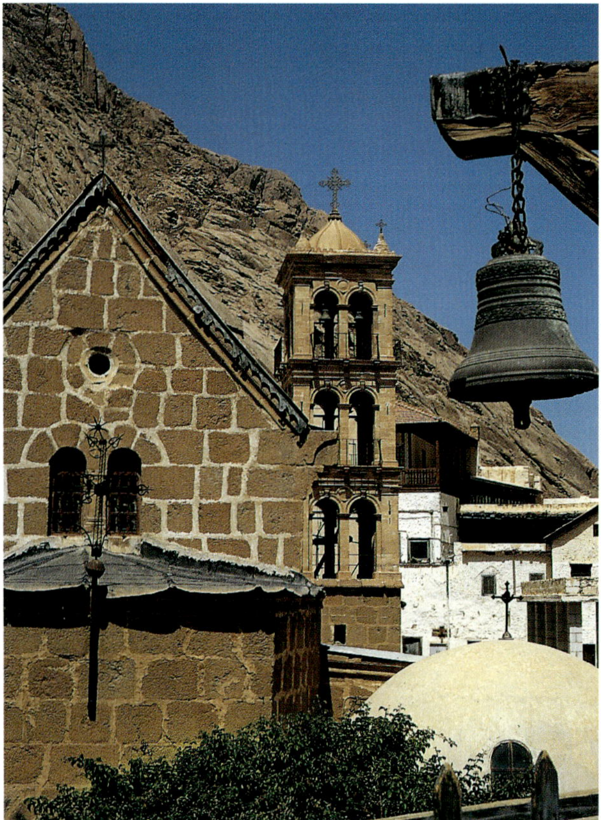

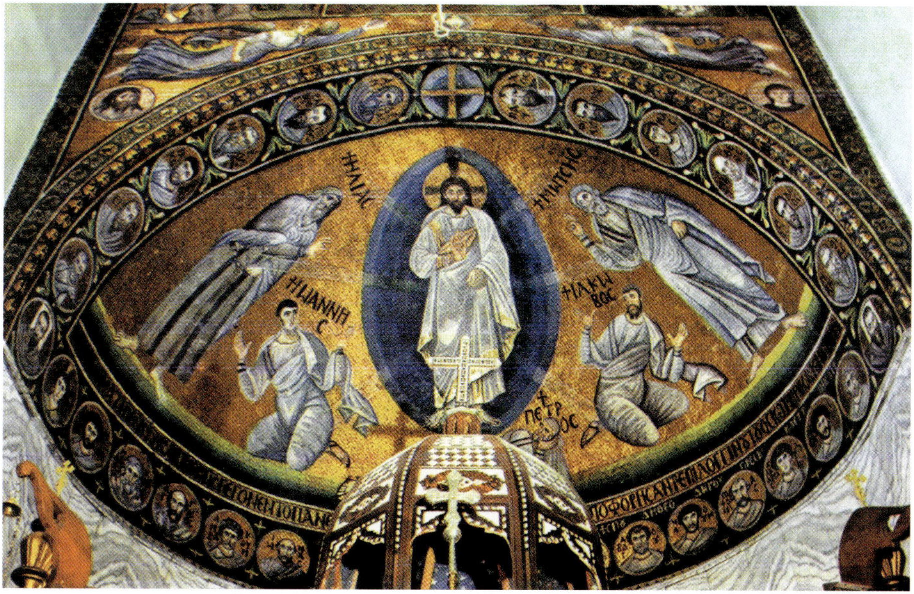

Das große Apsismosaik

Von herausragender Qualität sind die Mosaikdarstellungen in der Apsis, die auf Geheiß des oströmischen Kaisers Justinian II. (527–565) von einem byzantinischen Hofkünstler und seinen Gehilfen geschaffen wurden. Schon ein kurzer Blick lässt die Klarheit der Komposition erkennen, die durch die Monumentalität der Figuren beeindruckt. An der Stirnwand flankieren zwei Szenen das zentrale Doppelfenster: links Moses im brennenden Dornbusch, rechts beim Empfang der Gesetzestafeln; darunter zwei schwebende Engel und zwei Medaillons mit Porträtköpfen, vermutlich Kaiser Justinian selbst und seine Gemahlin Theodora, die auf das Lamm Gottes als Zentralmotiv unterhalb der Fensterbogen ausgerichtet sind. In der Apsiswölbung dominiert Christi Gestalt in der Mandorla. Zu seinen Seiten stehen die Propheten Elias (links) und Moses (rechts), während man die drei Jünger Johannes, Jakobus und Petrus zu seinen Füßen sieht. Um die Verklärung verläuft eine Medaillonkette mit den Brustbildern von 16 Propheten und den zwölf Aposteln, in der Achse unterbrochen von einem Kreuzmedaillon (oben) und einem Bild des David (unten).

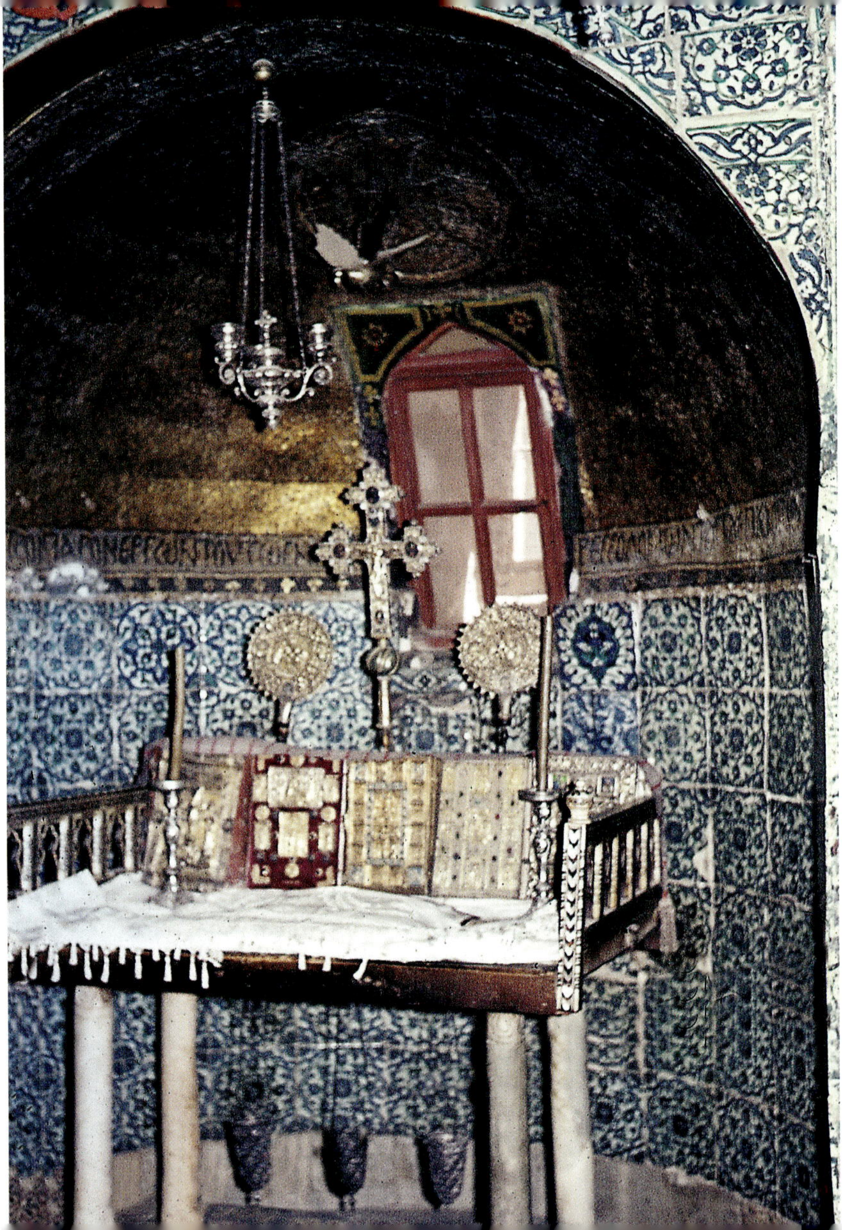

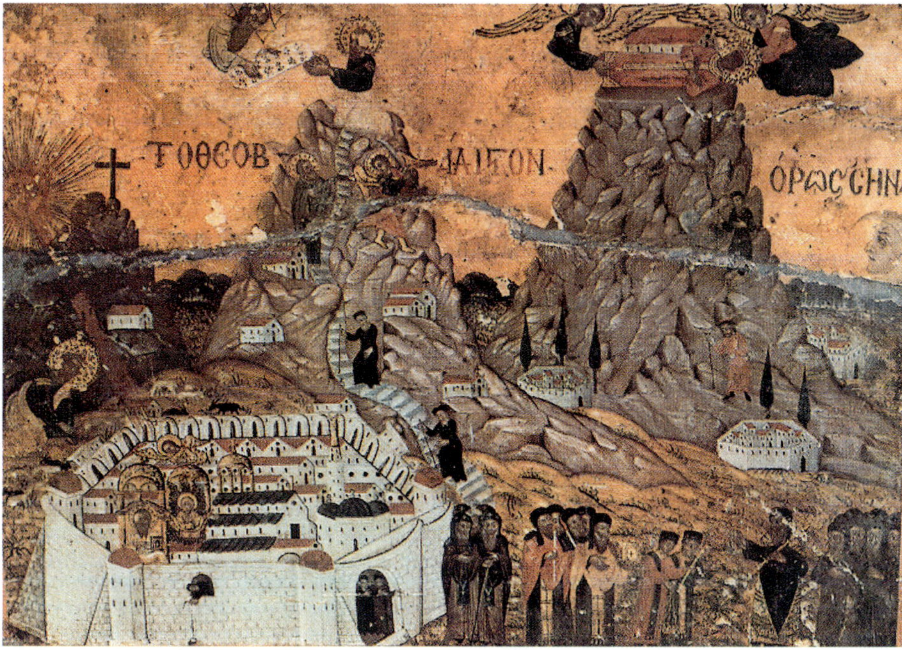

Kapelle des brennenden Dornbusches

Hinter dem Chor liegt mit der Kapelle des brennenden Dornbusches der heiligste Ort des Klosters. Die Wände des Raumes, der erst nachträglich eingerichtet wurde, sind mit Fayencekacheln aus Damaskus ausgestattet und mit zahlreichen Ikonen geschmückt. In der kleinen Apsis steht ein Altar, unter dem eine ewig brennende Lampe auf den Platz des Dornbusches hinweist. Dieser wird von einer silbernen Platte bedeckt, die eine Inschrift von 1696 trägt.

Ikone mit Klosteransicht

Die Ikonensammlung ist wohl der größte kunsthistorische Schatz des Katharinenklosters. Über 2000 Exemplare der unterschiedlichsten Stilrichtungen und Entstehungszeiten (6. Jh. bis Neuzeit) bilden eine weltweit einmalige Sammlung. Besonders die frühen Ikonen der byzantinischen Zeit sind von unschätzbarem Wert. Auch das Kloster selbst mit seiner Umgebung wurde thematisiert, wie diese Ikone (17. Jh., 36 x 25 cm) zeigt, die auf dem Sinai entstand.

Kopten – das Christentum am Nil

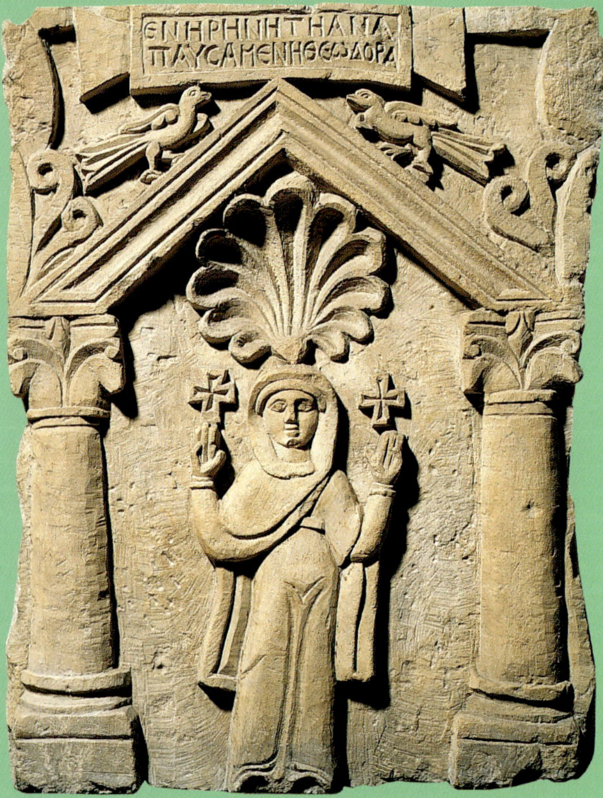

Grabstele der Theodora, 6. Jh., Faijum, Kalkstein, H. 75 cm, Frühchristlich-Byzantinische Sammlung, Staatliche Museen Preußischer Kulturbesitz, Berlin

Die meisten der heute in Ägypten lebenden Christen gehören der koptisch-orthodoxen Kirche an. Sie sehen sich als direkte Nachfolger der alten Ägypter, im Gegensatz zu den Muslimen, die sich zumindest zum Teil als Nachfahren der arabischen Eroberer verstehen. Das Christentum spielte schon früh eine wichtige Rolle in Ägypten, und es soll der Evangelist Markus gewesen sein, der diese Religion im 1. Jh. n. Chr. ins Land gebracht hat. In Alexandria richtete er einen ersten Bischofssitz ein, wo der Heilige auch sein Martyrium erlitt und zu Tode kam.

Zwei schwerwiegende Probleme bestimmten das frühe Christentum: der Kampf um die rechte Lehre, der schließlich zur Trennung der Kirchen führte, und die großen Christenverfolgungen des 3. und 4. Jh.s n. Chr. Die Schrecken der Märtyrerära wurden nie vergessen, und auch der koptische Kalender verweist darauf, da er mit dem Amtsantritt Kaiser Diokletians 284 n. Chr. einsetzt, unter dem die schlimmsten Verfolgungen stattfanden. Nach der endgültigen Duldung des Christentums wandten sich viele Ägypter dem neuen Glauben zu, der ihnen trotz Not und Fremdherrschaft ein neues Selbstwertgefühl verlieh. Einige der Gläubigen zogen sich in die Wüste zurück und suchten dort als Eremiten nach einem eigenen Weg zu Gott. Andere schlossen sich zu Gemeinschaften zusammen, und es entstanden streng hierarchisch geführte Klöster, die von so großen Führungspersönlichkeiten geleitet wurden wie den beiden Äbten Pachom (gestorben 346 n. Chr.) und Schenute von Atripe (348–466 n. Chr.). Die Klöster waren außerdem kulturelle Zentren, in denen nicht nur die Bibel ins Ägyptische übersetzt wurde, sondern auch eine eigene Literatur entstand. Zur Aufzeichnung verwendete man nicht mehr die komplizierten Hieroglyphen, sondern griechische Buchstaben mit einigen ägyptischen Zusatzzeichen. Die koptische Schrift und Sprache wurde später zwar durch das Arabische verdrängt, sie blieb aber in der orthodoxen Kirche des Landes Bestandteil der Liturgie. Architektur und bildende Kunst erlebten in der Spätantike eine besondere Blüte, wobei die im trockenen ägyptischen Klima gut erhaltenen koptischen Textilien mit ihren figürlichen und floralen Motiven besonders berühmt wurden.

Auch heute noch nehmen Klöster und Wallfahrtsorte eine bedeutende Stellung im religiösen Leben ein und werden an Festtagen gern besucht. Gerade vielen jungen Kopten ist ein zeitweiliger Aufenthalt in einem Kloster nicht nur ein inneres Bedürfnis, sondern auch Ausdruck ihrer christlich-kulturellen Identität in einer vom Islam geprägten Welt.

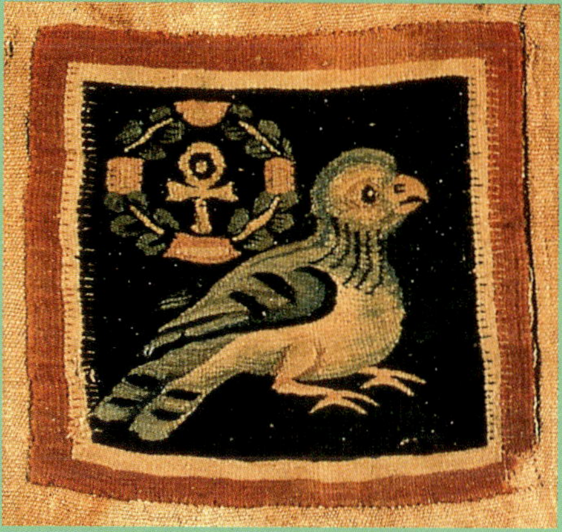

Gewandbesatz mit Vogelmotiv und Anch-Zeichen, 5. Jh., Wolle und Leinen, 22 x 22 cm, The British Museum, London

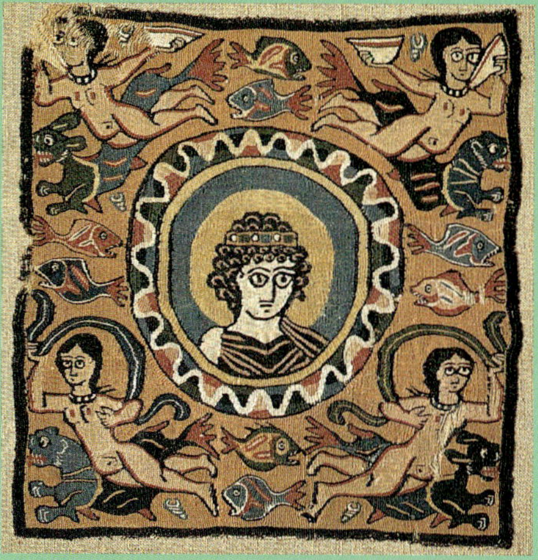

Gewandbesatz mit Meeresszene, 5./6. Jh., Wolle u. Leinen, 31 x 29,5 cm, Musée du Louvre, Paris

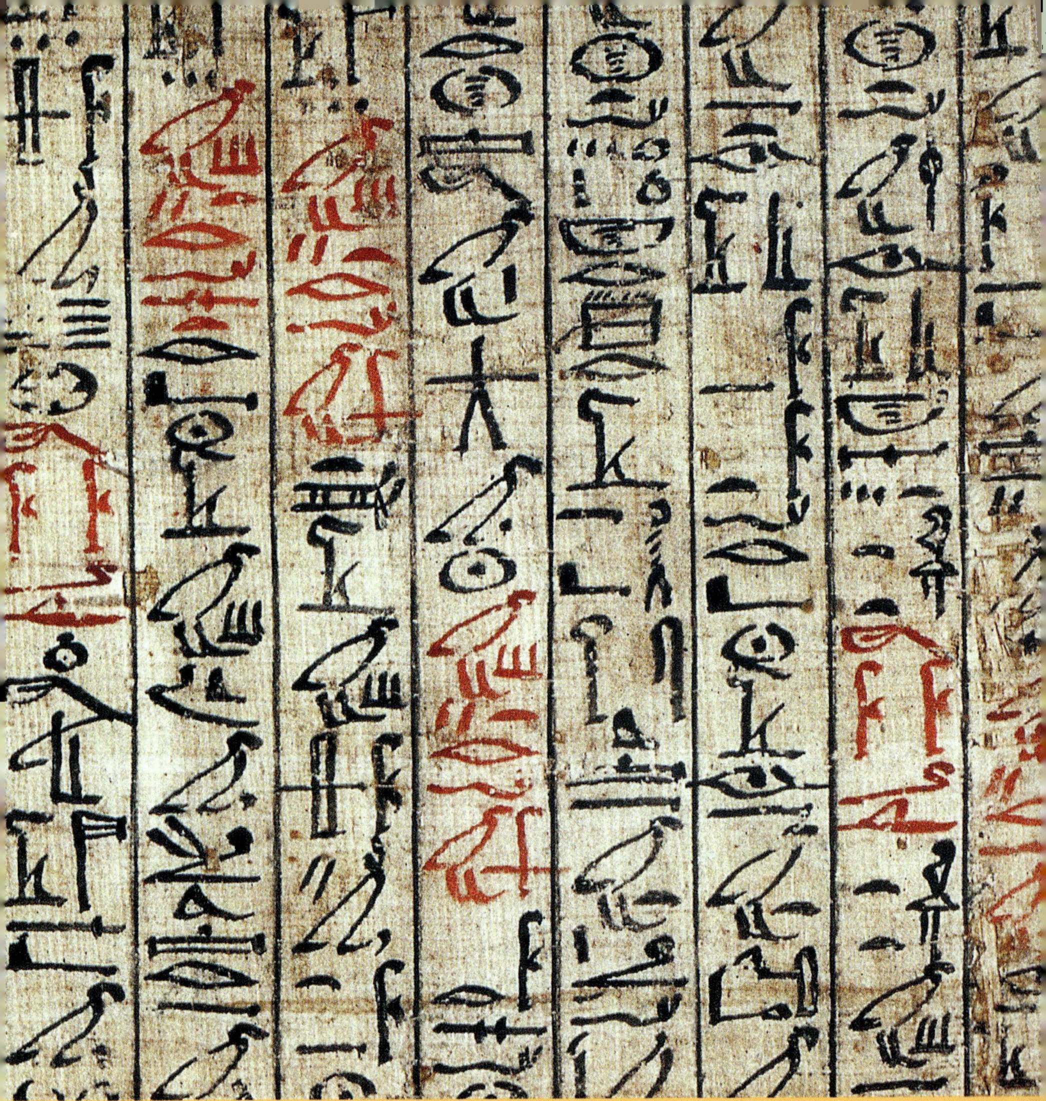

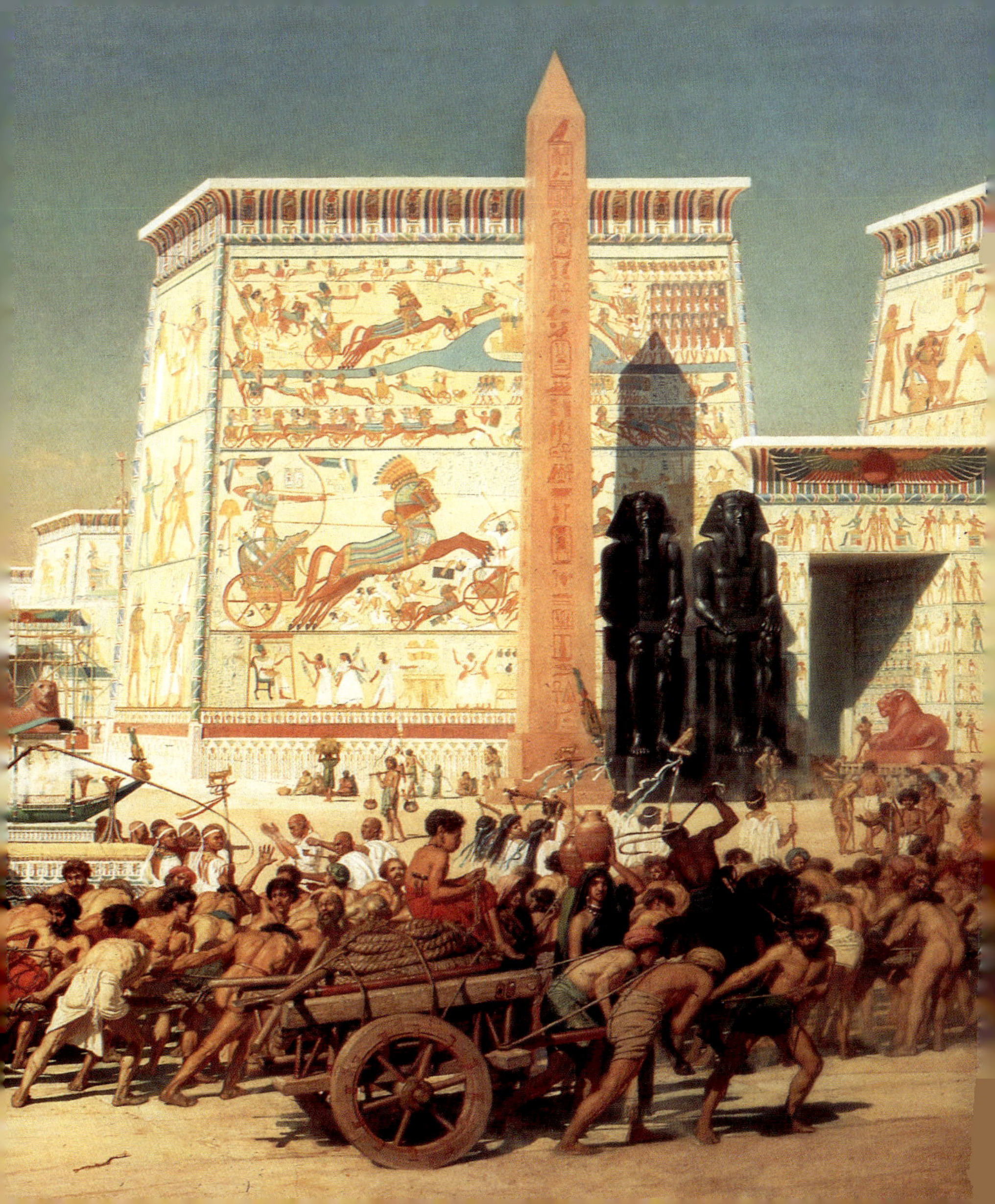

Geschichte

Kopf des Königs Taharqo, 25. Dynastie, um 680 v. Chr.

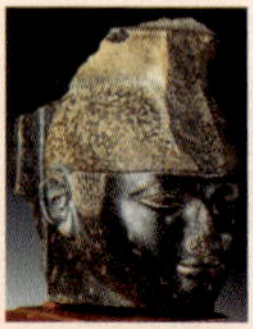

In seinem 20. Regierungsjahr erobert 728 v. Chr. König Pije Ägypten und festigt die Kuschiten-Herrschaft der 25. Dynastie. Schon kurze Zeit später beginnen unter Taharqo die Kämpfe gegen Assyrien. Sein Nachfolger Tanutamun muss sich in das nubische Stammland zurückziehen, und ein Stadtfürst von Sais gründet als Psammetich I. 664 v. Chr. die 26. Dynastie.

Nach dem Tod Alexander des Großen übernimmt 304/05 v. Chr. Ptolemaios I. die Macht in Ägypten und begründet die Dynastie der Ptolemäer. Hauptstadt ist Alexandria mit seinem Wahrzeichen, dem Leuchtturm von Pharos. Die Niederlage Kleopatras VII. bei Actium (30 v. Chr.) gegen Rom bedeutet das Ende der ptolemäischen Herrschaft.

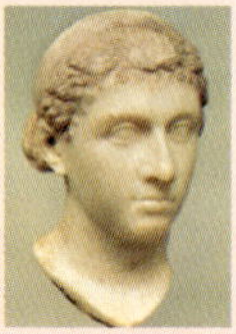

Marmorbildnis Kleopatras VII., um 30 v. Chr.

Spätzeit um 750–332

Ptolemäer 305–30

v. Chr.

Architektur

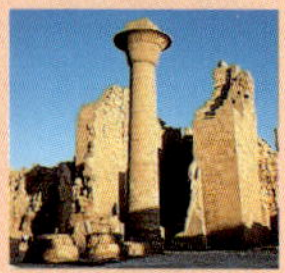

Karnak, Säule des Taharqo im ersten Hof, 25. Dynastie, um 680 v. Chr.

Philae, Großer Kiosk Nektanebos' I., 30. Dynastie, um 370 v. Chr.

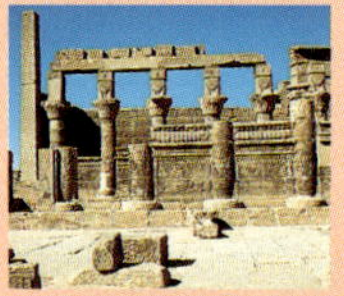

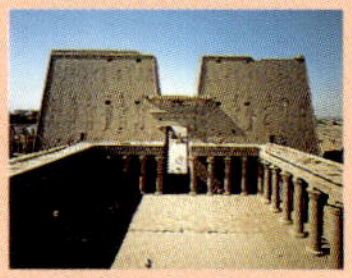

Edfu, Pylon und Hofanlage des Horus-Tempels, 2./1. Jh. v. Chr.

Dendera, astronomische Decke, Pronaos des Hathor-Tempels, 1. Jh. v. Chr.

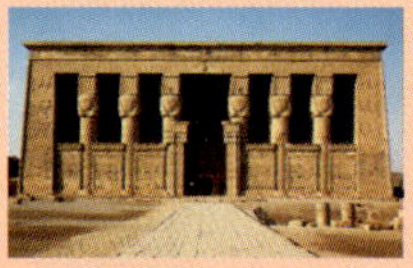

Plastik

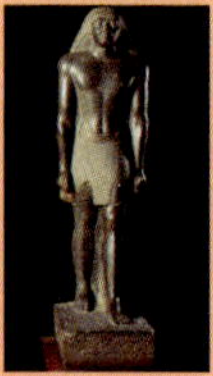

Standfigur des Gouverneurs Monthemhat, 25. Dynastie, um 680 v. Chr.

Kopf des Königs Amasis, 26. Dynastie, um 550 v. Chr.

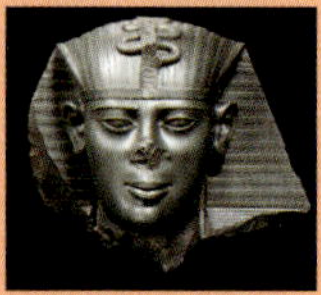

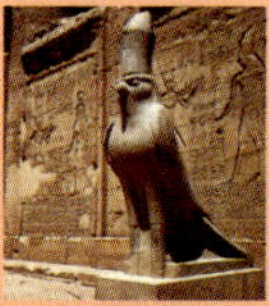

Horus-Falke im Tempel von Edfu, 2. Jh. v. Chr.

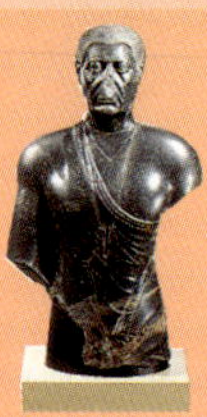

Standfigur des Horsitutu, 3. Jh. v. Chr.

Relief/ Malerei

El Kurru, Grabmalerei mit Bild des Königs Tanutamun, 25. Dynastie, um 650 v. Chr.

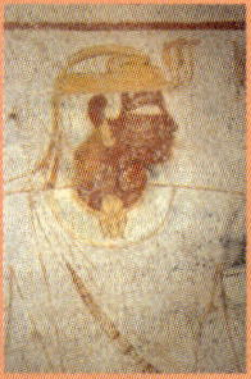

Grabrelief: Frauen bei der Parfümherstellung, 30. Dynastie, um 350 v. Chr.

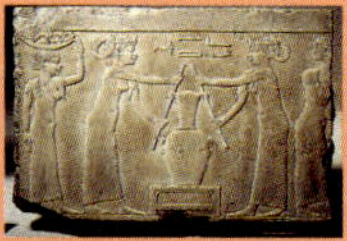

Edfu, Krönungsszene im Horus-Tempel, 2. Jh. v. Chr.

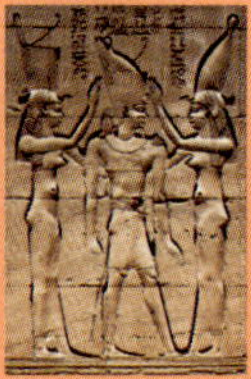

Dendera, astronomische Decke im Pronaos, 1. Jh. v. Chr.

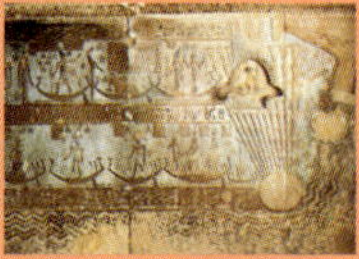

Grab- und Kleinkunst

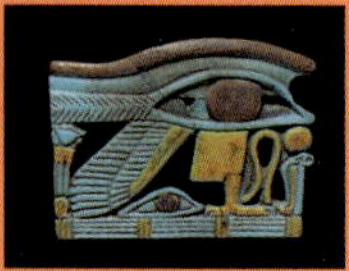

Großes Udjat-Auge aus Fayence, 25. Dynastie, um 700 v. Chr.

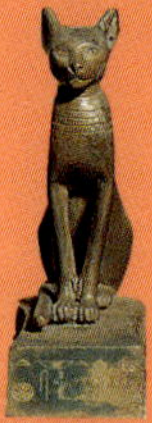

Bronzefigur der Katzengöttin Bastet, 26. Dynastie, um 600 v. Chr.

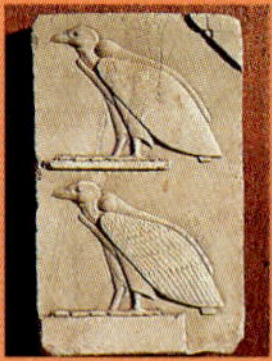

Bildhauermodell mit zwei Geiern, 3./2. Jh. v. Chr.

Kleiner Kasten aus Fayence, 3. Jh. v. Chr.

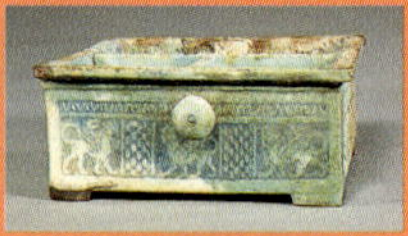

Geschichte

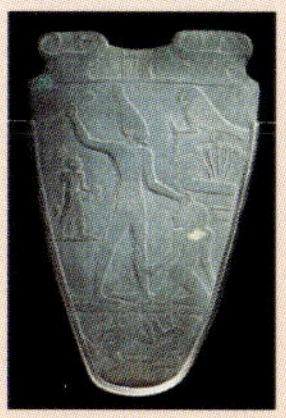

Prozess der Reichseinigung: Prunkpalette des Königs Narmer, 0. Dynastie, um 3100 v. Chr.

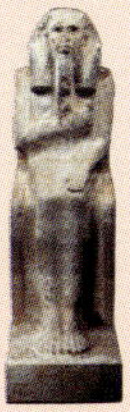

Sitzfigur des Königs Djoser, 3. Dynastie, um 2650 v. Chr.

Erste Blütezeit der ägyptischen Kultur, für die symbolhaft die großen Pyramidenbauten der Könige Snofru, Cheops und Chephren (4. Dynastie) stehen. Ausbildung des sakralen Königtums mit dem Pharao an der Staatsspitze. Landeshauptstadt ist Memphis. Am Ende der 6. Dynastie (um 2180 v. Chr.) bricht das Alte Reich aus internen Gründen zusammen.

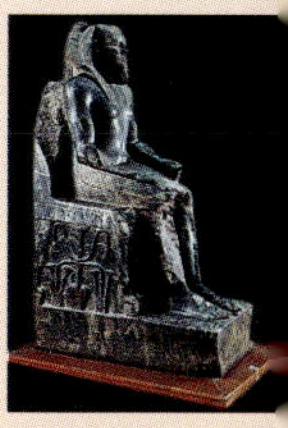

Sitzbild des Chephren, 4. Dynastie, um 2530 v. Chr.

v. Chr.

0. Dynastie/ Frühzeit um 3100–2700

Altes Reich um 2700–2150

Architektur

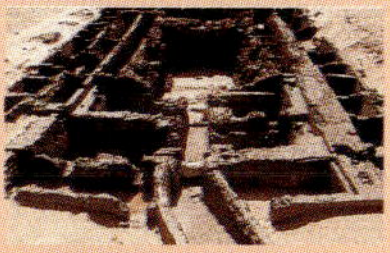

Abydos, Grab des Königs Qa'a, 1. Dynastie, um 2900 v. Chr.

Stufenpyramide des Djoser in Saqqara, 3. Dynastie, um 2650 v. Chr.

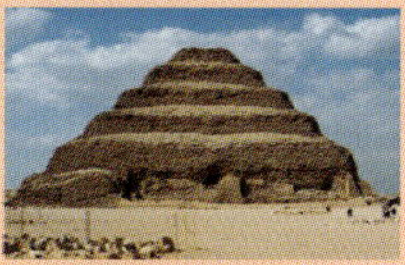

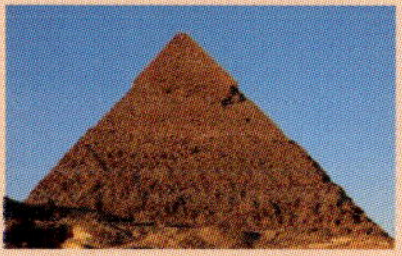

Giza, Chephren-Pyramide, 4. Dynastie, um 2530 v. Chr.

Saqqara, Unas-Pyramide, 5. Dynastie, um 2330 v. Chr.

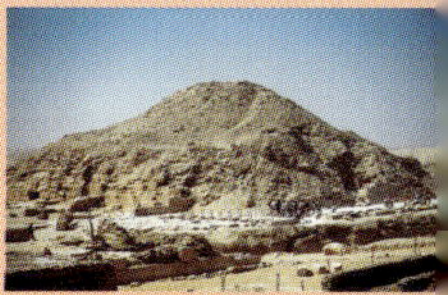

Plastik

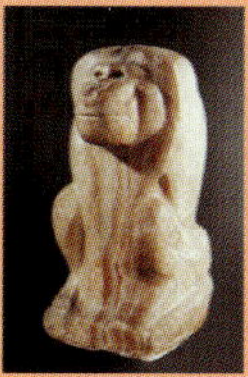

Pavianfigur des Gottes »Großer Weißer«, 0. Dynastie, um 3100 v. Chr.

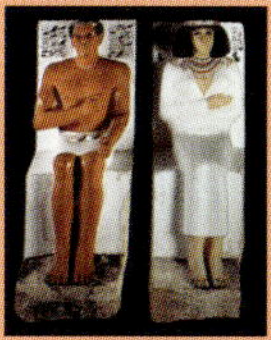

Sitzfiguren des Prinzen Rahotep und der Nofret, 4. Dynastie, um 2600 v. Chr.

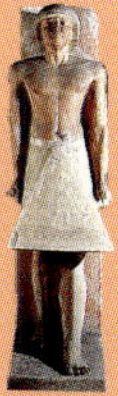

Standfigur des Beamten Ti aus Saqqara, 5. Dynastie, um 2450 v. Chr.

Figur eines anonymen Schreibers, 5. Dynastie, um 2450 v. Chr.

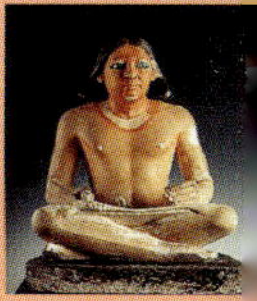

Relief/ Malerei

Zeremonialpalette, 0. Dynastie, um 3100 v. Chr.

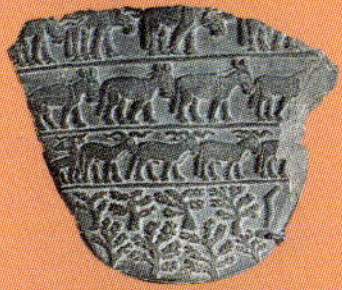

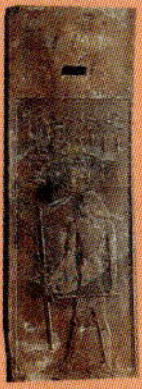

Holztafel des Hesire aus Saqqara, 3. Dynastie, um 2650 v. Chr.

Saqqara, Leben auf dem Land im Grab des Nefer, 5. Dynastie, um 2400 v. Chr.

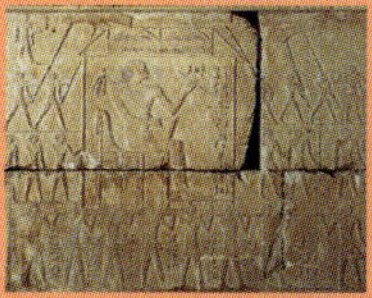

Grabrelief: Sänftentransport des Ipi, 6. Dynastie, um 2300 v. Chr.

Grab- und Kleinkunst

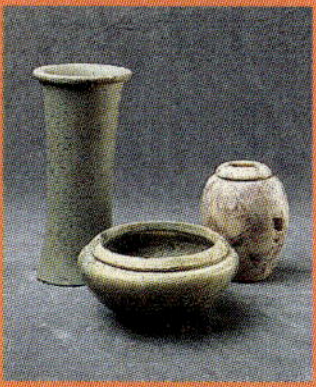

Steingefäße, 1./2. Dynastie, um 2900/2800 v. Chr.

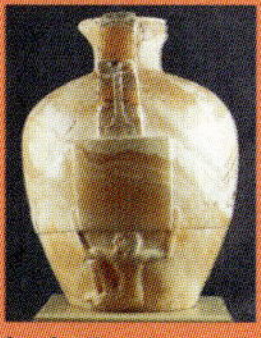

Große Prunkvase, 3. Dynastie, um 2650 v. Chr.

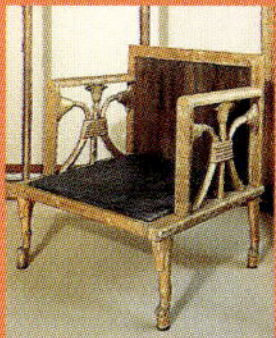

Stuhl der Königin Hetepheres, 4. Dynastie, um 2550 v. Chr.

Dienerfigur einer Bierbrauerin, 5. Dynastie, um 2350 v. Chr.

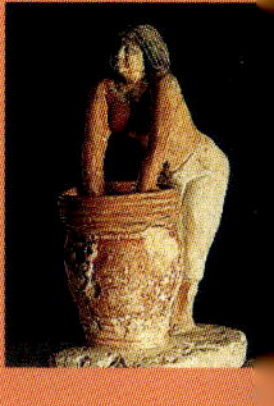

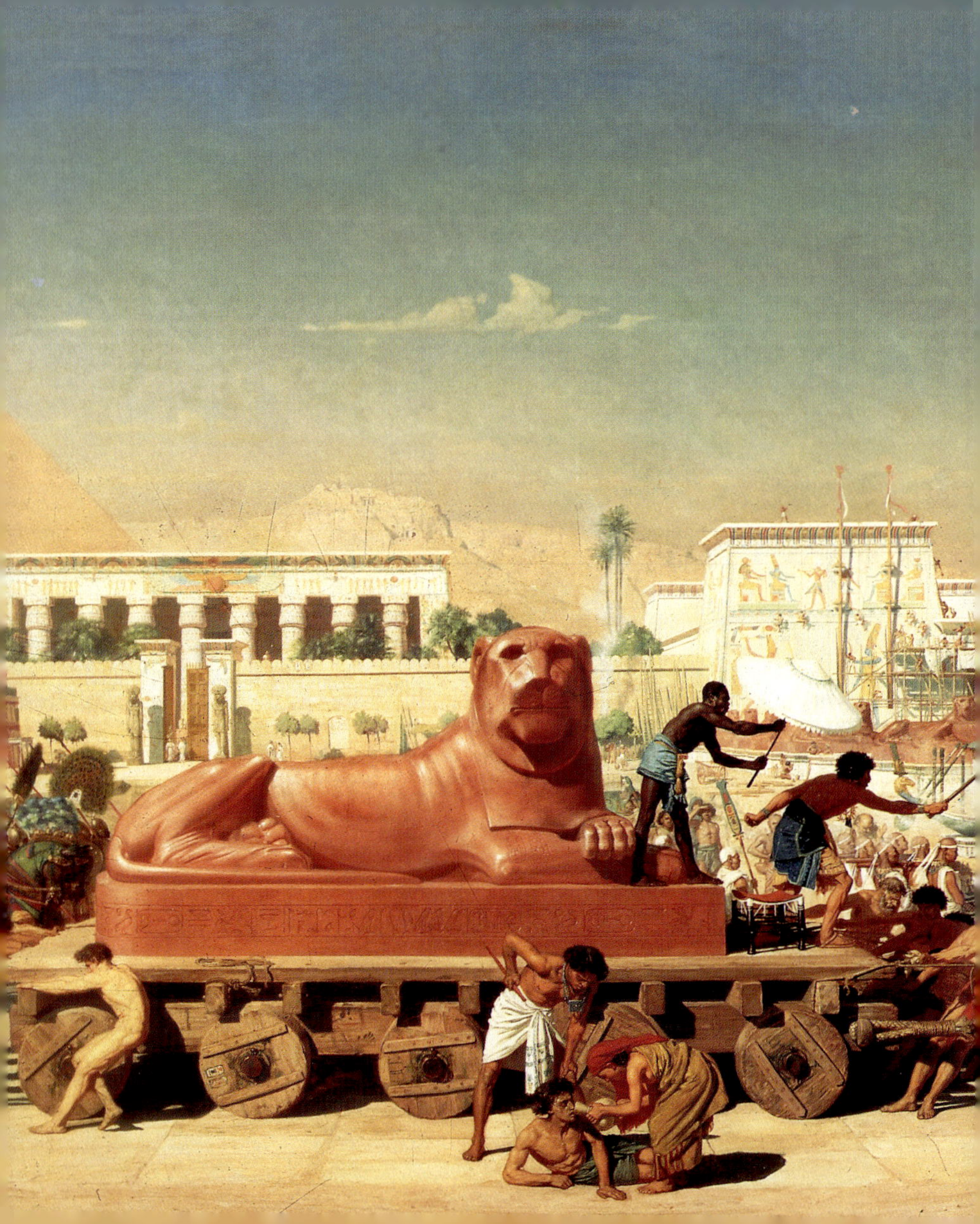

Abbassiden (Bagdad)	**750–868**
Abu l'Abbas	750–754
al-Mansur	754–775
al-Mahdi und al-Hadi	775–786
Harun Raschid	786–809
Mohamed al-Emin	809–813
Abdallah al-Mamun	813–833
al-Mutasim Billahi	833–842
al-Watik Billahi	842–847
Djafar al-Mutawakkil	847–861
al-Muntasir	861–862
al-Mustain Billahi	862–866
al-Mutaz	866–869
Tuluniden (Kairo)	**868–905**
Achmed Ibn Tulun	868–883
Chumaraweh/Yaysch	883–896
Harun/Schayban	896–905
Abbassiden (Bagdad)	**905–935**
Gouverneure in Kairo	
Ichschididen	**935–969**
Mohamed, al-Ichschid	935–946
Unujur	946–961
Ali, Kafur und Ahmed	961–969
Fatimiden	**909–1171**
al-Muizz	953–975
al-Aziz	975–996
al-Hakim	996–1021
ez-Zahir	1021–1036
al-Mustansir	1036–1094
al-Mustali	1094–1101
al-Amir	1101–1131
al-Hafiz	1131–1149
ez-Zafir	1149–1154
al-Faiz	1154–1160
al-Adid	1160–1171
Aijubiden	**1171–1250**
Salah ed-Din (Saladin)	1171–1193
al-Aziz und el-Mansur	1193–1200
al-Adil I.	1200–1218
al-Kamil und al-Adil II.	1218–1240
es-Salih Ayub	1240–1249
Bahri-Mamluken (25 Herrscher)	**1250–1382**
el-Muizz Aybak	1250–1257
el-Zahir Bey Bars I.	1260–1277
el-Mansur Qalaun	1279–1290
el-Nasir Mohamed I.	1294–1340
el-Nasir Hassan	1347–1361
Burgi-Mamluken (24 Herrscher)	**1382–1517**
ez-Zahir Barkuk	1382–1399
en-Nasir Farag	1399–1412
el-Aschraf Bars Bey	1422–1437
el-Aschraf Qait Bey	1468–1496
Qansuh II. el Ghauri	1501–1517
Osmanen (18 Herrscher)	**1512–1773**
Selim I. Yavuz	1512–1520
Süleyman II., der Prächtige	1520–1566
Murat III.	1577–1595
Murat IV.	1623–1640
Ahmed III.	1703–1730
Mustafa III.	1757–1773
Mamluken	**1768–1798**
Ali Bey	1768–1773
(Französische Okkupation)	***1798–1805***
Khediven	**1805–1953**
Mohamed Ali	1805–1848
Abbas Helmi I.	1848–1854
Mohamed Said	1854–1863
Ismail	1863–1879
Tawfiq	1879–1892
(Britische Okkupation)	***1882–1922***
Abbas Helmi II.	1892–1914
Hussein Kamil	1914–1917
Könige	**1917–1953**
Ahmed Fuad I.	1917–1936
Faruk	1937–1952
Republik	**seit 1953**
Mohamed Nagib	1953–1954
Gamal Abd el-Nasser	1954–1970
Anwar el-Sadat	1970–1981
Moh. Hosni Mubarak	seit 1981

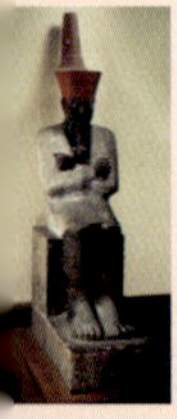

Sitzfigur Mentuhoteps II., 11. Dynastie, um 2030 v. Chr.

Erneute Reichseinigung durch Mentuhotep II. (11. Dynastie, um 2050 v. Chr.) mit Regierungssitz in Theben. Die folgende 12. Dynastie (Könige mit Namen Sesostris und Amenemhet) gilt als klassische Epoche der Sprache und bildenden Kunst. Intensive Handelskontakte zum Ausland; Eroberungspolitik in Nubien.

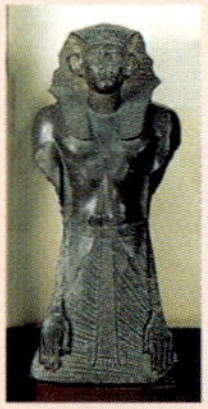

Beterfigur Sesostris' III., 12. Dynastie, um 1850 v. Chr.

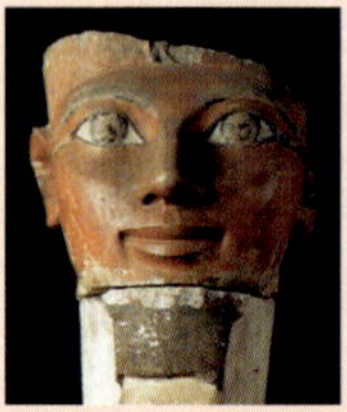

Kopf einer Pfeilerfigu der Hatschepsut, 18. Dynast um 1470 v. Chr

Mittleres Reich um 2050–1650

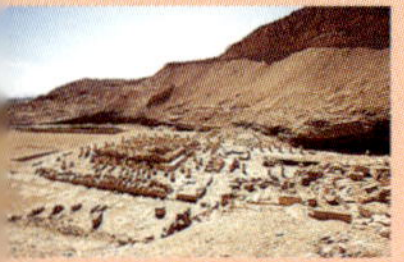

Theben-West, Totentempel Mentuhoteps II., 11. Dynastie, um 2030 v. Chr.

Karnak, Barkenheiligtum, »Weiße Kapelle« Sesostris' I., 12. Dynastie, um 1930 v. Chr.

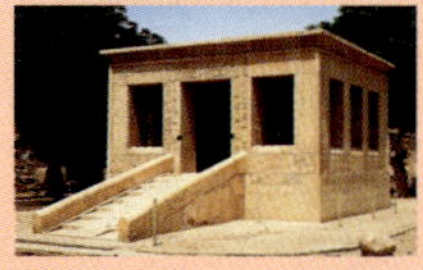

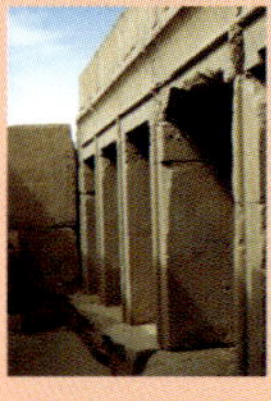

Faijum, Tempel von Qasr esch Scharm, 12. Dynastie, um 1800 v. Chr.

Karnak, Alabasterschrein Amenophis' I., 18. Dynastie, um 1500 v. Chr

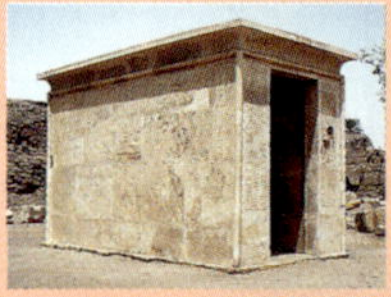

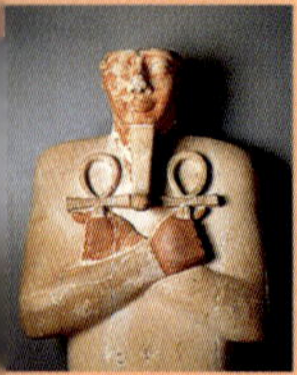

Karnak, Osiris-Pfeiler Sesostris' I., 12. Dynastie, um 1930 v. Chr.

Sitzfigur der Königin Nofret, 12. Dynastie, um 1880 v. Chr.

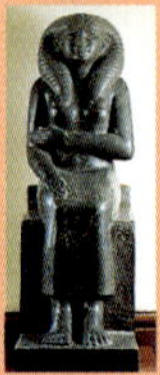

Die »Fischopferer« Amenemhets III., 12. Dynastie, um 1820 v. Chr.

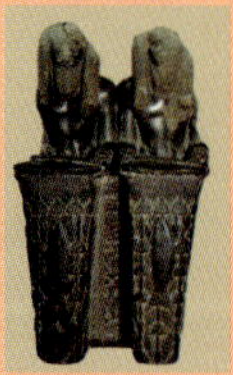

Kniefigur Thutmosis' III., 18. Dynastie, um 1450 v. Chr.

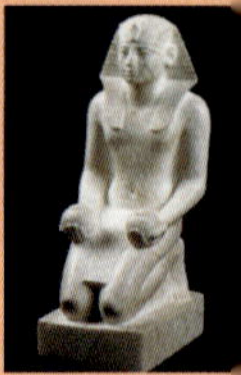

Relief vom Sarkophag der Kawit, 11. Dynastie, um 2050 v. Chr.

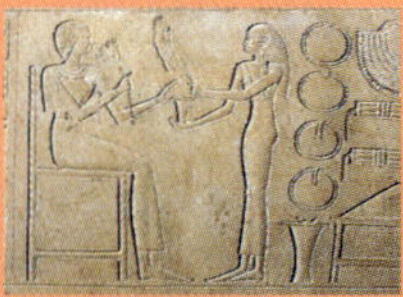

Sesostris I. mit Gott Ptah, 12. Dynastie, um 1940 v. Chr.

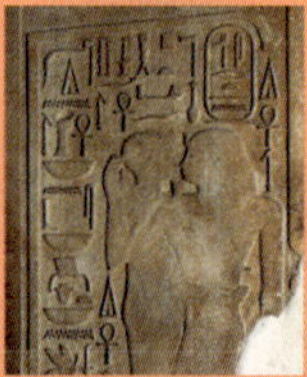

Assuan, Gaufürst Sarenput II. vor dem Speisetisch, 12. Dynastie, um 1880 v. Chr.

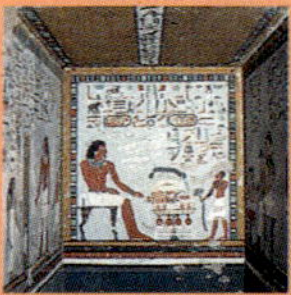

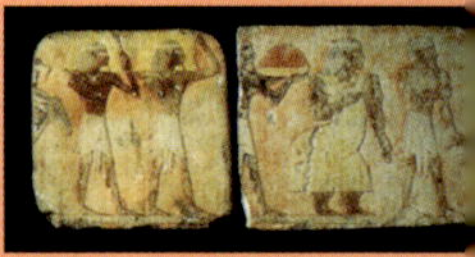

Fürst und Fürstin von Punt, 18. Dynas um 1470 v. Chr.

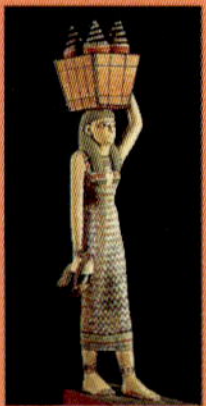

Statuette einer Gabenbringerin, 11. Dynastie, um 2000 v. Chr.

Pektoral mit Namen Amenemhets III., 12. Dynastie, um 1840 v. Chr.

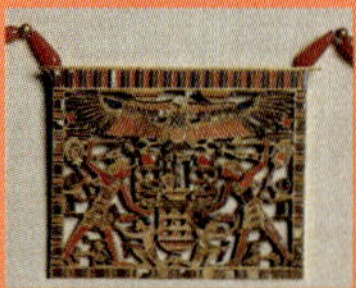

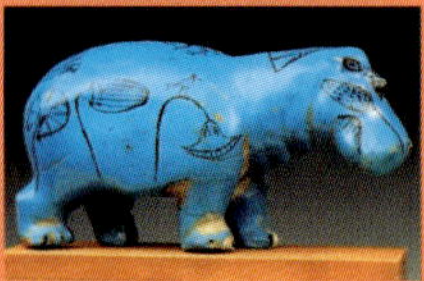

Grabfigur eines stehenden Nilpferds, 17. Dynastie, um 1600 v. Chr.

Totenbuchpapyrus des Maiherperi, 18. Dynastie, um 1450 v. Chr.

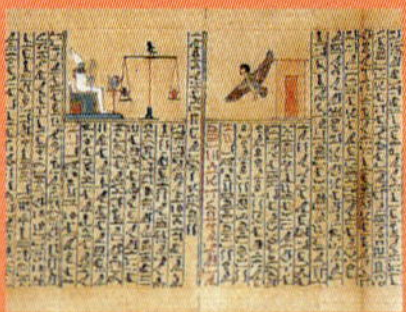

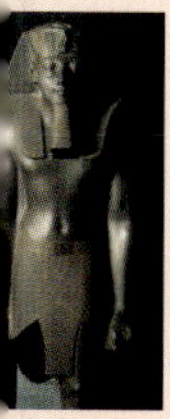

Standfigur Thutmosis' III., 18. Dynastie, um 1450 v. Chr.

Nach seinem Sieg über die Hyksos besteigt König Ahmose als erster Herrscher der 18. Dynastie den Thron und begründet das Neue Reich. Im Staatsdogma gilt der Pharao jetzt als Sohn des Reichsgottes Amun-Re von Theben. Zahlreiche Feldzüge Thutmosis' III. in den syropalästinensischen Raum lassen Ägypten zur unumstrittenen Hegemonialmacht im Nahen Osten aufsteigen. Nach der religionspolitischen Krise der Amarnazeit (Echnaton) stirbt mit Tutanchamun die königliche Blutslinie aus. Die anschließende Ramessidenzeit (19./20. Dynastie, 1292–1069 v. Chr.) besitzt in Ramses II. ihre überragende Herrschergestalt, der in seiner 67-jährigen Regierungszeit eine erfolgreiche Außenpolitik (Friedensvertrag mit den Hethitern) betreibt und sich im Land als großer Bauherr verewigt.

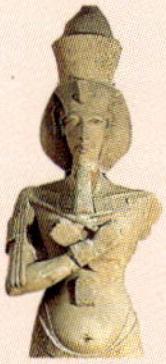

Kolossalfigur des Echnaton aus Karnak, 18. Dynastie, um 1350 v. Chr.

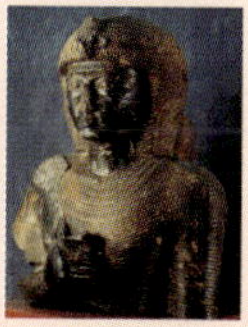

Büste einer Sitzfig
Ramses' II., 19. Dynastie, um 1250 v. Chr.

Neues Reich um 1550–1070

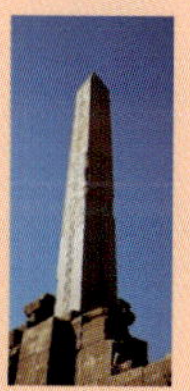

Karnak, Obelisk der Hatschepsut. 18. Dynastie, um 1470 v. Chr.

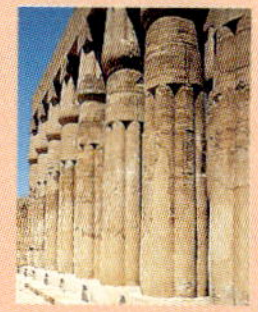

Papyrusbündelsäulen im Luxor-Tempel, 18. Dynastie, um 1370 v. Chr.

Eingangspylon des Luxor-Tempels, 19. Dynastie, um 1270 v. Chr.

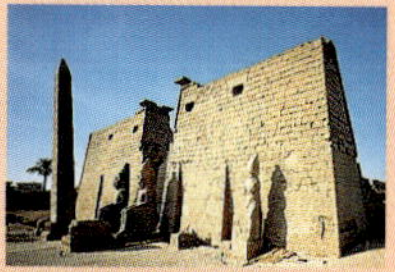

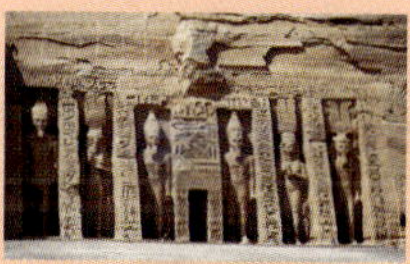

Abu Simbel, Kleiner Tempel der Nefertari, 19. Dynastie, um 1260 v. Chr.

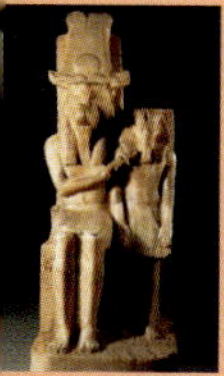

Statuengruppe Amenophis' III. mit Gott Sobek, 18. Dynastie, um 1370 v. Chr.

Bildnis der Königin Nofretete, 18. Dynastie, um 1340 v. Chr.

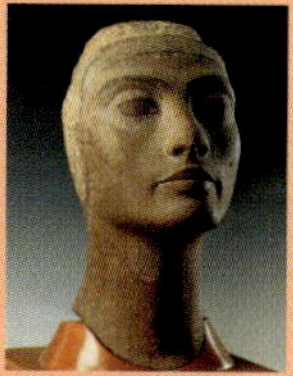

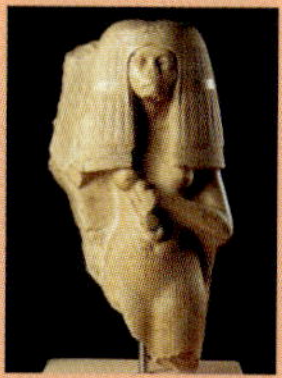

Die Frau des Generals Nachtmin, 18. Dynastie, um 1320 v. Chr.

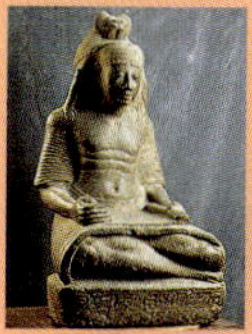

Schreiberfigu
des Ramsesnacht, 20. Dynastie, um 1140 v. Ch

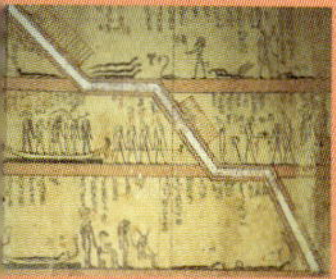

Theben-West, 4. Nachtstunde des Amduat im Grab Thutmosis' III., 8. Dynastie, um 1450 v. Chr.

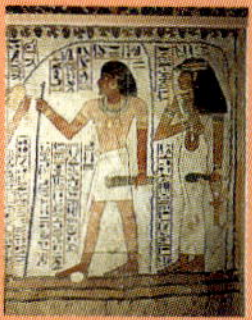

Theben-West, Bürgermeister Sennefer und seine Frau, 18. Dynastie, um 1420 v. Chr.

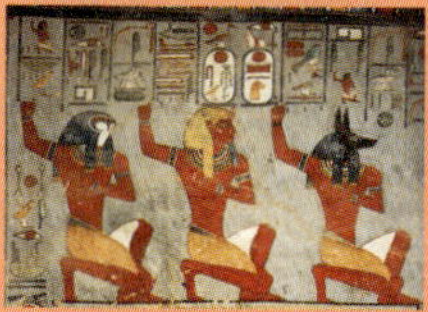

Theben-West, König zwischen zwei Genien im Grab Ramses' I., 19. Dynastie, um 1290 v. Chr.

Theben-West, Sonnenbarke mit Reihergott, 19. Dynastie, um 1250 v. Chr.

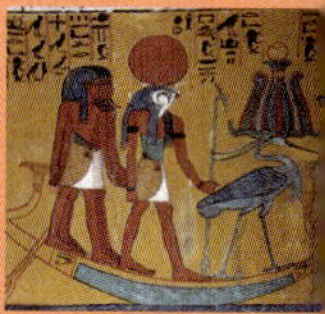

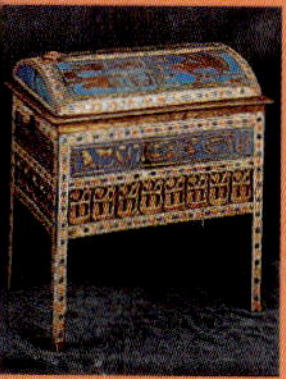

Truhe der Tuja, 18. Dynastie, um 1370 v. Chr.

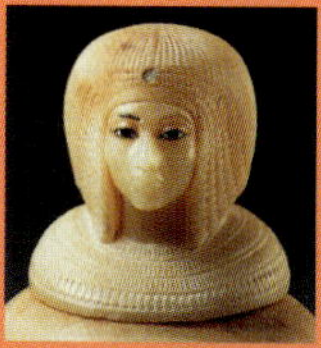

Kanopengefäß einer Königin, 18. Dynastie, um 1340 v. Chr.

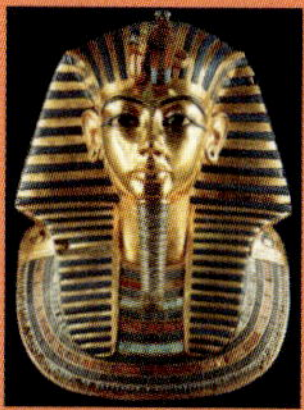

Goldmaske des Tutanchamun, 18. Dynastie, um 1330 v. Chr.

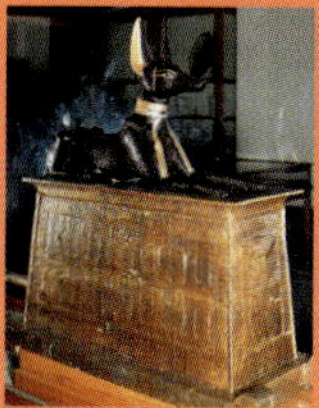

Tragschrein mit Gestalt des Anubis, 18. Dynastie um 1330 v. C

Königsnamen in Hieroglyphen (Auswahl)

Frühzeit und Altes Reich, 0.–3. Dynastie

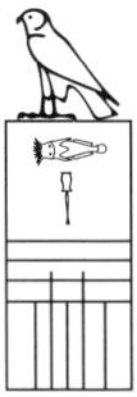
Narmer

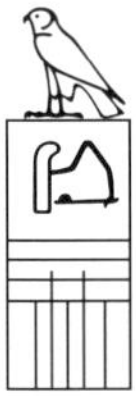
Aha

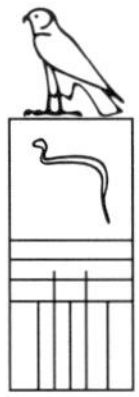
Wadj

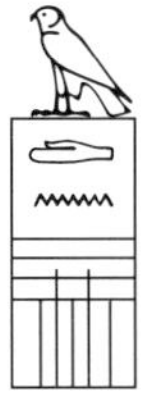
Den

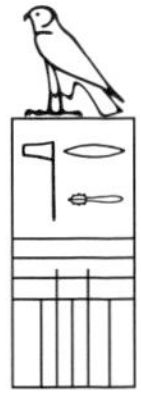
Netierichet (Djoser)

4.–6. Dynastie

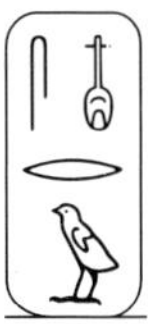
Snofru

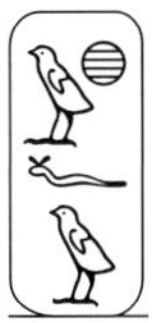
Cheops

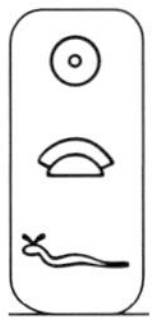
Chephren

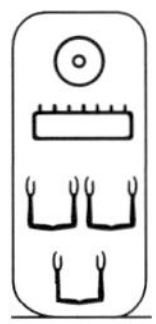
Mykerinos

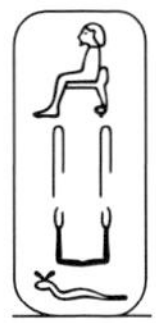
Schepseskaf

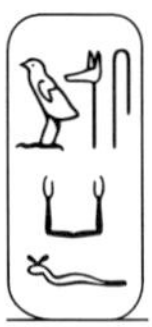
Userkaf

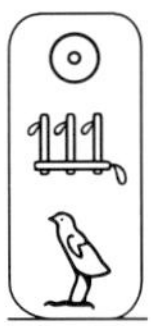
Sahure

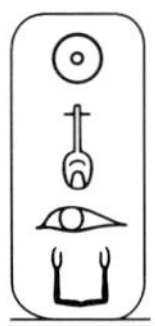
Neferirkare

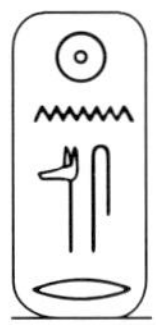
Niuserre

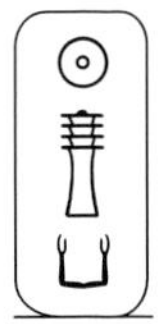
Djedkare

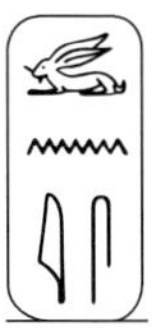
Unas

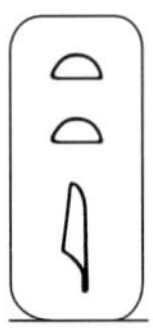
Teti

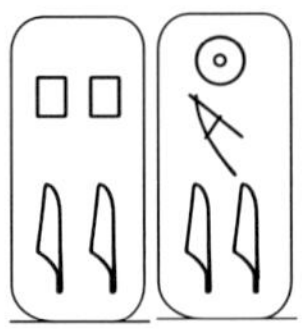
Pepi I. Merire

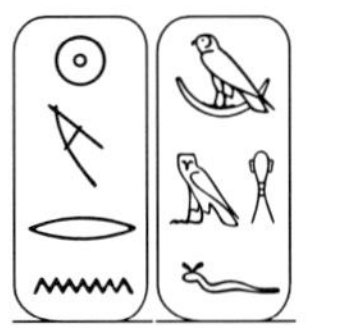
Merenre Nemtiemsaf

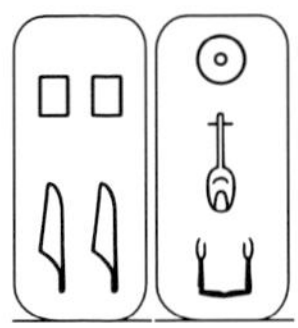
Pepi II. Neferkare

Mittleres Reich
11.–12. Dynastie

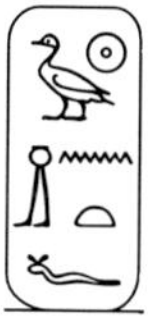
Antef I.

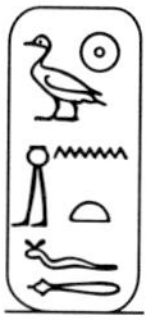
Antef II.

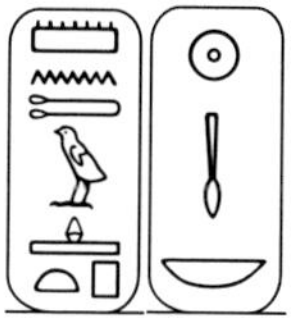
Mentuhotep II.

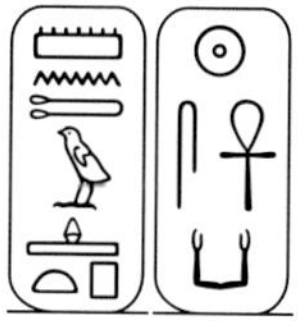
Mentuhotep III.

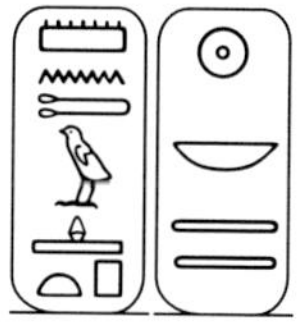
Mentuhotep IV.

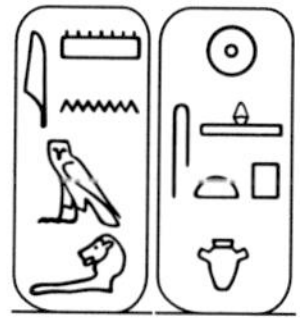
Amenemhet I.

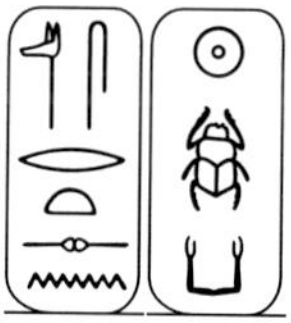
Sesostris I.

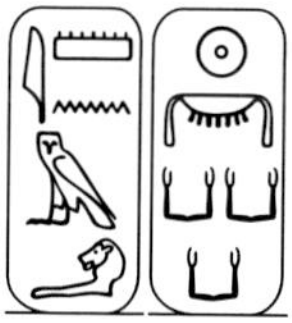
Amenemhet II.

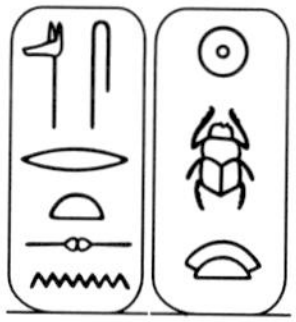
Sesostris II.

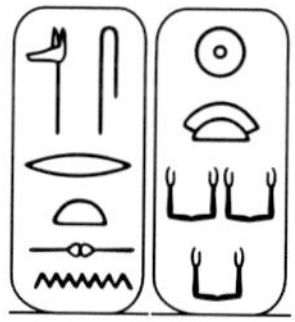
Sesostris III.

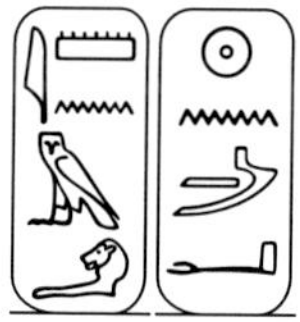
Amenemhet III.

Neues Reich
18. Dynastie

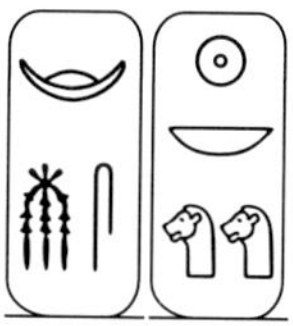
Ahmose

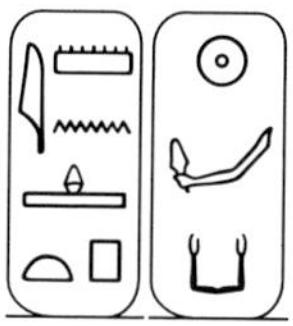
Amenophis I.

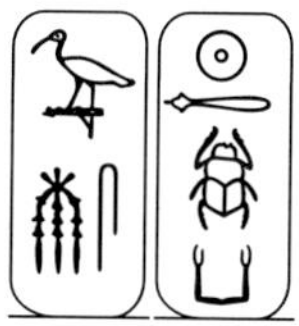
Thutmosis I.

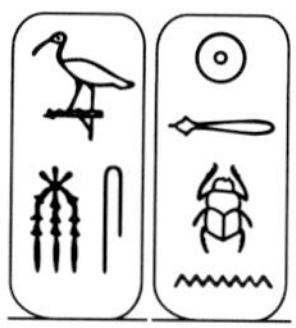
Thutmosis II.

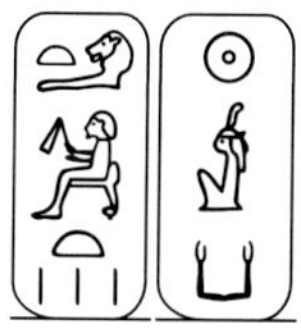
Hatschepsut

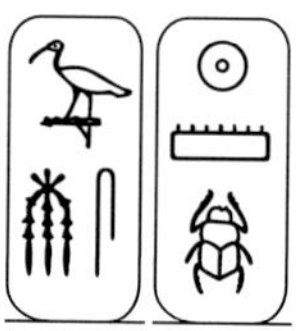
Thutmosis III.

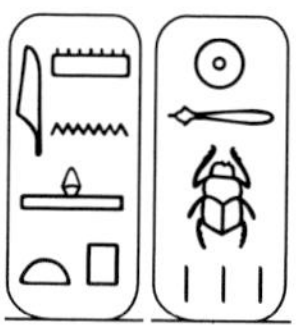
Amenophis II.

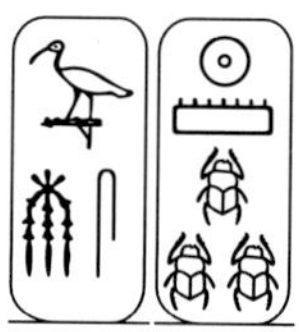
Thutmosis IV.

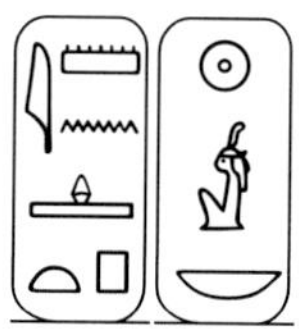
Amenophis III.

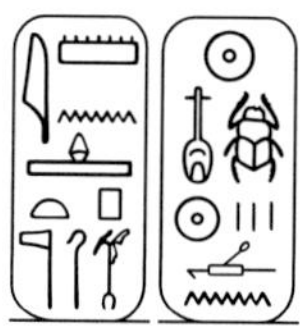
Amenophis IV.

18. Dynastie

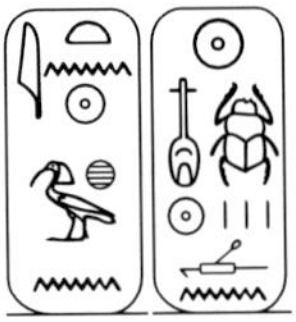
Echnaton

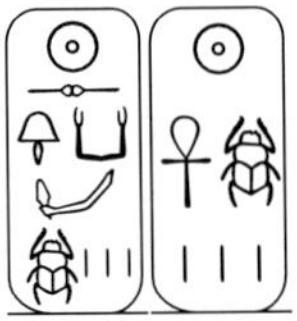
Semenchkare

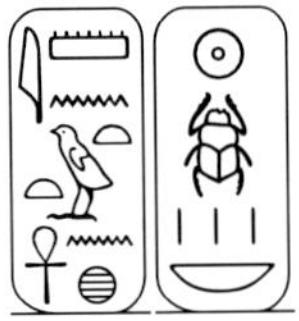
Tutanchamun

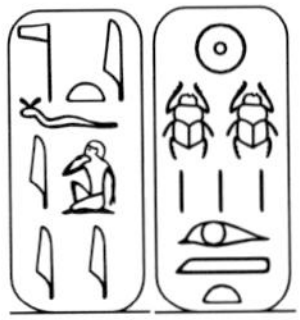
Eje

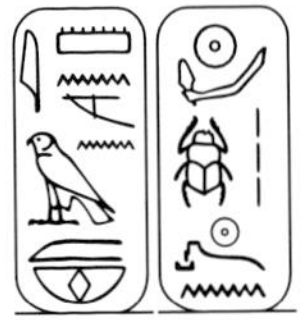
Haremhab

19.–20. Dynastie

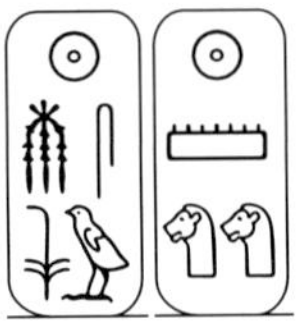
Ramses I.

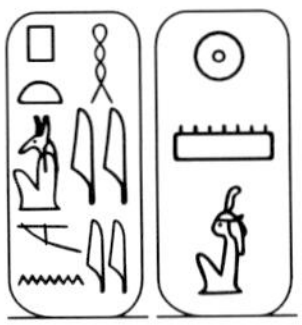
Sethos I.

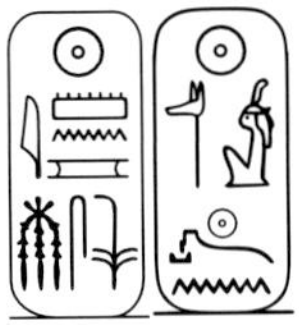
Ramses II.

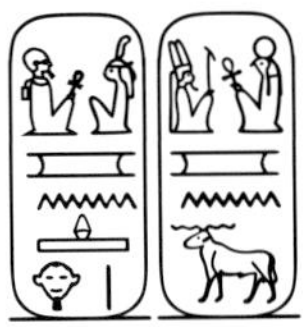
Merenptah

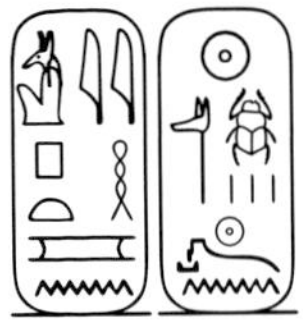
Sethos II.

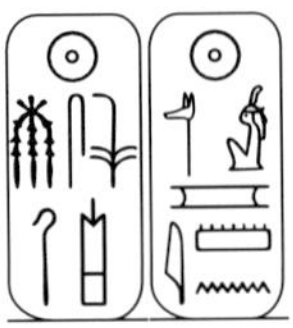
Ramses III.

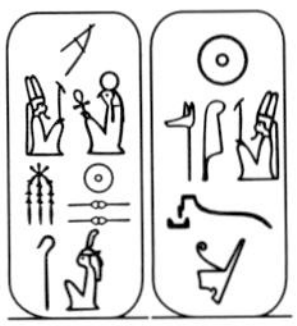
Ramses IV.

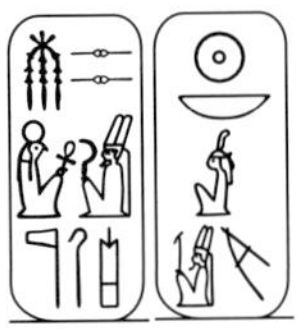
Ramses VI.

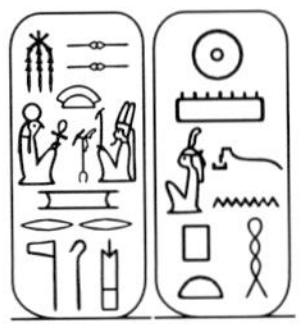
Ramses XI.

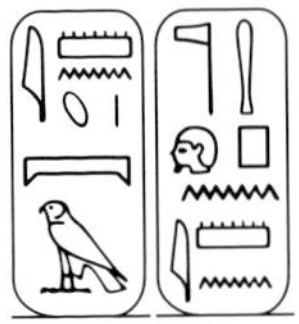
Herihor

Dritte Zwischenzeit, 21.–22. Dynastie

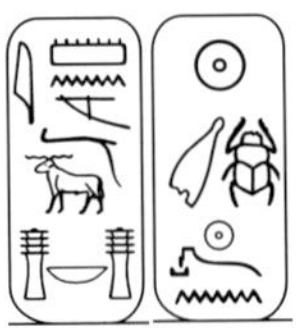
Smendes

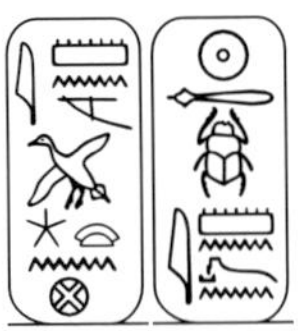
Psusennes I.

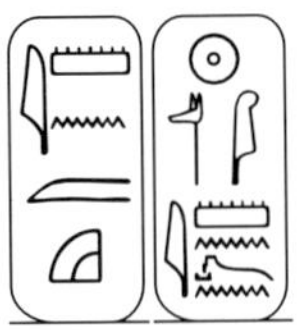
Amenemope

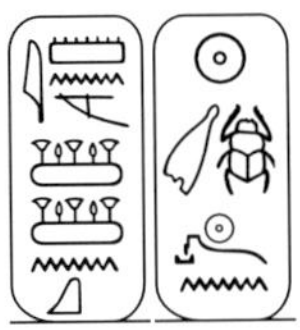
Schoschenq I.

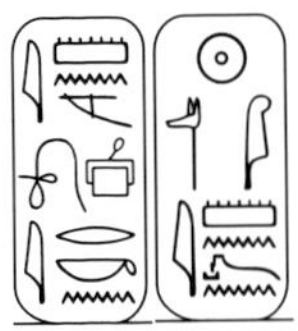
Osorkon II.

25. Dynastie

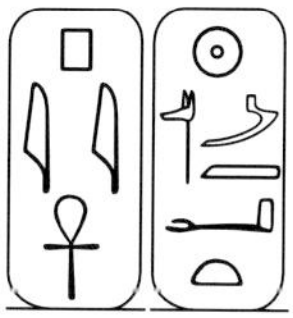
Pije

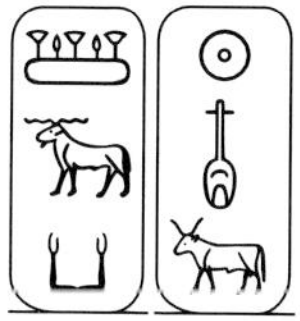
Schabako

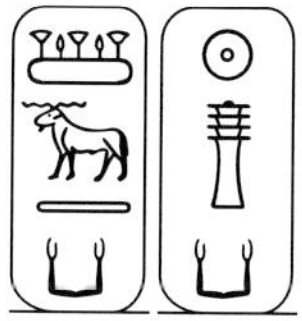
Schebitko

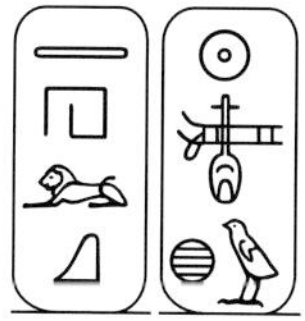
Taharqo

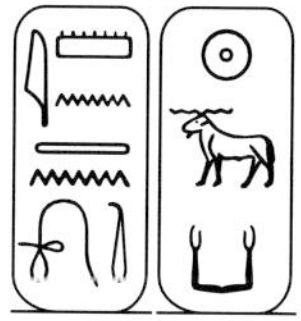
Tanutamun

Spätzeit, 26.–30. Dynastie

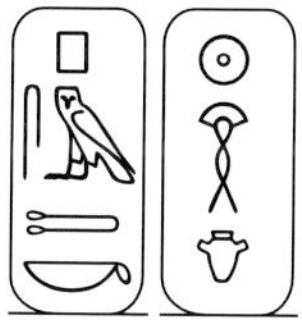
Psammetich I.

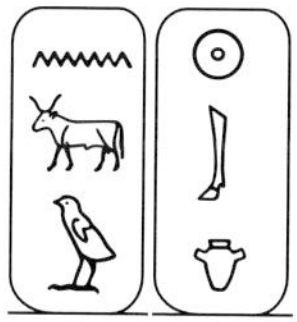
Necho II.

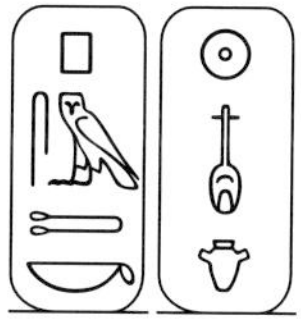
Psammetich II.

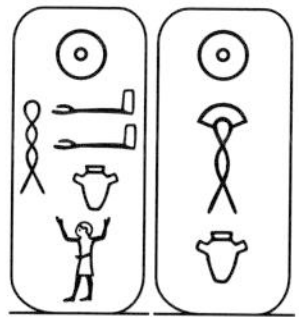
Apries

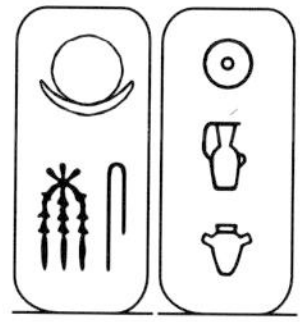
Amasis

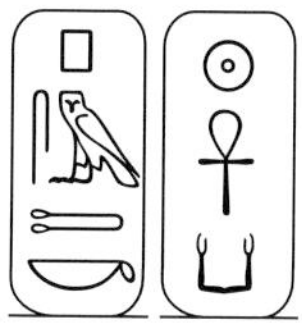
Psammetich III.

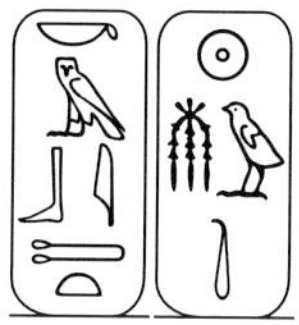
Kambyses

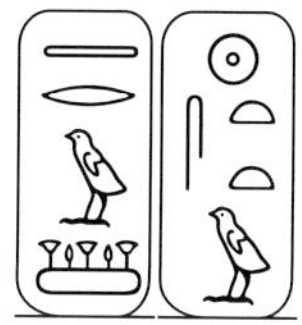
Dareios

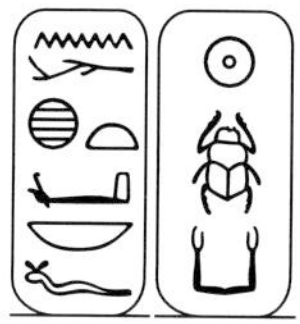
Nektanebos I.

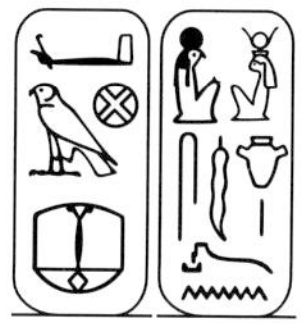
Nektanebos II.

Makedonen und Ptolemäer

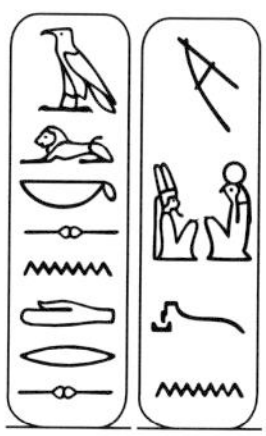
Alexander d. Gr.

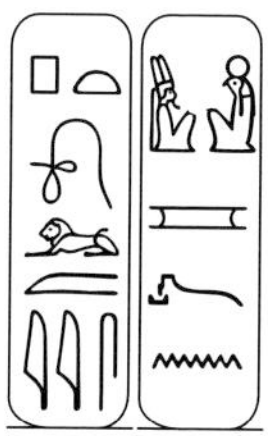
Ptolemaios I.

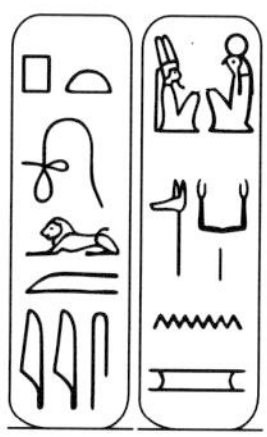
Ptolemaios II.

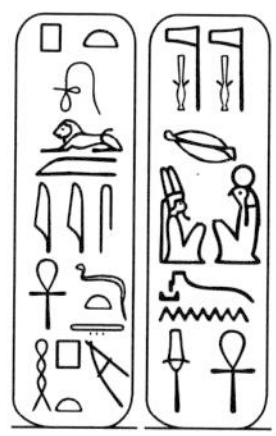
Ptolemaios III.

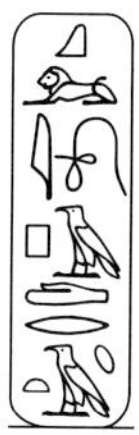
Kleopatra VII.

Kalender und Zeitrechnung

Martina Ullmann

Grundlage des »offiziellen« Kalenders, nach dem z. B. historische Inschriften datiert wurden und der von der Verwaltung benutzt wurde, war das Sonnenjahr. Das Jahr gliederte sich in drei Jahreszeiten: Achet »Überschwemmung«, Peret »Herauskommen« (der Saat) und Schemu »Hitze« zu je vier Monaten mit jeweils 30 Tagen. Die einzelnen Monate der drei Jahreszeiten wurden dabei einfach von eins bis vier durchgezählt, z. B. 3. Monat der Achet-Jahreszeit, Tag 15.
Zusätzlich wurden noch fünf Tage, die Epagomenen, angefügt, sodass das ägyptische Jahr 365 Tage umfasste und vom Sonnenjahr nur um einen viertel Tag abwich. Die Epagomenen galten als Festtage und Geburtstage der Götter Osiris, Horus, Seth, Isis und Nephthys. Die Tatsache, dass dieser ägyptische Kalender auf dem Sonnenjahr beruhte, machte ihn im Vergleich zu denen anderer Völker, die ihre Zeitbemessung in der Regel von unregelmäßig eintretenden Naturereignissen abhängig machten, wegweisend für spätere Kalender und damit letztlich auch für unsere moderne Zeitrechnung.

Königsliste mit Herrschernamen der 18. Dynastie (Detail), Abydos, Tempel Ramses' II. Kalkstein, bemalt, H. Detail ca. 45 cm, 19. Dynastie, um 1270 v. Chr., The British Museum, London

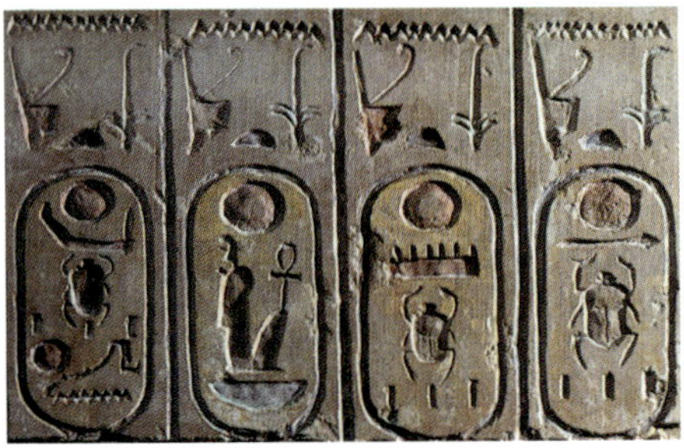

Die Abweichung gegenüber dem Sonnenjahr von etwa einem viertel Tag pro Jahr bewirkte jedoch, dass sich der ägyptische Kalender gegenüber dem kosmischen Jahr alle vier Jahre um einen Tag verschob. Einige Jahrhunderte nach Einführung des Kalenders – die vermutlich in der ägyptischen Frühzeit um 3000 v. Chr. stattgefunden hatte – stimmten demnach die Jahreszeiten nicht mehr mit dem natürlichen Jahresablauf überein. Erst nach 1460 Jahren fielen die Daten des kosmischen Jahres wieder mit denen des ägyptischen »Wandeljahres« überein (sog. Sothis-Periode; nach dem Aufgang der Sothis [Fixstern Sirius], der Kennzeichen des Jahresanfangs war). Eine Kalenderreform wurde jedoch in altägyptischer Zeit nie unternommen, vermutlich weil die offizielle Zeitrechnung durch jahrhunderte- bzw. jahrtausendealte Überlieferung als geheiligt und damit als unantastbar galt. Außerdem wurde der Kalender, wie auch andere kulturelle Errungenschaften, in ägyptischer Weltanschauung mit den Göttern verbunden und galt als deren Werk, mithin als Teil der göttlich sanktionierten Ordnung der Welt (ägyptisch als »Maat« bezeichnet). So wurde z. B. der Fixstern Sirius, dessen jährlicher Neuaufgang am Himmel den Beginn des Jahres markierte, oft personifiziert als Göttin dargestellt. Deren griechische Bezeichnung Sothis leitet sich ab von ägyptisch »Sepdet«. Da der Sirius-Stern nach einer Zeit der Unsichtbarkeit Mitte Juli in Nordägypten wieder erscheint und jährlich etwa zu gleicher Zeit der Nil anschwoll, galt Sothis als die Bringerin der Nilüberschwemmung. Sothis' Aufgang und Nilüberschwemmung markierten zusammen den Beginn des Jahres, und so wurde die Göttin Sothis als Verkörperung des Jahres aufgefasst.
Alle auf ägyptischen Urkunden oder Denkmälern jedwelcher Art – Stelen, Tempelwänden, Grabwänden, Statuen etc. – überlieferten Daten beziehen sich auf diesen »offiziellen« Kalender. In der ägyptischen Frühzeit wurden die einzelnen Jahre nach wichtigen Ereignissen

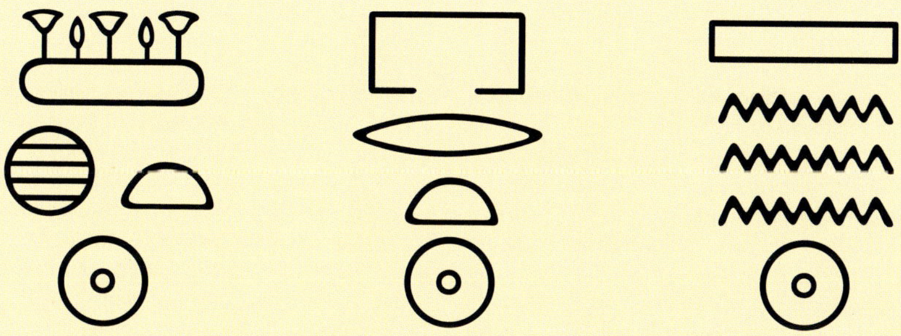

Die drei Jahreszeiten des ägyptischen Kalenders

benannt, die in ihnen stattgefunden haben – z. B. religiöse Feste, der Bau von Tempeln, die Herstellung von Götterstatuen –, und in Form von jahresmäßig angeordneten Listen aufgeschrieben. Im Alten Reich war die alle zwei Jahre oder teilweise auch jährlich durchgeführte Viehzählung zur Feststellung des Vermögensbestandes als Grundlage des Steuereinzugs das Ereignis, nach dem datiert wurde; z. B. »Jahr des 3. Males (bzw. Jahr nach dem 3. Mal) der Zählung unter König Cheops«. Diese Jahresnamenlisten aus der ägyptischen Frühzeit und dem Alten Reich sind auszugsweise in späteren Abschriften erhalten geblieben und stellen eine überaus wichtige Quelle zur Rekonstruktion der ägyptischen Geschichte bzw. ihrer Chronologie dar.

Etwa am Beginn des Mittleren Reiches (um 2000 v. Chr.) ging man zu einer Zählung nach Regierungsjahren über. An erster Stelle wurde das Regierungsjahr eines bestimmten Königs angegeben, darauf folgten der Monat, die Jahreszeit und schließlich der Tag, z. B. »Regierungsjahr 25 unter der Majestät des Königs User-Maat-Re (= Ramses II.), 2. Monat der Peret-Jahreszeit, Tag 10«. Diese Art der Datierung wurde bis zum Ende der altägyptischen Geschichte, d. h. bis in die Zeit der römischen Herrschaft in den ersten Jahrhunderten nach der christlichen Zeitenwende, beibehalten. Die Notierung der Regierungszeiten der einzelnen Herrscher in chronologischer Abfolge in den sog. Königslisten, von denen wiederum Auszüge erhalten sind (am bekanntesten: Turiner Königspapyrus), stellte nicht nur die Basis für die altägyptische Geschichtsschreibung dar, sondern ist auch für die moderne Rekonstruktion der ägyptischen Chronologie von größter Bedeutung.

Neben dem »offiziellen« Kalender existierte seit frühesten Zeiten das Naturjahr, das sich an den – leicht mit großer Präzision zu beobachtenden – Phasen des Mondumlaufes orientierte. Diese dauern 29 bzw. 30 Tage, woraus sich bei 12 Mondmonaten ein Jahr von nur 354 Tagen ergibt. Da das kosmische Jahr aber 365,25 Tage umfasst und der Jahresbeginn mit einem jährlich zum gleichen Zeitpunkt eintretenden Naturereignis in Verbindung gebracht wurde – dem Ansteigen des Nils bzw. dem unmittelbar darauf folgenden Aufgang der Sothis –, musste im Mondkalender gelegentlich ein 13. Monat zwischengeschaltet werden.

Die altägyptischen Gaue

Ägypten wurde mit Beginn der Reichseinigungszeit in Ober- und Unterägypten aufgeteilt, d. h. in das südliche Gebiet entlang dem Nilverlauf und das nördliche im Deltabereich. Die beiden Landeshälften waren wiederum in 22 südliche und 20 nördliche Provinzen, die sog. Gaue, gegliedert. Das Gausystem wurde spätestens in der Regierungszeit des Königs Djoser (3. Dynastie) eingeführt und hatte, wenn auch mit wechselnden Grenzen und Hauptstädten, bis in die griechisch-römische Zeit hinein Bestand. Die älteren Gau-Hieroglyphen werden zusammen mit dem Zeichen einer Standarte geschrieben und verweisen häufig auch noch auf die ursprünglichen Schutzkräfte einer Region, wie Krokodil, Schlange oder Hündin. Allerdings sind diese zumeist nicht mehr mit der Hauptgottheit des späteren Gaugebietes identisch. Für die Gaue der jüngeren Tradition wird dagegen auf das Standartenzeichen verzichtet und nur ihr Name geschrieben. Geleitet wurden die Gaue zunächst von königlichen Verwaltern, dann von Gaufürsten, die mit großer Selbstständigkeit amtieren konnten. Die Blütezeit dieser weit reichenden Unabhängigkeit von der königlichen Zentralmacht dauerte vom Ende des Alten Reichs bis in die hohe 12. Dynastie. Dannach wurden die Gaufürstenfamilien von Militärbeamten abgelöst, und im Neuen Reich waren »Bürgermeister« für die verschiedenen Gaubereiche zuständig.

Die oberägyptischen Gaue

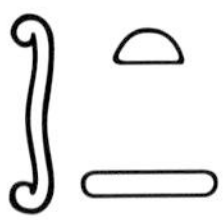	1. oberägyptischer Gau Ta-seti »Nubierland« Hauptstadt: Elephantine Hauptgötter: Chnum, Satis weiteres Zentrum: Kom Ombo	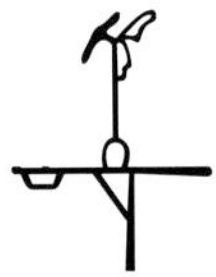	4. oberägyptischer Gau Waset »Zepter-Gau« Hauptstadt: Armant Hauptgötter: Month, Amun weiteres Zentrum: Theben
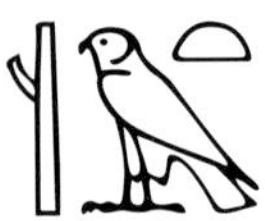	2. oberägyptischer Gau Wetjset-Hor »Horus-Thron« Hauptstadt: Edfu Hauptgott: Horus von Edfu	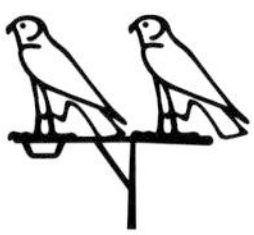	5. oberägyptischer Gau Netjerui »die beiden Göttlichen« Hauptstadt: Koptos Hauptgott: Min weiteres Zentrum: Ombos
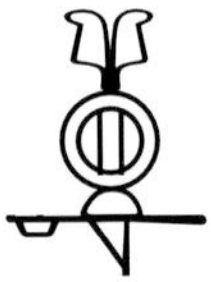	3. oberägyptischer Gau Nechen »Landeplatz« Hauptstadt: Hierakonpolis Hauptgötter: Horus, Nechbet weiteres Zentrum: Esna	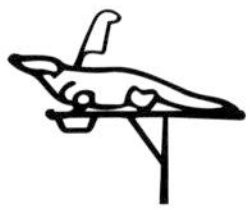	6. oberägyptischer Gau Iqer »Krokodil-Gau« Hauptstadt: Dendera Hauptgöttin: Hathor

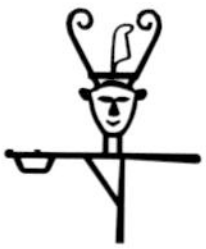	7. oberägyptischer Gau »Bat-Gau« Hauptstadt: Hut-sechem Hauptgöttin: Bat weiterer Ort: Diospolis Parva	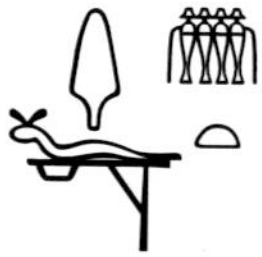	13. oberägyptischer Gau Nedjfit chentit »Vorderer-Granatapfel-Gau« Hauptstadt: Assiut Hauptgott: Upuaut
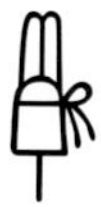	8. oberägyptischer Gau Ta-wer »Ältestes Land« Hauptstadt: Thinis Hauptgötter: Onuris, Osiris wichtigster Kultort: Abydos	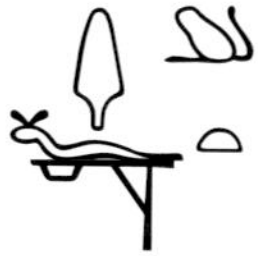	14. oberägyptischer Gau Nedjfit pechtit »Hinterer-Granatapfel-Gau« Hauptstadt: Qusae Hauptgöttin: Hathor
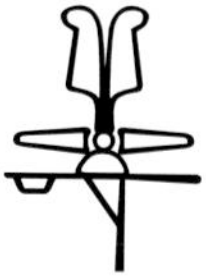	9. oberägyptischer Gau »Min-Gau« Hauptstadt: Achmim Hauptgott: Min von Ipu weiteres Zentrum: Sohag	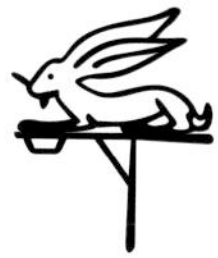	15. oberägyptischer Gau Wenet »Hasengau« Hauptstadt: Hermopolis magna Hauptgott: Thot weitere Zentren: Neferusi, el-Amarna
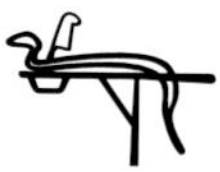	10. oberägyptischer Gau Wadjt »Schlangen-Gau« Hauptstadt: Kau el Kebir Hauptgott: Antiui (Horus und Seth)	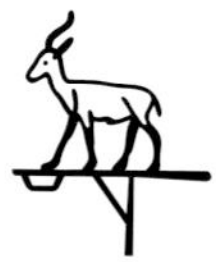	16. oberägyptischer Gau Ma-hedj »Gazellengau« Hauptstadt: Hebenu Hauptgott: Horus weiteres Zentrum: Menat-Chufu
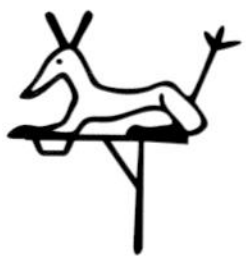	11. oberägyptischer Gau »Seth-Gau« Hauptstadt: Schashotep Hauptgötter: Horus/Seth wichtiger Ort: Deir Rifeh	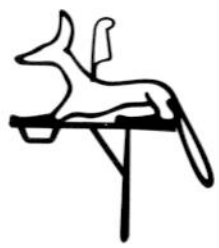	17. oberägyptischer Gau Input »Weiblicher-Welpen-Gau« Hauptstädte: Henu, Sako Hauptgott: Anubis weiteres Zentrum: Hardai
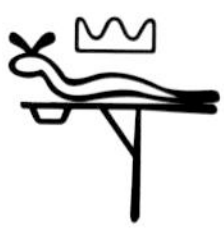	12. oberägyptischer Gau Atfet »Bergviper-Gau« Hauptstadt: Iakemet Hauptgöttin: Matit weiterer Ort: Deir el-Gabrawi	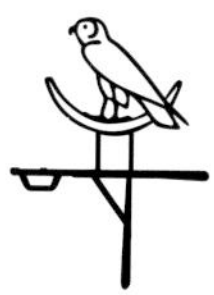	18. oberägyptischer Gau Nemti »Falken-Gau« Hauptstadt: Hut-nesut Hauptgott: Horus-Dunanui weiteres Zentrum: Hut-benu

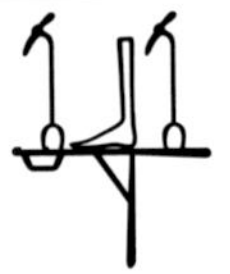

19. oberägyptischer Gau
Wabui »Doppelzepter-Gau«
Hauptstadt: Seper-meru
Hauptgötter: Den, Seth
weiteres Zentrum: Oxyrhynchos

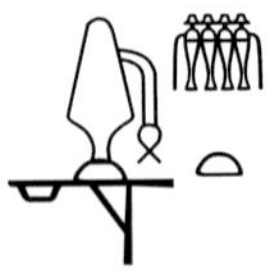

20. oberägyptischer Gau
Naret chentit »Vorderer-Oleander-Gau«
Hauptstadt: Herakleopolis magna
Hauptgott: Harsaphes

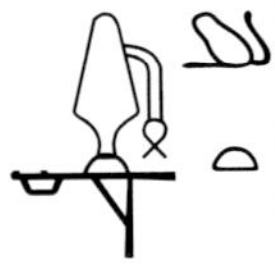

21. oberägyptischer Gau
Naret pechtit »Hinterer-Oleander-Gau«, zeitweilig mit Faijum; Hauptstadt: Kafr Ammar
Hauptgott: Chnum

22. oberägyptischer Gau
Medenit »Messer-Gau«
Hauptstadt: Atfih
Hauptgötter: Hathor, Neith

Die unterägyptischen Gaue

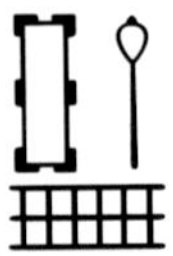

1. unterägyptischer Gau
Inebu-hedj »Weiße-Mauer-Gau«
Hauptstadt: Memphis
Hauptgott: Ptah
weiteres Zentrum: Itj-taui

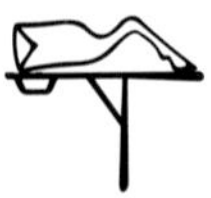

2. unterägyptischer Gau
Chepesch »Rinderschenkel-Gau«
Hauptstadt: Letopolis
Hauptgott: Horus

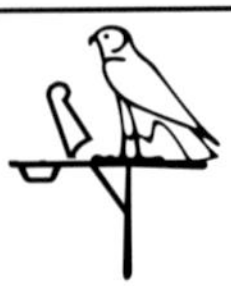

3. unterägyptischer Gau
Imentet »West-Gau«
Hauptstadt: Kom el-Hisn
Hauptgöttin: Hathor
weiteres Zentrum: Hut-ihit

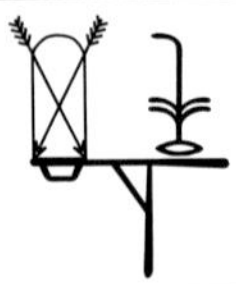

4. unterägyptischer Gau
Neith resit
»Südlicher-Neith-Gau«
Hauptstadt: Sais
Hauptgöttin: Neith

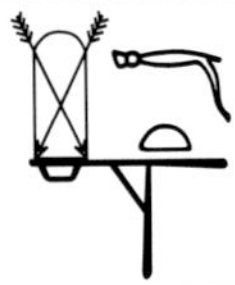

5. unterägyptischer Gau
Neith mechit
»Nördlicher-Neith-Gau«
Hauptstadt: Sais
Hauptgöttin: Neith

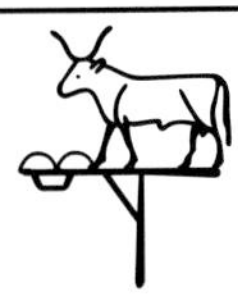

6. unterägyptischer Gau
Chasuw »Bergstier-Gau«
Hauptstadt: Xois
Hauptgötter: Chasu, Re, Amun-Re, Horus

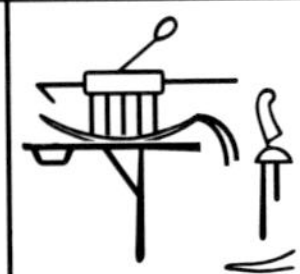

7. unterägyptischer Gau
Wa-em-Huu-ges-imentet
»Harpunen-Gau, westliche Hälfte«
Hauptstadt: Besta

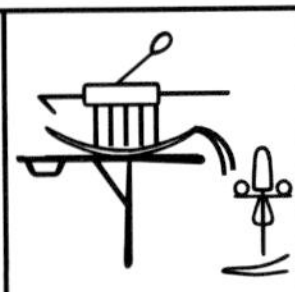

8. unterägyptischer Gau
Wa-em-Huu-ges-iabtet
»Harpunen-Gau, östliche Hälfte«
Hauptstadt: Pithom
Hauptgötter: Atum, Osiris

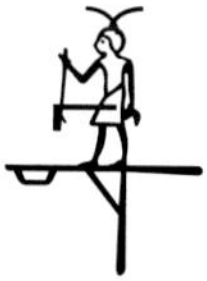	9. unterägyptischer Gau Anedjti »Weidegebietsgott-Gau« Hauptstadt: Busiris Hauptgott: Osiris	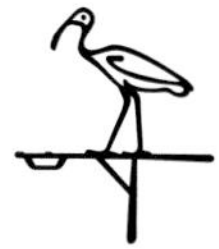	15. unterägyptischer Gau »Ibis-Gau« Hauptstadt: Hermopolis parva Hauptgott: Thot
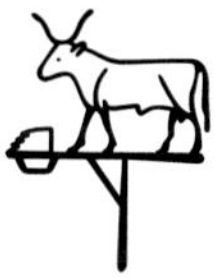	10. unterägyptischer Gau Kem-wer »Großer-Schwarzer-(Stier)-Gau« Hauptstadt: Athribis Hauptgott: Chentechtai	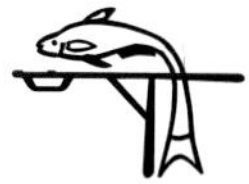	16. unterägyptischer Gau Hat-mehit »Spitze-der-Fische-Gau« Hauptstadt: Mendes Hauptgott: Hat mehit Zwillingsstadt: Thmuis
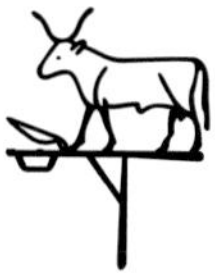	11. unterägyptischer Gau Hesbu «Der-Geschlachtete-Gau« Hauptstadt: Leontopolis Hauptgötter: Miysis, Bastet weiteres Zentrum: Tell el-Jahudija	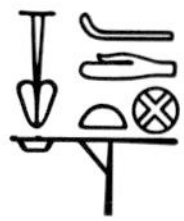	17. unterägyptischer Gau »Behedet-Gau« Hauptstadt: Sema-Behedet Hauptgötter: Amun-Re, Ptah, Horus
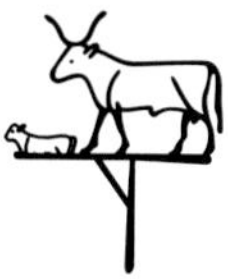	12. unterägyptischer Gau Tjeb netjeret »Kalb-und-göttliche-Kuh-Gau« Hauptstadt: Sebennytos Hauptgott: Onuris	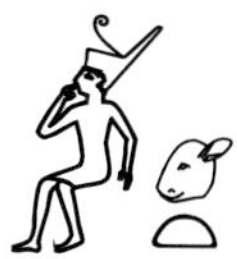	18. unterägyptischer Gau Imet chenti »Vorderer-Königskind-Gau« Hauptstadt: Bubastis Hauptgöttin: Bastet
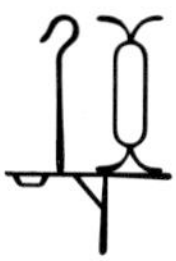	13. unterägyptischer Gau Heka-andju »Der Herrscher ist heil« Hauptstadt: Heliopolis Hauptgott: Re-Harachte weiteres Zentrum: Su	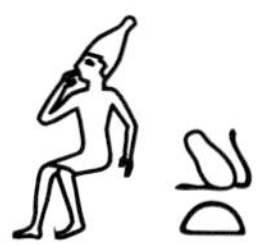	19. unterägyptischer Gau Imet pechti »Hinterer-Königskind-Gau«; Hauptstadt: Buto; Hauptgöttin: Uto weiteres Zentrum: Tanis
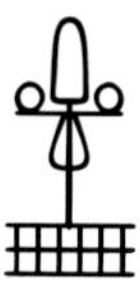	14. unterägyptischer Gau Japti »Ost-Gau«, später Chenti-japti »Vorderer-Ost-Gau« Hauptstadt: Sile Hauptgott: Horus von Mesen	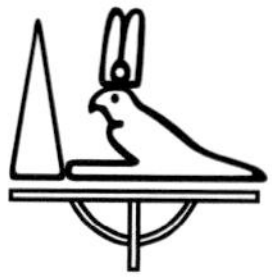	20. unterägyptischer Gau »Sopdu-Gau« Hauptstadt: Per-Sopdu (Saft el-Henneh) Hauptgott: Sopdu

Die Namen der Pyramiden des Alten Reiches

Die königlichen Pyramiden des Alten und Mittleren Reiches trugen eigene Namen, die meist Aussagen über den König enthielten. Seltener bezogen sie sich dagegen auf die Anlage selbst, wie bei der Pyramide des Cheops.

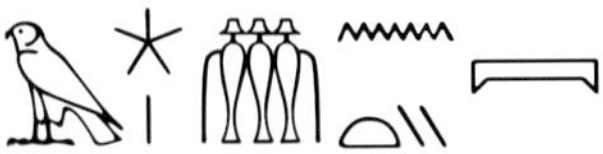

Saqqara, Stufenmastaba des Djoser:
»Horus ist der Stern an der Spitze des Himmels«

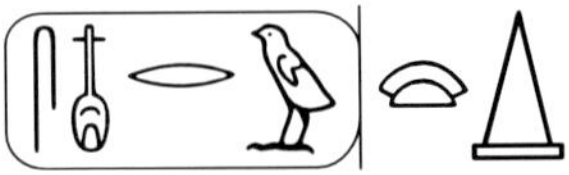

Dahschur, Rote Pyramide des Snofru:
»Snofru erscheint«

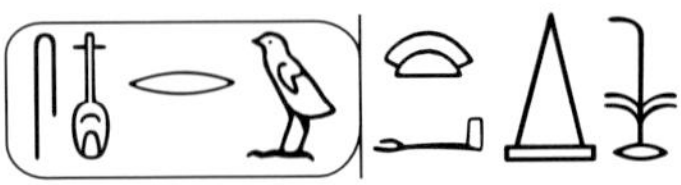

Dahschur, Knickpyramide des Snofru:
»Snofru erscheint, südlich«

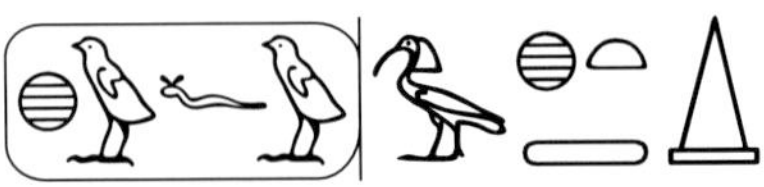

Giza, Pyramide des Cheops:
»Horizont des Cheops«

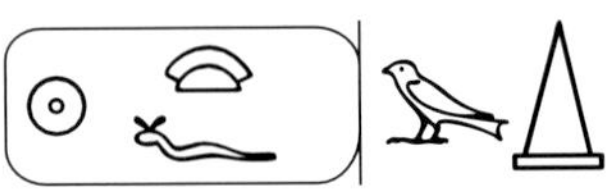

Giza, Pyramide des Chephren:
»Groß ist Chephren«

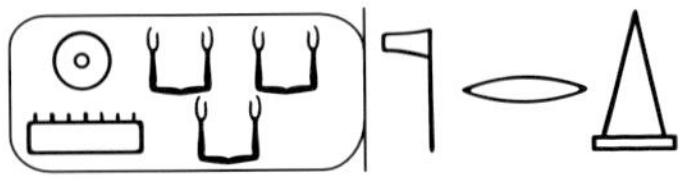

Giza, Pyramide des Mykerinos:
»Göttlich ist Mykerinos«

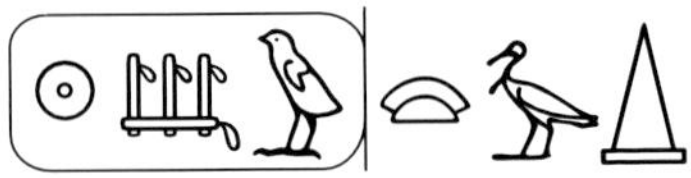

Abusir, Pyramide des Sahure:
»Die Ba-Seele des Sahure erscheint«

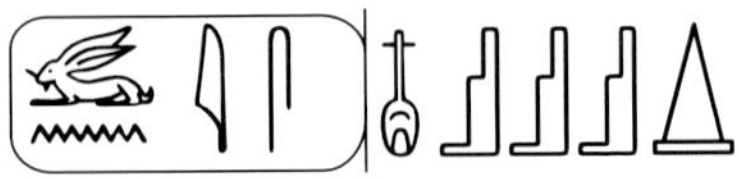

Saqqara, Pyramide des Unas:
»Vollkommen sind die Stätten des Unas«

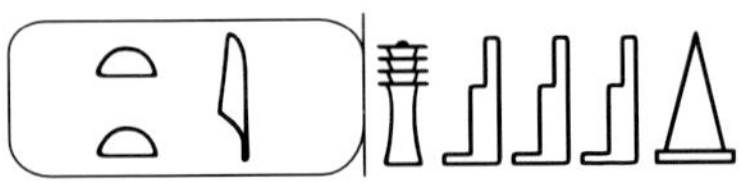

Saqqara, Pyramide des Teti:
»Dauerhaft sind die Stätten des Teti«

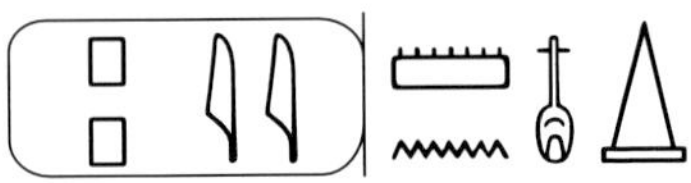

Saqqara, Pyramide des Pepi:
»Es bleibt die Vollkommenheit des Pepi«

Zahlen, Maße und Gewichte im alten Ägypten

Zahlen

	wa	1	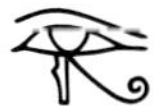	udjat 1/1
	medj	10		1/2
	schet	100		1/4
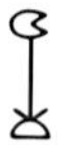	cha	1000		1/8
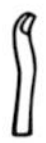	djeba	10 000	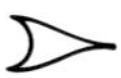	1/16
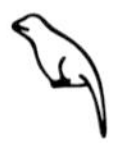	hefen	100 000	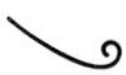	1/32
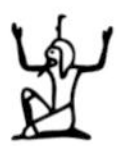	heh	1 000 000	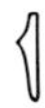	1/64

Gewichte

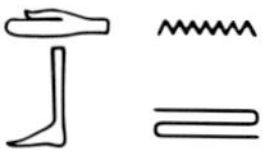	deben	Gewicht, 91 g
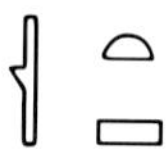	qedet	Gewicht, 9,1 g

Hohlmaße

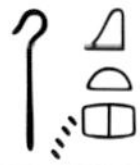	heqat	Kornmaß, 4,8 l (= 10 hinu)
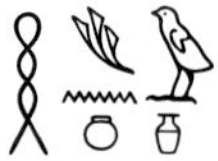	hinu	Hohlmaß, 0,48 l
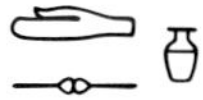	des	Krug (Maß für Bier)
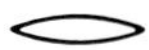	ra	Mundvoll, 0,015 l (320 ra = 1 heqat)

Längen- und Flächenmaße

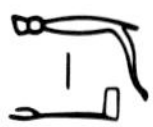	meh	Elle (= 7 Handbreit), 52,5 cm
	schesep	Handbreit (= 4 Finger), 7,5 cm
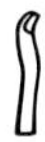	djeba	Finger, 1,85 cm
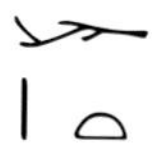	chet	100 Ellen, 52,5 m
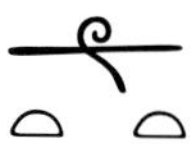	setjat	Arure, 2756,5 m^2 (= 10 000 Ellen)

Zepter und Symbole von Königen und Göttern

Die Demonstration königlicher Macht wird im Bild u. a. durch Insignien zum Ausdruck gebracht. Dazu gehören die vom Herrscher gehaltenen oder getragenen Zepter, Gegenstände und Waffen. Darüber hinaus wird die Position des Königs von den Göttern durch die Gewährung von Leben, Glück und Dauerhaftigkeit bestätigt, was durch entsprechende Symbole in ihren Händen verdeutlicht wird.

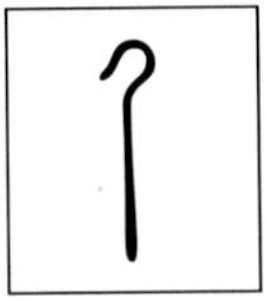

Krummstab
»Herrschaft«
ägyptisch: Heqat

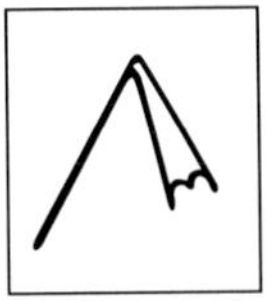

Wedel
»Königswürde«
ägyptisch: Nechacha

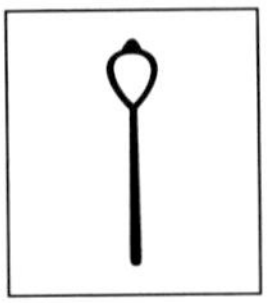

Keule
ägyptisch:
Hedsch

Sichelschwert
ägyptisch:
Chepesch

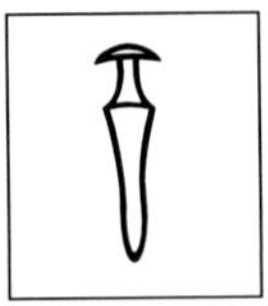

Dolch
ägyptisch:
Bagesu

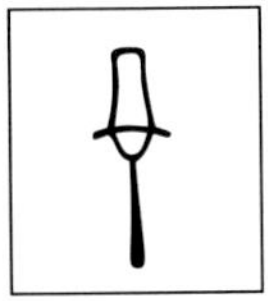

Zepter
»Macht«
ägyptisch: Sechem

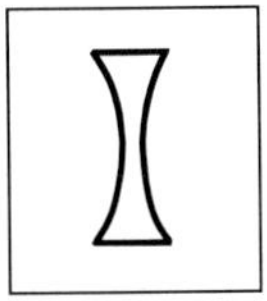

Mekes-Symbol,
auch Futteral für Schriftrollen
ägyptisch: Mekes

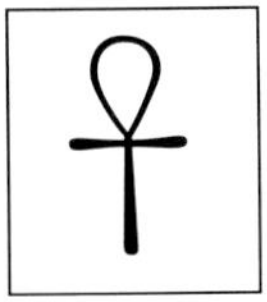

Sandalenriemen
»Leben«
ägyptisch: Anch

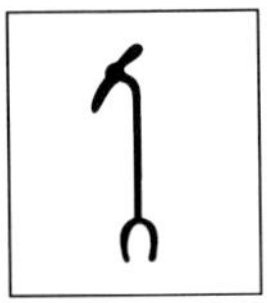

Zepter
»Glück, Herrschaft«
ägyptisch: Was

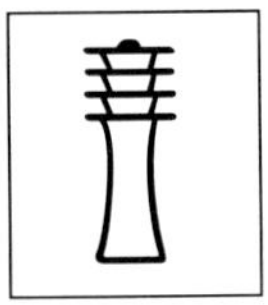

Pfeilersymbol
»Dauer, Stabilität«
ägyptisch: Djed

Kronen

Zum Königsornat gehörten neben den Landeskronen auch verschiedenste Kronen aus Federn, Pflanzenstängeln, Widdergehörn, Kobras und Sonnenscheiben. Leider hat sich keine einzige der Kronen erhalten, sodass ihre Gestalt nur durch Abbildungen (z. B. der Hatschepsut auf ihrer »Roten Kapelle« von Karnak) bekannt ist. Die Blaue Krone und das Nemes wurden nur vom König getragen, die anderen auch von Gottheiten.

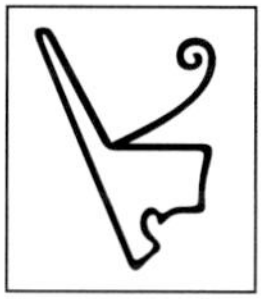

Unterägyptische,
sog. Rote Krone
ägyptisch: Mehus

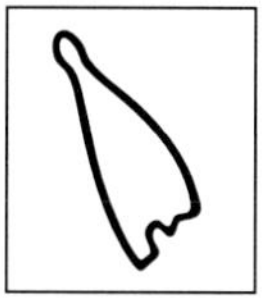

Oberägyptische,
sog. Weiße Krone
ägyptisch: Schemas

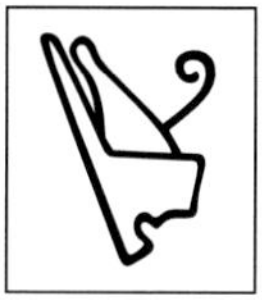

Doppelkrone,
sog. Pschent
ägyptisch: Sechemti

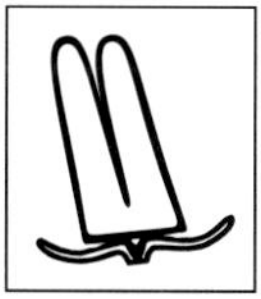

Doppelfederkrone
mit Widdergehörn
ägyptisch: Schuti

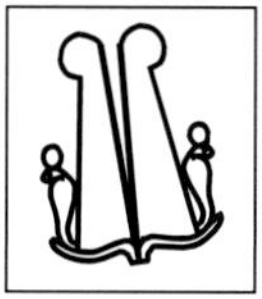

Straußenfederkrone
mit Widdergehörn
ägyptisch: Henu

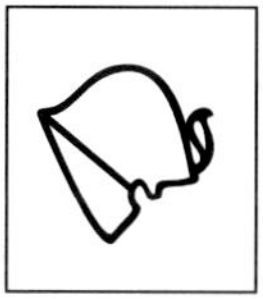

Königshaube,
sog. Blaue Krone
ägyptisch: Chepresch

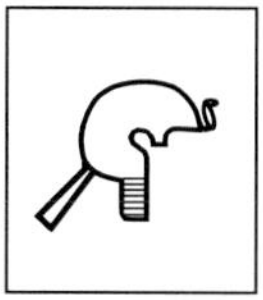

Königskopftuch
ägyptisch: Nemes

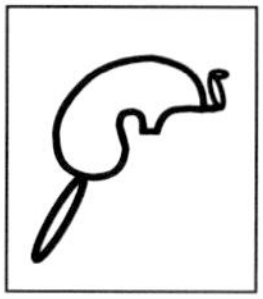

Haarbeutelperücke
ägyptisch: Chat

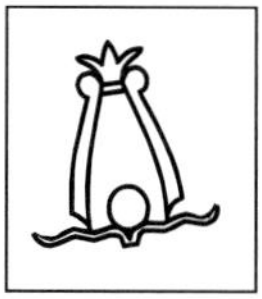

Pflanzenbündelkrone mit Straußenfedern und Widdergehörn
ägyptisch: Atef

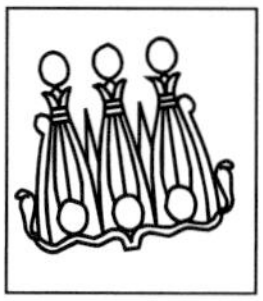

Dreifache Pflanzenbündelkrone
ägyptisch: Hemhemet

Die ägyptische Götterwelt

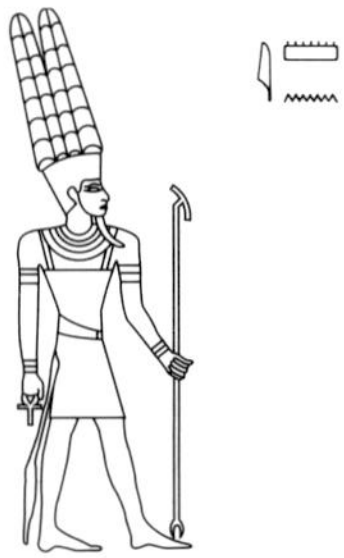

Amun

Ab dem 2. Jt. v. Chr. spielte Amun als »König der Götter« eine zentrale Rolle; er galt neben Ptah und Re als Reichsgott und erwählte den irdischen König. Als Amun-Re besaß er die Fähigkeit zu beständiger Erneuerung und als Amun-Re-Kamutef Urgottqualität. Mit Mut und Chons bildete er die heilige Triade von Theben (Karnak) und mit Amaunet eines der Schöpfungspaare von Hermopolis. Abgebildet wurde er anthropomorph mit hoher Federkrone (als Amun-Re in Schreithaltung, als Kamutef mumienförmig mit aufgerichtetem Phallus) oder widderköpfig mit Sonnenscheibe, daneben in Tiergestalt als Widder oder Gans.

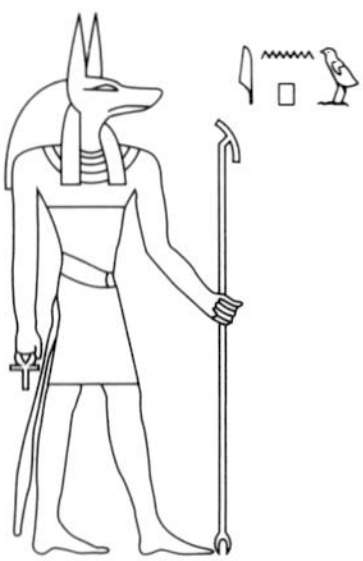

Anubis

Anubis, der »Herr des heiligen Landes« (= Nekropole), der »Balsamierer« und »Wächter der Geheimnisse«, wurde als Canide (hundeartig) oder Mann mit Canidenkopf dargestellt. Seine wichtigsten Aufgaben waren der Erhalt des Leichnams durch Balsamierung, die Garantie des Mundöffnungsrituals zur Wiedergewinnung der Fähigkeiten der Sinnesorgane sowie die Versorgung des Verstorbenen. Er galt als Totenrichter und Schutzherr der Verstorbenen während der Stunden der Nacht. Seine bewahrenden und schützenden Qualitäten führten auch dazu, dass er bei der Geburt des Königs- oder Götterkindes in Erscheinung trat.

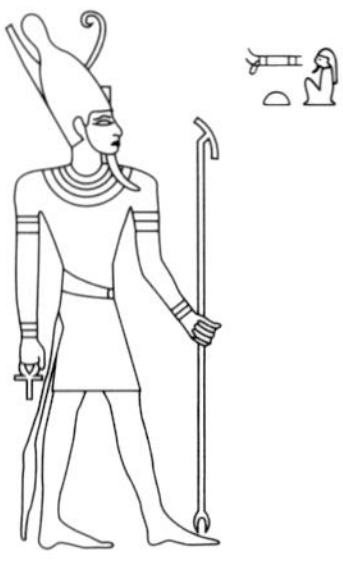

Atum

Das theologische System von Heliopolis bezeichnete Atum als Schöpfergott, der aus sich selbst Raum und Zeit, Menschen und Götter erschaffen hatte, diese aber auch wieder vernichten konnte. Sein Wahrzeichen war der monolithische Benben-Stein, der die Stelle des ersten aus den Urfluten aufsteigenden Urhügels markierte. Zum Erhalt der Schöpfung war er mit dem sich beständig erneuernden Sonnengott Re verbunden, wobei er den Altersaspekt dieses Gottes (= Abendsonne) verkörperte. In dieser Rolle wurde er als Mann mit Doppelkrone dargestellt, zur Betonung des Urgottaspektes dagegen als Schlange.

Bastet

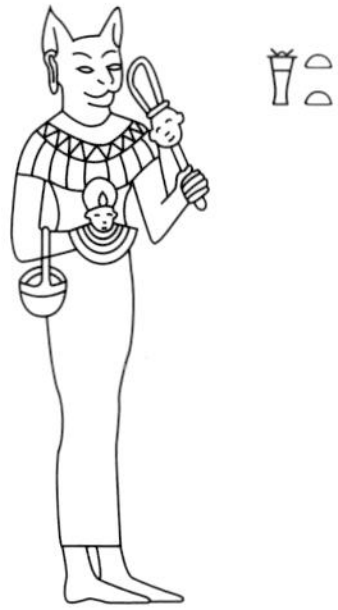

Die katzen- oder mischgestaltige (Frau mit Katzenkopf) Göttin von Bubastis war ursprünglich eine Schutzgottheit des Königs. Schon im Alten Reich wurde sie mit der Löwengöttin Sachmet gleichgesetzt und war anfangs wie diese löwengestaltig. Auch mit Hathor, Mut und Tefnut verband man sie und sah in ihr eine Tochter des Atum. Im Laufe der Zeit traten die friedlichen, schützenden Eigenschaften immer stärker hervor, sodass Bastet immer beliebter wurde. Unzählige bronzene Katzenfiguren (ab der Spätzeit) und viele Friedhöfe mit Katzenmumien im ganzen Land belegen dies ebenso wie die von Herodot erwähnten Bastet-Feste.

Chnum

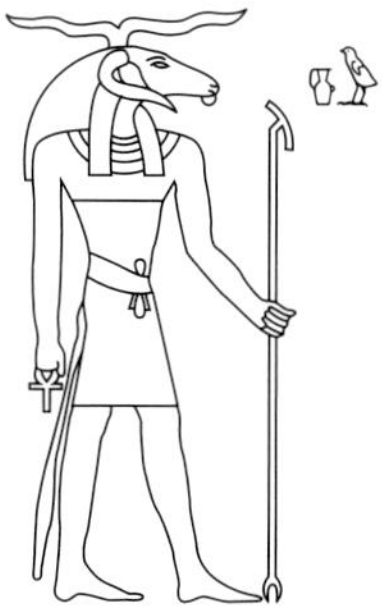

Der widder- oder mischgestaltige (Mann mit Widderkopf) Chnum gehört zu den ältesten ägyptischen Göttern. Eines seiner bedeutendsten Kultzentren befand sich am ersten Nilkatarakt auf Elephantine, wo er mit den Göttinnen Satet und Anuket eine Familie bildete und als Nilquellen- und Fruchtbarkeitsgott verehrt wurde. In Esna galt er als Urgott und war mit der löwenköpfigen Mehit sowie mit der Urflutgöttin Neith verbunden. Als Schöpfer wurde er an der Töpferscheibe dargestellt, auf der er die Körper der Menschen formte. Begleitet wurde er dabei oft von der froschköpfigen Geburtshelfergöttin Heqat, welche die Körper belebte.

Chons

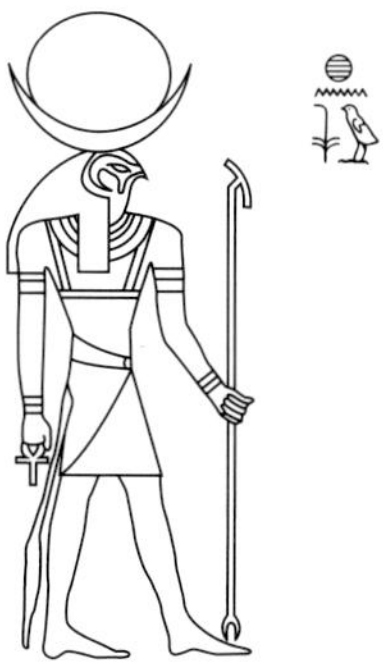

Der Mondgott Chons, der im Alten und Mittleren Reich als strafende Gottheit in den Totentexten auftritt, erlebte erst im Neuen Reich seinen mythischen und kultischen Aufstieg. Als Sohn von Amun und Mut in Theben wurde er zum Schützer der Lebenszeit, zum Heil- und Orakelgott. Verbunden war er auch mit dem Mondgott Thot, dem Luftgott Schu und mehreren Kindgottheiten. Darstellungen zeigen ihn mit Mondsichel und Schwarzmondscheibe auf dem Kopf, entweder mumiengestaltig mit Menschenkopf und Jugendlocke oder als schreitenden Mann mit Falkenkopf; weit seltener erscheint er dagegen in Krokodilgestalt.

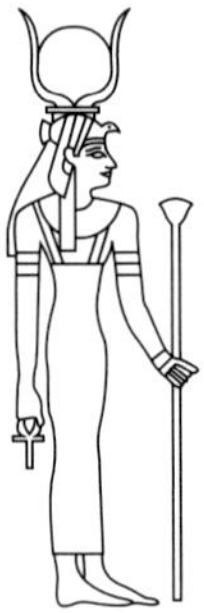

Hathor

Die meist als Frau oder Kuh dargestellte Göttin Hathor trägt stets einen Kopfschmuck aus Kuhgehörn und Sonnenscheibe. An ihrem Hauptkultort Dendera bildete sie mit dem Horus von Edfu und dem Musikgott Ihi eine Familie. Sie galt als Tochter des Sonnengottes Re, als Königsgöttin wie Bastet, als Muttergöttin wie Isis und als Totengöttin wie Imentet. Aber auch viele andere Göttinnen wurden mit dem Namen Hathor wie mit einem Titel versehen. So verbanden sich himmlische und irdische, dies- und jenseitige, in- und ausländische Elemente; allen gemeinsam waren jedoch die Hauptaspekte der Hathor: Liebe, Schutz und Freude.

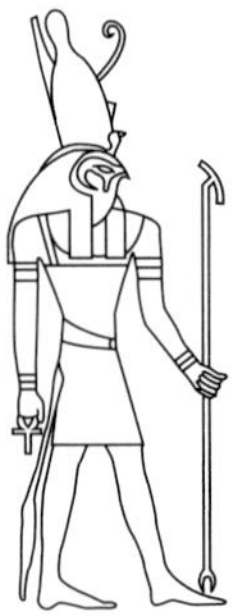

Horus

Die Bezeichnung Horus, »der Ferne«, wurde gleich für mehrere Götter verwendet, die man als Falke oder Mann mit Falkenkopf darstellte. Zu den bedeutendsten gehören der Himmels- und Königsgott Horus (mit dessen Namen der früheste Königstitel geschrieben wurde), der Horus von Edfu (mit dem Symbol der geflügelten Sonnenscheibe) und Horus, Sohn der Isis (Harsiese, auch Harpokrates). Letzterer galt als Nachfolger seines Vaters Osiris und war Garant der legitimen Herrschaft im Diesseits. Er vertrat die geordnete, kultivierte Welt und kämpfte beständig gegen Seth, den mächtigen Gott der wilden ungezügelten Natur.

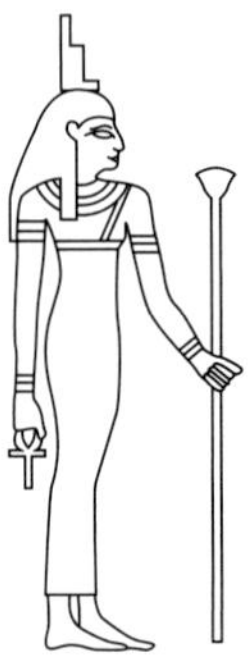

Isis

Die große Muttergöttin Isis gehört seit dem späten Alten Reich zusammen mit ihrem Gemahl Osiris zu den bedeutendsten Gottheiten Ägyptens. Im Mythos gelingt es ihr, ihren von Seth ermordeten Mann durch magische Kräfte wieder zu beleben und ihm seinen Sohn und Nachfolger Horus zu gebären. Durch ihre magische Kraft kann sie schützend wirken und begleitet deshalb auch den Sonnengott bei seiner Fahrt durch die Stunden der Nacht. In der 2. Hälfte des 1. Jt.s v. Chr. stieg Isis schließlich zur Allgöttin auf, zu der »Einen«, die für alle anderen Göttinnen stand, und wurde später sogar im gesamten Römischen Reich verehrt.

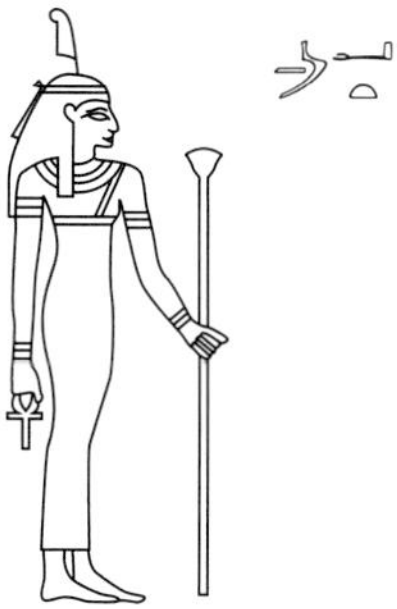

Maat

Der Begriff Maat bezeichnete das altägyptische Ordnungs- und Wertesystem; er stand für Ausgewogenheit, Gerechtigkeit und Wahrheit. Den ethischen Gegenpol bildete Isfet, d. h. das Ungeordnete, Unrechte und Unwahre. Jeder Herrscher hatte sich für Maat einzusetzen und garantierte dies den Göttern. Aber auch der einfache Mensch musste Maat folgen, da er sonst vor dem Totengericht nicht bestehen konnte. Personifiziert wurde Maat in Frauengestalt mit einer Feder auf dem Kopf dargestellt. Sie galt als Tochter des Re und wurde spätestens ab dem Neuen Reich auch kultisch verehrt, worauf z. B. ihr Tempel in Karnak verweist.

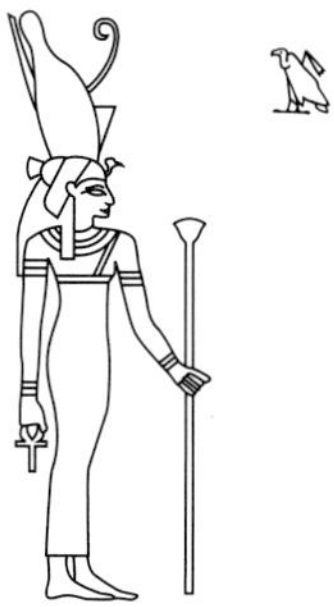

Mut

Die Göttin Mut bildete seit dem Neuen Reich mit ihrem Gemahl, dem Reichsgott Amun, und ihrem Sohn, dem Mondgott Chons, die thebanische Triade. Mut galt als Mutter- und Himmelsgöttin sowie als Tochter des Re. Durch die Verbindung von Amun mit dem Sonnengott zu Amun-Re war sie gleichzeitig Mutter, Gemahlin und Tochter des Gottes. Trotzdem dürfte der Mutteraspekt im Vordergrund gestanden haben und Mut als göttliche Verkörperung der großen, weisen Frau verstanden worden sein. Dargestellt wurde sie als Frau mit der königlichen Doppelkrone auf dem Kopf oder – wie auch andere Muttergöttinnen – als Geier.

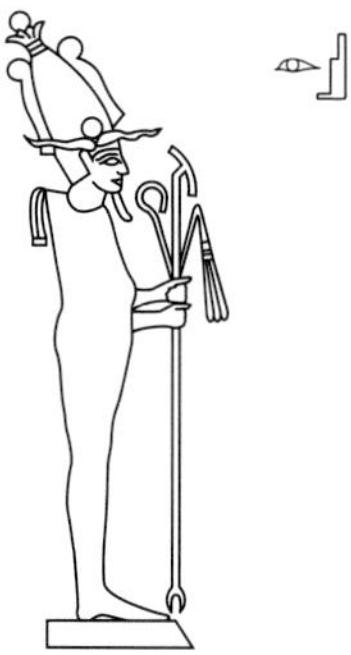

Osiris

Der oberste Totengott und Totenrichter Osiris war ursprünglich ein Vegetationsgott und Gegenspieler des Wüstengottes Seth. Im Mythos galt er als ein vollkommener Herrscher, der von seinem Bruder Seth ermordert worden war. Von seiner Gemahlin Isis wieder belebt, wurde er zum Garanten eines jenseitigen Lebens für diejenigen, die den ethischen Normen entsprechend gelebt hatten. Obwohl er an vielen Orten des Landes und in allen Nekropolen verehrt wurde, waren seine Hauptkultorte Busiris im Delta und Abydos in Oberägypten. Dargestellt wurde er mumiengestaltig und mit den königlichen Herrschaftssymbolen in den Händen.

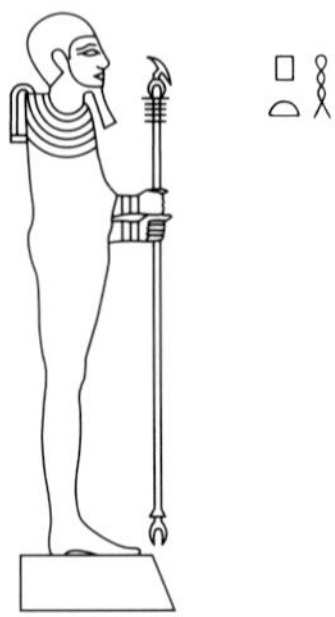

Ptah

Der Stadtgott von Memphis, Ptah, wurde als Schöpfer verstanden, der die Welt durch seine Gedanken und Worte geschaffen hat. Er war die göttliche Verkörperung menschlicher Kreativität und somit Gott der bildenden Künste. Mit der Löwengöttin Sachmet und dem Lotosblütengott Nefertem bildete er eine Triade, wodurch sich nicht nur die unterschiedlichen Lebensformen – Mensch, Tier, Pflanze –, sondern auch die Aspekte wie Schöpfung, Schutz und Regeneration verbanden. Dargestellt wurde er mumiengestaltig, mit anliegender Kappe und einem Kompositzepter aus den Symbolen für »Leben«, »Dauer« und »Wohlsein«.

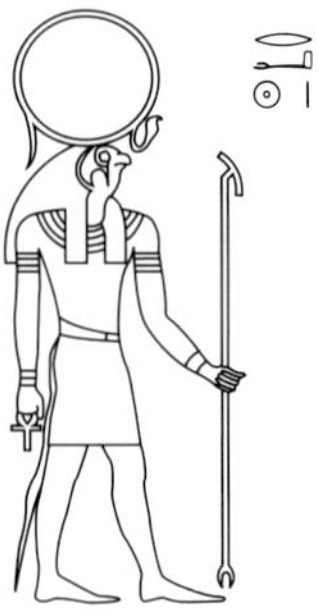

Re

Der als Falke oder falkenköpfiger Mann mit Sonnenscheibe dargestellte Gott stand für die regenerativen Kräfte der Natur und galt als Vater des Königs. Während des zyklischen Sonnenlaufes mit je zwölf Tages- und Nachtstunden erschien er in unterschiedlicher Gestalt: am Tage falkenköpfig als Re-Harachte, am Abend anthropomorph als Atum und am Morgen skarabäusgestaltig als Chephren. Später trat noch die widderköpfige Gestalt des Amun-Re hinzu, der in der Unterwelt die seligen Verstorbenen belebte. Hauptkultort des Re war Heliopolis, dort, wo sich bei der Schöpfung der Urhügel aus den Fluten des Urozeans erhoben hatte.

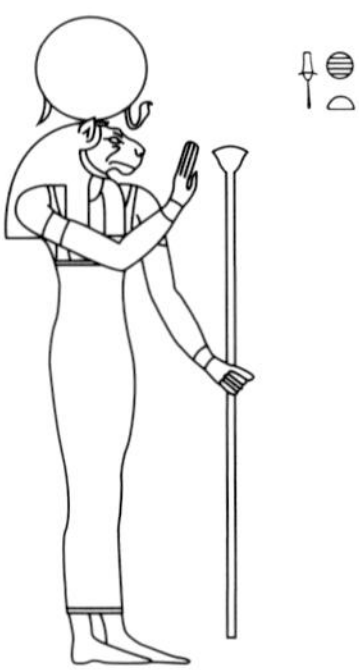

Sachmet

Die als löwenköpfige Frau (ab dem Neuen Reich mit Sonnenscheibe) dargestellte Sachmet war eine machtvolle Schutzgöttin, die mit Ptah und Nefertem die memphitische Triade bildete. Sie galt als Heilgottheit, und ihre Priesterschaft darf wohl als erste Ärztegemeinschaft verstanden werden. Sachmet besaß auch wilde und gefährliche Aspekte, die u. a. im Mythos von der »Vernichtung des Menschengeschlechtes« deutlich werden. Dort ist sie es, welche die gegen den Sonnengott aufbegehrenden Menschen vernichten soll. Ihre kämpferische Natur zeigt sich ebenso bei der Unterstützung des Königs im Kampf gegen seine Feinde.

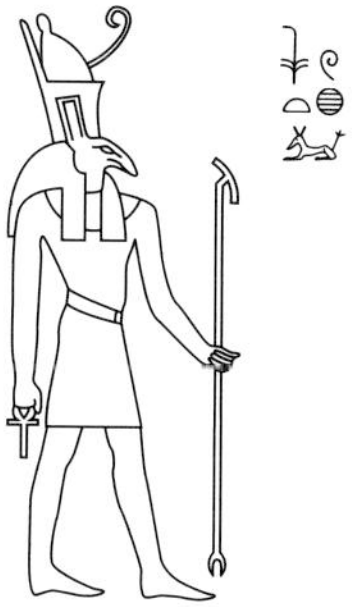

Seth

Der mächtige Wüstengott Seth wurde als Verkörperung der wilden, ungezügelten Natur verstanden. Er war Gegenspieler des Vegetations- und Kulturgottes Osiris, des legitimen Herrschers über die wohl geordnete Welt. Im Mythos ermordet Seth seinen Bruder Osiris; anschließend entbrennt ein Kampf um die Macht zwischen ihm und Horus, dem Sohn des Osiris. Somit bezeichnen Horus und Seth die beiden Aspekte der Schöpfung: Chaos und Struktur. Im Jenseits tritt Seth dagegen als Begleiter des Sonnengottes auf, der die Schöpfung vor den Angriffen des schlangengestaltigen Weltenvernichters Apophis zu bewahren hat.

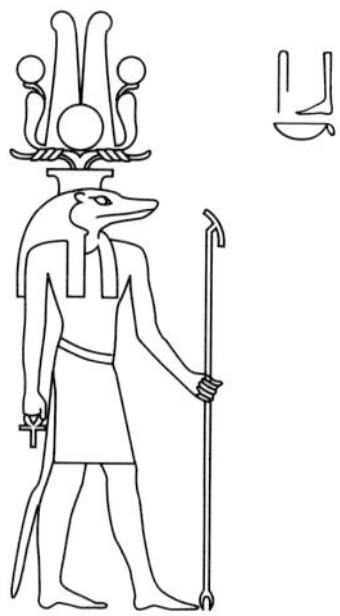

Sobek

Der Krokodilsgott Sobek war ursprünglich wohl ein Fruchtbarkeitsgott, der v. a. in der Oase Faijum verehrt wurde. Später hat man ihn auch als Sohn der Urflutgöttin Neith angesehen und somit selbst als Urgott, der die Aufgabe hatte, die Welt zu schützen. Sobek wurde an vielen verschiedenen Orten Ägyptens verehrt (z. B. in Kom Ombo) und dort mit den unterschiedlichsten Gottheiten verbunden. Selbst mit dem Sonnengott Re konnte er assoziiert werden. Die hohe Attraktivität des Gottes beruhte zweifellos auf der Gefährlichkeit des mit ihm verbundenen Tieres und dem Einsatz dieser Urkraft für den Schutz der Menschen.

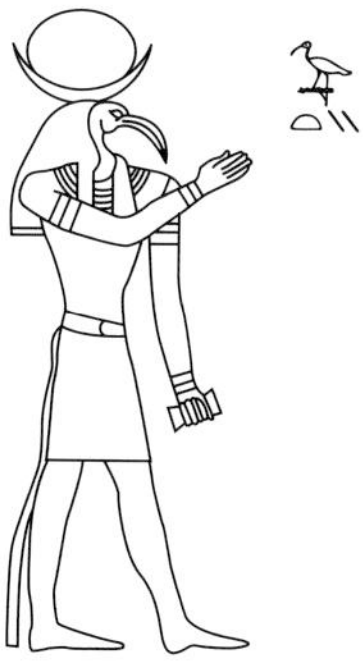

Thot

Der ibis- oder paviansgestaltige Gott Thot, der auch als Mann mit Ibiskopf (ab dem Neuen Reich mit Mondsichel und -scheibe) dargestellt wurde, war der Gott des Mondes. Er galt auch als Schöpfer- und Weisheitsgott; ihm wurde die Erfindung der Schrift und die Gesetzgebung zugeschrieben. Seine Herkunft ist umstritten, als Hauptkultort muss ab dem Mittleren Reich jedoch Hermopolis angesehen werden. Dort wurde er an die Spitze einer Gruppe aus acht Göttern gesetzt, die man als Ursprung der Schöpfung ansah. Im nahen Tuna el-Gebel wurden ab der Spätzeit unzählige seiner heiligen Tiere in unterirdischen Grabanlagen bestattet.

Kleine Formenlehre zur Architektur

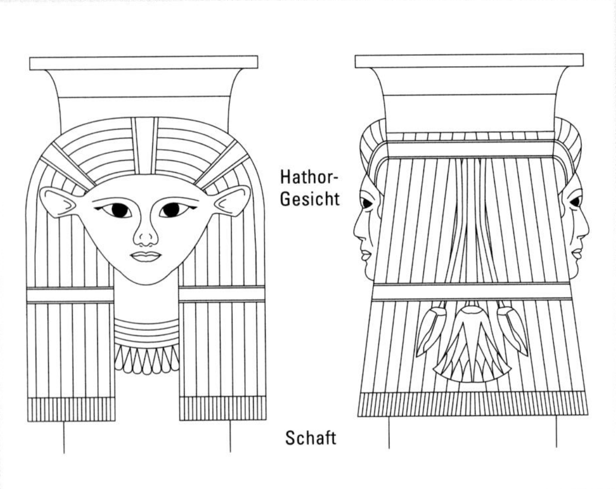

Hathor-Kapitell

Oberer Abschluss des seit dem Mittleren Reich bekannten Säulentyps in Form eines Sistrums (Sistrum-Säule). Dabei zeigt das Kapitell ein Hathor-Gesicht von zwei oder vier Seiten, oft mit einem Naos (Kapelle zwischen zwei Spiralen) darüber. Neben der klassischen Säulenform in sehr unterschiedlichen Größenordnungen wie Werkmaterialien (Stein, Holz) kann das Sistrum-Emblem auch nur einem Pfeiler in erhabenem Relief vorgeblendet sein wie im Tempel der Nefertari in Abu Simbel. Verwendung fand diese Stützenform in Heiligtümern weiblicher Gottheiten, z. B. Bastet, Isis, Hathor.

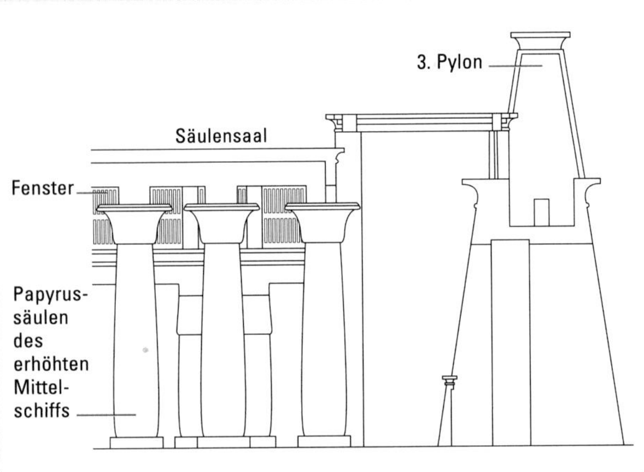

Hypostyl (Säulenhalle)

In der ägyptischen Sakralbaukunst Bezeichnung für einen Säulensaal mit überhöhtem Mittelschiff, typisch zur Zeit des Neuen Reiches. Monumentalste Ausführung ist der große Säulensaal von Karnak aus der 19. Dynastie, wie hier dargestellt. Über gewaltige Gratfenster in den Mittelschiffwänden erfolgt die Beleuchtung der Halle. Während die Papyrussäulen des großen Mittelschiffs den Typus mit geöffnetem Blütenkapitell verwenden, werden in den tieferen Seitenschiffen solche mit geschlossenen Kapitellen eingesetzt.

Pylon

Monumentale Tempelfassade mit zwei Türmen, zwischen denen das Eingangstor liegt. Charakteristisch für die Türme sind die geböschten Wände, die Verstärkung ihrer Kanten mit dem sog. Rundstab (ursprünglich gewickelte Schilfbündel zum Kantenschutz vorgeschichtlicher Ziegelbauten) und je einer Hohlkehle als oberer Abschluss. Außen am Pylon standen in Wandnischen gewaltige, mit farbigen Wimpeln ausgestattete Flaggenmasten aus Koniferenholz, die das Bauwerk deutlich überragten und in halber Höhe von herausgreifenden Holzzangen zusätzlich in Position gehalten wurden. Erste Pylonbauten aus Ziegeln treten schon in der 11. Dynastie auf, Ausführungen in Stein ab dem Neuen Reich. Der größte Pylon aller Zeiten wurde während der 30. Dynastie in Karnak errichtet und besaß eine Breite von 112 Metern. Im Verständnis des Tempels als Abbild des Kosmos wurde der Pylon den Horizontbergen gleichgesetzt, markierte somit den Ort des Sonnenaufgangs. Die häufige Dekoration der Außenwände mit dem heraldischen Bild des »Erschlagens der Feinde« durch den König symbolisierte die Abwehr aller feindlichen Mächte (des Chaos), welche der geordneten Welt des Heiligtums hätten gefährlich werden können. Dabei werden die thematischen Hauptszenen zumeist stärker in den Stein der Pylontürme versenkt angebracht als die begleitenden Darstellungen, um sie mit Hilfe des Lichteinfalls auch auf weite Entfernung hin sichtbar zu machen. Die Dekorationsarbeiten an einem Pylon wurden wahrscheinlich nicht beim Abriss der Baurampen durchgeführt, sondern nach Vollendung der Architektur über einer Einrüstung angebracht. Erst bei den mächtigen Pylonen der Ramessidenzeit führten schmale Treppenaufgänge durch ihr Inneres bis zu den Plattformen über dem Eingangstor und der Türme. Pylonbauten der griechisch-römischen Epoche konnten sogar mehrgeschossige Treppenhäuser mit weiteren Räumen aufweisen (z. B. in Edfu).

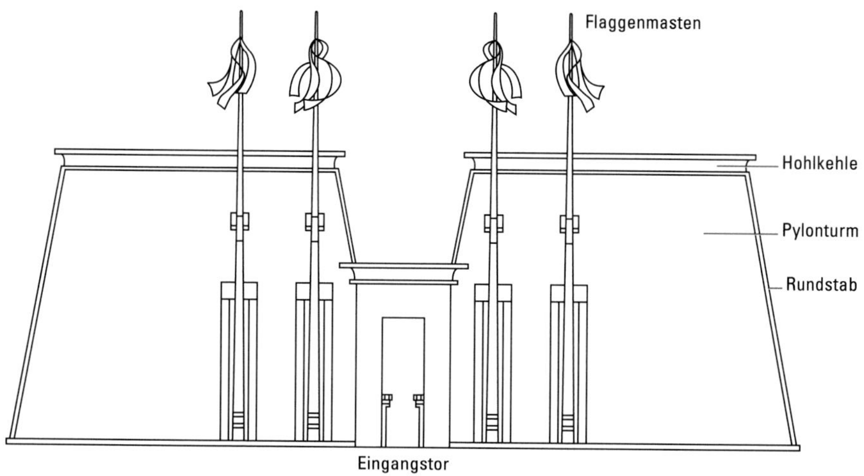

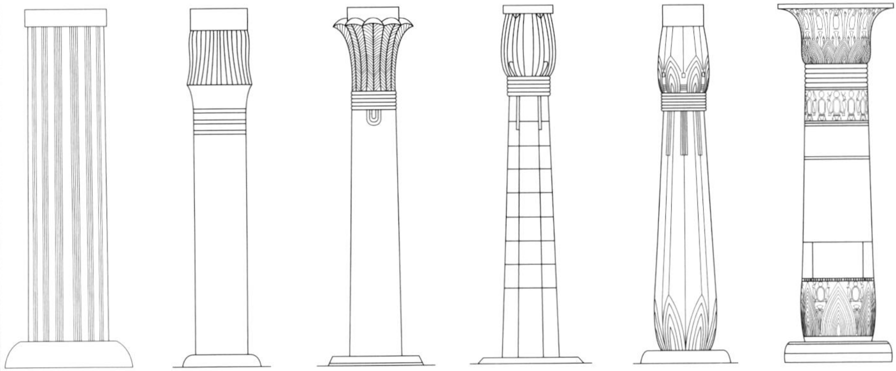

Säulen

Die Sakralarchitektur in Ägypten verfügte über ein reiches Repertoire an Säulentypen, die in ihrer Form zumeist pflanzlichen Vorbildern folgen. Sie besitzen eine Basis und einen quadratischen Deckblock (Abakus) über dem Kapitell und waren im Regelfall bemalt. Während Säulen aus Hartgestein monolithisch gearbeitet wurden, sind Kalk- oder Sandsteinsäulen aus miteinander verdübelten Trommeln oder auch Halbtrommeln aufgeführt. Dabei wurden die einzelnen Lagen erst nach Errichtung der Säule geglättet und in Form gebracht.

1. Polygonale Säulen: mit bis zu 32 Kanten aus der oktogonalen Stütze entwickelt. Exemplare mit echten Kanneluren gleichen dabei den Schäften griechischer Säulen, von denen sie sich aber durch die fehlende Entasis (Anschwellung des Schaftes) deutlich abheben.

2. Zeltstangensäulen: Dieser Typus wurde in Stein nur im Festtempel Thutmosis' III. in Karnak eingesetzt. Sein oberer Abschluss besteht aus einem glockenförmigen Knauf, der durch einen umlaufenden Grat vom glatten Schaft abgehoben ist.

3. Palmsäulen: Seit dem Alten Reich bekannt, bleibt dieser Typ bis zu den Bauten der griech.-röm. Zeit in Gebrauch. Über dem zylindrischen Schaft wird das Kapitell von hoch gestellten, leicht gebogenen Palmwedeln gebildet.

4. Lotosbündelsäulen: Der Schaft besteht aus einer Bündelung von vier bis acht Pflanzenstängeln mit geschlossenen Blüten als Kapitell, das durch eine Schnürung abgesetzt ist. Im Gegensatz zur Papyrusbündelsäule läuft der Schaft an der Basis geradeaus.

5. Papyrusbündelsäulen: verschiedene Varianten mit geöffneten oder geschlossenen Blütenkapitellen. Die Schäfte mit eingezogenem Fuß und einem Dekor aus Bodenblättern waren zunächst gerippt als Pflanzenbündel, ab der 19. Dynastie dann glatt ausgeprägt. Der Schaft wurde zusätzlich zur Anbringung eines Textfeldes mit der Königstitulatur genützt.

Scheintür

Als Hauptkultstelle eines Mastaba-Grabes während des Alten Reiches bezeichnet die Scheintür den magischen Erscheinungsort des Verstorben, um die Versorgungsgüter des Totenopfers entgegenzunehmen. In ihrer Standardausführung besteht sie aus einer einfach bzw. doppelt gestaffelten Nische von hochrechteckiger Grundform mit einer Türrolle (Imitation des aufgerollten Vorhangs) über dem eigentlichen Türdurchgang. Darüber liegt ein Sturz, dem sich ein Bildfeld (Opfertafel) mit der Speisetischszene anschließt. Den äußeren Rahmen bilden zwei traditionelle Architekturelemente: der dreiseitig umlaufende Rundstab und als vorkragendes Gesims eine Hohlkehle, deren Ursprung auf die eingesteckten Palmwedel einer Ziegelmauer zurückgeht. Neben dieser Normalscheintür, die in ihren einzelnen Komponenten durchaus variieren und aus verschiedenen Materialien (z. B. Holz) bestehen konnte, waren die Kultkammern größerer Gräber oftmals mit einem anderen Scheintürtypus zusätzlich ausgestattet, der sog. Prunkscheintür. Ihr Dekor wird nicht von einer ausführlichen Beschriftung (Opferformeln, Titel und Namen des Grabherrn) und der unverzichtbaren Speisetischszene geprägt, sondern gibt eine aufwändig gestaltete Nischengliederung wieder, die ihr Vorbild in den frühen Palastumfassungsmauern besitzt.

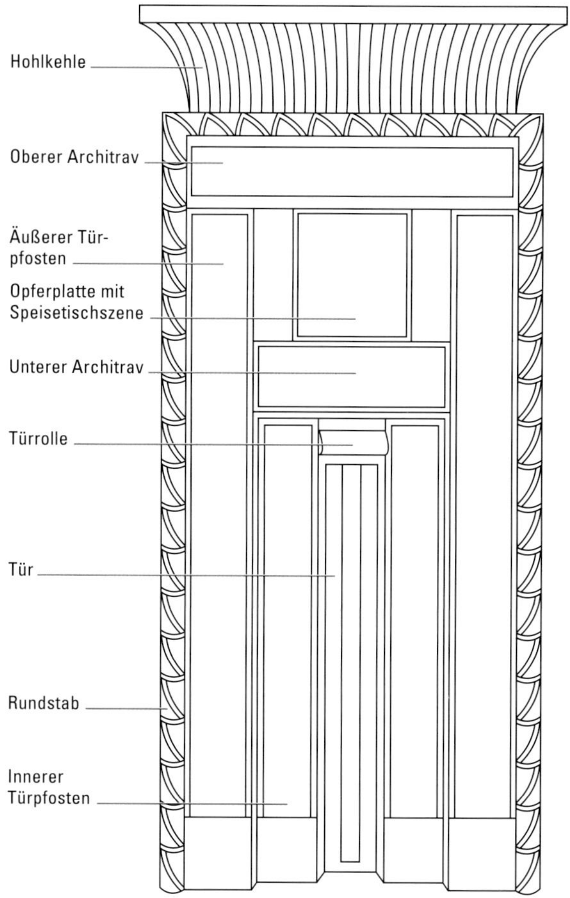

Glossar

Abydosfahrt, Vorstellung bzw. Darstellung einer Bootsfahrt der Mumie oder einer Statue des Verstorbenen, die ab dem Mittleren Reich in Privatgräbern zu finden ist. Im Rahmen der Bestattung wurde diese rituelle Scheinfahrt nach Abydos durchgeführt, damit der Tote an den dortigen Osiris-Feierlichkeiten teilhatte. Dort wurden jedes Jahr Tod und jenseitige Wiederauferstehung des Gottes Osiris nachvollzogen.

Ach (ägypt., »Lichtgeist, Verklärter«), bezeichnet den mit magischer Kraft ausgestatteten Totengeist. Königliche wie nichtkönigliche Verstorbene wollten im himmlischen Jenseits in der vergöttlichten Seinsform eines Ach weiterexistieren (siehe auch **Ba** und **Ka**).

Anch (ägypt., »Leben, Lebenskraft«), in der Symbolik häufig als Anch-Zeichen verwendet, das die Götter dem König vor die Nase halten, ihm damit die »Lebenskraft« gewähren. Aufgrund seiner magisch-religiösen Bedeutung kann es auf vielen Gegenständen der Grabausstattung und des Totenkultes auftreten. Als Abzeichen für das ewige Leben wird es noch spät in der koptischen Zeit (Totenstelen) eingesetzt.

Ba, nicht konkret übersetzbarer ägyptischer Begriff, der verschiedene Bedeutungsebenen umfasst. Wie auch Ka und Ach bezeichnet der Ba eine Seinsform von Göttern und Menschen. Götter und Könige verfügen über eine Vielzahl von Bas, in denen sich ihre Macht zeigt und in denen ihre Wirkung nach außen hin sichtbar wird. Bezogen auf den Toten erscheint der Ba als Personifizierung all seiner Lebenskräfte und bildet das im Gegensatz zur Mumie aktive, frei bewegliche Element des Toten. Er wird deshalb gerne, insbesondere in den Privatgräbern des Neuen Reiches, als Vogel mit Menschenkopf dargestellt. Der Ba des Toten hält sich im Himmel auf, kommt aber auch regelmäßig auf die Erde an »sein« Grab zurück, um die Opfergaben aufzunehmen.

Barkensanktuar, wichtiger Raum in den meisten größeren Tempeln, in dem die Kultbarke eines Gottes (auch eines Königs) aufbewahrt und kultisch versorgt wurde. Bei den großen Festprozessionen konnte die Gottheit andere Kultanlagen besuchen; dazu wurde eine kleinformatige Statue in einen Schrein inmitten der tragbaren Barke gesetzt, die meist aus kostbaren Materialien aufwändig gestaltet war. In der Regel liegen diese schmalen Sanktuare in der Hauptachse des Tempels; die Wanddekoration zeigt meist die Barke und einige Kultszenen, in der Mitte befindet sich ein Sockel zum Abstellen der Barke.

Deben, ägyptische Bezeichnung einer Gewichtseinheit; in Gestalt von Gewichtssteinen zum Abwiegen verwendet. Der Gegenwert änderte sich im Laufe der Zeit von 13,6 g im Alten Reich auf 91 g im Neuen Reich.

Djed-Pfeiler, seit frühester Zeit als Fetisch verehrter Pfahl, der in mehreren Stufen mit Pflanzenbündeln umwunden ist. Als symbolisches Zeichen für Dauer und Beständigkeit war er als Amulett sehr beliebt.

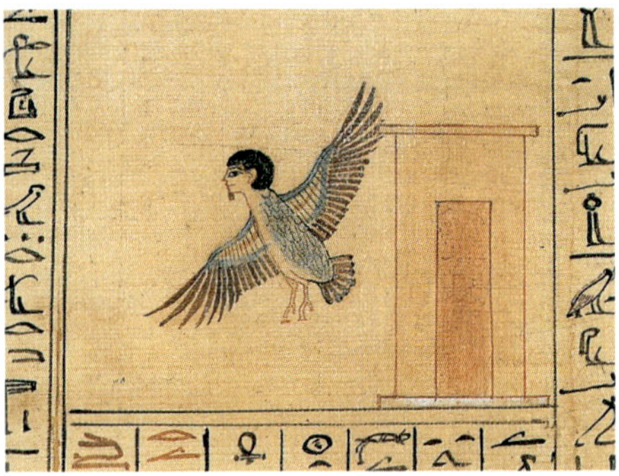

Totenbuchpapyrus des Maiherperi: Ba-Vogel vor dem Grabeingang, 18. Dynastie, um 1450 v. Chr., Theben-West, Tal der Könige (KV 36), Ägyptisches Museum, Kairo

Ehrengold, seit dem Alten Reich ist in Ägypten die Sitte bezeugt, an verdiente Beamte Gold zur Belohnung zu überreichen. Im Neuen Reich finden sich in den Privatgräbern des Öfteren bildliche Darstellungen solcher öffentlich vorgenommener Auszeichnungen. Der König steht dabei am Erscheinungsfenster und reicht das »Ehrengold« an den darunter stehenden Beamten. Zumeist handelt es sich um verschiedene Schmuckarten, v.a. Halskrägen aus linsenförmigen Goldperlen und Armreifen. Solche Schmuckstücke wurden dann gerne, z.B. bei Statuen der Ausgezeichneten, abgebildet.

Elektron, Metalllegierung aus Gold und Silber, die in den an Ägypten angrenzenden Wüstengebieten natürlich vorkommt, aber auch künstlich hergestellt wurde. Seit dem frühen Alten Reich wurde sie für Schmuck verwendet sowie später in großen Mengen als Ein- oder Auflage an Tempelwänden und -türen.

Erscheinungsfenster, Balkon mit niedriger Brüstung, beschattet von einem Baldachin, am königlichen Palast. Hier zeigte sich der König öffentlich, um z.B. das Ehrengold zu verleihen. Eine Variante mit kultischer Funktion gibt es in den Tempeln des Neuen Reiches in Theben-West.

Flaggenmast(en), teilweise über 30 m hohe Masten, die in Paaren die Eingangstore der Tempel flankierten. Aus je einem entasteten Baumstamm bestehend, waren sie in Fassadennischen der Pylone eingestellt. Die Spitze konnte mit Elektron vergoldet sein und wurde mit bunten Wimpeln verziert.

Geburtslegende, textlich und bildlich überlieferter Mythos von der göttlichen Abstammung des ägyptischen Königs. Demnach kommt der Gott Amun-Re auf die Erde, um sich in Gestalt des Königs zur Königin zu begeben, der er sich in seiner göttlichen Natur zu erkennen gibt. Er zeugt mit ihr den Thronfolger, der nach der Geburt von göttlichen Ammen gesäugt wird und den sein Vater Amun-Re als Sohn anerkennt. Darstellungen der auf diese Art und Weise erklärten göttlich-menschlichen Doppelnatur des Königs finden sich in Tempeln des Neuen Reiches (z.B. Luxor-Tempel, Totentempel der Hatschepsut in Deir el-Bahari).

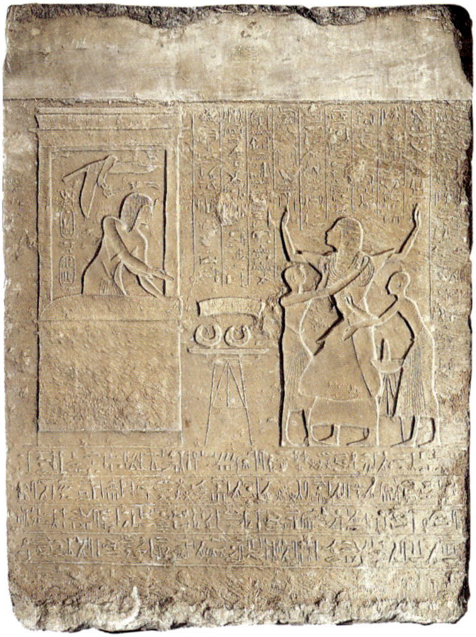

Grabrelief: Sethos I. verleiht das Ehrengold, 19. Dynastie, um 1280 v.Chr., Saqqara, Kalkstein, H. 123 cm, Musée du Louvre, Paris

Gottesgemahlin, in erster Linie Titel der Hohepriesterin des Amun in Theben; während des Neuen Reiches von Königsgemahlinnen und Königstöchtern getragen. Die jeweilige Amtsinhaberin galt als die fiktive Gemahlin des Gottes Amun und verkörperte im Kult die Garantie der immer währenden Neuschöpfung der Welt durch die fruchtbaren Urkräfte des Gottes. In der Dritten Zwischenzeit war die Titelträgerin das religiöse Oberhaupt des thebanischen Gottesstaates des Amun. Das Amt wurde von unverheirateten Töchtern der in Unterägypten residierenden Könige ausgeübt, die sich auf diese Weise auch politischen Einfluss in Oberägypten sicherten. Weitergegeben wurde das Amt durch Adoption.

Hebsed (ägypt., »Sed-Fest«), Königsfest, das von der frühesten Zeit an bis in die griechisch-römische Epoche in zahllosen Darstellungen v. a. an Tempelwänden und durch textliche Erwähnungen bezeugt ist. Vermittels komplexer, sich über mehrere Tage erstreckender Ritualhandlungen wurden die physischen und magischen Kräfte des Königs erneuert, um eine Fortdauer seiner Regierungszeit zu ermöglichen. Das Feiern von Sed-Festen wurde auch auf das Jenseits übertragen, womit die Herrschaft des Königs in die Ewigkeit fortgeschrieben werden sollte.

Heqa(t)-Zepter (ägypt., »Herrscher- bzw. Herrschaftszepter«), als Bestandteil der zeremoniellen Tracht des Königs ein wichtiges Stück der Königsinsignien. Es handelt sich um einen Stab mit oben gekrümmtem Ende, der vom König als Zeichen seiner Herrschaftsgewalt häufig in der rechten Hand gehalten wird.

Hohepriester, Bezeichnung für den Leiter der Priesterschaft eines bestimmten Tempels; entspricht dem ägyptischen Titel »Erster Gottesdiener«. Die Hohepriester vertraten den König im Kult und leiteten neben dem Personal auch Verwaltung und Wirtschaft ihrer Tempel, die z.T. über beträchtliches Vermögen und umfangreiche Ländereien verfügten.

Hohlkehle, typisches Element ägyptischer Sakralarchitektur, tritt zumeist zusammen mit dem Rundstab als Bekrönung von Gebäude(teile)n auf. Die Bemalung mit senkrechten, oben abgerundeten Farbstreifen verweist auf den Ursprung der Hohlkehle, wohl eine Reihe von Palmwedeln, die auf eine Lehmziegelmauer aufgepflanzt wurden. Als abstrahierte, steinerne Umsetzung dieser Mauerbekrönung ist die Hohlkehle ab dem frühen Alten Reich in der Tempelarchitektur bekannt.

Horus-Söhne, die vier Schutzgottheiten Hapi, Amset, Duamutef und Kebehsenuef galten als Kinder des Horus. Sie sind beteiligt an der rituellen Wiederbelebung des Osiris und damit auch eines jeden zu einem Osiris verklärten Toten. Als Herren der Kanopenkrüge, in denen die bei der Einbalsamierung herausgenommenen inneren Organe aufbewahrt wurden, beschützen sie insbesondere die Eingeweide des Verstorbenen.

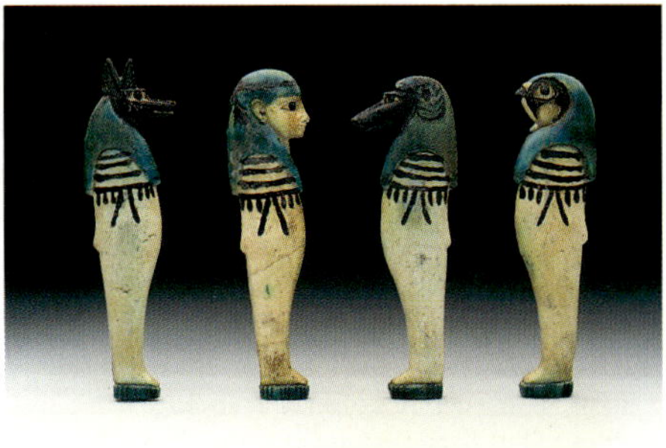

Amulettfiguren der vier Horus-Söhne, 20. Dynastie, um 1100 v.Chr., polychrome Fayence, H. 14,6 cm, The British Museum, London

Jenseitsführer, Bezeichnung einer ganzen Reihe von lehrhaften »Büchern« (u.a. »Amduat«, »Pfortenbuch«, »Höhlenbuch«), welche die ägyptische Vorstellung vom Jenseits in Wort und Bild wiedergeben. Die systematische Beschreibung dessen, was der Verstorbene in seinem jenseitigen Leben antreffen wird, soll ihm den Anschluss an den Kreislauf des Lebens ermöglichen, um so selbst zu ewigem Leben zu gelangen. Die unterweltlichen Jenseitsführer waren ursprünglich nahezu ausschließlich dem König vorbehalten. Sie bilden das wichtigste Element der Wanddekoration in den Königsgräbern des Neuen Reiches. Später wurden sie zunehmend auch von Privatleuten auf Särgen und Papyri verwendet.

Ka, nicht konkret übersetzbarer ägypt. Begriff, der einen Aspekt der Persönlichkeit von Göttern und Menschen bezeichnet. Der Ka gilt als Träger der zeugenden und Leben spendenden Kräfte, als Symbol der ununterbrochenen Lebenskraft, die von Generation zu Generation weitergegeben wird. Er kommt bei der Geburt eines Menschen in Existenz und besteht nach dessen Tod im Jenseits fort. Ähnlich wie der Ba nimmt auch er Opfergaben auf und garantiert das ewige Fortleben nach dem Tode.

Kanope(n), Gefäße, in denen die bei der Einbalsamierung der Leiche entfernten Eingeweide bestattet wurden. Häufig aus Kalzit-Alabaster oder Kalkstein hergestellt, besitzen sie die Form einer hohen Vase mit leicht gewölbtem Deckel und wurden in der Regel im Vierersatz der Grabausstattung beigefügt. Die in ihnen aufbewahrten Organe standen unter dem Schutz der Horus-Söhne. Die Deckel wurden ab dem Mittleren Reich als menschliche Köpfe, dann auch als Affen-, Schakals- und Falkenkopf gestaltet.

Kartusche, aus dem Französischen abgeleitete Bezeichnung für die ovale Einfassung der königlichen Thron- und Geburtsnamen. Ursprünglich handelte es sich um ein an den Enden verknotetes Seil, die leicht überstehenden Endstücke sind in der Regel als quer zum Oval stehender Strich wiedergegeben. Die Kreis- bzw. Ovalform symbolisierte ewige Dauer und stellte den Namensträger unter den magischen Schutz der Götter.

Katarakt(e), griechische Benennung für die Stromschnellengebiete im südlichen, nubischen Teil des Niltales. An sechs Stellen zwischen Assuan und Khartum bricht das Hartgestein der Ostwüste in dem hier aus Sandstein geformten Nilbett auf und bildet sich über jeweils mehrere Kilometer erstreckende Felsbarrieren im Flusslauf. Der erste Katarakt bei Assuan war seit frühester Zeit die natürliche Grenze zwischen Ägypten und Nubien.

Kiosk, auf Säulen oder Pfeilern ruhendes Schattendach, in der ägyptischen Architektur häufig in Stein errichtet, mit halbhohen Schrankenwänden zwischen den äußeren Säulen- oder Pfeilerstellungen, die ein Holz- oder Segeltuchdach trugen. Solche Kioske finden sich oft in den großen Tempelanlagen im Eingangsbereich oder entlang der Prozessionsstraßen.

Königsideologie, bezeichnet die Gesamtheit aller mit dem Königtum verbundenen Vorstellungen. Nach ägyptischer Konzeption war der König Repräsentant der Götter auf Erden; in seiner Person verkörperte sich der ägyptische Staat. Er vertrat die Menschen Ägyptens gegenüber der Götterwelt und war verantwortlich für die Aufrechterhaltung der göttlichen Weltordnung (ägypt., »Maat«). Dies wurde garantiert durch sein rituell überhöhtes geschichtliches Handeln, wie es tausendfach an den Tempelwänden dargestellt ist. Vermittels seines ihm von den Göttern verliehenen Amtes kamen ihm selbst göttliche Qualitäten zu, weshalb er nicht nur der oberste Priester des Landes war, sondern auch selbst bereits zu Lebzeiten kultische Verehrung erfuhr.

Königsliste, schriftliche Aufstellung der Namen der Könige in chronologischer Reihenfolge mit Angabe der Dauer ihrer Regierungszeiten, z. B. der berühmte Turiner Königspapyrus. Solche Listen wurden zu Datierungszwecken in Verwaltung und Geschichtsschreibung verwendet und sind eine der wichtigsten Quellen für die moderne Rekonstruktion der ägyptischen Chronologie.

Lehre, ägyptische Literaturgattung, die sich, wie durch zahllose Abschriften aus dem Schulbetrieb bezeugt, großer Beliebtheit erfreute und von der mindestens 16 Einzelwerke vollständig oder fragmentarisch erhalten sind. In den Lehren wird versucht, der nachwachsenden Beamtengeneration die Spielregeln der ägyptischen Gesellschaft nahe zu bringen, sie in den ethischen Grundsätzen des Staates zu unterweisen. Sie sind daher wichtige Quellen für das ägyptische Welt- und Menschenbild. Ihre Wirkung ging über Ägypten hinaus, so haben sie z. B. Spuren in der Bibel hinterlassen.

Mammisi, an das Ägyptisch-Koptische angelehnter Fachbegriff mit der Bedeutung »Ort der Geburt«, bezeichnet seit der Spätzeit archäologisch nachgewiesene kleine Tempel. Sie stehen innerhalb der Umwallung eines größeren Haupttempels meist rechtwinklig zu diesem am Prozessionsweg. Zu bestimmten Festdaten im Jahr zog hier die Götterprozession ein, um die Geburt des Götterkindes der am Ort verehrten Göttertriade (Vater-, Mutter-, Kindgottheit) zu feiern, mit dem der jugendliche König identifiziert wurde.

Mastaba (arab., »Bank«), bezeichnet königliche und private Grabanlagen, deren Oberbau aus einem rechteckigen Ziegel- oder Steinmassiv mit geböschten Wänden besteht, typisch für die Frühzeit und das Alte Reich. Die eigentliche Bestattung erfolgte in der Regel in einer meist von Magazinräumen umgebenen unterirdischen Grabkammer.

Millionenjahrhaus, auf einen ägyptischen Ausdruck zurückgehende Bezeichnung für Tempelanlagen, insbesondere des Neuen Reiches, in denen die kultische Ver-

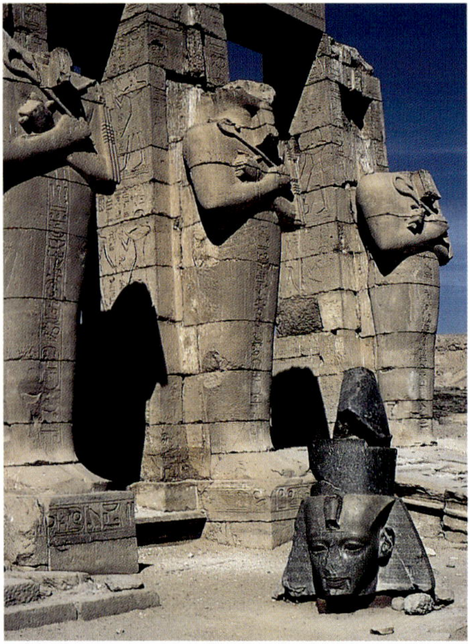

Pfeilerfiguren Ramses' II, 19. Dyn., um 1250 v. Chr., Theben-West, Ramesseum, 2. Hof, Sandstein, H. 8,10 m

ehrung des Königs in Form von Kultstatuen des Herrschers in Verknüpfung mit dem Götterkult eine besondere Rolle spielte. Der Kult zielte auf den Erhalt der Herrschaft und ewiges Leben für den König ab, mithin auf das Erreichen von Millionen an Jahren als König von Ober- und Unterägypten. Eine Sonderform waren die Totentempel der Könige des Neuen Reiches in Theben-West.

Mumie, abgeleitet aus dem Arabischen, mit der Bedeutung »Asphalt«; bezeichnet heute einen durch natürliche Umstände (Austrocknung) oder künstliche Maßnahmen vor der Verwesung geschützten Leichnam. Frühformen der Einbalsamierung von Toten lassen sich in Ägypten seit der Frühzeit nachweisen. In späterer Zeit nahm der Balsamierungsprozess etwa 70 Tage in Anspruch, danach wurde der mumifizierte Leichnam bestattet. Nach ägyptischem Totenglauben war der Erhalt des Körpers unabdingbare Voraussetzung für ein Weiterleben nach dem Tode.

Mundöffnungsritual, seit dem Alten Reich bekanntes Ritual, diente der Belebung an sich unbelebter Dinge des kultischen Bereichs. Bis in die römische Zeit hinein durch Texte und Darstellungen auf Papyri und an Tempel- und Grabwänden belegt, wurde diese sehr komplexe und zahlreiche Einzelhandlungen umfassende Zeremonie v. a. an Statuen vollzogen. Das Ritual diente dazu, ihnen »Leben einzuhauchen«. Sie sollten am Kult aktiv teilnehmen können und aufnahmefähig gemacht werden für die dargebrachten Opfergaben. Auch Mumien von verstorbenen Personen und heiligen Tieren wurden auf diese Art zu jenseitigem Leben »erweckt«. Häufig dargestellte Schlüsselepisode des Rituals war die Öffnung des Mundes mit einem Gerät, das Ähnlichkeit mit einem Dechsel (Querbeil) hat.

Naos (griech., »Tempel, Götterwohnung«), verschließbarer Schrein zur Aufbewahrung von Kultbildern; in der Regel aus Holz oder Hartgestein gefertigt und in Tempeln oder Gräbern stehend. Auch der gesamte Sanktuarraum im Tempelinneren, in dem die Kultstatue des Gottes in solch einem Schrein aufbewahrt wurde, wird teilweise so bezeichnet.

Natron, natürlich vorkommende mineralische Verbindung aus Natriumkarbonat und Natriumbikarbonat; z. B. im Wadi Natrun in Unterägypten abgebaut. Verwendet wurde Natron v. a. zur Austrocknung des Leichnams bei der Mumifizierung und zur Reinigung und Räucherung im Kult.

Neunheit, Kreis von Gottheiten, die um den Hauptgott eines Ortes gruppiert sind. Da die Zahl Neun eine Potenzierung der durch die Drei ausgedrückten unbestimmten Vielzahl ist, steht sie für eine große Zahl. So bezeichnete Götterkreise müssen also nicht unbedingt genau neun Gottheiten umfassen, außerdem kann die Zusammensetzung wechseln. Am bekanntesten sind die Neunheiten von Heliopolis, Memphis, Abydos und Theben, wobei letztere zumeist 15 Mitglieder hat.

Nilometer, mit dem Nil in Verbindung stehender Korridorbau oder Brunnenschacht, dessen Wände Messskalen tragen, anhand deren die Höhe des Nilstandes abgelesen wurde. Die systematische Beobachtung der Nilwasserhöhe ist seit der Frühzeit nachgewiesen. Sie war wichtig für die Überwachung der Überschwemmung des Nils, für die richtige Wasserverteilung in der Landwirtschaft und die damit zusammenhangende Festsetzung der jährlichen Steuern.

Nubier, bezeichnet in der Regel die Bewohner des Niltales südlich des ersten Kataraktes, die sich von den Ägyptern ethnisch und sprachlich unterscheiden. Aus altägyptischer Sicht zählte Nubien zu den Fremdländern, seine Bewohner galten als potentielle Bedrohung für Ägypten, die nach Möglichkeit politisch-militärisch niedergezwungen wurden. Kontakte mit Nubiern – teils friedlicher (Handel), teils militärischer Natur – gab es seit frühesten Zeiten und auch die Anwesenheit vieler Nubier in Ägypten.

Opet-Fest, als eines der wichtigsten Feste des Landes wurde das Opet-Fest alljährlich mit einer Dauer von bis zu 27 Tagen in Theben abgehalten. Höhepunkt war die mit größtem Pomp durchgeführte Prozession der Kultbarke des Amun von Karnak in den 2,5 km entfernten Tempel von Luxor, wo sich der Gott bzw. seine Kultstatue mehrere Tage aufhielt, bevor der Zug wieder zurückging. Die während des Besuches in Luxor durchgeführten Ritualhandlungen beinhalteten die jährliche Erneuerung des königlichen Herrschaftsanspruches durch Amun.

Opferplatte, mit der Scheintür als Hauptkultstelle des Grabes und dem Totenkult verbundene Steinplatte, auf der die Opfer für den Verstorbenen niedergelegt wurden. Meist ist sie mit Vertiefungen zur Aufnahme der Speisen und Getränke versehen. Oft werden auch die typischen Opfergaben, z. B. verschiedene Brote, plastisch auf der Oberfläche der Opferplatte dargestellt.

Opferumlauf, bezeichnet die Weitergabe eines zuerst einem Gott dargebrachten Opfers (Speisen, Kleidung, Salben, Blumen etc.) an andere Opferempfänger. Häufig sind dies zuerst Königsstatuen und dann Statuen von Privatleuten in Tempeln oder auch privaten Grabanlagen. Diese »Umläufe« der Opfergaben waren vertraglich geregelt; am Ende kamen sie dann dem für den letzten Opferempfänger zuständigen Priester als dessen Bezahlung zugute.

Osiris-Pfeiler (Pfeilerfigur), mit dem Rücken an einen Pfeiler oder eine Wand gelehnte Statue des Königs. Da die Körperformen dabei häufig mumienförmig ungegliedert sind und an Darstellungen des Gottes Osiris erinnern, hat sich dieser etwas irreführende Begriff eingebürgert. Osiris-Pfeiler und ihre Vorläuferformen sind seit Sesostris I. bezeugt und finden sich v. a. im Neuen Reich an Fassaden und in Höfen der großen königlichen Tempelanlagen.

Ostrakon (griech., »Topfscherbe«), als Schrift- oder Zeichenträger verwendete Scherbe aus Ton oder ein flacher Kalksteinsplitter. Insbesondere aus dem Neuen Reich sind Zigtausende Ostraka bekannt, die – da wesentlich billiger als Papyrus – für vielerlei Texte im Alltagsleben benutzt wurden (Briefe, Abrechnungen, Notizen,

Bildostrakon: Prinzessin beim Mahl, 18. Dynastie, um 1340 v. Chr., el-Amarna, Kalkstein, H. 23,5 cm, Ägyptisches Museum, Kairo

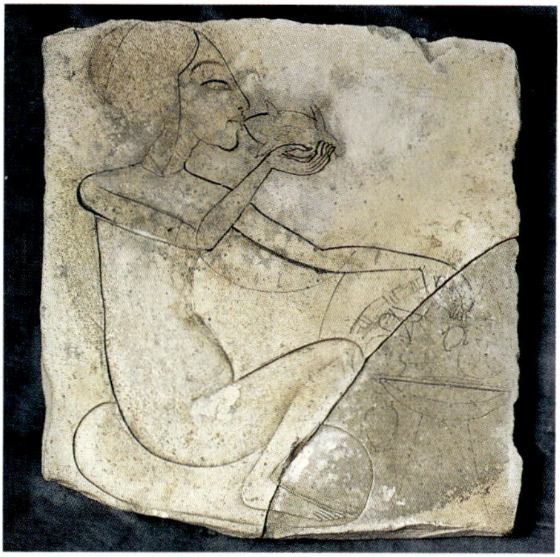

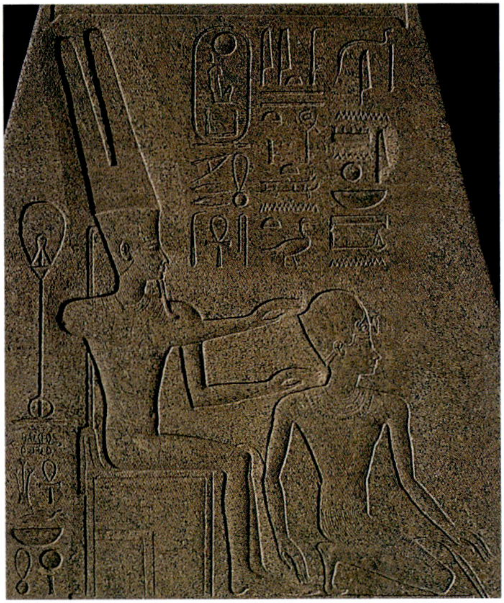

Pyramidion vom umgestürzten Obelisken der Hatschepsut mit Krönungsszene, 18. Dyn., um 1470 v. Chr., Karnak, Tempel des Amun-Re, roter Granit, H. ca. 3,50 m

Schulabschriften). Auch Skizzen von Künstlern dienten sie als Untergrund.

Pharao, geht auf den ägyptischen Ausdruck Per-aa zurück (»Großes Haus«); bezeichnet seit frühester Zeit den königlichen Palast mit seinen Bewohnern, sprich den Königshof. Seit der 18. Dynastie wird der Begriff für die Person des Königs verwendet und findet sich später auch als Titel des Herrschers.

Pronaos (griech.), eine dem eigentlichen Tempelhaus vorgelagerte Säulenhalle. Die Front ist entweder geöffnet oder – häufiger – durch halbhohe Schrankenwände zwischen der vordersten Säulenreihe geschlossen. Die architektonische Form des Pronaos wurde im Neuen Reich entwickelt, um schließlich in der Ptolemäer- und Römerzeit zu einem meist prachtvoll ausgestalteten wichtigen Element der ägypt. Tempelbauten zu werden.

Proportionskanon, in bestimmten Größenverhältnissen zueinander stehende Maße der Einzelteile eines Kunstwerks in Rundplastik oder Flachbild. Basis dieses »Kanons« waren die Proportionen des menschlichen Körpers. Die moderne Rekonstruktion des altägyptischen Proportionskanons stützt sich v. a. auf die teilweise erhaltenen Hilfslinien an den Wänden und Statuen. Sowohl die Größe der einzelnen Maßeinheiten selbst als auch die Handhabung der Regeln durch die altägyptischen Künstler sind allerdings bislang umstritten.

Pylon (griech., »großes Eingangstor, Torgebäude«), bezeichnet in der Ägyptologie das monumentale, von zwei Türmen flankierte Eingangstor zu einem Tempel. Der Durchgang in der Mitte wurde durch eine große Holztür verschlossen, deren Flügel mit Edelmetallbeschlägen und Einlagen versehen sein konnten, wie zahlreiche Bautexte berichten. Die einzelnen Türme verfügten innen oft über Treppen zum Dach oder über durch ein Treppenhaus erschlossene Innenräume.

Pyramidenstadt, staatlich geplante und finanzierte Siedlung, die in unmittelbarer Nachbarschaft zur königlichen Pyramidenanlage gegründet wurde; zuerst unter Snofru neben seinen Pyramiden in Meidum und Dahschur bezeugt. Bewohner dieser Städte waren die Angehörigen der jeweiligen königlichen Totenstiftung, also Priester, Handwerker, Beamte, welche die Stiftung mitsamt ihrer landwirtschaftlichen Produktion verwalteten und mit der Durchführung des Kultes in der Pyramidenanlage betraut waren.

Pyramidentext(e), moderne Benennung der in den Pyramiden der Könige und Königinnen des Alten Reiches aufgezeichneten religiösen Texte, erstmals in der Sargkammer der Unas-Pyramide (Saqqara) belegt. Die Pyramidentexte sind kein einheitliches Textcorpus, sondern eine variable Sammlung von Einzelsprüchen, bestehend aus Hymnen, Litaneien, magischen Texten etc., die das jenseitige Fortleben des Königs zum Thema haben.

Pyramidion, aus dem Griechischen abgeleitete Bezeichnung für den oberen Abschluss von Pyramiden und Obelisken; bei Pyramiden immer gesondert, zumeist aus Stein, gearbeitet und in der Regel mit auf den Sonnenlauf bezogenen Darstellungen und Texten dekoriert. Bei Obelisken bildet es das obere pyramidenförmige Ende des monolithischen Schaftes, also die Obeliskenspitze, und war häufig mit Elektron überzogen.

Reichseinigung, bezeichnet den sich vermutlich über einen langen Zeitraum erstreckenden historischen Prozess des politischen Zusammenwachsens der verschiedenen Landesteile Ägyptens. Aus den Regionen und Bevölkerungsgruppen Ober- und Unterägyptens entstand im späten 4. Jt. v. Chr. ein einheitliches Staatsgebilde. Die spätere Geschichtsschreibung verdichtete diesen Prozess zu der Tat eines Einzelnen (Menes, als ersten König Ägyptens). Ein Nachhall dieser historischen Vorgänge findet sich im Ritual der »Vereinigung der beiden Länder«, das bei der Thronbesteigung eines jeden Königs vollzogen wurde.

Salbkegel, kleiner, kegelartig geformter Aufsatz aus Salbe, der bei festlichen Anlässen auf dem Kopf getragen wurde. Solch ein Kegel bestand aus tierischem Fett, das mit Duftstoffen vermischt war. Bei festlichen Bankettdarstellungen in den Gräbern des Neuen Reiches sind sie regelmäßig auf den Köpfen der Festteilnehmer abgebildet. Im Verlaufe des Festes schmolz der Kegel ab, wobei Haare und Oberkörper des Tragenden eingesalbt wurden.

Sanktuar (lat., »Heiligtum«), kann einen Kultbau für eine Gottheit in seiner Gesamtheit bezeichnen; zumeist jedoch wird dieser Begriff nur in Bezug auf den Raum im Tempel verwendet, in welchem die Statue des zentralen Gottes täglich kultisch bedient wurde. Im Regelfall liegt dieser im hintersten Bereich des Heiligtums und zeigt Szenen aus dem täglichen Kultbildritual auf seinen Wandflächen.

Scheintür, bezeichnet die steinerne, seltener hölzerne Nachbildung einer Tür mit geschlossenem Durchgang (s. S. 583). Scheintüren markieren die Nahtstelle zwischen diesseitigem und jenseitigem Bereich. In Privatgräbern des Alten Reiches bezeichnen sie die Hauptkultstelle des Grabes, vor der die Opfer für den Toten niedergelegt wurden, und sind auch in königlichen Anlagen, Tempeln und späteren Gräbern ein wichtiges Dekorationselement. Die konstitutiv immer vorhandenen Elemente Türpfosten, -balken und zurückversetztes Mittelteil können verschieden ausgestaltet und um weitere Teile ergänzt werden.

Sed-Fest, s. Hebsed

Seevölker, moderne Bezeichnung für eine Vielzahl von verschiedenen Volksstämmen, die wohl überwiegend an der Westküste Kleinasiens und in der Ägäis beheimatet waren und die in mehreren Wellen im 13. und 12. Jh. v. Chr. durch Kleinasien und bis nach Ägypten kamen. Sie verursachten große politische und ethnische Umwälzungen v. a. im syropalästinensischen Raum. Mehrere ägyptische Könige (Ramses II., Merenptah, Ramses III.) führten Feldzüge gegen sie, um eine Landnahme an der ägyptischen Küste zu verhindern, wie die Dekoration verschiedener thebanischer Tempel zeigt.

Senet-Brettspiel, seit der Frühzeit durch Darstellungen und Funde belegtes und offensichtlich durch alle Zeiten hindurch äußerst beliebtes Brettspiel für zwei Personen, das auch eine religiöse Ausdeutung erfuhr. Die Bewegung mit den Spielsteinen über das Spielfeld wurde gleichgesetzt mit dem Weg des Toten durch die jenseitige Welt, und der Gewinn des Spieles garantierte die Wiedergeburt des Verstorbenen.

Ehepaar am Speisetisch, 18. Dynastie, um 1450 v. Chr, Theben-West, Grab des Benja (TT 343)

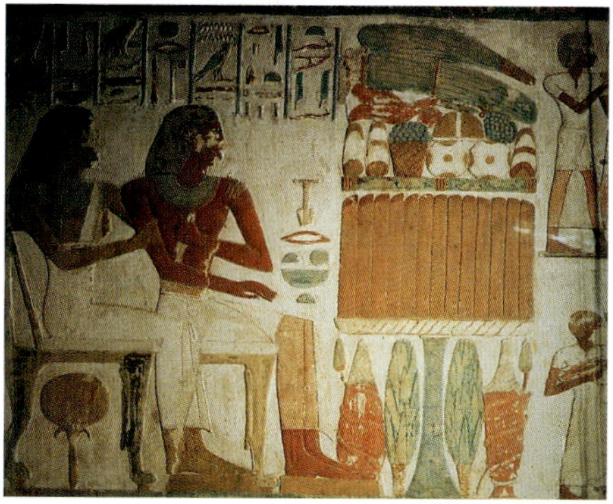

Sistrum, rasselartiges Musikinstrument, das v. a. im Kult von Göttinnen eine große Rolle spielte. Es besteht aus einem Haltegriff mit Metallbügel, durch dessen Lochungen metallene Stäbe mit umgebogenen Enden gezogen sind. Schütteln des Gerätes bewirkt ein klapperndes Geräusch, das zur Rhythmusgebung bei liturgischen Zeremonien in den Tempeln eingesetzt wurde.

Sonnenbarke, die Bewegung, die die Sonne scheinbar tagtäglich um die Erde ausführt, wurde mythisch-theologisch als Fahrt des Sonnengottes in seiner Barke ausgedeutet. Während der Nacht durchquerte er mitsamt seiner Begleitung in der Nachtbarke unsichtbar die Unterwelt, um anderentags wieder sichtbar mit der Morgenbarke das Firmament in entgegengesetzter Richtung zu überfahren.

Speisetischszene, bezeichnet Darstellungen des Verstorbenen, die ihn sitzend vor einem Opfertisch mit Gaben zeigen. Belegt ist dieses sehr verbreitete, die materielle Versorgung des Toten manifestierende Motiv seit der Frühzeit. Häufig verbindet es sich in den Gräbern des Alten Reiches mit der Scheintür. Erweitert benutzt wird der Begriff auch für Darstellungen des Königs oder eines Gottes vor dem Speisetisch (Opfertisch).

Sphinx (griech.), ein Mischwesen aus Löwenkörper und menschlichem Kopf. Sphingen sind sowohl rundplastisch als auch in Relief und Malerei seit dem frühen Alten Reich zahlreich belegt. In den meisten Fällen handelt es sich dabei um eine Darstellung des Königs – weshalb das an sich weibliche griechische Wort »Sphinx« in der Ägyptologie meist männlich verwendet wird. Bekanntestes Beispiel ist der Große Sphinx von Giza. Ab dem Neuen Reich wurden Sphingen in großer Anzahl zu beiden Seiten von Prozessionsstraßen aufgestellt (»Sphinxallee«). In Theben sind dabei auch Sphingen des Gottes Amun mit Widderkopf auf Löwenleib bezeugt.

Stationsheiligtum, bezeichnet zumeist kleinformatige Kultbauten entlang der Prozessionswege, in denen während der großen Festprozessionen die in ihrer Barke getragene Kultstatue des Gottes (oder Königs) vorübergehend abgesetzt wurde. Insbesondere im thebanischen Raum sind viele solcher Bauten erhalten geblieben.

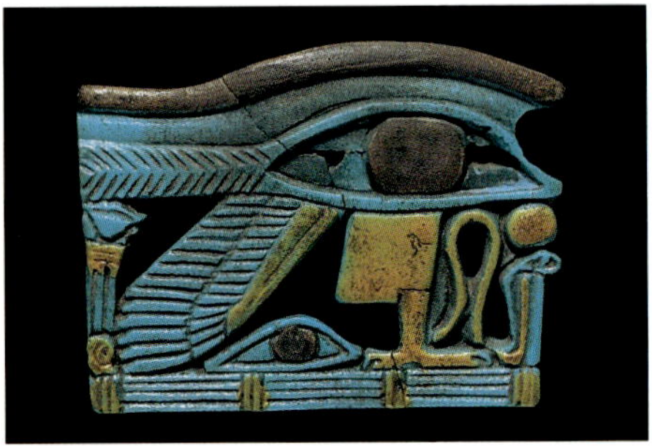

Amulett in Gestalt eines Udjat-Auges, 25. Dynastie, um 700 v. Chr., polychrome Fayence, L. 6,7 cm, The British Museum, London

Stele (griech.), aufrecht stehende Steinplatte (später auch häufig aus Holz) von zumeist hochrechteckiger Form. Oft ist der obere Abschluss bogenförmig. Zumeist dienen Stelen als Text- und Bildträger für sehr verschiedene Inhalte, z. B. für das Gedenken an den Toten beim Grab oder für die öffentliche Aufzeichnung bestimmter Ereignisse oder Verträge. Solche offiziellen Stelen sind häufig von enormer Größe und wurden insbesondere an den Toren und in den Höfen der Tempelanlagen aufgestellt.

Talfest, neben dem Opet-Fest das wichtigste alljährlich in Theben begangene Prozessionsfest. Vermutlich seit dem frühen Mittleren Reich zog Amun in seiner Kultbarke von seinem Tempel in Karnak auf großen Flussschiffen über den Nil auf das Westufer und besuchte die dortigen Totentempel der Könige, in seiner Begleitung weitere Götter, Statuen des lebenden Königs und solche verstorbener Herrscher. Dieses für den Königskult bedeutsame Fest schloss auch eine lebhafte Beteiligung der Bevölkerung mit ein; man besuchte zu gleicher Zeit die verstorbenen Angehörigen in den Grabanlagen in Theben-West und feierte ein großes Festmahl.

Totenbuch, moderne Bezeichnung für eine umfangreiche Sammlung von Sprüchen und Illustrationen (Vignetten) aus dem Bereich des ägyptischen Totenglaubens, die das jenseitige Fortleben sichern sollten. In wechselnder Spruchzusammensetzung wurden Totenbücher ab dem frühen Neuen Reich den Toten mit in die Gräber gegeben. Im Unterschied zu den unterweltlichen **Jenseitsführern** waren sie von Anfang an auch nichtköniglichen Personen zugänglich. Häufig sind sie auf langen Papyrusrollen aufgezeichnet oder befinden sich als Einzelsprüche und Darstellungen an Grabwänden, auf Särgen, Statuen etc.

Totenkult, Handlungen, die für den Toten vollzogen wurden, um seine Existenz über den individuellen Tod hinaus zu sichern, sind seit der Vorgeschichte bekannt, wobei der Totenkult des Königs aufgrund von dessen menschlich-göttlicher Doppelnatur von dem der Privatleute zu unterscheiden ist. Grundlegend war die Idee vom Erhalt der Person (durch Mumifizierung und biografische Texte im Grab) und der Versorgungsgedanke (durch Grabausstattung und Opfer). Mit der Errichtung eines Grabes schuf sich der Privatmann die Voraussetzung für seinen Totenkult. Nach den bei Einbalsamierung und Bestattung vollzogenen Kulthandlungen setzte dann der eigentliche Totenkult in Form von täglichen Opferungen ein, vollzogen durch den ältesten Sohn bzw. einen hierfür angestellten Totenpriester.

Totentempel, bezeichnet zwei verschiedene Gruppen von Tempelanlagen: 1. die an die Pyramiden der Könige des Alten und Mittleren Reiches angeschlossenen Tempel, in denen die Rituale der immer währenden Herrschaftserneuerung und der Totenkult für den König vollzogen wurden, auch als Pyramidentempel bezeichnet; 2. die architektonisch und kultisch von 1. zu unterscheidenden Kultanlagen des Neuen Reiches in Theben-West, in denen der Königskult durch einen mit dem Kult des Amun von Karnak verbundenen Statuenkult des Königs begangen wurde (Millionenjahrhaus).

Udjat-Auge, Auge des falkengestaltigen Himmelsgottes Horus, das im Mythos geraubt und verletzt, aber immer wieder zurückgebracht und geheilt wird. Um die mit Sonne und Mond gleichgesetzten Augen des Horus entwickelte sich ein komplexer Kreis von Mythen – die sog. Augensagen. Die zyklisch wiederkehrende Schädigung und Heilung des Auges soll dabei den Unter- und Aufgang der Gestirne bzw. den Wechsel der Mondphasen widerspiegeln. So wurde es zu einem der beliebtesten Regenerationssymbole und als solches vielfach dargestellt oder als Amulett getragen.

Uräus (griech.), die an der Stirn bzw. am Kopfputz von Königen oder Göttern befestigte sich aufbäumende Kobra wird als Uräus-Schlange bezeichnet. Als wichtiger Bestandteil des Königsornats seit dem Alten Reich bezeugt, sollte sie durch ihren Gifthauch Gefahren abweisend wirken und gleichzeitig königliche Macht symbolisieren.

Urhügel, in den altägyptischen Vorstellungen von der Weltentstehung (Kosmogonie) spielte der Urhügel eine entscheidende Rolle: Aus dem die chaotischen Urkräfte verkörpernden Urozean kommt das erste Land, der Urhügel, empor, auf dem sich sodann die eigentliche Erschaffung der Welt durch die Urgottheit vollzieht. In Architektur sowie bildlicher und textlicher Darstellung wurde der Urhügel als Symbol für die sich ewig wiederholende Schöpfung zu einem der wichtigsten Motive.

Votivgabe, im engeren Sinne eine Weihgabe für eine Gottheit, die aufgrund eines Gelübdes in ihr Heiligtum gestiftet wird. Zumeist wird der Begriff in der Ägyptologie aber für jedwede Art von Gegenständen benutzt, die in Tempel gestiftet wurden. In der Regel handelt es sich dabei um eher kleinformatige Götterfiguren oder mit der Gottheit verbundene Symbole sowie um Stelen.

Was-Zepter, Stab mit gegabeltem unterem Ende und stilisiertem Tierkopf als oberem Abschluss. Seit der Frühzeit bezeugt, wird er v. a. als Machtzeichen von den Göttern getragen, die ihn als Sinnbild der Herrschaft an den König überreichen.

Würfelhocker, genuin ägyptischer Statuentypus, bei dem der Dargestellte mit angezogenen Beinen und auf den Knien gekreuzten Armen am Boden bzw. auf einem Kissen hockend wiedergegeben ist. Der Körper ist dabei – mit Ausnahme des Kopfes – häufig von einem Tuch eingehüllt, was der Statue ein blockhaftes Aussehen verleiht. Diese zwar ausschließlich von Privatpersonen benutzte Statuenform ist vom Beginn des Mittleren Reiches an bis in die griechisch-römische Zeit hinein äußerst zahlreich vertreten.

Grundbegriffe der islamischen Architektur

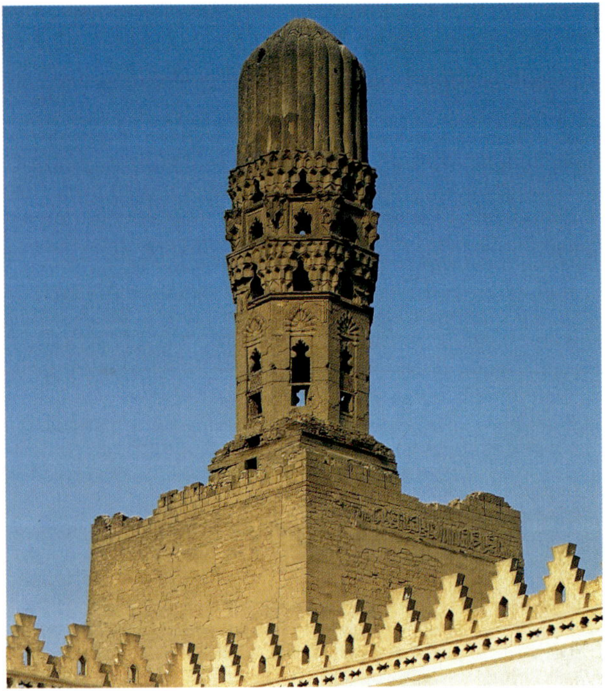

Kairo, südliches Minarett (mit turmartiger Ummantelung) der großen Hofmoschee des Kalifen el-Hakim, Fatimidenzeit, 1012.

Hofmoschee, die ersten Moscheen überhaupt bestanden aus einem einfachen, durch Mauern von der Umwelt abgegrenzten offenen Hof. Als Moschee (aus arab. masdjid, »Ort an dem man sich niederwirft«) des Propheten Mohamed diente sogar nur der große Hofplatz seiner Wohnung in Medina, wo sich die Gemeinde zum Gebet versammelte. Die älteste Moschee Ägyptens, errichtet 642 durch den arabischen Feldherrn Amr Ibn al-As in el-Fustat (später Kairo), bestand zunächst nur aus einem kleinen Bauwerk mit 6 Toren ohne Innenhof. Häufige Erweiterungen sowie Um- und Neubauten in späterer Zeit veränderten das ursprüngliche Aussehen jedoch völlig. Unter den Abbassiden erhielt sie 827 die heutige Gestalt einer Hofmoschee mit mehrschiffigen Arkadenhallen (sog. Riwâks), die einen zentral gelegenen Hof (Sahn) umgeben. An der Sanktuarseite (der sog. Kibla-Seite) sind die Arkaden in der Regel tiefer gestaffelt als an den anderen Seiten.

Dem Grundplan einer Hofmoschee folgen einige der berühmtesten Beispiele ägyptischer Moscheen: die des Ahmed Ibn Tulun (9. Jh.) und el-Azhar (10. Jh.), wobei jede gemäß ihrer unterschiedlichen Vorbilder – abbassidische Hofkunst aus Samarra im ersteren Fall und nordafrikanische Elemente im letzteren – ausgeprägte architektonische Besonderheiten aufweist. Der Typus der Hofmoschee bleibt während des gesamten Mittelalters in Gebrauch,

Dikka, säulengestütztes Hochpodest (Podium) in der Nähe des Minbar; Platz des Vorbeters beim Gemeinschaftsgebet.

Hanafija, der ursprüngliche Kuppelbau eines Springbrunnens in der Hofmitte einer Moschee wurde erst in der osmanischen Zeit von einem Waschbrunnen abgelöst, der für die kultischen Reinigungen vor dem Gebet diente.

insbesondere für die sog. Freitagsmoscheen, in denen sich die Gläubigen am Freitag, dem muslimischen Festtag, zum gemeinsamen Gebet versammeln. Als Freitagsmoschee gilt immer die Hauptmoschee einer Stadt oder eines Stadtbezirkes.

Iwan-Moschee, Bauform einer Moschee, die besonders in der Medrasa-Architektur, d. h. in theologischen Hochschulen, Verwendung fand. Der Iwan ist eine an einer Hofseite in voller Höhe und Breite geöffnete Halle mit einem tonnengewölbten oder flachen Dach. Frühe Beispiele von Medrasen in Ägypten aus der aijubidischen Zeit des frühen 13. Jh.s bestehen aus zwei sich an einem offenen Hof gegenüberliegenden Iwanen. Seitlich schlossen sich die Wohntrakte für die Schüler und Lehrer an, außerdem die nötigen Sekundäreinrichtungen wie Küchen und Bäder.

Vier-Iwan-Moschee, entwickelt in der frühen mamlukischen Zeit aus dem Grundtypus der Iwan-Moschee: Vier unterschiedlich große, einander gegenüberliegende tonnengewölbte Hallen, die Iwane, öffnen sich auf einen gemeinsamen Innenhof hin, wodurch sich ein kreuzförmiger Grundriss ergibt. Der Richtung Mekka orientierte Iwan ist durch Größe und Ausstattung besonders betont. Zwischen den Iwanen liegen die Wohn- und Nebenräume für den Lehrbetrieb der Medrasa. Als berühmtestes Beispiel gilt die Moschee des Sultans Hasan aus der mittleren mamlukischen Periode (Mitte des 14. Jh.s). In mamlukischer Zeit wurde es zudem üblich, dass der die Medrasa begründende Sultan sein zumeist kuppelgewölbtes Mausoleum an das Gebäude anschloss.

Moscheetyp der späten Mamlukenzeit (15. Jh./frühes 16. Jh.), Modifizierung der kreuzförmigen Vier-Iwan-Moschee-Medrasa durch Verkleinerung der Hallen und deren nun flache Überdachung sowie mittels Verkleinerung und Überdachung des zentralen Hofes. Der Baudekor wird dagegen zunehmend reichhaltiger, wie an der prächtigen Grabmoschee des Sultan Qait Bey (15. Jh.).

Kuppelmoschee der osmanischen Zeit in Ägypten (1517–19. Jh.), angelehnt an den Typus der Hofmoschee. Bei dieser klassisch osmanischen Moscheenform sind die Arkadenreihen der Sanktuarseite zum Hof hin geschlossen und von einem großen Kuppelgewölbe überdacht; die Seitenarkaden des Hofes bestehen portikusartig aus nur einer Reihe. Bekanntestes ägyptisches Beispiel ist die Alabastermoschee Mohamed Alis auf der Zitadelle von Kairo aus dem 19. Jh.

Kibla, Bezeichnung für die Gebetsrichtung nach Mekka, die vom Propheten Mohammed 624 vorgeschrieben wurde. Danach sind alle Moscheen (und deren Gebetsnischen) in Kairo Richtung Südosten angelegt worden.

Medrasa, Art religiöse Universität, die 1180 von Sultan Saladin in Ägypten eingeführt wurde, um die sunnitische Glaubensrichtung gegen die schiitische Lehre der vorangegangenen Fatimidenzeit durchzusetzen. Noch heute ist der Scheich der el-Azhar-Moschee in Kairo höchste Autorität in Fragen des sunnitischen Islam.

Mihrab, Gebetsnische, welche die Richtung auf die Kaaba in Mekka anzeigt. Häufig als Arkadenbogen mit seitlichen Säulen und einer Halbkuppel gestaltet sowie reich mit farbigen Steininkrustationen dekoriert.

Minarett, charakteristischer Turmbau (arab. manara, »Ort des Lichtes«) einer Moschee, von dem der Muezzin die Gläubigen im Islam zum Gebet ruft. In der Nachfolge des Spiralminaretts der Ibn-Tulun-Moschee bekommen die Türme einen quadratischen Grundriss (11. Jh.) und werden von einem Kuppelkiosk bekrönt. Die weitere Entwicklung führt von einer dreigliedrigen Form über die oktogonalen Schäfte der Mamlukenzeit bis zu den schlanken »Stiftminaretten« (z. B. Moschee des Mohamed Ali) unter den osmanischen Herrschern.

Minbar, neben der Gebetsnische liegt die Kanzel als wesentliches Einrichtungselement einer Freitagsmoschee. Ihre Seitenwände besitzen die Form von zwei Dreiecken aus Holz oder Stein (Marmor), deren Flächen mit aufwändigen Kalligrafien und Arabesken geschmückt sein können. Die so eingefassten Stufen, deren Anzahl nicht verbindlich festgelegt war, führen zu einer kleinen Plattform (Ort der Predigt), die von einem Baldachin überragt wird.

Sahn, großer Innenhof einer Moschee mit der Brunnenanlage im Zentrum. Als ältester Hofbau gilt die Anlage von 667 der Amr-Moschee in ihrer ersten Erweiterungsphase.

Bibliografie

Ägypten. Schätze aus dem Wüstensand, Kunst und Kultur der Christen am Nil, Wiesbaden 1996

Dieter Arnold, Die Tempel Ägyptens. Götterwohnungen, Kultstätten, Baudenkmäler, Zürich 1992

Ders., Lexikon der ägyptischen Baukunst, Zürich 1994

Jan Assmann, Ägypten. Theologie und Frömmigkeit einer frühen Hochkultur, Stuttgart 1984

Ders., Stein und Zeit: Mensch und Gesellschaft im alten Ägypten, München 1991

Ders., Ägypten. Eine Sinngeschichte, Darmstadt 1996

Kathryn A. Bard (Hg.), Encyclopedia of the Archaeology of Ancient Egypt, London/New York 1999

Jürgen von Beckerath, Chronologie des pharaonischen Ägypten. Die Zeitbestimmung der ägyptischen Geschichte von der Vorzeit bis 332 v. Chr., Mainz 1997

Doris Behrens-Abouseif, Islamic Architecture in Cairo. An Introduction, Leiden 1989

Marilyn Bridges, Ägypten. Das Reich der Pharaonen aus der Luft betrachtet, München 1996

Bob Brier, The Encyclopedia of Mummies, New York 1998

Hellmut Brunner, Grundzüge einer Geschichte der altägyptischen Literatur, Darmstadt 1986

Ders., Die Weisheitsbücher der Ägypter. Lehren für das Leben, Zürich/München 1991

Helmut Buschhausen (Hg.), Der Lebenskreis der Kopten. Dokumente, Textilien, Funde, Ausgrabungen, Wien 1995

Peter A. Clayton, Das wiederentdeckte alte Ägypten. In Reiseberichten und Gemälden des 19. Jahrhunderts, Bindlach 1987

Vivian Davies u. Renée Friedman, Unbekanntes Ägypten. Mit neuen Methoden alten Geheimnissen auf der Spur, Stuttgart 1999

Sergio Donadoni, Theben. Heilige Stadt der Pharaonen, München 2000

Anna Maria Donadoni Roveri, Das Alte Ägypten, 3 Bde.: Das Alltagsleben/Die religiösen Vorstellungen/Kunst als Fest, Turin 1988

Arne Eggebrecht (Hg.), Das Alte Ägypten. 3000 Jahre Geschichte und Kultur des Pharaonenreiches, München 1984

John Galey, Das Katharinenkloster auf dem Sinai, Stuttgart/Zürich 1990

Albert Gerhards u. Heinzgerd Brakmann (Hg.), Die koptische Kirche. Einführung in das ägyptische Christentum, Stuttgart/Berlin/Köln 1994

Renate Germer, Mumien. Zeugen des Pharaonenreiches, Zürich/München 1991

Jean-Claude Golvin u. Jean-Claude Goyon, Karnak – Ägypten. Anatomie eines Tempels, Tübingen 1990

Günter Grimm, Alexandria. Die erste Königsstadt der hellenistischen Welt, Mainz 1998

Rolf Gundlach, Der Pharao und sein Staat. Die Grundlegung der ägyptischen Königsideologie im 4. und 3. Jahrtausend, Darmstadt 1998

Manfred Gutgesell, Arbeiter und Pharaonen. Wirtschafts- und Sozialgeschichte im Alten Ägypten, Hildesheim 1989

Wolfgang Helck u. Eberhard Otto, Kleines Lexikon der Ägyptologie, Wiesbaden 1999

Friedhelm Hoffmann, Ägypten: Kultur und Lebenswelt in griechisch-römischer Zeit. Eine Darstellung nach den demotischen Quellen, Berlin 2000

Günther Hölbl, Geschichte des Ptolemäerreiches. Politik, Ideologie und religiöse Kultur von Alexander dem Großen bis zur römischen Eroberung, Darmstadt 1994

Erik Hornung, Tal der Könige – Die Ruhestätte der Pharaonen, Zürich/München 1982

Ders., Grundzüge der ägyptischen Geschichte, Darmstadt 1988

Ders., Der Eine und die Vielen. Ägyptische Gottesvorstellungen, Darmstadt 1990

Ders., Das Totenbuch der Ägypter, Zürich/München 1990
Ders., Altägyptische Jenseitsbücher. Ein einführender Überblick, Darmstadt 1997
Ders., Das esoterische Ägypten. Das geheime Wissen der Ägypter und sein Einfluß auf das Abendland, München 1999
Charles O. Hyman (Hrsg.), Ägypten. Schatzkammer der Pharaonen, Berlin 1990
Fouad N. Ibrahim, Ägypten. Eine geographische Landeskunde, Darmstadt 1996
Rosemarie Klemm u. Dietrich D. Klemm, Steine und Steinbrüche im Alten Ägypten, Berlin 1992
Klaus Koch, Geschichte der ägyptischen Religion. Von den Pyramiden bis zu den Mysterien der Isis, Stuttgart 1993
Dieter Kurth, Treffpunkt der Götter. Inschriften aus dem Tempel des Horus von Edfu, Zürich/München 1994
Jean Leclant (Hg.), Ägypten, 3 Bde., München 1979–1981
Mark Lehner, Das Geheimnis der Pyramiden in Ägypten, München 1999
Emmanuel Le Roy Ladurie u. Dietrich Wildung (Hg.), Pharaonendämmerung. Wiedergeburt des Alten Ägypten, Straßburg 1990
Jaromir Malek (Hg.), Ägypten: Geschichte – Kunst – Das Leben heute, München 1993
Hans Wolfgang Müller u. Eberhard Thiem, Die Schätze der Pharaonen, Augsburg 1998
Klaus Parlasca u. Hellmut Seemann, Augenblicke. Mumienporträts und ägyptische Grabkunst aus römischer Zeit, München 1999
Guy Rachet, Lexikon des alten Ägypten, Darmstadt 1999
Nicholas Reeves, The Complete Tutankhamun. The King – The Tomb – The Royal Treasure, London 1990
Mohamed Saleh u. Hourig Sourouzian, Das Ägyptische Museum Kairo, Mainz 1986
Wolfgang Schenkel, Einführung in die altägyptische Sprachwissenschaft, Darmstadt 1990
Heike C. Schmidt u. Joachim Willeitner, Nefertari: Gemahlin Ramses' II., Mainz 1994
Thomas Schneider, Lexikon der Pharaonen. Die altägyptischen Könige von der Frühzeit bis zur Römerherrschaft, Zürich 1994
Regine Schulz u. Matthias Seidel (Hg.), Ägypten. Die Welt der Pharaonen, Köln 1997
Wilfried Seipel (Hg.), Gott – Mensch – Pharao. Viertausend Jahre Menschenbild in der Skulptur des Alten Ägypten, Wien 1992
Abdel Ghaffar Shedid, Das Grab des Sennedjem. Ein Künstlergrab der 19. Dynastie in Deir el-Medineh, Mainz 1994
Ders., Die Felsgräber von Beni Hassan in Mittelägypten, Mainz 1994
Abdel Ghaffar Shedid u. Matthias Seidel, Das Grab des Nacht. Kunst und Geschichte eines Beamtengrabes der 18. Dynastie in Theben-West, Mainz 1991
David P. Silverman (Hg.), Das Alte Ägypten, München 1997
Rainer Stadelmann, Die ägyptischen Pyramiden. Vom Ziegelbau zum Weltwunder, Mainz 1985
Ders., Die großen Pyramiden von Giza, Graz 1990
Nigel u. Helen Strudwick, Thebes in Egypt. A Guide to the Tombs and Temples of Ancient Luxor, London 1999
Miroslav Verner, Verlorene Pyramiden, vergessene Pharaonen. Abusir, Prag 1994
Oleg V. Volkoff, 1000 Jahre Kairo. Die Geschichte einer verzaubernden Stadt, Mainz 1984
Kent Weeks, Ramses II. Das Totenhaus der Söhne. Die sensationelle Ausgrabung im Tal der Könige, München 1999
Wilfried Westphal, Pharaos Erben. Die alten Ägypter gestern und heute, Braunschweig 1992
Dietrich Wildung, Die Kunst des alten Ägypten, Freiburg i. Br. 1988
Dietrich Wildung u. Sylvia Schoske, Kleopatra. Ägypten um die Zeitenwende, Mainz 1989
Joachim Willeitner, Nubien. Antike Monumente zwischen Assuan und Khartum, München 1997
Karl-Theodor Zauzich, Hieroglyphen ohne Geheimnis. Eine Einführung in die Altägyptische Schrift für Museumsbesucher und Ägyptentouristen, Mainz 1980

Personenregister

Ortsregister

Bild- und Kartennachweise

Der Verlag dankt den Museen, Archiven und Fotografen für die erteilten Reproduktionsgenehmigungen sowie Cleo Huggins, Dover (New Hampshire) für die Bereitstellung der verwendeten Hieroglyphen-Fonts.
Der Verlag hat sich bis Produktionsschluss intensiv bemüht, alle weiteren Inhaber von Abbildungsrechten ausfindig zu machen. Personen und Institutionen, die möglicherweise nicht erreicht wurden und Rechte an verwendeten Abbildungen beanspruchen, werden gebeten, sich nachträglich mit dem Verlag in Verbindung zu setzen.

© Ägyptologisches Seminar, Universität Basel (384, 398); © AKG, Berlin (42, 202, 406) – Foto: Henning Bock (338/339)/W. Forman (16, 238); © Antikendienst Kairo (174); nach: Dieter Arnold, Die Tempel Ägyptens, Zürich 1991, S. 213/Rolli Arts, Essen (59 ol)/S. 224 (538)/(287 l); nach: Dieter Arnold, Lexikon der ägyptischen Baukunst, Zürich 1994, S. 195/Rolli Arts, Essen (160 u)/S. 203 (172)/S. 294 (173); aus: Arte sublime nell' antico Eggito, Artificio Skira, Florenz/Mailand , Sonderausstellung 1999, Nr. 4, S. 85 (210); © Ashmolean Museum, Oxford (265); aus: G. B. Belzoni, Narrative of the operations and recent discoveries in Egypt and Nubia, London 1820 (397 o); © Bildarchiv Preußischer Kulturbesitz, Berlin (486, 546) – Foto: Margarete Büsing (122 u, 262 u, 271, 272 l)/Ingrid Geske (27, 557/558: 1. Reg. 5)/Jürgen Liepe (25, 190, 272 r, 273, 557/558: 3. Reg. 6, 8); © The Bridgeman Art Library, London (6 ul, 284/285, 448/449, 554/559)/Charles Edwin Wilbour Fund (434); The British Library, London (487), © The British Museum, London (14, 131, 246, 259, 307, 435 o, 446, 458/459, 475, 547 o, 557/558: 5. Reg. 5, 564, 586, 592); © Maximilien Bruggmann, Yverdon (217, 298 M, 305, 310 o, 336, 472, 473 l, 480, 489, 525); aus: Century Illustrated Magazine, 1887 (116); aus: Jean-François Champollion, Grammaire égyptienne, 1836 (132); © CNRS – CFETK, Paris – Foto: A. Bellod (6 r, 308/309, 356/357); aus: Coptic Art II, Kairo, o. J., 49 unten (151), 93 oben (71 u, 152 o); © Giovanni Dagli Orti, Paris (79); aus: N. de G. Davies, El-Amarna V. London 1908, Pl. 39 (269); © Peter Der Manuelian, Boston (156 M, 162); nach: Zeichnung von Peter Der Manuelian/Rolli Arts, Essen (263 r); aus: Chr. Desroches-Noblecourt, Die Welt rettet Abu Simbel, Berlin, Wien (Koschka): 1968, Abb. 3, 82 (526, 527); © Documentation Center, Zamalek, Kairo (180); © G. Dreyer, Kairo (555/556: 2. Reg. 1); nach: Rainer Droste/Rolli Arts, Essen (11, 20); aus: M. S. Drower, Ägypten in Farben, München 1964, Tf. 7 (201)/Tf. 9 (222)/Tf. 11 (205 u); © Editions Errance, Paris (330); © Forschungszentrum Griechisch-Römisches Ägypten der Universität Trier (36 ol, 38); © Das Fotoarchiv, Essen/Andreas Riedmüller (537 ur, 540); aus: G. Gabra, Cairo – The Coptic Museum, Cairo 1993. Nr. 21 (152 u); © Geodia, Verona/Andrea Siliotti(165, 243, 362 ol, 366 u); © Georg Gerster, Zürich (359 ul, 368); © Grabung Qantir-Piramesse, Hildesheim (66); © Andrea Grahmann, München (54/55, 58 o, 59 ur, 60, 61 l, 232–235); © The Griffith Institute, Ashmolean Museum, Oxford (387); Umschriftenfond: © Rainer Hannig, Göttingen (133); aus: J. E. Harris und K. Weeks, X-Raying the Pharaohs, London 1973, S. 43 (118); © Zahi Hawass, Kairo (182, 183); © Hirmer Verlag, München (231, 287 r, 291); aus: Erich Hornung, Das Grab Sethos' I., 1991, Nr. 96 (397 u); © Andrea Jemolo, Rom (164, 168, 228, 555/556: 2. Reg. 3); aus: Hermann Junker, Giza I, Wien 1929 (163); © Könemann Verlagsgesellschaft mbH, Köln/Foto: Andrea Jemolo (12, 195 ol, 207, 208, 218/219, 221, 223, 224, 333 o/ur, 342–344, 454, 455 l, 555/556: 2. Reg. 4)/Rolli Arts, Essen (28)/Matthias Seidel, München: Götterzeichnungen (574–579)/Studio für Landkartentechnik, Norderstedt (Vorsatzpapier, 34, 70); © Kunsthistorisches Museum, Wien (17); aus: Richard Lepsius, Denkmäler aus Aegypten und Aethiopien, 12 Bde., Berlin 1849–1858, (6 ol, 248/249); © laif, Köln/Martin Kirchner (534/535)/Axel Krause (57); aus: G. Legrain, Statues et Statuettes, Kairo 1909, Pl. 28 (191); © Jürgen Liepe, Berlin (2, 10, 89 ol/ul, 90 or, 92/93, 97, 103, 104, 108 u, 117, 121, 125 o, 166 ur, 555/556: 1. Reg. 1, 2, 4); © Lotos Film, Kaufbeuren (13, 58 M, 65, 67, 171, 189, 230, 318, 322, 373 ur, 374, 388, 409, 423, 492)/E. Thiem (358 u, 363, 371, 373 ul, 375, 377, 382, 417, 426/427,); © Giacomo Lovera, Turin (412 u, 444); aus: L. Macadam, in: JEA 32, 1932, Tf. 7 (481); © The Metropolitan Museum of Art, New York (18, 270, 282, 297)/Museum Excavations, 1919–20, Rogers Fund, supplemented by contribution of Edward S. Harkness (20.3.203) (260/261); aus: The Monastry of St. Catherine, 1976, S. 23 (543)/S. 9 (545); © Museo Gregoriano Egizio, Vatikan (7 ul, 548/549); © National Geographic Society, Image Collection, Washington D.C (181); aus: E. Otto,

Osiris und Amun, München 1966 (286 oM, 292); © Petrie Museum of Egyptian Archeology, London (15); aus: Pharaohs of the Sun (Ausstellungs-Katalog), Boston 1999, Fig. 132 (263 ul, 267 u); © Picture Press, Hamburg – Sygma/Stephanie Compoint (5 ol, 32/33); © Gabriele Pieke, Wien (59 or, 61 r, 194 o/M/u, 197, 198 u–200, 206, 310 oM, 335, 340, 345, 350, 353 u, 370 l, 373 or, 376, 416, 436, 494 o, 496, 517 ul, 524, 555/556: 2. Reg. 2, 4, 557/558: 2. Reg. 1, 4, 588); © Rijksmuseum van Oudheden, Leiden (56, 283, 435 u); © RMN, Paris/ Chuzeville (413 l, 557/558: 5. Reg. 8)/Ch. Larrieu (323) /Lebée (413 r)/Hervé Lewandowski (9, 19, 241, 468, 547 u, 585) / R. G. Ojeda (130); © Scala Group S.p.A., Florenz (8, 21, 22, 43, 73, 74, 84, 89 oM/or, 89 ur, 90 ol/oM/ul/ur, 91, 94–96, 98–102, 105–108 o, 109–115, 119, 120, 122 o, 123, 124, 126–129, 136–143, 186, 198 o, 203, 211, 216, 225–227, 229, 240 Detail von 226, 296, 298 o/u, 299 or/ur, 300–303 o, 304, 310 uM/u, 312 ul/or, 313 ol/or/ur, 314–317, 319, 321, 324–329, 332 r, 333 ul, 334, 346, 348/349, 354/355, 359 ur, 362 ul, 365, 367, 381 o, 390/391, 395, 401, 402, 411, 412 o, 414/415, 421, 422, 450, 460 M, 463, 464 u, 467, 469, 495 ol, 497, 510 r, 512/513, 536, 537 ul, 555/556: 1. Reg. 3, 5–7, 2. Reg. 6, 3. Reg. 1–9, 4. Reg. 1–6, 8, 5. Reg. 1–9, 557/558: 1. Reg. 1–4, 2. Reg. 2, 3, 5–8, 3. Reg. 11–5, 4. Reg. 1, 3, 6–8, 5. Reg. 1–4, 6, 7, 584, 589, 591, 594); © Regine Schulz, München (275 ol/ul, 276/277, 279, 280, 295, 478 u, 494 u, 499, 542); © Bildagentur Schuster/Altitude (7 ol, 378/379, 476/477); © Seminar für Ägyptologie und Koptologie, Universität Göttingen (262 M, 264); © Abdel Ghaffar Shedid, München (71 oM, 88, 144–149, 154, 170, 175, 185, 188, 236, 251–258, 263 ol, 267 o, 274 o, 278, 306, 352, 358 M, 362 or, 366 o, 389, 403, 410, 418, 425, 428–433, 437–440, 442/443, 457, 478 o, 491, 518, 557/558: 4. Reg. 2,4), aus: Antikendienst Kairo (156 u); © Matthias Seidel, München (5 ul, 23, 36 or, 37, 39, 40, 68/69, 125 u, 153, 155, 157 ul/ur, 160 o, 166 or, 167, 174, 176–179, 187, 195 or, 205 o, 213, 239, 245, 262 o, 266, 294, 312 ol, 320, 331, 337, 351, 362 ur, 364, 370 r, 372, 381 u, 386 or, 394, 396, 399, 400, 419, 420, 424, 441, 447, 453, 460 u, 461 ul, 462, 464 o, 471, 478 uM, 488, 490, 493, 495 or, 498 l, 502, 519 or/ur, 520, 523, 537 ol, 539, 544, 555/556: 2. Reg. 7, 557/558: 3. Reg. 7, 590); © Matthias Seidel/Joachim Willeitner (519 ul, 522); aus: G. E. Smith, The Royal Mummies, Kairo 1912 (117 l); © Staatliche Museen Berlin – Preußischer Kulturbesitz/Ägyptisches Museum und Papyrussammlung/Margarete Büsing (237)/Jürgen Liepe (474); © Staatliche Museen Kassel – Foto: Reuschling (53); © Henri Stierlin, Genève (7 r, 58 u, 59 ul, 63, 64, 71 uM, 85, 86, 286 u, 288, 361, 514/515, 555/556: 2. Reg. 5); © Steffens/Henri Stierlin, Genève (87); © Anja Tasche, München (48, 78, 156 o, 158, 347, 506); © Frank Teichmann, Stuttgart (209, 214/215, 220, 286 uM, 289, 290, 332 l, 341, 358 o, 369, 383, 385, 393, 555/556: 2. Reg. 8, 4. Reg. 7); nach: Cl. Trauneck, Jean-Claude Golvin, Karnak, Fribourg 1984/Rolli Arts, Essen (332/333); © Trustees of the National Museums of Scotland (247); © Vatikanische Museen, Rom, Vatikanstadt – Foto: L. Giordano (52); © White Star, Vercelli – Foto: Marcello Bertinetti (192/193); © Joachim Willeitner, München (24, 35, 41, 45–47, 49–51, 71 o, 75, 77, 80, 82/83, 161, 169, 244, 268, 281, 286 o, 293, 303 u, 353 o, 404, 405, 407, 408, 445, 451, 455 r, 456, 460 o, 461 ol, 466, 473 r, 478 oM, 482–485, 495 u, 498 r, 503–505, 507–509, 510 l, 511, 516 o/M/u, 517 ur, 519 M, 521, 528–533, 557/558: 4. Reg. 5)/Erler (465); © Erich Winter, Gusterath (500/501).

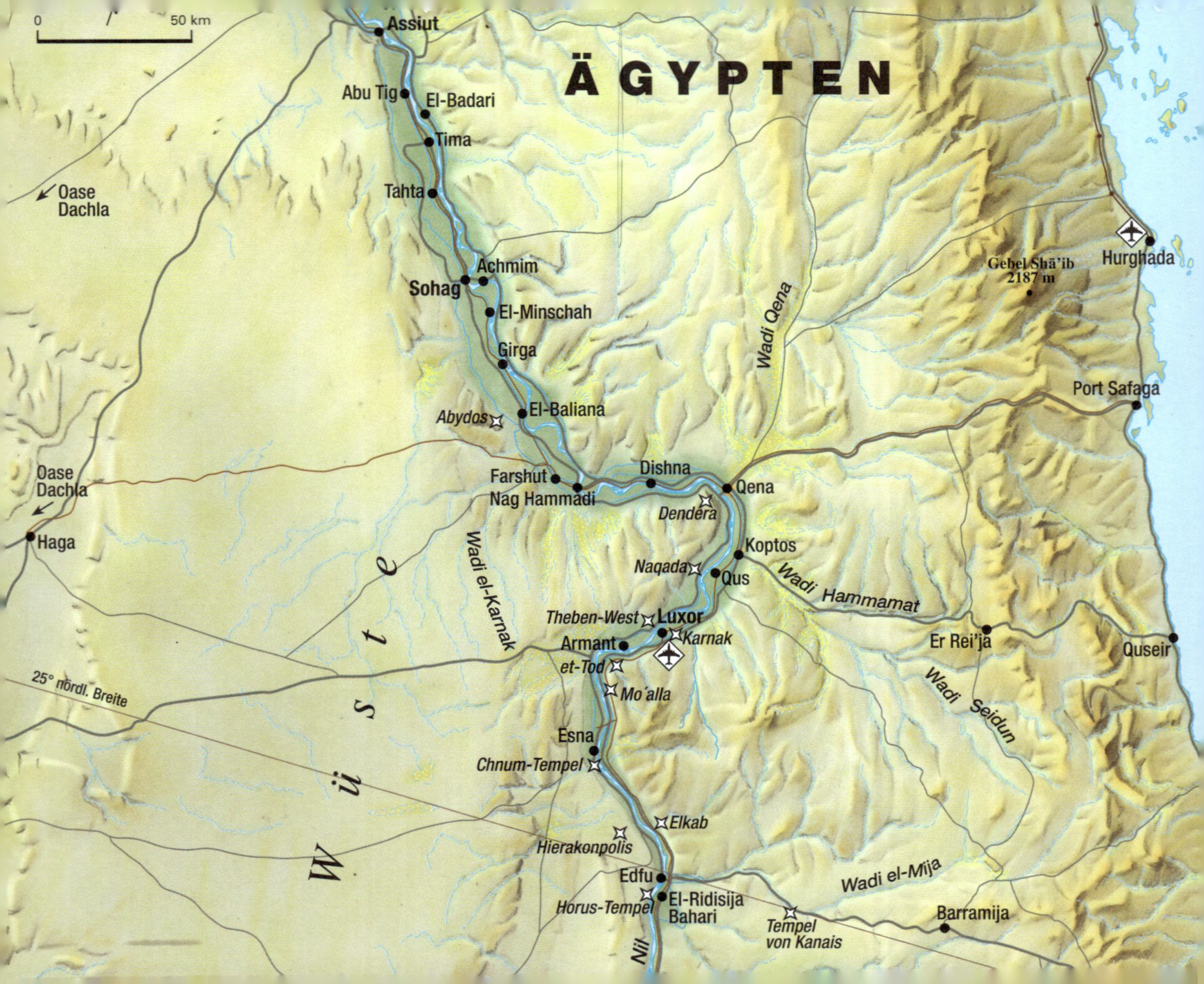
ÄGYPTEN
0
50 km
Assiut
Abu Tig
El-Badari
Tima
Tahta
Oase Dachla
Achmim
Sohag
El-Minschah
Girga
El-Baliana
Abydos
Farshut
Nag Hammadi
Dishna
Qena
Dendera
Koptos
Naqada
Qus
Wadi Qena
Wadi Hammamat
Theben-West
Luxor
Karnak
Armant
et-Tod
Mo'alla
Esna
Chnum-Tempel
Elkab
Hierakonpolis
Edfu
Horus-Tempel
El-Ridisija Bahari
Tempel von Kanais
Nil
Haga
Wadi el-Karnak
Wüste
25° nördl. Breite
Er Rei'ja
Quseir
Wadi Seidun
Wadi el-Mija
Barramija
Port Safaga
Hurghada
Gebel Shā'ib
2187 m